Die Welt des tibetischen
Buddhismus

Mitteilungen aus dem Museum für Völkerkunde Hamburg Neue Folge Band 36 2005

Die Welt des tibetischen
Buddhismus

Museum für
Völkerkunde
Hamburg

Hamburg 2005

Titelbild	Buddha Dīpaṃkara, Nepal, 17. Jh.
Seite 2	Transzendenter Buddha Amitāyus, China, ca. 16. Jh.
Seite 3	Opfergöttin oder Yogini, Tibet, 18. Jh.
Seite 4	Großlama Pan Huice, Mongolei, 19. Jh.
Seite 1040	Göttin mit dem weißen Schirm, Tibet, 19. Jh.

Namenskürzel bei Bildunterschriften
G. P.	Gernot Prunner (†)
Is. L.	Isabel Lenuck
S. K.	Susanne Knödel
U. W.	Uta Werlich

Impressum

Herausgeber	Wulf Köpke und Bernd Schmelz
	Museum für Völkerkunde Hamburg
Redaktion	Susanne Knödel
	Katharina Jockusch
	Nadine Schober
	Mahtab Tralau
Gestaltung	Anke Blanck
Druck	creaktiv print + more, Stade
ISBN	3-9809222-4-3

© Museum für Völkerkunde Hamburg 2005

Inhalt

Wulf Köpke	Vorwort	13

Einleitung

Susanne Knödel	Die Welt des tibetischen Buddhismus: Was diese Ausstellung will	19

Religion

Uta Werlich	Kurzinformation Buddhismus	25
Uta Werlich	Kurzinformation Buddhas und Bodhisattvas	35
Christian Luczanits	Unendliche Vielfalt. Gestalt und Erscheinungsform im Buddhismus	43
Karl-Heinz Golzio	Was ist tibetisch am tibetischen Buddhismus?	79
Jan-Ulrich Sobisch	Bemerkungen zur Vorgeschichte und Weihe des Buches im Buddhismus und zur materiellen Kultur des Buches in Tibet.	99
Per Kvaerne	Die Bon-Religion – Ein Überblick	133

Region

Andreas Gruschke	Wer sind die Tibeter?	171
Karénina Kollmar-Paulenz	Der tibetische Buddhismus in der Mongolei: Geschichte und Gegenwart	223
Ágnes Birtalan	Schamanismus und Volksreligion bei den Kalmücken	257
Erling von Mende	Tibetischer Buddhismus in China - Geschichte und Gegenwart	305
Alexander von Rospatt	Der indigene Buddhismus des Kathmandutals. Das Fortleben einer indischen Tradition am Rande des Himalaya	333
Martin Baumann	Shangri-La, Diaspora und Globalisierung. Tibetischer Buddhismus weltweit	357

Leben in der buddhistischen Welt

Kerstin Grothmann	Pilgerreisen in Tibet	393
Toni Huber	Gewalt in tibetisch-buddhistischen Gesellschaften	429
David Holler	Das Verhältnis tibetischer Nomaden zu ihren Nutztieren	463
Isabel Lenuck	Zum Gedenken an Nutztiere Beschriebene Knochen der Hamburger Sammlung	505
Veronika Ronge	Zeugnisse der Vielfalt: Kleidung in Tibet	525

Veronika Ronge	Was essen und trinken die Tibeter?	549
Ágnes Birtalan	Die Nahrungsmittel bei den mongolischen Völkern	569

Sammlungen

Susanne Knödel	Abenteurer, Wissenschaftler, Sinnsucher: Unsere Sammler	585
Lambert Schmithausen Susanne Knödel	Ein tibetochinesisches Bahrtuch	603

Tibetische Malerei in der Hamburger Sammlung

David Jackson	Spuren Tāranāthas und seiner Präexistenzen: Malereien aus der Jo nang pa-Schule des tibetischen Buddhismus	611
Jurek Schreiner	Rollbild des Gelehrten Longchen (tib.: Klong chen) umgeben von Mahāsiddhas	667
Jurek Schreiner	Rollbild des Ādibuddha Vajradhara umgeben von Mahāsiddhas	679
Kazuo Kano	Padmasambhava	691
Rosita Faber	Ekajaṭī	719
Katja Thiesen	Thangka (tib.: thang-ka) des Padmasambhava als „Sonnenstrahlguru" Guru Nyima Özer	735

Kazuo Kano	Bhaiṣajyaguru und die acht Stūpas	747
Kazuo Kano	Buddha Śākyamuni und die acht Stūpas	759
Volker Caumanns	Vier gedruckte tibetische Rollbilder	763
Jörg Heimbel	Ansammlungsfeld (tib.: tshogs zhing)	781
Jörg Heimbel	Ansammlungsfeld (tib.: tshogs zhing)	787
Susanne Knödel	Osttibetisches Panorama - Die Sammlung Stoetzner Literatur zum Artikel „Osttibetisches Panorama" und zu den Sammlungsstücken aus dem Museum für Völkerkunde Hamburg.	803
Isabel Lenuck	Ortsnamen und ethnische Bezeichnungen bei Stoetzner	897
Inka Le-Huu	Tibetische Musikinstrumente im Museum für Völkerkunde Hamburg.	911
Norbert Beyer	Nur Obertongesang und Pferdekopfgeigen? - Mongolische Musik	947

Neues aus dem Museum

Nikola Klein	Eine Voodoofahne aus Haiti	967
Bernd Schmelz	„Krawatten wieder originell". Vatertag in Österreich, in der Schweiz und in Liechtenstein	977
Hajo Schiff	„Neger im Louvre" – Das ethnologische Objekt zwischen Wissenschaft und Kunst	987

Reden anlässlich des Festaktes zum 125jährigen Jubiläum des Museums für Völkerkunde Hamburg im Hamburger Rathaus

Karin von Welck	Grußwort von Frau Senatorin Prof. Dr. von Welck	999
Wulf Köpke	Rede zum 125. Jubiläum	1003
Susan Legene	Einteilen und Nachempfinden	1009
Klaus Willenbruch	Rede zum 125. Jubiläum	1021
Jürgen Mantell	125 Jahre Völkerkundemuseum Hamburg	1025
Rüdiger Röhricht	Rede zum 125. Jubiläum	1029
	Verzeichnis der Autoren	1035

Vorwort

Wulf Köpke

Der vorliegende Band 36 der „Mitteilungen aus dem Museum für Völkerkunde Hamburg" ist der bisher umfangreichste seit Bestehen dieser Publikationsreihe. Nicht zuletzt die gestiegene Akzeptanz dieser Publikation - sie erreicht mittlerweile Auflagen von bis zu 3 000 Exemplaren, die oft in kurzer Zeit bereits vergriffen sind - führt dazu, dass immer mehr wissenschaftliche Kolleginnen und Kollegen hier ihre Arbeiten veröffentlichen wollen. Besonders erfreulich ist für uns, dass trotz der immensen Arbeitsbelastung und jahrelanger Umbauarbeiten auch im Hause selbst immer noch wichtige Beiträge zu neuen Erkenntnissen in der ethnologischen Forschung hervorgebracht werden.

Von besonderer Bedeutung war es für uns im aktuellen Band, die wichtigen Reden, die im Museum aus Anlass des 125. Jubiläums am 1. Oktober 2004 gehalten wurden, hier so rasch wie möglich umfassend zu veröffentlichen. Sie beherrschen den zweiten Teil des Buches. In ihnen wird die bedeutende Vergangenheit des Museums beschworen. Vor allem jedoch weisen sie in die Zukunft unserer Institution und unterstreichen ihre Wichtigkeit für Hamburg und für das Konzept einer wachsenden Metropole in der Konkurrenz zu anderen Großstädten Europas. Wie unser Museum in den nächsten Jahren bestehen kann, in Fragen der musealen Präsentation wie in Fragen der Integration von Migranten in unserem Land, wird sich an diesen programmatischen Reden messen lassen müssen.

Eine Frage, die für unseren Museumsinhalt in den letzten Jahren stets an Bedeutung gewonnen hat, ist die Frage nach dem Stellenwert des ethnographischen Objekts zwischen ethnologischer Wissenschaft, meist ohne Berücksichtigung seiner ästhetischen Qualitäten, und seiner Betrachtung als reines, isoliertes Kunstobjekt ohne Beachtung des ursprünglichen Kontextes. Hajo Schiff, Hamburger Kunstmittler und Schüler Bazon Brocks, geht diesem Problem am Beispiel der großen Südsee-Ausstellung nach, die das Museum im vergangenen Jahr zeigte. Sie war im Zusammenspiel zwischen Künstlern und Wissenschaftlern entstanden. Hajo Schiff begleitet die Auseinandersetzung unseres Hauses mit dem Problem „Kunst im Völkerkundemuseum" bereits seit 1995. Auch der vorliegende Aufsatz dürfte weit über unser Fach hinaus Aufmerksamkeit finden.

Viel „leichter" ist der Gegenstand des Beitrags von Bernd Schmelz. Der Autor beschäftigt sich in seinen Forschungen seit Jahren mit der Ausgestaltung des Vatertags in verschiedenen Kulturen. Als „Nebenprodukt" erweitert er dabei kontinuierlich die Sammlungen des Museums in diesem Bereich. Im vorliegenden Aufsatz präsentiert er erste Forschungsergebnisse zum Thema Vatertag in Österreich, in der Schweiz und in Luxemburg.

Von jeher ist der Bereich „Schamanismus/Voodoo/Hexen" ein wichtiges Forschungsgebiet unseres Museums. Es ist besonders erfreulich, dass eine externe Autorin hier über ein Objekt aus unseren Sammlungen berichtet. Der Aufsatz zeigt, dass es immer wieder lohnend ist, auch über nur ein Objekt zu forschen, selbst wenn diese Forschung gelegentlich in Universitätskreisen etwas belächelt werden mag. Publikum und Museumskollegen werden für derartige Arbeiten dankbar sein.

Der Forschung gewidmet ist auch der Hauptteil des Bandes. Er hat die Darstellung der großen Ausstellung „Die Welt des Tibetischen Buddhismus" des Museums zum Inhalt, die 2005 den großen Ausstellungsschwerpunkt des Museums für Völkerkunde bildet. Diese Ausstellung stellt einen weiteren Höhepunkt der Serie „Der innere Reichtum des Museums" dar, in der wir der Reihe nach wichtige Sammlungen des Museums der Öffentlichkeit zum ersten Mal komplett oder doch zumindest in den wesentlichen Teilen präsentieren, ohne Leihgaben von außen. Auch unsere Bestände aus dem Einflussbereich des tibetischen Buddhismus waren einer breiteren Öffentlichkeit weitestgehend unbekannt und die Fachwelt kannte ebenfalls nur wenig mehr davon. In jahrelanger Arbeit haben zahlreiche Forscherinnen und Forscher, aus unserem Haus wie aus der Universität Hamburg und aus anderen befreundeten Institutionen, zusammengestellt, was an Erkenntnissen über unsere Objekte erreichbar war. Vieles konnten sie in Erfahrung bringen, viele neue Entdeckungen machen, doch natürlich bleibt auch noch vieles zu erforschen. Das, was sie erfuhren, ist hier umfangreich dargelegt. Der Leser wird, auch wenn er mit dem tibetischen Kulturbereich bereits vertrauter ist, in unserem Buch vieles Neues erfahren. Unsere Sammlung, über mehr als hundert Jahre zusammengestellt, birgt Zahlreiches, das in anderen Sammlungen so nicht oder nur in geringem Maße vorhanden ist. Sie zählt trotz hervorragender Einzelstücke sicherlich nicht zu den materiell wertvollsten, wohl aber zu den kulturgeschichtlich komplettesten. Es dürfte kaum eine Sammlung in Europa geben, die einen ähnlich umfassenden Begriff vom geistigen Reichtum und der Vielfalt des tibetischen Buddhismus zu vermitteln vermag wie unsere. Dabei wendet sich unsere Publikation an interessierte Laien ebenso wie an wissenschaftliche Kollegen. Hier die Mitte zwischen Verständlichkeit und dem Anspruch an wissenschaftliche Genauigkeit zu finden, war sicherlich nicht immer ganz einfach, doch ich hoffe, wir haben diese Dilemma im Sinne der übergroßen Zahl der Leserinnen und Leser lösen können.

Susanne Knödel, Abteilungsleiterin Süd- und Ostasien an unserem Museum und Mitglied des Ausstellungsteams für diese Ausstellung, führt zunächst in die Ziele der Ausstellung ein, ein wichtiger Aufsatz zum Verständnis der Zusammenhänge zwischen den übrigen Aufsätzen des Bandes.

Die ersten nachfolgenden Texte führen zunächst in den Buddhismus ein, vor allem natürlich in seine tibetische „Spielart". „Was ist tibetisch am tibetischen Buddhismus?" heißt es denn auch im Beitrag von Karl-Heinz Golzio. Aber auch der heute noch aktiven Bön-Religion, dem Vorgänger des Buddhismus, wird ein Kapitel von Per Kvaerne gewidmet. Sie kommt sonst häufig in Publikationen gegenüber dem Buddhismus zu kurz. Unsere kleine, aber herausragende Sammlung zu diesem Thema rechtfertigt aber eine ausführlichere Darstellung.

Die folgenden Kapitel widmen sich dem kulturgeographischen Verbreitungsgebiet des tibetischen Buddhismus, das traditionell bis in die

Mongolei, nach China, zu den Kalmücken an der Wolga und nach Nordindien hineinreichte. Seiner heutigen weltweiten Verbreitung ist von Martin Baumann eine eigene Abhandlung gewidmet.

Eine Stärke unserer Sammlung ist, dass sie dem Alltagsleben der Tibeter und Mongolen breiten Raum gibt. Das berücksichtigen auch die Forschungsarbeiten. Sie widmen sich so interessanten Themen wie der Gewalt in den von der Religion her eigentlich höchst friedfertigen tibetisch-buddhistischen Gesellschaften oder der Frage der Ernährung. Diese müsste eigentlich fleischlos sein, was sich aber in diesem kalten Klima gar nicht durchhalten lässt. So beschäftigen sich verschiedene Autorinnen und Autoren mit der Kleidung und den Nahrungsmitteln der Tibeter und mit dem Verhältnis der Menschen zu den Nutztieren in dieser Region.

Gewichtiger Raum ist innerhalb der Publikation der Forschung zu einzelnen Sammlungen des Museums gewidmet. Susanne Knödel stellt, z.T. zusammen mit Uta Werlich, die wichtigsten Sammlungen vor. Sie geben einen Begriff von der Vielfalt des Bestandes und ermöglichen es, ihren wissenschaftlichen und kulturgeschichtlichen Wert sehr genau einzuschätzen. Inka Le-Huu beschäftigt sich mit unseren tibetischen Musikinstrumenten, während der Musikethnologe Norbert Beyer, Restaurator in unserem Hause, das breite Spektrum der mongolischen Musikinstrumente aufzeigt.

Unverzichtbar war die Zusammenarbeit mit dem Institut für Sprache und Kultur Indiens und Tibets der Universität Hamburg. Angesichts der derzeitigen Absichten der Hamburger Regierung, dieses Universitäts-Institut zu schließen, ist die Ausstellung auch eine willkommene Gelegenheit, die besonderen Qualität der dort geleisteten Forschungsarbeit öffentlich zu machen. Ein Ergebnis der erfreulichen Kooperation ist eine Reihe von Aufsätzen zu einzelnen Thangka-Malereien unserer Sammlung, die unter Führung und Anleitung von Prof. David Jackson von Studenten des Instituts eingehend bearbeitet wurden. Diese intensiven Arbeiten ermöglichen es dem Interessierten, sich sehr tief, tiefer als gewöhnlich in vielen Publikationen zum tibetischen Buddhismus, in die Bilderwelt dieser Religion einzuarbeiten und sie zu deuten. Denn das ist der Ansatz der gesamten Ausstellung: Sie möchte dem Publikum die tibetisch-buddhistische Kultur nahe bringen, in ihrer Kargheit ebenso wie in ihrer Vielfalt. Sie bietet einem breiten Publikum einen Zugang, sie soll anziehend für Kinder sein, doch sie bringt dabei auch Kennern vertiefte Erkenntnisse. In der Ausstellung begibt man sich auf eine Pilgerreise mit verschlungenen Wegen. Sie ist manchmal anstrengend, immer erkenntnisreich und, wie wir glauben, immer faszinierend.

Unser Buch kann die Ausstellung nicht ersetzen und auch nur begrenzt wiederspiegeln. Wenn es für den Besucher ein wenig mehr zur Vertiefung der in der Ausstellung gewonnenen Eindrücke beiträgt, sind wir, die „Ausstellungsmacher", schon sehr zufrieden.

Einleitung

Die Welt des tibetischen Buddhismus: Was diese Ausstellung will

Susanne Knödel

In der Sammlung unseres Museums befinden sich rund 1600 Objekte aus dem Kulturraum des tibetischen Buddhismus. Nur die Hälfte davon ist jedoch selbst tibetisch. Die anderen kommen von kleinen, tibeto-birmanisch sprechenden Völkern Osttibets, aus Nepal, Bhutan und Sikkim, aus der inneren und äußeren Mongolei, von den in Europa ansässigen Kalmücken und aus China. In allen diesen Regionen wird der tibetische Buddhismus seit Jahrhunderten praktiziert, nicht nur von tibetischen Einwanderern, sondern von den ansässigen Ethnien.

In Nepal, auf dessen heutigem Territorium der historische Buddha, Siddharta Gautama Shakyamuni, im 6. Jahrhundert v. Chr. zur Welt kam, entwickelte sich gleichzeitig mit dem tibetischen Buddhismus aus denselben Wurzeln der Newar-Buddhismus. Beide Richtungen werden heute in Nepal praktiziert. Ihre Verwandtschaft ist so eng, dass sich Bilder, Plastiken und Kultgegenstände nicht immer eindeutig unterscheiden lassen.

Die Mongolen kamen bei ihrem Einfall in Tibet im 13. Jahrhundert mit dem tibetischen Buddhismus in Berührung. Dschingis Khans Enkel Kublai Khan ließ sich in den tibetischen Lehren unterweisen. In breiteren mongolischen Volksschichten verbreitete sich der Buddhismus jedoch erst im 16. Jahrhundert. Es war vor allem die Glaubensrichtung der Gelugpa (Gelbmützen), die dort Fuß fasste. Ein hoher Lama der Gelugpa bekam schließlich im Jahr 1578 von dem mächtigen Mongolenherrscher

Altan Khan den Titel „Dalai Lama" verliehen, der so viel bedeutet wie „Lehrer, dessen Wissen so groß ist wie der Ozean". Mit den mongolischen Kalmücken gelangte der tibetische Buddhismus schließlich bis nach Europa.

China hatte im Lauf seiner Geschichte immer wieder Herrscher, die Anhänger des tibetischen Buddhismus waren. Der erste war Kublai Khan, ein Fremdherrscher. Aber auch die Kaiser späterer Dynastien blieben dem tibetischen Buddhismus verbunden, zum Teil aus religiöser Überzeugung, zum Teil aus politischen Gründen. Da der Dalai Lama für die Mongolen eine religiöse Autorität war, konnte ein gutes Verhältnis des Kaiserhauses zum Dalai Lama die Mongolen beeinflussen, Frieden mit China zu halten. So förderten die Kaiser den Klosterbau mit großen Summen und nahmen im 17. und 18. Jahrhundert den ersten Druck einer Gesamtausgabe des tibetisch-buddhistischen Kanons in Angriff. Obwohl der tibetische Buddhismus in China überwiegend eine Sache des Kaiserhauses blieb, gibt es auch dort heute Tempel und Gläubige des tibetischen Buddhismus.

In jedem dieser Länder und Regionen ging die Symbolik des tibetischen Buddhismus und oft auch tibetische Lebensart in die örtliche Tradition ein. So reicht der ikonographische Kanon der tibetisch-buddhistischen Kunst von den Kalmücken bis nach Nordindien, Nordchina und Südsibirien. Über dasselbe Gebiet hinweg findet man die gleiche Grundform der Teeschale. Dass die Welt des Tibetischen Buddhismus weit über Tibet hinausgeht, dass der tibetische Buddhismus schon lange vor seiner Popularität im Westen eine „globale" Erscheinung war, ist das Thema unserer Ausstellung.

Doch die Empfänger übernahmen nicht nur, sie veränderten auch. So findet man in Nepal, in der Mongolei und in China Darstellungsformen und Herstellungstechniken, die in Tibet selbst nicht üblich sind. Manche Gestalten haben außerhalb Tibets eine spezielle, nur für ein Land gültige Bedeutung bekommen. Oft wurden auch Lokalgottheiten als niedrige Gestalten in den Buddhismus inkorporiert. So entwickelten sich, bei allen übergreifenden Gemeinsamkeiten der tibetisch-buddhistischen Welt, deutlich erkennbare regionale Besonderheiten.

In den vergangenen Jahren hatte ich die Gelegenheit, unsere Sammlung mit der Unterstützung einer Reihe studentischer Praktikanten aufzuarbeiten. Die Arbeiten von Hehn-Chu Ahn, Matthias Anton, Nadine

Harig, Jörg Heimbel, Sonja Maass, Dieter Munzel, Valerie Sternel und Iris Teut sind in diesen Artikel eingeflossen. Inka Le-Huu und Isabel Lenuck sowie Uta Werlich, die als wissenschaftliche Assistentin bei uns tätig ist, haben über diese Beiträge hinaus unabhängige Artikel für diesen Band geschrieben. Ich möchte allen hier auf diesem Weg noch einmal für ihr Engagement danken.

Besonderer Dank gilt Tsering Tashi Thingo, N. Gonpo Ronge, Dagkar Namgyal Nyima und Dr. Roland Steffan, die sich in den letzten Jahren die Zeit nahmen, große Teile der Sammlung identifizieren zu helfen. Ihre Kommentare sind jeweils bei den entsprechenden Stücken zusammengefasst. Unterstützung erhielten wir darüber hinaus von Gesche Pema Samten, der wie Ronge ein Osttibeter ist, von Mitgliedern der verschiedenen Tibetischen Zentren Hamburgs, sowie von den Mitarbeitern des Zentralasiatischen Seminars der Universität Bonn und des Instituts für Sprache und Kultur Indiens und Tibets an der Universität Hamburg. Sie alle waren überaus hilfsbereit und widmeten unserem Anliegen viel Zeit und Geduld. Prof. David Jackson untersuchte überdies mit einer Gruppe seiner Studierenden Thangkas unserer Sammlung: Die beeindruckenden Ergebnisse dieses Seminars sind im vorliegenden Band zu lesen.

Für den Textband baten wir Autoren, wichtige Themen der Ausstellung in wissenschaftlich aktuellen, jedoch für ein breiteres Publikum noch verständlichen Artikeln darzulegen. Dazu gehören nicht nur die spezifischen Züge des tibetischen Buddhismus und seine Verbreitungsgeschichte, sondern auch Antworten auf manche Frage, die die Betrachtung der Sammlungen aufwirft. Wie lässt sich zum Beispiel die Fülle der unterschiedlichen Kleidungs- und Schmuckstücke einordnen? Warum besitzen wir aus einer Region, die eine so friedfertige Religion hat, so viele Waffen, und warum sind diese Waffen überdies mit buddhistischen Symbolen geschmückt? Welche Religionen koexistieren mit dem tibetischen Buddhismus? Was hat es z.B. mit der einheimischen tibetischen Bön-Religion auf sich, aus der wir eine Reihe von Miniaturmalereien besitzen?

Mancher Artikel, den wir in diesem Band gerne publiziert hätten, musste aufgrund von Überlastung der vorgesehenen Autoren entfallen. Einige empfindliche Ausfälle konnten zum Glück durch das beherzte Einspringen von Prof. Lambert Schmithausen, Prof. Karl-Heinz Golzio und Kazuo Kano vermieden werden. Ihnen sei hier besonders gedankt. Für manchen Ausfall fand sich leider kein Ersatz. Auch konnte manche Objektbearbeitung nicht zu Ende geführt werden. Wir haben uns entschlossen, die Gelegenheit zur Vorstellung unserer Sammlung dennoch zu nutzen und die interessanten ausgewählten Stücke auch dann zu publizieren, wenn eine gründliche Neubearbeitung in der verbliebenen Zeit nicht mehr möglich war. Leser, die besonders an unserem Objektbestand interessiert sind, seien im Übrigen darauf hingewiesen, dass ein Teil unserer Sammlung bereits vor einigen Jahren in Buchform präsentiert wurde.[1]

Bei Publikationen über den Buddhismus für ein breiteres Publikum lässt es sich manchmal nicht vermeiden, aus Gründen der Verständlichkeit vom schmalen Pfad der wissenschaftlichen Tugend abzuweichen. So haben wir beispielsweise in den Bildlegenden angenäherte deutsche Lesungen für tibetische Namen gegeben, wohl wissend, dass es in Tibet keine Standardlesungen gibt, da das Land groß und in Dialekte aufgespalten ist. Hier ist lediglich an eine Bequemlichkeit für Leser gedacht, keinesfalls an einen wissenschaftlichen Diskussionsbeitrag. Für die Schreibung der tibetischen Transliterationen haben wir in unseren Bildlegenden durchgängig ein System (nach Wylie) benutzt. Den Autoren der Artikel blieb es jedoch freigestellt, sich nicht daran zu halten. So finden sich gewisse Inkonsistenzen zwischen Bildlegenden und Artikeln. Auch bei mongolischen und sonstigen Ausdrücken war es nicht möglich, Einheitlichkeit zu erzielen. Des weiteren gebrauchen wir aus Verständnisgründen gelegentlich Begriffe, die eher unserer eigenen als der tibetisch-buddhistischen Kultur entlehnt sind. Zum Beispiel gebrauchen wir gelegentlich das Wort Gottheit(en) als Sammelbegriff für die heiligen Wesen des tibetischen Buddhismus. Diese Bezeichnung hat in der buddhistischen Welt keine genaue Entsprechung. Den Ausdruck Gott/Götter haben wir für die (sterblichen) Wesen reserviert, die auch im Buddhismus so bezeichnet werden.

Die Menschen in der Welt des tibetischen Buddhismus gehen viel auf Pilgerreisen. So haben wir die Pilgerfahrt zum roten Faden durch die Ausstellung gemacht. Wir stellen uns vor, dass unsere Besucher sich auf eine Reise begeben, die ihnen neue Erfahrungen verschafft und sie der Erkenntnis, was tibetischer Buddhismus ist, einen Schritt näher bringt. Zum Schluss stellen wir auch diejenigen vor, die vor unseren Besuchern auf dieser Reise waren: Die Sammler und Sammlerinnen, denen wir unsere Objekte verdanken.

Anmerkung

[1] Susanne Knödel und Ulla Johansen 2000. Symbolik der tibetischen Religionen und des Schamanismus. Mit einem Beitrag zur Bon-Religion von Per Kvaerne. Symbolik der Religonen Band 23. Stuttgart.

Religion

Kurzinformation Buddhismus

Uta Werlich

Der Buddhismus – eigentlich ein westlich geprägter Sammelbegriff für verschiedene auf der Lehre des historischen Buddha, Siddharta Gautama (P. Siddhata Gotama), basierende Glaubensrichtungen und Schulen – nahm seinen Ausgang im nördlichen Indien des 6./5. Jh. v. u. Z. Von hier breitete er sich zunächst über weite Teile Asiens aus, bevor er Mitte des 19. Jh. auch nach Amerika und Europa gelangte.[1]

In seinem Geburtsland Indien entstand der Buddhismus im Kontext einer religiösen Reformbewegung. Obwohl er sich in vielen Punkten gegen die Vorstellungen und Praktiken des vorherrschenden Brahmanismus,[2] einer Vorstufe des heutigen Hinduismus, richtete, integrierte er wichtige Elemente der vedisch-brahmanischen Tradition: So kennt der Buddhismus, wie der Brahmanismus, die Vorstellung vom Kreislauf der Wiedergeburten (Skt./P. samsāra) und vom karman-Gesetz (P. kamma), nach dem sich Verhaltensweisen und die ihnen hinterliegenden Absichten je nach Beschaffenheit positiv oder negativ auf zukünftige Daseinsformen auswirken und den Kreislauf der Wiedergeburten in Gang halten.[3] Im Gegensatz zum Brahmanismus, der die Wiedergeburt mit der Wanderung einer unsterblichen Seele (Skt. ātman; P. attan) in Verbindung bringt, negiert der Buddhismus jedoch die Existenz einer konstanten Größe, die als eigentlicher Wesenskern, als „Ich" oder „Selbst", nach dem Tod von Körper zu Körper übergeht. Der Buddhismus geht stattdessen von der Unbeständigkeit und Vergänglichkeit aller Dinge aus - einer Vorstellung, die in der Lehre vom Nicht-Selbst oder Nicht-Ich (Skt. anātman; P. anatta) ihren Niederschlag findet.

Grundlegend für das Verständnis der Nicht-Selbst-Lehre ist die buddhistische Sichtweise der Person als vorübergehende Ansammlung verschiedener, in Abhängigkeit zueinander stehender Komponenten, den sogenannten Daseinsfaktoren oder Gruppen des Anhaftens (Skt. skandha; P. khandha): dem physischen Körper (Skt./P. rūpa), den Gefühlen und Empfindungen (Skt./P. vedanā), der Wahrnehmung (Skt. samjñā; P. saññā), den Gestaltungsimpulsen und Willensregungen (Skt. samskāra; P. sankhāra) sowie dem Bewußtsein (Skt. vijñāna; P. viññāna). Da diese Gruppen aber weder unveränderlich noch beständig sind und nur in ihrer Gesamtheit das empirische Ich ausmachen, erlischt mit ihrer Desintegration auch das Konstrukt der Persönlichkeit. Das Individuum, das in der Kette der Wiedergeburten an seine Stelle tritt, ist durch keinerlei gleichbleibende Substanz mit seinem Vorgänger verbunden, es stellt lediglich ein weiteres Konglomerat der skandha dar, dessen In-die-Welt-kommen durch das in einer vergangenen Existenz angehäufte karman gesteuert wird.[4]

Dem fortwährenden Kreislauf von Entstehen und Vergehen liegt dabei ein verzweigtes Begründungsgeflecht zugrunde, das im buddhistischen Lehrwerk als Satz vom Entstehen in Abhängigkeit (Skt. pratītyasamutpāda; P. paṭiccasamuppāda) seinen Platz findet. Argumentiert wird in zwölf sich gegenseitig bedingenden Schritten, die mit der Unwissenheit (Skt. avidyā; P. avijjā) um die eigentliche Beschaffenheit der Welt einsetzen, und den Mechanismus, auf dem der Kreislauf der Wiedergeburten beruht, unabhängig von einem beständigen Wesenskern erklären. Gleichzeitig wird impliziert, dass nur die Aufhebung der Unwissenheit den Zyklus von Tod und Wiedergeburt zum Erliegen bringt: Erst wer die Unbeständigkeit und Selbstlosigkeit der Welt erkannt hat, ist in der Lage, die Bildung von immer neuem karman (P. kamma) zu stoppen und die Reihe der Existenzen zu durchbrechen.[5]

Unmittelbar verbunden mit dem Wissen um die Wandelbarkeit und Vergänglichkeit aller Daseinsformen ist die Erkenntnis, dass jede Existenz leidvoll ist. Die Analyse des Leidens (Skt. duḥka; P. dukkha) und das Aufzeigen eines Wegs, der zur Befreiung vom Leiden führt, stellen ein weiteres Kernstück der buddhistischen Lehre dar. Sie bilden den Inhalt der „Vier Edlen Wahrheiten", die das Leiden als zentrale menschliche Erfahrung thematisieren. Sie nennen Geburt, Krankheit, Alter und Tod als leidvolle Erlebnisse, weisen aber auch darauf hin, dass selbst das, was zunächst als angenehm empfunden wird, seinem Wesen nach leidhaft ist. Da es nur für kurze Zeit andauert, wird es zwangsläufig negative Gefühle und Empfindungen hervorrufen. Unwissenheit und individuelles Verlangen nach der samsarischen Welt werden in den „Vier Edlen Wahrheiten" als Ursachen des Leidens genannt, der Blick wird aber auch auf die Möglichkeit gelenkt, das Leiden zu überwinden. Der „Edle Achtfache Pfad", der eine bestimmte Art der Lebensführung und Geisteshaltung skizziert, stellt diese Möglichkeit dar. Er führt zur Überwindung des Leidens und befreit von einer erneuten Wiedergeburt, womit das buddhistische Heilsziel, nirvāṇa (P. nibbāna), erreicht wäre.[6]

Der Überlieferung nach hat der historische Buddha, Siddharta Gautama (P. Siddhata Gotama), die „Vier Edlen Wahrheiten" bereits in der „Predigt von Benares"[7] verkündet, die den Anfangspunkt seiner Lehrtätigkeit markiert. Gemeinsam mit der Idee vom Nicht-Selbst und der bedingten Entstehung haben die „Vier Edlen Wahrheiten" als zentrale Gedanken der buddhistischen Lehre in allen späteren Schulen und Richtungen ihren Platz gefunden.

Die Aufsplittung des Buddhismus in unterschiedliche Schulen setzte bereits unmittelbar nach dem Tod des Religionsstifters[8] ein, als es innerhalb der frühbuddhistischen Gemeinde zu ersten Ausein-andersetzungen um die Interpretation der Lehre kam. Die infolge dieser frühen Dispute entstandenen Schulen zeigten zwar bereits Abweichungen in den vertretenen Lehrmeinungen, stimmten in ihrer allgemeinen Orientierung und Auslegung der Lehre Buddhas jedoch weitgehend überein. Sie alle sprachen dem Klosterleben besondere Bedeutung zu und sahen in der Weltabgewandtheit der klösterlichen Gemeinschaft die einzige Möglichkeit, Erleuchtung zu finden; die Überwindung des Leidens, oder nirvāṇa (P. nibbāna), wurde als rein individuelles Heilsziel verstanden, und der Heilige oder arhat (P. arahant), der in monastischer Abgeschiedenheit, aus eigener Kraft, für sich selbst Erlösung erlangt, zum Ideal des religiösen Menschen.

Zu einem erheblichen Ausbau der Lehre kam es erst im 1. Jh. v. u. Z. mit dem Aufkommen weiterer buddhistischer Schulen, die sich als eigenständige Richtung verstanden und den Erlösungsweg, wie er zuvor formuliert worden war, als zu eng gefasst betrachteten. Die Anhänger dieser neuen Schulrichtung bezeichneten ihre Interpretation der Lehre als Mahāyāna oder „Großes Fahrzeug", da sie ihr Hauptanliegen in der Erlösung möglichst vieler Lebewesen sahen. Die frühbuddhistischen Schulen fassten sie hingegen unter dem durchaus despektierlich gemeinten Sammelbegriff Hînayâna (wörtl.: „Kleines Fahrzeug") zusammen. Darüber hinaus entwickelten die Mahāyānins die Nicht-Selbst-Lehre zur Vorstellung von der Leerheit (Skt. śūnyatā) und kreierten ein komplexes System von Buddha-Erscheinungen und Bodhisattvas.[9]

Die Vorstellungen des Mahāyāna-Buddhismus sind heute in unterschiedlicher Ausprägung vor allem in den Ländern Ostasiens anzutreffen, wohingegen sie sich auf dem indischen Subkontinent, trotz anfänglicher Popularität, nicht dauerhaft behaupten konnten. Dies gilt auch für die frühen Schulen des Hînayâna, von denen einzig die Schule der Theravādins bis in die Gegenwart überlebt hat. Die Bezeichnung Theravāda-Buddhismus wird daher häufig als Synonym für den Terminus Hīnayāna genutzt, auch um die ursprünglich abwertende Konnotation des Wortes zu umgehen. Anhänger des Theravāda-Buddhismus findet man heute mehrheitlich in Sri Lanka, Thailand, Myanmar / Burma, Kambodscha und Laos.

Das Vajrayāna ist als dritte große Schulrichtung zu nennen. Als spezielle Form des Tantrismus entwickelte es sich in Tibet über die Verschmelzung mit der dort ansässigen Bon-Religion zum tibetischen Buddhismus, der aufgrund der zentralen Rolle des Lehrers oder Lamas früher auch Lamaismus genannt wurde.[10]

Inv. Nr. 2004:35:1 Kauf Giovanni Scheibler (Foto Scheibler) Rollbild (unmont.): Das Leben des Buddha. Farben und Gold auf grundiertem Textilgewebe. H 92 cm, B 62 cm. Nepal (Bhaktapur), 2003/4. Maler: Narayan Krishna Chitrakar. Das Bild zeigt im Zentrum den historischen Buddha, Siddharta Gautama Śakyamuni, in der für ihn typischen Geste der Erdberührung. Er ist umgeben von Szenen aus seinem Leben, die von vorgeburtlichen Ereignissen bis hin zu seinem Tod und Verlöschen im Nirvana reichen. (S. K.)

Inv. Nr. 70.45:269 Slg. Heller (Foto Saal), Das Rad der Existenz (skt.: bhavacakra, tib.: srid-pa ´khor-lo, lies: sipa korlo), Farben auf grundiertem Textilgewebe, Bild H 71 cm, B 52 cm, Gesamt H 136 cm B 78 cm. Tibet, spätes 19. Jahrhundert. Erworben in Nepal. Das Rad der Existenz stellt den Kreislauf der Wiedergeburten (skt.: sansâra) dar, dem der Heilssucher durch den Eintritt ins Nirwana zu entgehen strebt. Es wird an den Eingangstüren der Gebetsräume gezeigt, um die Gläubigen in ihrem Entschluss zu bestärken.
Im Zentrum des Rades bilden Schwein, Schlange und Hahn ein ineinander verbissenes Knäuel. Sie stehen für Gier, Hass und Verblendung, die die Menschen vom Heilsweg abbringen. Der innerste Ring zeigt die 6 Erscheinungsformen, welche die Wesen nach einer Wiedergeburt annehmen können. Von oben im Uhrzeigersinn sieht man Gott, Mensch, Tier, Höllenbewohner, hungrige Geister (pretas) und Titanen. Die trapezförmigen Bildfelder des zweiten Ringes greifen diese Existenzformen auf und beschreiben sie: Eine Wiedergeburt als Gott ermöglicht Leben im Paradies, macht jedoch gleichgültig gegenüber der Tatsache, dass man nach einer gewissen Zeit wieder im Kreislauf der Wiedergeburten weiterschreiten wird. Die Menschen haben die besten Chancen, durch Erkenntnis das Nirvana zu erlangen, während die Tiere aufgrund ihres mangelnden Verstehens weit davon entfernt sind. Die Bewohner der Hölle büßen unter Folterqualen für die Irrwege ihrer letzten Existenz, bevor sie geläutert in einen neuen Körper eingehen können. Die hungrigen Geister können aufgrund ihrer kleinen Münder und dünnen Hälse niemals genug essen und trinken, um satt zu werden. Aus dem Boden schlagendes Feuer verwehrt ihnen, sich zum Schlafen hinzulegen. So werden sie für Geiz, Habgier und Prasserei bestraft. Die Titanen schließlich sind in unaufhörliche Kämpfe miteinander verwickelt und haben kein Ohr für die erlösenden Predigten des Buddha.
Der äußere Ring stellt den Zusammenhang dar, durch den die Taten einer Existenz die nächste bedingen. Er beginnt rechts unten mit einer blinden Alten, der Unwissenheit, die einen Stock ergreift, um auszugehen. Ihre Tatabsichten, dargestellt als Töpfer, der Gefäße formt, führen zur Verkörperung in einem Wesen. Solange dieses lebt, sind geistige und physische Daseinsfaktoren aneinander gebunden wie zwei Männer in einem Boot. Das Wesen besitzt die Fähigkeit zur Wahrnehmung, dargestellt durch die Fenster eines Hauses. Die Wahrnehmung führt

zu emotionaler Beteiligung: Berührung. Die Berührung erzeugt Leiden wie ein im Auge steckender Pfeil. Der Wunsch nach Freiheit vom Leiden führt zu Durst. Der Durst greift nach einer neuen Existenz, in der er sich verwirklichen kann, wie sich Affen von Ast zu Ast schwingen. Die neue Existenz beginnt mit dem Zeugungsakt, dieser führt zur Geburt, die wiederum in einen weiteren Tod mündet, nach dem die sterblichen Überreste auf den Leichenacker getragen werden.
Der Dämon des Todes, Māra, hält das Rad der Existenz in seinen Klauen.
(S. K.)

Bibliographie

Baatz, Ursula
2002   Buddhismus. München.

Bechert, Heinz [u. a.]
2000   Der Buddhismus I: Der indische Buddhismus und seine Verzweigungen. = Die Religionen der Menschheit, Bd. 24.1. Stuttgart [u. a.].

Bechert, Heinz und Richard Gombrich (Hrsg.)
1995   Der Buddhismus. Geschichte und Gegenwart. München.

Conze, Edward
1957   Im Zeichen Buddhas. Buddhistische Texte. Frankfurt/Main [u. a.].
1995   Der Buddhismus. Wesen und Entwicklung. Stuttgart [u. a.].

Fischer-Schreiber, Ingrid & Franz-Karl Erhard & Kurt Friedrichs & Michael S. Diener
1994   Lexikon der östlichen Weisheitslehren: Buddhismus, Hinduismus, Taoismus, Zen. Bern [u. a.].

Gombrich, Richard
1995 Einleitung. Der Buddhismus als Weltreligion. In: Heinz Bechert und Richard Gombrich (Hrsg.), Der Buddhismus. Geschichte und Gegenwart. S. 15-29. München.

Lamotte, Etienne
1995 Der Buddha. Seine Lehre und seine Gemeinde. In: Heinz Bechert und Richard Gombrich (Hrsg.), Der Buddhismus. Geschichte und Gegenwart. S. 33-67. München.
1995 Der Mahayana-Buddhismus. In: Heinz Bechert und Richard Gombrich (Hrsg.), Der Buddhismus. Geschichte und Gegenwart. S. 93-100. München.

Notz, Klaus-Josef (Hrsg.)
2002 Lexikon des Buddhismus. Wiesbaden.

Schlieter, Jens
1997 Buddhismus zur Einführung. Hamburg.

Schumann, Hans Wolfgang
1989 Der historische Buddha. Leben und Lehre des Gotama. München.
2001 Buddhismus. Stifter Schulen und Systeme. München.

Anmerkungen

[1] Zahlreiche Einführungen und Darstellungen sind in den letzten Jahren zum Thema Buddhismus erschienen. Da der vorliegende Beitrag als Kurzinformation konzipiert ist, werden Kernstücke der buddhistischen Lehre stark verkürzt dargestellt, andere Gedankengänge sogar ganz ausgespart. Damit es einem interessierten, inhaltlich noch nicht weiter vorbelasteten Leser jedoch jederzeit möglich ist, tiefer in die komplexe Gedankenwelt des Buddhismus einzusteigen, wird in den sich anschließenden Fußnoten immer wieder

bewußt auf detailliertere Darstellungen verwiesen. Die ebenfalls sehr knapp gefaßte Bibliographie ist als weitere Einstiegshilfe gedacht und verweist auf einige gut lesbare Arbeiten zum Buddhismus.

[2] Für weitere Informationen über den Brahmanismus siehe z.B. Notz (2002: 85-87).
[3] Zum karman-Begriff und zum Kreislauf der Wiedergeburten siehe z. B. Schumann (2001: 76-82)
[4] Zur weiteren Erläuterung der skhanda und zur Nicht-Selbst Lehre siehe Conze (1995: 11), Notz (2002: 46-47; 396-397, 429), Schlieter (1997: 35-49) oder Schumann (1989: 156-157; 2001: 85-87).
[5] Für eine detailliertere Darstellung der Entstehung in Abhängigkeit siehe z. B. Schlieter (1997: 49-63) oder Schumann (2001: 87-97); vgl. auch den Beitrag von Kwiatowski in diesem Band.
[6] Für eine detailliertere Darstellung der „Vier edlen Wahrheiten" und des „Edlen Achtfachen Pfads" siehe Schlieter (1997: 27-34) oder Schumann (2001: 87-97), zum nirvāṇa-Begriff Schlieter (1997: 74-78).
[7] Die erste Predigt Siddharta Gautamas in Sārnāth bei Benares wird allgemein auf 528 v. u. Z. datiert (siehe z.B. Schumann, 1989: 9).
[8] Die Festlegung von Geburts- und Todesjahr des historischen Buddhas ist nicht unumstritten, relativ weit verbreitet ist jedoch die Ansicht, dass er ungefähr zwischen 563 und 483 v. u. Z. gelebt haben muß (siehe z.B. Schumann, 1989: 22-26).
[9] Die im Hīnayāna und Mahāyāna vertretenen Lehrmeinungen werden u. a. bei Schumann (2001: 55-132; 133-218) oder Bechert (200: 23-199) zusammengefaßt. Für weitere Informationen zu den Stichworten Buddhas und Bodhisattvas siehe die gleichnamige Kurzinformation in diesem Band.
[10] Für eine erste Erläuterung zu den Begriffen Tantrismus und Vajrayāna siehe z. B. Notz (2002: 451-453; 492-494).

Kurzinformation Buddhas und Bodhisattvas

Uta Werlich

Als Buddha wird im Buddhismus ganz allgemein ein Wesen bezeichnet, das erkannt hat, welche Gesetzmäßigkeiten den Zyklus der Wiedergeburten in Gang halten und zu vollkommener Erleuchtung (Skt./P. bodhi) gelangt ist. Wörtlich übersetzt bedeutet der Begriff soviel wie „der Erwachte". In diesem Sinn gilt der Terminus als Ehrentitel und nicht, wie man vielleicht zunächst vermuten mag, als Eigenname. Dennoch wird die Bezeichnung besonders häufig mit dem als Religionsstifter anerkannten historischen Buddha, Siddharta Gautama (P. Siddhata Gotama), in Verbindung gebracht.

Siddharta Gautama (P. Siddhata Gotama) wurde etwa 563 v.u.Z. in der kleinen Ortschaft Lumbini, im heutigen Nepal, an der Grenze zu Indien geboren. Als Sohn eines Fürsten aus dem Adelsgeschlecht der Śākya (P. Sākiya) verbrachte er eine unbeschwerte Jugend, heiratete und bekam einen Sohn. Der Überlieferung nach soll Siddharta erstmalig im Alter von 29 Jahren, während einer heimlichen Ausfahrt aus dem Palast, mit den menschlichen Leiden Alter, Krankheit und Tod konfrontiert worden sein. Tief bewegt beschloss er, sein bisheriges Leben aufzugeben und sich auf die Suche nach einem Weg zur Überwindung menschlichen Leidens zu machen. Sechs Jahre verbrachte er als besitzloser Wanderasket, bevor er im Alter von 35 Jahren in tiefer Versenkung unter einem Pipalbaum bei Bodh Gayā sitzend vollkommene Erkenntnis erlangte. In den sich anschließenden 45 Jahren der Lehrtätigkeit verbreitete Siddharta

Gautama (P. Siddhata Gotama) sein Wissen um die Leidgebundenheit menschlicher Existenz, ihre Ursachen und um den Weg, der zur Erlösung führt; er legte den Grundstein für eine ständig wachsende Laiengemeinde, gründete einen ersten buddhistischen Mönchsorden sowie wenig später eine erste Nonnengemeinschaft. Im Alter von 80 Jahren, ca. 483 v.u.Z., verstarb der historische Buddha in Kuśinagara (P. Kusināra). Abgeleitet von seiner Herkunft wird er auch als Śākyamuni (P. Sākiyamuni), als Weiser aus dem Geschlecht der Śākya (P. Sākiya), bezeichnet.[1]

Neben dem historischen Buddha kennt bereits der frühe Buddhismus fünf Vorzeit-Buddhas, die in den Weltzeitaltern vor Śākyamuni-Buddha existiert haben.[2] In späteren Jahren wird ihre Zahl auf 24 erweitert mit Dîpaṃkara (P. Dīpaṃkara) als erstem Vorzeit-Buddha. Ebenfalls fest verwurzelt im buddhistischen Denken ist der Glaube an einen zukünftigen Buddha, Maitreya (P. Metteyya), der die Lehre, den dharma (P. dhamma), neu verbreiten wird.[3] In der späteren mahāyānischen Tradition wird die Zahl der Buddhas schließlich ins unendliche gesteigert. Ein komplexes System von Buddha-Erscheinungen entsteht, das zum einen auf der mahāyānischen Sichtweise beruht, nach der jeder Mensch ein potentieller Anwärter auf Buddhaschaft ist, zum anderen voraussetzt, dass alle Buddhas ihrem Wesen nach eins sind.[4] Ging man in den älteren Schulen noch davon aus, dass es pro Weltzeitalter nur einen Buddha geben kann, kennt der Mahāyāna-Buddhismus neben den irdischen, in menschlicher Gestalt in Erscheinung tretenden Buddhas auch eine Vielzahl transzendenter Buddhas, die nur spirituell erfahrbar sind und sich in eigenen Welten oder „Paradiesen" aufhalten. Unter ihnen erlangte vor allem die Gruppe der fünf Tathāgatas Popularität, die in meditativer Versenkung in ihren eigenen Welten existieren.[5] Unter den Tathāgatas wird vor allem Amitāba, der auch Amitāyus genannt wird, als Herr des im Westen gelegenen „Reinen Landes" Verehrung entgegengebracht.

Auch der Bodhisattva (wörtl.: Erleuchtungswesen), der in den älteren buddhistischen Schulen lediglich einen Anwärter auf Buddhaschaft bezeichnet, erfährt im Mahāyāna einen Bedeutungszuwachs. Er wird von den Anhängern des Mahāyāna als Wesen gesehen, das nach Erleuchtung strebt oder diese bereits erlangt hat, aber vom Mitleid bewegt, auf das endgültige nirvāṇa (P. nibbāna) verzichtet. Sein Ziel ist es, möglichst vielen Lebewesen auf ihrem Weg zur Erlösung beizustehen und sie aus dem Zyklus der Wiedergeburten zu befreien. Wie

Abb. Inv. Nr. 2749:09 Slg. Leder (Foto Saal), Rollbild des Avalokiteśvara als Sadaksari-lokesvara (skt: Ṣaḍakṣarī-Lokeśvara, tib: sPyan-ras gzigs yi-ge drug pa, lies: tschenräsig yige dschugpa), Farben auf grundierter Baumwolle. Bild H 46 cm, B 33 cm, ges. H 81 cm, B 51 cm, Mongolei.

Das hauptsächlich in Grüntönen, Dunkelblau, Weiß und etwas Rot gehaltene Bild zeigt den Bodhisattva Avalokiteśvara in seinem Aspekt als „Herr der sechs Silben" (skr.: Ṣaḍakṣarī - Lokeśvara). Gemeint sind die sechs Silben der Anrufung „Oṃ maṇi padme Hūṃ", mit der Avalokiteśvara verehrt wird. Die vierarmige, sitzende Gestalt trägt den „Schmuck des Weltüberwinders", Krone, Ketten und Seidenschals. Sie hält in der rechten erhobenen  Hand die buddhistische Gebetskette (mālā). Diese wird in der gleichen Weise wie ein christlicher Rosenkranz zum Abzählen der Anrufungen verwendet. Hier weist sie darauf hin, dass die Gläubigen sich jederzeit an den Bodhisattva des Mitgefühls wenden können. Die Lotosblüte in der erhobenen linken Hand ist ein Symbol der Reinheit. Sie erinnert daran, dass Avalokiteśvara den Gläubigen uneigennützig hilft. Die beiden vor der Brust scheinbar im Gebet gefalteten Hände halten das Wunschjuwel cintāmaṇi. Da man sich das Wunschjuwel als völlig durchsichtig vorstellt, ist es oft zwischen den Händen des Ṣaḍakṣarī -Lokeśvara ausgespart oder, wie im vorliegenden Beispiel, nur angedeutet. Das Wunschjuwel zeigt hier an, dass sich die Gläubigen mit jedem Wunsch an Avalokiteśvara wenden und auf Erfüllung hoffen dürfen. Avalokiteśvara sitzt auf einer Sonnenscheibe. Diese liegt auf einem Lotosthron mit sehr ornamental aufgefaßten, gelappten Blütenblättern. Über Avalokiteśvara sein geistiger Vater, der Buddha Amitābha. Unten in der Mitte liegen Opfergaben. (S. K.)

im Fall der Buddhas unterscheidet das Mahāyāna zwischen irdischen und überirdischen Bodhisattvas. Für den gläubigen Mahāyānin besitzen vor allem die transzendenten Bodhisattvas Mañjuśrī und Avalokiteśvara Bedeutung, da Mañjuśrī die Weisheit, Avalokiteśvara Mitgefühl und Erbarmen verkörpert.[6]

Abb. Inv. Nr. 2771:09 Sammlung Leder (Foto Saal)
Gemälde: Bodhisattva Manjusri als Arapacana-Manjusri. (skr.: Arapacana Mañjuśrī, tib.: ´Jam-dbyangs a-ra-pa-tsa-na, lies: dschamyang arapatsana; mong.: Manjusri; chin.: Wenshu pusa.)
Farben und Gold (?) auf grundiertem Textilgewebe. Bild H 99 cm, B 74 cm, Gesamt H 117 cm, B 90 cm, Mongolei (erworben), China (gemalt, bzw. chinesischer Künstler), Anfang 20. Jahrhundert.
Manjusri, der „liebliche Herr", ist der Bodhisattva der Weisheit. Sein flammendes Schwert versinnbildlicht die Schärfe des Verstandes, die Licht ins Dunkel bringt. Das querformatige tibetische Buch, das auf der Lotosblüte in seiner linken Hand liegt, steht für das Prajñāpāramitā-Sutra (Sutra der transzendenten Weisheit), einen der am weitesten verbreiteten Texte des tibetischen Buddhismus. Mañjuśri ist Schutzpatron der Studenten und Herr der Wissenschaften, vor allem der Grammatik. Große Denker und Lehrer wie z.B. Padmasambhava und Tsongkhapa, sieht man als seine Emanationen (Ausstrahlungen seiner Kraft in die Phänomenwelt). Er ist ein Schutzpatron Tibets.
    Leder erwarb dieses Bild noch im ursprünglichen Spannrahmen des Malers. Obwohl es in der Mongolei erworben wurde, weisen die geschwungenen Augenlider der Zentralfigur, der gekräuselte Rand der Lotosblätter des Sockels und die Goldspiralen auf dem Gewand auf einen chinesischen Maler hin (Roland Steffan, 2003, pers. comm.). (S. K.)

Bibliographie

Bechert, Heinz (Hrsg.)
1997   The Dating of the Historical Buddha. Symposium on "The Date of the Historical Buddha and the Importance of its Determination for Indian Historiography and World History". (Symposien zur Buddhismusforschung, 4.3.) Göttingen.

Bechert, Heinz u.a.
2000   Der Buddhismus I: Der indische Buddhismus und seine Verzweigungen (Die Religionen der Menschheit, 24 (1)). Stuttgart.

Fischer-Schreiber, Ingrid/u.a.
1994   Lexikon der östlichen Weisheitslehren: Buddhismus, Hinduismus, Taoismus, Zen. Bern.

Grönbold, Günter
1984   Die Mythologie des indischen Buddhismus. In: Hans Wilhelm Haussig (Hrsg.), Götter und Mythen des indischen Subkontinents. Wörterbuch der Mythologie, Abt.1, Bd. 5, S. 285-508. Stuttgart.

Haussig, Hans Wilhelm (Hrsg.)
1984   Götter und Mythen des indischen Subkontinents. Wörterbuch der Mythologie Abt.1, Bd. 5. Stuttgart.

Kloetzli, W. Randolph
1987   Buddhist Cosmology. In: Mircea Eliade (Hrsg.), The Encyclopedia of Religion, Bd. 4, S. 113-119. New York.

Lancaster, Lewis R.
1987   Maitreya. In: Mircea Eliade (Hrsg.), The Encyclopedia of Religion, Bd. 9, S. 136-141. New York.

Mircea Eliade (Hrsg.)
1987   The Encyclopedia of Religion. 16 Bde. New York.

Notz, Klaus-Josef (Hrsg.)
2002   Lexikon des Buddhismus. Wiesbaden.

Reynolds, Frank E./Charles Hallisey
1987   Buddha. In: Mircea Eliade (Hrsg.), The Encyclopedia of Religion, Bd. 2, S. 319-334. New York.

Schumann, Hans Wolfgang
1989   Der historische Buddha. Leben und Lehre des Gotama. München.
2001   Buddhismus. Stifter Schulen und Systeme. München.
2004   Die grossen Götter Indiens. Grundzüge von Hinduismus und Buddhismus. München.

Snellgrove, David L.
1987   Celestial Buddhas and Bodhisattvas. In: Mircea Eliade (Hrsg.), The Encyclopedia of Religion, Bd. 3, S. 133-144. New York.

Anmerkungen

[1] Eine ausführliche Biographie des historischen Buddhas liefert z.B. Schumann (1989). Umstritten sind die Lebensdaten Siddharta Gautamas (P. Siddhata Gotama). Neben der Auffassung, dass der historische Buddha etwa zwischen 563 und 483 v.u.Z. gelebt hat, datieren jüngere Forschungen das Todesjahr auf einen Zeitpunkt zwischen 380 und 340 v.u.Z. (vgl. Bechert, 1997).
[2] Zu den Vorzeit - Buddhas siehe Bechert (2000: 235-238), zum Konzept der Weltzeitalter Notz (2002: 514) oder Kloetzli (1987).
[3] Zu Maitreya (P. Metteyya) siehe Bechert (2000: 238-245) oder Lancaster (1987).
[4] Die Vorstellung von einer Wesensgleichheit aller Buddhas ist Teil der sogenannten Drei - Körper oder trikāya-Lehre, die u.a. bei Schumann (2001: 153–160) erläutert wird.
[5] Zu den fünf Tathāgatas siehe Bechert (2000: 245-255) oder Grönbold (1984: 472-475).
[6] Verschiedene Bodhisattvas werden u.a. bei Bechert (2000: 259-276) besprochen; vgl. auch Snellgrove (1987).

Unendliche Vielfalt.
Gestalt und Erscheinungsform
im Buddhismus

Christian Luczanits

Ein tibetischer Tempel ist voll von figurativen Darstellungen, Plastiken aus verschiedensten Materialien hinter dem Hauptaltar oder entlang den Wänden, sich über alle Wände ersteckende Malereien, Gehänge in Form von Rollbildern oder Textilien, Gravierungen in Stein und Bronze auf dem Altar und vieles andere mehr sind einer erstaunlich expressiven Vielfalt von Wesen gewidmet. Diese Figuren – mehrere Stockwerke hoch oder auch winzig klein – können meditative Ruhe und Frieden vermitteln, beunruhigen oder, durch ihren furchterregenden Ausdruck, gar Angst und Schrecken verbreiten. Sie sitzen oder stehen, einige sind Teil einer Gruppe, andere dominieren ihre Umgebung. Manche sind in sich gekehrt, andere wenden sich mit angsteinflössenden Grimassen dem Betrachter zu oder sind in rasender, sexueller Vereinigung entrückt. Manche der Figuren mögen sich wie ein Ei dem anderen gleichen, es dominiert aber immer deren Vielfalt und Vielgestaltigkeit. Diese Vielfalt mag aber nicht sofort ersichtlich sein, da die Figuren in der Dunkelheit des Raumes nicht alle sofort wahrgenommen werden und die Sinne zuerst von den Figuren größerer Ausmaße eingenommen werden, bei näherer Betrachtung wird sie aber offensichtlich und manchmal sogar als erdrückend empfunden.

Die meisten dieser Wesen werden als Manifestation Buddhas und im erweiterten Sinn als Gottheiten bezeichnet. Allerdings umfassen diese Begriffe Wesen verschiedenster Natur und decken verschiedene Bereiche in Bezug auf diese Wesenheiten ab. Buddha bezeichnet den ‚Erwachten' und gleichfalls die unzähligen Erscheinungsformen, welche er annimmt, um Lebewesen verschiedenster Fähigkeiten auf den rechten (buddhistischen) Weg zu führen. Gott ist, wer über der Erde weilt, sei es in einem der entfernten Himmel oder in den Bereichen direkt über der Erdoberfläche wie etwa auf Bergen. In der tibetischen Vorstellung bevölkern gottähnliche Wesen auch Seen, Flüsse, Quellen, herausragende Bäume und viele andere Bereiche der Landschaft. Sie alle sind Teil des mannigfaltigen tibetisch-buddhistischen Pantheons.

Die Ausdrucks- und Wesensvielfalt im tibetischen Buddhismus ist das Endprodukt der langen Entwicklung, die der Buddhismus durchgemacht hatte, bis er in Tibet übernommen wurde. Auch die Integration des nativen tibetischen Glaubens, dass praktisch jedes Element in der Landschaft von einer Gottheit oder einem geist-ähnlichen Wesen bewohnt wird, trägt ganz wesentlich zum Pantheon bei. Entscheidend ist aber auch, dass die schon übernommene Vielfalt den tibetischen Gegebenheiten in innovativer Weise angepasst und erweitert wurde.

Der vorliegende Beitrag versucht die Vielfalt der in tibetischen Tempeln dargestellten Wesen und ihre Relation zueinander in systematischer Weise zu erfassen. Auch wenn die hier vorgestellten Zusammenhänge sicher keine historische Entwicklung als solches wiedergeben, erlauben sie doch die Vielfalt des esoterischen Buddhismus (skt.: Vajrayāna; tib.: rDo-rje theg-pa; lies: dorje thegpa), also jenem Zweig des Mahāyāna-Buddhismus der auch in Tibet praktiziert wird, in ein verständliches Bild zu bringen. Ohne den Anspruch zu erheben, dass es sich hier um eine authentische tibetische Interpretation handelt, richtet sich diese Systematik weitgehend nach dem tibetischen Verständnis. Es ist dabei nützlich, die historischen Entwicklungsstufen des Buddhismus als übereinander gelagerte Schichten zu betrachten, wobei die jeweils jüngere auf der darunter liegenden aufbaut und diese gleichzeitig verwandelt.[1] Auf Grund der besonderen Bedeutung des Bodhisattva Avalokiteśvara für den tibetischen Buddhismus, sind die meisten der zitierten Beispiele auf Avalokiteśvara und seine Familie bezogen.

Drei Körper

Grob gesprochen sind im tibetischen Pantheon zwei wesentliche Gruppen von Gottheiten zu unterscheiden, die hohen buddhistischen Gottheiten und die ‚weltlichen' Götter, zu denen auch die großen indischen Götter wie Indra (auch Śakra; tib.: rGya-spyin; lies: gyadschin), Brahmā (tib.: Tshang-pa) und viele andere mehr zählen. Der wesentliche Unterscheid zwischen diesen beiden Gruppen ist, dass die hohen buddhistischen Gottheiten nicht dem Tod unterworfen sind.

Die hohen buddhistischen Gottheiten sind keine Wesen im eigentlichen Sinne, sondern Emanationen des Buddha in seiner ultimativen und undifferenzierten Gestalt, in jener Gestalt, welche dem Buddha im Zustand des Erloschenseins (skt.: nirvāṇa) gleichzusetzen ist. Erloschen ist dabei nicht die Buddhanatur, sondern nur dessen differenziertes, irdisches Erscheinungsbild. Diese ultimative Form des Buddha, welche in ihrer wahren Natur nicht fassbar ist, wird nach der üblichsten Systematik als Dharma-Körper (skt.: dharmakāya, tib.: chos-sku) bezeichnet.[2]

Dieser Buddha, ohne seine absolute Gestalt in irgendeiner Weise zu verändern, emaniert weltliche Erscheinungen, wie jene des Buddha Śākyamuni, welcher bis um 380 Jahre vor der gemeinsamen Zeitrechnung gelebt hat.[3] Diese verletzliche und kurzweilige Erscheinungsform wird mit einer Illusion verglichen und ‚Illusionskörper' (skt.: nirmāṇakāya; tib.: sprul-pa'i sku) genannt. In dieser Form erscheint der Buddha den minder Begabten, die zumindest das Glück haben, zur Zeit einer weltlichen Emanation des Buddha wiedergeboren worden zu sein.

Einer dritten Erscheinungsform, welche zwischen die beiden bisher besprochenen zu reihen ist, liegt das Bild des Genusses zu Grunde (skt.: saṃbhogakāya; tib.: Longs-spyod rdzogs-pa'i sku), und ist am treffendsten als ‚Verzückungskörper' ins Deutsche zu übertragen.[4] Diese Erscheinungsform ist nur für eine ausgewählte Gruppe von Fortgeschrittenen wahrnehmbar. In dieser Form präsentiert sich der Buddha in Himmeln, Paradiesen und anderen heiligen Sphären wie den Mandalas.

Die wohl poetischste Darstellung der drei Körper eines Buddha ist im Alchi Sumtsek in Ladakh. Dort ist das Leben des Buddha dem Textilmuster eines Lendenschurzes eingeschrieben. Was könnte die fragile Natur der irdischen Manifestation besser ausdrücken? Diese Darstellung

Abb. 1 Bodhisattva Maitreya Alchi Sumtseg (Foto J. Poncar)

des Leben des Buddha bekleidet die übernatürliche Erscheinung des Bodhisattva Maitreya, der in unserer Welt als nächster Buddha erscheinen wird (Abbildung 1). Die Lebensgeschichte stellt nicht nur die Ereignisse des historischen Buddha dar, die gleichen Ereignisse zeigt auch Maitreya, wenn er letztendlich Buddhaschaft auf Erden manifestiert. Die Übernatur des Bodhisattva wird in der Abbildung durch seine physische Größe (ca. 4,5 Meter) und auch durch seine vier Arme ausgedrückt. Er selbst ist aber auch nur eine Emanation des ihm übergeordneten Buddha, in diesem Fall des Buddha Vairocana, der als zentraler Buddha in seiner Krone dargestellt ist. Hier sind also alle drei Buddhakörper in einer Darstellung zu einem überzeugenden Ganzen vereint. Streng genommen ist der dharmakāya nicht fassbar und daher auch nicht darstellbar, in der Alchi Darstellung wird aber in diskreter Weise auf diese Form verwiesen.[5]

Paradies

Ein absoluter Buddhakörper und die Fähigkeit, sich immer und überall und auch in vielfacher Wiederholung zu manifestieren, wird dem Buddha mit dem Entstehen des ‚großen Fahrzeugs', dem Mahāyāna (tib.: Thegpa chen-po), zugeschrieben. Es werden auch verschiedene, gleichzeitig in parallelen Welten residierende und waltende Buddhas postuliert. Im frühen Mahāyāna haben diese relativen Manifestationen die gleiche Gestalt wie das ursprüngliche Buddhabild selbst, und sind daher in Mönchskleidung gewandet. Der Verzückungskörper und der Illusionskörper, sofern sie in der Frühzeit überhaupt strikt unterschieden wurden, sind also anfänglich von gleicher Gestalt, nur ihr Umfeld unterscheidet sich. Dabei lehrt der Buddha im jeweiligen Umfeld den Fähigkeiten der Rezipienten entsprechend und wendet geschickt angepasste Lehrmethoden an, eine Fähigkeit die als ‚Geschicklichkeit in den Mitteln' (skt.: upayakauśalya) bezeichnet wird.

Die Gleichzeitigkeit verschiedener Buddhas in verschiedenen Welten ist durch Gruppen wie die Buddhas der zehn Richtungen ausgedrückt. Die zehn Richtungen sind die vier Kardinalrichtungen, die vier Zwischenrichtungen sowie Zenith und Nadir. Die Wiederkehr eines Buddhas in derselben Welt bestimmt Gruppen wie die Buddhas der drei Zeiten und die 1000 Buddhas. Bei den Buddhas der drei Zeiten handelt es sich um den Buddha der Vergangenheit, Dīpaṃkara (tib.: Mar–me-mdzad), den Buddha unseres Zeitalters, also der Gegenwart, Śākyamuni (tib.: Shākya–thub-pa) und den Buddha der Zukunft Maitreya (tib.: Byams-pa; vgl. Abbildung 7). Diese drei Buddhas weisen nicht nur auf die kontinuierliche Gegenwart des Buddhismus in unserer Welt hin, sondern auch auf die kontinuierliche Weitergabe der buddhistischen Lehre von Buddha zu Buddha.[6] Bei den tausend Buddhas handelt es sich um eine in die Zukunft gerichtete Verlängerung dieser Abfolge.

Manche Manifestation des Buddha, auch sie entspricht im tibetischen Verständnis dem Illusionskörper,[7] wird in Paradiesen und Himmeln gedacht, wo sie Götter, Bodhisattvas und gelegentlich besonders entwickelte Menschen in der buddhistischen Lehre unterrichtet. Im Gegensatz zum historischen Buddha sind die Buddhas der Paradiese gegenwärtig und, im Idealfall, direkt für den Gläubigen zugänglich.[8] Ein solches Paradies ist zwar jenseits unserer Welt, unterscheidet sich aber bloß in den besseren Bedingungen für die buddhistische Praxis. Eine Wiedergeburt dort, welche von vielen Buddhisten als besonders wünschenswert erachtet wird, ist also nur ein Zwischenstadium am Weg zur eigenen Befreiung vom leidvollen Lebenskreislauf.

Unter den Paradiesen nimmt das glückliche Paradies (skt.: Sukhā-

Abb. 2 Inv. Nr. 49.74:85, Schenkung Dr. Koch-Bergemann (Foto Saal)
Relief des transzendenten Buddha Amitabha (skt.: Amitābha, tib.: 'Od-dpag-med, lies: öpagme; chin.: Amito Fo). Kupfer, getrieben. H 16 cm, B 7 cm, wohl China (sinotibetisch).

vatī, tib.: bDe–ba-chan) des Buddha Amitābha eine besondere Stellung ein. Dieses Paradies ist in einigen relativ frühen Mahāyāna-Texten beschrieben und führte in Ostasien zu einem eigenen Kult und Zweig des Buddhismus.[9] Auch in Tibet ist das reine Paradies des Amitābha Gegenstand der Verehrung. Buddha Amitābha (tib.:'Od–dpag-med; „Grenzenloses Licht') wird darin rot und in Meditationshaltung sitzend dargestellt und hält eine Almosenschale in den übereinander gelegten Händen (Abbildung 2: Buddha Amitābha, Inv.Nr. 49.74:85. Vgl. auch: Paradies des Amitābha, Farbteil).[10]

Bodhisattva

Schon in den frühesten Darstellungen werden Buddhas häufig von Bodhisattvas begleitet. Bodhisattvas sind jene, die nach der Buddhaschaft streben und sich in verschiedenen Stadien (skt.: bhūmi; tib.: sa) in diesem langen Entwicklungsprozess befinden. Bodhisattvas wollen nicht nur sich selbst aus dem Kreislauf der Wiedergeburten befreien, sondern alle Lebewesen. Die Darstellung eines Bodhisattvas orientierte sich ursprünglich am idealisierten Aussehen realer Personen, den Noblen der Kushana-Dynastie. Erst nach einer gewissen Vergöttlichung und mit der Kanonisierung ihrer Attribute werden Bodhisattvas individuell identifizierbar.

Im Falle des westlichen Paradieses des Buddhas Amitābha ist der prinzipielle begleitende Bodhisattva Avalokiteśvara (tib.: sPyan-ras-gzigs; lies: dschenrezi; ‚der [gütig] herabblickende Herr'), der bald selbst Gegenstand eines eigenen Kults wird. Avalokiteśvara ist die Personifikation des Mitleids, und es wird ihm ganz besondere Kraft zugeschrieben. Für die ursprünglich zweiarmige Form des Bodhisattvas wird auch der deskriptive Name Padmapāṇi (tib.: Lag–na-padma; ‚Lotus in der Hand') verwendet. Dieser Name weist auf sein identifizierendes Attribut, den Lotus, hin, den er, oft an seinem Stamm, in der linken Hand hält. Der Lotus ist ein Symbol für die Buddhaschaft.[11] Die rechte Hand zeigt meist die Geste der Wunschgewährung (skt.: varadamudrā; tib.: mchog–sbyin-gyi phyag-rgya), bei der die Hand mit der Handfläche zum Betrachter nach unten gestreckt ist. Der rezente zweiarmige Avalokiteśvara der Ausstellung entstammt der historisch frühesten Form des Bodhisattvas. Er hat als zweites Attribut einen Kranz (skt.: mālā; tib.: phreng-ba) der in der Blüte eines zweiten Lotus in einer Achterschleife stehend wiedergegeben ist (Abbildung 3: Zweiarmiger Avalokiteśvara, Inv.Nr. 25.28:207).

Bodhisattvas entwickeln sich schon bald von den archetypischen Vorbildern für den buddhistischen Praktikanten des frühen Mahāyāna zu omnipotenten und Wunder wirkenden Helfern, die in diversen Gefahrensituationen angerufen werden können. Das übernatürliche Wirkungspotenzial wird dabei oft durch mehrfache Köpfe und Gliedmaßen ausgedrückt. Ein außergewöhnlich schönes Beispiel ist der in Kaschmir oder Westtibet gefertigte sechsarmige Avalokiteśvara (Abbildung 4: Sechsarmiger Avalokiteśvara, Inv.Nr. 3893:07). Wie die zweiarmige Form hat er ein kleines Abbild des Buddha Amitābha im hochgesteckten Haar und

Abb. 3 Inv. Nr. 25.28:207, Slg. Stoetzner (Foto Saal)
Figur des Bodhisattva Avalokiteshvara als Padmapani (skt.: Avalokiteśvara Padmapāṇi, tib.: Phyag-na padma, lies: tschagna padma). Bronzeguss. Reste blauer Fassung. H 15 cm, B 7 cm, T 5 cm, Osttibet, frühes 20. Jahrhundert. Erworben in Dartsedo.

hält den Lotus in einer linken Hand. Die anderen Handgesten und Attribute symbolisieren weitere Eigenschaften oder Methoden des Bodhisattvas: der Kranz in der oberen rechten Hand steht für die wiederholte Rezitation, die zur Schulter geführte Hand möglicherweise für Ehrerbietung[12], die Flasche verweist auf das Weiheritual und der Stock, vermutlich ein Elefantenhaken, auf die Zähmung negativer Emotionen.[13]

Abb. 4 Inv. Nr. 3893:07, Kauf Umlauff, Schenkung Freunde des Museums (Foto Saal)
Figur des Bodhisattva Avalokiteśvara als Sugatisamdarsana Lokeśvara. Bronzeguss. Spuren von Vergoldung. H 23 cm, B max. 12,7 cm, Kaschmir, (um 1000 n.Chr.) (laut Inventarbuch Tibet).

Einem Bodhisattva der höchsten Stufe wird dabei schon bald das gleiche Hilfspotential wie dem Buddha selbst zugeschrieben. Am eindrucksvollsten ist die enorme Wirkungskraft eines Bodhisattvas durch die tausendarmige Form von Avalokiteśvara ausgedrückt (Abbildung 5. Tausendarmiger Avalokiteśvara, Inv.Nr. 2004.27:2). In der üblichsten Darstellung hat diese Form elf Köpfe, deren oberster jener des Buddha Amitābha ist, welche traditionell für seine Wirkungskraft in den zehn Richtungen stehen. Desweiteren hat der Bodhisattva acht Hauptarme vor einem Kreis aus weiteren Armen, jeder mit einem Auge in der Handfläche, welche die unendliche Aufmerksamkeit und Hilfskraft dieses Bodhisattvas bezeugen. Traditionell werden 108 Formen des Bodhisattva Avalokiteśvara unterschieden, wenn man aber auch den historischen Kontext berücksichtigt, gibt es noch wesentlich mehr.[14]

Im späteren Mahāyāna werden auch weibliche Bodhisattvas, denen in einigen Fällen ähnliches Potenzial zugeschrieben wird, angerufen.

Abb. 5 Inv. Nr. 2004.27:2, Slg. F.K. Grelle (Foto Saal)
Figur des Bodhisattva Avalokitesvara als elfköpfiger, tausendarmiger Herr (skt.: Sahasrabhuja-Lokeśvara, tib.: sPyan-ras-gzigs phyag-stong-spyan-stong, lies: tschenräsig tschagtong tschentong; mong.: Nidüber üzegci / Nidubarujecki). Bronzeguss, rote und Spuren blauer Bemalung. H 33,5 cm, B 22 cm, T 9 cm, Mongolei.

Die bekannteste Göttin im tibetischen Raum ist Tārā (tib.: sGrolma; lies: dölma), die unter anderem wie Avalokiteśvara als Retterin vor exemplarischen acht Gefahren auftritt (vgl. Abbildung 12, 13 und 14).

Drei Familien

Von den häufig abgebildeten Triaden kommt jener, in welcher der Buddha von den Bodhisattvas Padmapāṇi (Avalokiteśvara) und Vajrapāṇi (der mit dem vajra in der Hand) begleitet wird, allmählich besondere Bedeutung zu. Schon in den frühesten Darstellungen wird der Buddha von einem vajra-Träger als Beschützer begleitet. Der vajra (tib.: rdo-rje; lies: dorje) ist ein Donnerkeil und auch das Attribut des Indra, dem höchsten der Götter. Wie Indras Attribut an jenes des Zeus erinnert, erinnern manche der frühen vajra-Träger an Herakles. Der vajra ist aber auch das Symbol für Härte und Beständigkeit, Eigenschaften welche sich vom ebenfalls so bezeichneten Diamanten ableiten.

Im Verständnis des frühen esoterischen Buddhismus wird die

Triade Avalokiteśvara–Buddha–Vajrapāṇi den drei ‚Giften', Leidenschaft, Unwissenheit und Hass, die für unser Haften am Lebenskreislauf verantwortlich sind, gegenübergestellt. Dabei überwindet die Weisheit des Buddha Unwissenheit, das unendliche Mitleid des Bodhisattvas Avalokiteśvara kanalisiert die Leidenschaften, und die Kraft Vajrapāṇi's beugt den Hass zum Nutzen aller Lebewesen. So werden die buddhistischen Gottheiten bald nach ihrem bevorzugten Wirkungspotential diesen drei Gruppen zugeordnet, welche als Lotus-, Buddha- und vajra-Familie bezeichnet werden.[15]

Das Konzept der drei Familien bestimmt zum Beispiel schon die späteren buddhistischen Höhlen in Ellora[16], in Zentralindien, und liegt dem ikonographischen Programm früher tibetischer Tempel zugrunde. Als Beispiel ist hier vor allem die Cella des Jokhang (tib.: Jo-khang) in Lhasa zu nennen, in der die acht Bodhisattvas des glücklichen Zeitalters den Jowo (tib.: Jo-bo) genannten Buddha begleiten. Diese Gruppe von einem von acht Bodhisattvas begleiteten Buddha ist als Erweiterung der einfachen drei Familien Konstellation zu sehen und findet sich bereits in indischen Tempeln, wie zum Beispiel in Ellora.[17]

Die drei Familien kommen in vielen Varianten vor, und ihre Darstellung ist in fast allen tibetischen Tempeln zu finden. Besonders populär ist ihre Darstellung in Form der Schützer der drei Familien (tib.: rigsgsum mgon-po). Darunter versteht man die Gruppe der Bodhisattvas Avalokiteśvara, Mañjuśrī und Vajrapāṇi, wobei Mañjuśrī, der Bodhisattva der Weisheit, die Buddha-Familie vertritt. Drei stūpa (tib.: mchod-rten) in einer Reihe am Rand eines Dorfes oder über einem Hauseingang beziehen sich auf diese Gruppe. Oft sind die stūpa auch in den Farben der drei Bodhisattvas bemalt, wobei weiß für Avalokiteśvara, orange für Mañjuśrī und blau für Vajrapāṇi steht.

Jeder Familie werden auch weibliche und zornige Aspekte zugeordnet. Die wichtigsten Göttinnen der Lotus-Familie sind die verschiedenen Formen der Tārā, und der pferdeköpfige Gott Hayagrīva (tib.: rTa-mgrin) gilt als zornige Manifestation Avalokiteśvaras und repräsentiert dessen aktiven Aspekt (Abbildung 6: Hayagrīva, Inv.Nr.: 2822:09).[18]

Abb. 6 Inv. Nr. 2822:09, Slg. Leder (Foto Saal) Gemälde des Dharmapāla Hayagrīva (tib.: rTa-mgrin, lies: tamdschin, mong: Morin čoyulaitu). Farben auf Textilgewebe, unmontiert. H 31 cm, B 24 cm (Detail), Mongolei, erworben um 1900. Publiziert: Ribbach, 1917: Tafelteil.

Fünf Buddhas

Mit der Weiterentwicklung des esoterischen Buddhismus multipliziert sich nicht nur die Anzahl der Buddhas, sondern auch deren Gestalt. In konsequenter Anwendung wesentlicher Konzepte des Mahāyāna Buddhismus, die eingangs angeführten drei Körper eingeschlossen, wird der Buddha nun auch in Manifestationen vorgestellt, die sich grundsätzlich vom eigentlichen Buddhabild unterscheiden. Grundlegend ist dabei, dass nach einer späteren Mahāyāna Vorstellung jeder Mensch die Grundlage für sein Erwachen, und damit seine Befreiung von der Wiedergeburt, bereits in sich trägt. Allerdings bleibt uns dieser ‚innere Buddha' im Allgemeinen verborgen.

Die esoterische Praxis mit ihrer Kombination aus Ritual und Meditation, versucht diese Buddhanatur kenntlich zu machen, indem sie von Anfang an auf die Identität des Praktizierenden mit der Buddhanatur hinweist. Sie ist dabei auch auf den Charakter der praktizierenden Person abgestimmt. Im Gegensatz zu den Erlösungswegen der früheren Schulen kann mit esoterischen Praktiken das Erwachen bereits in einem Leben erreicht werden.

Im esoterischen Buddhismus kommt dem Lehrer (skt.: guru; tib.: bla-ma) eine besondere Rolle zu. Er weist dem Schüler eine Praxis zu, vermittelt die damit verbundene mündliche Unterweisung und vollzieht die Initiation oder Weihe (skt.: abhiṣeka; tib.: dbang) in die Praxis. Nimmt man die drei Familien zur Grundlage, wird der Lehrer dem Schüler eine Praxis zuteilen, welche seiner Neigung entspricht. Ist der Schüler der Leidenschaft verhaftet, wird ihm eine Praxis aus der Lotus-Familie zugeordnet und so weiter.

In Erweiterung der drei Familien wird spätestens ab dem 8. Jahrhundert ein System mit fünf Buddha-Familien vorgestellt. Zu den drei ‚Giften', welche mit den Vertretern der drei Familien bekämpft werden, kommen noch Stolz und Eifersucht hinzu. Diese fünf Buddhas, auch Jinas (tib.: rGyal-ba; ‚Sieger') und Tathāgatas (tib.: De-bzhin gshegs-pa; ‚So-Gegangene') genannt,[19] wirken diesen negativen Charaktereigenschaften in Form von spezifischen Erkenntnissen entgegen. Zusammen bilden die fünf Buddhas ein repräsentatives Ganzes, auf dessen Grundlage der Charakter jeder einzelnen Person zugeordnet werden kann.

Die fünf Buddhas werden als subtilere Manifestationen der absoluten Erscheinungsform des Buddha, also als dessen Verzückungskörper verstanden.[20] Sie sind daher wie Götter und Bodhisattvas mit einem bloßen Lendenschurz bekleidet und reich geschmückt. Aus ikonographischer Sicht wird jedem der fünf Buddhas eine Geste, ein Symbol, eine Farbe, ein Fahrzeug oder Reittier und eine Richtung (das Zentrum oder eine Kardinalrichtung) zugeordnet.

Mandala

Im esoterischen Ritual werden die fünf Buddhas in eine von einem Feuer- und vajra-Kreis abgeschottete reine Sphäre geladen, dem sakralen Kreis oder Mandala (tib.: dkyil-'khor). Im Mandala stellt man sie sich gemeinsam mit sekundären Gottheiten in einem Palast mit vier Toren vor. Das Mandala ist einerseits ein geschützter Bereich in den Gottheiten geladen werden können, gilt andererseits aber auch als Abbild des Kosmos, dessen Differenziertheit durch die Gottheiten vertreten wird. Mikrokosmisch wird es mit dem Charakter und dem idealisierten, subtilen Körper des Praktizierenden gleichgesetzt. Das im Ritual verwendete

Sandmandala wird nur für diesen Zweck gemacht und danach wieder zerstört. Bei den meisten Ritualen verwendet man heute aus Stoff gezeichnete (tib.: ras-bris) oder auf Papier gedruckte Mandalas. Die in tibetischen Tempeln und auf Rollbildern, den so genannten Thangkas (tib.: thang-ka), dargestellten Mandalas mögen zwar die Vorstellung zur Visualisationspraxis unterstützen, haben aber keine eigentliche rituelle Funktion.[21] Alle Gottheiten des Mandala werden dabei als Emanationen oder Aspekte der zentralen Gottheit verstanden.

Ohne jetzt im Detail auf die fünf Buddhas, deren Gestalt und den mit Ihnen verbundenen Symbolismus einzugehen, sei hier nur erwähnt, dass der zentrale Buddha Vairocana die Buddha-Familie vertritt, weiß ist, und das Rad der buddhistischen Lehre als Symbol hat. Akṣobhya wiederum ist blau, vertritt die vajra-Familie, hat den vajra als Symbol und ist im Osten lokalisiert. Da die Hauptgottheit immer der aufgehenden Sonne entgegen, also nach Osten, blickt, ist der Osten in Mandala-Darstellungen immer unten. Der Buddha Amitābha und seine Lotus-Familie sind auch hier im Westen, also oben, lokalisiert und sein Viertel ist rot. In Mandalas der tibetischen Tradition kann sowohl der Buddha Vairocana als auch Buddha Akṣobhya im Zentrum sein.

Das Konzept der fünf Buddhas liegt den meisten Mandalas der tibetischen Tradition zugrunde, selbst dann, wenn das Mandala eigentlich ganz anderen Gottheiten gewidmet ist. Dies ist schon

Abb.7 Inv. Nr. 26.11:3, Kauf Umlauff (Slg. Schlagintweit?) (Foto Saal)
Rollbild: Mandala des elfköpfigen Avalokiteśvara (skt.: Ekādaśa-mukha-Lokeśvara-maṇḍala, tib.: sPyan-ras-gzigs bcu-gcigs-zhal, lies: tschenräsig tschutschig schäl; maṇ-ḍal, lies: mändäl). Farben auf Textilgewebe. Montierung Brokat, Seide. Ges. H 81 cm, B 58 cm Gemälde: H 45 cm, B 33 cm, tibetisches Grenzgebiet (evtl. Sikkim ?), wohl 19. Jahrhundert.

daran zu erkennen, dass die Hintergrundfarbe der Mandala-Viertel, denen der Buddhas in den Kardinalrichtungen entspricht.[22] Da Vairocana und Akṣobhya in ihrer Platzierung im Mandala austauschbar sind, ist das östliche Viertel entweder blau oder weiß. Ist das untere Viertel blau, ist Vairocana der zentrale Buddha des Mandala, ist es weiß, ist Akṣobhya im Zentrum gedacht. Im Mandala des elfköpfigen und achtarmigen Avalokiteśvara übernimmt der Bodhisattva die zentrale Stellung von Vairocana (Abbildung 7: Avalokiteśvara Mandala, Inv.Nr. 26.11:3).

Persönlicher Buddha

In diesem Mandala ist Avalokiteśvara die für den Praktizierenden relevante Emanation der absoluten Natur des Buddha. Diese wurde ihm von seinem Guru zugewiesen, und er wurde in die Praxis dieser Emanation in Form von Unterweisungen und einer Weihe eingeführt. Avalokiteśvara ist also sein persönlicher Buddha (skt.: iṣṭadevatā; tib.: yi-dam). Auf die fünf Buddhas bezogen wurde der Praktizierende der Lotus-Familie des Buddha Amitābha zugeordnet.

Nachdem die fünf Buddhas zusammen alle in einer Person möglichen emotionellen Eigenschaften abdecken, kann jeder Person eine persönliche Form des Buddha, die seinem Charakter am Besten entspricht, zugewiesen werden. Da, wie schon bei den drei Familien, die Eigenschaft der Buddhamanifestation auch in ihrer Gestalt ausgedrückt wird, gibt es im esoterischen Buddhismus eine hohe Zahl von persönlichen Buddhas, die ein weites Spektrum abdecken. Die relevante Manifestation der Buddhaschaft wird folglich auch in zahlreichen verschiedenen Formen vorgestellt. Betrachtet man diese Formen der persönlichen Buddhas systematisch, unterscheidet man friedliche, halb-zornige und zornige Manifestationen. Zum Beispiel ist der Guhyasamāja Buddha friedlich, Cakrasaṃvara, Vajrayoginī und Hevajra gelten als halb-zornig, und Vajrabhairava (vgl. Farbteil) und Hayagrīva (vgl. Abbildung 6) sind zornig.

Viele der persönlichen Buddhas werden in Vereinigung mit einer Partnerin vor- und dargestellt, wobei hier die Nicht-Dualität der absoluten Wirklichkeit oder Buddhanatur, die Vereinigung von Weisheit (weibliches Prinzip) und Methode (männliches Prinzip) symbolisiert wird. Im Tibetischen werden solche Darstellungen als yab-yum, ‚Vater – Mutter', bezeichnet. Allerdings darf dabei auch nicht vergessen werden, dass solchen Darstellungen auch Erfahrungen aus asketischen Übungen der esoterischen Meditationspraxis zugrunde liegen, welche einen leidenschaftslosen Zustand der Glückseligkeit hervorrufen, der den Geist für ein Erleuchtungserlebnis besonders empfänglich macht. Bildlich wird diese Glückseligkeit mit dem Zustand im Moment vor der Ejakulation verglichen. Nicht zufällig ist an manchen Darstellungen des Vajrabhairava ohne Partnerin an der Spitze seines erregierten Penis ein Samentropfen zu sehen.[23] Ziel der asketischen Übung ist es allerdings, diesen Zustand kontrollieren und weiter steigern zu können, um so die idealen Bedingungen für ein Erkennen der wahren Natur und damit ein Erleuchtungserlebnis zu schaffen.

Persönliche Buddhas, die zentralen Gottheiten eines Mandala, werden als Verzückungskörper des absoluten Buddha verstanden. Im Falle einer zornigen Gottheit ist der Schmuck aus Knochen gefertigt, und die Kronenspitzen sind Schädelknochen. Der Schmuck halbzorniger Gottheiten kann sowohl aus Gold als auch aus Knochen bestehen. Der Knochenschmuck ist nicht nur Ausdruck der Vergänglichkeit aller Dinge und der gefährlichen Natur der ihn tragenden Manifestation, sondern verweist auch auf den Umstand, dass die den zornigen esoterischen Gottheiten gewidmete meditative Praxis idealerweise in Leichenstätten ausgeführt wird.

Es gibt aber auch Manifestationen, die direkt auf die absolute Buddhanatur verweisen und als Ādibuddha - höchster Buddha - bezeichnet werden. In der Alten Schule (Nyingmapa, tib.: rNying-ma-pa) ist das der Buddha Samantabhadra und in den Kagyüpa (tib.: bKa'-brgyud-pa) Schulen der Buddha Vajradhara (vgl. Abbildung 15 und 16). Die Ikonographie des Buddha Vajradhara drückt diese absolute Natur in zwei Formen aus: seine blaue Farbe verweist auf den allumfassenden Raum, und seine vor dem Körper überkreuzten Hände, welche vajra und Glocke halten, auf die Nicht-Dualität der absoluten Buddhanatur und die Vereinigung von Weisheit (weibliches Prinzip) und Methode (männliches Prinzip). Wird ein solcher Ādibuddha angenommen, gelten alle anderen Manifestationen, einschließlich der persönlichen Buddhas, welche in der jeweiligen Tradition verwendet werden, als Emanationen dieser höchsten Buddhaform.

Da die Erscheinung einer persönlichen Gottheit an der tatsächlichen meditativen und rituellen Praxis orientiert ist, liegt es in ihrer Natur, dass sie veränderbar ist und immer wieder uminterpretiert werden kann, umso mehr als die ihr zugrunde liegenden Texte einer Interpretation durch einen initiierten Lehrer bedürfen, um voll verstanden und praktiziert werden zu können. Weiters können sich aus der Praxis über Eingebungen, Visionen und Wiederentdeckungen[24] auch immer wieder neue Manifestationen der absoluten Buddhanatur entwickeln.

Lehrtradition

Ein großer Teil der Literatur des tibetisch-buddhistischen Kanons ist den Schriften des esoterischen Buddhismus, den Tantras, gewidmet, welche sich vorwiegend mit der rituellen Praxis von einzelnen persönlichen Buddhas, deren Welt, Mandala und deren Interpretation beschäftigen. Die Tantras gelten als Lehre des absoluten Buddha, der sie über eine niedrigere Manifestation einem esoterischen Praktikanten in einer Vision vermittelt hat. Die Herkunft der einer esoterischen Gottheit zugrunde liegenden Lehre und ihre Weitergabe von Person zu Person wird ab dem 12. Jahrhundert systematisch in Abbildungen wiedergegeben. Dabei steht in der tibetischen Tradition vor allem das Bedürfnis im Vordergrund die autoritative indische Herkunft des jeweiligen Tantras nachzuweisen.[25]

In der Kunst wird die Lehrtradition meist am oberen Rand, in frühen Beispielen vollständig, später exemplarisch dargestellt. Sie geht immer von einer Gottheit aus, welche die Lehre meist einem Siddha (tib.: Grub-thob) offenbart. Siddhas sind archetypische Praktikanten des esoterischen Buddhismus, denen auf Basis ihrer esoterischen Praxis übernatürliche Kräfte (skt.: siddhi) zugesprochen werden. Über einige dieser Siddhas und/oder andere indische oder nepalesische Gelehrte gelangt die mündliche Unterweisung zu einem Tibeter und setzt sich in der

Folge in Tibet fort.[26] Da die Übernahme der esoterischen Tradition zum Großteil im Laufe der späteren Verbreitung des Buddhismus in Tibet und damit völlig dezentral erfolgte, gibt es unzählige solcher Lehrtraditionen. So werden schon im 13. Jahrhundert in Bezug auf eine bestimmte persönliche Gottheit mehr als ein Dutzend Lehrtraditionen unterschieden, die sich in der Folge noch weiter aufsplittern.[27]

Im Falle des Avalokiteśvara Mandalas (vgl. Abbildung 7) werden in den oberen Ecken Gruppen von indischen Gelehrten dargestellt, auf welche die Praxis dieses Mandalas zurückgeht. Oft ist im Zentrum auch jene Manifestation des Buddha gezeichnet, der die Lehre vermittelt hat. Im Avalokiteśvara Thangka wird diese Position von den Buddhas der drei Zeiten (siehe oben) eingenommen. Am Hayagrīva Thangka (Abbildung 6: Hayagrīva) sind es Padmasambhava und ein mongolischer Gelehrter auf welche die Tradition zurückgeht.

Götter und Dämonen

Als Tibet den Buddhismus zur Zeit der tibetischen Monarchie (ca. 600–842) zu adoptieren begann, befand sich der esoterische Buddhismus gerade in Entwicklung. Zur Zeit der zweiten Verbreitung nach der Mitte des zehnten Jahrhunderts waren dann die bisher vorgestellten Konzepte nicht nur schon voll entwickelt, sondern zumindest teilweise auch in Klöstern integriert. Tibet konnte also bereits ein reich entwickeltes Pantheon an hohen buddhistischen Gottheiten übernehmen, das den nativen Gottheiten übergeordnet wurde.

Gemeinsam mit den hohen buddhistischen Göttern übernahm Tibet auch die buddhistische Vorstellung des Kosmos mit dessen Himmeln und Göttern. Diese Götter, zu denen auch die höchsten Götter des Hinduismus wie Indra, Brahmā und Śiva zählen, gelten, wie bereits erwähnt, in der buddhistischen Vorstellung als sterblich. Sie sind im buddhistischen Pantheon als Schutzgottheiten integriert und finden sich oft in den äußeren Bereichen von Mandalas oder an Eingangswänden. Manche dieser Gottheiten werden auch von den Füßen hoher buddhistischer Gottheiten zertrampelt. In diesem Fall symbolisieren sie falsche, das heißt, den buddhistischen Erlösungsweg behindernde, Vorstellungen, die mit Hilfe der buddhistischen Gottheit überwunden werden können. Auch diese importierten, hohen Götter wurden den nativen Gottheiten übergeordnet.

Es wurde bereits erwähnt, dass in der tibetischen Vorstellung alle Bereiche der Umwelt belebt und von verschiedensten Wesen bevölkert sind. Es würde hier viel zu weit gehen, die verschiedenen Typen dieser Wesen zu beschreiben oder auch nur aufzuzählen. Extrem vereinfacht kann man nach dem Verhalten Menschen gegenüber Götter, Geister und Dämonen unterscheiden. Die Götter (tib.: lHa, Lies: Lha), vor allem Berg- (lHa und rGyal-po), Reichtums- und Fruchtbarkeitsgötter (Yakṣa; tib.: gNod-sbyin), sind dem Menschen zwar an sich gut gesinnt, verlangen aber auch nach Beachtung. Geister vertreten hier die an sich neutralen, aber sensiblen Wesen, welche die Erde (sa-bdag), das Wasser (gklu), den Wald (gnyan), die Felsen (btsan) etc. bewohnen und durch die Tätigkeiten des Menschen leicht gegen diese aufgebracht werden können. Dämonen, wie zum Beispiel die Dü (tib.: bdud), sind dem Menschen grundsätzlich abgeneigt.[28] Alle diese Wesen bedürfen der Aufmerksamkeit des Menschen und können durch Opfergaben positiv gestimmt werden.

Es ist deshalb nicht erstaunlich, dass der mythologischen Ebene, also der ‚Zähmung' der nativen Götter, Geister und Dämonen, bei der Konvertierung Tibets zum Buddhismus ein ganz wesentlicher Anteil zukommt. So besagt eine Legende, dass die ersten buddhistischen Tempel über dem Körper einer riesigen Dämonin errichtet wurden, wobei der Jokhang über deren Herz ist, und diese so unschädlich gemacht wurde.[29] Noch stärker manifestiert sich der Konvertierungsmythos in den Geschichten von Padmasaṃbhava, dem letztendlich die Konvertierung aller wesentlichen lokalen Gottheiten zu Beschützern des Buddhismus zugeschrieben wird.[30] Im tibetischen Pantheon treten die lokalen Gottheiten dann auch hauptsächlich als Beschützer der buddhistischen Lehre und deren Kultstätten auf.

Schutzgottheiten buddhistischer wie lokaler Herkunft finden sich in Abbildungen meist am unteren Rand. Unterhalb des Avalokiteśvara Mandalas (vgl. Abbildung 7) sind zum Beispiel die Schützer der drei Familien, Hayagrīva und eine native Gottheit als Beschützer dargestellt. Am Hayagrīva Thangka (Abbildung 6: Hayagrīva) treten Begtse (tib.:

Beg-tse) und eine löwenköpfige Göttin (tib.: Seng-ge-gdong-ma) als Schutzgottheiten auf.

Besonderer Wirkungsbereich

Der Unterordnung und Adaption nativer Vorstellungen gegenüber buddhistischen steht eine Anpassung buddhistischer Vorstellungen an die tibetischen Gegebenheiten gegenüber, welche in den wohl charakteristischsten Elementen des tibetischen Buddhismus resultiert. So gilt Tibet als das spezielle Wirkungsfeld des Bodhisattva Avalokiteśvara und, ab etwa dem 12. Jahrhundert, wird jedes Schlüsselereignis der tibetischen Mythologie und Geschichte, z.B. auch die Entstehung der ersten Tibeter, mit diesem Bodhisattva verbunden.[31]
Vom Standpunkt der drei Familien betrachtet, ist Tibet also das spezielle Feld der Lotus-Familie. Dementsprechend wird die Einführung des Buddhismus zur Zeit des ersten großen Kaisers des tibetischen Reiches, Songtsen Gampo (Srong-btsan-sgam-po; c. 617–649/650), dem Bodhisattva Avalokiteśvara zugeschrieben, in dem Songtsen Gampo als Emanation

Abb. 8 Songtsen Gampo, Wanla (Foto Luczanits)

Avalokiteśvara's und im weiteren Sinne als Emanation des Buddha Amitābhas identifiziert wird. In der Darstellung ist dies durch einen roten Buddhakopf, dem Kopf Amitābhas, an der Spitze von Songtsen Gampos Turban ausgedrückt (Abbildung 8: Songtsen Gampo, Wanla, Ladakh. Foto: C. Luczanits 1998). In Erweiterung der Analogie zur Lotus-Familie werden die nepalesische und chinesische Gemahlin Songtsen Gampos als Emanationen von Tārā und Bhṛkuṭī (tib.: Khro-gnyer-can-ma) gesehen, die in klassischen Darstellungen den Bodhisattva Avalokiteśvara begleiten. Gesamtheitlich wird die ‚frühe Verbreitung des Buddhismus in Tibet' während der Monarchie in Form der drei religiösen Könige, welche wiederum als Emanationen der Schützer der drei Familien identifiziert werden, abgebildet.[32] Im Gegensatz zur üblichen Konstellation ist in dieser Gruppe die Lotus-Familie, welche durch Songtsen Gampo vertreten ist, im Zentrum.

Der Legende nach ging Padmasaṃbhava, wie schon sein Name besagt, aus einem Lotus hervor. Auch er wird als Manifestation Buddha Amitābhas gesehen und ist der Lotus-Familie zuzurechnen. Ihm wird, wie bereits erwähnt, ein Großteil der Unterwerfung der lokalen Gottheiten Tibets zugeschrieben. Padmasaṃbhava wird auch als zweiter Buddha gesehen und es wird ihm die Fähigkeit zugeschrieben, in den verschiedensten Manifestationen zu wirken. So erscheint Guru Rinpoche, wie er in Tibet meist genannt wird, als Ur-Buddha wie als dämonenbezwingende zornige Gottheit, als Asket wie als König, als Medizinbuddha wie als Reichtumsgottheit.[33] Seine Manifestationen decken also das ganze Spektrum hoher buddhistischer Gottheiten ab.[34]

Historisch gesehen gehen sowohl der Avalokiteśvara-Kult als auch jener von Padmasaṃbhava etwa auf das 12. Jahrhundert zurück,[35] eine extrem innovative Zeit für die Entwicklung des tibetischen Buddhismus. In dieser Zeit wurden auch die intellektuellen und politischen Grundlagen für den tibetischen Buddhismus geschaffen, wie wir ihn heute kennen.

Diskrete Emanation und Reinkarnation

Neben der Identifikation historischer Persönlichkeiten wie Songtsen Gampo als Emanationen von hohen buddhistischen Göttern, wurden zumindest ab dem 11. Jahrhundert mehr und mehr buddhistische Persönlichkeiten Tibets öffentlich als Reinkarnationen bekannter indischer Gelehrter oder gar von Buddha Śākyamuni selbst verstanden. Weiters dürfte sich gegen Ende des 12. Jahrhundert in Zentraltibet und im Kontext der Kagyüpa Schulen die Vorstellung durchgesetzt haben, dass gewisse tibetische Gelehrte bereits vollständig erwacht und damit einem Buddha praktisch gleichzusetzen sind. In der Kunst ist das vor allem daran zu erkennen, dass ab diesem Zeitpunkt buddhistische Hierarchen ganz ähnlich wie Buddhas von Bodhisattvas begleitet, dargestellt werden. Sie übernehmen auch viele der ikonographischen Merkmale der Buddhas, insbesondere deren Gesten (vgl. Abbildung 17, 18, 19).[36]

Vom Verständnis, das ein tibetisch-buddhistischer Hierarch bereits erleuchtet und eine Reinkarnation eines bekannten indischen Vorgängers ist, ist es nur noch ein kleiner Schritt zur kontinuierlichen Reinkarnation, welche dann im 13. Jahrhundert mit den Karmapas ihre erste Manifestation findet. Neu ist dabei, dass die Reinkarnation nicht nur direkt mit einem unmittelbaren Vorgänger identifiziert wird, sondern auch dessen religiöse, politische und soziale Stellung übernehmen darf. Diese Konzeption war in Tibet so erfolgreich, dass sie allmählich die verwandtschaftliche Erbfolge - vom 11. zum 15. Jahrhundert wurde das Kloster meist vom Onkel zum Neffen vererbt - in den Hintergrund drängen konnte. Die Reinkarnationen Tibets werden Tulku (sprul-sku) genannt, ein Wort das dem Übersetzungterminus für den Illusionskörper eines Buddha (skt.: nirmāṇakāya) entspricht.

Von den vor allem im 15. Jahrhundert immer zahlreicher werdenden Inkarnationsreihen sollte sich jene der Dalai Lamas als politisch am erfolgreichsten herausstellen. Dies ist vor allem dem Genius des 5. Dalai Lamas Ngawang Lobsang Gyamtso (Ngag-dbang blo-bzang rgya-mtsho; 1617–1682)[37] zuzuschreiben, der mit Hilfe von außen[38] Tibet politisch einigt, allerdings nicht ohne konkurrierende Schulen konkret zu unterdrücken.[39] Der ‚Große Fünfte' erhob auch den Anspruch, dass seine Inkarnationsreihe als Emanation Avalokiteśvaras zu sehen ist[40] und verband so seine eigene politische Macht mit jener des ersten großen Herrschers von Tibet (vgl. Abbildung 20).

Als Buddhas unserer Zeit sind buddhistische Hierarchen und Reinkarnationen auch ein wesentliches Thema in der Kunst. So finden sich vom 13. Jahrhundert an auf den Hauptaltären der Klöster Skulpturen der Gründer und berühmter Gelehrter der jeweiligen Tradition. Die Gelehrten des tibetischen Buddhismus waren und sind aber nicht nur selbst Gegenstand der Verehrung, sondern trugen und tragen über Visionen, Wiederentdeckungen und Neuinterpretationen kontinuierlich zum tibetisch-buddhistischen Pantheon bei.

Fazit

In diesem Sinne sind die Gestalt- und Erscheinungsformen des Buddhismus tibetischer Prägung tatsächlich unendlich. Da aber alle diese Erscheinungsformen, so fremdartig sie zuerst auch erscheinen mögen, auf der Basis übernommener und weiterentwickelter buddhistischen Lehren entstanden sind und weiter entstehen, sind der Vielfalt auch nachvollziehbare Grenzen gesetzt. Buddha Amitābha waltet in seinem ‚Reinen Land', repräsentiert einen der fünf Buddhas und emaniert Avalokiteśvara, Songtsen Gampo und die Dalai Lamas, aber die verschiedenen Formen teilen einen grundsätzlichen Symbolismus der sich in der Kunst in Form von Farben, Attributen und aufeinander bezogenen Formen widerspiegelt.

Wie vielfältig und unendlich variierbar das tibetisch-buddhistische Pantheon auch ist, so sehr sind ihm auch deutliche Grenzen vorgegeben. Diese Grenzen ergeben sich nicht nur daraus, dass neue Formen sich direkt aus ihren Vorgängern entwickeln, sondern auch aus der Orientierung an der Praxis. Aus der tibetischen Perspektive haben alle Erscheinungsformen des tibetisch-buddhistischen Pantheons nicht mehr oder weniger Wirklichkeit an sich als die Menschen und alles, was sie üblicherweise wahrnehmen. Im Mahāyāna Buddhismus sind die Götter und ihre Darstellungen letztendlich nur Mittel zum Zweck, welcher in der Befreiung aller Lebewesen aus dem Kreislauf der Wiedergeburt besteht.

Abb. 9 Inv. Nr. 1349:08, Kauf Paul Möwis (Foto Saal)
Figurengruppe: Der Bodhisattva Avalokiteśvara als Amoghapāśa mit Gefolge aus seinem Mandala (skt.: Avalokiteśvara amoghapāśa). Bronzeguss. Gesamt H 33 cm, B max. 23,5 cm, Hauptfigur H 19cm, B 11 cm, Nebenfiguren H 11 cm, Nepal, 19. Jahrhundert.

Abb. 10 Inv. Nr. 4019:07, Kauf Umlauff, Geschenk von Freunden des Museums (Foto Saal).
Figur: Bodhisattva Avalokiteśvara in tantrischer Form. Bronzeguss. H 30 cm, B 15 cm, T 12 cm, China.

Abb. 11 Inv. Nr. 3890:07, Kauf Umlauff, Geschenk von Freunden des Museums (Foto Saal).
Figur des Bodhisattva Avalokiteśvara als Ṣaḍak-ṣar-Lokesvara (skt.: Ṣaḍakṣar-Lokeśvara, tib.: sPyan-ras-gzigs yi-ge drug-pa, lies: tschenräsig yige drug pa). Bronzeguss. H 13,5 cm, B 9,5 cm. Publiziert: Knödel / Johansen 2000: 42-43, Tibet, 16. Jahrhundert.

Abb. 12 Inv. Nr. 3892:07, Kauf Umlauff, Geschenk von Freunden des Museums (Foto Saal)
Figur der weißen Tārā (skt.: Sitatārā, tib.: sGrol-ma dkar-mo, lies: dschrölma karmo). Bronze, vergoldet. H 14,5 cm, B 8 cm, wohl Nepal, 19. Jahrhundert.
Tārā, die Retterin, ist die beliebteste weibliche Gottheit des tibetischen Buddhismus. Ihr Kult ist unter den Laien weit verbreitet. Augen auf der Stirn, den Hand- und Fußflächen lassen Sie alle Not sehen, die ihrer Abhilfe bedarf. In der Haarkrone die Gestalt ihres geistigen Vaters Amitābha. (S. K.)

Abb. 13 Inv. Nr. 3891:07, Kauf Umlauff, Geschenk von Freunden des Museums (Foto Saal)
Figur der grünen Tārā (skt.: Śyāmatārā, tib.: sGrol-ma ljang-gu, lies: dschrölma dschangu). Bronze, Spuren von Vergoldung, Steineinlagen. H 14, 5 cm, B 10 cm, Tibet, 2. Hälfte 15. Jahrhundert.
Die grüne Tārā erkennt man oft daran, dass sie einen Fuß vor sich auf einen kleinen Lotos stellt. Sie ist eine Schutzpatronin Tibets. Tārā ist, neben einer weißen und einer grünen (Bed. eigentlich „dunkelhäutig") Form in zahlreiche weitere Aspekte aufgespalten, zu denen auch zornige Erscheinungsformen gehören. (S.K.)

Abb. 14 Inv. Nr. 2767:09, Slg. Leder (Foto Saal)
Rollbild: Bodhisattva Tārā in 21 Erscheinungsformen (tib.: Sgrol-ma nyi-shu-rtsa-gcig, lies: dschrölma nyischu tsatschig / sGrol-ma nyer gcig, lies: dschrölma nyertschig). Gemälde auf Seide. Bild H 45 cm, B 32,5 cm, montiert H 108 cm, B 68 cm, Mongolei.
Unter der Gestalt des Buddha Amitābha (oben Mitte) sieht man seine Emanation, die grüne Tārā, in 21 Erscheinungsformen. Diese Darstellung geht auf den Hymnus „Die 21 Lobpreisungen Tārās" zurück, der in der ganzen tibetisch-buddhistischen Welt täglich rezitiert wird. Durch den seidenen Malgrund wirkt das Bild etwas verschwommen. (S. K.)

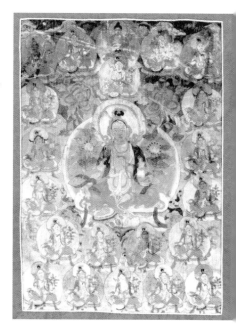

Abb. 15 Inv. Nr. 23.68:4, Geschenk Emma und Henry Budge (Foto Saal)
Figur des Ādibuddha Vajradhara (tib.: rDo-rje 'dzin-pa, lies: dordsche dsinpa). Bronze, vergoldet, Türkis, Glas (?). H 18,5 cm, B 13 cm. Publiziert: Knödel / Johansen 2000: 14-15, Osttibet, 16. oder 17. Jahrhundert.

Die Blumenranken sind typisch für Newari-Kunst, jedoch das Gesicht ist zu männlich für Nepal, wo androgyne Darstellungen bevorzugt werden, auch die nepalesische Hakennase ist nicht da. Die Sockelöffnung hat eine fast eiförmige, nur an einer Längsseite etwas geradere Öffnung, im Gegensatz zu dem sonst üblichen gleichschenkligen Dreieck mit abgerundeten Ecken. Diese eiförmige Öffnung ist typisch für Osttibet, aber der Lehrmeister des Herstellers war wohl ein Nepalese, im 16. oder 17. Jahrhundert (Tsering Tashi Thingo 1999, pers. comm).

Abb. 16 Inv. Nr. 4024:07, Kauf Umlauff, Geschenk von Freunden des Museums (Foto Saal).
Figur des Ādibuddha Vajradhara (tib.: rDo-rje 'dzin-pa, lies: dordsche dsinpa). Bronze, Türkis, Glas. H 20 cm, B 13 cm, Süd- oder Südwesttibet, 15. oder 16. Jahrhundert

Abb. 17 Inv. Nr. 2648:09 Slg. Leder (Foto Saal)
Weihereliëf (tib.: tsha tsha, lies: tsatsa) Lama mit „geistigem Vater". Ungebrannter gelblichgrauer Ton. H 11,5 cm, B max 4 cm, Mongolei (erworben). Das Weihrelief zeigt einen Lama mit spitzem Gelehrtenhut. Durch den Verlust der Attribute ist er nicht zu identifizieren, seine Position auf einem Lotossockel zeigt jedoch an, dass es sich um eine geheiligte Gestalt handelt. Über ihm ein Buddha, zu erkennen an der Schädelerhöhung. Die Darstellung der beiden Gestalten übereinander zeigt an, dass der Lama als geistiger Nachkomme bzw. Inkarnation des Buddha verstanden wird. (S. K.)

Abb. 18 Inv. Nr. 3886:07 Kauf Umlauff, Geschenk von Freunden des Museums (Foto Saal)
Figur des Bodhisattva Mañjuśrī als Arapacanamanjusri (skt.: Arapa-cana-mañjuśrī, tib.: Jam-dpal a-ra-pa-tsa-na, lies: dschamphel a ra pa tsa na). Bronze, Spuren von Vergoldung. H 11 cm, B 8 cm, Tibet, 18. oder frühes 19. Jahrhundert.

Rechts: Abb. 19 Inv. Nr. 4459:07 Kauf Umlauff, Geschenk von Freunden des Museums (Foto Saal)
Rollbild des Tsongkhapa (tib: Tsong-kha-pa). Gemälde auf grundiertem Textilgewebe. Bild B 60, H 90, Gesamt B max 99, H 160 cm, wohl Zentraltibet, 18. Jahrhundert.
Tsongkhapa (1357-1419), der Begründer der Gelug-Schule (tib.: dGelugs pa), wird stets mit den Attributen Schwert (aufrecht stehend auf dem linken Lotos) und Buch (rechts) gezeigt. Diese weisen ihn als Inkarnation des Bodhisattva Mañjuśri (s.o) aus. Die umgebenden Gestalten stellen u.a. Dalai Lamas dar, rechts und links von Tsongkhapa sind Schüler mit portraitartigen Zügen (noch nicht identifiziert). Unter dem rechten Schüler am Bildrand ist ein unglücklicher Daseinsbereich zu sehen, in dessen Richtung Tsongkhapa predigt. (S. K.)

Abb 20 Inv. Nr. 2842:09 Slg. Leder (Foto Saal)
Weihereliefs (tsha tsha): Der achte Dalai Lama, Lobsang Dschamphel Gyatso (tib: Blo-bzang 'jam-dpal rgya-mtsho). Ungebrannter Ton, vorne goldbraun, hinten rot bemalt. H 6 cm, B 5,5 cm, Mongolei (erworben).
Inschrift: zlo zang d [unlesbar] dpal rgya mtsho. Die Dalai Lamas werden als Emanationen des Avalokiteśvara verstanden, dessen wichtigstes Attribut der Lotos ist. Der hier dargestellte 8. Dalai Lama hat als großer Gelehrter jedoch auch ein Buch im Schoß, das zur Ikonographie des Weisheitsbodhisattva Mañjuśrī gehört. (S. K)

Bibliographie

Bautze-Picron, Claudine
1997   Le groupe des huit grands Bodhisatva en Inde: genèse et développement. In: Natasha Eilberg, M.C. Subhadradis Diskul & Robert L. Brown (Hrsg.), Living a life in accord with the Dhamma: papers in honor of Professor Jean Boisselier on his eightieth birthday, S. 1–55. Bangkok.

Bechert, Heinz (Hrsg.)
1991   The Dating of the Historical Buddha. Die Datierung des historischen Buddha. Part 1 (Hrsg.), Symposium zur Buddhismusforschung IV (1). Göttingen.
1992   The Dating of the Historical Buddha. Die Datierung des historischen Buddha. Part 2 (Hrsg.), Symposium zur Buddhismusforschung IV (2) Göttingen.
1997   The Dating of the Historical Buddha. Die Datierung des historischen Buddha. Part 2 (Hrsg.), Symposium zur Buddhismusforschung IV (3) Göttingen.

Dreyfus, Georges B. J.
2003   The sound of two hands clapping. The education of a Tibetan Buddhist monk. Berkeley.

Essen, Gerd Wolfgang / Tsering Tashi Thingo
1991   Padmasambhava. Leben und Wundertaten des grossen tantrischen Meisters aus Kaschmir im Spiegel der tibetischen Bildkunst. Köln.

Gyatso, Janet
1995   Down with the demoness: reflections on a feminine ground in Tibet. In: Janice Dean Willis (Hrsg.), Feminine ground: essays on women and Tibet, S. 33-51. Ithaca, N.Y.

Harrison, Paul
1992 Is the Dharma-kāya the Real ‚Phantom Body' of the Buddha?. In: Journal of the International Association of Buddhist Studies, 15 (1), S. 44-94.

Himalayan Art,
2004 http://www.himalayanart.org/ [website, Shelly and Donald Rubin Foundation], 30th September 2004. New York.

Huntington, John C.
1972 Avalokiteśvara and the Namaskāramudrā in Gandhāra. In: Studies in Indo-Asian Art and Culture 1. S. 91-99.

Jackson, David Paul
1999a Tibetische Thangkas deuten. Teil 1. In: Tibet und Buddhismus 50, S. 22-27.
1999b Tibetische Thangkas deuten. Teil 2: Übertragungslinien und Anordnung. In: Tibet und Budhismus 51, S. 16-21.

Kapstein, Matthew T.
2000 The Tibetan Assimilation of Buddhism. Conversion, contestation, and memory. New York.

Kossak, Steven M. / Singer, Jane Casey
1998 Sacred Visions. Early Paintings from Central Tibet. New York.

Luczanits, Christian
2003 Art-historical aspects of dating Tibetan art. In: Ingrid Kreide-Damani (Hrsg.), Dating Tibetan Art. Essays on the Possibilities and Impossibilities of Chronology from the Lempertz Symposium, Cologne, S. 25-57. Wiesbaden.
2004 Buddhist Sculpture in Clay: Early Western Himalayan Art, late 10th to early 13th centuries. Chicago.

Hockfield Malandra, Geri
1993 Unfolding a Maṇḍala. The Buddhist Cave Temples at Ellora. New York.

Wangdu, Pasang / Diemberger, Hildegard
2000 dBa' bzhed. The Royal Narrative Concerning the Bringing of the Buddha's Doctrine to Tibet. In: Beiträge zur Kultur und Geistesgeschichte Asiens Nr. 37. Wien.

Sa-skya-pa bSod-nams-rgyal-mthsan (1312-1375)
1996 The Clear Mirror. A traditional account of Tibet's Golden Age. Sakyapa Sonam Gyaltsen's Clear Mirror on Royal Genealogy (rGyal-rab gsal-ba'i me long). McComas Taylor & Lama Choedak Yuthok (übers.). Ithaca, New York.

Samuel, Geoffrey
1993 Civilized shamans: Buddhism in Tibetan societies. Washington.

Sharf, Robert H.
2001 Visualization and Mandala in Shingon Buddhism. In: Robert H. Sharf & Elizabeth Horton Sharf (Hrsg.), Living Images: Japanese Buddhist Icons in Context, S. 151–197. Stanford.

Smith, E. Gene
2001 Among Tibetan Texts. History & Literature of the Himalayan Plateau. Studies in Indian and Tibetan Buddhism, Kurtis R. Schaeffer (Hrsg.). Boston.

Snellgrove, David L.
1987 Indo-Tibetan Buddhism. Indian Buddhists and their Tibetan successors. London.

Stein, Rolf A.
1961 Une chronique ancienne de bSam-yas: sBa-bzhed. Paris.

Taddei, Maurizio
1969 Harpocrates-Brahmā-Maitreya: A Tentative Interpretation of a Gandharan Relief from Swât. In: Dialoghi di Archeologia III. S. 364-390.

Yoritomi, Motohiro
1990 An Iconographic Study of the Eight Bodhisattvas in Tibet. In: Tadeusz Skorupski (Hrsg.), Indo-Tibetan Studies. Papers in honour and appreciation of Professor David L. Snellgrove's contribution to Indo-Tibetan Studies, S. 323-332, pls. 322, 323. Tring. U.K.

Anmerkungen

[1] Die Forschung, die diesem Beitrag zugrunde liegt, wurde durch die langjährige Unterstützung des Österreichischen Fonds zur Förderung der wissenschaftlichen Forschung (FWF), sowie ein dreijähriges Forschungsstipendium der Österreichischen Akademie der Wissenschaften (APART) ermöglicht.
[2] Vgl. Dreyfus (2003: 17–20).
[3] In der ursprünglichen Konzeption mag dieser 'Körper' als aus diversen dharma bestehend gesehen worden sein. Dabei bezeichnet dharma sowohl die Grundelemente der Welt als auch die Lehre und Eigenschaften eines Buddha (vgl. Harrison (1992)).
[4] Die Datierung des Buddha Śākyamuni ist nur ungefähr bestimmbar. Das hier angegebene Datum folgt der in manchen Quelltexten erwähnten kurzen Chronologie (vgl. Bechert (1991; 1992; 1997)).
[5] Die übliche Übersetzung ist ‚Genusskörper'. Sie gibt zwar die wörtliche Bedeutung am besten wieder, ist aber semantisch meiner Ansicht nach zu eng.
[6] Oft wird der stūpa als Symbol für den dharmakāya verstanden.
[7] Die Beziehung der Buddhas zueinander ist vor allem in Form von Prophezeiungen und Gelübden ausgedrückt. So hat Buddha Śākyamuni seinen Eid Buddha zu werden erstmals vor Dīpaṃkara ausgedrückt und selbst Maitreya die künftige Buddhaschaft prophezeit.
[8] In der tibetischen Systematik werden alle Buddhas in Mönchskleidung als Illusionskörper verstanden.
[9] Die direkte Zugänglichkeit der Paradiese und Himmel ist durch zahlreiche Legenden belegt, in denen buddhistische Gelehrte sie besuchen, um von den dort residierenden Buddhas und Bodhisattvas Belehrungen zu erhalten.
[10] In diesem Kult kann die Befreiung von der Wiedergeburt auch direkt vom Sukhāvatī erfolgen.
[11] Halten die Hände einer ikonographisch ansonsten identischen Form eine Vase, handelt es sich um den Buddha Amitāyus (Tshe-dpag - med, ‚Endloses Leben').
[12] Wie der reine Lotus dem Schlammwasser entwächst kann ein perfekter Buddha inmitten von Unwissenheit manifestieren.
[13] Sowohl dieser Gestus als auch die Flasche als Attribut stammen von der Ikonographie des Bodhisattva Maitreya. Die zur Schulter erhobene Geste ist relativ selten und ihre Deutung schwierig (vgl. Taddei (1969)). Die Interpretation und die Schlussfolgerungen

von Huntington (1972) sind dagegen höchst problematisch.
[14] Ich habe hier auf die allgemeinsten Formen der Interpretation dieser Attribute hingewiesen. Tatsächlich variieren die Interpretationen im Detail und von Beschreibung zu Beschreibung ganz wesentlich.
[15] Weitere Formen von Avalokiteśvara in der Ausstellung sind der von Göttinnen begleitete achtarmige Amoghapāśa (Inv.Nr. 1349:08. Abbildung 9) und eine achtzehnarmige Form (Inv.Nr.4019:07 Abbildung 10).
[16] Zu den drei Familien vgl. Snellgrove (1987: 189 – 195).
[17] Zu den buddhistischen Höhlen von Ellora vgl. vor allem Malandra (1993).
[18] Zu den frühesten indischen Darstellungen der Gruppe der acht Bodhisattvas siehe z. B. Yoritomi (1990) und Bautze - Picron (1997).
[19] Die vajra-Familie kann dabei von verschiedenen zornigen Gottheiten repräsentiert werden, am häufigsten sind Vajrapāṇi, Vajrasattva und Acala. Die zahlreichen Varianten in der vajra-Familie erklären sich dadurch, dass sowohl die friedliche als auch die zornige Manifestation von Vajrapāṇi vertreten werden kann, man aber versucht hat eine doppelte Darstellung zu vermeiden. Vgl. dazu die Beispiele in Luczanits (2004: 218 – 20).
[20] Häufig werden sie auch als Dhyani-Buddhas genannt, eine Bezeichnung die in primären Quellen nicht belegt ist.
[21] Ursprünglich ist Vairocana als absolute Manifestation verstanden worden, die auch die anderen vier Buddhas emaniert. Das ist auch in den frühesten Versionen des Vajradhātumaṇḍalas erkennbar, in denen Vairocana von den ‚Müttern' der vier ihn umgebenden Familien begleitet wird. Vgl. dazu die Beispiele in Luczanits (2004: 204– 209).
[22] Vergleiche dazu die kritische Studie von Robert H. Sharf (2001).
[23] Das Kālacakramaṇḍala folgt nicht der üblichen Farbzuordnung.
[24] Der Tropfen scheint nur auf früheren Darstellungen wirklich deutlich sichtbar zu sein, wie z.B. bei einem wunderbaren Vajrabhairava der Pritzker-Sammlung aus dem 14. Jahrhundert (Kossak und Singer (1998: Kat.Nr. 44)).
[25] Neben eigentlichen Visionen kommt der Auffindung verborgener Texte in der Nyingmapa Schule besonds innovative Bedeutung zu. Während der Vorstellung in Bezug auf native, nicht erleuchtete Gottheiten offenbar keine Grenzen gesetzt sind, orientieren sich neue hohe buddhistische Gottheiten meist an schon bekannten und variieren diese relativ wenig (z. B. andere Attribute, Zahl der Köpfe und Glieder und Ähnliches).
[26] Die Grundlage dafür, dass ein buddhistischer Lehrinhalt indischen Ursprungs sein muss, um als autoritativ anerkannt zu werden, wurde bereits gegen Ende des achten Jahrhunderts anlässlich einer öffentlichen Debatte im zentraltibetischen Kloster Samye (bSam-yas) gelegt. Diese führte zu einer Bindung an den indischen Buddhismus welche durch die Einladung berühmter indischer Gelehrter nach Tibet (insbesondere Atiśa, 956-1054) immer wieder erneuert wurde.
[27] Jackson (1999a; 1999b) bietet eine Einführung zur Lesung der Lehrabfolgen auf tibetischen Rollbildern.
[28] Vergleiche dazu das zweite Beispiel in Luczanits (2003).
[29] Im Laufe der Geschichte des Buddhismus in Tibet wurden die rein native Götter-, Geister- und Dämonenwelt natürlich auch aus buddhistischer Perspektive neu interpretiert. So gelten einige der angeführten Gruppen als Wiedergeburten von dem Buddhismus abgeneigten Personen die deshalb in der Geisterwelt verweilen müssen. Vgl. z.B. die Aufzählung nach Philippe Cornue in Samuel (1993: 162–63).
[30] Vgl. Gyatso (1995).
[31] Dabei dürfte es sich bei der historischen Person um einen Exorzisten und Magier gehandelt haben. Ihm kommt in den frühesten historischen Quellen, vor allem im

Testament des Ba-clans' (sBa-bzhed, Stein (1961); dBa'-bzhed, Pasang Wangdu und Diemberger (2000)) nur eine begrenzte und umstrittene Rolle zu.

[32] Ein gutes Beispiel ist die Darstellung der frühen Geschichte Tibets im rGyal-rabs gsal-ba'i me-long von Sakyapa Sönam Gyeltsen (Sa-skya-pa bSod-nams-rgyal-mthsan (1312-1375) (1996)).

[33] Ein schönes Beispiel befindet sich in der Sammlung des Tibet House Museum, New Delhi (Himalayan Art, (2004: Nr. 72040)).

[34] Die ersten vier der genannten Manifestationen gehören zur häufig dargestellten Gruppe der 8 Hauptmanifestationen.

[35] Die verschiedenen Manifestationen Padmasambhavas sind in umfassender Weise von Essen und Thingo (1991) besprochen worden.

[36] Die Herkunft und Parallelen der Kulte um Padmasambhava und Avalokiteśvara wurden vor allem von Mathew Kapstein (2000) untersucht.

[37] Mehr dazu findet sich in Luczanits (2003: Example One).

[38] Der Titel Dalai Lama, ‚Ozeangleicher Lehrer', wurde 1578 dem dritten dieser Inkarnationsreihe vom mongolischen Herrscher Althan Khan verliehen.

[39] 1642 half Gushri Khan, ein Qoshot/Khoshot Mongole, Tibet für die Gelugpas zu erobern.

[40] So wurden die Lehren der Jonangpa verboten, und die Karmapa und andere Inkarnationen dieser Schule kamen unter starken politischen Druck.

[41] Vgl. Smith (2001: 82).

Was ist tibetisch am tibetischen Buddhismus?

Karl-Heinz Golzio

Die in der Überschrift gestellte Frage setzt bereits voraus, dass dieser Form des Buddhismus bestimmte Merkmale zu eigen sind, die man bei anderen Spielarten des Mahāyāna, geschweige denn des der ursprünglichen Lehre des Buddha noch am nächsten stehenden Theravâda nicht antrifft. Eines der charakteristischsten Merkmale ist die überragende Rolle, die der geistliche Lehrer, der Lama (bla-ma), einnimmt, der hier als viel wichtiger als Texte und überlieferte Unterweisungen angesehen wird. Aus diesem Grund ist der jetzt weithin verpönte Begriff „Lamaismus" als Bezeichnung für den tibetischen Buddhismus nicht so abwegig, wie er vielen erscheinen mag, denn damit wird zum einen auf die bedeutende Rolle der Lamas hingewiesen und man umgeht zum anderen mit der Verwendung dieses Begriffes das Problem, dass nicht alle Anhänger des „tibetischen Buddhismus" auch gleichzeitig Tibeter sind. Denn diesem Glauben folgt man außer in den tibetischstämmigen Regionen Bhutan, Sikkim, Ladakh und Tibet auch in der Mongolei, in Teilen Chinas und jetzt in wachsender Zahl in Europa und Amerika. Zudem waren in der Zeit der Spaltung Chinas in Nord- und Süddynastien (317-589) bereits einige tibetischstämmige Herrscher als chinesische Dynasten Anhänger des Buddhismus geworden, so z.B. Kaiser Fu Jian (reg. 357-385) von den Früheren Qin und Yao Xing (reg. 394-416) von den Späteren Qin, ohne dass man diese dem „tibetischen" Buddhismus zurechnen könnte. Die Besonderheiten dieser Form des Buddhismus lassen sich nur durch die historische Entwicklung erklären, die in ihren Anfängen manche Parallelen zur Einführung des Buddhismus in Korea und Japan aufweisen, wo ebenfalls mit der neuen Religion kulturelle Errungenschaften aus China Eingang fanden und dort eine Entwicklung einleiteten, die sich langfristig von der Tibets doch stark unterscheiden sollte.

Erste Einführung und erste Verbreitung des Buddhismus in Tibet

Diese so genannte „erste Einführung" des Buddhismus in Tibet unter dem Gründer des tibetischen Großreiches, Sroṅ-btsan sgam-po (reg. ca. 620-649), beschränkte sich im Großen und Ganzen auf Hofkreise. Sie dürfte auf die Heiratsverbindung des Herrschers mit der chinesischen Prinzessin Wencheng zurückgehen, Frucht einer geschickten Politik des chinesischen Kaisers Li Shimin (Taizong, reg. 627-649), womit gleichzeitig (oder bereits schon vorher) auch chinesische Kleidung, der Gebrauch von Papier und Tusche und die Gründung einer festen Hauptstadt einher ging. Die ihm ebenso als Ehefrau zugeschriebene Prinzessin aus Nepal ist wohl legendär[1], und ob bereits unter ihm das aus Nordindien entlehnte Schriftsystem eingeführt wurde, sei dahingestellt[2]. Obwohl auf ihn und seine chinesische Ehefrau zwei Tempel zurückgehen, dürfte der Herrscher selbst sich wohl kaum zum Buddhismus bekannt haben. Vielmehr dürfte die Addition bisher nicht bekannter spiritueller Mächte einen Schutzaspekt für das Reich gehabt haben, wie das auch bei den Anfängen des Buddhismus in Japan der Fall war. Jedenfalls hat der Buddhismus von diesen bescheidenen Anfängen abgesehen bis zur Mitte des 8. Jahrhunderts offensichtlich kaum eine Rolle gespielt, denn nach den Aussagen des koreanischen Pilgers Hye-cho oder Huichao (704-um 780), der im Jahre 727 von Indien nach Ostturkestan zurückreiste, gab es zu dieser Zeit in Tibet keine Klöster und die Lehre des Buddha war dort unbekannt[3].

Die tatsächliche erste Ausbreitung des Buddhismus begann erst unter

König Khri-sroṅ lde-brtsan (reg. 756-797) oder seinem Vorgänger Khri-lde gtsug-brtsan (reg. 704-755), der in einem Edikt des erstgenannten als Förderer des Buddhismus erwähnt wird. Er hatte im Jahre 710 ebenfalls eine chinesische Prinzessin namens Jincheng geheiratet, der großen Einfluss zugeschrieben wird. Jedenfalls ist in dem Edikt von Karchug von heftigem Widerstand einzelner Minister gegen den Buddhismus die Rede, anscheinend Vertreter der einheimischen Bön-Religion, die die Ausweisung von Vertretern des chinesischen Buddhismus der so genannten Hva-shang-Richtung, d.h. des Chan (japan. Zen), durchsetzten. Darin kann man durchaus Parallelen zur Entwicklung des Buddhismus in Japan sehen, wo der mächtige Sōga-Klan zeitweilig die weitere Verbreitung des Buddhismus verhinderte. Dennoch gewann unter Khri-sroṇ lde-brtsan allmählich die probuddhistische Partei an Boden, wenngleich noch nicht entschieden war, ob eher die indische oder die chinesische Richtung sich durchsetzen sollte. Aus Indien wurde zunächst Meister Śāntarakṣita eingeladen, der die Grundlagen der buddhistischen Lehre wie die zehn Moralgebote (daśaśīla) und das „Entstehen in Abhängigkeit" lehrte, aber dadurch den „Unwillen der einheimischen Dämonen" hervorrief, d.h. der antibuddhistischen Fraktion. Daher gab er den Rat, den tantrischen Meister Padmasambhava aus Oḍḍiyāna zu Hilfe zu rufen, der dann angeblich aufgrund seiner magischen Fähigkeiten die einheimischen Dämonen „unterwarf" und so dem Buddhismus nutzbar machte. Vermutlich hat er eine geringere Rolle gespielt, als ihm die spätere Tradition zuschreibt. Auch ist umstritten, ob er am Bau der Klosteranlage von Samye (bSam-yas) beteiligt war, da einige Quellen doch Śāntarakṣita als dessen eigentlichen Begründer nennen. Wie dem auch sei, der Einfluss der antibuddhistischen Fraktion scheint geschwunden zu sein und wurde jetzt durch die Rivalitäten zwischen Vertretern einer proindischen und einer prochinesischen Chan-Richtung ersetzt. Letztere waren Vertreter der „plötzlichen Erleuchtung", während die proindische Mahāyāna-Richtung eher den Weg der „allmählichen Erleuchtung" vertrat. Die Auseinandersetzung wurde nicht nur mit geistigen und geistlichen Waffen geführt. Nach einer heute vorherrschenden Tradition soll die proindische Richtung unter Führung des Kamalaśīla auf dem sogenannten Konzil von Samye (zwischen 792 und 794) über die Hva-shang-Richtung gesiegt haben, während andere Quellen das Gegenteil behaupten. Jedenfalls muss in Rechnung gestellt werden, dass schon in dieser Phase der Ausbreitung verschiedener buddhistischer Richtungen diese gezwungen waren, bestehende einheimische und tief verwurzelte Riten sowie einheimische Götter und Dämonen zu inkorporieren, was insbesondere den Anhänger der tantrischen Siddha-Schule kein sehr großes Problem bereitet haben dürfte, da diese ja der Tradition nach von Padmasambhava für die buddhistische Lehre nutzbar gemacht wurden.[4] Letztlich kann man für diesen Abschnitt der Geschichte des Buddhismus nur ein sehr unvollkommenes Bild entwickeln, bei dem man sich in erster Linie auf epigraphische Quellen stützen muss. Nach dem Sturz der tibetischen Monarchie im Jahre 842 nach der in der Tradition stark hervorgehobenen Verfolgung des Buddhismus durch König gLaṅ dar-ma (reg. 838-842) erlitt die Religion einen schweren Rückschlag, obwohl sich die „Verfolgung" vermutlich gegen die wirtschaftliche und politische Macht eines etablierten Klosterbuddhismus richtete, während tantrische Strömungen anscheinend weiterhin relativ frei agieren konnten[5].

Die zweite Verbreitung des Buddhismus in Tibet und die Ausprägung seiner Spezifika

Die zweite Verbreitung des Buddhismus ging im Wesentlichen auf den westtibetischen Übersetzer Rin-chen bzaṅ-po (958-1055) und den bengalischen Meister Atiśa (ca. 982-1954) zurück. Letzterer ging 1042 auf Einladung des Königs Byaṅ-chub-'od nach Tibet. Bei seiner Ankunft stellte er fest, dass die buddhistischen Mönche der Führung bei der Interpretation der „alten" Tantras entbehrten, die er z.B. in Samye vorfand, sowie auch der „neuen" Tantras, die erst kürzlich von bedeutenden Reisenden und Übersetzern wie etwa Rin-chen bzaṅ-po eingeführt worden waren, also jene Art von Texten, die Praktiken auf dem Weg zur Erleuchtung empfehlen, die häufig stark magisch geprägt sind und sich allerlei Mittel bedienen, um das Individuum in eine Verkörperung des Göttlichen zu verwandeln. Dabei macht man ausgiebigen Gebrauch von Handgesten (mudrā), Mantras (heiligen Lauten oder Aussprüchen), Maṇḍalas (heiligen Kreisen oder Diagrammen) und hebt bei diesen Prozessen auch die Bedeutung des

Weiblichen und der sexuellen yogischen Vereinigung hervor. Atiśa sah seine Hauptaufgabe darin, oberflächliche Interpretationen dieser Lehren zu korrigieren. Daher betonte er zum einen die Mönchsdisziplin und leitete zum anderen die tantrischen Lehren von der Philosophie und der Ethik der Sūtras (der autoritativen Schriften) her. Dabei stand im Mittelpunkt die Anschauung, dass es für einen Schüler unbedingt erforderlich sei, sich selbst einem einzigen Lehrer (Skt. guru, tib. Lama) zuzuwenden. Als sein eigener Schüler 'Brom-ston ihn fragte, was wichtiger sei, ein Text oder ein Lehrer, antwortete Atiśa, dass ohne einen Lehrer „die Lehre und der Mann getrennte Wege gehen werden"; dieser aus dem Vajrayāna Indiens entlehnte Gedanke hat seitdem den tibetischen Buddhismus durchdrungen.

Man glaubt auch, dass Atiśa die Verehrung der Göttin Tārā in Tibet und das volkstümliche System der Meditation und Philosophie eingeführt habe, das als Lojong (blo-spyoṅ, „Geistestraining") bezeichnet wird, zu dem solche Meditationen gehören wie die Betrachtung, dass alle Wesen einmal in einer früheren Existenz die eigene Mutter waren. Der bei dieser Meditation entstehende Wunsch, die Güte der eigenen Mutter zu vergelten, wird auf alle Wesen ausgedehnt und erzeugt dadurch ein universelles Verantwortlichkeitsgefühl und verwandelt die angestrebte Erweckung des Erleuchtungsgedankens (bodhicitta) in einen „wirksamen" Erleuchtungsgedanken. Hier findet sich also wie auch bei vielen anderen Lehrern die Begründung für die höchste Autorität des Meisters, der allein imstande ist, seinen Schülern die Lehren der heiligen Schriften zugänglich zu machen und wirksam werden zu lassen, weil nur er aufgrund seines unmittelbaren Kontaktes in der Lage ist, Buchstabe und Sinn der Lehre zu vermitteln. Dies ist die Ursache für das Entstehen der verschiedenen tibetischen Schulrichtungen, die sich auf unterschiedliche Meister zurückführen. So begründete z.B. der für seine strikte Befolgung der ethischen und mönchischen Regeln bekannte 'Brom-ston im Jahre 1056 die Kadam (bka'-gdams)- oder „Ratgeber"-Schule, deren erklärtes Ziel es ist, „dem Rat des Atiśa zu folgen". Da die indischen Formen des Vajrayāna-Buddhismus wie auch die anderen Spielarten in anderen Regionen untergegangen sind, kann man darin ein Spezifikum des tibetischen Buddhismus sehen, der aber andere Formen des Buddhismus wie Hīnayāna und Mahāyāna miteinschließt, ja in ihnen sogar unabdingbare Voraussetzungen für das Vajrayāna sieht.

Inv. Nr. 1362:08 Ankauf von Paul Möwis (Foto Saal), Thangka: Padmasambhava (skt.: Padmasambhava, tib.: padma 'byung-gnas, lies pema dschungnä), Farben auf grundiertem Textilgewebe. Bild: H 93 cm, B 63 cm. Gesamt: H 160 cm, B 113 cm. Publiziert: Ribbach, 1916, Tibet, vor 1908. Padmasambhava, der „Lotosgeborene", (8. Jahrhundert) war einer der bedeutendsten buddhistischen Universalgelehrten. Er war vor allem in den magischen Traditionen des Tantrismus zuhause. Im Jahr 786 nach Tibet berufen, griff er in den Kampf zwischen der vom König vertretenen buddhistischen Lehre und der von den Adligen favorisierten Bön-Religion durch „Bezwingung der Bön-Dämonen" zugunsten des Buddhismus ein. Das Thangka zeigt ihn und seinen geistigen Vater Amitābha über ihm. Er ist umgeben von Magiern, buddhis-tischen Lehrern und Gottheiten. (S. K.)

Inv. Nr. 81.40:2 Leihgabe Dana Sharpa (Foto Saal), Tonplastik: Padmasambhava, ungebrannter Ton, Bemalung in Rot und Gold. H 5 cm, max. B 3,5 cm, T 3 cm. Nepal.

Inv. Nr. 2002.18:30 Slg. Camps (Foto Saal), Thangka: Das Paradies des Padmasambhava (tib.: zangs mdog dpal ri, lies: sang dog päl ri). Farben auf grundiertem Textilgewebe, Montierung Seide/Kunststoff, Holz. Gesamt: H 127 cm, B 81,5 cm. Bild H 70 cm, B 54,5 cm, B Rollstab 87 cm. Indien oder Nepal (gemalt), erworben in Kathmandu 1978. Bilder dieses Typs, gemalt in pastelligen Rosa-, Grün- und Blautönen, waren in den 60er und 70er Jahren in Nordindien und Nepal auf dem Markt. (S. K.)

Inv. Nr: 25.28:204 Slg. Stoetzner (Foto Saal), Weiherelief (tib.: tsha tsha, lies: tsa tsa): Padmasambhava mit seinen Hauptfrauen. Gelblichgrauer Ton, rot bemalt. H 10 cm, B 10,5 cm, T ca. 1,7 cm. Kommentar Stoetzner: wie Nr. 25.28:196. Padmasambhava hatte fünf Frauen, die gleichzeitig seine tantrischen Partnerinnen waren. Er wird jedoch meistens nur mit zwei von ihnen dargestellt: Die Inderin Mandāravā (zu seiner linken) war die begabteste Tantrikerin, die Tibeterin Yeshe Tsogyäl (tib.: Ye-shes mtsho-rgyal) jedoch, zu erkennen an der Schädelschale in ihrer Hand, hatte großen Anteil an seinem Erfolg in Tibet, da sie seine Lehren in ihrer Muttersprache erklären konnte.

Die Lehren, die Padmasambhavas Zeitgenossen noch zu kompliziert waren, versteckte er. Sie wurden im Laufe der Jahrhunderte von so genannten „Schatzentdeckern" aufgefunden und im 14. Jahrhundert von Longtschen (tib.: Klong chen) für die Nyingma-Schule erstmals systematisiert (s. Artikel von Jurek Schreiner in diesem Band). (S. K.)

Inv. Nr. 2004.20:7 Geschenk Dr. Roland Steffan (Foto Saal), Druck: Milarepa (tib.: Mi-la-ras-pa, lies: milarepa/milaräpa) mit Patriarchen der Karma-Kagyü-Richtung. Handabzug auf handgeschöpftem Papier. H 71cm, B 60 cm, Nepal, spätes 20. Jahrhundert.
Milarepa (1040-1123), der „in Baumwolle gekleidete Mila", ist einer der beliebtesten Heiligen Tibets und einer der größten Dichter des Landes. Nach einem Leben voller unheilsamer Taten wurde er Schüler Marpas. Die Freude über seine Befreiung vom unheilvollen Lebenswandel fasste er in zahlreiche Lieder, die heute noch tradiert werden. Seine Schüler schrieben seine Autobiographie, genannt „Die hunderttausend Lieder" (tib: mgur 'bum, lies: gurbum), nieder. Er ist hier als Zentralgestalt in der für ihn charakteristischen „Geste des Singens/Horchens" mit einer Hand am Ohr dargestellt. Unter ihm die tibetische Inschrift rJe-btsun mi-la (lies: dschetsün mila). Darunter die Glücksgöttin Taschi tseringma (tib.: bKra- shis tshe-ring-ma, lies: taschi tseringma) auf einem Löwen reitend, zu sehen. Die anderen dargestellten Figuren, durch Inschriften identifiziert, gehören der Karma-Kagyü-Richtung (tib.: karma bka' brgyud) an und sind als geistige Väter, Vorgänger oder Nachfolger Milarepas zu sehen.
Über Milarepa der Urbuddha Vajradhara (tib.: rDo-rje-'chang, lies: dordsche tschang) und Milarepas Lehrer Marpa (tib.: Mar-pa) (1012-1097). Auf der linken Bildseite von oben nach unten: 1) Tilopa (skr./tib.:Te-lo-pa, lies: telopa/tilopa) (988-1069). 2) Rätschungpa (tib.: Ras-chung-pa) (1083-1161)(?). 3) Dagpo lhadsche (tib.: Dvags -po lha-rje) (1079-1153). Rechts von oben nach unten: 1) Naropa (skr./tib.: Nā-ro-pa). 2) Phagmo dschubpa (tib.: Phag-mo gru-pa) (1110-1170). 3) Karmapa (tib.: Karma-pa). Motiv und Darstellungsweise sind seit mehreren Jahrzehnten in Nepal als Druck in Umlauf. (S. K.)

Inv. Nr. 2003.13:1 Geschenk Dr. Roland Steffan (Foto Saal)
Gedenkfigur eines Kagyu-Lama (tib.: bka' brgyud bla ma, lies: kagyü lama)
Bronze, vergoldet. H 11,5 cm, B max 7 cm.
Tibet, 17. oder spätes 16. Jahrhundert.
Dargestellt ist Gyalwang Drugpa Gyarä (tib.: rGyal-dbang´brug-pa gtsang-pa rgya-ras), der Begründer der Kagyü-Schule Bhutans. (S. K.)

Inv. Nr. 2660:09 Slg. Leder (Foto Saal)
Weiherelief (tsha tsha): Zukunftsbuddha (Bodhisattva) Maitreya.
Ungebrannter Ton. H 7 cm, B 5 cm.
Mongolei (erworben).
Den Buddha der Zukunft, Maitreya, erkennt man hier daran, dass er mit beiden Füßen auf dem Boden sitzt und nicht mit verschränkten Beinen. Diese Darstellungsform besagt, dass Maitreya seinen Thron noch nicht vollständig eingenommen hat, denn dies wird er erst in der Zukunft tun. Vorerst wartet er – noch als Bodhisattva – im Tuṣita-Himmel auf seine Zeit. (S. K.)

Inv. Nr. 2831:09 Slg. Leder (Foto Saal), Weiherelief (tib.: tsha tsha, lies: tsa tsa): Vision eines Lama vom Tuṣita-Himmel. Ungebrannter Ton mit roter und goldfarbener Bemalung. H 6,5 cm, B 5,5 cm, Mongolei (erworben).
Das kleine Tonrelief, das in einem Amulettkasten mitgeführt wurde, zeigt ganz oben den Tuṣita-Himmel, in dem der Bodhisattva Maitreya auf seine Herabkunft als Buddha der Zukunft wartet. In der Mitte der Begründer der Gelug-Tradition, Tsongkhapa, mit Schülern, flankiert vom historischen Buddha unseres Weltzeitalters, Śākyamuni, und dem Bodhisattva der Erkenntnis, Mañjuśri. Ganz unten ein Lama, der dies alles in einer Vision sieht. Vor ihm ein Altar mit Opfergaben und eine zornige Gottheit, möglicherweise der Yidam, die Initiationsgottheit, des Mönchs. (S. K.)

Inv. Nr. 2621:09 Slg. Leder (Foto Saal), Weiherelief: Buddha Śākyamuni und die Bekenntnis-Buddhas. Ungebrannter Ton, goldfarben und rot bemalt. H max. 14,5 cm, B 9 cm, Mongolei.
Das regelmäßige Sündenbekenntnis gehört zu den Pflichtübungen aller Mönche. Es gibt 35 Verfehlungen gegen die buddhistische Ethik, und ebenso viele Bekenntnis-Buddhas, von denen ein jeder Abhilfe bei einer bestimmten Verfehlung schaffen kann. Sie umgeben hier die zentrale Gestalt Śākyamunis. Oben ist Tsongkhapa mit seinen beiden Hauptschülern zu sehen. (S. K.)

Inv. Nr. 2004.27:4 Kauf Slg. F. K. Grelle (Foto Saal), Relief der Vajrayogini (skt.: Vajrayoginī, tib.: rdo-rje rNal-'byor-ma, lies: Dordsche Näldschorma), Messing. H 6,5 cm, B 5 cm, T max 0,8 cm, Mongolei. Yoginīs und Ḍākinī (tib.: mK'a' - 'gro-ma, lies: Kadroma) sind Mittlerinnen zwischen dem Heilssucher und den transzendenten Buddhas. Zum Zeichen des Unterwegs-Seins werden sie für gewöhnlich im Ausfallschritt dargestellt, der aus dem indischen Tanz stammt und dort das Fliegen andeutet. Durch die Mittlerrolle von Yoginīs und Ḍākinīs wird dem Heilssucher transzendentes Wissen offenbart. Sie sind es auch, die den Adepten übernatürliche Fähigkeiten (siddhi) zugänglich machen. Von besonderer Bedeutung sind sie für die Kagyu- und Sakya-Schule. Die Ḍākinīs sind von schrecklicher Erscheinungsform. Diese zeigt ihre Fähigkeit, dharmafeindliche Kräfte in Schach zu halten. Die erotische Beziehung des Heilssuchers zu seiner persönlichen Initiationshelferin wird dagegen durch die Yoginīs (tib.: rNal-'yor-ma, lies: Nedschorma) personifiziert, die als nackte, attraktive Frauen dargestellt werden. Die Vajradakinī ist hier als Zwischenform gezeigt. Sie ist fast völlig nackt, ist jedoch mit einer Schädelkette geschmückt und trägt über der Schulter den tantrischen Stab mit drei verfallenden Menschenschädeln, was ihren zornigen Aspekt unterstreicht. Mit dem linken Bein macht sie einen gewaltigen Schritt Richtung Himmel. (S. K.)

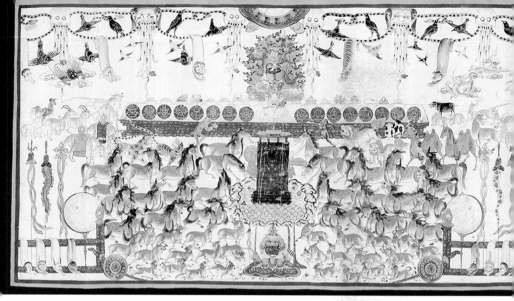

Inv. Nr. 30.390:1   Kauf Lene Schneider-Kainer (Foto Saal), Thangka: Symbolische Opfergaben (bskang-rdzas: kangdzä), Farben auf grundiertem Textilgewebe. Bild H 31 cm, B 60 cm, Gesamt H 48 cm, B 84 cm. Publiziert: Knödel/Johansen, 2000: 152-153, Tibet oder China, zwischen 18. und 20. Jahrhundert (vor 1930).
Dargestellt sind Opfergaben, die ein Heilssucher in der Meditation darbringt. Nicht nur weltliche Güter und Freuden, sondern auch die Sinne und die Teile des eigenen Körpers werden hingegeben. Dies ist ein deutliches Zeichen dafür, dass es sich bei der beschenkten Gestalt um ein zornvolles Wesen handelt, das nur fortgeschrittene Heilssucher zum Meditationsobjekt machen dürfen. Oben in der Mitte sind, von Flammen umloht, die Kleider dieses Wesens zu sehen. Sie lassen erkennen, dass es sich um den Dharmapāla Beg-tse, einen mächtigen Schützer der buddhistischen Lehre, handelt. Während der Meditation imaginiert der Meditierende in diesen Kleidern die vollständige Gestalt des Beg-tse. (S. K.)

Inv. Nr. 26.11:6 Kauf Umlauff (Slg. Schlagintweit?) (Foto Saal), Thangka:
Uṣṇīṣvijayā mit der Trias des langen Lebens
Farben auf grundiertem Textilgewebe. H 65 cm, B 45 cm, Gesamt B 88 cm, H 124 cm. Publiziert: Knödel/Johansen, 2000: 106-107.
Zentraltibet, 18. oder 19. Jahrhundert.
Uṣṇīṣavijayā (tib.: gTsug-tor rnam-par rgyal-ma, lies: tsugtor nampar gyalma) ist „die durch die Schädelerhöhung des Buddha Siegreiche". Sie hütet die Buddhaweisheit, die in der Schädelerhöhung des Erleuchteten, der Uṣṇīṣa, ihren Sitz hat, und wird auch als Mutter aller Buddhas bezeichnet. Daher hält sie in einer ihrer Hände die Gestalt des Buddhas Amitābha. Neben ihrem Knie ist Amitāyus, der Buddha des langen Lebens, zu sehen. Auf der anderen Seite sitzt die weiße Tārā. Zu dritt bilden sie die Trias des Langen Lebens (tib.: tshe lha rnam gsum, lies: tse lha nam sum). Diese steht für den Wunsch, die für den Heilsweg besonders geeignete menschliche Existenzform so lange wie möglich behalten zu können.
Die schöne Zentralfigur dieses Thangkas ist von anderer Hand gemalt als die etwas unbeholfenen Nebengestalten und die 103 Darstellungen der Uṣṇīṣvijayā, die den Hintergrund bedecken. (S. K.)

Inv. Nr. 2849:09, Slg. Leder (Foto Saal), Weiherelief: Die fünf tantrischen Göttinnen Pancaraksa (tib.: bsrung ba lnga, lies: sungwa nga). Ungebrannter Ton, Spuren von Bemalung. H 7,8 cm, B 6,5 cm, Mongolei.
Dargestellt sind fünf magische Formeln (skt . dhāraṇī), die vor bestimmten, festgelegten Gefahren schützen. Diese Formeln sind in Gestalt weiblicher Gottheiten personifiziert. Es handelt sich um:
(Mahā-)Pratisarā (tib.: So-sor 'drang-ma, lies: so sor drang ma), schützt vor Sünde und Krankheit.
(Mahā-)Sahasrapramardanī (tib.: sTong-chen-mo, lies: tong tschen mo), schützt vor Dämonen.
Mahāmayuri (tib.: rMa-bya chen-mo, lies: madscha tschenmo), schützt vor Schlangen.
(Mahā-)Mantrānusariṇī (tib.: gSang-sngans chen-mo, lies: sang ngag tschen mo), schützt vor Krankheiten.
(Mahā-)Sītavatī (tib.: bSil-ba'i tshal-chen-mo, lies: silwä tsäl tschenmo), schützt vor wilden Tieren und gefährlichen Insekten. (S. K.)

Weitere Schulen und ihre Lehren

Zu den weiteren wichtigen Schulen, die sich bis zum 15. Jahrhundert herausbildeten, gehören die Kagyü (bKa'-brgyud), was soviel wie „mündliche Übermittlung" bedeutet. Sie leitet ihren Namen von der Art der Übermittlung ihrer Lehren vor ihrer Systematisierung durch Gampopa (1079-1153) her. Sie geht hauptsächlich auf Marpa (1012-1097) zurück, den „großen Übersetzer", der wie Rin-chen bzaṅ-po mehrere Reisen nach Indien unternahm, um Tibets wiederbelebten Glauben mit „neuen" Zyklen indischer Tantras zu bereichern. Die zwei Hauptlehrer des Marpa waren die Siddhas Nāropa (956-1040) und Maitrīpa. Von Nāropa erbte Marpa die „Sechs Lehren des Nāropa", tantrische Praktiken der Beherrschung des Selbst und der Phänomene, die jetzt von allen Schulen anerkannt werden und im Mittelpunkt der Ausbildung eines Kagyü-Lamas bilden. Die sechs Lehren dauern drei Jahre, drei Monate und drei Tage lang und bestehen zum einen aus dem Hitzeyoga (gtum-mo), durch den die Unteilbarkeit von Glückseligkeit (bde-ba) und Leerheit (stoṅ-pa-ñid) erlangt wird. Das Ergebnis ist eine ungewöhnliche Körperhitze, die es dem Yogin ermöglicht, auch bei niedrigsten Temperaturen zu meditieren. Weiterhin wird der Illusionskörper (sgyu-lus) verwirklicht, durch den man die Substanzlosigkeit aller Phänomene erfährt. Beim Traumyoga (rmi-lam) wird das durch den Illusionskörper erworbene Wissen auf die Beherrschung des Bewusstseins im Traumzustand erweitert. „Klares Licht" ('od-gsal) bezeichnet den Zustand, durch den der natürliche Glanz der Leerheit erfaßt wird. Das „Auswerfen" (pho-ba) ist die Fähigkeit, das Bewusstsein vom Körper zu trennen. Eine besondere Form des pho-ba ist die Übertragung (groṅ-'jug), die manchmal als „Auferstehung" bezeichnet wird. Diese versetzt den Yogin in die Lage, sein Bewusstsein im Falle des vorzeitigen Todes in den Körper eines frischen Leichnams zu übertragen, so dass er seine Meditation ohne die mit einer normalen Wiedergeburt verbundene Unterbrechung fortsetzen kann. Im Bardo (bar-do) genannten Zwischenzustand zwischen Tod und Wiedergeburt ist der Yogin in der Lage, seine Erfahrungen zu wiederholen und dadurch über seine Wiedergeburt zu entscheiden.

Man kann daraus ersehen, dass viele der hier angesprochenen Techniken einem Zwischenbereich zwischen meditativen, spirituellen

Kräften und quasi magischen Fähigkeiten angehören. Auch die Vergegenwärtigung (dmigs-pa) von Maṇḍalas und Gottheiten ist eine Art von Meditation, bei der man durch Projektion eine Erscheinung eines Gegenstandes oder einer Gottheit bewirkt, mit der man sich selbst identifiziert und über die Bedeutung des Vergegenwärtigten meditiert. Darüber hinaus erinnert diese Übung den Yogin daran, dass vorgefasste Meinungen über die Beständigkeit der äußeren Welt falsch sind, weil das Wesen aller Dinge so ist wie die des durch Projektion erzeugten Vergegenwärtigten. So dienen auch viele grausige Darstellungen und damit verbundene Rituale letztlich der Bewusstwerdung, dass alle Dinge „leer", d.h. substanzlos und vergänglich sind, oder sie sind Äußerungen von Zuständen wie etwa die „zornvollen Gottheiten", die die Verwandlung des Hasses in den Zorn gegen sich selbst symbolisieren. Richtig kanalisiert, können negative Emotionen auch transformiert werden und dazu dienen, die Leidenschaften zu überwinden.

Die Schule der rÑiṅ-ma („Schule der Alten") zeichnet sich durch ihren abweichenden Kanon aus, der sich aus der sogenannten gter-ma-Literatur und einer Sammlung alter Tantras (rñiṅ-ma'i-rgyud-'bum) zusammensetzt. Terma (gter-ma)- oder „Schatz"-Texte sind Schriften, die angeblich seit der Zeit des Padmasambhava vergraben wurden und durch so genannte „Schatzfinder" (gter-ston) gehoben wurden, die ihre Lage durch persönliche Schau oder göttliche Hilfe ermitteln. Diese Texte knüpfen sehr oft an die Zeit der „ersten Ausbreitung" an und sollen somit das Alter der Schule dokumentieren. Eine der wichtigsten rÑiṅ-ma-Lehren, die über die „Große Vollkommenheit" (rdzogs-chen), lehrt z. B. die „plötzliche Erleuchtung", was vielleicht auf den Einfluss des Chan-Buddhismus im 8. Jahrhundert zurückzuführen ist.

Von den Schulen wären noch die Sa-skya und die dGe-lugs zu nennen, wobei die Besonderheit der letzteren Schule in der wieder stärkeren Hinwendung zur Sūtra-Literatur und der Bedeutung des von anderen Schulen häufig umgangenen Zölibats besteht. Ihr Gründer Tsoṅ-kha-pa (1357-1419) bezog sich insbesondere auf die Lehren der bKa'-dam. Er grenzte seine Schule auch äußerlich ab durch die Vorschrift für Mönche, gelbe Hüte zu tragen. Sie sollte zu einer der erfolgreichsten Strömungen des tibetischen Buddhismus werden. Aus ihren Reihen rekrutiert sich auch der Dalai Lama.

Die Wiederverkörperungslehre tibetischer Hierarchen

Dies leitet zu einer weiteren Besonderheit des tibetischen Buddhismus über, der persönlichen Wiederverkörperung bedeutender Hierarchen, die als Tulku (sprul-sku) bezeichnet werden. Im Mahāyāna-Buddhismus war aus dem historischen Buddha ein transzendentes Wesen geworden, das jenseits von Zeit und Raum schon immer existierte und sich lediglich von Zeit zu Zeit auf Erden manifestierte. Auch begnügte man sich nicht mehr mit dem historischen Buddha und seinen Vorläufern sowie dem zukünftigen Buddha Maitreya, sondern kannte jetzt außerdem eine große Anzahl von anderen Buddhas und Bodhisattvas (Erleuchtungswesen), die in eigenen Paradiesen residierten. Diese sollten den Gläubigen, die nicht selbst zur Erleuchtung fähig sind, als eine Art Mittler oder Heiland dienen. Zu diesem Zweck verzögerten sie aus Mitleid ihr endgültiges Eingehen in das Nirvāṇa und wirkten stattdessen weiterhin auf Erden. Sie waren im Gegensatz zu anderen Existenzformen aufgrund ihres erleuchteten und transzendenten Wesens im Kern unwandelbar und unzerstörbar (eine Eigenschaft, die man auch dem Diamanten nachsagt, weshalb in diesem Zusammenhang häufig von der Diamantnatur die Rede ist). Daraus entwickelte sich die sogenannte Dreikörper (Trikāya)-Lehre: die eigentliche unwandelbare, formlose und aus sich selbst existierende Wesenheit ist der Dharmakāya, der „Leib der Lehre", die reine Erleuchtung (bodhi) schlechthin. Der Sambhogakāya oder „Genußleib" ist die Form, die die Buddhas und Bodhisattvas annehmen, wenn sie in ihren überirdischen Welten verweilen. Der Nirmāṇakāya oder „Erscheinungsleib" aber ist die konkrete Materialisierung eines solchen Erleuchtungswesens auf Erden. Im Sinne dieser Lehre war der historische Buddha der Nirmāṇakāya (tib. sprul-sku) eines überweltlichen Buddha, den man dann als Śākyamuni bezeichnete. Trotz dieser theoretischen Grundlage kam es im Mahāyāna-Buddhismus nicht zu praktischen Auswirkungen dieser Lehre, d.h. es wurden nach dem historischen Buddha keine konkreten historischen Persönlichkeiten benannt, in denen sich ein Buddha, ein Bodhisattva oder ein anderes mit dem Erleuchtungsgedanken (bodhicitta) ausgestattetes Wesen manifestierte. Diese Weiterung blieb dem tibetischen Buddhismus vorbehalten. Zunächst bezog sich dies auf hohe geistliche Würdenträger, in denen sich die bodhi manifestiert hatte und die sich nach ihrem Tode in einem anderen männlichen Wesen neu verkörperten. Eine der frühesten Ketten solcher Wiederverkörperungen ist die der Karmapas, die mit Du-gsum mKhyen-pa (1110-1193) bzw. seiner Wiederverkörperung Kar-ma Pa-kśi (1206-1283) begann und deren 17. Verkörperung 1992 inthronisiert wurde. Auch die Abfolge der Dalai Lamas bezeichnete sich zunächst (d.h. seit dem III. Dalai Lama) nur als Wiederverkörperung des posthum vom Mongolenherrscher Altan Qan zum I. Dalai Lama ernannten dGe-'dun Grub (1391-1475). Doch der V. Dalai Lama Blo-bzaṇ rgya-mtsho (1617-1682), der 1642 die weltliche Herrschaft über Tibet errang, behauptete außerdem, die Dalai Lamas seien eine Wiederverkörperung des Bodhisattva Avalokiteśvara (der Schutzpatron Tibets), und die ebenfalls zur dGe-lugs-Schule gehörenden Panchen Lamas die des Buddha Amitābha. Die Identifizierung einer neuen Wiederverkörperung geschieht durch eine längere Prozedur: Zunächst wird in ganz Tibet nach in Frage kommenden männlichen Kindern (die nach dem Tod der letzten Inkarnation geboren wurden) gesucht; dabei wird besonders darauf geachtet, ob Dinge, die der alten Wiederverkörperung lieb waren, die Aufmerksamkeit des Kindes erregen oder ob es bestimmte Eigenschaften oder Eigenarten des Verstorbenen besitzt. Bei der endgültigen Auswahl muss gegebenenfalls (wenn Zweifel bestehen bleiben) ein Orakel entscheiden. Dies jedenfalls sind die Grundmuster, nach denen die Wiederverkörperungen des verstorbenen Hierarchen aufgefunden werden. In jüngster Zeit führte dies zu Streitigkeiten über die Wiederverkörperung des 1981 bei Chicago verstorbenen 16. Karmapa und des 1989 in Beijing verstorbenen 7. (nach anderer Zählung: 10.) Panchen Lama, bei denen jeweils Gegenkandidaten präsentiert wurden und neben der hohen Politik (die Einflussnahme der Volksrepublik China) auch Rivalitäten unter Gruppierungen des tibetischen Buddhismus (darunter auch Westler wie der Däne Ole Nydahl) eine gewichtige Rolle spielen. Diese Wiederverkörperungslehre, die bestimmten Hierarchen einen unzerstörbaren und übertragbaren Persönlichkeitskern zubilligt, ist wohl eine von den Lehren des historischen Buddha am weitesten entfernte Vorstellung, weil dieser in allen Erscheinungsformen nur das Unbeständige und der Veränderung Unterworfene sah und keinem vergänglichen Wesen über den Tod hinaus eine übertragbare Erleuchtung (bodhi) zuerkannte. Somit ist dies ein weiteres Spezifikum des tibetischen Buddhismus, zu dem man noch viele andere Besonderheiten hinzufügen könnte.

Bibliographie

Francke, August Hermann
1911-12 The Tibetan alphabet. In: Epigraphia Indica XI, S. 266-272.

Fuchs, Walter
1939 Huei-ch'aos Pilgerreise durch Nordwestindien und Zentralasien um 726. In: Sitzungsberichte der Preußischen Akademie der Wissenschaften, S. 426-469.

Golzio, Karl-Heinz / Bandini, Pietro
1997 Die vierzehn Wiedergeburten des Dalai Lama. Die Herrscher Tibets - wie sie wiederkommen, wie sie gefunden werden, was sie hinterlassen haben. Bern.

Haarh, Erik
1969. The Yar-luṅ dynasty. A study with particular regard to the contribution by myths and legends to the history of Ancient Tibet and the origin and nature of its kings. København.

Hoffmann, Helmut
1956 Die Religionen Tibets. Bon und Lamaismus in ihrer geschichtlichen Entwicklung. Freiburg.

Schlieter, Jens
2003 Tyrannenmord als Konfliktlösungsmodell? Zur Rechtfertigung der Ermordung des >antibuddhistischen< Königs Langdarma in tibetisch-buddhistischen Quellen. Zeitschrift für Religionswissenschaft Jg. 11, S. 167-183.

Snellgrove, David Llewellyn
1987   Indo-Tibetan Buddhism. Indian Buddhists and their Tibetan successors. London.

Tucci, Giuseppe
1962   The wives of Sroṅ btsan sgam po. In: Oriens Extremus IX, S. 121-130.
1970   Die Religionen Tibets. In: Giuseppe Tucci & Walther Heissig, Die Religionen Tibets und der Mongolei, S. 1-291. Stuttgart.

Anmerkungen

[1] Siehe dazu Giuseppe Tucci, "The wives of Sroṅ btsan sgam po", Oriens Extremus IX (1962), S. 121-130.
[2] Siehe dazu A[ugust] H[ermann] Francke, „The Tibetan alphabet", Epigraphia Indica XI (1911-12), S. 266-272.
[3] Siehe dazu Walter Fuchs, „Huei-ch'aos Pilgerreise durch Nordwestindien und Zentralasien um 726", SPAW 1938 (1939), S. 426-469.
[4] Siehe Giuseppe Tucci, „Die Religionen Tibets", S. 27-29. Stuttgart.
[5] Jens Schlieter, „Tyrannenmord als Konfliktlösungsmodell?", S. 173-175.

Bemerkungen zur Vorgeschichte und Weihe des Buches im Buddhismus und zur materiellen Kultur des Buches in Tibet

Jan-Ulrich Sobisch

Zu den wichtigsten Zeugnissen der zweieinhalbtausend jährigen buddhistischen Kultur Asiens gehört zweifellos die außerordentlich umfangreiche, in den unterschiedlichsten Buchformen festgehaltene Literatur des Buddhismus. Doch der ursprünglich aus Indien stammende Buddhismus ist nicht von Anfang an eine Schriftreligion gewesen und viele Länder, in denen sich im Zuge seiner späteren Ausbreitung eine buddhistische Kultur in nennenswertem Umfang entwickelte, konnten ihrerseits nicht auf eine schriftlich-literarische Tradition zurückblicken.

Einer tibetischen Legende nach kam das erste Buch Tibets aus Indien, und zwar im dritten Jahrhundert unserer Zeitrechnung. Doch erst vierhundert Jahre später wollen die Tibeter nach indischem Vorbild eine eigene Schrift geschaffen haben.[1] Diese Legende setzt wie selbstverständlich voraus, Indien müsste — als Ursprungsland des Buddhismus — ein Land der Schriften gewesen sein. In dieser und in ähnlichen Legenden, auch aus anderen Ländern, wird Büchern im Kontext der Verbreitung des Buddhismus eine Rolle zugeschrieben, die jedoch den frühen Formen des indischen Buddhismus ganz fremd gewesen ist.

Im Folgenden möchte ich deshalb im ersten Teil meiner Bemerkungen in groben Zügen skizzieren, wie sich in der zunächst ausschließlich mündlichen Tradition des Buddhismus in Indien vergleichsweise früh die Notwendigkeit einer schriftlichen Fixierung der Lehren ergab, und wie schließlich im späteren Buddhismus und vor allem in Tibet diese Entwicklung in einen wahren Kult um das Buch kulminierte. Pointiert formuliert könnte man sagen, dass im Buddhismus aus der Notwendigkeit zur Verschriftlichung die Tugend der Buchverehrung gemacht wurde. Ich werde mich anschließend der Buchweihe und den Methoden der mit Büchern zusammenhängenden spirituellen Verdienstansammlung widmen und dann im letzten Teil dieses Aufsatzes den verschiedenen handwerklichen Aspekten der Manuskriptherstellung und des Buchdruckes in Tibet zuwenden.

Von der mündlichen Tradition zur Verschriftlichung

Obwohl im späteren Buddhismus der Buddha sowie einige seiner unmittelbaren Schüler als schriftkundig dargestellt werden,[2] gibt es in der modernen Forschung keinen Zweifel daran, dass die buddhistischen Lehren in der Frühzeit des Buddhismus ausschließlich mündlich tradiert worden sind. Diese Gewissheit stützt sich vor allem auf zwei Beobachtungen, nämlich erstens, dass wir bis mindestens zum 3. Jahrhundert v. Chr. keinerlei Verwendung von Schrift überhaupt im Buddhismus nachweisen können,[3] und zweitens, dass die frühen buddhistischen Schriften selbst deutlich auf die ihnen vorangehende mündliche Tradition verweisen.[4] Angesichts der Fülle des Materials ist noch im ersten Jahrhundert unserer Zeitrechnung von den Chinesen zunächst bezweifelt worden, dass eine ausschließlich mündliche Überlieferung der Lehre überhaupt denkbar ist, bevor ihnen von indischen Gelehrten, die ihre enormen Memorierfähigkeiten demonstrierten, das Gegenteil bewiesen wurde. Die bis in die Gegenwart dokumentierten, trotz längst eingesetzter Verschriftlichung noch immer in dieser Hinsicht erstaunlichen Leistungen beispielsweise der vedakundigen indischen Brahmanen liefern den eindringlichen Beweis, dass eine in der frühen Kindheit einsetzende

Schulung des Gedächtnisses auch heute noch zu außerordentlich beeindruckenden Ergebnissen führt.[5] Ich selbst konnte gelegentlich junge tibetische Mönche frühmorgens über ihre Bücher gebeugt beim Memorieren von jeweils ein bis drei Textfolios beobachten, was sich bei längerem Studium zu mehreren tausend Folios summieren kann. In der indischen wie auch in anderen Kulturen wird jedoch für diese Phase der Ausbildung der Gebrauch schriftlicher Hilfsmittel geradezu abgelehnt.[6]

Trotz einer ausgeprägten mündlichen Tradition ergaben sich für die Buddhisten Indiens im Laufe der Zeit einige offenbar zwingende Gründe, die eine Verschriftlichung notwendig gemacht haben. Insbesondere ist hier die Tatsache zu nennen, dass Kinder im frühen Buddhismus nicht vor dem fünfzehnten Lebensjahr Novizen werden durften. Damit standen den Buddhisten für das umfangreiche Memorieren immerhin entscheidende sieben Jahre weniger zur Verfügung als den schon im Alter von sieben Jahren mit der Ausbildung beginnenden Brahmanen der vedischen Tradition.[7] Ein anderes Problem, welches eine Verschriftlichung befördert haben mag, ist wohl darin zu sehen, dass immer öfter einzelne Überlieferungen vom Aussterben bedroht waren. Dass dies eine reale Gefahr war, ist in den Texten vielfältig belegt. Mönche wurden ermahnt, ihre (mündlich überlieferte) Textkenntnis weiterzugeben, damit nicht „mit ihrem Ableben die Wurzel des Sūtra abgeschnitten werde;" in manchen Gemeinschaften war das Formular für die Beichtfeier verloren gegangen, so dass ein Mönch in eine Nachbargemeinde geschickt werden musste: „Geh, Ehrwürdiger, lerne das Pāṭimokkha ausführlich oder verkürzt [auswendig] und komme wieder"; und Mönche durften die Klausur während der Regenzeit ausnahmsweise verlassen, um ein Sūtra zu lernen, „bevor dies Sūtra verloren geht".[8] Zusammen mit dem auf dem ersten Konzil (ca. 483 v. Chr.)[9] deutlich werdenden Wunsch, die Lehrübermittlungen zu vereinheitlichen, hat all dies dazu geführt, dass die Buddhisten sich „ganz anders als die brahmanische Tradition rasch und geradezu begeistert der Schriftlichkeit zuwandten".[10]

Die Verschriftlichung mündlich überlieferter Lehren vollzog sich jedoch kaum abrupt. In der Tat gab und gibt es ein komplexes Zusammenspiel zwischen mündlichen und handschriftlichen Überlieferungen. So wurden und werden etwa Texte an einem Ort diktiert und handschriftlich festgehalten, um dann woanders oder später in Stein graviert oder als Buch gedruckt und fortan zu bestimmten Zeiten vorgelesen zu werden.

Darüber hinaus ist in vielen asiatischen Kulturen immer noch eine mündlich tradierte Überlieferung parallel zu den verfassten Schriften festzustellen. Eine umfangreiche Verschriftlichung der Lehren Buddhas wird sich nach Auffassung verschiedener Experten wohl etwa ab dem ersten vorchristlichen Jahrhundert abgespielt haben.

In Verbindung damit vollzogen sich die Kanonisierung der buddhistischen Lehrtexte und die Herausbildung verschiedener Schulen durch deren Festlegungen auf bestimmte Wortlaute der Lehrinhalte. Es dauerte aber mehrere Jahrhunderte, bis die von Spezialisten memorierten mündlichen Texte gesammelt waren; ein kompletter früher Theravāda-Kanon soll schließlich auf Sri Lanka um 32 v. Chr. — gut vier Jahrhunderte nach dem Buddha — niedergeschrieben worden sein. In der Folgezeit entstanden die exgetischen Werke (einzelne kommentarartige Werke hat es allerdings auch schon zuvor gegeben und einige von ihnen hatten sogar kanonischen Status erlangt).[11] Etwa um die Zeitenwende tauchten dann wohl auch die ersten Texte des Mahāyāna auf, die in den Folgejahrhunderten wiederum eine unvorstellbare Menge von Kommentaren, eigenständigen Abhandlungen und Sub-Kommentaren nach sich zogen.

Während sich somit der ganze Schriftenreichtum des Buddhismus allmählich entfaltete, begann man auch damit, den Wert des Wortes an sich als Bedeutungsträger zu evaluieren. Bereits bei den Mahāsāṃghikas, einer Tradition des frühen Buddhismus, behaupteten einige, der Buddha hätte nie ein einziges Wort von sich gegeben, dennoch hätten die Menschen ihn lehren hören. Einige Mahāsāṃghikas behaupteten weiterhin, der Buddha könne alles in einem einzigen Wort lehren. Vielleicht wurden solche Äußerungen aufgegriffen, wenn es in den Laṅkāvatāra- und Tathāgataguhyasūtras des Mahāyāna heißt, der Buddha hätte vom Erwachen bis zum Nirvāṇa "nicht ein einziges Wort gesprochen."[12] Es entwickelten sich somit einerseits solche Vorstellungen, wonach die endgültige, wahre Wirklichkeit gar nicht durch das Wort vermittelt werden kann, und andererseits solche, wonach das gesprochene, später aber auch das geschriebene Wort, die endgültige Bedeutung der Lehre auf subtile Weise zu tragen und zu übermitteln im Stande wäre. Dort, wo letztere Vorstellung weiter entwickelt wurde, hat man nicht nur in einem philosophischen Kontext zu erklären versucht, dass und wie Worte eine endgültige, wahre Wirklichkeit transportieren können. Ich möchte in diesem Zusammenhang gern auf zwei Phänomene verweisen, die hiermit möglicherweise in einer wie auch immer gearteten Verbindung stehen, und die — so hoffe ich — deutlich werden lassen, mit welchen Besonderheiten wir in der Vorstellungswelt vor allem der Mahāyāna-Buddhisten hinsichtlich ihrer Schriften zu rechnen haben.

Noch heute begegnet man im tibetischen Buddhismus einem Phänomen, das aber durchaus auch indischen Ursprungs sein könnte, obwohl in dieser Hinsicht meines Wissens konkrete Kenntnisse fehlen: Bevor ein tibetischer Lama einem Schüler ein Mantra oder eine Meditationspraxis lehrt, verlangt es die Tradition, dass er das Mantra bzw. den zur Praxis gehörenden Text einmal (sehr schnell) vorliest. Diese Praxis ist auch bei sehr vielen nicht-tantrischen Texten im Gebrauch, doch scheinen bei diesen die Regeln etwas lockerer gehandhabt zu werden. Es kommt bei dieser als „Übertragung" aufgefassten Praxis nicht darauf an, dass der Schüler den vorgelesenen Text versteht, sondern einzig darauf, dass der Klang der Worte von einem Lehrer, der diese Form der Übermittlung seinerseits von einem Lehrer erhalten hat, hervorgebracht und vom Schüler gehört wird. Dieser Vorgang wird in Tibetisch als lung (skt.: āgama) bezeichnet, was zunächst nichts anderes als „authentischer Text" bedeutet.[13] Interessant dabei ist, dass nach Auffassung tibetischer Gelehrter hier etwas Entscheidendes übermittelt wird, das jedoch nichts mit einem intellektuellen Verständnis des Textes zu tun hat. Es ist eine Art spirituellen Impulses, der allein durch den Klang übermittelt wird. Dabei wird auf den Hörenden ein Potenzial (tib.: nus pa, skt.: śakti) übertragen, das ihm einen (besonderen?) Zugang zum Text verschafft.[14] Haben wir es hier mit einem Überbleibsel aus einer Zeit mit ausschließlich mündlicher Überlieferung zu tun? Hat man vielleicht, trotz aufkommender Verschriftlichung, der Schrift allein nicht zugetraut, die gesamte Kraft und Autorität des Textes zu übermitteln und deshalb eine der Texterklärung notwendig vorangehende mündliche „Übermittlung der Autorität" beibehalten? Erstaunlicherweise scheint es ja selbst für den Übermittler keineswegs notwendig zu sein, dass er über ein intellektuelles Verständnis von diesem Text oder eine irgendwie geartete Erfahrung damit verfügt. Ein „lung" kann jeder übermitteln, der den Text vollständig von einem Glied der Übermittlungskette erhalten hat.[15] Vielleicht stellt man sich so die Kraft der Rede Buddhas vor, für die die Schrift ohnehin nur ein Behältnis ist?[16]

Das zweite offenbar mit ähnlichen Vorstellungen zusammenhängende Phänomen findet sich in der letzten Phase eines Weiherituals für Bücher, auf das ich gleich noch näher eingehen werde. Zunächst ist hier von besonderem Interesse, dass in diesem Ritual der Buddha Amitābha und seine Begleiterin, nachdem sie kraft einer rituellen Einladung erschienen sind, sich in Licht auflösen und dieses Licht schließlich in der Form der einzelnen Buchstaben des zu weihenden Buches eine neue Gestalt annimmt.[17] Auch diese Vorstellung scheint mir darauf zu verweisen, dass man dem Wort — und vor allem dem geschriebenen Wort —, was die Vollständigkeit seiner Übermittlungsfähigkeit anbelangt, nicht so recht traute und deshalb Methoden entwickelte, die eine authentische Übermittlung sicherstellen sollen.

Die Buchweihe

Sowohl im Sūtra als auch im Tantra finden sich rituelle Weihen von Büchern und vielen anderen Gegenständen wie Statuen, Bildern und Stūpas. In Tibet sind vor allem tantrische Weiherituale bis heute in Gebrauch.[18] Stūpas werden dabei als der Geist, Statuen als Körper und Bücher als Rede Buddhas geweiht. Die Weiherituale für Körper, Rede und Geist Buddhas gleichen sich im Großen und Ganzen. Im Folgenden möchte ich kurz eine tantrische Weihe von Büchern als Rede Buddhas skizzieren. Da sich dieses Weiheritual eng an das Evokationsritual (skt.: sādhana) anlehnt, das als ein Mittel zur Erlangung der Buddhaschaft gilt, ist es zum besseren Verständnis hilfreich, zunächst dieses kurz zu betrachten.

Die tantrischen Praktiken des Buddhismus werden in Hinsicht auf die Heilserlangung oft als Mittel bezeichnet, deren Verwendung einerseits eine besondere Befähigung voraussetzt und andererseits einen hohen Grad an Wirksamkeit bedeutet. Ihre Funktion ist es, ein rasches Erkennen der wahren Wirklichkeit zu ermöglichen. Die besondere Methode des buddhistischen Tantra besteht nun darin, zwischen gewöhnlicher Wirklichkeit und wahrer Wirklichkeit eine tantrische Sphäre einzufügen, die den Übergang von der gewöhnlichen zur wahren Wirklichkeit erleichtern soll. Zunächst nimmt der Praktizierende, ebenfalls charakteristisch für das Tantra, das Ziel vorweg: Er löst sich in seiner Vorstellung mit einem Schlag von der gewöhnlichen Wahrnehmung und etabliert augenblicklich die wahre Wirklichkeit, d.h. die Leerheit aller Erscheinungen (skt.: śūnyatā).[19] Im Zustand dieser Betrachtuntg lässt der Praktizierende dann sich selbst in der Form einer tantrischen Gottheit, umgeben vom Palast und den Begleitern dieser Gottheit, entstehen. Diese Gottheit wird als ein vollkommener Buddha begriffen und ihr Palast als ein reines Buddhaland. Allerdings sind beide — die Leerheit zu Beginn der Meditation und die tantrische Gottheit — noch unvollkommen; es handelt sich lediglich um eine Art vorwegnehmende Simulation des Ziels. In weiteren Phasen des Evokationsrituals wird diese nur simulierte wahre Wirklichkeit gereinigt,[20] damit die eigentliche wahre Wirklichkeit, die aus ihrer eigenen Sphäre in Form von Gottheiten eingeladen wird (die der zuvor visualisierten Gottheit genau gleichen), in ihr aufgehen kann. In dieser Phase sind beide – die simulierte und die eigentliche wahre Wirklichkeit – vorhanden und durchdringen sich gegenseitig.[21] Die Meditation des tantrischen Praktizierenden wird schließlich vervollkommnet, indem er diese „Hervorbringung", d.h. die gesamte komplexe Visualisation, in die endgültige wahre Wirklichkeit auflöst und darin verweilt.[22]

Der Weihe von Büchern usw. geht ein Teil einer Hervorbringungsphase des Praktizierenden voraus. Dann wendet der sich selbst als vollkommene tantrische Gottheit visualisierende Praktizierende eine sehr ähnliche Hervorbringungsphase auf das zu weihende Buch an. Die gewöhnliche Wahrnehmung des Buches wird schlagartig aufgegeben und seine Leerheit wird zur Grundlage der Betrachtung. Dann wird diese simulierte wahre Wirklichkeit als tantrische Gottheit visualisiert und „aufgeladen", und die Gottheiten, die von der eigentlichen wahren Wirklichkeit ausstrahlen, werden eingeladen und werden eins mit dieser Simulation. Diese Einheit von simulierter und eigentlicher wahren Wirklichkeit wird schließlich in der Meditationspraxis stabilisiert. Nun folgen jedoch noch zwei Phasen, die sich vom gewöhnlichen Evokationsritual unterscheiden, nämlich die Rücktransformation der Visualisation in die gewöhnliche Form des nunmehr geweihten Buches und die als Wunschgebet formulierte Bitte, dass die Ausstrahlungen der wahren Wirklichkeit in diesem Buch verweilen mögen, solange der Saṃsāra existiert. Damit ist die Weihe des Buches beendet und es wird fortan als Grundlage oder Träger der Rede Buddhas betrachtet. Über diese letzte Phase heißt es in einem Weiheritual:[23]

> „... stelle dir vor, dass die Form der Gottheit, [die in den Gegenstand eingeladen wurde,] vollkommen umgewandelt wird und als die Statue, das Gemälde usw. erscheint ... Stelle dir in Hinsicht auf Bücher vor, dass Buddha Amitābha und seine Begleiterin, nachdem sie sich in Licht aufgelöst haben, sich in die Form der einzelnen Buchstaben [des Buches] umwandeln."

Stūpas, Statuen, Bücher usw. werden somit als Emanationen (skt.: nirmaṇakāya) eines Buddhas angesehen. Personen mit höherer Realisation, so heißt es, nehmen diese Gegenstände in ihrer wahren Form, d.h. als Buddhas, wahr.[24]

Mit Büchern verbundene Methoden der Ansammlung von spirituellem Verdienst

Sorgfältig hergestellte und geweihte buddhistische Bücher spielen auch eine bedeutende Rolle für die Ansammlung von spirituellem Verdienst. Schon das Verfassen, Abschreiben und sonstige Herstellen von Büchern bringt Verdienst für Verfasser, Schreiber, Handwerker und keineswegs zuletzt auch für den Gabengeber mit sich. Die Ansammlung spirituellen Verdienstes ist im Mahāyāna-Buddhismus bekanntlich ein unverzichtbares Bestandteil des Pfades zur Buddhaschaft und wird auf dem ersten der fünf Pfade der Bodhisattvas, dem "Pfad der Ansammlungen" (skt.: saṃbhāramārga), zur Vollendung gebracht.[25] Aber auch bei allen anderen Ausprägungen des Buddhismus spielt die Verdienstansammlung eine wichtige Rolle, insbesondere für Laien, die nach einer vorteilhafteren Geburt streben, aber auch für Mönche und Nonnen, die, wie durch die Untersuchung von Inschriften nachgewiesen werden konnte, bereits im frühen indischen Buddhismus ihr spirituelles Verdienst zum Beispiel ihren Eltern widmeten.[26] Am Ende tibetischer Texte findet man daher auch meist eine Formel, durch die das Verdienst, das durch das Abfassen des Textes entstanden ist, dem Erwachen zur Buddhaschaft gewidmet wird. Diese Formel kann allgemein gehalten sein, so dass sie alle Beteiligten mit einschließt,

... möge durch Freigebigkeit und andere Tugenden
Buddhaschaft zum Wohle der Wesen erlangt werden,

oder die einzelnen am Entstehen des Buches Beteiligten fügen dem Text ihre eigenen Widmungsformeln bei. Gelegentlich findet man deshalb an einen Buchkolophon angehängt auch Widmungsformeln und sonstige Wunschgebete der Schreiber, Drucker usw. Wurde die Herstellung des Buches von einem Gabengeber finanziert, so wird auch dessen Name genannt und sein Verdienst gewidmet.[27] Es gehört auch zu den populären Vorstellungen des Buddhismus, dass gespendete Gaben (wie etwa Statuen, Thangkas oder Bücher) so lange Verdienst für den Gabengeber hervorbringen, wie sie bestehen und anderen von Nutzen sind. Der ursprüngliche Gabengeber erhält nach diesen Vorstellungen sogar den größten Anteil des Verdienstes. Ein gutes Beispiel für den andauernden Nutzen eines einmal geschaffenen Behältnisses für Buddhaworte ist die so genannte Gebetsmühle, insbesondere solche Exemplare, die in der Natur stehen und nur von Wind oder Wasser angetrieben fortwährend Verdienst produzieren.[28] Es muss jedoch an dieser Stelle darauf hingewiesen werden, dass es sich keineswegs, wie der im Deutschen ungenau verwendete Begriff suggeriert, um Gebete handelt, die durch "Gebetsmühlen" in Bewegung gesetzt werden, sondern ausschließlich um Mantras.[29]

Nicht allein das Verfassen eines Textes und die Herstellung eines Buches sind verdienstvoll, auch die Nutzer (im weitesten Sinnes) eines Buches sammeln Verdienst an. Das beginnt schon mit der respektvollen Behandlung von Geschriebenem: Zu den neun Verpflichtungen, die ein zu Buddha, Dharma und Saṃgha Zuflucht Nehmender auf sich nimmt, gehört es, dass er alle Repräsentationen der Lehre (= Dharma) respektvoll behandelt, einschließlich aller Bücher, ja sogar einzelne Blättern und Silben aus Texten.[30] Er wird ermahnt, Geschriebenes niemals auf den Boden zu legen, damit niemand aus Versehen darüber hinwegschreitet.

Bücher werden in der Regel zur Aufbewahrung in Tuch eingeschlagen und an den höchsten Stellen des Raumes aufbewahrt. Georgi (1762: ix) berichtet von Kapuzinermönchen, die in Rom gefertigte bewegliche tibetische Lettern in Lhasa unter der Treppe ihres Hauses aufbewahrten. Als ihre tibetischen Besucher davon erfuhren, weigerten sie sich, die Treppe zu betreten: Schon allein die Lettern galten als heilig. Noch heute werden Bücher, bevor sie geöffnet werden, ehrfurchtsvoll an die Stirn geführt. Nicht mehr gebrauchsfähige Bücher werden keineswegs fortgeworfen, sie werden entweder in einem speziellen Raum des Tempels oder einem Stūpa aufbewahrt oder — zumindest in moderner Zeit — verbrannt, wobei vorher sichergestellt wird, dass die geweihte Essenz das Buch verlassen hat.[31] Auf keinen Fall dürfen die Materialen heiliger Texte (in Tibet Papier, in China z.T. Seide) für profane Zwecke mißbraucht werden.[32]

Es gibt aber über die respektvolle Behandlung von Geschriebenem hinaus regelrechte, das Buch einbeziehende oder gar zum Mittelpunkt machende Rituale, durch die weiteres spirituelles Verdienst angesammelt werden kann. Hierfür werden die kunstvoll gestalteten Kanjur-Handschriften zu bestimmten Tagen des Jahres aus dem Tempel geholt und in Prozessionen um den Tempel getragen.[33] Die anwesenden Laien können bei dieser Gelegenheit durch Verbeugungen vor den Büchern bzw. durch das Berühren der Bücher mit dem Kopf Verdienst ansammeln. Bei anderen Gelegenheiten umkreisen die Laien den Tempel, in dessen Zentrum sich die "Behältnisse der Buddharede" — die Bücher mit den Lehrreden Buddhas — befinden und sammeln so Verdienst an.[34] In verschiedenen Sūtras des Mahāyāna ist ausdrücklich von Buchverehrung die Rede. Eine besondere Stellung scheinen dabei die Prajñāpāramitāsūtras einzunehmen. Das Prajñāpāramitāsūtra der achttausend Zeilen erwähnt einen als selbstverständlich erscheinenden Buchkult am Rande. Das Buch bietet allein dadurch Schutz, dass es geschrieben, aufbewahrt und verehrt wird (und zwar selbst dann, wenn später keine weitere Verehrung mehr erfolgen sollte).[35] Wenige Zeilen später heißt es dann, den Buchkult mit dem (älteren) Stūpa- und Reliquienkult vergleichend:[36]

„Nehmen wir an, es gibt zwei Personen. Einer der beiden, ein Sohn oder eine Tochter aus nobler Familie [d.h. ein Bodhisattva], hat diese Vollkommenheit der Weisheit [das Prajñāpāramitāsūtra] [ab]geschrieben, kopiert, und er/sie würde [den Text] dann aufstellen, ihn achten, würdigen und mit himmlischen Blumen, Räucherwerk, Düften, Kränzen, Salben(!), aromatischen Pulvern, Stoffstreifen, Schirmen, Bannern, Glocken, Flaggen, Reihen von Lichtern rundherum und vielen Gaben verehren. Der/die andere würde in einem Stūpa die Reliquien eines Tathāgatas, der in das Parinirvāṇa eingegangen ist, verwahren, sie behalten, bewahren, achten, würdigen und verehren mit himmlischen Blumen, Räucherwerk, usw. wie zuvor. Welcher dieser beiden, oh Herr, erhielte das größere Verdienst?"

Der Buddha gibt nach einigen didaktischen Gegenfragen zu erkennen, dass der Bodhisattva des Buchkultes das höhere Verdienst erhält, da der Buddha selbst sein Erwachen usw. nur diesem Text verdankt. Ähnliche Ausprägungen eines Buchkults findet man auch in anderen Sūtras des Mahāyāna, wie etwa im Vimalakīrtinirdeśasūtra und im Suvarṇabhāsottamasūtra.[37] Dieser Kult war auch nicht nur auf Indien beschränkt. Campany (1991: 35) gibt eine Geschichte wieder, wonach ein chinesischer Buddhist im vierten Jahrhundert eine Familie bittet, vor einem ihrer Sūtra-Texte Opfergaben darbringen zu dürfen (dieser Text, das Mahāprajñāpāramitāsūtra, war zusammen mit einem Reliquienbehälter auf wundersame Weise einem Feuer entgangen). Es kam in China zu Formen der Ehrerbietung vor Sūtras, die sich vom Falten der Hände als Geste der Ehrerbietung bis hin zur Verbrennung eines Fingers oder gar des ganzen Körpers erstreckten und als in höchster Weise verdienstvoll angesehen wurden. Aber auch schon der Besitz und das Zur-Schau-Stellen von Büchern galt als verdienstvoll.[38]

Ich habe auch oft beobachten können wie tibetische Lamas Laien segnen, indem sie deren Kopf mit einem Buch berühren. Das tragen von Sūtratexten auf dem Kopf (oder auf den Schultern) ist für den chinesischen Buddhismus belegt.[39] Freilich ist hier wie auch bei einzelnen Aspekten der Prozession und der "automatischen" Gebetsmühlen erkennbar, dass die Grenze zwischen der (aktiven) verdienstvollen Handlung und dem (passiven) Gesegnet-Werden aufgelöst und diese beiden religiösen Konzepte miteinander vermengt wurden.

Manuskriptherstellung und Buchdruck in Tibet

Tibetische Bücher sind aller Regel nach auf Papier geschrieben oder gedruckt. Allerdings haben die tibetischen Handschriften und auch die späteren Blockdrucke die oblonge (rechteckig-querformatige) Form der indischen Palmblatthandschriften beibehalten, obwohl diese Form eigentlich nur durch den besonderen Wuchs des Palmblattes notwendig gewesen ist. Die Formate können nun aber deutlich größer als die indischen Palmblatthandschriften ausfallen.

Die überwiegende Zahl zum Beispiel der in Tabo (West-Tibet) gefundenen Handschriften ist auf Papier geschrieben. Das Papier wurde von einem Fachmann mikroskopisch untersucht, wobei sich herausstellte, dass es sich überwiegend um aus der Hanfpflanze gewonnenes Papier handelte.[40] In Tibet hergestelltes Papier wurde aus Strauchfasern hergestellt, meist aus Seidelbastgewächsen (Daphne). In Gegenden, die nahe an China liegen, tauchen im Papier auch Maulbeerbaumfasern auf. In Tibet selbst wurde Papier in Gyantse hergestellt. Eingeführt wurde neben chinesischem Papier auch solches aus Nepal und Bhutan (beste Qualität).[41] Generell muss festgestellt werden, dass die Tibeter sehr viel früher über Papier verfügten als die Inder, womöglich bereits in der Mitte des siebten Jahrhunderts, was sicherlich auf ihre Verbindungen nach China zurückzuführen ist.[42] Eine von Aurel Stein gefundene tibetische Handschrift auf Papier wurde von ihm auf Grund archäologischer Belege auf das frühe achte Jahrhundert datiert.[43] Bei der Papierherstellung wurde der Rindenbast der Sträucher abgezogen, in Aschenlauge gekocht und mechanisch zerkleinert. In den Brei wurde z.T. Arsen gegeben, um das Papier vor Insekten zu schützen. Die Tibeter verwendeten die älteste Technik der Papierherstellung, nämlich die des schwimmenden Siebes (auch Eingießmethode). Dabei wird der Faserbrei in ein Sieb mit festem Rahmen gegossen, dessen Boden ein Baumwollgewebe ist. Erst wenn das Blatt getrocknet ist, kann das Sieb erneut verwendet werden. Je nach Baumsorte musste auch noch Getreidestärke aufgestrichen werden, um das Papier tintenfest zu machen.[44]

Zentralasiatische Manuskripte findet man auf einer Vielzahl von Materialien wie Holz, Birkenrinde, Seide und Papier. In Tibet wurden (bis zum 7. Jahrhundert?) auch Streifen von der Birkenrinde für Dhāraṇīs,

Mantras u.ä. verwendet, die dann in Amulettkästchen getragen oder in Buddhafiguren und Stūpas gesteckt wurden. Bei Birkenrindenhandschrifen kann nur in eine Richtung geschrieben werden (entlang der Lentizellen). Astlöcher müssen ausgespart werden. Wenn Papier für Handschriften verwendet wurde, findet man häufig noch fein vorgezeichnete Linien für die Zeilen.

Tibetische Handschriften wurden überwiegend mit einem Bambus- oder Holzstift geschrieben, abgesehen von einer gewissen Anzahl von Dokumenten aus Dunhuang, für deren Beschriftung ein Pinsel verwendet wurde. Die Stifte wurden wie unsere Feder verwendet. Ihre Spitze wurde in besonderer Weise schräg angeschnitten, so dass durch Drehung des Stiftes dicke und dünne Striche (Haar- und Schattenstriche) gezogen werden konnten. Die Stifte wurden mit Fett imprägniert und dann in den Rauch gehängt, wodurch sie widerstandsfähiger wurden. Da Bambus eingeführt werden musste, galten diese Stifte als kostbar. Die Stifte konnten in einem länglichen, metallenen Behälter am Gürtel mitgeführt werden; Adelige trugen diese Behälter auch (leer) als Schmuck. Ebenfalls am Gürtel trug man das Tintenfass.[45] Die Tinte wurde aus verkohltem Holz bzw. dem Ruß harz- und pechhaltiger Substanzen sowie Öl, Leim und Fischleim, die zu einer feinen Suspension vermischt wurden, hergestellt. Je nachdem ob karbonisierte oder eisenhaltige Gerbstoffe überwogen, war die Tinte entweder chemisch unreaktiv, konnte dann allerdings relativ leicht abgerieben werden, oder neigte zur Oxidation (und griff dann möglicherweise das Papier an).[46] Gelegentlich wurde zur Hervorhebung einzelner Partien eines Textes — selten auch für ganze Texte — Zinnoberrot verwendet. Außerdem wurden sehr kostbare, rituell bedeutsame Handschriften auch auf indigogefärbtem Papier in Gold und Silber geschrieben.[47] Grönbold (1982: 365) nennt auch Kupfer-, Türkis- und Korallentinte, wobei diese durch Verreiben der entsprechenden Stoffe mit Leim erzeugt wurden.

Die Tibeter verwenden in Handschriften sowohl eine vollständige Blockschrift, die sie "mit Kopf" nennen, oder eine Kursivschrift ("ohne Kopf"). Diese merkwürdig anmutenden Namen rühren daher, dass die tibetische Blockschrift, wie alle nordindischen Schriften (von der die tibetische abgeleitet ist) eine Kopfleiste haben, an der das Zeichen hängt. In der Kursivschrift fällt diese Kopfleiste aus. Die Kursivschrift kann auch deutliche Züge einer sehr individuellen Schreib- oder Schnellschrift erhalten, die aber eher in Briefen oder Notizen Verwendung fand. Bei den Kursivschriften kommt eine Reihe verschiedener Typen vor, die sich in erster Linie durch die Proportionen des "Körpers" eines Buchstabens und die Länge seiner Auf- und Abstriche ("Füße") unterscheiden. Die Manuskripte werden gelegentlich mit Miniaturen, Zeichnungen und Ornamenten geschmückt.

Neben der Beschriftung des Papiers von Hand hat sich auch eine Form des Holzblockdruckes eingebürgert.[48] Das Handwerk des Druckstockschnitzers (shing rkos) hat eigene regionale Traditionen und ein spezielles Vokabular herausgebildet. Man darf annehmen, dass dieses Handwerk vor allem in der Hauptstadt Lhasa mit dem Regierungssitz und den drei mächtigen dGe-lugs-pa Klöstern und in der Umgebung wohlhabender Klöster erblühte. Es gehörte zusammen mit der Thangka-Malerei zu den angesehensten Handwerken Tibets.[49] Ein Druckstockschnitzer berichtet, in einem Dorf in der Nähe Tashilhunpos habe es unter dreihundert Bewohnern dreißig Druckstockschnitzer gegeben, die alle von den allgemeinen Steuern befreit waren. Sie hatten sich lediglich (wahrscheinlich für eine vorgegebene Anzahl von Tagen im Jahr) für Arbeiten in Lhasa, Tashilhunpo oder anderen administrativen Zentren zur Verfügung zu halten.[50] Es gab auch Gegenden ohne Schnitzer. Frauen dürften in diesem Handwerk die Ausnahme gewesen sein. Das eigentliche Handwerk des Druckstockschnitzers konnte in wenigen Monaten erlernt werden. Kommen Ausbildung in Kalligraphie und Grammatik hinzu, kann sich diese Zeit allerdings auf sechs Jahre verlängern.[51]

Als Material wurden gern Birken-, Walnuss- und Haselnusshölzer verwendet,[52] da diese über genügend Festigkeit verfügen und bei der Bearbeitung kaum splittern. Die Bäume wurden im Frühjahr geschlagen, wenn der Stamm sich am einfachsten spalten lässt. Um Probleme mit den lokalen Gottheiten zu vermeiden, deren Sitz man zum Teil in den Bäumen vermutete, fand der Einschlag meist an genau berechneten, glücksverheißenden Tagen statt, allerdings nicht ohne zuvor besänftigende Opferriten durchzuführen.[53]

Druckerschwärze wurde aus dem Ruß der harzenden Pinie hergestellt.[54] Der Span der Pinie wurde unter einem Topf verbrannt und der entstehende Ruß vom Topfboden abgekratzt und mit Leim vermischt, der aus gekochten Tierhäuten gewonnen wurde (vgl.

Herstellung der Tinte). Das Schnitzwerkzeug wurde für die speziellen Bedürfnisse eines jeden Handwerkers hergestellt und blieb in seinem Besitz. Es bestand aus mehreren unterschiedlich geformten Spateln, die jeweils mit Holzgriffen versehen waren. Der eigentliche Arbeitsvorgang der Druckstockbearbeitung beginnt mit dem Erstellen einer Vorlage und dem Zurechtsägen der Druckstöcke. Ein mit Tinte beschriebenes, dünnes Papier wird mit einer Weizenmehlpaste mit der Schrift nach unten auf den Druckstock geklebt und gründlich getrocknet. Da Druckstöcke aufgrund des hohen Materialwertes von beiden Seiten verwendet werden, geschieht dies auf der Vorder- und Rückseite. Nachdem das festgetrocknete Papier dann mit einem feuchten Tuch entfernt wurde, wird auf der Oberfläche des Holzes die spiegelverkehrte Schrift sichtbar, die durch vorsichtiges Einreiben mit Senföl noch weiter hervorgehoben wird.

In sukzessiven Arbeitsvorgängen wird dann die Fläche, die die Schrift umgibt, entfernt; es entsteht also ein Hochdruck. Das zunächst grob bearbeitete Holz wird noch einmal mit Senföl gesättigt, um bei der weiteren Bearbeitung jedes Splittern zu vermeiden. Vor der weiteren Feinbearbeitung wird das Holz erneut getrocknet. Ist die Schnitzarbeit auf beiden Seiten beendet, wird der Druckstock sorgfältig mit einer Bürste aus Schweineborsten gereinigt. Nachdem vom gesäuberten Druckstock ein Probeabdruck genommen wurde, werden Schnitzfehler durch einfügen kleiner Holzstückchen, die erneut bearbeitet werden müssen, ausgemerzt. Gewöhnlich sind bei diesen Arbeitsvorgängen auch andere beteiligt: Zimmerleute für das Zuschneiden der Hölzer, ein Schreiber für die Herstellung der Vorlage, ein gelehrter Korrektor, sowie ein paar meist junge Mönche, die die endgültigen Abzüge erstellen. Für den Druckstock selbst braucht der Schnitzer vier Tage pro Exemplar.[55]

Bei manchen Texten werden im Kolophon am Ende des Textes zusammen mit den Geldgebern die Schreiber und Schnitzer und der Ort der Drucklegung genannt. Die Druckstöcke werden in besonderen Archiven aufbewahrt, solange sie verwendbar sind. Von einem Druckstock können gewöhnlich etwa zweihundert lesbare Abzüge erstellt werden, danach werden sie schnell unlesbar. Da auch das Papier nur eine begrenzte Lebensdauer hat und die Drucklegung nicht grundsätzlich in den Kolophonen angegeben wird, ist es sehr schwer zu sagen, wann die ersten Blockdrucke in Tibet hergestellt wurden. Der älteste tibetische

Blockdruck nach chinesischem Vorbild wurde in Turfan gefunden und auf das 9. Jahrhundert datiert.[56] Verbreitung fand diese Methode in Tibet jedoch erst sehr viel später. Die erste Drucklegung der Schriften mit den Worten Buddhas, dem Kanjur (tib. bka' 'gyur), ist für das Jahr 1403 in Peking belegt. Um 1730 wurde dann der erste umfangreiche Kanjur in Tibet (Narthang) gedruckt.[57] Irgendwann zwischen dem 15. und 18. Jahrhundert muss sich der Holzdruck in Tibet endgültig etabliert haben.

Ich habe bereits festgestellt, dass die oblonge Form der indischen Palmblatthandschriften beibehalten wurde. Wie in Indien wurden die Blätter beidseitig beschrieben und übereinander gelegt. Schon in Indien verwendete man Holzdeckel zum Schutz dieser Blattstapel. Bei den indischen Palmblatthandschriften finden wir zudem meist zwei Löcher in den Stapeln, durch die eine Schnur lief. Dieser Brauch ging jedoch mit der Verwendung von Papier schnell verloren. In Tibet werden traditionelle Bücher bis heute zusammen mit ihren etwaigen Holzdeckeln in ein Tuch eingeschlagen und mit einem Gurt verschnürt.

Die Buchdeckel erlebten in Indien, Nepal und schließlich in Tibet eine kunsthandwerkliche Blüte. Diese wurde vor allem den Buchdeckeln der Schriften zu Teil, die vom Buddha selbst verkündet worden sein sollen, dem Kanjur. Insbesondere die Werke der Prajñāpāramitā-Literatur, also der Texte, die sich mit der tiefgründigen Einsicht (skt.: prajñā) des Buddhismus befassen, wurden besonders kunstvoll ausgeführt. Ihre Handschriften konnten gelegentlich sogar in Gold und Silber auf indigogefärbtem Papier ausgeführt werden. Interessanterweise sind diese besonders reich geschmückten Exemplare nicht für den Lesegebrauch bestimmt, sondern haben in erster Linie kultische Bedeutung. Sie gelten ebenfalls als „Behälter der Worte Buddhas" (gsung rten), deren Verehrung durch Verbeugung vor ihnen, Prozessionen, bei denen sie um den Tempel getragen werden usw., spirituelles Verdienst erzeugt (wie zuvor beschrieben).[58]

Tibetische Buchdeckel weisen Bemalungen (nach indischem Vorbild auf der Innenseite) und außen Schnitzereien auf. Einige sehr seltene Buchdeckel sind mit Metalleinlagen oder Elfenbein versehen.[59] Geschnitzte Deckel findet man nur bei Handschriften. Die sehr viel häufigeren Drucke erhielten glatte oder einfach bemalte Holzdeckel. Früheste Exemplare von bemalten Buchdeckeln findet man in der indisch-buddhistischen Tradition etwa ab dem 7. Jahrhundert. Schnitzereien und

Miniaturen im Text dürften in den folgenden Jahrhunderten entwickelt worden sein.[60] Über die Holzart der Buchdeckel weiß man noch sehr wenig; die Verwendung von Birke und Kiefer ist jedoch belegt.[61]

Zusammenfassung

Der frühe Buddhismus war, in Übereinstimmung mit der vorbuddhistischen, brahmanischen Kultur Indiens, keineswegs eine Schriftreligion, sondern wurde für mehrere Jahrhunderte ausschließlich mündlich tradiert. Verschiedene Gründe erzwangen dann jedoch beginnend etwa mit dem Beginn unserer Zeitrechnung eine einigermaßen rasche Verschriftlichung, ohne dass dabei allerdings bis heute hin das mündliche Element der Überlieferung völlig verloren ging. Was zunächst in erster Linie eine notwendige Maßnahme zur Sicherung des Überlebens einzelner Texttraditionen gewesen zu sein scheint, entwickelte sich alsbald zu einer Tugend: Handschriften und später auch gedruckte Bücher wurden zunehmend kunstvoller gestaltet und ganze, nicht selten hochangesehene Zweige des Handwerks entstanden in ihrem Umfeld. Die Beschäftigung mit dem Wort brachte weiterhin auch seine kritische Evaluierung als Bedeutungsträger mit sich. Es wurden Vorstellungen entwickelt, denen zu Folge andere Komponenten als die bloße Wortbedeutung für die Übermittlung des eigentlichen Sinnes der Lehren zumindest als mitverantwortlich angesehen wurden. Mit der zunehmenden Ritualisierung des Buddhismus wurden des Weiteren Methoden entwickelt, durch die Texte bzw. ganze Bücher mit einem Potential "aufgeladen" wurden, so dass Bücher schließlich als "Träger der Rede Buddhas" und sogar als Emanationen der Buddhas schlechthin angesehen wurden. Dies befruchtete wiederum die handwerkliche Kultur, die z.B. in Form von immer reicher verzierten Manuskripten und Buchdeckeln den Wert des Buches unterstrich, sowie das Ritualwesen, das im Laufe der Jahrhunderte zunehmend elaborierte Buchweihen und Rituale zur Verdienstansammlung entwickelte. Aus einer zunächst ausschließlich in mönchischen Kreisen gepflegten mündlichen Tradierung der Lehre Buddhas entstand so eine außerordentlich komplexe Buchkultur, die nicht selten bis zum heutigen Tag in verschiedenen buddhistischen Ländern von breiten Bevölkerungsgruppen gepflegt wird und, auch in ehemals buddhistischen Ländern und Regionen, noch immer zu den Perlen der Kultur gehört.

Inv. Nr. 25.28:66 Slg. Stoetzner (Foto Maas)
Tuschefass (tib.: snag bum; lies: nag bum) im Tragefutteral Messing, Kupfer. H 10,9 cm, D 8,9 cm, Osttibet.
Stoetzner: „Tatsienlu 7.7.14. Tuschefass eines Kialalamas. Reich verziert in Futteral aus Leopardenleder für die Reise".

Das kleine Gefäß entspricht zwar äußerlich nicht dem klassischen Bild des tibetischen Tuschefasses mit seiner deutlichen Einschnürung des Halses, es enthüllt jedoch beim Öffnen des Deckels eine horizontale Verschlussplatte mit runder Öffnung (D 1,2 cm) in der Mitte. Diese dient zum Einfügen des (hier fehlenden) schmalen Röhrchens, welches das Auslaufen der Tusche verhindert und für gewöhnlich von einem schmalhohen Gefäßhals umschlossen wird (Roth/Ronge, 1989: 14.3). Das Futteral aus Leder und (Resten von) Fell besteht aus einem Unterteil, in das der Fuß des Tuschegefäßes eingenäht ist und in zwei Tragebänder ausläuft, sowie einem über diese Bänder gefädelten, zylinderförmigen Sturz aus Fell. Die tibetische Tusche wird aus Ruß, Wasser und Leim hergestellt. (S. K.)

Inv. Nr. 25.28:69, 67, 68 Slg. Stoetzner (Foto Saal)
Pinselbehälter (tib.: bris pir, lies: dschri pir: „Schreibbürste") mit Pinsel (tib.: pir, lies: pir) und 2 Federfutterale (tib.: smyug sgrog, lies: nyu dschog „Bambusschreiber-Behälter")

Nr. 69: Messing, Tierhaar schwarz und rot. L ohne Griff 12,5 cm, B max. 2,5 cm, Lederband 15 cm; Pinsel 12 cm, Pinselgriff L 4,5 cm; D 1 cm
Nr. 67: Eisen, vergoldet. L 42,5 cm, D 2,5 cm.
Nr. 68: Eisen, Messing, Spuren von Vergoldung. L 34,5 cm, B 3,3 cm, T 2,6 cm, Stock: L 25 cm, D 1,5 cm, Osttibet.
Stoetzner, Nr. 69 „Lianghokou westl. Taokwan 27.4.14. Zum Schreibzeug eines Lama gehörende Metallbüchse, in der ein doppelseitiger Pinsel ist zum Befeuchten des zugespitzten Bambusgriffels, mit dem geschrieben wird."

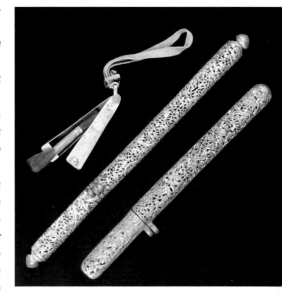

Nr. 67 (68): "Tatsienlu 24.7.14 (26.7.14). Schreibgriffelfutteral eines hohen Lama. Selten schön durchbrochene Eisenarbeit und vergoldet (vergoldet gewesen)."
Das traditionelle tibetische Schreibzeug besteht aus einer Bambusfeder, die mittels eines Pinsels mit Tusche benetzt wird. Der kleine Behälter ist für solch einen Pinsel. Der Pinsel selbst ist ein durch ein Messingrohr zusammengehaltenes Bündel von Haaren (auf der einen Seite rötlich, auf der andere schwarz).
Tibetische Schreibfedern (in unserer Sammlung nicht vertreten) sind teuer, empfindlich und bedürfen einiger Pflege, darüber hinaus ist Bambus zumindest in Zentral- und West-Tibet selten und entsprechend teuer. Entsprechend aufwendig sind die Futterale gehalten. Sie werden offen im Gürtel getragen. Schreibwerkzeuge jeder Art sind immer auch Statusanzeiger und -symbole gewesen. Die niedrige Alphabetisierungsrate im traditionellen Tibet bedeutete, dass Zugang zur Schrift und Zugang zur Macht Hand in Hand gingen. Zugleich bezeugten die prächtig gearbeiteten Futterale natürlich auch einen gewissen materiellen Wohlstand. Sie konnten vor allem in aristokratischen Kreisen auch leer, also ohne Schreibfedern getragen werden. (S. K.)

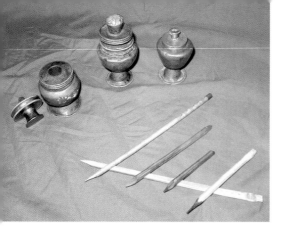

Tibetische Schreibfedern (Foto Sobisch)

Inv. Nr. 25.28:70, 71 Slg. Stoetzner
Petschaft (tib.: thel tse, lies: thel tse „Siegel"), Siegelwachs (tib.: la cha, lies: la tscha) und Schüssel (tib.: lde mig lies: di mi)
Nr. 70: Eisen, Leder. H 5 cm, D 1,8 cm.
Nr. 71: Messing, Leder, Wachs. Stempel H 3,6 cm, D 1,1 cm; Schlüssel (Etui) L (ohne Schlaufe) 7,5 cm, B 1 cm, H 1 cm; Siegelwachs D 4,5 cm, Osttibet.
Nr. 70 hat eine runde Siegelfläche, darin mittig graviert (von außen nach innen): vierblättrige Rosette, umlaufendes Flechtwerk Inschrift in Phag pa (tib.: `phags pa) -Schrift, mittig in Lantsa (tib.: lan tsha lies: eigentl. läntsa)-Schrift die Silbe om. Zwischen Rosette und Rand der Siegelfläche ein Sonne-Mond-Emblem, das den Scheitelpunkt der Siegelfläche markiert: Hier ist ‚oben'. Zwei Einkerbungen am Griff markieren zugleich die Vertikalebene des Abdrucks. In den Gravuren Reste roter Stempelfarbe bzw. roten Wachses.
Nr. 71 hat an jedem Ende eine Siegelfläche, jeweils durch einen kleinen Rand bzw. eine dünn gravierte Nut vom Korpus abgesetzt. Eine Siegelfläche (kreisförmig) trägt eingraviert das chinesische Schriftzeichen yu: „Überschuss", die andere, quadratisch gestaltete Siegel-fläche zeigt, ebenfalls graviert, (möglicherweise) das chinesische Schriftzeichen you: „beschützen, beschirmen". Beide Zeichen sind von ungeübter Hand geschrieben. Auf die durch die Mitte des Petschafts gezogene Lederschnur sind ein Stück rötlich-schwarzes Siegelwachs und ein Schlüssel aufgefädelt
Stoetzner Nr. 70: „Tatsienlu, 17.7.14. Kialabetschaft [!]. Wird am Gürtel

getragen. Schwer zu bekommen, da die Tibeter ihr eigenes Siegel nicht verkaufen wollen."
Nr. 71: „Rumitschango 18.7.14. Petschaft der umwohnenden Barbaren. Es wird am Gürtel getragen und mit dem beige-bundenen Siegellackklumpen da-ran gehängt. An den Stirnseiten sind

chinesische Schriftzeichen, weil chinesische Art bei einzelnen Tibetern als vornehm gilt". Bei der Aufnahme des Objektes ins Museum ist ein Zusatz angefügt worden: Ausserdem hängt noch ein Gegenstand aus Messing an der gedrehten Lederschnur."
In Tibet wie in ganz Ostasien sind Siegel bzw. Stempel Mittel zur Verleihung von Rechtskraft. Anstelle einer Unterschrift bestätigen die ostasiatischen Siegel Verträge und machen Urkunden aller Art rechtswirksam. In diesem Sinne sind alle Siegel ‚offizielle' Siegel, auch wenn sie von Privatpersonen eingesetzt werden. Entsprechend verbreitet sind Siegel in Tibet (gewesen), auf entsprechende Schwierigkeiten ist aber auch der Erwerb solcher Siegel durch westliche Sammler gestossen.
Die hier gezeigten Siegel sind keine ‚grossen' Siegel. Siegel hoher offizieller Stellen sind von quadratischer Siegelfläche und stempeln im Hochdruckverfahren (dunkle Linien auf hellem Hintergrund). Für Anlässe von weniger grosser Bedeutung wurden kleinere Stempel mit runder Siegelfläche eingesetzt. Diese Tag dam (tib.: rtags dam) -Siegel zeigen häufig nur ein Symbol oder Emblem bzw. sehr knappe und allgemeine Aufschriften, beispielsweise „Siegel" oder „Sieg". Deshalb sind fast nie direkte Rückschlüsse auf den Besitzer möglich. Auch technisch sind die Tag dam-Siegel einfacher gehalten als die ‚grossen' Amtssiegel: Das Motiv wird in die Siegelfläche hineingearbeitet, so dass im Tiefdruck helle Linien auf dunklem Grund erzeugt werden. Bei dieser Technik muss die Siegelfläche weit weniger bearbeitet werden als beim Hochdruck. Tag dam-Siegel werden nicht nur als Stempel verwendet, sondern auch auf Siegellack als Verschluss von Briefen und Warensendungen aufgebracht. Wichtige Siegel werden in besonderen und verschliessbaren Kästen verwahrt, ‚kleinere' Siegel werden zusammen mit dem Wachs an einem Lederband am Gürtel getragen.

Inv. Nr. 4057:07b   Kauf Umlauff, Geschenk von Freunden des Museums.
Titelseite des Mahā sahasra pramardana sutra (Sutra des höchsten Besiegers der zehntausend großen (Welten).
Gold- und weitere Farben auf Papier. H 22, B 66 cm.
Tibet, 15. Jahrhundert.
Die Miniaturmalereien des in Tibet handgeschriebenen Buchs zeigen nepalesischen Einfluss. Dargestellt sind die Buddhas Śakyamuni (links) und Dīpaṇkara (rechts). (S. K.)

Inv. Nr. 78.36:1 Nachlass Inge Marcens (Foto Saal)
Buchseite in ume-(tib.: dbu med)-Schrift

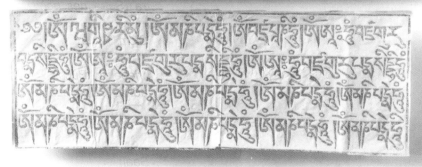

Papier. H 8,6 cm, B 38 cm, Tibet.
Buchinnendeckel und Druckplatte mit Abzug (Foto Saal)
Inv.Nr. 4466:07 Kauf Umlauff, Geschenk von Freunden des Museums
Buchinnendeckel des Prajñāpāramitā-Sutra in 8000 Versen
Holz (?), Brokat, Karton, Gold-, Silber- und andere Farben über Kreide-
Leim-Aufbau. H 22 cm, B 66 cm.
Inv.Nr. A 3576 Kauf E. J. Brill
Druckplatte einer Buchseite
Holz. H 20,5 cm, B max 60 cm. (Publiziert: Knödel / Johansen, 2000: 134-135.) Beide aus Tibet.

Oben ein Buchinnendeckel einer Prachtausgabe des Prajñāpāramitā-Sutra (Sutra der transzendenten Weisheit) mit drei Miniaturmalereien der Buddhas Amogasiddhi, Śakyamuni und Vairocana (von links). Solche Innendeckel verwendet man gelegentlich, um den heiligen Titel des Werks besonders hervorzuheben. Über diesem Innendeckel liegt dann noch ein geschnitzter oder bemalter Buchdeckel aus Holz.
Unten ist der Abdruck einer Buchseite mit der darüber liegenden, achsensymmetrisch auf dem Kopf stehenden Druckplatte zu sehen. (S. K.)

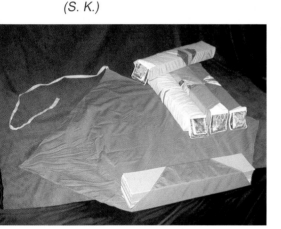

In ein Tuch eingeschlagene Bücher (Foto Sobisch)

Inv. Nr. 86.108:3 Kauf A. Freiberg (Foto Saal)
Beschnitzter Buchdeckel (tib.: glegs shing, lies: legsching) mit Buddhas und Bodhisattvas
Holz, Rückseite indischer Siegelstempel. H 16,5 cm, B 44 cm
Nepal (erworben) tibetisch, vor 18. Jahrhundert (?).

Inv. Nr. 25.28:233 Slg. Stoetzner
(Foto Saal)
Standgebetszylinder (tib.: ma ṇi ʾkhor lo, lies: mani khorlo „Gebetsrad" / ma ṇi chos ʾkhor, lies: mani tschö khor)
Holz, Leder, mehrfarbige Fassung.
H 42 cm, D 23 cm, Osttibet.
Stoetzner: „Singaitze (Moukungting). Großer, in Leder eingenähter und bemalter Gebetszylinder vom Umgang des Lamatempels auf den Bergen oberhalb des Dorfes. Entlang diesem Umgang sind solche Gebetszylinder, einer neben dem anderen. Die Pilger und Lamas drehen sie beim Umgang an, indem sie sie mit der Hand greifen. Bei dem letzten Zylinder ertönt eine Klingel." Vgl. die Abbildung in Stoetzner (1924: vor S. 97).
Die Bemalung dieses Gebetszylinders wurde vielfach aufgearbeitet und wieder abgewetzt, unter der heute vorherrschenden grüntonigen Bemalung ältere Farbschichten: leuchtendes Blau (Mittelband), Gelb (Horizontalzonen), Eierschale bzw. Orange unten. Beschriftung in jeder der beiden Horizontalzonen in Lantsa-Schrift tib.: om ma ṇi padme hūm tam (lies: om mani peme hum tam), das Mantra, mit dem der Bodhisattva Avalokiteśvara um Schutz und Hilfe in allen Lebenslagen gebeten wird. Die siebte Silbe tam ist eine Keimsilbe und als solche insbesondere zur Invokation Tārās wirksam, der weiblichen Inkarnation Avalokiteśvaras.
Gebetszylinder zählen zu den am häufigsten verwendeten religiösen Gegenständen buddhistischer Laien. Es handelt sich dabei um Zylinder aus Metall oder Holz, in denen auf Papierstreifen geschriebene Gebete oder Anrufungsformeln (Mantren) liegen. Die Zylinder sitzen lose auf einem Lager, so dass sie leicht in Drehbewegungen versetzt werden können. Stehend aufgestellte Gebetszylinder können sehr viel größer sein als das hier gezeigte Beispiel. Sie befinden sich an jedem Tempeleingang und werden mit der Hand angestoßen. Wenn dies bewußt und in frommer Absicht geschieht, so gilt jede

Umdrehung des in der Trommel liegenden Textes so viel, als sei der Text einmal ausgesprochen worden. Auch Analphabeten können auf diese Weise sehr komplizierte Gebete „aktivieren". Der häufigste Text in Gebetsmühlen ist jedoch „om mani padme hum". Mit dem Ausdruck mani tschö khor (tib.: ma ṇi chos `khor) benennt man einen Gebetszylinder, der mit vielen anderen in einer Reihe steht.

Privatbesitz (Foto Saal)
„Gebetsfahne" / Windpferd (rlung rta, lies: lung ta)
Nepal, 1999.
Der volksreligiösen Schicht des tibetischen Glaubens gehört das Windpferd an. Es trägt auf seinem Rücken das Wunschjuwel, das hier als Fülle von flammenumwehten Edelsteinen in einem kostbaren Behältnis dargestellt ist. Es ist hier zusammen mit Segenssprüchen auf Fahnen aus Stoff aufgedruckt, die bei Tempeln, Privathäusern oder in der Natur aufgehängt werden. Die Fahnen werden, da sie quasi auf dem Wind reiten, ebenfalls Windpferd genannt. Ihr Flattern im Wind aktiviert den Segen und verheißt Glück und die Erfüllung aller Wünsche. (S. K.)

Inv. Nr. 31.34:132, 2002.20:10 und 2002.18:31
Mani-Steine (tib.: ma ṇi rdo brkos, lies: mani do kö)
Nr. 31.34:132. Stein. 25 cm x 17 cm x 2,5 cm. Tibet.
Nr. 2000.20:10. Stein. 9,5 cm x 7,5 cm x 3,5 cm. Ladakh.
Nr. 2002.18:31. Stein und Farbe. 9,5 cm x 8,5 cm x 3,5 cm. Nepal.
Steine, die mit dem Mantra Oṁ maṇi padme hūṁ oder anderen Mantren

beschrieben sind, werden an bedeutenden Orten und Pässen von den Gläubigen niedergelegt. Schon im vorbuddhistischen Tibet diente das Versammeln von (unbeschrifteten) Steinen an besonderen Orten der Kommunikation mit lokalen Gottheiten. Einen Mani-Stein anzufertigen bzw. anfertigen zu lassen stellt ein erhebliches karmisches Verdienst dar. Je mehr solcher Steine an einer bestimmten Stelle versammelt

sind, desto höher sind die an diesem Ort konzentrierten karmischen Verdienste und desto einträglicher ist das Hinzufügen eines weiteren Steins. Auf diese Weise entstehen so so genannte Mani-Mauern. Sie können bis zu einem Kilometer lang sein und mehr als eine Million einzelner Mani-Steine enthalten. (S. K.)

Bibliographie

Bentor, Yael
1992 Sūtra-style Consecration in Tibet and Its Importance for Understanding the Historical Development of the Indo-Tibetan Consecration Ritual for Stūpas and Images. In: Tibetan Studies, Proceedings of the International Association of Tibetan Studies in Narita 1989, S. 1-12. Naritasan Shinshoji, Narita.
1996 Consecration of Images and Stūpas in Indo-Tibetan Tantric Buddhism. Leiden.

Cabezón, José / Thubta Tendar, Geshe
1990   Thangka according to Tradition. In: Carole Elchert (Hrsg.), White Lotus, S. 133-138. Ithaca.

Campany, Robert F.
1991   Notes on the Devotional Uses and Symbolic Functions of Sūtra Texts as Depicted in Early Chinese Buddhist Miracle Tales and Hagiographies. In: Journal of the International Association for Buddhist Studies 14.1., S. 28-72. Lausanne.

Conze, E.
1973   The Perfection of Wisdom in Eight Thousand Lines and Its Verse Summary. Bolinas, California.

Cousins, Lance S.
1983   Pāli Oral Literature. In: Denwood & Piatagorsky (Hrsg.), Buddhist Studies, S. 1-11. London.

Dargyay, Eva K.
1986   Merit-Making and Ritual Aspects in the Religious Life of Zanskar (West Tibet). In: R.W. Neufeld (Hrsg.), Karma and Rebirth: Post Classical Developments, S. 179-189. Albany.

Ekvall, Robert
1964   Religious Observances in Tibet: Patterns and Function. Chicago.

Emmerick, R.E.
1970   The Sūtra of Golden Light: Being a Translation of the Suvarṇabhāsottamasūtra. London.

Fuller, C.J.
2001   Orality, Literacy and Memorization: Priestly Education in Contemporary South India. In: Modern Asian Studies 35 (1), S. 1-31. London.

Georgi, A.A.
1762 Alphabetum Tibetanum. Rom.

Gethin, Rupert
1992 The Mātikās: Memorization, Mindfulness and the List. In: J. Gyatso (Hrsg.), In the Mirror of Memory, S. 149-172.

Gómez, Luis O.
1987 Exegesis and Hermeneutics. In: Mircea Eliade (Hrsg.), The Encyclopedia of Religion 2, S. 529-541. New York.

Grönbold, Günther
1982 Die Schrift- und Buchkultur Tibets. In: Der Weg zum Dach der Welt, S. 363-380. Innsbruck.
1991 Tibetische Buchdeckel. Bayerische Staatsbibliothek, München.
2002 Glegs Shing, the Art of Tibetan Book Covers. In: Tibet Journal 27 (3-4), S. 171-182. Dharamsala.

Guenther, Herbert V.
1986 repr. The Jewel Ornament of Liberation. Shambala.

Hinüber, Oskar von
1990 Der Beginn der Schrift und frühe Schriftlichkeit in Indien. Abhandlungen der Geistes- und Sozialwissenschaftlichen Klasse, 11. Akademie der Wissenschaften und der Literatur, Mainz.

Jest, Corneille
1961 A Technical Note on the Tibetan Method of Block-Carving. In: Man 61, S. 83-85.

Klein, Anne Carolyn
1994 Oral Genres and the Art of Reading in Tibet. In: Oral Tradition 9 (2), S. 281-314.

Monier-Williams, Sir Monier
1890 Buddhism, in Its Connexion with Brāhmanism and Hinduism and Its Contrast with Christianity. London.

Pelliot, Paul
1961 Histoire ancienne du Tibet. Paris.

Salomon, Richard
1999 Ancient Scrolls from Gandhāra: The British Library Fragments. London.

Scherrer-Schaub, Cristina / Bonani, George
2002 Establishing a Typology of the Old Tibetan Manuscripts: A Multidisciplinary Approach, In: Susan Whitfield (Hrsg.), Dunhuang Manuscript Forgeries, S. 184-215. London.

Scherrer-Schaub, Cristina
1999 Towards a Methodology for the Study of Old Tibetan Manuscripts: Dunhuang and Tabo. In: Scherrer-Schaub & Steinkellner (Hrsg.), Tabo Studies, 2, S. 3-36. Rom.

Schopen, Gregory
1975 The Phrase 'sa pṛthivīpradeśaś caityabhūto bhavet' in the Vajracchedikā: Notes on the Cult of the Book in Mahāyāna. In: Indo-Iranian Journal 17, S. 147-181.

Shakabpa, Tsepon W.D.
1967 Tibet: A Political History. New Haven.

Tucci, Guiseppe
1980 The Religions of Tibet. London.

Winder, Marianne
1992 Aspects of the History of the Prayer Wheel. In: Bulletin of Tibetology 1, S. 25-33. Gangtok, India.

Anmerkungen

1. Shakabpa (1967: 24 und 12).
2. Hinüber (1990: 71 f.) liefert einige Beispiele für die Vorstellung von der Schreibkundigkeit Buddhas und einiger seiner Schüler.
3. Die frühesten Zeugnisse für die Verwendung von Schrift im Buddhismus sind bekanntlich die Inschriften Aśokas, des dritten Herrschers der Maurya-Dynastie aus dem 3. Jahrhundert v. Chr. Siehe Hinüber (1990: 8 f.). Zur Niederschrift umfangreicherer Lehrtexte dürfte es jedoch erst sehr viel später gekommen sein.
4. Die frühe Mündlichkeit der Überlieferung wird eindrucksvoll dargelegt in Hinüber (1990: 22-29). Einige spezifische Merkmale memorierter und mündlich übermittelter Texte beschreibt Gethin (1992). Cousins (1983) bleibt eher allgemein.
5. Vgl. zum Beispiel eine Untersuchung zur Mündlichkeit in der Priesterausbildung im modernen Südindien von Fuller (2001).
6. Hinüber (1990: 10) verweist hinsichtlich der Ablehnung von Büchern in der auf das Memorieren umfangreicher Texte basierenden Ausbildung junger Adepten auf die Traditionen der Veda, der Druiden und auch des Koran (Fußn. 12).
7. Es ist deshalb auch kaum verwunderlich, dass bereits im frühen Buddhismus die Vorschriften für das Memorieren allmählich immer mehr Ausnahmen zuließen; siehe Hinüber (1990: 68-70).
8. Diese Fälle sind dokumentiert in Hinüber (1990: 28 und 67) und beziehen sich auf AN II 147,30; 148,25; Vin I 116,31-34; Vin I 140,36-141-1.
9. Dieses Datum wird von Gómez (1987: 530) genannt.
10. Hinüber (1990: 71) spricht hier von "rasch" im Gegensatz zur brahmanischen Tradition, bei der dieser Vorgang ganz erheblich langsamer ablief.
11. Gómez (1987: 530 f.). Die Eckdaten dieser Entwicklung in der Pāli-Literatur sind: Milindapañha (1./2. Jh. v. Chr.), Buddhagosa (ca. 400 n. Chr.) und weitere Kommentarliteratur bis ca. 1000; vgl. Matthews (1986: 123 ff.) und Norman (1983: 108 f.).
12. Gómez (1987: 531 f.).
13. In Tibetisch gleichbedeutend mit gzhung und gsung.
14. Vgl. Klein (1994: 293 f.).
15. So stellen es jedenfalls die tibetischen Lehrer von Anne Klein (Yeshe Thabgyey und Losang Tsäden) auf gezieltes Befragen ausdrücklich dar (1994: 294).
16. Zum Konzept der Schrifft bzw. des Buches als einem Behältnis für die Worte Buddhas später mehr.
17. Bentor (1996: 5).
18. Das Sūtra-Ritual der Weihe besteht in der Rezitation der Formel des abhängigen Entstehens und dem Bestreuen des zu weihenden Gegenstandes mit Getreide und Blumen (Bentor 1992).
19. Das heißt, das keine Gegebenheit als eigenständig, sondern nur in Abhängigkeit von Anderem als existent betrachtet wird. Was wir für gewöhnlich mit dieser Gegebenheit verbinden, Name oder Erscheinungsform etwa, ist deshalb nur künstlich beigelegt und eine Täuschung.
20. Die visualisierte Gottheit, d.h. der Yogi selbst, lädt die sechs Sinne, ihre Objekte und Wahrnehmungen mit der Kraft der Gottheit auf, indem er die wahre Natur der Sinne, Objekte und Wahrnehmungen wiederum in der Form von Gottheiten oder Silben visualisiert. Damit wird diese nur simulierte wahre Wirklichkeit gereinigt und

zu einem geeigneten Gefäß für das, was in der nächste Phase der Meditation folgt.

[21] Der Praktizierende (der sich weiterhin selbst als tantrische Gottheit visualisiert) stellt sich vor, wie aus der Sphäre der wahren Wirklichkeit ihm gleichende Gottheiten (skt.: jñānasattva) ausstrahlen und mit der von ihm simulierten wahren Wirklichkeit (skt.: samayasattva) verschmelzen. Dieser Vorgang wird die "Auflösung der Dualität" oder der "singuläre Geschmack von Saṃsāra und Nirvāṇa" genannt. In einer weiteren Phase wird dieser Zustand der Einheit durch eine Selbsteinweihung versiegelt.

[22] Ich verwende hier eine etwas modifizierte Analyse des tantrischen Gottheiten-Yoga in Anlehnung an Bentor (1996: Kap. 1).

[23] Vgl. Bentor (1996: 1 ff.), vor allem S. 5, wo sie die folgende Passage zitiert.

[24] Bentor (1996: 6) zitiert Cabezón und Tendar (1990: 138).

[25] Guenther (1986: 232).

[26] Diese frühe Widmungspraxis wird eindrucksvoll von Schopen (1985) dargestellt. Zur Rolle der Verdienstansammlung im Buddhismus siehe auch Strong (1987: vol. 9, pp. 383-386).

[27] Vgl. Dargyay (1986: 185 f.).

[28] Die fortwährende Produktion von spirituellem Verdienst für den Gabengeber durch gespendete Bücher, Statuen, Gebetsmühlen usw. wird ausdrücklich erwähnt und beschrieben bei Ekvall (1964: 128-130). Vgl. auch Winder (1992: 26 f.).

[29] Vgl. Winder (1992).

[30] Guenther (1986: 105).

[31] In der tibetischen Tradition werden heutzutage obsolet gewordene Texte meist verbrannt. Tibetische Lamas empfehlen dazu eine Art Ritual, bei dem man sich zunächst vorstellen muss, dass die "Lehre" (in der Form der Worte) das Buch verlässt und sich mit dem Raum oder dem dharmadhātu vereinigt (von wo es dann wieder bei einer Weihe in ein Buch zurückgerufen werden kann).

Ob es sich bei den im vergangenen Jahrzehnt in Nordpakistan und Afghanistan in Tontöpfen gefundenen Gandhari-Manuskripten aus den ersten Jahrhunderten des ersten Milleniums möglicherweise (zumindest zum Teil) um "entsorgte" Texte handelt, lässt sich zum jetzigen Zeitpunkt noch nicht sagen. Einige sind in ausgesprochen gutem Zustand, was gegen diese Vermutung spricht, während andere Funde (z.B. die Birkenrinden-Manuskripte der Sammlung Oslo) bloß aus unvollständigen Textresten und kleinsten Fragmenten bestehen (mündliche Information von Richard Salomon, Seattle University, in Kopenhagen, Mai 2004). Vgl. Salomon (1999).

[32] Vgl. Campany (1991: 40 ff.).

[33] Ekvall (1964: 129) erwähnt, dass selbst das bloße Herumtragen eines Buches zum Zwecke des Segnens (etwa der Felder) als verdienstvoll gilt.

[34] Tucci (1980: 10, 24, insbesondere 150). Monier-Williams (1890: 495) berichtet sogar von Geldopfergaben vor kostbaren Büchern.

[35] Schopen (1975: 155).

[36] Deutsch nach Conzes (1973: 24 f.; 104-106) englischer Übersetzung.

[37] Schopen (1975: 157); Emmerick (1970: 2, 23, 25).

[38] Company (1991: 35-37).

[39] Campany (1991: 37 ff.).

[40] Scherrer-Schaub und Bonani (2002: 188).

[41] Grönbold (1982: 366).

[42] Siehe Scherrer-Schaub (1999: 5, n. 9), die Pelliot (1961: 6) zitiert, wonach der König

Srong-btsan-sgam-po vom chinesischen Kaiser Schreibpapier erbat. Bekanntlich wurde das Papier von Ts'ai-lun um 105 erfunden (Grönbold 1982: 365). Zur Buchproduktion in China siehe Tsuen-hsuin Tsien (1962) Written on Bamboo and Silk, University of Chicago Press, Chicago, und Frederick W. Mote und Huang-lam Chu (1989) Calligraphy and the East Asian Book, Boston, Shambala.
43 Scherrer-Schaub und Bonani (2002: 187 f.). Das Manuskript trägt die Prägungsmarke Or.8212/168 der British Library.
44 Grönbold (1982: 365 f.).
45 Vgl. zu den Stiften usw. Grönbold (1982: 365).
46 Für die Erläuterungen der chemischen Zusammenhänge bin ich Herrn Dr. Mathias Haerting, Pharmazeut am Zentralkrankenhaus Reinkenheide, Bremerhaven, zu Dank verpflichtet.
47 Scherrer-Schaub (1999: 6 f.). Einen allgemeinen Einblick in Materialien und Werkzeuge der Buchproduktion liefert Jest (1961).
48 Vgl. für das Folgende Jest (1961).
49 Grönbold (1991: 16).
50 Vgl. Jest (1961).
51 Grönbold (1982: 368).
52 Grönbold (1982: 368; 1991: 15).
53 Ein Ritualmeister der 'Bri-gung bKa'-brgyud-pa (sGrub-dpon bSod-nams-'byor-'phel, Kathmandu) berichtete mir, dass bestimmte Bäume von Gottheiten bewohnt werden, die vor dem Fällen dieser Bäume zunächst gebeten werden müssen, in einen anderen Baum umzuziehen. Diese Vorstellung ist offensichtlich alt. Bereits nach dem Vinaya sollen Ordinierte davon Abstand nehmen, Bäume zu fällen, da darin Lebewesen (auch explizit Götter) leben könnten. Siehe Lambert Schmithausen, The Problem of Sentience of Plants in Earliest Buddhism, Studia Philologica Buddhica Mongraph Series 6, Tokyo: The International Institute for Buddhist Studies, 1991, S. 12, Fußn. 62. Es handelt sich hierbei übrigens um den auch von den Tibetern befolgten Mūlasarvāstivādin-Vinaya.
54 Einen allgemeinen Überblick bietet Jest (1961).
55 Grönbold (1982: 368).
56 Grönbold (1982: 368).
57 Grönbold (1991: 15).
58 Grönbold (1991: 10 f.).
59 Grönbold (2002: 176).
60 Grönbold (1991: 11-13).
61 Grönbold (2002: 176).

Die Bon-Religion - ein Überblick

Per Kvaerne

Tibet wird allgemein als das Heimatland einer der wichtigsten buddhistischen Zivilisationen Asiens betrachtet. Im 7. und 8. Jahrhundert nach Tibet eingeführt, wurde der Buddhismus schnell zur vorherrschenden Religion. Obwohl chinesische Einflüsse in der Anfangsperiode buddhistischer Aktivität in Tibet nicht vollkommen abwesend waren, wandten sich die Tibeter für ihre heiligen Schriften und die Traditionen ihrer Philosophie, Kunst und Bildung vor allem dem indischen Subkontinent (Kaschmir und das Kathmandu-Tal eingeschlossen) zu, und auch das Klosterleben wurde im Großen und Ganzen nach indischem Vorbild organisiert.

Mit seinen vielen Zentren der Gelehrsamkeit und den Stätten der Pilgerschaft, die in Verbindung zum Leben des Buddha Shakyamuni standen, wurde Indien in der Meinung der meisten Tibeter ein heiliges Land der Religion. Diese Vorstellung behielt ihre Gültigkeit, selbst nachdem die moslemische Eroberung Nord-Indiens im 12. und 13. Jahrhundert bewirkt hatte, dass der Buddhismus aus Indien verschwand und der Fluss tibetischer Pilger allmählich zum Erliegen gekommen war.

Nicht alle Tibeter, wie auch immer, betrachteten Indien als die Quelle ihrer religiösen Traditionen. Seit dem 10. oder 11. Jahrhundert und bis zum heutigen Tag hat es, neben dem Buddhismus, eine andere organisierte religiöse Tradition in Tibet gegeben: Ein Glaube, der mit seinem tibetischen Namen Bon bezeichnet wird.

Westliche Gelehrte haben den tibetischen Begriff bon (bön ausgesprochen) übernommen, um auf sehr alte, vorbuddhistische, sowie auf spätere, nicht-buddhistische religiöse Vorstellungen und Praktiken in Tibet zu verweisen. Somit hat der Begriff „Bon", im Sinne der westlichen Wissenschaft, nicht weniger als drei Bedeutungen:

Bon bezeichnet die vorbuddhistische Religion Tibets, die im 8. und 9. Jahrhundert allmählich vom Buddhismus verdrängt wurde. Diese Religion, die auf der Basis alter Dokumente nur unzulänglich rekonstruiert werden kann, scheint sich auf die Person des Königs konzentriert zu haben, der als heilig und im Besitz von übernatürlichen Kräften angesehen wurde. Komplizierte Rituale wurden von professionellen Priestern, bon po genannt, ausgeführt. Es ist möglich, dass ihre religiösen Lehren und Praktiken bon genannt wurden (obwohl die Wissenschaftler in diesem Punkt nicht übereinstimmen); mit Sicherheit aber wurden sie in der späteren, vorherrschend buddhistischen historiographischen Literatur so genannt. Wie dem auch sei, diese Religion unterschied sich wesentlich vom Buddhismus. So waren die Rituale, die von den alten Bon-Priestern ausgeführt wurden, offenbar hauptsächlich damit befasst, sicherzustellen, dass die Seele einer verstorbenen Person unbeschadet in ein postmortales Land der Glückseligkeit geführt wurde, wobei man sich eines entsprechenden Tieres bediente - meistens ein Yak, ein Pferd oder ein Schaf - das im Verlauf der Bestattungsriten geopfert wurde. Opfer in Form von Speisen, Getränken und kostbaren Gegenständen, sowie, im Falle von Königen, sogar von Dienern und Ministern begleiteten ebenfalls den Toten. Die Absicht dieser Riten war eine zweifache: Auf der einen Seite sollte das Wohlergehen der Verstorbenen im Land der Toten sichergestellt werden, auf der anderen Seite der segensreiche Einfluss der Toten mit Bezug auf Wohlergehen und Fruchtbarkeit der Lebenden erlangt werden.

Bon kann sich ebenfalls auf eine Religion beziehen, von der uns die historischen Quellen gestatten, ihre Existenz eindeutig im Tibet des 10. und 11. Jahrhunderts zu verorten, oder anders ausgedrückt, zur selben Zeit als der Buddhismus, nachdem er erneut aus Indien eingeführt worden war, vorherrschend wurde. Diese Religion, die bis zum heutigen Tag als ungebrochene Tradition überlebt hat, besitzt in Hinsicht auf Lehre und religiöse Praktiken so viele und offensichtliche Ähnlichkeiten mit dem Buddhismus, dass ihr Status als eigenständige Religion bezweifelt wurde. Die Tatsache, dass die Anhänger dieser

Religion - von denen es heutzutage viele Tausende in Tibet und im Exil gibt – daran festhalten, dass ihre Religion älter ist als der Buddhismus in Tibet und eigentlich mit der vorbuddhistischen Bon-Religion identisch ist, wurde von westlichen Gelehrten entweder bestritten oder ignoriert. Wie auch immer, auch tibetische Buddhisten betrachten Bon als eigenständige Religion, und im folgenden wird argumentiert werden, dass dieser Anspruch gerechtfertigt ist, wenn man Konzepte religiöser Autorität, Legitimierung und Geschichte eher betont als Rituale, metaphysische Lehre und klösterliche Disziplin.

Bon wird manchmal genutzt, um einen weitgefassten, amorphen Körper populärer Glaubensvorstellungen zu bezeichnen, Weissagungspraktiken, den Kult der Lokalgottheiten und Vorstellungen von der Seele eingeschlossen. Im tibetischen Sprachgebrauch werden solche Glaubensvorstellungen jedoch traditionellerweise nicht als „Bon" bezeichnet, und ein eher passender Ausdruck scheint der von R.A. Stein geprägte Begriff viz, „die namenlose Religion", zu sein.

Selbst wenn man diese dritte Bedeutung von „Bon" beiseite lässt, war die gewöhnliche Sicht des Bon im Westen weniger als präzise. Das trifft besonders auf die auch heute existierende, „Bon" genannte Religion zu, die oft als „Schamanismus" oder „Animismus" charakterisiert wurde. Als solche wurde sie als Fortsetzung von etwas gesehen, das vermutlich den in Tibet geläufigen religiösen Praktiken vor dem Aufkommen des Buddhismus entsprach. Ferner wurde die spätere, so genannte „entwickelte" Bon-Religion, oft mit deutlich nachteiligen Begriffen als Perversion des Buddhismus beschrieben, als eine Art randläufiger Gegenstrom, in dem die Elemente der buddhistischen Doktrin und der religiösen Praktiken entweder schamlos kopiert oder verdreht und verzerrt worden waren. Diese Sicht des Bon war allerdings nicht auf Forschung aus erster Hand begründet, sondern baute auf bestimmten polemischen Schriften tibetisch-buddhistischer Kritiker des Bon auf, die dazu neigten, Standardbegriffe polemischer Schmähung zu verwenden. Erst seit Mitte der 1960er zeichnet sich, insbesondere Dank der Arbeiten von David Snellgrove, ein angemesseneres Verständnis des Bon ab.

Einen Anhänger der Bon Religion nennt man Bonpo. Ein Bonpo ist „jemand, der an Bon glaubt", und für ihn oder sie bezeichnet Bon „Wahrheit", „Wirklichkeit" oder die ewige, unveränderliche Lehre, in der Wahrheit und Wirklichkeit zum Ausdruck kommen. Damit besitzt Bon für seine Anhänger denselben Bedeutungsumfang wie für die Buddhisten das tibetische Wort chos, das den Sanskrit-Begriff dharma übersetzt. Obwohl auf Tibet begrenzt, versteht sich Bon als universelle Religion, da er seine Lehren als für alle Menschen wahr betrachtet. Die Bonpos glauben auch, dass der Bon in früheren Zeiten in vielen Teilen der Welt propagiert wurde. Aus diesem Grund nennt man ihn „Ewigen Bon", g.yung drung bon (ausgesprochen yungdrung bön). Die Wichtigkeit des Begriffes g.yung drung (der für tibetische Buddhisten, nicht jedoch für Bonpos, dem Sanskrit-Begriff svastika entspricht) erklärt das wiederholte Vorkommen der Swastika als Symbol des Bon in der Bon-Ikonographie. Im Bon entspricht der Ausdruck g.yung drung in vielen Beziehungen dem buddhistischen Begriff rdo rje (dorje ausgesprochen, Sanskrit vajra). Die Bonpo-Swastika dreht sich nach links, das heißt entgegen dem Uhrzeigersinn, während die buddhistische Version nach rechts dreht. Das ist eines der vielen Beispiele für eine charakteristische (wenn auch nur oberflächliche) Verschiedenheit von Buddhismus und Bon; im Bon verläuft die heilige Bewegung immer entgegen dem Uhrzeigersinn. Dies ist allerdings kein Ausdruck des Protestes, noch weniger der Widerspenstigkeit, es ist, so glauben die Bonpos, einfach die normale rituelle Richtung, die letztendlich zur endgültigen moralischen Reinigung und zur spirituellen Erleuchtung beiträgt.

Für den gelegentlichen Beobachter können Anhänger der buddhistischen Tradition und Vertreter des Bon kaum unterschieden werden. Sie alle teilen ein gemeinsames tibetisches, kulturelles Erbe. Vor allem gibt es wenig Unterschied in Bezug auf die volksreligiöse Praxis. Traditionell praktizieren alle Tibeter gewissenhaft die gleichen Methoden zur Anhäufung religiöser Verdienste, mit dem endgültigen Ziel vor Augen, in einem zukünftigen Leben eine erneute Wiedergeburt als Mensch zu erlangen oder als Bewohner einer der vielen paradiesischen Welten der tibetischen Kosmologie. Diese Praktiken beinhalten das Drehen von Gebetsmühlen, die in der Hand gehalten oder von Wind und Wasser in Bewegung gesetzt werden, das Umkreisen heiliger Orte wie Klöster oder heilige Berge, das Aufziehen von Gebetsfahnen sowie das Rezitieren heiliger Formeln oder das Eingravieren dieser in Steine und Felsen. Nur wenn diese Praktiken näher geprüft werden, wird der Unterschied ersichtlich; die rituelle Bewegung verläuft, wie schon erwähnt, immer entgegen dem Uhrzeigersinn, und das heilige Mantra ist nicht das buddhistische „Om mani padme hum" sondern „Om matri muye sale du". Ebenso scheint der Kult um die zahllosen Gottheiten der Volksreligion der Tibeter, ob Buddhisten oder Bonpos, zunächst nicht differenzierbar zu sein; aber die Gottheiten unterscheiden sich (wenn sie auch den gleichen göttlichen Kategorien angehören) in der Tat im Hinblick auf ihre Namen, ihre mythologischen Ursprünge, ihre spezifischen Farben und die Objekte, die sie in ihren Händen halten oder die ihren Körper verzieren.

In Anbetracht der vielen, offensichtlichen Ähnlichkeiten zwischen Bon und Buddhismus kann man sich durchaus fragen, worin der Unterschied zwischen diesen beiden Religionen besteht. Die Antwort scheint von der Perspektive abzuhängen, die man bei der Beschreibung von Bon einnimmt. Rituale und andere religiöse Praktiken, genauso wie meditative und metaphysische Traditionen, sind, unbestreitbar, in einem großen Ausmaß ähnlich oder schlechthin identisch. Die Konzepte der heiligen Geschichte und die Quellen religiöser Autorität sind jedoch grundlegend verschieden und rechtfertigen den Anspruch der Bonpos, eine gänzlich andere religiöse Gemeinschaft darzustellen.

Der eigenen historischen Perspektive entsprechend, wurde der Bon mehrere Jahrhunderte vor dem Buddhismus in Tibet eingeführt und genoss königlichen Schutz, bis er schließlich durch die „falsche Religion" (das heißt den Buddhismus) aus Indien ersetzt wurde, und seine Priester und Weisen von König Trisong Detsen im 8. Jahrhundert aus Tibet vertrieben wurden. Der Bon ist jedoch nicht vollständig aus Tibet verschwunden; seine Tradition wurde in bestimmten Familienverbänden bewahrt und erblühte nach ein paar Generationen erneut, obwohl sie niemals wieder königlichen Schutz genoss.

Bonpos behaupten, dass ihre Religion, bevor sie Tibet erreichte, in einem Land florierte, das als Zhangzhung bekannt war, und dass dieses Land das Zentrum des Bon blieb, bis es im 7. Jahrhundert von dem expandierenden tibetischen Reich erobert wurde. Zhangzhung wurde infolge zum Buddhismus bekehrt und allmählich in die tibetische Kultur integriert. Es verlor dabei nicht nur seine Unabhängigkeit, sondern auch seine Sprache und sein religiöses Erbe. Es gibt keinen Zweifel an der historischen Existenz von Zhangzhung, obwohl seine exakte Ausdehnung sowie seine ethnische und kulturelle Identität alles andere als geklärt sind. Es scheint, grob gesprochen, im heutigen westlichen Tibet gelegen zu haben, mit dem Berg Kailash als Zentrum.

Eine entscheidende Frage stellt - sowohl für heutige Bonpos als auch für westliche Gelehrte – das Problem der Authentizität einer spezifischen Zhangzhung-Sprache dar. So wie der größere Teil der kanonischen, heiligen Schriften der tibetischen Buddhisten aus dem Sanskrit übersetzt wurde, wurden die Bon-Schriften, so behaupten es die Bonpos, aus der Zhangzhung-Sprache ins Tibetische übertragen. Zahlreiche Schriften enthalten Titel, die zunächst in einer nicht-tibetischen Form angegeben sind und von denen behauptet wird, dass sie „in der Sprache von Zhangzhung" abgefasst sind, bevor ihnen eine tibetische Übersetzung folgt. Da bisher noch keine Texte aufgetaucht sind, die unwiderlegbar als Zhangzhung-Originale gegolten hätten, war es nicht möglich, diese Sprache mit einem gewissen Grad an Präzision zu identifizieren. Dennoch erscheint es einleuchtend, dass die heiligen Bon-Texte unter der Bezeichnung „Sprache von Zhangzhung" ein weitläufiges und authentisches Vokabular einer tibeto-birmanischen Sprachschicht erhalten haben, die in enger Verbindung zu den Sprachen des Himalayas steht sowie zu den Idiomen der sino-tibetischen Grenze, wie den Dialekten von Kinnaur (Himachal Pradesh) oder Tsagla (östliches Bhutan) den Dialekten von Gyarong (Sichuan), Sprachen, die nur entfernt mit dem Tibetischen verwandt sind.

Viele Zhangzhung-Wörter werden in den Bon-Schriften recht unabhängig von Texttiteln genutzt und tragen somit dazu bei, dass diese Texte einen von tibeto-buddhistischen Schriften abweichenden Charakter erhalten. Solche Worte sind (nur um einige Beispiele zu nennen) shetün „Herz" (she thun, tibetisch snying); nyiri „Sonne" (nyi ri, tibetisch nyi ma); werro „König" (wer ro, tibetisch rgyal po); hrang „Pferd" (tibetisch rta); tsame „Frau" (tsa med, tibetisch skyes dman); se „Gott" (sad, tibetisch lha, vgl. Kinnauri sat); ting „Wasser" (ting, tibetisch chu, vgl. Kinnauri ti) etc.

Die eigentliche Heimat des Bon ist jedoch - so behaupten die Bonpos - noch weiter westlich, hinter den Grenzen von Zhangzhung zu finden. Die Bonpos glauben, dass „der ewige Bon" zum ersten Mal in einem Land namens Tazik verkündet wurde. Obwohl der Name an das Land der Tadschiken in Zentralasien denken lässt, war es bis jetzt nicht möglich, eine genauere Bestimmung des heiligen Landes des Bon vorzunehmen. Tazik ist jedoch nicht einfach ein geographisches Land wie andere; in der Bon-Tradition nimmt es den Charakter eines „verborgenen", paradiesischen Landes an, das heutige Menschen nur in Visionen oder mit Hilfe übernatürlicher Mittel erreichen, nachdem sie spirituell gereinigt wurden. Tazik, auch als Wölmo Lungring bekannt, kann daher auch als Gegenstück zum buddhistischen heiligen Land Shambala betrachtet werden.

Für die Bonpos ist Tazik das heilige Land der Religion, das Land, in dem Tönpa Shenrap, „der Lehrer Shenrap", in die königliche Familie geboren und zu gegebener Zeit als König inthronisiert wurde. Tönpa Shenrap gilt als vollkommen erleuchtetes Wesen, als der wahre Buddha (das Wort „Buddha" bedeutet „der Erleuchtete") unseres Weltzeitalters. Die Bonpos besitzen eine umfangreiche hagiographische Literatur, in der seine Heldentaten gepriesen werden. Ohne in Einzelheiten zu gehen oder die vielen Probleme zu diskutieren, die mit dem historischen und literarischen Ursprung dieser außergewöhnlichen Figur einhergehen, kann man zumindest anmerken, dass seine Biographie nicht, wie es gelegentlich von westlichen Gelehrten behauptet wurde, eng mit der Biographie Shakyamunis verwandt ist. So war Tönpa Shenrap während des Großteils seiner Laufbahn Herrscher von Tazik oder Wölmo Lungring und somit ein Laie. Als solcher reiste er unaufhörlich von seiner Hauptstadt in alle Himmelsrichtungen, um den Bon zu verbreiten. Es ist erwähnenswert, dass diese Verbreitung des Bon auch die Durchführung unzähliger Rituale enthielt. Diese Rituale, die heute von Bonpos durchgeführt werden, beziehen somit ihre Begründung und Legitimation über die beispielhaften Heldentaten des Tönpa Shenrap. Die Verbreitung des Bon durch Tönpa Shenrap beinhaltete auch den Bau von Tempeln und Stupas, aber nicht die Gründung von Klöstern, die in seiner Biographie keinerlei Erwähnung finden. Durch die Lande reisend und von seinem Hofstaat umgeben, bemühte er sich um die Bekehrung notorischer Sünder. Seine vielen Frauen, Söhne, Töchter und Schüler spielten bei dieser soteriologischen Aktivität ebenfalls eine bedeutende Rolle, für die es keine buddhistische Parallele gibt. Erst im späten Lebensalter wurde er als Mönch ordiniert, woraufhin er sich in eine Waldklause zurückzog. Erst an diesem Punkt seiner Laufbahn gelang es ihm, seinen ärgsten Widersacher, den Prinz der Dämonen, zu bekehren.

Bestimmte Abschnitte der Biographie Tönpa Shenraps haben einen klaren Bezug zu Figuren wie Padmasambhava, dem indischen Yogi und Magier des 8. Jahrhunderts, der, den Buddhisten zufolge, vom König nach Tibet eingeladen wurde und, nachdem er die örtlichen Götter und

Dämonen unterworfen hatte, Samye bSam yas, das erste buddhistische Kloster, gründete. Er kann auch mit Gesar verglichen werden, dem Helden des großen tibetischen Epos, der, wie Tönpa Shenrap, in alle Himmelsrichtungen siegreiche Feldzüge gegen die Kräfte des Bösen führte. Die historische und literarische Beziehung zwischen diesen verschiedenen Figuren bleibt zu klären, aber es ist zumindest sicher, dass der gesamte Zyklus des biographischen Materials, das mit Tönpa Shenrap zusammenhängt, - wie auch immer seine Beziehung zu den historischen Fakten sein mag - nicht als einfaches Plagiat buddhistischer Texte abgelehnt werden kann.

Selbst ein flüchtiger Blick auf die Lehren des Bon, wie sie in der Bon-Literatur ausgedrückt oder von zeitgenössischen Meistern erklärt werden, enthüllt, dass sie in vielerlei Hinsicht identisch mit den im tibetischen Buddhismus zu findenden Lehren sind. Es ist diese Tatsache, die westliche Gelehrte bis vor kurzem veranlasste, die Bonpos des Plagiats zu beschuldigen. Die Sichtweise der Welt als leidend, der Glaube an ein Gesetz moralischer Kausalität (das „Gesetz des karma") und die damit verbundene Vorstellung von der Wiedergeburt in den sechs Daseinsbereichen sowie das Ideal der Erleuchtung und der Buddhaschaft sind nicht nur grundlegende Lehrinhalte des Buddhismus, sondern auch des Bon. Bonpos folgen dem gleichen Pfad der Tugend und greifen auf dieselben meditativen Praktiken zurück wie Buddhisten. Nichtsdestotrotz werden Bonpos ebenso wie Buddhisten auf der Verschiedenheit ihrer jeweiligen Religion beharren, und Bonpos werden vor allem die entscheidende Rolle des Tönpa Shenrap im Bon betonen. Er wird als von Geburt an vollkommen erleuchtet und im Besitz praktisch unbegrenzter, übernatürlicher Kräfte gesehen. Er ist es, der der religiösen Literatur und den Ritualen der Bonpos Autorität verleiht und, in der Tat, ihrer gesamten religiösen Tradition.

Im späten 11. Jahrhundert hatten die Bonpos begonnen, Klöster zu gründen, die gemäß derselben Richtlinien wie die Klöster der Buddhisten organisiert waren. Einige dieser Klöster entwickelten sich schließlich zu großen Einrichtungen mit hunderten von Mönchen und Novizen. Das renommierteste Bonpo-Kloster, 1405 gegründet, ist Menri, in der zentraltibetischen Provinz Tsang, nördlich des Brahmaputra (Tsangpo) Flusses. Darüber hinaus gibt es noch zahlreiche andere Klöster, besonders im östlichen und nordöstlichen Tibet (Kham und Amdo). Mönche sind strengen disziplinarischen Regeln unterworfen, das Zölibat eingeschlossen. Voll ordinierte Mönche nennt man drangsong, ein Begriff, der im tibetischen normalerweise das Sanskritwort ṛṣi übersetzt, das die semi-göttlichen „Seher" der Veden bezeichnet. Im Laufe der Jahrhunderte geriet das klösterliche Leben des Bon zunehmend unter den Einfluss der Tradition des akademischen Lernens und der scholastischen Debatte, welche die vorherrschende buddhistische Gelugpa-Schule charakterisiert, aber die Tradition der tantrischen Yogis und Einsiedler, die in organisierten Gruppen oder allein leben, wurde nie aufgegeben.

Die Bonpos verfügen über eine reiche Literatur, die westliche Gelehrte gerade erst zu entdecken beginnen. Früher wurde es im Westen als selbstverständlich angesehen, dass diese Literatur nichts anderes war als eine uninspirierte und schamlose Übernahme buddhistischer Texte. In den letzten 25 Jahren war jedoch eine radikale Wandlung in der Sichtweise der Bon-Religion zu beobachten. Die Neubewertung wurde durch David L. Snellgrove in Gang gesetzt, der 1967 in Bezug auf die Bonpo-Literatur zutreffend bemerkte, dass „der weitaus größere Teil über das Lernen aufgenommen und dann wiedererzählt worden sei, was eben kein Plagiat darstellt."[1] Danach gelang es anderen Gelehrten, eindeutig zu zeigen, dass es im Falle einiger Bon-Texte, die offensichtlich wortwörtliche buddhistische Parallelen haben, nicht, wie früher als gesichert angenommen wurde, der Bon-Text ist, der das buddhistische Original wiedergibt, sondern dass es sich tatsächlich andersherum verhält: Der Bon-Text war von buddhistischen Autoren kopiert worden. Das bedeutet nicht, dass der Bon in einem gewissen Stadium nicht stark vom Buddhismus beeinflusst wurde; aber sobald sich die beiden Religionen, Bon und Buddhismus, als rivalisierende Traditionen in Tibet etabliert hatten, war ihre Beziehung, wie man jetzt erkennt, eine komplexe, sich gegenseitig beeinflussende.

Die Natur der heiligen Texte des Bon kann nur im Zusammenhang mit der Bon-Sichtweise der Geschichte verstanden werden. Die Bon-Tradition geht davon aus, dass die frühen Könige Tibets Anhänger des Bon waren und dass infolgedessen nicht nur die königliche Dynastie, sondern das gesamte Reich aufblühten. Dieser glückliche Zustand kam während der Herrschaftszeit des achten Königs, Drigum Tsenpo, zu einem zeitweisen Erliegen. Dieser König verfolgte den Bon, mit dem Ergebnis, dass eine große Anzahl von Bon-Texten versteckt wurde, um sie für zukünftige Generationen zu bewahren. Für die Bonpos war dies der Anfang einer Texttradition, die aus „Schätzen" terma besteht, das heißt aus verborgenen Texten, die zur angebrachten Zeit von begabten Individuen, „Schatzentdecker" tertön genannt, wiederentdeckt wurden. Obgleich - immer der Bon Tradition entsprechend - der Bon von Drigum Tsenpos Nachfolgern wieder eingeführt wurde und unter der Herrschaft der nachfolgenden Könige wie zuvor erblühte, wurde der Bon noch einmal von König Trisong Detsen (740 - ca. 797) verfolgt. Dieser König wird in der allgemeinen tibetischen Tradition als Buddhist beschrieben, dank dessen Schirmherrschaft die ersten tibetischen Mönche ordiniert wurden. Bonpo-Quellen behaupten jedoch, dass seine Motive für die Unterstützung des Buddhismus einerseits in dem eigennützigen Glauben lagen, hierdurch sein Leben verlängern zu können, andererseits auf dem Argument fußten, das von bestimmten, übelgesinnten Personen an seinem Hof vorgebracht wurde, wonach die Bon-Priester, dem König in seiner Macht bereits ebenbürtig, planten, nach seinem Tod die Regierung zu übernehmen.

Wie auch immer die Wahrheit aussehen mag, sowohl Buddhisten als auch Bonpos stimmen darin überein, dass während der Herrschaft von Trisong Detsen die Bon Priester entweder aus Tibet verbannt oder gezwungen wurden, sich dem Buddhismus zu fügen. Ein weiteres Mal, so glauben die Bonpos, wurden ihre heiligen Texte versteckt, um wiederentdeckt zu werden, wenn die Zeit reif sein würde, um den Bon erneut zu verkünden.

Der Großteil dieses umfangreichen Literaturkorpus, den die Bonpos als ihren Kanon heiliger Schriften betrachten, gehört zu der Kategorie der „Schätze", von denen man annimmt, dass sie während der aufeinanderfolgenden Verfolgungen des Bon versteckt wurden und anschließend von „Schatzentdeckern" wieder offenbart wurden. Die Bonpos behaupten auch, dass viele ihrer heiligen Schriften von Buddhisten in buddhistische Texte umgewandelt wurden, und kehren damit den Vorwurf des Plagiats um.

Historischen Bon-Texten zufolge setzte die letzte Wiederentdeckung heiliger Schriften im frühen 10. Jahrhundert ein. Von den ersten Entdeckungen heißt es, dass sie rein zufällig geschahen. Es hört sich glaubhaft an, wenn herumwandernde Bettler eine Schatulle aus dem Samye Kloster gestohlen haben sollen in der Annnahme, sie sei mit Gold gefüllt und in der Absicht, ihren Inhalt - der sich zu ihrer Enttäuschung als Bon-Bücher herausstellte - später gegen Nahrung zu tauschen; das Gleiche gilt für einen Bericht über einen Buddhisten, der auf der Suche nach buddhistischen Schriften nur Bon-Texte fand und sie einfach weggab. Schrittweise wurden die Entdeckungen jedoch von übernatürlichen Zeichen und Umständen begleitet. Den Textentdeckungen gingen häufig einleitende Vorbereitungen voraus, die oft mehrere Jahre dauerten und in Visionen gipfelten, in denen übernatürliche Wesen die Plätze enthüllten, an denen die „Schätze" versteckt waren. Oft war der „Schatz" aber überhaupt kein konkretes Buch, sondern ein inspirierter Text, der spontan im Geist der „Schatzentdecker" erschien; solch einen Text nannte man „geistigen Schatz", gongter.

Texte, die nach Meinung der Bonpos auf Tönpa Shenrap selbst zurückgeführt werden konnten, wurden gesammelt, um einen Kanon zu formen. Diese umfangreiche Textsammlung, bestehend aus ungefähr 190 Bänden, bildet den Bon-Kanjur, der eine offensichtliche Parallele zum buddhistischen Kanon, ebenfalls „Kanjur" genannt, darstellt. Während kein genauer Zeitpunkt für die Entstehung des Bon-Kanjur angegeben werden kann, sollte dennoch angemerkt werden, dass er scheinbar keine Schriften beinhaltet, die später als 1386 erschienen sind. Eine nachvollziehbare Vermutung wäre, dass der Bon-Kanjur um 1450 zusammengestellt wurde. Der Bon-Kanjur, der wiederum nur ein Bruchstück des gesamten literarischen Schaffens der Bonpos ausmacht, deckt das komplette Spektrum der tibetischen religiösen Kultur ab; was die westliche Forschung anbetrifft, so ist der Bon-Kanjur nach wie vor praktisch unerforscht. Wie die Buddhisten besitzen auch die Bonpos eine umfassende Sammlung kommentierender, philosophischer und ritueller Texte, die als Tenjur bekannt sind.

Eine bedeutende Gattung der Bon-Literatur stellen die historiographischen Texte dar. Die Wichtigkeit dieser Gattung liegt in der besonderen Sicht, die auf die tibetische Geschichte präsentiert wird, einer Perspektive, die sich radikal von tibeto-buddhistischen Texten unterscheidet. So wird in buddhistischen Texten die Einführung des Buddhismus in Tibet im 7. und 8. Jahrhundert unter der Schirmherrschaft aufeinanderfolgender tibetischer Könige als großer Segen betrachtet, der vom Buddha Shakyamuni vorherbestimmt und von Heiligen und Gelehrten aus dem heiligen Land Indien in die Tat umgesetzt wurde. Dank des Buddhismus, so beharren die Buddhisten, erhielten die Tibeter einen höheren ethischen Kodex, die Kunst des Schreibens, die Feinheiten der Philosophie sowie die Möglichkeit, geistige Erleuchtung zu erlangen - mit anderen Worten, sie wurden eine zivilisierte Nation.

Ein vollkommen anderes Bild entsteht, wenn wir uns der historischen Bon-Literatur zuwenden. Die Einführung des Buddhismus in Tibet wird als Katastrophe geschildert. 1842 beschreibt ein Bon-Gelehrter die Einführung des Buddhismus als letztendlichen Lohn für das „perverse Gebet eines Dämonen" und bemerkt, dass der Buddhismus, als die Zeit reif war, durch denjenigen verwirklicht wurde, „der wie ein Mönch handelte, aber an den fünf Giften festhielt", das heißt der buddhistische Heilige Shantaraksita. Von der Unterdrückung des Bon wird als „Sonnenuntergang der Glaubenslehre" gesprochen, auf welche die Auflösung des tibetischen Staates und die Ausbreitung moralischer und sozialer Gesetzlosigkeit folgt. Andererseits fehlte es nicht an Bemühungen um eine Versöhnung der Religionen; so behauptet eine Quelle, dass Tönpa Shenrap und der Buddha Shakyamuni in Wirklichkeit Cousins und ihre Glaubenslehren folglich grundlegend identisch waren.

Es ist schwierig, die Anzahl der Bonpos in Tibet zu schätzen. Mit Sicherheit stellen sie eine bedeutende Minderheit dar. Besonders im östlichen Tibet, wie zum Beispiel in der Sharkhog-Gegend, nördlich von Sungpan in Sichuan, sind ganze Distrikte von Bonpos bevölkert. Ein weiteres wichtiges Zentrum ist die Region von Gyarong, wo einige kleine Königreiche, die sowohl von der tibetischen Regierung in Lhasa als auch vom chinesischen Kaiser völlig unabhängig waren, örtlichen Bon-Klöstern großzügigen Schutz gewährten, bis der größere Teil der Region in einer Folge von verheerenden Feldzügen, die im 18. Jahrhundert von der chinesischen kaiserlichen Armee geführt worden waren, erobert wurde. Vereinzelte Gemeinden von Bonpos kann man auch in Zentral- und Westtibet finden; von dem alten Zhangzhung-Königreich ist jedoch keine Spur zurückgeblieben, obgleich der Berg Kailash, für Bonpos ebenso wie für Buddhisten, einen bedeutenden Pilgerort darstellt. Ein anderer viel besuchter Ort der Pilgerschaft, der – im Gegensatz zum Berg Kailash - ausschließlich von Bonpos besucht wird, ist der Berg Bönri, der "Berg des Bon", im südöstlichen Bezirk Kongpo. Im Norden Nepals gibt es Bonpo-Dörfer vor allem im Gebiet von Dolpo. An einem Punkt in der Geschichte, der noch zu bestimmen bleibt, hat Bon offensichtlich einen starken Einfluss auf die Naxi in der Provinz Yunnan in Südwest-China ausgeübt; von dieser Ausnahme abgesehen, scheinen die Bonpos keine missionarischen Unternehmungen betrieben zu haben. In Indien haben die Bonpos, die zur Gemeinde der Exil-Tibeter gehören, seit 1968 ein großes und gut organisiertes Kloster gegründet, in welchem traditionelle Wissenschaft, Rituale und heilige Tänze des Bon bewahrt und mit großem Eifer gepflegt werden. Erst kürzlich wurde ein ähnliches Zentrum in Kathmandu errichtet.

Übersetzung aus dem Englischen von Isabel Lenuck

Inv. Nr. 85.119:1, Kauf Baader (Foto Museum für Völkerkunde Hamburg) Rollbild: Der Bon-Siddha Drenpa Namkha (tib.: Dran-pa nam-mkha'), Farben auf Textilgewebe, unmontiert. H 71 cm, B 50 cm, Tibet, 19. Jahrhundert (?)

Drenpa Namkha ist eine historische Gestalt des 8. Jahrhunderts, er war einer der Protagonisten des Bon während der Konflikte um die Einführung des Buddhismus in Tibet und gilt als wichtiger Schatzverstecker, wobei die Schätze (tib.: gter ma, lies: terma) Bön-Texte sind, die von späteren, reiferen Generationen aufgefunden und verstanden werden sollen. Drenpa Namkha nahm schließlich den Buddhismus an, da in seinen Augen Bon und Buddhismus sich nur auf der Ebene der relativen Wahrheiten unterscheiden. Manchen gilt er als der Vater Padmasambhavas. (Kvaerne 1995: 119). (S. K.)

Inv. Nr. 86.11:1 Ankauf Joachim Baader (Foto HMV)
Rollbild: Der Bon-Siddha Tsewang Rigzin (?) (tib.: Tshe-dbang rig-´dzin), (Bild ausgelagert), Tibet.
Es handelt sich möglicherweise um Tsewang Rigdsin mit seiner Gefährtin Nyima Öbar (Nyi-ma ´od-´bar). Tsewang Rigzin (wörtl.: Meister des langen Lebens, Wissenshalter) gilt als historische Person, und zwar als der Sohn des Drenpa Namka (Dran-pa nam-mkha´).

Inv. Nr. 25.28:220 Slg Stoetzner
Ritualdolch und Benda mit Linga für das Tschö-Ritual (tib.: phur pa, lies: phur pa; bhan dha, lies: benda mit ling ga, lies: lingga). Holz, Baumwolltuch. Dolch L 24 cm, D ca. 4,6 cm, Schale D 10–15 cm, H ca. 3 cm.
Stoetzner: „Nr. 533. Lianghokou Wassuland westlich von Taokwan 27.4.14. Holzgeschnitzter sog. „Donnerkeil" und eine aus einer Holzschale herausgeschnitzte nackte männliche Figur. Wird beim Bombukult verwendet, je ein Stück in jeder Hand b. Zeremonien vor dem Altar. Ein Lama machte mit beiden i.d. Händen eine tanzende Pantomime um Verwendung zu zeigen. Mehr war nicht zu erfahren, da der Lama sehr schlecht chinesisch sprach. 900.-"
Set aus dreischneidigem Ritualdolch (tib.: phur pa) und einer Stellvertreter-

figur, Linga (tib.: ling ga). Das Holzanhängsel, auf dem die Stellvertreterfigur sich befindet, wird benda (tib.: (aus. d. sanskr.?) bhan da) genannt. Laut N. Nyima verwendet man diese Geräte u.a. im Trennungs- (tib.: gcod, lies: tschö) Ritual (eigentlich: Befreiungs-Ritual). Der Dolch wird dabei auf die Körperteile des durch die Stellvertreterfigur dargestellten Feindes gestochen. Auch im Tschamtanz kann dieses Ritual durchgeführt werden, dann werden jedoch sehr viel größere Stellvertreterfiguren verwendet. Nebesky-Wojkowitz (1956: 360. Abb. 518) erklärt das Linga als Darstellung des Feindes, der in Zeremonien mit destruktiver Magie „getötet" wird. Er unterscheidet sie von den Stellvertreter-Opfern, die einem Dämon als Ersatz für ein von Unbill befallenes Wesen angeboten werden (vgl. zu letzterem Inv.Nr. 25.28:51 und 52, im Artikel Grothmann). (S. K.)

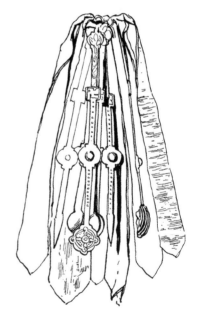

Inv. Nr. 25.28:221 Slg Stötzner
Ritualgeräte der Bonpos, Kupfer, z. T. mit Stein-/Glas- bzw. Muschelschalen-Einlage, Seidengewebe. L Geräte 21 -22 cm, L Schals 25-27 cm.
Stoetzner: „Lianghokou Wassuland westlich von Taokwan 17.4.14. Zwölf verschiedene löffelartige sakrale Werkzeuge aus Kupfer, die bei heiligen Handlungen, Opferbereitung und dergl. beim Bämbukult gebraucht werden. Sie sind auf den anhängenden Goldbrokatstreifen mit tibetischer Schrift bezeichnet. 6000.-" (Das Museum erhielt nur 6 von den hier genannten 12 Werkzeugen).
Dieser Satz Ritualgeräte ist mit dem linksgeflügelten Swastika der Bonpos (tib.: gyung drung, lies: yung drung) geschmückt. An jedes der Geräte ist ein Schalbehang mit Inschrift genäht. Im Einzelnen handelt es sich um folgende Werkzeuge und Embleme:
1. Speer- oder Pfeilspitze, Einlage Koralle oder Glasfluss, Inschrift: tib.:

bcu gnyis, lies: *tschu nyi* (= zwölf)*
2. Speer- oder Pfeilspitze, Einlage verloren, Inschrift: tib.: *gco/go/u(?)**
3. Löffel, Einlage roter Glasfluss, Inschrift: tib.: *gcig*, lies: *tschig* (= eins)*
4. Löffel, Einlage verloren, Inschrift: tib.: *lnga*, lies: *nga* (= fünf)*
5. Platte mit graviertem Rad (der Lehre), Einlage türkisfarbener Glasfluss, Inschrift: tib.: *bcu gcig*, lies: *tschu tschig* (= elf)*
6. Hälfte einer Muschelschale, Einlage Koralle (?), Inschrift: nicht lesbar (Behang stark verschlissen).

Diese Inschriften sind in einer speziellen Weise geschrieben. Tibeter verkürzen manchmal zwei/drei. usw. Wörter zu einem. Dabei schreiben sie z. B.: oberhalb und unterhalb eines Buchstabens einen Vokal. Diese Schreibung lässt sich mit unserem Transliterationssystem nicht darstellen. Bei 1 und 5 sind die ausgeschriebenen Wörter zu lesen, 2 war nicht zu entschlüsseln, 3 und 4 sind normal geschrieben und 6 nicht lesbar (I. Lenuck, 2004: pers. comm.).

Die Geräte konnten noch nicht eindeutig identifiziert werden. (S. K.)

Inv. Nr. 25.28:224 Slg Stoetzner
Ritualgegenstände für Phurpa-Rituale (tib.: *sri gnon*, lies: *si nön/sri 'gug*, lies: *si gug*). Eisen (?), Messing. L 15–20 cm, B max ca. 1,5 cm.
Keine Angaben von Stoetzner. Laut Inventarbuch erworben in Lianghokou.

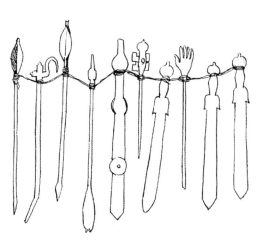

Von den zehn auf der Karteikarte dargestellten Gegenständen, die Attribute von Gestalten des Pantheons darstellen, sind neun noch vorhanden, eines (Schwert) fehlt. Laut Dagkar Namgyal Nyima (2004, pers. comm.) handelt es sich um Gegenstände, die man im Phurpa-Ritual benutzt, z. B. zum Rufen und Unterdrücken von Geistern. Wenn der Text auf die Gegenstände zu sprechen kommt, nehmen die Mönche den entsprechenden Gegenstand in die Hand. (S. K.)

Inv. Nr. 25.28:251, 1-39 Slg. Stoetzner (Fotos Saal)
Kultkarten (tib.: tsa ka li, lies: tsa ka li, auch tsakli) für das Bon-Totenritual. Tempera auf dickem Papier. H ca. 16,5 cm, B ca. 11 cm. Osttibet. Kultkarten sind Miniaturbilder, die bei der Initiation eines Heilssuchers in eine neue kultische Praxis verwendet werden. Der Offiziant deckt diese Karten nacheinander vor dem Initianden auf oder legt sie auf seine Hand. Die dazu gegebene Erklärung steht oft (in Kurzform) auf der Rückseite der Karte. Im Falle des Totenkults wird der zur Karte gehörige Text dem Verstorbenen vorgetragen und soll ihm auf dem Heilsweg weiterhelfen. Die Karten werden als Gaben (tib.: gtad yar, lies: tä yar) des Lama an den Toten verstanden. Mehrere Karten der vorliegenden Serie sind aus unklaren Gründen doppelt vorhanden, die rückseitigen Texte enthalten zahlreiche Orthographie- und Grammatikfehler.
Stoetzner: „Lianghokou Wassuland westl. von Taokwan 29.4.14. 39 Heiligenbilder."
Nr. 251,1 und 251,2: Tigerfell-Zelt, Yakhaar-Zelt und Wohnhaus (tib.: stag sbra, lies: tag dscha; sbra dkar, lies: dscha kar; khang pa, lies: khang pa). Die Behausungen verheißen dem Toten Schutz vor Kälte und Hitze.
Nr. 251,3: Schrein und Tempel (tib.: gzhal yas khang, lies: schäl yä khang). Schäl yä khang heißt wörtlich grenzenloses Haus. Es handelt sich um einen Schrein oder Tempel, die Wohnung eines Gottes. Nähere Bedeutung unklar.

Inv. Nr. 25.28:251 Kultkarten für das Bon-Totenritual
Nr. 251,4 und 251,5: Ein Schutzgott des mutterseitigen Onkels (tib.: zhang lha, lies: schang lha).
Nr. 251,6: Hervorragendes Pferd (tib.: cang shes rta, lies: dschang sche ta). Ein sehr gutes Pferd, auf dem der Verstorbene ins Paradies reitet.

Inv. Nr. 25.28:251 Kultkarten für das Bon-Totenritual
Nr. 251,7: Garuda (tib.: khyung, lies: khyung). Der mythische Vogel Garuda im Flug. Genaue Funktion hier unklar.

Nr. 251,8: Kopfschmuck (tib.: dbu rgyan, lies: urgyän).
Nr. 251,9: Divinationstafel, Schafsschulterknochen und Himmelsseil (tib.: ju thig, lies: dschu thig; sog pa, lies: sog pa; dmu thag, lies: mu thag). Dargestellt sind zwei Divinationshilfen und ein Himmelsseil. Die Divinationshilfen sind ein Schafschulterknochen und eine Tafel, die speziell in der Divination der Shangshung-Region (tib.: Zhang zhung) verwendet wird. Das Himmelsseil ist eine Vorstellung aus der tibetischen Frühgeschichte, den Mythen zufolge konnten die ersten Könige Tibets an so einem Seil in den Himmel steigen.

Inv. Nr. 25.28:251 Kultkarten für das Bon-Totenritual
Nr. 251,10: Goldleiter, Schneckenschalenleiter und Türkisleiter (tib.: ser ske, lies: ser ke; dung ske, lies: dung ke; gyu ske, lies: yu ke). Dargestellt sind Gold-, Schneckenschalen- und Türkisleiter, die in den Himmel führen. Motiv identisch mit Karte 25.28:251,13.
Nr. 251,11: Text, Buch und Buchkiste (tib.: po ti, lies: po ti; glegs bam, lies: leg bam; bka' sgrom, lies: ka dschom). Das Thema der Karte sind heilige Schriften. Motiv identisch mit Karte Nr. 251,14.
Nr. 251,12: Flamme/Feuer (tib.: me, lies: me). Die Flamme wärmt den Verstorbenen und spendet ihm Licht, wenn er nichts sieht.

Inv. Nr. 25.28:251 Kultkarten für das Bon-Totenritual
Nr. 251,13: Goldleiter, Schneckenschalenleiter und Türkisleiter. Motiv identisch mit Karte 25.28:251,10, die Darstellung ist aber anders. Hier sieht man Leitern einer sehr alten Form, nämlich Holzbalken, in die auf einer Seite Trittstufen geschnitten sind.
Nr. 251,14: Text und Buch (tib.: po ti, lies: po ti; glegs bam, lies: leg bam). Motiv identisch mit Nr. 251,11.
Nr. 251,15: Ritualdolch, Kratzer und Rosenkranz (tib.: phur pa, lies: phur pa; spar shad, lies: par schä; ´phreng ba, lies: treng wa). Es handelt sich um Attribute von Göttern. Die Hand sieht zwar aus wie eine menschliche Hand, gemeint ist aber ein Kratzer in der Form einer Hand. Motiv identisch mit Nr. 251:16.

Rechte Seite oben: Inv. Nr. 25.28:251 Kultkarten für das Bon-Totenritual
Nr. 251,16: Ritualdolch, Kratzer und Rosenkranz. Motiv identisch mit Nr. 251:15.
Nr. 251,17 und 251,18: Schwert, Speer und Axt (tib.: ral gri, lies: räl tri; mdung, lies: dung; dgra sta, lies: dra ta). Diese Waffen erhält der Tote symbolisch von den zornvollen Göttern, sie schützen ihn vor Schaden durch Feinde.

Inv.Nr. 25.28:251 Kultkarten für das Bon-Totenritual
Nr. 251,19 und 251,20: Pfeil und Bogen, Lasso (Fangschlinge), Hackmesser (tib.: mda´ gzhu, lies: da schu; zhag pa, lies: schag pa; chu gri, lies: tschu tri).
Nr. 251,21: Musikinstrumente. Trompete, Gitarre und Mundorgel (tib.: cing, lies: tsching, pi wang, lies: pi wang; gling bu, lies: ling bu). Diese Instrumente erhält der Tote symbolisch als Zeichen datür, dass Göttinnen und Nagas ihn willkommen heißen. Nagas sind Wasserwesen mit Schlangenleib und Menschenkörper, die über Krankheiten und Schätze gebieten. Die Kegeloboe ist ein Ritualinstrument, die Laute und die Mundorgel dienen dem weltlichen Musizieren. Motiv identisch mit Nr. 251,22.

Inv. Nr. 25.28:251 Kultkarten für das Bon-Totenritual
Nr. 251,22: Musikinstrumente. Motiv identisch mit Nr. 251,21.
Nr. 251,23: Trommel, Glocke und Schneckentrompete (tib.: rnga, lies: nga; gshang, lies: schang; dung, lies: dung). Motiv identisch mit Nr. 251,26.
Nr. 251,24: Trommel, Etui für Flachglocke und Sack der Bon-Lehren (tib.: rnga, lies: nga; gshang khug, lies: schang khug; gto sgrom, lies: to dschom). Eine Trommel, ein Säckchen für die Flachglocke und ein Sack, in dem alle Lehren der Bon-Religion stecken. Motiv identisch mit Nr. 251,25.

Rechte Seite: Inv. Nr. 25.28:251 Kultkarten für das Bon-Totenritual
Nr. 251,25: Trommel, Etui für Flachglocke und Sack der Bön-Lehren (tib.: rnga, lies: nga; gshang khug, lies: schang khug; gto sgrom, lies: to dschom). Motiv identisch mit Nr. 251,24.
Nr. 251,26: Trommel, Glocke und Schneckentrompete (tib.: rnga, lies: nga; gshang, lies: schang; dung, lies: dung). Motiv identisch mit Nr. 251,23.
Nr. 251,27: Tigerfell-Schuhe, Leopardenfell-Schuhe und Eidechsen-Schuhe (tib.: stag lham, lies: tag lam; gzig lham, lies: sig lam; rtsangs lham, lies: tsang lam).

Inv. Nr. 25.28:251 Kultkarten für das Bon-Totenritual
Nr. 251,28: Ehrenschirm, Banner und Schmuckgehänge (tib.: gdugs, lies: dug; rgyal mtshan, lies: gyal tsen; phan dar, lies: pen dar).
Nr. 251,29: Krone, Turban und Halskette (tib.: dbu thod, lies: u thö; thod, lies: thö; mgur chu, lies: gur tschu)
Nr. 251,30: Helm mit Garuda-Hörnern, Initiationskopfputz und Tigerfell-hut (tib.: bya zhu, lies: dscha schu; dbang zhu, lies: wang schu; stag zhu, lies: tag schu). Der oberste Kopfputz zeigt die Hörner des Garuda auf einem Helm. Darunter sieht man einen Initiationskopfschmuck und, laut rückwärtigem Text, einen Tigerfell-Hut.

Inv. Nr. 25.28:251 Kultkarten für das Bon-Totenritual
Nr. 251,31: Silberkleid, Medizinkleid/Gewand für den Unterkörper (?) und Sab-Gewand (tib.: dar gos, lies: dar gö; sman gos, lies: män gö oder smad gos, lies: me gö; zab gos, lies: sab gö)
Laut N. Nyima (2004, pers. comm) bezeichnet die rückwärtige Aufschrift die Kleidungsstücke als Dargö (Silberkleid), Mängö (wörtlich „ Medizingewand") und Sabgö (unklar). Weil der Text fehlerhaft geschrieben ist, könnte Mängö eventuell eine falsche Schreibung für „Megö", also für ein Gewand des Unterkörpers, sein.
Nr. 251,32: Tigergewand, Leopardengewand und Luchsgewand (tib.: stag slag, lies: tag la; gzig slag, lies: sig la; dbyi slag, lies: i la)
Nr. 251,33: Speisengaben von Verwandten (tib.: zas gtad, lies: sä tä). Vgl. Nummern 251, 34–36.

Rechte Seite oben: Inv. Nr. 25.28:251 Kultkarten für das Bon-Totenritual
Nr. 251,34–251,36: Speisengaben von Verwandten (tib.: zas gtad, lies: sä tä). Es handelt sich um Darstellungen von Speiseopfern, die verschiedene Kategorien von Verwandten für die Totenfeiern geben. Sie geben Speisen, Getränke und – wie man auf der letzten Karte der Reihe sieht - sogar Fleisch.

Inv. Nr. 25.28:251 Kultkarten für das Bon-Totenritual
Nr. 251,37: Lotossockel und Sitzmatte (tib.: gdan, lies: dän). Dargestellt sind ein leerer Lotossockel und eine Matte, auf denen der Tote bequem sitzen soll.
Nr. 251:38: Abschlusskarte mit Vase, Rasselstab und Flachglocke (tib.: bum pa, lies: bumpa; hos ru, lies: hö ru; sil snyan, lies: sil nyän). N. Nyima zufolge ist dies die letzte Karte des Zyklus, sie ist hier falsch als vorletzte nummeriert. Die Karte zeigt die Insignien eines Mönches, nämlich die Vase mit Nektar, den Rasselstab, den die Buddhisten khar sil (tib.: 'khar gsil) nennen, die Bon pos aber hö ru (ein altes Wort aus

der Shangshung-Region), und die Flachglocke, genannt schang (tib.: gshang) oder silnyän. Diese Karte bedeutet, dass der Tote nun die vollständige Initiation erhalten hat.
Nr. 251,39: Wasser (tib.: chu, lies: tschu). Diese Karte war Nyima zufolge sicher nicht die letzte Karte des Zyklus, sondern ist falsch nummeriert worden. Möglicherweise gehört sie zu der Karte mit dem Feuer, Nr. 251,12.

Inv. Nr. 25.28:255, 1–12 Slg Stötzner (Fotos Saal)
Kultkarten zur Initiation in eine Bön-Meditationspraxis. Tempera auf dickem Papier. H ca. 12,5 cm, B ca. 8 cm.
Stoetzner: „27.4.14. 12 kleine, auf Leinwand gut gemalte Bilder, welche Götterfiguren oder lamaistische [unlesbar] darstellen. Laut Angabe des[...] Lama früher am Platze gemalt, also Wassumalerei. Bei jedem auf der Rückseite tibetischer Text."
Die vorliegende Serie dient zur Initiation in eine Meditationspraxis. Allerdings ist aufgrund unvollständiger und fehlerhafter Beschriftungen nicht ganz klar, um welche Praxis es sich handelt. In Frage kommen die Dschipung-tschro-Praxis (tib.: spyi spungs khro bo, lies: dschi pung tschro wo) oder die Drenpa-Namkha-Praxis (tib.: Dran-pa nam-mkha´, lies: drenpa namkha). Es besteht ein inhaltlicher Zusammenhang mit den Karten 25.28:258, ff (siehe unten), die offenbar zu derselben Praxis gehören (jedoch ein anderes Format haben).
Nr. 255,1: Der Yidam Tsotschog mit Partnerin (tib.: gTso-mchog yab-yum, lies: tsotschog yab yum).

Nr. 255,2: Küntu Sangpo mit Partnerin (tib.: Kun-tu bzang-po yab-yum, lies: küntu sangpo yab yum).
Nr. 255,3: Yeschen Tsugphü (tib.: Ye-gshen gtsug-phud).

Inv. Nr. 25.28:255 Kultkarten zur Initiation in eine Bon-Meditationspraxis
Nr. 255,4: Die Ḍākinī Öden Barma (tib.: mKha'-'gro 'Od-ldan 'bar-ma, lies: khandschro öden barma).
Nr. 255,5: Die Ḍākinī Götscham Barma (tib.: mKha'-'gro rGod-lcam 'bar-ma, lies: khandschro götscham barma).
Nr. 255,6: Die Ḍākinī Kälsang (tib.: mKha'-'gro bskal-bzang, lies: khandscho kälsang).

Nächste Seite: Inv. Nr. 25.28:255 Kultkarten zur Initiation in eine Bon-Meditationspraxis
Nr. 255,7: Der Siddha Drenpa Namkha (tib.: Dran-pa nam-mkha', lies: drenpa namkha)

Nr. 255,8: Tongyung Thutschen (tib.: sTong- rgyung mthu-chen, lies: thong gyung thutschen)
Nr. 255,9: Schatzvase (tib.: gter gyi bum pa, lies: ter gyi bumpa)

Inv. Nr. 25.28:255 Kultkarten zur Initiation in eine Bon-Meditationspraxis
Nr. 255,10: Ritualgerät Batschak (tib.:sba lcags, lies batschak).
Nr. 255,11: Drei Musikinstrumente: Sanduhrtrommel, Flachglocke und Knochentrompete (tib.: ḍa ma ru lies: damaru; gshang, lies: schang oder sil snyan, lies: silnyän; rkang dung, lies: kang dung).
Nr. 255,12: Nektargefäß (tib.: zhal bu, lies. schäl bu).

Inv. Nr. 25.28:258, 1-38 (Fotos Saal)
Kultkarten zur Initiation in eine Bon-Meditationspraxis. Tempera auf dickem Papier. H ca. 17,5 cm, B ca. 11 cm.
Stoetzner: „Lianghokou Wassuland westl. von Taokwan 29.4.14. 38 farbige handgemalte Heiligenbilder des Bömbukults, wahrscheinlich Gottheiten darstellend. Auf den Rückseiten der dazugehörige Text in tibetischer Schrift." Es besteht ein inhaltlicher Zusammenhang zu den Karten Nr. 25.28: 255,1-12 (oben). Näheres siehe dort.
Nr. 258,1 bis 258,3: Der Siddha Drenpa Namkha (tib.: Dran-pa nammkha´, lies.: drenpa namkha).

Nächste Seite: Inv. Nr. 25.28:258 Kultkarten zur Initiation in eine Bon-Meditationspraxis
Nr. 258,4 bis 258,6 Der Siddha Drenpa Namkha (tib.: Dran-pa nammkha´, lies: drenpa namkha)
Drenpa Namkha ist eine historische Gestalt des 8. Jahrhundert. Er war einer der Protagonisten des Bön während der Konflikte um die Einführung des Buddhismus in Tibet und gilt als wichtiger Schatzverstecker: Er versteckte Bon-Texte als Schätze (tib.: gter ma, lies: terma), die von späteren, reiferen Generationen aufgefunden und verstanden werden sollen. Drenpa Namkha nahm schliesslich den Buddhismus an, da in seinen Augen Bon und Buddhismus sich nur auf der Ebene der relativen

Wahrheiten unterscheiden. Manchen gilt er als der Vater Padmasambhavas. (Kvaerne, 1995: 119). (S. K.)

Inv. Nr. 25.28:258 Kultkarten zur Initiation in eine Bon-Meditationspraxis
Nr. 258,7 und 258,8: Der Siddha Drenpa Namkha (tib.: Dran-pa nam-mkha´, lies: drenpa namkha).
Nr. 258,9: Die Göttin des Klangs (tib.: sgra yi lha mo, lies: dschra yi lhamo). Diese und die folgenden sechs Gestalten sind Göttinnen der Sinne. Die Tibeter unterscheiden sechs bzw. acht verschiedenen Sinne, je nach Tradition.

Inv. Nr. 25.28:258 Kultkarten zur Initiation in eine Bon-Meditationspraxis
Nr. 258,10: Die Göttin der Form (tib.: gzugs kyi lha mo, lies: sug kyi lhamo). Zuständigkeit: Sehsinn.
Nr. 258,11: Die Göttin des Tanzes (tib.: gar gyi lha mo, lies: gar gyi lhamo). Sie verkörpert den Aspekt des Bewusstseins (mind/consciousness), das alle Sinneseindrücke aufnimmt und auch in die nächste Existenz eines Wesens übergeht.
Nr. 258,12: Die Göttin des Geschmacks (tib.: ro yi lha mo, lies: ro yi lhamo).

Nächste Seite: Inv. Nr. 25.28:258 Kultkarten zur Initiation in eine Bon-Meditationspraxis
Nr. 258,13: Die Göttin der Schönheit (tib.: mdzes pa'i lha mo , lies: dsä pä lhamo), Zuständigkeit hier unklar.
Nr. 258,14: Die Göttin des Geruchs (tib.: dri yi lha mo, lies: dri yi lhamo).
Nr. 258,15: Die Göttin des Bades (Der Reinigung) (tib.: khrus kyi lha mo, lies: tschü kyi lhamo). Sie verkörpert den Aspekt der körperlichen Berührung, des Tastsinns.

Inv. Nr. 25.28:258 Kultkarten zur Initiation in eine Bon-Meditationspraxis
Nr. 258,16: Die Ḍākinī Khandscho Nyima Öden (tib.: mKha´-´gro Nyi-ma ´od-ldan).
Nr. 258,17: Die Königin des Herbstes (tib.: ston gyi rgyal mo, lies: tön gyi gyalmo).
Nr. 258,18: Die Königin des Frühlings (tib.: dpyid gyi rgyal mo, lies: dschi gyi gyalmo).

Inv. Nr. 25.28:258 Kultkarten zur Initiation in eine Bon-Meditationspraxis
Nr. 258,19: Die Göttin der Minerale (tib.: lha mo gter ´dzin, lies: lhamo ter dsin).
Nr. 258,20: Die Königin des Winters (tib.: dgun gyi rgyal mo, lies: gün gyi gyalmo).
Nr. 258,21: Die Ḍākinī des Langen Lebens (tib.: Yum-chen thugs-rje kun-grol, lies: yumtschen thugdsche kündschröl).

Nächste Seite: Inv. Nr. 25.28:258 Kultkarten zur Initiation in eine Bon-Meditationspraxis
Nr. 258,22: Die Königin des Sommers (tib.: dbyar gyi rgyal mo, lies.: yar gyi gyalmo).
Nr. 258,23: Ein Lama der Pa-Lineage (tib.: spa yi gdung rgyud kyi bla ma, lies: payi dunggyü kyi lama), nicht identifiziert. Die Karten 25.28:258,23 sowie 25–34 stellen Lamas der Pa-Lineage dar. Seit dem 11. Jahrhundert hat die Bon Tradition Lineages sowohl von Gelehrten als auch von Tertöns (tib.: gter ston, Bedeutung: „Schatzentdeckern", d.h. Text-Entdeckern). Pa ist eine sehr alte Gelehrten-Lineage (obwohl es auch Schatzentdecker in ihr gab). Die Mitglieder wurden in den Tantras ausgebildet, so passen sie gut in dieses Set von Kultkarten. Nur wenige Karten nennen den Eigennamen des Dargestellten (Dagkar Namgyal Nyima 2004: pers. comm.)
Nr. 258,24: Friedliche Gottheit (nicht identifiziert).

Inv. Nr. 25.28:258 Kultkarten zur Initiation in eine Bon-Meditationspraxis
Nr. 258,25: Ein Lama der Pa-Lineage, Namgyal Dschagpa (tib.: rNam-rgyal grags-pa).
Nr. 258,26: Ein Lama der Pa-Lineage, Namkha Sangpo (tib.: Nam-mkha´ bzang-po).
Nr. 258,27: Ein Lama der Pa-Lineage (nicht identifiziert, vgl. Nr. 25.28: 258,23).

Inv. Nr. 25.28:258 Kultkarten zur Initiation in eine Bon-Meditationspraxis
Nr. 258,28 bis 258,30: Lamas der Pa-Lineage, nicht identifiziert (vgl. Nr. 25.28:258,23.).

Inv. Nr. 25.28:258 Kultkarten zur Initiation in eine Bon-Meditationspraxis
Nr. 258,31 und 258,32: Lamas der Pa-Lineage (nicht identifiziert, vgl. Nr. 25.28:258,23.).
Nr. 258,33: Ein Lama der Pa-Lineage, Nyipäl Sangpo (tib.: Nyi-dpal bzang-po).

Inv. Nr. 25.28:258 Kultkarten zur Initiation in eine Bon-Meditationspraxis
Nr. 258,34: Ein Lama der Pa-Lineage, Dagyal Sangpo (tib.: Zla-rgyal bzang-po):
Nr. 258,35: Unbekannter Lama (tib.: bla ma).
Nr. 258,36: [Pfeil mit] fünffarbigem Tuch (tib.: dar tshon sna lnga´i mda´ dar, lies: dartsön na ngä dadar). Der rückwärtige Text erwähnt den Pfeil, der aber auf dem Bild nicht zu sehen ist.

Inv. Nr. 25.28:258 Kultkarten zur Initiation in eine Bon-Meditationspraxis
Nr. 258,37: Vase, Opferkuchen und Nektar des Langen Lebens (tib.:

bum pa, gtor ma, tshe chang, lies: bumpa, torma, tse tschang).
Dargestellt ist eine Ritualvase ohne Tülle mit drei Pfauenfedern darin.
Vor ihr eine Präsentierplatte mit Juwelen und Rhinozeroshörnern. Laut
Aufschrift zeigt die Karte Ritualvase, Opferkuchen (tib.: gtor ma, lies:
torma) und den Nektar des langen Lebens. Sehen kann man aber auf
dem Bild nur die Vase, das Opfer davor ist eigentlich kein Opferkuchen.
Den Nektar sieht man auch nicht, da er in der Vase ist.
Nr. 258,38 Unbekannter Lama mit offenem Buch.

*Vorherige Seite: Inv. Nr. 31.238:7, Kauf Carl Imbeck (Foto Saal)
Thangka: Tönpa Schenrab (tib. STon-pa gshen-rab) oder Buddha
Śākyamuni. Farben auf grundiertem Textilgewebe. Bild H 148 cm, B 96
cm. Ges. H 210 cm, B 122cm. Tibet.
Diese Darstellung, die scheinbar den historischen Buddha Śākyamuni
und seine zwei Hauptschüler in einer typischen Anordnung zeigt, ist –
möglicherweise nachträglich – durch das Hinzufügen eines linksgeflügelten Swastika für den Kultus der Bon-Religion nutzbar gemacht worden.
Es würde dann Shenrab, den historischen Gründer des (reformierten)
Bön zeigen, der oft ähnlich wie Śākyamuni dargestellt wird. Das Museum
besitzt drei Ausfertigungen dieses Thangkas in gleicher Ausführung und
Größe. (S. K.)*

Anmerkung

[1] D.L. Snellgrove, The Nine Ways of Bon, London Oriental Series Vol. 18, London 1967, S. 12.

Region

Wer sind die Tibeter?

Andreas Gruschke

„Die Menschen in Ü (Dbus) und Tsang (Gtsang) sind von recht sanftem Gemüt und haben ein schüchternes und ehrliches Wesen. Sie sind klug, aber nicht tiefschürfend. Obwohl sie begierig nach heiligen Erscheinungen sind, entsteht ihre Gefolgschaft durch den Ruhm. Sie halten nichts von Gunst und Missgunst. Sie halten viel von Reichtum, machen sich jedoch nichts aus Opfern zugunsten der Lehre (chos). Sie haben eine liederliche Moral und schlampige Gesetze. Obschon die meisten Leute in Kham (khams) und der Mongolei (sog) sowie einige mit Vorurteilen behaftete Heilige heutzutage so von den Menschen in Tibets Ü und Tsang sprechen, sind Ü und Tsang doch wie eine Lebensader der Buddhalehre." (Lama Tsenpo)[1]

Einleitende Sätze

Es ist staunenswert, wie in den letzten zwei Jahrzehnten das Wissen über die tibetische Kultur, insbesondere den tibetischen Buddhismus, bei uns im Westen zugenommen hat. Insofern mag es etwas befremden, an dieser Stelle eine Frage zu stellen, deren Beantwortung jedem Tibet-Interessierten als etwas Selbstverständliches erscheint: Wer sind die Tibeter? Die Berechtigung dieser Frage wird allerdings schnell deutlich, wenn wir ein Gegenüber auffordern, uns einmal die Kriterien zu nennen, über welche er die Tibeter definiert. Sehr schnell landen wir dabei bei den gängigen Klischees, die sich um so mehr perpetuieren, je mehr die Klischee-behafteten Sprecher selbst unter sich bleiben und die öffentlichen Äußerungen, Veröffentlichungen und Darstellungen über die Tibeter bestimmen. Daran ändert sich auch wenig, wenn wir bedenken, dass auch Tibeter selbst, insbesondere jene im Exil, sich dieses im Westen geschaffene Bild teilweise angeeignet haben. Dass sie daraus neue Inhalte schaffen und diese weiterentwickeln, mag wiederum als schöpferischer Akt anerkannt werden, der letztlich zur Herausbildung einer spezifischen Identität der Tibeter im Exil führen mag.

Häufig wird vergessen, wie komplex eine Kultur ist, so vielschichtig, dass sie zu überblicken selbst einem Angehörigen der betreffenden Kultur gelegentlich nicht mehr gelingt. Um wieviel mehr trifft dies auf Außenstehende zu. Nehmen wir einmal am Buddhismus Interessierte: Schon ihrem Anliegen nach beschränken sie sich auf einen, wenn auch wesentlichen Aspekt der tibetischen Kultur - die buddhistische Religion. Nun hat diese Religion sehr unterschiedliche Aspekte, die von der Lehrdarlegung des historischen Buddha über die komplizierten philosophischen und spirituellen Inhalte des esoterischen Buddhismus bis hin zur volksreligiösen Gedankenwelt reicht, deren magisch-mystische Inhalte stark von frühtibetischen und damit nicht-buddhistischen Vorstellungen geprägt sind. Das Interesse des westlichen Sinnsuchers, der zumeist von den hochgeistigen, spirituellen Inhalten des tibetischen Buddhismus fasziniert ist, an diesen vorbuddhistischen Vorstellungen ist eher beschränkt; ebenso begrenzt ist seine Aufmerksamkeit gegenüber der historischen, gesellschaftlichen und politischen Dimension dieser Zivilisation. Ein allgemeineres Verständnis dessen, was die tibetische Kultur bedeutet und wer die Tibeter sind, ergibt sich aus diesem religiös motivierten Interesse daher kaum.

Ein anderer Ansatzpunkt für Interessierte im Westen ist politisch motiviert, in der achtbaren Absicht, die schwierige Situation der Tibeter im Exil und zu Hause verbessern zu helfen. Allerdings tun sich auch hier leider oft erhebliche Defizite bei der Kenntnis kultureller Hintergründe auf. Vermeintliches Wissen ist häufig weniger durch ernsthafte Auseinandersetzung mit den verschiedenen Aspekten tibetischer Geschichte, Gesellschaft, Religion und deren Zusammenwirken gekennzeichnet, als vielmehr durch das Tibetbild, das seit Ende des 19. Jahrhunderts durch die Theosophen wie Madame Blavatsky (1831-1891) geprägt worden war. Deren Tibet war, wie Martin Brauen in seiner Darstellung des (westlichen) Mythos Tibet zusammengefasst hat, ein Land

„ohne Bettler, arme oder hungernde Leute", in dem „Trunkenheit und Kriminalität unbekannt sind, ebenso Unsittlichkeit", ein Tibet „mit einem moralischen, einfachen Volk mit reinem Herzen", unverdorben von den „Lastern der Zivilisation", ein Land, in dem noch „beide Atmosphären - die physische und die spirituelle" - neben- und miteinander existieren... Tibet, „das wahre Land des Mysteriums, des Mystizismus und der Abgeschiedenheit", ein okkultes, geheimnisumwittertes, eines, in dem die Menschen der ursprünglichen alten Weisheitslehre noch nahe sind, wo „Kräfte und Potenzen wachgerufen werden, die der westlichen Welt unbekannt sind und dort noch schlafen", eine Gegend, „wo die Atmosphäre und der menschliche Magnetismus absolut rein sind und - kein tierisches Blut vergossen wird".[2]

Diesem von ihnen imaginierten, verklärten und unwirklichen Tibet wurde gewünscht, dass das Schicksal es von den 'Segnungen' der Zivilisation und vor allem vor Missionaren bewahren möge.

Doch dieses Traumbild Tibets wurde schließlich nicht von Missionaren und der Zivilisation des Westens zerstört, sondern durch die gewaltsame Eingliederung Tibets in die Volksrepublik China. Nun waren es östliche 'Missionare' und die chinesische Zivilisation, die Tibet heimsuchten: kommunistische Ideologen und nationalistische chinesische 'Chauvinisten'. Waren die Folgen für die Tibeter tragisch genug, so hatten die Ereignisse darüber hinaus eine fatale Folge für das bis dahin wirksam gebliebene westliche Tibetbild: Es wurde in seiner zurückblickenden Perspektive gefestigt, weil es nicht falsifiziert werden konnte. Wenn es nun nicht mehr mit der Realität übereinstimmte, lag die Erklärung dafür auf der Hand:

„... auch im westlichen Dokumentarfilm lässt sich die Tendenz feststellen, dass man einer Utopie hinterherläuft, z.B. Reinhold Messner in dem Film: Tibet - Wo die Berge den Himmel berühren. Da wird zwar nicht die Unsterblichkeit gesucht, aber Tibet ist der Ort, wo man das Urtümliche, eine von der Zivilisation unberührte Natur und eine uralte Kultur zu erleben hofft. Und wenn man dies nicht findet, wird das schlicht den Chinesen zum Vorwurf gemacht. Da wird die Idee des Himalaja-Paradieses aufrechterhalten, indem erklärt wird, dass es (gegenwärtig) zerstört ist. Der Geist von Shangri-La lebt." [3]

Die politische Motivation jener im Westen, die den Tibetern Unterstützung geben wollen, damit sie in ihr Land zurück finden und dort ihr Leben selbst bestimmen, mag wohl verdienstvoll sein. Diese Motivation allein verschafft jedoch nicht das nötige Verständnis, denn sie sollen ja zu sich selbst finden und nicht zu dem, was der Westen so lange für ihr Selbst hielt. Dem vergleichbar ist auch die chinesische Position, die ebenfalls eine politische Motivation in den Vordergrund stellt, sich durch ihren Mangel an Verständnis für die tibetische Kultur und einen sehr stark China-zentrierten Blick nicht wirklich vom eigenen Standpunkt fortbewegen kann. Auch das Land, von dem die Tibeter heute beherrscht werden, vermag so nicht wirklich zu fassen, was eigentlich die zentralen Anliegen der Tibeter sind.

Allein diese drei Beispiele zeigen, wie leicht es ist, über die Betrachtung von Einzelaspekten das eigentliche Thema zu verfehlen. Um eine Ahnung davon zu bekommen, wer die Tibeter sind, muss reflektiert werden, wo Tibet beginnt und wo es aufhört, welche Schwierigkeiten es bei einer geographischen, ethnischen und politischen Abgrenzung gibt, wo und wie die Tibeter einstmals lebten und heute wieder oder noch leben. Dabei darf nicht immer gleich die politische oder religiöse Sicht als einziger Maßstab für die Beurteilung gegebener Informationen gelten. Die krampfhaften Versuche der kommunistischen Führung in der Volksrepublik China, stets und immerdar nachzuweisen, dass Tibet von jeher ein Teil ihres 'Reichs der Mitte' gewesen sei, haben im Westen im Gegenzug eine beispiellose Zwanghaftigkeit ausgelöst, das Gegenteil zu belegen. Als sei das für ein Tibet von morgen von Belang.

Der Mythos Tibet und die tibetische Sicht

„Tibet ist mein Traum!" Diese Aussage trifft für viele mehr zu als sie selbst vielleicht meinen. Und zwar weniger, weil Tibet für sie nicht nur ein traumhaftes Reiseziel darstellt, sondern weil die Vorstellungen, die sie sich von Tibet und den Tibetern machen, oft mehr einem Traum gleichen als der Wirklichkeit. Das zog sich durch die ganze Geschichte der Begegnung der Europäer mit dem fernen Dach der Welt - angefangen mit Mutmaßungen über ein entartetes Christentum, Idealisierung und Verteufelung bis hin zu verklärender Faszination und Projektionen von spiritueller Entrücktheit eines ganzen Volkes, das so zu einer besonderen esoterischen Gesellschaft stilisiert wurde. Der Traum gleicht der in James Hiltons Roman „Der verlorene Horizont" beschriebenen Utopie eines sakralen Tibet, die weniger tibetischer Mythos als vielmehr Wunschvorstellung westlichen Ursprungs ist:

„Wenn Hilton suggeriert, dieses „Shangri-La-Tibet" werde dereinst die darniederliegende Welt retten, macht er Tibet zu einer Friedensinsel und zum Ort einer Renaissance - nicht aber einer Revolution. Werte wie Gemächlichkeit, Maßhalten, Autokratie werden - so Hilton - zu neuen Ehren kommen, die Welt retten. Tibet, das Traumland eines bewahrenden Konservatismus, der die patriarchale Theokratie hochhält."[4]

Es fällt ins Auge, wie sich hier verborgene Sehnsüchte einer unbehaglich gewordenen industrialisierten Welt im Bild Tibets niedergeschlagen haben. So finden sich hier die inzwischen klassischen Schlagworte, die Menschen unserer Gesellschaft mit Tibet und Tibetern verbinden: friedvoll und friedliebend, ökologisch rücksichtsvoll handelnd ('Maßhalten'), spirituell hochstehend, esoterisch entrückt. Die geheimnisvolle Welt Tibets hatte sich den Vorstellungen der westlichen Menschen immer wieder unterzuordnen und wurde ihnen damit immer weiter entrückt, so dass die 'Entrücktheit' der dort lebenden Menschen schließlich nicht nur vermutet, sondern mit Gewissheit als ihr konstituierendes Merkmal gesehen wurde. Dass aber die Tibeter trotz ihrer tiefen Religiosität ebenso Menschen sind mit großen und kleinen, betrüblichen wie liebenswürdigen Schwächen, dass sie gleichfalls am diesseitigen Leben intensiv teilhaben und ihren Sinn nicht nur auf die Erlösung im Jenseits richten, wurde zwar gelegentlich ausgesprochen, aber kaum oder nicht gerne wahrgenommen.

Unbeteiligt an der Aufrechterhaltung dieses Bildes sind die Tibeter allerdings nicht. In ihrer kulturellen Selbstdefinition haben sie sich Konstrukte geschaffen, die sie vermittels ihrer Geschichtsschreibung gepflegt und tradiert haben. Insbesondere die weitere Verbreitung der buddhistischen Lehre wurde in den alten Schriften Tibets stets betont, und sie war das Maß aller Dinge:

> „Wie alle Landeshistoriker sehen tibetische Geschichtsschreiber alles aus der tibetischen Perspektive, und als eifrige Buddhisten, die sie nun einmal auch sind, sehen sie alles unvermeidlich aus einer betont tibetisch-buddhistischen Perspektive. Ihre Sicht der Welt um sie herum ist eine relativ einfache: insofern etwas den Interessen ihrer Religion im Allgemeinen und ihrem eigenen religiösen Orden und Kloster im Besonderen dient, ist es gut; insofern es ihrer Religion, ihrem eigenen religiösen Orden und Kloster entgegenwirkt, ist es schlecht."[5]

Dies hatte zur Folge, dass die Religion selbstredend auch 'benutzt' wurde. So hat das gängige Klischee, dass Buddhisten nicht missionieren würden, gerade mit Blick auf Tibet zu zahlreichen Missdeutungen geführt. Nur unter Voraussetzung der oben erwähnten idealisierenden Vorstellungen konnte das Bild einer besseren Welt entstehen, die allein dadurch zustande kommt, dass buddhistische Lehrer eine tiefreligiöse Gesellschaft auch politisch führten. Dass deren Handeln zuweilen auch weniger religiöse, sondern machtpolitische, will sagen: weltliche, Motive zugrunde lagen, passte nicht zum Bild Tibets und der Tibeter. Deren Geschichtsschreiber, sämtliche Angehörige eben dieses herrschenden Klerus, vermochten demgemäß in ihrer Überlieferung alles im rechten Licht zu deuten. Anders betrachtet ergibt sich die Erkenntnis, dass die machtpolitische Expansion der verschiedenen tibetischen Reiche nicht von buddhistischer Mission zu trennen waren. So erläutert Geoffrey Samuel, dass die missionarischen und expansionistischen Aktivitäten des tibetischen Buddhismus ein zentraler Aspekt der 'Tibetisierung' aren. Das Wort, das im Tibetischen die Bekehrung zum Buddhismus bezeichnet - dülwa ('dul ba) - kennt als ursprünglichen Sinn auch die Bedeutungen „zähmen, unterwerfen, zivilisieren, disziplinieren".[6] In der Tat haben verschiedene Formen von Gewalt bei der Missionierung eine größere Rolle gespielt.[7]

Die Erkenntnis solcher Umstände wiederum half mit, dass ein ganz anderes, negatives Tibetbild seine Macht entfaltete, angefangen bei Reisebeschreibungen, die im 19. Jahrhundert von Missionaren verfasst wurden. Am Ende der Fahnenstange steht die chinesische Propaganda, die aus einer durchaus kritisch zu beleuchtenden tibetischen Vergangenheit gleich eine 'Hölle auf Erden' machte. In der Kulturrevolution gaben sich die politischen Agitatoren alle Mühe, den Tibetern (und anderen Ethnien inklusive der Han-Chinesen selbst) auch tatsächlich eine solche Hölle zu schaffen. Erst ein mühsamer Prozess von gesellschaftspolitischen Korrekturen hat den Lebensalltag der meisten Tibeter wieder einigermaßen in den Rahmen der Normalität zurückgebracht. Politische Opposition und der in China repressive staatliche Umgang damit gehören entsprechend ebenfalls zum heutigen Tibetbild, was aber aufgrund seiner Komplexität und vielfältigen, zumeist eher unbekannten geschichtlichen Hintergründe hier nicht diskutiert werden kann. Was jedoch ausgesprochen werden muss, ist, dass die Politisierung der tibetischen Gesellschaft durch die kommunistischen Ideologen den tibetischen Nationalismus auf jeden Fall erst als ein verbreitetes Phänomen auf die Tagesordnung gesetzt hat. Insofern spielt dieser Part des westlichen Tibetbildes gleichfalls eine bedeutende Rolle für die Identität der Tibeter, dafür, wie sie sich sehen und verstehen.

Die Tibeter: eine homogene Ethnie oder heterogene Nation?

Ein Grundproblem bei der Betrachtung kultureller Einheiten sind Begriffe, die etwas nur scheinbar eindeutig umreißen. Die Wissenschaftsgeschichte der Anthropologie und verwandter Fächer zeigt jedoch, dass solche Begriffe stets hinterfragt werden müssen. Es gibt keine naturgegebene Abgrenzung von Völkern, Ethnien, Volksgruppen, Nationen oder Staaten. Sie sind vielmehr Fiktion, bestenfalls Konvention, und der Versuch, solche zu definieren, wirft zwangsläufig die Fragen auf: Wer sind sie? Woher kommen sie? Wodurch definieren sie sich und grenzen sich ab? Der Versuch, solche Abgrenzungen vorzunehmen, verdeutlicht bald, dass es viele Überschneidungen mit den Nachbarn gibt und dass manche Eigenheiten einer Gruppe doch nicht ihr allein eigen sind. Dies trifft für die Tibeter nicht weniger zu, vor allem, wenn der Raum des gesamten tibetischen Hochlandes im Blickfeld steht. Dieser ist nicht homogen von Tibetern besiedelt; und die Wurzeln des Völkermosaiks von heute reichen, wie sollte es anders sein, weit in die Geschichte zurück.

Tibet als Vielvölkerreich zu sehen ist im Westen eine wohl eher exotische Auffassung, und dies obwohl es keine Region dieser Größenordnung auf unserem Globus gibt, die tatsächlich ethnisch homogen ist. Dennoch hat sich nicht nur in der breiteren Öffentlichkeit, sondern teilweise sogar in der Wissenschaft, insbesondere den philologischen Disziplinen, die Auffassung gehalten, dass der Begriff Tibet eindeutig auf die so benannte Raumeinheit bezogen werden könnte. Wer dies im Detail betrachtet, stößt jedoch sehr bald darauf, dass wir, wenigstens in unserem westlichen Sprachraum, mindestens drei verschiedene Tibets unterscheiden sollten auf der Basis 1. der Geographie das gesamte Hochland von Tibet als 'geographisches Tibet', 2. der sprachlichen und kulturellen Identität ein 'ethnisches Tibet' und 3. der historisch-politischen Dimension ein 'politisches Tibet'. Während das erste nach menschlichem Ermessen unverändert geblieben ist, haben zu allen Zeiten Bevölkerungsbewegungen und politische Ereignisse die Dimension der beiden anderen tibetischen Räume regelmäßig verändert, gerade auch durch Aktivitäten der Tibeter und ihnen verwandter Gruppen selbst.

Eine mangelhafte Auseinandersetzung mit der Historie dieser Wanderungsbewegungen lässt den Betrachter in Unkenntnis des ethnischen Gefüges verweilen, was ihm eine ausgewogene Bewertung der Bevölkerungsstrukturen auf dem Dach der Welt verbaut. Sowohl aus den daraus resultierenden Verschiebungen des Lebensraumes von Tibetern, als auch durch die räumliche Dimension, die gewaltige Ausdehnung des tibetischen Hochlandes, entsteht ein Spannungsfeld innerhalb tibetischer Gebiete. Dieses beruht auf dem Gegensatz zwischen einem verhältnismäßig homogenen tibetischen Siedlungsraum, bis Mitte des 20. Jahrhunderts repräsentiert durch den Machtbereich der Dalai Lamas und der daraus hervorgegangenen so genannten Autonomen Region Tibet (ART), und sehr viel stärker gemischt bevölkerten und dichter besiedelten Gebieten an der Peripherie. Begrifflich lässt sich dies durch die Unterscheidung von Tibet und Groß-Tibet trennen, wovon das eine bis auf wenige bedeutende und erst in der Zeit nach 1951 entstandene chinesische Siedlungskerne in hohem Maße homogen von Tibetern besiedelt ist, während das andere selbst in historischer Zeit eine heterogene, will heißen: Vielvölkerstruktur besitzt.

Das oben Gesagte wirkt sich ganz gravierend auf die Interpretation der Bevölkerungsstruktur aus, denn die heutige Deutung der Verhältnisse in diesem Vielvölkerraum geschieht meist im Sinne einer Antinomie Tibeter versus (Han-)Chinesen. Dabei gelten letztere als in jüngster Zeit eingewandert; zudem werden beträchtliche Bevölkerungsgruppen, die als nicht Chinesisch Sprechende angestammt im Raum leben, dennoch fast alle als 'Chinesen' klassifiziert, obschon sie ihre eigene Identität gegenüber der in China 93 Prozent der Bevölkerung ausmachenden Han-Mehrheit hervorheben. Wer also außer den Tibetern lebt noch im tibetischen Hochland?

Es ist vor allem die Peripherie Tibets, in der eine komplexe ethnische Struktur vorherrscht. So erstrecken sich die Siedlungsräume der Tibeter in der Provinz Qinghai und die ihnen dort zugestandenen Gebiete autonomer Selbstverwaltung über 97% der Provinzfläche; doch schon der Anteil der Tibeter Qinghais an der tibetischen Gesamtbevölkerung[8] macht deutlich, dass die Ethnographie dieser Provinz völlig andere Züge trägt. Im Norden und Nordosten des tibetischen Hochlands leben neben Mongolen noch altmongolische (Tu/Monguor) und turksprachige Völker, die teilweise einer lamaistischen Überprägung (Tu, Teile der Yugur) oder der Islamisierung bzw. Turkisierung unterlagen (Kasachen, Salar, Bao'an, Dongxiang, Hui). Einige dieser Völkerschaften umfassen 100 000 Angehörige oder mehr. Lediglich die Hui und Han überbieten, zumindest im nordöstlichen Hochland, die Tibeter an der Zahl. In den unter 3 000 Meter Höhe gelegenen Tälern finden sich zudem seit vielen Jahrhunderten chinesische Siedlungen. In den von tiefen Schluchten durchzogenen Gebieten Osttibets (Kham) haben sich verschiedene ethnische Gruppen, die der so genannten tibetobirmanischen Sprachfamilie zugeordnet werden, stockwerkartig übereinander eingerichtet. Am deutlichsten heben sich die Yi (Lolo) ab, die wie die Naxi, Moso, Pumi, Nu und Lisu am äußersten Südstrand Tibets leben. Zusammen dürften sie - innerhalb des geographischen Tibet - etwa eine Million Menschen umfassen[9] (Tab. 1). Eine Sonderstellung nehmen die rund 200 000 Qiang ein. Von den Zentraltibetern Jang ('jang) genannt, werden sie von ihnen als einer der Tibeterstämme Khams betrachtet. Ihre Kultur trägt indes deutlich eigene Züge, und ihre tibetobirmanische Sprache ist ebenfalls ein eigenes Idiom. Die benachbarten Stämme im Gyarong betrachten sich teilweise selbst als Tibeter, oder Khampa, wobei nicht wenige Gyarongpa ihre eigene kulturelle Identität zur Sprache bringen. Dies war beispielsweise im 19. Jahrhundert auch noch die Ansicht des Lama Tsenpo:

„Östlich davon liegt Rgyal-mo-rong. Wenn wir jene Region anhand ihrer inneren Unterteilungen gliedern, waren da achtzehn Königreiche (rgyal khag) ... Die Menschen jener Regionen sind beachtlich in Stärke und Wildheit, und jene von Mi-nyag, Rgyal-(mo)-rong und Mi-li sind keine echten Tibeter."[10]

So lange diese Gebiete in Ost-Kham so wenig erforscht sind, lässt sich schwer entscheiden, in welchem Ausmaß dort lebende Stämme im Laufe der Geschichte einem Prozess der 'Tibetisierung' unterlagen -

Tab. 1: Tibeter und andere Ethnien im tibetischen Hochland (VR China, 1990)						
Region/Provinz [% des Hochlands]	Fläche (km²)	Einwohner (Mio.)	davon: Tibeter (%)	Han-Chinesen (%)	davon: andere Ethnien (%)	
TAR - Tibetische Autonome Region						
Xizang [51,1]	1 200 000	2,2	>90	>5	>5	Lopa, Mönpa, Sherpa, Hui, Naxi, Uiguren
Qinghai [30,9]	725 000	4,5	20	59,7	20,3	Hui, Tu, Salar, Mongolen, Bao'an, Dongxiang, Kasachen
Sichuan¹ [10,7]	250 000	2,0	52	33-38	10-15	Qiang, Hui, Yi, Miao, Lisu, Pumi, Moso, Buyi
Gansu¹ [5,5]	130 000²	1,1²	30	38	32	Hui, Dongxiang, Bao'an, Salar, Yugur, Mongolen, Kasachen
Yunnan¹ [1,8]	42 000	0,9	30	30	40	Naxi, Yi, Lisu, Pumi, Miao, Bai, Nu, Dulong u. a.
Hochland insgesamt	2 347 000	10,6	43,5	37,7-38,6	17,9-18,8	
¹hier wurden nur die Provinz- und Bevölkerungsteile berücksichtigt, die auf das Hochland von Tibet reichen bzw. dort leben (bei unvollständigen Quellen z. T. Schätzungen) ²ohne den Moslem-Distrikt Linxia 8 000 km², 1,6 Mio. Einw., mit über 30 % Hui und 10 % Dongxiang, den die Exiltibeter gemäß ihren Karten zu „Groß-Tibet" rechnen. mit Linxia ergäben sich folgende Proportionen:						
Gansu [5,5]	138 000	2,7	11	49,5	39,5	
Hochland insgesamt	2 355 000	12,2	37,7	58,9-59,8	21,2-22,1	

Tab. 1 : Tibeter und andere ethnische Gruppen im Hochland von Tibet (1990)

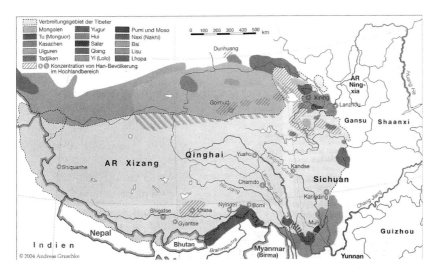

Karte 1 Ethnographische Karte des Hochlands von Tibet

entsprechend der 'Sinisierung' zahlreicher Völkerschaften in Südchina. Andere tibetische Stämme und verwandte Völkerschaften finden sich in den an die VR China angrenzenden Gebieten der Nachbarländer Nepal, Indien und Bhutan. Es würde hier zu weit führen, die genaue Verteilung der verschiedenen Völker und ethnischen Gruppen darzustellen; Karte 1 liefert dafür einen angemessenen Eindruck.

So stellt sich endlich die Frage, wie viele Tibeter es nun eigentlich gibt. Studiert man statistische Angaben scheint die Einwohnerzahl im Hochland eines der großen Rätsel Asiens zu sein. Allein die bis in die 1980er Jahre verbreiteten Zahlenangaben zur Größe der tibetischen Bevölkerung machen im Vergleich schnell deutlich, dass schon keine Einigkeit über eine gemeinsame Berechnungsgrundlage zu erzielen ist. Neben der mangelnden Auseinandersetzung mit der soziogeographischen und demographischen Geschichte ist es in aller Regel die Unkenntnis des ethnischen Gefüges in einem nicht genau definierten Raum, die eine ausgewogene Bewertung der Bevölkerungsstrukturen auf dem Dach der Welt verhindern. Das fast völlige Fehlen demographischer Daten über Tibet kommt einseitigen Interpretationen, die sich fast ausschließlich auf offiziöse exiltibetische oder chinesische Angaben stützen, entgegen. Aber gerade die demographische Struktur und ethnische Zusammensetzung der Bevölke-

The Population of Tibet

	Source	Date	Population estimate (in millions)
a.	W.W. Rockhill	1895	3
b.	Sarat Chandra Das	1905	2.5 to 3
c.	Encyclopaedia Britannica	1910	3
d.	David MacDonald	1929	3.9
e.	Office of Strategic Services (USA)	1944	4
f.	Minister of Interior, KMT	1947	1
g.	Tibetan official	1949	15.4
h.	A.J. Hopkinson	1950	3
i.	O. Edmund Clubb	1956	'well short of 2 million'
j.	Heinrich Harrer	1959	4
k.	Heinrich Harrer (quoting Zhou Enlai without documentation)	1960	12
l.	Hugh Richardson	1961	3
m.	Dalai Lama	1962	7 to 8
n.	Michel Peissel	1972	7
o.	Tibetan exile sources	1976	6 to 7
p.	HRH Prince Peter of Greece and Denmark	1979	5

Bevölkerungsangaben zu den Tibetern in der Zeit (Quelle: Grunfeld 1987)

rung auf dem Dach der Welt spielen für die Beurteilung der Situation Tibets - insbesondere des Problems der politischen (Des-)Integration - sowie der Fragen der kulturellen Identität der Tibeter eine große Rolle.

Um die Mitte des 20. Jahrhunderts (1947/1949) oszillierten die Angaben zur Einwohnerzahl Tibets zwischen einer Million bis 15 Millionen Einwohnern (Tab. 2)! Tatsächlich lassen sich die auf den ersten Blick völlig unvereinbar erscheinenden Zahlen in der Tabelle, die Tom Grunfeld einmal zusammengestellt hat,[11] die einen Zeitraum von ca. 80 Jahren umfasst, fast durchweg gut erklären, wenn man mit einbezieht, welch unterschiedliche räumliche Basis und welche Bevölkerungsanteile die verschiedenen zitierten Autoren zu Grunde legten: Einwohner Tibets, zu verschiedenen Zeiten, seien es Tibeter im engeren Sinne unter dem Dalai Lama (f, i), im ethnischen Tibet (a, b, c) oder im ganzen Hochland (d,e), also innerhalb der heutigen Grenzen Chinas (h, l) oder auch mit tibetisch geprägten Regionen jenseits dieser Grenzen (d, e, j, p); Bewohner Tibets unter Einschluss anderer ethnischer Gruppen (g, j, k, m, n, o, p), mit (g, k) oder ohne (m, n, o, p) Han und Hui, insbesondere mit (g) oder ohne (k) Einrechnung stark oder rein muslimisch geprägter Vorgebirgs- und Tieflandregionen am Fuß der Abdachung des Hochlandes, zu dem sie eigentlich nicht mehr zählen.

Weiter oben haben wir betont, dass die Unterscheidung eines geographischen, ethnisch-kulturellen und politischen Tibet vor allem in westlichen Sprachen vonnöten sei. Dies liegt daran, dass die Bezeichnungen im Tibetischen selbst begrifflich genau genommen stärker differenzieren und damit räumliche Abgrenzungen innerhalb des Hochlandes vornehmen. Insofern ist es erforderlich, die eigensprachliche Bezeichnung der Tibeter zu beleuchten und zu prüfen, wie sie zu unserem Tibet-Begriff in Beziehung steht.

Namen und Begriffe: Woher kommen die Begriffe „Tibet" und „Tibeter"?

In mehr oder weniger allen europäischen Sprachen wird Tibet auch Tibet genannt. Viele vermeinen daher nicht nur zu wissen, wo Tibet liegt, sondern auch abschätzen zu können, welche Größe es hat, von wo bis wo es reicht und welche Gebiete es umfasst. Dass hierüber aber keineswegs Einigkeit herrscht, wird generell als ein politisch bedingtes Problem gesehen und nicht als ein Anzeichen für die Konfusion, die aus der nicht kritisch erfolgenden Definition Tibets resultiert. Nicht nur im Chinesischen, auch im Tibetischen selbst ist die Lautung des Begriffes für Tibeter und ihr Land, ihren Lebensraum, eine andere als 'Tibet'. Wir sprechen von tibetischer Kultur als einer scheinbar homogenen Zivilisation, die in ihrem zentraltibetischen Gepräge bei uns am bekanntesten geworden ist und deren überragendes Charakteristikum die Ausdrucksformen des tibetischen Buddhismus sind. Als selbstverständlich gilt, dass das 'einstige freie und unabhängige Tibet' diesen gesamten Raum im Hochland von Tibet umfasste. Dabei wird völlig übersehen, dass beträchtliche Gebiete im Norden und Osten durchaus nicht von Tibetern (und auch nicht nur von Han-Chinesen) besiedelt sind.

Fast schon ein Gemeinplatz, der seinen Weg in die von politischen Vertretern fast aller Staaten der Welt geführte Diskussion über die 'Tibetfrage' gefunden hat, ist die scharfe Kritik, dass das einstmalige Groß-Tibet auf die Fläche der Autonomen Region Tibet verkleinert worden sei. Gemeint ist damit die Autonome Region Xizang (ART), deren chinesischer Name soviel bedeutet wie 'Westliches Tibet',[12] eine Benennung, die in Anbetracht der noch gewaltigen Hochlandgebiete östlich der ART sehr treffend ist.

Wie bei vielen Länder- und Völkerbegriffen wird auch im Falle Tibets übersehen, dass dies nicht die Selbstbezeichnung der dort lebenden Menschen ist, sondern ein aus dem Turkomongolischen oder Tangutischen über das Arabische zu uns vermitteltes Wort: aus Töböt, Tubbut oder Tibbat wurde unser Tibet.[13] Rolf Stein nennt weitere lautliche Variationen wie Tuppat oder Tüpüt, Bezeichnungen, die so in türkischen und sogdischen Texten des 7./8. Jahrhunderts auftauchen.[14]

Verlassen wir die Fremdbezeichnungen Tibet, Töböt/Tibbat vorübergehend und wenden uns der tibetischen Selbstbezeichnung zu: Bö-Yül (Bod yul) nennen die Tibeter, die Böpa (bod pa), ihr Land selbst. Diese Bezeichnung wird von manchen Tibetologen etymologisch mit Bön in Verbindung gebracht, ein Begriff, unter dem die vorbuddhistischen religiösen Vorstellungen Tibets zusammengefasst werden und der 'Beschwörung, Anrufung (Invokation)' bedeutet. Somit würde der Name als 'Land des Bön(-Glaubens)' bzw. als 'dem Bön(-Glauben) anhängende Menschen' oder als 'jene, die Anrufungen, Beschwörungen ausführen' gedeutet. Diese von Haarh[15] klar dargelegte Etymologie ist jedoch nicht unumstritten.

Bod wurde in den alten chinesischen Annalen mit einem Zeichen wiedergegeben, das heute eher fan ausgesprochen wird. Die alte Lautung wurde mit b'iwan rekonstruiert,[16] was dem tibetischen Bön nahekäme. Dennoch gibt es für das chinesische Zeichen noch bis heute nicht nur die Aussprache fan, sondern auch bo, und diese gilt in der Kombination mit 'Tu-(bo)' als autoritativ.[17] Das chinesische Tubo kann, neben einer ungesicherten Deutung als Thu pod ('Das Mächtige'), vor allem als Übertragung von Tu-Bod gelten. Gemäß Stein soll das chinesische tu in einem zweisprachigen Text aus dem Jahr 822 das tibetische lho, Süden, wiedergeben, womit Tu Bod als 'Bod im Süden' gedeutet werden könnte. Wahrscheinlicher schien manchen die Deutung stod bod, 'Oberes Bod',[18] deren Aussprache im heutigen Amdo, wo ein eher archaischer Dialekt gesprochen wird, bei Töwöd liegt. Damit läge der Ursprung unseres Wortes Tibet tatsächlich beim tibetischen Töböd.[19] Haarh bringt die nicht von der Hand zu weisende Möglichkeit ins Spiel, dass Anlass für die Entstehung des chinesischen Begriffs Tubo die (von ihnen so wahrgenommene) erste Staatenbildung im Hochland durch den Klan der Tufa gewesen sein mochte. Da deren Staatskonzept von den Yarlung-Herrschern übernommen wurde, erwuchs der kombinierte Begriff Tubo im Sinne von die Bod von Tu, um so die 'Tibeter unter der Herrschaft des Tufa-Klans' auszudrücken.[20]

Woher kommen die Tibeter? Geschichtliche Perzeption eines tibetischen Volkes

Interessanterweise wird der Begriff Bod für die frühen legendären Könige der Yarlung-Dynastie noch nicht genannt. Er taucht erst mit der Eroberung der nördlichen und nordwestlichen Reiche der Hirtennomaden auf, wie Christopher Beckwith deutlich macht:

„Die Tibeter des Gnam ri slong mtshan - die ihn in der Chronik niemals 'König von Bod', sondern immer 'König von Spu' nennen und sich selbst als arme Bauern des Südens, die die reichen Hirten im Norden eroberten, bezeichnen - besaßen das Ethnonym Bod ursprünglich nicht, sondern erwarben es sich durch Eroberung."[21]

Die Gesamtheit der geschichtlichen und mythischen Quellen, gespeist aus alten chinesischen Annalen wie auch späteren tibetischen Chroniken, indiziert, dass die Ursprünge der Tibeter in Stammesbevölkerungen Osttibets liegen, wobei auch Bevölkerungsgruppen anderer Regionen, wie die Mon im Süden und sogar Indoeuropäer, die in früherer Zeit vom Norden her auf das Hochland zugewandert waren, ihren Anteil haben dürften.[22] Selbst ein tibetischer Autor wie Lama Tsenpo (gest. 1839) stellte in seiner Geographie Tibets abschließend fest:

„Was den Ursprung der Menschen des Landes Tibet betrifft, so ist eine Entscheidung zu treffen schwierig, weil Tibeter erklären, diese seien von einem Affen erzeugt worden; ... Unter den Königen, Ministern und Übersetzern Tibets in früheren Zeiten waren Khu, Zo, Dpang, G-yung, Rma und andere; und da waren Chinesen und viele berühmte Stämme (rus) von Hor, solche wie Sa-ri, Gru-gu, Di-mir, Shi-ri, und andere; deshalb ist es nicht gewiss, dass ihr Ursprung (nur) in einer Rasse liegt (rus dang chad khungs)."[23]

Die mythologischen Quellen der Tibeter sind aufgrund ihres gewaltig großen Lebensraumes sehr umfangreich und in ihren Angaben nicht immer deckungsgleich. Sie bezeichnen jedoch regelmäßig vier von sechs Stämmen als die ursprünglichen Stämme Tibets, die aus den Nachkommen eines Affen und einer Felsdämonin hervorgegangen seien, während die verbliebenen zwei Stämme, Gra (dGra) und Bru ('Bru), als ihre 'Brüder' angesehen werden. In einen historischen Kontext gestellt werden von Tibetologen vor allem diese vier: die Dong (lDong), Tong (sTong), Se und Mu (rMu).[24] Die Dong werden als Ahnen der tibetischen Königsfamilien beschrieben und in den tibetischen Quellen dennoch immer wieder als 'nicht-tibetisch' bezeichnet. Dies ist insofern korrekt, als man für diesen frühen Zeitpunkt (die vor-schriftliche, mythologische Periode) noch kaum von der Existenz eines tibetischen Volkes als ethnische Einheit sprechen kann. Die Ethnogenese der Tibeter, wie wir sie heute kennen, hatte damals noch gar nicht begonnen.

Mit geschichtlich fassbaren Bevölkerungsgruppen im tibetischen Hochland werden vier der ursprünglichen Stämme in Verbindung gebracht: die Dong mit dem von den späteren Tibetern als Minyag bezeichneten Reich (tib. Mi nyag, chin. Dangxiang), die Tong mit Sumpa (Sum pa, chin. Supi), die Se mit den turkomongolischen Asha ('A zha, chin. Tuyuhun) und die Mu mit Shangshung (Zhang-zhung, chin. Yangtong).[25] Den Beschreibungen nach waren sie nomadische Jäger und Sammler und einfache Bauern und Hirten, deren Wanderungsbewegungen sie einen gleichartigen ökologischen Raum am Ost- und Südostrand des tibetischen Hochlands entlangführte. Teile dieser Bevölkerungsgruppen stießen in die Grassteppen vor, wo sie eine nomadische Lebensform annahmen, während sich andere als Ackerbauern in Zentraltibet niederließen.[26] Diese Annahmen beziehen sich auf die von den frühen Chinesen Qiang genannten Völker,[27] die jedoch recht heterogen waren. Dieser seit dem 2. Jahrtausend v.Chr. in chinesischen Texten gebrauchte Begriff Qiang umfasste einst eine ganze Reihe verschiedener Völkerschaften mit zwar ähnlicher Kultur, aber diese lebten über einen Raum verstreut, der von den heutigen chinesischen Provinzen Shaanxi, Gansu und Sichuan über das Tibetische Hochland bis ins östliche Turkestan reichte. Gemeinsam war ihnen die Viehzucht, insbesondere von Schafen, wobei in späterer Zeit durchaus vermehrt Ackerbau hinzukam. Doch waren die Qiang-Völker, die gemeinhin als tibetobirmanisch[28] bezeichnet werden, mit den späteren Tibetern allenfalls 'verwandte' Gruppen, da sie in den chinesischen Quellen der Tang-Zeit (7.-10. Jahrhundert) begrifflich von den Tufan in Südtibet unterschieden werden.[29]

Ähnliches gilt für die Stammesbezeichnungen, die wir aus den tibetischen Mythen kennen, werden sie doch zum einen mit den Ursprüngen der Tibeter in Verbindung gebracht, zum anderen aber, insbesondere die Dong und Mu, von den späteren Tibetern selbst eben als nicht-tibetisch charakterisiert.[30] Die Verwirrung wird noch dadurch vervollständigt, dass die späteren Tibeter für ihre Nachbarvölker oft oberflächliche Sammelbegriffe führten wie die Chinesen im Falle der Qiang. So sind beispielsweise auch die Mon, deren Beitrag zur Herausbildung einer tibetischen Identität außer Frage steht, keineswegs eine einheitliche Bevölkerungsgruppe gewesen; nicht einmal eine gemeinsame Sprache dürfte ihnen eigen gewesen sein.[31] Zeitgenössische tibetische Gelehrte wiederum bringen die frühesten tibetischen Staatenbildungen im Kongpo, Powo und Dagpo, also in Tibets Südosten, mit diesen Mon in Verbindung.[32] Dementsprechend schwer zu fassen sind die Ursprünge der Tibeter, über die sich auch alte chinesische Chroniken ausschweigen:

„Chinesische Geschichtsquellen, die sonst in der Tat über die Länder um China herum so gut informiert sind, bleiben überraschend sprachlos, wenn es um (Zentral-)Tibet selbst in der Zeit vor der Tang-Dynastie, d.h. bis zum 7. Jahrhundert n.Chr. geht.
Während sich in diesen Perioden der Prozess der Herausbildung der Chinesischen Nation in der Han-Bevölkerung erfolgreich entfaltete und bis zum 6. Jahrhundert bis zu einem gewissen Grad bereits abgeschlossen war, lebten die Völker im Territorium des heutigen (Kern-)Tibet auf der Stufe primitiver Klan-Organisationen. Da sie

weit über einen riesigen Raum verstreut waren, in dem Kommunikation extrem schwierig war, hatten die verschiedenen Stämme kaum etwas gemeinsam und ihre Häuptlinge kämpften fast ununterbrochen gegeneinander."[33]

Die gängige, aber tatsächlich falsche Vorstellung, die sich aufgrund der hohen Mobilität der beschriebenen Völker anbietet, ist die, dass das mittelalterliche tibetische Großreich letztlich durch die Überlagerung einer autochthonen Bauernbevölkerung durch die beweglichen kriegerischen Reiternomaden entstand. Tatsächlich jedoch ging der Impuls zur Bildung zunächst einer großen Stammeskonföderation vom südtibetischen Yarlung-Tal aus, also einem der klassischen Ackerbaugebiete Zentraltibets:

„Man muss sich daher wohl von den frühen Tibetern eine etwas andere Vorstellung machen als die, die gerne wachgerufen wird, wenn man von Nomaden, die in den Steppen der Hochebenen des Nordens Yaks und Pferde züchten, spricht."[34]

Die herkömmlichen Darstellungen, die die Gründung des frühen tibetischen Staates, des Yarlung-Imperiums, fremden oder teilweise fremden Steppenkriegern zuschreiben, sind eindeutig überholt. Die Lage des Ausgangspunktes tief im landwirtschaftlichen Süden, das Schweigen früher Schriftquellen zu Nomaden und Hirtenkriegern und die Beschreibungen in chinesischen Quellen weisen alle auf eine Staatsgründung hin, die von einer bäuerlichen Kultur ausging. Dies belegt die Art der Kriegsführung der tibetischen Frühzeit, in der schwer mit Kettenpanzern beladene Krieger - also alles andere als bewegliche Reiterkrieger - zum Kampf extra absaßen, bis hin zu alten Gesängen, die davon berichten, dass die ersten Könige nur Weizen besaßen und nach ihren Siegen endlich von Yaks - und damit Reichtum - umgeben waren.[35]

Aus all dem Gesagten zeichnet sich folgendes Bild ab: In der ersten Hälfte des ersten nachchristlichen Jahrtausends war das tibetische Hochland von einer beträchtlichen Anzahl verschiedener Bevölkerungsgruppen besiedelt, die sowohl von ihrer Abstammung, ihrer Sprache und anderen Traditionen her als sehr unterschiedliche Stämme betrachtet werden müssen. Als sie im 7. Jahrhundert durch Songtsen Gampo und seine Nachfolger in deren Imperium zusammengefasst wurden, begann ein Prozess, den wir als 'tibetische Ethnogenese' bezeichnen können: die allmähliche Herausbildung des Volkes, aus dem die heutigen Tibeter unmittelbar hervorgingen. Die große Zahl der unterschiedlichen Völker, die dazu beitrugen, der lange historische Prozess, der sich zudem in einem gewaltig großen Raum abspielte, erklärt leicht, warum die kulturellen und physiognomischen Unterschiede zwischen den verschiedenen tibetischen und Tibet-stämmigen Gruppen von Ladakh bis Kham und Amdo bis Bhutan so groß sind. Solch ein Prozess kommt kaum zu einem Abschluss, weshalb sein Ergebnis, eine so genannte 'Ethnie', im engeren Sinne hypothetisch bleibt und sich niemals eindeutig gegen alle anderen Kulturen und Nachbar-Ethnien wird abgrenzen lassen. Die auf die Ethnogenese folgenden Jahrhunderte verkomplizierten das Mosaik der Bevölkerungsstruktur im Hochland von Tibet durchaus noch, wie der Tibetforscher Stein es in seinen Beschreibungen schön zum Ausdruck bringt:

„Der Grund für die heute sehr komplizierten anthropologischen Gegebenheiten liegt daher zweifellos in den Überlagerungen von Völkern. Dies kann man nur verstehen, wenn man sich die Beweglichkeit der Völker vorstellt. ... Die (tibeto-birmanischen) Ch'iang und die (turkomongolischen) T'u-yü-hun bzw. Asha heirateten wechselseitig Frauen der anderen (und der alte Klanname T'o-pa, alte Lautung *Tubbat, ist bei beiden belegt). Das gleiche gilt für die Sumpa und die Ch'iang aus dem östlichen Reich der Frauen. Aber die Sumpa oder Su-pi sind auch bis nach Khotan und Chinesisch-Turkestan eingefallen. ...
Auch politische und verwaltungsbedingte Entwicklungen haben zum Wegzug von Völkern geführt. Die Sumpa waren seit ihrer Unterwerfung unter das tibetische Königreich von Yarlung als Wache an der Ostgrenze, in Minyak, dem heutigen Amdo, der Grenze mit China eingesetzt. Im 9. Jahrhundert bildeten sich aus Resten des tibetischen Heeres, das gegen die Bhata Hor (Uiguren) von Kanchou eingesetzt war, nomadische Stämme. ...
Andere Wanderungsbewegungen erfolgten von Nordosten nach Südwesten. Die Herrscherfamilie von Minyak, die die Hsi-hsia-Dynastie gegründet hatte, wanderten, nachdem ihre Dynastie vernichtet und ihr Land (im Jahr 227) von Tschinggis Khan erobert worden war, nach Ngamring in Nord-Tsang aus. ... Zur Verwirrung tragen außer-

dem auch die ethnischen Bezeichnungen bei. Die Bezeichnung Hor beispielsweise hat zunächst die Uiguren, die um 800 n.Chr. in der Region Kanchou lebten, gemeint, und die heutigen nomadischen Hor des Westens (Nub-Hor) dürften ihren Namen von ihnen haben. In der Folgezeit hat aber das Wort Hor die Mongolen der Tschinggiskhaniden bezeichnet, und von diesen wiederum wollen die fünf Hor Fürstentümer in Kham (in der Region Kandze, Beri) abstammen. ... Umgekehrt tragen die Sog, nomadische Stämme mongolischen Ursprungs, die die Gegend des Kokonor-Sees bevölkern und noch mongolisch sprechen, einen Namen, der wohl in den späten tibetischen Chroniken die Mongolei bezeichnet, der sich aber von dem der frühen Sogdier herzuleiten scheint."[36]

Ist die Eingrenzung des Lebensraumes der Tibeter, wer auch immer zu ihnen gehört haben mochte, in der Zeit der Entstehung ihres ersten Reiches schon uneindeutig, lässt auch die nachfolgende Geschichte nicht zu, 'die' tibetischen Grenzen klar abzustecken - sofern man nicht einfach die maximale Ausdehnung zu irgendeiner Zeit zur Grundlage nehmen will. Das tibetische Großreich des Songtsen Gampo und der ihm nachfolgenden Herrscher hatte sich weit über das Hochland hinaus bis in die indische Ganges-Ebene, nach Westchina und ins östliche Turkestan ausgedehnt. Späterhin war das Reich zerfallen und erst unter mongolischer Oberherrschaft wieder halbwegs zusammengefügt worden. Selbst in den Zeiten der größten Macht des dominant gewordenen lamaistischen Gelugpa-Ordens war die Herrschaft der Dalai Lamas politisch nie mehr auf das ganze Hochland ausgedehnt worden. Zwar erfreuten sie sich unter dem Regime des mandschurischen Kaiserhauses im Chinesischen Kaiserreich erneut wachsender Bedeutung, doch die realen Machtverhältnisse ermöglichten der Lhasa-Regierung die Kontrolle über die Tibeter tatsächlich nur im west-, zentral- und südtibetischen Raum - also dort, wo wir heutzutage die ART finden. Hier endlich hatte 1914 bis 1950 das de facto unabhängige Tibet existiert.

Der Umstand, dass eine Ethnogenese, wie wir sie oben aufgezeigt haben, etwa im 7. Jahrhundert n.Chr. stattgefunden hat, besagt natürlich lediglich, dass wir davon ausgehen, dass sich ab dieser Zeit überhaupt erst eine tibetische 'Nation', ein 'tibetisches Volk' herauszubilden begann. Dies darf natürlich nicht dahingehend missverstanden werden, die tibetische Geschichte auf diese Zeit zu verkürzen, denn als diese ist die gesamte Geschichte einer Kultur zu betrachten, zu der die mythischen, in undefinierbare Anfänge zurückreichenden Überlieferungen ebenfalls zählen. Die frühen Völker des tibetischen Raumes sollte man in diesem Kontext, wenn wir sie nicht bei ihren legendären Namen nennen, allenfalls als Proto-Tibeter bezeichnen und nicht mit den späteren Tibetern gleichsetzen. Auch der Umstand, dass sich das großtibetische Reich der Yarlung-Dynastie zunächst über eine Art Föderation und anschließend durch die gewaltsame Eingliederung einer ganzen Reihe von weiteren Herrschaftsbereichen ausdehnte und dabei schließlich das gesamte Hochland umfasste, darf nicht zu der irrigen Vorstellung einer quasi über Nacht entstandenen tibetischen Nation führen. Das Groß-Tibet, Bod chen mo (lies: Bö tschenmo),[37] der Yarlung-Dynastie war ein imperiales Gebilde, waren doch ihre Herrscher dem eigenen Anspruch nach Kaiser und keine Könige. Ihr Titel btsan po (lies: Tsenpo) bezeichnete einen heiligen Regenten, der in zeitgenössischen chinesischen Quellen mit chin. tian zi, 'Sohn des Himmels', übersetzt wurde.[38] In einem imperialen Reich jedoch, das seinem Wesen nach imperialistische Ziele verfolgte, setzte sich die Bevölkerung zwangsläufig aus heterogenen Gruppen zusammen, deren Assimilation aber nicht unabwendbar sein musste. Dass das tibetische Kaiserreich relativ bald wieder zerbrach, dürfte seinen Grund auch in der heterogenen Struktur seiner Bevölkerung gehabt haben, durch Völker, die teilweise nicht mit dem Tibetischen verwandte Sprachen gesprochen haben.

Eine Betrachtung der tibetischen Geschichte unter dem Blickwinkel imperial(istisch)er Bestrebungen wird uns nicht nur zu einem besseren Verständnis der Geschichte verhelfen, zu einer besseren Kenntnis der Dimension der tibetisch-chinesischen Auseinandersetzung, sondern auch der von den Menschen verinnerlichten Herrschaftskonzepte dieser Nationen. Seit dem Zerfall des Yarlung-Reiches gab es im tibetischen Hochland keine einheitliche tibetische Staatsgewalt mehr. Die jahrhundertelange Existenz eines besonders mächtigen, auf Lhasa zentrierten Staates unter den Dalai Lamas kann nicht darüber hinwegtäuschen, dass andere Regionen ihre eigenen halbautonomen, autonomen und selbständigen Herrschaften kannten. Zwar mag rein formell ein gewisses Abhängigkeitsverhältnis gegenüber Lhasa, anderen Fürstentümern oder auch chinesischen Provinzgouverneuren bestanden haben. Da dies meist nicht über eine gelegentliche verbale Unterwerfung hinausging, so wie die Geschichte dies auch im Verhältnis der Dalai Lamas zum chinesischen Kaiserhaus kannte, war Tibet auch unter den Dalai Lamas noch weit von einem einheitlichen Staatsgebiet entfernt. Lediglich der 5. und 13. Dalai Lama unternahmen große Anstrengungen, jene 'verlorenen' Territorien des einstigen Yarlung-Imperiums zurückzugewinnen und betrieben damit eine imperiale, ja imperialistische Politik. Dies brachte sie nicht nur in regelmäßige Konflikte mit den benachbarten Chinesen, sondern führte insbesondere in Osttibet zu gewaltsamer Opposition (1934 Pangdatshang-Rebellion in Markham [sMar khams]) und bedeutenden politischen Autonomiebewegungen in den 1930er Jahren, die eine Abgrenzungspolitik gegenüber Lhasa betrieben (Bathang ['Ba' thang], Kandse [dKar mdzes] und Riwoche [Ri bo che]).[39] Andere tibetisch geprägte Regionen des Hochlandes und seiner Peripherie, die in den Einflussbereich Britisch-Indiens und seiner Nachfolgestaaten gekommen waren, haben Ähnliches erlebt und werden in der westlichen Öffentlichkeit dennoch nicht als zu Tibet gehörig angesehen. Warum jedoch, aus der geschichtlichen, kulturellen und religionspolitischen Perspektive betrachtet, die Bewohner von Amdo, Kham und Gyarong ganz selbstverständlich Tibeter sein sollen, die Menschen in Ladakh, Mustang und im Norden Bhutans aber nicht, ist mit einer für all diese Regionen einheitlichen Argumentation kaum zu begründen. Aus diesem Grund wollen wir uns einen Überblick über die Regionen Tibets im weiteren Sinne, also im Hochland, erlauben.

Tibetische Regionen und ihre Bewohner

Eine eingehende Betrachtung Tibets und seiner verschiedenen Regionen zeigt ein unglaublich vielfältiges und abwechslungsreiches Land, das im naturräumlichen Sinne fast alles zu bieten hat: von kargen Wüsten über Felsenschluchten, Hochlandsteppen, Waldgebiete, Seenlandschaften, intensive Ackerbaugebiete bis hin zu ewigem Eis und Schnee. Und auch die kulturelle Vielfalt ist beträchtlich, schon gar, wenn wir den gesamten geographischen Raum des Hochlandes als Grundlage nehmen. Traditionell sprechen Tibeter von den 'drei Provinzen', cholka sum (chol kha gsum), womit eher als die damit bezeichneten Regionen Ngari (mNga-ris) in Westtibet, Zentraltibet mit den Provinzen Ü und Tsang sowie Osttibet (mdo khams bzw. Smad[40] Mdo khams sgangdrug) tatsächlich die Gesamtheit des von den Tibetern bewohnten Raumes gemeint sein dürfte. In der Tat sind diese Regionen auch schwer abgrenzbar, weshalb hier zu betonen ist, dass sie niemals 'Provinzen' in einem administrativen Sinne waren. Dies trifft auch für die so genannten Provinzen Amdo und Kham zu, deren tibetische Bewohner sich in der Regel durch die Bezeichnung Amdowa und Khampa von den Böpa („Tibeter", gemeint: „Tibeter in Zentraltibet") abgrenzen.

Beginnen wir unseren räumlichen Überblick über die tibetischen Regionen in Amdo, dem Raum, der den Nordosten des tibetischen Hochlandes ausmacht. Heutzutage wird oft sehr vereinfachend die chinesische Provinz Qinghai mit Amdo gleichgesetzt, wobei drei gravierende Fehler gemacht werden. Zum einen gehört der äußerste Süden dieser Provinz tatsächlich zu Kham. Zum andern gehörte das seit Ende des Yarlung-Reiches nicht mehr von Tibetern besiedelte wüstenhafte Tsaidam-Becken überhaupt nicht zu Amdo. Darüber hinaus meinten die älteren tibetischen Autoren mit Amdo durchaus auch Gebiete der Seidenstraße, womöglich gar noch den äußersten Südwesten der heutigen Inneren Mongolei - eine Region, zu der tibetische Lamas und Mönche aufgrund der langen Präsenz bedeutender buddhistischer Klosterzentren engste Beziehungen pflegten.[41] Damit waren mit Amdo geographisch auch weit außerhalb des tibetischen Hochlandes gelegene Gebiete gemeint, in denen seit zumindest einem Jahrtausend keine Tibeter dauerhaft siedelten.

Die zweite osttibetische Region, Kham, nimmt in etwa das südöstliche Drittel des Hochlandes von Tibet ein. Hier ist zu betonen, dass Kham und Amdo bis ins 19. Jahrhundert begrifflich kaum voneinander getrennt waren, sondern zumindest in einem Terminus Dokham (mdo khams) den Osten Tibets jenseits der Grenzen von Ü und Tsang bezeichneten. Weitere Begriffe für Osttibet, wie mDo smad, mDo stod und Khams, schufen in den Schriften zudem Verwirrung, da sie oft gleichfalls alle sowohl auf Gebiete im heutigen Amdo wie auch in Kham bezogen werden konnten. Dass beide Regionen deutlich voneinander abgegrenzt werden scheint ein Phänomen zu sein, dass erst seit dem 19. Jahrhundert auftritt, da zumindest nach der bislang vorliegenden Literatur die Einzeltermini Amdo und Kham vorher in dieser Form nicht benutzt wurden.[42]

Inzwischen lassen sich Amdo und Kham durch die ausgeprägte Identität ihrer tibetischen Einwohner sowie den steten Wortgebrauch großräumig recht leicht voneinander unterscheiden. Während Amdo jene Hochland- und tibetischen Siedlungsgebiete umfasst, die im Einzugsbereich des Gelben Flusses (tib. rMa Chu) liegen, umschreibt Kham den Raum Groß-Tibets, der durch die Schluchten und dazwischen liegenden Hochtäler der Flüsse Yalong Jiang (tib. Nyag chu), Jangtse ('Bri chu), Mekong (rDza chu), Salween (dNgul chu) und deren Nebenflüsse gekennzeichnet ist.[43] In Kham überdauerten für viele Jahrhunderte einige der traditionsreichsten und faszinierendsten tibetischen Fürstentümer jenseits der Dalai-Lama-Regierung Lhasas: das Königreich von Derge (bDe dge), jenes des Nangchen-Königs im Raum Yushu-Jyekundo (yus hru'u, khyer dgun mdo), die Hor-Fürstentümer um Kandse (dKar mdzes), das Kleinkönigreich Poyül (sPo yul) und andere mehr. Die Wirklichkeit Khams war nicht die einer Provinz im administrativen Sinne als vielmehr eine lockere Föderation von Stammesfürstentümern, Königreichen und abhängigen Distrikten.[44] Dasselbe traf teilweise für Amdo zu und kennen wir auch aus dem Himalaya-Raum.

Vor diesem Hintergrund macht es Sinn, Amdo und Kham als 'Kultur-' oder 'geographische Provinzen' anzusehen, die, wie schon erwähnt, niemals einheitliche Verwaltungsgebiete tibetischer Herrscher darstellten, sondern vielmehr in zahlreiche einzelne Machtbereiche von Stammesführern, Kleinfürsten und Königen gegliedert waren. Daher ist es auch wenig erhellend, die heutige Verwaltungsgliederung in der VR China als ein künstliches Auseinanderreißen tibetischer Regionen zu bezeichnen, da sich die administrative Einteilung in Kreise meist an den traditionellen Machtbereichen der ehemaligen Kleinfürstentümer und Lama-Herrschaften orientierte, und selbst die - verständlicherweise ungeliebte - Zuordnung zu den chinesischen Provinzen Gansu, Qinghai, Sichuan und Yunnan durchaus eine Folge länger andauernder historischer Entwicklungen ist, die an dieser Stelle nicht ausgeführt werden können.[45]

Je nach dem Grad ihrer Machtausübung anerkannten diese kleinen Herrschaftsbereiche die Oberhoheit Lhasas oder des chinesischen Kaiserhauses an, waren aber in hohem Maße autonom, wenn nicht gar de facto selbstständig. Gemeinsam aber war ihnen trotz unterschiedlicher

Loyalitäten das Bewusstsein, Amdowa bzw. Khampa zu sein. Diese Begriffe erstreckten sich jedoch nicht auf die nicht-tibetischen Einwohner der entsprechenden Regionen, die gerade im nordöstlichen Amdo sogar eine Mehrheit ausmachen konnten. Dies fiel schon dem Chronisten Lama Tsenpo vor 1839 auf:

„Südöstlich von Lnga-khog und in der Umgebung von Zung-phan, die (beide) zu einem Teil von Zi-khron (Szechuan) gehören, sind die Dmu-ge und die Shar-pa smad-ma, aber sie sind im Grunde keine echten Tibeter. ..."[46]

Jener Distrikt (von Rong-po) und das oben erwähnte Lnga-khog, diese beiden sind die bevölkerungsreichsten sde [Gemeinschaften] innerhalb von Amdo. Westlich von ihnen ist die Region Khri-kha, wo es ein gemischtes sde von Tibetern und Chinesen gibt.[47]

Auf Tsong-kha, welches der Geburtsort des Rgyal ba'i gnyis pa (Zweiten Buddha: d.h. Tsong-kha-pa) ist, wird ... als ein 'berühmter Distrikt von Tibet' verwiesen. Heutzutage, durch die Macht der Zeit, ist es nicht nur mit vielen angefüllt, die blind auf ihrem religiösen Auge sind, so wie Chinesen und Mu-sul-man (Muslime); sondern sogar Tibeter und die Hor kommen allmählich an den Punkt, an dem sie an chinesische Lehrer glauben, Khung-tsi (Konfuzius) und Lau-tsi (Laotse), und in den Sig (Sikh) Lehrer Na-nig."[48]

Viele dieser - von Lhasa aus betrachtet - peripher gelegenen tibetischen Gebiete in Osttibet standen dementsprechend unter der Verwaltung chinesischer Magistrate. Wo keine eigenständigen säkularen Herrschaften existierten waren es zumeist die bedeutenden Klöster und deren hohe Lama-Inkarnationen, die neben der religiösen Autorität auch die weltliche Macht in Händen hielten. Am bekanntesten sind in Amdo der Jamyang Lama von Labrang, der in seinem Autoritätsanspruch dem Dalai Lama durchaus nahe stand, sowie in Kham der Phagpa Lha von Chamdo und der Kyabgön von Dragyab, um nur einige zu nennen.[49] Die komplexe ethnische und politische Struktur in den osttibetischen Gebieten der Zeit bis zur kommunistischen Machtübernahme in China spiegelt sich daher, wenn wir dies auch nicht unbedingt als angemessen ansehen wollen, in der Zerrissenheit der heutigen Administration wieder.

Offiziöse chinesische Quellen nannten 1990 für die Gebiete mit tibetischer Autonomie eine Bevölkerungszahl von 6,16 Mio. Menschen, von welchen 4,6 Mio. Tibeter waren.[50] Auf dem gesamten Hochland verteilten sich zu diesem Zeitpunkt rund 46% der Tibeter in die ART, die restlichen 2,5 Mio. auf die tibetischen Gebiete von Sichuan (24%), Qinghai (19,5%), Gansu (8%) und Yunnan (2,5%). Damit wäre der Anteil der Amdowa und Khampas zusammen genommen erheblich größer als jener der Böpa, d.h. Tibeter im engeren Sinne, da ein beträchtlicher Teil der Tibeter im Osten der ART als Khampas zu den oben aufgeführten 54% hinzuzurechnen wären.[51] Somit kommen wir leicht auf zwei Drittel aller von uns so bezeichneten Tibeter, die sich nicht unmittelbar als Böpa, also als Tibeter im engeren Sinne, bezeichnen würden, sondern als Amdowa und Khampa.[52] Auch die Khampas sind natürlich kein homogener Block von Osttibetern, denn die Einwohner des Gyarong, der verschiedenen Schluchten und Talschaften, die einst pauschal als die 18 Gyarong-Fürstentümer bezeichnet wurden, heben sich in ihrer Identität von jener der Khampas ab.

Natürlich wollen wir die Osttibeter deswegen nicht auslassen bei der Beantwortung der Frage „Wer sind die Tibeter?" Es stellt sich jedoch die neue Frage, ob wir dann nicht auch andere Gruppen, die tibetisch sprechen, deren persönliches Werte- und gesellschaftliches Ordnungssystem vom tibetischen Buddhismus geprägt ist und die auch sonst noch viele Gemeinsamkeiten mit den Zentraltibetern aufweisen, ebenfalls als Tibeter ansehen müssten. Bei den Drokpas ('brog pa), den Nomaden Innertibets, die teilweise die kaum nutzbaren Weiten des Changthang-Hochlandes (Byang thang) mit ihren Herden in Wert setzen, sowie den Ngariwas (mngaris pa), den Bewohnern Westtibets, wird diese Frage im Westen sicherlich sehr schnell bejaht. Sehr viel zögerlicher, wenn nicht gleich verneint, wird dies im Falle der einen tibetischen Dialekt sprechenden Einwohner von Ladakh (La dwags), Zanskar (Zangs skar), Spiti (sP(y)i ti) und Tawang (rTa dbang) in nordindischen Himalaya-Bundesstaaten, oder der Humli-Khyampa, Dolpopa, Lhopa und Sherpa in Nord-Nepal ebenso wie einiger nomadischer Gruppen in Bhutan. Die sprachlichen und kulturellen Verbindungen mit Tibet sind eindeutig. Die geschichtliche Entwicklung haben diese Bevölkerungsgruppen von Zentraltibet losgelöst, doch gleichwohl sind die historischen Zusammenhänge mit der Region von Lhasa bei ihnen nicht geringer als jene von Amdo und fernen Gebieten in Kham. Gerade Tawang, eine kleine, an der Grenze zu Bhutan gelegene, ganz und gar tibetisch geprägte Region im nordostindischen Bundesstaat Arunachal Pradesh, wurde noch in den 1940er Jahren von Lhasa aus verwaltet. Sind sie Tibeter? Oder Inder? Sie selbst verneinen letzteres vehement. So fiel auch dem exiltibetischen Historiker Tsering Shakya auf:

„Es ist interessant zu bemerken, dass der Gedanke an die Vereinigung aller tibetisch sprechenden Bevölkerungsgruppen nur auf Regionen unter chinesischer Kontrolle bezogen wird. Es gab keinen Versuch unter den Flüchtlingen, tibetisch sprechende Bevölkerungsgruppen in Nepal, Indien und Bhutan als einen Teil Groß-Tibets zu identifizieren."[53]

Dass man einem politischen Anspruch, der auf der Ausdehnung des Großtibetischen 'Königreiches', das so wie China ein multiethnisches Kaiserreich war, gründet, keine Unterstützung geben möchte, weil es das moderne Gefüge politischer Staaten nicht nur aufwühlen, sondern gehörig durcheinander bringen würde, ist leicht zu verstehen. Dass jedoch bei der Beurteilung, wer nun Tibeter sei und wer nicht, einfach nur alle tibetischen und verwandten Gruppen innerhalb der VR China berücksichtigt werden, jene in Indien, Bhutan und Nepal aber nicht, erscheint dagegen überaus fragwürdig. Die Betrachtung über die Tibeter kann nicht an den Grenzen Chinas zu Indien, Nepal und Bhutan halt machen. Hier nehmen die Exiltibeter selbst auf jeden Fall Rücksicht auf ihre Gastgeber im Exil, während die klassischen Geographien keineswegs hier enden.

Großregionen und Regional-Identität: Tibetische Bevölkerungsgruppen im Hochland

Die verschiedenen, von den Tibetern definierten Großregionen untergliedern sich in zahlreiche weitere, die eine gewisse Eigenständigkeit erfahren oder entwickelt haben. Die Problematik und mosaikhafte Vielfalt von Osttibet haben wir bereits oben angesprochen. Doch auch für West- und Südtibet trifft dies zu, und bei detaillierter Betrachtung finden wir, nach Auffassung von Tibetern, erstaunliche Vorstellungen davon, wie weit Tibet und der Lebensraum der Tibeter reicht. So wird in der von Wylie übersetzten Geographie von Lama Tsenpo Westtibet, Ngari Korsum (mNga ris skor gsum = „die drei Bezirke von Ngari"), und deren Dreigliederung diskutiert. Während Lama Tsenpo selbst die Auffassung vertritt, dass damit nur Ladakh, Ruthog (Ru thog) und Guge (Gu ge) gemeint sein könnten, führt er als andere Möglichkeiten nicht nur Zanskar, Mangyül (Mar yul), Shangshung (Zhang zhung) und Purang (sPu rang) auf, sondern auch die seit langem muslimisch geprägten Regionen Baltistan (sBal ti) und Hunza (bLa zha) im heutigen Pakistan, ja sogar Khotan (Chi ba) im Tarim-Becken.[54] Wie im Falle anderer von ihm genannter tibetischer Regionen (Sikkim [Mon 'bras ljongs], Bhutan [Lho 'brug] und Mustang [kLo bo sman thang])[55] übergeht er dabei keineswegs die Herrschaftsverhältnisse, die für eine Eigenständigkeit dieser Gebiete sprechen. Diese spricht er allerdings auch der Region Hor zu, die im Norden des nach allgemeiner Auffassung der Lhasa-Regierung des Dalai Lama zugehörigen Raumes (in der heutigen ART) liegt, indirekt ebenso den Kham-Regionen östlich des Jangtse, der chinesischen Festung Xining (Zi ling) und der berühmten Region Tsongkha, Heimat des großen tibetischen Reformators und Begründers der lamaistischen Gelugpa-Schulrichtung.[56]

Insofern wird deutlich, dass bei der Eingrenzung dessen, was Tibet ist, von Tibetern selbst verschiedene Kriterien als Grundlage genommen und miteinander vermischt werden: ethnische (um nicht zu sagen rassische), kulturelle (insbesondere die Verbreitung tibetisch-buddhistischer Klöster und Lehrer) und politisch-administrative.

Wer also sind die Tibeter? Die Böpa zusammen mit den Amdowa

und Khampa? Oder schließen wir die Ladakhi, Spitipa, Mönpa und Gyarongpa mit ein? Was aber ist mit den (Nord-) Bhutanesen und Sikkimesen, zumindest den Lepcha?

Im Falle der beiden letzteren wird in älteren Quellen (also bis ins 19. Jahrhundert) immer wieder deutlich, dass unter Bod, das wir mit 'Tibet' übersetzen, lediglich Zentraltibet und die von Lhasa aus beherrschten Regionen verstanden werden. Die ethnischen Kriterien aber fassen die Tibeter sehr viel weiter, so dass auch die mulimischen Balti als Tibeter gelten, selbstverständlich die Ladakhi, und erst im östlichsten Kham, dort wo das Hochland in die Schluchtenlandschaften des Gyarong übergeht, wird dies fragwürdig.[57] Der kulturelle Aspekt schließlich greift noch weiter, da die tibetische Form des Lamaismus noch in diesen östlichsten Regionen verbreitet ist (zur Zeit von Lama Tsenpo allerdings schon nicht mehr in Baltistan und Hunza). Da lamaistische Klöster und Lamas aber gleichfalls in weiten Teilen Zentralasiens zu finden waren, in entfernten chinesischen Provinzen sowie in den (als eigenständig angesehenen) Ländern Nepal und Bhutan, nehmen die Tibeter diesen kulturellen Aspekt nicht als Kriterium für den Raum der tibetischen Verbreitung. Kurz: Tibet war, nach traditioneller Auffassung, Zentraltibet im engeren Sinne und im weiteren Sinne dort, wo der Dalai Lama herrschte; die Tibeter dagegen die tibetisch sprechende Bevölkerung einer Großregion, die Ladakh, Ngari, Bod (Ü und Tsang), Kham und Amdo, einschließlich einiger kleiner Herrschaften im Himalaya (z.B. Tawang) umfasst.[58]

Zum Problem von Akkulturation und Assimilation

Wir haben gesehen, dass der Versuch der Eingrenzung dessen, was Tibet war, ist oder sein könnte, uns an der Peripherie des tibetischen Kulturraumes immer wieder mit Bevölkerungsgruppen hat beschäftigen lassen, bei welchen undeutlich wird, ob sie Tibeter sind, früher einmal welche waren oder heute geworden sind:

„Da es viele teilweise tibetisierte 'Stammes'-Bevölkerungen entlang der Ränder des tibetischen Raumes gibt, so wie die Mon, Lepcha, Qiang oder Naxi, ist die (Antwort auf die) Frage, wer genau jetzt Tibeter ist, sehr beliebig."[59]

Für viele Laien ist es eine klare Sache, dass Menschen im tibetischen Hochland innerhalb der VR China, die kein Tibetisch sprechen oder sonst nicht mehr sonderlich tibetisch wirken (z.B. tragen Tibeter im Tsongkha chinesische Familiennamen, sehen Tibeter in Thewo nicht so aus, wie Europäer sich Tibeter vorstellen) entweder späte Einwanderer sind (mit Vorliebe ab der chinesisch-kommunistischen Machtübernahme, 1950-1951) oder 'sinisierte' Tibeter.[60] Scheinbar eindeutige Assimilationsprozesse wie Sinisierung sind in ihren Inhalten nicht so eindeutig; sie können in verschiedener Ausprägung und Form abgelaufen sein. Unter Sinisierung wird in der Regel ein sehr einseitig ausgerichteter Prozess der Assimilation durch die chinesische Kultur verstanden, will heißen den Chinesen kommt der aktive Part, den ethnischen Minderheiten - in diesem Fall Tibetern - der passive zu.

Diese vereinfachte Auffassung eines als Sinisierung bezeichneten Akkulturationsprozesses muss jedoch in Frage gestellt werden. Gerade die chinesische Geschichte hat in aller Deutlichkeit gezeigt, dass die Anpassung an die chinesische Zivilisation, die Übernahme chinesischer kultureller Werte und Merkmale, sehr häufig aktiv von Seiten der 'Sinisierten' erfolgte. Berühmte Beispiele sind die Uiguren des chinesischen Mittelalters, aus denen teilweise u.a. die heutigen Hui hervorgegangen sind; die Mongolen, die am Ende ihrer Herrschaftszeit (Yuan-Dynastie 1274-1368) trotz aller Segregationspolitik (einer Art 'Vier-Stände-Apartheid' mit den 'Chinesen' an dritter und vierter Stelle) so stark sinisiert waren, dass sie teilweise nicht mehr ihrer eigenen Sprache mächtig waren; und nicht zuletzt die Mandschuren, deren aktive Sinisierungspolitik oft beträchtlicher und folgenreicher war als jene jeder anderen, nicht von so genannten Fremdvölkern gestellten Dynastie.[61] Auf der anderen Seite darf natürlich nicht übersehen werden, dass diese Akkulturationsprozesse in beiden Richtungen verliefen und Einflüsse auch von Seiten der 'Sinisierten' auf die Chinesen einwirkten. Nur so ist die chinesische Kultur, wie sie sich heute darstellt, überhaupt entstanden, zu verstehen und zu erklären.

So ist aus der chinesischen Geschichte bekannt, dass es unter

Angehörigen anderer Völker als Ehre galt, z.B. einen chinesischen Familiennamen verliehen zu bekommen: bei den Naxi, manchen Yi-Gruppen und anderen. Damit übernahmen sie nicht selten auch die Schrift. Weshalb hätte dies im unmittelbaren Kontaktbereich der Tibeter und Chinesen wie im Tsongkha, verwaltet durch chinesische Beamte, nicht ebenfalls so sein sollen? Solches wird als Sinisierung angesehen. Die tibetische Liebe zur detaillierten Historiographie ist ebenso eine Übernahme aus China wie manche architektonischen und dekorativen Elemente der Kunst Tibets oder gar die Durchsetzung des Titels Dalai Lama.[62] Auch dies sind mit China verbundene Akkulturationsprozesse, die gleichwohl nicht als Sinisierung bezeichnet werden. Umgekehrt hat Tibet im Laufe der Geschichte vermittels seiner Lamas die Politik Chinas nicht unwesentlich beeinflusst, folgten und folgen auch Han-Chinesen der tibetischen Form des Buddhismus und haben Chinesen, wenngleich nur vereinzelt, tibetische Lebensweisen angenommen.[63] Ist dies nun ein umgekehrter Akkulturationsprozess oder schon Tibetisierung?

Auch letzteres wäre ein lohnendes Schlagwort, das außer in wissenschaftlichen Kreisen noch nicht zur Sprache gekommen ist. An der Peripherie des Hochlandes entstandene tibetische Regime neigten dazu, fremde Ethnien - wie die Yi (Lolo) in Muli oder Qiang in Gyarong - in ihre Herrschaften zu inkorporieren, mit der Konsequenz einer gewissen Akkulturation. Die Mongolen im zentralen Amdo (in Sogwo Arig, chin. Henan county) sind kaum noch von Tibetern zu unterscheiden und sprechen teilweise nicht einmal mehr ihre Sprache.[64] Ähnliche Tibetisierungsprozesse unterliefen im frühen 20. Jahrhundert Teile der Naxi, Lisu und Yi im äußersten Südosten Khams.[65] So vermutet Geoffrey Samuel nicht ohne Grund, dass große Teile der heutigen Bevölkerung Khams aus Tibetisierungsprozessen seit dem 7. Jahrhundert hervorgegangen sind. Mit Blick auf die Ethnogenese der Tibeter und der Diskussion um die räumliche und begriffliche Entstehung des Reiches und Begriffes Tibet erscheint dies mehr als schlüssig. Peter Kessler fand 1983 noch zu wenig Beachtung, als er dies zusammenfasste:

„Außer dieser Kernzone gibt es eine mehr oder minder tiefe Randzone tibetischer und halbtibetischer Peripherievölker (Rong-mi), die sich zwar ebenfalls zu einer der tibetischen Religionen bekennen, aber z.T. eigene Sprachen sprechen.

Weitere Völkerschaften weisen eindeutig tibetische Rassenmerkmale auf, haben jedoch ihre Verbindung zum tibetischen Mutterland in historischer Zeit verloren oder aufgegeben und haben z.T. eigenständige Kulturformen entwickelt.

Andere tibetische Randvölker wurden teilweise hinduisiert (Kirata) oder islamisiert (Balti).
Schließlich gibt es in dieser peripheren Zone des Ethnischen Tibet auch nicht-tibetische Ethnien, die tibetische Traditionen angenommen haben (z.B. Darden, Uiguren, Mongolen u.a.)."[66]

Auch im Himalaya-Raum - von Nordwestindien über Nepal, Sikkim, Bhutan, Arunachal Pradesh bis hin nach Nord-Myanmar - finden sich unterschiedlich weit gehende Übernahmen tibetischer Kulturelemente, inklusive des tibetischen Buddhismus und der Schrift, sprachlich gesehen auch tibetische Lehnwörter bis hin zum Verlust des eigenen Idioms.[67]

Diese Entwicklungen sind jedoch nicht nur Teil der Auseinandersetzung und des kulturellen Austauschs der Tibeter mit China. Wo tibetische Stämme in einem indischen oder nepalesischen Umfeld leben, gibt es Tendenzen einer - wie auch immer gearteten - Indisierung. Doch auch hier bleibt zu betonen: der Akkulturationsdruck wirkt nicht nur aktiv von außen - wie dem Gebrauch indischer Schriftsysteme in staatlichen Schulen, sondern geht auch von den betroffenen Menschen selbst aus. Indischer Schmuck und indische Kleidung werden freiwillig gekauft, die in Indien und Nepal übliche Art zu bauen ist preisgünstiger als die traditionelle tibetische mit ihren teuren Materialien (Holz),[68] und bei den Lhopas in Mustang hat der nepalesische Gruß „Namaste" den tibetischen nicht unter Zwang abgelöst.

All dies soll deutlich machen: lebendige Kultur ist im Wandel, und ihre Vertreter ebenso. Das betrifft die Tibeter wie ihre Nachbarn - Chinesen, Mongolen, Inder, Nepali. Und allein diese gemeinsame Aufzählung von Angehörigen großer Vielvölkernationen zeigt bereits, dass es bei den Tibetern ganz ähnlich sein muss: Einheit in der Vielfalt, aber gerade auch dadurch Wandel und Unschärfen bei der Abgrenzung.

Tibeter daheim und in der Fremde: Tibet und seine Flüchtlinge

Mit den Ereignissen um den tibetischen Aufstand in Lhasa 1959, dessen Unterdrückung und die Flucht des Dalai Lamas nach Indien ins Exil, gewann die Landkarte der Verbreitung der Tibeter eine neue Dimension. Zwar hatte es durch die rege Handelstätigkeit der Tibeter schon früh tibetische Gemeinschaften in Indien, Bhutan und Nepal gegeben, z.B. in den nordindischen 'Hill Stations' Darjeeling (ab Mitte des 19. Jahrhunderts) und Kalimpong (ca. 1 500 Tibeter vor 1959), doch blieb ihre Zahl vergleichsweise gering. Dies änderte sich mit den politischen Unruhen und der anschließenden Repression in Tibet gravierend. Dem Dalai Lama sollen nach der Mehrzahl der Quellen, die allerdings zumeist auf unzuverlässigen Schätzungen beruhten, in den Jahren 1959 bis Ende der 1960er Jahre zwischen 75.000 und 100.000 Tibeter ins Exil gefolgt sein. Ohne jemals einen genauen Zensus erhoben zu haben, bleiben die Zahlen etwas fragwürdig, da sich bis heute - trotz ständig berichteter neu ankommender Flüchtlinge und einer auch auf natürliche Weise anwachsenden Bevölkerung - die Zahl weltweit auf nur etwa 130.000 Exiltibeter belaufen soll.[69] Das UN-Flüchtlingskommissariat (UNHCR) schätzte 1967, dass 50 - 55.000 Tibeter nach Indien und 7 000 nach Nepal geflohen waren.[70]

Die Verteilungsstruktur der Tibeter im Exil hat sich seither nicht wesentlich geändert: Weit über 80 Prozent der Flüchtlinge leben in Indien. Die zweitgrößte Exiltibeter-Gemeinschaft lebt in Nepal, gefolgt von Bhutan und der Schweiz. Die Tibeter mit Flüchtlingsstatus, die in den übrigen Ländern der Welt ansässig sind, machen wohl kaum ein Prozent aus. Nach anfänglichen gewaltigen Härten, die ein Überleben oft nur am Rande des Existenzminimums ermöglichten, arbeiten sie gleich den Menschen in den Ländern, in welchen sie Aufnahme fanden. Sie treiben Handel, Ackerbau und Viehzucht in Indien, betätigen sich kunsthandwerklich oder, vor allem im Westen, als Wissenschaftler und Lehrer. Weniger als fünf Prozent der Exiltibeter, so ist der Autobiographie des Dalai Lama[71] zu entnehmen, leben als Mönche oder Nonnen.

„Tibet lebt heute nicht innerhalb, sondern außerhalb von Tibet. Alles, was Tibet ausmacht - seine Kultur, seine Religion, jeder Bereich -, lebt außerhalb von Tibet"[72],

wird Khensur Lodi Gyari, der Sonderbotschafter des Dalai Lama in Washington, zuweilen zitiert. Dies macht die Haltung der Exiltibeter, oder zumindest ihrer Wortführer, deutlich, dass tibetische Kultur in letzter Instanz nur von ihnen bewahrt wird. Dies ist der Grundtenor, der zum Tragen kommt, wenn um Unterstützung für den Kampf gegen die chinesische Besetzung Tibets und den Einsatz für die Unabhängigkeit eines tibetischen Staates in den Dimensionen Groß-Tibets geworben wird. Insbesondere junge Tibeter, die im Exil geboren wurden und die Heimat nie selbst erlebt haben, sehen oft in der politischen Arbeit ihre besondere Aufgabe. Ein gewisses Sendungsbewusstsein kann ihnen nicht abgesprochen werden, was die Vermutung nahelegt, hier könnte eine neue Identität erwachsen. Zur neuen Identität gehören auch die neuen, teilweise westlichen Werte, die sie in Indien, Europa und Nordamerika kennengelernt haben. Das Exilparlament hat sich eine Verfassung gegeben, die demokratische Ideen, Gerechtigkeit und Gleichberechtigung propagiert, wie auch der Dalai Lama selbst für Gewaltlosigkeit, den Weltfrieden und Toleranz wirbt.

Der Eindruck nach über vier Jahrzehnten Exil muss unterscheiden zwischen einem oberflächlichen und dem des Eingeweihten. Nach außen vermitteln die Exiltibeter den Eindruck einer verschworenen Gemeinschaft mit unumschränktem Zusammenhalt, die zwischen dem Bemühen, sich in ihre Gastgeberländer einzugliedern, und dem, ein gewohnt tibetisches Leben zu führen, pendelt. Wo die Exilgemeinden kleiner sind, integrieren sich die Tibeter stärker in die Gesellschaft, während die großen Gemeinschaften in Indien und Nepal sich nicht nur separieren, sondern versuchen, ihr 'tibetisches Leben' weiterzuführen. In gewisser Weise haben sie in Indien und Nepal tibetische Verhältnisse neu erschaffen. In diesem Bemühen gleichen sie den Tibetern in der Heimat, die nach dem Ende der Kulturrevolution und einer gewissen Liberalisierung zumindest in kulturellen und wirtschaftlichen Belangen ihre Kultur, inklusive der religiösen, nach Kräften revitalisiert haben. Ein großer Identitätsunterschied scheint bei den einfachen Tibetern daher weniger zum Tragen zu kommen als bei jenen in der Führungsschicht.

Dort allerdings scheinen unvereinbare Gegensätze zu herrschen, die eine gemeinsame Entwicklung - selbst unter Ausblendung der momentanen politischen Großwetterlage in Beijing - nicht wahrscheinlich werden lassen. Hier eine Führungsschicht im Exil, die sich einen demokratischen Anstrich gibt, während die Mehrheit der ihnen Untergeordneten, die zudem Demokraten sind, weil der Dalai Lama ihnen dies verordnet hat,[73] sie für reaktionär hält. Dort, in Tibet selbst, eine beträchtliche Zahl von Tibetern als Kader der KP Chinas, die demokratische Rechte und autonome Selbstbestimmung auf dem Papier festgeschrieben hat, aber Mitsprache auf breiter Ebene nur erlaubt, wo die Partei ohnehin nicht gravierend anderer Meinung ist.

In beiden Gesellschaftsordnungen versucht sich eine Mehrheit von jungen und alten Tibetern neu zu orientieren, nicht nur zu fragen: Wer sind wir Tibeter? Sondern auch, wohin werden wir gehen, wer werden wir sein? In diesem Klima bewahren sie zum einen die alten patriarchalen Strukturen, die Regionalismen (Böpa, Khampa, Amdowa) und Sektenunterschiede. Aber durch die Erkenntnis der Bedeutung von Bildung beginnen sie, auch neue Wege zu gehen und zu suchen. Nicht nur im Exil, sondern auch in Tibet selbst, wo die Schwierigkeiten des Bildungssystems inzwischen durchaus kontrovers diskutiert werden. Nicht mehr nur mit (vorübergehender) Flucht der Kinder ins Exil, um dort unter gegenteiligen Vorzeichen ideologisch ausgebildet zu werden. Tatsächlich entstehen in beiden Gemeinschaften, im Exil wie zu Hause in Tibet selbst, neue gesellschaftliche Ausdrucksformen, wie sie im alten Tibet nicht bekannt waren. Hier wie dort entwickeln sich zaghaft neue architektonische Formen, tibetische Schriftsteller, Wissenschaftler, Pop- und Rockmusiker beweisen, dass sie einer lebendigen Kultur angehören, die sich weiterentwickelt. Insofern sind die Tibeter Vertreter einer nach wie vor lebendigen Zivilisation, die sich weiterentwickelt, Neues integriert, aber sich auch neu abgrenzt.

Den Tibetern selbst ist ihre regionale Identität nach wie vor wichtig, selbst wenn sich seit der Flucht ins Exil und durch die Auseinandersetzung mit einem autoritären, von einer anderen Ethnie (den Han-Chinesen) bestimmten Staat in der Heimat erstmals in der Geschichte ein in breiten Schichten der Bevölkerung verwurzeltes Nationalbewusstsein entwickelt hat. Freilich fehlt im Exil bislang noch das Verständnis für die komplexe ethnische Struktur weiter Gebiete außerhalb Zentraltibets, dafür, dass ein von ihnen erträumtes unabhängiges Tibet kein Nationalstaat, sondern ein Nationalitätenstaat sein würde und sein müsste. Noch fehlt im Tibetischen nämlich der Oberbegriff für all diese Bevölkerungen, den wir im Westen mit 'Tibeter' schon besitzen. In einem Gespräch im Jahre 1996 räumte der Ngari Rinpoche, jüngerer Bruder des jetzigen 14. Dalai Lamas, dem Verfasser gegenüber ein, dass sich noch immer nicht alle Tibeter in dem Begriff Böpa wiederfinden könnten. Er dachte über einen übergeordneten Begriff nach, wie z.B. Kangchenpa: „Menschen aus dem Schneeland".

Inv. Nr. 25.28:198 (Foto Saal)
Weihrelief: König Thangtong (tib.: Thangstong rgyal-po, lies: thang tong gyal po). Heller Ton ohne Bemalung. H 4 cm, B 3,5 cm, T 1,5 cm.
Stoetzner: identisch mit Nr. 25.28:196
Dargestellt ist ein bedeutender Kulturheros Tibets: Der „König der Wildnis", Thangtong Gyalpo, lebte der Tradition zufolge von 1385-1509. Neben seiner Leistung als Erbauer der ersten Eisenkettenbrücken Tibets ist er einer der „Schatzfinder" (tib.: gter ston, lies: tertön) der Nyingma-Tradition und verfasste einen wichtigen Text zur Avalokiteśvara-Meditation, der in der Karma-Kagyü-Tradition bis heute verwendet wird. (S. K.)

Inv. Nr. 13.220:16, Tausch Umlauff (Foto Saal)
Relief des Berggottes Gangtschen Dsö Nga (tib.: gangs chen mdzod lnga). Schiefer, Farben. Montierung, Platte unter Plexiglas. H 59 cm, B 49 cm. Publiziert: Ribbach, 1917. Tibet

(Sikkim?) 18. oder 19. Jahrhundert.
Berggötter spielen im Volksglauben des Himalayaraumes allgemein eine große Rolle. Einer der wichtigsten von ihnen ist Gangtschen Dsönga, dessen Name „die fünf Schätze des Schneelandes" bedeutet. Auf den 5 Gipfeln des im Dreiländereck Tibet, Nepal und Sikkim gelegenen Berges Gang-t schen Dsönga (8603 m) leben der Legende nach fünf Brüder, die die fünf Schätze Gold, Silber, Edelsteine, Getreide und heilige Bücher hüten. Sie vereinigen sich in einer Gestalt als Personifikation des Berges. Diese wiederum gilt als Emanation des Reichtumgsgottes Vaiśravaṇa-Kubera, den die Buddhisten Sikkims als einen der göttlichen Schutzpatrone ihres Landes verehren. Er ist daher vor allem in Sikkim eine volkstümliche Figur. Der milde, zornige Gesichtsausdruck mit dem dritten Auge und die militärische Ausrüstung mit 6 Wimpeln auf den Schultern, Waffenrock, Stiefeln und Köcher, sowie auf dem Helm ein Siegesbanner mit Schirmchen in fünf Farben, ist für Berggottheiten charakteristisch. (S. K.)

Inv. Nr. 2762:09, Slg. Leder
(Foto Saal)
Rollbild: Lokalgottheit (tib.: dgra lha, lies: dschra lha) mit Begleitern. Farben auf grundiertem Textilgewebe. Bild H 29 cm, B 25 cm, gesamt H 59, B max 48 cm, Mongolei, 18. oder 19. Jahrhundert.
Diese Art von Lokalgottheit gehört zu den sogenannten „Feind[abwehrenden]-Göttern". Diese dürften der ältesten Schicht des tibetischen Volksglaubens angehören und spielen heute sowohl in der buddhistischen Bevölkerung als auch unter den Anhängern der Bön-Religion eine große

Rolle. Sie sollen ihre Anhänger vor Feinden und Unbill schützen und ihnen helfen, im sozialen Rang aufzusteigen. (S. K.)

Inv. Nr. 2820:09, Slg. Leder (Foto Saal)
Bild (unmontiert): Die Fee Sumukhi (skt.: Sumukhī, tib.: mThing-gi zhal-bzang-ma, lies: tinggi schäl sangma, mong.: Sayin niyurtai, Sayin oyutai). Gold- und weitere Farben auf grundiertem Textilgewebe. Maße: H 30 cm, B 27,5 cm. Publiziert Knödel/Johansen, 2000: 110-111, Mongolei, 19. Jahrhundert.
Sumukhī, die Fee „mit dem freundlichen Gesicht", ist eine der „5 Glücksschwestern" (eigentlich: Schwestern des langen Lebens, tib.: Tshe ring mched lnga, lies: tsering tsche nga). Sie wurden als einheimische Gestalten des tibetischen Hochlandes in den Buddhismus übernommen und sind nun Beschützerinnen der in Berghöhlen meditierenden Buddhisten. Als solche gingen die ursprünglich einheimischen tibetischen Gestalten in die Kunst der Mongolei über. (S. K.)

Inv. Nr. 25.28:245, Slg Stoetzner (Fotos Saal)
Tscham Maske (tib.: 'cham 'bag, lies: tscham bag): Lokalgottheit. Textilgewebe, Papier, Wolle, Farben. H ca. 45 cm, Osttibet.
Stoetzner: „Tatsienlu. Dämonen–Maske aus dem Privattempel des Kiala-Königs vor dem Ort. Sie wurde bei lamaistischen Tänzen gebraucht. Sie ist aus einem Gewebe hergestellt, welches mit einer gipsartigen Masse versteift ist. Augenbrauen und Bart sind aus Papier und Wolle, aufgeklebt."
Solche Arten von Masken finden in Myste-

rienspielen (tib.: 'cham/'cham 'bag, lies: tscham/tscham bag) Verwendung, die in tibetisch-buddhistischen Klöstern aufgeführt werden. Die Masken gelten als zeitweiliger oder dauerhafter Aufenthaltsort bestimmter Gottheiten des tibetisch-buddhistischen Pantheons sowie auch für Lokalgottheiten und Geister. Diese Wesen werden durch spezielle Bann- und Anrufungsriten von einem Lama in die Maske hinein gebannt. Die Maske ist nach tibetischer Anschauung identisch mit der abgebildeten Gottheit und die Tänzer nehmen kraft der zuvor durchgeführten Meditationen mit dem Anlegen der Maske sowie der Tanzkostüme und den dazugehörigen Handattributen die Identität der Gottheiten an, die sie darstellen. Im Allgemeinen werden die Tanzmasken nur von Mönchen getragen, die sich durch rituelle Praktiken und das Üben der Tänze auf ihren Auftritt vorbereiten müssen. Masken der Kriegsgötter und sogenannter Spaßmacher können auch von Laien getragen werden.
Bei dieser Maske handelt es sich um die Darstellung einer Lokalgottheit, die den für niedere, autochthone Gottheiten charakteristischen Thö-Hut (tib.: thod) trägt. Masken niederer Ortsgottheiten werden als Träger übler Einflüsse oder potenziell als unheilbringend angesehen. Sie werden in einem speziellen Raum des Klosters aufbewahrt und von Mönchen rituell bedient.
N. Ronge zufolge handelt es sich bei dieser Maske um die Darstellung einer Lokalgotteit vom Typ Tsen (tib.: btsan). Die Tsen stellen eine der bedeutendsten Klassen tibetischer dämonischer Gottheiten dar. Die typische Krankheit, die sie verursachen, ist die Kolik.

Inv. Nr. 2001.18:3, Altbestand, Vorbesitzer unbekannt (Foto Saal)
Tscham Maske (tib.: 'cham 'bag, lies tscham bag): Niedere Dämonin, Dü-Dämonin (tib.: bdud, lies: dü). Pappmaché, Yak(?) Haar, Draht, Textil. H ca. 49 cm, Tibet?
Die überlebensgroße Maske stellt eine niedere, weibliche Gottheit aus der Klasse der Dü-Dämonen dar. Hierbei handelt es sich um vorbuddhistische Gottheiten, die eine bedeutende Rolle innerhalb des Pantheons des tibetischen Buddhismus

eingenommen haben. Solche Masken finden in einer Szene der Tscham-Tänze (tib.: 'cham / 'bag 'cham, lies: tscham / bag tscham) Verwendung, in der im Zuge der Einführung des Buddhismus in Tibet die Unterwerfung der indigenen Götter dargestellt wird. Eigenartig ist die Größe der Maske – möglicherweise handelt es sich um eine in Deutschland hergestellte Kopie. (S.K.)

Inv. Nr. 1363:08, Ankauf Paul Mövis (Foto Saal)
Rollbild zur Abwehr ungünstiger Einflüsse (srid pa ho (phyag), lies: si pa ho (tschag)) Farben auf Textilgewebe. Bild H 81 cm, B 52 cm. Gesamt H 146 cm, B max 103 cm. (Publiziert Knödel / Johansen, 2000: 160-161). Randgebiete Tibets? Frühes 20. Jahrhundert?
Solche Darstellungen dienen der Abwehr von dämonischen und schlechten astrologischen Einflüssen. Bei Hochzeiten und Begräbnissen werden sie der Prozession vorangetragen, um den Weg frei zu machen. Zu sehen sind astrologische Symbole, buddhistische Schützergestalten und magische Formeln. (S. K.)

Inv. Nr. 2859:09, Slg. Leder (Foto Saal)
Bild (unmont.): Der Reichtumsgott Jambhala (Vaiśravaṇa-Kubera) (skt.: Vaiśravaṇa/Jambhala, tib: rNam-thos-sras, lies: namthösä, mong.: Namsrai).
Farben auf grundiertem Textilgewebe, unmontiert. H 26, B 21 cm. Mongolei, um 1900.
Das Bild zeigt Vaiśravaṇa-Kubera, den Wächter der nördlichen Himmelsrich-

tung, in seinem sehr volkstümlichen Aspekt als Reichtumsgott. Er sitzt auf einem Schneelöwen und hält seine Attribute, ein juwelenspeiendes Mungo in der linken und eine Standarte in der rechten Hand. Vgl. zu dieser Gestalt auch den Artikel von Caumanns in diesem Band. (S. K.)

Inv. Nr. 13.220:1, Tausch Umlauff (Foto Saal)
Altareinfasung (von Drachen getragener Baldachin). Holz, farbig gefasst. H 172 cm, B ges. 200 cm, B innen ca. 126 cm, (Ost-?) Tibet.
Die von den Drachen gespielten Lauteninstrumente weisen auf die himmlischen Musiker (Gandharvas) hin. Die Altareinfassung wurde vermutlich nachträglich passend zum Tisch Nr. 13.220:2 hergestellt. (S. K.)

Inv. Nr. 30.246:4, Tausch Umlauff (Foto Saal)
Kleine Figurengruppe
Guss, stark kupferhaltiges Metall. H 4,5 cm, B max 4,5 cm. Tibet (laut Inventarbuch China), 7. Jahrhundert oder früher (?).
Diese beiden tanzenden Kinderfiguren, die Nadeln gegen ihre Bäuche halten, konnten noch nicht näher identifiziert werden. Es dürfte sich jedoch um Figuren handeln, die in prähistorischer Zeit, d.h. in den ersten Jahrhunderten unserer Zeitrechnung, gegossen wurden (tib.: thog lcags, lies: thog tschag). (S. K.)

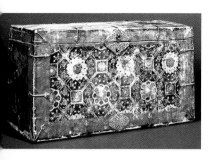

Inv. Nr. 2004.38:18, Kauf Ronge (Foto Saal)
Truhe (tib.: shing sgam, lies: sching gam).
Holz, Eisen (?), Leder, Textil. H ca. 35 cm max, B ca. 76 cm max, T ca. 35 cm max, Tibet, 17. Jahrhundert (?).
Solche Truhen können zur Aufbewahrung von unterschiedlichsten Gegenständen, wie z.B. Kleidern, aber auch Büchern dienen. (S. K.)

Slg. Ronge (Foto Saal)
Lesetisch (tib.: lcog rtse, lies: tschog tse), Holz. H ca. 40,5 cm max; B ca. 78 cm max; T ca. 39 cm max, Tibet.
Das querrechteckige Pult dient zum Auflegen eines Buches beim Lesen. Da tibetische Bücher nach oben aufgeschlagen werden, muß die Tischplatte tief genug sein, um zwei Buchseiten übereinander aufzunehmen. Vorne auf dem Pult in schöner Schnitzarbeit eine Kirtimukha-Maske. Sie hat Unheil abwehrende, positive Bedeutung. (S. K.)

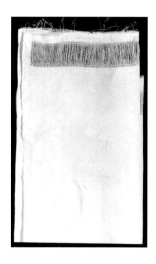

Inv. Nr. 2002.18:16, Schenkung Camps (Foto Saal)
Zeremonialschal / Katag (tib.: kha btags, lies: kata/katag), Kunststoff. L 1,10 m, B 45 cm, tibetischer Kulturraum (Herkunftsort unbekannt)
Einen Katag zu überreichen ist ein Zeichen der Höflichkeit, eine Geste der Opferung (etwa wenn er einer Statue dargebracht wird), des Willkommenheißens und des höflichen Austauschs. Während aller Zeremonien, privat oder öffentlich, in großem oder kleinem Rahmen ist der

Katag ein fester Bestandteil, um gegenseitigen Respekt auszudrücken. Normalerweise ist er weiß, manchmal orange oder von goldgelber Farbe, in der Mongolei sind sie himmelblau. Ein weißer Katag repräsentiert die Reinheit der Geste und den Respekt der Person, die ihn darbringt. (Levenson 1996: 46). Während in viele Katags Dekorationselemente eingewoben sind, ist dieser völlig einfach gehalten. (IsL)

Bibliographie

Beckwith, Christopher
1987   The Tibetan Empire in Central Asia. Princeton, 4. Aufl. 1993.

Brauen, Martin
2000   Traumwelt Tibet. Westliche Trugbilder. Bern.

Bray, John
1997   Ladakhi and Bhutanese enclaves in Tibet. In: Thierry Dodin & Heinz Räther (Hrsg.), Recent Research on Ladakh 7, S. 89-104. Ulm.

Dodin, Thierry / Räther, Heinz (Hrsg.)
1997   Mythos Tibet. Wahrnehmungen, Projektionen, Phantasien. Köln.

Dreyfus, Georges
1994   Cherished memories, cherished communities: proto-nationalism in Tibet. In: Per Kvaerne (Hrsg.), Tibetan Studies, vol. 1, S. 205-218. Oslo.

Ekvall, Robert B.
1960   The Tibetan self-image. In: Pacific Affairs, vol. 33 (4), S. 375-382.

Grunfeld, Tom A.
1987 The Making of Modern Tibet. London.

Gruschke, Andreas
1993 Tibet. Weites Land auf dem Dach der Welt. Freiburg
1996 Mythen und Legenden der Tibeter. München.
1997 Demographie und Ethnographie im Hochland von Tibet. In: Geographische Rundschau, 49 (5), S. 279–286.
1998 China und Tibet im Spannungsfeld von Nationalismus und Regionalismus. In: Das neue China, 25. Jg. (3), S. 21–24.

The Cultural Monuments of Tibet's Outer Provinces:
2001 Amdo, 2 Bde. Bangkok.
2004 Kham. vol. 1 - The TAR Part of Kham. Bangkok.

Haarh, Erik
1969 The Yar-luń Dynasty. Kobenhavn.

Henss, Michael
1981 Tibet. Die Kulturdenkmäler. Zürich.

Hermanns, Matthias
1949 Die Nomaden von Tibet. Wien.

Hoffmann, Helmut
1990 Early and medieval Tibet. In: D. Sinor (Hrsg.), The Cambridge History of Early Inner Asia, S. 371-399, 490-492. Nachdruck in: McKay 2003, vol. I, S. 45-68. Cambridge.

Kessler, Peter
1983 Laufende Arbeiten zu einem Ethnohistorischen Atlas Tibets (EAT), Lieferung 40.1: Die historischen Königreiche Ling und Derge. Tibet-Institut Rikon.

Klieger, Christiaan
1992 Tibetan Nationalism. Berkeley.

Kolmaš, Josef
1967   Tibet and Imperial China. Canberra.

Lama Tsenpo (bla ma btsan po)
ca. 1839 blo sbyong tshig brgyad (The Geography of Tibet), s. Wylie 1962.

Lobsang Sangay
2004   China in Tibet: Befreiung oder Besetzung? In: Tibet Forum 1, S. 20-27.

McGranahan, Carole
2003   Empire and the Status of Tibet. In: Alex McKay (Hrsg.), The History of Tibet, Bd. 3, S. 267-295.

McKay, Alex (Hrsg.)
2003   The History of Tibet, 3 Bde. London.

Michael, Franz
1982   Rule by incarnation: Tibetan Buddhism and Its Role in Society and State. Boulder.

Müller, Claudius C. / Raunig, Walter (Hrsg.)
1988   Der Weg zum Dach der Welt. Innsbruck.

Pelliot, Paul
1915   Quelques transcriptions chinoises de noms tibétains. In: T'oung Pao, S. 1-26.

Samuel, Geoffrey
1993   Civilized Shamans. Buddhism in Tibetan Societies. Washington.

Smith, Warren W.
1996   Tibetan Nation. New Delhi.

Snellgrove, David
1987   The cultural effects of territorial expansion. In: Indo-Tibetan Buddhism, S. 386-193, 398-406. London.

Stein, Rolf A.
1951   Mi-ñag et Sihia. In: Bulletin de l' Ecole Française d'Extrême-Orient (Hanoi), vol. 44 (1947-50), S. 223-265. Hanoi.
1961   Les tribus anciennes des marches sino - tibétaines. Légendes, classification et histoire (Bibliothèque de l'Institut des Hautes Etudes Chinoises, vol. XV). Paris.
1993   Die Kultur Tibets. Berlin.

Shakya, Tsering
1999   The Dragon in the Land of Snows. A History of Modern Tibet Since 1947. London.

Tucci, Giuseppe
1949   Tibetan Painted Scrolls. Roma.

Wylie, Turrell V.
1962   The Geography of Tibet according to the 'Dzam-gling-rgyas-bshad. Roma.

Anmerkungen

[1] blo sbyong tshig brgyad, zit. und übersetzt nach Wylie 1962, S. 97.
[2] Zit. Brauen 2000, S. 45f.
[3] Jörg Lösel: Tibet im Spielfilm. In: Müller und Raunig (o.J.), S. 397f.
[4] Zit. Brauen 2000, S. 98f.
[5] Zit. übers. nach Snellgrove & Richardson 1968, p.175.
[6] H.A. Jäschke, A Tibetan-English Dictionary. Richmond 1998, S. 278. Ebenso im tibetisch-englischen Wörterbuch von Sarat Chandra Das, A Tibetan-English Dictionary with Sanskrit Synonyms, Calcutta 1902. Vgl. Samuel 1993, S. 561. Die weitreichenden, in gewisser Weise 'kolonialistischen' Konsequenzen der Verbreitung des tibetischen Buddhismus werden um so deutlicher, je mehr man sich vor Augen hält, wie stark fast alle Aspekte der tibetischen Gesellschaft vom durchaus nicht zu Unrecht mit dem

ungeliebten Wort Lamaismus bezeichneten religiösen und religionspolitischen System durchdrungen und beherrscht waren. (Vgl. dazu A. Gruschke, Tibetischer Buddhismus, München 2003, S. 86f.).

[7] Alexander MacDonald, Remarks on the Manipulation of Power and Authority in the High Himalaya. In: Tibet Journal, 12 (1987), Nr. 1, S. 3-16. Vgl. auch Samuel 1993, S. 562.

[8] Er stieg von 9% im Jahre 1953, 16% in 1964 auf 19% in 1990, nachdem er 1982 zwischenzeitlich bei einem Spitzenwert von 22% lag. (Xing Haining, Bevölkerungsverteilung und -merkmale der Tibeter in Qinghai (chin.). In: Xizang yanjiu, 1993, Nr. 1; vgl. Gruschke 1997).

[9] Gruschke 1993, und 1997, S. 279-286.

[10] Zit. und übers. nach Wylie 1962, S. 102f.

[11] Grunfeld 1987, S. 219.

[12] Die beliebte und verbreitete Übersetzung 'Westliches Schatzhaus', mit der gerne auf die sozusagen programmatisch angelegte Ausplünderung des Landes durch China verwiesen wird, übersieht und unterschlägt dabei mehrere wichtige Dinge. Mit dem Phonem Zang (sprich: Tsang), das wie eine der beiden wichtigsten Provinzen Tibets ausgesprochen wird, bezeichnen die Chinesen das Volk der Tibeter. Im Chinesischen existiert nur eine Handvoll gebräuchlicher Zeichen, die so lauten. Von diesen gängigsten Zeichen haben die anderen Bedeutungen wie: «Diebesgut, schmutzig, gut, Ross, Eingeweide, bestatten». Das als 'zang' ausgesprochene Zeichen, das gewählt wurde, trägt zusätzlich zu seinem Sinn 'Tibeter' noch die Bedeutungen «Speicher, Verwahrungsort, heilige/religiöse Schriften». Eine andere Bezeichnung dürfte kaum passender sein.

[13] Noch heute heißt Tibet im Arabischen at-Tubbat / at-Tibit, desgleichen Tibat im Farsi und Tibbat in Urdu. (www.geonames.de/coucn.html) Nach chinesischen Quellen (http: //member.netease.com/~glenrose/west/name.htm) soll die Bezeichnung Tibbat im 9. Jahrhundert von einem arabischen Händler in einem 851 abgefassten Reisebericht wiedergegeben worden sein. Stein (1993, S. 27) nennt weitere lautliche Variationen wie Tuppat oder Tüpüt, Bezeichnungen, die so in türkischen und sogdischen Texten des 7. / 8. Jahrhunderts auftauchen sollen.

[14] 'In dieser Form (Tübbet, Tibbat usw.) haben die muslimischen Autoren seit dem 9. Jahrhundert den Namen verbreitet, und über sie ist diese Namensform zu den westlichen Reisenden des Mittelalters (Plano de Carpini, Rubruck, Marco Polo, Francesco della Penna) gelangt.' (Zit. Stein 1993, S. 27).

[15] Haarh 1969, S. 289.

[16] Stein 1993, S. 27.

[17] Tufan wurde also tatsächlich Tubo gelesen. Vgl. Hanyu Da Cidian, Bd. 3, hrsg. vom Hanyu dacidian chubanshe (Verlag Großes Lexikon des Chinesischen), Shanghai 1989, 3. Auflage 1994, S. 89, no.15; ebenso im bekannten Kangxi-Wörterbuch der mandschurischen Qing-Dynastie. Da das Zeichen in der Aussprache fan mit einer barbarischen Konnotation 'Fremdling' bedeutet, wurde Tubo später wohl Tufan gelesen, zumal da die chinesische Unkenntnis des Ursprungs dieser tibetischen Dynastie sie in den Annalen Xin Tang Shu vom turko-mongolischen Volk Tufa ableiten ließ. (Hermanns 1949, S. 9) Das fa der chinesischen Bezeichnung für eine bestimmte Qiang-Gruppe wiederum soll im chinesischen Altertum in etwa wie puat ausgesprochen worden sein (Beckwith 1993, S. 7) und liefert damit einen Hinweis auf die alte tibetische Aussprache bod, die sich ja auch in den indischen Sprachen mit bhot, Bhote, Bhotia usw. niedergeschlagen hat.

[18] Henss 1981, S. 24, Hermanns 1949, S. 9f.

[19] Zur Diskussion der phonetischen Möglichkeiten und Richtigkeit vgl. Hermanns (1949,

S. 9f.). Nach Meinung von Beckwith (1993, S. 19f., n. 33) ist unsere Bezeichnung Tibet ausschließlich vom chinesischen Tufan/Tubo abzuleiten. Er schließt sich der Auffassung Pelliots (1915, S. 18-20) an, der deutlich zu machen versuchte, dass das heute in der Regel fan gelesene chinesische Zeichen sich nicht von Bod ableiten könne, weil chinesische Lexika die mögliche Aussprache bo nicht unterstützen würden (Pelliot 1915, S. 18-20). Hier allerdings irrte Pelliot. (Vgl. vorhergehende Fußnote 12) Damit ist der mögliche Ursprung von (Tu-)bo in Bod noch keineswegs widerlegt. Vgl. dazu auch die linguistische Herleitung bei Haarh (1969, S. 289 und 291).

[20] Haarh 1969, S. 291: 'the Bod of Tu, indicating the Tibetans under the rule of the Tufa clan'. Dass im Chinesischen die Schriftzeichen Tu in Tufa und Tufan unterschiedlich sind, kann, muss jedoch nicht von großer Bedeutung sein. Auch andere Regionen und Völker Zentral- und Ostasiens wurden in chinesischen Annalen zuweilen mit unterschiedlichen, jedoch gleich lautenden Schriftzeichen benannt.

[21] Zit. Beckwith 1993, S. 8. Vgl. auch S. 16, in der auf die erste Nennung des Namens Bod in tibetischen Quellen verwiesen wird, und zwar als eine eroberte Region. Demzufolge wurde schon in alten Texten Bod manchmal auf eine zentraltibetische Kernregion, in anderen Fällen wieder auf die 'tibetische Ökumene' des Yarlung-Imperiums bezogen (Haarh 1969, S. 289f.). Hierin dürfte ein Ursprung dafür liegen, warum mit Bod lediglich ein Teil Tibets gemeint ist, auch wenn Bod heutzutage in seiner Übersetzung 'Tibet' in westlichen Sprachen gerne auf das gesamte Hochland bezogen wird. Darüber hinaus ist darauf hinzuweisen, dass gerade die nordwestlich Zentraltibets gelegene Region Shangshung, die hier u.a. erobert wurde, der Überlieferung nach als eigentliche Heimat der Bön-Religion gilt (vgl. Gruschke 1996, S. 104-133) und damit eine etymologische Verbindung zwischen Bön (bon) und Bod hiermit wieder wahrscheinlicher würde.

[22] Smith 1996, S. 11-17; Stein 1961, S. 46, 48, 84 und Stein 1993, S. 25-29. Zu den Indoeuropäischen Yuezhi (Yüeh-chih) vgl. Beckwith 1993, S. 6.

[23] blo sbyong tshig brgyad, zit. nach Wylie 1962, S.113.

[24] Stein 1961, S. 4f. Zur Legende von dem Affen und der Bergdämonin vgl. Gruschke 1996, S. 31-36.

[25] Diese Zuordnungen sind jedoch keineswegs eindeutig, denn die Se konnten auch mit Minyag in Verbindung gebracht werden, zu deren Bevölkerung sie ebenfalls beitrugen (Stein 1951, S. 248; Smith 1996, S. 15). Es ist hier auch anzumerken, dass die meisten dieser Reiche, die mit den 'Vorläufer'-Stämmen der Tibeter in Verbindung gebracht werden, bis ins 7. Jahrhundert hinein selbstständige Reiche besaßen. So erschienen noch 648 Abgesandte des Reiches Shangshung am chinesischen Hof, das dort als eigenes Land aufgelistet wurde (Hisashi Sato nach Beckwith 1993, S. 25, n. 67).

[26] Smith 1996, S. 17.

[27] Alte Schreibweise: Ch'iang, Pinyin: Qiang.

[28] Diese vor allem linguistischen Einteilungen sind sehr umstritten und können allenfalls als Ordnungsschablonen dienen, die immer wieder hinterfragt werden müssen. Selbst heute noch ist die gemeinsame Einordnung z.B. des Tibetischen und Birmanischen in eine tibetobirmanische Sprachgruppe oder deren Zuordnung zum Chinesischen in eine sinotibetische Sprachfamilie durchaus fragwürdig. Um wieviel mehr muss dies für Völker im Altertum und Mittelalter gelten, deren Sprachen nur unzulänglich überliefert sind. Vgl. dazu die kritischen Anmerkungen von Beckwith (1993, S. 3ff, Fußnoten 2 und 3).

[29] Smith 1996, S. 16; Stein 1993, S. 43.

[30] Smith 1996, S. 12, 15f.; Stein 1961, S. 4, 20, 64.

[31] Tucci 1949, S. 6.

[32] Tashi Tsering, nach Smith 1996, S. 9.

[33] Zit. Kolmaš 1967, S. 4f.

[34] Zit. Stein 1993, S. 26.
[35] Zu den Quellen s. Beckwith 1993, S. 13, Fußnoten 1 und 7. Im Tibetischen, wie teilweise in anderen innerasiatischen Sprachen, steht der Begriff für Rinder synonym für Wohlstand.
[36] Zit. Stein 1993, S. 28f. Die Darstellung hier ist keineswegs komplett und ließe sich noch fortführen. Vgl. dazu z.b. Gruschke 1993, 1997 und 2001.
[37] Henss 1981, S. 24.
[38] Vgl. Pelliot 1961, p. 143; Samten Gyaltsen Karmay, The Arrow and the Spindle. Studies in History, Myths, Rituals and Beliefs in Tibet. Kathmandu 1998, p. 525. Der sakrale Charakter hat sich auch in den Mythen der Königszeit niedergeschlagen (vgl. Gruschke 1996, pp. 174-176). Beckwith (1987, p. 14) schreibt den durchgängigen Gebrauch des Ausdrucks König einer Ungenauigkeit späterer Chronisten zu. Es ist jedoch zu betonen, dass dies wohl keine zufällige Ungenauigkeit war, namentlich weil der Titel btsan po zwischenzeitlich außer Gebrauch war. Es ist sogar sehr wahrscheinlich, dass das tibetische Wort rgyal po, König, wegen seiner in der Folgezeit üblich gewordenen Deutung als Religionskönig, chos rgyal, bewusst gewählt wurde.
[39] Vgl. Gruschke 2004, S. 22f.
[40] Das Smad ('unten'=Osten) drückt hier aus, dass in einer Dreigliederung des Landes (Tibet) Mdo khams sgang drug den östlichen Teil ausmache, in Ergänzung zum oberen (Stod), d.h. westlichen Mnga ris skor gsum und mittleren (Bar) Dbus gtsang ru bzhi (Vgl. Wylie 1962, S. 55).
[41] Die umfassendste Geschichte und Geographie Amdos (yul mdo smad kyi ljongs su thub bstan rin po che ji ltar dar ba'i tshul gsal bar brjod pa deb ther rgya mtsho zhes bya ba, chin. Ausgabe «Anduo Zhengjiao Shi» [Die politische und religiöse Geschichte von Amdo), Lanzhou 1989, verfasst von Dragönpa Könchog Tenpa Rabgye [1801-nach 1865] erwähnt das Tsaidam-Becken nur im Zusammenhang mit der Geschichte der dort lebenden Mongolen. Vgl. Gruschke 2003, Bd. 1, S. 10-16.
[42] Vgl. hierzu die Ausführungen im jeweiligen Kapitel „Introduction to Tibet's Cultural Provinces Amdo and Kham" in Gruschke 2001 und 2004.
[43] Einige wenige Ausnahmen liegen im Übergangsbereich von Kham zu Amdo: Serta, Dzamthang, Ngawa und Sharkhog (chin. Songpan) zählen zu Amdo, obwohl sie im Einzugsgebiet des Yangtse liegen. Außerdem rechnen die Tibeter noch einige Gebiete im östlichen Einzugsgebiet des Tsangpo-Brahmaputra zu Kham: Lhari, Poyül, Dzayül und Methog-Pemakö (Vgl. Gruschke 2004).
[44] Kessler 1983, S.15, 81-84. - Tatsächlich gab es einen einzigen Versuch einer Verwaltungseinheit, die den gesamten Raum von Kham umfasste, in den Jahren 1927-1955, und zwar nicht durch eine tibetische Regierung, sondern die nationalchinesische Guomindang (KMT). Sie wurde auf chinesisch Xikang genannt (cp. Samuel 1993, p.66, 71, 80), erhielt 1939 sogar den Status einer regulären Provinz mit dem Verwaltungszentrum in Kangding (tib. Dar rtse mdo), besaß aber, insbesondere im Raum westlich des Jangtse, eine nur nominelle Geltung.
[45] Vgl. hierzu Gruschke 2003, 2004; Samuel 1993; Shakya 1999.
[46] blo sbyong tshig brgyad, zit. nach Wylie 1962, S. 105. Lama Tsenpo beschreibt noch weitere Regionen, die nach weitläufiger Meinung als zu Tibet gehörig betrachtet werden und in welchen viele chinesische Gemeinden existierten, z.B. Wylie S. 110, 111, 112.
[47] blo sbyong tshig brgyad, zit. nach Wylie 1962, S. 107.
[48] blo sbyong tshig brgyad, zit. nach Wylie 1962, S. 110. Das Haupttal von Tsongkha kennt wohl schon seit langem keine tibetisch sprechende Bevölkerung mehr. Schon der heutige 14. Dalai Lama, der aus Taktser (chin. Hongya cun) stammt, einem Bergdorf in einem südlichen Seitental Tsongkhas im heutigen Kreis Ping'an, vermochte als

Dreijähriger bei seiner Auffindung als Dalai Lama scheinbar noch kein tibetisch zu sprechen. Dem deutschen Missionar und Tibetforscher Matthias Hermanns, der dies in seinem Buch „Mythologie der Tibeter" (Neuausgabe Essen o.J., S. 202) berichtete, erklärten Mönche, dass in der Familie nur chinesisch gesprochen worden sei.

[49] Zum Jamyang Lama s. Gruschke 2001, Bd. 2, zu den Chamdo und Dragyab Lamas s. Gruschke 2004.

[50] Diese Zahl berücksichtigt allerdings weder die han-chinesisch dominierten Distrikte (also z.B. die Großstadt Xining und der östlich anschließende Raum des Tsongkha) noch die Tibeter in Gebieten autonomer Selbstverwaltung anderer Ethnien im Hochland (z.B. Dowi, das als autonomer Kreis der Salaren ausgewiesen ist).

[51] Als Khampas bezeichnen sich in der ART die Einwohner der heutigen Kreise Lhari (Lha ri), Biru ('Bri ru) und Bachen (sBra chen) (im Nagchu-Distrikt), Tengchen (sTeng chen), Riwoche (Ri bo che), Pembar (dPal 'bar), Lhorong (Lho rong), Chamdo (Chab mdo), Jomda ('Jo mda'), Gonjo (Go 'jo), Dragyab (Brag g.yab), Pashö (dPag shod), Dzogang (mDzo sgang) und Markham (sMar khams) (im Chamdo-Distrikt), sowie Dzayül (rDza yul), Pome (sPo smad) und teilweise in Metog (Me tog) (im Nyingthri-Distrikt). Deren Bevölkerung umfasst ca. 700.000 Einwohner, von denen weit über 90% Tibeter sind. Damit beträgt der Anteil der Khampas in der ART etwas weniger als ein Drittel der tibetischen Bevölkerung dort.

[52] Damit schließt sich der Kreis unserer Betrachtung wieder in Bezug auf zwei Blickwinkel: zum einen, dass der alte Name Bod sich ursprünglich nur auf einen Teil des tibetischen Plateaus bezog (Beckwith 1987, S. 16); zum anderen nähern wir uns so einer auf heutzutage rund 1,4 Millionen von ehemals einer Million Böpa-Tibeter angewachsenen Zahl, die als Fortschreibung der zu Anfang unserer Betrachtung interpretierten Einwohnertabelle von Grundfeld durchaus Sinn machen würde.

[53] Zit. Shakya 1999, S. 520 n. 115.

[54] Wylie 1962, S. 55f. Tatsächlich gelten die Balti im oberen Indus-Tal als die einzigen muslimischen Tibeter.

[55] Vgl. Wylie 1962, S. 63, 73.

[56] Belegstellen: für Hor ('Obwohl sie Gemeinschaften von Hor seien, sind sie Tibeter.') ist Wylie 1962, S. 88, für Ost-Kham S. 101 (indirekt, indem er protokolliert, dass die Regionen westlich davon der Jurisdiktion von Tibet unterstehen) sowie Xining und Tsongkha S. 109f.

[57] Vgl. das Zitat von Lama Tsenpo im dritten Abschnitt dieses Artikels.

[58] Obschon hierzu auch die Regionen Dolpo, Mustang und Spiti zählen, sind diese bei Lama Tsenpo / Wylie 1962 nicht explizit aufgeführt. Im Übrigen besaßen Ladakh und Bhutan als selbständige Regionen sogar Enklaven innerhalb des von der Lhasa-Regierung des Dalai Lama beherrschten Tibet (Vgl. Bray 1997).

[59] Zit. (Übers.) Samuel 1993, S. 46.

[60] Umgekehrt haben die Tibeter selbst in den letzten drei, vier Jahrhunderten große Wanderungsbewegungen hinter sich gebracht: so die Sherpas, die aus Kham in den zentralen Himalaya migriert sind, tibetische Stämme siedelten vom südlichen ins nördliche Amdo um und verdrängten und assimilierten dabei teilweise mongolische Gruppen.

[61] Die klassische konfuzianische Auffassung, die sich beispielsweise nach den frühen Eroberungen der Ming-Dynastie (1368-1644) ab etwa der Mitte des 15. Jahrhunderts wieder durchsetzte, war die, dass als unzivilisiert geltende Randvölker im Zuge ihrer Zivilisierung sich von selbst dem Reich der Mitte anschließen würden. Dass dementsprechend die Regierung angehalten wurde, diese Regionen nicht gewaltsam einzugliedern - dieses dürfte einer der Punkte sein, die mit dem wachsenden Einfluss

nationalistischer Kreise zum Ende der Kaiserzeit und Beginn der Republik China (Anfang 20. Jahrhundert), vor allem aber der Politik Mao Zedongs einen der krassesten Wandel erlebt haben. Andereseits standen am Anfang der meisten, wenn nicht aller Dynastien Chinas häufiger die streitbaren, expansionistischen Elemente und wurden später von bedachten Gruppierungen abgelöst. Insofern wäre dies nichts bahnbrechend Neues.

[62] Genau genommen wurde die Verwendung des Titels Dalai Lama bis ins 20. Jahrhundert nur von Seiten der mandschu-chinesischen Bürokratie kontinuierlich durchgesetzt, während Tibeter ihn als Kundun anredeten bzw. Yeshe Norbu, Gyalwa Rimpoche usw. bezeichneten. Noch in den 1980er Jahren erlebte es der Autor in ländlichen Regionen Tibets, dass Tibeter mit dem Begriff «Dalai Lama» nichts anfangen konnten. Genau genommen übernahm der Westen den Titel eigentlich aus dem chinesischen Sprachgebrauch und setzte ihn letztlich so auch bei den Tibetern, insbesondere im Exil, durch. (Vgl. Gruschke, Dalai Lama, München 2003, S. 9-12)

[63] Dies ist nicht nur von Chinesen, die während des Langen Marsches wegen Schwäche oder Verletzung in tibetischen Gebieten zurückbleiben mussten, überliefert. Vielmehr kennt der Autor auch einzelne Beispiele aus moderner Zeit.

[64] Bis Ende der 1990er Jahre konnte man noch häufiger Ger (Jurte) als ihre typischen Behausungen zu Gesicht bekommen.

[65] Während Lhasa-Tibeter, insbesondere Behörden der Exilregierung, dazu neigen, Minyag (mi nyag), Gyarong (rgyal mo rong), die Qiang-Berggebiete des Min Shan (byang, in Sichuan) und die Naxi-Moso-Pumi-Region um den Lugu-See sowie die AP Lijiang der Naxi (lho 'jang sa tham, in Yunnan) zu Kham zu rechnen, haben die Bevölkerungen dieser Gebiete ihre eigene Vorstellung davon, wo sie dazu gehören und wo nicht. Aus anthropologischer Sicht leben sie im Bannkreis des ethnischen Tibet, d.h. sie sind ebenso Bönpo oder Tantrische Buddhisten wie die Tibeter oder wurden zumindest von tibetischer Kultur beeinflusst, sprechen jedoch ihre eigenen Sprachen. Einige von ihnen besitzen sogar ein eigenes Schriftsystem. Vgl. Karten und Übersichten in: Kessler 1983, S.VI to XI.

[66] Zit. Kessler 1983, S. V.

[67] Vgl. Samuel 1993, S. 85f., 90, 103, 146-149, 560-564.

[68] Sämtliche Klöster der Exiltibeter sind in Zement ausgeführt. Selbst intakte alte Klöster, wie jenes in Tawang, (Arunachal Pradesh) wurden anlässlich eines Besuches des Dalai Lamas restauriert, sodass sie mit Zement und Beton völlig neu errichtet wurden. Dass dabei die ALTE Bausubstanz verloren ging, versteht sich von selbst. In ländlichen Regionen Khams findet ein Import dieser Bauweise durch in Indien und Nepal lebende Exil-Lamas statt. (Vgl. Gruschke 2004, S. 122)

[69] Selbst unter Zugrundelegung einer für eine traditionelle Gesellschaft wie die überwiegend ländlich geprägten Tibeter bescheidene natürlich Bevölkerungswachstumsrate von nur zwei Prozent hätte sich die Bevölkerungszahl der Exiltibeter in den seither vergangenen 40 Jahren mehr als verdoppeln müssen - selbst ohne neu hinzu gekommene Flüchtlinge. Zum Vergleich: Die Wachstumsrate der Bevölkerung in Tibet selbst lag 1989 bei knapp 2,3 % (Zhang Tianlu, Population Development in Tibet and Related Issues. Beijing 1997, S. 7).

[70] Grunfeld 1987, S. 187.

[71] Dalai Lama: Das Buch der Freiheit. Bergisch Gladbach 1990, 6. Auflage 1997.

[72] Zit. nach Hans Först: Verbotene Königreiche im Himalaya. Gnas 1994, S.50.

[73] Vgl. S. 596 des Artikels von Jan Magnusson: 'Making Democracy Work in Exile. An Exploratory Analysis of the Democratization of the Tibetan Refugee

Der tibetische Buddhismus in der Mongolei: Geschichte und Gegenwart

Karénina Kollmar-Paulenz

Einleitung

Legenden um die Einführung des Buddhismus in der Mongolei

Im frühen 20. Jahrhundert war die Mongolei Teil einer buddhistischen Welt, die sich von Ladakh bis an die untere Wolga erstreckte. Außerhalb Tibets ist die Mongolei das größte und sicherlich das politisch wichtigste Gebiet gewesen, in dem der tibetische Buddhismus die vorherrschende Religion gewesen ist und nach 1991 auch wieder ist. Der Buddhismus blickt in der Mongolei auf eine mehr als achthundertjährige Geschichte zurück, die der Legende nach mit Činggis Qan, dem Begründer des mongolischen Weltreichs, begonnen hat. Nach seinem Sieg über die türkischen Naiman, zwischen 1204 und 1206, kam Činggis Qan mit den Uiguren, einem Turkvolk, in Kontakt, unter denen der Buddhismus weit verbreitet war. Der Uigure Tatatunga entwickelte der Legende nach auf Činggis Qans Geheiß aus der uigurischen Schrift die noch heute gebräuchliche uiguro-mongolische Schrift für die mongolische Sprache. In dieser Schrift sind die meisten religiösen Zeugnisse der Mongolen geschrieben worden. Neben dem bei den Uiguren verbreiteten Buddhismus ist Činggis Qan wahrscheinlich schon während seines ersten Feldzugs gegen die Tanguten, das Reich von Xixia, im Jahr 1205 mit dem Buddhismus tibetischer Prägung in Berührung gekommen. Zwei Jahre später, 1207, soll er erste Kontakte mit buddhistischen Geistlichen aus Tibet gehabt haben. Tibetische und auch mongolische Geschichtswerke berichten, dass der Tshal-pa Kun-dga'-rdo-rje in jenem Jahr den mongolischen Truppen die Unterwerfung Tibets als Abgesandter der tibetischen Fürsten anbot. Dieser Nachricht kommt allerdings kaum mehr als legendenhafter Charakter zu, der allein dazu diente, den Herrschaftsanspruch der tibetisch-buddhistischen Schule der Sa-skya-pa, die in Tibet zur Mongolenzeit die weltliche Macht innehatten im Nachhinein zu legitimieren. Die Mongolen wandten erst zur Zeit Ögedei Qayans, Činggis Qans Sohn und Nachfolger, ihre Aufmerksamkeit nach Tibet, das im Jahr 1239/40 Opfer von Raubzügen durch Göden, einen Sohn Ögedeis, wurde.

Mongolische Herrscher und tibetische Lamas

Dem Truppeneinfall in Tibet folgte eine mongolische Gesandtschaft, die die Unterwerfung des Landes unter die mongolische Oberherrschaft forderte und vor allem Steuern und Tributabgaben eintreiben wollte. Göden zitierte einen Repräsentanten der tibetischen Fürsten an seinen Hof,[1] der sich nahe bei dem heutigen Liangzhou in der Provinz Gansu befand. Diese Forderung stellte die Tibeter vor eine schwierige innenpolitische Entscheidung, da Tibet seit dem Ende des Großreichs im 9. Jahrhundert in eine Vielzahl kleinerer, häufig untereinander zerstrittener Fürstentümer zerfallen war. In Ermangelung einer säkularen und religiösen Zentralgewalt entsandten die tibetischen Fürsten schließlich den Sa-skya Paṇḍita Kun-dga'-rgyal-mtshan (1182-1251), einen angesehenen buddhistischen Gelehrten und das Oberhaupt der Schule der Sa-skya-pa. Er stellte aufgrund seines hohen, schulübergreifenden Ansehens auch politisch eine Integrationsfigur dar. 1249 wurde der Sa-skya Paṇḍita von Göden zum „Sprecher und Führer" von Tibet eingesetzt, ein Amt, das mit keinerlei konkreten politischen Machtbefugnissen ausgestattet war. Die Präsenz des tibetischen Gelehrten am mongolischen Hof führte rasch zu intensiveren Kulturkontakten zwischen Tibetern und Mongolen, besonders auf der sozio-religiösen Ebene.

Tibetisch-buddhistische Mönche waren jedoch nicht die einzigen „Ausländer" an den Höfen der mongolischen Qane. Vor allem in Karakorum, der Hauptstadt des mongolischen Weltreichs, hielten sich Vertreter der zu jener Zeit bedeutendsten Religionen auf, so u.a. Christen, zumeist Nestorianer, Muslime, Daoisten, chinesische Buddhisten und sogar Hindus. Diese religiöse Pluralität spiegelte sich auch in den Herrscherfamilien wieder: Einige der Frauen des Möngke Qaγan waren nestorianische Christinnen, wie der Franziskaner-Mönch Wilhelm von Rubruk, der 1254/55 in Karakorum weilte, in seinem berühmten Itenerarium zu berichten weiß.[2] Von Rubruk teilt uns allerdings auch mit, dass die vielleicht wichtigste Stellung am Herrscherhof den einheimischen religiösen Spezialisten, den Schamaninnen und Schamanen, zukam. Die Vertreter der verschiedenen religiösen Traditionen wurden von den mongolischen Fürsten, und, wenn auch in weit geringerem Maße, wohl auch vom gewöhnlichen Volk, zur Durchführung religiöser Verrichtungen in Anspruch genommen. Der religiösen Pluralität in ihrem riesigen Reich trugen die mongolischen Herrscher mit einer klugen Religionspolitik Rechnung, welche in den zahlreichen Steuerbefreiungserlassen gut dokumentiert ist, die uns in einer ganzen Reihe von Sprachen überliefert sind. So heißt es in einem Erlass (tib. ja-sa-mu-tig-ma)[3], der im Jahr 1264 von Qubilai Qaγan, dem Begründer der mongolischen Yuan-Dynastie in China, an die tibetische Geistlichkeit erging:

„Die Mönchsgemeinde, die somit den [buddhistischen] Verhaltensregeln entsprechend sich verhalten, sollen durch andere, die zu den Truppenführern und Soldaten ... und kaiserlichen Boten gehören, nicht als zu Beaufsichtigende behandelt werden. Ohne ihnen irgendeine Kriegsdienstleistung, Steuer und Dienstleistung aufzuerlegen, veranlasst, dass sie so leben, dass sie nicht gegen die Verhaltensregeln des Pfades des Śākyamune verstoßen, dem Himmel opfern und für mich Wunschgebete beten."[4]

Der erste dieser Erlasse zugunsten der buddhistischen Geistlichkeit in Tibet erging im Jahr 1254. Steuerbefreiungserlasse sind für sämtliche religiöse Traditionen dokumentiert, für Nestorianer wie Muslime, Daoisten und orthodoxe Christen im Einflussbereich der Goldenen Horde. Der älteste Erlass ist der Legende nach von Činggis Qan selbst im Jahr 1223 für den Patriarchen und Abt Ch'ang-ch'un Qiu Chuji (1148-1227) des daoistischen Klosters Hao-t'ein angefertigt worden, der von dem Herrscher in die Mongolei zitiert worden war, angeblich um ihm das Geheimnis der Unsterblichkeit zu entlocken.

Alle diese Steuerbefreiungserlasse sprechen jedoch eine deutliche Sprache über die Bedingungen der Steuer- und Abgabenbefreiung: Der Klerus der verschiedenen Religionen musste seine Dienste stets dem mongolischen Herrscherhaus zur Verfügung stellen, um in den Genuss der Steuerbefreiung zu kommen. Dies besagt der oben zitierte Zusatz „dem Himmel opfern und für mich Wunschgebete beten".[5]

Qubilai und 'Phags-pa

Das Ausmaß des tibetisch-buddhistischen Einflusses auf das religiöse Leben der Mongolen im 13. und 14. Jahrhundert ist bis heute unklar. Neben den Sa-skya-pa waren in der Mongolei auch andere tibetisch-buddhistische Schulen aktiv, so namentlich die Karma-bka'-brgyud-pa und auch die rNying-ma-pa. Unter Qubilai Qayan, dem Enkel des Činggis Qan, verstärkte sich der Einfluss der Sa-skya-pa auf die mongolischen Eliten. Er pflegte ein enges Verhältnis zu dem Neffen des Sa-skya Paṇḍita, 'Phags-pa-bla-ma Blo-gros-rgyal-mtshan (1235-1280), der im Gefolge seines Onkels schon früh in die Mongolei gekommen war. 'Phags-pa wurde 1260 zum „Reichslehrer" (chin. guo-shih) ernannt und ihm wurde die weltliche Herrschaft über Tibet übertragen, die die Sa-skya-pa bis in die Mitte des 14. Jahrhunderts in Tibet ausübten. Der buddhistische Gelehrte war schon Jahre früher zum geistlichen Lehrer des Qayan avanciert, wie sich aus der 1253 dem Herrscher erteilten Initiation (tib. dbang) in den Zyklus des Hevajra-Tantra ablesen lässt.[6] 'Phags-pa-bla-ma war augenscheinlich sehr um die Unterweisung der Herrscherfamilie in der buddhistischen Lehre bemüht, denn 1278 verfasste er eine kurze dogmatische Abhandlung mit dem Titel Shes-bya-rab-gsal, „Klare Erläuterung des zu Wissenden", für den kaiserlichen Prinzen Jinggim, in der er die Grundlagen der buddhistischen Lehre auf der Basis des Abhidharma erläuterte. Die Schrift wurde gegen Ende des 16. Jahrhunderts von dem berühmten mongolischen Übersetzer Širegetü güši čorji ins Mongolische übersetzt.

1269 ordnete Qubilai Qayan in einem Edikt die Entwicklung einer Schrift an, in der sämtliche Sprachen des Reichs geschrieben werden konnten, und übertrug diese Aufgabe 'Phags-pa, der die sogenannte „Quadratschrift", eine auf der tibetischen Silbenschrift basierende Schrift, entwickelte. Die Schrift konnte sich nie durchsetzen im Yuan-Reich, obwohl sie bis zum Ende der Dynastie im Jahr 1368 in offiziellen Dokumenten und vor allem auf Siegeln in Gebrauch blieb.

Unter Qubilai Qayan wurde ein „Amt für buddhistische Angelegenheiten" eingerichtet, dem 'Phags-pa bla-ma vorstand. Wahrscheinlich 1270 ernannte Qubilai Qayan 'Phags-pa zum „Kaiserlichen Lehrer" (chin. ti-shih). Ein wesentlicher Grund für die Buddhismusfreundlichkeit Qubilais lag sicherlich in der Deutungsmöglichkeit der Figur des Herrschers als Cakravartin, „Weltenherrscher", die in buddhistischen staatsphilosophischen Konzepten ausformuliert ist. Der autochthone mongolische Anspruch auf Weltherrschaft, der „durch die Kraft des Ewigen Himmels" religiös begründet war,[7] erfuhr seine Universalisierung im buddhistischen Konzept des Weltenherrschers, das darüber hinaus verbunden wurde mit dem Konzept des Herrschers als Bodhisattva. Konsequenterweise wurde Qubilai Qayan postum als Inkarnation des Bodhisattvas Mañjuśrī verehrt. Das erste Mal taucht die Identifikation des Yuan-Herrschers mit Mañjuśrī auf der Inschrift auf dem Juyong Tor nördlich von Beijing im Jahr 1345 auf. Die Idee wurde während der Qing-Dynastie von tibetisch-buddhistischer Seite aufgegriffen und die Mandschu-Herrscher als Inkarnationen des Bodhisattvas Mañjuśrī verehrt.[8]

Aber selbst unter Qubilai Qayan und seinen Nachfolgern spielten neben buddhistischen Weltdeutungsmustern, die besonders für die politische Legitimierung der mongolischen Herrscher von Bedeutung waren, auch andere Modelle eine nicht zu unterschätzende Rolle, so der chinesische Staatskult und konfuzianische Rituale und natürlich der einheimische Kult der Himmelsverehrung.[9]

Buddhistische Spuren aus der Mongolei des 13./14. Jahrhunderts

Tibetisch-buddhistisches Leben in der Mongolei des 13. und 14. Jahrhunderts vollzog sich vor allem in der Umgebung des Hofes in Karakorum und, ab 1272, in Dayidu, dem heutigen Beijing. Die mongolischen Herrscher unterstützten die Übersetzung buddhistischer Schriften ins Mongolische, zuerst aus dem Uigurischen, später aus dem Tibetischen, so dass zu Beginn des 14. Jahrhunderts bereits einige berühmte buddhistische Texte in mongolischer Sprache vorlagen, u.a. das Bodhicaryāvatāra des indischen Gelehrten Śāntideva aus dem 7. Jahrhundert. Von diesen frühen Übersetzungen sind uns nur einige wenige Fragmente erhalten geblieben. Die frühe Phase der buddhistischen Übersetzungstätigkeit der Mongolen spiegelt sich jedoch in der Terminologie der späteren Übersetzungen am Ende des 16. und zu Beginn des 17. Jahrhunderts wieder, deren Übersetzer sich an die alte, aus dem Uigurischen, Sanskrit und sogar aus dem Sogdischen stammende Begrifflichkeit hielten.

Seit der Unterzeichnung über die „Mongolisch-Deutsche-Karakorum-Expedition" im Jahr 1998 gräbt ein Team aus mongolischen und deutschen Wissenschaftlern die im frühen 13. Jahrhundert gegründete und 1380 zerstörte Hauptstadt des mongolischen Reichs, Karakorum,[10] wieder aus. Bisher sind in den freigelegten Häusern eine Reihe von Fragmenten mehrerer Buddhastatuen gefunden worden sowie eine große Menge von Tsha-tsha,[11] reliefartigen, figurativen Tonabdrucken, die gerade in der buddhistischen Alltagsreligiosität eine wichtige Rolle spielen. Es besteht daher die Möglichkeit, dass mit der Freilegung der alten mongolischen Hauptstadt neue Evidenz zur Präsenz und Bedeutung des tibetischen Buddhismus ans Licht kommt, die die Geschichte der frühen Beziehungen der Mongolen zum tibetischen Buddhismus neu schreiben lässt.

Die Situation im 15. und 16. Jahrhundert

Obwohl die mongolischen Völkerschaften im 13. und 14. Jahrhundert nicht zum tibetischen Buddhismus bekehrt wurden, verschwand der Buddhismus nach dem Untergang der Yuan-Dynastie im Jahr 1368 nicht völlig aus der Mongolei, wie uns spätere mongolische Historiographen glauben machen wollen. Vielmehr stellte er bis zum ausgehenden 16. Jahrhundert neben den autochthonen religiösen Traditionen eine weitere Möglichkeit dar, bei Bedarf für religiöse Dienste in Anspruch genommen zu werden. Vereinzelt bestanden kleine Klöster in der Steppe fort. Bei den Oyirad müssen relativ intensive Beziehungen zwischen ihren Fürsten und tibetischen Mönchen bestanden haben, wie chinesische Quellen für die fünfziger Jahre des 15. Jahrhunderts berichten. Auch buddhistische Namensgebungen bei den Fürsten der Oyirad und Jürčen weisen auf ein Fortbestehen des tibetischen Buddhismus hin. Solche buddhistischen Spuren finden sich auch für die südostmongolischen Tümed, wie das Erdeni tunumal neretü sudur,[12] eine mongolische Reimchronik aus dem frühen 17. Jahrhundert, belegt. Darüber hinaus bezeugen tibetische Chroniken, wie die berühmten „Blauen Annalen" aus dem Jahr 1478,[13] die immer wieder von den Reisen tibetischer Geistlicher unterschiedlicher Schulzugehörigkeit in die Mongolei berichten, die vielfältigen religiösen und kulturellen Kontakte zwischen Tibet und der Mongolei im 15. und 16. Jahrhundert.

Das Treffen von 1578: Beginn einer neuen Ära

Die tatsächliche Bekehrung der Mongolen zum tibetischen Buddhismus fand im späten 16. Jahrhundert statt. Der Fürst Altan Qayan der südostmongolischen Tümed hatte chinesischen Quellen zufolge schon im Jahr 1547 Kontakt zu tibetischen Geistlichen der dGe-lugs-pa-Tradition, die sich erst ein knappes Jahrhundert zuvor in Tibet neu etabliert hatte. In mongolischen Quellen ist der Aufenthalt des Amdo-Tibeters Asing Lama, eines dGe-lugs-pa-Geistlichen, am Hof des Altan Qayan für das Jahr 1571 belegt. Dieser Aufenthalt leitete eine neue Phase der Beziehungen zwischen mongolischen Fürsten und den Repräsentanten des tibetischen Buddhismus ein. Das die dGe-lugs-pa leitende politische Kalkül wird in der Tatsache evident, dass sie selbst die Initiative ergriffen, zu Altan Qaγan, dem damals mächtigsten mongolischen Herrscher, Beziehungen aufzunehmen.[14] Dem Asing Lama ist es wohl zu verdanken, dass der Tümed-Herrscher eine Einladung an den dGe-lugs-pa-Hierarchen bSod-nams-rgya-mtsho (1543-1588) aussprach, sich in die Mongolei zu begeben. Im Jahr 1578 kam es zu der folgenreichen Begegnung zwischen dem mongolischen Herrscher und dem tibetischen Geistlichen im eigens für diesen Anlaß errichteten Tempel Čabčiyal am Kökenor. Während dieser Begegnung verlieh der Altan Qaγan dem bSod-nams-rgya-mtsho den Ehrentitel Dalai Lama, „Meeres-Lama".[15]

Die Qoyar yosun, die „Beiden Ordnungen"

Das Treffen zwischen bSod-nams-rgya-mtsho, der als 3. Dalai Lama in die Geschichte einging, und dem Tümed-Fürsten leitete die Konversion der mongolischen Völkerschaften zum tibetischen Buddhismus ein. Der Bekehrungsprozess wurde durch eine geschickte Politik des tibetischen dGe-lugs-pa-Klerus beschleunigt, der sich von Anfang an der Unterstützung der mongolischen Fürsten versicherte. Die Beziehungen zwischen Geistlichen und Fürsten wurden dabei in dem für eine buddhistisch geprägte Gesellschaft grundlegenden sozio-religiösen Modell realisiert, das abgekürzt „Gabenherr-Opferort" (tib. yon-bdag - mchod-gnas, mong. öglige-yin ejen - takil-un oron) genannt wird oder als (tib.) lugs-gnyis, mong. qoyar yosun, die „Beiden Ordnungen", bezeichnet wird. Dieses Modell teilt eine Gesellschaft in zwei Teile, die Laien und den Klerus, die aufeinander bezogen agieren. Die Laien stellen die Gabenherren dar, die dem Klerus und auch dem einzelnen Geistlichen materiell verpflichtet sind. Die materielle Verpflichtung kann durch die Gabe von materiellen Gütern, aber auch z.B. durch die Ableistung von Kriegsdiensten realisiert werden. Der Klerus wiederum sorgt in unterschiedlicher Weise für das religiöse Heil des Gabenherrn, sei es durch Belehrungen, Rituale, Opferzeremonien usw. Den dGe-lugs-pa gelang es, unter Rückgriff auf die im 13. Jahrhundert vorhandenen politischen und religiösen Beziehungen zwischen Qubilai Qaγan und 'Phags-pa-bla-ma, die von den tibetischen Historiographen rückwirkend als Yon-mchod-Beziehung zwischen mongolischem Herrscher und tibetischem Lama interpretiert wurden, mit Altan Qaγan eine ebensolche Beziehung einzugehen.[16] Dabei richteten sie ihr Augenmerk nicht nur auf den Tümed-Fürsten, sondern gingen mit einer ganzen Reihe mongolischer Fürsten, u.a. dem Abadai Qan der Qalq-a, eine solche Beziehung ein. Darüber hinaus wurde die Reinkarnation des 3. Dalai Lama, der 1588 während einer Reise zu den Qaračin-Mongolen am Jiγasutai-See in der Mongolei verstarb, in einem Urenkel des Altan Qaγan aufgefunden. Der 4. Dalai Lama Yon-tan-rgya-mtsho sollte der einzige fremdethnische Dalai Lama in der Geschichte dieser Inkarnationslinie bleiben. Mit diesem Schachzug gelang es den dGe-lugs-pa, sich der bleibenden Loyalität eines Teils der mongolischen Fürsten zu versichern. Kaum zehn Jahre nach dem Treffen von Altan Qaγan und bSod-nams-rgya-mtsho setzte eine intensive Klostergründungs- sowie eine systematische Übersetzungstätigkeit tibetischer Schriften in die mongolische Sprache ein. Im Jahr 1586 wurde das erste tibetisch-buddhistische Kloster in der Mongolei, Erdeni juu, durch den Abadai Qan der Qalq-a erbaut. Eine erste vollständige Übersetzung des tibetischen Kanons, des bKa'-'gyur, wurde in den Jahren 1602-1607 durchgeführt.[17] Auf dieser erst seit kurzem bekannten Übersetzung basiert die zweite Kanon-Übersetzung, die unter dem letzten mongolischen Großqan, Ligdan Qaγan, in den Jahren 1628-29 durchgeführt wurde.

Materielle Anreize zur Konversion

Gesetzgeberische Maßnahmen, so die pro-buddhistische Gesetzgebung des Jasaγtu Qan (1558-1582/83) und des Altan Qaγan, sowie materielle Anreize forcierten die Konversion der Mongolen. Die Fürsten versprachen ihren Untertanen Geschenke, wenn sie buddhistische Riten ausübten, wie in der Biographie des Neyiči toyin, eines mongolischen „Missionars der ersten Stunde", nachzulesen ist:

> „Um mit einer klugen mitleidsvollen Idee für die gute Ausbreitung der Lehre des Buddha [zu sorgen], liess [der Tüsiyetü Qan] öffentlich verlautbaren: Demjenigen, der die Quriyangγui auswendig gelernt hat, werde ich ein Pferd geben! Demjenigen, der die Yamandaga auswendig gelernt hat, werde ich ein Rind geben! Unmittelbar nachdem sie diese Bekanntmachung gehört hatten, lernten die mittellosen und armen Leute, ihren Verstandesfähigkeiten angemessen, den Dharma vollständig auswendig. Da er, seiner Verlautbarung gemäß, [auch] denjenigen, die sie schon früher von anderen auswendig gelernt hatten, ein Pferd und ein Rind gewährte, gab es bald viele Gläubige, die seiner Verlautbarung folgten und die großen und kleinen Lehren auswendig beherrschten."[18]

Die anti-schamanistische Gesetzgebung, die, will man mongolischen zeitgenössischen Quellen Glauben schenken,[19] auch angewendet wurde und in einer Verfolgung der Schamaninnen und Schamanen kulminierte, tat ihr Übriges, um für die rasche Durchsetzung der buddhistischen Lehre zu sorgen.

Missionsstrategien

Neben den gesetzlichen Maßnahmen und den materiellen Anreizen setzten die tibetischen Geistlichen auch Missionsstrategien ein, die auf eine Transformation und Uminterpretation autochthoner religiöser in buddhistische Konzepte zielten. Die religiösen Anliegen der Mongolen waren auf ein Leben im Diesseits ausgerichtet. Sie waren an der Gesundheit der Familie und des Klans, dem Gedeihen der Viehherden, langem Leben, Kindersegen und dergleichen mehr interessiert, während das Leben nach dem Tod eher von marginaler Bedeutung war. Angesichts dieser pragmatischen Orientierung bestanden die Missionsstrategien des dGe-lugs-pa-Klerus zum einen in der Anwendung buddhistischer Praktiken und Rituale in Konkurrenz zu schamanistischen Ritualen, wobei die buddhistischen Praktiken sich den - buddhistischen - Quellen zufolge als effektiver erwiesen. So heilte Neyiči toyin die Blindheit einer Schamanin, die daraufhin den Buddhismus als die überlegene Religion anerkannte und bekehrt wurde. Zum anderen bestanden sie in der erfolgreichen Umdeutung und Inkorporation autochthoner religiöser Vorstellungen in buddhistische. Die Beispiele hierfür sind zahlreich. So wurde Činggis Qan, der schon im 13. Jahrhundert als Ahnengottheit im ganzen mongolischen Reich verehrt wurde, im späten 17. Jahrhundert als Schutzgottheit (tib. chos-skyong) der Lehre in das buddhistische Pantheon integriert.[20] Kein geringerer als der 1. lČang-skya Khutukhtu Ngag-dbang-blo-bzang-chos-ldan verfasste auf Verlangen mongolischer Fürsten ein Bittgebet an Činggis Qan als buddhistische Schutzgottheit. Um eine Inkorporation autochthoner Vorstellungen in buddhistische Kontexte war besonders der Mergen diyanči Lama im 18. Jahrhundert bemüht. Er verfasste Gebete für den in der Mongolei wie Tibet die autochthone Weltdeutung bestimmenden Kult der Berggottheit und für das Feueropfer, indem er die einheimischen Gebete und Opfersprüche mit buddhistischen Dhāraṇīs verband. Sein Versuch, eine mongolisch-buddhistische Liturgie auf einer autochthonen Grundlage zu schaffen, war äußerst erfolgreich. Die von ihm verfassten Gebete, die im Blockdruck verbreitet wurden, wurden wie die autochthonen Gebete anonym weitertradiert und gingen in die volksreligiöse Literatur ein.

Neben der Inkorporation autochthoner Gottheiten in das buddhistische Pantheon wurde die Substitution der per Gesetz verbotenen Ongyod, der Ahnenfiguren, durch zornvolle tibetisch-buddhistische Gottheiten propagiert, z.B. des Mahākāla (tib. Nag-po-chen-po, mong. Yeke qara), der in seiner Form als Gur-mgon, „Mahākāla des Zeltes", schon in der Yuan-Zeit die Schutzgottheit des Herrscherhauses war. Durch diese funktionale Überlagerung verschiedener Gottheiten bildete sich eine spezifische Form des Buddhismus heraus, die korrekterweise als „tibeto-mongolischer" Buddhismus bezeichnet werden sollte, weil sie zwar auf dem tibetischen Buddhismus basiert, aber eine eigenständige Entwicklung und Form angenommen hat.

Die Jebtsundampa Khutukhtus

Gegen Mitte des 17. Jahrhunderts waren große Teile der mongolischen Völkerschaften zum tibetischen Buddhismus konvertiert. Einzelne mongolische Fürsten bedienten sich der neuen Religion als strategisches Mittel, um eine politische Einigung unter den rivalisierenden Qanaten herzustellen. So erklärte der Tüsiyetü Qan der Qalq-a, Gombodorji (1594-1655), seinen eigenen Sohn Zanabazar (1635-1723) zum (mong.) Boγdo gegen, „heiligen Verehrungswürdigen". Er hoffte, in ihm eine identitätsstiftende Gestalt für die Mongolen der vier Qalq-a Qanate zu schaffen. Dem Boγdo gegen, auch unter der tibetischen Übersetzung seines Titels als Jebtsundampa Khutukhtu bekannt, wurde eine Präexistenzenlinie zugesprochen, die bis auf den historischen Buddha zurückging.[21] Seine offizielle Anerkennung und Titelverleihung erfolgte in Tibet, wohin er sich zum Studium begeben hatte, durch den Dalai Lama. Dieser 1. Jebtsundampa Khutukhtu war eine außerordentliche Persönlichkeit, die noch heute in der Mongolei Verehrung geniesst. Er war nicht nur Dichter und Übersetzer tibetisch-buddhistischer Schriften, sondern er schuf auch ein neues mongolisches Alphabet, die Soyombo-Schrift, und wurde darüber hinaus berühmt als Maler und Bildhauer.

Der 2. Jebtsundampa Khutukhtu ergriff im Čingünjab-Aufstand von 1756-57 Partei gegen die Qing-Dynastie, woraufhin die Mandschus nach der Niederschlagung des Aufstands Maßnahmen ergriffen, die potenziell gefährliche Allianz von politischer und geistlicher Macht zu unterbinden, die in der Person des Boγdo gegen, der von seiner Abstammung her Činggiside war, gegeben war. Sie ordneten an, zukünftige Wiedergeburten nur noch in Tibet zu suchen. Obwohl bis in das 20. Jahrhundert die Jebtsundampa Khutukhtus ethnische Tibeter waren, blieben sie nichtsdestotrotz für die Mongolen wichtige Identifikationsfiguren. Dies zeigte sich nicht zuletzt zu Beginn des 20. Jahrhunderts, als der 8. Jebtsundampa Khutukhtu sich bis zu seinem Tod im Jahr 1924 als nominelles Oberhaupt der provisorischen kommunistischen Volksregierung behaupten konnte.[22]

Die Mandschu-Herrscher
und die lČang skya Khutukhtus

Seit der Etablierung der Qing-Dynastie in China erwiesen sich die Mandschu-Kaiser als große Förderer des tibetischen Buddhismus, besonders in der Mongolei. Der Kangxi-Kaiser ließ neben einer Reihe kleinerer Klöster den großen Klosterkomplex von Dolonnor in den Jahren 1700-1706 errichten. In den Jahren 1718-1720 wurde der mongolische bKa'-'gyur auf der Grundlage der fast ein Jahrhundert früher erstellten Übersetzung unter Ligdan Qayan in einer Prachtausgabe gedruckt. Die Druckerei Fu dalai vor den Toren von Beijing ist seit der frühen Kangxi-Zeit bekannt und druckte vor allem mongolische buddhistische Schriften. Der Enkel des Kangxi-Kaisers, Qianlong, ließ die Kommentarsammlung zum bKa'-'gyur, den bsTan-'gyur, in den Jahren 1742-1749 aus dem Tibetischen ins Mongolische übersetzen und ebenfalls anschließend drucken. Auch er gründete viele buddhistische Klöster.

Während der Jebtsundampa Khutukhtu in Urga, dem heutigen Ulanbator, seinen Sitz hatte, richteten die Mongolen der Inneren Mongolei zunächst ihr Augenmerk auf Lhasa, das geistige Zentrum des tibetischen Buddhismus und eines der wichtigsten Pilgerziele des gesamten tibetisch-buddhistischen Kulturraums. Auf Bestreben des Kangxi-Kaisers wurde jedoch bald in Beijing ein weiteres spirituelles Zentrum des tibetischen Buddhismus etabliert, dessen charismatische Führerpersönlichkeit der 1. lČang-skya Khutukhtu Ngag-dbang-blo-bzang-chos-ldan (1642-1714) darstellte.[23] Der 2. lČang skya Khutukhtu Rol-pa'i-rdo-rje (1717-1786) stieg unter dem Herrscher Qianlong zu einer der mächtigsten geistlichen Persönlichkeiten seiner Zeit auf. Mit der Inkarnationslinie der lČang-skya Khutukhtus erhielten die Mongolen der Inneren Mongolei ihr geistliches Oberhaupt, so dass nun neben dem Dalai Lama und dem Panchen Lama in Tibet für die Mongolen ebenfalls zwei Inkarnationslinien geschaffen worden waren.

Die Konversion der Mongolen zum tibetischen Buddhismus bedingte eine tiefgreifende Änderung der nomadischen mongolischen Gesellschaftsordnung, die Hand in Hand mit weiteren gesellschaftlichen Veränderungen ging, die die Unterwerfung der mongolischen Völkerschaften unter die Mandschu mit sich brachten, wesentlich zur Einschränkung der nomadischen Lebensweise und in weiten Teilen der Mongolei auch zur Verarmung der Bevölkerung beitrug. Die buddhistische Missionierung der Mongolen trug jedoch auch zu einer zunehmenden kulturellen Homogenisierung der Mongolen und Tibeter bei, deren kulturelle Identität seit dem 17. Jahrhundert wesentlich von einer gemeinsamen religiösen Identität getragen wurde.

Buddhismus in der Mongolei heute

Im frühen 20. Jahrhundert waren in der Inneren und Äußeren Mongolei bis zu 600 Tempel und Klöster über das Land verteilt zu finden, und bis zu ein Drittel der männlichen Bevölkerung hatte zumindest die niederen Gelübde abgelegt.[24] Über die gegenwärtige Situation in der Autonomen Region der Inneren Mongolei, die zur Volksrepublik China gehört, ist nur wenig bekannt.[25] Ich werde mich daher im Folgenden auf die Situation in der früheren Mongolischen Volksrepublik konzentrieren, die sich heute „Mongolei" nennt.[26]

1990, am Ende der kommunistischen Ära, existierte in der Mongolischen Volksrepublik lediglich ein funktionierendes Kloster, Gandanthegchinlin in der Hauptstadt Ulanbator. Dieses Kloster war in staatlicher Hand, die Mönche „handverlesen" von der kommunistischen Regierung. Circa 100 Mönche studierten in Gandanthegchinlin, 40 von ihnen wurden für die wenigen noch funktionierenden Klöster in der Sowjetunion, besonders der Burjat-Mongolei, ausgebildet. Eine traditionelle buddhistische Ausbildung war jedoch nicht möglich, weil das Studium buddhistischer Philosophie und Dialektik verboten war. In den 30er Jahren des 20. Jahrhunderts war der Klerus unter dem „mongolischen Stalin", Chojbalsan, einer Verfolgungswelle ausgesetzt, der zu seiner fast völligen Ausrottung führte. Die Mönche wurden entweder umgebracht oder gezwungen, zu heiraten.

Heute, zu Beginn des 21. Jahrhunderts, nur wenig mehr als zehn Jahre nach dem Zusammenbruch der kommunistischen Herrschaft, sind mehr als 200 Tempel und Klöster im Land restauriert und arbeiten wieder. Mehr als 3 000 Mönche sind offiziell registriert (die Zahl der Nonnen ist nicht bekannt), und in den Klöstern ist das Studium des Buddhismus wieder möglich. Diese plötzliche Renaissance ist nur auf den ersten Blick erstaunlich. Während der kommunistischen Zeit lebte der Buddhismus im Untergrund weiter. Heute geben selbst frühere hochrangige Parteimitglieder zu, buddhistische Rituale praktiziert oder Astrologen konsultiert zu haben, Tätigkeiten, die vor 1990 verboten waren. Die Renaissance des Buddhismus macht sich überall im Land bemerkbar. Die Menschen strömen in die mit ihrem Geld und oft genug mit ihrer Arbeitsleistung wieder aufgebauten Klöster und Tempel, viele nehmen die Laiengelübde oder werden sogar Vollmönche. 1996 wurde im Maitreya-Tempel in Ulanbator eine riesige Statue des Bodhisattvas Avalokiteśvara eingeweiht. Im Mai 2000 feierte man erstmals wieder im Gandanthegchinlin-Kloster das jährliche Maitreya-Fest, das 1657 im Erdeni juu-Kloster vom 1. Jebtsundampa Khutukhtu eingeführt worden war. Dieses Kloster hat inzwischen wieder mehr als 300 Mönche, und ihre Zahl wächst ständig weiter. Während in den frühen 90er Jahren die Mehrzahl der Mönche alt war, gibt es heute mehr junge als alte Mönche. Allerdings bewegt nicht nur individuelle Frömmigkeit junge Menschen zum Eintritt in den Ordensstand, sondern auch die Tatsache, dass die Arbeitslosigkeit in der Mongolei hoch ist und der Mönchsstand von der Regierung als Beruf betrachtet wird. Der Klerus erhält vom Staat ein schmales Einkommen.

Der demographische Faktor spielt eine wichtige Rolle in der Ausbildung der jungen Mönche. Nur wenige kennen heute die heiligen Schriften des tibetischen Buddhismus, und auch das liturgische Wissen ist gering. Hinzu kommt, dass seit dem 18. Jahrhundert die Sprache der Liturgie das Tibetische ist, was heutzutage nur noch die alten Mönche einigermaßen beherrschen. Die alte Mönchsgeneration aber stirbt aus. Daher sind gut ausgebildete buddhistische Geistliche in der Mongolei rar. Eine große Hilfe bedeutet es in dieser Situation, dass der 14. Dalai Lama die Renaissance des Buddhismus in der Mongolei aktiv unterstützt und Mönche aus den tibetischen Exilklöstern in Indien in die Mongolei schickt, um die buddhistische Klosterkultur wieder zum Leben zu erwecken. An erster Stelle ist hier der aus Ladakh stammende langjährige Botschafter Indiens in Ulanbator zu nennen, Bakula Rinpoche, ein hoher dGe-lugs-la-Lama. Er unternahm den Versuch, den mongolischen Buddhismus auf der Grundlage des strengen, zölibatären dGe-lugs-pa-Mönchtums wiederzubeleben. Dieses Modell konnte sich jedoch in der Mongolei nicht durchsetzen. Die Mongolen sehen die Tatsache, dass viele junge Männer, die eine klösterliche Ausbildung absolviert haben und auch das Novizen-Gelübde abgelegt haben, später jedoch dem Kloster den Rücken kehren und ihr Leben als viehzüchtende Nomaden wieder aufnehmen, als einen distinkten mongolischen Weg, tibetischen Buddhismus zu leben. In den letzten Jahren hat sich das Muster herausgebildet, ein religiöses mit einem säkularen Leben zu verbinden: Junge Menschen begeben sich am Nachmittag, wenn sie ihre Broterwerbsarbeit beendet haben, zu dem Kloster, dem sie verbunden sind und führen ihre religiösen Verrichtungen durch. Diese Lebensweise zieht besonders junge Frauen an. Während über Nonnenklöster in der Mongolei vor dem 20. Jahrhundert nichts bekannt ist, wenden sich heute junge Frauen vermehrt dem klösterlichen Leben zu. Die Vollordination von Nonnen ist jedoch immer noch sehr selten in Mahāyāna-buddhistischen Ländern, weshalb Frauen in der Regel entweder die Laiengelübde oder die Gelübde als Novizin ablegen.

Der 9. Jebtsundamba Khutukhtu, der 1932 in Tibet von Reting Rinpoche anerkannt worden und später zusammen mit dem Dalai Lama ins indische Exil geflohen war, wurde auf Bitten mongolischer Lamas erst 1991 formal als 9. Inkarnation inthronisiert. 1999 besuchte er die Mongolei, wo er zumindest formal als Haupt des Buddhismus in der Mongolei anerkannt wird. Da der Jebtsundampa Khutukhtu jedoch eng mit dem jetzigen Dalai Lama verbunden ist, wurde sein Besuch in der Mongolei von politischen Mißtönen seitens der Volksrepublik China begleitet, und seither ist kein weiterer Besuch dieses nominell höchsten geistlichen Würdenträgers der Mongolei erfolgt, der nach wie vor in Dharamsala in Nordindien residiert.

Da sehr viel religiöses Wissen während der jahrzehntelangen kommunistischen Herrschaft verlorengegangen ist, sind die schulspezifischen Unterschiede, die im Lauf der Geschichte des tibetischen Buddhismus sowohl in Tibet als auch in den anderen Ländern seines Einflussbereichs oft zu Konfrontationen und Konflikten geführt haben, in der Mongolei heute nicht von großem Belang. Die Mönche und Nonnen können häufig nicht mit Sicherheit bestimmen, welcher tibetisch-buddhistischen Lehrtradition sie angehören. Obwohl seit dem 16. Jahrhundert die dGe-lugs-pa in der Mongolei dominant waren, waren doch auch die bKa'-brgyud-pa, die Sa-skya-pa, die rNying-ma-pa und sogar die Jo-nang-pa im Land präsent. Mit Ausnahme der Jo-nang-pa sind sie auch heute wieder in der Mongolei vertreten.

Buddhismus und nationale Identität

Der Buddhismus spielt in der jungen demokratischen Mongolei eine entscheidende Rolle zur Konstituierung einer neuen, kollektiven nationalen Identität. Dies wird schon in der Verfassung deutlich.[27] Artikel 12 enthält eine detaillierte Erklärung der Staatssymbole der Mongolei, die die nationale Identität repräsentieren. Das wichtigste Symbol des mongolischen Staates ist die weiße Sülde,[28] die Standarte, die beim Empfang ausländischer Staatsgäste präsentiert wird und die Position der in anderen Staaten gebräuchlichen Staatsflagge einnimmt. Die Sülde, die das erste Mal im Jahr 1206 bei der Einsetzung Činggis Qans zum Großqan aufgepflanzt wurde und in der autochthonen Tradition die Lebenskraft des Herrschers symbolisiert, besteht aus einem Kranz von weißen Pferdehaaren und einem hölzernen Schaft, der in einem steinernen Sockel steckt. Der Sockel stammt aus Karakorum und ist mit einem buddhistischen Doppel-Vajra verziert. Die Sülde vereinigt damit in sich Symbole, die auf buddhistische wie auf autochthone Weltdeutungsmuster rekurrieren. Zugleich symbolisiert sie das Geschichtsbewusstsein der Mongolen, die ihre kollektive Selbstvergewisserung in der Erinnerung an ihren großen Ahnherrn Činggis Qan begründen. In der post-kommunistischen Mongolei ist Činggis Qan omnipräsent, sei es auf Geldscheinen, Briefmarken oder Postern. Selbst beim Alkoholgenuß begleitet einen der Begründer des mongolischen Weltreichs, heißt doch der (angeblich) beste Wodka des Landes „Činggis Qan". Steht die riesige Avalokiteśvara-Statue im Maitreya-Tempel zu Ulanbator als sichtbares Zeichen für die Bedeutung des Buddhismus, so steht die im Jahr 2002 ebenfalls in Ulanbator erfolgte Grundsteinlegung für ein gigantisches Činggis Qan-Denkmal von 20 Metern Höhe zum 840. Geburtstag des „historischen Staatsgründers" für das zweite und genauso wichtige identitätsstiftende Paradigma der Mongolei heute. Es ist offensichtlich, dass die nationale Identität der demokratischen Mongolei zu Beginn des 21. Jahrhunderts im Spannungsfeld zwischen buddhistischer Renaissance und autochthoner Mythenbildung ausgehandelt werden wird.

Inv. Nr. 2822:09 Slg. Leder (Foto Saal)
Gemälde des Dharmapāla Hayagrīva (tib.: rTa mgrin, lies: tamdschin, mong.: Morin čoyulaitu) mit Nyingma-Traditionslinie. Gemälde auf grundiertem Textilgewebe. H 31 cm, B 24 cm. Publiziert: Ribbach 1917: Tafel 5, Mongolei.
Hayagrīva, „der mit dem Pferdenacken", ist ein Dharmapāla (Schützer der Lehre). Er hütet die heiligen Schriften und vertreibt durch Wiehern deren Feinde. In der Mongolei ist er Beschützer der Pferde. Hier bildet er das Zentrum eines Thangkas, das die Ursprünge der Lehre einer Traditionslinie darstellt: Am oberen Bildrand (von links) drei Gründerväter des Buddhismus, nämlich Padmasambhava als Begründer des tibetischen und der Urbuddha Vajradhara (er ist die tantrische Form des historischen Buddha Śākyamuni) als Begründer des indischen Buddhismus sowie Zanabazar (1635 – 1723), der 1. Jebtsundampa Khutukhtu, spirituelles Oberhaupt der Gelug-Tradition der Mongolei. Er gilt als Wiedergeburt des großen Meisters Tāranātha, hat aber auch Wiedergeburten in allen vier Linien des Tibetischen Buddhismus. Hayagrīva ist ein Schützer der Nyingma-Richtung, der Dharmapāla Begtse (links unten) hängt eng mit ihm zusammen, und die Ḍākinī Simhavaktra (rechts unten) ist zwar in der Kagyü-Richtung von besonderer Bedeutung, ist jedoch auch eine geheime Form des Nyingma-Ahnen Padmasambhava. Alles deutet darauf hin, dass es sich hier um ein Thangka der Nyingma-Richtung handelt. Zwar spielt in der Mongolei die Gelug-Richtung die bedeutendste Rolle, doch in einzelnen Clanen werden auch andere Richtungen tradiert (Manfred Seegers 2004, pers. comm). (S. K.)

Inv. Nr. 2628:09 Slg. Leder (Foto Saal)
Kleinplastik: Jebtsundampa Khutuktu, ungebrannter Ton, Spuren von roter Bemalung. H 7 cm, B 5,5 cm, T ca. 4 cm, Mongolei.
Die Figur stellt, wie man an der Pelzmütze erkennt, einen der Jebtsun Dampas dar, also einen Patriarchen des Gelug-Ordens der Mongolei. (S. K.)

Inv. Nr. 2622:09 Slg. Leder (Foto Saal)
Figur: Öndür Gegen, ungebrannter Ton, Farben. H 13,5 cm, Mongolei (Urga).
Die alte Karteikarte, verfasst vermutlich von Ribbach, identifiziert die dargestellte Gestalt als Öndür Gegen (auch Zanabazar, tib.: Blobzang bstan-pa´i rgyal-mtshan, lies: Lobsang Tänpä Gyaltsen). Er war der erste Jebtsundampa Khuthukhtu (1635 bis 1723). (S. K.)

Inv. Nr. 2663:09 Slg. Leder (Foto Saal)
Gerahmtes Weihrelief: Gelug-Patriarch, H 7,5 cm, B 6 cm, T 2,7 cm, Mongolei.
Diese noch unidentifizierte Darstellung eines Gelug-Patriarchen mit Vajra, Glocke und Langlebensvase (?) wurde in einen kleinen Holzrahmen eingesetzt. Das Rahmen von Tonreliefs, vor allem aber auch von kleinen Gemälden, ist in der Mongolei häufig anzutreffen. Die Darstellungen werden gerahmt auf den Hausaltar gestellt. (S. K.)

Inv. Nr. 2004.27:66 Slg. Karl Franz Grelle (Foto Saal)
Schatzvase, Holz, Silberlegierung, Emaille, Schmucksteine (Koralle, Türkis). H max ca. 57 cm, B ca. 21 cm max (über dem Gefäßkörper gemessen). Mongolei, 18. oder 19. Jahrhundert.
Der pagodenförmige Aufsatz, der das vasenförmige Gefäß verschließt, setzt sich aus drei abnehmbaren Stufen mit gesonderten Behältern und einem Deckel mit knospenförmigem Griffknauf zusammen. Von dieser mit rituell wertvollen und heilenden Substanzen gefüllten „Schatzvase" (tib.: Yang-bum) erhofft man sich Glück und Wohlergehen. Als rituelles Objekt steht die „Schatzvase" im Mittelpunkt eines alljährlichen Rituals, das von einem buddhistischen Mönch abgehalten wird. Man bittet um Wohlstand, den man zum Wohle anderer einsetzen will. Als eines der „Acht Glückssymbole" hat die „Schatzvase" Eingang in die buddhistische Ikonographie gefunden. (U. W.)

Inv. Nr. (v. l. n. r.): 2004.27:50, 2004.27:51, 2004.27:49, 2004.27:52 a, b, c   Slg. Karl Franz Grelle (Foto Saal)
Behälter für Heilkräuter und Arzneien, Mongolei.
2004.27:50 Silberlegierung, H ca. 6 cm max, D (Mündung) ca. 4 cm max.
2004.27:51 Holz, Silberlegierung, Schmucksteine (Koralle, Türkis), H ca. 3,5 cm max, D (Mündung) ca. 2,5 cm max.
2004.27:49 Holz, Silberlegierung, Emaille, H ca. 14,5 cm max, D (Mündung) ca. 4,5 cm max.
2004.27:52 a,b,c Holz, Kupferlegierung, H ca. 11,5 cm max, D (Standfläche) ca. 3,5 cm max.
In der traditionellen mongolischen Medizin werden vor allem Pflanzen und Mineralien zur Herstellung von Arzneien genutzt. Die gewonnenen Präparate werden vielfach in pulverisierter Form oder als Pillen dargereicht, aber auch die Behandlung mit Kumyß (vergorener Stutenmilch) ist üblich. Neben der Entwicklung eigenständiger Diagnose- und Therapieverfahren übernahmen mongolische Ärzte Ideen und Konzepte der traditionellen chinesischen Medizin; mit der Verbreitung des tibetischen Buddhismus nahm auch der Einfluss tibetischer Heilmethoden zu. (U. W.)

Inv. Nr. 2004.27:14   Slg.Karl Franz Grelle (Foto Saal)
Schneckentrompete, Schneckengehäuse Turbinella pyrum (Linné), Silberlegierung, L ca. 24 cm max, B ca. 9,5 cm max., Mongolei.
Zur Verwendung der Schneckentrompete siehe den Artikel von Inka Le-Huu in diesem Band. (U. W.)

Inv. Nr. 2004.27:68 Ankauf Slg. Karl Franz Grelle (Foto Saal)
Sitzteppich, Wolle, Baumwolle. L ca. max 89 cm , B ca. max 89 cm, Mongolei.
Der für den Thronsitz eines hohen Lamas oder Abtes bestimmte Teppich zeigt als zentrales Dekorelement eine gekreuzte vajra-Darstellung mit einem Freudenwirbel in der Mitte. Letzterer versinnbildlicht in seiner Dreigeteiltheit die „Drei Kostbarkeiten" - Buddha, Lehre und Gemeinde - sowie die Überwindung der drei Grundübel - Unwissenheit, Gier und Hass. Einzelne Svastika-Symbole, die in den vier Ecken des Teppichs plaziert wurden, stehen für das Rad der Lehre, werden aber auch als Sinnbild für Ewigkeit und Stabilität interpretiert. Das Doppelvajra schließlich gilt als bildhafte Darstellung der absoluten Leerheit aller Erscheinungen und repräsentiert das Unzerstörbare an sich. (U. W.)

Inv. Nr. 2656:09 Slg. Leder (Foto Saal)
Figur: Regengott Vajrapāṇi (tib.: Phyag-na rdo-rje, lies: Tschagna dordsche, mong.: Vacirbani, Modur taghanvacirtu, bajarpani)
Bronze, H 13 cm, B max 11 cm, Mongolei, wohl 19. Jahrhundert.
Die zornige Gottheit Vajrapāṇi ist trotz des gleichen Namens nicht zu verwechseln mit dem Bodhisattva Vajrapāṇi und trotz der ähnlichen Erscheinungsform kein Dharmapāla. Er ist Regengott, als solcher Gebieter über die Schlangen bzw. Nāgas. Vajrapāṇi hat besondere Bedeutung für die Gelug-Richtung. Auf die Herstellung in der Mongolei weist hin, dass die (nackten) Füße wie Stiefel

wirken. Dies ist bei einfacheren Figuren aus der Mongolei häufig der Fall. Die Figur ist verkehrt herum auf ihrem Lotossockel verankert, denn die hier vorne sichtbare Kartusche müsste nach hinten weisen. Solche Kartuschen sind ein Zeichen dafür, dass die Figur (oder zumindest der Sockel) nach der chinesischen Qianlong-Ära (d.h. ab Ende des 18. Jahrhundert) hergestellt wurde. (S. K.)

Inv. Nr. 88.131:1 Schenkung Gerd Malskat (Foto Saal)
Rollbild (unmont.): Buddha Śakyamuni, Farben auf grundiertem Textilgewebe. H 72 cm, B 46,5 cm, Mongolei (oder Tibet?)
Dieses sehr fein gemalte Rollbild ist durch eine längere Inschrift als Mongolisch gekennzeichnet. Die Malweise offenbart jedoch eine Weiterentwicklung zentraltibetischer Kunst. Es könnte von einem mongolischen Meister gemalt sein, der in Tibet gelernt hatte, oder aber überhaupt in Tibet hergestellt worden sein. In letzterem Fall wäre die Inschrift erst in der Mongolei in die vorbereitete Kartusche eingetragen worden. (David Jackson 2004 pers. comm.) Die starken Beschädigungen des Bildes sind auf die vorherrschende Verwendung der Farben Grün und Blau zurückzuführen, die besonders leicht abplatzen. (S. K.)

Inv. Nr. 2826:09 Slg. Leder (Foto Saal)
Weihrelief: Die acht Medizinbuddhas (skt.: Aṣṭa bhaiṣajyaguravah; tib.: sman bla bde gshegs brgyad, lies: män la de scheg gyä) Ungebrannter gelblichem Ton, unbemalt. H 7 cm, B max 5 cm, Mongolei.
Dargestellt sind oben von links: Abhijñārāja (tib.: mNgon-mkhyen rgyal-po, lies: ngön khyen gyal po)/Buddha Śakyamuni (tib.: Shākya- thub-pa, lies: schakya thubpa)/Suvarnabhadravimala (tib.: gSer-bzang dri-med, lies: ser sang dri me). Mitte von links: Dharmakīrtisāgara (tib.: Chos-bsgrags rgya-mtsho, lies: tschö tschrag gya tso)/Bhaiṣajyaguru (tib.: sMan-bla, lies: män la/tib.: sMan- gyi-bla bai-durya ʹod-kyi rgyal-po, lies: män gyi la bai durya ö kyi gyal po)/Svaraghoṣarāja (tib.: sGra-dbyangs rgyal-po, lies: tschra yang gyal po). Unten von links: Aśokottamaśrī (tib.: Mya-ngan-med mchog-dpal, lies: nya ngän me tschog päl)/Weiße Tara (skt.: Sitatārā, tib.: sGrol-ma dkar-mo, lies: dschrölma karmo)/Sūparikīrtita Nāmaśri (tib.: mtshan-legs yongs-bsgrags-dpal, lies: tsen leg yong dschrag päl). Die weiße Tara, die streng genommen nicht zu den Medizinbuddhas gehört, wird dennoch mit ihnen zusammen dargestellt, weil sie als eine der volkstümlichsten Gottheiten Tibets mit dem Wunsch nach einem langen gesunden Leben angerufen wird.
Stilistisch zeigt das Weihrelief starke Anklänge des indischen Gupta-Stils mit seinen durch das dünne Gewand sich abzeichnenden Körperformen. Indische Kunststile tauchen in der tibetisch-buddhistischen Kunst immer wieder als Vorbild auf. Hier hat sich das Vorbild bis in die Mongolei durchgesetzt: Da das Museum aus der Mongolei zwei Abdrucke aus dieser Model besitzt, ist anzunehmen, dass die Model selbst in der Mongolei in Gebrauch war, und nicht etwa das Relief von einem Pilger o.ä. dort eingeführt wurde. (S. K.)

Inv. Nr. 2598:09 4007:07 und 3883:07 (Foto Saal, v. l. n. r.)
Drei Figuren des Dharmapāla Mahākāla
(links), Inv. Nr: 2598:09 Kauf Umlauff, Slg. Leder, Sadbhuja Mahākāla (tib.: mGon-po phyag-drug-pa, lies: gönpo dschag drug pa, mong.: Ziryuyan mačayala), Bronzeguss, Spuren von Vergoldung. H 18,5 cm, B 14 cm, Mongolei, 19. Jahrhundert.
Inv. Nr. 4007:07 Kauf Umlauff, Schenkung Freunde des Museums, Mahākāla als Reichtumsgott (tib.: mGon-po yid-bzhin nor-bu, lies gönpo yischi norbu, mong.: tsaġan (tsagan) itägäl, mačayala, Yeke čara), Bronzeguss, feuervergoldet. Reste roter Bemalung. H 17,5 cm, B 13 cm, T 11 cm, Mongolei (laut Inventarbuch Tibet).
(rechts) Inv. Nr. 3883:07 Kauf Umlauff, Schenkung Freunde des Museums, Cintāmaṇi-Mahākāla (tib.: mGon-dkar yid-bzhin nor-bu, lies: gönkar yischi norbu/mGon-po dkar-po, lies: gönpo karpo; chin.: Da Hei Wang), Bronzeguss. H 18 cm, B 14,5 cm, China, 19. Jahrhundert.
Mahākāla, „der große Schwarze", ist in der Mongolei als Beschützer von großer Bedeutung. In einigen seiner Erscheinungsformen wird er aber auch als Reichtumsgott verehrt. Entspechend viele Darstellungen des Mahākāla befinden sich in unserer Mongoleisammlung. Im China des 17. bis 20. Jahrhunderts (Figur ganz rechts) spielte er ebenfalls eine wichtige Rolle. Unter anderem war er von den Herrschern der Mandschuren besonders verehrt worden. Als Kaiser Chinas traten die Mandschu-Herrscher dann durch Ausübung des Mahākāla-Kults als Patrone der mongolischen Buddhisten auf. (S. K.)

Bibliographie

Barkmann, Udo B.
1999 Geschichte der Mongolei oder die „Mongolische Frage": die Mongolen auf dem Weg zum eigenen Nationalstaat, S. 240-241. Bonn.

Bawden, Charles R.
1961 The Jebtsundamba Khutukhtus of Urga. Text, Translation and Notes. Wiesbaden.

Birtalan, A.
2000 Die Mythologie der mongolischen Volksreligion. In: E. Schmalzriedt & H. W. Haussig (Hrsg.), Wörterbuch der Mythologie, I. Abteilung, Die alten Kulturvölker (34. Lieferung), S. 1049-1053. Stuttgart.

Boyda neyiči toyin dalai mañjusryi-yin domoɣ todorqai-a geyigülügči čindamani erike, kemegdekü orosiba (Kopie des Blockdrucks aus der Königlichen Bibliothek Kopenhagen (Mong. 506).

Charleux, Isabelle
2002 Padmasambhava's Travel to the North. The Pilgrimage to the Monastery of the Caves and the Old Schools of Tibetan Buddhism in Mongolia. In: Central Asiatic Journal 46 (2), S. 168-232.
o. J. The Reconstruction of Buddhist Monasteries in the Chinese Autonomous Region of Inner Mongolia: Between Sanctuary and Museum. In: Revival of Buddhism in Mongolia after 1990 (im Druck). Warschau.

Franke, Herbert
1978 From Tribal Chieftain to Universal Emperor and God: The Legitimation of the Yüan Dynasty. In: Bayerische Akademie der Wissenschaften, Phil.-hist. Klasse 2, S. 58-63. München.

Farquhar, D.
1978 Emperor as Bodhisattva in the Governance of the Ch'ing Empire. In: Harvard Journal of Asiatic Studies 38 (1), S. 5-35.

Heissig, W.
1953 Neyiči Toyin. Das Leben eines lamaistischen Mönches (1557-1653). In: Sinologica 33, S. 1-44 & Sinologica 1954 4, S. 21-38.

Kollmar-Paulenz, Karénina
1999/ Prolegomena zu einer Neubewertung der religionspolitischen
2000 Beziehungen zwischen dem Altan qayan der Tümed-Mongolen und der tibetisch-buddhistischen dGe-lugs-pa-Schule im ausgehenden 16. Jahrhundert. In: Ural-Altaische Jahrbücher (Neue Folge) Bd. 16, S. 245-256.
2001 Erdeni tunumal neretü sudur. Die Biographie des Altan qayan der Tümed-Mongolen. Ein Beitrag zur Geschichte der religionspolitischen Beziehungen zwischen der Mongolei und Tibet im ausgehenden 16. Jahrhundert. Wiesbaden.
2002 Durch die Kraft des Ewigen Blauen Himmels: Zur Konstruktion religiöser Identität bei den Mongolen (13.-frühes 17. Jahrhundert). In: Asiatische Studien/Etudes Asiatiques LVI (4), S. 857-877.
2002 The Transmission of the Mongolian bKa' 'gyur: A Preliminary Report. In: H. Eimer & D. Germano (Hrsg.), The Many Canons of Tibetan Buddhism. (PIATS 2000: Tibetan Studies: Proceedings of the Ninth Seminar of the International Association for Tibetan Studies, Leiden 2000) S. 151-176. Leiden.
2003 Buddhism in Mongolia after 1990. In: Journal of Global Buddhism 4, S. 18-34. (http://www.globalbuddhism.org).

Ligeti, Louis
1972 Monuments préclassiques I. XIIIe et XIVe siècles. Budapest. MongGol ulus-un undusun xauli, abrufbar in http://userpage.fu-berlin.de/corff/im/Gesetze/Verfassung_und_Demokratie.html.

Moses, L. W.
1977 The Political Role of Mongol Buddhism. Bloomington.

Roerich, G. N.
1979   The Blue Annals. Delhi.

Rubruk, Wilhelm v.
1984   Reisen zum Großkhan der Mongolen: von Konstantinopel nach Karakorum 1253-1255. Neu bearbeitet und hrsg. von Hans D. Leicht (Thienemann), S. 139-143. Stuttgart.

Sagaster, Klaus
1967   Subud Erike. Ein Rosenkranz aus Perlen. Die Biographie des 1. Pekinger IČan skya Khutukhtu Ṅag dbaṅ blo bzaṅ č'os ldan, verfasst von Ṅag dbaṅ č'os ldan alias Šes rab dar rgyas (herausgegeben, übersetzt und kommentiert). Wiesbaden.
1990   Die Verehrung Činggis Khans bei den Mongolen. In: W. Diem & A. Falaturi (Hrsg.), XXIV. Deutscher Orientalistentag vom 26. bis 30. September 1988 in Köln. Ausgewählte Vorträge, S. 364-371. Stuttgart.
1999   Die mongolische Hauptstadt Karakorum. In: Beiträge zur allgemeinen und vergleichenden Archäologie Bd. 19, S. 113-128. Mainz.

Samuel, G.
1995   Civilized Shamans. Buddhism in Tibetan Societies. Kathmandu.

Schuh, Dieter
1977   Erlasse und Sendschreiben mongolischer Herrscher für tibetische Geistliche. Ein Beitrag zur Kenntnis der Urkunden des tibetischen Mittelalters und ihrer Diplomatik, S. 120-121. St. Augustin.

Skrynnikova, Tatyana D.
1992-   Sülde – the basic idea of the Chinggis-Khan cult. In: Acta Orientalia Hungarica XLVI, S. 51-59.
1993

Anmerkungen

[1] Unter „Hof" ist hier die mongolische Institution des ordo, des Palastzeltlagers, zu verstehen, eine Ansammlung von Yurten, die sich um die Palastyurte des Qans gruppierte. Der ordo war innerhalb des Residenzbereichs des Qans beweglich.

[2] Wilhelm von Rubruk, Reisen zum Grosskhan der Mongolen: von Konstantinopel nach Karakorum 1253-1255. Neu bearbeitet und hrsg. von Hans D. Leicht, Stuttgart (Thienemann) 1984, S. 139-143.

[3] Das Tibetische wird in der Umschrift von T. Wylie wiedergegeben.

[4] 'Dzam gling byang phyogs kyi thub pa'i rgyal tshab chen po dpal ldan sa skya pa'i gdung rabs rin po che ji ltar byon pa'i tshul gyi rnam par thar pa ngo mtshar rin po che'i bang mdzod dgos 'dod kun byung. Der Text wurde 1629 von dem Sa-skya Khri'-dzin („Thronhalter") im Kloster von Sa-skya verfasst und enthält eine Reihe von Erlassen mongolischer Herrscher. Eine Faksimile-Abbildung des Erlasses findet sich bei Dieter Schuh, Erlasse und Sendschreiben mongolischer Herrscher für tibetische Geistliche. Ein Beitrag zur Kenntnis der Urkunden des tibetischen Mittelalters und ihrer Diplomatik, St. Augustin 1977, S. 120-121. Ich zitiere die Übersetzung von Schuh auf S. 123.

[5] In der mongolischen autochthonen religiösen Tradition wird der „Himmel" (mong. tngri), auch „Blauer" bzw. „Ewiger" Himmel genannt, als höchstes abstraktes transzendentes Prinzip verehrt. Zur Himmelsverehrung bei den Mongolen informiert knapp A. Birtalan, Die Mythologie der mongolischen Volksreligion [E. Schmalzriedt & H.W. Haussig (Hrsg.), Wörterbuch der Mythologie, I. Abteilung, Die alten Kulturvölker, 34. Lieferung, Stuttgart 2000], S. 1049-1053.

[6] Zum Verhältnis zwischen Qubilai und 'Phags-pa ausführlich Herbert Franke, From Tribal Chieftain to Universal Emperor and God: The Legitimation of the Yüan Dynasty, München 1978 (Bayerische Akademie der Wissenschaften, Phil.-hist. Klasse, Jahrgang 1978, Heft 2), S. 58-63.

[7] S. hierzu K. Kollmar-Paulenz, „Durch die Kraft des Ewigen Blauen Himmels": Zur Konstruktion religiöser Identität bei den Mongolen (13. - frühes 17. Jahrhundert)", in: Asiatische Studien/Etudes Asiatiques LVI, 4/2002, S. 857-877.

[8] Zur Theorie des Herrschers als Bodhisattva s. D. Farquhar, "Emperor as Bodhisattva in the Governance of the Ch'ing Empire", in: Harvard Journal of Asiatic Studies 38, no. 1 (June 1978), S. 5-35.

[9] Franke, op.cit., S. 25-51.

[10] Zur Geschichte Karakorums s. Klaus Sagaster, „Die mongolische Hauptstadt Karakorum", in: Beiträge zur allgemeinen und vergleichenden Archäologie, Band 19, Mainz 1999, S. 113-128.

[11] Sie werden meistens mit Steinfarbe bemalt und nicht gebrannt. Besonders wertvoll sind die stūpaförmigen Tsha-tsha, denen die Asche oder die zermahlenen Knochen von buddhistischen Heiligen beigemengt sind. Tsha-tsha werden in Tempeln oder auch an heiligen Orten wie bestimmten Höhlen aufgestellt. Ihre Herstellung stellt eine Möglichkeit des religiösen Verdiensterwerbs für Laien dar.

[12] Zu diesem Werk s. Karénina Kollmar-Paulenz, Erdeni tunumal neretü sudur. Die Biographie des Altan qayan der Tümed-Mongolen. Ein Beitrag zur Geschichte der religionspolitischen Beziehungen zwischen der Mongolei und Tibet im ausgehenden 16. Jahrhundert, Wiesbaden (Harrassowitz) 2001.

[13] Vgl. die Übersetzung von G.N. Roerich, The Blue Annals, Delhi 1979, S. 486 und S. 492.

[14] S. hierzu K. Kollmar-Paulenz, „Prolegomena zu einer Neubewertung der religionspolitischen

Beziehungen zwischen dem Altan qaγan der Tümed-Mongolen und der tibetisch-buddhistischen dGe-lugs-pa-Schule im ausgehenden 16. Jahrhundert", in: Ural-Altaische Jahrbücher, Neue Folge, Bd. 16, 1999/2000, S. 245-256.

[15] Entgegen der gängigen Annahme, der Titel bedeute „Lama, dessen Weisheit so gross wie das Meer ist", ist der Titel wohl auf den alten, schon im 13. Jahrhundert auf den Siegeln mongolischer Qane belegten Ehrentitel dalai-yin qan, „Meeres-Qan", zurückzuführen, s. z.B. das Siegel des Mongolenherrschers Güyük aus dem Jahr 1246, in: Louis Ligeti, Monuments préclassiques I. XIIIe et XIVe siècles, Budapest 1972, S. 20.

[16] Es wird in der Forschung kontrovers diskutiert, ob die Beziehungen zwischen den mongolischen Herrschern und dem tibetischen Klerus schon im 13. Jahrhundert unter Bezug auf das Yon-mchod-Modell legitimiert wurden oder ob es sich um eine spätere Projektion handelt, s. Klaus Sagaster, Die weiße Geschichte (Čaγan teüke). Eine mongolische Quelle zur Lehre von den Beiden Ordnungen Religion und Staat in Tibet und der Mongolei. Herausgegeben, übersetzt und kommentiert, Wisbaden (Harrassowitz) 1976, S. 9-49, und die Stellungnahme von K. Kollmar-Paulenz, Erdeni tunumal neretü sudur, S. 129-147.

[17] Zum mongolischen Kanon s. K. Kollmar-Paulenz, "The Transmission of the Mongolian bKa' 'gyur: A Preliminary Report." In: H. Eimer & D. Germano (eds.), The Many Canons of Tibetan Buddhism. PIATS 2000: Tibetan Studies: Proceedings of the Ninth Seminar of the International Association for Tibetan Studies, Leiden 2000. Leiden/Boston/Köln 2002, S. 151-176.

[18] Boyda neyiči toyin dalai mañjusryi-yin domoγ todorqai-a geyigülügči čindamani erike kemegdekü orosiba, „Rosenkranz aus Wunschedelsteinen, der die Tradition des heiligen Neyiči toyin dalai mañjusīyi klar erläutert", Fol. 46v2-19. Mir lag eine Kopie des Blockdrucks aus der Königlichen Bibliothek Kopenhagen (Mong. 506) vor, die Herr Dr. Helmut Eimer, Universität Bonn, dankenswerterweise für mich besorgte. Vgl. W. Heissig, „Neyiči Toyin. Das Leben eines lamaistischen Mönches (1557-1653)", in: Sinologica 3, 1953, S. 1-44; 4, 1954, S. 21-38.

[19] So z.B. im Erdeni tunumal beschrieben, Fol. 29r, S. 12-15, Übersetzung in Kollmar-Paulenz, Erdeni tunumal neretü sudur, S. 299.

[20] K. Sagaster, „Die Verehrung Činggis Khans bei den Mongolen", in: W. Diem/A. Falaturi (Hg.), XXIV. Deutscher Orientalistentag vom 26. bis 30. September 1988 in Köln. Ausgewählte Vorträge, Stuttgart 1990, S. 364-371.

[21] Zu dieser Inkarnationslinie s. Charles R. Bawden, The Jebtsundamba Khutukhtus of Urga. Text, Translation and Notes, Wiesbaden (Harrassowitz), 1961.

[22] Zu den politischen Umständen in den 20er Jahren s. Udo B. Barkmann, Geschichte der Mongolei oder die „Mongolische Frage": die Mongolen auf dem Weg zum eigenen Nationalstaat, Bonn 1999, S. 240-241.

[23] Zu ihm s. Klaus Sagaster, Subud Erike. Ein Rosenkranz aus Perlen. Die Biographie des 1. Pekinger lČaṅ skya Khutukhtu Ṅag dbaṅ blo bzaṅ č'os ldan, verfasst von Ṅag dbaṅ č'os ldan alias Šes rab dar rgyas. Herausgegeben, übersetzt und kommentiert. Wiesbaden (Harrassowitz) 1967.

[24] Nach L.W. Moses, The Political Role of Mongol Buddhism, Bloomington 1977, S. 125, gehörten sogar 40% der männlichen Bevölkerung zum Klerus. „Klerus" im tibetisch-buddhistischen Sinn bedeutet jedoch nicht nur die Führung eines zölibatären, mönchischen Lebens, abgeschottet in einem Kloster, sondern umschließt eine Vielfalt von sozialen Lebensformen. Die meisten dem „Klerus" angehörenden Männer kehrten nach einer klösterlichen Ausbildung im jungen Erwachsenenalter in ihre Ayils zurück und führten ein säkulares Leben als nomadische Viehzüchter. Da sie die niederen Weihen besaßen, konnten sie nach Bedarf bestimmte Rituale zum Nutzen ihrer Gemeinschaft vollziehen.

Eine Untersuchung der demographischen Zahlen für Tibet hat ergeben, dass lediglich 10-12% der männlichen Bevölkerung ein mönchisches Leben in einem Kloster führte, s. G. Samuel, Civilized Shamans. Buddhism in Tibetan Societies, Kathmandu 1995, S. 578-582. Die Zahlen für die Mongolei sind daher genauso zu modifizieren.

[25] Eine der wenigen Publikationen zum Thema ist Isabelle Charleux, „Padmasambhava's Travel to the North. The Pilgrimage to the Monastery of the Caves and the Old Schools of Tibetan Buddhism in Mongolia", in: Central Asiatic Journal, 46/2, 2002, S. 168-232; ebenso I. Charleux, „The Reconstruction of Buddhist Monasteries in the Chinese Autonomous Region of Inner Mongolia: Between Sanctuary and Museum", in: Revival of Buddhism in Mongolia after 1990, Warschau (im Druck).

[26] Zur gegenwärtigen Situation des Buddhismus in der Mongolei s. auch K. Kollmar-Paulenz, „Buddhism in Mongolia after 1990", in: Journal of Global Buddhism 4 (2003), S. 18-34 (http://www.globalbuddhism.org).

[27] MongGol ulus-un undusun xauli, abrufbar in http://userpage.fu-berlin.de/corff/im/Gesetze/Verfassung_und_Demokratie.html.

[28] Zur Sülde s. Tatyana D. Skrynnikova, „Sülde - the Basic Idea of the Chinggis-Khan Cult", in: Acta Orientalia Hungarica XLVI, 1992-1993, 51-59.

Schamanismus und Volksreligion bei den Kalmücken

Ágnes Birtalan

Einleitung

Obwohl der Schamanismus ein bedeutendes Phänomen unter den meisten mongolischen Völkerschaften ist, ist er in seinen „reinen" Formen unter den Kalmücken weniger bekannt. Aber in mehreren Gebieten der religiösen Vorstellungen, der Volksdichtung, sogar auch im Buddhismus wurde der Schamanismus bewahrt, und tauchte in den letzten zehn Jahren wieder auf. Es ist einfacher, die Frage zu beantworten, warum der Schamanismus aus dem Leben der Kalmücken verschwand, als das Dilemma zu lösen, wie er in den letzten Jahren plötzlich wieder auftauchte. Selbst die kalmückischen Forscher wundern sich über die Wiedererscheinung des Schamanismus:

"In all of the history of Kalmyk culture, nothing is so surprising or so difficult to account for as the sudden rise of shamanic tradition today. Of this important fact almost nothing was known officially until 'Perestroika'." (Djaltchinova-Malets/Elvira Eevr 2003: 37).

In diesem Aufsatz versuchen wir, einige Aspekte der kalmückischen Volksreligion und der Phänomene des Schamanismus im Kontext der kalmückischen Geschichte und ihres Verhältnisses zu einer Hochreligion, wie den Buddhismus, darzustellen.

Über die Geschichte der Kalmücken

Die Ereignisse der relativ kurzen, nur vierhundertjährigen Geschichte der Kalmücken erklären die Ursache, warum der Schamanismus bei ihnen eine weniger bedeutende Rolle spielte als bei den anderen mongolischen Völkern. Die Kalmücken formten sich erst gegen Mitte des 17. Jahrhunderts zum selbstständigen Volk, als sich die Oiratischen[1] Sippen in ihrer neuen Heimat am Kaspischen Meer ansiedelten. Im Jahre 1616 führte Kho Örlök (oir. Xoo Örlöq),[2] der Fürst des Torgut (oir. Toryuud) Stammes sein Volk, etwa 50.000 Familien der Torgut und der Khoschut (oir. Qošuud) Stämme, durch die Siedlungen der Kasachen und Kirgisen zum Steppenland an der Wolga.

Die angesiedelten Oiraten wurden Kalmücken (kalm. xal'mg) genannt. Die Bedeutung des Ethnonyms ist nicht endgültig ermittelt, es könnte aus türkisch qal- „zurückbleiben" oder mong. qali- "sich verbreiten" erklärt werden. Während ihrer Wanderung zur Wolga und zurück nach der Dschungarei kamen die Kalmücken in Verbindung mit mehreren kiptschaktürkischen Völkern, wie mit den Kasachen, Kirgisen, Tataren, Nogaiern. Diese Kontakte spiegeln sich sowohl in der Sprache und Kultur der Kalmücken, als auch in der der mit ihnen in Verbindung gekommenen türkischen Völker.

Auf die ersten Siedlergruppen folgten während des 17. Jahrhunderts weitere oiratische Gruppen, meistens aus denselben Stämmen. Die wirkliche Ursache der Auswanderung ist immer noch nicht klar. Ungeklärt ist, ob es der Mangel der Weidefläche für den reichlichen Nachwuchs des Viehs oder die repressive Herrschaft des regierenden Stammes der Dschünghar war.

Im 17. Jahrhundert verloren die ostmongolischen Völker an Macht, deren herrschende Elite Nachkommen von Dschingis Khan waren, und die damals ziemlich starken westmongolischen Oiraten versuchten ihre Macht nach Osten auszubreiten. Beide Seiten meinten, der Buddhismus fördere ihre Macht. Für die Oiraten, die keine Dschingisiden waren und darum keine legitimen Herrscher werden durften, hatte der Buddhismus größere Bedeutung für die Legitimierung ihrer Herrschaft.

Der Stamm Khoschut richtete sein Machtzentrum am Kukunor (mong. Köke nayur) ein und sein Herrscher Güschi (oir. Güši) wurde der

Beschützer der dGe-lugs-pa Sekte in Tibet. Infolge seiner Unterstützung kamen die Dalai Lamas in Tibet an die Macht. Aus politischen Gründen verbreitete sich der Buddhismus unter den Oiraten ziemlich schnell und parallel dazu wurden die alten religiösen Vorstellungen zurückgedrängt. Die politische Unterstützung des Buddhismus wurde sogar durch die Proklamation des Großen Gesetzes (oir. Yeke Čaaji) 1640 kodifiziert. Das Große Gesetz enthält mehrere Paragraphen (zum Beispiel § 182-185), die die alte Religion der Mongolen unterdrücken und die Verbreitung des Buddhismus fördern: Es wurde verboten, an den traditionellen Opferstätten den Geistern der Berge und Gewässer Opfer darzubieten, die Darstellungen der Geister, die Ongon-Figuren (siehe Abbildung 6) wurden verbrannt usw. und diejenigen, die das Gesetz übertraten, wurden ziemlich streng bestraft (es mussten Pferde als Strafe gezahlt werden).

Aus dem Stamm der Khoschut stammte die bedeutendste oiratische Persönlichkeit des mongolischen Buddhismus, der oiratische Oberlama Zaya Pandita (Mönchsname Oqtoryuyin dalai, tib. Nam-khas rgya-mcho) 1599-1662, der im Jahre 1648, auf die uigur-mongolische Schrift gegründet, die todo üsüg genannte oiratische Schrift zusammenstellte (siehe Abbildung 2). Diese Schrift beseitigte die mehrdeutigen Charaktere der uigur-mongolischen Schrift und diente der Übersetzung buddhistischer Werke.

Zaya Pandita und seine Gefolgschaft reisten mehrere Male zu den zur Wolga gewanderten Oiraten, das heißt zu den Kalmücken, und bewirkte die rasche Verbreitung des Buddhismus unter ihnen. Der Buddhismus als Hochreligion war auch für die Kalmücken eine politische Notwendigkeit, die dem Zusammenhalt der Stämme und Sippen diente, als einheitliche Ideologie, die auch eine Nationalschrift ins Leben rief. Der Buddhismus brachte die Kirchenorganisation mit, aus der sich die Staatsadministration formte. Die ersten Heiligtümer waren noch - nach nomadischer Art - in Jurten eingerichtet, und obwohl solche Jurten-Tempel auch noch von Pallas etwa ein Jahrhundert später besichtigt werden konnten (siehe Abbildung 1), formte sich ziemlich früh ein charakteristisch kalmückischer Stil der Tempelarchitektur (Borisenko 1987: 58-70).

Die Wüsten am Kaspischen Meer, wo sich die Kalmücken ansiedelten, gehörten zu Russland, und die nomadischen Stämme mussten die Genehmigung und die Unterstützung der Zaren erlangen, um sich dort anzusiedeln. Gegen Mitte des 17. Jahrhunderts bildete sich ein gegenseitiger Interessensverband zwischen den Kalmücken und den Russen. Als Erwiderung für die Nutzung des Weidelandes, sandten die Kalmücken leichte Reiterei gegen die Krim-Tataren und die Kasachen zur Hilfe der zaristischen Regierung. Den Höhepunkt ihrer Geschichte erreichten die Kalmücken unter der Regierung des Khans Ayuuki (reg. 1669-1724) als sich der neue kalmückische Staat verstärkte und ziemlich unabhängig war. Gegen Mitte des 18. Jahrhunderts wuchs der russische Einfluss und deshalb entschieden sich einige Gruppen der Kalmücken unter der Führung von Ubaschi (oir. Ubaši), in ihre Urheimat, die Dschungarei, zurückzuziehen. Nach einer langen Wanderung durch feindliche Staaten erreichten nur weniger als die Hälfte der sich Zurückziehenden (ungefähr 70.000 Leute) die alte Heimat. Die zaristische Regierung bestrafte die Zurückgebliebenen streng, um weitere Fluchten zu verhindern. Die Kalmücken verloren ihren früheren, ziemlich freien Status, besonders unter der Regierung von Katharina der Großen. Manche kalmückischen Gruppen wanderten nach Westen zum Don. Die Gruppen unter ihnen, die nicht zum Kaspischen Meer zogen und mit den Kosaken im russischen Dienst blieben, wurden Buzaawa genannt.

Die Kalmücken bewahrten ihr Hirtenleben und wanderten zwischen der Wolga und dem Don bis zum letzten Drittel des 19. Jahrhunderts, als sie sich niederließen und Ackerbau zu treiben begannen.

Nach dem Zweiten Weltkrieg wurden die Kalmücken ähnlich wie mehrere andere Nationen der Sowjetunion (wie z.B. die Wolga-Deutschen, Krim-Tataren), wegen der Kollaboration mit der deutschen Armee nach Sibirien ins Exil verbannt. Die, die das Leiden und die besonders grausame Behandlung überlebten, konnten erst nach 1958 in ihre Heimat zurückkehren. Nach dem 1. Weltkrieg und auch später wanderten mehrere Gruppen der Kalmücken nach Europa und Amerika aus. So gibt es eine bedeutende Population der Kalmücken in den USA in New Jersey, Maryland usw., die ihre Traditionen pflegen (Rubel 1967).

Die heutigen Kalmücken gehören zu vier ethnischen Gruppen: Torgut, Khoschut, Dörböt und Buzawa. Sie besitzen innerhalb Russlands ihre eigene Republik (kalm. Xal'my Tangyč), in den 1990er Jahren zählten sie ungefähr 150 000 Angehörige.

Volksreligion und Schamanismus bei den Kalmücken

Der mythologische Hintergrund des kalmückischen Schamanismus.

Die als kalmückisch bezeichnete Mythologie bewahrte Teile des Mytengutes der mongolischen Ahnen der Kalmücken, die während ihrer Wanderungen aus den südsibirischen Wäldern in die Steppe und später vom Altai zur Wolga unterschiedliche Lebensweisen führten (jägerische, halbnomadische, nomadische, ackerbäuerliche). Nach den Angaben der frühesten Quellen des 13. Jahrhunderts gehörten die Ahnen der heutigen Oiraten und Kalmücken zu den Waldvölkern (mong. hoi-yin irgen), die erst während des 13. Jahrhunderts in die Steppe wanderten. Dieser ziemlich späte Wechsel der Lebensart könnte der Grund der Bewahrung einiger für das Jägerleben charakteristischen Züge sein, wie zum Beispiel das Mythologem der Schwanenjungfrau als Totemahnin (in Varianten kommt der Schwan auch als männliches Prinzip vor), das die für die länger ein Waldvolk gebliebenen östlichen Burjaten der wichtigste ethnogenetische Mythos ist.[3] Die Oiraten verehren auch die Eule als Totemahnen (in einigen Mythenvarianten als Totemahnin). In Mythenvarianten kommt auch die Birke als Progenitor der oiratischen herrschenden Prinzen, der Tschoros (oir. Čoros) vor (Birtalan 2002). Bis die oiratischen und kalmückischen Abstammungsmythen einige vermutlich ursprüngliche Motive noch aus der Waldzone bewahrten, wurden die kosmogonischen Mythen stark buddhisiert. Auch das indische Konzept des Weltbildes wurde in den Mythen über die Weltentstehung und Weltschöpfung übernommen. Darüber berichten die Reisenden des 18./19. Jahrhunderts, wie J. Ch. Schnitscher, P. S. Pallas, B. Bergmann usw. (Pallas 1801: 18-26; Schnitcher 1996: 24-25; Bergmann 1804-1805: 27-48).

Der Weltschöpfungsmythos der Kalmücken enthält ein Motiv, das dem indischen Mythos von Puruśa ähnlich ist. Aus dem Körper des Bodhisattva Mañjuśrī wurde die Welt erschaffen, zum Beispiel entstanden die Bäume aus seinen Adern, die Gewässer aus seinem Blut usw. (Meserve 2000: 36-37).

Nach einer anderen kalmückischen Tradition trägt eine goldene

Schildkröte die Erde, und der Pfeil des Bodhisattva Mañjuśrī nagelt sie auf den Meeresboden (vgl. Viṣṇu-Mythos). Im dreischichtigen Weltbild, das im Hinblick auf den Schamanismus sehr wichtig ist, da die Seele des Schamanen zwischen den Weltschichten reist, um die Probleme der Gemeinschaft zu lösen, hat die Erde sieben und der Himmel 49 (Var.: 33) Schichten (die oberste Schicht wurde im kalm. Očir tengr „Donnerkeil (Vajra)-Himmel" genannt und ist als das Nirwana zu verstehen, die Axis Mundi ist der Sümbr uul, „Sümerü Berg", aus der indischen Tradition, der bei allen mongolischen Völkerschaften bekannt ist.

Pallas und Schnitscher berichten, dass die Sonne und der Mond nach den kalmückischen Vorstellungen aus Glas erschaffen wurden, aber die Sonne besteht auch noch aus Feuer und der Mond aus Wasser (Pallas 1801: 40-41; Schnitscher 1996: 24-25; Erdniev 1985: 228).

Pantheon

Die dreischichtige Welt wird von Geistern und Göttern bewohnt. Das Pantheon der kalmückischen Volksreligion bewahrte einige ursprüngliche, animistische, in der mittleren (menschlichen) Welt wohnenden Geister und Götter, die weniger synkretisiert wurden. Zwei Gruppen der Geister werden hier vorgestellt:

1. Die Herren der Erde, der Gewässer, der Naturphänomene kalm. ezn (mong. ejen), hierher gehören auch die lus-Geister, die meist als Herren der Gewässer aufgefasst werden, die aber als chthonische Wesen auch zur Erde gehören können (Birtalan 2001a: 976-978).

Die ezn werden bei den Obo-Altären verehrt, den in der freien Natur errichteten Steinhaufen (oder Holz- und Steinhaufen, siehe Abbildung 3). Ein Obo baut die Gemeinschaft an sakralisch wichtigen Plätzen, wie an heiligen Bergen, Pässen, bei Quellen, bei Kreuzwegen, oder auch nach Bedarf, wo Unglück, oder ein Unfall geschah (Birtalan 1998: 199-210). Da das kalmückische Weidegebiet eben ist, trat der für die anderen mongolischen Völker charakteristische Bergkult in den Hintergrund.

Deshalb erscheinen nur wenige, aber wichtige Obos in den Berichten über die Kalmücken. Solch ein Obo stand am Bogdo Berg im Gebiet der heutigen Provinz Astrachan (Erdniev 1985: 230). Der Obo wurde von den männlichen Mitgliedern der Gemeinschaft verehrt. Auf den Stein- oder Holzhaufen wurde eine Teigstatue (buddhistischer Einfluss) dem Herren aller Gebiete, dem Delkän Cayan awya (Var.: öwgn), dem „weisen Alten der Welt", gestellt (siehe Abbildung 4). Der weise Alte scheint eine Naturgottheit und das Haupt aller territorialen Geister zu sein, der aus den vorbuddhistischen religiösen Vorstellungen zurückgeblieben ist, die aber auch buddhisiert wurde. Sein Aussehen ähnelt auch der chinesischen Gottheit der Langlebigkeit, sein Kult wurde an den Obos von den Lamas gepflegt (Birtalan 2001a: 958-960).

2. Die „Schicksalsgeister", die die Menschen beschützen und ihnen Nachkommen schenken, sind die kalm. zayač (mong. jayayači) Geister (Birtalan 2001a: 1001-1002).

Weil die erste Gruppe der Geister für die menschliche Umgebung verantwortlich ist, sind die Wesen der zweiten Gruppe für die Fruchtbarkeit, für das Fortleben der Familie und der Sippe zuständig.

Der Schicksalsgeist besitzt eine bedeutende Rolle und kommt in den Epen und Märchensujets häufig vor. Das Phänomen zayač, wie es in der Volksdichtung erscheint, vereint mehrere animistische Vorstellungen: er ist der Fruchtbarkeitsgeist, der den Menschen Nachkommen schenkt, er begleitet die Menschen und ist für die guten und bösen Taten verantwortlich. In den Epen bekommen die hochbetagten Eltern einen Erben durch die Kraft ihrer Gebete und Opferungen an den Schicksalsgeist, der als ein Ahne, ein himmlischer Bote oder als ein Lama erscheinen kann (Kičikov 1985: 312). In den Märchensujets helfen die Schicksalsgeister, als Hüter des Menschen, Schätze zu finden. Der Märchenheld ist auf der Suche nach dem zayač oder trifft ihn unerwartet. Durch die Rolle des Schicksalsgeistes ist klar, dass er die Verpflichtung des schamanistischen Hilfsgeistes auch inkorporierte.

Oben wurden die wichtigsten Phänomene der Geister und Götter der mittleren Schicht der dreischichtigen Welt hervorgehoben. Jetzt werden einige wichtige Gottheiten und Geister aus den anderen zwei Weltschichten erörtert.

Die Unterwelt, die anscheinend auch das Totenreich ist, regiert

Erklg Khan (mong. Erlig qan, Erlig nom-un qan), in dessen Gestalt eine vorlamaistische Vorstellung des ambivalenten Richters der Seelen der Toten verkörpert ist, der aber in seiner für uns bekannten Form stark buddhisiert und mit dem Herrscher der buddhistischen Hölle Yama identifiziert wurde (Birtalan 2001a: 981-983; siehe Abbildung 5). Er hat einen Spiegel (Var.: ein Buch), in dem sich die guten und bösen Taten der Menschen spiegeln. Erklg Khan hat viele Boten, die erlg oder čötkr (kalm.) „Teufel" genannt werden und die die Seelen der Sterbenden (manchmal vorzeitig) fangen. Jangγr, der Held des mächtigen kalmückischen Epos (Jangγr) machte, wie die Schamanen es tun, eine Unterweltreise um die gefangene Seele seines Helden, Ulan Xongγr, zu befreien (Mify 1982: 247; Birtalan 2001a: 1000-1001). Dieses Motiv ist eine klare Bestätigung der schamanistischen Tradition.

Im Folgenden werden wir einige charakteristische kalmückische Rituale darstellen, die die vorbuddhistischen und auch die synkreistischen, vom Buddhismus beeinflussten religiösen Phänomene aufweisen. Das Feuerritual wird nach den Berichten von Pallas und das Fohlenfest anhand neuerer Feldforschungen dargelegt.[4]

Rituale: „Verehrung des Feuers" Γal tääx, Opferungen dem Feuer

Unter den welterzeugenden Elementen (Feuer, Wasser, Luft/Wind, Erde, Metall) besitzt das Feuer (kalm. γal, mong. γal) eine bedeutende Rolle, da das Feuer die Fruchtbarkeit der Familie, sowohl der Menschen als auch des Viehs, gewährt - wie die frühesten Quellen über die Mongolen auch berichten. Die Geister und die Götter des Feuers schützten den Nachwuchs, deshalb musste die ganze Familie das Feuer rein halten und nicht beleidigen, d. h. man musste das Feuer sehr umsichtig behandeln, was natürlich auch ökologische Schutzzwecke hatte. Zum Beispiel durften die Familien nach dem Sonnenuntergang Feuerglut aus der Jurte nur den Verwandten ausgeben (Erdniev 1985: 228). Der anfangs in der mongolischen Mythologie formlose Geist des Feuers wurde als ein weiblicher Geist, als die Feuermutter geehrt. Später erscheint auch ein männliches Prinzip als Feuergeist unter den meisten mongolischen Völkerschaften. Er wurde durch buddhistischen Einfluss vergöttert.

Neben den alltäglichen Tätigkeiten (Einhalten der üblichen Verbote) mit dem Feuer, mussten auch Opferfeierlichkeiten veranstaltet werden. Die Opferdarbietung für das Feuer (die Feuergeister, Feuergötter) wurden in verschiedenen Einheiten der Gesellschaft ausgeführt. Neben den Familienritualen, die die Blutsverwandtschaft bewahrten und festigten, wurden auch staatliche Rituale veranstaltet. Bei den Kalmücken boten diese Ebene die administrativen Einheiten, die Provinzen (kalm. uls), wo der Prinz der Provinz das Ritual leitete. Die Angehörigkeit zu bestimmten Stämmen oder Sippen (Dörböt, Torgut, Khoschut) ergibt Unterschiede bei den Feuerritualen.

Die früheste Beschreibung des kalmückischen Feuerrituals findet man bei Pallas (Pallas 1801: 326-333, 342-345).[5] Nach seinen Angaben bildet das Feuerritual auch einen Teil anderer Rituale. Hier geben wir eine kurze Zusammenfassung der wichtigsten Elemente des Rituals (obwohl das Ritual bei Pallas sehr ausführlich dargestellt ist).[6]

Im Mittelpunkt des jährlichen Feuerrituals im Herbst steht die Blutopferung. Das Ritual für den Wohlstand der ganzen Provinz (uls) wird im Heim des Prinzen dargebracht, wobei alle Bewohner der Provinz wie die Mitglieder der Familie des Fürsten behandelt werden. Zahlreiche Lamas, vom Abt des Klosters geführt, nehmen am Ritual teil. Seine Benennung yanjiw stammt vermutlich aus dem Tibetischen. Ein Lamm oder ein Schaf wird geopfert und zusammen mit Früchten und Gewürzen verbrannt.

Wie der Fürst, opfert jede Familie auch ein Schaf, in dessen Mund - vor der Schlachtung - mehrmals čige (kalm.) „Kumyss" gegossen wird. Die Mongolen schlachten das Kleinvieh (kalm., khal. bog mal) mit einer Methode, die das Blut innerhalb des Tieres hält, damit kein Tropfen verloren geht. Diese Weise des Schlachtens bewahrt das Blut als Seelensitz und die Erde wird durch das Blut auch nicht verschmutzt (vgl. Kapitel "Die Nahrung bei den Mongolen"). Das Vieh wird vor der Tür der Jurte geschlachtet und dann zerstückelt, so dass die rituell wichtigen Organe nicht beschädigt werden.

Für das Ritual wird ein Altar mit einer Gottesdarstellung (Pallas erwähnt nicht, welche Gottheit) mit zwei Lampen und Silbergeld für die Gottheit eingerichtet. Der Feuerherd wird auch mit Lampen umlegt. Die Knochen des Opfertieres werden in das Feuer gelegt, das während des Gebetes mehrere Male mit dem geschmolzenen Fett und heiligem Wasser (kalm. aršn) begossen wird.

Ein Feuergebet wird von einem Lama vorgeführt aber den Refrain rezitieren alle Anwesenden; Xurui, xurui, xurui! ist die Endformel der bei allen mongolischen Völkerschaften bekannten Glückwünsche, die in mehreren sakralen Texten vorkommt und ungefähr soviel bedeutet wie „Sammele hier, komm hierher!", d. h. eine Anrufung des Glücks (Birtalan 2001a: 1027).

Die zentrale Rolle des Familienältesten spiegelt sich im Feuerritual, sein Wohlsein wird das Wohlbefinden der ganzen Familie sichern: Wenn die Anwesenden den Refrain Xurui, xurui, xurui! rezitieren, beißt er ein Stückchen aus dem gekochten Herz des Opfertieres, um das hergerufene Glück symbolisch zu sich zu nehmen.

Das Gebet zeigt den bedeutenden Einfluss des tibetischen Buddhismus. Neben den traditionellen vorbuddhistischen Gottheiten (kalm. tängr, mong. tngri) wie der Ewige Himmel, die neunundneunzig Gottheiten, das Sternbild „Himmelswagen" und dem vorbuddhistischen, aus Iran entlehnten Gott kalm. Xurmast (mong. Qormusda ← iranisch Ahura Mazda), erscheinen Buddhas, Bodhisattvas und indische Gottheiten.

Am Ende des Gebetes werden die für die nomadische Familie wichtigen Phänomene angeführt, wie das Wohlsein und der Zuwachs des Viehbestands (Kamel, Pferd, Schaf werden hier genannt) und die Sicherheit, das Wohlsein der Kinder.

Das hier vorgeführte Gebet ist eine kurze Variante, die während des Familienrituals rezitiert wird (am Feuerfest des Fürsten wird ein viel längeres Gebet vorgetragen).[7]

Auf Aenotkeäkisch (Indisch)[8] sprechet: Güjä, Güjä, Güjä ![9]
Auf Tangutisch: Anna dokdu oddos Chan![10]
Auf Mongolisch: Churui, Churui, Churui![11]
Oh Nommienn chan! Schaktschamuni Burchan![12]
Gewähre Glück und Segen!
Churui, Churui, Churui!
Du durch der Chan der Tängri[13] erschaffener Opferherd, Du mein

Feuerplatz!
Gib mir Deinen Segen und Glück!
Churui, Churui, Churui!
Du Monarch und Abkömmling von denen Tängri Chinigs,
Deines Herdfeuers Glück und Segen!
Churui, Churui, Churui!
Du eigentlich durch den Mönkkö Tängri[14] hervorgebrachte und von der Mutter[15] bereitete Feuerstätte ach!
Deinen Segen und Glück!
Churui, Churui, Churui!
Du Tengri Chan Churmustu nebst den 99 anderen Tängri![16]
Gebt euren Segen und Glück!
Churui, Churui, Churui!
Du Fürst der Menschheit, Zakewading chan![17]
Herrsche deinen Segen und Glück!
Churui, Churui, Churui!
Du Arban Zügien Burchan Otschirdahri und alle übrige Bodisado![18]
Gebt euren Segen und Glück!
Churui, Churui, Churui!
Du Gott aller Erdeni Bissmann Tengri![19]
Verleihe deinen Segen und Glück!
Churui, Churui, Churui!
Du Vater und Großvater des Mönkö Tängri!
Gib deinen Segen und Glück!
Churui, Churui, Churui!
Du Feuer der sieben und siebzig Opferherde,[20] das wie Sonne, Mond und Sterne scheint!
Gib uns deinen Segen und Glück!
Churui, Churui, Churui!
Du Fluss Ganga![21]
Gib uns deinen nie abnehmenden, nie versiegenden Segen!
Churui, Churui, Churui!
Ihr sieben Alten (Planeten)[22] mit eurem unzählbaren Sternenheer!
Gebt euren Segen und Glück!
Churui, Churui, Churui!
Ach, Chan!
Gib gleich dem Sümmer ula[23] bestehendes Glück!

Gib gleich unbeweglichen Felsen bestehendes Glück!
Churui, Churui, Churui!
Alle unsere Mängel wolle Glück und Segen ergänzen!
Churui, Churui, Churui!
Unser Armut müsse Glück und Segen bereichern!
Churui, Churui, Churui!
Alle Unvollkommenheiten und Gebrechen und des Todes Heimsuchungen wende durch deinen Segen ab!
Churui, Churui, Churui!
Allen vier Viehsorten!
Gib durch deinen Segen das Gedeihen!
Churui, Churui, Churui!
Den Kamelen reichliche und lange Wolle!
Churui, Churui, Churui!
Den Kindern dicke Lenden!
Churui, Churui, Churui!
Den Rossen schönen Kamm!
Churui, Churui, Churui!
Den Stuten grosse Euter!
Churui, Churui, Churui!
Allem Vieh starken hohen Wuchs!
Churui, Churui, Churui!
Den jungen Lämmern Anhäglichkeit an ihre Mütter!
Churui, Churui, Churui!
Damit sie sich nicht verirren!
Churui, Churui, Churui!
Den jungen Füllen dass sie sich nicht verlaufen!
Churui, Churui, Churui![24]

„Fohlenfest" Ürs und „Quellenopferung" Bulγ täkx

Für die Nomaden bedeutet das Vieh alles, die Vergangenheit, die Gegenwart und die Zukunft. Der Massenverderb des Viehs kann Elend, Armut bringen oder er kann sogar auch das Ende der Gemeinschaft bedeuten. Deshalb versuchen die Nomaden das Vieh wie nur möglich zu hüten und bedeutenden Zuwachs zu bekommen. Die Wichtigkeit des Viehs blieb auch erhalten, nachdem die Kalmücken sich mit dem Ackerbau zu beschäftigen begannen. Für die Fruchtbarkeit des Viehs dienen solche Rituale wie das oben erwähnte Feuerritual im Winter oder Herbst und das ürs, „Fohlenfest" (lit. die Nachwüchse, kalm. ürn, khal. ür „Samen, Kind, Nachkomme" in Plural).

Bei allen mongolischen Völkerschaften wird das Fohlenfest im Frühsommer (Pallas nennt ihn zunii türüün sar) zwischen dem Vollmond im Mai und Juni gefeiert. Weil das Element Feuer im Winter im Mittelpunkt steht, bekommen das Wasser und die Milch (die Flüssigkeit) im Sommer die wichtigste Rolle. Das Jungvieh wird mit Libationsopfer (kalm. cacl, khal. cacal, mong. čačuli) besprenkelt. Eigentlich wird die Libation jeden Tag von den Viehzüchtern Mongolen gepflegt, jeder Tag beginnt mit einer Opferdarbietung für die Herren der Natur aus der zuerst gemolkenen Milch, mit der Hilfe eines Holzlöffels, der neun Vertiefungen hat. Im Grunde wird das Wasser (Weltelement) hier mit der für die Nomaden so bedeutenden Milch substituiert. Zur Zeit des Fohlenfestes opfert man auch bei den Gewässern, für die Reichlichkeit des Wassers in den Quellen, Teichen, Flüssen und auch für genügenden Regen (vgl. unten). In den Ritualprozessen bekam das Wasser noch eine andere Rolle: Man benutzte es auch beim Fluch.

Frühmorgens am Tage des Fohlenfestes werden die Pferdeherden mit einem Gemisch von Milch und geschmolzener Butter besprenkelt. Wie im Fall des Feuerrituals wird auch im Fohlenfest die ganze Großfamilie vom Familienoberhaupt vertreten, der auch heute noin „Nobelmann", als eine Reminiszenz an die Vergangenheit, genannt wird. Die Fürsten (vgl. die Beschreibung des Feuerrituals bei Pallas) vertraten damals die ganze Gemeinde, die ganze Provinz. Das Fest beginnt bei der Jurte des

Ältesten, wo ein mit weißen Schafsfellen bedeckter Lebensbaum errichtet wird, der nach dem Fest in der Wüste bleibt. Dann geht das Fest weiter in der Jurte der Gemahlin des Ältesten, wo das Ausschütten der Milch durch die Tür und durch die Rauchöffnung der Jurte auf Fruchtbarkeitsrituale hinweist (Bakeva 1987: 81-85).

Im Leben der mongolischen Völker besitzt das Element Wasser neben dem Feuer eine bestimmende Rolle, die Nomaden folgen dem Wasser und dem Gras, um neue Weiden zu finden - berichten die alten chinesischen Quellen über die Großviehzüchter Innerasiens. Das Wasser hat auch Herren, die meistens lus (mong. lus, tib. klu) genannt werden. Die lus-Geister sind aber nicht an das Wasser gebunden, sondern auch an die Erde (als Weltelement). Sie werden als chthonische Wesen begriffen (Birtalan 2001a: 1006-1007), als solche wird ihnen zusammen mit den Herren der Naturphänomene, mit den ezn-Geistern bei Obo-Altären geopfert. Wenn die Mitglieder der Gemeinde ihre Verehrung vernachlässigen, verursachen diese Geister Not, Übel, Leid, Krankheit. Eine der wichtigsten Aufgaben der Schamanen ist, die beleidigten Geister zu besänftigen. Die Kalmücken veranstalten Opferzeremonien an den Teichen, Quellen (kalm. bulg täkx „[der] Quelle opfern"), Bächen um die Geister zu verehren (Pallas 1801: 333-334; Bordžanova 1985: 35-36). So eine Opferdarbietung (kalm. us täkx „[dem] Wasser opfern") findet zum Beispiel zum ürs-Ritual gebunden und eine andere, welche usn aršn „Wasser, Heilwasser" genannt wird, Ende August statt (Erdniev 1985: 230-231). Die Beschreibungen des Rituals zeigen starken buddhistischen Einfluss: Ins Wasser wird ein Teigfigürchen - das gewöhnliche Ritualobjekt der buddhistischen Rituale - geworfen. Vermutlich symbolisiert es die Bannung des Unheils der Gemeinde, welche durch die Kraft des Wassers und mit der Hilfe der Wasser-Geister gereinigt wird (Erdniev 1985: 230-231).[25]

Die Mongolen waren und sind Wald- und Steppenvölker, die mit dem Meer als der Quelle der Lebenserhaltung nichts zu tun haben, aber die Kalmücken, die sich am Kaspischen Meer ansiedelten und für die die Fischerei immer wichtiger wurde, begannen, das Meer zu verehren. Der Kult des Meeres wurzelt aber auch in der Verehrung der Wassergeister.

Schamanismus unter den Kalmücken heute; ein Wiederaufleben oder eine Neuerscheinung?

Obwohl wir über die kalmückischen Schamanen im Vergleich zu den anderen mongolischen Völkern viel weiniger wissen, sind bei ihnen andere geistige Spezialisten aus den Quellen bekannter. Im Epos J̌angyr ist der Berater des J̌angyr Khan der alte Altan cēj, „Goldene Brust",[26] ein irdischer Wahrsager, Hellseher, der wohl kein Schamane ist, aber „der um die Geschehnisse der verflossenen 99 Jahre wusste und die Dinge der kommenden 99 Jahre voraussagte" (Kičikov 1985: 326).

Andere praktizierende Spezialisten waren der Verfluchte kalm. xaralč (mong. qaralči), der ähnliche Aufgaben wie ein Schamanen erfüllt, der aber keinen Trancezustand nötig hat (Bordžanova 1999: 49-64); der „Regenmagier" kalm. zadč (mong. ǰadači), der mit der Hilfe des Regensteins Unwetter verursachen oder schlechtes Wetter vertreiben kann (Molnár 1994; Birtalan 2001b: 119-142); der tärnč „Beschwörer", dessen Aufgabe vorbuddhistisch sein müsste, aber dessen Benennung auf den Einfluss des Buddhismus hinweist (vgl. skr.: dhāraṇī, kalm. tärn).

Der kalmückische Schamane

Wie wir schon in der Einleitung erwähnten, ist das plötzliche Auftauchen des Schamanismus ziemlich überraschend. Aber es zeigt sich anhand der Feldforschungsresultate von Djaltchinova-Malets, dass der Schamanismus bei den Kalmücken nicht nur aus Fragmenten bestand, sondern auch vollständige, für den Schamanismus charakteristische Systeme enthielt: Schamanenkrankheit, Berufung, Trancezustand, Einweihung der Kandidaten, Vorhandensein der Schamanentracht und der Hilfsgeister. Der neu eingeweihte Schamane wird interessanterweise ǰangyrin ǰe „Nachkomme von Dschangar" genannt. Diese Benennung wurde aus den neuesten Materialien bekannt, und obwohl Jangyr, der epische Held der Kalmücken, eine Unterweltreise zur Rettung der Seele seines Helden Ulan Xongyr ausführte, scheint dieser Begriff weitaus späterer Herkunft und ein Versuch der Legitimierung des Schamanentums zu sein.

Die Schamanenkrankheit wird „yaman ergjänä" lit. „von der Ziege gedehnt" genannt. Zwischen dem siebten bis zum neunten Lebensjahre erblickt das Kind zum ersten Mal den Weisen Alten oder den Herrscher der Hölle, Erklg Nomin xan, der ihm eine Ziege von weißer oder schwarzer Farbe oder sogar zwei Ziegen gibt. Die Ziegen werden zu Führern der Schamanenkandidaten in den Welten der Geister und Götter und begleiten sie als eine Art Hilfsgeister. Die Gottheit, die dem Kandidaten zuerst erscheint, wird ihn später - ähnlich wie bei den Auserwählten anderer sibirischer Völker und auch bei den Ungarn - quälen. Djaltchinova-Malets zeichnete eine Geschichte darüber auf: Der Auserwählte wurde von der Gottheit am Pferdeschwanz angebunden und die ganze Nacht herumgeschleppt (Djaltchinova-Malets 2002: 39).

Obwohl schon in Vergessenheit geraten war, wie eigentlich diese Verzierung aussehen musste, bewahrten die Erinnerungen der alten Kalmücken, wie die Tracht der Schamanen genäht und mit einem Ornament namens jangyrin jeg verziert wurde. Die Ornamente wurden sehr sorgfältig hergestellt, da sie mit der Lebensdauer des Schamanen in Zusammenhang standen (eine nicht richtig genähte Verzierung kann das Leben des Schamanen verkürzen). Die Farbe der Tracht folgte der Farbe der Ziege, des Begleiters des Schamanen. Djaltchinova-Malets teilt mit, dass die Tracht innerhalb von neun Tagen genäht wurde. In der Nacht des neunten Tages wird die Tracht dem Schamanenmeister gegeben, der sie und den Kandidaten am zehnten Tag mit Ziegenblut weiht. Das Fell der Ziege wird, ähnlich dem Pferdeopfer, auf einer langen Stange am Kreuzweg in der Nähe dem Dorf aufgehängt. Das Herz und die Leber werden roh von dem Schamanenmeister und seinem Jünger gegessen. Alle Knochen der Ziege werden, um ihre Wiedergeburt unter den Geistern zu ermöglichen, begraben (Djaltchinova-Malets 2002: 41-42).

In Rahmen dieses kurzen Aufsatzes konnten wir nur einige Aspekte der reichlichen volksreligiösen Tradition der Kalmücken darlegen. Aufgrund der Materialien der Reisenden können der mythologische Hintergrund der Volksreligion und einige Rituale bei den Kalmücken seit den frühesten Jahrzehnten ihrer Geschichte dargestellt werden. Die neuesten Feldforschungen, die seit den Jahren der Perestroika belebt wurden, eröffneten neue Seiten der kalmückischen Volksreligion und des Schamanismus, und weitere Ergebnisse werden die nächsten Jahre zweifellos bringen.

Bibliographie

Bakaeva, E. P.
1987   Kalendarnye prazdniki kalmykov: problemy sootnošenija drevnih verovanij i lamaizma (XIX načalo XX veka). In: N. L. Žukovskaja (Hrsg.), Voprosy istorii lamaizma v Kalmykii, S. 71-87. Elista.

Bergmann, Benjamin
1804-   Nomadische Streifereien unter den Kalmücken in den Jahren
1805   1802 und 1803. I-IV. Riga.

Birtalan, Ágnes
1998   Typology of the Stone Cairns Obos and their Symbolical Meaning (Preliminary Report, Based on Mongolian Fieldwork Material Collected in 1991-1995). In: Anne-Marie Blondeau (Hrsg.), Tibetan Mountain Deities. Their Cults and Representations. Proceedings of the 7th Seminar of the International Association for Tibetan Studies Graz 1995, S. 199-210. Wien.
2001a   Die Mythologie der mongolischen Volksreligion. In: Egidius Schmalzriedt und Hans Wilhelm Haussig (Hrsg.), Wörterbuch der Mythologie. I. Abteilung Die Alten Kulturvölker, (34), S. 879-1097. Stuttgart.
2001b   The Tibetan Weather-Magic Ritual of a Mongolian Shaman. In: Shaman 9.2., S. 119-142. Budapest.
2002   An Oirat Ethnogenetic Myth in Written and Oral Traditions (A Case of Oirat Legitimacy). In: András Róna-Tas (Hrsg.), Acta Orientalia Hung. Volume Commemorating the 100th Birthday of its Founder Louis Ligeti, S. 69-88. Budapest.

Birtalan, Ágnes / Rákos, Attila
2002 Kalmükök – Egy európai mongol nép, [Die Kalmücken. Ein europäisches mongolisches Volk] (Text Terebess 1.) Budapest.

Bordžanova, T. G.
1985 O žanrovom sostave obrjadovoj poezii kalmykov. In: N. C. Bitkeev (Hrsg.), Kalmyckij fol'klor. Problemy izdanija, S. 28-37. Elista.
1999 Magičeskaja poezija kalmykov. Issledovanije i materialy. Elista.

Borisenko, I.
1987 Hramy Kalmykii. Elista.

Djaltchinova-Malets / Elvira Eevr
2003 Shamanic Tradition in Mythosophy of Kalmyks. In: Mihály Hoppál & Gábor Kósa (Hrsg.), Rediscovery of Shamanic Heritage (Bibliotheca Shamanistica, 11), S. 37-43. Budapest.

Dumas, Dominique
1987 Aspekte und Wandlungen der Verehrung des Herdfeuers bei den Mongolen. Eine Analyse der mongolischen „Feuergebete". Bonn.

Erdniev, U. E.
1985 Kalmyki. Istoriko-etnografičeskie očerki. Elista.

Erendženov, K.
1990 Zolotoj rodnik. Elista.

jaŋyr. Xal'mg baatrlg duulwr.
1978 jaŋyr. Xal'mg baatrlg duulwr. I-II. [Dschangar. Heldenepos]. Elista.

Kaarsberg, Hans S.
1996   Among the Kalmyks of the Steppes on Horseback and by Troika. A Journey Made in 1890. Transl. and ed. by J. R. Krueger with the collaboration of Dr. A. Bormanshinov. Bloomington, Indiana.

Kičikov, A. Š.
1985   Archaische Motive bei der Herkunft des Helden und ihre Umbildungen in den Jangyar-Versionen. In: Walter Heissig (Hrsg.), Fragen der mongolischen Heldendichtung, III. Vorträge des 4. Epensymposiums des Sonderforschungsbereichs 12, Bonn 1983, S. 301-337. Wiesbaden.

Meserve, Ruth
2000   The Uses of Blood in Traditional Inner Asian Societies. In: Michael Gervers & Wayne Schlepp (Hrsg.), Religion, Customary Law, and Nomadic Technology. Papers Presented at the Central and Inner Asian Seminar University of Toronto, 1 May 1998 and 23 April 1999, S. 35-50. Toronto.

Mitirov, A. G.
1987   Ob osobennostjah lamaistskoj kul'tovoj praktiki kalmykov. In: N. L. Žukovskaja (Hrsg.), Voprosy istorii lamaizma v Kalmykii, S. 58-70. Elista.

Mify narodov mira
1982   Mify narodov mira. II. Moskva.

Molnár, Ádám
1994   Weather Magic in Inner Asia. (Indiana University Uralic and Altaic Series 158). Bloomington, Indiana.

Pallas, Peter Simon
1776, Sammlungen historischer Nachrichten über die mongolischen
1801   Völkerschaften, I-II. St. Petersburg.

Rubel, Paula
1967   The Kalmyk Mongols. A Study in Continuity and Change. Bloomington, Indiana.

Schnitscher, J. C.
1996   An Account of the Kalmyk Land Under Ayuki Khan (Publications of the Mongolia Society, Occasional Papers, 20). Bloomington, Indiana.

Taube, Erika / Taube, Manfred
1983   Schamanen und Rhapsoden. Die Geistige Kultur der alten Mongolei. Leipzig.

Anmerkungen

[1] Die Urheimat der Oiraten, genauso wie die der Buriaten, war die Waldzone, westlich vom Baikal-See, beim Jenissei-Fluss, wo die so genannten „Waldvölker" mong. hoi-yin irgen, lebten und eine halbnomadische und Jäger-Fischer-Lebensart führten. Am Anfang des 13. Jahrhunderts wanderten einige Sippen, die Ahnen der heutigen Oiraten und Kalmücken in die Steppe und siedelten sich im Altai-Gebiet an. Dieser Gebietswechsel bedeutete auch einen Wechsel ihrer früheren Lebensart, hin zu einer reiternomadischen. In den mongolischen Quellen wurden die Oiraten Dörben Oirad „die Vier Oiraten" genannt. Der Begriff „Vier Oiraten" bedeutete zeitlich und räumlich andere Gruppen; im Allgemeinen versteht man unter den „Vier Oiraten" die folgenden: 1. Khoschut oir. Qošuud (ihre Fürsten stammen vom Bruder Dschingis Khans, Qabutu Qasar), 2. Torgut oir. Torγuud, 3. Dschünghar oir. J̌egün γar, 4. Dörböt oir. Dörbed und Khoit oir. Qoyid. Im 15. Jahrhundert dehnten sie die Grenzen ihrer Siedlungen nach Westen zum Ili-Fluss, und nach den Oasenstädten aus, zwangen Ming-China, (dieses unterstützte manchmal die Ostmongolen, die legitimen Herrscher aller Mongolen, manchmal die Oiraten) Handelszentren zu öffnen. Die oiratische Herrschaft erreichte ihren Höhepunkt im 17./18. Jahrhundert unter der Regierung von Galdan (oir. Γaldan), Khan (1670-1697) und Tsewangrabdan (oir. Cewangrabdan). Die oiratischen Truppen drangen bis nach Kharakhorum (mong. Qara-qorum) vor (1688) und die meisten Khalkha (mong. Qalqa) kamen unter die Macht (1690) der westlichen Mongolen. Galdans Nachfolger Tsewangrabdan (1697-1727) und Galdantseren (oir. Galdanceren 1727-1745) kämpften gegen die Mandschu-Armee, aber in den 50er Jahren des 18. Jahrhunderts wurde das frühere Gebiet des Dschungarischen Reiches von den Mandschus erobert und die von den kalmückischen Steppen zurückkehrenden oiratischen Stämme wurden auch zu Untertanen des Ch'ing-Reiches (nach Birtalan 2001a: 889-890).

² Die oiratischen, kalmückischen und mongolischen Namen werden in deutscher Transkription und in Klammern in ihrer originalen Transliteration angegeben. Dabei bedeutet kalm. Kalmückisch, khal. Khalkhaisch, mong. Schriftmongolisch, oir. Schriftoiratisch.

³ Das Schwanenjungfrau-Motiv ist natürlich bei anderen innerasiatischen Nomaden-völkern (Mandschu) und auch bei den Chinesen bekannt, aber weniger wichtig bei den östlichen Mongolen, wie bei den Khalkha, deren Tradition der dschingisidischen ethnogenetischen Mythe (Wolf und Hirsch als Totemahnen) folgt.

⁴ Das wertvolle Werk „Sammlungen historischer Nachrichten über die mongolischen Völkerschaften" von P.S. Pallas bewahrt zahlreiche Berichte über die traditionelle kalmü-ckische Volksreligion und religiöse Vorstellungen. Seine Angaben stimmen teils mit denen für andere mongolische Völker überein, doch sie weisen auch die kalmückischen Eigenheiten auf.

⁵ Pallas nennt das Feuerritual folgendermaßen: kalm. (Pallas) taicho, gal-taicho (kalm. tääx, γal tääx, mong. takiqu, γal takiqu).

⁶ Eine angehende Analyse des Rituals gibt D. Dumas in ihrer Dissertation (Dumas 1987: 198-201).

⁷ Pallas veröffentlichte nur die deutsche Übersetzung des Gebetes (Pallas 1801. 332-333). Wir bieten eine einfache Schreibweise von Pallas, die schriftmongolischen und die kalmückischen Formen werden in den Fußnoten angegeben.

⁸ Mong. Enedkeg „India".

⁹ Der Ausdruck kann nicht erklärt werden.

¹⁰ Tangutisch bedeutet tibetisch, der Ausdruck kann nicht erklärt werden.

¹¹ Anrufung des Glücks; unten geben wir die Transkription der mongolischen Form an.

¹² Mong. Nom-un qan, kalm. Nomin xan „Herrscher der Religion", ein gewöhnliches Attribut des Herrschers der Hölle, mong. Erlig qan; mong. Šagjimani, kalm. Śagjiman „Śākyamuni Buddha".

¹³ Mong. tngri, kalm. tenggr „Gott, Gottheit". Der Herrscher (xan) der Götter kann Qormusda sein.

¹⁴ Mong. Möngke tngri, kalm. Möngk tenggr „der Ewige Himmel".

¹⁵ Ein Hinweis auf die Feuermutter.

¹⁶ Die Hauptgottheit der 55 westlichen gutmütigen Götter; die 99 (die 55 westlichen gutmütigen und 44 östlichen bösartigen) Götter erscheinen häufig in den sakralen Texten.

¹⁷ Skr. cakravartin „Raddrehender (Herrscher)", die Könige, die den Buddhismus verbreiteten, wurden mit diesem Titel verehrt. In den mongolischen sakralen Texten versteht man unter diesem Titel den Begründer der Yüan Dynastie, den Enkel von Chingis Khan, Kubilai (1260-1294).

¹⁸ Mong. arbanjüg-ün ejen „Herrscher der zehn Richtungen" wird hier der Urbuddha Vajradhara (skr.), mong. Vačirdara, Očirdara genannt; mong. bodistv, kalm. bodisd „Bodhisattva".

¹⁹ Mong. Bisman tngri ist die Gottheit „Vaiśravaṇa".

²⁰ Die Nummer 77 gehört zu den Attributen der Erde, die häufig 77 schichtig dargestellt wird.

²¹ Der indische Fluss Ganges, der in mongolischen sakralischen Texten als ein Weltfluss dargestellt wird, vgl. der Weltberg Sümerü (skr. Meru), und die Milchozean (mong. Sün dalai) kommen auch aus der indischen Mythologie (Birtalan 2001a: 1061-1064).

²² Sternbild „der Große Wagen"; eine der mehreren mongolischen Benennungen ist mong. Doloγan ebügen „die Sieben Alten" (Birtalan 2001a: 970-971).

²³ Der Weltberg von indischer Herkunft in der mongolischen Mythologie, skr. Meru, mong. Sümber aγula.

[24] Pallas beendet die Übersetzung des Textes mit den folgenden Wörter: „und was dergleichen mehr ist".
[25] Die Objekte oder Lebewesen (Haustier oder Mensch), in die das Unglück gebannt wird, werden unter den mongolischen Völkern mong. joliy, khal. jolig genannt.
[26] Die Brust enthält die Weisheit, die Erinnerung; in den mongolischen Sprachen heißt der Ausdruck „auswendig wissen" ceejeer medex (khal.) lit. „mit der Brust wissen".

Unten links: Abb. 1 Jurtentempel nach Pallas
Unten rechts: Abb. 2 Oiratische Schriftfragmente aus einem sakralen Text (Rauchopfer)
Rechte Seite oben: Abb. 3 Obo-Altäre im zentralen Gebiet der Mongolischen Republik
Rechte Seite unten: Abb. 4 Kalmückische Darstellung der Gottheit Čayan ebügen (kalm. Cayan awy)

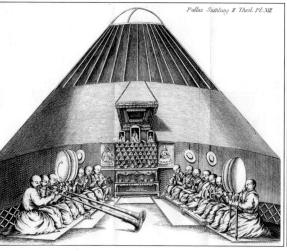

Nächste Seite oben:
Abb. 5 Buddhistische Darstellung des Höllenherrschers Erlig qan (kalm. Erklg xan) nach Pallas.
Nächste Seite unten:
Abb. 6 Familienschutzgeister Darstellungen der Kalmücken (die zwei Figuren links in der Jurte) nach Pallas.

Farbabbildungen

Seite 289
Abb. 1 Inv. Nr. 28.79:630 Ankauf Dr. Fritz Jäger.
Rollbild: Dharmapāla Yamāntaka als Vajrabhairava (skt.: Yamāntaka Vajrabhairava ekavira, tib.: rDo-rje 'jigs-byed dpa'-gcig, lies: dordsche dschig dsche patschig).
Farben auf grundiertem Textilgewebe. Bild H 82 cm, B 52 cm, Gesamt H 150 cm, B 85 cm. Tibet (gemalt), erworben in China.
Yamāntaka hatte der Legende zufolge den altindischen Todesgott Yama bezwungen und so seinen Namen erhalten, der „Überwinder des Todes" bedeutet. Als Zeichen dieser Beziehung zu dem stierköpfigen Yama hat Yamāntaka einen Stier als Kennzeichen in seiner Ikonogaphie: Entweder trägt er selbst einen Stierkopf oder aber er steht auf einem oder zwei Stieren. Die Überwindung des Todes, die in der Legende ursprünglich wortwörtlich gemeint war, ist in ihm ins Religiöse transzendiert: Er hilft, den Tod, und damit die Wiedergeburt – zu überwinden. Unter seinen Füßen zertritt er verschiedene Lebewesen, die geistige Gifte repräsentieren – jene Erscheinungen, an die man sich in der Phänomenwelt klammert.

Seite 290
Abb. 2 Inv. Nr. 28.79:634 Ankauf Dr. Fritz Jäger (Foto Saal).
Rollbild: Mandala des Yamāntaka als Vajrabhairava (skt.: Vajrabhaira-

va- Maṇḍala, tib.: rDo-rje-'jigs-byed 'khor-lo, lies: dordsche dschig dsche khor lo).
Farben auf grundiertem Textilgewebe. Bild H 70 cm, B 48 cm, gesamt B max 74,5 cm, H 122 cm. China.
Inschriften (Rückseite): 8 x vertikal die drei tib. Silben oṁ â hūṁ, links und rechts zwei chin. Zeichen, shi er, d.h. zwölf (möglicherweise Bild 12 in einer Serie).
Figurenmandala des Yamāntaka Vajrabhairava, umgeben von 8 weiteren zornvollen Gottheiten. Oben der Gelug-Begründer Tsongkhapa (tib.: Tsong-kha-pa), flankiert von seinen zwei Hauptschülern. Vajrabhairava spielte eine große Rolle in der Lebensgeschichte des Tsongkhapa. Er wurde dadurch zum Schutzpatron der Gelug-pa.

Abb. 3 Inv. Nr. A 4368 Kauf Edwin Dannegger (1903) (Foto Saal).
Rollbild: Dharmapāla Yama als Yama-Yami (skt.: Yama-Yamī, tib.: phyi sgrub, lies: tschi dschrub).
Farben auf grundiertem Textilgewebe. Bild H 39,5 cm, B 28 cm, gesamt H 86 cm B 55 cm. China.
Dharmapāla (tib.: chos skyong, lies: tschö kyong), d.h. „Beschützer der buddhistischen Lehre" heißen jene Gestalten, die ehemals Dämonen oder Götter einer nichtbuddhistischen Religion und somit Feinde des Buddhismus waren. Nach ihrer Bezwingung durch einen Magier gelobten sie, fortan die buddhistische Lehre zu verteidigen. Yama entstand aus dem hinduistischen Todesgott, d.h. dem Todbringer. Im Buddhismus wurde er zum Totenrichter, der dafür sorgt, dass jedes männliche Wesen die seinem Karma entsprechende Wiedergeburt erhält. Seine Schwester Yamī sorgt für die richtige Wiedergeburt der weiblichen Wesen. Laut Angabe des Veräußerers stammt das Bild aus dem Yonghegong, dem Pekinger Haupttempel des tibetischen Buddhismus.

Seite 291
Abb. 4 Inv. Nr. 26.11:1 Kauf Umlauff (Slg. Schlagintweit?) (Foto Saal).
Rollbild: Dharmapāla Mahākāla als Pañjara (skt.: Pañjara-Mahākāla, tib.: Gur-gyi mgon-po, lies: gurgyi gönpo).
Farben auf grundiertem Textilgewebe. Bild H 93, B 54 cm, gesamt H 130, B max 79 cm. Tibet, 17. / 18. Jahrhundert (?).
Inschriften auf der Rückseite: Die Silben oṁ āḥ hūṁ auf der (rituell vorge-

schriebenen) Höhe von Scheitel, Kehle und Bauch. Mahākāla, der „Große Schwarze", gehört ebenfalls zu den Dharmapālas. Es gibt – je nach Quelle – 67 oder 75 Erscheinungsformen Mahākālas. Die hier gezeigte Form, Mahākāla als „Herr der Zelte", wurde im 16. Jahrhundert vom 3. Dalai Lama zum Schutzpatron der Mongolen ausgewählt.

Seite 292
Abb. 5 Inv. Nr. 26.11:2 Kauf Umlauff (Slg. Schlagintweit?) (Foto Saal).
Rollbild: Dharmapāla Mahākāla als „Caturmukha" (tib.: dpal mgon zhal bzhi pa, lies: päl gön schäl schi pa) mit einem Siddha und dem Übersetzer Nyän Lotsawa Dharma Drag (tib.: wohl: snyan lo tsā ba dharma grags) Farben und Gold auf Seidengewebe. Bild: H 57 cm, B 38 cm, gesamt H 110 cm, B max 66,5 cm. Tibet.
Tibetische Inschriften: Unter der Zentralfigur: tib.: dpal mgon zhal bzhi pa la na ma, (lies: päl gön schäl schi pa la nama) = Verehrung dem viergesichtigen glorreichen Schützer! (D.h. Obwohl der dargestellte Mahakala nur ein Gesicht hat, wird er in der Inschrift als "Viergesichtiger" (skt.: caturmukha) Mahakala bezeichnet (Prof. D. Jackson 2004, pers. Comm.).
Oben links, unter dem Siddha: ri sus gyi rnal 'byor la na ma (lies: ri sü gyi näldschor la nama): „Verehrung dem auf dem Berg lebenden Yogi!".
Oben rechts unter der Figur: snyan lo (?) tsa X dharma graṭ (?) la(?) na ma (lies: nyän lo tsa X dharma drag la nama), wohl für tib.: snyan lo tsā ba dharma grags la na ma. = Verehrung dem Übersetzer (lo tsā ba)(namens) snyan-dharma- grags- pa. Auf der Rückseite der Montierung eine Inschrift, die besagt, dass es sich um das 13. Bild auf der rechten Seite (einer Thangka-Serie) handelt.
Mahākāla ist auf diesem Gemälde mit einem Bart wie ein Yogi dargestellt. Unter ihm vier tanzende nackte Begleiterinnen mit Schädelschalen.

Abb. 6 Inv. Nr. 89.62:1 Schenkung Dharmapala Centre Kathmandu (Foto Saal).
Langlebensthangka (unmontiert) mit Padmasambhava im Maṇḍala. Gold-, Silber- und weitere Farben auf grundiertem Textilgewebe. H 52,5 cm, B 34 cm. Nepal, ca. 1988.
Zentralfigur des Maṇḍala ist Padmasambhava, umgeben von der Trias des langen Lebens: weiße Tārā, Amitāyus und Uṣṇīṣavijayā. Padmasambhava hält eine Langlebensvase auf der Schädelschale in seinem

Schoß. In der Nyingma-Richtung, der dieses Thangka zuzurechnen ist, kann Padmasambhava in sehr vielen Emanationen auftreten. Im vorliegenden Bild fallen die drei Langlebensaspekte in ihm zusammen.

Seite 293
Abb. 7 Inv. Nr. 91.47:1 Kauf Tsering Tashi Thingo (Foto Saal).
Gemälde (unmontiert): Lama aus Dolpo.
Farben auf grundiertem Textilgewebe. Bild H 65 cm, B 53 cm (unmontiert). Dolpo (Nepal), 17. Jahrhundert.
Bei der Zentralgestalt mit dem so genannten Pandita-Hut könnte es sich um einen Lama der Sakya-Richtung handeln. Er ist allerdings umgeben von Würdenträgern der Kagyu-Richtung, die eine „Lineage" (Abstammungslinie Lehrer-Schüler) darstellen. Möglicherweise stammt dieses Bild aus Ladakh oder Westnepal. In Dolpo (Nepal) gibt es Meister, die gleichzeitig mehrere Traditionen praktizieren. Unter der Zentralfigur sieht man einen Mönch und (s)eine Familie. Dies könnten die Stifter des Bildes sein.

Seite 294
Abb. 8 Inv. Nr. 4454:07 Kauf Umlauff, Schenkung Freunde des Museums (Foto Saal).
Rollbild: Vajradhara mit Siddhas.
Siehe hierzu den Artikel „Rollbild des Adibuddha Vajradhara" von Jurek Schreiner.

Seite 295
Abb. 9 Inv. Nr. 4456:07 Kauf Umlauff, Schenkung Freunde des Museums (Foto Saal).
Rollbild: Longtschen mit Siddhas.
Siehe hierzu den Artikel „Rollbild des Gelehrten Longchen" von Jurek Schreiner.

Seite 296
Abb. 10 Inv. Nr. 4453:07 Kauf Umlauff, Schenkung Freunde des Museums (Foto Saal).
Rollbild: Padmasambhava.
Gemälde auf grundiertem Textilgewebe. Bild H 64 cm, B 47 cm, Gesamt

H 128, B max 86 cm. Publiziert: Ribbach, 1917. (Nordost?-)Tibet, wohl Ende 19. Jahrhundert.
Tib. Inschrift: glod ma´i mgon po kun tu bzang/ sku gsum rig `dzin pad ma byung (Der ursprüngliche Beschützer Samantabhadra [und] der die Trikāya verkörpernde Vidyadhāra Pad-ma-byung (Padmasambhava))
Das Thangka gehört mit dem vorigen (Inv.Nr. 4457:07) und dem nachfolgenden (Inv.Nr. 4455:07) zu einer Serie.

Seite 297
Abb. 11 Inv. Nr. 4455:07 Kauf Umlauff, Schenkung Freunde des Museums (Foto Saal).
Rollbild: Padmasambhava als „Sonnenstrahlguru".
Siehe hierzu den Artikel von Katja Thiesen.
Seite

Seite 298
Abb. 12 Inv. Nr. 4457:07 Kauf Umlauff, Schenkung Freunde des Museums (Foto Saal).
Rollbild: Ekajati.
Siehe hierzu den Artikel von Rosita Faber.

Seite 299
Abb. 13 Inv. Nr. 31.226:04 Kauf Konietzko (Foto Saal).
Rollbild: Padmasambhava.
Siehe hierzu den Artikel „Padmasambhava" von Kazuo Kano.

Seite 300
Abb. 14 Inv. Nr. 2757:09 Kauf Umlauff, Schenkung Freunde des Museums (Foto Saal).
Rollbild: Bhaiṣajyaguru und die acht Stūpas.
Siehe hierzu den Artikel von Kazuo Kano.

Seite 301
Abb. 15 Inv. Nr. 2760:09 Slg. Leder (Foto Saal).
Rollbild: Tāranātha.
Siehe hierzu den Artikel von David Jackson.

Seite 302
Abb. 16 Inv. Nr. 68.51:1 Kauf E. Güldenberg (Foto Saal).
Rollbild: Ansammlungsfeld.
Siehe hierzu den Artikel von Jörg Heimbel.

Seite 303
Abb. 17 Inv. Nr. 80.72:1 Kauf Dana Sharpa (Foto Saal).
Frauengewand, ärmellose Tschupa (tib.: chu pa).
Seidenbrokat, Druckknopf aus Metall. L ca. 142 cm. B Schultern 32 cm, Achseln 62 cm. Tibet.
Solche ärmellosen Tschupas werden mit einer einfarbigen Bluse und einer gestreiften Schürze (vgl. Nr. 77.34:16) getragen. (S. K.)

Abb. 18 Inv. Nr. 80.72:2 Kauf Dana Sharpa (Foto Saal).
Frauengewand, ärmellose Tschupa (tib. chu pa).
Goldbrokat, Druckknopf aus Metall. L ca. 139 cm. B Schultern 31 cm, Achseln 65 cm. Tibet
Laut R. Steffan (2002, pers. Comm.) ist solcher Brokat im russischen Stil in Tibet sehr begehrt, daher wurde dieser Stoff möglicherweise in China nachgewebt. Vergleichsstück mit identischem Stoff bei Diemberger (2001: 197). (S. K.)

Abb.19 Inv. Nr. 77.34:16 Nachlass E. v. Randow (Foto Saal)
Frauenschürze (tib.: pang gdan, lies: pang dän).
Wollstoff, (Gold-) Brokat, Baumwolle. H 70 cm, B (ohne Bänder) 49 cm. Tibetisch. Erworben in Bhutan (?).
R. Steffan (2003, pers. Comm.) zufolge stammt die Schürze etwa aus den 50er oder 60er Jahren, denn die Streifen in jeweils mehreren Blau-, Rosa- und Grüntönen sowie Schwarz und Weiß sind breiter, als es inzwischen üblich ist. Auch ist die Schürze relativ lang. Zwischenzeitlich gingen die Schürzen unter dem Einfluss der Minimode nur bis zum Knie. Inzwischen sind sie zwar wieder länger, aber heutige Schürzen haben den Brokatstreifen oben in der Mitte nicht mehr. Man trägt solche Schürzen z.B. über einer ärmellosen Tschupa wie Nr. 80.72:1.

Abb. 20 Inv. Nr. 4520:07 Kauf Umlauff, Schenkung Freunde des Museums (Foto Saal).

Frauengewand mit wattierten Schulterstücken (mong.: chalchyn emegtej chünji terleg).
Seide, Goldfaden. L 125 cm, Schulter-Schulter 47 cm, L Ärmel mit Schulterpolster 97 cm. Mongolei, vor 1907.
Laut alter Karteikarte handelt es sich um den Chalat (?) einer Mongolenfürstin. Vergleichsstück: Heissig / Müller 1989-I: 68-69 (Frauentracht der Chalcha).

Seite 304
Abb. 21 Inv. Nr. 4519:07 Kauf Umlauff, Schenkung Freunde des Museums (Foto Saal).
Lange Weste (mong.: uuz).
Seide. Knöpfe Silber. L 125 cm, B Schulter-Schulter ca. 43 cm. Mongolei, vor 1907.
Laut alter Karteikarte Untergewand einer Mongolenfürstin. Es handelt sich jedoch um ein Obergewand, das über dem Deel getragen wird. Es gehört zur mongolischen Frauenfesttracht.

Abb. 22 Inv. Nr. 25.28:303, 25.28:304 und 25.28:301 Slg. Stoetzner (Foto Saal).
Frauen-Festkleid (tib.: ´ba´ khug?, lies: ba khug?)* mit Schürze (tib.: pang khebs, lies: pang kheb)** und Jacke (tib.: stod ´bog, lies: töngbo).
Nr. 303 (Kleid): Baumwolle, Seide. L: ca. 137 cm.
Beim Tragen des ärmellosen Kleides ist nur der angesetzte, plissierte Seidenrock zu sehen, da über dem schlichten Baumwolloberteil die Jacke getragen wird.
Stoetzner: „Tatsienlu 8.7.14. Plissierter Rock aus blauem Goldbrokat. Der verwendete wertvolle Brokatstoff ist 10,5 m lang und ~ 0,90 m breit. Der Rock ist No. 4 (hier folgt ein Zeichen in der From eines Melonenhuts) des vollständigen Kialafrauenfest- und Tanzkleides." * Ronge ist unsicher hinsichtlich der korrekten Bezeichnung.
Nr. 304 (Schürze): Baumwolle, versch. Seidenstoffe. H (ohne Bund) 79 cm; Bund 8cm, B unten 89 cm.
Das Plissee, für tibetische Schürzen untypisch, ist Hinweis auf den chinesischen Einfluss.
Stoetzner: „Tatsienlu 8.7.14. Plissierte Schürze aus alten wertvollen chinesischem Brokat. Sie ist No 5 (...) der vollständigen Kialafrauenfest-

und Tanzkleidung. 20 000.-" ** N. Ronge zufolge heißt die Schürze auf osttibetisch Pang kheb, in Zentraltibet Pang den.
Nr. 301 (Jacke): Goldbrokat, versch. Seidengewebe, Seiden(?)samt, Baumwollstoff. Keine Vorrichtigungen zum Verschliessen.
Stoetzner: „Tatsienlu 8.7.14. Prachtjacke aus rotem Goldbrokat. Sie ist Nr. 2 (...) der vollständigen Kialafrauenfest- und Tanzkleidung. 62 000.-"
N. Ronge zufolge werden diese Jacken von den Chala („Kiala") nach wie vor getragen, und zwar, wie die Literatur zeigt (Jones 1996: 196), auch von Männern. (S. K.)

Abb. 23 Inv. Nr. 25.28:302 Slg. Stoetzner.
Weste (tib.: stod thung / stod `gag*, lies: töthung, tönga) zum Frauen-Festkleid.
Seidenbrokat, Baumwollgewebe. L: ca. 72 cm.
Stoetzner: „Tatsienlu 8.7.14. Ärmellose (Unter-) Jacke aus verschiedenem chinesischen Brokat. Sie ist No. 3 (...) der vollständigen Kialafrauenfest- und Tanzkleidung. 26 000.-"

Abb. 24 Inv. Nr. 25.28:300 Slg Stoetzner (Foto Saal).
Festtagshut.
Wolle, Seide, Goldfaden. B Ohr-Ohr 38 cm, L 43 cm, H ca. 12 cm.
Das Stickereimotiv mit Drachen in Wolken, Fledermäusen und dem Ozean mit dem aus den Wellen ragenden „Sumeruberg" mutet zunächst rein chinesisch an. Die tropfenförmige „Perle", mit der die Drachen spielen, ist jedoch tibetisch: Die runde chinesische Sonnenperle wurde hier zum tropfenförmigen tibetischen Juwel. Die Oberseite des Hutes ist mit – ebenfalls typisch tibetischem - Wollflausch in rot und orange bedeckt.
Keine Angaben von Stoetzner. Laut Inventarbuch erworben in Tatsienlu als Bestandteil der vollständigen Kialafrauen-Festtracht. (S. K.)

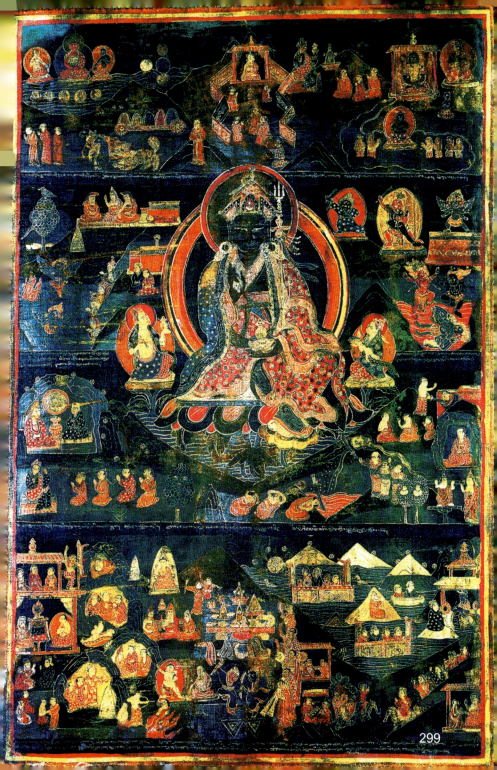

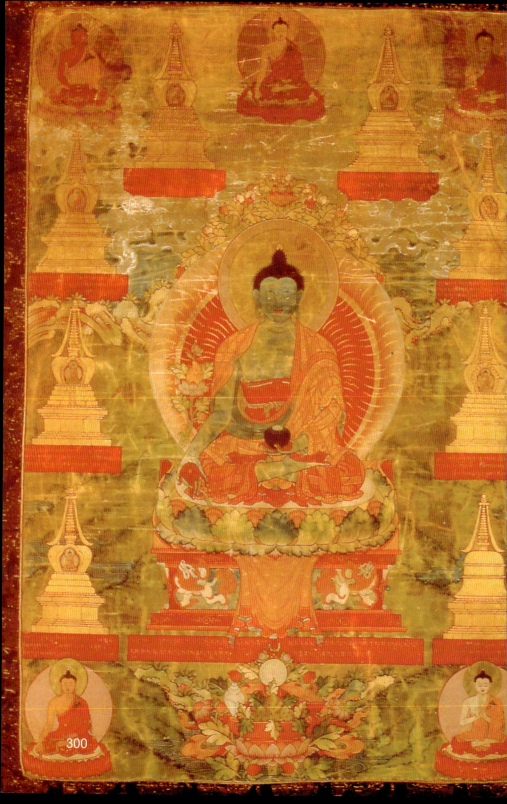

Tibetischer Buddhismus in China - Geschichte und Gegenwart

Erling von Mende

Der tibetische Buddhismus in China ist eng mit den Fremddynastien, vor allem mit der Yuan- und der Qing-Dynastie verknüpft. Gern, aber sicherlich oft zu dezidiert formuliert, werden seine Duldung in China und sein partieller Erfolg mit politischem Kalkül der Mongolen bzw. Manjuren erklärt: Die Mongolen suchten mit ihm eine nichtchinesische Legitimation ihrer Herrschaft, die Manjuren brauchten ihn, um ihre Macht über die Mongolen und Tibeter zu sichern. Tatsächlich hat er flächendeckend und als distinkte Form im chinesischen religiösen Spektrum keine Rolle gespielt. Heute ist er die wichtigste religiöse Kraft bei den Tibetern, Mongolen und den kleineren Minderheiten, den mongolischen Tu und den türkischen Yugur.[1] Darüber hinaus sollten aber die geeigneten Übergänge[2] zum mongolischen und manjurischen Schamanismus und zu den volksreligiösen Strömungen in China selbst nicht übersehen werden.

In verschiedener Weise war der Buddhismus in Ost- und Zentralasien Grundlage herrscherlicher Ideologien, seltener in der Rolle des Herrschers als Bodhisattva, häufiger – auf Ašoka (273-231 v.Chr.)- Traditionen zurückgehend – als cakravartin (Herr des Rades, höchster Herrscher) oder in einer Verbindung von beidem. Über die Qidan, die sich in der Tradition der überwiegend chinesischen Tang sahen, mehr aber noch wohl über die tangutischen Xi Xia, die 1227 von ihnen besiegt wurden, übernahmen die Mongolen diese Vorstellungen, die sich mit dem

Einfluss der tibetischen Sa-skya-Schule vermischten. Hier muss man sich fragen, was bedeutete „tibetisch" in der Mongolenzeit? Es gab ein ganzes Spektrum tibetischer Kulturen, die sich von der Mongolei bis Turkestan, nach Südwestchina, Nordostindien, Nepal, Burma und Südostasien erstreckten. In diesen Gebieten gab es viele Religionen, die alle die Erinnerung an schamanistische Praktiken teilten, die von erkennbaren Einflüssen des Zoroastrismus/Manichäismus und Buddhismus – später auch des Islams – überlagert wurden. Tantrische Praktiken, die Anrufungen (dhāranī) und den Kontakt mit Geistern sowohl für das diesseitige als auch das spirituelle Wohlbefinden beinhalteten, hatten sich als ein Aspekt früher buddhistischer Lehren in Indien entwickelt. Nachdem der buddhistische Einfluss auf verschiedenen Wegen nach Tibet gelangte, fügten sich die tantrischen Elemente unproblematisch in die älteren religiösen Vorstellungen. Das Resultat war eine Kosmologie, die zoroastrische Ideen eines ewigen Kampfes zwischen den Göttern und ihren Feinden, den asura, in sich aufnahm, in der die Götter stets Buddha um Hilfe anflehten. Die Ausdrucksformen Buddhas – ein partielles hinduistisches Erbe – umspannten Zorn und Gewalt, um die Gerechten zu schützen, Milde und Glanz, um sie zu inspirieren, und seine Manifestationen demarkierten die Scheide zwischen der ignoranten Vergangenheit und der Zukunft universeller Errettung.[3]

Als Činggis Qan im 13. Jahrhundert sein Reich errichtete, hatte die tantrische Sa-skya-Schule – eine der sogenannten Rotmützen-Schulen – sich als politische Macht in Osttibet etabliert. Mit ihrem Angriff auf Tibet stießen die Mongolen auf dieses religiöse System, und die Sa-skya-Schule unter Sa-skya Paṇ-c'en (1182-1251) unterstellte sich 1247 in Liangzhou in Gansu in einer Vereinbarung mit Köden, einem jüngeren Sohn Ögödeis und dem ersten Eroberer Tibets, dem universalen Schutz der mongolischen Herrscher. Dies bedeutete jedoch lediglich die Akkommodation des Buddhismus durch die Mongolen. Erst unter Qubilai Qan wurde dem tibetischen Buddhismus wohl aus Gründen der politischen Raison der Vorzug vor dem chinesischen gegeben. In Nordchina wurde zunächst in den ersten Jahrzehnten des 13. Jahrhunderts von den Mongolen besonders der Chan-Buddhismus gefördert.[4] Damit bekam die kaiserliche Ideologie unter dem Einfluss von 'P'ags-pa (1235-1280), dem Neffen Sa-skya Paṇ-c'ens,[5] einen erkennbaren tibetischen Zug durch die Annahme zweier Welten, einer heiligen und einer säkularen.

Überbrückt wurden diese beiden Welten durch die Initiation, wodurch der Herrscher eine Emanation Buddhas wurde, die ihn zu einem effektiven und gerechten Herrscher machte. Durch das Ritual der Initiation, zum ersten Mal kurz vor der offiziellen Gründung der Yuan-Dynastie (1261-1368), im Jahre 1258,[6] wurde 'P'ags-pa zum Lehrer Qubilais. Dadurch wurde für den Herrscher der Weg zum Buddha-Bewusstsein geöffnet, und damit kam es zu einer gegenseitigen Abhängigkeit und Identität von Lama und cakravartin.[7] Durch seine besondere Beziehung zu Qubilai Qan konnte 'P'ags-pa die tibetischen Mönche in China, bis zu einem gewissen Grade aber auch die chinesischen Mönche kontrollieren.[8] Nach seinem Tode erhielt 'P'ags-pa zahlreiche Ehrungen. U.a. wurde 1283 in Dadu (Beijing) für ihn ein Mausoleum errichtet und 1320 dekretiert, dass in allen Distrikten Gedenkhallen errichtet würden, in denen er in Anlehnung an Konfuzius verehrt werden sollte. Angesichts solcher Maßnahmen erhält man den Eindruck, dass er in der ersten Hälfte des 14. Jahrhunderts in gewisser Weise als ein Schutzheiliger der Mongolen in China verehrt wurde.[9]

Auch einzelne Kaiser der chinesischen Ming-Dynastie (1368-1644), so Zhu Jianshen, wie alle Kaiser Chinas seit der Ming-Zeit besser bekannt unter seiner Ärabezeichnung als Chenghua-Kaiser (1464-1487), und Zhu Houzhao, der Zhengde-Kaiser (1505-1521), waren Anhänger des tibetischen Buddhismus. Zhu Houzhao verlieh immer neue Ehrentitel an tibetische Mönche, errichtete neue lamaistische Tempel in der Verbotenen Stadt, rezitierte Tibetisch, trug gelegentlich tibetische Kleidung und führte u. a. 1518 anlässlich der Trauerfeier für seine Großmutter die tibetischen Mönche bei der Durchführung ihrer Trauerriten an.[10] In der religiösen Verwaltung waren auch weiterhin tibetische Mönche tätig.[11] Aber auch über den Kaiserhof hinaus waren die tibetische buddhistische Ikonographie und die Texte des tantrischen Buddhismus vertraut.[12] In der Ming-Zeit nahm der Einfluss der Gelug (Gelbmützen)-Schule zu. Unter Altan Qa'an am Ende des 16. Jahrhunderts kam es zu einer Renaissance des Lamaismus, des tibetischen Buddhismus, in der Mongolei,[13] und über die ganze Mingzeit hinweg finden wir Lamas als mongolische Gesandte zu den Ming. Doch behielten die Rotmützen ihren Einfluss vor allem durch die Entwicklung des kaiserlichen Mahākāla-Kults. Mahākāla ist wahrscheinlich mit dem hinduistischen Gott Śiva gleichzusetzen und so in gewisser Weise als ein Kriegsgott im buddhistischen Gewande zu bezeichnen. Unabhängig von der Schulenzugehörigkeit wurde die Gemeinsamkeit des Lamas und des cakravartin mit dem Herrschaftsrecht über die Mongolen verquickt.

Bereits in der Gründungsphase des späteren Qing-Reiches (1644-1912) und vor 1606 gehörten zur Qing-Völkerfamilie die tibetischen Lamas der Sa-skya-Schule (Rotmützen), die durch den mongolischen Stamm der Qorčin am Hofe des Gründers des späteren Qing-Reiches, Nurhaci, eingeführt wurden. Dies bedeutete noch nicht, dass Nurhaci zu dieser Zeit als buddhistischer Monarch agierte, aber es ist anzunehmen, dass er die komplexen Beziehungen zwischen seiner Familie (lineage) und den esoterischen Schulen initiierte, durch die später der kaiserliche Universalismus definiert wurde. Als der koreanische Gesandte Sin Chungil 1596 in Fe Ala weilte, bemerkte er, dass sowohl Nurhaci als auch Šurhaci Kappen trugen, an deren Spitze eine männliche Figur, auf einer Lotosplattform sitzend, befestigt war. Wenn die Beschreibung richtig ist, könnte dies bedeuten, dass bereits die Jianzhou-Jurcen (die späteren Manjuren) der vordynastischen Zeit sich der buddhistischen Ikonographie bedienten. Die ungenaue Beschreibung Sin Chungils, der als Koreaner selbstverständlich mit der buddhistischen Ikonographie vertraut war, könnte bedeuten, dass er darin einen ihm unbekannten Bodhisattva, der bei dem mongolischen Stamm der Cahar aus dem Nordwesten heimisch war, zu erkennen glaubte. Später trugen verschiedene kaiserliche Kappen buddhistische Symbole. Die Beobachtung Sin Chungils kann historisch möglich sein, da um die Mitte des 16. Jahrhunderts Missionare der Sa-skya Sekte bei den Cahar und den Jianzhou-Jurcen aktiv waren. Spätestens 1617 wurde Nurhaci auch Schutzpatron der Sa-skya-Schule, und offensichtlich ist sein herrscherlicher Titel „Erleuchteter Herrscher" (genggiyen han) buddhistisch inspiriert.[14] Der Schutz der Klöster wurde 1621 explizit erklärt:

„Der Han hat am 30. Tag [Tianming 6/XI] folgenden Befehl erteilt: Niemand darf irgendeinen Tempel zerstören! Es darf kein Vieh im Tempel angebunden werden! Niemand darf im Tempel Harn lassen! Wer diese Verbote bricht, ist mit Bestrafung und Festnahme bedroht."[15]

1636 übernahm Hung Taiji, der Sohn und seit 1627 Nachfolger Nurhacis, die Herrschaftsinsignien in Anwesenheit der tibetischen Lamas. Er setzte die begünstigende Politik seines Vaters gegenüber dem tibetischen Lamaismus fort. In der Folgezeit wurden Tempel mit Mahākāla als

Zentrum in Shenyang errichtet, doch von 1639 an wurden auch Tempel und Klöster der Gelbmützen in Nordchina errichtet. 1642 kam die erste Gesandtschaft vom Dalai Lama zu den Manjus. Die Anerkennung des Dalai Lama durch die Manjuren war wichtig für die Aufrechterhaltung der manjurischen Herrschaft über die Mongolei. Dafür bestätigten sie bis ins 18. Jahrhundert hinein den Dalai Lama als geistlichen Führer der Mongolei und Tibets. Ab 1651 wurde das Lifan yuan (das Kaiserliche Kolonialamt) der bürokratische Arm des Dalai Lamas zur Kontrolle der Ost-Mongolei und nach 1698 auch Qinghais. Allerdings führte diese Absicherung seiner Macht auch dazu, dass er nicht nur kontrolliert werden konnte, sondern, dass nach 1661 auch die Suche und Wahl des Dalai Lamas durch das Lifan yuan durchgeführt wurde.

Umgekehrt waren der tibetische Buddhismus und die Kontrolle über seine Hierarchien aber bis zur Mitte des 18. Jahrhunderts auch wichtige und gefährliche Instrumente für beide Seiten, im Kampf um die Macht in Zentralasien zwischen den Oiraten und den Qing, wobei Tibet immer weniger als politische historische Einheit verstanden wurde denn als Idee, als kultische Praxis und Sprache. Seine Eroberung war eher nur ein Nebenprodukt der Machtsicherung der Qing in Zentralasien.

Die Shunzhi (1644-1662)- und Yongzheng (1722-1736)-Kaiser hatten eher eine Vorliebe für den Chan-Buddhismus, und doch zeigten sie auch dem Lamaismus weiterhin ihre Gunst. Seit dem Kangxi-Kaiser (1662-1722) beachtete man von Seiten der Qing die tibetischen buddhistischen Hierarchien. Dies galt besonders für die beiden bedeutendsten Inkarnationslinien in der mongolischen Welt, die Lcang-skya (Čangskya)- und die Rje-bu-tsun-dan-pa (Jebtsundampa)-Linie. Und so erklärte der Yongzheng-Kaiser: „...Ich habe mein Leben lang den philosophischen Zusammenhang der Ursache und der Wirkung (Chin.: yinguo guanxi) erforscht. Der Lcang-skya Qutuqtu war wirklich mein Mentor und Lehrer, der mir den Beweis gab. Die anderen Mönche waren nur Besucher in meiner ehemaligen Residenz..."[16] Dass dennoch die älteren mongolisch-tibetischen Loyalitäten stärker waren als die Bindung zur Qing-Dynastie, zeigte sich u.a. noch während des Qinghai-Krieges, als die dortigen Tibeter auf der Seite der Mongolen gegen die Qing kämpften. Dies führte zunächst zu einem gesonderten Feldzug der Qing gegen die Tibeter in Gansu und Qinghai und schließlich 1722 auch zur Zerstörung der Klöster in diesem Gebiet,[17] die jedoch auf kaiserlichen Befehl ab 1727 wieder aufgebaut wurden.

1722 gab der Yongzheng-Kaiser den Yonghe gong (den Palast der Großen Harmonie) nordöstlich der Verbotenen Stadt, wo der spätere Qianlong-Kaiser geboren worden war, an die Gelug-Schule.[18] Dies dürfte bis heute der berühmteste lamaistische Tempel in China sein. Hier lebten bis in das frühe 19. Jahrhundert hinein jeweils mehrere hundert tibetische, mongolische und auch manjurische Mönche, und der Yonghe gong wurde zum Zentrum der Lehre der Gelbmützen. Neben den manjurischen schamanischen Ritualen wurden in der Kunning gong in der Verbotenen Stadt, dem arkanen Raum für kaiserliche Rituale, auch verschiedene buddhistische Kulte gepflegt. Die Nähe der kaiserlichen lineage zu lamaistischen Praktiken wird auch dadurch deutlich, dass die Särge der Kaiser und Kaiserinnen mit roten Bahrtüchern aus Seide bedeckt wurden, in die mit Goldfäden Sanskrit-dhāraṇīs eingestickt waren. Der entscheidende lamaistische Einfluss auf das manjurische Kaiserhaus kam gewiss von den Angehörigen mongolischer Banner, die am Hofe das mongolische kulturelle Erbe aufrechterhielten und von denen die manjurischen Prinzen Mongolisch lernten.

Der von den frühen manjurischen vordynastischen Herrschern übernommene Mahâkâla-Kult behielt seine Bedeutung als Instrument der Legitimierung der Herrschaft über die Mongolen. Die von Hung Taiji nach Mukden (Shenyang) verbrachte goldene Mahākāla-Statue wurde 1694 vom Kangxi-Kaiser nach Peking überführt und in einem Tempelkomplex in der Südostecke der Kaiserlichen Stadt aufgestellt. In Peking war dem Tempeldistrikt ein Kloster ausschließlich für mongolische Mönche angeschlossen. 1777 widmete der Qianlong-Kaiser (1736-1796) den Mönchen im Shenyanger Tempelkomplex die "Ode für den Dharma-Tempel" (Falunsi fu), vorher hatte er bereits eine eigenhändige Kalligraphie gestiftet. Auf der anderen Seite gab es für den Qianlong-Kaiser verschiedene tantrische Initiationen, insbesondere zu Mahākāla, wodurch er das Bewusstsein des zweiten Tang-Kaisers, Taizong, Činggis Qans, Qubilai Qans und Hung Taijis internalisierte. Von den Tibetern und Mongolen wurde der Qing-Kaiser als Bodhisattva gesehen, er scheint sich jedoch nicht selbst als solcher bezeichnet zu haben. Allerdings gibt es ein postumes Qianlong-Portrait als Mañjuśrī und Avalokiteśvara als schützender und wissender Bodhisattva. Eher aber sah sich der Qianlong-Kaiser in der Nachfolge Hung Taijis als cakravartin, was u. a. durch die Sanskrit-dhāraṇīs in der Vorkammer seines Mausoleums deutlich wird.[19] Die Rolle als cakravartin wurde auch durch die großen Druckunternehmungen, vor allem des tibetischen und mongolischen Kanjur und Tanjur seit Hung Taiji, zuerst in Shenyang, dann in Peking, aber auch bereits unter Ligdan Han in dessen Hauptstadt Köke Qota (Huhhot), deutlich. Am bekanntesten sind die Druckunternehmungen in Peking unter Kangxi 1680 und in erweiterter Fassung unter Yongzheng 1730.[20]

Eine weitere tibetisch-mongolische Tradition war die Übernahme und weitgehende Gleichsetzung von Geser, Nurhaci und Guandi, einerseits als Kriegsgott, aber wiederum mehr noch als Schutzgottheit des Buddhismus. Diese Emanation wird am deutlichsten auf kaiserlichen Reiterbildern im Galopp, oft mit einer Standarte, der nach mongolischer Tradition Göttlichkeit innewohnte, und dem hinzugefügten Gebetsrad. Bis zum Ende der Kaiserzeit war die Teilnahme lamaistischer Mönche an kaiserlichen Ritualen üblich, so z. B. noch beim Begräbnis der Kaiserin Cixi und dessen Vorbereitungen 1908 und 1909, an dem sie mit ihren Gebeten in großer Zahl beteiligt waren.[21]

Zum kaiserlich geförderten tibetischen Buddhismus zählen auch die bedeutenden Klostergründungen durch den Qianlong-Kaiser in der Sommerresidenz Jehol (Rehe, Chengde), die u. a. von Sven Hedin in ihrem Aussehen und ihrer Funktion mit Unterstützung Ferdinand Lessings beschrieben wurden.[22] In diesem Zusammenhang finden sich sehr anregende Beobachtungen über die unterschiedliche Wahr-nehmung des Verhältnisses zwischen dem Qianlong-Kaiser und den höchsten tibetischen religiösen Würdenträgern. Die Reise und der Aufenthalt des Dritten Dashi (Panchen)-Lamas in Peking und Jehol 1780 wird u. a. von Porungheer, einem brahmanischen Geistlichen, der von Warren Hastings oft als Unterhändler, Dolmetscher und Spion in Tibet und Bhutan eingesetzt wurde und der den Dashi-Lama nach China begleitete, vom Jesuiten Amiot und in den chinesischen Qiju zhu (Hoftagebüchern) dokumentiert. Der erstgenannte betont die religiöse Bedeutung des Dashi-Lamas und die kaiserliche Ehrfurcht, die soweit geht, dem Dashi-Lama einen erhöhten Ehrenplatz einzuräumen. Amiot betont, fußend auf dem Beileidsschreiben des Qianlong-Kaisers an den Dalai-Lama anlässlich des Todes des Dashi-Lama, eher die Informalität der Begegnung, während die sehr trockenen Notizen in den Qiju zhu tatsächlich das politische Kalkül des Kaisers beim Empfang zu entlarven scheinen.[23] Hedin nimmt die größte

Vertrauenswürdigkeit für die Qiju zhu an und folgt damit der gängigsten Interpretation der Motive des Qianlong-Kaisers, aus politischen Gründen den tibetischen Buddhismus gefördert zu haben. So kommt auch Petech zu dem Ergebnis, dass der Lamaismus nur in Hofkreisen eine gewisse Gunst genoss und nur in Peking, Jehol und an einigen wenigen anderen Plätzen vertreten war und niemals wirklich populär wurde. Er drang nach Petechs Überzeugung niemals in die einfache Bevölkerung ein, sondern blieb auf die Tibeter, Mongolen und einige Manjuren beschränkt. Die konfuzianische Oberklasse strafte ihn mit Verachtung und war ihm gegenüber, wie gegenüber den meisten Fremdreligionen, feindlich eingestellt.[24]

Neben diesen überaus wichtigen kaiserlichen Traditionen gibt es selbstverständlich auch lokale Zentren von Bedeutung für den tibetischen Buddhismus, so z. B. den seit der Liuchao-Zeit – traditionell seit der späten Hanzeit – entstandenen Tempelkomplex im Wutai-Massiv, in der Provinz Shanxi, neben dem Emei-Gebirge in Sichuan, dem Jiuhua-Gebirge in Anhui und dem Putuo-Gebirge auf dem Zhoushan-Archipel in Zhejiang die am engsten mit dem Buddhismus verbundene Bergwelt Chinas. Seit der Yuanzeit wurde das Wutai-Gebirge zum Zentrum des tibetischen Buddhismus (Lamaismus), vor allem der Gelbmützen-Schule, im eigentlichen China.[25] Hier liegt in zentraler Lage die Halle der „Richtigen Haltung" (Zhenrong yuan), die im frühen 8. Jahrhundert von dem Mönch Fayun, einem Anhänger Manjuśris, gegründet wurde und bis in die mittlere Qing-Zeit Reparaturen und Ergänzungen erfuhr. Dieser Tempel- und Klosterbezirk, heute vor allem als Pusa ding (Krone des Bodhisattva) bekannt, kam in der Qing-Zeit unter die Kontrolle tibetischer Mönche, die bis heute hier die größte tibetische Gemeinde im Wutai-Massiv bilden.[26]

Im Volke zogen natürlich vor allem in Nordchina lebende Mongolen tibetische Lamas zu ihren Begräbnisriten heran, doch im Gebiet von Peking wurden auch mongolische Lamas noch in der Republikzeit zu chinesischen Begräbnissen eingeladen, bei denen sie "furchteinflößende" Tankas mit tibetischen Göttern und Dämonen entrollten, in gelben Roben leise zu Trommeln und Trompeten sangen.[27] Teil und Abschluss der Feierlichkeiten zum chinesischen Neujahr war auch noch in dieser Zeit der "Teufelstanz" (dagui – den Teufel schlagen) im Yonghe gong,[28] während andere Klöster, der sogenannte Gelbe Tempel außerhalb des Anding-Tores[29] und der sogenannte – wahrscheinlich wegen der eisenfarben glasierten Dachschindeln – Schwarze Tempel außerhalb des Desheng-Tores,[30] wo früher ähnliche Riten vollzogen wurden, um 1940 verfallen und verlassen waren. Auch im Yonghe gong waren die Rituale in den dreißiger Jahren offensichtlich nur ein Schatten früherer Pracht und früheren Aufwandes, und doch konnte man hier die gewöhnlichen lamaistischen Rituale, die Weihe des Weihwassers, die Anrufung verschiedener Schutzgottheiten, die staatlichen Feueropfer und anderes mehr beobachten.[31] Wenn auch nicht als einziger, so weist Montell doch sehr deutlich darauf hin, dass sich in China – und so auch im Yonghe gong – tibetische Elemente mit chinesischen vermischten oder von diesen sogar verdrängt wurden. Dies gilt für das im Kloster dargestellte Pantheon ebenso wie für den Baustil als Ganzes. So erinnern oft nur noch tibetische Inschriften und gelegentlich Pagodendächer an Tibet.[32] Dennoch fällt es schwer, nur eine Sinisierung des tibetischen Buddhismus in der oben genannten Weise anzunehmen, vielmehr ist man versucht, ebenso eine Tibetisierung von Teilen des chinesischen Buddhismus zu vermuten. Dies gilt für volkstümliche Rituale[33] ebenso wie für die Literatur, z. B. für den Autor Lu Xixing und seinen Roman Fengshen yanyi (Die Metamorphosen der Götter).[34] Oft scheint es unmöglich, die einzelnen Ursprünge bestimmter Erscheinungen wirklich säuberlich voneinander zu trennen.

Der „Teufelstanz", in der Volksrepublik zeitweilig verboten, ist heute wiederbelebt und sicherlich in erster Linie eine touristische Attraktion, die vom 29. Tag des ersten bis zum ersten Tag des zweiten Monats des chinesischen luni-solaren Jahres insgesamt drei Tage lang durchgeführt wird. Vor der Himmelskönigshalle (Tianwang dian) wird eine Bühne errichtet, auf der mehr als achtzig Lamas als Geister verkleidet in gleißendem Licht und unter dem durchdringenden Lärm von Perkussionsinstrumenten die Teufel in dreizehn Akten vertreiben.[35] Lamaistische Klöster sind Teil eines allgemeinen und spezifischer eines religiösen Tourismus geworden. Aber sie finden sich abgesehen von Peking, Jehol, dem Wutai-Gebirge und vereinzelt in den nordöstlichen Provinzen, der Manjurei,[36] nur in Gebieten mit nennenswerter mongolischer und tibetischer Bevölkerung, also neben Tibet und der Inneren Mongolei nur in Ningxia und den Provinzen Gansu und Qinghai.[37]

Inv. Nr. 24.12:1 Tausch J. Flemming (Foto Saal)
Tischgebetszylinder in Pagodenform (tib.: ma ṇi `khor lo, lies: mani khorlo; chin.: zhuan jing tong / zhuan jing lun), Messing, Eisen. H 23 cm, D Basis: 13 cm, D Dach: 15 cm. Publiziert: Knödel/ Johansen. 2000: 156-7, China
Dieser Gebetszylinder zum Aufstellen auf einem Tisch weist sich nicht nur durch die Pagodenform als chinesisch aus. Auch die sehr einheitlich dünne, als elegant geltende Form der umlaufenden Lantsa-Aufschrift auf dem Zylinder, die Verwendung von „Glückszepter" Dekor (chin. ruyi) entlang dem unteren Rand des Gehäuses und die Ausgestaltung der Lotos-Blattspitzen mit drei ornamentalen Kreisen zeigen die chinesische Machart. Ebenso wie Handgebetszylinder werden auch Tischgebetszylinder verwendet, um einen im Inneren des Zylinders um eine Spindel gewickelten Textstreifen durch Umdrehung rituell zu aktivieren. (S. K.)

Inv. Nr. 83.19:3 Geschenk Irmtrud Gercken (Foto Saal)
Figur des transzendenten Buddha Amitāyus (tib.: Tse-dpag-med; lies Tse-pagme; chin.: Wuliangshou Fo)

Bronze, Einschlüsse anderer, stärker rötlicher Metalle. Reste von Vergoldung. H 17 cm, B 12,3 cm, China, ca. 16. Jahrhundert.
Chin. (?) Inschrift im Sockel: unlesbar, evtl. ein Handwerkerzeichen. Die gerundete Kinn-Wangen-Partie und die engstehenden und spitzen Lotosblätter des Sockels weisen auf eine Entstehung in China hin (vgl. Toyka-Fuong B: 114). Tsering Tashi Thingo (1999, pers. Comm.) vermutet, dass die Figur von einem in China arbeitenden nepalesischen Künstler hergestellt wurde. Daher sollte man hier seines Erachtens nicht von sinotibetischem, sondern von nepalotibetischen Frühstil sprechen. Nepalesische Künstler spielten in der Kunst des tibetischen Buddhismus in Tibet wie in China immer wieder eine große Rolle. Die Einschlüsse in Stirn und Schultern sind rituell hinzugefügte, sehr teure Metalle. Üblich war dies im 15. und 16. Jahrhundert. Die übliche Metalleinlage im Rücken in der Herzgegend fehlt. (S. K.)

Inv. Nr. 3887:07 Kauf Umlauff, Schenkung von Freunden des Museums (Foto Saal)
Figur des transzendenten Buddha Amitāyus, Bronzeguss. Vergoldet (z. T. abgenutzt). Silberperle. H 14 cm, B 8 cm, China (Tibet laut alter Karteikarte), Post-Qianlong-Zeit (ab Ende 18. Jahrhundert).
Amitāyus, der „Buddha von unendlicher Lebensdauer", ist eine Form des transzendenten Buddha Amitābha. Das verloren gegangene Attribut des Amitāyus, die Langlebensvase, wurde durch eine kleine Silberperle ersetzt. Amitāyus gehört zu den am häufigsten dargestellten Gestalten im tibetischen Buddhismus Chinas.

Zu der großen Bedeutung, die der Wunsch nach langem Leben in einer menschlichen Existenzform im Buddhismus hat, kommt hier die traditionelle Langlebensphilosophie Chinas hinzu, die in dieser Gestalt einen Widerhall findet. (S. K.)

Inv. Nr: 49.74:73 und 49.74:74 Geschenk Dr. Koch-Bergemann (Foto Saal)
Zwei Figuren des transzendenten Buddha Amitāyus, Bronze, Spuren von Vergoldung. H 20 cm, B 11,5 cm, China, 1770. Wohl kaiserliche Werkstätten. Gravierungen im Sockelinneren: Inv. Nr. 49.74: 73: „da" - „sanshi da fo" (groß ... dreißig große Buddhas); Inv.Nr. 49.74:74: „jiu bai yi shi jiu" (neunhundertneunzehn).
Beide Figuren entstanden 1770 im Rahmen einer landesweiten Spendenaktion, bei der Beamte anlässlich des 60. Geburtstages des Qianlong-Kaisers über 15 000 Figuren des Amitāyus gießen ließen (bzw. Spenden dafür zeichneten). Herstellungsort waren nach Fuchs (1979: 270) wahrscheinlich die kaiserlichen Werkstätten (Yang Xin Dian zaoban chu) im Nordwestteil des Pekinger Kaiserpalastes. Bestimmungsort der Figuren waren Klöster in und bei Peking, vor allem aber das 1771 eingeweihte Kloster Potala in Jehol, wo sie "in kleinen Nischen ganze Wände ausfüllten". (S. K.)

Inv. Nr. 2592:09 Slg. Leder (Foto Saal)
Gedenkfigur des Großlama Pan Huice, Bronze, vergoldet und z.T. bemalt. H 22,3 cm, B max 16 cm, T 10,5 cm.
(Innere Mongolei, wohl Jehol). Erworben in der äußeren Mongolei.
Inschrift in etwas fehlerhaftem Chinesisch auf der Rückseite des Sockels:

Rehe yuan di si dai da lama [Freiraum] Pan Huice zong zhi wei - Tongzhi shisan nian. Übersetzt: Platz des Vorfahren Pan Huice, vierter Großlama des Klosters Rehe - im dreizehnten Jahr der Ära Tongzhi [1874]. Die Formulierung entspricht der auf chinesischen Ahnentafeln üblichen Ausdrucksweise. Sie besagt, dass es sich um eine Figur zur Ahnen- bzw. Vorfahrenverehrung handelt. In Rehe (Jehol/Chengde), ca. 100 km nördlich von Peking, befand sich die Sommerresidenz der chinesischen Kaiser und eine Reihe von kaiserlich gegründeten Klöstern des tibetischen Buddhismus. (S. K.)

Inv. Nr. 23.68:20 Schenkung Emma und Henry Budge (Foto Saal)
Altaremblem: Das Glückssymbol „Goldene Fische" (skt.: suvarnamatsya, tib.: gser nya, lies: sernya, chin.: jinyu), Cloisonnée-Email, vergoldetes Metall. H 33, D max 9 cm, China, 18. Jahrhundert. Wohl kaiserliche Werkstätten.
Der mehrteilige Altaraufsatz in den Farben Hellblau, Dunkelblau und Gold verbindet tibetisch-buddhistische und chinesische Glückssymbolik. Die Fische sind eines der „Acht Glückssymbole" (tib.: bkra shis rtags brgyad, lies: tashi taggyä; chin: baji xiangzheng) des tibetischen Buddhismus. Sie symbolisieren die Geschöpfe, die dem Ozean des Leidens entkommen. Der den Lotossockel tragende Flaschenkürbis entstammt dagegen dem chinesischen Daoismus. Er ist beidseitig mit den chin. Schriftzeichen da ji , d. h. großes Glück, bezeichnet. Auch die vierstufig

317

nach oben weisende, gefüllte Lotosblüte, in deren Mitte ein naturalistisch gestalteter, grüner Blütenboden steht, gehört der chinesischen Formensprache an. Über den Fischen ein Ehrenschirm, der von den tibetisch-buddhistischen Symbolen Mond, Sonne und feuriger Tropfen bekrönt ist.

Der Altaraufsatz gehörte zu einer achtteiligen Serie, die bei bestimmten Zeremonien auf dem Altar als Opfergaben aufgestellt wurde. Eine sehr ähnliche Serie (Form und Farben des Emails identisch, jedoch etwa 5 cm höher, zusätzlich mit Edelsteineinlagen und vollplastischem Flaschenkürbis) der Qianlong-Ära (1736-1795) wurde in Buddhist Art from Rehol (1999: 160-161) publiziert. Aufgrund der großen Ähnlichkeit erscheint eine zeitgleiche Herstellung in den kaiserlichen Werkstätten wahrscheinlich. (S. K.)

Inv. Nr. 3829:07 Kauf Umlauff (Foto Saal)
Figur eines reitenden Kriegers (Guan Yu), Bronze, vergoldet. H 24 cm, B 20, 5 cm, T max 12 cm. China (oder Mongolei?)
R. Steffan (2003, pers. comm.) zufolge dürfte es sich hier um den chinesischen Kriegsgott Guan Yu als buddhistischen Wächtergott handeln – eine Gestalt, die es so nur im sinomongolischen Buddhismus gibt. Diese Umdeutung des Guan Yu hängt eng zusammen mit der kaiserlichen Ausübung tibetisch-buddhistischer Kulte. Vgl. hierzu den Artikel von E. v. Mende. (S. K.)

Inv. Nr. 33.206:1 Kauf Frieda Timmermann (Foto Saal)
Figur: Zukunftsbuddha Maitreya (tib.: Byams-pa, lies: dschampa; chin.: Miluo Fo), Metallguss. Reste von Vergoldung über Lack? H 31,5 cm, B 23,5 cm, T ca. 16 cm, China, frühes 19. Jahrhundert.
Beide Hände halten Lotosstengel, die Blüte an der rechten Schulter der Figur trägt einen Papagei, die an linken ein Gießgefäß. Der Papagei gehört zwar zur Ikonographie des Maitreya (Maitreya ist ein Verkündigungswesen, der Papagei ein großer Redner), jedoch ist es unorthodox, ihn auf einem Lotossitz darzustellen. Auch die Buddhafigur auf dem Haarschopf gehört nicht zur Ikonographie des Maitreya, dafür fehlt der übliche Stūpa im Haar, er ist jedoch nicht abgebrochen (die Haarkrone ist unbeschädigt). Der Lehrgestus mit Daumen und drittem Finger (statt Zeigefinger) ist typisch für Figuren chinesischer Herstellung. (S. K.)

Inv. Nr. A 3784 Kauf A. Stolzenhain (Foto Saal)
Figur: Bodhisattva Avalokiteśvara (?) als Simhanāda-lokeśvara (tib.: sPyan-ras-gzigs seng-ge sgra, lies: Tschenräsig sengge tschra,

chin.: Shihou Guanshiyin), Bronzeguss. H 24 cm, B 14 cm, China. Die Identifikation dieser Figur, die auf einem liegenden chinesischen „Einhorn" (qilin) sitzt, ist schwierig, obwohl es sich offenbar um eine Figur des tibetischen Buddhismus handelt (Tsering Tashi Thingo, 1999, pers. comm.). Am wahrscheinlichsten ist Avalokiteśvara als siṁhanāda, obwohl er eigentlich, wie sein Name besagt, auf einem Löwen sitzen müsste. Auch Maitreya kommt in Frage, er müsste jedoch in dieser Haltung einen Stūpa auf dem Kopf tragen. Genau wie die obige Figur Inv. Nr. 33.206:1 hat auch diese offenbar einmal im Feuer gelegen, so dass die Oberflächenfassung (Farbreste und darüberliegende Vergoldung lassen sich ausmachen) verbrannt und mit der Metalloberfläche verschmolzen ist. (S. K.)

Inv. Nr. A 3786 Kauf A. Stolzenhain (Foto Saal)
Figur: Bodhisattva Mañjuśri (tib.: 'Jam-dpal (dbyangs), lies: dschampäl (yang)/ 'Jam-dbyangs, lies: dschamyang; chin.: Wenshu Pusa), Bronze-guss, Goldfarbe, Reste von Lack. H 24 cm, B 15 cm, China, wohl 18. Jahrhundert.

Auf eine Herstellung in China deutet die breite Kinn-Wangen-Partie (Pausbacken), die mit dem Mittelfinger (statt Zeigefinger) ausgeübte Geste der Lehrdarlegung, und das unorthodoxe Attribut in der linken Hand (chinesischer Langlebigkeitspfirsich), ebenso wie die Verwendung von Lack in der Fassung der Figur. Auf der leeren Blüte dürfte ursprünglich das Schwert des Mañjuśri gestanden haben. Die Bodenplatte der Figur fehlt. Im Inneren steckt ein Textilsäckchen, vermutlich mit einer Weihegabe. (S. K.)

Inv. Nr. 23.27:1 Kauf J. Konietzko (Foto Saal)
Organe aus einer Buddhafigur, Zinn. H 18 cm, B max 10 cm, max T ca. 2 cm, China.
Laut Information des Veräußerers handelt es sich um „geistige Eingeweide aus einer lamaistischen Götterstatue". Dargestellt sind: Luft- und Speiseröhre, Lunge, Herz, Magen, sowie Kehl und Herzchakra. Eingravierte chin. Inschrift auf dem Magen: Dingyou nian qi yue chu liu ri hai shi sheng, Bedeutung: „Am 6. Tag des 7. Monats des Jahres Dingyou zwischen 21 und 23 Uhr zum Leben erwacht". Dingyou ist eine zyklische Jahresbezeichnung, die alle 60 Jahre wiederkehrt. Da keine Regierungsdevise angegeben ist, lässt sich der genaue Zeitpunkt der Weihe nicht bestimmen. Es kann z.B. 1717, 1777, 1837, 1897 sein. Alle Statuen werden bei ihrer Konsekration mit Schriftröllchen, Weiheinschriften, Reliquien und anderen Weihegaben gefüllt. Eine Beigabe von Organ-Nach-bildungen ist in Tibet selbst jedoch nicht üblich. (S. K.)

Inv. Nr. 24.97:39 Ankauf Frau O. Chop (Foto Maass)
Initiationskrone (tib.: rigs lnga, lies: rig nga), Versteifte Stoff- oder Papierblätter, Seide, Zinn. H ges 96 cm, H Blatt 15 cm, B ges. ca. 50 cm, China (laut Inventarbuch Tibet).
Solche Kronen, auf denen die fünf transzendenten Buddhas als Symbol oder – wie hier – als Darstellung abgebildet sind, tragen Initianden bei der Initiation in eine neue Tantra-Praxis. Die Kronen symbolisieren ihre innere Verbindung mit den fünf Buddha-Familien und kennzeichnen den Träger als Eingeweihten. Sie werden danach bei festlichen Zere-monien getragen. Auf der vorliegenden Seidenstickerei haben vier der Buddhas regenbogenartig bunte Kopfnimben, der Nimbus des zen-tralen Vairochana (Detailfoto rechts) besteht aus stark angelaufenem Silberfaden. Die Buddhas sitzen (stehen[?]) auf typisch chinesischen Lotossockeln, deren Blütenblätter – anders als bei tibetischen Sockeln - naturalistisch geformt und nach oben gestreckt sind. Jeden Buddha umgeben fünf gemalte, fünfblättrige Blüten. Die Seitenbänder, die neben den Ohren des Initianden herabhängen (tib.: cod pan, lies: tschö pän/ rna rtags cod pan, lies: na tag tschö pän) sind mit naturalistischen Lotospflanzen bestickt. Am Ende der Ohrenbänder Kaurischnecken aus Zinn und Fransen. (S. K.)

Inv. Nr. 4675:07 Kauf Umlauff, Geschenk von Freunden des Museums (Foto Saal)
Räuchergefäß in Form einer Ritualvase (chin.: xianglu), Kupfer, z.T. feuervergoldet. H 17 cm, D max 15 cm, China (oder Mongolei?).
Das Gefäß sieht auf den ersten Blick aus wie eine Vase für Maṇḍala-Rituale (Vgl. Brauen, 1992: 79 sowie die Vasen im Randbereich des Maṇḍalas von Thangka Inv. Nr. 28.79:634, im Farbteil). Sie ist jedoch durch Einfügen eines Innengefäßes und durch drei Ösen auf den Schultern, in denen man Ketten zum Aufhängen befestigen kann,

als Räuchergefäß (um-?)gestaltet worden. Die Löwenmasken mit ihren eckigen Mäulern sind ein typisches Stilmerkmal des sinomongolischen Raums. (S. K.)

Inv. Nr. 4111:07 und 4106:07 Kauf Umlauff, Geschenk von Freunden des Museums (Foto Saal)
Zwei Wasserkännchen (chin.: jingshui hu) in Form tibetischer Plattkannen, Messing, Email. H 8 cm, B 8,5 cm, T 2 cm, Standfuß 3,7 cm (H 7,5 cm, B 9 cm, T 2 cm, Standfuß 3,4 cm), China.
Zwei kleine Kannen für Wasser von einem Hausaltar. Die Form entspricht der tibetischen Plattkanne (tib.: sbas leb, lies: bä leb, vgl. Inv. Nr. 25.28:21 im Artikel „Osttibetisches Panorama"), die

sowohl für Bier als auch für rituelle Wasseropfer benutzt werden kann. Die Miniaturgröße und vor allem der Emaildekor weisen jedoch eindeutig auf China hin. (S. K.)

Inv. Nr. 37.41:3 Ankauf Martha Thiede (Foto Saal)
Wärmebecken für Tee mit Cloisonnée-Dekor, Bronze, Email, Gold. H max 34 cm, D max 28 cm, China.
Vergleichbare Becken (tib.: me phor) dienen in Tibet zum Warmstellen einer Kanne mit fertig gemischtem Buttertee. Das Becken wird mit Sand und glühender Holzkohle gefüllt und die Kanne darauf, bzw. mit Hilfe einer Metallhalterung, darüber gestellt. Das vorliegende Becken ist durch seinen Dekor in Cloisonné-Email klar als chinesisch zu erkennen, auch die Tiermasken, die die seitlichen Ringe halten, entsprechen eher dem chinesischen Taotie als tibetisch-buddhistischen Maskenformen. Der Zusammenhang zum tibetischen Buddhismus ist jedoch durch das auf tibetischen Stupas häufig anzutreffende Motiv der "Augen des (Ur)Buddha" eindeutig. Der relativ aufwendige Dekor weist auf einen reichen Haushalt oder klösterlichen Gebrauch hin. (S. K.)

Inv. Nr. 3877:07 Kauf Umlauff, Geschenk von Freunden des Museums (Foto Saal)
Figur: Löwenköpfige Ḍākinī (skt.: Siṁhavaktrā (tib.: Seng-gdong-ma, lies: sengdongma; chin.: Shimian Fomu), Silber-Treibarbeit. H 21 cm,

B 13 cm. Publiziert: Knödel / Johansen 2000: 84-85, China, 17. oder 18. Jahrhundert (laut Inventarbuch Tibet). Diese ungewöhnliche Darstellung der löwenköpfigen Ḍākinī ist durch die Art der Arbeit als chinesisch zu erkennen und vermutlich im 17. oder 18. Jahrhundert hergestellt worden (Tsering Tashi Thingo, 1999, pers. comm). Das Museum besitzt noch eine Figur des Wächters der östlichen Himmelsrichtung, Dhṛtarāṣṭra, in gleicher Ausführung. Hinter dem Körper der Ḍākinī ragen eine Hand und Fuß seitlich hervor. Dabei handelt es sich um Teile einer abgezogenen Menschenhaut, die sie als Umhang trägt. Siṁhavaktrā ist die Anführerin einer Gruppe von 4 tierköpfigen Ḍākinīs, die oft den weiblichen Dharmapāla Śrīdevī begleiten. (S. K.)

Nächste Seite: Inv. Nr. 4463:07 Kauf Umlauff, Geschenk von Freunden des Museums (Foto Saal).
Rollbild: Buddha Amitābha als Herr des Paradieses Sukhāvatī, Farben auf grundiertem Textilgewebe. H 125 cm x B 97 cm, Gesamt H 187 cm, B 134 cm. Publiziert: Knödel / Johansen, 2000: 22-23, China, ca. 1900. (Wutaishan-Schule?).
Abgesehen von Vairocana sind alle transzendenten Buddhas Herren eines Paradieses. Jedoch wird das Paradies Sukhāvatī (glückhaftes Land) des Amitābha bei weitem am häufigsten dargestellt. Amitābha thront im Mönchsornat im Zentrum der Darstellung vor einer chinesischen

Architektur. Die Almosenschale in seinen Händen weist darauf hin, dass er hier in seinem Aspekt als Oberhaupt einer Gemeinschaft dargestellt ist. Ihn umgeben Mönche und die „Acht großen Bodhisattvas". In einem Teich unter Amitābhas Thron entfalten sich Lotosblüten. Darauf knien mit anbetend erhobenen Händen die Gläubigen, die aus den Blüten in das Paradies hineingeboren werden. Ein kreisrunder doppelter Regenbogen trennt das Paradies als Maṇḍala vom umgebenden Kosmos und kennzeichnet es als Bereich, der nur mit dem geistigen Auge des fortgeschrittenen Heilssuchers erkennbar ist. In der äußeren, kosmischen Region bringen Wesen des Himmels und der Erde Amitābha Verehrung dar. Unten in der Bildmitte sieht man Mönche, die sich Amitābha gläubig anvertrauen und schließlich in sein Paradies eingehen. Das Paradies des Amitābha gilt als Zwischenstation auf dem Weg des Heilssuchers ins Nirwana. Daher werden solche Abbildungen in den Himalayaländern den Sterbenden gezeigt, um ihr Denken auf den richtigen Weg zu führen. (S. K.)

Bibliographie

Ahmad, Zahiruddin
1970   Sino-Tibetan Relations in the Seventeenth Century. Istituto Italiano per il Medio ed Estremo Oriente (Serie Orientale Roma 40) Roma.

Arlington, L. C. & William Lewisohn
1935   In Search of Old Peking. Peking.

Chan
1976   Hok-lam, Li Ying (died 1442/3), In: Dictionary of Ming Biography 1368-1644, Hrsg. Luther Carrington Goodrich und Chaoying Fang, S. 887-892. New York.

Chen Qingying,
1991 Lcang-skya Rolpavi-rdorje and Emperor Qian Long, In: Theses on Tibetology in China, komp. Hu Tan, S. 67-90. Beijing.

Crossley, Pamela Kyle
1999 A Translucent Mirror. History and identity in Qing imperial ideology. Berkeley.

Eder, Matthias
1973 Chinese Religion (Asian Folklore Studies. Monograph 6). Tokyo.

Fang, Lienche Tu
1976 Chu Hou-chao (1491-1521). In: Dictionary of Ming Biography 1368-1644, Hrsg. Luther Carrington Goodrich und Chaoying Fang, S. 307-322. New York.

Farquhar, David
1978 Emperor as Bodhisattva in the Governance of the Ch'ing Empire. In: Harvard Journal of Asiatic Studies, 38, S. 5-34.

Gimello, Robert M.
1992 Chang Shang-ying on Wu-t'ai Shan, in: Pilgrims and Sacred Sites in China, Hrsg. Susan Naquin and Chün-fang Yü, S. 89-149. Berkeley.

Grieszler, Margareta
1991 Das letzte dynastische Begängnis. Chinesisches Trauerzeremoniell zum Tode der Kaiserinwitwe Cixi. Eine Studie (Münchener Ostasiatische Studien 57). Stuttgart.

Grootaers, Willem A.
1948-51 Une séance de spiritisme dans une religion secrète à Péking en 1948. In: Mélanges chinois et bouddhiques, 9, S. 91-98.

Hedin, Sven Anders
1932 Jehol, die Kaiserstadt. Leipzig.

Jan Yün-hua,
1993 Hai-yün (1203-1257). In: In the Service of the Khan. Eminent Personalities of the Early Mongol-Yüan Period (1200-1300), Hrsg. Igor de Rachwiltz u. a., S. 224-242 (Asiatische Forschungen, 121). Wiesbaden.

Lessing, Ferdinand,
1942 Yung-ho-kung. An Iconography of the Lamaist Cathedral in Peking with Notes on Lamaist Mythology and Cult, in collaboration with Gösta Montell. (Reports from the scientific expedition to the north-western provinces of China under the leadership of Dr. Sven Hedin. The Sino-Swedish Expedition.Publication 18, VIII. Ethnography 1). Strockholm.

Liu Ts'un-yan,
1976 Lu Hsi-hsing (1520-ca. 1601). In: Dictionary of Ming Biography 1368-1644, Hrsg. Luther Carrington Goodrich und Chaoying Fang, S. 991-994. New York.

Lowe, H.Y. (Lu Xingyuan)
1983 The Adventures of Wu. The Life Cycle of a Peking Man. Vol. I and II. With an Introduction by Derk Bodde. Princeton University Press 1983 [ursprgl. Peking Chronicle Press 1940, 1941]. Princeton.

Manbun rôtô, Übers. Kanda Nobuo
1955 (=Tongki fuka sindaha hergen i dangse = The Secret Chronicles of the Manchu Dynasty). Bd. 1: Taizu. (The Toyo Bunko Publication Series C 12). Tokyo.

Montell, Gösta
1942 Bland Gudar och vanliga människor. Minnen från lyckliga år i Peking. Stockholm.

Naquin, Susan
1988   Funerals in North China: Uniformity and Variations. In: Death Ritual in Late Imperial and Modern China, Hrsg. James L. Watson & Evelyn S. Rawski, S. 37-70. Berkeley.

Nowak, Margaret / Durrant, Stephen
1977   The Tale of the Nišan Shamaness. A Manchu Folk Epic. Seattle.

Petech, Luciano
1950   China and Tibet in the Early 18th Century. History of the Establishment of Chinese Protectorate in Tibet (Monographies du T'oung Pao, 1). Leiden.
1983   Tibetan Relations with Sung China and with the Mongols. In: China among Equals. The Middle Kingdom and Its Neighbors, 10th – 14th Centuries, Hrsg. Morris Rossabi, S. 173-203. Berkeley.
1993   P'ags-pa (1235-1280). In: In the Service of the Khan. Eminent Personalities of the Early Mongol-Yüan Period (1200-1300), Hrsg. Igor de Rachwiltz u. A., S. 646-654 (Asiatische Forschungen 121). Wiesbaden.

Serruys, Henri
1976   Altan-qayan (1507-1582). In: Dictionary of Ming Biography 1368-1644, Hrsg. Luther Carrington Goodrich & Chaoying Fang, S. 6-9. New York.

Wu, K.T.
1976   Fang Yü-lu (tätig 1570-1619). In: Dictionary of Ming Biography 1368-1644, Hrsg. Luther Carrington Goodrich & Chaoying Fang, S. 438-439. New York.

Wu Shu-hui
1993   Die Eroberung von Qinghai unter Berücksichtigung von Tibet und Khams 1717 – 1727 anhand der Throneingaben des Großfeldherrn Nian Gengyao. (Tunguso-Sibirica 2). Wiesbaden.

Zhongguo da baike quanshu
1988   Zongjiao. Beijing, Shanghai: Zhongguo da baike quanshu chubanshe.

Zhongguo fojiao zhi lü
2000   (Reise durch den chinesischen Buddhismus). Hrsg. Lin Yanjiao u. A. Bd. 1-10. Shijiazhuang.

Anmerkungen

1. Zhongguo da baike quanshu: Zongjiao, 530.
2. Beispielhaft die buddhistisch geprägte Geisterwelt in der Unterweltreise der Schamanin Nišan, vgl. Nowak/Durrant 1977, passim.
3. Crossley, 234-236. Pamela Kyle Crossley setzt sich in dieser Arbeit in recht eleganter Weise insgesamt mit dem Herrschaftsverständnis der manjurischen Qing-Kaiser auseinander.
4. Jan Yün-hua.
5. Petech 1983, 179-194.
6. Petech 1993, 648.
7. Crossley, 238.
8. Petech 1993, 651.
9. Petech 1993, 652.
10. Lienche Tu Fang, 309.
11. Chan Hok-lam, 888.
12. K.T. Wu, 438; Liu Ts'un-yan, 992-993.
13. Serruys, 9; Ahmad, 89-90.
14. Crossley, 210-211.
15. Übersetzung aus dem Manbun rôtô I, 434: Wu Shu-hui, 166.
16. Übersetzung: Wu Shu-hui, 168; s. auch Chen Qingying.
17. Für eine ausführliche Darstellung, cf. Wu Shu-hui, 180-197
18. Arlington und Lewisohn, 190-196.
19. Crossley, 242.
20. Zhongguo da baike quanshu: Zongjiao, 531.
21. Grieszler, 42-43.
22. Hedin, 2., 4. und 5. Kapitel; Zhongguo fojiao zhi lü IX, 102-129.
23. Hedin, 5. Kapitel.
24. Petech 1950, 241.
25. Zhongguo fojiao zhi lü VIII, 46.
26. Zu Klosterbeschreibungen mit zahlreichen Illustrationen, siehe Zhongguo fojiao zhi lü VIII, 42-91. Ältere westliche Beschreibungen aus der späten Kaiserzeit und der ersten Hälfte des 20. Jhs. stammen von Pokotilov 1893 (übersetzt von Unkrieg 1935 [cf. Lust,

Index Sinicus, 1354]) und Rockhill 1895 (cf. Cordier, Bibliotheca Sinica, 3051), von E.S. Fischer 1925 Rewi Alley und E.R. Lapwood 1935 (cf. Lust, Index Sinicus, 1336, 1322).
[27] Naquin, 50, 59.
[28] Lowe, 187-188; Zhongguo fojiao zhi lü, IX, 100-101; auch in Klöstern in der Inneren Mongolei werden Teufel ausgetrieben, so im Meidai zhao in der Nähe von Huehot und im Longquan Kloster in Baotou,s. Zhongguo fojiao zhi lü, X, 72, 89.
[29] Arlington und Lewisohn, 238-239.
[30] Arlington und Lewisohn, 240.
[31] Montell, 164.
[32] Montell, 160.
[33] Grootaers.
[34] Liu Ts'un-yan, 991.
[35] Zhongguo fojiao zhi lü, IX, 100-101.
[36] Zhongguo fojiao zhi lü IX, 122-123.
[37] Zhongguo fojiao zhi lü II, 107, 114-117, 124-125.

Der indigene Buddhismus des Kathmandutals

Das Fortleben einer indischen Tradition
am Rande des Himalaya

Alexander von Rospatt

Nach dem Untergang des Buddhismus im nordindischen Mutterland etwa im 14. Jahrhundert hat sich die damalige Tradition des tantrisch geprägten Mahāyāna in Tibet bis in die Gegenwart fortgesetzt. In Südostasien hingegen wurde diese Tradition beizeiten von dem aus Sri Lanka eindringenden Theravāda-Buddhismus überlagert und schließlich ganz verdrängt. Und im ostasiatischen Buddhismus ist lediglich eine frühere Entwicklungsstufe des tantrischen Buddhismus bis heute überliefert. So gilt der tibetische Buddhismus mit gewissem Recht als die Tradition, die sich am nahtlosesten an den indischen Buddhismus anschließt und diesen am authentischsten überliefert. Dabei wird jedoch meist vergessen, dass der indische Mahāyāna-Buddhismus in seinem ursprünglichen südasiatischen Kontext mit Sanskrit als sakraler Sprache nicht gänzlich untergegangen ist, sondern sich im Kathmandutal Nepals bis heute behauptet hat. Das an der Südflanke des Himalaya auf etwa 1300 Meter Höhe gelegene Tal gehört seit mindestens achtzehnhundert Jahren zum indischen Kulturraum. Diese Datierung stützt sich auf dortige archäologisch Funde von monumentalen Skulpturen im Kushana-Stil. Am bedeutendsten ist das Standbild des örtlichen Königs Jayavarman, das 1992 in der Nähe von Kathmandu entdeckt wurde, und nach (umstrittener) Lesung der Inschrift ins Jahr 185 nach Chr. datiert.[1] Auch wenn man der lokalen Legende, dass Ashoka selber Nepal besuchte und dort seine Tochter Cārumati in Ehe gab, nicht Glauben schenken mag, ist es doch denkbar, dass der Buddhismus im Zuge seiner von Ashoka ausgehenden Verbreitung zur Zeit der Mauryas schon vor der Zeitwende nach Nepal gelangte. Angesichts der erwähnten Funde von Kushana-Kunst dürfte der Buddhismus aber spätestens zur Zeit des Königs Kanishka, der den Buddhismus ebenfalls aktiv propagierte, im ersten oder zweiten nachchristlichen Jahrhundert ins Kathmandutal gedrungen sein. Somit sollte der Buddhismus dort wenigstens seit achtzehnhundert Jahren vertreten sein. Diesen Fortbestand verdankt Nepal (wie das Tal ursprünglich hieß, bevor diese Bezeichnung auf den modernen Nationalstaat angewendet wurde) vor allem seiner peripheren Lage. Während die großen Klosteranlagen der nordindischen Ebene den muslimischen Eroberern zum Opfer fielen, und sich der Buddhismus ohne diese monastische Grundlage nicht behaupten konnte, blieb das strategisch unbedeutende und ressourcenarme Kathmandutal von muslimischer Fremdherrschaft verschont. So besteht der Buddhismus auf der Grundlage unangetastet gebliebener Klöster und Heiligtümer bis in die Gegenwart fort.

Das historische Nepal befindet sich am Rande des nordindischen Kulturraums. Seine Bewohner, die Newars, haben neben ihrer tibetobirmanischen Sprache viele kulturelle und religiöse Traditionen und Eigenarten bewahrt, die sie von den Indern der Gangesebene absetzen. So wurden buddhistische und hinduistische Traditionen nicht unverändert aus der Ebene übernommen, sondern sind in einem komplexen und kontinuierlichen Prozess an lokale Traditionen und Gegebenheiten angepasst worden. Hinzu kommt, dass sich der Newar-Buddhismus nach dem Untergang des Buddhismus in Indien auf besondere Weise lokal weiterentwickelte. Deswegen kann man den Buddhismus der Newars, zumal den der Gegenwart, nicht einfach mit dem Buddhismus Nordindiens gleichsetzen. Andererseits dürfen die lokalen Besonderheiten, die ja ein charakteristisches Merkmal von Akkulturationsprozessen auf dem Subkontinent überall sind, nicht darüber hinwegtäuschen, dass Nepal fester Bestandteil der Welt des nordindischen Buddhismus war, zwar nicht so bedeutend wie etwa Kaschmir, aber doch vergleichbar in seinem Status als regionales Zentrum des Buddhismus an der Peripherie. Diese Zugehörigkeit zum indischen Buddhismus lässt sich besonders gut daran festmachen, dass das indische Schriftgut des Mahāyāna-Buddhismus in Nepal kontinuierlich und wie selbstverständlich gepflegt wurde und weiterhin wird. So ist die große Mehrheit der im Sanskrit-Original auf uns überkommenen Texte in Handschriften aus Nepal erhalten. Diese bildeten übrigens die Grundlage für das erste fundierte Studium des Buddhismus im Westen in der Mitte des 19. Jahrhunderts.

Für die gegenwärtige Schau des tibetischen Buddhismus ist das Überleben einer indisch-buddhistischen Tradition in der vom tibetischen Buddhismus dominierten Welt des Himalayas nicht nur an sich von Interesse. Darüber hinaus ist das Kathmandutal mit dem Newar-Buddhismus auch deswegen von Bedeutung, weil ihm eine wichtige Mittlerfunktion bei der Übertragung des indischen Buddhismus nach Tibet zukam. So machten tibetische Gelehrte auf der Suche nach indischen Texten und Belehrung häufig nicht nur Station in Nepal, sondern blieben dort für längere Zeit. Sie trafen dort mit indischen und einheimischen Lehrern zusammen, empfingen bestimmte Lehren und übertrugen teilweise gemeinsam Werke ins Tibetische. Marpa zum Beispiel verbrachte im elften Jahrhundert drei Jahre in Nepal, während der er in der esoterischen Tradition Naropas unterwiesen wurde.[2] Besonders wichtig wurde das Tal als Zufluchtstätte für buddhistische Lehrer und Mönche, die sich dort nach der Zerstörung der großen Klosteranlagen in der Ganges-Ebene durch muslimische Truppen niederließen. So kam der große Übersetzer Chag Lotsawa Chos rje dpal (1197-1264) 1226 für acht Jahre nach Nepal und studierte und arbeitete dort mit Ratnarakṣita und einem als Mahāpaṇḍita bezeichnetem Ravīndradeva (Ni ma'i dbang po'i lha), der interessanter Weise als upāsaka, also Laienanhänger identifiziert wird.[3] Noch bedeutender für Nepal ist der große Gelehrte und Tantriker Vibhūticandra, der wohl um 1214 über Tibet nach Nepal gelangte und sich dort ganz niederließ.[4] In Nepal empfing er von großen Newar-Meistern wie Buddhaśrī Belehrungen und wurde schließlich selber Abt des knapp zweihundert Jahre vorher von Atiśa Dīpaṃkaraśrījñāna gegründeten Klosters Thaṃ Bahī (Sanskrit: Vikramaśīla Vihāra)[5]. Dort widmete er sich dem eingehenden Studium verschiedener tantrischer Werke und unterhielt auch ein Seminar, das sich mit den Werken Abhayakaraguptas beschäftigte. In fortgeschrittenem Alter vermittelte ihm ein reisender Yogin, der Mahāsiddha Śavaripa, bestimmte, als ṣaḍaṅgayoga bekannte tantrische Praktiken, die Vibhūticandra schließlich nach Tibet überlieferte, wo sie für die Kālacakra-Tradition bis heute von großer Bedeutung geblieben sind. Noch im 15. Jahrhundert lebte und wirkte mit Vanaratna ein „Großer

Gelehrter" (mahāpaṇḍita) im Kathmandutal, der in regem Austausch mit Tibet stand und eine Vielzahl von Werken aus dem Sanskrit ins Tibetische übertrug.[6]

Der erwähnte Vanaratna gilt der tibetischen Tradition als der letzte indische Gelehrte (paṇḍita), und es scheint in der Tat, dass sein Name das Ende einer Ära markiert. Denn mit der mittelalterlichen Malla-Ära (1482-1768/69), die durch die Koexistenz von Patan, Bhaktapur und Kathmandu als eigenen Königreichen gekennzeichnet ist, beginnt auch für den Newar-Buddhismus ein neuer Abschnitt. Diese Ära wurde durch die Einnahme des Tals durch den Gorkha-König Pṛthvī Nārāyāṇa Śāha beendet, der durch weitläufige weitere Eroberungen die politische Einheit schuf, aus der der moderne Nationalstaat Nepals hervorging. In der mittelalterlichen Malla-Ära bildete sich die charakteristische Form des Newar - Buddhismus heraus, die sich - wenn auch geschwächt durch die Fremdherrschaft der Gorkhas sowie den mit dem Einbruch der Moderne einhergehenden tiefgreifenden sozialen, wirtschaftlichen und kulturellen Veränderungen - bis in die Gegenwart fortsetzt und von der es im Folgenden zu handeln gilt.

Auffälligstes Merkmal dieser Form des Buddhismus ist der Verlust des Zölibats. Das Rückgrat des Newar-Buddhismus bleiben zwar weiterhin die buddhistischen Klöster mit ihrem saṃgha, der Klostergemeinschaft, nur sind die Mitglieder dieser Gemeinschaft keine zölibatären Mönche mehr, sondern verheiratete Familienväter, die in der Regel einem weltlichen Beruf nachgehen, um den Lebensunterhalt für sich und ihre Familie zu bestreiten. Im Knabenalter werden sie aber ordiniert und verbringen drei Tage als Mönche, bevor sie die Robe wieder ablegen (Abbildung 1). Dabei dient die auf Grundlage der kanonischen Ordensregeln (Vinaya) gestaltete Mönchsweihe als Initiation in die Klostergemeinschaft. Dieser gehört der Initiierte nach dem Ablegen der Roben weiterhin an, und zwar über die Heirat hinaus für den Rest seines Lebens. Die Zugehörigkeit zur Klostergemeinschaft bringt eine Vielzahl von Verpflichtungen mit sich. So muss jedes Mitglied turnusmäßig meist für ein bis zwei Wochen im Kloster Dienst versehen, um die dortigen Buddhabildnisse und anderen Gottheiten und Kultobjekte (siehe unten) rituell durch Opfergaben, Waschungen usw. zu verehren. Heute wohnt der Diensthabende dafür zwar meist nicht mehr wie früher im Kloster, hält sich aber doch für diesen Zeitraum an das Gelübde der Keuschheit und Reinheitsgebote, die insbesondere Nahrung betreffen. So dient der Klosterdienst der Bestätigung der monastischen Identität, die die saṃgha-Mitglieder trotz der Heirat und ihrem weltlichen Beruf nicht verlieren. Sie hören deswegen auch nie wirklich auf, Mönche zu sein, nur sind sie eben keine im Zölibat lebenden Mönche, sondern Hausväter-Mönche, um den treffende Ausdruck „housholder monks" von David Gellner zu übernehmen.[7] Die Laienbuddhisten bestätigen deren fortgesetzte Identität als Mönche, indem sie diese beim Samyak–Fest (siehe unten) sowie jeden August und zu weiteren Anlässen rituell als Mönche verehren und ihnen typisch Mömchsgaben wie Almosen, Nadel und Faden usw. darbringen.[8]

Abb. 1 Ein soeben ordinierter Junge in seiner Mönchsausstattung. Zusätzlich zur Mönchsrobe, der Almosenschale und dem Bettelstab, dessen oberes Ende wie üblich von einem Stūpa abgeschlossen wird, ist der Junge auch mit Ohr- und Brustschmuck ausgestattet. Dies steht im Gegensatz zu dem monastischen Verbot von Schmuck und zeigt, dass die Ordination in Anlehnung an das hinduistische Initiationsritual für Knaben (upanayana) als ein Weiheritual gestaltet ist.

Die Form eines nicht-zölibatären Mönchstum ist keine gänzliche Neuerung des Newar-Buddhismus. Vielmehr dürften sich vergleichbare Formen des Mönchstum bereits in Indien herausgebildet haben. So bezeugt z.B. die Rājataraṅginī (3.11-12), eine kaschmirische Chronik aus der Mitte des zwölften Jahrhunderts, eine Klosterstiftung, bei der eine Hälfte des Klosters für traditionell praktizierende Mönche (bhikṣavaḥ śikṣācārāḥ) und die andere Hälfte für solche mit Hausväterstatus (gārhasthya) „samt ihren Frauen, Kindern, Vieh und Besitz (sastrīputrapaśuśrī)" vorgesehen war. Die Stiftung einer Klosterhälfte für Hausvätermönche zeigt, dass diese Form des Mönchstums zu einer legitimen Institution geworden war, die mit dem Zölibat koexistierte. Eine ähnliche Situation finden wir auch im tibetischen Buddhismus insbesondere unter den Nyingmapas vor, wo es neben im Zölibat lebenden Mönchen die Tradition verheirateter religiöser Spezialisten gibt.

Auch im Newar-Buddhismus existierten beide Formen des Mönchstum zunächst nebeneinander her. Dies geschah allerdings nicht unter dem Dach ein und desselben Klosters, sondern in verschiedenen monastischen Institutionen, nämlich in den bāhāḥ genannten Klöstern für Verheiratete einerseits und in den bahī genannten Klöstern für im Zölibat lebende Mönche andererseits. Dabei war die Pflege der esoterischen Tradition des Tantrismus mit ihrer in der Regel gewiss nur symbolisch interpretierten sexuellen Praxis in den bāhāḥs konzentriert. Deswegen gehören die Vajrācārya genannten tantrischen Meister (siehe unten) auch heute noch stets nur bāhāḥs und nicht bahīs an. Wahrscheinlich bereits im 15. Jahrhundert hatte man in den bahīs das Zölibat aufgegeben. Auch wenn sich das Modell der verheirateten Hausvätermönche der bāhāḥs durchsetzte, fühlte man sich aber in buddhistischer Praxis und Kultus weiterhin besonders der nicht-esoterischen Tradition des Mahāyāna-Buddhismus verpflichtet. Durch die besagte Umwandlung der bahīs verlor der Newar-Buddhismus das Zölibat ganz, blieb gleichwohl aufgrund der Bedeutung der bāhāḥs und bahīs (siehe unten) eine monastisch geprägte Tradition. In den letzten fünfzig Jahren hat sich aber im Kathmandutal erfolgreich eine monastische Theravāda-Bewegung etabliert, die ausgehend von neobuddhistischen Bestrebungen in Indien aus Sri Lanka importiert wurde und nun besonders in Thailand Unterstützung findet. Obwohl die Theravāda-Mönche und-Nonnen durchweg Newars sind, gehören sie doch einer gänzlich verschiedenen Tradition an und können so nicht zum Newar-Buddhismus hinzugerechnet werden. Dieser bleibt also eine Tradition, die das Zölibat verloren hat.

Ein weiteres Merkmal des Newar-Buddhismus ist die „Verkastung" des Mönchsstands. Da die Mitgliedschaft in einer Klostergemeinschaft auch zum Miteigentum am Kloster berechtigt, gab es wohl von jeher eine Tendenz, den Zugang zu beschränken. Im Fall der bāhāḥs war es vielleicht sogar stets wie heute üblich, die Mitgliedschaft den Söhnen der Klostergemeinschaft vorzubehalten, um ihnen so das Kloster zu vererben. Zumindest durch Neugründungen gab es aber doch auch die

Möglichkeit, von außen Mönch zu werden, und solche Neugründungen müssen häufig gewesen sein. So ist das grundlegende Ritualhandbuch des Newar-Buddhismus, die Kriyāsaṃgrahapañjikā (siehe unten), im Kern ein ritueller Leitfaden für die Neugründung eines Klosters und insbesondere den damit einhergehenden Bau. Wohl schon vor der Malla-Zeit hatten die bestehenden Klostergemeinschaften dann aber begonnen, sich abzuschotten und monastischen Neugründungen die Unterstützung und Anerkennung zu verwehren. So bildete sich eine Kaste heraus, deren Mitglieder qua Geburt einer bestimmten Klostergemeinschaft angehören und die nur untereinander heiraten und ohne Einschränkungen miteinander verkehren. Diese Situation kennzeichnet den Newar-Buddhismus auch heute noch. Die Hausväter-Mönche bilden eine Kaste, die höchste unter der buddhistischen Bevölkerung, die ihrerseits in zwei Gruppen fällt, nämlich die Śākyas und Vajrācāryas. Die Vajrācāryas werden im Gegensatz zu den Śākyas zusätzlich zu der oben erwähnten Ordination zu tantrischen Meistern geweiht. Diese Weihe, die wiederum den Söhnen von Vajrācāryas vorbehalten ist, berechtigt sie, lebenszyklische und andere Rituale für die breite Bevölkerung durchzuführen, also wie Brahmanen im Hinduismus als Familienpriester (purohita) zu fungieren.

Die hier beschriebene Abschottung des saṃghas entspricht natürlich nicht dem Geist des frühen Buddhismus, der Standesherkunft als für den saṃgha unerheblich wertete und prinzipiell jedem die Möglichkeit bot, Mönch oder Nonne zu werden. Andererseits ist es wohl gerade diese Herausbildung des Mönchstands als Kaste, die das Überleben des Buddhismus in einem vom Hinduismus śivaitischer Prägung beherrschtem Umfeld garantierte. Denn nicht wie der Vater Hausvater-Mönch zu werden und die Tochter eines Hausvater-Mönchs zu ehelichen, hieße die Kastenzugehörigkeit zu verlieren und damit schutz- und statuslos außerhalb der Gesellschaft zu stehen. So ist es eben der Verknüpfung von Mönchstum und Kastenzugehörigkeit zu verdanken, dass die betreffenden Newars nicht ihre buddhistische Identität verlieren und vom hinduistischen Umfeld absorbiert werden konnten. Zumindest im Falle Patans und Kathmandus kommt aber wohl auch hinzu, dass der Zugang zu hinduistischen Brahmanen weitgehend dem König und der herrschenden Elite vorbehalten war, es also scheinbar gar keine Bestrebungen gab, die breite Masse der Buddhisten zu „hinduisieren", sondern man aus gesellschaftspolitischen Erwägungen vielmehr auch von hinduis-

tisch-śivaitischer Perspektive auf Abgrenzung bedacht war.
Die erwähnte Abschottung der Klöster hat außerdem ermöglicht, dass dort in Abgeschiedenheit tantrische Traditionen gepflegt und weitergegeben werden konnten ohne Rücksicht auf die hinduistische Obrigkeit oder potentielle Konvertiten. Zu dem aufgrund strikter Geheimhaltung kaum bekannten Überlieferungsgut gehören tantrische Lieder, die meist einer bestimmten esoterischen Gottheit wie Cakrasaṃvara und   Vajrayoginī (siehe Abb. 2) gewidmet sind. Diese werden im Kontakt esoterischer Rituale mit Instrumentalbegleitung gesungen und können auch gleichzeitig im Kreise Eingeweihter tänzerisch umgesetzt werden. Dieser Tanz versteht sich als spirituelles Mittel zur Wendung der Gottheit. Er ergänzt Rituale der Visualisierung und Identifikation mit der Gottheit und hat deswegen die technische Bezeichnung pada-sādhana (wörtlich „Schritt-Realisierung").

Abb. 2 Inv. Nr. 70.45:189 Slg. Heller (Foto Saal)
Figur des Sarvabuddha Ḍākinī (tib.: Nā-ro mkha'-spyod-ma, lies: naro kan dschö ma), Bronze. H 22 cm, B 18 cm, Nepal, 19. Jahrhundert.
Die Sarvabuddhḍākinī stellt eine Sonderform der Vajrayoginī dar. Alle Yoginīs und Ḍākinīs sind Mittlerinnen zwischen dem Heilssucher und den transzendenten Gestalten des Pantheons. Da sie zwischen verschiedenen Sphären wandeln, werden sie mit einem angewinkelten Bein bzw. im Ausfallschritt dargestellt, eine Pose, die im indischen Tanz das Fliegen
andeutet. Die Figur trägt als Halsschmuck eine Kobra - ein Attribut, das eigentlich dem Hinduismus zuzurechnen ist. Seit dem 19. Jahrhundert wird in der nepalesischen Kunst die Ikonographie von Hinduismus und Buddhismus vermischt, was eine Datierung der Figur ins 19. Jahrhundert nahe legt. (S. K.)

Nicht nur esoterische Praktiken, sondern buddhistische Gelehrsamkeit überhaupt sind, wie in anderen buddhistischen Kulturen auch, an die Klöster gebunden. So sind es saṃgha-Mitglieder, die wie erwähnt das Sanskrit-Schriftgut gepflegt und Mahāyānasūtras, Tantras und andere Werke kopiert haben. Anders als in Tibet haben die Newars aber keine eigene exegetische Tradition entwickelt, die sich kreativ mit dem reichen indischen Gedankengut auseinandergesetzt und dieses gar weiterentwickelt hätte. Der Schwerpunkt ihrer Interessen galt nicht der buddhistischen Gedankenwelt, sondern vor allem den Ritualen. So gibt es eine reiche indigene Ritualliteratur, die noch kaum erforscht ist. Den Ausgangspunkt für das exoterische, d.h. nicht in den esoterischen Yoginītantras verankerte Ritualwesen bildet die bereits erwähnte Kriyāsaṃgrahapañjikā, das Werk eines einheimischen Vajrācāryas namens Kuladatta aus dem zwölften Jahrhundert, das ins Tibetische übersetzt wurde und Aufnahme in den Tanjur gefunden hat. An diesen Text und auch an die Werke des oben erwähnten Abhayakaraguptas schließt sich eine umfangreiche, noch kaum gesichtete Literatur von meist kürzeren, in der Regel in Sanskrit und Newari verfassten Ritualhandbüchern an. Solche Texte werden auch heute noch geschrieben. Sie dienen als praktischer Leitfaden für die korrekte Ausübung der Rituale; um ihre Deutung geht es dabei nicht. So besticht der Newar-Buddhismus durch die große Sorgfalt und Detailtreue, mit der auch aufwendige Rituale tradiert und noch heute durchgeführt werden. Die Literatur des Newar-Buddhismus lässt sich aber nicht auf Ritualtexte reduzieren. Erwähnt wurden bereits tantrische Lieder, und hinzugefügt seien hier noch narrative Werke, die in der indischen Tradition der avadāna-Literatur stehen und wie diese formal als Lehrrede des historischen Buddha Śākyamuni daherkommen. Am wichtigsten ist das sogenannte Svayambhūpurāṇa, ein in mehreren Rezensionen überkommener Text aus dem 15. Jahrhundert, der auf den Verlust des Mutterlandes des Buddhismus in der Gangesebene reagiert, indem er die buddhistischen Ursprünge Nepals in eine legendäre, prähistorische Vergangenheit transponiert, als das Kathmandutal ein See war und sich dort das Buddhaprinzip von selbst in Form eines kristallenen Stūpa auf einer Lotusblüte manifestierte. Nachdem in einem späterem Zeitalter der See trockengelegt worden war, ist der Legende nach zum Schutz über dieses Heiligtum ein Stūpa errichtet worden. Dieser nach dem im Inneren eingeschlossenen Heiligtum als Svayambhū (wörtlich: von selbst entstanden) bekannte Stūpa existiert noch heute auf einem zwei Kilometer westlich von Kathmandu gelegenem Hügel. Er ist von Alters her das wichtigste Heiligtum des Newar-Buddhismus (Abbildung 3).

Abb. 3 Der Svayambhūstūpa von Kathmandu. Der zweigeschossige Tempel im Vordergrund ist Hāritī gewidmet, die nach ihrer Bekehrung zum Buddhismus zur Schutzgöttin ins-besondere von Kindern wurde. Man sieht gleichfalls im Vordergrund eine Vielzahl kleiner stūpas, die – in für den Newar-Buddhismus bezeichnender Weise – auf private Stiftungen zurückgehen.

Unter den Mahāyānasūtras, die in Nepal wie erwähnt durch Abschriften tradiert werden, erfreut sich das Prajñāpāramitāsūtra von der Vollendung der Weisheit (besonders in der Version in „Achttausend Zeilen", der Aṣṭasāhasrikā) ganz besonderer Beliebtheit. Dies zeugt aber nicht von einem regen doktrinären Interesse an diesem schwierigen Werk, sondern erklärt sich damit, dass solche Handschriften als Ikone der Gottheit Prājāpāramitā behandelt und entsprechend kultisch verehrt werden. Deswegen sind diese Handschriften oft auch ähnlich wie Götterstatuen und Rollbilder Kunstwerke, die in goldener Tinte geschrieben und mit Miniaturen geschmückt sind. Es ist bezeichnend für den Newar-Buddhismus, dass hier aus einem abstrakten Lehrtext philosophischer Natur, dem Prajñāpāramitāsūtra, ein auf höchstem künstlerischen Niveau gestalteter, konkreter Kultgegenstand wurde, der im Kontext von öffentlichen Rezitationen (bei denen der Wortlauf zum Mantra wird und nicht etwa verstanden werden soll) regelmäßig rituell verehrt wird.[9] Die große Kunstfertigkeit der Newars ist übrigens von den Tibetern stets hoch geschätzt worden. So sind viele tibetische Kunstwerke (Statuen, Roll- und Wandbilder oder auch ganze Gebäude) unter Beteiligung von nach Tibet gereisten Newars entstanden oder gar ganz von ihnen oder ihren tibetischen Schülern gefertigt worden. Erwähnt sei hier der berühmte Arniko, der 1261 aus dem Kathmandutal an den Hof nach Peking kam und dort in seiner fünfundvierzigjährigen Wirkungszeit zum Direktor der kaiserlichen Werkstätten emporstieg. Der von ihm für den Kaiser Kublai Khan im tibetischen Stil gebaute sogenannte „Weiße Stūpa" unweit Pekings ist noch heute eines der markantesten buddhistischen Bauwerke Chinas.

Die Klöster des Newar-Buddhismus fungieren also als Horte tantrischer Kulte, als Stätten buddhistischer Gelehrsamkeit, in denen Literatur und Ritualwesen gepflegt werden, und auch als Kristallisationspunkte für großartige buddhistische Kunstwerke. Die Klöster erfüllen aber nicht nur diese typisch monastischen Zwecke, sondern dienen auch als öffentliche Kultstätten für die gesamte Bevölkerung. Sie beherbergen nicht die Klostergemeinschaft - diese lebt im Gegenteil außerhalb des Klosters -, sondern eine Vielzahl buddhistischer Gottheiten. Trotz Abweichungen im ikonographischen Programm sind die Klöster nach dem gleichen Muster gestaltet. Esoterische Gottheiten wie Hevajra, Candramahāroṣaṇa, Cakrasaṃvara und Vajravārāhī sind im Obergeschoss in āgaṃ (lit. Überlieferung) genannten tantrischen Kulträumen untergebracht, die nur von wenigen Initiierten betreten werden dürfen. Zu ebener Erde befinden sich die zentrale Buddhafigur in der Hauptzelle des Klosters, kleinere Stūpas im Klosterhof und weitere Gottheiten, die u.a. in den Räumen des, nach klassisch indischem Muster quadratisch um den Hof angelegten Klostergebäudes untergebracht und von außen zugänglich sind. All diese dienen als Kultobjekte, die von der umliegend wohnenden Bevölkerung täglich verehrt werden. So ist der Klosterhof öffentlicher Raum und nimmt ein Stück weit den Charakter eines Tempels an.

Dies gilt in besonderem Maße für die Klöster, in deren Mittelpunkt der Kultus einer bestimmten Gottheit steht. An vorderster Stelle ist hier Karuṇāmaya zu nennen, der mit Avalokiteśvara identifizierte Bodhisattva des Mitleides, der in jeweils spezifisch lokaler Form in Kathmandu, Patan und Buṅgamati, sowie in weiteren Orten des Tales verehrt wird. Er ist an ein, bzw. im Falle Patans und Buṅgamati zwei bestimmte Klöster gebunden, die dadurch gleichsam zur Tempelstätte für diese Gottheit werden. Diese Funktion erschöpft sich nicht in der „Beherbergung" der Gottheit, sondern schließt die Aufrechterhaltung eines komplexen Kults ein. So obliegt den Klöstern die alljährliche Ausbesserung der Karuṇāmaya darstellenden Götterfigur. Dieser Prozess beinhaltet eine äußerst komplexe und aufwendige Serie von Riten. Nach deren Ende wird das erfolgreich erneuerte Bildnis in einer glanzvollen Prozession der Öffentlichkeit präsentiert. In Kathmandu und Patan wird Karuṇāmaya dabei in einem zu diesem Zweck gebauten, tempelartigen Wagen über mehrere Tage durch die Stadt gezogen. Dieses Wagenfest stellt einen der Höhepunkte im Festjahreskalender dar, und zwar nicht nur für Buddhisten, sondern für die gesamte Bevölkerung. Vielen gilt Karumāmaya dabei als Matsyendranāth, eine dem Hinduismus zuzurechnende Gottheit. Die Art, wie hier ein und dieselbe Gottheit Buddhisten und Hinduisten heilig gilt, ist charakeristisch für die Newars. Man teilt viele Feste, besucht oft die selben Tempel und verehrt dort die selben Gottheiten. Dabei stellt sich für die meisten Newars nicht die Frage nach der religiösen Identität. Sie erleben ihr religiöses Umfeld als ein Ganzes. Ihnen bedeuten die Etiketten „Buddhismus" und „Hinduismus" kaum etwas, denn eine solche Unterscheidung ist in ihrem religiösen Bewusstsein nicht verankert. Aber die hochkastigen Newars, insbesondere die Hausväter-Mönche auf der einen und die Brahmanen auf der anderen Seite, haben eine dezidierte religiöse Identität und grenzen sich in ihrer Religionsausübung bewusst als Buddhisten bzw. Hindus einer bestimmten Tradition ab. Allerdings gibt es auch hier Überlappungen und Berührungspunkte. So sind an dem besagten Wagenfest für Karumāmaya auch Brahmanen beteiligt.

Erwähnt sei in diesem Zusammenhang noch ein weiterer buddhistischer Kult, der für die gesamte Bevölkerung von Bedeutung ist, nämlich die Verehrung der Göttin Kumārī. Neben Kultbildnissen manifestiert sich diese Göttin in dafür eigens geweihten Mädchen. Diese Mädchen fungieren also als lebendes Bildnis der Göttin. Sie müssen deswegen einen makellosen Körper haben. Verliert der Körper Blut - dies geschieht spätestens mit Einsetzen der Menstruation - und damit seine Unversehrtheit, hört er auf der Kumārī als geeignete Stätte zu dienen. So verliert das Mädchen das göttliche Wesen, das ihr innegewohnt hat, und wird wieder zu einem gewöhnlichen Menschen. Auch der Kultus der Kumārī ist an einzelne buddhistische Klöster gebunden. Diese wählen unter den Töchtern der Klostermitglieder ein geeignetes Mädchen aus, weihen dies und verehren es täglich als Kumārī. Diese Kumārī dient nicht nur dem Kloster, sondern steht auch der Bevölkerung außerhalb des Klosters zur Verfügung. Oft wird sie zu größeren Ritualen eingeladen, um diese durch ihre Anwesenheit zu segnen. In den meisten Klöstern wird der Kult der Kumārī aber nicht mehr gepflegt. So gibt es heute nur noch zwei wirkliche Kumārīs, nämlich die des Hakha Bāhāḥ von Patan und die königliche Kumārī von Kathmandu. Letztere wird alljährlich mit einem Wagenfest geehrt, in dessen Rahmen sie den König segnet und so seine Herrschaft bestätigt und erneuert (Abb. 4).

Abb. 4 Die Kumārī von Kathmandu. Die von einem Mädchen verkörperte Kumārī wird nach Beendigung ihrer alljährlichen Prozession durch die Altstadt rituell bei der Rückkehr in ihren Tempel begrüßt.

Es gibt auch Klöster, die spezifisch zur Pflege eines bestimmten Heiligtums gegründet wurden. Ein prägnantes Beispiel ist die Klostergemeinschaft der Buddhācāryas, die um den oben erwähnten Svayambhūstūpa angesiedelt sind, um sich dessen Kultus zu widmen. Auch weitere, besonders wichtige Stūpas, wie z.B. der Cilaṃcva-stūpa in der Nachbarstadt Kīrtipur, haben als Ausgangspunkt für Klostergründungen gedient. Auf diese Weise nutzen die Klöster des Newar-Buddhismus nicht nur ihrem monastischen Zweck, sondern dienen der Bevölkerung als Ganzes durch die Aufrechterhaltung der Kulte und Kultstätten, die im Mittelpunkt des religiösen Leben stehen. Deswegen ist der Newar-Buddhismus oben auch als monastisch geprägt bezeichnet worden. Es sind die Klöster mit ihren saṃghas, die den Buddhismus als distinkte Tradition bewahrt haben. Ohne dieses monastische Rückgrat wäre der Buddhismus wohl hier wie in Indien geschehen bei Zeiten im Hinduismus aufgegangen.

Diese Bedeutung der Klöster mit ihren Angehörigen erhellt auch daraus, dass dort ein weiterer für das buddhistische Selbstverständnis sehr wichtiger Kult verankert ist, nämlich der Kult des Buddha Dīpaṃkara. Im Mittelpunkt dieses Kults steht das alle fünf Jahre in Patan und alle zwölf Jahre in Kathmandu begangene Samyak-Fest. Es vereint die buddhistische Bevölkerung dieser Städte in der Verehrung Dīpaṃkaras und der Klostergemeinschaften, also der Vajrācāryas and Śākyas. Anders als die erwähnten Kulte Karuṇāmayas und Kumārīs ist dies ein ganz spezifisch buddhistisches Fest. Es sei hier deshalb ausführlicher geschildert.

Dīpaṃkara ist der erste in einer Reihe von vierundzwanzig Buddhas. Er verdankt seine kultische Bedeutung seiner Rolle als archetypischer Empfänger von Almosen und anderen Gaben (dāna). Das Kapiśāvadāna erzählt, wie zur Zeit einer fürchterlichen Hungersnot ein ausgezehrter Affe namens Jñānākara der Buddha Dīpaṃkara eine Brotfrucht darbrachte und aufgrund der verdienstvollen Tat später zur Belohnung als Kind wiedergeboren wurde. Dieses Kind besaß zwar nichts, brachte aber doch Dīpaṃkara mit reinem Herzen eine Handvoll Dreck dar. Kraft dieser Gabe wurde der Junge dann in der nächsten Existenz als König Sarvānanda geboren. Er verwendete nun seinen beachtlichen Reichtum und lud gemeinsam mit seiner Frau und seinen Untertanen den damals lebenden Buddha Dīpaṃkara samt seinem Gefolge von Mönchen und Nonnen, dem saṃgha, zu einem Mahl (bhojana) ein. Zu diesem Anlass gab er auch viele andere Güter, darunter eine besonders edle Almosenschale und widmete schließlich sein ganzes Königreich Dīpaṃkara. Dies dient im Kapiśāvadāna als Vorbild für perfekte (samyak) Freigiebigkeit (dāna), die Tugend nach der das besagte Fest samyak dāna, oder kurz samyak, benannt ist.

Die legendäre Einladung Dīpaṃkaras samt seines saṃghas wird durch das Samyak-Fest in die Gegenwart transponiert. Die Lokalisierung dieser Legende wird dadurch bekräftigt, dass Sarvānanda mit einem fiktiven König Patans, der in früheren Zeiten lebte, identifiziert wird. Anstelle Dīpaṃkara in der Form eines singulären Bildnisses zu verehren, gibt es in Patan und in Kathmandu jeweils ungefähr fünfzig Kultfiguren, die an dem Fest teilnehmen. Diese kommen hauptsächlich aus den Klöstern der jeweiligen Stadt. Dīpaṃkara lebte in einer mythischen goldenen Vorzeit und war entsprechend der damaligen Zeit sehr groß - nach den Pali-Quellen maß er achtzig Ellen. Deswegen sind die Dīpaṃkara-Figuren beim Samyak-Fest überlebensgroß. Sie bestehen im wesentlichen aus einem monumentalen, aus Bronze gefertigtem Kopf, der mit prächtiger Krone sowie Ohr- und weiterem Kopfschmuck aufwendig verziert ist (siehe Abbildung 5). Dieser Kopf wird auf ein hölzernes Gestell gesetzt, welches mit Brokat verkleidet und Silberschmuck dekoriert als Rumpf fungiert. Das Gestell ist hohl und wird von einem sich im Inneren befinden Träger durch die Straßen bewegt.

Abb. 5 Inv. Nr. 70.45:48
Slg. Heller (Foto Saal)
Kopf des Buddha Dīpaṃkara (tib.: Mar-me-mdzad, lies: marme dsä). Bronzeguss. Einlagen der rituell vorgeschriebenen fünf Edelsteine (pañcharatna). Inschrift in Devanagri auf dem Hinterkopf: „chinepala". H 46 cm. Nepal, 17. Jahrhundert.
Der hier gezeigte Kopf ist für eine Prozessionsbüste untypisch klein und konnte nicht von einem im Untergestell verborgenen Träger transportiert werden (A. v. Rospatt, pers. comm.). Laut Auskunft des Vorbesitzers wurde er auf einem mit Stoff umwickelten Pfosten befestigt und anlässlich des Panchadana-Festes im Königspalast und dem Heiligtum von Svayambhūnāth gezeigt. (S. K.)

Das Samyak-Fest beginnt damit, dass abends alle Dīpaṃkaras auf dem Platz vor dem jeweiligen Königspalast zusammenkommen, in Patan auf dem Mangal Bazar, in Kathmandu auf dem Hanuman Dhoka. Dort werden Sie sorgfältig in einer seit Alters her festgelegten Reihenfolge aufgestellt, die Rang und Vorgeschichte berücksichtigt. In Kathmandu werden die Dīpaṃkaras nach ihrer Aufreihung am Hanuman Dhoka die Nacht hindurch von der Bevölkerung verehrt. Am nächsten Morgen werden sie dann zu einer offenen Fläche zu Füßen des erwähnten Svayambhūstūpas getragen, wo ihnen der nepalesische König die Ehre erweist. Im Vordergrund beim Auftritt des Königs steht aber dessen eigene Verehrung als göttlicher Bodhisattva, der selbstlos und aufopferungsvoll zum Wohle aller das Land regiert. So wird hier das Samyak-Fest instrumentalisiert, um Königsherrschaft zu legitimieren und erneuern.

In Patan werden die Dīpaṃkaras nach ihrer Versammlung auf dem Mangal Bazar in einer feierlichen Prozession inmitten der Nacht in das Nāg Bāhāl, einen sehr großen Hof unweit des Palasts gebracht. Es ist ein erhabener Anblick und bewegendes Erlebnis, wie die übergroßen Dīpaṃkara-Figuren zum archaischen Klang der Trommeln durch die mittelalterlichen, nur spärlich beleuchteten Gassen an den zahlreichen, erwartungsvollen Gläubigen vorbei getragen werden. Im Nāg Bāhāl werden die Dīpaṃkaras rituell empfangen und dann im Hof aufgereiht. Erst nachdem tief in der Nacht alle Gottheiten ihren angestammten Platz eingenommen haben, beginnt ihre Verehrung durch die seit vielen Stunden geduldig wartende Bevölkerung. Es ist erst recht spät am Nachmittag des folgenden Tages, dass die Reihe der Gläubigen ein Ende findet und das Fest beschlossen werden kann.

Gemäß der oben erwähnten Legende werden gemeinsam mit den Dīpaṃkaras, der saṃgha, also die Mönchsgemeinschaft geehrt. In Kathmandu beschränkt sich dies auf die Vajrācāryas, die sich als besonders geweihte gurus unter den Hausvätermönchen von den Śākyas deutlich absetzen. Sie werden kollektiv von der ganzen buddhistischen Bevölkerung mit speziellen Gerichten rituell gespeist, ganz so wie sich gemäß dem Kapiśāvadāna die Untertanen des König Sarvānanda an der Einladung Dīpaṃkaras and des saṅghas beteiligen. In Patan wird der saṃgha durch die Ältesten des Klosters Kvā Bāhāl repräsentiert, welches das Samyak dort traditionell ausrichtet. Sie nehmen an dem Fest in ihrem monastischen Ornat teil. Als Teil Ihrer Verehrung werden Ihre Füße rituell gewaschen. Es heißt, dass diese Waschung stellvertretend für den König Sarvānanda durchgeführt werde, dieser also entsprechend dem Avadāna Subjekt und nicht wie in Kathmandu Objekt von Verehrung ist. So kann man sagen, dass hier der König instrumentalisiert wird, um den saṃgha zu erhöhen. Dadurch dass die Laienbevölkerung Vajrācāryas und Śākyas als Mitglieder des saṃghas verehrt, bekräftigt sie wie oben erwähnt den monastischen Status der Hausvätermönche. Der Dīpaṃkara-Kult ermöglicht der breiten Bevölkerung die Vollendung der Freigiebigkeit zu üben. Da die Empfänger der Gaben der Buddha Dīpaṃkara und der saṃgha sind, ist dies eine spezifisch buddhistische Übung. Hinzukommt, dass die Freigiebigkeit als die erste der sechs bzw. zehn von einem Bodhisattva zu vervollkommenen Tugenden von zentraler Bedeutung im Mahāyāna ist, etwas was auch dem gewöhnlichen Gläubigen aufgrund der allgemein bekannten, diese Tugend zum Gegenstand habenden Erzählliteratur (Avadānas usw.) deutlich ist. So belegt das Samyak-Fest auf eindrückliche Weise, wie sich essentielle Formen der Mahāyāna-Laienpraxis in kultischer Form im Newar-Buddhismus bewahrt haben.

Es sind wie erwähnt die Klostergemeinschaften, die für die Durchführung des Samyak-Fests verantwortlich sind. Dies ist ein weiterer Beleg für die Funktion der Klöster als Horte buddhistische Kulte, an denen die ganze Bevölkerung Anteil nimmt. Die Bedeutung der Klöster für den Newar-Buddhismus als Ganzes wird außerdem noch dadurch gestärkt, dass die ihnen angehörigen Vajrācāryas wie erwähnt als Familienpriester fungieren, die für die buddhistische Bevölkerung die klassisch-indischen lebenszyklischen Übergangsrituale und auch weitere Rituale, wie z.B. Heilungs- und Baurituale in einer an den Buddhismus angepassten Form durchführen. Es gehört zu dieser Adaption, dass die Priestertätigkeit des Vajrācārya im Sinne des Mahāyāna gedeutet wird als das eigenlose Wirken eines Bodhisattvas zum Wohl und Heile aller Lebewesen. Zu den buddhistisch gestalteten Übergansritualen gehören nicht nur Kindheits- und Jünglingsrituale sowie Hochzeit, sondern auch Todesrituale und die als śrāddha bekannten Rituale der Ahnenspeisung. Letztere Rituale sind eigentlich fest mit hinduistischen eschatologischen Vorstellung verknüpft. Dadurch, dass selbst solche Rituale in einem buddhistischen Ritualkontext von buddhistischen Ritualspezialisten durchgeführt werden, vermag der Newar-Buddhismus seinen Anhängern eine umfassende Alternative zum Ritualprogramm des Brahmanismus anzubieten. Hier stellt sich der Newar-Buddhismus also als ein dem Brahmanismus nachgebildetes, alternatives Ritualsystem dar, das seinen Anhängern die Befriedigung ihrer rituellen Bedürfnisse unter Wahrung ihrer distinkten Identität als Buddhisten ermöglicht. Der Newar-Buddhismus ist aber mehr als das.

Er hat durchaus auch das soteriologische Anliegen des Urbuddhismus bewahrt und beinhaltet Praktiken, die auf die engültige Befreiung vom Leid ausgerichtet sind. Bereits erwähnt wurden die esoterischen tantrischen Kulte, in deren Mittelpunkt die Vermittlung einer bestimmten spirituellen Praxis steht, die dann im täglichen Leben umzusetzen ist. Auch die Kultivierung der Freigiebigkeit im Rahmen des Samyak–Festes und zu anderen Anlässen hat eine klare soteriologische Komponente. Dies kann gleichfalls für die gewöhnliche Verehrung (pūjā) buddhistischer Gottheiten gelten, zumal wenn sie im Rahmen von temporären Gelübden (Fasten, Wachen) intensiviert wird. Dennoch vermag der Newar-Buddhismus in der Moderne nicht, die religiösen Bedürfnisse seiner Anhänger vollständig zu befriedigen, zumal nicht die der niedrigkastigeren Bevölkerung, die von tantrischen Kulten ausgeschlossen bleibt. Eine Konsequenz ist die rege Teilnahme von Newar-Buddhisten an den Meditationskursen der laizistischen Vipassanā-Bewegung, die ihren Ursprung in Burma im 19. Jahrhundert hat und, wie in vielen Teilen der Welt, auch in Kathmandu vertreten ist.

Die Vipassanā-Bewegung steht mit ihrem spirituellen Angebot und dezidiertem Antiritualismus in schroffem Gegensatz zum Newar-Buddhismus. Eine größere Bedrohung aber geht von der oben erwähnten Theravāda-Bewegung aus. Das von ihr vertretene Ideal des Zölibats stellt die Legitimation der Hausvätermönche in Frage. Zudem gehen die Theravāda-Mönche und Nonnen in zunehmendem Maße auf die religiösen und auch rituellen Bedürfnisse der Laienbevölkerung ein, die traditionell von Hausvätermönchen abgedeckt wurden. Dies beschränkt sich nicht auf ihre Funktion als besonders geeignete Rezipienten von Almosen und anderen Gaben, sondern erstreckt sich auch auf die Ausübung bestimmter lebenszyklischer Rituale und solcher Kulthandlungen wie der Weihe von Buddhabildnissen oder der Segnung von Neubauten. Zu diesen neobuddhistischen Herausforderungen kommt hinzu, dass sich in Kathmandu infolge der Besetzung Tibets durch chinesische Truppen zahlreiche tibetische Meister niedergelassen haben, und so eine Vielzahl tibetischer Traditionen mit neu gegründeten, prachtvollen Klöstern im Tal vertreten ist. Anders als in der Vergangenheit bestehen zwischen den tibetischen Buddhisten und der monastischen Elite des Newar-Buddhismus kaum nennenswerte Kontakte. Diese beschränken sich vielmehr auf das Milieu der Händlerfamilien, die früher in Lhasa

Handelskontoren unterhielten. Trotz der geringen Interaktion stellt auch die massive Präsenz der intakten monastischen Traditionen Tibets den Newar-Buddhismus in Frage. So sind es buddhistische und nicht hinduistische Traditionen, die den Newar-Buddhismus in seinem Fortbestand gefährden. Was ihn vor der Absorption in den Hinduismus schützte, nämlich die erfolgreiche Nachbildung brahmanischer Muster im buddhistischen Idiom, ist nun ironischerweise zu seiner größten Schwäche geworden. Der Buddhismus unter den Newars wird fortleben, wieviel vom indischen Mahāyāna-Buddhismus tantrischer Prägung dabei übrig bleibt, ist aber eine andere Frage.

Abb. 6 Inv. Nr. 2774:09
Slg. Leder (Foto Saal)
Gemälde (als Tafelbild montiert):
Der Stūpa von Svayambhūnāth.
Farben auf grundiertem Textilgewebe. Bild H ca. 64, B ca. 42 cm.
Montiert: H ca 67 cm, B ca. 44 cm.
Mongolei (erworben).
Der Stūpa von Svayambhūnāth ist das bedeutendste Heiligtum des Newar-Buddhismus. Gleichzeitig ist er ein wichtiger gedanklicher Mittelpunkt für die ganze Welt des tibetischen Buddhismus, wie dieses Bild zeigt, das in der Mongolei erworben und wohl auch gemalt wurde. Der Stūpa von Svayambhūnāth wurde als Schutz eines aus sich selbst heraus leuchtenden Lotos erbaut, der in sagenhafter Zeit im Tal von Kathmandu wuchs. Daher ist hier in seinem Zentrum das Bild des Avalokiteśvara (in elfköpfiger Form) zu sehen, dessen Symbol der Lotos ist. (S. K.)

Abb. 7 Inv. Nr. 30.381:1
Kauf von J. Konietzko (Foto Saal)
Modell des Stūpa von Bodnāth.
Bronze, Vergoldet. B ca. 30 cm, T ca. 30 cm; H ca. 36 cm, Nepal.
Der Stūpa (tib.: mchod rten, lies: tschörten) entwickelte sich aus dem südasiatischen Grabtumulus. Anfangs handelte es sich dabei um einen Bau, der als Reliquienschrein diente. Durch die Erweiterung seiner Funktion als Gedenkgebäude erlangte er zentrale symbolische Bedeutung als Sinnbild für den Eingang des Buddha ins Nirvana. Der Stūpa von Bodnāth, dessen Geschichte über 2000 Jahre zurückreicht, liegt acht km östlich von Kathmandu und ist der größte Stūpa von Nepal. Er ist heute ein Heiligtum des tibetischen Buddhismus (also nicht des Newar-Buddhismus) in Nepal. (S. K.)

Abb. 8 Inv. Nr. 86.108:10
Kauf Freiberg
Tscham Maske einer Löwin (tib.: seng ge 'i 'bag, lies: seng ge-i bag), Holz, Farben. Höhe ca. 18cm, Tiefe ca. 28 cm, Nepal.
Diese nepalesische Tanzmaske einer Löwin, die sich in Farbgebung und Form von tibetischen Löwenmasken unterscheidet, stellt die aus dem indischen Pantheon

übernommene Gestalt der Simhavaktrā bzw. Simhamukhī (tib.: Senggdong-ma/Seng-ge 'i gdong-[pa]-can, lies: seng dong ma / seng ge-'i dong [pa] tschen), einer Himmelswandlerin (vgl. Abb. 4 im Text) dar. Diese Ḍākinī, die sonst auch einzeln vorkommt, tritt in Tscham-Tänzen als Begleiterin des weiblichen Dharmapāla Śrīdevī (tib: Lha-mo, lies: Lhamo) auf, für die sie die Gegend von Dämonen säubert. (S. K.)

Abb. 9 Inv. Nr. 67.63:2
Kauf B. Konietzko
Rollbild mit den 100 Gottheiten des Bardo (tib.: shi-khro dam-pa rigs-brgya, lies: shitschro dampa riggya), Farben auf Textilgewebe. Montierung Seide, Textilgewebe. 83 cm x 123 cm, Nepal (Tamang oder Sherpa-Lokalstil), 20. Jahrhundert (Tibet laut Inventarbuch).
Während der 49 Tage des Zwischenzustandes zwischen Tod und Wiedergeburt (tib.: bar do, lies: bardo) erscheinen einem Verstorbenen hundert Wesen des Pantheons, begleitet von intensivem farbigen Licht. Gelingt es ihm, diese Erscheinungen als von ihm selbst erzeugt und letzlich mit ihm selbst identisch
zu erkennen, so kann er den Zwischenzustand verlassen und erlangt das Verlöschen im Nirvana. Hierbei hilft ihm der von Lamas vorgetragene Text des „tibetischen Totenbuches" (tib.: bar do thos sgrol, lies: bardo thö tschröl), dessen Titel „Erlösung durch Hören im Zwischenzustand" bedeutet. Dieser Text stellt die Erscheinungen vor, weist auf ihre Illusionshaftigkeit hin und fordert den Verstorbenen auf, sie ohne Angst wahrzunehmen. In der Nyingma–Richtung entwickelte sich die Tradition, die Erscheinungen des Bardo auch bildlich darzustellen.

Diese Gemälde werden „die 100 Arten von Vortrefflichkeit der fried- und zornvollen Gottheiten" (tib.: shi-khro dam-pa rigs-brgya, lies: schitschro dampa riggya) genannt. Dabei können friedfertige und furchterregende Gestalten entweder auf zwei Gemälden getrennt, oder wie hier auf einem Gemälde vereint sein. Im letzteren Fall nehmen die friedvollen Gestalten den äußeren, die zornigen den inneren Bereich ein. (S. K.)

Abb. 10 Inv. Nr. 80.18:4
Nachlass Paul Thumb
Figur des Ādibuddha Samantabhadra mit Partnerin (tib.: Kun-tu bzang-po yab-yum, lies: Küntu sangpo yab yum), Holz. H 28 cm, B 13 cm, Nepal.
Die Nacktheit und völlige Schmucklosigkeit dieser Figur eines Buddha mit seiner tantrischen Partnerin lässt nur eine Deutung zu: Es handelt sich um eine Darstellung des Ādibuddha (Urbuddha) Samanthabhadra mit Partnerin Samanthabhadrī. Die grob aus dem Holz gehauene Figur verdeutlicht die Popularität, die Samanthabhadra in Südtibet und Nepal in der Bevölkerung genießt. Durch seine zentrale Stellung im tibetischen Totenbuch volkstümlich geworden, ist er hier offensichtlich nicht von einem Bildhauer, sondern von einem ungeübten Gläubigen geschnitzt worden (Tsering Tashi Thingo 1999, pers. comm). (S. K.)

Bibliographie

Decleer, Hubert
1996 Master Atiśa in Nepal: The Tham Bahīl and Five Stūpas' Foundations according to the "Brom ston Itinerary". In: Journal of the Nepal Research Centre 10, S. 27–51.

Erhard, Franz–Karl
2002 Life and Travels of Lo–chen Bsod–nams rgya–mtsho. LIRI Monograph Series 3.
(Im Druck) Spiritual Relationship between Rulers and Preceptors: The Three Journeys of Vanaratna (1384–1468) to Tibet. In: Proceedings of the Conference on the Relationship between Religion and State (chos srid zung 'brel) in Traditional Tibet. LIRI Monograph Series 4.

Gellner, David
1992 Monk, Housholder and Tantric Priest. Newar Buddhism and its Hierarchy of Ritual. Cambridge.
1996 The Perfection of Wisdom: A Text and ist Uses in Kwa Baha, Lalitpur. In: Lienhard, S. (Hrsg.), Change and Continuity: Studies in the Nepalese Culture of the Kathmandu Valley. Alessandrio.

Gtsan-smyon Heruka
1995 The Life of Marpa the Translator: Seeing Accomplishes All. Boston.

Roerich, Georg
1959 Biography of Dharmasvâmin (Chag lo–tsa–ba Chos–rje–dpal). Patna.

Stearns, Cyrus
1995 The Life and Tibetan Legacy of the Indian Mahāpaṇḍita Vibhūticandra. In: Journal of the Association of Buddhist Studies 19 (1), S. 127–171.

Tamot, Kashinath / Alsop, Ian
A Kushan–period Sculpture. http://www.asianart.com/articles/jaya

Anmerkungen

[1] Siehe Kashinath Tamot and Ian Alsops Artikel „A Kushan-period Sculpture", der in der aktuellen Fassung im Internet unter http://www.asianart.com/articles/jaya/ abrufbar ist.
[2] Siehe Gtsang-smyon Heruka: The Life of Marpa the Translator: Seeing Accomplishes All, Bosten and London: Shambhala, 1995, S. 11.
[3] Siehe George Roerichs Übersetzung seiner Lebensgeschichte: Biography of Dharmasvāmin (Chag lo–tsa-ba Chos–rje-dpal), Patna: K.P. Jayaswal Research Institute, 1959, S. 53–56.
[4] Siehe Cyrus Stearns: „The Life and Tibetan Legacy of the Indian Mahāpaṇḍita Vibhūticandra" Journal of the Association of Buddhist Studies 19,1 (1996), S. 17-171.
[5] Siehe Hubert Decleer: „Master Atiśa in Nepal: The Tham Bahīl and Five Stpas' Foundations according to the 'Brom ston Itinerary", Journal of the Nepal Research Centre 10 (1996), S. 27–51.
[6] Siehe Franz-Karl Ehrhard's Monograph Life and Travels of Lo-chen bSod-nams rgya-mtsho (LIRI Monograph Series 3, 2002) und Artikel „Spiritual Relationships between Rulers and Preceptors: The Three Journeys of Vanaratna (1384-1468) to Tibet", der in den Proceedings of the Conference on the Relationship between Religion and State (chos srid zung 'brel) in Traditional Tibet (LIRI Monograph Series 4) erscheinen wird.
[7] Siehe David Gellners ethnologische Studie Monk, Housholder and Tantric Priest. Newar Buddhism and its Hierarchy of Ritual (Cambridge: Cambridge University Press, 1992), die die eingehendste und zuverlässigste Darstellung des Newar-Buddhismus anbietet.
[8] Siehe Gellner, op.cit., S. 182f.
[9] Vgl. David Gellner: „'The Perfection of Wisdom': A Text and its Uses in Kwa Baha, Lalitpur", in S. Lienhard (Hrsg.): Change and Continuity: Studies in the Nepalese Culture of the Kathmandu Valley, Alessandrio: Edizioni dell' Orso / CESMO, 1996.

Shangri-La, Diaspora und Globalisierung
Tibetischer Buddhismus weltweit

Martin Baumann

Das Jahr 1959 stellt eine Zäsur in der Geschichte Tibets und des tibetischen Buddhismus dar. Tibeter und tibetische Mönche erhoben sich gegen den 1950 erfolgten Einmarsch der chinesischen Volksbefreiungsarmee und der Zerstörung von tibetischer Kultur und Religion. Der Dalai Lama und etwa 80 000 Tibeter und Tibeterinnen flohen über die schneebedeckten Pässe des Himalaya nach Nordindien, Bhutan und Nepal. Diese Flucht und das Jahr '59 markieren den Beginn des tibetischen Exils. Die physische Präsenz außerhalb Tibets, jenseits der Himalayakette, wurde zugleich der Beginn einer in den folgenden Jahrzehnten rasanten Ausbreitung des tibetischen Buddhismus in den Westen. Westliche Sucher und Interessenten wandten sich tibetisch-buddhistische Praxisformen und Lehrinhalte zu; tibetische Lamas siedeln nach Europa und Nordamerika über und hunderte von tibetisch-buddhistischen Zentren wurden auf allen Kontinenten der Welt gegründet.

„Tibet" und tibetischer Buddhismus waren jedoch nicht erst seit 1959 außerhalb Tibets bekannt. Die Geschichte des Kontaktes, der Bilder und Projektionen reicht weit zurück, bis in das frühe 17. Jahrhundert. Jesuitische Missionare, die ersten westlichen Personen, die Tibet erreichten, brachten wertvolle religionsgeschichtliche und kulturelle Berichte von ihren Reisen nach Europa zurück. Die Abschließung Tibets im 18. und 19. Jahrhundert nach Außen und der daraus resultierende lückenhafte Kenntnisstand förderten Fantasien und Positiv- wie Negativbilder über das „Land des Schnees", seine Bewohner und religiösen Bräuche. Tibet und tibetischer Buddhismus waren im Westen schon lange bekannt und präsent bevor überhaupt erste Tibeter und Tibeterinnen in den Westen kamen. Der Mythos Tibet, allen voran die idealisierenden Vorstellungen und Projektionen, bestimmten die Wahrnehmung von tibetischen Mönchen und tibetisch-buddhistischen Traditionen im Westen, als diese nach 1959 aus der geographischen Unerreichbarkeit Tibets im Exilland Indien und später auf allen Kontinenten nahbar und in direkter Begegnung erfahrbar wurden.

Der Beitrag wird in seinem ersten Abschnitt die Geschichte früher westlicher Kenntnisnahme und resultierender Bilder skizzieren. Der zweite Teil schildert die Ansiedlung von Tibetern und Tibeterinnen seit 1959 in der Diaspora, den Aufbau einer zweiten Heimat in Indien, der Schweiz und den USA. Der abschließende dritte Teil rekonstruiert den Prozess der Globalisierung tibetisch-buddhistischer Traditionen, so wie dieser ab Mitte der 1970er Jahre durch das große Interesse westlicher Sympathisanten und Konvertiten, jedoch auch intentional durch tibetische Lamas und reinkarnierte Lehrer hervorgerufen und beschleunigt wurde.[1]

Auf dem Weg nach Shangri-La: frühe Kenntnisnahme

In westlicher Wahrnehmung ist Tibet untrennbar ein Mythos, eine mit verschwommenen Bildern, wagen Hoffnungen wie auch abschätzigen Urteilen versehene Region und Kultur. Dieses trifft für die Gegenwart ebenso wie für das Zeitalter erster gesicherter Kenntnisnahme zu. Der portugiesische Jesuit António de Andrade (1580-1634) reiste 1624 und ein Jahr später erneut, dieses Mal für einen Aufenthalt von fünf Jahren, nach Westtibet ins Reich Guge. Er wollte die dort vermuteten Christen aufsuchen. Im westlichen Europa kursierten Gerüchte um die Existenz solcher Christen, seien es Nestorianer, seien es Nachfolger des Priesterkönigs Johannes oder seien es Bewohner des im Osten vermuteten Paradieses, auf einem alles überragenden Berg wohnend. Auch wenn de Andrade bald erkennen musste, dass er Wunschvorstellungen und diffusen Hoffnungen, einem Mythos, aufgesessen und Westtibeter keine Christen waren, so hob er doch die vermeintlich großen Ähnlichkeiten zwischen tibetischem Buddhismus und (römisch-katholischem) Christentum hervor. De Andrades Schilderungen sind wohlwollend-beschönigend wie nüchternd-beobachtend zugleich: Die Tibeter seien ein friedliches, liebenswürdiges Volk, zugleich ein Volk, das den Kampf lieben und zahlreich in Kriegszüge ziehen würde. Die Ambivalenz von pazifistischem und kriegserprobtem Volk, von einem Volk, das fromm-devot sei, zugleich aber „gröbste Abgötterei" betreiben würde, blieb für die Darstellung bis in das ausgehende 19. Jahrhundert kennzeichnend.[2]

De Andrade folgten weitere Missionare, zu denen sich im 18. und 19. Jahrhundert Kolonialbeamte, Forscher und Reisende gesellten. Die Darstellung Tibets und dortiger Verhältnisse wechselte je nach Interesse und Auffassung der Betrachter die Vorzeichen: Kapuzinermönche des 18. Jahrhunderts hoben Aspekte wie „Götzendienst" und „Teufelsbeschwörungen" hervor, während der ungarische Forscher Alexander Csoma de Körös (1784-1842) in seiner Suche nach dem Ursprung der ungarischen Sprache und der „Urheimat" der Ungarn Tibet und seine Kultur wesentlich positiver beurteilte.

Die Ambivalenz der Darstellungen und Einschätzungen veränderten sich mit dem ausgehenden 19. Jahrhundert mehrheitlich ins Positive und Euphorische: Wichtige Wortführerin in der Konstruktion eines unverdorbenen, ursprünglichen und spirituell überlegenen Tibet wurde die 1875 gegründete Theosophische Gesellschaft. Ihre Initiatorin und Exponentin, die Deutsch-Russin Helena P. Blavatsky (1831-1891), stilisierte das „Schneeland Tibet" zum geistig-spirituellen Hort und El Dorado hoch. In dem Land über den Wolken würden weise Mahatmas wohnen, die altes Wissen aufbewahrt und bis in die Gegenwart gesichert hätten. Blavatsky war, trotz gegenteiliger Behauptungen und mehrmaliger Einreiseversuche in den 1850er Jahren, nie in Tibet gewesen. Sie schuf sich ihr Tibetbild aus der selektiven Lektüre von Reiseberichten, Kompendien und Kommentaren. Zu diesen Kenntnissen kamen, so Blavatsky, Eingebungen der Mahatmas der Tibetischen Bruderschaft hinzu. Diese hätten sie in das verborgene, okkulte, durch sie als Auserwählte nun für den Okzent zugängliche Wissen eingeführt. Mit der „weißen Yogini des Westens", so von ihren Anhängern und Anhängerinnen verehrend benannt, tritt erstmals in der mittlerweile langen Reihe von Missionaren, Kolonialbeamten, Schwärmern und Kritikern eine Frau auf.[3]

Die Konstruktion Tibets als verborgenes Mysterien-Land, in dem Frieden, Glück und Weisheit beheimatet seien, setzte sich in der ersten Hälfte des 20. Jahrhunderts fort. Insbesondere nach den Schrecken des ersten Weltkrieges sahen spirituelle Sucher, Technik- und Zivilisationsmüde in Tibet ein Land, dass den Zwängen und Problemlagen der Moderne nicht nur enthoben sei, sondern Lösungsansätze bieten könne. Motive der Romantik wie Sehnsucht nach Einsamkeit, Einfachheit, Entsagungsfähigkeit, Genügsamkeit, reinigende Selbstkultivierung, Heroismus und spiritueller Durchdringung des Lebens wurden auf Tibet und seine Bewohner übertragen. Die Sehnsucht nach einer Insel des Friedens und weisen spirituellen Führern konzentrierte James Hilton 1933 in erfolgreicher Weise in seinem fiktiven Roman The Lost Horizont. Während die Welt mit „ihrer triumphierenden Technik des Mordens" (Hilton 1973: 136) dem Untergang entgegen schreite, stehe einsam in entlegenen Höhen diese Oase: Shangri-La, irgendwo in Tibet. Shangri-La ist der letzte Rückzugsort, in dem die Weisheitsschätze der Menschheit und Religionen gehütet würden. Es ist eine Welt von Männern, weiß und weise, ausgerichtet auf das Bewahren des spirituellen Erbes.[4]

In Hiltons Roman kommen geographische Leitmetaphern zur Sprache, die von nachfolgenden Reisenden und Bekennern aufgegriffen, erweitert und auf Tibet und den tibetischen Buddhismus generell übertragen wurden. Die geographische Abgeschiedenheit und beschwerliche Zugänglichkeit habe Tibet und seine Kultur zu einer Bastion werden lassen. Sie würde die im Westen verloren gegangene Ursprünglichkeit bewahren. Die klare, reine Luft der Höhe Tibets - für viele ist sie Ausdruck der Reinheit buddhistischer Lehre und Lehrübertragung. Tibet als das Dach der Welt - bietet es nicht Schutz und symbolisiert zugleich den Gipfel von Weisheit und Wissen? Die Weite und Leere tibetischer Landschaft - viele sehen in ihr die Größe und Erhabenheit tibetisch-buddhistischer Lehren symbolisiert. „In Tibet, it has been argued, was preserved a kind of original religion, more pure, more essential, more in touch with the living source of all religious feelings than any other, the last living part of the original mystery traditions of the world."[5]

Tibeter und Tibeterinnen, tibetische Mönche - nur vereinzelt ist die Rede von Nonnen-, und generalisierend gesehen der tibetische Buddhismus hatten in der westlichen Vorstellung damit ein verklärend-idealisierendes Image inne. Wahrgenommen als unverfälscht, da unzugänglich, starr und unwandelbar, überdauernd, spirituell rein, authentisch, angeleitet durch rechtschaffene Führer, verfestigte sich ein Bild, dass in vielem die Hoffnungen und Projektionen westlicher Sucher und Sucherinnen, Modernekritiker und Aussteiger, weniger jedoch Realitäten Tibets und tibetischer Traditionen widerspiegelte. Es ist jedoch genau diese Idealisierung, dieses Positivimage der „Retter" und „erleuchteten Meister aus dem Osten", welches die explosive Ausbreitung tibetisch-buddhistischer Traditionen im letzten Viertel des 20. Jahrhunderts über Südasien hinaus mitbegründete.

Leben jenseits des Himalaya: Neue Heimstätten für tibetische Flüchtlinge

Der dramatischen und beschwerlichen Flucht über den Himalaya folgte ab 1959 der Aufbau von Flüchtlingsdörfern und neuen Heimstätten in Indien, Nepal und Bhutan. Dem 14. Dalai Lama wurde vom indischen Premierminister Jawaharlal Nehru Asyl gewährt. In Dharamsala, in Nordwest Indien am Fuße der Himalaya-Berge gelegen, konnten der Dalai Lama und die tibetische Exilregierung 1960 ihren Sitz nehmen. In den folgenden Jahrzehnten wurde dieses einst unbekannte Dorf zum zentralen religiösen und politischen Kristallisationspunkt für Exiltibeter und zum neuen „Wallfahrtsort" westlicher Sucher und Konvertiten. Verblieben die meisten Tibeter und Tibeterinnen in den ersten Jahren nach der Flucht nahe der tibetischen Grenze mit der Hoffnung, bald nach Tibet zurückkehren zu können, mussten sie diese Hoffnung nach der Invasion chinesischer Truppen auf indisches Territorium 1962 aufgeben. Die indische Regierung entwickelte Arbeits- und Ansiedlungsprogramme, um die tibetischen Flüchtlinge für länger bzw. auf Dauer gesellschaftlich einzugliedern. Seit 1959 entstanden insgesamt 54 Flüchtlingssiedlungen in Indien, mitgezählt sind die neuen Siedlungen in Nepal und Bhutan. Mitte der 1990er Jahre lebten etwa 83% der insgesamt 130 000 tibetischen Flüchtlinge in Indien, ca. 12% in Nepal und 1% in Bhutan (Methfessel 1997: 14). In der Schweiz lebten in 2003 etwa 2 400 und in den USA ca. 10 000 Tibetern und Tibeterinnen (Doyle 2003: 68). Etwa 500 Tibeter lebten in Kanada sowie einzelne tibetische Familien, Mönche und Nonnen in zahlreichen westlichen Ländern (Korom 1997).

Um eine zu hohe Konzentration von Flüchtlingen in den nördlichen Bundesstaaten Indiens zu vermeiden, förderte die indische Regierung die Ansiedlung von Tibetern und Tibeterinnen im Südwesten Indiens (besonders in Karnataka). Dort und in den nördlichen Siedlungen schufen sich die Flüchtlinge ein Auskommen als Handwerker, Straßenarbeiter, Bauern und kleine Privathändler. Zu der sozio-ökonomischen Ansiedlung kam die Schaffung von tibetischen Schulen und Klöstern hinzu. Diese sollten den Erhalt und die Bewahrung der tibetisch-buddhistischen Kultur ermöglichen. Für die Flüchtlinge und ihre Kinder wurden die Klöster zum Garanten tibetisch-buddhistischer Identität und zum fortwährenden Halt in ihrer neuen Heimat. Bis zu Beginn der 1980er Jahre wurden etwa 150 Klöster errichtet, in denen ca. 6 000 Mönche, 600 tantrische Meister und 400 Nonnen lebten (Gyaltag 1982: 401). Bis 1994 waren die Zahlen gemäß der tibetischen Exilregierung, der Central Tibetan Administration, auf 181 Klöster mit 17 400 Mönchen sowie acht Nonnenklöstern und 550 Nonnen angestiegen (Ström 1997: 41). Die Zunahme geht zu einem Großteil auf weiterhin aus Tibet fliehende Mönche und Nonnen zurück. Anders als in Tibet haben die Mönche und Nonnen auf Weisung des Dalai Lama begonnen, zuzüglich zu ihren religiösen Studien für den Unterhalt der Klöster und für ihre eigene Versorgung zu arbeiten. Ackerbau wird betrieben und junge Mönche werden in verschieden Handwerken ausgebildet. Trotz solcher Neuerungen und Reformen bilden die Klöster den zentralen Ort der Kontinuität ritueller Praxis und lehrbezogener Überlieferung.

Um den Erhalt tibetisch-buddhistischer Kultur und Religion im Exil, in der Diaspora, zu ermöglichen, entstanden weiterhin verschiedene gesonderte Institutionen. 1969 konnte das Institut für höhere tibetische Studien in Varanasi eröffnen. Es fungiert als Zentrum für weiterführende tibetische und buddhistische Studien. Zu dem traditionellen klösterlichen Lehrstoff kamen neu Unterricht in Natur- und Geisteswissenschaften hinzu. 1971 wurde in Dharamsala die Bibliothek „Library of Tibetan Works and Archives" gegründet. Sie beherbergt neben einem Museum ca. 22 000 tibetische Manuskripte und etwa 44 000 Titel tibetischer Literatur. Die Bibliothek gibt seit 1975 die Vierteljahreszeitschrift The Tibet Journal heraus und arbeitet mit der Aufgabe der Bewahrung, aber auch Anpassung tibetischer Kultur an die neuen Umstände eng mit dem Informationsbüro des Dalai Lama und dem Tibet House in Neu-Delhi zusammen.[6]

Zwei von den Zahlen her vergleichsweise kleine Diasporazentren der Ansiedlung von Tibetern und Tibeterinnen bilden die Schweiz und die USA. Gyaltsen Gyaltag, in der Schweiz beheimateter Tibeter, hob hervor: „Kein Land hat soviel für die Exil-Tibeter getan wie die Schweiz" (Gyaltag 1982: 402). In der Tat, neben den direkten Zufluchtsländern Indien und Nepal fanden Dank privater Initiativen von Schweizern und Schweizerinnen tibetische Flüchtlinge, allen voran Waisenkinder, früh Aufnahme. Etwa 1 000 Tibeter und Tibeterinnen kamen in Zusammenarbeit mit dem Schweizerischen Roten Kreuz in den 1960er Jahren in die Schweiz. In den folgenden zehn Jahren wurden erneut weitere 1 000 Tibeter aufgenommen. Die Flüchtlinge wurden teils in Heimstätten untergebracht, Kinder ohne Eltern in schweizerischen Pflegefamilien aufgenommen. Zur kulturell-religiösen Unterstützung und Betreuung der fern von Tibet und Indien lebenden Tibeter sollten Mönche in die Schweiz geholt werden, um sowohl die Integration zu erleichtern als auch die tibetische Identität zu wahren.[7]

Die Errichtung eines Klosters scheiterte zunächst jedoch an schweizerischen Gesetzen, da seit 1874 ein Gründungsverbot für Klöster bestand, seinerzeit gegen den katholischen Jesuitenorden gerichtet. Der einschränkende Artikel 52 der Bundesverfassung wurde 1972 zwar aufgehoben, doch veranlasste er eine Modifizierung des Zwecks und der Ausrichtung der beabsichtigten Institution. Die gewählte Bezeichnung „Klösterliches Tibet-Institut" gab den zwei Hauptaufgaben der neuen Einrichtung Ausdruck: Zum einen als tibetisch-kulturelles Kloster und zum anderen als akademisch-wissenschaftliches Institut zu fungieren. Im Sommer 1967 wurde nach den Weihezeremonien mit dem Bau des Instituts begonnen, 14 Monate später konnte er vollendet werden. Zur feierlichen Einweihung im September 1968 waren eigens die beiden Hauptlehrer des 14. Dalai Lama, Yongdzin Ling Rinpoche und Yongdzin Trijang Rinpoche, angereist und führten die mehr als einmonatigen Zeremonien durch.[8]

Im Kloster lebt seitdem eine monastische Gemeinschaft von einem Abt und etwa sechs Mönchen. Sie kümmern sich um die religiös-spirituellen Bedürfnisse der im Jahr 2004 etwa 2 400 in der Schweiz lebenden Tibeter und Tibeterinnen. Die Unterweisung westlicher Interessierter bildet nur eine Randfacette. Das Kloster ist zugleich eine Ausbildungsstätte für Mönche und unterrichtet die nachwachsende Generation in Schrift, Kultur und Buddhismus. Neben Gelugpa-Lamas, die die Gründer der Institution waren, kamen auch Lehrer und Würdenträger etwa aus der Sakya- oder der Kagyü-Tradition. Darüber hinaus hat das Institut allgemeine Informationsarbeiten sowie akademisch-wissenschaftliche Aufgaben wahrgenommen, u. a. die Erstellung der Reihe Opuscula Tibetana. Herausragender Höhepunkt war 1985 die Kalacakra-Inititation, die der 14. Dalai Lama gab und an der ca. 2 000 tibetische und etwa 4 000 westliche Buddhisten und Buddhistinnen teilnahmen.[9]

In den USA als weiterem Zufluchtsland lebten zu Beginn des 20. Jahrhunderts etwa 8 000 bis 10 000 „dislocated" Tibeter und Tibeterinnen. In den frühen 1990er Jahren wurde 1 000 Tibetern und Tibeterinnen aus Indien und Nepal die Einreise im Zuge des Tibet-U.S. Resettlement Project gewährt. Weiteren 3 500 Tibeter und Tibeterinnen kamen fünf Jahre später, weiterhin leben Schätzungen zufolge einige tausend legale und illegale Tibeter in den USA (Doyle 2003: 68). Die vorgeschriebene Wohnsitznahme im Rahmen des Neuansiedlungsprogramms erfolgte an der Ostküste, vornehmlich in der Region von New York und New Jersey. Bis 1990 waren nur vereinzelt und zumeist individuell Tibeter als Studenten, Tibetologie-Dozenten oder religiöse Lehrer in die USA gekommen. Ihre Zahl, ergänzt durch kleine Gruppen von Holzfällern, belief sich 1985 auf insgesamt 524 Personen.

Mit den ausgehenden 1990er Jahren und der schnell angestiegenen Zahl von Tibetern und Tibeterinnen zeigte sich ein besonderes Problem: Der Kontakt zwischen Laien-Tibetern und sie betreuenden Mönchen und Lamas dünnte aus. Die Ordinierten mussten zum einen viel Zeit für Berufsarbeiten zur Sicherung des eigenen Lebensunterhalts aufwenden. Zum anderen wurden die Mönche und Lamas von westlichen Konvertiten und Sympathisanten geradezu „okkupiert", wie Eve Mullen den Prozess der „Inbesitznahme" des tibetischen Klerus durch „non-Tibetan Americans" beschreibt. Tibetische Laien (Nicht-Ordinierte) sind in diesen Konstellationen der tibetischen Diaspora dabei, neue Konzepte von religiöser Selbstständigkeit und patriotischer Religiosität (in Bezug auf eine Unabhängigkeit Tibets) zu entwickeln. Das von außen herangetragene, idealisierende Bild von in Tradition und Ursprünglichkeit verfangener Tibeter und Tibeterinnen wird den Veränderungen und Innovationen – erneut – nicht gerecht.[10]

Angesichts der vergleichsweise kleinen Anzahl von Tibetern erstaunt, dass sich die USA in den 1990er Jahren als das aktivste Land, für die Freiheitsrechte Tibets und der Tibeter einzutreten entwickelte. Initiativen und Unterstützungsgruppen wie das Office of Tibet, das U.S. Tibet Committee, die Friends of Tibet und die International Campaign for Tibet prangerten die chinesische Unterdrückung und Zerstörung tibetischer Kultur an. Führend in der Kampagne waren nicht Tibeter selbst – einzig mit der Ausnahme des 14. Dalai Lama, gefeierter Friedensnobelpreisträger 1989 -, sondern westliche Sympathisanten, Konvertiten, Hollywood-Stars und Filmproduzenten. Das Jahr 10. März 1991 bis 10. März 1992 wurde von US-amerikanischen Aktivisten der Tibet-Bewegung als „International Year of Tibet" deklariert. Das Datum erinnerte an den Beginn des tibetischen Aufstands 1959 und stellte Bilder eines kleinen friedliebenden, jedoch entrechteten Volkes, das ein unwiederbringliches spirituelles Erbe für die Menschheit verkörpere und bewahre, in den Vordergrund. In gleicher Weise wie nicht-tibetische Amerikaner die in den USA lebenden tibetischen Mönche und Lamas okkupierten, beschlagnahmten die Aktivitäten „the Tibet claim". Die Darstellungen hoben Idealisierungen eines unwandelbaren, zu konservierenden Tibet hervor, für dessen Rechte in missionarisch-aktivistischer Weise US-Amerikaner sich tatkräftig einsetzen würden.[11]

Der Blick ist damit von den ethnischen Tibetern und Tibeterinnen zu dem „Lager" bzw. Rezeptionsstrang westlicher Sympathisanten, Konvertiten und Konvertitinnen geschwenkt. Ihnen und der Geschichte der Globalisierung des tibetischen Buddhismus durch reisende Lamas, initiierte Westler und transkontinentale Organisationen ist im abschließenden Teil nachzugehen.

Der Eisenvogel fliegt:
Die Globalisierung tibetisch-buddhistischer Traditionen

Die Zerstörung tibetisch-buddhistischer Kultur während der 1950er Jahre, das Zäsurjahr 1959 und schließlich die Schrecken der chinesischen Kulturrevolution 1966-76 hatten einen Aderlass von Mönchen, Nonnen, Lamas und hohen Würdenträgern zur Folge. Sie fanden Aufnahme in vorhandenen und zahlreich neu in Indien, Nepal und Bhutan gegründeten Klöstern. Dort setzten sie ihre Studien und Belehrungen fort, auch mit dem Ziel, die in Tibet von der Auslöschung bedrohten Kultur und Religion im Exil zu bewahren und fortzuführen. Ebenso wichtig war auch die religiöse Betreuung der tibetischen Flüchtlinge. Ihnen spendeten sie durch ihre Präsenz, Zeremonien und Rezitationen Trost und gaben Halt. Ab Mitte der 1960er Jahre, als Hoffnungen auf eine baldige Rückkehr nach Tibet aufgegeben werden mussten und erste Schritte eines Verbleibs für länger, oder gar auf Dauer, eingeleitet waren, kam ein neues, unerwartetes Phänomen hinzu: Indienreisende, Morgenlandfahrer, Alternativkulturelle, Aussteiger und Hippies (und wie sie sonst bezeichnet wurden), die meisten junge Erwachsene um 20, entdeckten auf ihrer Suche nach einer unverdorbenen, ursprünglichen und lebendigen Spiritualität die in Indien und Nepal residenten tibetischen Mönche und Lamas (für diese Frühzeit der Begegnung finden sich keine Verweise auf Nonnen). Für nicht wenige bildeten sie die Verkörperung ihrer Suche. In der direkten Begegnung „spürten" sie die Authentizität, Einfachheit, Wärme und spirituelle Würde, die in Europa scheinbar Rationalismus und Entzauberung verschüttet hatten.[12]

Die Begegnung und Begeisterung führte in den Folgejahren zur Gründung tibetisch-buddhistischer Gruppen und Zentren in Europa und Nordamerika. Den Einladungen, diese ersten westlichen Zentren zu weihen und dort Belehrungen zu geben, folgten zahlreiche Mönche, Lamas und Rinpoches ab Mitte 1970er Jahren. Tibetisch-buddhistische Zentren „schossen jetzt an vielen Stellen der westlichen Welt (...) aus dem Boden", wie der Chronist der deutsch-buddhistischen Bewegung, Hellmuth Hecker, 1985 konstatierte (Hecker 1985: 101).

Vor dem „Boom" des tibetischen Buddhismus der 1980er und der Tibet-Euphorie der 1990er Jahre waren einzelne Gruppen und Zentren schon in den 1960er Jahren und früher in Europa und Nordamerika entstanden. Eine kleine Gruppe, der Westliche Orden Arya Maitreya Mandala, wurde 1952 in Berlin ins Leben gerufen. Die Gruppe stellte den westlichen Zweig des 1933 durch den deutschgebürtigen Lama Anagarika Govinda gegründeten Orden dar. Govinda war 1929 in Burma in den Theravada-Orden aufgenommen worden, wandte sich jedoch 1931 aufgrund „jener schicksalhaften Begegnung mit dem großen tibetischen Lehrer Lama Ngawang Kalzang, besser bekannt als Tomo Geshe Rinpoche" (Advayavajra 1987: 20) dem tibetischen Buddhismus zu. Von solcher einschneidenden, „schicksalhaften Begegnung" sollten 40 Jahre später zahlreiche westliche Sucher ebenso berichten. Der Orden erlangte in Deutschland in den 1950-70er Jahren eine gewisse Bedeutung innerhalb des sich organisierenden Buddhismusinteresses, der große Aufschwung ging jedoch, auch aufgrund hoher Ansprüche und Aufnahmekriterien, an ihm vorbei.[13]

In den USA der 1950er Jahre waren Flüchtlinge des Volkes der mongolisch-tibetischen Kalmyken aufgenommen worden. Zu ihrer religiösen Betreuung kam 1955 der Gelugpa-Gelehrte Geshe Ngawang Wangyal (1901-1983), Absolvent des Drepung-Klosters in Lhasa. Geshe Wangyal gründete in New Jersey das „Lamaist Buddhist Monastery of America" (Labsum Shebrub Ling, 1986 zu Tibetan Buddhist Learning Center umbenannt). Bald weckte seine Anwesenheit und auch die Lehrtätigkeit des Lamas an der Columbia University die Aufmerksamkeit junger Harvard Studenten. Begeistert schlossen sich Robert Thurman, Jeffrey Hopkins und andere dem Geshe an, erlernten Tibetisch und lebten in seinem Kloster (1963). Zwei Jahre später reiste Thurman nach Indien und wurde dort vom Dalai Lama als erster US-Amerikaner zum Mönch ordiniert. Nach einem Aufenthalt im Namgyal Kloster kehrte Thurman in die USA zurück, gab die Mönchsgelübde zurück, setzte seine akademischen Studien fort und wurde später Jey Tsong Kha Pa Professor für Buddhistische Studien an der Columbia University. Auch Hopkins, der zehn Jahre bei Geshe Wangyal gelernt hatte, vollendete seine Studien und baute später als Professor an der University of Virginia die bald legendären tibetisch-buddhistischen Studienklassen auf. Mit Geshe Wangyal und nachfolgenden, aus dem indischen Exil herbeigeholten Gelehrten, erlebten Tibetisch- und Buddhismusstudien eine bis dahin nicht gekannte Ausweitung, Institutionalisierung und Popularität.[14]

Zwei frühe, späterhin instrumentelle Organisationsgründungen gingen dem Tibet-Boom der ausgehenden 1970er Jahre noch voraus. Chögyam Trungpa (1939-87), 11. Trungpa Tulku in der Karma-Kagyü-Linie, war 1963 als Stipendiat nach Oxford gekommen. Zusammen mit Akong Rinpoche (geb. 1943) gründete er 1968 in Schottland das Kloster Samye Ling als erstes, auf westliche Interessenten ausgerichtetes Lehr- und Meditationszentrum. 1970 siedelte er in die USA über und gründete 1973 die Organisation Vajradhatu (später umbenannt zu Shambhala International). Diese entwickelte sich in den kommenden zwei Jahrzehnten zu einer der dynamischsten und wichtigsten tibetisch-buddhistischen Institutionen nicht nur in den USA, sondern weltweit. Der zweite, ebenso schon früh in die USA übergesiedelte und späterhin prominente tibetisch-buddhistische Lehrer und Autor war der Nyingma-Lama Tarthang Tulku Rinpoche (geb. 1935). Er kam 1968 nach Kalifornien, gründete 1969 das Tibetan Nyingma Meditation Center, zwei Jahre später den Verlag Dharma Publishing, 1973 das Nyingma Institute. Die rege Publikationstätigkeit und die von Tarthang Tulku gelehrte Entspannungstechnik Kum Nye ließen ihn zu einem bekannten tibetisch-buddhistischen Lehrer in den USA, ergänzt durch Zweigzentren weltweit, werden.[15]

Mit den ausgehenden 1960er und frühen 1970er Jahren lassen sich zwei komplementäre transkontinentale Reisebewegungen, die den Boom des tibetischen Buddhismus einleiten, festhalten: Junge Europäer und US-Amerikaner reisten nach Nepal und Indien, um dort die Lamas aufzusuchen. Tibetische Mönche und Gelehrte begaben sich auf Besuchstourneen nach Europa und Nordamerika, um ihre westlichen Schüler zu besuchen und die spezifische Form des tibetischen Buddhismus im Westen zu vermitteln. Den Beginn solcher Touren setzte 1971 mit Belehrungen in Nordamerika und Frankreich der hoch angesehene, seinerzeit bald 70-jährige Kagyüpa Lama Kalu Rinpoche (1905-89). 1972 gründete er in Vancouver das erste Kagyüpa-Zentrum in Nordamerika.[16] Im gleichen Jahr besuchte Düjom Rinpoche (1904-87), oberster Lama der Nyingma-Tradition, Europa und die USA (Batchelor 1994: 71). 1973 erfolgte sodann die erste Reise des 14. Dalai Lama nach Europa, viele weitere sollten folgen.

Die Initialzündung zur Verbreitung der Karma-Kagyüpa, einer Untergruppierung der Kagyüpa, in Europa bildete die Besuchs-Tournee des 16. Gyalwa Karmapa (1923 - 81) mit einem Tross von 16 Lamas. Die halbjährliche Reise hatten die zwei ersten westlichen Schüler des Karmapa, die Dänen Hannah und Ole Nydahl, organisiert. Die zwei Kopenhagener waren 1969 auf ihrer Hochzeitsreise an die Hänge des Himalaya dem Oberhaupt der Karma-Kagyüpa in Bhutan begegnet. Sie waren seine Schüler geworden und ermächtigt, im Westen zu lehren und Zentren zu gründen. In Kopenhagen entstand 1972 das erste Karma-Kagyüpa-Zentrum Europas. In den folgenden 30 Jahren sollten aufgrund des außerordentlichen Reisepensums Ole Nydahls (geb. 1941) mehr als 440 Zentren auf allen Kontinenten ins Leben gerufen werden.[17]

Diesen ersten Zentren folgten ab Mitte der 1970er Jahre in schneller Folge weitere, begleitet von der Übersiedlung von Mönchen und Lamas nach Europa und Nordamerika. 1971 und 1974 entstanden an der US-Westküste erste Zentren in der Sakya-Tradition. Der Nyingmapa Tulku Sogyal Rinpoche (geb. ~1945/8) gründete 1975 in London und 1976 in Paris Zentren, gefolgt von der Etablierung der Rigpa Fellowship 1981 mit Sitz in Santa Cruz, Kalifornien. Von entscheidender Bedeutung zur Schaffung eines durch westliche Buddhisten und Buddhistinnen gebildeten und autorisierten Klerus sollten die intensiven Drei-Jahresretreats werden. Den Beginn setzte erneut Kalu Rinpoche, 1976 im Burgunder Zentrum Dhagpo Kagyu Ling (gegr. 1975) in Plaige, Frankreich. Für sieben Männer und sechs Frauen unterschiedlicher Nationen schlossen sich für drei Jahre, drei Monate und drei Tage die Türen zur Außenwelt. 1980 folgte das nächste Drei-Jahresretreat mit je elf Männern und Frauen. Im gleichen Jahr begann auch das erste Drei-Jahresretreat in der Nyingma-Tradition: 17 Männer und sieben Frauen ließen sich in Dordogne, Frankreich, durch zwei residente Lamas unter der Oberaufsicht von Düjom Rinpoche zum Lama ausbilden.[18]

In Deutschland begann das erste Drei-Jahresretreat, organisiert von der rasch anwachsenden Karma-Kaygüpa, Ende 1986 unter der Leitung von Gendün Rinpoche im Klausurzentrum Halscheid, Siegerland. An dem nachfolgenden Retreat 1991-94, aus organisatorischen Gründen Europaweit zentral in Le Bost, Frankreich, durchgeführt, nahmen 110 Teilnehmer und Teilnehmerinnen aus 14 Nationen, darunter 27 Deutsche, im Alter zwischen 21 bis 44 Jahren teil (Baumann 1995a: 92). Ein zweites Drei-Jahresretreat im Klausurzentrum Halscheid begann im November

2003 mit 12 Männern und Frauen aus Deutschland, Frankreich und den USA. Nicht nur in Europa, sondern auch in Nordamerika war der Wunsch von westlichen Konvertiten, die intensive und fordernde Ausbildung zum Lama zu erhalten, groß. Erste organisationelle Neustrukturierungen sind schon erfolgt und haben die traditionellen Vorgaben modifiziert: In Gampo Abbey (Shambhala Intern.), Kanada, werden die Instruktionen auf Englisch, nicht Tibetisch gegeben. Die Teilnehmer und Teilnehmerinnen wechseln zwischen sechs bis acht Monaten der Praxis im Retreat und gleicher Zeit des Gelderwerbs „draußen". Sechs Jahre dauert so der Ausbildungsgang (Pema Chödrön 1998). Auch wenn keine detaillierte Auflistung existiert, lässt sich jedoch festhalten, dass die in Tibet im 20. Jahrhundert kleinste, in der Ausbreitung in den Westen jedoch zahlenbezogen größte Schule, die Kagyüpa, führend bei der Durchführung von Drei-Jahresretreats war und ist.

Parallel zur dynamischen Etablierung der Kagyüpa fassten auch, wie angedeutet, die weiteren tibetisch-buddhistischen Traditionen Fuß in Europa und Nordamerika, mit den 1980er Jahren auch in Australien, Südafrika und Südamerika. Auch dort wurden Zentren und Retreathäuser gegründet und tibetische Mönche und Lamas kamen auf Dauer.

Für die Gelugpa in Deutschland wurde das 1977 in Hamburg von Geshe Rabten eingeweihte Tibetische Zentrum wichtig. Das Zentrum wurde als Meditations- und Studienzentrum konzipiert und erhielt 1979 mit Geshe Thubten Ngawang (1931-2003) einen bedeutenden und weithin geachteten spirituellen Leiter. Der Dalai Lama besuchte das Zentrum 1982, 1991 und 1998 auf seinen Europa- bzw. Weltreisen.[19]

Ein weiteres wichtiges Standbein der Gelugpa in Europa wurde ebenfalls 1977 mit der Gründung des Tharpa Choeling Zentrum für Höhere Tibetische Studien am Rande von Mont Pèlerin in der Nähe von Lausanne, Schweiz, geschaffen. Leiter des Zentrums wurde Geshe Rabten (1920 - 1986), persönlicher Berater des 14. Dalai Lama und seit 1975 Abt des Klösterlichen Tibet-Institut Rikon. Geshe Rabten hatte schon seit den ausgehenden 1960er Jahren westliche Schüler in Dharamsala unterrichtet und nach seiner Übersiedlung in die Schweiz kamen einige der Schüler Geshe Rabtens, die meisten von ihnen Mönche, mit in die Schweiz. Hier setzten sie ihre Ausbildung zum Geshe bei ihm fort. Tharpa Choeling war als Studienzentrum speziell zur Unterweisung westlicher Schüler konzipiert, um westlich-tibetische Mönche und Nonnen zum Lama auszubilden.

Der von Geshe Rabten konzipierte Ausbildungsansatz, eng an klösterlichen Vorlagen Tibets vor 1950 orientiert, scheiterte jedoch. Die Gemeinschaft löste sich nach und nach auf. Stephen Batchelor, buddhistischer Schriftsteller und selbst einst Gelugpa-Mönch in Tharpa Choeling, rekapituliert die wichtigsten Gründe des Scheiterns: „What went wrong? The psychological demands of transplanting what was effectively a branch of Sera Monastery to modern Switzerland proved unbearable. Geshé Rabten insisted on following a virtually unmodified program of studies, pursued in an alien language. In addition to the linguistic burden, the content of much of what was taught seemed irrelevant. For in spite of the emphasis on analysis and debate, which attracted many students, certain key doctrines were treated as indisputable dogma. Moreover, relatively little time and emphasis was given to meditation. The blend was wrong." (Batchelor 1994: 198-199). Tharpa Choeling wurde nach dem Tod von Geshe Rabten umbenannt in Rabten Choeling. Die Ausbildung westlicher Mönche erfolgt weiterhin, jedoch kümmert es sich seitdem auch verstärkt um in der Schweiz lebende Tibeter und Tibeterinnen.[20]

Die Etablierung von Ausbildungszentren bzw. von Klöstern für die Unterrichtung von westlichen Schülern und Schülerinnen erfolgte jedoch nicht nur in Europa und Nordamerika, sondern auch in Indien und Nepal selbst. Eine frühe und nachfolgend prägende Ausbildungsstätte sollte neben dem Tushita-Buddhismuszentrum in Dharamsala das Kopan-Kloster in der Nähe von Kathmandu werden. Das in der Gelug-Tradition stehende Kloster war 1969 von Lama Thubten Yeshe (1935-84), einem engen Schüler Geshe Rabtens, von Lama Thubten Zopa (geb. 1946), Hauptschüler von Thubten Yeshe, und der US-amerikanischen Exil-Russin, Erbin und alternativkulturellen Sozialistin Zina Rachevsky (1931-72) ins Leben gerufen worden. Zina Rachevsky hatte seit 1965 bei den zwei Lamas gelernt und war 1967 vom Dalai Lama in Dharamsala zur Nonne ordiniert worden. Das seinerseits von westlichen Suchern auf ihrem hippy trail angestrebte „Hanging out with the lamas" wandelte sich im Kopan-Kloster in strukturierte Meditations- und Belehrungskurse. Die seit 1971 durchgeführten Kurse von Lama Zopa und Lama Yeshe standen hoch im Kurs westlicher Reisender. Nicht wenige verlängerten ihren Aufenthalt von Monaten zu Jahren und ließen sich ordinieren. Nach ihrer Rückkehr in den Westen gründeten die Schüler und Schülerinnen Studiengruppen und Zentren, gefolgt von der Bitte an ihre Lehrer, sie im

Westen aufzusuchen und zu belehren.[21]

Im gleichen Jahr des ersten Praxis- und Belehrungskurses in Kopan hatten Lama Yeshe und Lama Zopa die Organisation Foundation for the Preservation of the Mahayana Tradition (FPMT) gegründet. Im Laufe der Jahre wuchs die Organisation zu einem globalen Netzwerk der Koordination buddhistischer Zentren und Gruppen. Die zwei Gelugpa-Lamas bereisten erstmals 1974 Europa, Nordamerika und Australien und fanden aufgrund ihrer Herangehensweise, tibetisch-buddhistische Praxis- und Lehrinhalte für die westlichen Schüler und Schülerinnen angemessen aufzubereiten, zunehmend Anhänger und Schüler. Der Ansatz und die Methodik unterschieden sich grundlegend von dem seinerzeit in Tharpa Choeling und von Geshe Rabten vermittelten Form. Die „Öffnung für den Westen" in Form der Ordination westlicher Frauen und Männer und der Annahme zahlreicher westlicher Schülerinnen und Schüler zeigte sich - nach buddhistischer Auffassung - in einem bemerkenswerten Sachverhalt: Die Wiederverkörperung des 1984 verstorbenen Lama Yeshe wurde 1986 in dem ein Jahr zuvor geborenen Ösel Hita Torres, Kind spanischer Schüler von Lama Yeshe, entdeckt. Der Dalai Lama bestätigte die Inkarnation und der kleine spanische Junge erhielt eine traditionelle Ausbildung im Kloster Rabten Choeling (Mont Pèlerin, Schweiz) und dem in Südindien neu errichteten Sera-Kloster. Die Ausbreitung des tibetischen Buddhismus in den Westen bezog damit auch die Möglichkeit westlicher Reinkarnationen mit ein.[22]

Die Ausbreitung der Traditionen des tibetischen Buddhismus über Südasien hinaus führte nicht nur zur Gründung einer großen Anzahl von Studiengruppen, Zentren und Klöstern weltweit.[23] Auch neue Untergruppierung und Organisationen entstanden in dieser Zeit, so Chögyam Trungpas Vajradhatu, Sogyal Rinpoche Rigpa Fellowship, Ole Nydahls Diamantweg oder wie zuletzt skizziert die FPMT. Verstehen sich diese Organisationen als Teil ihrer Haupttradition Kagyüpa, Nyingmapa oder Gelugpa, so stellt sich die 1991 etablierte Neue Kadampa Tradition außerhalb solch eines Schulkontextes. Vielmehr, ihr Gründer und Initiator, der Gelugpa-Gelehrte und Leiter des 1976 in England gegründeten Manjushri Instituts, Geshe Kelsang Gyatso (geb. 1932), reklamiert, die „eigentlichen" Lehren des Reformers Tsongkhapa (14./15. Jahrhundert) wieder zum Leben zu erwecken. Das Manjushri Institut gehörte bis 1991 der FPMT an und war als Ausbildungs-Institution innerhalb der Organisation konzipiert. Geshe Kelsang Gyatso als residenter Lama band die im Institut lebenden Ordinierten und Anwärter und Anwärterinnen jedoch mehr als die im Kopan-Kloster lebenden bzw. weltweit reisenden FPMT-Gründungslamas. Der Prozess der Verselbstständigung des Manjushri Instituts ging mit einer zunehmenden Distanzierung Geshe Kelsang Gyatsos von etablierten Gelugpa-Lehrmeinungen einher. Er gipfelte in öffentlichen Anschuldigungen gegen den Dalai Lama im Zuge der sogenannten „Dorje Shugden-Affäre" 1996. Trotz der z.T. negativen Schlagzeilen, die diese Auseinandersetzung hervorbrachte, entwickelte sich die Neue Kadampa Tradition (NKT) zu einer dynamischen und sehr schnell wachsenden Organisation. Zur weltweiten Verbreitung ist auf der NKT-Webseite zu lesen: „There are nearly seven hundred Kadampa Buddhist centers in thirty-six countries, each with qualified teachers and a full program of introductory classes, structured study programs and meditation retreats."[24]

Die NKT ist nicht nur ein Beispiel des mitunter äußerst schnellen Wachstums einer global und "missionarisch" (Obadia 1999) orientierten tibetisch-buddhistischen Organisation. Sie verdeutlicht zugleich, dass der Prozess der Ausbreitung intern nicht ohne Reibungen und Konflikte verlief. Skandale um den Missbrauch der Lehrer-Schülerinnen Beziehung (Campbell 1996, Bell 2002), Dispute um zwei inthronisierte 17. Karmapas oder die Kontroverse um die Schutzgottheit Dorje Shugden hätten wohlmöglich Zweifel an der Idealisierung von allem, was Tibetisch ist, anmelden können. In der breiten Öffentlichkeit und den Medien ist davon jedoch kaum etwas zu vernehmen.

Vielmehr, nachdem Hollywood und die euro-amerikanische Filmindustrie Tibet und den tibetischen Buddhismus mit Filmen wie Little Buddha (1993) und Sieben Jahre in Tibet (1997) entdeckt und romantisierend idealisiert hatten (Ausnahme der Film Kundun, 1997), war das vorherrschende Positivbild bestätigt und fortgeschrieben.[25] Die Ausbreitung in Form von Zentrengründungen, Welttourneen von Mönchen, Lamas und einzelnen Nonnen und einer mittlerweile unübersichtlichen Anzahl von Buchpublikationen setzte sich fort. Ein Ende der Dynamik ist derzeit, Herbst 2004, nicht absehbar. Das Publikationswesen und die Motive der Konversion seien noch gesondert angesprochen.

Bücher und Publikationen hatten in der Verbreitung des Buddhismus in den Westen von Beginn an eine bedeutende Rolle gespielt (Baumann

1995b). Im Falle der Ausbreitung und Etablierung tibetisch-buddhistischer Traditionen ist durch gesonderte Verlagsgründungen ein hoher Grad an Differenzierung und Professionalität erreicht. Einige buddhistische Verlage strebten anfänglich die textliche Bewahrung tibetisch-buddhistischer Kultur an, später rückte die publikumswirksame Präsentation der jeweiligen Buddhismusdeutung in den Vordergrund. Für den US-amerikanischen Buchmarkt wurden die buddhistischen Verlage Shambhala Publications (gegr. 1969, Vajradhatu), Dharma Publishing (1971, Nyingma Institute), Wisdom Publications (1975, FPMT) und Snow Lion Publications (1980, primär Gelugpa) führend. Für den deutschsprachigen Bereich sind neben buddhistisch nicht gebundenen Verlagen wie Theseus, O.W. Barth und Herder buddhistische Eigenverlage wie Edition Rabten, Diamant Verlag, dharma edition (alle Gelugpa) und Joy Verlag (Karma Kagyüpa) zu nennen. Buddhismus, und nicht nur tibetischer Buddhismus und Tibetica, haben sich zu einem lukrativen Geschäft entwickelt.[26]

Viele der Publikationen heben auf das zuvor skizzierte idealisierende Bild eines ursprünglichen und spirituell fundierten Tibet und tibetischen Buddhismus ab. Mit diesem Bild werden Hoffnungen und Motive, sich den Praxis- und Lehrinhalten des tibetischen Buddhismus zuzuwenden, erfüllt und bestätigt. Neben der Lektüre, die in vielen Fällen der Begegnung mit tibetischer Kultur und tibetischen Lamas vorausging und prägend wirkte, war es die eigenerlebte Erfahrung und direkte Begegnung, die zur Konversion führten. Befragt man westlich-tibetische Buddhistinnen und Buddhisten nach den Gründen ihrer religiösen Neuorientierung, so taucht als stets wiederkehrendes Motiv die direkte Begegnung mit einem Lama auf. Die Lamas, Geshes und Lehrer werden als inspirierend, einfühlsam und von hoher „Ausstrahlung" beschrieben. Das ruhige, bescheidene und humorvolle Auftreten, quasi in Vollendung durch den 14. Dalai Lama in Interviews und öffentlichen Auftritten vorgelebt, bildet das oft entscheidende Moment. Das als mystisch empfundene, über rationale Erklärungen hinausgehende Umfeld, in dem die Lamas stehen, verstärkt die Attraktivität nachhaltig: Anziehend wirkt die exotisch-vielfältige Farbenpracht von Roben, Thangkas und Mandalas, die vielfältigen, als unergründlich angesehenen Meditations- und Visualisierungsmethoden, der liturgisch-kultische Reichtum mit der Fülle von Gerüchen und Zeremonialmusik wie auch die Möglichkeit, sich in eine Jahrhunderte zurück reichende monastisch-klösterliche Tradition zu stellen. Was im rationalen, nüchternen Westen als verloren angesehen wird, sei in Tibet und tibetischer Kultur noch „authentisch" bewahrt und verkörpert.[27]

Schluss: Wandel in der Kontinuität

Die organisatorische Etablierung tibetisch-buddhistischer Traditionen im Westen erfolgte Mitte der 1970er Jahre in Form einer sich beschleunigenden Dynamik von Zentrengründungen, Reisetourneen tibetischer Mönche und Lamas, Ausbildungsgängen für kommende westliche Lehrer und Lehrerinnen und nicht zuletzt einem expandierenden Publikationswesen. Ist diese Entwicklung für Länder Westeuropas und für Nordamerika charakteristisch, so setzte sie ca. zehn bis fünfzehn Jahre später in ähnlicher Weise in Australien, Neuseeland, Südafrika und Südamerika ein.[28]

Innerhalb von zwei Jahrzehnten etablierte sich der tibetische Buddhismus in vielen westlichen Ländern zur stärksten bzw. zweitstärksten Gruppierung. Ein Indikator ist die Anzahl von Gruppen und Zentren zu einer buddhistischen Haupttradition in einem Land. Auszählungen liegen für Großbritannien, Frankreich, Deutschland, die Niederlande, Schweiz und USA, sowie Australien vor.[29]

Die Zunahme, der US-amerikanische Buddhismusexperte Charles S. Prebish sprach mit Blick auf die USA von einem „explosive growth" (Prebish 1995: 126), ist in den größeren Kontext der Ausbreitung und Etablierung buddhistischer Schulen und Traditionen außerhalb Asiens zu setzen (Baumann 2001). Sowohl im Segment der Theravada-, Mahayana-, „non-affiliated" und wie dargestellt tibetisch-buddhistischen Gruppen und Traditionen ist beinahe ausnahmslos eine rapide Zunahme zu verzeichnen. Derzeit stehen die Zeichen auf weiteres Wachsen, fortschreitende Etablierung und – zumindest mit Blick auf die USA – dem Eintritt in den religiösen Mainstream. Davon kann in Europa noch nicht die Rede sein, obwohl erste Schritte in die Richtung, etwa Beteiligung buddhistischer Vertreter auf Podien zum interreligiösen Gespräch oder Anerkennung des Buddhismus als Körperschaft des öffentlichen Rechts (so in Österreich, Dänemark und Polen), begangen sind. Auffallend - und z.T. undurchlässiger als in anderen, im Westen etablierten Buddhismus-Traditionen - ist die Kluft zwischen den Strängen so genannter ethnischer und konvertierter Buddhisten. Die „zwei Buddhismen" (Prebish 1993, Seager 1999: 233), durch Tibeter und Tibeterinnen auf der einen und westliche Konvertiten und Sympathisanten auf der anderen Seite gebildet, stehen nebeneinander. Sie mögen das gleiche Kloster und den selben Lama besuchen, doch bilden sie „parallel communities" (Numrich 1996: 63-74). Die religiösen Weltbilder und Interessen liegen weit auseinander. Sind vielen Tibetern, insbesondere bei der Fluchtgeneration, religiöse Rituale, Devotionspraktiken und „verdienstvolle" Taten für eine bessere nächste Existenz wichtig, so steht im Vordergrund des Interesses westlicher Konvertiten Textstudium, Meditation und „Befreiung" in diesem Leben. Die Konvertiten praktizieren den buddhistischen Pfad bzw. Elemente von ihm – die Ritualdurchführung wird zumeist vermieden -, der vornehmlich den Ordinierten vorbehalten war bzw. ist. Religiös verwenden sie die Mittel des monastischen Weges, ohne jedoch, mit wenigen Ausnahmen, Nonne oder Mönch zu sein. Ähnliches ist in der westlichen Rezeption von Theravada- und Zen-Traditionen festzuhalten.

Änderungen erfolgen in beiden „Lagern", der durch Tibeter und Tibeterinnen gebildeten Diaspora als auch in der Adaption des tibetischen Buddhismus durch westliche Rezipienten. Veränderungen in der Diaspora zeigen sich etwa in monastischen Ausbildungsgängen, in der reflexiven Eigenwahrnehmung als Tibeter, in der Neuaushandlung des Verhältnisses von Laien und Ordinierten, jedoch auch in der Kunst und Musik.[30] Auf der Seite des Konversionsstrangs ist das Bemühen stark, den fremd-exotischen, mit, wie es heißt, kulturell Tibetischem befrachteten Erleuchtungspfad von eben solchem zu entschlacken. Komplexe Fachtermini werden zum besseren Verständnis in psychologisch-säkulare Begriffe übersetzt, Rituale verkürzt und vereinfacht, Prozesse der Enthierarchisierung und Demokratisierung in Gang gesetzt, Beschränkungen für weibliche Schülerinnen und Lehrerinnen kritisch geprüft. In einigen Organisationen werden Initiationen und Ermächtigungen mit vergleichsweise wenig grundlegenden und zeitlich komprimierten Vorbereitungen gegeben. Sowohl tibetische Lamas und Gelehrte (mit primär westlicher Schülerschaft) als auch westliche Lehrerpioniere und buddhistische

Akademiker (vornehmlich in den USA) sind an diesen Verwestlichung tibetisch-buddhistischer Lehr- und Praxisformen beteiligt. Prominente westliche Tibet-Buddhisten wie Robert Thurmann und Lama Surya Das (Jeffrey Miller) sind in diesem Prozess der Indigenisierung bzw. der Amerikanisierung des tibetischen Buddhismus geradezu gefeierte Stars. Sie präsentieren ihre Konzepte und Visionen provokativ, idealistisch und in typischer US-amerikanischer Manier missionarisch-weltverbessernd.[31]

Zeitlich wird in einigen Schulen und Organisationen bald die Lehrtätigkeit der zweiten westlichen Lehrergeneration anbrechen bzw. hat schon begonnen. Es sind dieses Lehrer und Lehrerinnen, die nicht mehr durch tibetische Mönchen und Lamas, sondern durch westliche Lamas ausgebildet wurden. Der Prozess mag dabei zeitlich anspruchsvoller und ausbildungsbezogen fundierter in Form von Drei-Jahresretreats erfolgen. Oder er mag durch vergleichsweise kurze, weit weniger strukturierte Ausbildungen und nachfolgender „Lehrbeauftragung" stattfinden. Der Diamantweg-Buddhismus von Ole Nydahl etwa gibt auf seiner Webseite, textlich gleich im Prospekt, der publikumswirksam auf der Hannoveraner Expo 2000 verteilt wurde, zur Organisation an: „Aus Europa kommen auch die etwa 30 Schüler, die inzwischen in Lama Oles Auftrag rund um die Welt unterrichten." Zu den Kriterien der Lehrbefugnis und –beauftragung, die in den meisten tibetisch-buddhistischen Schulen festgeschrieben sind, finden sich keine weiterführenden Hinweise. Kritiker werfen solcher Art der beschleunigten Übertragung und Verwestlichung vor, einer Verwässerung in Form eines „Instant-Buddhismus" Vorschub zu leisten.

Die Übertragung des tibetischen Buddhismus wie auch jeder anderen religiösen Tradition in einen neuen kulturellen, sozialen und ökonomischen Kontext bedarf unweigerlich der Neuaushandlung, der Veränderung, Selektion und Anpassung. Dieses trifft sowohl für die Seite der in der Diaspora lebenden Tibeter wie für die westlichen Rezipienten zu. Erste markante Strukturen und Linien der Neuaushandlung sind gelegt, sowohl in Richtung eines im Exil um die Wahrung tibetischer Kultur und Religion bemühten tibetischen Volkes als auch in Richtung eines – wahrscheinlich jedoch mehrerer – westlicher Tibet-Buddhismen.

Bibliographie

Adam, Enid / Hughes, Philip J.
1996   The Buddhists in Australia. Canberra.

Advayavajra (Gottmann, Karl-Heinz)
1987   Lama Govinda und sein Orden Arya Maitreya Mandala. In: Lama Anagarika Govinda und sein Orden Arya Maitreya Mandala. (AMM-Schriftenreihe 1), S. 14-38. Stuttgart.

Aschoff, Jürgen C.
1989   Tsaparang – Königreich in Westtibet, die vollständigen Berichte des Jesuitenpaters António de Andrade und eine Beschreibung vom heutigen Zustand der Klöster. Eching vor München.

Batchelor, Stephen
1994   The Awakening of the West. The Encounter of Buddhism and Western Culture. Berkeley.

Baumann, Martin
1995a   Deutsche Buddhisten. Geschichte und Gemeinschaften. Marburg.
1995b   Analytische Rationalisten und romantische Sucher. Motive der Konversion zum Buddhismus in Deutschland. In: Zeitschrift für Missionswissenschaft und Religionswissenschaft 79 (3), S. 207 -225.
1997   Shangri-La in Exile: Portraying Tibetan Diaspora Studies and Reconsidering Diaspora(s). In: Diaspora. A Journal of Transnational Studies 6 (3), S. 377-404.
2001   Global Buddhism. Developmental Periods, Regional Histories and a New Analytical Perspective. In: Journal of Global Buddhism 2, S. 1-43.
2002   Buddhism in Europe: Past, Present, Prospects. In: Charles S. Prebish & Martin Baumann (Hrsg.), Westwards Dharma: Buddhism beyond Asia, S. 85-105. Berkeley.

Bell, Sandra
2002 Scandals in Emerging Western Buddhism. In: Charles S. Prebish, Martin Baumann (Hrsg), Westward Dharma. Buddhism beyond Asia, S. 230-242. Berkeley.

Bishop, Peter
1989 The Myth of Shangri-La. Tibet, Travel Writing and the western Creation of Sacred landscape. Berkeley.

1993 Dreams of Power. Tibetan Buddhism and the Western Imagination. London.

Bitter, Klaus
1988 Konversionen zum tibetischen Buddhismus. Eine Analyse religiöser Biographien. Göttingen.

Brauen, Martin / Kantowsky, Detlef (Hrsg.)
1982 Junge Tibeter in der Schweiz. Studien zum Prozess kultureller Identifikation. Diessenhofen.

Brauen, Martin
2001 Traumwelt Tibet. Westliche Trugbilder. Bern.

Campbell, June
1996 Traveller in Space. In Search of Female Identity in Tibetan Buddhism. New York.

Capper, Daniel
2004 Enchantment with Tibetan Lamas in the United States. In: Journal of Contemporary Religion. 19 (2), S. 137-153.

Chokteng, K. P. / Gyaltag, Gyaltsen
1981 20 Jahre Tibeter im Pestalozzidorf Trogen. Trogen.

Cornu, Philippe
1998 Guide du bouddhisme tibétain. Paris.

David-Néel, Alexandra
1927   Voyage d'une Parisienne à Lhassa. Paris. Deutsche Übersetzung 1989 Mein Weg durch Himmel und Höllen. Das Abenteuer meines Lebens. München.

Dodin, Tierry / Räther, Heinz
1997   Mythos Tibet: Wahrnehmungen, Projektionen, Phantasien. Köln.

Doyle, Tara Nancy
2003   Tibetan Buddhism. In: Gary Ladermann & Luis Léon (Hrsg.), Religion and American Cultures. An Encyclopedia of Traditions, Diversity, and Popular Expressions, S. 66-69. Santa Barbara, Kalifornien.

Fields, Rick
1981   How the Swans Came to the Lake. A Narrative History of Buddhism in America. Boulder, CO. 3. erw. Aufl. 1992.

Grieder, Peter
2000   Tibet, Land zwischen Himmel und Erde. Düsseldorf.

Gyaltag, Gyaltsen
1982   Tibet heute – Leben zwischen Anpassung und Selbstbestimmung. In: Claudius C. Müller & Walter Raunig (Hrsg.), Der Weg zum Dach der Welt, S. 398-406. Innsbruck.

Govinda, Lama Anagarika
1969   Der Weg der weißen Wolken – Erlebnisse eines buddhistischen Pilgers in Tibet. Zürich.

Govinda, Lama Anagarika / Advayavajra
1983   Der Orden Arya Maitreya Mandala – Rückblick und Perspektiven. In: Der Kreis, 166, S. 14-31.

Hecker, Hellmuth
1985 Chronik des Buddhismus in Deutschland. 3. akt. und erw. Aufl. Plochingen.

Hilton, James
1973 Der Verlorene Horizont/Irgendwo in Tibet. Frankfurt/M.
(1933)

Humphreys, Christopher
1974 Buddhism. Harmondsworth.

Kantowsky, Detlef (Hrsg.)
1991 Wegzeichen. Gespräche über buddhistische Praxis mit: Nyanaponika Mahathera. Konstanz.

Kay, David
1997 The New Kadampa Tradition and the Continuity of Tibetan Buddhism in Transition. In: Journal of Contemporary Religion. 12 (3), S. 277-293.

Korom, Frank J.
1997a Tibetans. In: David Levison & Melvin Ember (Hrsg.), American Immigant Cultures. Builders of a Nation. Bd. 2, S. 888-896. New York.
1997b Tibetan Culture in the Diaspora. Graz.
1997c Constructing Tibetan Culture. Contemporary Perspectives. Quebec.
1999 Tibetans in Exile: A Euro-American Perspective. In: Passages. Journal of Transnational and Transcultural Studies, 1 (1), S. 1-23.

Kværne, Per
1997 Die Tibetbilder der Tibetforscher. In: Tierry Dodin & Heinz Räther (Hrsg.), Mythos Tibet: Wahrnehmungen, Projektionen, Phantasien, S. 5 -66. Köln.

Lindegger, Peter
1988   20 Jahre Klösterliches Tibet-Institut Rikon / Zürich. Rikon.

Lopez, Donald S., Jr.
1995   Foreigner at the Lama's Feet. In: Donald S. Lopez Jr. (Hrsg.), Curators of the Buddha: The Study of Buddhism under Colonialism, S. 251-295. Chicago.
1998   Prisoners of Shangril-La. Tibetan Buddhism and the West. Chicago.

Mackenzie, Vicki
1989   Reincarnation. The Boy Lama. London.

McLagan, Meg
1997   Mystical Visions in Manhattan: Deploying Culture in the Year of Tibet. In: Frank J. Korom (Hrsg.), Tibetan Culture in the Diaspora, S. 69-89. Graz.

McLellan, Janet
1999   Many Petals of the Lotus. Five Asian Buddhist Communities in Toronto. Toronto.

McLeod, Ken
1988   The Three-Year Retreat. In: Don Morreale (Hrsg.), Buddhist America. Centers, Retreats, Practices, S. 209-221. Santa Fe.

Methfessel, Thomas
1997   Socioeconomic Adaptation of Tibetan Refugees in South Asia over 35 Years of Exile. In: Frank J. Korom (Hrsg.), Tibetan Culture in the Diaspora, S. 13-24. Graz.

Morreale, Don
1998   Buddhist America. Centers, Retreats, Practices. Santa Fe.

Nowak, Margaret
1984   Tibetan Refugees: Youth and the New Generation of Meaning. New Brunswick.

Numrich, Paul
1996　Old Wisdom in the New World: Americanization in Two Immigrant Theravada Buddhist Temples. Knoxville.

Nydahl, Hannah und Ole
1975　Der Diamantweg. Eine Einführung in die Lehren des tibetischen Mahayana-Buddhismus nach den Worten des Ehrwürdigen Kalu Rinpoche. Wien.
1979　Die Buddhas vom Dach der Welt. Köln.

Nydahl, Ole
1990　Über alle Grenzen. Wie die Buddhas in den Westen kamen. Sulzberg.

Obadia, Lionel
1999　Bouddhisme et Occident. La diffusion du bouddhisme tibétan en France. Paris.

Ott-Marti, Anna-Elisabeth
1980　Probleme der Integration von Tibetern in der Schweiz. Zürich-Rikon.

Pedersen, Poul
1997　Tibet, die Theosophie und die Psychologisierung des Buddhismus. In: Tierry Dodin & Heinz Räther (Hrsg.), Mythos Tibet: Wahrnehmungen, Projektionen, Phantasien, S. 165-177. Köln.

Pema Chödrön, Gelongma
1998　A New Approach to Three-Year Retreats. In: Don Morreale (Hrsg.), Buddhist America. Centers, Retreats, Practices, S. 312. Santa Fe.

Prebish, Charles S.
1979 American Buddhism. North Scituate, Mass.
1993 Two Buddhisms Reconsidered. In: Buddhist Studies Review 10 (2), S. 187-206.
1995 Ethics and Integration in American Buddhism. In: Journal of Buddhist Ethics, 2 S. 125-139.
1999 Luminous Passage. The Practice and Study of Buddhism in America. Berkeley.

Rabten, Geshe
2000 Mönch aus Tibet. Mont Pèlerin.

Saalfrank, Eva Sabine
1997 Geistige Heimat im Buddhismus aus Tibet. Eine empirische Studie am Beispiel der Kagyüpas in Deutschland. Ulm.

Seager, Richard Hughes
1999 Buddhism in America. New York.

Shakya, Tsering
1994 Introduction: The Development of Modern Tibetan Studies. In: Robert Barnett (Hrsg.), Resistance and Reform in Tibet, S. 1-14. London.

Snelling, John
1991 Buddhismus. Ein Handbuch für den westlichen Leser. München.

Spuler, Michelle
2002 Facets of the Diamond: Developments in Australian Buddhism. Richmond, U.K.

Ström, Axel Kristian
1997 Between Tibet and the West: On Traditionality, Modernity and the Development of Monastic Institutions in the Tibetan Diaspora. In: Frank J. Korom (Hrsg.), Tibetan Culture in the Diaspora, S. 33-50. Graz.

Surya Das, Lama
1997 Awakening the Buddha Within: Tibetan Wisdom for the Western World. New York.

Thurmann, Robert
1998 Inner Revolution: Life, Liberty, and the Pursuit of Real Happiness. New York.

Dyke, Mary van
1997 Grids and Serpents: A Tibetan Foundation Ritual in Switzerland. In: Frank J. Korom (Hrsg.), Constructing Tibetan Culture: Contemporary Perspectives. S. 178-227. St-Hyacinthe, Quebec.

Venturino, Steven
1997 Reading Negotiations in the Tibetan Diaspora. IN: Frank J. Korom (Hrsg.), Constructing Tibetan Culture. Contemporary Perspectives, S. 98-121. St-Hyacinthe, Quebec.

Wallace, B. Alan (Hrsg.)
1981 Geshe Rabten. Leben und Lehren eines tibetischen Meditationsmeisters. Hamburg.

Wartmann, Thomas
1990 Das Kind der weisen Mönche. In: Süddeutsche Zeitung, 26, 26.06.1990, S. 22-26.

Waskönig, Dagmar Doko
2003 Mein Weg zum Buddhismus. Deutsche Buddhisten erzählen ihre Geschichte. Bern.

Waterhouse, Helen
1997 Buddhism in Bath: Authority and Adaptation. Leeds.

Wurst, Rotraut
2001 Identität im Exil. Tibetisch-buddhistische Nonnen und das Netzwerk Sakyadhita. Berlin.

Anmerkungen

[1] Einschränkend sei vermerkt, dass der Charakter eines Übersichtsbeitrages gewahrt bleiben soll und daher spezifischen Details und Verästelungen sowohl westlicher Tibetbilder, der lokalen Ausgestaltung tibetischer Diasporas als auch der Globalisierung des tibetischen Buddhismus in der angeführten Literatur nachzugehen ist.

[2] Zu de Andrade und der frühen Kenntnisnahme im 18. und 19. Jahrhundert sieh Aschoff 1989, Dodin und Räther 1997: 16-66, 328-343 sowie Brauen 2001: 14-31.

[3] Zum nachhaltigen Einfluss der Theosophie auf ein Tibetbild als Aufenthaltsort weiser, spirituell hochstehender Lehrer und Meister siehe Pedersen 1997, Brauen 2001: 36-46. Die Dominanz der Männer wurde auch später nur ansatzweise durchbrochen, für diese frühe Phase zu nennen ist insbesondere Alexandra David-Néel. Sie erreichte Tibet und Lhasa 1924 nach beschwerlicher 2000 Meilen langer Reise (David-Néel 1927).

[4] Zu Hilton und seinem Roman u.a. Bishop 1989, Brauen 2001: 96-100. Der verklärend-idealisierende, in das allgemeine Vokabular eingegangene Begriff „Shangri-La" leitet sich her vom eschatologischen Mythos von Shambhala. Dieser Mythos, dem Texte des Kalachakra-Tantra zugrunde liegen, berichten von einem legendären, hinter unzugänglichen Bergen verborgenen Land. Während in der Welt Sturm und Chaos toben würden, regiere dort Weisheit und Harmonie.

[5] Zitat Bishop 1993: 33, dazu im weitern instruktiv Bishop 1993: 25-41. Prominente westliche Buddhisten wie Christmas Humphreys (1901-83) und Lama Anagarika Govinda (der deutsch-gebürtige Ernst Lothar Hoffmann, 1898-1985) beriefen sich explizit auf geographische Metaphern, um dem tibetischen Buddhismus und Tibetern außergewöhnliche Fähigkeiten zuzuschreiben, Humphreys 1974: 189, Govinda 1969.

[6] Die Webseite der tibetischen Exilregierung findet sich unter www.tibet.com weitere Informationen zur Ansiedlung und Situation von Tibetern und Tibeterinnen in Südasien geben u.a. Nowak 1984, Bitter 1988: 4-42 und Methfessel 1997; zum Wandel monastischer Institutionen in Indien siehe Ström 1997, zu Nonnenklöstern in Nordindien Wurst 2001.

[7] Siehe u.a. Ott-Marti 1980, Chokteng / Gyaltag 1981, Gyaltag 1982: 402-406, Brauen / Kantowsky 1982 und Korom 1999: 3-11.

[8] Dazu Lindegger 1988: 13-18 und Bilder 5-14. Zu den umfangreichen Weiheritualen zur Gründung des Klosters siehe van Dyke 1997.

[9] Siehe Lindegger 1988 und Grieder 2000: 104 - 107, zur Kalacakra-Initiation siehe in Lindegger 1988 die Bilder 42 - 49 sowie Grieder 2000: 108 - 111.

[10] Siehe Mullen 2001 und Doyle 2003 sowie, vornehmlich zur sozio-ökonomischen Situation, Korom 1997a, Korom 1999: 11 - 17. Die kleine Gruppe von Tibetern und Tibeterinnen in Toronto (Kanada), ca. 30 Familien bzw. 130 Personen, beschreibt detailreich McLellan 1999: 74 - 100. Den Begriff einer tibetischen Diaspora als analytisches, komparatives und anti-essentialistisches Konzeptes heben Korom 1997b, 1997c und Venturino 1997 hervor, siehe dazu auch Baumann 1997.

[11] Zu entsprechenden Tibet-Kampagnen in den USA siehe instruktiv McLagan 1997.

[12] Von großer Bedeutung für viele Indienreisende war die Lektüre von Hermann Hesses Siddhartha (1922). Hesses „indische Dichtung" popularisierte in literarischer Form indische Philosophie und Religiosität und begründete in Romanform den Vorrang von erlebter Erfahrung vor gelehrter Weisheit. Zu den einschneidenden Erfahrungen erster Begegnungen mit den tibetischen Mönchen und Lamas siehe u.a. die Interviews in Bitter 1988, Saalfrank 1997 und Waskönig 2003. Ähnliches berichtete 40 Jahre zuvor Govinda

1931 (Govinda 1969), in gleicher Weise Alexandra David Néel 1913.

[13] Siehe die Selbstdarstellungen Govinda/Advayavajra 1983 und Advayavajra 1987. Eine religionswissenschaftliche Darstellung legte Baumann 1995a: 146-164 vor.

[14] Zu Geshe Wangyal und seinen späterhin prominenten Schülern Thurman und Hopkins siehe Fields 1981: 290-294, Lopez 1998: 163-173, Prebish 1999: 40-41. Zur Geschichte und Entwicklung der Tibetologie, deren Beginn allgemein mit Csoma de Körös im frühen 19. Jahrhundert angesetzt wird, siehe Shakya 1994, Lopez 1995, 1998: 156-180 und Kværne 1997.

[15] Zu Chögyam Trungpa, u.a. Autor des „Klassikers" Cutting Through Spiritual Materialism (1973) und Gründer des Naropa Institute (1974), siehe Prebish 1979: 135-155, 1999: 158-171; Fields 1981: 278-282, 308-312, 374-376 und Batchelor 1994: 104-107. Zu Tarthang Tulku, u.a. Autor des Bestsellers Time, Space, Knowledge (1977), und der Nyingmapa-Gemeinschaft siehe Prebish 1979: 121-134 und Fields 1981: 304-308, 312-315.

[16] Siehe Fields 1981: 332, Batchelor 1994: 111, Prebish 1999: 46.

[17] Die Europareise des 16. Karmapa ist in Nydahl 1990: 105-131 reich bebildert beschrieben. Die Erlebnisse der Indienreise und Begegnung mit den Karma-Kagyüpa-Lamas schildern Hannah und Ole Nydahl 1975 und 1979 sowie Nydahl 1990. In der westlich-buddhistischen Welt nicht unumstritten, gab Ole Nydahl in den ausgehenden 1990er Jahren der ihm und dem als 17. Karmapa angesehenen Trinley Thaye Dorje (geb. 1983) verpflichteten Organisation die neue Bezeichnung „Diamantweg" (www.diamantway-buddhism.org).

[18] Zu den Drei-Jahresretreats, angeleitet durch Kalu Rinpoche, siehe Fields 1981: 333-335, Batchelor 1994: 111 und den Erfahrungsbericht McLeod 1988. Zu dem Retreat in der Nyingma-Tradition siehe Batchelor 1994: 73. Einer der Teilnehmer war Surya Das (gebürtig als US-Amerikaner Jeffrey Miller, geb. 1950), der zwei der Retreats unter Düjom Rinpoche und Dilgo Khyentse Rinpoche absolvierte. Lama Surya Das gründete 1991 die Dzogchen Foundation mit Sitz in Cambridge, Mass. (Prebish 1999: 44).

[19] Das Zentrum (www.tibet.de) bietet etwa ein über sieben Jahre sich erstreckendes systematisches Studium des Buddhismus an und gibt die Vierteljahreszeitschrift Tibet und Buddhismus heraus. Dem Tibetischen Zentrum angegliedert ist das 1986 eröffnete Meditationshaus Semkye Ling in der Lüneburger Heide.

[20] Zu Geshe Rabten siehe Wallace 1981 sowie die Autobiographie Rabten 2000. Rabten Choeling (www.buddhismus.edu) sind acht Studiengruppen in der Schweiz und sieben Studienzentren in der Schweiz, Österreich, Ungarn und Deutschland affiliert.

[21] Zur Einrichtung des Kopan-Klosters siehe u.a. Schnelling 1991: 284 und Batchelor 1994: 200-201. Die Bedeutung des Kopan-Klosters zeigt sich etwa an dem Lebensweg der im deutschsprachigen Raum prominenten Buddhistin und Feministin Sylvia Wetzel (geb. 1949). S. Wetzel traf 1977 Lama Yeshe, wurde seine Schülerin und kehrte nach zweijährigem Aufenthalt in Kopan nach Deutschland zurück, um dort ein buddhistisches Zentrum aufzubauen und als „Full-Time Praktizierende" (S.Wetzel) „Dharma-Arbeit" zu leisten, siehe Kantowsky 1991: 147-156 und Baumann 1995a: 139.

[22] Die FPMT wird seit 1985 von Lama Zopa geleitet und unterhält Zentren auf allen Kontinenten, siehe die Webseite www.fpmt.org dort auch zu Lama Tensin Osel, der spanischen Reinkarnation von Lama Yeshe. Zu ihm auch Mackenzie 1989 und Wartmann 1990. Auch in der Kagyü-Tradition findet sich schon mit Trinley Rinpoche eine westliche Reinkarnation (Grieder 2000: 141).

[23] Siehe die Zusammenstellung von Adressen, Stand 1998, in Cornu 1998, sowie aktuell die jeweiligen Webseiten der tibetisch-buddhistischen Organisationen und Traditionslinien.

[24] Webseite „kadampa", http://www.kadampa.org/english/centers/index.php (eingesehen

am 13.09.2004). Zur NKT und „Dorje Shugden-Affäre" siehe Batchelor 1994: 202-204, Kay 1997 und Lopez 1998: 188-196. Ein ausführliches Portrait einer lokalen britischen NKT-Gruppe gibt Waterhouse 1997: 135-182.

[25] Dazu instruktiv Brauen 2001: 176-181.

[26] Zu US-amerikanischen Verlagen siehe Lopez 1998: 175-178 und Seager 1999: 119-122. Für den deutschsprachigen Raum siehe u.a. die Rezensionen und Anzeigen in der von der Deutschen Buddhistischen Union herausgegebenen Zeitschrift Buddhismus aktuell (1987-2003 als Lotusblätter).

[27] Instruktiv dazu Bitter 1988, siehe auch die Interviews in Saalfrank 1997 und Waskönig 2003. Analytisch dazu u.a. Bishop 1993: 97-106, Seager 1999: 128 und Capper 2004: 141.

[28] Zur Etablierung buddhistischer Traditionen und speziell des tibetischen Buddhismus in der südlichen Hemisphäre siehe die Länderkapitel in Prebish / Baumann 2002: 139-177 sowie die online-Bibliographien zu Australien, Brasilien und Südafrika, abrufbar über das Journal of Global Buddhism, dort unter resources (www.globalbuddhism.org). Ein detailliertes Einbeziehen der Institutionalisierung des tibetischen Buddhismus in diesen Ländern hätte den Umfang des Beitrages gesprengt.

[29] Zu vergleichender Größenbestimmung der Etablierung buddhistischer Tradition in Europa siehe Baumann 2002: 94. Zu den USA und Australien, wobei Zen/Mahayana-Buddhismus leicht stärker als der tibetische Buddhismus ist, siehe Morreale 1998: xvii sowie Adam / Huges 1996: 61 und Spuler 2002: 17.

[30] Dazu die Beiträge in den von Korom editierten Bänden 1997b und 1997c.

[31] Siehe Surya Das 1997 und Thurmann 1998. Zu den zwei Protagonisten siehe Seager 1999: 133-135 und Prebish 1999: 261-265.

Touristenkunst aus der Welt des tibetischen Buddhismus

Inv. Nr. 4672:07 Kauf Umlauff, Geschenk von Freunden des Museums (Foto Saal) Nachempfindung einer Kloster-teekanne (Touristenware), Mes-sing. H 50 cm, B max 54 cm, wohl Nepal (indo-tibetanisch laut Inventarbuch).
Die große Faszination westlicher Reisender mit dem „geheimnisvoll-unheimlichen" Tibet hatte schon um die Wende zum 20. Jahrhundert die Herstellung von grotesker Touristenware zur Folge. So ist diese monströse Kanne zwar überreichlich mit Masken, Figuren und Ornamenten versehen, die entfernt an tibetische Kunst

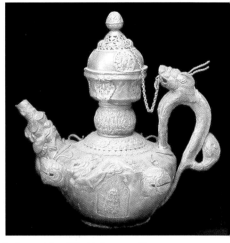

erinnern, jedoch folgen die Darstellungen keiner identifizierbaren Ikongraphie. Die Kanne selbst ist nachlässig gearbeitet und statisch ungeeignet, größere Mengen von Flüssigkeit aufzunehmen. In ihrem Inneren befindet sich als Dreingabe ein großes Heizrohr, das sie einem Samowar ähnlich macht.

Inv. Nr. 4664:07 Kauf Umlauff, Geschenk von Freunden des Museums (Foto Saal) Kanne für Libationsopfer (Touristenware), Bronze(?)blech. H 24 cm, B max 23 cm, wohl Nepal (indo-tibetanisch laut Inventarbuch) Diese Kanne wurde von Lama Ngawang Kunga (1998 pers. Comm.) als Kanne für Gießopfer (Libationen) identifiziert. Allerdings handelt es sich nicht um eine traditionelle Form der Opferkanne, auch lässt die schlechte Verarbeitung mit Löchern und

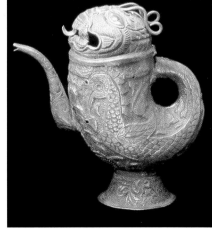

undichten Nahtstellen vermuten, dass das Gefäß nicht zum Halten von Flüssigkeiten, sondern für den Nippschrank bestimmt war. Es gehört zu demselben Konvolut wie die oben gezeigte „Teekanne". Obwohl die regionale Herkunft noch nicht sicher bestimmt werden konnte, spricht einiges im Dekor dieses Konvoluts für Nepal. Auch war es zu Beginn des 20. Jahrhundert in den südlichen Himalaya-Regionen sehr verbreitet, „tibetische" Waren für englische Reisende herzustellen.

Inv. Nr. 31.226:2 Kauf Konietzko (Foto Saal),
Relief einer zornigen Gottheit (Touristenware), H 54 mit Aufhängeösen, B 45 cm, Sikkim, wohl 1920er Jahre.
Diese zornige Gestalt mit Partnerin mit ihren 64 (oder 1000?) Armen und ca. 26 Köpfen, unter denen auch drei Elefantenköpfe sind, folgt keinem orthodoxen ikonographischen Programm. Sie ist in mehreren Einzelteilen teils gegossen, teils getrieben und in einen tiefen, reich mit Ranken ornamentierten Rahmen montiert, der an den vier Ecken Darstellungen des mythischen Vogels Kyung (tib.: khyung) trägt.

Unter dem Thron der Gottheit Löwen und anbetende Asketen, großzügig über den Hintergrund verteilt weitere Reliefdarstellungen von Apsaras (Himmelswesen), tanzenden Elefanten, Mönchen mit Gelehrtenmützen (oder Buddhas?) und Ḍākiṇīs. Das Metall des Hintergrundes ist Recycling-Material, an der rechten inneren Rahmenseite ein eingeprägter (westlicher) Frauenkopf und ein Stempel: S.M. I. Italy Mal [unlesbar]. Die Darstellung von Bildwerken in einen Rahmen ist – außer in der Mongolei – im tibetisch-buddhistischen Raum völlig unüblich. Die Rahmung kommt aber den Kunstvorstellungen westlicher Reisender sehr entgegen.

Inv. Nr. 98.19:1 Schenkung aus Privatbesitz (Foto Saal)
Thangka: „Bodhisattva Avaloki-teśvara" (Touristenware), Farben auf grundiertem Textilgewebe, Seide, Holz. Gesamt H 120 cm, B max 60 cm. Herkunft ?
Dargestellt ist als Zentralfigur der Bodhisattva Avalokiteśvara als „Herr der Sechs Silben" (skt.: Ṣaḍakṣarī-Lokeśvara, vgl. Abb. im Artikel Werlich „Buddhas und Bodhisattvas"). Über ihm sein geistiger Vater, der Buddha Amitābha. Dieser wird flankiert von zwei Gestalten, die wahrscheinlich die weiße und die grüne Tārā darstellen sollen. Dies legen die Kombination der beiden, die Sitz- und Handhaltungen sowie die Lotos(?)-Blüten neben ihren Schultern nahe. Jedoch fehlen ikonographische Details wie die Augen auf Stirn, Händen und Fußsohlen, zudem trägt die weiße Tārā eine Mönchskutte statt eines Seidengewandes, auch die Körperfarben stimmen nicht. Unter Avalokiteśvara rechts eine zornige Gottheit, deren Attribute fehlen, sowie links eine buddha-artige Gestalt, deren Handgeste jedoch für einen Buddha zu weit ausholend ist und deren Gewand zudem über der falschen Schulter liegt (die rechte statt der linken). Es könnte der Bodhisattva Mañjuśrī gemeint sein, der in der ausholenden Hand ein Schwert schwingen müsste – er ist jedoch falsch gekleidet, da er als Bodhisattva ein Seidengewand tragen müsste. Die Aufhängevorrichtung besteht nicht aus den traditionellen Rollstäben, sondern aus 6 Stoffschlaufen, die mit Reißzwecken an einen Holzträger in geschwungener Rankenform befestigt wurden. Das Thangka ist insgesamt nachlässig ausgeführt. Pflanzenstengel fehlen, farbliche Übergänge sind kaum abgestuft, die farbige Gestaltung von Details und Hintergrund ist gleichermaßen grob und sichtlich im Schnellverfahren gemalt. Zusammen mit den ikonographischen Ungereimtheiten legt dies nahe, dass es sich um Touristenware handelt. Das Bild wurde Ende der 1970er Jahre in einem Hamburger Trödelladen erworben.

Leben in der buddhistischen Welt
Pilgerreisen in Tibet

Kerstin Grothmann

Wie in vielen Ländern und Kulturen der Welt, ist die Pilgerreise auch in Tibet bekannt. Sie ist eines der wichtigsten Elemente religiöser Praxis. Aus den unterschiedlichsten Intentionen heraus begeben sich die Pilger auf den meist langen und beschwerlichen Weg hin zu einem heiligen Ort. Die Elemente Zeit und Trennung vom Heimatort unterscheiden die Pilgerreise von der gewöhnlichen Verehrung eines Ortes mit religiöser Bedeutung. Der Pilger verlässt seine Umgebung, er gibt das Gewohnte auf und begibt sich auf die Reise, die ihn in eine Region und an einen Ort führt, die ihm unbekannt sind. An diese selbst auferlegte Bürde knüpft er Hoffnungen und Erwartungen bezüglich eines spirituellen und/oder materiellen Nutzens, d.h. der Pilger betritt nicht nur eine neue physische, sondern auch metaphysische Welt.[1]

Für den tibetischen Pilger ist der Pilgerort nicht nur ein geographischer Ort, der auf einer Karte verzeichnet ist, er hat vielmehr eine Reihe von speziellen geomantischen Eigenschaften. Die physische Beschaffenheit eines Ortes, das Vorhandensein oder Fehlen bestimmter landschaftlicher Merkmale wie Felsen, Hügel, Schluchten, aber auch Flüsse, Bäche, Pflanzen, Bäume usw. und ihre Lage zueinander, machen einen Ort zum „Fokus von Energien". So ist ein Pilgerort immer ein Punkt mit besonderer Ausstrahlung und Anziehung. Selbst die Wege, die zu einem solchen „power place" führen, haben besondere Merkmale, die Unheil vom Pilger abwehren können und ihm zugleich Verdienste für ein zukünftiges Leben bringen. Aber nicht nur besondere Plätze in der Landschaft sind „heilige Orte", zu denen Pilgerreisen unternommen werden, ebenso können es auch Personen, Gebäude oder Statuen sein.

Tibeter glauben, dass die Opfer und Anstrengungen dieser oft monate- oder jahrelangen Reisen belohnt werden. Mit dieser rituellen Handlung sammeln sie Verdienste, die eine positive Auswirkung auf ihr zukünftiges Leben haben werden. In gewisser Weise sind diese Handlungen eine Transaktion bzw. eine Investition in die Zukunft. Aber auch weltliche Bedürfnisse und Wünsche werden zum Ausdruck gebracht, deren Erfüllung erhofft wird.

Wie aus der Übersetzung der tibetischen Ausdrücke deutlich werden wird, hat die Pilgerreise nur wenig mit unserer Definition des Begriffs gemein, der sich aus der lateinischen Bezeichnung für Reisende aus aller Welt ableitete, deren Ziel das heilige Rom war.

Gnas skor – die Pilgerreise

Die tibetischen Begriffe für Pilgerreise sind gnas skor (lies: nekor) oder gnas mjal (lies: nedschäl). Im Zusammenhang mit der Pilgerreise ist die Silbe gnas (lies: ne) mit der Bedeutung von „Stelle", „Stätte", „Wohnort" oder „heiliger Ort" zu übersetzen, jedoch ist die Übersetzung des Wortes gnas in dieser Weise in vielen Fällen nur unzureichend. Für Tibeter hat dieses Wort eine aktivere Bedeutung im Sinne von „existieren", „verweilen" oder „sein". Gnas ist die permanente oder zeitweilige Wohnstätte einer Gottheit, der Ort, wo die Gottheit existiert. In der westlichen Literatur wird für gnas häufig der Begriff „power place" verwendet.

Dieser „heilige Ort" befindet sich an einem feststehenden geographischen Punkt oder in der Struktur eines besonderen Objekts, der in diesen Fällen nur von spirituell besonders vervollkommneten Personen erkannt werden kann. Ebenso besteht aber auch die Idee, dass die Gottheit in einem physischen Objekt oder in dessen Materialien und Substanzen verkörpert sein kann. In dieser Form hat jedermann die

Möglichkeit, mit dem „Wohnort" und damit der Gottheit selbst in direkten physischen Kontakt zu treten. Charakteristisch für die tibetische Kultur ist der Glaube, dass alle Lebewesen, d.h. Menschen, Tiere, Pflanzen, aber auch die nichtbelebte Natur wie Steine, Seen oder Felsen von Gottheiten, Geistern und anderen übernatürlichen Mächten durchdrungen sind. Diese Wesen erstrecken sich von kleineren unabhängigen bis hin zu hochrangigen tantrischen Gottheiten und Buddhas. Manche dieser Wesen sind mobil, manche nicht.

Die bedeutendsten Orte für Pilgerreisen sind sowohl Berge, wie beispielsweise der Ti-se (lies: Tise) (Kailash), Seen oder Täler, als auch Städte mit Gebäuden und Statuen, die mit einer besonderen Bedeutung für den Buddhismus in Tibet verbunden werden. Das bekannteste Beispiel ist wohl Lhasa mit dem gTsug-lag-khang (lies: Tsuglakhang), der auch als Jokhang bekannt ist, in dem neben vielen anderen Statuen besonders die Statue des Buddha Shakyamuni verehrt wird. Ein weiteres wichtiges Pilgerziel sind Stupas (tib.: mchod rten, lies: chörten). Ihr Ursprung als Pilgerort liegt in der indisch-buddhistischen Tradition. Als Schreine für Reliquien des Buddha und später dann vieler anderer buddhistischer Persönlichkeiten, sind sie Zeichen für die große Beständigkeit der Pilgerreise als rituelle Handlung. So finden wir beispielsweise im Potala in Lhasa zahlreiche Stupas, in denen die Gebeine verschiedener Dalai Lama liegen und die damit zu Orten von größter Bedeutung für die Tibeter geworden sind.

Ebenso pilgern Tibeter zu den Residenzen bestimmter Lamas oder Heiliger, da sie die Inkarnationen verschiedener Gottheiten sind. Als Inkarnationen bzw. Verkörperungen des Bodhisattvas Avalokiteshvara sind die Dalai Lama wohl die bekanntesten gnas. Aber auch die Grabstätten bereits verstorbener Heiliger sowie die Einsiedeleien tantrisch Praktizierender sind Ziele einer solchen Reise. Diese Praktizierenden werden durch bestimmte tantrische Rituale und Praktiken zu einem vorübergehenden Wohnsitz für Gottheiten.[2]

Die zweite Silbe skor (lies: kor), ein Verb, in dem Wort gnas skor bezeichnet die Aktivität, die mit diesen Orten verbunden ist und bedeutet soviel wie „einen Kreis laufen", „Runden drehen" oder einfach „umrunden". Diese Idee des „Umkreisens im Uhrzeigersinn" lässt sich in den Beschreibungen buddhistischer Pilgerreisen in klassischen Sanskrittexten finden. Zwar wird die Richtung des „Umkreisens" aus dem tibetischen Begriff selbst nicht deutlich, dennoch ist es die gängige Praxis, dass Buddhisten im Uhrzeigersinn laufen und Anhänger der Bon-Religion entgegengesetzt. Allerdings gibt es auch Ausnahmen von dieser Praxis.

Der zweite Begriff gnas mjal für Pilgerreise bringt deutlich die Beziehung zum Ausdruck, in die der Pilger mit dem gnas tritt, denn mal ist die höfliche Form des Verbs „treffen", „mit jemandem zusammentreffen". Ebenso steht es für „jemandem Respekt erweisen" oder „Zugang zu jemandem erhalten". Das vornehmste Ziel einer Pilgerreise ist es, durch rituelle Handlungen die unterschiedlichsten Arten von Beziehungen zwischen dem Pilger und dem gnas herzustellen. Dies kann u.a. in Form von mentaler Identifizierung oder physischem Kontakt geschehen. Im Gegensatz zu dieser beabsichtigten Interaktion, können auch unbeabsichtigte Kontakte erzeugt werden, die allerdings unerwünscht sind und als negativ betrachtet werden.

Die historische Entwicklung der Pilgerreise zu heiligen Bergen, den gnas ri

Aus schriftlichen Quellen, den Dunhuang Texten (7.-10. Jahrhundert), wissen wir, dass es bereits in frühester historischer Zeit einen Bergkult in Tibet gegeben haben soll, dessen Fokus auf den Herrscher gerichtet war. Aus Legenden erfahren wir, dass die ersten Könige vom Himmel herabgestiegen sind. Der erste Fleck, den sie auf der Erdoberfläche berührten, war die Spitze eines Bergs und von der Spitze eines Berges sind diese ersten Könige von der Erde gegangen. Somit haben sie keine sterblichen Überreste hinterlassen. Der siebte König in dieser Reihe wurde ermordet und sein Leichnam in einem Erdhügelgrab beigesetzt, wie nach ihm alle weiteren Herrscher. Diese Hügelgräber wurden mit dem Berg (tib.: ri, lies: ri), der der Wohnsitz der persönlichen Schutzgottheit des Königs ist, bzw. die Schutzgottheit mit dem Berg gleichgesetzt. Diese Schutzgottheit wird als das unterstützende Prinzip der „Lebensenergie" des Königs angenommen, mit der er nach seinem Tod in diesem Grab wiedervereint wird.[3]

Dieses Prinzip von bla (lies: la), Lebenskraft, Lebensenergie oder Vitalität, ist ein indigener Begriff, der nicht nur in Lebewesen, d.h. Menschen, Tieren oder Pflanzen zu finden ist, sondern auch in anderen nicht lebenden Objekten wie beispielsweise Steinen oder gesellschaftlichen Strukturen. Die Lebenskraft einzelner Personen, Familienverbände, religiöser Gruppen, selbst die Vitalität der Gesellschaft kann eng mit bestimmten Plätzen in der Landschaft verbunden sein, d.h. eine Person oder Gruppe kann in einer wechselseitigen Beziehung zu einer landschaftlichen Struktur wie einem Berg oder See stehen. Wird eine der beiden Seiten in irgendeiner Art und Weise beeinflusst, hat dies auch immer Auswirkungen auf die andere Seite. Stirbt beispielsweise eine Familie aus, trocknet bla mtsho (lies: latso), der See, mit dem diese Familie in einer Beziehung steht, aus.[4]

Aus anderen historischen Quellen wissen wir, dass in Tibet bereits seit dem 7. Jahrhundert ein Interesse bestand, heilige Berge in China zu besuchen und man bat beispielsweise 824 die administrativen Organe der T'ang Dynastie für eine Reise zum Wu-T'ai Shan nach Karten dieses Bergs, die man bereitwillig zur Verfügung stellte.[5] Ob es die Praxis der Pilgerreise zu heiligen Bergen in Tibet selbst bereits zu dieser Zeit (7.-10. Jahrhundert) gegeben hat, wird aus den Quellen nicht ersichtlich. Allerdings wissen wir, dass in Tempeln jener Zeit schon Umgänge gebaut wurden, die vermuten lassen, dass die rituelle Verehrung besonderer Orte in Form des Umrundens bereits zu dieser Zeit praktiziert worden sein könnte.[6]

Über die Zeit zwischen dem 9. und 11. Jahrhundert nach dem Zusammenbruch des tibetischen Imperiums haben wir keine Quellen, die uns von der Verehrung heiliger Berge oder Pilgerreisen zu ihnen berichten. Die ersten verlässlichen Zeugnisse, die darüber Aufschluss geben, stammen aus dem 13. Jahrhundert.

Wir wissen, dass nach der Wiederbelebung des Buddhismus im 11. Jahrhundert der 'Brug-pa bKa'-brgyud (lies: Drugpa Kagyüd) Meister Gling ras-pa Padma rDo-rje (lies: Lingrepa Pema Dordsche) (1128-1188) und der 'Bri-gung-pa (lies: Drigungpa) Meister 'Jig-rten mGon-po (lies: Dschigten Gönpo) (1143-1217), beides Schüler des berühmten bKa'-brgyud (lies: Kagyü) Meisters Phag-mo gru-pa rDo-rje rGyal-po (lies: Phagmo drupa Dordsche Gyelpo) (1110-1170), viele ihrer Anhänger zu den heiligen Bergen Ti-se, Tsa-ri und La-phyi schickten, was wiederum andere Praktizierende anzog.[7] Viele andere begaben sich auf Pilgerreisen nach Indien, Kashmir und Nepal, um dort Unterweisungen in den buddhistischen Lehren zu erhalten. Die ersten umfassenden Berichte stammen aus dem 11. und Anfang des 12. Jahrhunderts. Als Beispiele solcher Reiseberichte seien hier die Texte von Khyung-po rnal-'byor (lies: Khyungpo neldschor) (geb. 978/990), Rwa lo-tsa-ba rDo-rje-grags (lies: Ra Lotsawa Dordschedrag) (1000-1080), rGwa lo-tsa-ba gZhon-nu-dpal (lies: Ga Lotsawa Schönupel) (geb. 12. Jahrhundert) sowie die Texte von Chag lo-tsa-ba Chos-rje-dpal (lies: Tschag Lotsawa Tschödschepel) (1197-1264) und O-rgyan-pa (lies: Urgyenpa) (1230-1309) genannt. Es war die Zeit, in der die tibetische Gesellschaft einen Prozess der Wandlung durchlief, der maßgeblich durch die Einflüsse des aus Indien stammenden Buddhismus geprägt wurde. Einerseits etablierten sich einzelne Schulen des tibetischen Buddhismus und der Bon-Religion auf Grundlage klösterlicher Gemeinschaften, andererseits gab es Gelehrte, die sich in die Berge zurückzogen, um dort außerhalb der klösterlichen Strukturen und des gesellschaftlichen Lebens als Yogins und Einsiedler der tantrischen Tradition zu folgen und oft innerhalb der Gesellschaft den Status von Heiligen genossen. Hauptsächlich waren es diese umherwandernden Einsiedler des 12.–15. Jahrhunderts, denen der Verdienst zugeschrieben wird, die „Tür geöffnet" zu haben zu den Bergen, die später die bekanntesten und beliebtesten Pilgerziele in Tibet wurden.[8] Eine dieser Persönlichkeiten war rGod-tshang-pa mGon-po-dpal (lies: Götsangpa Gönpopel) (1189-1258), der die Tür des Ti-se öffnete. Den verschiedenen Erzählungen über die „Öffnung der Tür" liegen die gleichen Strukturen zugrunde. Sie berichten über einen dramatischen Kampf des Meisters mit den ungebändigten Mächten des Ortes. Gleichzeitig hatten sie sich gegen religiöse und politische Rivalen durchzusetzen und die eigenen Zweifel und Anfechtungen zu überwinden. Bestimmte Mittel wie Rituale, übernatürliche Fähigkeiten oder meditative Praktiken, die zur „Öffnung der Tür" des Berges benutzt werden, stammen aus der tantrischen Tradition Indiens.[9] Nur durch ihre vollkommene Beherrschung ist der Tantriker in der Lage, die Mächte zu zähmen und den Ort für andere zugänglich zu machen.

Yul lha und gnas ri –
die zwei Formen des Bergkults

Mit der Einführung des Buddhismus veränderten sich die Vorstellungen der Tibeter hinsichtlich ihrer Umgebung bzw. Umwelt. Man nahm an, dass ursprünglich bla, die „Lebenskraft", und lha (lies: lha), die „Götter", im Denken der Tibeter miteinander verbunden waren. Diese beiden Prinzipien waren nicht nur in Lebewesen ansässig, sondern auch in der Landschaft und in den von Menschen geschaffenen Räumen und Strukturen wie Häusern oder Zelten. Diese Beziehungen zwischen Menschen und den nicht sichtbaren Wesen wird auch heutzutage noch in bestimmten häuslichen Ritualen sichtbar.[10] Mit zunehmender Zentralisierung der politischen Macht auf einzelne Familien erhöhte sich deren Status und der ihrer Gottheiten und damit änderte sich das Konzept der Beziehung zwischen der Person, der Gottheit und dem Ort. Diese Gottheiten bekamen losgelöst von der Person eine neue allgemeinere Bedeutung. Sie konnten nicht nur innerhalb einer Person heraufbeschworen werden, sondern man hatte nun auch außerhalb und unabhängig von der Person Zugang zu ihnen. Diese lokalen Gottheiten, gzhi bdag (lies: schidag) (Besitzer des Grundes) und yul lha (lies: yülha) (Lokalgottheit) genannt, werden im Volksglauben in vielen Gebieten als die Oberhäupter einer Region betrachtet, deren weibliche Partner oft die Gottheit eines in der Nähe gelegenen Sees ist. Die frühesten Erwähnungen dieser lokalen Gottheiten finden wir in den Dunhuang Texten aus dem 7.-10. Jahrhundert.[11]

Nach dem Modell der menschlichen Gesellschaft stehen diese Gottheiten in sozialen Beziehungen zueinander. Sie entstammen verschiedenen Abstammungslinien, gehen eheliche Verbindungen ein, haben außereheliche Beziehungen oder stehen sich als Gegner gegenüber.[12] Aber auch die Beziehungen zu den Bewohnern ihrer Territorien sind nach diesem Modell geformt, die u.a. in einer Art Vater-Sohn-Beziehung zum Oberhaupt des Dorfes Ausdruck findet. Das Ansehen und der Ruhm eines Dorfoberhaupts wird als das Ergebnis seiner guten Beziehung zur lokalen Gottheit interpretiert, denn der yul lha reagiert äußerst sensibel auf Uneinigkeiten oder Konflikte und kann schnell seine Gunst zurückziehen. Nicht nur das Oberhaupt der Dorfgemeinschaft hat einen direkten Kontakt zur Gottheit, sondern auch alle anderen Mitglieder der Gemeinschaft. Auch ihr Wohlergehen wird durch die Beziehungen zur lokalen Gottheit beeinflusst. Diese persönlichen Kontakte werden durch Rituale wie beispielsweise dem Rauchopfer oder dem Aufhängen von Gebetsfahnen gepflegt. Tibeter stehen in einer engen sozialen Beziehungen zu ihrer lokalen Gottheit, die durch rituelle Handlungen und Opfer sichtbar werden. Abhängig vom Wohlverhalten stellt die Gottheit die Menschen unter ihren Schutz, sie vermehrt Reichtum und Wohlstand und sorgt für die leibliche und seelische Gesundheit. Mit diesen Handlungen versichern sich die Bewohner der Zustimmung und Unterstützung der Gottheit bei vielen Aktivitäten, wie beispielsweise dem Jagen oder Sammeln von Kräutern, die immer einen Eingriff in das Gebiet der Gottheit bedeuten.[13] Dieser Bergkult ist eng mit dem Rhythmus der Jahreszeiten und den entsprechenden landwirtschaftlichen und nomadischen Arbeiten, wie auch dem Handel verbunden und konzentriert sich daher auf das jetzige Leben in dieser Welt. Mit diesem Fokus ist der Bergkult des yul lha Typus eine „säkulare" Verehrung, die den Laien vorbehalten bleibt.

Diese gemeinschaftliche Verehrung der lokalen Gottheit ist zu einer wichtigen Basis für die Konstitution und die Vitalität der lokalen Gemeinden, aber auch für ihre politische Selbstdefinition gegenüber anderen Gruppen geworden.[14] Das Teilhaben an rituellen Handlungen bindet den Menschen in eine Gemeinschaft ein und verpflichtet ihn gleichzeitig, die sozialen, politischen und moralischen Werte dieser Gemeinschaft anzuerkennen und sich ihnen zu unterwerfen.

Das bedeutet jedoch nicht unbedingt, dass das Ritual der Verehrung von Berggottheiten, das in allen ethnisch tibetischen Gemeinschaften bekannt ist, auch zu einer gemeinsamen Identität dieser Gemeinschaften führt. Oft sind die Beziehungen, die eine Gemeinschaft zu ihrer Gottheit hat, so einzigartig, dass sich viele lokale Unterschiede in der rituellen Verehrung herausgebildet haben.

Nun könnte man meinen, dass die Verehrung der gnas ri (lies: neri) als rituelle Handlung, die in einem eher gesamttibetischen Kontext zu betrachten ist, ein Element sei, welches eine gesamttibetische Identität konstituieren könnte. Aber auch diese Annahme wäre nicht ganz zutreffend. Zwar werden die gnas nicht nur von den lokal ansässigen

Menschen verehrt, sondern zu ihnen pilgert jederman, dennoch spielen bei der Verehrung der gnas religiös-politische Interessen oder die Zugehörigkeit zu einer bestimmten Schule des tibetischen Buddhismus eine wichtige Rolle. Und wie auch im Abschnitt zu genderspezifischen Aspekten der Pilgerreisen zu sehen ist, wird nicht jedem überregionalen Pilger der uneingeschränkte Zugang und damit das gesamte Set an rituellen Handlungen zum gnas gestattet. Besonders geschlechtsspezifische Aspekte sind maßgeblich für eine Selektierung.

Mit der „Zivilisierung" des Landes durch die Einführung des Buddhismus, wurden die Götter, Gottheiten und andere Wesen gezähmt und unter Kontrolle gebracht. Viele Texte geben detaillierte Auskunft über die Unterwerfung der Gottheiten und das Installieren des Mandala einer buddhistischen Gottheit in der Landschaft. Es wurde nicht versucht, die indigenen lokalen Gottheiten zu verdrängen, im Gegenteil, sie wurden in den buddhistischen Pantheon aufgenommen, nachdem sie zu Beschützern der buddhistischen Lehre transformiert worden sind. Ihnen wurde sogar erlaubt, zahlreiche Merkmale einer Lokalgottheit beizubehalten, was sie daher zu recht unberechenbaren und auch gefährlichen Wesen macht.[15]

Zwar sind die gnas ri somit zum Fokus des Buddhismus und der Bon-Religion geworden, deren rituelle Verehrung in Form von Umrundungen und meditativen Übungen einen soteriologischen Grund haben, d.h. eine günstige Wiedergeburt bzw. die Erlösung aus dem Kreislauf der Wiedergeburten zu bezwecken, dennoch ist es nicht selten, dass tibetische Pilger auch bei der Verehrung der gnas ri eher einen weltlichen Erfolg vor Augen haben und dafür Rauchopfer darbringen, Gebetsfahnen aufhängen und Gebete für Glück und Erfolg sprechen.[16] Im Gegensatz zur Verehrung der yul lha, werden die „heiligen Berge", die gnas ri, umrundet. Historisch gesehen basieren die meisten der gnas ri auf dem älteren Kult der Lokalgottheiten und haben viele Merkmale letzterer assimiliert und sind somit zu Orten geworden, an denen die Grenzen zwischen der Verehrung der yul lha und der gnas ri nicht mehr eindeutig zu ziehen sind. Hier haben sich archaische Glaubensvorstellungen und die Erfüllung weltlicher Bedürfnisse mit dem Wunsch nach ultimativer Erlösung vermischt.

Die Tradition der Transformation der gnas ri basiert auf schriftlichen Quellen, die meist durch mündliche Überlieferung von Generation zu

Generation weitergegeben werden. Durch die Weitergabe dieser Erzählungen wird die „heilige Landschaft" des Ortes, die die „reale Landschaft" überlagert, auch für denjenigen sichtbar, der ansonsten nicht in der Lage ist, sie zu sehen.[17] Richtet sich die Verehrung der yul lha deutlich am saisonalen Zyklus der bäuerlichen und nomadischen Tätigkeiten aus, werden die günstigsten Zeiten für die Pilgerreise zu den gnas durch die Berechnungen der Astrologen bestimmt, denen buddhistisch-historische Kriterien zugrunde liegen. So werden bestimmten Pilgerorten bestimmte Jahre innerhalb eines Zwölf-Jahreszyklus zugeordnet, die dann die Pilgerreise zu einem besonders erfolgreichen Ereignis machen, denn die Verdienste, die zu dieser Zeit gesammelt werden, sind von größerer Bedeutung. Diese buddhistisch-historischen Kriterien für die Berechnung des Zeitpunkts können das Jahr der „Öffnung der Tür" des Ortes durch einen religiösen Meister, der Geburtstag einer buddhistischen Persönlichkeit oder ein anderes buddhistisches Ereignis sein, anhand derer selbst der genaue Monat oder Tag für solch eine Unternehmung bestimmbar ist.[18]

Ein wichtiges Merkmal des neu entstanden Bergkults ist die Ordnung und Repräsentation der Landschaft bzw. bestimmter topografischer Muster durch das Mandala. Die Berge, die zum gnas ri transformiert worden sind und die mit Entstehungsmythen, Abstammungslinien, der Errichtung von Machtstrukturen und der Legitimierung religiöser und politischer Macht in Verbindung standen, unterlagen nicht einer willkürlichen Auswahl, sondern waren schon seit jeher als kraftvolle Plätze in der Landschaft bekannt. Mit der „Öffnung der Tür" durch einen tantrischen Meister und der Neuordnung des Ortes mittels eines Mandala, sind die machtvollen lokalen Gottheiten und Wesen in den Dienst des Buddhismus gestellt worden und in zweierlei Hinsicht in den weitreichenden Pantheon inkorporiert worden. Sie wurden zu hochrangigen tantrischen Meditationsgottheiten, bzw. zu Mitgliedern des Gefolges einer solchen Gottheit oder sie dienen als „Beschützer der Lehre" auf lokaler Ebene.

Die lokale Gottheit, die einst in diese Welt gehörte und deren Gunst es oblag, weltliche Wünsche zu erfüllen, wurde in eine Gottheit transformiert, die die weltlichen Sphären verlassen hat und deren Interesse die Erlösung aller Wesen aus dem Kreislauf der Wiedergeburten ist. Dies führte zu einer Depersonalisierung in der Ikonographie und zu einer veränderten Sichtweise der Umwelt. Brachte die einst anthropomorphe Darstellung der Gottheit eine starke regionale Bedeutung und recht persönliche Beziehung zwischen Mensch und yul lha zum Ausdruck, so wurde die depersonalisierte Darstellung der Gottheit in Form eines Berges oder Stupa, zu einem universalen Symbol. Damit erweiterte sich die Bedeutung über die regionalen Grenzen hinaus und die Verehrung des gnas ri wurde zu einer rituellen Handlung, die für jedermann zugänglich wurde.

Für ein unmittelbares Treffen mit der Gottheit umrundet der Pilger den heiligen Ort (Berg, Seen, Stupa, Statuen, Orte, Gebäude usw.) und führt verschiedene rituelle Handlungen aus, die auch Bestandteil anderer Verehrungen sind. Durch die Anwesenheit der Gottheit wird der Ort zu einer Quelle „geheiligter Energie", byin gyis brlabs (lies: dschin gyi lab), die vom Zentrum des gnas ausströmt und alles in seinem Umkreis durchdringt. Nach diesem Verständnis sind alle Objekte, d.h. Steine, Wasser, Pflanzen, der Staub der Wege usw., die sich an diesem Ort befinden, Träger dieser „geheiligten Energie". Somit haben sie für den Pilger eine besondere Bedeutung, denn durch das Sammeln dieser Dinge ist man in der Lage, byin gyis brlabs mitzunehmen und sie werden zu einer transportablen „Energiequelle", die man später nutzen oder an andere weitergeben kann.[19] Aufgrund dieser zeitlich nicht gebundenen und zugleich transportablen Form „geheiligter Energie", hat sich eine Art ökonomischer Austausch entwickelt. Einzelne Lama oder monastische Institutionen verteilen gegen Spenden und Opfergaben kleinere Artikel wie Bänder, Stoffstreifen, Pillen, Getreidekörner und vieles mehr, die von dieser Energie durchdrungen sind. Für die meisten Pilger ist das Empfangen dieser „geheiligten Energie" die Motivationsquelle dafür, sich in die Gegenwart eines gnas zu begeben, der wie bereits erwähnt nicht nur ein Berg sein kann, sondern auch eine sakrale Konstruktion wie ein Stupa, eine besondere Statue oder eben ein hochrangiger Geistlicher, der ein temporärer oder permanenter Wohnsitz für die Gottheit sein kannt. Selbst der Sitzplatz einer solchen Persönlichkeit wie beispielsweise der des Dalai Lama ist von dieser Energie durchdrungen und jeder Pilger versucht ihn wenigsten für einen Moment zu berühren, damit diese Energie auf ihn überströmt.[20]

Im Gegensatz zur Göttlichkeit und „geheiligten Energie" des gnas, steht der Körper des Pilgers, der durch physische und mentale Beschmutzung, sgrib (lies: drib) (wörtlich „Fleck" oder „Schatten"), verunreinigt ist. Diese Beschmutzung kommt durch den Kontakt mit verschieden Substanzen oder durch bestimmte gesellschaftlich verachtete Handlungen oder Beziehungen zustande. Gleichermaßen verkörpert sich durch das Übertreten moralischer Werte „Sünde", sdig (lies: dig), im menschlichen Körper.[21] Beides, sgrib und sdig, sind negativ, hinderlich und bedrohlich für die Gesundheit, den Wohlstand, die Fruchtbarkeit oder die Lebensdauer des Menschen und verhindern seinen spirituellen Fortschritt. Die Pilgerreise, bzw. die Umrundung eines gnas ist für Tibeter die fundamentale Methode, Verunreinigungen und moralische Verfehlungen zu tilgen und sich einer „Reinigung" zu unterziehen. Dies geschieht einerseits durch die körperliche Anstrengung, die durch das Tragen von Steinen oder das Prostrieren mit dem ganzen Körper noch erhöht wird, und andererseits durch den transformatorischen Effekt der „geheiligten Energie", die den Ort und alle anwesenden Objekte durchdringt.[22] Zu seinen Beobachtungen über die Praxis der prostrierenden Umrundung des bedeutenden gnas ri Ti-se (Kailash) machte der XIV. Dalai Lama folgende Aussage: „Wenn du eine kreisförmige Pilgerroute gehst, so wie die um den Kailash, berühren die Füße den Boden mit einem großen Abstand dazwischen, aber wenn du dich niederwirfst, berührt dein ganzer Körper den heiligen Boden, um den Kreis zu schließen."[23]

Mit dieser rituellen Transformierung erlangt der Körper einen höheren Status, der sich in Form einer besseren Wiedergeburt, einer Heilung von Krankheiten oder zunehmenden Glücks zeigen wird. Gelegentlich steigt damit auch die soziale Stellung der Person, denn sie selbst ist zum Träger „geheiligter Energie" geworden, an der die Gemeinschaft teilhaben kann.[24]

Genderspezifische Aspekte von Pilgerreisen

Bislang wissen wir recht wenig über Rolle und Status, den tibetische Frauen im Zusammenhang mit Pilgerreisen haben, da dies meist nie ein direkter Gegenstand wissenschaftlicher Auseinandersetzung war.[25]

Der „Reine Kristallberg" (tib.: Dag-pa Shel-ri, lies: Dagpa Schelri) ist ein gnas ri, bei dessen Umrundung „geheiligte Energie" alles und jeden durchdringt und die körperlichen und mentalen Verunreinigungen „abgewaschen" werden. Um diesen Berg gibt es drei Umrundungswege, von denen der Weg in Gipfelnähe komplett und der mittlere Weg teilweise für Frauen gesperrt ist. Somit wird Frauen der Teil des Berges verwehrt, dem die größte rituelle Bedeutung zugemessen wird. Erstaunlicherweise scheint dieser Ausschluss so selbstverständlich zu sein, dass er in Texten kaum Erwähnung findet. Es gibt aber am „Reinen Kristallberg" Stellen, die selbst für jeden Mann nicht ohne weiteres zugänglich sind. Diese Orte sind so furchteinflößend und die Gefahren eines Fehlverhaltens des Pilgers oder der Verunreinigung durch seine Anwesenheit so groß, dass besser nur diejenigen diese Zonen betreten, die rituell bestens dafür vorbereitet sind.[26]

Die historischen Ursprünge für die Ausschließung der Frauen von bestimmten Gebieten des „Reinen Kristallbergs" sind unklar. Die buddhistischen Quellen datieren sie in die Zeit nach der „Zähmung" der lokalen Göttin durch den Yogin gTsang-pa rGya-ras Ye-shes rDo-rje (lies: Tsangpa Gyare Yeshe Dordsche) ins 12. Jahrhundert.[27] In den Erzählungen erfahren wir, dass auf magische Weise zahlreiche Vulven erschienen sind, die durch Penetration gebannt wurden. Erst durch die Unterwerfung der Göttin durch den Yogin und nachdem sie sich selbst in das soziale Ranggefüge eingeordnet hatte, akzeptierte er sie als seine tantrische Partnerin.[28] Die Erzählungen der Zähmung zeigen auf mehrfache Weise die Ablehnung und Schwächung weiblicher Stärke und Eigenständigkeit durch eine männliche buddhistische Macht.

Neben der lokalen Ausgrenzung von bestimmten Teilen der Pilgerrouten gibt es gleichermaßen eine Form der saisonalen Ausgrenzung. Das Dorf am östlichen Bergfuß ist ein bedeutender Punkt in der Infrastruktur des Gebietes um den gnas ri. Dort befinden sich zahlreiche Einsiedeleien, der Hauptschrein der Region und eine Herberge für Pilger. In den Wintermonaten, wenn die Pilgerwege um den Berg geschlossen werden, wird der Ort zu einer beliebten Rückzugsmöglichkeit für Mönche und andere Praktizierende.[29] Zu dieser Zeit müssen die Frauen das Dorf verlassen und für eine Zeit von über sechs Monaten auf der anderen Seite des Flusses der Region leben, denn ihre Anwesenheit während bestimmter Übungen, bei denen die Praktizierenden nahezu unbekleidet versuchen ihre Körpertemperatur ansteigen zu lassen, könnte das angestrebte Ziel durch das Aufkommen sexueller Wünsche und Neigungen zunichte machen und damit hinderlich auf ihrem Weg zur Vervollkommnung sein. Diese Vorstellung von Frauen als sexuelle Ablenkung und damit Bedrohung für männliche Meditierende, stammt aus der klassischen indischen Tradition.

Fragt man Tibeter nach den Gründen der lokalen und lokal-temporalen Ausgrenzung der Frauen, erhält man unterschiedliche Erklärungen. Einerseits liegen diesen Erklärungen unterschiedliche Erzählungen zugrunde, andererseits unterscheiden sie sich auch darin, ob sie vom Volk, d. h. den Laien, oder vom Klerus gegeben werden.

> Von Tsa-ri wird gesagt, dass es ein aus sich selbst entstandener Ort ist, dessen Energie hauptsächlich in die Richtung der Person fließt, die ihn betritt, als umgekehrt. Diese Kraft besitzend, wird Tsa-ri als „wild" und „gefährlich" angesehen [...], selbst für diejenigen, die psychisch-physisch weiterentwickelter sind. Das ist der Grund, weshalb der Ort gefährlich für die Gesundheit von Frauen ist, weshalb eine besondere Vorsicht notwendig ist, die eigenen Wünsche und Bedürfnisse zu kontrollieren, wie die Körperfunktionen, die den Ort verunreinigen können und weshalb Verletzungen der Tradition des Ausschlusses [der Frauen] durch Respektlosigkeit und Arroganz solche schrecklichen Strafen erzeugen [...].[30]

Die Volkserzählungen begründen den Ausschluss der Frauen mit deren weiblichen Charaktereigenschaften Respektlosigkeit, Impulsivität und Neid, im Gegensatz zu männlichem Verhalten, das ehrfurchtsvoll, rücksichtsvoll und vorsichtig ist. Mit diesen negativen Eigenschaften stören Frauen die göttliche Residenz und die Folge dessen sind verschiedene Verbote bis hin zum Tod, die nicht nur die Frauen selbst treffen, sondern sich auf die Mitglieder der ganzen Familie erstrecken können. Um nicht den Unmut der Gottheit heraufzubeschwören, ist es notwendig, dass das rücksichtslose und ungezügelte Verhalten der Frauen durch die von Männern aufgestellten Regeln kontrolliert wird. Ein Überwinden dieser weiblichen Charaktereigenschaften mittels buddhistischer Belehrungen und Praktiken ist zwar innerhalb eines Lebens möglich und würde Frauen damit auch dann Zugang zu allen Stellen des gnas ri ermöglichen, jedoch finden wir einen weiteren Grund für die Ausgrenzung in den buddhistisch konnotierten Erzählungen der Mönche.

Für sie ist die Ausschließung mit der niedrigeren Geburt der Frauen und ihrer Unreinheit begründet, die die absolute Reinheit des gnas beschmutzen würde und so sind viele Stellen, die Quellen besonderer Energie sind, für Frauen nicht zugänglich. Weiterhin wird gesagt, dass Frauen nur wenig Kontrolle über ihre Bedürfnisse, Wünsche und ihren Körper haben, was zur Folge hat, dass sie u.a. ihren Toilettengang nicht kontrollieren und zügeln können, bis sie zu extra ausgewiesenen und in den Pilgerführern aufgelisteten Stellen kommen. Mit dieser unkontrollierten Verrichtung der Notdurft beflecken Frauen den „heiligen Ort".

Ein weiterer Grund für den Ausschluss sind die zahlreichen kleinen selbstmanifestierten Genitalien des Buddha, die in Form von Steinphalli in der Landschaft vorhanden sind. Ihr Anblick sei für Frauen problematisch und zu ihrem eigenen Schutz sind sie daher von diesen Orten ausgeschlossen.[31] Allerdings gibt es am Berg eine Stelle, die ebenfalls eine sexuelle Konnotation aufweist und dennoch von Frauen betreten werden darf. Hier findet man natürlich entstandene Formen männlicher und weiblicher Genitalien, die einen positiven Einfluss auf die Zeugungsfähigkeit kinderloser Paare haben und ihnen zu Nachwuchs verhelfen können.

Nicht nur die Landschaft und die in ihr lebenden Wesen, sondern auch die tibetische Gesellschaft unterliegt starken hierarchischen Ordnungsprinzipien. Diese Hierarchie bildet die Grundlage für den Ausschluss der Frauen von weiten Teilen der rituellen Verehrung des „Reinen Kristallbergs" und weist deutlich auf ihre niedrige soziale Stellung innerhalb der Gesellschaft hin. Zugleich ist aber in den Erzählungen eine Form des Widerstands der Frauen erkennbar. Sie widersetzen sich den bestehenden Strukturen und dem Verbot, bestimmte Stellen des Berges nicht betreten zu dürfen. Mag dies in den männlich dominierten Erzählungen als Respektlosigkeit, Impulsivität oder mangelnde Selbstkontrolle bezeichnet werden, so ist es doch eine Form von Eigenständigkeit und Selbstbestimmtheit der Frauen. Zwar sind gerade heutzutage Tibeterinnen mutiger geworden diese bestehenden Regeln zu brechen, dennoch beten viele Frauen für eine Wiedergeburt als Mann, um so den ersehnten Zugang zu den bedeutendsten Stellen des gnas ri zu erlangen.[32]

Die ökonomischen Aspekte einer Pilgerreise

Pilgerreisen sind nicht nur, wie hauptsächlich angenommen, mit Hingabe, Frömmigkeit und Buße verbunden. Zieht man die Aspekte Länge und Dauer einer solchen Reise und die Vielzahl der Pilger in Betracht, so ist es nur allzu verständlich, dass sich um diese Aktivität ein weites Netz an ökonomischem Austausch entwickelt hat.

Für viele Tibeter ist eine große Pilgerreise ein Vorhaben, das sie nur einmal in ihrem Leben unternehmen, für andere kann sie zu einer Art „Lebensstil" werden. Durch die enormen geographischen Ausdehnungen zwischen den einzelnen Pilgerorten, kann eine Reise schon einmal bis zu zwei Jahre dauern. Um auf diesem langen Weg Nahrung und Unterkunft bezahlen, aber auch Spenden und Opfer an Klöster oder einzelne Personen geben zu können, betreiben viele Pilger während der Reise Handel mit Tieren und anderen Waren. Andere wiederum verkaufen ihr Hab und Gut, um eine solche „Lebensunternehmung" finanzieren zu können. Gerne wird ein daheim erwirtschaftetes Mehr an Agrarprodukten gegen Gold, Silber, Edelsteine, Korallen und Perlen eingetauscht, denn ihr hoher Wert im Vergleich zum Gewicht, erweist sich für den Handel während der Reise als ein guter Vorteil. Neben der Beliebtheit als Schmucksteine, werden viele Edelsteine wegen ihrer medizinischen Wirkung gehandelt. Auch der Handel mit medizinischen Kräutern ist sehr beliebt, da ihr Vorkommen regional oft sehr begrenzt ist, sie aber Bestandteil vieler Rezepturen sind. Und auch die Reisenden selbst sind vor Krankheiten, bedingt durch die Anstrengungen der Reise oder die vielleicht unzulängliche Ernährung, nicht gefeit und bedürfen einer Behandlung.[33]

So entwickelten sich an vielen Pilgerorten z.T. große Märkte, die nicht nur Pilger, sondern auch reguläre Händler aus weiten Teilen Asiens anzogen. Aber auch für Bettler, Gaukler und Scharlatane wurden sie zu Orten, wo man sein Glück versuchte. Besonders eindrucksvoll wird dieses bunte Treiben durch Augenzeugenberichte dargestellt. So schreibt z.B. Susie Rijnhart im Jahr 1897 über das jährlich stattfindende Fest im Kloster Kumbum:

> Bereits einige Tage zuvor war die Straße, die zum Kloster führt, buchstäblich mit Reisenden bedeckt, die aus China, der Mongolei

und allen tibetischen Gebieten anreisten. Einige saßen auf Pferden, schwerbeladene Yaks vor sich hertreibend, andere, von höherem Rang, wurden von stattlichen Kamelen getragen und kamen mit einem großen Gefolge von Pilgern. Es gab Priester mit kahlgeschorenen Köpfen und hölzernen Ranzen über deren Schultern geworfen und Laien mit langer zerfetzter Schafsfellbekleidung und kurzen wild aussehenden Haaren. Als die Pilger ankamen, wurden zuerst die Räume des Klosters besetzt, dann wurden die schwarzen Zelte der Tibeter aufgeschlagen, bis das gesamte Tal und die Hänge zu einem gewaltigen Lager wurden, in dem das Rufen und Lachen von Männern, Frauen und Kindern, das Winseln der Kamele, das Wiehern der Pferde und Maultiere, das Bellen der Hunde, das Geklapper der Gongs und Zimbeln, das Tönen der Hörner und das Klingeln der Glocken wiederhallte. Auf der Hauptstraße zum Tempel waren zahlreiche weiße Zelte der mongolischen und chinesischen Händler, die nicht nur gekommen sind, um dem Buddha ihren Respekt zu erweisen, sondern auch, um ihre Waren auszubreiten, die hauptsächlich aus Bestecken, Nadeln, Stoffstiefeln, Tee, Amulettkästchen, Statuen und anderen Dingen bestehen.[34]

So haben sich ausgeprägte Handelsbeziehungen um die religiösen Feste an Pilgerorten entwickelt. Diese Orte haben z.T. so an Bedeutung gewonnen, dass sie sich unabhängig vom Besuch der Pilger zu beachtlichen Marktzentren entwickelten und ihr eigenes Publikum anzogen.

Oft waren diese Orte weit entfernt von den Zentren der Macht und mit der steigenden ökonomischen Bedeutung und der Massen an Menschen, die zwischen den einzelnen Orten unterwegs waren, bildeten sich starke religiöse und säkularer Strukturen und Autoritäten heraus, die versuchten, dieses Phänomen zu kontrollieren und die Pilger in ein religiöses und politisches Netzwerk einzugliedern, denn eine Pilgerreise ist in vielerlei Hinsicht ein gefährliches Unternehmen. Die physischen Gegebenheiten sind oft alles andere als angenehm und bequem. Nicht nur die Länge der Reise kann ins Extreme gehen, sondern auch die Höhen der zu überquerenden Pässe, der Wind, die enormen Temperaturschwankungen und ein plötzlich auftretender Wetterumschwung zehren an den Kräften der Pilger. Weitere Gefahren sind die steilen Abhänge, Fluten, Erdrutsche oder steinige Trampelpfade, die Verletzungen, Knochenbrüche oder den Tod mit sich bringen können. Nicht zuletzt kann man auf solch einer abenteuerlichen Reise auch Opfer räuberischer Banden werden. Dem Pilger wird also ein hohes Maß an physischer und psychischer Stärke abverlangt, die nicht jedermann aufbringt. Einige Pilger unternehmen daher nur Reisen in bekannte und nicht weit entfernte Gebiete. Um dennoch Verdienste für sich zu verbuchen, die durch den Besuch besonderer Pilgerorte zu erlangen sind, besteht die Möglichkeit, jemand anderen zu bezahlen und auf die Reise zu schicken.[35] Ebenso kann ein mit Bändern geschmücktes Schaf als Ersatz für die daheim gebliebene Person auf die Pilgerreise mitgenommen werden. Gewöhnlich sieht man jedoch junge und alte Menschen, Männer, Frauen und Kinder jeder Herkunft in kleineren und größeren Gruppen durch das Land ziehen, denn bis auf wenige Ausnahmen ist die Pilgerreise eine Unternehmung, die jedermann unternimmt. Die Größe der Anstrengungen und Mühen werden dabei gleichgesetzt mit der Größe des Gewinns, den man aus dieser Reise zieht. So ist es nicht selten, dass man Pilger sieht, die prostrierend oder Steine tragend ihrem Ziel näherkommen.

Pilgerführer als literarisches Genre

In Tibet entwickelten sich zwei Arten geographischer Literatur. Zum einen handelt es sich um Beschreibungen der politischen, zum anderen und für Pilgerreisen maßgeblich, Beschreibungen der religiösen Geographie des Landes. Letztere sind sehr charakteristisch für die tibetische Tradition und sind bekannt als gnas yig (lies: neyig, Pilgerführer), gnas bshad (lies: nesche, Pilgerführer, Ortsbeschreibung), dkar chag (lies: kartschag, Inventarliste) oder lam yig (lies: lamyig, „Reisepass").

Sie beschreiben die geographische Lage und die religiöse Geschichte von Pilgerorten und dienen dem Pilger als eine Art Reiseführer zu diesen Orten. Diese Literatur gehört nicht zur kanonischen Tradition. Oft basiert sie auf mündlich überlieferten Berichten, die von den jeweiligen Autoren gesammelt, ausgearbeitet und in eine schriftliche Form gebracht wurden. Die Länge und der Umfang dieser Reiseführer kann sehr voneinander abweichen und reicht von kurzen Inventarlisten eines Tempels oder Klosters bis hin zur Beschreibung verschiedener Pilgerrouten einer ganzen Region samt aller Orte, die relevant für eine Pilgerreise sind. Stilistisch ähneln sie sich jedoch. Dabei haben sie bestimmte historisch-religiöse Ereignisse zum Thema und binden diese in die Landschaft ein. Ihre Absicht ist es, den Pilger nicht nur durch viele Informationen sicher an den jeweiligen Orten zu geleiten, sondern bestimmte Ereignisse, die den Ort aus anderen heraushebt, wiederzubeleben und den Pilger daran teilhaben zu lassen. Das ist es wohl auch, was diese Beschreibungen bei Tibetern so beliebt und zum festen Bestandteil der oralen Tradition macht. Dabei spielt es keine große Rolle, ob jemand lesen kann, denn die Pilgerführer wurden und werden auch heute noch für das interessierte Publikum von Mönchen, Wärtern der heiligen Orte oder lesekundigen Mitreisenden vorgetragen oder gelesen. Nicht selten ist zu beobachten, dass der Inhalt der Pilgerführer in der oralen Tradierung mit Erlebnissen und Geschichten, die der Autor oder Erzähler am jeweiligen Ort erfahren hat, erweitert wurde und wird. Aufgrund der großen Beliebtheit dieser „Literatur" ist es nicht verwunderlich, dass sie als Vorlage für Volkslieder benutzt wird, die nicht nur der Unterhaltung dienen, sondern auch bis zu einem gewissen Maß historisches und religiöses Wissen vermitteln. Wenn vielleicht im wahren Leben nie die Möglichkeit besteht, die Pilgerreise zu vollziehen, so hat der Sänger oder die Sängerin diese Möglichkeit wenigstens im Geiste. Als Beispiel seien hier Auszüge aus einem Volkslied angeführt, das der Unterhaltung während der Arbeit dient.

Ich kenne die Erzählung von gDan-sa-mthil.[36]

Auf dem Weg nach gDan-sa-mthil[37] gibt es einen Fluss.[38]
Am großen Fluss befindet sich die lHa-gdong shan-kha [39][Fähre].
Mit dem schwarzen Lederboot überquert man den großen Fluss.
Mit dem Pferdekopf-Boot, überquert man den kleinen Fluss.

Auf dem Weg nach gDan-sa-mthil gibt es eine Ebene.
In dieser großen Ebene befindet sich Nag-gzhongs phye-ma[40].
Die große Ebene rollt dahin, wie chinesisches Papier.
Die kleine Ebene rollt dahin, wie Wolltuch.

Auf dem Weg nach gDan-sa-mthil gibt es einen Pass.
Der große Pass ist der rGod-dkar la[41].
Große Pässe steigen wie Treppenstufen auf.
Kleine Pässe sind wie das Überschreiten einer Schwelle.

Als der Junge in gDan-sa-mthil ankam,
als er zur Wohnstätte des Phag-mo gru-pa pilgerte,
sagte Phag-mo gru-pa [42] folgendes:
Es ist notwendig in gDan-sa-mthil ein kleines Kloster zu errichten.

[...]

Schaut man von der Rückseite des dahinterliegenden Berges, scheint es sich zu erheben.[43]
Schaut man von der Vorderseite des dahinterliegenden Berges, scheint es zu verweilen.
Der dahinterliegende Berg ist von hundert Felsendächern umgeben.
Geier schweben hoch am Himmel, Dharmafreunde.

Der rechte Berg ist von hundert spa ma[44] [Büsche] umgeben.
Der Wohlgeruch der spa ma [Büschen], Dharmafreunde.
Der Berg im Vordergrund ist von hundert gelben Getreide[sorten] umgeben.
Die Speise aus gelbem Getreide ist schmackhaft, Dharmafreunde.

Der linke Berg ist von hundert shug pa[45] [Bäumen] umgeben.
Die shug pa [Bäume] haben gute Äste, Dharmafreunde.
Ich bewundere das Kloster da oben.
Ich glaube an den Lama da oben.

Jugend, nach kostbaren Unterweisungen, fragt oben.[46]
Wurde das schwarze Haar geschnitten, wurde es oben geschnitten.
Wurde der weiße Türkisreif zerschlagen, wurde er damit zerschlagen.
Es wurde nicht gesagt, den weißen Türkisreif zu zerschlagen, Dharmafreunde.

Es wurde nicht gesagt, die Haare zu schneiden, älteres Paar.
Wer hat, soll Butterlampen opfern.
Wer nicht hat, soll Umrundungen ansammeln.
Ich habe die Erzählung des Ortes beendet.

Die Wiederbelebung der Pilgerreisen in den 1980er Jahren

In den 1950er Jahren wurden religiöse Aktivitäten durch Verbote der chinesischen Regierung so stark eingeschränkt, dass sie in vielen Bereichen nahezu zum Erliegen kamen. Zwar betonte die chinesische Regierung anfänglich das Recht der nationalen Minderheiten, ihren kulturellen und religiösen Traditionen folgen zu können, denn die Minderheiten seien so rückständig und der Weg noch sehr lang, bis sie eigenständig diesen Aberglauben aufgeben und erkennen würden, dass der Sozialismus die bessere Gesellschaftsform sei. Jedoch änderte sich diese Meinung mit der Kulturrevolution. Hier stand die Assimilierungspolitik mit ihrer Betonung der Klassenidentität und der Abschaffung einer ethnischen Identität an oberster Stelle. Das Mitte der 1950er Jahre eingeführte Haushalts-Registrierungs-System wurde zu einem effektiven Mittel, die Bevölkerung zu kontrollieren. Neben den Bevölkerungszahlen wurden auch Beruf, Ausbildung, ethnische Zugehörigkeit und Klassenstatus registriert. Besonders die Angaben zur Klassenzugehörigkeit wurden dazu benutzt, die Bevölkerung nach „schlechtem" oder „gutem" Klassenhintergrund einzuteilen. Zu den Menschen mit schlechtem Klassenhintergrund zählten frühere Oberhäupter, Großgrundbesitzer und Angehörige des Klerus, die nun unter besonderer Kontrolle standen. Sämtliche Aktivitäten wurden beobachtet, so dass an die Ausübung ritueller Handlungen in der Öffentlichkeit nicht zu denken war. Pilgerreisen wurden von der Regierung als feudales Überbleibsel verdammt und als eine Verschwendung der Zeit betrachtet, die schädlich für die Produktion sei. Mit der Kollektivierung des Landes und des Eigentums wurde auch die Bevölkerung kollektiviert. In Arbeitsbrigaden organisiert, nahm man selbst die Mahlzeiten gemeinsam ein.[47] Zudem wurde ein „Arbeitspunkte"-System eingeführt, dass das tägliche Leben eines jeden stark reglementierte und kontrollierte.

Zu Tagesanbruch wurde ein Gong geschlagen, der den Beginn der Arbeit ankündigte. Nachdem sich die Dorfbewohner versammelt hatten, kontrollierte der Produktionsleiter die Anwesenheit. Wenn jemand nicht da war, wurden seine oder ihre Arbeitspunkte für den Tag gestrichen. Am Abend versammelten sich die Dorfbewohner wieder und die Arbeit eines jeden wurde öffentlich ausgewertet. Die Arbeitspunkte wurden jeden Tag festgehalten. Nach der Auswertung gab der Leiter die Anweisungen für den nächsten Tag. Jeden zweiten oder dritten Tag gab es eine Politsitzung, in der die Tageszeitung oder andere offizielle Dokumente der Chinesen öffentlich vorgelesen wurden, um anschließend diskutiert zu werden. Es war ein wenig absurd, dass viele ältere Leute, die kein Chinesisch verstanden, trotzdem anwesend sein mussten. [...] Am Ende jedes Jahres wurde dann die Ration an Getreide auf der Basis der Arbeitspunkte errechnet.[48]

Selbst die Möglichkeit eine Pilgerreise zu nahe gelegenen Pilgerorten wurde dadurch unterbunden, denn die Abwesenheit von der Arbeit bedeutete Kürzungen der Lebensmittelration und wurde zu einem existenziellen Problem. Mit der „Anti-Aberglauben Kampagne" 1957, wurden alle Götter und Geister abgeschafft. Zur einzigen „Quelle des Glaubens" wurde das „kleine rote Buch" Maos und jeder hatte täglich über sein Verhalten Rechenschaft abzulegen. Der öffentliche Druck und die gegenseitigen Kontrollen waren so groß, dass niemand ein Fehlverhalten gewagt hätte. Neben der Streichung der Arbeitspunkte gehörten Sitzungen, in denen Selbstkritik geübt wurde, zur gängigen Bestrafung. Verweigerte man dies, konnte die Folge Gefängnis sein.[49]

Mit den 1980er Jahren änderte sich die Haltung der Partei in Bezug auf die Ausübung religiöser Aktivitäten erneut. Zwar war die nationale Einigung des Staates weiterhin oberstes Ziel, jedoch räumte die Regierung den nationalen Minderheiten das Recht ein, in eingeschränktem Maße ihre kulturellen und religiösen Traditionen fortzuführen. Auch die Produktionsmethoden änderten sich. Die Dorfbewohner bekamen mehr

Autonomie und die Erfüllung der Produktion wurde der Verantwortung der Familien überlassen. Damit wuchsen die Möglichkeiten eine Pilgerreise zu unternehmen. Viele der Kinder und jungen Erwachsenen, die während des kommunistischen Regimes aufgewachsen sind, haben bis dahin keinerlei Erfahrungen in der öffentlichen Ausübung religiöser Traditionen machen können. Neben vielen anderen religiösen Aktivitäten erlebte die Pilgerreise eine starke Revitalisierung und wurde zu einem bedeutenden rituellen Ereignis.[50] Diese große Wiederbelebung ist jedoch nicht gleichermaßen für alle Pilgerorte zu beobachten. Durch die eingeschränkte Erlaubnis nur wenige der zerstörten Klöster und religiösen Strukturen wieder zu errichten, heben sich diese wiederbelebten Orte aus der Vielzahl der einst vorhandenen Pilgerorte heraus und es wird ihnen oft eine zentrale Bedeutung zugeordnet, als sie sie zuvor hatten. Aber auch ein modernerer Lebenstil, der einerseits durch eine größere Mobilität gekennzeichnet ist und dadurch die Möglichkeit für lange Reisen erleichtert, der andererseits wenig interessiert an körperlichen Anstrengungen ist, aber auch die größere Einbindung in Arbeit und Ausbildung, fördert die Attraktivität bestimmter Pilgerorte. Die individuelle Pilgerreise scheint heutzutage mehr und mehr von einer Art Massenpilgerreise abgelöst zu werden, die zu bestimmten religiösen Festen des jeweiligen Pilgerortes unternommen wird. Und auch die Tendenz der Vermarktung landschaftlicher Schönheit und ethnischer Kultur durch die Tourismusindustrie in den letzten Jahren hat dazu beigetragen, dass viele der einst bedeutenden Pilgerorte zwar immer noch als „heilige Orte" von den Tibetern angesehen werden, ihre Bedeutung als Ort der rituellen Verehrung jedoch abgenommen hat.

Die Veränderungen, der die Pilgerreise in den vielen Jahrhunderten unterlag, reflektieren die sozialen und politischen Einflüsse der jeweiligen Zeit. Zwar hat die Pilgerreise eine Wiederbelebung erfahren, dennoch ist festzuhalten, dass die Freiheit des religiösen Lebens nicht uneingeschränkt wiederhergestellt ist, und dass die staatliche Politik zur Ausübung der Religion von Region zu Region unterschiedlich interpretiert und angewandt wird. Auf der einen Seite stehen Rückbesinnung und Wiederbelebung alter Traditionen, auf der anderen Seite sind Tibeter mit den Entwicklungen und Auswirkungen des modernen Lebens und der politischen Macht konfrontiert. Wie sich dieser Zustand auf die kulturelle Identität und das alltägliche und religiöse Leben der Tibeter auswirkt, ist derzeit nur exemplarisch zu beantworten. Für umfassendere Aussagen werden zukünftige Forschungen notwendig und wichtig sein.

Inv. Nr. 25.28:20 Slg. Stoetzner (Foto Maas)
Plattflasche (tib.: chang dam, lies: tschang dam), Eisen, Reste von Silbertauschierung. H 51 cm, hängend ca. 80 cm, D 39 cm, T ca. 20 cm, Osttibet.
Stoetzner: „Tatsienlu, 20.7.14. „Wein"-flasche. Der Herstellungsort nach Sörensen war Tschiamdo, wo sie jetzt aber nicht mehr gemacht werden sollen. Sie sind in ganz Osttibet sehr selten, besonders in dieser Größe".
Diese laut Roth / Ronge (1989: 4-26) typisch osttibetischen Flaschen zur Mitnahme von Bier oder Wein auf Reisen und zur Feldarbeit sind flach und aus Eisen, um den Beanspruchungen beim Transport zu widerstehen. Sie wurden in Chamdo (tib.: Chab mdo, lies: tschamdo) und Derge (tib.: sDe dge, lies: dege) hergestellt, im 20. Jahrhundert jedoch nicht mehr gemacht.
Publiziert: Roth / Ronge 1989: 4-26 A. (S. K.)

Inv. Nr. 25.28:34 und 35 Slg. Stoetzner (Foto Maas)
Schnapsflaschen (chin.: jiuping (Nr. 34), tib.: ar dam / ar rdza, lies: ar dam / ar dsa (Nr. 35)).
Nr. 34. Schwarze Irdenware. H 17 cm, B 12,7 cm, T 10,5 cm.

Nr. 35. Rötlichgraue Irdenware. H 14,3 cm, B 10,2 cm, Tiefe 6,5 cm, Osttibet Stoetzner Nr. 34: „Dawo. Keramische Schnapsflasche, hergestellt in der Umgegend."
Nr. 35: „Hsütsing. Kleine verzierte keramische Schnapsflasche mit kleinem seitlichem Saugloch."
In solchen Flaschen nimmt man Schnaps auf Reisen mit. Der Stöpsel dazu wird aus Tsampateig geformt. (S. K.)

Inv. Nr. 25.28:42, 25.28:43 und 25.28:46 Slg. Stoetzner (Foto Maas)
Schalenbehälter (tib.: dkar shubs, lies: kar schub)
Nr. 42. Messing. H 8 cm, D max 18,5 cm. Publiziert: Roth / Ronge: 17,4.
Nr. 43. Wolle (Yak und Schaf?), Holzspan, Leder. H 7,4 cm, D max. 13 cm
Nr. 46 Leder, Steinzeug. H max. 10 cm, D max. 19 cm, B ges. 57 cm. Im Futteral 3 Schalen aus Steinzeug, mit bräunlichen Vertikalstreifen unter der Glasur dekoriert.

Stoetzner Nr. 42: „Tatsienlu 7.7.14. Messingfutteral selten schöner getriebener tibetischer Arbeit, für einen Zanbanapf oder Theeschale."
Nr. 43: „Tatsienlu 29.6.14. Aus Wolle selbstgemachtes Futteral für eine Porzellan-Theeschale. Es wird von den Tibetern auf der Reise benutzt".
Nr. 46: Keine Angaben von Stoetzner. Laut Inventarbuch erworben in Tatsienlu. In solchen Schalenbehältern (tib.: dkar

shubs, wörtl.: Porzellan-Behälter) führt man die eigene Ess- und Teeschale mit sich. Das Essen von fremden Essgeräten verletzt Reinheitsvorstellungen und kann Unpäßlichkeiten nach sich ziehen (Roth / Ronge 1989: 4 –58,1). Je nach Wohlstand und sozialer Stellung des Trägers variiert das Material. Nr. 42, ein Metallbehältnis mit Scharnierdeckel, ist aus Messing getrieben, ziseliert und punziert, und zwar auch an der Standfläche, die während des Transports ja vor allem zu sehen ist. Deckel und Boden zeigen je drei Wesen, die aus Fisch und Fischotter kombiniert sind („behaarte Fische") (Detailfoto). Sie gehören zu den sog. „siegreichen Wesen der Harmonie" – die sich jeweils aus einem Tier und seinem traditionellen Feind zusammensetzen (Beer 1999: 73). Hier bilden sie die Form eines „Freudenrades" (vgl. Nr. 25.28: 19). Im Gegensatz zum häufiger benutzten Schalenbehälter aus Textil (Nr. 43) oder Leder (Nr. 44) ist die metallene Ausführung aufwendiger in der Herstellung, schützt aber den Inhalt auch besser. Sie wird dementsprechend gern für besonders empfindliche Materialien (Porzellan, Jade) verwendet und weist auf den hohen gesellschaftlichen Status des Benutzers und seine daraus folgende Repräsentationspflicht hin. (S. K.)

Inv. Nr. 25.28:47 Slg. Stoetzner (Foto Maas)
Pilgersack eines Lama, Wollköper, Leder. H 40 cm, D max. 22 cm, Osttibet.
Stoetzner: „Lianghokou, Wassuland westl. von Taokwan Farbiger Sack aus Tuch, der von Wassufrauen gemacht ist. Er hat einem

Wassu-Lama als Rucksack auf seiner Pilgerfahrt nach Lhasa gedient."
Im Sack befanden sich die Objekte Nr. 25.28: 48-54.

Inv. Nr. 25.28:48 und 49 (Foto Maas)
Holzdosen für Gewürze (tib.: sur phor, lies su phor) und für Butter zur Krankenheilung (tib.: sngags phor, lies: nag phor) aus dem Pilgerrucksack Nr. 25.28:47
Nr. 48: Astholz, poliert. H 3 cm, D 5,7 cm.
Nr. 49: Holz, rotschwarzer Lack. H 4,4 cm, D 5,3 cm.
Stoetzner: Nr. 48: „Lianghokou, Wassuland westl. Taokwan Holzbüchschen aus einem Lamapilgerrucksack [...]."
Nr. 49: „Aus dem Lamapilgerrucksack [...]. Kleines Holzgefäß mit Deckel. Darin Fett, das vom Lama aus Lhasa mitgebracht wurde. Er verwandte es als Heilmittel. Z.B. rieb er einem Diener von mir damit die Schläfen ein, weil der Kopfschmerzen hatte. Beim Kauf nahm er sich das meiste Fett zurück."
Dose Nr. 48 ist eine typische Chili-Dose. Die tibetische Bezeichnung für Nr. 49, nag phor oder nag mar phor wa bedeutet Mantra-Dose bzw. Dose für Mantra-Butter. Der Lama spricht Mantren über der Butter und verwendet sie zur Krankensalbung. Als Gegengabe erhält er Geld für die Reisekasse. (S. K.)

Inv. Nr. 25.28:50 (Foto Maas)
Opferlämpchen aus Ton (tib.: rdza bzhu, lies: dsa schu) aus dem Pilgerrucksack Nr. 25.28: 47 (Foto Maas)

Schwarze Irdenware, Wolldocht, Papier*. H 8,9 cm, D 5,5 cm - 5,7 cm.
Stoetzner: „Lianghokou, Wassuland westl. Taokwan Aus dem Pilgerrucksack [...]. Opferlämpchen aus gebranntem Ton. Ebensolche standen auch im Tempel des Lama vor den Götterbildern."*
*Es ist fraglich, ob der Wollfaden und das in der Lampe befindliche Papier zum Originalzustand gehören.

*Inv. Nr. 25.28:51 und 52 (Foto Maas)
Zwei Torma-Modelstäbe (tib.: gto par, lies: to par* / zan spar / zan par, lies sän par) aus dem Pilgerrucksack Nr. 25.28:47, geöltes Holz. Nr. 51: L 29,8 cm, H max. 2, 9 cm. Nr. 52: L 30 cm, H max. 2, 8 cm.
Stoetzner: „[...] Zwei Holzstäbe um aus Zambateig Reliefs zu drucken. Bedeutung der Figuren nach Aussagen des sehr ungebildeten Lama auf Papierabzügen beigebunden. Verständigung war sehr schwer, da der Lama fast garnicht chinesisch sprach. Deshalb Richtigkeit der Erklärungen fraglich. Der hier genannte zweite Stab ist 25.28:51."
Die bei Stoetzner genannten „Papierabzüge" mit Erklärungen fehlen.
Auf den vier Längsseiten der Stäbe sind verschiedene Tiere, Menschen- oder Dämonengestalten und Reiterfiguren eingeschnitzt, auf Stab Nr. 51 zusätzlich Opfergaben und Glückssymbole, auf Stab 52 die 8 Trigramme der (ursprünglich chinesischen) Yi-Jing-Divinationsmethode. In solchen Modeln werden Tormas (Opferkuchen) als Gaben für Berggötter und niedere Geister gepresst. Sie die*

nen für Heilung oder Abwehrzauber und sind nur bei Buddhisten der Nyingma-Richtung und bei Bön-Pos in Gebrauch (Essen / Thingo 1989-II: 239). Die aus der Model gepressten Formen dienen dazu, das Unheil oder die Krankheit anstelle des Betroffenen aufzunehmen, oder um Opfergaben darzustellen. Sie werden auf Opferteller auf speziell errichteten Altären gelegt, wo durch rituelle Gesänge das Unheil in sie übertragen wird. Die betreffenden Rituale können dö- (tib.: mdos, lies: dö, „Schutz-"), lü- (tib.: glud lies: lü, „Lösegeld- / Sündenbock-"), oder to- (tib.: gto lies: to, „Exorzismus-") Rituale sein.

*Die Bezeichnung do par bedeutet laut Ronge „Model-Form für die Geisteraustreibung". Die (in Zentraltibet) üblichere Bezeichnung scheint sän par zu sein. (S. K.)

Inv. Nr. 25.28:53 (Foto Saal)
Dreifuß aus dem Pilgerrucksack Nr. 25.28:47
Eisen. H 14,8 cm, D 16 ca-17 cm (montiert).
Stoetzner: „[...] Tibetischer Dreifuß zum Zusammensetzen. Kommt angeblich aus Meri Gomba, das über 20 Tagereisen westlich von Lhasa liegen soll."
Solche Dreifüße dienen zum Aufstellen eines kleinen Tellers mit Opfergaben. (S. K.)

Inv. Nr. 25.28:54 (Foto Maas)
Pillenbeutel („Mehlsack") (tib.: sman khug, lies: män khug) aus dem Pilgerrucksack Nr. 25.28:47, Leder, Woll- und Baumwollstoff. H 34 cm, D 17 cm.
Stoetzner: „Tatsienlu 2.7.14. Mehlsack aus Leder und selbstgewebtem Tuch für Haus und Reise. War bei Kiala in Gebrauche. Die Stoffmuster sind dieselben wie bei den Wassu."
Der Sack enthält keine Spuren von Mehl, und N. Ronge vermutet, dass er eigentlich für Pillen benutzt wurde. Er bezeichnet ihn daher als män khug, d.h. Medizinbeutel. Für einen Facharzt ist der Beutel zu klein, für einen reisenden Lama, der Heilungen vornahm, jedoch genau richtig. (S. K.)

Inv. Nr. 25.28:96 Slg. Stoetzner (Foto Saal)
Amulettbehälter mit Andenken an eine Pilgerfahrt (tib.: ga´u, lies: ga-u), Messing, Kupfer, Leder. Inhalt: Papier, Textil. 12 cm x 9,5 cm x 3,3 cm, Osttibet.
Stoetzner: „Lianghokou Wassuland westl. von Taokwan 23.4.14. Amulettkästchen aus Messing und Kupfer. Wird auf der Brust getragen. Herstellungsort war jedenfalls Hsiangdschen südwestl. von Litang. Bemerkenswerter Inhalt besteht aus Andenken des Lama an seine Pilgerfahrt nach Lhasa und Hochtibet, wo er Prüfung machte. Viele Kleiderfetzen von Buddha-Inkarnationen und ein Amulettdruck, den er nach der Prüfung geschenkt bekam. 4000.-"

Inv. Nr. 25.28:159 Slg. Stoetzner
Pilgerlanze / Wanderstab (tib.: mdung, lies: dung), Eisen, Holz, Leder. L Schaft 137, Spitze ca. 30 cm, D max 3 cm, Osttibet.
Stoetzner: „Tatsienlu 2.7.14. Kurze Lanze mit einsenbeschlagenem Schaft, wie sie von wandernden Lamas zum Schutze gegen wilde Tiere, zugleich aber als Wanderstab getragen wird."
Lanze mit zweischneidiger Eisenklinge. Die Eisenumwicklung des Schafts dient zur Stabilisierung, da es in Tibet kein gutes Schaftholz gibt (Rockhill o.J: 713). Über dem oberen Teil der Klinge steckt eine genähte Lederscheide. Über diese ist eine frei bewegliche Ledermanschette von ca. 6 cm Breite geschoben, geschmückt mit Blüten(?)-Dekor in Ajour-Arbeit. Sie dient zum Festzurren der Scheide auf der nach oben hin breiter werdenden Klinge. (S. K.)

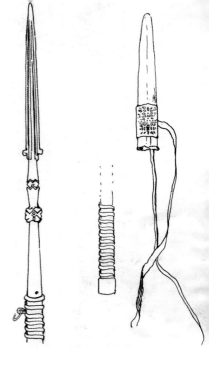

Inv. Nr. 25.28:263 Slg Stoetzner
Pilgerhut eines/einer Geistlichen (tib.: gnas skor ba 'i chas byes, lies: nä korwä tschäscha), Baumwollstoff, Besatz Wolle. H 25 cm, B 27 cm.
Stoetzner: „Lianghokou Wassuland westl. von Taokwan 26.4.14. Mütze eines Lama, von einer Form die ich nur hier (Bömbukult) beobachtete. 1500.-"

Solche Pilgerhüte werden nur von Mönchen und Nonnen getragen, und zwar vor allem, aber nicht nur, von den Angehörigen der Nyingmapa. N. Ronge zufolge ist man in Tibet der Meinung, dass die Form aus Indien stammt. Er scheibt „gnas skor ba'i byas zha", wohl für zentraltibetisch „gnas skor ba'i byes zhva". Bedeutung etwa: Pilger-Wanderhut. (S. K.)

*Inv. Nr. 25.28:310 Slg Stoetzner (Foto Saal)
Großer Lederkoffer (tib.: ko sgam, lies: ko gam), Holz, Leder, Baumwollstoff, Metall.
B ca. 81 cm, H ca. 46 cm, T max. 30,5 cm.
Stoetzner: „Tatsienlu 6.7.14 Tibetischer Holzkoffer, lederbespannt und mit Messing beschlagen. Er ist in weiches Leder eingenäht und [unlesbar]. Das wird mit allen Kisten und Koffern gemacht, die mit auf die Reise genommen, also auf die Packtiere geschnürt werden. Das weiche Leder legt sich beim Zusammen [unlesbar] fest um den Koffer."
Koffer dieser Art haben das richtige Format für das Einlegen von Büchern. Sie werden jedoch auch zum Transport anderer Gegenstände verwendet. (S. K.)*

Bibliographie

Buffetrille, Katia
1998 Reflection on Pilgrimages to Sacred Mountains, Lakes and Caves. In: Alex McKay (Hrsg.), Pilgrimage in Tibet, S. 18-34. Richmond.
1999 The Blue Lake of A-mdo and its Island: Legends and Pilgrimage Guide. In: Toni Huber (Hrsg.), Sacred Space and Powerful Places In Tibetan Culture, S. 105-124. Dharamsala.
2000 Pèlerins, Lamas et Visionnaires. Sources Orales et Écrites sur les Pèlerinages Tibétains. Wien.

Ekvall, Robert / Downs, J.F.
1987 Tibetan Pilgrimage. Tokyo.

Ferrari, Alfonsa
1958   mK'yen brtse's Guide to the Holy Places of Central Tibet. (Serie Orientale Roma, XVI) Roma.

Goldstein, Melvyn / Kapstein, Matthew (Hrsg.)
1998   Buddhism in Contemporary Tibet. Religious Revival and Cultural Identity. Delhi.

Grothmann, Kerstin
2002   „…wie der süße Duft der Blumen…" – Die ar gzhas. Eine Untersuchung tibetischer Arbeitslieder aus dem Bereich des traditionellen Bauhandwerk. (Magisterarbeit), Humboldt Universität zu Berlin.

Huber, Toni
1992   Why can't Women climb Pure Crystal Mountain? Remarks on Gender, Ritual and Space at Tsa-ri. In: Per Kvaerne, (Hrsg.), Tibetan Studies. Proceedings of the 6th Seminar of the International Association for Tibetan Studies Fragernes 1992. The Institute for Comparative Research in Human Culture, Oslo.
1999a   Putting the Gnas Back into the Gnas-skor: Rethinking Tibetan Pilgrimage Practice. In: Toni Huber (Hrsg.), Sacred Space and Powerful Places In Tibetan Culture, S. 77-104. Dharamsala.
1999b   The Cult of Pure Crystal Mountain. Popular Pilgrimage and Visionary Landscape in Southeast Tibet. New York.
2000   The Guide To India. A Tibetan Account by Amdo Gendun Chöphel (1903-1951). Dharamsala.
2002   Ritual Revival and Innovation at Bird Cemetery Mountain. In: Toni Huber (Hrsg.), Amdo Tibetans in Transition. Society and Culture in the Post-Mao Era, S. 113–145. Leiden.

Johnson, Russell / Moran, K.
1999   Tibet's Sacred Mountain: The Extraordinary Pilgrimage to Mount Kailas. Rochester.

Karmay, Samten
1998   The Arrow and the Spindle. Studies in History, Myths, Ritual and Beliefs in Tibet. Kathmandu.

Lemaire, Ton
1970   Filosofie van het landschap. Baarn, Ambo.

Lopez, Donald S.
1997   Religions of Tibet in Practice. New Delhi.

Martin, Dan
1996   Tables of Contents (dKar chag). In: José I. Cabezón & Roger R. Jackson (Hrsg.), Tibetan Literature. Studies in Genre, S. 500-514. New York.

Newman, John
1996   Itineraries to Sambhala. In: José I Cabezón & Roger R. Jackson (Hrsg.), Tibetan Literature. Studies in Genre, S. 485-499. New York.

Peng Wenbin
1998   Tibetan Pilgrimage in the Process of Social Change: The Case of Juizhaigou. In: Alex McKay (Hrsg.), Pilgrimage in Tibet, S. 184-201. Richmond.

Rijnhart, Susie
1901   With the Tibetans in tent and temple. Narrative of four year's residence on the Tibetan border, and of a journey into the far interior. Edinburgh.

Spengen, Wim van
1998   On the Geographical and Material Contextuality of Tibetan Pilgrimage. In: Alex McKay (Hrsg.), Pilgrimage in Tibet, S. 35-51. Richmond.

Wylie, Turrell V.
1962   The Geography of Tibet according to the 'Dzam-Gling-rGyas-
        bShad. Roma.

Anmerkungen

[1] Vgl. Lemair 1970: 90 nach Spengen 1998: 36.
[2] Vgl. Huber 1999b: 14.
[3] Vgl. Huber 1999a: 79.
[4] Vgl. Huber 1999a: 80.
[5] Vgl. Huber 1999b: 25.
[6] Vgl. Buffetrille 1998: 19.
[7] Vgl. Buffetrille 1998: 19.
[8] Vgl. Huber 1999b: 25f.
[9] Vgl. Huber 1999b: 26.
[10] Vgl. Huber 1999a: 80.
[11] Vgl. Buffetrille 1998: 20.
[12] Vgl. Buffetrille 1998: 20f.
[13] Vgl. Karmay 1998: 432.
[14] Vgl. Huber 1999b: 23.
[15] Vgl. Buffetrille 1998: 21 und Huber 1999b: 24.
[16] Vgl. Huber 1999b: 23.
[17] Vgl. Buffetrille 1998: 22.
[18] Vgl. Buffetrille 1998: 22.
[19] Vgl. Huber 1999b: 15.
[20] Vgl. Huber 1999b: 16.
[21] Vgl. Huber 1999a: 90.
[22] Vgl. Huber 1999b: 17.
[23] Huber 1999b: 17.
[24] Vgl. Huber 1999b: 18.
[25] Einen wichtigen Beitrag zur Erforschung dieser Thematik wurde von Prof. Toni Huber geleistet, dessen Untersuchungen zur Verehrung des Dag-pa Shel-ri, des „Reinen Kristallbergs", in der Region Tsa-ri hier als Beispiel dienen sollen. Siehe Literaturverzeichnis.
[26] Vgl. Huber 1992: 359.
[27] Vgl. Huber 1992: 352.
[28] Vgl. Huber 1992: 352.
[29] Vgl. Huber 1992: 357.
[30] Huber 1992: 358.
[31] Vgl. Huber 1992: 356f.
[32] Vgl. Huber 1992: 363.
[33] Vgl. Spengen 1998: 42.
[34] Rijnhart 1901: 115 zit. nach Spengen 1998: 41.
[35] Vgl. Spengen 1998: 43.

[36] Vgl. Grothmann 2002: 103 ff.
[37] gDan-sa-mthil (lies: Densathil) wurde 1158 von Phag-mo gru-pa rDo-rje rGyal-po (1110-1170) als Meditationsort gegründet, der anfänglich nicht mehr als eine Hütte aus Schilf war. Erst nach seinem Tod wurde ein Tempel gebaut, der sich zu einem großen Klosterkomplex entwickelte, jedoch in dieser Form heute nicht mehr existiert.
[38] Der beschriebene Weg ist eine bekannte Pilgerroute, die in Lhasa beginnt, den sKyid chu (lies: Kyidtschu) Fluss überquert, anschließend durch bDe-chen rdzong (lies: Detschen Dsong), weiter über den rGod-dkar Pass führt, südlich zum Kloster bSam-yas (lies: Samye) verläuft und dann nördlich des gTsang-pos (lies: Tsangpo) flussabwärts nach gDan-sa-mthil führt.
[39] Lies: Lhadong Schenkha.
[40] Schreibweise unsicher. Lies: Nagschong Tschema.
[41] Lies: Gökar La.
[42] Phag-mo gru-pa rDo-rje rGyal-po ist der Begründer einer Dynastie, die im 14. und 15. Jahrhundert in Tibet herrschte. gDan-sa-mthil wurde in dieser Zeit zu einer Art religiöser Hauptstadt. Das Kloster beherbergte eine Statue Phag-mo gru-pa rDo-rje rGyal-pos, die in der Lage ist zu sprechen und die Pilger segnet. Vgl. Ferrari 1958: 47, 121 und Wylie 1962: 47.
[43] In den folgenden Zeilen werden die besonderen geomantischen Merkmale aufgezählt, die diesen Ort zu einem „Fokus von Energien" machen.
[44] Lies: Pama. Wird für Räucherwerk benutzt.
[45] Lies: Schugpa. Wacholder.
[46] Die folgenden Zeilen beschreiben verschiedene Arten, seinen Glauben zu praktizieren. Man kann sich das Haar schneiden, allen weltlichen Schmuck ablegen und ins Kloster eintreten, oder man umrundet den Ort und opfert Butterlampen.
[47] Vgl. Wenbin 1998: 190f.
[48] Wenbin 1998: 191.
[49] Vgl. Wenbin 1998: 192.
[50] Vgl. Huber 2002: 139.

Gewalt
in tibetisch-buddhistischen
Gesellschaften

Toni Huber

Vorwort

Einen Essay über Gewalt in tibetischen Gesellschaften[1] für heutige westliche Leser zu schreiben, ist keine einfache Aufgabe. Das Problem liegt in der beständigen Art und Weise, in der Tibeter und ihre buddhistische Kultur in den letzten paar Jahrzehnten einer globalen Öffentlichkeit präsentiert wurden. Wir haben schon so häufig von „friedvollen" und „gewaltlosen" tibetischen Buddhisten gehört und gelesen, dass wir es oft als selbstverständlich erachten, dass dies eine entscheidende und grundlegende Qualität der tibetischen Bevölkerung ist. Die folgende Erklärung zum Beispiel ist typisch dafür, wie der vierzehnte Dalai Lama erst kürzlich sein Land und seine Kultur gegenüber der westlichen Welt dargestellt hat:

„Durch viele Jahrhunderte hindurch hat die Kombination aus tibetischer Kultur und ihrer einzigartigen Umgebung zur Entwicklung einer friedvollen Kultur geführt. Außerdem hat der Buddhismus diese vertiefend in eine Geisteshaltung und Lebensweise weiterentwickelt, die friedvoll und fürsorglich ist."[2]

In ähnlicher Weise haben auch einige Tibetologen derartig grundsätzliche Ansichten verbreitet. Ein Beispiel aus dem Katalog einer bedeutenden Ausstellung für tibetische Kunst hier in Deutschland sollte genügen, um dies zu verdeutlichen. Professor Robert Thurman informierte die interessierte Öffentlichkeit darüber, dass „Seit dem 7. Jahrhundert ließen sich die Tibeter mehr und mehr vom Buddhismus faszinieren. ... Der Buddhismus veränderte die tibetische Gesellschaft von einer grausamen, unerbittlichen, kriegerischen und intriganten hin zu einer friedfertigen, farben- und freudvollen Gemeinschaft."[3] Unabhängig davon, wie sehr man persönlich den Dalai Lama und einige seiner Anhänger bewundern mag, sind solche Aussagen aus der Perspektive wissenschaftlicher Studien der Geschichte und Ethnografie zwar bestenfalls gut gemeint jedoch sehr vereinfachend und gar irreführend. Schlimmstenfalls sind sie Verzerrungen, die Tibetern ihre eigene Geschichte verwehren.[4] Gerade wegen solcher Darstellungen muss eine heutige Diskussion über Gewalt in Tibet sorgfältig in einen adäquaten gesellschaftlichen Zusammenhang gebracht werden.

Gewalt ist ein komplexes soziales und kulturelles Phänomen. Sie nimmt viele verschiedene Formen an, die in jeder bestehenden Gesellschaft und bestimmten Periode ihrer Geschichte entweder akzeptiert und gefördert oder missbilligt und abgelehnt werden. Zum Beispiel war es noch vor ein oder zwei Generationen für Schulkinder vieler westlicher Länder normal, von ihren Lehrern als Strafe geschlagen zu werden. Heutzutage aber werden in der gleichen Gesellschaft solche physischen Strafen zutiefst verabscheut oder sind sogar per Gesetz verboten. Es ist oft sehr schwer, eine aussagekräftige universelle Stellungnahme zu Gewalt abzugeben, da die wechselhafte Art und Weise, in der Gewalt innerhalb einer Gesellschaft betrachtet und praktiziert wird, kulturell spezifisch ist. Ebenso wäre es irreführend, Gewalt in einer anderen Gesellschaft lediglich durch unsere heutigen Normen und Werte zu beurteilen. Desweiteren ist die Beziehung zwischen Gewalt als einer Form der sozialen Praxis und dem vorherrschenden Wertesystem (oder Ethik) einer Gesellschaft äußerst problematisch und oft durch Widersprüche, Ideologien und sprachliche Spitzfindigkeiten gekennzeichnet. Dies ist ein Grund dafür, dass die oben zitierten Behauptungen über Buddhimus in Tibet, die eine grundsätzlich gewaltlose und friedvolle Kultur und Gesellschaft propagieren, nicht für bare Münze bzw. wörtlich zu nehmen sind.

Zum Zweck dieser kurzen Diskussion schlage ich eine grundsätzliche Unterscheidung zwischen den verschiedenen Erscheinungsformen sozialer Gewalt vor. Man kann auf der einen Seite zwischen Gewalt, die man als „spontan" bezeichnen kann, und auf der anderen Seite „organisierter" Gewalt unterscheiden. Als spontane Gewalt würde ich einen gewalttätigen Akt bezeichnen, der nicht vorsätzlich sondern plötzlich durch Provokation, Wut oder Frustration entsteht und zwar sowohl in Individuen als auch in Gruppen. Im Vergleich dazu ist organisierte Gewalt immer vorsätzlich und beabsichtigt und oft das vorhersehbare Ergebnis spezifischer Arten von sozialer Organisation und Praxis. Diese Definition von organisierter Gewalt überschneidet sich in gewisser Weise mit der tibetisch-buddhistischen Theorie von der Natur des Handelns (las/karma), die darlegt, dass das Handeln an sich neutral, die Intention des Handelnden jedoch grundlegend für die Bestimmung der Konsequenzen und des Wertes einer Handlung ist.[5] Mit anderen Worten ist das Töten oder Verletzen eines Lebewesens aus reinem Versehen völlig getrennt von dem absichtlichen Verletzen oder Töten zu verstehen. Dieser Essay wird in erster Linie die Formen von organisierter Gewalt in Tibet behandeln.

Es bedarf hier eines weiteren Punkts der Klärung. Einige Formen von Gewalt sind öffentlich und daher leicht zugänglich, folglich gibt es viele Informationen über sie und sie sind leicht zu dokumentieren und zu besprechen. Andere Formen von Gewalt treten in privaten Zusammenhängen und in Situationen auf, wo die Gegenwart von Beobachtern ihre Erscheinungsformen oft verhindert. Was diese letzteren Formen von privater oder oft selbstzensierter Gewalt anbelangt, so habe ich persönlich zum Beispiel beobachten können, wie tibetische Ehemänner ihre Frauen bei mehreren Gelegenheiten schlugen. Es war jedoch jedesmal reiner Zufall, dass ich solche Erfahrungen machen konnte – ein Nebenprodukt der Tätigkeit eines Ethnologen, der lange Zeit in tibetischen Gesellschaften verbracht hat. Hätten diese Gewalttäter im Voraus gewusst, dass ich da sein würde, hätten sie sicher ihr Verhalten dahingehend geändert, diese von einem Außenseiter beobachtete Gewalt zu zensieren. Was ich damit sagen will ist, dass es zum einen viele Anhaltspunkte und Belege dafür gibt, bestimmte Formen der Gewalt in tibetischen Gesellschaften zu diskutieren. Zum anderen gibt es wenig Beweise, an Hand derer andere Formen von Gewalt, die in dem gleichen allgemeinen Zusammenhang stehen, besprochen werden können.

Viele Autoren und Kommentatoren, die die Tibeter als grundsätzlich gewaltlos und friedvoll beschrieben haben, stellen immer wieder einen Bezug zum Buddhismus und des darin enthaltenen ethischen Systems her, das die Werte der Gewaltlosigkeit fördert. Natürlich besitzt der Buddhismus solch ein ethisches System und die meisten Tibeter sind Buddhisten; dies steht außer Frage. Dennoch sind abstrakte Wertesysteme, die Gewaltlosigkeit und entsprechende Verhaltensweisen nachdrücklich betonen, niemals auf gleiche Weise bzw. gleichbleibend bindend oder werden von Individuen derart verinnerlicht. Dies gilt insbesondere in Bezug auf miteinander konkurrierende Diskurse (z.B. Heldentum, Aufrechterhaltung sozialen Stolzes, Demonstration von Stärke) oder den Überlebenskampf und andere Interessen (z.B. wirtschaftlicher Gewinn). Ebenso müssen wir betonen, dass die tibetische Religion ihren Anhängern eine Vielzahl von rituellen Möglichkeiten bietet, um mit der spirituellen Last ethischer Verstöße umzugehen. Die Praktizierenden können sich entweder selbst allmählich von den kognitiven und physischen Verunreinigungen (sgrib) und von negativem Karma (las ngan), die beide für die Folgen unrichtiger Handlungen gehalten werden, reinigen oder sie können diese Folgen gänzlich umgehen. Wie wir wissen, bieten viele andere religiöse Systeme ähnliche Möglichkeiten an. Daher sind Ethik und Werte ein sehr unzuverlässiger und problematischer Ausgangspunkt, um Gewalt und Gewaltlosigkeit in Tibet zu untersuchen. Ein viel angemessenerer und sicherlich neuerer Standpunkt, um die Diskussion über Gewalt in tibetischen Gesellschaften zu beginnen, ist, bestimmte Aspekte ihrer materiellen Kultur und sozialer Praxis zu betrachten.

Waffenkultur und Wertesysteme in Tibet

Materielle Kultur spiegelt Alltagswirklichkeiten wider und kann allgemeinen und geteilten Werten Ausdruck verleihen oder sie verkörpern. Zum Beispiel ist in zeitgenössischen industrialisierten Gesellschaften der Besitz von Autos sehr weit verbreitet und zudem ist der Wunsch sehr stark, ein eigenes Auto zu besitzen. Selbst Menschen, die sagen, sie machten sich über Umweltverschmutzung und Klimawechsel große Sorgen, fahren dennoch jeden Tag mit dem Auto, so als wäre das kein Widerspruch. Autos erfüllen natürlich ihren Zweck, aber ihr Besitz sagt auch etwas über die grundsätzlichen Werte und Realitäten des Lebens in modernen industrialisierten Gesellschaften aus: Mobilität, individuelle Freiheit und auch Schnelligkeit und Kraft als technologischer Triumph über die normalen menschlichen und physischen Beschränkungen hinweg. Seit Beginn des Autozeitalters wird darüber hinaus der Besitz eines Autos, besonders eines schnellen oder teuren, oft mit männlicher Identität und auch mit sozialem Status in Verbindung gebracht. Im Allgemeinen scherzen wir über Männer und ihren Besitz von oder ihrem Wunsch nach starken, teuren oder großen Autos. Diese Witze sind wie jeder Humor zugleich eng verbunden mit sozialen Wirklichkeiten und ihrer Wahrnehmung.

Wollte man in tibetischen Gesellschaften, besonders vor der chinesischen Besetzung, den Aspekt der materiellen Kultur unter tibetischen Männern identifizieren, den man am besten mit dem Auto gleichsetzen kann, so sind es die Waffen, speziell Gewehr, Messer oder Schwert, die unsere naheliegendste Wahl wären. Dies galt besonders für die Männer in der tibetischen Bevölkerung, die mehrheitlich in ländlichen Gemeinschaften lebt. Es ist eine gut belegte Tatsache, dass vormoderne tibetische Laien für gewöhnlich Gewehre nicht nur besaßen; sie erachteten sie auch als wertvoll und oft als ihren teuersten Besitz. Ein Gewehr auf Reisen zu tragen war sehr gebräuchlich unter tibetischen Laien. Viele Fotografien und Berichte aus dem vormodernen Leben Tibets belegen dies. Als Teil meiner Forschung in ländlichen tibetischen Gemeinschaften unternahm ich gelegentliche Befragungen unter Männern über vormodernen Gewehrbesitz. Ich fand heraus, dass achtzig Prozent der befragten Laien Gewehre besaßen, bevor sie von der chinesischen Regierung entwaffnet wurden. Außerdem behauptete fast jeder Mann, der damals kein Gewehr besaß, dass er gerne ein solches erworben hätte, wenn es ihm denn möglich gewesen wäre. Viele Männer, die sich kein teures Gewehr leisten konnten, bauten sich ihr eigenes, selbstgefertigtes Luntenschloss-Gewehr (bod mda') zusammen, nachdem sie die Bestandteile von Händlern erworbenen hatten. Sie wussten auch, wie man Schießpulver und Bleikugeln herstellt. Tibetische Männer gaben ihren Gewehren oft persönliche Namen, wie „der mächtige Treffsichere" (dBang phyug khra bo),[6] „der strahlend Rote" (dMar ldings ma),[7] „direkt durch fünf wilde Esel hindurch" (rKyang lnga thal shar),[8] oder „Gräser vom Wind weggetragen" (rTswa rkang rlung khyer).[9]

Wir wissen auch, dass das Interesse an und die Benutzung von Gewehren unter tibetischen Männern sich nicht nur auf eine soziale Klasse oder Berufsgruppe beschränkte. Es galt für Männer jeden Standes einschließlich Adliger und sogar für Mönche und hohe Lamas. Zum Beispiel besaßen die Klöster von Sera (Se ra) und Reting (Rwa sgreng), die beide zur tibetisch-buddhistischen und vom Dalai Lama geleiteten Schule der Gelukpa (dGe lugs pa) gehören und in der Nähe von Lhasa gelegen sind, Tausende von militärisch nutzbaren Gewehren in den 40er Jahren. Die Mönche benutzten diese Waffen sogar manchmal, um eine gewaltsame Rebellion gegen die tibetische Regierung durchzuführen, wenn sie mit der Politik nicht zufrieden waren.[10] Nachdem der sechste Panchen Lama, Chökyi Nyima (Chos kyi Nyi ma, 1883-1937) im Winter 1905/06 seine ausgedehnte Pilgerfahrt zu den buddhistischen heiligen Orten in Indien beendet hatte, ging er in Kalkutta einkaufen und ließ sich von seinen Bediensteten Pistolen beschaffen, mit denen er sich auf seiner Rückreise nach Tibet die Kurzweil vertrieb.[11] Ebenso erwarb der Adlige Dasang Damdul Tsarong (Zla bzang dGra 'dul Tsha rong, 1888-1959), der vom dreizehnten Dalai Lama als „Favorit" (spyan gsal) bezeichnet wurde, während seines Indienbesuchs im Jahr 1924 einhundertfünfzig deutsche Mauser-Pistolen, um sie als Geschenk mit nach Tibet zu nehmen. Tsarongs Tochter, Rinchen Dolma Taring (Rin chen sGrol ma Phreng ring, 1909-2000), die mit ihrem Vater zu dieser Zeit reiste, äußerte sich über die Tibeter: „Unsere Leute waren auf jede Art von Waffen versessen."[12]

Waffen haben nur einen Zweck: Sie sind Instrumente von organisierter Gewalt. Warum würde eine tibetisch-buddhistische Kultur, die heutzutage so oft als ‚friedvoll' und ‚gewaltlos' bezeichnet wird, derart viele Waffen besitzen, benötigen und sie sich sogar wünschen? Warum würden vormoderne tibetische Männer – die meisten unter ihnen aufrichtige Buddhisten – es als notwendig erachten oder es als wünschenswert betrachten, eine Waffe zu besitzen, wenn organisierte Gewalt nicht nur ein Aspekt der sozialen Realität sondern auch auf gewisse verschlüsselte Art und Weise Teil ihres Wertesystems ist? Die Antwort ist folgerichtig, dass viele Formen von organisierter Gewalt schon immer in tibetischen

Gesellschaften praktiziert worden sind. Dafür werden im Folgenden verschiedene Beispiele aufgeführt. Waffen waren und sind immer noch ein eindeutiges Statussymbol in Tibet. In diesem Zusammenhang können wir einen weiteren, weitverbreiteten, nicht buddhistischen Aspekt des tibetischen Wertesystems erkennen – einen Aspekt, der Heldentum, große Stärke, kriegerische Tapferkeit, sozialen Stolz, Kühnheit und manchmal sogar Tollkühnheit bewundert und verehrt. Diese Werte, die alle mit Gewalt und dem ihr innewohnenden Ausdruck verbunden sind, sind tief in tibetischen Gesellschaften verwurzelt und werden in der tibetischen Volkskultur besonders zum Vorschein gebracht. So ist der große Held des sehr beliebten und weit verbreiteten tibetischen Epos, König Gesar, Herr von Ling (Gling rje Ge sar rGyal po), fortwährend in gewaltsame Kämpfe gegen alle möglichen Feinde verwickelt. Das Hauptsymbol von Männlichkeit in Tibet ist der Pfeil (für Frauen ist es die Spindel), der bis vor zwei- oder dreihundert Jahren die wichtigste Waffe im Krieg und auf der Jagd war, bevor Gewehre gebräuchlicher wurden. Gleichermaßen weisen die lokalen territorialen Gottheiten, die von jeder Gemeinschaft verehrt werden, einen meist gewalttätigen und kriegerischen Charakter auf. Diese mächtigen Götter der diesseitigen Welt ('jig rten pa'i lha) werden oft als altertümliche Krieger in Rüstungen und mit allerlei Waffen geschmückt dargestellt. Man verehrt sie an ihrem Schrein, indem man ihnen nachgeahmte Waffen opfert. Jeder, der schon einmal die berühmten Volksfeste mit Pferderennen besucht hat, die immer noch überall im ländlichen Tibet bis zum heutigen Tag abgehalten werden, wird eine öffentliche Zelebrierung kriegerischer tibetischer Werte beobachtet haben, bei der Gewehrschießen, Bogenschießen, Pferderennen und Kräftemessen Demonstrationen von kriegerischem Stolz und gewaltsamer Stärke sind, die zum Teil darauf abzielen, den lokalen territorialen Gottheiten zu gefallen und sie zu verehren.

Diese weitverbreitete tibetische Volkskultur ist nicht gesondert vom tibetischen Buddhismus zu betrachten. Tatsächlich steht sie in enger Verbindung mit diesem. Sogar die Schutzgottheiten der buddhistischen Klöster und religiösen Schulen sind gewaltsame und kriegerische Gottheiten, die Waffen lieben. Ihre speziellen Reliquienräume (mgon khang) innerhalb der Klöster sind oft mit altertümlichen Rüstungen und Waffen, die als Opfergaben dagelassen wurden, angefüllt. Zur Zeit des jährlichen Gutor (dGu gtor) Fests, einer rituellen Austreibung des Bösen aus der Gemeinschaft, die in lokalen Klöstern am Ende des tibetischen Mondjahres stattfindet, nehmen tibetische Laien ihre Waffen mit zum Kloster und nehmen an den Ritualen teil. Es kann sehr beeindruckend sein, die Reihe der Mönche und Lamas mit ihren rituellen Instrumenten und religiösen Symbolen neben den Laien mit ihren geladenen Feuerwaffen stehen zu sehen, die sie dann wie wild in die Luft abfeuern, um die bösen Geister und negativen Einflüsse zu vertreiben. Bei einem bestimmten Gutor Fest, das ich in Ost-Tibet während des Winters 1995/ 96 besuchte, wurden jungen Männern, die gerade das Mannesalter erreicht hatten, von den älteren männlichen Verwandten Gewehre übergeben und es wurde ihnen zum ersten Mal in ihrem Leben erlaubt, damit in die Luft zu schießen. Ich erinnere mich sehr deutlich, dass, als das chinesische Maschinengewehr eines Jungen außer Kontrolle geriet und Kugeln über die Köpfe der versammelten Mönche und Laien abfeuerte, ich mich in panischer Angst zu Boden werfen musste. Die versammelte Menschenmenge schnappte nach Luft und brach dann, die ersten Gewehrschüsse des jungen Mannes feiernd, in schallendes Gelächter aus. Das Ritual war mehr als nur eine Austreibung der bösen Geister. Es diente deutlich der Initiation junger tibetischer Männer in ein Wertesystem, das kriegerische Tapferkeit, Waffen und bestimmte Formen der Gewalt sehr hochschätzt. Dieses Wertesystem hat schon immer neben den eingeführten Werten des indischen Buddhismus existiert, mit dem es eng verwoben ist.

Die materielle Kultur der Waffen in Tibet stellt nur ein Beispiel unter vielen dar, durch das wir in der tibetischen Geschichte, im täglichen Leben, in Erzähltraditionen, in Ritualen und Symbolen und anderem erkennen können, dass Gewalt in ihren verschiedenen Formen ein realer Teil des tibetischen Lebens war und ist genauso wie Frieden und Gewaltlosigkeit.

Gewalt, Politik und soziale Struktur

Die Erhaltung der politischen Macht und der sozialen Struktur wird grundsätzlich in jeder Gesellschaft mit Formen organisierter Gewalt assoziiert. Vor der chinesischen Besetzung in den 50er Jahren des vorigen Jahrhunderts war das tibetische Plateau Heimat für eine Vielzahl von sehr unterschiedlichen tibetischen Gesellschaftstypen. Jeder Typus hatte sein eigenes politisches System. Die Ganden Phodrang (dGa' ldan Pho brang) Regierung der Dalai Lamas in Lhasa regierte in Zentral- und Westtibet den größten Teil des Landes. Im Norden und Osten gab es eine Ansammlung kleinerer unabhängiger oder halbunabhängiger politischer Systeme und Stammesgesellschaften. Sie teilten alle die gleiche religiöse Kultur, verschiedene Schulen des tibetischen Buddhismus oder die Bon-Religion (die ein mit dem tibetischen Buddhismus identisches ethisches System hat). Dennoch hatte jede dieser politischen und sozialen Einheiten ihr eigenes System, um den politischen Wettbewerb zu regeln, Konflikte zu verhandeln und Gesetz und Ordnung aufrechtzuerhalten, mit anderen Worten all das, was organisierte Gewalt mit sich bringt.

Viele der Stammesgesellschaften des nördlichen und östlichen Tibet waren im Grunde ‚staatenlose' Gesellschaften, oft angeführt von traditionellen mächtigen ‚Big Men', die Gruppen bzw. Individuen waren, die sich infolge von Erbrecht und durch vielerlei Methoden ihre Vorherrschaft über Andere sichern konnten. In diesen Regionen erhielten manchmal sehr mächtige tibetische Personen den Status eines Kriegsherrn, deren Methoden als ausgesprochen gewalttätig und blutig bekannt sind.[13] Es ist sehr bezeichnend, dass solche tibetischen Gesellschaften ihre inneren und äußeren, sozialen und politischen Auseinandersetzungen mit einer ganz offenkundigen Gewalt verhandelten. Bis zur chinesischen Besetzung waren langanwährende Blutfehden, verbunden mit gegenseitigen Rachemorden und Überfällen innerhalb von und zwischen tibetischen Stammesgruppen normal und sind sogar bis heute in einigen Gebieten erhalten.[14] Ein bekannter tibetischer Freiheitskämpfer, „Aten" (Rab brtan rDo rje) aus Nyarong (Nag rong), erinnert sich lebhaft an eine derartige einheimische Gewalt- und Konfliktkultur in seinem tibetisch-buddhistischen Heimatland während der 50er Jahre:

„Familien kämpften gegen Familien, Stämme gegen Stämme, oft aus Gründen, die derart tief vergraben in der Vergangenheit lagen, dass sogar die Verfechter sich nicht mehr sicher waren, um was sie eigentlich kämpften. Lamas und Klöster bemühten sich darum, die Angelegenheiten zwischen den streitsüchtigen Parteien zu schlichten, und sie waren dabei oft erfolgreich. Kaum aber war eine Fehde beigelegt, tauchte in einem anderen Teil des Landes wieder eine andere auf. Unsere Leute waren so – sie konnten einfach keinem guten Streit widerstehen. Es gibt eine alte Redensart, die eine recht gute Vorstellung davon abgibt, wie sich die Menschen aus Nyarong (und aus anderen Teilen Osttibets) verhielten:

Ein Schlag auf die Nase des gehassten Feindes
ist ganz sicher befriedigender,
als auf die Ratschläge wohlmeinender Parteien zu hören."[15]

Dies sollte nicht den Eindruck erwecken, als ob Gewalt in jeglicher Form oder Gewalt um ihrer selbst willen in solchen tibetischen Gemeinschaften gebilligt wurde. Sie unterschieden auf ihre eigene kulturelle Art und Weise zwischen akzeptablen und nicht akzeptablen Formen von Gewalt. Aten offenbart einige dieser Richtlinien, wenn er sagt: „Weil die meisten unserer Leute tapfer und religiös waren, gab es so gut wie keine Fälle von Grausamkeit oder Folter, wie die Chinesen dies praktizierten. Ein Mann wurde sauber erschossen oder in der Schlacht mit einem Schwert erschlagen."[16]

Ein anderer bedeutender Typus von sozialpolitischem System auf dem tibetischen Plateau wurde von dem zentralisierten Ganden-Phodrang-Staat in Zentral- und Westtibet verkörpert. Der Ganden-Phodrang-Staat definierte sich selbst ausdrücklich als ein System von „Religion mit weltlicher Politik vereint" (chos srid gnyis 'brel). Die Religion bezieht sich hier auf den tibetischen Buddhismus, der durch die Gelukpa-Schule der Dalai Lamas repräsentiert wird. Oft wird geglaubt, dass die Regierung der Dalai Lamas rein religiös war, aber das ist nicht korrekt. Der Ganden Phodrang war ein hybrides System, das beiden – den religiösen (chos) und den politischen (srid) – Zielen diente. Der Ganden Phodrang benutzte routinemäßig organisierte Gewalt, um sich selbst zu erhalten und seine normale Funktion als politische und administrative Einheit zu erfüllen. Diese betraf die Anwendung von militärischer Macht, von körperlicher Züchtigung für Verbrecher und für diejenigen, die als Verräter angesehen wurden, ebenso wie gelegentlich Folter und Hinrichtungen. All diese Arten von Gewalt waren in vormodernen politischen Systemen völlig normal und viele davon existieren noch heute auf der Welt in den unterschiedlichsten Staaten. Ihr Vorkommen in Tibet ist in keiner Weise ungewöhnlich und wurde von Wissenschaftlern bereits gut belegt und besprochen. Was für uns hier von größerem Interesse ist, ist die Anwendung von organisierter Gewalt des Ganden-Phodrang-Staats in Beziehung auf die Weiterentwicklung seiner religiösen Ziele, nämlich die Förderung der Art von Buddhismus, die von der Gelukpa-Schule praktiziert und unterstützt wurde.

Die Gelukpa-Schule konnte in Zentraltibet erst im Jahre 1642 durch den militärischen Sieg über ihren Rivalen, die Karma-Kagyüpa-Schule (Karma bKa' brgyud pa), ihren eigenen Staat – den Ganden Phodrang – bilden. Die Lamas beider buddhistischer Schulen waren auf die Armeen ihrer jeweiligen Schirmherren angewiesen, um Krieg gegeneinander führen zu können. Lange nachdem sie sich ihre völlige politische Vormachtstellung gesichert hatten, führten jedoch die Ganden-Phodrang-Regierung und Gelukpa-Lamas Kampagnen von meist gewalttätiger Verfolgung der anderen tibetischen Schulen fort. Die Zweigschulen der Karmapa (Karma pa) und Drukpa ('Brug pa) der Kagyüpa-Schule, die Schulen der Jonangpa (Jo nang pa), Nyingmapa (rNying ma pa) und Bönpo (Bon po) wurden alle Opfer dieser Verfolgung, bei der Klöster und die darin enthaltenen, religiösen Abbilder und Bücher zerstört und Mönche verjagt, geschlagen oder getötet wurden. Die Ganden-Phodrang-Regierung und selbst der Fünfte Dalai Lama und sein Regent legitimierten manchmal ausdrücklich die Anwendung von Krieg und rauer Gewalt gegen andere religiöse Schulen und solche Teile der tibetischen Bevölkerung, die als Gegner ihrer Autorität angesehen wurden. Diese gewaltsame Verfolgung der Gelukpa-Schule gegenüber den anderen tibetischen religiösen Schulen hielt bis ins 20. Jahrhundert an.[17]

Zwar wurde die dominante Gelukpa-Schule des tibetischen Buddhismus auf Staatsebene durch den Ganden Phodrang repräsentiert, ihre lokale Basis bestand jedoch aus einem Netzwerk zölibatärer buddhistischer Klöster und Mönche, das diese Regierung in vielen Teilen Tibets unterhielt. Für gewöhnlich denkt man bei buddhistischen Klöstern an Orte des Rückzugs vom weltlichen Leben und an Orte, wo intensive religiöse Studien und Religionspraxis von den dort lebenden Mönchen betrieben werden können. Die klösterlichen Gemeinden sollten auch für den Rest der Gesellschaft als leuchtendes Beispiel für die Ziele, die Traditionen und Werte des Buddhismus dienen.

Während in der tibetischen Geschichte viele klösterliche Individuen und Institutionen bestrebt waren, dem entsprechend zu funktionieren, entwickelte das weitreichende monastische System der Gelukpa-Schule in Tibet zudem andere Charakteristika, die auf unterschiedliche Art deutlich dem Geist des Buddhismus widersprachen, besonders dem ethischen Glaubensbekenntnis der Gewaltlosigkeit (ahimsa). Klöster und Mönche wurden nicht nur mit Gewaltlosigkeit assoziiert, sondern auch mit institutionalisierter Gewalt. Wir haben zuvor bereits erwähnt, dass einige Gelukpa-Klöster Waffen besaßen und dass ihre Mönche sie manchmal sogar für gewaltsame Zwecke benutzten. Darüber hinaus existierten dort auch eine Art von „Kampfmönchen", bekannt als „dabdob" (ldab ldob), die eine spezifische Klasse innerhalb des monastischen Systems bildeten. Die dabdob waren eine gewalttätige Gruppe, die gelegentlich Kämpfe unter sich aber auch mit Laien, die von außerhalb des Klosters kamen, organisierten. Sie sind auch für eine andere Art der Gewalt bekannt, der „Entführung" von kleinen Jungen, mit denen sie homosexuelle Beziehungen hatten.[18] Außerdem dienten die dabdob manchmal als Mönchspolizei, um Gesetz und Ordnung während großer öffentlicher Zeremonien zu wahren oder um als Leibwächter für hohe religiöse Funktionäre zu dienen.

Tibeter fürchteten die dabdob im Allgemeinen und betrachteten sie mit weniger Ehrfurcht als normale Mönche. Melvyn Goldstein, der die gewaltsame Subkultur der dabdob studiert hat, berichtet dennoch, dass, obgleich sie als „schlechte Mönche" galten, sie nicht als die schlimmste Sorte von Mönchen in tibetisch-buddhistischen Klöstern angesehen wurden. Der Grund dafür ist, dass einerseits das abweichende Verhalten der dabdobs als eine Verkörperung des buddhistischen Ideals der Nichtanhaftung an weltlichem Besitz und an Personen verstanden wurde. Andererseits wurde ihre Offenheit gegenüber Verstößen gegen die buddhistische Ethik und monastische Vorschriften in Bezug auf Gewalt und Sexualität in dem Sinne als positiv beurteilt, als dass sie ehrlich, direkt und nicht heuchlerisch war. Die Mönche und Lamas, die dagegen die Regeln im Geheimen unter dem Schutz ihrer Robe und der Institution eines Klosters brachen, wurden als statusniederer angesehen.[19] Obwohl die dabdob ganz und gar nicht nach den Idealen des Buddhismus lebten, ist die Toleranz und Einbeziehung ihrer gewaltsamen Subkultur innerhalb des traditionellen tibetisch-monastischen Systems von Interesse, da sie Realismus und eine Flexibilität des Systems demonstriert. Das

Massenmönchswesen der Gelukpa-Schule in Tibet brachte eine große Anzahl von jungen Männern quer durch alle sozialen Herkünfte und Persönlichkeitstypen zusammen. Abweichungen von den Erwartungen eines vollkommen verzichtvollen buddhistischen Lebensstils, wie man es in jeder großen sozialen Gruppe erwarten würde, war Realität. Es war besser, diese Abweichungen aufzunehmen und sie innerhalb bestimmter Grenzen zum Ausdruck bringen zu lassen, als die Abweichler zu entfremden und dadurch mögliche Aufstände innerhalb des monastischen Systems hervorzurufen. So stellt sich dar, dass die dabdob in der Öffentlichkeit Gewalt immer nur zur Unterstützung des monastischen Systems und nicht gegen das System benutzt haben. Diese Gewalt war außerdem ein Phänomen der Jugend, denn noch bevor die Mönche vierzig Jahre alt wurden, hörten sie auf, dabdob zu sein und wurden von der allgemeinhin gewaltlosen klösterlichen Masse absorbiert.

Außerhalb des Staatsapparates und des monastischen Systems war Gewalt hinsichtlich vieler Aspekte des sozialen Lebens in der zentraltibetischen Gesellschaft gebräuchlich. So wurde zum Beispiel die Einhaltung der sozialen Ordnung durch Gewalt bereits von sehr jungen tibetischen Kindern, die sowohl in Lhasa als auch auf dem Land lebten, erfahren. Durch den Eintritt in jedwede Art von Schule oder auszubildende Institution – es gab in Tibet in der Mitte des 20. Jahrhunderts viele private und staatliche Institutionen – war es reine Routine für junge Kinder, verschiedenen Formen systematischer, physischer Gewalt ausgesetzt zu sein. Im Fall von schlechtem Benehmen wurde Kindern von einem aufsichthabenden Mitschüler ins Gesicht geschlagen oder sie wurden festgehalten und vom Lehrer viele Male mit einem Bambusstock auf den nackten Hintern geschlagen.[20] Physische Bestrafung für schlechtes Benehmen ist natürlich auf der ganzen Welt in vielen Schulsystemen bekannt und nichts Ungewöhnliches. Im Tibet der Mitte des 20. Jahrhunderts jedoch wurde systematische Gewalt gegenüber Schülern als ein wesentlicher Teil des angemessenen Verfahrens von effektivem Lernen in Schulen angesehen. Tashi Tsering (bKra shis Tshe ring, b.1929), der als Zehnjähriger sein Training als Mitglied der „tanzenden Jungen" (gar phrug pa) des Dalai Lamas begann, erinnert sich:

„Da keiner von uns zuvor zur Schule gegangen war, hatten wir kein System oder vorherige Lernerfahrung, auf die wir hätten zurückgreifen können. Die Vorstellungen der Lehrer, uns Anreize zu geben, war es, uns schnell und hart für jeden Fehler zu bestrafen. Sie schlugen uns unaufhörlich in unsere Gesichter, auf die Arme und Beine...Ich habe immer noch Narben von den fast täglichen Schlägen."[21]

Shuguba Jamyang Khedrub (Shu bkod pa 'Jam dbyangs mKhas sgrub, 1904-1991), ein führender Minister des Ganden Phodrang, der eine kleine klösterliche Dorfschule in der Nähe von Shigatse besuchte, berichtete von seiner Ausbildung: „Ich wurde zwei Jahre lang fast täglich bestraft."[22] Eben diese Lehrmethode wurde auch bei der Ausbildung von jungen Mönchen in tibetisch-buddhistischen Klöstern durchgeführt, indem Gewalt angedroht und regelmäßig angewendet wurde.[23] In Lhasaschulen wurden alle Schüler von ihren Lehrern gezwungen, an ritualisierter Gewalt gegeneinander teilzunehmen, um entsprechend der traditionellen Erziehungstheorie den pädagogischen Prozess zu unterstützen. Rinchen Dolma Taring erinnert sich an das damals gebräuchliche System:

„Tests wurden zweimal, am 14. und am 29. des Monats, abgehalten. Rangfolge und Noten wurden vom Meister verliehen und dann standen wir unserem Rang entsprechend in einer Reihe. Der Junge mit den besten Noten schlug alle anderen mit einem flachen Bambusstock auf ihre aufgeblasenen Wangen. Der zweite Junge schlug alle die, die nach ihm kamen – und so weiter. In einer Reihe von zwanzig Schülern bekam der Letzte neunzehn Schläge ab und das ließ jeden härter arbeiten. Der Letzte in der Klasse musste eine leere Dose schlagen, um Aufmerksamkeit auf seine Schande zu richten."[24]

Dieses System traf gleichermaßen auf Mädchen zu und ist in tibetischen biografischen Quellen belegt.[25]

Jagd in Tibet

Ein weiterer Aspekt des tibetischen Alltagslebens, der regelmäßig organisierte Gewalt enthielt, war das weitverbreitete Jagen in ländlichen

Gegenden. Das ethische System des tibetischen Buddhismus jedoch betont die Wichtigkeit von sowohl Gewaltlosigkeit als auch Mitgefühl. Diese Qualitäten gelten ohne Unterschied für alle Lebewesen, nicht nur für Menschen. Demnach ist Jagen nach der tibetisch-buddhistischen Definition eine Form von organisierter Gewalt gegen Tiere und deswegen auf jegliche Art und Weise von Natur aus falsch oder sündhaft. Obwohl die tibetische Jagdkultur erst wenig erforscht ist,[26] ist man nun in der Lage zu belegen, dass in allen ländlichen Gegenden des tibetischen Plateaus gejagt wurde. Genauer gesagt war dies weit weniger in den trockenen Flusstal-Systemen Zentraltibets der Fall und weit mehr in den nördlich und östlich gelegenen Nomadengebieten bzw. in der Himalaya-Zone sowie in den Tälern und Bergketten im Südosten des Plateaus. Wir nehmen an, dass die Gründe dafür nicht kultureller Natur sind sondern durch die Geschichte der Ökologie in Zentraltibet bedingt sind, wo die Verringerung oder das lokale Aussterben der wichtigsten Wildtierarten durch Umweltveränderungen und die Jagdgeschichte in der Region verursacht wurde.

Wir haben reichhaltige Beweise, dass Tibeter seit prähistorischen Zeiten gejagt haben und dies bis heute in vielen Gebieten weiter betreiben, obwohl es illegal ist. Die Jagd wurde immer aus unterschiedlichen Gründen in verschiedenen tibetischen Gemeinschaften praktiziert. Wir können aber drei prinzipielle Motivationen abgrenzen. Am häufigsten haben Tibeter Wildtiere für Nahrungszwecke und um zu überleben gejagt, damit sie in Zeiten des Nahrungsmangels ihre Ernährung ergänzen konnten. Dies war besonders in nomadischen Gemeinschaften des Hochlandes mit Viehhaltung der Fall, wo jahreszeitliche Schneestürme oder Krankheiten eine große Anzahl von Vieh, von dem das Gemeinwohl abhing, vernichten konnte.[27] Ein zweiter allgemeiner Grund fürs Jagen war wirtschaftlicher Natur, um wertvolle Wildtierprodukte für den Handel zu erhalten. Ein reger Handel mit Dingen wie Moschus, Häuten und Fellen, Hirschgeweihen und Gallenblasen von Bären herrschte bis vor Kurzem in allen tibetischen Gebieten (auf Grund moderner Naturschutzgesetze ist dieser Handel nun meist illegal). Dieser Handel bildete eine wirtschaftliche Ergänzung für viele ländliche Haushalte zu vormodernen Zeiten. Letzten Endes jagten auch einige Männer (Frauen jagten nie) aus Gründen, die unserem westlichen Konzept von Sport und Freizeitbeschäftigung nahe kommen. Beide Formen, das Jagen als Überlebenszweck und das Jagen aus wirtschaftlicher Motivation heraus, kommen universell in menschlichen Gesellschaften vor und sind sehr leicht zu verstehen. Wir werden nachfolgend erklären, wie mit den Widersprüchen zu den buddhistischen Werten umgegangen wird. Die Vorstellung jedoch, dass einige Tibeter aus sportlichen Gründen oder aus Spaß jagten, ist weniger bekannt und erscheint vielleicht ungewöhnlich. Da Jagen ein weiteres Beispiel dafür bietet, wie organisierte Gewalt ein wesentlicher Aspekt von bestimmtem Formen des tibetischen sozialen Lebens war, sollten wir dies hier besprechen.

In einigen tibetischen Gemeinschaften erlaubte die Teilnahme an der Jagd einem Mann, seine Geschicklichkeit und seine Fähigkeiten zu testen und unter Beweis zu stellen sowie hochgeschätzten kriegerischen Werten Ausdruck zu verleihen. Diesbezüglich gibt es viele dokumentierte Beispiele von lokalen tibetischen Oberhäuptern und Adligen, Personen, für die es absolut keine Notwendigkeit gab, zum Überleben oder aus wirtschaftlichen Gründen zu jagen, die aber aus Vergnügen oder als Beweis ihrer Stärke mit Hilfe von organisierter Gewalt jagten. In Ost- und Nordtibet war das Jagen oft wichtig für die Auswahl eines Stammesoberhauptes.[28] Ein erfolgreicher Jäger zu sein war eine Möglichkeit, in der ein Mann seine Tauglichkeit als Anführer demonstrieren konnte. Die Parallelen zwischen Jagd und Krieg oder Kampf wurden oft und deutlich in menschlichen Kulturen miteinander in Verbindung gebracht. Die Jagd wird als gutes Training für den Krieg angesehen. Ein guter Jäger wie auch ein guter Krieger zu sein, erfordert raffinierte und angemessene Taktiken genauso wie Stärke, Ausdauer und Mut. Er muss seine Beute unbarmherzig verfolgen und sie ohne zu zögern töten oder fangen. In Tibet hatte die Jagd von besonders starken und potenziell gefährlichen Tieren, wie dem wilden Yak (`brong), immer einen hohen symbolischen Wert, da dies der Gemeinschaft die Qualitäten eines bedeutenden Kriegers zu demonstrieren vermochte. Die epischen Helden, König Gesar und andere, fangen und töten das wilde Yak[29] genauso wie die frühen tibetischen Kaiser und ihre Minister dies taten.[30] Bis Mitte des 20. Jahrhunderts war die erfolgreiche Jagd des wilden Yaks ein Kennzeichen für große Tapferkeit und Leistungsfähigkeit unter tibetischen Stammesangehörigen.[31] Wenn es zudem jemand fertig brachte, Wildtiere zu erlegen, die auf einem heiligen Berg lebten und zum Besitz der lokalen territorialen Gottheit gehörten und ihre Tötung daher

Tabu ist, so demonstrierte dies einer tibetischen Gemeinschaft, dass ein Jäger die vorbehaltlose Unterstützung und Kooperation der lokalen Gottheiten für seine Unternehmungen hatte. Schließlich wurde auch das Trinken des warmen Herzblutes (snying khrag) von gefährlichen und starken Wildtieren, wie dem Wildyak oder dem Wildschaf (gnyan), als Quelle für Mut und Kraft angesehen, da Tibeter glauben, dass das Herz der Sitz der „vitalen Kraft" (srog) dieser Lebewesen ist.[32] In allen oben genannten Beispielen kann man erkennen, dass Jagd als übliche Form von organisierter Gewalt in Tibet schon immer auf verschiedene Art und Weise Teil der sozialen Organisation war und nicht nur eine Technik des Überlebens oder eine wirtschaftliche Aktivität.

Die tibetischen Jäger, deren Kultur wir hier beschrieben haben, waren alle, zumindest in den letzten Jahrhunderten, praktizierende Buddhisten. In der westlichen Literatur über Tibet wurden die ersichtlichen Widersprüche oder Spannungen zwischen buddhistischer Ethik und tibetischen Alltagshandlungen, wie dem Schlachten von Vieh oder der Jagd, oft als problematisch angesehen. Ich würde sagen, dass diese Themen Außenseitern, die die komplexe Beschaffenheit und Funktionsweise der tibetischen Kultur nicht verstehen, genauso problematisch erscheinen müssen wie denjenigen Tibetern, deren soziale Position den Luxus erlaubt, nicht in solche Aufgaben verwickelt sein zu müssen, um ihren Lebensunterhalt zu sichern. Ich meine hier insbesondere tibetische Lamas, Mönche und andere einflussreiche Adlige, die oft die Gelegenheit ergriffen, anderen vom Übel des Tötens von Tieren zu predigen. Diese Personen betrachteten ihre Predigten zweifellos als Ermutigung für gutes buddhistisches Verhalten und tatsächlich ist dies Teil der Aufgabe von Lamas und Mönchen einer Gemeinschaft. Es muss aber auch auf die Doppelmoral hingewiesen werden, da es genügend Beweise dafür gibt, dass die meisten dieser Personen dennoch den Verzehr von Fleisch und den Gebrauch einer Vielzahl von anderen Tierprodukten, die aus dem Töten von Wild und Vieh herrührten, genossen. Die potenzielle Heuchelei hier ist natürlich häufig Thema von Witzen und Sprüchen der tibetischen Volkskultur. Ich behaupte aber nicht, dass jede solcher Personen scheinheilig waren oder sind. Stattdessen möchte ich auf ein klares Muster in der tibetischen Kulturgeschichte hinweisen, das heißt, dass eine bestimmte soziale Gruppe das Töten von Tieren immer als problematisch beschrieben hat, die aber nicht zu der Gruppe gehört, die dies für ihren Lebensunterhalt tun muss.

Tibetische Nomaden und Bauern sind sich als Buddhisten des Problems der vorsätzlichen Gewalt in ihrer heimischen Wirtschaft bewusst und befassen sich damit, aber ihre Einstellung gegenüber diesem Problem ist recht praktisch und ehrlich. Tibetischer Buddhismus hat sie mit vielen rituellen Mitteln versorgt, um durch vorsätzliche Gewalthandlungen erzeugte „moralische Verunreinigungen zu reinigen" (sgrib sbyong ba). Man kann zu heiligen Orten pilgern, Klöster und Mönche durch Spenden unterstützen, Mantras singen, Niederwerfungen und eine ganze Reihe anderer Rituale machen, die alle den gleichen Effekt haben, nämlich die karmische Last zu entfernen. Diese Dinge sind wohlbekannt und werden oft in der Literatur diskutiert. Was allerdings nicht so häufig beschrieben wird, ist, wie diese rituellen Methoden tatsächlich von Individuen angewandt werden. In den letzten fünfzehn Jahren zum Beispiel habe ich viele tibetische Jäger interviewt und so ist es nun möglich, ein sehr klares Muster in der von ihnen zugeschriebenen Bedeutung von buddhistischen Ritualen zu sehen, obwohl dies nur aus der Perspektive eines kompletten Lebenszyklus einzuschätzen ist. Normalerweise beginnen tibetische Jäger in ihren Jugendjahren oder im frühen Mannesalter mit dem Jagen und fahren damit fort, bis sie Probleme mit dem Augenlicht oder mit ihrer allgemeinen körperlichen Verfassung bekommen. Dies taucht normalerweise im Alter von ungefähr fünfzig Jahren auf. Zu jener Zeit dann schwören die Männer – oft indem sie einen Eid ablegen – dem Töten für den Rest ihres Lebens ab. Dies kennzeichnet auch den Beginn eines Zeitraums, in dem sich Männer mit ihrer Sterblichkeit intensiver auseinandersetzen und in dem sie das Gefühl haben, dass sie sich sorgfältig auf ihre künftige Wiedergeburt vorbereiten sollten. Sie ziehen sich aus der Haushaltswirtschaft zurück und widmen mehr von ihrer Zeit und ihren Resourcen den religiösen Aktivitäten, wie den zuvor genannten Ritualen. Im Gegensatz zu diesem langfristigen Ansatz gibt es keine bei der Jagd angewandten Rituale, die während oder nach dem Jagen in irgendeiner Form das buddhistisch-ethische Problem des Tötens betreffen würden. Es gibt dabei aber einen Unterschied zu dem häuslichen Schlachten von Vieh, bei dem die Personen, die die Tiere schlachten, häufig Mantras singen oder Gebete für eine gute Wiedergeburt des Tieres aufsagen oder die viele Opfergaben machen, um die Tatsache, dass sie dem Tier das Leben nehmen, zu kompensieren. Was ich damit sagen will ist, dass das tibetische rituelle Verhalten in Bezug auf das buddhistisch-ethische Problem des Tötens nicht uniform ist, und man jeden Fall im Detail erforschen muss, bevor man versucht, einen allgemeinen Schluss zu ziehen.

Ich habe im Verlauf dieses Essays versucht, die Reichweite und Komplexität des Phänomens von Gewalt im buddhistischen Tibet besser zu verstehen. Ich habe es bewusst vermieden, all das zu wiederholen, was bereits über Gewaltlosigkeit in tibetischen Gesellschaften geschrieben und hervorgehoben worden ist. Tibeter haben eine starke und bewundernswerte buddhistische Komponente in ihrer Kultur, die Mitgefühl befürwortet und Gewaltlosigkeit fördert: Dies sollte nicht vernachlässigt oder unterschätzt werden. Gewaltlosigkeit sollte jedoch nicht auf Kosten all der anderen realen und bedeutenden Aspekte überbetont werden, die zusammen die Fülle und Einzigartigkeit des tibetischen Lebens und der tibetischen Geschichte ausmachen.

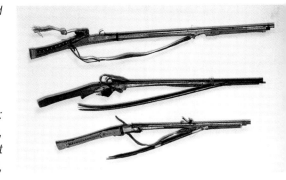

Inv. Nr. 2001.18:4, 25.28:161 und 4596:07 (Fotos Saal)
Tibetische Schusswaffen
Inv.Nr. 2001.18:4
Alter Museumsbestand
Stützgabelgewehr
(tib.: me mda´ dgo rva can, lies: menda go ra tschen), Holz, Stahl, Weißmetall, Leder, Bast (Ersatzlunte). L ges. ca. 163 cm, Lauf L 112 cm, Osttibet (?).

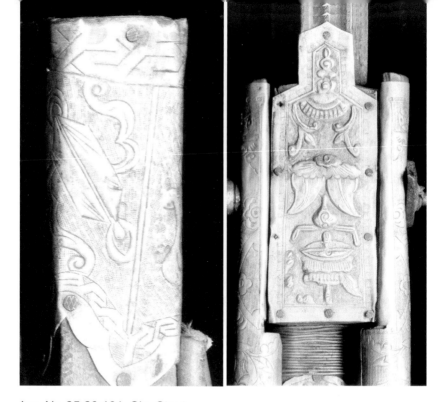

Inv. Nr. 25.28:161 Slg. Stoetzner
Stützgabelgewehr, Holz, Stahl, Leder, Knochen. L ges. 151 cm, Lauf L 100 cm, Stützgabel 101 cm. Keine Angaben von Stoetzner. Laut Inventarbuch erworben in Tatsienlu (Osttibet).
Inv.Nr. 4596:07 Kauf Umlauff, Schenkung Freunde des Museums
Stützgabelgewehr, Holz, Stahl, Neu(?)silber, Leder, Textilband, Bast (Ersatzlunte). L ges. 130 cm, Lauf 79 cm, Stützgabel 72 cm (Gabel), Ost(?)Tibet.
Alle drei Luntengewehre haben die für (Ost-)tibet charakteristische aufklappbare Stützgabel. Aufgrund der länglichen, spitz zulaufenden Form der Stellgabel wird die Flinte im Tibetischen als „Gewehr mit Antilopengehörn" bezeichnet. Zum Funktionsprinzip des Luntengewehrs vgl. Rockhill (o.J.: 712) und Smejkal (1990: 142). Am hinteren Teil des Gewehrs Nr. 2001.18:4 sind die Worte „daṁ kha ra" (tib: rdaṁ kha ra, lies: dam kha ra) eingraviert. Die Inschrift steht wohl mit dem Wunsch in Zusammenhang, ein gutes Augenmaß bzw. „eine glückliche Hand" zu haben: Ein gutes „daṁ kha ra" beim Schießen ist in Tibet sprichwörtlich (Jampa Thubten; 2003: pers. comm.). An Nr. 25.28:161 sind beidseitig des Schafts,

sowie oben im Bereich des Hahns und unten im Bereich des Abzugs, Knochenplatten in das Holz eingelassen, deren gravierter Dekor u.a. die buddhistischen Symbole Doppel-Vajra, flammendes Juwel und Freudenrad zeigt. Die an den Schaft genieteten (Neu?)Silber Beschläge von Nr. 4596:07 sind sowohl mit tibetisch-buddhistischen (Vgl. Detailfoto: Ehrenschirme) als auch mit daoistischen Symbolen (vgl. Detailfoto: Holzklapper?) geschmückt. Die ‚skizzenhafte‘ Art der Darstellung verleiht einigen Symbolen eine gewisse Uneindeutigkeit. Dies lässt sich möglicherweise dadurch erklären, dass die Handwerker für die Verzierungen oftmals auf alte, vielfach tradierte Vorlagen zurückgriffen, deren ursprüngliche Bedeutung sich über die Jahre verloren bzw. verwässert hatte (R. Steffan 2003: pers. comm.). Insgesamt kommt der Darstellung religiös-philosophischer Embleme auf profanen Gebrauchsgegenständen weniger tiefe Bedeutung zu, als man zunächst vermutet. Sie wurden in Tibet fast immer mit den verschiedensten ‚heiligen‘ Zeichen versehen, ohne dass beim täglichen Gebrauch in entsprechendem Maße darüber reflektiert wurde (vgl. Ronge 1989). Symbole der Erleuchtung, der Weisheit, der Reinheit etc. stehen im Kontext der profanen materiellen Kultur vor allem für (persönliches) Glück, leibliche Unversehrtheit und Prosperität. Neben den acht buddhistischen Glückssymbolen (tib.: bkra-´sis rtags-brgyad) waren vor allem einige chinesisch-taoistische Motive (ebenfalls Glückssymbole) für die Verzierung von Gebrauchsgegenständen üblich. Die Übernahme chinesischer Motive zu dekorativen Zwecken war vor allem in Osttibet aufgrund der geographischen Nähe verbreitet. Sie führte nicht nur zu einer stilistischen ‚Tibetisierung‘, sondern auch zur Abnahme der ihnen in China zugeschriebenen Wirksamkeit (Reynolds 1999: 260). (S. K)

Nächste Seite: Inv. Nr. 25.28:169 und 169a Slg. Stoetzner
Vollständiges Schützenzeug/„Bandelier" (tib. evtl.: mda´rdzas ´khor gsum, lies: da dsä khor sum) sowie Gürtel mit Jagdtasche (tib.: pa khug, lies: pa khug)* und Munitionsbehälter Nr. 169: Leder, Horn, Koralle, Silber, Messing. Lederkordel L ca. 88 cm; Pulverhörnchen ca. 8 cm; (Zünd)-Pulverhorn L ca. 11 cm, Pulvermaß L ca. 4 cm; große Kugeltasche H 8,5 cm, kleine Kugeltasche H 5 cm, Knochenamulett H 3,5 cm.

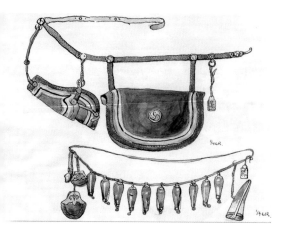

169a: Leder, Textilbänder, vergoldetes Eisen, (Berg?)-Kristall. Gürtel L 122 cm, B 2,5 cm, Jagdtasche H 18 cm, B 28,5 cm, Munitionsetui H 23,5 cm, B 11 cm, Amulett: H 4,8 cm, B 2,5 cm, Osttibet.
Im großen Munitionsetui (Nr. 169a) sind noch einige korrodierte Kugeln. Die Jagdtasche hat innen ein Baumwollfutter, auf dem sich, mit Stift geschrieben, die Inschrift la kyo (tib.: bla skyo) befindet. Geshe Pema Samten kennt zwar den Ausdruck nicht, vermutet aber, dass es sich um eine Abkürzung für lama kyab (tib.: bla ma skyabs) handelt, was „(ich) nehme Zuflucht zum Lama" bedeutet. Am Gürtel hängt ein Holzamulett mit beidseitig identischer Inschrift in tibetischer U me- (tib.: dbu med) Schrift. Sie lautet „u rül kor" (tib.: u rul dkor). Laut Geshe Pema Samten (2003, pers comm.) lässt sich darin keine Bedeutung ausmachen, er vermutet, dass es sich um eine Abschrift handeln könnte, die ein Analphabet anfertigte.
Das in der Tasche befindliche Schützenzeug besteht aus (von links) einem kleinen Pulvermaß aus Metall (Silber?) mit der Inschrift: „lama kyab" (tib.: bla ma skyabs), d.h. „(ich) nehme Zuflucht zum Lama". Darauf folgen zwei lederne Kugelbeutel (tib.: mdel khug/mde´u khug, lies: del khug/de-u khug). In dem kleineren Etui steckt noch eine Bleikugel. Es folgen 10 kleine Pulverhörnchen (tib.: rdzas rva, lies: dsä ra) für je einen Schuss Pulver (tib.: rdzas thun, lies: dsä thün). Sie enthalten noch Pulverreste. Das etwas größere Horn ist für das Zündpulver (tib.: rna rdzas rva co, lies: na dsä ra tscho, Bedeutung etwa: Ohr-Pulverhorn, in Bezug auf die ungefähr ohrenförmige Zündpfanne). Alle Pulverbehälter sind aus Horn, da dieses das Pulver trocken hält und an ihrem Stopfen mit je einer Korallenperle geschmückt. Ganz rechts ein kleines, aus Knochen geschnitztes Amulett mit eingravierter Schrift. Die Inschrift lautet: „Schutz des Lamas" (tib.: bla mi skyobs, lies: la mi kyob) (Jampa Thubten, 2003: pers. comm).
Stoetzner: „Tatsienlu 6.7.14. Kiala Schützenzeug bestehend aus

Leibriemen mit Reservekugelbeutel und Ledertasche, alles mit vergoldeten Eisenbeschlägen. In der Tasche eigentliches Schützenzeug bestehend aus zwei kleinen Kugelbeutelchen, zehn Pulverhörnchen für je einen Schuss noch gefüllt und mit echt silbernen Beschlägen und echten Korallen, einem Pulvermaß aus Silber und einem echtem silberbeschlagenen Pulverhorn zum Auffüllen auf die Pfanne. 30 000, -"
*N. Ronge (2004, pers. comm) zufolge ist dies ein vollständiges Schützenzeug. „Pa khug" ist die richtige osttibetische Schreibweise für den hier gezeigten Typ der Jagdtasche. In Zentraltibet wird das Wort anders geschrieben. Ebenso müssten seines Erachtens nur neun, nicht zehn Schuss Pulver an dem Bandelier sein. Neun ist eine Zahl, die zornvollen Taten zugeordnet ist, man spricht von neun Blitzen, neun Donnern, neun Schüsse vernichten den Feind etc. Bezüglich des korrekten tibetischen Ausdrucks für den Bandelier ist Ronge unsicher, vermutet jedoch, dass man ihn Da dsä khor sum nennen könnte. Da heißt Kugel, dsä Pulver, und khor sum Rüstung. (S.K.)

Inv. Nr. 2004.27:62 Ankauf Slg. Karl Franz Grelle (Foto Saal)
Pulverbehälter (mong.: Daryn sav)
Holz, Silberlegierung, Kupferlegierung, Emaille, Schmucksteine (Koralle, Türkis). Gefäßkörper: H ca. 19 cm max, B ca. 13 cm max, T ca. 3 cm max; Kette: L ca. 22 cm max., Mongolei.
Auf Vorder- und Rückseite des Behälters wurden zwei große Silberbeschläge angebracht, die die äußere Form des Behälters nachahmen. Die Beschläge wurden mit einer Perlenbordüre eingefasst und zeigen entlang des Außenrands in leicht erhabener Darstellung vor

einem floralen Hintergrund die acht buddhistischen Glückssymbole (Schneckentrompete, Ehrenschirm/Standarte, Baldachin, Lotos, Vase, Fische, endloser Knoten und Rad der Lehre). In der Mitte der Beschläge ist ein Drachenpaar zu sehen, das sich über dem Weltenberg in den Himmel erhebt und mit einer „flammenden Perle" spielt. Ein kuppelförmiger Deckel, der flächig mit Silberfiligran, Granulatkörnern, Türkisen und Korallen in unterschiedlichen Größen geschmückt ist, verschließt den Pulverbehälter. Der Deckel mündet an seiner flachen Unterseite in ein schräg angeschnittenes Messingrohr, das in den Hals des Behälters eingelassen wird. Das Kupferrohr dient als Maß für das enthaltene Schießpulver. (U. W.)

Inv. Nr. 4593:07 Kauf Umlauff
Fünf Schwerter (Foto Saal, v.l.n.r.)
Kurzschwert mit Scheide (tib.: rked gri; lies: ketri), Metall (Eisen), damasziert, Messing, Silber (?), Koralle, Holz, Stoff, Leder (verschollen). L ges. 62 cm, Tibet (wohl Derge. Osttibet).
Inv.Nr. 4603:07 Kauf Umlauff, Schenkung Freunde des Museums
Prunkschwert, Eisen, feuervergoldet, Gold, Bronze, Rochenhaut, Leder, Rochenhaut, Glassteine (?). L ges. 98,8 cm, Tibet.
Inv.Nr. 25.28:156 Slg. Stoetzner
Beidhänder, Stahl, Holz, Zinn (?), Seidenband. L ges. 110 cm. Klinge L 71 cm, B 3,5 cm.
Stoetzner: „No. 349. Stoetznersche Szetschwanexpedition. Tatsienlu 14.7.14. Zweihandschwert eines Kialalama. Es soll angeblich aus Jünnan gekommen sein." (Vergleichstück: Stone (1961: 643) Chinesischer Beidhänder.)
Inv.Nr. 25.28:155 Slg. Stötzner
Altertümliches Langschwert (tib.: rked gri, lies: ked tri), Stahl, Eisen, Silber, Holz, Leder, Türkis (Koralleneinlage verloren), Seidenkordel. Gesamtlänge 93 cm, Klinge L 62,5 cm, B 3,4 cm.

Stoetzner: "No. 346. Stoetznersche Szetschwanexpedition. Rumitschango 18.6.14. Kräftiges Schwert vom Bruder der Baditusse mit reichen Silberbeschlägen Türkis und einer Koralle besetzt." (Baditusse: Der „tusi" (chin. für einheimischer Herrscher) des Fürstentums Badi.)
Inv.Nr. A 3581 Kauf E. J. Brill
Schwert aus Bhutan „kong tri magtschä" (tib. evtl.: kong gri dmag chas) Metall, Messing, Stoff, Leder, Rochenhaut. Gesamtlänge 88,6 cm, Bhutan. Die schönsten tibetischen Schwerter stammen aus Derge (Inv.Nr. 4593:07). Typisch tibetisch ist die axiale Anordnung der Edelsteine, die die Scheide schmücken. Das Prunkschwert Inv.Nr. 4603:07 ist ein besonderes Stück. Der Dekor zeigt u.a. eine Löwenfratze und ein von vier geschwungenen Linien in Sektionen geteiltes Rad, das die Vier edlen Wahrheiten des Buddhismus symbolisiert. Möglicherweise wurde es für einen tibetischen Kunden in China angefertigt. Der Beidhänder, obwohl in Tibet in Gebrauch, stammt wohl ebenfalls aus chinesischer Herstellung. Die rechteckig abschließende – ansonsten typisch tibetische - Scheide von Inv.Nr. 25.28:155 ist eine altertümliche Form. Uhlmann (1999: 1.11) zeigt ein ähnliches Schwert aus dem 18. Jahrhundert. Typisch für Schwertscheiden aus Bhutan (Inv.Nr. A 3581) ist die optische Aufteilung in drei Zonen. (S. K.)

Inv. Nr. 19.91:2   Geschenk Umlauff (Foto Saal)
Kugelbogen (tib.: mthe gzhu mthe rdo, lies: theb schu theb do?)*, Holz, Metall, Leder, Knochen. L 53, B 46, H 14,5 cm. Publiziert: Müller/Raunig 1982: 151, Tibet (wohl Amdo).
In Tibet kennt man zwar auch die Armbrust (tib.: wa gzhu / wa mda´, lies: wa schu oder wa nda, Bedeutung etwa "Rinne-Bogen mit Pfeil"). Die vorliegende Waffe dient jedoch nicht zum Schießen von Pfeilen oder Bolzen, sondern von Steinen. *N. Ronge vermutet aus diesem Grund, dass sie theb schu theb do (Bedeutung etwa:

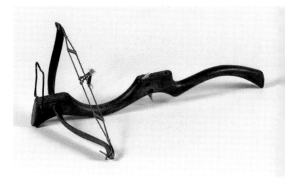

Daumen-Bogen für Steine) genannt wird, oder einfach theb do. So heißt eigentlich der benutzte Stein. Er ist etwa so groß wie ein Daumen (tib.: mthe, lies: theb)-Glied und rund. Man kann damit Hasen, kleine Vögel, Enten und dergleichen erlegen. Solche Kugelbögen werden in Amdo und in der Mongolei benutzt, ebenso in Nepal und an den Südhängen des Himalaya, aber nicht in Kham oder Zentraltibet. Dort schießt man mit dem Reflexbogen (N. Ronge, 2004, pers. comm; Toni Huber, 2004, pers. comm.). Der vorliegende Bogen stammt laut alter Karteikarte aus dem tibetisch-chinesischen Grenzland. (S. K.)

Inv. Nr. 86.108:7 Kauf A. Freibarg
(Foto Saal)
Pfeilköcher, Rattan, Leder. L 84, D max 15 cm, Bhutan.
Rattan gehört in Bhutan zu den verbreiteten Werkstoffen.

Inv. Nr. 90:09 Kauf Umlauff
(Foto Saal)
Schild, Leder, Holz, Eisen, Rattan. D 65 cm, T ca 20 cm.
Tibet.
Eventuell Teil des historischen Kostüms eines Wachsoldaten am Potala-Palast, Lhasa

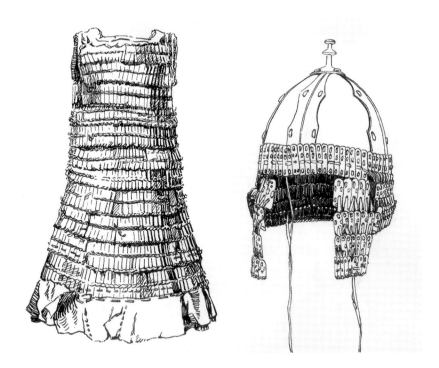

Inv. Nr. 544:08 und 543:08 Kauf Umlauff
Rüstung und Helm
Eisen, Leder. Rüstung H max. 102 cm, B max. 80 cm, obere B 38 cm. Helm H max. 44 cm, D 24 cm, Helm ohne Ohrschützer H 26 cm. Tibet Tibetische Inschrift auf der Rüstung: rgyal rtse, lies: gyalste/gyantse (Name einer Stadt in Zentraltibet). Außerdem sind mehrere Zahlen aufgeschrieben. Neben dem Wort Gyaltse: 12 und 919(?). Auf den Lederlappen am unteren Rand der Rüstung: 12, 1023 sowie weitere (unleserliche) tib. Buchstaben.

Beachten Sie auch die Waffen und Schützenzeuge Nr. 25.28:153-175 im Artikel „Osttibetisches Panorama". (S. K.)

Bibliographie

Beyer, Stephan
1973   Magic and Ritual in Tibet. The Cult of Tara. Berkeley.

Bacot, Jacques / Thomas, Frederich W. / Toussaint, Charles
1940   Documents de Touen-Houang relatif a l'Histoire du Tibet. Paris.

Bull, G. T.
1966   Tibetan Tales. London.

Carnahan, Sumner/Lama Kunga Rinpoche
1995   In the Presence of My Enemies. Memoirs of Tibetan Nobleman Tsipon Shuguba. Santa Fe.

David-Neel, Alexandra / Lama Yongden
1978   The Superhuman Life of Gesar of Ling. New York.

Dorje Yudon Yuthok
1990   House of the Turquoise Roof. Ithaca.

Dreyfus, Georges B.J.
2003   The Sound of Two Hands Clapping. The Education of a Tibetan Buddhist Monk. Berkeley.

rDza dPal sprul
1989   rDzogs pa chen po klong chen snying thig gi sngon 'gro'i khrid yig kun bzang bla ma'i zhal lung. Chengdu.

Fraser, D.
1907   The Marches of Hindustan. Edinburgh.

Goldstein, Melvyn C.
1964   A Study of the IDab Idob. In: Central Asiatic Journal 9 (2), S.123-141.
1989   A History of Modern Tibet, 1913-1951. The demise of the Lamaist State. Berkeley.
1994   Change, Conflict and Continuity among a Community of Nomadic Pastoralists: A Case Study from Western Tibet, 1950-1990. In: Robert Barnett & Shirin Akiner (Hrsg.), Resistance and Reform in Tibet, S. 76-111. London.

Goldstein, Melvyn C./Siebenschuh, William/Tashi Tsering
1997   The Struggle for Modern Tibet. The Autobiography of Tashi Tsering. Armonk.

Gompo Tashi Andrugtsang
1973   Four Rivers and Six ranges. Reminiscences of the Resistance Movement in Tibet. Dharamsala.

Huber, Toni
2004   The Chase and the Dharma: The Legal Protection of Wild Animals in Pre-modern Tibet. In: John Knight (Hrsg.), Wildlife in Asia. Cultural Perspectives, S. 36-55. London.
im Druck Antelope Hunting in Northern Tibet: Cultural Adaptations to Wildlife Behaviour. Memorie della Società Italiana di Scienze Naturali.

Jamyang Norbu
1986   Warriors of Tibet. The Story of Aten and the Khampas' Fight for the Freedom of Their Country. Boston.
1997   Hinter dem verlorenen Horizont: Zur Notwendigkeit einer Demystifizierung Tibets. In: Thierry Dodin & Heinz Räther (Hrsg.), Mythos Tibet. Wahrnehmungen, Projektionen, Phantasien, S. 313-317. Köln.

Lobsang Gyatso
1998   Memoirs of a Tibetan Lama. Ithaca.

Loden Sherab Dagyab
1997   Die Problematik der Nutzung des Tibetbildes für die Verbreitung des Buddhismus im Western. In: Thierry Dodin & Heinz Räther (Hrsg.), Mythos Tibet. Wahrnehmungen, Projektionen, Phantasien, S. 318-325. Köln.

Martin, Dan
1990   Bonpo Canons and Jesuit Cannons: On Sectarian Factors Involved in the Ch'ien-lung Emperor's Scond Goldstream Expedition of 1771-1776 Based Primarily on Some Tibetan Sources. The Tibet Journal 15 (2), S. 3-28.

Palden Gyatso
1997   The Autobiography of a Tibetan Monk. New York.

Panglung, Jampa. L.
1992   On the Narrative of the Killing of the Evil Yak and the Discovery of Salt in the Chos-'byung of Nyang-ral. In: Shoren Ihara & Zuiho Yamaguchi (Hrsg.), Tibetan Studies. Proceedings of the 5th Seminar of the International Association for Tibetan Studies, NARITA 1989, 2, S. 661-667. Narita.

Patrul Rinpoche
1994   Kunzang Lama'i Shelung. The Words of My Precious Teacher. San Francisco.

Richardus, Peter
1998   Tibetan Lives. Three Himalayan Autobiographies. Richmond.

Rinchen Dolma Taring
1983   Daughter of Tibet. New Delhi.

Samten Karmay / Sagant, Philippe
1997   Les Neuf Forces de l'Homme. Récits des confines du Tibet. Paris.

Samuel, Geoffrey
1993   Civilized Shamans: Buddhism in Tibetan Societies. Washington.

Shiromany, A. A.
1995   The Spirit of Tibet: Universal Heritage. Selected Speeches and Writings of HH The Dalai Lama XIV. New Delhi.

Sperling, Elliot
1997   „Orientalismus" und Aspekte der Gewalt in der tibetischen Tradition. In: Thierry Dodin & Heinz Räther (Hrsg.), Mythos Tibet. Wahrnehmungen, Projektionen, Phantasien, S. 264-273. Köln.

Tashi Khedrup
1986   Adventures of a Tibetan Fighting Monk. Bangkok.

Tashi Tsering
1985   Nag-rong mGon-po rNam-rgyal: A 19th century Khams-pa Warrior. In: Barbara N. Aziz & Matthew Kapstein (Hrsg.), Soundings in Tibetan Civilization, 196-214. Delhi.
2000   Editorial: Situ Panchen. His contribution and legacy. Lungta 13. S. 3-7.

Thurman, Robert A.F.
1996   Tibet – sein Buddhismus und seine Kunst. In: Marylin M. Rhie & Robert A.F. Thurman (Hrsg.), Weisheit und Liebe: 1000 Jahre Kunst des tibetischen Buddhismus, S. 20-38. Bonn.

Anmerkungen

Danksagung: Übersetzt aus dem Englischen von Norma Schulz und Mona Schrempf.
[1] In diesem Essay werden die Begriffe „Tibet" und „tibetische Gesellschaften" im Sinne eines „ethnographischen Tibets" verstanden, d.h. so, wie sie von den Ethnologen Goldstein (1994: 76-77) und Samuel (1993: Kapitel 1-8) definiert und beschrieben

werden. Sie beziehen sich nicht auf eine historische oder politische Einheit.
[2] Rede vom 2. Dezember 1991 in Oxford, zitiert in Shiromany (1995: 231).
[3] Thurman (1996: 22).
[4] Zu tibetischen Kommentaren und Kritik bezüglich der Verbreitung solcher Aussagen siehe Jamyang Norbu (1997: 315-317), Loden Sherab Dagyab (1997: 324-325) und auch den wohl überlegten Essay von Sperling (1997).
[5] Für eine allgemeine tibetische Diskussion über das Handeln, die Ursache und den Effekt, siehe Patrul Rinpoche (1994: Kapitel 4) und die tibetische Version in rDza dPal sprul (1989: 155-212).
[6] Das Wort khra bo wird in Volksliedern und in nördlichen und nord-östlichen tibetischen Dialekten benutzt und bedeutet „Schärfe" oder „Genauigkeit" aber auch „Jäger". Es scheint semantisch mit khra pa verwandt zu sein, welches "Falkner" bedeutet, obwohl das Jagen mit Falken (khra) nicht von den Tibetern praktiziert wurde, sondern von ihren türkisch und mongolisch sprechenden Nachbarn im Norden und Nord-Osten.
[7] Dmar bedeutet oft "Blut" in tibetischen Dialekten.
[8] Dieser Name ist ein Wortspiel, da thal shar auch "Staub aufwirbeln" bedeuten kann. Der Besitzer des Gewehres erklärte die zweite Bedeutung wie folgt: "das Gewehr war so mächtig, dass, nachdem die Kugel durch fünf wilde Esel hindurch geflogen war, man dort den Staub aufwirbeln sehen konnte, wo die Kugel zuvor den Boden getroffen hatte."
[9] Diese zuletzt genannte Namensgebung ist so zu verstehen, dass das Gewehr derart leistungsfähig war, dass es so leicht, wie ein Grashalm vom Wind weggeblasen wird, töten konnte.
[10] Für Augenzeugenberichte siehe Goldstein (1989: Kapitel 13, besonders S. 441). Über Gewehrbesitz und –benutzung in kleineren Klöstern in entlegeneren Gebieten, siehe zum Beispiel Dreyfus (2003: 56).
[11] Für tibetische Augenzeugenberichte, siehe Richardus (1998: 87); cf. auch Fraser (1907: 25).
[12] Taring (1970:68); cf. Jamyang Norbu (1986: 33) und Gompo Tashi Andrugtsang (1973: 9).
[13] Siehe, zum Beispiel, die Geschichte des mGon-po rNam-rgyal aus Nag-rong von Tashi Tsering (1985).
[14] Siehe, zum Beispiel, die vielen Berichte der Fehden in Shar khog von Samten Karmay und Philippe Sagant (1998).
[15] Jamyang Norbu (1986: 32-33), Parenthese im Original.
[16] Jamyang Norbu (1986: 33).
[17] Siehe zum Beispiel Tashi Tsering (2000: 4-5), Beyer (1973: 239), Martin (1990) und Sperling (1997).
[18] Siehe Goldstein (1964), Tashi Khedrub (1986) und Goldstein, Siebenschuh und Tashi Tsering (1997:Kapitel 3, 187). Über Gewalt und Mord in tibetischen Klöstern im Allgemeinen, siehe u.a. Lobsang Gyatso (1998:30) und Richardus (1998:65).
[19] Goldstein (1964:138-139).
[20] Für Beschreibungen dieser gebräuchlichen Strafe siehe Goldstein, Siebenschuh und Tashi Tsering (1997:4), Rinchen Dolma Taring (1970:32) und Dorje Yudon Yuthok (1990:55).
[21] Goldstein, Siebenschuh und Tashi Tsering (1997: 4).
[22] Carnahan und Lama Kunga Rinpoche (1995: 10-11).
[23] Siehe zum Beispiel Palden Gyatso (1997: 26) und Dreyfus (2003: 56).
[24] Taring (1970: 32-33).
[25] Vergleiche Dorje Yudon Yuthok (1990: 56-57), Goldstein, Siebenschuh und Tashi

Tsering (1997: 4) und Richardus (1998: 6) für fast identische Berichte.

[26] Siehe jedoch Huber (2004) und Huber (Im Druck).

[27] Siehe Huber (Im Druck) für eine Studie über die Antilopenjagd in Nordtibet.

[28] Siehe zum Beispiel Samten Karmay und Philippe Sagant (1998).

[29] Siehe zum Beispiel, David-Neel und Lama Yongden (1978: 209-210) und Panglung (1992).

[30] Siehe zum Beispiel die Passagen in den Dunhuang-Dokumenten, in denen die tibetischen Kaiser beim Jagen des wilden Yaks erwähnt werden, besonders in den Annalen des Jahres 724, als die Kaiser offensichtlich schon den Buddhismus unterstützten: bstan po dbyard spel na bzhugs shing / byang rol du gshegste / kho nye du rur / gyag rgod la rol mo mjade / gyag rgod sgrog du bchug /; Bacot, Thomas und Toussaint (1940: 23, cf. auch 13, 14, 18, 26). Meiner Meinung nach bezieht sich das Alttibetische rol mo in allen Passagen auf eine alte Form der Jagd als Sport oder für einen symbolischen Wert, während das Alttibetische lings die große Gruppenjagd bezeichnet, die mit kommunalen und militaristischen Werten in Verbindung stand.

[31] Siehe zum Beispiel Jamyang Norbu (1986: 61-63).

[32] Zum Beispiel jagte der einflussreiche Händler und Machtmensch aus Kham, Pangda Topgyay (sPang mda' Thob rgyal) in den 1940ern mit seinen Männern in den Bergen und ließ sich das Herzblut von allem Wild, das getötet wurde, bringen, damit er es trinken konnte; siehe Bull (1966: 104).

Das Verhältnis tibetischer Nomaden zu ihren Nutztieren

David Holler

Als Menschen vor ca. 11 000 Jahren im heutigen nördlichen Iran begannen Tiere zu domestizieren, hat sich die Beziehung zwischen Mensch und Tier nachhaltig verändert. Die Beziehung Jäger - Beutetier wandelte sich zu einer von Herr zu Diener. Durch die Domestizierung war nicht mehr das tote Wild wichtig, sondern das lebende Tier, dessen Nachkommen und Sekundärprodukte wie Milch und Folgeprodukte, Haare bzw. Wolle sowie die Muskelkraft der Tiere als Transporttier, zum Pflügen und für den Einsatz im Krieg. Die Domestizierung von Tieren hatte einen enormen Einfluss auf die menschliche Gesellschaft: Sie ermöglichte Menschen eine sehr sichere Nahrungsmittelversorgung, ermöglichte Mobilität mitsamt den Ressourcen (im Gegensatz zu Bauern, die an ihr Land gebunden waren) und so auch eine enorme kriegerische Überlegenheit gegenüber sesshaften Bevölkerungen. Tierhaltung ermöglichte es außerdem, Naturräume zu besiedeln und in Wert zu setzen, die sonst der menschlichen Nutzung und Besiedlung verschlossen geblieben wären. Damit einhergehend mussten aber auch neue Probleme, die durch das Halten von Vieh entstanden, gelöst werden. Verantwortung musste nun nicht nur mehr für das direkte soziale Umfeld übernommen werden, sondern auch für das Wohlergehen des Viehs. Dies erforderte die Abstimmung der sozialen Organisation auf die Belange der Viehhaltung; der Besitz an Herden, Erbregelungen, Kooperation zwischen Individuen und Gruppen, bestimmte Formen der sozialen Kontrolle, sowie spezielle Formen von Landnutzungsrechten, die Flexibilität und Mobilität ermöglichten, mussten entwickelt werden. Ein mobiles Leben zur optimalen Versorgung des Viehs wurde in den Regionen, in der keine stationäre Viehhaltung möglich war, zur Notwendigkeit. Damit einher ging die Herausbildung einer bestimmten materiellen Kultur, ausgerichtet auf die Belange der Mobilität und der Viehhaltung, bestimmt durch tierische Produkte wie Wolle, Haare und Häute und im Design inspiriert durch Tiere. Es ist somit klar, dass die Domestizierung von Tieren nicht nur das Verhältnis zwischen Tieren und Menschen, sondern auch die Struktur der menschlichen Gesellschaft und die Beziehungen der Menschen zueinander transformierte.

Nutztiere spielen in einem Land wie Tibet, das durchschnittlich in einer Höhe zwischen 3 700 bis über 5 000 Metern liegt, und wo Ackerbau nur begrenzt möglich ist, naturgemäß eine große Rolle. Nomaden, heute ca. 30% der tibetischen Bevölkerung, die auf 70% der Fläche Tibets[1] leben, sind reine Viehzüchter. Aber auch Ackerbau betreibende Tibeter, sei es als Mischform mit dem Nomadismus (sa ma vbrog[2]/zhing vbrog/rong ma vbrog)[3] oder reine Ackerbauern (zhing pa/rong pa) halten gewöhnlich Tiere wie Yaks oder Dzo (eine Kreuzung zwischen Yak und Rindern) zum Pflügen, Esel und Maultiere für Lasten, Pferde als Fortbewegungsmittel, Dri, Dzomo und Kühe zum Melken und manchmal Schafe sowie Ziegen als Schlachttiere[4]. Die Nomaden meiner Forschungsregion am Namtsho[5] halten nur Yaks, Schafe und Ziegen, Pferde und Hunde sowie gelegentlich Katzen.

Im folgenden will ich zunächst einige allgemeine Aspekte zum Verhältnis der Tibeter zu ihren Tieren im Alltag anführen. Da die Beziehungen zu Tieren natürlich nicht nur utilitaristisch sondern sehr stark auch rituell und religiös geprägt ist, werde ich anschließend auf die rituelle Verwendung von Tieren in nichtbuddhistischen, volksreligiösen und buddhistischen Kontexten eingehen. Dies beinhaltet ihre Nutzung sowohl als Opfertiere als auch in Ritualen, die zur Freilassung oder zum Schutz von Tieren führen. Mit der Einführung des Buddhismus mit seinen Konzepten des Nichttötens, des Mitgefühls und des Karmas wurden blutige Tieropfer abgeschafft. Schwere Konflikte ergaben sich daraus für tibetische Laien, die vom Schlachten ihrer Tiere leben und so eine Vielzahl von Strategien entwickeln mussten, um das negative Karma des Tötens auszugleichen. Schließlich gehe ich auf die sehr persönlichen

Beziehungen der Nomaden zu ihrem Vieh ein, auf Kategorien, in die Nomaden ihr Vieh einteilen, sowie auf einige Beobachtungen, die ich bei Nomaden machte[6], die das buddhistische Mitgefühl der Tibeter sehr in Frage stellen.

Tiere in der Vorstellungswelt der Tibeter

In der Vorstellungswelt der Tibeter nehmen Tiere einen großen Stellenwert ein. Schon in prähistorischen Felsmalereien und Petroglyphen sind Yaks, Schafe und Reiter mit ihren Pferden prominent [7]. Tiere erscheinen im Schmuck der Tibeter [8] schon in den archaischen bis zu mehrere tausend Jahre alten thog lcags, die den Tibetern um den Hals getragen als Amulette oder gar als eine Art Klantotemtiere galten, sie stellten Yaks, Schafe, Pferde, Schildkröten, Garudas und Löwen dar[9].

Tiere erscheinen in frühen Legenden als Gottheiten, mit menschenähnlichen Charakteren wie z.B. in der Erzählung der Entstehung des tibetischen Volkes aus der Union zwischen einem Affen (einer Emanation Avalokiteshvaras) und einer Felsdämonin (als einer Emanation der Tara). Ein kosmischer weißer männlicher Yak (srid kyi g.yag po dkar po) erscheint immer wieder in tibetischen Ursprungsmythen (Hermanns 1956, S. 133f.). Ein weißer Yak spielte auch eine Rolle bei der Unterwerfung von gNyan-chen thang-lha[10], von dem der Yak eine Emanation ist, durch Padmasambhava. Weiße Yaks finden sich auch im Gefolge dieses heiligen Berges in den geographischen Mythen der Gegend. Einige Nomaden der Region um den Berg behaupten, dass gNyan-chen thang-lha in der Form eines göttlichen weißen Yaks (lhavi g.yag dkar po) der Ahnengott (rus rgyud lha/ a phavi lha) einiger Klane sei (Belezza 1997: 47).

Immer wieder stellte man sich Götter sowie Dämonen in Tiergestalt vor. Ein gejagter Hirsch kann sich kurz bevor er getötet wird als ein Gott oder Dämon oder heiliges Wesen herausstellen. Das Töten eines solchen kann schwerwiegende Konsequenzen in Form von Bestrafung oder der Rache der Götter nach sich ziehen. Dieses Motiv ist auch in buddhistischen Erzählungen prominent. Gerade Jäger müssen fürchten, dass es sich bei dem von ihnen gejagten Wild nicht um solches handelt, sondern um Bodhisattvas, die eine Emanation als Tier angenommen haben, dessen Tötung schweres negatives Karma bedeutet. Diese Tatsache ist auch eine Erklärung des Jagdverbotes an vielen heiligen Orten (Huber 1991, S. 70.). Auch einige aus Indien übernommene buddhistische Gottheiten haben Tiergestalt, so z.B. hat rDo-rje vjigs-byed einen Bullenkopf, rTa-mgrin einen Pferdekopf, rDor-je phag-mo einen Eberkopf oder Seng-ge gdong-ma Löwengestalt. Andere haben nach indischer Tradition Reittiere, wie im Falle der dPal-ldan lha-mo ein rotes Maultier oder wieder andere Throntiere, sie gelten im Volksglauben als Beschützer jener Tierarten.

Die meisten autochthonen Götter werden jedoch nicht als Tier sondern anthropomorph vorgestellt, sie leben ähnlich, nur viel besser und reicher als Menschen, und haben Reit- und Lasttiere sowie eigene Herden[11], wie die sie verehrenden Nomaden auch. Als Opfergabe zur Beschwichtigung dieser Götter war und ist es daher üblich, Tiere als Geschenk darzubringen.

Eine enorme Anzahl tibetischer Sprichwörter (gtam dpe), die im Alltag oft eingesetzt werden, benutzen Tiere in Allegorien. Tiere sind prominent in der populären Poesie Sakya Panditas, in Liedern und Volksgeschichten (dmangs gzhas und dmangs sgrung), im Gesar Heldenepos, in Legenden, Märchen und Ursprungs- oder Schöpfungsmythen. Ohne diese alle im Detail analysieren zu wollen, wird darin Tieren wie bei uns bestimmte Charaktereigenschaften zugesprochen, der Fuchs z.B. gilt als schlau und hinterlistig, der Hund als dumm, gierig und schmutzig, der Affe als geschickt und clever, das Schwein als schläfrig, dumm und verfressen, der Pfau als eitel, betörend schön aber von schlechtem Charakter (sein Fleisch soll giftig sein), Schafe als gutmütig und sanft, der Löwe als stark, mächtig, eingebildet aber manchmal nicht so clever etc. Pferde, z.B. im tibetischen Gesar-Epos, sind oft mit magischen Fähigkeiten versehen, und als Freund und Helfer der Menschen prominent. Sie können die Sprache der Menschen sprechen und fühlen und denken wie Menschen und kämpfen und leiden mit ihren Reitern. Yaks wurden neben ihrer Nutzung als Vieh auf den Status von Göttern erhöht, sie waren Symbole von Fruchtbarkeit, Wohlstand und Kriegstüchtigkeit. Seit frühester Zeit wurden Yaks mit Territorialgöttern (yul lha), Klan-Göttern (rus lha) und Kriegsgöttern assoziiert.

Tierabbildungen finden sich in der direkten Umgebung vieler Tibeter wieder, z.B. auf Wandmalereien in Hauseingängen, wo sie als Beschützer oder als Symbole für langes Leben, Eintracht oder Wohlstand stehen. Die Schädelknochen von Yaks und Pferden bleichen auf Mauern, Häusern, Pässen und Schreinen von Berggottheiten, Ziegenköpfe zusammen mit Fadenkreuzen fungieren als Geisterabwehr über Hauseingängen. Mit Pferden bedruckte Gebetsfahnen, mit Abbildungen von Tiger, Löwe, Drache und Garuda in den vier Ecken, flattern auf den Dächern der Häuser.

Die große Bedeutung von Vieh für Tibeter wird in der tibetischen Sprache reflektiert. So ist die Bezeichnung für männliche und weibliche ‚Yaks' nor[12], was Reichtum bedeutet. Auch Schafe werden poetisch mit g.yang dkar, weißer Reichtum umschrieben. Das Wort für reich sein, „tschug po" ähnelt sehr dem Wort für Vieh „tschug". Dies demonstriert deutlich den Wert dieser Tiere in einer nomadischen Gesellschaft, wo sie mit Wohlstand, Besitz und Reichtum gleichgesetzt werden.

Im buddhistisch beeinflussten Gedankengut herrscht Mitgefühl gegenüber allen fühlenden Lebewesen vor. Tiere, genauso wie Menschen und sogar Götter, sind dem Kreislauf von Wiedergeburten unterworfen und können in anderen Daseinsformen wiedergeboren werden. Die Tatsache, dass man als Mensch eine Wiedergeburt als Tier finden kann, stärkt das Mitgefühl mit Tieren, denn man kann ebenso gut selbst im nächsten Leben als Tier geboren werden – und würde sich dann wünschen, gut behandelt zu werden. So gelten um die Klöster streunende Hunde im Volksmund als sich im Vorleben verfehlt habende Mönche, die eine Wiedergeburt als Hund erlangten. Man hat Mitleid mit ihnen und es gilt als tugendsam, sie zu füttern, wenn auch die großen streunenden Hundepopulationen von Lhasa und Shigatse durch breitangelegte Kampagnen der Regierung in den letzten Jahren vergiftet wurden. Inwieweit buddhistisches Mitgefühl gegenüber Tieren im Alltag gelebt wird, wird zu diskutieren sein.

Vieh als Opfertiere

Früheste Informationen über die Beziehung zwischen Tieren und Menschen finden sich in den Dunhuang Dokumenten[13] und von Inschriften von Stelen (rdo ring). In ihnen werden Tiere (ebenso wie Menschen!) als Opfergaben erwähnt. In Tibet wurden auch noch nach der Etablierung des Buddhismus am Königshof im 7. Jahrhundert nach dem Tod eines Königs elaborierte Bestattungszeremonien durchgeführt, zu denen es dazugehörte, Tiere und Menschen zu opfern und als Grabwächter mit zu beerdigen (Stein 1962: 200, 238). Auch bei Verträgen, wie dem von 822 n. Chr. mit China, war es üblich, Tiere zu schlachten und sich mit dem Blut der Opfer die Lippen zu beschmieren (Stein 1962: 200). Bei den alle drei Jahre zu erneuernden Treueschwüren der Untertanen gegenüber dem König wurden Menschen, Pferde, Esel, Ochsen, Affen, Schafe und Hunde getötet. Dabei wurde denen, die den Schwur brachen, das gleiche Schicksal (die Tötung) angedroht (Stein 1962: 200). Bei Milarepa erfahren wir, dass für ein Heilungsritual je 100 Yaks, Schafe und Ziegen als Lösegeld (glud) für das Leben eines Kranken benötigt wurden (Stein 1962: 238). Dabei wurde ein Yak als Gabe für den pho lha (Männer-Gott), ein Schaf für den dgra lha (Feind-Gott) und eine Ziege für den srog lha (Gott der Lebensenergie) in die Berge getrieben, um dann später geschlachtet zu werden (Stein 1962: 239). Tieropfer wurden zu Bestattungsriten, zur Heilung, Divination, zu Bittgebeten und zur Besänftigung zorniger Gottheiten dargebracht (Ekvall 1964: 160-61). Im Padma bkav thang[14] werden gigantische Opferriten der Bon mit Hunderten von Tieren und Dutzenden von verschiedenen Priesterklassen mit genau definierten Aufgaben beschrieben.

Bis heute gibt es im tibetischen Kulturraum noch blutige Opfer. Meistens sind sie an der Peripherie des tibetischen Einflussbereiches, weit weg von den großen klösterlichen Zentren, im Himalajaraum anzutreffen. Aber auch in Tibet selbst wurden bis zur chinesischen Okkupation in einigen Gegenden wie Kongpo, Pobo und Dokham Tieropfer dargebracht (Chabs spel 1993: 845). Shingsawa und Khumbo in Nordost-Nepal opfern noch immer gehörnte schwarze Tiere für den lokalen Schutzgott (chos skyong), ebenso wie die Tibeter in Kharta, die ihm noch bis vor ein paar Jahren Yak-Opfer widmeten (Diemberger 1992:

423-24). Es gibt spezielle Praktikanten für die Opferhandlungen, sog. lha bon, die von den lokalen Lamas für alle Rituale im Zusammenhang mit Klan und Landgöttern und alle Arten von Blutopfern anerkannt werden und für diese unentbehrlich sind (Diemberger 1992: 424). Diese Opfer finden alljährlich und in Situationen großer Gefahr für einzelne Individuen statt. Die Beziehung zu Ahnen, zur Berggottheit und den Göttern der Region wird durch die Opfer erneuert und verbessert. Oft wird in dem Opfer die Entstehung der Gesellschaft, der Ursprung der verschiedenen Klassen oder Klans, deren Beziehung untereinander und zu den Göttern reinszeniert. In dem sog. "creative dismemberment" (Macdonald 1980) wird das Tier geschlachtet, in viele qualitativ und symbolisch unterschiedliche Stücke zerteilt und den Teilnehmern je nach Status zugewiesen (Diemberger 1997: 261f). Die Innereien des Tieres haben eine enge Verbindung zu dem Territorium des betreffenden yul lha und werden zur Divination verwendet (Diemberger 1992: 270). Diemberger vermutet den Ursprung dieser Opfer in vorbuddhistischen politischen Ritualen, die zusammen mit tantrischen Praktiken der Befreiung durch Töten in einen neuen buddhistischen Rahmen integriert wurden (Diemberger 1997: 266). Allerdings steht das blutige Tieropfer in scharfem Wiederspruch zu den buddhistischen Lehren vom Mitgefühl zu allen Lebewesen. Buddhistische Lamas hatten deshalb in der genannten Region ein zwiespältiges Verhältnis zu Blutopfern. Sie verurteilen diese in der Theorie, akzeptieren sie aber manchmal in der Praxis in bestimmten Situationen. Teilweise schauten die Lamas bei Blutopfern nicht nur weg, sondern nahmen auch daran teil. Bei den Tieropfern in Ding ri sollen Mönche des lokalen Rnying ma-Klosters die rituelle Musik gespielt haben, und auch in Kha rta sollen tantrische Priester des lokalen Rnying ma-Klosters anwesend gewesen sein (Diemberger u. Hazod 1997: 267, 270). Selbst im Pilgerführer (gnas yig) zum verborgenen Tal von Mkhan pa lung wird die Praktik von Blutopfern kritiklos propagiert (Diemberger u. Hazod 1997: 266)!

Eine andere, schon in vorbuddhistischer Zeit praktizierte, nicht blutige Form der rituellen Nutzung von Tieren sind Rituale, in denen Tiere befreit und für bestimmte Zwecke benützt werden. Besonders im Gesar-Epos findet man, dass Tiere, ebenso wie Berge, Bäume und Seen als Aufbewahrungsort (bla rten) der "Seele" (bla) eines Menschen benutzt werden können. Diese Tiere sind dann eng mit dem Schicksal des Menschen verbunden, dessen Seele sie aufbewahren. Der Epenheld Gesar musste des öfteren erst die Seelentiere seiner Feinde töten, bevor er diese besiegen konnte. Ebenso geriet er in große Gefahr, wenn sein eigenes Seelentier bedroht war. Seelentiere (bla gnas kyi sems can) haben eine ähnliche Rolle wie Türkise (bla g.yu), die man als Aufbewahrungsort der Seele um den Hals trägt. Da das Leben dieser Seelentiere eng mit ihrem Benutzer verbunden ist, nimmt man hierfür die kräftigsten, gesündesten Tiere. Sie stehen selbstverständlich unter dem Schutz ihres Besitzers. Wenn das Tier altert, wird der Status als Seelenaufbewahrungsort an ein anderes, jüngeres und kräftigeres Tier übertragen.

Ähnlich ist es mit Ritualen für Reichtum und Wohlstand, in denen ein Schaf als 'Reichtumsstütze' (g.yang rten) geweiht wird. Das Schicksal dieses Schafes (g.yang lug) ist dann eng verbunden mit dem Wohlstand einer Familie, so dass man sein Leben schützt. Auch hier wird vor dem Altern des Tieres die Weihe auf ein anderes junges, kräftiges Tier übertragen.

Auch Sündenbock-Praktiken waren mit der Vertreibung eines, mit allem Negativen der Gemeinschaft beladenen Tieres (glud) verbunden, das dann unberührbar wurde[15]. Diese vertriebenen Tiere waren besonders gekennzeichnet und wurden nicht geschlachtet, denn der Tötende würde Gefahr laufen, all das Negative des Sündenbockes auf sich selbst zu übertragen.

Tiere können außerdem als Götter-Behälter (lha rten) in buddhistischen Ritualen vorkommen. Ähnlich einem gtor ma Opferkuchen, der für die Dauer eines Rituals zum Aufenthaltsort oder Palast einer bestimmten Gottheit wird, wird hier ein Tier zu einem solchen geweiht. Diese Tiere sind anschließend, nachdem die entsprechende Gottheit entlassen wurde, durch die Präsenz dieser Gottheit in ihm geweiht und verströmen den Segen (sbyin rlabs) dieser Gottheit, weshalb man sie nicht tötet. Zu diesen rituellen Verwendungen zählen auch die Tierbefreiungen zu Festen wie Yarchang, Mani Rimdu und Cham-Tänzen[16].

Schon in den Dunhuang Dokumenten werden Tiere erwähnt, die als Götter-Pferde (lha rta), Götter-Schafe (lha lug) und Götter-Yaks (lha g.yag) bezeichnet werden. Diese Tiere werden aufgrund ihrer Farbe mit bestimmten Gottheiten und Dämonenklassen wie dmu, bdud, mnyan, srin, klu, skar, gzav identifiziert und ihr Leben wurde als Göttertier geschont[17]. Den Brauch, Tiere Göttern zu widmen, um diese zu erfreuen oder zu besänftigen und damit wohlwollend zu stimmen, gibt es bis heute. Die Tiere dienen den Göttern als Reittiere, als Gefolge oder als deren Besitz. Dieses Göttervieh (lha zog) wird oft mit einem aufgemalten Sattel verziert und darf mit bunten Troddeln im Ohr dekoriert sein Leben in der Herde ausleben, ohne geschlachtet zu werden[18].

Blutige Tieropfer wurden trotz ihres partiellen Fortbestehens in tibetischen Gemeinschaften vom buddhistischen Klerus bekämpft, der es sich zur Aufgabe gemacht hat, die Laien auf eine buddhistische Linie zu bringen und ihre kontroversen Opferpraktiken zu verbieten. Dieser Prozess der Buddhisierung (vdul ba) betrifft sowohl die Bevölkerung als auch ihre Götter und hat die Bezwingung, Unterwerfung und Befriedung der autochthonen tibetischen Götter und Dämonen durch Padmasambhava zum Vorbild. Heute ist dieses unter Kontrolle bringen die Arbeit eines Lama. Er zähmt und unterwirft lokale Götter, Dämonen und feindliche Kräfte, aber auch seine Schüler und die Laien. Als Zähmer von lokalen Göttern, Dämonen und feindlichen Kräften spielt er eine große Rolle für Laien, die die Ursache von Tod, Krankheit und Missgeschick in solchen, außer Kontrolle geratenen Kräften sehen. Mit der Unterwerfung und Konvertierung der Götter wurden auch die Methoden verändert, ihnen zu opfern. Das äußere Erscheinungsbild der Rituale wurde buddhisiert. Anstelle blutiger Tieropfer (dmar mchod; rote Opfer) wurde die Verwendung von weißen Opfern (dkar mchod) vorgeschrieben. Anstatt Tiere, Blut, Fleisch und Innereien zu erhalten, mussten die Götter mit Getreide, Reis, Tsampa, Milch, Butter, Käse und Joghurt vorlieb nehmen. Als Ersatz (tshab) für ehemalige Blutopfer wurden gtor ma (Opferkuchen) und Figuren (glud und ling ga) von Tieren und Menschen aus Tsampa modelliert, rot angemalt und geopfert oder Tiere rituell freigelassen (Jerstad 1969, S. 110).

Schlachtvieh und der Umgang mit dem Nicht-Tötungs-Gebot

Obwohl das Töten von Tieren aus dem rituellen Bereich in den meisten Regionen Tibets verbannt wurde und es eine große Tradition des Tiere Freilassens, Schützens und Rettens gibt, spielt das Schlachten natürlich eine große Rolle für den buddhistischen Laien. Nomaden und viele Bauern leben von ihrem Vieh, sie sind darauf angewiesen, es zu töten. Im Buddhismus, mit dem Prinzip von Ahimsa, dem Nichttöten und Nichtverletzen von Lebewesen und seinen Konzepten von Mitgefühl, ist jegliches Töten eine negative Tat, die sich auf die karmische Bilanz negativ auswirkt, mit Folgen für die eigene Wiedergeburt nach dem Tod. Andererseits müssen Nomaden und Bauern ihre Tiere schlachten, da sie ihre Lebensgrundlage sind.

Diesem Konflikt begegnen Tibeter mit einer Fülle von Strategien. Man versucht, das direkte eigenhändige Töten zu vermeiden, reduziert das Töten, verrichtet tugendsame Taten, um Verdienst anzusammeln, das die Negativität des Tötens ausgleichen soll, sorgt in einer Vielzahl von Ritualen für ein rituelles Ausgleichen oder Ausradieren der Konsequenzen der begangenen, untugendsamen Taten und macht aus dem Nichttöten eine Tugend, indem man das am Leben lassen von zum Töten bestimmten Lebewesen als besonders verdienstvolle Tat praktiziert.

Vermeidung des Tötens

Viele Tibeter vermeiden eigenhändiges Töten und überlassen es anderen. Das Schlachten wird häufig von am Rande der Gesellschaft stehenden Menschen wie Moslems, Chinesen, Ausgestoßenen und Armen ausgeübt, die dafür bezahlt werden. Hier ist Tugendhaftigkeit direkt mit dem Wohlstand einer Familie verbunden. Nur reichere Nomaden können es sich leisten, andere zum Schlachten anzustellen. Man muss sich seine Unbefleckheit also leisten können. Außerdem geht man oft zu indirekten Tötungen über. Schafe und Yaks werden getötet, indem man sie erstickt, ihnen also das Maul zubindet und mit Lehm verschmiert, so dass sie "von alleine sterben". Zwar für das Tier ungleich qualvoller als ein gezielter Messerstich, glaubt man somit, nicht selber zu töten. Hier sieht man, dass das eigene Wohl Vorrang vor dem Mitgefühl für andere Lebewesen hat.

Minimierung des Tötens

Nomaden schlachten nur an wenigen Tagen im Jahr, wo pro Familie je nach Größe und Reichtum an zwei bis drei aufeinanderfolgenden Tagen im späten Herbst bzw. Winterbeginn bis zu 40 Schafe geschlachtet werden. Die Tiere werden geschlachtet, wenn sie am fettesten sind, das Fleisch bleibt in den niedrigen Temperaturen und der Trockenheit des Winters haltbar und der Weidedruck durch zu viele Tiere wird in der grasarmen Zeit reduziert. Man verringert das Töten auch in anderer Hinsicht. Beispielsweise schlachtet man lieber ein großes Tier wie einen Yak, als das man Tausende von Fischen tötet, um die gleiche Menge Fleisch zu erhalten. Auch sonst wird das Töten eingeschränkt, man sollte weder zum Spaß töten noch kleine Vögel, von denen man nicht satt wird. Schließlich wurden Zeiten und Orte eingerichtet, an denen das Töten verboten ist.

Kompensation des negativen Karmas des Tötens durch Verdienst

Unvermeidliches, durch Schlachten und kastrieren angesammeltes sdig pa ('Sünden') können durch verdienstvolle Taten wettgemacht werden. Das Ansammeln von Verdienst (dge ba bsags pa) ist daher für tibetische Buddhisten ein allgegenwärtiges Anliegen. Tugendhafte Taten (dge ba) resultieren in einem Anwachsen (bsod nams bsags), Laster und untugendhafte Taten (sdig pa) in einer Verminderung (bsod nams nyams/ zad) des Vorrates an Verdienst (bsod nams kyi tshogs). Durch verdienstvolle Taten erhofft man, auch größere Vergehen ausgleichen zu können. Ekvall beschreibt einen Fall, in dem ein Nomade einen anderen im Kampf getötet hat, aber erwartet, durch rechten Lebenswandel, gute Taten und chos las (wörtl.: religiöse Arbeit) diesen Mord im Laufe seines Lebens wieder ausgleichen zu können (Ekvall 1964: 283-296). Für das Ansammeln von dge ba gibt es vielerlei Möglichkeiten: (1) individuelle verdienstreiche Taten, (2) in Auftrag geben von verdienstreichen Taten und (3) Teilnahme an oder dem Ausrichten und Finanzieren von regelmäßig stattfindenden, institutionalisierten öffentlichen Festen und Riten.

Individuelle verdienstreiche Taten

Zum Ansammeln von Verdienst und Reinigen von vergangenen negativen Taten hat jeder individuell, ohne Beihilfe von Mönchen, die Möglichkeit zu beten, Mantren zu rezitieren, kleine tantrische Rituale durchzuführen, Niederwerfungen zu machen, Opfer darzubringen, anderen Lebewesen gegenüber Gutes zu tun, Tiere zu befreien oder Armen zu geben. Vor allem als sbyin bdag (Gaben Herr), durch Gaben, die Stiftung von Gebäuden, Spenden von Land, Naturalien oder Geld an Klöster, religiöse Personen und Institutionen und die Praxis des Dharma zu fördern (der ja für alle Lebewesen Gutes bewirkt). Um den Vorgang des Schlachtens weniger verhängnisvoll zu machen, rezitieren viele beim Töten Mani- Mantren. Man tut unrecht, aber betet dabei. Dabei ist allerdings nicht klar, ob das Mantra für das Tier oder den Schlächter selbst gesprochen wird. Eine Möglichkeit 'par excellence', als Individuum Verdienst zu sammeln, sind Pilgerreisen und Tierbefreiungen.

In Auftrag geben von verdienstvollen Taten

Tugendsame Taten können auch in Auftrag gegeben werden. Leute, die Mani-Steine meißeln und sogar Leute, die Niederwerfungen machen, können gegen Bezahlung für das Vergrößern des eigenen Verdienstes angestellt werden, ebenso wie Mönche, die in ein Haus eingeladen werden, um heilige Schriften zu lesen oder Rituale durchzuführen. Dem liegt zugrunde, dass Verdienst übertragbar ist. Man kann es auf andere Menschen, Familienmitglieder, Lehrer, die soziale Gruppe, leidende Geister Verstorbener oder alle fühlenden Lebewesen transferieren. Besonders beim Tod eines Menschen kann durch das Rezitieren heiliger Texte und Gaben an Klöster im Namen des Toten dessen schlechtes Karma verringert werden. Auch das Befreien von Tieren kann in Auftrag gegeben werden. Sarat Chandra Das berichtet, dass, als er krank war, ein Freund an seiner Statt 500 Fische freiließ und versprach, dass dadurch eine große Menge Verdienst zur Heilung seiner Krankheit erzeugt würde (Das 1904: 134).

Institutionalisierte öffentliche Riten

Öffentliche und institutionalisierte, regelmäßig stattfindende und mehr oder weniger spektakuläre Riten sind von größter Bedeutung für das Ansammeln von Verdienst. Bei diesen Festen oder Riten übernehmen einzelne Haushalte (oft in jährlicher Rotation) die Pflicht, die Feierlichkeiten auszurichten und zu finanzieren[19]. Solche Arten von Riten stellen einen institutionalisierten Zugang zu religiösem Verdienst dar, unabhängig von der religiösen Motivation des Einzelnen. Allein die Teilnahme an buddhistischen Zeremonien, wie Einweihungen, Cham-Tänze, dem Entrollen großer Thangka etc. scheint Verdienst und byin rlabs (Segen, der von heiligen Personen mit viel Verdienst und spiritueller Kraft ausstrahlt) zu bringen. Viele Riten haben den Ruf, dass nur durch Anwesenheit Erleuchtung oder Wiedergeburt in einem buddhistischen

Paradies in einem späteren Leben bewirkt werden können.
Auch zu solchen institutionalisierten öffentlichen Zeremonien gibt es die Praxis Nutztiere freizulassen, so z.B. beim Mani Rimdu[20] und dem Yarchang[21] bei den Sherpa und beim Cham in Ladakh[22]. Bei dem jährlichen Pferderennen in Damshung, das im Jahr 2002 anlässlich des alle zwölf Jahre stattfindenden mtsho skor[23] am Namtsho abgehalten wurde, wurden Schafe befreit und als lha lug dem lokalen Territorialgott gNyan-chen thang-lha dargebracht.

Kompensation durch Ritual

Um begangene negative Taten zu kompensieren, führt man Rituale durch bzw. lässt sie durchführen. Die Rezitation heiliger Schriften und die Durchführung Karma-reinigender religiöser Riten (las kyi cho ga) [24] durch Mönche, Nonnen oder Verwandte für eine Person kann, zusätzlich zu deren eigenen guten Taten, deren schlechtes Karma vernichten. Riten können das Reifen von negativem Karma in weite Zukunft verschieben, schlechtes Karma in gutes Karma umwandeln oder schlechtes Karma gänzlich tilgen (Tucci 1970: 217). Diese Rituale wirken, neben der Tatsache, dass sie Verdienst erzeugen, auch auf einer Ebene unabhängig vom Verdienst, durch die magische Macht des Rituals.

Der Konflikt, der den Tibetern durch das Nicht-Tötungs-Gebot auf der einen und der Notwendigkeit des Tötens zur Subsistenzsicherung auf der anderen Seite entsteht, ist so die Motivation und Grundlage für eine Vielzahl buddhistischer und volksreligiöser Praktiken. Boshaft formuliert könnte man sagen, dass die Verbreitung des buddhistischen Moralkodex, der für die Nomaden und Bauern unmöglich einzuhalten ist und der daraus resultierende Konflikt die Abhängigkeit der Laien von Klöstern, Lamas, Mönchen und anderen religiösen Praktikanten, die durch Riten den Konflikt entschärfen können, zementiert.

Das Geben von Leben

Zur Kompensation des Nehmens von Leben eignet sich am besten das Geben von Leben. Diese in vielen buddhistischen Ländern bekannte Form des Freilassens von Lebewesen heißt in Tibet tshe thar (wörtl. Lebens Befreiung) oder srog bslu (Lebens Freilassung/Freikauf). Tshe thar sind alle Arten von Tieren, die man freigelassen hat, srog bslu ist das Freikaufen von zum Schlachten geführten Tieren z.b. auf dem Markt. Bei den Nomaden verbleiben solche tshe lug (Lebensschafe) oder tshe g.yag (Lebensyaks) in der Herde, sie werden gekennzeichnet, ihr Ohr wird durchstoßen und mit einer Troddel aus Stoff aus fünf Farben (dar tshon sna lnga) verziert. Neben der rein buddhistischen Freilassung werden die Tiere meist auch einem bestimmten Gott oder Zweck, wie z.b. dem langen Leben einer bestimmten Person, gewidmet.

Städter halten vom Markt gekaufte srog bslu als Haustiere, in Lhasa sieht man viele meist ältere Leute mit einem Schaf an der Leine oder freilaufend um den Jokhang Tempel laufen. Andere Städter fahren aufs Land um dort bei Bauern ein Tier freizukaufen, dass sie zu Marktpreisen bezahlen müssen und für das sie eine jährliche Pension für Futter und Unterhalt zahlen.

Traditionell sind Tiere aufgrund bestimmter Färbungen prädestiniert, bestimmten Göttern zum Geschenk dargebracht zu werden. In einem Text von Karma chags-med[25] gibt es für jeden Gott und jede Klasse von Dämonen und anderen Wesenheiten, die für ein einem begegnendes Problem verantwortlich sind oder bei der Lösung des Problems Hilfe leisten, bestimmte Tiere, die man im Zusammenhang mit bestimmten rituellen Verrichtungen (las tshogs) freilassen soll.

Wenn man eine spezielle Anzahl wie 100, 21, 10, 7, 5 oder 3 Tiere, entsprechend dem eigenen Wohlstand, befreit, so werden Todesomina abgewendet. Wenn man die Stirn des Tieres mit einer Sonne und einem Mond aus Butter schmückt, so verlängert sich das Leben. Wenn man schwarze Pferde, schwarze Yaks oder schwarze Schafe mit schwarzer Seide schmückt und dem mGon-po bya-rog und seinem Gefolge darbringt, so wird die buddhistische Lehre florieren und der eigene Reichtum beschützt. Wenn man schwarze

Schafe oder schwarze Yaks dem sechshändigen Mahakala darbringt, so werden Hindernisse beseitigt. dPal-ldan lha-mo erhält einen roten Esel mit einer weißen Blässe auf der Stirn (bong bu grwa dmar). Wenn man drei schwarze Schafe den lha mo und ihrem Gefolge darreicht, werden die aggressiven ma mo zufrieden gestellt und Epidemien und Krankheiten von Mensch und Tier verschwinden. Graue Yaks oder blauschimmernde Ziegen, die man Rnam-thos-sras darreicht, erfreuen die Reichtumsgötter. Werden Schafe mit gelbem Kopf dem Gang-ba-bzang-po dargebracht, so vermehren sich die Schafe, und gibt man dem Ku-be-ra ein schwarzes Pferd, so schützt dies die Pferde vor Schaden. Die yul lha bevorzugen weiße Tiere, Yaks, Schafe oder Pferde, sie erfreuen sich daran und kommen allen Wünschen nach (Karma 320-325).

Karma chags-med zählt eine große Zahl weiterer Götter und Dämonen auf, ordnet ihnen bestimmte Tiere zu und legt die positiven Effekte dar, die die Tieropfer bewirken. Allerdings: Gaben unpassender Tieren können die Götter verärgern:

> Es ist unangebracht dem dBang-phyug Esel, den btsan Dämonen Schweine, den klu Schlangenwesen oder Haushühner und dem dGe-bsnyen mkhya-ri lcam-dral Ziegen zu opfern, da diese Tiere sie nicht erfreuen (Karma: 324/325).

Allgemein soll die Farbe des Fells der Tiere den, in den Visualisationsanleitungen (grub thabs) beschriebenen Farben und ikonographischen Eigenschaften der jeweiligen Gottheiten entsprechen. Der schwarze Mahakala erhält schwarze Tiere, ein yul lha meist weiße Yaks, weiße Schafe oder weiße Pferde, dPal-ldan lha-mo, die auf ikonographischen Darstellungen einen Esel reitet, erhält einen roten Esel.

Nicht nur weltliche Götter sondern auch erleuchtete Weisheitsgötter (ye shes kyi lha) wie Tshe-dpag-med, dPal-ldan lha-mo, Mahakala und rDo-je legs-pa kommen in dem Text als Rezipienten der Opfer in Frage. Zweck der Opferungen ist immer die Abwehr von Missgeschick, Tod und Krankheit von Mensch und Tier, die Beseitigung von Hindernissen, die Vermehrung des Reichtums, insbesondere des Viehs, und das Erfreuen der Götter, so dass sie zu Freunden werden, Wache halten, beschützen und die Wünsche des Opferers beherzigen.

In der Praxis nehmen die Nomaden generell Tiere, die sonst zu einem späteren Zeitpunkt geschlachtet würden. Von der Befreiung ausgeschlossen sind Schaf- und Ziegenböcke, weil das Fleisch dieser unkastrierten, männlichen, zur Fortpflanzung genutzten Tiere nach einigen Jahren so zäh wird und die Tiere so unangenehm riechen, dass man sie nicht verzehren kann und deshalb ohnehin nicht schlachtet. Bevorzugt werden daher kastrierte männliche Tiere, deren einzige Bestimmung es ist, geschlachtet zu werden (Diese Schafe und Ziegen heißen bshav lug und bshav ra, wörtlich Schlacht-Schafe/Ziegen). Außerdem wählt man in erster Linie starke, gesunde, schöne und meist noch jüngere, also die besten Tiere aus. Da Nomaden oft nicht über eine große Auswahl an Tieren verfügen, können natürlich nicht in jedem Fall Tiere mit den für die entsprechenden Götter idealen Merkmalen befreit werden. Andersherum, wenn in einer Herde ein reinweißes Yak oder ein schwarzes Schaf existiert, dann ist die Wahrscheinlichkeit größer, dass jene Tiere den Göttern, deren Lieblingstiere sie sind, geopfert werden.

Den Erzählungen der Nomaden zufolge, zeichnen sich andere Yaks durch ihre Eigenwilligkeit und Selbstständigkeit aus. Sie kommen abends nicht mit der Herde nach Hause, bleiben nachts alleine in den Bergen und stoßen bei Annäherung mit den Hörnern. Von ihnen nimmt man an, dass sie Tiere der lokalen Territorialgottheit (yul lha) seien und man befreit sie und weiht sie dem Gott.

Ein Mönch aus der Gegend von Nyemo[26] erzählte, dass in seiner Heimat ein Tier nicht willkürlich ausgesucht werden darf, sondern dass der Befreier einen Schuhriemen nimmt und mit verschlossenen Augen in die Herde wirft. Das Tier, auf das der Riemen fällt, wird befreit.

Eine andere Möglichkeit ist, dass ältere Tiere, oft Muttertiere, die viele Junge geworfen haben und lange Milch gegeben haben oder Tiere, die seit Jahrzehnten treu den Pflug gezogen haben, aus Dankbarkeit und Mitgefühl befreit werden.

Nicht immer wirkt bei den Opfern an die Götter das Verdienst der Lebensbefreiung. Wenn den Göttern Tiere wie Hunde oder Pferde geopfert werden, die die Nomaden nicht schlachten, dann liegt natürlich keine Lebensbefreiung vor, es wirkt dann nur das Verdienst des Opfers und das daraus resultierende Wohlwollen der Götter.

Karma chags med:

Außerdem, was das Darbringen von [zu der Art der Götter] passenden [Tieren wie] schwarzen Hunden und schwarzen Pferden betrifft, so sind [zwar] die Götter erfreut und werden zum Gefolge, da es aber nicht Brauch ist [solche Tiere] zu schlachten, haben sie keinen Nutzen [als] Lebensbefreiung (tshe thar). Aus diesem Grund haben weibliche Tiere nur einen geringen Nutzen, während Lebensbefreiungen von gesundem starkem Schlachtvieh einen großen Nutzen haben. Wenn man [Tiere] im Moment des Geschlachtet werdens freikauft, so ist das am besten (Karma 325).

Aber diese Befreiungen sind, wie wir schon gehört haben, nicht selbstlos und uneigennützig. Recherchen unter Nomaden und Tibetern in Lhasa ergaben, dass es für jede Tierbefreiung immer einen konkreten Anlass gibt. Es soll mit der Befreiung etwas erreicht werden. Die genannten Gründe für das Freilassen eines Tieres sind vielfältig; genannt wurden Krankheit eines Familienmitgliedes, hohes Alter der Eltern, astrologische Gefährdungen, denen man mit dem Vollbringen verdienstreicher Taten begegnen will, Bedrohung durch das Erzürnen von Göttern, Kompensation für begangene, schlechte Taten oder das Überschreiten von Tabus.

Meist werden Tiere aus einer rituellen Notwendigkeit heraus befreit, z.B. in einem Ritual, einen kranken Menschen zu heilen. Hier wird das Leben des Tieres für das Leben des Menschen gegeben. Das Verdienst (dge ba) des Befreien des Tieres soll das negative Verdienst (sdig pa), das den Menschen hat krank werden lassen, aufwiegen und so helfen, ihn zu heilen. Andere Tiere werden für das lange Leben seiner Heiligkeit des Dalai Lama oder anderer Lamas befreit, wiederum andere werden Göttern als Gabe dargebracht, um diese zu erfreuen und milde zu stimmen. Für alte Menschen, deren Lebenszeit zur Neige geht, können, um ihre Lebenserwartung zu erhöhen, tshe thar befreit werden.

Krankheiten, die astrologische Ursachen haben oder durch planetare Konstellationen begünstigt werden, können durch Tierbefreiungen vorgebeugt werden. Z.B. gilt in den Jahreshoroskopen das Wiederkehren des Zeichens des Geburtsjahres als nachteilig. Vorbeugend für dieses sich alle zwölf Jahre wiederholende Ereignis kann man Tiere befreien, um Verdienst anzusammeln, das sich in sofortiges gutes Karma verwandelt und das Potential der negativen Auswirkungen der schlechten Konstellation vermindert. Auch für das lange Leben großer Lamas, wie dem Dalai Lama, Panchen Lama oder dem Karmapa, aber auch seinem Wurzel-Lama oder Lehrer befreit man Tiere. Im Falle des Dalai Lama tut man das im Schweine-Jahr, dem Geburtszeichen des Dalai Lama, um potentielles Unglück zu entkräften. Viele Familien halten sowohl für den Dalai Lama als auch für den Karmapa sowie den Wurzel-Lama der Familie tshe thar-Tiere.

Andere Anlässe sind Perioden anhaltender Dürre und wirtschaftlichen Misserfolges. Hier glaubt man, der lokale yul lha oder andere Territorialgottheiten seien erzürnt. Dies geschieht, wenn einzelne Familienmitglieder oder eine Gemeinschaft Tabus überschritten haben, oder man ihn nicht durch Opfergaben genug gewürdigt und geehrt hat. In manchen Gegenden scheinen Tibeter am dritten Tag des Neuen Jahres ihrem yul lha zu opfern, um wachsenden Wohlstand und gute Ernten für das kommende Jahr zu gewährleisten.

Häufig werden Tiere zu sa ga zla ba, dem Geburts-, Erleuchtungs- und Todesmonat Buddhas befreit. In diesem vierten Monat des tibetischen Kalenders vervielfachen sich alle guten aber auch schlechten Taten, so dass es besonders sinnvoll ist, tugendsame Taten zu verrichten. Hier scheint mir einer der wenigen Fälle vorzuliegen, in denen nicht ein konkreter Anlass vorliegen muss, wegen dem man eine Lebensbefreiung vornimmt. Dennoch hat das Ansammeln von Verdienst auch hier einen einkalkulierten Nutzen. Gutes Karma wird für zukünftige Verfehlungen angespart oder in der Vergangenheit angesammeltes schlechtes Karma kompensiert. Hier hat das Befreien von Tieren volksfestähnlichen Charakter. In Lhasa laufen Tausende von Tibetern auf dem äußeren Umrundungspfad (spyi vkhor) um Lhasa herum und sowohl am Fluss als auch hinter dem Potala verkaufen chinesische Händler Fische und seltener Vögel, die von Tibetern gekauft werden, um sie dann freizulassen (nicht selten, um kurz darauf wieder von den Händlern eingefangen und von neuem verkauft zu werden). Selbst die tibetische Regierung begnadigte früher alljährlich am 15. Tag des 4. Monats vier gefangene Kriminelle und entließ sie aus dem Gefängnis (Tsepak Rigzin 1993: 35).

Auch im Sommer, wenn viele Familien Picknick am Fluss oder hinter dem Potala machen, kaufen manche Tibeter Fische frei. Die Praxis ist auch bei modernen, weniger religiösen Tibetern beliebt, seltener aus Erwägungen des Verdienstes, sondern aus einer Mischung aus Spaß, Tradition, Mitgefühl und Tierschutzidealen[27].

Ebenfalls verbreitet war die tshe thar-Praxis bei hohen Lamas, beim Pilgern oder auf Reisen Tiere zu befreien. Diese Befreiungen sind sicherlich wirklich ideeller Natur, ohne den Hintergedanken eines speziellen diesseitigen Nutzens, hatten aber sicherlich einen didaktischen Effekt und dienten als Vorbild für die Laien.

Beziehung der Hirten zu Nutztieren

Neben diesen buddhistischen und vorbuddhistischen Aspekten des Verhältnisses zu Tieren, die den kulturellen Hintergrund und das Modell für die Interaktion mit Tieren bilden, haben Nomaden aufgrund ihrer alltäglichen Arbeit natürlich ganz eigene Erfahrungen und Beziehungen zu Tieren, auf die ich nun eingehen will. Insbesondere die Hirten haben sehr enge Beziehungen zu ihren Tieren. Schafe werden in Tibet im Februar geworfen. Dies ist die kälteste Jahreszeit, es herrschen Minustemperaturen im zweistelligen Bereich. Die jungen Lämmer, feucht geboren mit Blut, Gebärmutterfeuchte, Fruchtwasser würden ohne die Hilfe der Menschen, kaum auf der Welt, sofort erfrieren. Die Hirtin[28], die in dieser Zeit mit den Schafen draußen im Schaf-Pferch schläft, muss jedes einzelne geborene Lamm zu sich nehmen, abtrocknen und es unter einer Decke wärmen. Dafür muss sie schon vorher die Anzeichen der kurz bevorstehenden Niederkunft des Mutterschafes erkennen und dementsprechend wachsam sein, um im entscheidenden Augenblick nicht zu schlafen. Die Lämmer werden alle innerhalb eines Monats geboren, schon nach kurzer Zeit gibt es im Pferch 40 bis 50 junge Lämmer, es herrscht ein großes Durcheinander, Lämmer suchen ihre Mutterschafe, Mutterschafe ihre Lämmer. Schafmütter säugen nur ihre eigenen Jungen. Dabei kommt es zu vielen Problemen, einige Tiere finden sich nicht, manche Mutterschafe verweigern den Neugeborenen die Euter oder die Lämmer können zunächst nicht selbstständig säugen. Bei allen diesen muss die Hirtin helfen: hier ein Mutterschaf mit einem Lamm zusammenbringen, dort ein Euter anmelken um den Milchfluss zu beginnen, anschließend ein Mutterschaf für ihre Widerborstigkeit prügeln, festhalten und das Lamm heranlassen.

Die Hirtin muss, um dies zu können, alle Tiere genau kennen und zu jedem Lamm das entsprechende Mutterschaf wissen. Später kennt und verbindet die Hirtin zu jedem Schaf die Geschichte und Probleme bei der Geburt und das persönliche Erfolgserlebnis, es durchgebracht zu haben, für das sie von der Familie auch gelobt und anerkannt wurde. Manche Lämmer sterben und damit der Milchfluss der Muttertiere nicht versiegt, muss man zu einem Trick greifen. Ein anderes Lamm, möglicherweise eines, dessen Muttertier gestorben ist oder keine oder zu wenig Milch hat, wird in das zuvor abgezogene Fell des verstorbenen Lammes jenes Muttertieres gehüllt und an ihre Euter gelassen. Das Muttertier wird durch den Geruch des Felles ihres eigenen verstorbenen Lammes getäuscht und hält das fremde Lamm für das eigene. Schon nach einem Säugen kann man dann das Kleid abnehmen und das Mutterschaf hat das fremde Lamm akzeptiert. Ein großer Prozentsatz der Lämmer von in normalen Jahren ca. 10% - 30% stirbt. In Jahren mit frühjährlichen Hagelstürmen, einer für längere Zeit anhaltenden geschlossenen Schneedecke oder im Frühjahr ausbleibenden Regenfällen und damit verbundenem ausbleibenden Graswuchs kann es passieren, dass nur 10 % der Lämmer überleben. Durch diese Fürsorge, die Kenntnis, die persönliche Geschichte und das damit verbundene Erfolgserlebnis und der Anerkennung, die die Hirtin erfährt, bildet sich ein sehr enges Verhältnis der Hirtin zu ihren Schafen heraus. Sie wird Tiere, denen sie sehr verbunden ist, also Lieblingstiere, haben. Z.B. Mutterschafe, die schon viele Lämmer ohne Probleme aufgezogen haben, erwerben die Anerkennung und Freundschaft der Hirtin. Eine spezielle Beziehung hat die Hirtin natürlich zu den weiblichen milchgebenden Tieren. Schafe, Ziegen und Dri werden in den späten Sommermonaten dreimal täglich gemolken (die Zahl der Melkungen nimmt dann gegen Winter hin ab). Dri werden dazu angeleint. Jedes Tier hat einen Strick um den Hals mit einem Holzknebel daran. Dieser wird an einer Bodenleine befestigt. Jedes Tier hat seinen festen Platz auf der Bodenleine. Ziegen und Schafe werden nur fünf bzw. drei Monate im Sommer/ Herbst gemolken. Sie werden in der milchreichsten Zeit morgens, mittags und abends gemolken, später nur noch einmal täglich. Alle weiblichen Tiere werden hierzu an einem Seil an den Hälsen zusammengebunden, auch in dieser Melkreihe hat jedes Tier seinen festen Platz.

Diese persönliche Beziehung der Hirten zu ihren Tieren kann dazu führen, dass sie Lieblingstiere haben und manche Schafe mit Amuletten versehen, sie mit Troddeln an den Hörnern schmücken oder Stofflappen bzw. Gebetsfahnen im Fell befestigen.

Ebenso wie mit Einzeltieren entwickelt sich bei einer guten, engagierten Hirtin eine Beziehung zur ganzen Herde. Die Hirtin kann Befehle rufen oder Pfiffe von sich geben, auf die bestimmte Tiere und dann die ganze Herde reagieren. So gibt es Befehle zum Stehen bleiben, zum Weitergehen, zum Zurückkommen, aber auch für „Wolf" – bei dem sich in einer eingespielten Herde alle Ohren spitzen, starke Tiere in Abwehrhaltung nach außen kommen, während junge Tiere in die Mitte eines gebildeten Kreises laufen[29]. Solch ein ‚aufeinander eingespielt sein' ist jedoch nicht selbstverständlich, es bedarf eines einfühlsamen Hirten, und viel Zeit und Kontinuität, um einer Herde solche Befehle beizubringen. In vielen Herden, die öfter mit anderen Herden gemischt werden oder wo die Hirten wechseln, weil z.B. die Hütearbeit zwischen Familien aufgeteilt wird, aber auch Herden, in denen keine ausgewachsenen Tiere vorhanden sind, ist solch ein Lernprozess nicht möglich.

Jedes der Tiere hat seinen eigenen Charakter. So gibt es Schafe, die vorwitzig sind, immer vorweg gehen und die Herde anführen[30], andere, die immer zurückhängen und Gefahr laufen, verloren zu gehen. Es gibt den Typus, der plötzlich wie von der Tarantel gestochen in Panik ausbricht, davonrast und dem die ganze Herde hinterher flieht, so dass die Hirtin Mühe hat, die Herde wieder einzuholen, und es gibt Gruppen von Schafen, die befreundet sind und immer zusammen sind. Die Hirtin kennt diese Charaktereigenschaften der Tiere und sie muss nie immer alle Tiere zählen und im Auge behalten, sondern nur diese extravaganten Tiere, die Probleme bereiten könnten[31]. Diese sind auch die ersten, die geschlachtet werden.

Nomaden sind stolz auf ihre Tiere, sie symbolisieren ihren Wohlstand, viele gesunde Schafe sind eine Augenweide, ein schöner Anblick, der jeden Nomaden mit Wohlbefinden erfüllt. Selbstverständlich ist viel Vieh auch eine Form des Kapitals und der Sicherheit. In den immer wieder vorkommenden Schneekatastrophen können große Prozentteile der Herden sterben; je mehr Vieh ein Nomade besitzt, desto wahrscheinlicher ist es, dass einige Tiere überleben und er seine Herden wieder regenerieren kann. Große Herden sind auch Ausdruck des Wohlwollens der Götter. Familien mit viel Vieh bzw. Landstriche mit viel Vieh gelten als von den Göttern gesegnet.

Da Vieh per se als schön angesehen wird, neigen die Nomaden dazu, es zusätzlich zu schmücken. Vor allem große männliche Tiere mit großen Hörnern und langem, herabfallenden Bauchhaar sind der Stolz der Nomaden. Während Yaks und Dri die Haare (rtsid pa) getrimmt werden, denn man braucht sie zum Herstellen von Seilen und des Zeltes, belässt man den besonders großen Tieren, vor allem den Zuchtbullen, ihre Haarpracht. Sie fallen bis auf den Boden und verleihen diesen Tieren eine besonders stattliche Eleganz, während alle anderen nach der Scherung sehr gerupft aussehen. Auch den männlichen Schafen belässt man ein Beinkleid beim Wollescheren, das ihnen ein stattliches Aussehen verleiht, aber auch einen praktischen Nutzen hat. Diese Tiere, die zum Schlachten gehalten werden, kann man an ihrem Beinkleid leichter fangen. Daneben werden alle Tiere der Herde mit einem bestimmten Kennzeichen der Familie versehen. Sie bekommen mit einer aus rotem Lehm gefertigten Farbe (tshos) Punkte in bestimmte, für jede Familie unterschiedliche Stellen des Felles gefärbt und die Tiere bekommen eine bestimmte Ecke im Ohr ausgeschnitten, die sie von dem Ausschnitt anderer Familien unterscheidet. Dies ist ein langfristigeres Merkmal, das auch bei dunklen Tieren erkennbar ist und sich nicht vom Regen im Laufe der Monate herauswäscht.

Auch Schaf- und Ziegenböcke, wovon es in jeder Herde nur einige gibt, werden nicht geschoren. Sie sehen dadurch sehr viel größer und imposanter aus als die anderen Tiere und in ihre lange Wolle kann man Matten zur Verhütung einflechten. Diese Böcke werden dazu mit roter Lehmfarbe mit Mustern versehen, die sie sehr auffällig erscheinen lassen.

Die am höchsten geschätzten Tiere sind Pferde. Sie sind Statussymbole und reiche Tibeter verzieren sie mit schönen Satteldecken, kunstvoll verzierten Sätteln und beschlagenem Zaumzeug[32]. Pferde grasen zu Jahreszeiten, in denen man sie selten braucht, frei ohne Hirten in Herden aller Pferde einer Nomadengruppe zusammen. Das Pferd meiner Familie bekam das beste Futter (besser als wir Menschen, wie ich manchmal empfand), es bekam Erbsen und Getreide gekocht und mundwarm mit Tsampa vermischt serviert. Dabei wurde der Trog gehalten, sodass sich das Tier nicht einmal zu bücken brauchte. Im Winter werden den Pferde Decken umgebunden, die sie vor der Kälte schützen. Selbst ein altes Pferd, das man nicht mehr reiten kann, lebt noch jahrelang weiter und

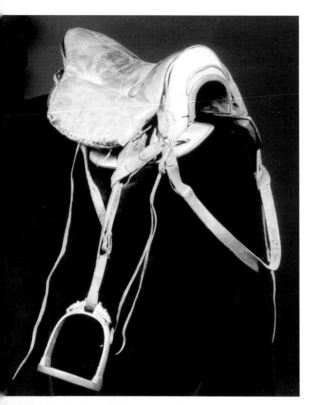

Inv. Nr. 25.28:312
Slg. Stoetzner (Foto Saal)
Sattel (tib.: rta sga, lies: taga) mit Steigbügeln (tib.: yob, lies: yob)
Holz, Leder, Messing, Eisen, Rochenhaut. H ca. 34 cm, B 46 cm. Steigbügel Leder, Bronze, Eisen. H 17 cm, B 14,5 cm.
Keine Angaben von Stoetzner. Erwebungsort unbekannt (Osttibet). (S. K.)

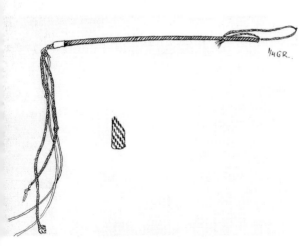

Inv. Nr. 25.28:316
Slg. Stoetzner
Reitpeitsche (tib.: rta lcag, lies: tatschag)
Rosshaar, Messing, Leder. L (ohne Lederschnüre) 48,5 cm. Stoetzner: „Tatsienlu 4.7.14. Reitpeitsche aus Rosshaar geflochten. Sie stammt von einem Kiala. Ich sah solche aber auch bei chinesischen Soldaten."
N. Ronge zufolge kein tibetisches Stück. (S. K.)

Inv. Nr. 25.28:311
Slg. Stoetzner (Foto Saal)
Schafzaumzeug
Leder, Messing, geschliffene Knochen, Eisen. Trense L 12 cm, Stirn-Nasenriemen 18 cm, D Hals ca. 15 cm.
Keine Angaben von Stoetzner. Erwebungsort unbekannt (Osttibet).
Zaumzeug mit Trense und kleiner Messingschelle (Glöckchen) für ein Schaf. Schafe werden in Tibet u.a. zum Lastentransport eingesetzt, ob diese Trense jedoch dafür benutzt wurde, ist unklar. Es handelt sich nicht um ein übliches Requisit der Tierhaltung. (S. K.)

Inv. Nr. 25.28:313
Slg. Stoetzner (Foto Saal)
Teil eines Zaumzeugs (tib.: srab, lies: sab), Leder, Bronze, vergoldet, Eisen, Glas. Schmuckgehänge, H ca. 60 cm. Liegt über der Kruppe des Pferdes. (S. K.)

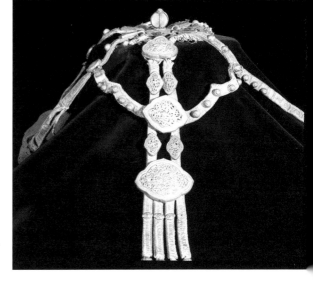

kommt abendlich und erhält Futter. Zu ihm empfinden die Reiter eine große Dankbarkeit, Freundschaft und Mitgefühl, war es doch einst ihr enger Freund und ganzer Stolz.

Das Gegenteil zu Pferden sind Hunde. Sie werden nicht sonderlich geschätzt, obwohl sie für den Schutz des Lagers eine wichtige Rolle spielen. Die Hunde sind den ganzen Tag über angekettet und werden nur nachts freigelassen, um dann wild um das Lager herumzustreunen und eventuelle Diebe fernzuhalten[33]. Kommunikation mit Hunden findet meist per Fuß statt, Fressen gibt es nur einmal am Tag einen Pott mit wenig Tsampa mit heißem Wasser, manchmal auch Molke gemischt. Im Frühling, wenn Lämmer sterben bekommen Hunde die neugeborenen Tiere nach dem Häuten vorgeworfen, da zu wenig Fleisch an ihnen ist, dass sich eine Zubereitung für Menschen lohnen würde. Ansonsten leben die Nomaden-Hunde bei Wind und Wetter, Schneestürmen und Regen angekettet draußen[34].

Tierkategorien beim Vieh

Wichtig für die Analyse der Relation zu Nutztieren sind die Kategorien, in die Tiere eingeteilt und geordnet werden. Tiere tragen bei tibetischen Nomaden keine persönlichen Namen[35], sondern werden nach Geschlecht und Status, nach dem Alter und nach der Fellfarbe, Gesichtsfärbung und Hornformen benannt. Die von den Nomaden immer zuerst genannten Kategorien Status, Geschlecht und Alter treffen eine Aussage über den ökonomischen aber auch ideellen Nutzen eines Tieres und damit seiner Wichtigkeit für die Nomaden. Die Benennung nach Fellfarbe, Gesichtsfärbung und Hornformen dient dann nur noch der Identifikation eines bestimmten Tieres.

Namen nach Geschlecht und Status

Diese Namen geben das Geschlecht des Tieres an und seinen Fortpflanzungsstatus, ob kastriert oder fruchtbar bei männlichen Tieren, sowie trocken oder trächtig bzw. milchgebend bei weiblichen. Manche Tiere sind befreit und den Göttern gewidmet und obwohl sie keinen ökonomischen Wert haben, haben sie einen hohen Status. Unkastrierte männliche Tiere gibt es nur wenige in einer Herde, sie sind meist groß, imposant und geschmückt und der ganze Stolz der Nomaden. Oft wird zwischen ihnen und dem lokalen yul lha eine Beziehung gesehen. Ein Yak Zuchtbulle wird mit großem Respekt behandelt und nie mit Steinen beworfen oder anderswie angetrieben. Weibliche trächtige oder milchgebende Tiere dagegen sind von größter ökonomischer Wichtigkeit, sie werden erst geschlachtet, wenn sie alt und unfruchtbar sind. Im Gegensatz zu den weiblichen Tieren werden die männlichen kastrierten Tiere, die man sich möglichst fett wünscht, immer im besten Alter geschlachtet. Männliche kastrierte Yaks, die im Herbst geschlachtet werden sollen, werden zuvor zum Mästen auf bestimmte Weiden getrieben. Andere kastrierte Yaks lässt man altern, sie dienen als khal g.yag (Lastyak) dem Zusammenhalt und der Verteidigung der Herden, ebenso wie als Lasttiere, wobei ihre Wichtigkeit als solche heute von LKWs abgelöst wurde. Pferde gibt es in jeder Familie nur wenige, im Durchschnitt ein bis drei Tiere. Kastrierte männliche Tiere sind besser und zahmer zum Reiten, Hengste werden zur Zucht benötigt, weibliche Tiere werden auch geritten, da man meist die Wahl nicht hat.

ma mo (weibliche trächtige oder Lamm säugende Schafe)
ma skam (weibliche trockene Schafe)
ra ma/ ra mo (weibliche trächtige oder Lamm säugende Ziege)
ra skam (weibliche trockene Ziegen)
ra bzhon ma (Melkziege)
'tarngu'[36] (Ziege oder Schaf, das beim Melken das Führungstier ist, d.h. das erste in der Melkreihe)
bshav ma/ ra/ lug (männliche Schlachttiere/Ziegen/Schafe),
rus bzang (Schaf- und Ziegenböcke)
lug bzang (Schaf-Bock)

lug thug (Schaf-Bock)
ra thug (Ziegen-Bock)
lha lug (befreites, den Göttern gewidmetes Schaf)
tshe lug (befreites Schaf)
tshe ra (befreite Ziege)
vbri (weibliches „Yak")
grus ma (vbri mit einem Kalb im ersten Lebensjahr)
yar ma (vbri mit einem Kalb im zweiten Lebensjahr)
g.yag (männliches Yak)
khal (männliches ausgewachsenes kastriertes Yak, auch Lasttier)
spo bo (Yak-Bulle unkastriert)
po ba (Yak-Bulle)
lha g.yag (befreites, den Göttern gewidmetes Yak)
tshe g.yag (befreites Yak)
rta rgod ma (weibliches Pferd)
rta gseb (Hengst)
lha rta (befreites, den Göttern gewidmetes Pferd)

Namen nach Alter

Diese Namen lassen erkennen, wie alt ein Tier ist und treffen Aussagen über Geschlechtsreife, potentielle Trächtigkeit oder Schlachtbarkeit. Das Alter wird nach überlebten Wintern gemessen. Junge Tiere sind die Zukunft der Herde, aber sie sind anfällig für Krankheiten und Kälte und ein hoher Prozentsatz von ihnen stirbt. Viele von ihnen bekommen zum Schutz Amulette oder gesegnete Stofflappen bzw. Gebetsfähnchen ins Fell genäht. Weiblichen Tieren ab thong pa gilt die Sorge, dass sie gedeckt werden, männliche ab dem fünften Lebensjahr kommen zur Schlachtung in Frage.

Schafe und Ziegen:

Alter: Jahre	Name Schafe	Name Ziegen
0-1	lug gu/ lug phrug	revu/ ra phrug
1-2	la ga	ra gu
2-3	thong pa, lug thong	ra stong/ thong
3-4	so gnyis	so gnyis
4-5	so bzhi	so bzhi
5-6	so drug	so drug
6-7	kha tshang	kha tshang

Generell wird die Altersbestimmung anhand der Zähne vorgenommen. Nach dem Ausfallen der ersten Milchzähne (vo so) werden die jährlich neu hinzuwachsenden Vorderzähne des Unterkiefers bis zum „vollen Maul" gezählt. So haben ausgewachsene Schafe 32 Zähne, 12 im Oberkiefer (ya rkan) und 20 im Unterkiefer (mar rkan). Gezählt werden die 8 Vorderzähne (mdun so), nicht die Backenzähne (sbug so) des Unterkiefers, von denen jährlich zwei hinzuwachsen. Haben Tiere Hörner, so ist es auch möglich, das Alter anhand der Ringe am Horn (ris vkhor oder grus) zu bestimmen.

Yaks:

Alter	Name
0-1	bevu
1-2	ya ru
2-3	shad po/ mo
3-4	so gnyis
4-5	so bzhi
5-6	so drug
6-7	kha tshang
7-8	grus gcig
8-9	grus gnyis (usw.)

Weibliche Tiere säugen ihre Kälber zwei Jahre lang. Es wird zwischen grus ma (milchgebend im ersten Jahr, in dem sie ein bevu säugt) und yar ma (milchgebend im zweiten Jahr, in dem sie ein ya ru säugt) unterschieden. Yar ma geben weniger Milch und man trägt Sorge, dass sie wieder gedeckt werden. Männliche kastrierte Tiere werden ab dem fünften Lebensjahr geschlachtet. Altern lässt man nur friedfertige Yaks, die man gut beladen kann und die nicht bocken.

Pferde:

Alter	Name
0-1	rtivu
1-2	co pa
2-3	sga rgyag
3-4	gzhu bo
4-5	na so dang po
5-6	na so gnyis pa
6-7	na so gsum pa (etc.)

Pferden legt man im dritten Lebensjahr den Sattel an, ab dem fünften Lebensjahr zählt es als richtiges Pferd und man beginnt die Alterszählung mit na so dang po (erstes Lebensjahr). Pferde werden nicht gemolken (wie etwa in der Mongolei) und auch nicht gegessen, d. h., sie werden nie geschlachtet und leben, bis sie eines natürlichen Todes sterben.

Namen nach Färbung

Des Weiteren werden Tiere nach Färbungen benannt. Die Hirten können also abends nach Hause kommen und berichten, dass ein Tier krank sei und können dieses anhand seines Alters, des Geschlechtes und seiner Fellfärbung (spu mdog gi ming) genau identifizieren, ohne es zeigen zu müssen.

Die Benennung nach der Färbung bezieht sich primär auf die Grundfarbe des Körpers oder auf die Färbung und Zeichnung des Kopfes[37]. An Körperfarben gibt es folgende Grundtypen:
Schwarz (rog po), Weiß (dkar po/ ba), Grau (sngon po wörtl. blau), Braun (kham pa), Ocker-braun-grau-gelb bzw. die natürliche Farbe eines wilden Yak (rag pa), oder gefleckt (khra bo).

Des Weiteren können bei einer bestimmten Grundfarbe (meist Schwarz) bestimmte Körperteile andersfarbig (meist Weiß) sein:
mgo dkar Kopf
dzi bo weißer Fleck auf der Stirn
gwa ba weißes Gesicht
dmar rosa Schnauze
bre bo weiße Schnauzhaare auf sonst schwarzer Schnauze und schwarzem Fell
mig par (oder mig por) schwarze Augen innerhalb einer weißen Färbung (Totenkopffärbung)
rting rmig dkar weiße Hufe
rkang / sug dkar weiße Hufe
rnga dkar weißer Schwanz
dpung dkar weiße Schulter
sna dkar weiße Nase
lag Vorderläufe
brla Hinterläufe
ze dkar oder sre bo weiße Wirbelsäule, Wirbellinie (beim Pferd auch die Mähne).

Auch Hornformen können zur Identifikation eines Tieres beitragen: Manche Tiere haben keine Hörner (a dag oder yu bo ma mo) oder nach unten gebogene Hörner (skyor).

Weitere Benennungsmöglichkeiten ergeben sich aus der Frisur eines Tieres, z.B. lockiges Wuschelhaar oder aus dem Charakter, wenn ein Tier z.B. streichelbar ist.

Bei häufigen Tierfärbungen wie z.B. schwarzen Tieren rog po müssen also bei der Identifizierung mehrere Bezeichnungskategorien gemeinsam benutzt werden, z.B. khal (Altersbezeichnung ausgewachsen) rog po (schwarz) rkang dkar (mit weißen Läufen), oder dmar gwa (rosa Schnauze und weißes Gesicht), gwa la nag vdzi (schwarzer Fleck auf weißem Gesicht), mgo dkar a dag (Tier mit weißem Kopf und ohne Hörner), khra dag (geflecktes Tier ohne Hörner), kham khra mgo dkar (braunes Tier mit Flecken und weißem Kopf), shad po dmar skyor (schwarzes Tier im dritten Lebensjahr mit rosa Schnauze und gebogenen Hörnern), yar ma bre dag (kurz für bre bo a dag) vbri mit Kalb im zweiten Lebensjahr mit weißen Schnauzhaaren ohne Hörner, bre vdzi (schwarzes Tier mit weißem Fleck auf der Stirn und weißen Schnauzhaaren), bre gwa (weißes Gesicht mit weißen Schnauzhaaren), par mig ze dkar (schwarze Augen (in weißem Gesicht) und weißer Wirbellinie), ze nag rnga dkar (schwarze Wirbellinie mit weißem Schwanz).

Bedingt durch Status, Alter, ökonomische Wichtigkeit aber auch Äußeres wie Farbe, Muster, Hornformen und Charakter etc. werden Tiere unterschiedlich angesehen und wertgeschätzt und damit unterschiedlich behandelt. Obwohl die Beziehung der Nomaden zu ihren Tieren vorwiegend durch den Status eines Tieres sowie sein Alter bestimmt werden, gibt es doch einige Tiere, deren Fellfarbe und Musterung man schöner findet als andere und denen man aufgrund dessen besondere Sympathie entgegenbringt. Besonders geschätzt sind reinweiße Tiere, die mit den lokalen yul lha assoziiert werden. Auch Hornformen spielen bei der Ästhetik eine Rolle, wobei Yaks und Dri ohne Hörner aufgrund ihrer „buddhistischen Friedfertigkeit" sehr geschätzt sind. Bestimmte sehr seltene Färbungen, Musterungen und Kombinationen solcher gelten als unverheißungsvoll, solche Tiere werden mit bestimmten Dämonen assoziiert und man lässt sie sterben.

Mitgefühl mit Tieren und Lebenswirklichkeit

Der Buddhismus ist eine Religion mit elaborierten Konzepten des Mitgefühls und Geboten des Nicht-Verletzens und Nicht-Tötens, die für alle Lebewesen gelten. Die Einhaltung dieser Gebote wird durch den Glauben an Karma, der Vergeltung von negativen sowie positiven Taten in zukünftigen Leben, effektiv gefördert. Buddhistische Laien nehmen Karma als eine Art Bestrafung für negative Taten und das Nicht-Einhalten der ethischen Gebote war, die antizipierten Früchte ihrer negativen Taten rufen bei den Tätern schlechtes Gewissen und Angst hervor.

Obwohl das kulturelle Ideal Mitleid mit Tieren propagiert, ist die Realität in Tibet keine andere als in anderen, nicht buddhistischen Ländern, und Tibeter gehen mit Tieren nicht auffällig besser um als Individuen anderer Völker. Man kann in Tibet durchaus erleben, dass ein Tibeter einen unbeteiligten, am Straßenrand schlafenden Hund grundlos zum Spaß erschlägt oder verkrüppelt. Natürlich haben die religiösen Ideen und Ideale des Buddhismus einen großen Einfluss auf das Handeln der meisten Laien und auf den Umgang mit Tieren. Das heißt jedoch keinesfalls, dass das Ideal überall umgesetzt wird. Die meisten Tibeter töten zwar nicht gerne und meist mit schlechtem Gewissen, aber sie sind auch pragmatisch. Sie sind sich der Ideale bewusst; wo sie sich mit den Bedürfnissen und Begebenheiten des Alltagslebens verbinden lassen, werden sie eingehalten, wo die Ideale dagegen das Leben erschweren oder unmöglich machen, werden Auswege ersonnen. Gerade Nomaden, die vom Ertrag ihrer Herden und deren Fleisch leben, müssen töten und beim Kastrieren Tiere quälen. Sie haben daher Strategien entwickelt, wie sie das Töten von Tieren durch Rituale und tugendsame Taten wiedergutmachen und sühnen können.

Zur Lebenswirklichkeit im Alltag[38] und dem Konflikt zwischen Ideal und Pragmatismus möchte ich eigene Beobachtungen unter tibetischen Nomaden anführen. Die Kinder meiner Gastfamilie quälten einmal einen zugelaufenen kleinen Hund, den andere Nomaden beim Umzug zurückgelassen hatten. Das Zurücklassen dieses Hundes durch andere Nomaden wurde von den Eltern als sdig pa (Vergehen) bezeichnet, es sei gleichbedeutend mit töten, denn ohne Herren, die ihm Fressen geben, wird der Hund verhungern oder Schafe reißen und von den Nomaden erschlagen werden. Die Kinder banden ihm Gegenstände an seinen Schwanz, bewarfen ihn mit Steinen, überschütteten ihn mit Wasser, traten ihn, hoben ihn hoch, um ihn dann fallen zulassen. Das Misshandeln des Tieres wurde von den Eltern eine Weile toleriert, denn am besten wäre es, wenn der Hund wieder verschwinden würde. Dann allerdings, gepeinigt durch das schon länger anhaltende herzzerreißende Jaulen des Hundes gebot der Großvater den Kindern Einhalt. Sie sollten aufhören, es sei eine Missetat, Tiere zu quälen. Obwohl die Eltern nicht begeistert von einem weiteren Mitesser waren, konnten sie den Hund nicht umbringen.

Ähnlich verhielt es sich mit einer Katze, die eines Tages auftauchte: Nichts wurde getan, damit sie bliebe aber es wurde auch nicht direkt Hand angelegt, damit sie geht. Als sie es von alleine schaffte, den nachts losgebundenen Kettenhunden zu entgehen, gab man ihr Futter und, wie es mir schien, ein dauerhaftes neues Zuhause. Obwohl sie als Mitesser nicht erwünscht war, konnte man sie weder eigenhändig töten noch "aktiv sterben lassen". Das gilt keinesfalls für alle tibetischen Nomaden. Andere haben die Tiere ausgesetzt, oder bei ihrem Weidewechsel zurückgelassen, und damit dem relativ wahrscheinlichen Tod übergeben. Herrenlose Hunde werden mit Steinen beworfen und teilweise zum Spaß tödlich verletzt.

Eine Familie band beim saisonalen Weidewechsel ihren Hund an einem Pfosten fest, so dass er ihnen nicht folgen konnte. Sie beharrten darauf, dass der Hund seine Leine nach einiger Zeit durchbeißen könne und deshalb nicht angekettet sterben würde. Dessen konnte man sich allerdings nicht so sicher sein.

Wenn Hunde beißen, ergeht es ihnen übel. Als einer der Hunde ein zu nahe gekommenes Zicklein biss, wurde er anschließend von dem sehr buddhistischen Hausherren mit einem Zeltabspannpfosten derart geschlagen, dass er aus der Schnauze blutend bewusstlos liegen blieb. Er sollte lernen, dies nicht wieder zu tun, da er sonst für die Nomaden nicht tragbar wäre.

Sowohl emotionale Nähe als auch Distanz zu Tieren ist notwendig für das Funktionieren der nomadischen Gesellschaft und Wirtschaft, in der Menschen in einer regelrechten Symbiose zu ihren Tieren leben. Tiere liefern Nahrung, Kleidung in Form von Wolle, Fellen und Leder, das einzige Brennmaterial, Dung, sowie das Material für die Zelte, Yak- und Ziegenhaare. Leben ohne Tiere wäre nicht möglich. Tiere sind ständig gegenwärtig und der Fokus täglicher Arbeit, Anstrengung und Sorge. Sie sind schön, sind der Stolz einer Familie und ihre Zukunftsversicherung. Aber natürlich ist das Verhältnis auch pragmatisch und ohne Sentimentalität, man muss Tiere nutzen und dafür schlachten. Nomaden legitimieren dies, sie sagen, dass sie sehr viel Mühe mit den Tieren haben, ihnen viel Gutes tun, sie beschützen, sie zu Plätzen treiben, an denen es Futter gibt, sie füttern und pflegen, ja dass die Tiere ohne die Hilfe der Menschen gar nicht überleben könnten – und dass es daher nur recht und billig sei, dieses Leben am Ende auch wieder zu nehmen.

Dennoch gibt es Mitleid und Dankbarkeit. Einige spezielle Tiere kommen in die Gunst einer besonderen Fürsorge ihrer Herren. Die Schädel von toten Pferden und manchen Yaks werden oft an hoch gelegenen reinen Stellen, oft an Pässen oder anderen heiligen rituellen Orten, platziert, manchmal mit Mantren eingraviert und gefärbt. Dies soll den Tieren zu einem besseren Karma und einer besseren Wiedergeburt verhelfen. Schafe werden nach der Geburt markiert, indem man ihnen ein Stück Ohr abschneidet (alle Familien kerben einen anderen Teil des Ohres ein, sodass man Tiere anhand des Ohrmahles unterschiedlichen Herden zuordnen kann). Diese Ohren ebenso wie die Kniegelenkknochen der Tiere werden nach dem Schlachten im Zelt aufbewahrt. Sie sind ein Symbol von Wohlstand, sie zeigen an, wie viele Tiere eine Familie besitzt. Manche Nomaden geben diese Ketten zu einer späteren Gelegenheit einem Lama, der dann ebenfalls für das Wohlergehen der Tiere betet. Auch werden Tieren manchmal kurz vor dem Schlachten von hohen Lamas gesegnete Mani-Pillen eingeflößt, die für das Tier eine bessere Wiedergeburt bewirken sollen. Oft werden Tiere aus Dankbarkeit befreit, die der Familie lange gut gedient haben, z.B. Muttertiere, die vielen Kälbern bzw. Lämmern das Leben geschenkt haben.

Das Bemühen um Tiere ist jedoch meist sehr eigennützig. Es ist mehr die Sorge um sich selbst und seine künftige Wiedergeburt, als das Lebewesen per se als liebens- und lebenswert betrachtet werden! Wenn Nomaden nicht selber schlachten, so hilft dies natürlich nicht den Tieren, da selbstverständlich trotzdem geschlachtet werden muss und einfach andere Leute die Arbeit verrichten.

Auch das indirekte Töten durch Ersticken führt zu einem weit qualvolleren, langwierigeren Tod für das Tier zugunsten des besseren Gewissens des Schlächters. Und selbst bei der Befreiung von Tieren als srog bslu oder tshe thar tritt, wie oben dargelegt, der Gedanke des Mitleids und des Tierschutzes hinter dem erwarteten, persönlichen Nutzen für den Befreier zurück.

In der Zukunft (und schon heute mancherorts) wird der Ethos und die spezielle Beziehung der Nomaden gegenüber ihren Tieren durch die verstärkte Integration der Nomaden in die Marktwirtschaft und damit der Vermarktung ihres Viehs als Produkt eingeschränkt. Durch die im Zuge der Bekämpfung von Weidelanddegradierung eingeführten Tragekapazitäten für Weiden und damit einhergehenden

Tierzahlbeschränkungen fällt es den Nomaden zunehmend schwerer, befreite Tiere, Göttertiere oder einfach alte Tiere in ihren Herden zu halten. Traditionell wurden Schafe fünf Jahre und Yaks oft sieben bis acht Jahre gehalten, bevor sie geschlachtet wurden. Die Tiere früher zu töten wurde von den Nomaden als inhuman empfunden. Vieh lange am Leben zu halten, es altern und voll fressen zu lassen, ohne einen Nutzen zu bringen, wird heute jedoch von Seiten der Behörden stark reglementiert, obwohl alte Tiere durchaus wichtige Funktionen beim Zusammenhalt und Schutz der Herde haben. Am Namtsho wird sogar das Halten von Pferden (die im Zeitalter von LKWs und Motorrädern auch als unnütz gelten) mit einer Strafsteuer belegt.

Die Nomaden unterliegen den paradoxen behördlichen Zielvorgaben, einerseits ihr Vieh zu reduzieren, um den Weidedruck zu verringern und der Weidelanddegradierung vorzubeugen, andererseits aber mehr zu produzieren, um die große Nachfrage des Marktes zu befriedigen. Sie werden ermutigt, Tiere früher, also jünger zu schlachten. Es wird argumentiert, dass z.B. Schafe schon nach dem ersten Lebensjahr drei Viertel ihres Körpergewichtes besitzen. Sie länger leben zu lassen würde bedeuten, dass sie noch Jahre lang voll fressen, dabei aber nur noch ein Drittel an Gewichtszunahme verzeichnen. Dies sei unrentabel[39]. Das Vieh, das einst Schönheit, Prosperität und Status versinnbildlicht hat, wird zunehmend zu einer Ware, deren Wert in Geld umgerechnet wird und derer man sich je nach Nachfrage entledigt.

Bibliographie

Bellezza, John Vincent
1997　　Divine Dyads. Ancient Civilization in Tibet. Dharamsala.
o.J.　　Metal and Stone Vestiges. Religion, Magic and Protection in the Art of Ancient Tibet. Online: http://www.aslanart.com/articles/vestiges/index.html
o.J.　　The Ancient Amulets of Tibet. Thogchags. Online: http://www.asianart.com/articles/rockart/index.html
Images of Lost Civilization. The Ancient Rock Art of Upper Tibet. Online: http://www.asianart.com/articles/rockart/index.html

Chabs-spel tshe-brtan phun-tshogs
1993　　Chabs spel tshe brtan phun tshogs kyi gsung rtsom phyogs bsgrigs. Krung govi bod kyi shes rig dpe skrun khang, Xining.

Clarke, Graham E.
1991　　Nara (na-rag) in Yolmo: A Social History of Hell in Helembu. In Tibetan History and Language. Studies Dedicated to Uray Géza on his Seventieth Birthday. E. Steinkellner (Hrsg.), S. 43-62. Wien.

Das, Sarat Chandra
1904　　Journey to Lhasa and Central Tibet. W. W. Rockhill (Hrsg.). (1970) New Delhi.

Daxue, Sue
1990　　Methods of Raising the Production Level of Grasslangs in the High-Frigid Pastoral Areas. Paper from the International Center for Integrated Mountain Development (ICIMOD).

Diemberger, Hildegard
1992　　Lovanga [Lo 'bangs pa?] Lama and Lhaven [Lha bon]: Historical Background, Syncretism and Social Relevance of Religious Traditions among the Khumbo (East Nepal). In: Tibetan Studies. Proceedings of the 5th Seminar of the International Association of Tibetan Studies, Narita, 1989, S. 421-434. Narita.

Diemberger, Hildegard/Guntram Hazod
1997   Animal Sacrifices and Mountain Deities in Southern Tibet. Mythology, Rituals and Politics. Les Habitants du Toit du Monde, Samten G. Karmay & P. Sagant (Hrsg.), S. 261-79. Paris.

Ekvall, Robert B.
1964   Religious Observances in Tibet. Patterns and Function. Chicago.

Fürer-Haimendorf, Christoph von
1964   The Sherpas of Nepal. London.

Hermanns, Matthias
1956   Mythen und Mysterien der Tibeter. Köln.

Holler, David
2002   The Ritual of Freeing Lives. In: Religion and Secular Culture in Tibet. Tibetan Studies II (Proceedings of the Ninth Seminar of the IATS, 2000), Henk Blezer (Hrsg.), Leiden, S. 207-226.

Huber, Toni
1991   Traditional Environmental Protectionism in Tibet Reconsidered. Tibet Journal 16 (3): 63-77.
1999   The Cult of Pure Crystal Mountain. Popular Pilgrimage & Visionary Landscape in Southeast Tibet. New York.

Jerstad, Luther G.
1969   Mani Rimdu. Sherpa Dance-Drama. Seattle.

Karma chags-med
1985   Tshe thar gyi dbye ba phan yon las tshogs dang bcas pa dus min vchi bzlog bya ba bzhugs so. In: Mkhas-grub Karma-chags-med kyi gsung thor bu: a collection of writings of the famed Tibetan scholar, Karma-chags-med, recently received from Tibet. Reproduced from a manuscript from Gru gu Dgon pa in Nang chen. Tibetan Craft Community,Tashijong, Palampur.

Kretschmar, Marit
1982　Reittier der Helden, Götter, Dämonen: Pferd und Pferdegeschirr in Tibet. In: Der Weg zum Dach der Welt. Claudius C. Müller u. Walter Raunig (Hrsg.), Insbruck, S. 202-208.

Macdonald A. W.
1980　Creative Dismemberment Among the Tamang and Sherpas of Nepal. In: Tibetan Studies in Honour of Hugh Richardson. Proceedings of the International Seminar on Tibetan Studies, Oxford 1979. Aris, Michael and Aung San Suu Kyi (Hrsg.), S. 199-208. Warminster. (Proceedings of 2nd Seminar of IATS).

March, Kathryn S.
1977　Of People and Naks: The Management and Meaning of High Altitude Herding Among Contemporary Solu Sherpas. Contributions to Nepalese Studies 4 (2): 83-97.

Marko, Anna
1994　'Cham: Ritual as Myth in a Ladakhi Gompa. In: Tantra and Popular Religion in Tibet. Geoffrey Samuel, Hamish Gregor and Elisabeth Stutchbury (Hrsg.). New Delhi.

Maurer, Petra H.
2001　Handschriften zur tibetischen Hippiatrie and Hippologie: Bonn.

Namkhai Norbu
1997　Journey Among the Tibetan Nomads. An Account of a Remote Civilization. Dharamsala.

O-rgyan-gling-pa
1987　Padma bkav thang. Si khron mi rigs dpe skrun khang, Chengdu.

Paul, Robert A.
1982　The Sherpas of Nepal in the Tibetan Cultural Context : (1989) Delhi.

Roerich, J. N.
1930 The animal style among the nomad tribes of northern Tibet. Seminarium Kondakovianum. Prag.

Schmithausen, Lambert/Mudagamuwe Maithrimurthi
1998 Tiere und Menschen. Geschichte und Aktualität eines prekären Verhältnisses. Paderborn.

Stein, R. A.
1957 Le Linga des Danses Masquées Lamaïques et la Théorie des âmes. Sino-Tibetan Studies 5 (3-4): 200-234 (Liebenthal Festschrift).
1962 Tibetan Civilization. (1972) London.

Tsepak Rigzin
1993 Festivals of Tibet. Dharamsala.

Tucci, Giuseppe / Heissig, Walter
1970 Die Religionen Tibets und der Mongolei. Stuttgart.

Anmerkungen

[1] Die Rede ist hier von dem heutigen politischen Tibet, also der Autonomen Region Tibet (ART), eine Provinz der VR China.
[2] Da das tibetische a chung ein ganz normaler Buchstabe des Alphabetes ist, benutzt der Autor (wie es in China Konvention ist) zur Wiedergabe den Buchstaben v anstelle des Apostroph.
[3] Da es in Tibet viele Dialekte gibt und speziell der Dialekt der Nomaden sich stark von dem üblichen Lhasa Dialekt unterscheidet, bevorzuge ich die Wiedergabe tibetischer Wörter in einer allgemeingültigen Transliteration und nicht in einer Lautschrift.
[4] Schweine und Hühner werden vorwiegend in Süd- und Südosttibet gehalten.
[5] Der Namtsho ist ein großer See etwa 250 km nordwestlich von Lhasa, am Rande des Tibetischen Hochplateaus. Der Autor David Holler ist Tibetologe und Ethnologe und verbrachte seit 1995 bei verschiedenen Aufenthalten zu unterschiedlichen Jahreszeiten insgesamt ca. ein Jahr bei einer befreundeten Nomadenfamilie in deren Zelt lebend. Er ist seit 1999 wissenschaftlicher Mitarbeiter am Zentralasienseminar der Humboldt-Universität zu Berlin und promoviert über

die sich verändernde Welt von Tibets Nomaden (The Changing World of Tibetan Nomaden).
[6] Alle hier gemachten Beobachtungen beziehen sich auf Nomaden im Namtsho-Gebiet, einem großen See im Damshung-Distrikt ca. 250 km nordwestlich von Lhasa.
[7] S. Belezza Images of Lost Civilization.
[8] S. Roerich 1930.
[9] Wörtl. Gewitter Eisen, Tibeter glauben, diese Metalle seien von einem Blitz auf die Erde geschleudert worden, s. Belezza The Ancient Amulets of Tibet und Metal and Stone Vestiges.
[10] gNyan-chen thang-lha ist der größte Berg am Namtsho und auch Territorialgottheit (yul lha) der Nomaden dort, aber auch überregionaler Schutzgott Tibets.
[11] Vgl. Namkhai Norbu 1997 S. 181.
[12] Yak bezeichnet im tibetischen nur das männliche Tier, das weibliche 'Yak' heißt 'vbri!
[13] In einer Höhle bei Dunhuang wurden vom fünften bis zum elften Jahrhundert zu datierende Manuskripte und Dokumente gefunden. Sie zählen zu den frühesten tibetischen schriftlichen Quellen neben Steinstelen (rdo ring).
[14] Sammelbegriff verschiedener Versionen von Terma-Texten zur Biographie des Padmasambhava, s. O-rgyan gling-pa 1987.
[15] Alle hier genannten Vorstellungen sind auch buddhistisch. Sie sind hier unter der Überschrift 'nichtbuddhistisch' zusammengefasst, weil sie auch einen nichtbuddhistischen Ursprung haben können.
[16] S. Fußnoten 20, 21, 22.
[17] S. z.B. Pt 126, 1060, 1134.
[18] Zu solchen rituell verwendeten befreiten Tieren s. Holler 2002, S. 220ff.
[19] Vgl. Fürer-Haimendorf bei den Sherpa 1964:175ff und Clarke in Helambu/Yolmo 1991.
[20] Ein Element des kompletten Rituals ist das Widmen eines Yaks für den Berggott. Dieses Tier muss nach seiner Weihe keine Arbeit mehr verrichten. Es wird losgelassen, um an den Berghängen des Khumbu als ein lebendes Opfer für die Göttin umherzustreifen (Paul 1982: 112). Ähnliches beschreibt March 1977: 95.
[21] Fürer-Haimendorf beschreibt die Neuzueignung von befreiten Göttertieren beim allsommerlichen Yer-chang, einem Ritual, das das Anwachsen der Herden gewährleisten soll (Fürer-Haimendorf 1964: 209).
[22] Beim Cham in Ladakh werden im Rahmen eines gtor rgyab- Rituals je ein schwarzes Pferd und ein schwarzer Hund mit weißer Brust als bskang gsol- Opfergaben für den Schutzgott dargereicht (Marko 1994: 146).
[23] Rituelle Umrundung des Sees.
[24] Z.B. das Rezitieren von Las kyi sgrib pa thams cad rnam par sbyong ba zhes bya bavi gzungs; oder Las kyi sgrib pa rnam par dag pavi mdo und Las kyi sgrib pa rgyun gcod pavi mdo steht in dem Ruf, alles negative Karma zu löschen.
[25] Karma chags-med (Karma) 1613-1678. Tshe thar gyi dbye ba phan yon las tshogs dang bcas pa dus min 'chi bzlog bya ba bzhugs so.
[26] Ort westlich von Lhasa, bekannt für seine Druckstockschnitzer.
[27] Leider überlebten bei einem Picknick, dem ich beiwohnte, dann doch die meisten der 'befreiten' Fische nicht, weil man sie in einem kleinen Eimer noch ein paar Stunden zum anschauen und spielen in der prallen Sonne stehen ließ.
[28] Schafe und Yaks können sowohl von Frauen als auch Männern gehütet werden. In meiner Gastfamilie hütete eine Tochter die Schafherde. Schafe werden meist

von Kindern ab 12 Jahren, manchmal auch jünger, gehütet. Letztendlich hängt die Arbeitsteilung von den verfügbaren Arbeitskräften in der Familie ab, wobei Yaks eher von männlichen Hirten gehütet werden als Schafe.

[29] Diese persönliche Beziehung und das Eingespieltsein zwischen Hirte und der Herde ist ein großer Hinderungsgrund für Arbeitsteilung, Zusammenlegung von Herden mehrerer Familien und Kommunenwirtschaft.

[30] Es gibt bei den Nomaden am Namtsho keine Leitschafe.

[31] Gezählt wird meist nur morgens vor dem Aufbrechen und abends.

[32] S. Kretschmar 1982.

[33] Man nähere sich niemals abends einem Nomadenlager!

[34] Dieses Schicksal des Angekettetseins teilen auch die großen Artgenossen in Städten wie Lhasa, wo Tiere eher als Haustier gehalten werden. Hier werden sie nicht einmal nachts losgemacht. Allerdings kennt man in Lhasa auch Kuscheltiere, die verwöhnt werden und in der Wohnung leben.

[35] Das mythische Pferd König Gesars mit magischen Fähigkeiten hatte einen persönlichen Namen.

[36] Tibetische Schreibung unklar, möglicherweise thag mgo, 'Anfang des Seiles' (mit dem die Tiere zum Melken angebunden werden).

[37] Diese Farbbezeichnungen wurden am Namtsho gesammelt, sie können von Region zu Region unterschiedlich sein und selbst in unterschiedlichen Familien können verschiedene Ausdrücke für gleiche Musterungen verwendet werden (desgleichen gilt für die Altersbenennungen). Außerdem unterscheiden sich die Bezeichnungen geringfügig zwischen Pferden, Yaks, Schafen und Ziegen, beziehungsweise gibt es für Ziegen, die häufig bunter und fleckiger sind, mehr Variationen der Färbung. Zu den Fellfarben von Pferden s. Maurer 2001, S. 168 ff.

[38] Zur Lebenswirklichkeit in einem anderen buddhistisch geprägten Land, Sri Lanka, s. Schmithausen 1998: 195-201.

[39] Daxue 1990 S. 13.

Zum Gedenken an Nutztiere

Beschriebene Knochen der Hamburger Sammlung

Isabel Lenuck

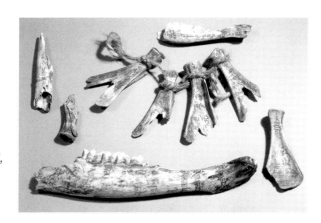

Inv. Nr. 25.28:238,
Kauf Umlauff
Sammlung
Stoetzner

Die hier vorliegende Sammlung besteht aus neun, an einen Strick geknüpften unterschiedlichen Tierknochen, die von 6 cm bis 27 cm lang sind (ausgebreitet misst die gesamte Sammlung etwa 40 cm). Alle Knochen sind mit tibetischen Gebeten (Mantren) beschrieben, auf einen ist eine Stupa gezeichnet. Sie stammen aus der so genannten „Stoetznerschen Szetschwan Expedition", wurden in Ost- Tibet nahe dem Ort Tawu (tib.: rTa `u, chin.: Daofu) (bei Stötzner Dawo genannt) gefunden und 1925 mit etwa 330 anderen Objekten dieser

Tibetexpedition vom Museum für Völkerkunde erworben.
Stoetzner hat zu den meisten seiner mitgebrachten Objekte detaillierte Hinweise auf Erwerbungsort, Namen des Objekts und - soweit ihm bekannt - seinen kulturellen Gebrauch getätigt. Zu der hier vorliegenden Sammlung schrieb er:
„Yukofürstentum. 1914. Fetisch. Auf einem Strick gereihte Schaf- und Yakknochen, die mit tibetischen Gebeten beschrieben sind. Sie hingen drei Wegstunden vor dem ersten angetroffenen Yukokloster an einem alten Baum im Walde nahe des Wegs."

1 Die Aufschriften

Bei den Knochen unserer Sammlung handelt es sich um einen Röhrenknochen, um den Kieferknochen eines Yaks (ein Hochlandrind), um sechs Schafsschulterblattknochen und um den Kieferknochen eines Schafes. Die Knochen tragen verschiedene Aufschriften: Der Röhrenknochen wurde mit den tibetischen Silben „a ha sha sa ma" beschrieben. Der Kieferknochen des Yaks ist über und über mit dem Mantra „om mani padme hum" beschriftet. Auf einem der Schafsschulterblattknochen ist auf der Vorderseite eine Stupa gezeichnet worden, die Rückseite des Knochens ist mit „a ha sha sa ma", „ham ksha ma la va ra ya" und „om mani padme hum", beschrieben. Der kleine Kieferknochen (bei dem es sich, aller Wahrscheinlichkeit nach, um den eines Schafes handelt) ist mit „om ah hum hri", „om mani padme hum", „a ha sha sa ma" und "om ah hum" beschrieben worden.
Der nächste Schafsschulterblattknochen enthält die Mantren: „om ah hum", „om bazdra satva hum", „a ha sha sa ma". Auch die anderen Schafsschulterblätter weisen die selben Mantren auf, die schon genannt wurden. Häufig findet man das Mantra „om badzra satva hum" und „om mani padme hum".

2 Deutungsversuch

Um die Bedeutung dieser Sammlung festzulegen, versuchte ich zunächst, in der Literatur dem Phänomen der Knochen allgemein auf die Spur zu kommen und konzentrierte mich dabei besonders auf die Tatsache, dass so viele Schafsschulterblätter in dieser Sammlung vorhanden sind. Schafsschulterblätter werden häufig im Zusammenhang mit Divination genannt. So schreibt Hermanns (1949: 208):

„Sehr alt ist auch die Methode, durch das Schafsschulterblatt die Zukunft zu enthüllen. Der Knochen wird von einem frisch geschlachteten Schaf genommen und im Feuer so lange erhitzt, bis er springt. Aus der Art und dem Ort der Risse und Sprünge wird dann eine Entscheidung herausgelesen."

Auch Baumer (1999: 102) gibt diese Deutung. Seine Schafsschulterknochen (die, wie bei uns, mit Gebeten beschriebene Knochen zeigen) werden ebenfalls als „zu Orakelzwecken verwendete Schafsschulterblätter" bezeichnet.

In unserem Fall handelt es sich aber um kein Schafsschulterblattorakel, da eine Untersuchung durch eine Restauratorin des Museums[1] eindeutig ergab, dass sich keinerlei Rauchspuren an den Knochen befinden. Diese Sammlung ist also kein Knochenorakel, das im Feuer gelegen hatte.

Hermanns (1949: 208) beschreibt jedoch auch Schafsschulterblätter, auf denen Zaubersprüche eingeritzt seien, die man an Ladsäs (tib.: la rdzas, das sind grosse Steinhaufen auf den Spitzen von Bergpässen), zwischen engen Schluchten und anderswo aufhänge. Dies seien Abwehrzauber. In diese Ladsäs würden Stäbe mit Yakschwänzen, Schafswolle und Gebetsfähnchen gesteckt werden. Dies seien die Opferstätten der Landschutzgeister Schidag (tib.: gzhi bdag), welche Menschen und Vieh vor Krankheiten, Unheil und allen möglichen Schäden bewahren. An einigen Stellen sah er, dass

„an Stelle der Stangen auf dem Steinhaufen ein Wildyakschädel mit gewaltigem Gehörn aufgesetzt war. In der Mongolei ist dieser

Obo-Kult ja auch weit verbreitet. Er reicht von Asien bis nach Afrika." (Hermanns, 1949: 121).

Das Phänomen der Steinhaufen auf Bergpässen und den darauf abgelegten Tierknochen und -schädel findet man in der Literatur oft. In der älteren Literatur werden diese Steinhaufen oft als „Obo" bezeichnet[2].

Die Anhäufung von Steinen wird dem so genannten Steinkult zugeordnet. Brauen (1982: 248) schreibt zu diesem Phänomen:

„Unter den lokalen Mächten stehen die vielen Berggottheiten in besonders hohem Ansehen. Diese Wesen gehören jedoch nicht ein und derselben Gruppe an. Manche sind Beschützer der Menschen und halten von ihnen Übel ab, andere wiederum sind den Menschen feindlich gesinnt und schicken ihnen Krankheiten und Unglück. Die Bedeutung der Bergnumina kommt nicht von ungefähr. Der Steinkult war in Tibet seit jeher weit verbreitet und spielt bis in die jüngste Zeit, ja bis in die Gegenwart hinein, im täglichen Leben des frommen Tibeters eine Rolle. Auch heute noch im Exil stapeln Pilger Steine, die sie am Weg finden, zu markanten Haufen oder legen mit heiligen Silben beschriebene Steinplatten an Pilgerwegen nieder."

Brauen (1982: 274) schreibt, dass eine der verdienstvollen Taten das Lesen und Rezitieren heiliger Texte sei und dass die heiligen Silben von den Gläubigen nicht nur häufig ausgesprochen, sondern auch in Steinplatten gemeißelt an bestimmten Orten, beispielsweise an einem Pilgerweg entlang, abgelegt würden.

Ich fragte mich, ob diese beschriebenen Knochen eine Variante des Steinkultes sein konnten, und man anstelle der Steine Tierknochen genommen hatte. Aber diese Sammlung war in einem Baum hängend aufgefunden worden. Später dachte ich auch noch an den volksreligiösen Glauben der Tibeter an Geister, die Bäume, Seen, die Felsen und die Erde bewohnen. Werden diese Geister verärgert oder fühlen sich nicht ausreichend verehrt, senden sie den Menschen und den Nutztieren Epidemien und Krankheiten. Ich fragte mich, ob in einem dem Fundort nahegelegenem Ort eine Epidemie ausgebrochen war und dies nun eine Art der Besänftigung eines wütenden Geistes darstellte? Und Brauen (1974: 39) erwähnt die Weggötter:

„Wichtige lokale Mächte sind auch die Weggötter (lamlha, lam = Weg, lha = Gott), welche Reisende auf gefährlichen Wegen (lam) gegen Unfälle und Überfälle beschützen. Neben ihnen existiert eine Gruppe von Geistern, die eine grundsätzlich andere Aufgabe haben. Diese Geister, die hauptsächlich Berge und Pässe bewohnen, können den über die Berge ziehenden Reisenden großes Unglück bringen, falls sie nicht durch Opfer gnädig gestimmt werden."

Vielleicht war die Sammlung, die an diesem Baum in Ost-Tibet hing, eine Opfergabe an einen Weggott gewesen oder zur Gnädigstimmung und zur Besänftigung eines Geistes gedacht, der den Reisenden sonst Schaden zugefügt hätte? Ich wusste nicht, ob der Baum, von dem die Sammlung entwendet wurde, nicht vielleicht an einem gefährlichen Teil des Weges gestanden haben mochte.
Bei einem weiteren Vergleichsstück, einem mit tibetischen Gebeten beschriebenen Pferdekinnbacken der Expedition Filchner (1910: Tafel 41), der ebenfalls von einem Baum genommen wurde, und die gleiche Interpunktion aufwies[3], fand ich weitere Deutungsmöglichkeiten:

„C. Pferdekinnbacken, 29,5 cm lang, wurde nordwestlich von Li-kia-pu in Kansu, nahe der tibetischen Grenze von einem Baum-Obo genommen.
Knochen dieser Art, besonders beliebt sind auch Schulterknochen vom Schaf, dienen verschiedenen abergläubischen Zwecken, der Befragung des Schicksals, vor allem aber auch als Gaben für die Götter, „um Verdienst zu erwerben:" denn jede Wiederholung eines Gebetes, sei es schriftlich oder mündlich (oder mechanisch, wie beim Drehen der Gebetsmühlen), ist verdienstvoll.
So ist auch dieser Knochen, soweit es der Raum zuließ, mit ständiger Wiederholung einer Gebetsformel bedeckt, die zu übersetzen unmöglich ist, da sie gar keinen Sinn hat. Die Formel ist in verschiedenen Schriftweisen, meist aber in folgender gegeben: om ma hri ye sa lo ahu. Jede dieser Silben schreiben die

tibetischen Buddhisten eine besondere symbolische Bedeutung oder auch die Kraft zu, bestimmte Geister zu schrecken und dem Betenden zu unterwerfen. Bemerkenswert ist der Abschluss der Formel mit dem Zeichen % , das als Interpunktion in den Werken der Schule Padma Sambhavas vorkommt."

Eine der Interpretationen wäre dem Bereich der Divination zuzuordnen. Die zweite ist, dass die Knochen auch als Opfergaben an die Götter fungieren, aber nicht, wie ich bisher aufführte, um jene zu besänftigen, sondern um Verdienste zu erwerben. Dies wäre dann wieder ein weiterer Aspekt, den man als Variante des Steinkultes in Betracht ziehen könnte.

Schließlich fand ich noch eine andere mögliche Erklärung. Baumer (1999: 101) zeigt in der Abbildung, in welcher auch das oben angeführte Schafsschulterblatt zu sehen ist, zwei Schädel, die mit Mantren beschrieben sind. Dazu schreibt er: Es sind Schädel geopferter Tiere angehäuft, die die bösartigen Geister besänftigen sollen und so die Herden vor Seuchen schützen.

Dieser Interpretation wiederum steht eine Aussage Schusters (2000: 74) entgegen, der (ebenfalls in einem Abschnitt über die Bön Religion) anmerkt, dass zwar viele der zornvollen Götter nach blutigen Tieropfern verlangten, dies aber von den später dominierenden buddhistischen Orden verabscheut wurde, was schließlich zum weitgehenden Verbot aller Blut- und Tieropfer in Tibet führte.

Somit könnte diese im Baum hängende Sammlung einerseits als eine Variante des Steinkultes, andererseits zur Anhäufung von Verdiensten, als Abwehrzauber oder eben auch als Besänftigung bösartiger Götter interpretiert werden. Da diese angeführten Zitate jedoch keine eindeutige Zuordnung zuließen, führte ich ein Gespräch mit einem aus Ost-Tibet stammenden Mönch. Dieser konnte das Objekt eindeutig identifizieren, und wusste ebenso um ihre Verwendung.

Er sagte, dass diese Knochen als eine Art „Wiedergutmachung" einer negativen karmischen Handlung - die des Tötens - verwendet wurden.

„Wenn ein Tibeter ein Yak oder ein Schaf zum Zwecke der Nahrungssicherung töten muss oder zum Töten in Auftrag gibt, häuft er negatives Karma an (denn ein Buddhist sollte nicht töten). Um diese Verfehlung abzumildern, verwendet er u.a. einen Knochen des getöteten Tieres, um ihn mit Gebeten beschreiben zu lassen (etwa von einem Mönch oder von einem Heiligen des Dorfes), und ihn an einem sauberen Ort abzulegen. Mit den Knochen wurde also noch eine heilsame Handlung (die der Rezitation eines Mantras) getätigt. Dies mildert die negative Handlung des Tötens." (Jampa Thubten, pers. Kommunikation 2003).

Das Objekt wurde also von einem aus dieser Gegend stammenden Tibeter eindeutig identifiziert. Auf meine Frage hin, ob es sich nicht um eine allgemeine Verehrung der Götter handeln könnte, und man, da man gerade nichts anderes zu Hand hatte, sich deswegen der Knochen bediente entgegnete mir Jampa Thubten:

„Nein, das kann nicht sein. Wenn man den Göttern „allgemein" Verehrung erweisen möchte, verwendet man andere Materialien, um sie mit heiligen Formeln zu beschreiben, etwa Stoff [4] oder Stein [5]."

Eine Woche später interviewte ich den Lharampa Geshe Pema Samten, Abt des Taschi Dargye Klosters in Kham/Osttibet und Lehrer des tibetischen Zentrums Tschangtschub Tschöling (tib.: Byang chub chos gling) in Hamburg Berne. Er hat die vorliegende Knochensammlung so noch nicht gesehen. Er weiß auch nicht genau, ob dieser Brauch mit dem seiner Heimatregion übereinstimmt, da er das „Yukofürstentum" nicht kennt und sich die regionalen Bräuche unterscheiden können. Aber in seiner Heimat gibt es einen ähnlichen Brauch, den er von seiner Mutter her kennt. Diesen beschreibt er wie folgt. (Eine Zusammenfassung des Interviews[6] gebe ich hier wieder):

„Bei uns zuhause ist es Brauch, verstorbenen Haustieren, die einem während ihrer Lebzeit große Dienste erwiesen haben, mit der Aufbewahrung dieser Knochen ein Zeichen der Erinnerung zu setzen. Hatte man beispielsweise ein Pferd, das einen das ganze Leben getragen hat, welches den Pflug auf dem Feld zog, oder eine Kuh, die einem über Jahre hinweg Milch gab, ein Schaf, das jedes Jahr geschoren wurde, eine Ziege oder ein Yak, das insbesondere für die Nomaden von existentieller Bedeutung ist, und dieses Tier verstarb, dann nahm man einen Knochen dieses Tieres, oder auch einen ganzen Kopf, häutete es, befreite es vom Fleisch, und beschrieb es mit Gebeten, um es mit dem Wunsch einer guten Wiedergeburt des Tieres, an einem sauberen Ort abzulegen.

Man nimmt von einem Schaf zum Beispiel das Schulterblatt heraus, säubert es und beschreibt es mit Gebeten. Wo man diesen Knochen dann zur Aufbewahrung ablegt, ist ganz unterschiedlich. Einige, wie meine Mutter beispielsweise, hängen die Knochen, zusammengebunden mit einem Strick, unter die Decke ihres Hauses. Sie hatte ganz viele Knochen unter der Decke hängen, von all ihren Tieren, Knochen von den Hunden, Köpfe von Schafen und so weiter. Man kann diese Knochen zusammen mit Mani Steinen (das sind Steinplatten, auf denen Gebete eingemeißelt werden, Anm. d. Verf.) auf Hügeln ablegen, man kann sie bei Tschörten (tib. mchod rten) hinlegen, an einem See ablegen oder an einen Baum hängen. Wichtig ist nur, dass es sich um einen sauberen Ort handelt, das heißt einem Ort, der frei von Insekten ist, wo niemand mit den Schuhen hinüberläuft. Die Sauberkeit ist deshalb wichtig, weil sich auf den Knochen die Gebete der Gottheiten befinden, und man heilige Texte, oder jedes Abbild einer Gottheit nicht an einem schmutzigen Ort ablegt, sondern möglichst immer erhöht aufbewahrt.

Bei der Zusammenstellung dieser Knochensammlung würde ich sofort an Nomaden denken. Ich glaube, dass diese Sammlung von Nomaden aufgehängt wurde, weil sie Yakknochen enthält und für sie Yaks so wichtig sind. Außerdem bewahren die Nomaden ihre Tierknochen nicht in den Zelten auf, sie legen sie in der Natur ab. Die Zelte werden ja regelmäßig auf und abgebaut, somit wären Knochen ein zusätzlicher Ballast.

Meine Mutter hat von allen Tieren Knochen aufbewahrt. Auch von den Hunden. Wenn einer unser Hunde starb, dachte sie: Ach, das war so ein braver Hund, er hat unser Haus immer vor Dieben geschützt. Und doch hat er so ein schweres Leben gehabt, Tag um Tag an einem Pflock angebunden, konnte er sich nie frei bewegen. Deshalb möchte ich ihm für seine Treue danken. Sie bewahrte also einen Knochen auf, und beschrieb ihn mit Gebeten. Das Beschreiben von Gebeten kann jeder machen, der Schreiben kann. Oft wurde von einem Nutztier die Haut (das Fell, Anm. d. Verf.) verkauft, von dem damit verdienten Geld wurden dann zum Beispiel die Lesungen heiliger Texte bezahlt oder es wurde den Mönchen bei der täglichen Rezitation der heiligen Texte, mit der Bitte nach Wunschgebeten, gespendet. Diese Wunschgebete haben zwei Funktionen. Zum einen soll definitiv um eine gute Wiedergeburt des Tieres gebetet werden, das so treu war und so gute Dienste geleistet hat. Zum zweiten ist das Spenden an die Sangha, das Beschreiben von Knochen mit Gebeten eine an sich heilsame Handlung, denn jede Rezitation der heiligen Worte, seien sie nun gesprochen oder geschrieben, ist eine heilsame Handlung. Bei einer Geldspende mit der Bitte um Wunschgebete läuft es dann so ab, dass der Lama [7] oder einer der Hauptmönche vor der Rezitation der Gebete eine Liste vorliest, wem die heutigen Wunschgebete gewidmet sind, zum Beispiel dem kranken Großvater von x, der schnellen Genesung des kranken Yaks oder eben auch der günstigen Wiedergeburt des Nutztieres, das so viel Nutzen brachte.

Die Beschreibung der Knochen vollzieht sich aber nicht nur bei natürlich verstorbenen, sondern auch bei den absichtlich getöteten Tieren. Da ist neben der Bitte um eine günstige Wiedergeburt des Tieres die Bereinigung der eigenen unheilsamen Handlung das wichtigste Element dieses Brauches. Man empfindet Reue, weil man dies Tier zum Zwecke des Nahrungserwerbes tötete. Bei den so getöteten Tieren wird, wie schon erwähnt, die Haut verkauft und davon Gebetsfahnen gekauft, oder den Mönchen Geld gespendet."

Frage:
Ist dieser Brauch in allen vier Schulen bekannt, wer betreibt ihn oder kann ihn betreiben?
Antwort:
„Dies ist ein allgemein buddhistischer Brauch, den alle Buddhisten, egal welcher Tradition sie angehören, verfolgen können. Die Drog

pas (das sind die Nomaden, Anm. d. Verf.) legen vornehmlich Yakköpfe und Knochen ab, die Sching pas (tib.: zhing pa, das sind die Bauern, Anm. d. Verf.) hauptsächlich Schafsknochen."
Frage:
Warum ist auf den Knochen eine Stupa abgebildet?
Antwort:
„Diese Zeichnung kann ein Symbol dafür sein, dass sich der Opfernde in diesem Leben explizit zum Buddhismus bekennt. In seinem letzten Leben hat er sich vielleicht nicht der Religion zugewandt, es kann sogar sein, dass er Stupas beschädigte oder respektlos behandelte. Um seine innere Verbundenheit mit der Lehre Buddhas zum Ausdruck zu bringen, zeichnet er eine Stupa auf die Knochen."
Frage:
Warum ist die Interpunktion % geschrieben?
Antwort:
„Diese Interpunktion kennzeichnet das Ende eines Mantras. Während ein gewöhnlicher Satz mit dem Satzzeichen / Schä (tib.: shad, Anm.d. Verf.) beendet wird, benutzt man bei Mantren dieses % Zeichen."
Frage:
Warum sind die Knochen unten abgerundet / befeilt?[8]
Antwort:
„Das ist ganz einfach zu erklären. Wenn dem Schaf die Schulterknochen entnommen werden, muss man oft Gewalt anwendet, man reißt die Knochen aus dem Gelenk. Weil die unteren Ausläufer so fragil sind, entstehen bei diesem Herausreißen oft Brüche, die dann dementsprechend rund gefeilt werden."
Frage:
Warum sind hier neun Knochen zusammengebunden?

Der Geshe konnte es nicht mit letzter Gewissheit sagen, aber er vermutet, dass es sich bei dieser Anzahl um ein Zufallsprodukt handelt. Es könnte zum Beispiel sein, dass sich, wie in seiner Mutter Haus, einfach zu viele Knochen ansammeln. Wenn zu viele Knochen an der Decke hängen, wird es zu Hause ungemütlich und man möchte einige der Knochen loswerden. Diese wirft man aber nicht weg, sondern bindet sie zusammen an einen Strick und hängt sie an einen Baum (da erhöht, ein „sauberer" Ort), man legt sie an einer Stupa oder an einem See ab.

Frage:
Welches sind die häufigsten Gebete, die man auf die Knochen schreibt?
Antwort:
„Om mani padme hum; om bendza guru pema siddhi hum (äquivalent zu: om bazdra guru padma siddhi hum); om bendza sattva/sato hum (äquivalent zu: om vajrasattva hum); om ah hum; Das Aufschreiben von om mani padme hum schließt eindeutig den Bönpo Kult aus, da diese jenes Mantra nicht verwenden."

Hierzu ist anzumerken, dass auf dem von Filchner (s. o.) gezeigten Knochen das Mantra om matri mu ye sa le 'tu geschrieben wurde, (bei Filchner als om ma hri mi ye sa lo ahu geschrieben), was dem Mantra der Bönpos entspricht. Kvaerne (Artikel in diesem Band) schreibt über Bön-Mantren: „...und das heilige Mantra ist nicht das buddhistische ‚Om mani padme hum' sondern ‚Om matri muye sale du'." Meiner Auffassung nach könnte es sich bei Filchners Knochen um einen „Nutztiergedenkknochen" der Bönpos handeln.

Frage:
Wurden diese Knochen in einen Baum gehängt, um Krankheiten abzuwehren?
Antwort:
„Um Krankheiten abzuwehren sind diese Knochen nicht in den Bäumen aufgehängt worden. Wenn man Krankheiten abwehren will, dann wird auf dem Dach des Hauses ein Schafskopf aufgestellt und unter der Erde ein Hundekopf vergraben, damit die Krankheitseinflüsse abgewehrt werden."
Frage:
Wie funktionieren „Knochen als Dämonenbanner"?
Antwort:
„Um die Dämonen zu besänftigen, die beispielsweise in den Bäumen wohnen und die einem Menschen schaden können,

braucht man meistens/manchmal [9] Menschenfleisch. Wie man dieses bekommt? In Tibet werden die Menschen auf vier Arten bestattet: Feuerbestattung, Erdbestattung, Himmelsbestattung und Flussbestattung. Wenn ein Mensch sehr krank war, gibt man den Geiern den kranken Leichnam nicht zum Essen. Das kann ein Roggyapa (das ist ein Leichenzerstückler, Anm. d. Verf.) leicht erkennen. Ist der Mensch allerdings auf natürliche Weise verschieden, wird beim Zerschneiden der Leiche ein wenig des Fleisches und der Knochen beiseite genommen, dies zum Trocknen ausgelegt und dann von einem Lama aufbewahrt. Wenn man dann einen Dämonen mit Menschenfleisch besänftigen muss, hat man dieses Fleisch parat."

Frage:

Gibt es eine einheimische Bezeichnung für das Phänomen der zum Gedenken an Nutztiere beschriebenen Knochen?

Antwort:

„Nein, ich wüsste keine."

Frage:

Was sagt man denn den Kindern, wenn sie fragen, was da im Baum hängt?

Antwort:

„Man sagt ihnen, dass dies die Knochen einer Kuh gewesen sind, die einem treue Dienste geleistet hat, und zur Erinnerung an sie und zu ihrem Dank hat man einen ihrer Knochen beschrieben und hier aufgehängt."

Als der Geshe einige Wochen später das Museum für Völkerkunde Hamburg besuchte und sich die Knochen im Original ansah (das Interview war anhand der Betrachtung der Karteikarte und meinen detaillierten Beschreibungen geführt worden) erkannte er, dass es sich bei dem Knochen 1b, dem Kieferknochen des Yaks, um ein altes Tier gehandelt haben muss. Dies schloss er aus der Abnutzung der Zähne. Auf diesem Knochen ist ausschließlich das Mantra Avalokiteshvaras/Chenresigs „om mani padme hum" geschrieben, er folgerte daraus, dass diesem Tier für seine Lebensarbeitsleistung gedankt und ihm eine gute Wiedergeburt gewünscht wurde.

Bei dem Knochen 1d, dem Kieferknochen eines Schafes hingegen, handelt es sich um ein eher junges Tier, die Zähne sind noch recht spitz. Hier wurde das Mantra Vajrasattvas „om vajrasattva hum" verwendet, das zur Reinigung geistiger Verfehlungen dient; die negative Handlung des Tötens sollte dadurch gemildert werden.

Gleiches gilt für die Schafsschulterblätter. Es wurde hauptsächlich das Mantra des Vajrasattva aufgeschrieben, dies deutet auf eine Schlachtung der Tiere zu ihrem Verzehr hin. Indem man das Töten bereute und durch das Mantra Vajrasattvas zu bereinigen suchte, wurde hier der Versuch unternommen, die Einhaltung eines buddhistisch gesehen ethisch einwandfreien Lebens mit der Notwendigkeit des Tötens eines Tieres zum Zwecke des Nahrungserwerbes in Einklang zu bringen.

Bei dem Mantra „ham ksha ma la va ra ya" handelt es sich um das Kalachakra-Mantra[10], das als Mantra der „Zehn Allmächtigen" (tib.: spyungs yig rnam bcu dbang ldan) bekannt ist. In unserem Fall haben wir sieben der zehn Silben auf den Knochen verzeichnet, was dem inneren Teil des verschlungenen Zeichens entspricht. Das Mantra „a ha sha sa ma" konnte ich nicht zuordnen, eventuell handelt es sich um Keimsilben bestimmter Gottheiten. Und zu den drei Silben om ah hum:

„Die drei Keimilben om ah hum sind der Vajra-Körper, Vajra-Rede und Vajra-Geist und stehen für Körper, Rede und Geist des Buddha. Alle Yidam-Gottheiten bzw. Meditationsgottheiten sind Buddhas und werden somit durch diese drei Keimsilben repräsentiert." (Geshe Thubten Ngawang 2002: 14)

3 Fazit

Wie wir gesehen haben, werden Knochen in der tibetischen Lebenswelt vielseitig verwendet. Es gibt Knochen, die der Divination dienen (Schafsschulterblattorakel, Würfel aus Schafsgelenknochen), Tierknochen, die der Geisterabwehr dienen können (Schädel auf

Steinhaufen, Schädel auf den Dächern der Häuser und in Torbögen eingemauert[11]), und Knochen, die vor Krankheitseinflüssen schützen sollen (Schädel auf den Dächern abgelegt und unter dem Haus vergraben).

Die Knochen, die ich in dieser Sammlung bearbeitete, kann man als „Nutztiergedenkknochen" bezeichnen und stellen eine respektvolle Erinnerung an die Lebensarbeitsleistung der Haustiere dar. Zum anderen sind sie auch als ein Versuch der karmischen Wiedergutmachung in dem Sinne zu verstehen, dass sie, durch ihre Verwendung als Träger von Gebeten, die unheilsame Handlung des Tötens zu mildern suchen.

Nach meinem Verständnis finden wir Knochen mit dieser Bedeutung nicht nur in Bäumen und unter Hausdecken hängend, sondern auch auf den Ladsäs, den Steinhaufen oder entlang der Pilgerpfade, an welchen man auch die mit den heiligen Silben beschriebenen Steinplatten ablegt. Die Verbindung zwischen diesen beiden Kulten besteht in der Wahl des „sauberen Ortes". Der Ort, an welchem die Knochen abgelegt werden, muss sauber sein, und dies kann ein erhöhter Ort sein, einer, über welchen niemand mit den Füßen hinüber laufen kann, an welchem sich keine Insekten aufhalten oder ein sonstwie erhöhter Ort, zum Beispiel ein Baum!

Was nun dieses Phänomen angeht, berührt es einen Bereich, in der sich das schlichte Überleben und die Ausübung der Religion einander gegenüberstehen. Ein Buddhist sollte nicht töten. So ist das Töten von Tieren zum Zwecke des Nahrungserwerbes eine karmisch unheilvolle Handlung, die Tibeter jedoch sind (obwohl es in der Literatur auch Belege für den Vegetarismus gibt) eben auch auf das Fleisch zum Überleben angewiesen.

Der vielleicht zweischneidige Umgang mit dem Töten von Lebewesen als negative Handlung, der Ächtung von Schlachtern und dem gleichzeitigen Verzehr von Fleisch andererseits, stürzt den Gläubigen in ein Dilemma, aus welchem er sich in vielfacher Art und Weise zu befreien sucht. In den Städten beispielsweise werden z.T. Moslems mit dem Schlachten der Tiere betraut. Ein weiterer Weg zur Lösung dieses Dilemmas findet sich in der obigen Aussage des Mönches Jampa Thubten wieder. Die unheilvolle Handlung wird durch die Beschreibung mit Gebeten zu bereinigen versucht. Zudem verwendet man das

Mantra des Vajrasattva. Diesem wird die Fähigkeit zugesprochen, geistige Verunreinigungen und Verfehlungen zu klären. Und Träger der Gebete ist der Knochen, mit dem, durch das Aufschreiben der heiligen Mantren und dem Rezitieren von Wunschgebeten für eine Wiedergeburt außerhalb der niederen Existenzbereiche, meines Erachtens nach, die Verbindung zwischen der positiven Energie dieser heilsamen Handlung und dem Geist (bzw. dem Bewusstseinskontinuum) des verstorbenen Tieres geschaffen wird.

Diese Knochensammlung ist also das Zeugnis eines Versuches, mit dem Problem des Tötens von Lebewesen zum Zwecke des Nahrungserwerbes in Übereinstimmung mit der Einhaltung einer ethisch einwandfreien Lebensführung umzugehen. Auch Bokar Rinpoche (1989: 66) merkt an:

„Das Fleisch eines getöteten Tieres zu essen ist eine sehr negative Handlung. Daher ist es das Beste, überhaupt kein Fleisch zu essen. Wenn wir uns jedoch aufgrund der Umstände der fleischlichen Nahrung nicht enthalten können, sollten wir es wenigstens vermeiden, ein Tier töten zu lassen, um es zu verzehren. Wir bestellen kein lebendes Tier, damit es speziell für uns getötet wird. Das Fleisch, das man beim Metzger kauft, kommt von Tieren, die für den allgemeinen Verbrauch getötet wurden, und nicht direkt aus eigener Bestellung. Von diesem Fleisch zu essen, stellt ebenfalls eine negative Handlung dar, sie wiegt aber weniger schwer. Wenn wir Fleisch essen, müssen wir unser Mitgefühl dem getöteten Tier zuwenden, die Namen der Buddhas, das Mantra von Chenresig, oder andere Mantras rezitieren (laut oder im Geist) und auf das Fleisch blasen. Gleichzeitig wünscht man, dass das Tier aus den niederen Welten befreit, und in einem Bereich der Glückseligkeit wiedergeboren werden möge.
So zu handeln, ermöglicht es nicht nur dem Tier zu helfen, sondern vermindert auch die Kraft des negativen Karmas, das durch das Verzehr des Fleisches angehäuft wurde."

Der zweite wichtige Aspekt dieser Sammlung spiegelt eine weitere buddhistische Geisteshaltung wider: den Respekt vor den anderen Lebewesen und die Sorge um dessen zukünftige Wiedergeburt. Die

Knochen als respektvolle Erinnerung an die Lebensarbeitsleistung von Haus- und Nutztieren aufzubewahren, mit dem Erlös des verkauften Felles die Lesung heiliger Texte und das Aussprechen von Wunschgebeten zu bezahlen, die eine günstige Wiedergeburt bewirken sollen, zeigt eine anrührend wirkende Geste der Hinwendung der Tibeter an ihre Tiere. Außerdem sind diese Knochen Drentens (tib.: dran rten), also „Erinnerungsstützen". Sie sollen uns an diese Tiere erinnern, die existiert haben, und die wir ihr Leben lang ausbeuteten indem wir ihre Milch tranken, sie für uns arbeiten ließen, auf ihnen ritten und ihr Fleisch aßen. Buddhistisch gesehen ist nicht nur das Töten bzw. das Töten in Auftrag geben eine negative Handlung, sondern auch ganz allgemein das Ausbeuten der Tiere zu unseren eigenen Zwecken, weil es bei den Tieren Leid erzeugt.

Somit sind diese Knochen auch ein Ausdruck der Achtung vor dem anderen Lebewesen und einer tiefen Dankbarkeit für den Nutzen, den die Tiere gebracht haben.

Dies ist nicht nur eine buddhistische Grundhaltung, sondern natürlich auch Ausdruck der rauhen Lebensumstände Tibets, in welcher man für jedes Schaf, jedes Yak, jedes Dzo (einer Kreuzung von Yak und Rind) und jeden Hund sehr dankbar ist, da sie das Überleben sichern.

Abschließende Anmerkung

Einen eindeutigen Begriff für das beschriebene Phänomen habe ich nicht finden können. Im Tibetischen wird es nach Aussage zweier Informanten als Drenten (tib.: dran rten) bezeichnet. Ein Drenten bezeichnet allgemein Gegenstände, die der Erinnerung dienen, kann aber durchaus auch für ein Objekt wie unsere vorliegende Knochensammlung gebraucht werden. Wenn man auf eine weite Reise geht und seiner Liebsten ein Erinnerungsstück gibt, nennt man dieses auch Drenten. Es ist ein Ding, „um später an das zu erinnern, was früher geschah."

Bibliographie

Amnye Machen Institute
1998   bod dang sa `brel khag gi sa khra. Dharamshala (Tibetan Centre for Advanced Studies).

Baumer, Christoph
1999   Bön: Die Lebendige Ur-Religion Tibets. Graz.

Beer, Robert
2000   The Encyclopedia of Tibetan Symbols and Motivs. London.

Blau, Tatjana/Mirabai
1999   Buddhistische Symbole. Darmstadt.

Bokar Rinpoche
1989   Die tägliche Praxis. Aus dem Französischen von Arhild Oehme und Monika Weinsheimer. Titel der frz. Originalausgabe "la journee de pratiquant". Mechernich.

Brauen, Martin
1974   Heinrich Harrers Impressionen aus Tibet. Frankfurt/Main.

1982   Der Weg zum Dach der Welt. Ausstellungskatalog Museum für Völkerkunde München. In: Müller, Claudius & Walter Raunig (Hrsg.), S.244-274. Frankfurt/Main.

Ferrari, Alfonsa
1958   Mk`yen brtse`s guide to the holy places of central Tibet. Completed and edited by Luciano Petech, with the collaboration of Hugh Richardson. Roma.

Filchner, Wilhelm
1910 Wissenschaftliche Ergebnisse der Expedition Filchner nach China und Tibet, 1903-1905. Band VIII: Katalog der Ausbeute an Ethnographischen Gegenständen: Tibet. Tafel 41, Nr. 41. Berlin.

Geshe Thubten Ngawang
2002 Tantrische Ritualgegenstände und ihre Bedeutung. In: Tibet und Buddhismus. Vierteljahresheft des Tibetischen Zentrums e.V. Hamburg.

Nebesky-Wojkowitz, René de
1956 Oracles and Demons of Tibet: The Cult and Iconography of the Tibetan Protective Deities. S´Gravenhage.

Hermanns, Matthias
1949 Die Nomaden von Tibet, die sozial-wirtschaftlichen Grundlagen der Hirtenkulturen in A mdo und von Innerasien, Ursprung und Entwicklung der Viehzucht. Wien.
1956 Mythologie der Tibeter, Magie, Religion, Mysterien. John P. Cavyle (Hrsg.). Athenaion.

Lavizzari-Raeuber, Alexandra
1986 Thangkas: Rollbilder aus dem Himalaya. Kunst und mystische Bedeutung. Köln.

Schumann, Hans-Wolfgang
1986 Buddhistische Bilderwelt. Köln.

Schuster, Gerhardt W.
2000 Das alte Tibet: Geheimnisse und Mysterien. St. Pölten.

Anmerkungen

[1] Frau Hattendorf, Restauratorin am Museum für Völkerkunde, konnte eindeutig feststellen, dass an den Knochen keine Rauchspuren oder sonstige Einwirkungen großer Hitze bestehen.

[2] Dies ist m. E. nicht ganz korrekt, denn „Obo" bezeichnet in der Mongolei einen Steinhaufen, an dem kultische Handlungen durchgeführt werden, die sich von denen in Tibet unterscheiden (Pers. Kommunikation mit Claudius Müller).
Für die tibetischen Steinhaufen und den darauf abgelegten Knochen verwende ich deshalb den Begriff „Obo" nicht mehr.

[3] Sowohl auf der vorliegenden Sammlung, als auch auf Filchners Knochen ist das „gter tsheg" Zeichen angegeben, das in etwa so % aussieht.

[4] z. B.: Gebetsfahnen, Anm. d. Verf.

[5] Siehe „Steinkult", Anm. d. Verf.

[6] Ich interviewte den Geshe am 22.2.2003. Übersetzer war Yeshe Jampa, ein Mönch des Ordens des Tibetischen Zentrums.

[7] Hier bin ich mir nicht mehr sicher, ob ich diese Passage korrekt notierte, ich meine aber, dass es sich um den Lama handelt.

[8] Bei den Schulterblättern fiel Frau Hattendorf, Restauratorin am Museum für Völkerkunde, auf, dass bei den Knochen, deren Ausläufer nicht völlig zerschlagen sind (siehe detaillierte Beschreibung im unveröffentlichen Praktikumsbericht), ihr unteres Ende bearbeitet worden sein muss. Die natürlichen Ausläufer der Blätter müssten immer schmäler werden, die vorhandene runde Form sieht eindeutig nach einer Befeilung oder Besägung aus. Besonders deutlich ist dies an den Knochen 1f und 1h ersichtlich.

[9] Hier bin ich mir nicht mehr sicher, ob der Geshe meistens oder manchmal sagte.

[10] Beer (1999:123) schreibt, dass die Silben stets vertikal untereinander zu schreiben sind. Dabei ist es gleichgültig, ob man dabei in Lantsa (einer stilisierten Schmuckschrift), oder in der konventionellen Druckschrift (hier die tibetische dbu can Schrift) schreibt. Das erklärt, warum ein Teil der Mantren auf den Knochen immer vertikal untereinander geschrieben wurden, und andere horizontal.

[11] In Tibet hatte ich selbst bei meiner Reise im Jahr 2000 nicht nur Tierknochen auf den Steinhaufen gesehen, auch sah ich Schädel, die man über dem Eingang in den Hof in den Bogen mit hineingebaut hatte und deren wuchtige Hörner steil in den Himmel ragten. Die Befragung eines Informanten ergab, „dass dies Schädel zur Abwehr von Geistern sind." (Pers.Komm. mit Jampa Thubten, einem tibetischen Mönch aus Ost-Tibet). Es werden zur Abwehr von Krankheitseinflüssen ein Schafsschädel auf das Dach eines Hauses gelegt und ein Hundekopf unter dem Haus vergraben.

Zeugnisse der Vielfalt: Kleidung in Tibet

Veronika Ronge

Aufgrund der Größe Tibets trifft man auch auf eine entsprechende Vielfalt an Trachten. Je nach wirtschaftlicher Lebensgrundlage kann zwischen Trachten aus überwiegend bäuerlichen Gegenden und solchen der Nomaden unterschieden werden; je nach den verwendeten Materialien ist die Kleidung entweder vorwiegend aus gewebten Wollstoffen oder aus gegerbten Schaffellen, Filz und kostbaren Tierfellen (Otter, Leopard, Fuchs) hergestellt.

Die Tibeter weben erstaunlich viele unterschiedliche Stoffqualitäten, ganz abgesehen von den aus Indien, China und Russland importierten Textilien. Dabei unterscheiden sie die Wolle nach der Jahreszeit der Schur (Frühjahr und Herbst), der Länge der Haare, der Herkunft (vom Bauch oder Rücken) etc. Nach dem Waschen und Reinigen der Wolle wird sie nochmals in grobe und besonders feine, in gleich- und ungleich lange Haare, die wiederum nur für besondere Stoffarten verwebt werden (gröbere Wolle ergibt den Stoff für Alltagsgewänder (nambu), gleichlange Haare denjenigen für ganz besonders feine Stoffsorten, wie therma und scherma) sortiert. Diese mühsame Auswahl hängt mit dem Färben der Stoffe zusammen, denn rauhere Haare nehmen den Farbstoff anders auf als feine (Textilfarben wurden durchwegs aus pflanzlichen Rohstoffen hergestellt). Ganz allgemein färbt man die fertig gewebten, ca. 30 cm breiten Stoffbahnen für ältere Menschen schwarz und für Mönche und Nonnen rot. In einigen Gegenden Zentraltibets wird die Alltagschuba auch aus naturbelassenem Stoff genäht. Nicht nur die Wollqualität, auch die Art des Spinnens - man unterscheidet zwischen Spindeln für Yak- und Ziegenhaar, die vor allem von Männern benützt werden, und solchen der Frauen - und Zwirnens spielt eine Rolle bei der Anfertigung unterschiedlicher Textilien.

Gesponnen wird, wann und wo immer sich eine Gelegenheit findet, beim Bewässern der Felder, beim Begleiten der Lasttiere, beim Viehhüten, im Winter auf der sonnigen Terrasse etc. Auch die Weberei findet vor allem in den weniger landarbeitsintensiven Monaten statt. In Zentraltibet weben Frauen, aber auch Männer, auf dem Schaftwebstuhl, in den nomadischen Arealen vor allem die Frauen auf einem Litzenstabwebgerät, das platzsparend eingerollt und transportiert werden kann. Großer Wert wird auf die Nachbehandlung der Wollstoffe gelegt, wie Waschen, Bürsten, Sengen, Scheren usw. Eine Besonderheit stellt der tsug-drug genannte Stoff dar, der - ähnlich unseren Teddy-Futterstoffen - als warme Decke, Futter der Winterumhänge für Mönche und auch Sitzmatten dient. Die Technik beruht dabei auf einer Kombination von tibetischer Teppichknüpftechnik mit Köperbindung (die üblichste Fadenbindung in der tibetischen Weberei), wobei dieser besondere Stoff aber auf dem Schaftwebstuhl hergestellt wird.

Generell versorgen sich die Familien selbst mit den einfachen Textilprodukten ihrer Webstühle. In Ladakh gibt es jedoch auch spezialisierte Weber, die von Haus zu Haus gehen und ihre handwerklichen Fähigkeiten anbieten. Auf den großen Gütern Zentraltibets war es der Hausherrin überlassen, begabte Dienerinnen zur Wollbe- und -verarbeitung abzustellen. So berichtete Dölma Taring von einer bestimmten Menge guter Wollstoffe, die die Frauen ihres Gutes jährlich für die adlige Familie herzustellen hatten. Nicht zu vergessen sind die als Steuerabgaben an die tibetische Regierung, bzw. deren unterschiedliche Schatzämter zu liefernden Stoffmengen, die aus verschiedenen Gegenden Tibets angefordert wurden (Tsethang, Gyantse, Lhokha).

Die Frauen aus dem südlichen Zentraltibet benützen des Weiteren auch Brettchenwebgeräte, auf welchen schmale Stiefel-, Schürzen- und Buchbänder etc., aber auch ca. 5-8 cm breite Gürtel mit besonderen Mustern aus dem religiösen Leben, wie etwa Glocke und Vajra, Lebensvase (bum pa), Butterlampe oder die Acht Glückssymbole angefertigt werden.

Das Kleidungsstück par excellence der Tibeter ist die bereits erwähnte

Tschuba. Der Schnitt ist kaftanähnlich, das Gewand wird jedoch rechts vorne übergeschlagen und immer mit einem Gürtel getragen. Die Tschubas für Männer sind langärmelig und meistens knielang (Ausnahme die Beamten- und Kleriker-Trachten), diejenigen der Frauen können auch langärmelig sein (häufig in Osttibet), sind jedoch zumeist ärmellos und werden bodenlang und mit Bluse getragen. Die Blusen und Männerhemden sind aus Baumwollstoff oder feiner Seide, bzw. weißer Rohseide aus Bhutan, Hosen und Unterröcke häufig auch aus importiertem Flanellstoff.

Die verheirateten Frauen Zentraltibets tragen gerne eine aus drei bis vier Bahnen zusammengesetzte Schürze mit bunten Querstreifenmustern (pang den). Früher waren die Streifenmuster ziemlich breit, heute im Exil sind sie aus modischen Gründen ganz schmal und die Stoffe aus Baumwollgarn in vollkommen neuen Farbkombinationen gewebt. Nach Tibet importieren die chinesischen Händler heute mehr oder weniger gelungene pang-den-Imitationen, die wesentlich billiger sind, als die aus traditionell angefertigten Stoffen. Auch die Tschuba der Exil-Tibeterinnen hat in den letzten 50 Jahren einige kleine modische Änderungen durchlaufen.

Auf dem rauhen Tschang-thang Plateau in Nord- und Osttibet wird die Bekleidung der Nomaden von der harten Arbeit in der noch härteren und unberechenbaren Natur bestimmt, so dass meistens Schaffell-Tschubas getragen werden. Frauen, Alte und Kinder besitzen vor allem aus vielen, sehr weichen Lammfellen angefertigte Kleidung. Wenn ein Hirte die Tschuba knielang trägt, so hat dies ganz einfach praktische Gründe, denn er ist den ganzen Tag mit den Tieren unterwegs, sei es auf Handelskarawanentour, sei es auf der Weide. Er muss laufen können, darf nicht stolpern und sich verheddern. Durch das Anheben der eigentlich bodenlangen Tschuba entsteht über dem Gürtel um die Taille eine Art Bauchtasche, in die man von rechts greifen und in der man viele nützliche Dinge aufbewahren kann, von der Trinkschale (phor wa), der Schnupftabaksdose und dem Taschentuch bis zu kleinen Kindern, jungen Hunden und Lämmern!

Die Nomadenfrauen sind von morgens früh bis spät abends fast ununterbrochen tätig, entsprechend sieht ihre Kleidung dann auch häufig aus: von oben bis unten schimmert die Fell-Tschuba von Butter-, Milch- und Joghurtfett. Mit dem Wasserholen in aller Herrgottsfrühe, dem mehrmaligen Melken, der Jungtieraufzucht, dem Kochen, Waschen, Weiterverarbeiten der Milch und eventuell noch ein wenig Weberei sind die Frauen dann ununterbrochen tätig bis es dunkel wird. Nur eher selten sind die Gelegenheiten anlässlich des Besuches eines höheren Lamas im Nomadenlager oder des Besuches eines Jahresmarktes beim Kloster - um einzukaufen, bzw. die religiösen Feste und Tscham-Tänze mitzuerleben - oder aber bisweilen eine Hochzeit, um die Festtagskleidung und den Schmuck anzulegen (falls man diese überhaupt besitzt).

Mit zunehmendem Wohlstand (nach der Lockerungspolitik der Chinesen ab 1980), aber nicht zuletzt auch im Gefolge der chinesischen Propaganda bezüglich der Gleichberechtigung der Minoritäten, äußert sich der Stolz der Einheimischen inzwischen auf bombastischen „Gautrachtenfesten", wobei die lokalen Bräuche und auch Trachten z.T. eine hypertrophe, ihrem ursprünglichen Stil nicht entsprechende (und sicher nicht ganz freiwillige) Entwicklung erfahren. Dies ist vor allem in Kham und Amdo zu beobachten, soll aber aus touristischen Gründen nun auch im übrigen Tibet immer mehr um sich greifen.

Ein tibetisches Sprichwort besagt: „Jeder Ort hat seinen Lama, jeder Lama seine Lehre." Dementsprechend kann man in Tibet auch größere Trachtenprovinzen erkennen, die wiederum eine Vielzahl lokaler mehr oder weniger unterschiedlicher Trachten aufweisen. Bereits auf den ersten Blick gibt es sofort erkennbare Trachtenzuordnungen. So ist insbesondere diejenige der Frauen der Provinz Tsang (südliches Zentraltibet) an dem spezifischen Kopfschmuck aus einem halbkreisförmigen, vom Kopf nach oben abstehenden Bogensegment aus Holz zu erkennen. Dies ist mit rotem Flanell bezogen und mit Türkisen, Korallen, Fluss- und Perlmuttperlenschnüren verziert. Wer es sich leisten konnte/kann, trägt dazu ein aus mehreren Perlenschnüren bestehendes, ca. 10 cm breites Band von der Schulter über die linke Brust sowie ein silbernes (eventuell vergoldetes) Necessaire-Gehänge von der rechten Schulter. Letzteres endet in einigen kleinen Toiletten-Accessoires wie Ohrlöffel, Zahnstocher und Pinzette. Um den Hals hängt ein sternförmiges Amulettkästchen an Ketten aus Flussperlen, Türkisen und Korallen sowie eine weit herabreichende Kette aus großen Bernsteinkugeln. Über der Schürze sind am textilen Gürtel mehrteilige metallene (Messing, Silber), drei bis vier Schmuckketten und -gürtel mit Haken befestigt, der vorne, in der Mitte ca. 20-30 cm über die Schürze herabhängt. Zusätzlich tragen die

Frauen häufig einen kleinen Bronzespiegel (me long), der grob gegossen die Tierkreiszeichen und andere astrologische Symbole erkennen lässt, einen eigenen kleinen Esslöffel, ein Nadelbüchlein mit Fingerhut (aus Yakhorn) und eventuell eine Börse am Gürtel.

In Westtibet (Tö), Tsang und Zentraltibet (Ü) legen die Frauen gegebenenfalls dicke Wolltücher (aus buntgestreiften Wollstoffbahnen gestückelt) und/oder diagonal gefaltete Tücher von hinten über ihre Hüfte, damit Kreuz und Nieren gut vor Kälte geschützt werden. Sie sind mit textilen Gürteln, Schärpen oder auch Schmuckspangen befestigt, die z.B. die Frauen um Shel kar dsong in inzwischen immer größeren Varianten tragen. Diese rechteckigen, an den Schmalseiten spitz zulaufenden Silberspangen sind mit getriebenen und fein ziselierten religiösen Symbolen verziert, auch mit sich gegenüberstehenden Pfauen; unter den rechten und linken Schmalseiten der ca. 30 cm langen Spange befinden sich sehr spitze Haken, die die dicken Stoffschichten der Rückentücher mühelos über dem Bauch zusammenhalten.

Die Damen von Lhasa trugen eine besonders malerische Kopftracht, die ebenfalls aus einem mit rotem Flanell bezogenen, etwa 1,5-2 cm breiten mit Schmucksteinen verzierten Wulst besteht, der früher eng um den Kopf gelegt wurde. Im Laufe der Zeit versetzte man die beidseitig getragenen Zöpfe mit zusätzlichen Haarbüscheln und hob den Kopfschmuck allmählich so weit über den Schläfen hoch, bis die Ecken wie Hörner abstanden. Zusätzlich verschob man den Kopfputz, bis er asymmetrisch, keck und schräg auf dem Kopf saß. Zu ganz bestimmten Anlässen (Empfang beim Dalai Lama zum Neuen Jahr, oder beim Regenten) trugen einige ausgewählte junge Frauen auf diesem Kopfputz auch noch zusätzlich eine halbkugelige Kappe aus Leder, bzw. Bambusgeflecht, die lückenlos über und über mit Barockperlen besetzt ist.

Eine weitere Eigenart der Festtagstracht der Damen von Lhasa ist eine Brokatschärpe, die fest über die Oberarme und um den Oberkörper gelegt ist, so dass die Arme nicht erhoben werden können. Die über den Rücken hängende Brokatdecke hält eine Schließe vor der Brust zusammen. Diese Art Umhänge kennt man auch bei den Nomadenfrauen im Tschang thang und in Westtibet, hier allerdings aus mit bunten Stoffstreifen und Dreiecken verziertem Filz. Von den Frauen in Ladakh sind mit Brokat oder Stoff bezogene Ziegenfelle als Rückentücher bekannt.

Die Festtagsstiefel der Frauen von Lhasa fallen besonders durch ihre üppige Verzierung auf: mit Ausnahme des Schaftes aus schwarzem Wollstoff, sind sie über und über mit in Plattstich ausgeführten bunten Blumenmustern bestickt. An den Stiefeln lässt sich nicht nur die lokale, sondern auch die soziale Herkunft des Trägers erkennen, wobei in Zentraltibet Stiefel mit mehrfarbigen (schwarz, rot, grün) Schäften aus nam-bu Stoff und mit sehr unterschiedlicher Sohlenverarbeitung (Sommer-/Wintersohle), in Amdo und Kham jedoch Lederstiefel, vielfach mit mokassinartiger Sohle aus Yakleder, getragen werden.

In Zentraltibet schützen Frauen und Männer ihren Kopf mit einem typischen Hut aus Filz mit großen pelzverbrämten Ohrenklappen. Die Kalotte ist mehr oder weniger aufwendig mit Brokat besetzt. Diesen Hut bezeichnet man nach einer unauffälligen Musterung auf den Ohrenklappen, einem eingesteppten „Unendlichen Knoten" (palwä), auch als „Glückshut" (tsering schamo).

Bewegen wir uns ein wenig weiter nach Osten in die Provinz Kongpo, so begegnen wir einem ganz anderen Trachtenstil: Hier besteht die Kopfbedeckung aus einer mit Brokatpaspeln verzierten „Pill box" und über der schwarzen oder braunen Tschuba tragen beide Geschlechter einen gleichfarbigen Poncho mit einem nur für diese Gegend typischen Gürtel; er läuft durch mindestens fünf durchbrochen gearbeitete Silberteile, deren Muster aus Ranken - und jeweils im Zentrum - einem religiösen Symbol, wie z.B. die drei Juwelen oder ein Rehtier, bestehen. Zwei Ösen dienen zur Befestigung von Messer, Geldbörse usw. Dazu werden besondere Kongpo Stiefel getragen, die teilweise den Mönchsstiefeln (der großen Gelugpa Klöster um Lhasa) ähneln oder eine mokassinartige Sohle haben. Vorderblatt und Schaft sind mit gestreiften Stoffen, Brokatborten und -paspeln abwechslungsreich verziert, z.B. unter anderem auch mit sogenannten thig-ma-(Tropfen)-Stoffen. Dies sind in verschiedenen Farben gewebte Stoffe, auf deren helle Streifen entweder ein Kreuzmuster in kontrastierendem Ton gestempelt ist oder dieses Muster durch ein Plangiverfahren erzielt wird. Diese Stoffe sowie solche mit echter Plangi-Abbindetechnik stammen aus der Gegend von Tsethang/Provinz Lhokha und werden noch heute auf dem Markt in Lhasa verkauft. Früher stellten sie ein begehrtes Handelsgut dar, das in ganz Tibet beliebt und bis in die Mongolei exportiert wurde. Die Uniform-Tschubas der tibetischen Armeesoldaten und Postläufer waren mit diesen Stoffen besetzt. Selten stellte man ganze Gewänder daraus her, vor allem auch Pferdedecken und Sattelpolster.

In Osttibet tragen die Frauen durchweg langärmelige Tschubas. Dem Reichtum der Familie entsprechend und an Feiertagen, zeigen sich die Männer ebenfalls in Gewändern aus von China importierten Brokaten. Wie in Zentraltibet lassen sich auch hier die lokalen Trachten vor allem am variierenden Kopfschmuck der Frauen erkennen. Große, seitlich der Schläfen getragene Silberscheiben lassen auf eine Herkunft aus der Gegend von Lithang schließen. Knödelgroße Bernsteine rechts und links der Stirn und auf dem Scheitel getragen sowie auf ein breites Rückenband genäht, deuten auf die Heimat der Trägerin im Gebiet von Nangchen.

Je weiter man gen Amdo gelangt, desto reicher sind die Rückengehänge der Frauen mit großen, aus Silberblech getriebenen Halbkugeln besetzt, die den Status der Frau - ob sie verheiratet ist und wieviele Kinder sie hat - anzeigen sollen. Ein Charakteristikum der Frauentrachten aus Amdo und Kham sind die rechts und links seitlich vom Gürtel hängenden, mit Silberornamenten und einer Öse versehenen Gehänge sowie ansehnliche Doppelhaken für den Melkeimer.

Die Gürtel variieren je nach der Herkunft der Trägerin und können mit farblich kontrastierendem Stoff und Leder appliziert oder mit mehreren geschmiedeten und vergoldeten Eisenrechtecken, bzw. einer großen Vielfalt andersförmiger, in Silber gearbeiteter, getriebener und ziselierter Schmuckplatten besetzt sein. Am Gürtel der Frauen hängen sehr aufwendig gearbeitete Geldbörsen, Nadelbüchsen, Feuerzeug und kleine Messer. Die Männer aus Kham pfleg(t)en ein meist recht wertvolles Schwert vorne quer unter den Gürtel zu stecken, dessen Scheide reich mit großen Korallen verziert oder ganz exquisit mit Drachenmustern dekoriert ist. Sie tragen meist auch ein wesentlich größeres Messer mit einem Griff aus Knochen oder Horn. Ein häufig mit Tiermotiven, wie Fischen, Hirschtieren oder Vögeln (Tiere der Lebenssphären: Wasser, Erde, Luft) besetztes Feuerzeug aus Silber darf nicht fehlen.

Die Khampa, Männer wie Frauen, tragen gerne mit Fuchs- oder Lammfell, bisweilen auch mit Brokat besetzte Kappen. In Amdo begegnen wir um den Kukunor See herum einer besonderen Hutform: über dem flachen Rand erhebt sich ein konisch zulaufender Aufbau, von dessen oberstem Rand rundherum rote oder schwarze Seidenbänder auf die Krempe herunterfallen. Auch schlichte Filzhüte sind beliebt.

Auffällig ist der Haarschmuck der Männer: im traditionellen Tibet trugen sie zumeist einen Zopf, der um den Kopf gelegt wird (und nur zum Zeichen des höchsten Respektes - im Angesicht das Dalai Lama, des Potala oder eines besonders wichtigen Würdenträgers gelöst wird). Hier nun wird der Zopf mit einer roten oder schwarzen ca. 1/2 m langen Seidenfadentroddel (heute sehr üppig und aus Kunstseide) verlängert, die beim Umwinden des Kopfes zuvorderst über der Stirn zu liegen kommt. Zusätzlich können die dicken Zöpfe mit überdimensionierten Fingerringen (sog. Sattelringe), die dann Zopfringe sind, und mit elfenbeinernen Daumenringen (auch beim Bogenschießen verwandt) geschmückt werden. In anderen Gegenden Osttibets befestigen die Männer seitlich auf der Frisur rhombische, runde oder schneckenförmige Haarspangen.

Ganz besonders kunstvoll sind die Haartrachten der Frauen von Amdo und aus dem westlichen Tschang thang: sie flechten unzählige kleine, sehr feine Zöpfe, die in einer bestimmten Art über den Kopf verteilt und dann wie ein Fächer über Schultern und Rücken gebreitet liegen. An ihrem Ende werden sie in einem breiten roten Stoffband befestigt, das dicht mit Korallen und weißen Schneckenknöpfen besetzt ist. Applikationen aus zugeschnittenen und durchbohrten Schneckenschalen, die aus Indien importiert sind, stellen eine Besonderheit der Frauentrachten, etwa aus der Gegend um Nagchukha, dar.

Eine sowohl historisch etwas tiefer gehende als auch eine rezente Trachtenübersicht fehlt bislang für Tibet. Auffallend ist jedoch, dass es Übereinstimmungen zwischen dem Kopfputz der Frauen in Osttibet und in Lahoul (Nordwest Indien, Prov. Himachal Pradesh) gibt, z.B. das Tragen von zwei dicken Bernsteinkugeln über den Schläfen, wie es auch in der Gegend um Nangchen üblich ist.

Eine Zusammenstellung der Trachten Tibets wäre dringend erforderlich. Es gibt weltweit eine Reihe mehr oder weniger umfänglicher Sammlungen (private und in Museen) und keineswegs erschöpfend ausgewertete Fotoarchive. Auch haben die Tibeter und Chinesen Veröffentlichungen unterschiedlicher Qualität vorgelegt. Diese sind aber, wie der Direktor des China Institute of Tibetology, Peking, in einem Vorwort bemerkt, noch keineswegs ausführlich genug. Einer dieser sehr aufwendigen Publikationen beruht vornehmlich auf Aufnahmen von öffentlichen Trachtenvorführungen anlässlich der traditionellen Reiterspiele im Sommer. Geradezu paradox ist der übermächtige Einfluss der offiziellen Organisatoren, der Medien und des Tourismus auf die Ausgestaltung und den

Ablauf dieser Feste. Es finden regelrechte Trachten-Konkurrenzen statt: Schlimmstenfalls trägt eine Person (meist ein Mann), den gesamten Schmuck, einschließlich der Uhren, Götterfiguren, Stupas, Amulettkästchen und andere Paraphernalia (Vajra und Glocke) aus dem Besitz einer Großfamilie oder eines Weilers - alles zusammen auf einmal und krönt bisweilen das ganze mit einer völlig phantastischen Kopfbedeckung - um einen Preis zu erringen. Die Touristen fotografieren diese Scharade und zeigen dies dann nicht nur im Freundeskreis, sondern auch bei Vorträgen als „authentische" Trachten. Auch die chinesischen Medien verbreiten diese Schauerlichkeiten im Fernsehen und auf CD. Der große propagandistische Gewinn besteht in der Demonstration, zum einen der angeblichen Freiheit der Minoritäten, zum anderen ihres phantastischen Reichtums! Es steht uns sicher nicht zu, allzu harsch zu urteilen, da wir am Beispiel Bayerns, oft auch nur haarscharf an der Grenze zwischen echtem Brauchtum mit seinem identitätsstiftenden Sinn und dem fast nur den touristischen Zielen Dienenden entlangschlidderrn.

Zusätzlich finden sich in Tibet eine Vielzahl weiterer Trachten, so etwa die Kleidung der Mönche, Nonnen und Asketen. Im Vinaya, den Regeln für ein klerikales Leben, werden die Kleidungsstücke, ihre Beschaffenheit, zu welchen Jahreszeiten und Gelegenheiten was und wie getragen wird, bis hin zu einer Vielzahl an Schuh- und Stiefelwerk genau beschrieben und zur täglichen Erinnerung auch auf die Wände des Tempels gemalt! Die Gewänder bestehen überwiegend aus mehreren Teilen, einem rockartigen Unterteil, Hemd, Bluse, Weste, Umschlagtuch, Schal etc. in den unterschiedlichsten Rottönen, von Gelb bis Orange. Nur die Yogis sind an ihrem rasta-ähnlichen Haaraufbau und an ihrer weißen Kleidung, oft aus Bhutan importierte, naturfarbene Rohseide, zu erkennen. Jede Schule des tibetischen Buddhismus hat ihre eigenen Hutformen, ja sogar teilweise auch besonderen Stiefelarten (insbes. die Gelugpa). Ganz prächtig sind die Zeremonialgewänder der wichtigen Orakel aus vielfarbigem Brokat, Pfauenfedern etc., die sie anlässlich der offiziellen Seancen tragen. Das gleiche gilt für die reichen Tanzgewänder der klösterlichen Cham-Tänzer, die besonders sorgfältig in eigenen Truhen und Kammern der Klöster aufbewahrt werden.

Die Beamten der tibetischen Zentralregierung waren schon von Weitem an ihrer speziellen Amtstracht erkennbar, die nach ihren Trägern - klerikalen oder Laienbeamten - unterschieden wurde. Sie wechselte zum Sommer- und Winteranfang, bestand vielfach aus Brokat-/Seidenstoffen und wurde immer bodenlang getragen. Die sieben verschiedenen Beamtenränge konnte man an den die offiziellen Hüte bekrönenden farbigen Perlenknöpfen erkennen, ein aus China übernommenes Reglement. Höhere Beamte durften besondere Stiefel mit einem in abgestuften Blautönen bestickten Rand („Regenbogenstiefel") tragen, die von nur wenigen Schustern exklusiv angefertigt wurden. Alle Beamten schmückte ein länglicher Ohrring im linken Ohr, häufig hing ihr Schreibzeug an der Seite vom Gürtel. Die niedrigsten weltlichen Sekretäre und Beamten trugen einen flachen gelben „Wollflauschteller" (bogdo) auf dem Kopf und Diener z.b. eine rote, flache „Brokatscheibe", von der rundherum rote Seidenfransen baumeln. Die offiziellen Trachten der Mitarbeiter der tibetischen Regierung sind zahlreich, aber auch hier fehlt eine annähernd vollständige Bearbeitung.

Unsere Kenntnisse über die staatlichen Werkstätten (so khang) in Lhasa und anderen großen Städten Zentraltibets haben sich inzwischen vervollständigt. Da die Handwerker, falls sie nicht Teilzeithandwerker waren, nicht für ihren Landbesitz oder Viehbestand besteuert werden konnten, versicherte sich die Regierung ihrer Spezialkenntnisse als Hand-Steuerdienst. Zu diesem Zweck gab es seit dem 17. Jahrhundert, seit der Regierungszeit des Fünften Dalai Lama, besondere Ateliers mit eigener interner Organisation, speziellen Aufgaben und Bräuchen für Künstler, Metallarbeiter, Schuster, Schreiner und Maurer sowie die Schneider (tsem so khang), die außerdem auch für die Applikationen auf den großen Festzelten, die Brokatarbeiten zur Ausschmückung der Tempel (Statuenbekleidung, Baldachine, Wandbehänge, Bücher- und Paraphernalia-Schutzhüllen etc.) und sogar die Herstellung der riesigen, überdimensionierten Appliqué-Thankas, die nur wenige Male jährlich öffentlich ausgestellt wurden, zuständig waren. Die jungen Leute durchliefen zunächst eine vorbereitende Zeit bei ihren Handwerkervätern (Berufe wurden jedoch nicht zwingend ererbt), bevor sie entweder in eine Spezialwerkstätte aufgenommen wurden, um zunächst erst einmal weiter zu lernen und ihre Fertigkeiten zu vervollkommnen. Sie arbeiteten vornehmlich für Regierungsaufträge (Handwerk war in Tibet immer Auftragswerk), manchmal auch für Privatleute, dann zumeist in deren Wohnung, wobei die täglichen Mahlzeiten auch einen Teil der Entlohnung darstellten. Zum Unterhalt dieser Werkstätten dienten in ihrer Entstehungszeit die Abgaben aus besonderen Landgütern. Sie erwiesen sich jedoch im Laufe der Jahrhunderte als zu gering, so dass die Regierung aus ihren eigenen Naturalsteuer-Einnahmen (Butter, Tee, Tsampa etc.) den Werkstätten bestimmte Mengen zuwies und in zunehmendem Maße auch durch Geld ersetzte. Für geleistete Arbeit erhielten die Handwerker Bonuspunkte - „Sternchen" -, die dann beim jährlichen Sommerpicknick abgerechnet wurden. Wer nicht zur Arbeit kommen konnte und wollte (weil Privataufträge oft besser dotiert waren), musste einen mehrfachen Tagessatz Strafe zahlen. In der Schneiderwerkstatt, deren Sitz sich in der Schingra Halle des Jo-khang (Zentraltempel von Lhasa) befand, spielten sich die organisatorischen und kleineren Auftragsarbeiten ab. Dort gab es neben dem Büro (für einen klerikalen Beamten, der kein Handwerker sein musste), eine Küche und andere Räume. Jede staatliche Werkstatt hatte einen oder mehrere Meister „großer Kopf", Juniormeister „kleiner Kopf", Gemeine, Helfer und Lehrlinge. Die Schneider versammelten ca. 130 Koryphäen in ihrer Werkstatt, während in Lhasa insgesamt 6-700 Schneider tätig waren, die sich jedoch nach ihrer Niederlassung beim so-khang melden mussten. Die staatlichen Schneider waren nämlich gezwungen, ihr eher spärliches Einkommen seitens der Regierung - nach dem Motto „Als Beamter hat man viel Ehre, aber wenig Brot" - durch die von den „freien" Schneidern eingesammelten Abgaben zu ergänzen. Diese umständliche Prozedur ist eng mit dem sehr umständlichen bürokratischen Umverteilungssystem der traditionellen tibetischen Regierung verbunden. Auf diese Weise konnten einige administrative Schritte abgekürzt werden, nämlich die des Einsammelns von Steuern - nicht nur in Geld, sondern auch in Naturalien (Salz, Gold, Wolle, Papier, Farbstoffe, Heu, Stoff etc.) und des Wiederausgebens derselben an die, dem Staat dienenden Beamten, Abteilungen, Ministerien etc. Deshalb kam unangemeldete Schwarzarbeit die Schneider von Lhasa teuer zu stehen, nicht nur wegen der Geldstrafen, sondern auch wegen der zu erwartenden Prügel, die von den so-khang-Dienern ausgeteilt wurden.

Ganz besonders bemerkenswert ist auch der überaus sorgfältige Umgang der Werkstätten mit dem ihnen anvertrauten Material. So beschreibt ein ehemaliger Seniormeister, wie exakt über die Herausgabe alter mongolischer und chinesischer Seiden- und Brokatstoffe von den entsprechenden Schatzämtern Buch geführt wurde. Sogar der Dalai Lama selbst forderte bei einem Besuch seiner persönlichen Schneiderwerkstatt im Norbu Lingkha die Männer auf, nicht nur genau, sondern auch besonders pflichtbewusst zu arbeiten, denn wer die Gewänder für den Dalai Lama herstellen durfte, sollte weder rauchen, noch schnupfen, immer mit sauberen Händen arbeiten usw. Die Stoffe für die Kleidung des Dalai Lama und des Panchen Lama wurden unter besonderen Umständen gewebt, nämlich dem Abbrennen von Weihrauch sowie Vorlesen von Gebeten und in einer besonderen Breite von 100 Gerstenkörnern. Weder beim Weben, noch beim Schneidern durften Frauen anwesend sein. Für die Herstellung dieser Textilien war der Ort Khe de scho dsong am Tsangpo berühmt. Wie bereits oben angedeutet, trugen die Schneidermeister den gelben bog-do-Hut und den Beamtenohrring. Sie behielten ihren Titel ein Leben lang, ihr Pflichtdienst endete mit 60 Jahren.

Auf dem Lande und bei den Nomaden waren es vor allem die Männer, die die Kleidung nähten, da zum einen das Verarbeiten der Lederteile für die Felltschubas besonders arbeitsaufwändig ist, zum anderen die Anfertigung der schwarzen Zelte aus dem schweren Yakhaarstoff viel Kraft verlangt. Früher wurden offenbar die Frauen der Schuster auch zum Besticken der Stiefel herangezogen. Nach der Entspannungspolitik 1980 begannen viele Tibeter, sich wieder in sogenannten Kooperativen freiwillig zusammenzuschließen, wobei auch die Frauen in der Schneiderei und als Stiefelmacherinnen mitarbeiteten. Bemerkenswert ist die Einbindung von leicht geistig Behinderten in diese Werkstätten, die dort ihnen gemäße Zuarbeiten verrichten können. Den Frauen im Exil stehen inzwischen fast alle Handwerksarten offen. Für Mönche und Nonnen war es nie ehrenrührig, zu nähen, zu sticken und Appliqué-Arbeiten anzufertigen. Im indischen Exil betätigten sich anfangs sogar die Mönche der tantrischen Klöster aus Lhasa (gyü tö, gyü mä) als Teppichknüpfer, um ihren Lebensunterhalt selbst zu erwerben!

Anlässlich des Neujahrsfestes und des anschließenden großen Gebetsfestes (mön lam) fanden in Lhasa großartige Umzüge, Prozessionen, Reiterspiele, Tänze, Theatervorführungen etc. statt. Hierzu wurden aus den Schatzkammern der Regierung akribisch inventarisierte und verwahrte historische Gewänder, Trachten und Rüstungen ausgegeben, die nur zu dieser Gelegenheit getragen und sorgfältigst behandelt werden sollten. Die Auswahl der Träger dieser „Kleinode" oblag den Beamten, die auch dafür geradestehen mussten, dass alle ausgeteilten Objekte vollständig zurückgegeben wurden. Es handelte sich dabei um alte mongolische Rüstungen, Plättchen- und Kettenpanzer (auch Pferderüstungen), sowie die historischen Kostüme aus der alten Königszeit (7.-9.Jh.), die nur von Männern getragen und vorgeführt werden durften.

Abschließend soll hier eine besondere Gelegenheit erwähnt werden, bei der das ganze Spektrum der tibetischen Trachten, wenn auch sicherlich in bescheidenerer Ausführung, zu sehen ist: Während der A-che-lhamo Theateraufführungen anlässlich des sommerlichen Sho-tön Festes und auch zum Erntedank auf dem Lande. Es handelt sich um Stücke mit überwiegend religiöser „Moral", die rezitiert, getanzt und gesungen werden. Abgesehen von ihren erbaulichen Inhalten über die Verdienste eines frommen und tugendhaften Lebenswandels kommen eine Vielzahl von Alltagsszenen, Persiflagen, bis hin zu aktuellen Glossen und Karikaturen, selbst von Orakelseancen, vor. Dementsprechend sind auch die charakteristischen Persönlichkeiten an ihrer Kleidung zu erkennen. Verfremdet wirken die Darsteller allerdings durch eine spezifische vorgeschriebene Stimmlage und flache, textile Scheibenmasken, die nur ausnahmsweise auch von den Hauptpersonen - besonders frommen, tugendsamen und vorbildlichen Protagonisten - getragen werden. Die gesamte Bandbreite der Kostüme beruht jedoch auf ihren mannigfaltigen Vorbildern aus der reichen Trachtenwelt Tibets.

Bibliographie

Ahmed, Monisha
2002   Living Fabric. Weaving Among The Nomads of Ladakh Himalaya. Bangkok.

Karsten, Joachim
1983   A Note On The Ya Sor And The Secular Festivals Following The sMon lam chen mo. In: E. Steinkellner & H. Tauscher (Hrsg.), Contributions on Tibetan Language, History and Culture, Vol. 1, S. 117-150. Wien.
Karsten, Joachim / Ronge, Veronika
(im Druck) Tibetan Pearl Coifs. In: Proceedings of the 8th IATS Conference. Bloomington 1998.

Namgyal, Gyeten
1994   A Tailor's Tale. In: Chö Yang 6, S. 28-63. Dharamsala.

Richardson, Hugh
1993   Ceremonies Of The Lhasa Year. London.

Ronge, Veronika
1978 a   Das tibetische Handwerkertum vor 1959. In: Beiträge zur Südasien-Forschung. SAI Heidelberg, B43. Wiesbaden.
1978 b   Tibetische Brettchenweberei. In: Zentralasiatische Studien 12, S. 237-252. Wiesbaden.
1980   Anmerkungen zur Weberei und zum Schaftwebstuhl in Tibet. In: Zentralasiatische Studien 14/2, S. 133-178. Wiesbaden.

Roth, Hans / Ronge, Veronika
1989   Katalog der materiellen Kultur Tibets und der Mongolei. Fasc. 1, Blätter 8.25 I - 8.31. „Tibetische Stiefel". (Verf. V.Ronge). Wiesbaden.

Schuh, Dieter
1976   Der Schauspieler des tibetischen Lha-mo Theaters. In: Zentralasiatische Studien 10, S.339-384. Wiesbaden.

Snyder, Jeanette
1979A   Preliminary Study Of The Lha Mo. In:Asian Music, Vol. X,2
Tibet Issue, S.23-62. New York.

Kleidung und Schmuck aus der Welt des tibetischen Buddhismus

Siehe zusätzlich zu den folgenden Bildern auch Kleidung und Schmuck nim Artikel von S. Knödel: Osttibetisches Panorama, sowie die Kleidungsstücke im Farbteil.

Inv. Nr. 74.32:6 Schenkung Steinbrecht / Konietz-ko-Czeka (Foto Saal) „Langlebenshut" (tib.: tshe ring zhva mo, lies: tsering schamo), Filz, Goldbrokat, Goldfadenstickerei und Goldlitze (Hasen-?) Pelz. H 14 cm, D ca. 17 cm, B liegend 36 cm, Nepal (Sherpa). Dieser mit Goldbrokat besetzte Hut in gedeckte-Grün- und Orangetönen wurde zwar in Nepal als Hut der Sherpa (einer tibetisch-sprachigen Gruppe, die im 15. Jahrhundert aus Osttibet in Nepal einwanderte) erworben, jedoch entsprechen die Form und die Farben exakt einem Männer- und Frauenhut-Typ der zentraltibetischen Provinz Ü (tib.: dBus). (S. K.)

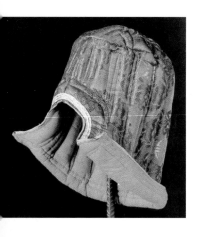

Inv. Nr. 2002.18:29 Schenkung Camps (Foto Saal)
Tibetischer Hut aus Ladakh
Seidenbrokat, Goldfaden, Baumwolle. H 29 cm, max. B ca. 24 cm.
Ladakh (erworben in Leh)
Ein typischer Ladakhi-Hut. Dazu gehört eine Tschupa aus dem gleichen Material mit Schärpe (Inv.Nr. 2002.18:28., nicht im Katalog).

Inv. Nr. 2002.18:11 a, b Schenkung Camps (Foto Saal)
Frauenkopfputz (Ladakhi (?): Perak)
Wolle, Baumwolle, Silber, Weißmetall, Türkis, Türkismatrix, Achat, Kaurischnecken. Länge Mittelteil L 84 cm, Seitenteile H 34 cm
Erworben 1980 in Ladakh.
Der Perak wird so getragen, dass die beiden halbkreisförmigen Seitenteile flügelartig (wie zwei übergroße Ohren) vom Kopf abstehen. Das türkisbesetzte Mittelstück befindet sich dazwischen und reicht von der Stirn bis zum Rücken. Die Anordnung der aufgenähten Schmuckstücke ist festgelegt. So werden Amulettbehälter nur im vorderen Bereich über dem Scheitel aufgenäht. Peraks gehören zu einer zentralasiatischen Gruppe von Kopfschmuck, die den Kopf und die Wirbelsäule schützen sollen (Weihreter 1988). Der hier vorliegende Perak ist typisch für die Region Ladakh. Diese Peraks werden fast nur von verheirateten Frauen getragen

und häufig von der Mutter an die älteste Tochter übertragen. Je nach den finanziellen Möglichkeiten der Frau können sie mit zahlreichen wertvollen Türkisen besetzt sein und stellen so einen Teil des Familienvermögens dar, von dem in schlechten Zeiten einzelne Steine verkauft werden können. Bei unserem Perak wurden fast nur billige Türkise verwendet: Möglicherweise hat man ihn speziell für Touristen hergestellt. (S. K.)

Inv. Nr. 77.34:25 Schenkung Nachlass Olof v. Randow (Foto Saal)
Offizieller Sommerhut eines Mönchs (tib.: zhva dkar skyed khra, lies: scha kar kye tschra (?))
Versteiftes Gewebe mit goldbraunem Lacküberzug. D 33 cm, H 9 cm
Tibet.
Nach Wadell (1967: 196) wird diese Form des Hutes im Sommer von den Begleitern hoher Lamas getragen. (S. K.)

Inv. Nr. 77.34:8 Schenkung Nachlass Olof v. Randow (Foto Saal)
Ärmelloses Übergewand
Wollstoff, Goldbrokat, Baumwolle. H 117,5 cm, B Schulter 48 cm, B unterer Saum ca. 100 cm.
Zentraltibetisch, erworben in Bhutan.

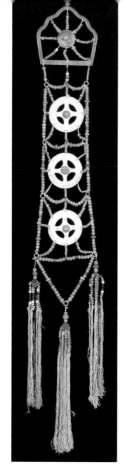

Inv. Nr. 4533:07 Kauf Umlauff, Schenkung Freunde des Museums (Foto Saal)
Gehänge, Perlmutter, versilbertes Messing, Koralle, Lapislazuli (?), Glas, Messing, Silberdraht. Troddeln Seide. L 110 cm, B 13 cm, China? Vor 1907.
Dieses Gehänge gehört zu den noch nicht identifizierten Stücken der Sammlung. Umlauff´s Katalog zufolge handelt es sich um ein „Angehänge von einem Zeremonialkleid mit drei Rädern des Glaubens zwischen Ketten aus Korallen und Lapis Lazuli-Perlen". Es wurde zunächst als tibetisch, dann als chinesisch eingestuft. Evtl. entstammt es dem tibetisch-buddhistischen Kultus Chinas. (S. K.)

Inv. Nr. 4523:07 Kauf Umlauff, Schenkung Freunde des Museums (Foto Saal)
Frauengewand, Seide. Knöpfe Messing. L 131 cm; B unten 196 cm, Mongolei, vor 1907.
Blaue Seide in Atlasbindung mit eingewobenem Muster von Svastikas und endlosen Knoten.
Die Zugangsinformation lautet „Gewand einer Mongolenfürstin aus Tibet, Buryat". Es handelt sich in jedem Fall um ein mongolisches Frauengewand, ob es allerdings von in Tibet lebenden Burjäten (einer mongolischen Teilethnie) stammt, lässt sich nicht feststellen. (S. K.)

Inv. Nr. 4204:07, 4564-4572:07 Kauf Umlauff, Schenkung Freunde des Museums. (Foto Saal)
Frauenkopfschmuck der Chalcha, Silber, teilweise vergoldet, Edelsteine, Koralle. L Zopffutterale mit Bändern 120 cm, L des Pektorals 70 cm, Mongolei, 19. Jahrhundert.
Der prunkvolle Haarschmuck der mongolischen Frauen der Oberschicht hat schon früh die Aufmerksamkeit chinesischer und europäischer Reisender erregt und wird in ihren Berichten immer wieder erwähnt und im Bilde festgehalten. Der hier abgebildete Kopfschmuck der Chalcha-Frauen besteht aus einem Diadem (mong.: boolt, d.h. Reifen), über dem meist noch ein Pelzhut getragen wird, einer Reihe von Spangen (mong.: chavtschaar), die dazu dienen, das Haar zu beiden Seiten des Kopfes weit abstehen zu lassen, den Zopffutteralen (mong.: chadlaga), die bis zur Taille reichen und verschiedenen Gehängen (mong.: süült) an den Seiten und über der Brust. Eine kostbare Haartracht dieser Art wurde nur von verheirateten Frauen getragen und galt als Statussymbol. (G. P.)

Inv. Nr. 2004.27:64 Ankauf Slg. Karl Franz Grelle (Foto Saal)
Frauenkopfschmuck (mong.: züügel)
Baumwolle, Silberlegierung, Schmucksteine (korallenähnliches Material, grünes Material, Karneol).
Stirnband L max ca. 26 cm , B max ca. 4,5 cm , Seitengehänge L max ca. 40 cm , Mongolei.
Auf das Stirnband aus schwarzem Baumwollstoff wurden einzelne Schmuckplatten aus Silber genäht, von denen das zentrale Schmuckelement in Form einer Fledermaus, einem aus China stammenden Glückssymbol, gestaltet ist. Weitere Silberplatten wurden seitlich befestigt und bilden

543

gemeinsam mit einzelnen Perlensträngen aus korallenähnlichem Material und grünen Kugeln einen Schläfenschmuck, der der Trägerin bis auf Brusthöhe reicht. Über dem Kopfschmuck kann eine weitere Kopfbedeckung getragen werden. *(U. W.)*

Inv. Nr. 91.59:6a, c und 91.59:9 Kauf T. Pilat (Foto Saal)
Männerkostüm
Kurze Weste (91.59:6a): Obermaterial und Futter satinartiges synth. Textil, Brokat, Baumwollband. Rückenlänge ca. 58 cm, B ca. 60 cm.
Hemd (91.59:6c): Satinartiges synth. Textil. Rückenlänge ca. 69 cm, B ca. 156,5 cm (mit Ärmeln gemessen), Oberweite ca. 61,5 cm.
Hose (91.59:9): Satinartiges synth. Textil. L ca. 107 cm, Taillenweite ca. 35 cm, Hüftweite ca. 52 cm, Mongolei, neuzeitlich.
Hosen gehören aufgrund der großen Bewegungsfreiheit, die sie ihrem Träger einräumen, zu den charakteristischen Kleidungsstücken für Reitervölker. Ein langes Gewand mit Stehkragen (91.59:6b) wird über Hemd und Hose getragen; die kurze Weste kann als letztes Kleidungsstück über das lange Gewand gezogen werden. Stiefel und Kopfbedeckung vervollständigen das Ensemble. *(U. W.)*

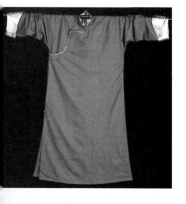

Inv. Nr. 91.59:6b Kauf T. Pilat (Foto Saal)
Männergewand (mong.: deel), Obermaterial Wollstoff, Futter satinartiges synth. Textil, Brokat. Rückenlänge ca. 138 cm, B ca. 198 cm (mit Ärmeln gemessen), Oberweite ca. 63,5 cm, Manschetten H ca. 14,5 cm, Kragen H ca. 5 cm, Mongolei, neuzeitlich.

Lange Gewänder mit Stehkragen werden traditionell von Männern, Frauen und Kindern getragen und gelten heute als Nationaltracht der Mongolen. Ihr Zuschnitt und die Form der einzelnen Schnittteile sind typisch für eine Bekleidungstradition, die auf der Verwertung von Tierhäuten und Fellen basiert. Die überlangen Ärmel mit den auffälligen Manschetten in Form eines Pferdehufs sollen die Hände vor Witterungseinflüssen schütztem. Eine lange Stoffbahn, die als Schärpe um die Taille gebunden wird, oder ein Ledergürtel, ge-gebenenfalls mit reichem Silberbeschlag, halten das Gewand zusammen. Oberhalb des Gürtels oder der Schärpe wird das sehr lange Kleidungsstück leicht nach oben gezogen; es hat dann Waden-, maximal Knöchellänge. (U. W.)

*Inv. Nr. 91.59:7a Kauf T. Pilat (Foto Saal)
Frauengewand (mong.: deel)
Satinartiges synth. Textil, Brokat, Knöpfe z.T. aus Kunststoff. Rückenlänge ca. 125 cm, B ca. 160 cm (mit Ärmeln gemessen), Oberweite ca. 58 cm, Manschetten H ca. 11,5 cm, Kragen H ca. 6 cm.
Mongolei, neuzeitlich. (U. W.)*

*Inv. Nr. 91.59:7b Kauf T. Pilat (Foto Saal)
Lange Frauenweste
Satinartiges synth. Textil, Brokat, Knöpfe aus Kunststoff. Rückenlänge ca. 120 cm, Oberweite ca. 45 cm.
Mongolei, neuzeitlich.
Die lange Frauenweste gehört zu Inv.Nr. 91.59:7a und wird über dem langen Gewand mit Stehkragen getragen. (U. W.)*

Inv. Nr. 91.59:8 Kauf T. Pilat (Foto Saal)
Mädchengewand (mong.: deel), satinartiges synth.
Textil, Brokat, Webpelz. Rückenlänge ca. 74,5 cm,
B ca. 114 cm (mit Ärmeln gemessen), Oberweite
ca. 41,5 cm, Manschetten H ca. 10,5 cm, Kragen H
ca. 4,5 cm, Mongolei, neuzeitlich.

Inv. Nr. (v.r.n.l.) 91.59:18, 91.59:14, 94.51:1 Kauf
T.Pillat und R.Vossen (Foto Saal)
Kopfbedeckungen
Kalottenförmige Kappe für Frauen (91.59:18):
Satinartiger Stoff, Brokat, Textilkordel, Karton; H
ca. 18 cm max, D ca. 18,5 cm max.
Männerhut mit hochstehender Krempe aus schwarzem Webpelz und zugespitzter Hutkrone (91.59: 14): Satinartiger Stoff, Brokat, Webpelz, Karton; H ca. 23 cm max, D ca. 24 cm max.
Hut mit hochstehender Krempe und zugespitzter Hutkrone (94.51:1): Samtartiger Stoff, Brokat; H ca. 22 cm max, D ca. 20 cm max., alle Mongolei, neuzeitlich.

Inv. Nr. 2004.27:69 Ankauf Slg. Karl Franz Grelle (Foto Saal)
Sitzteppich (mong.: Devsger)
Wolle, Baumwolle. L ca. 76 cm max, B ca. 84 cm max.
Mongolei.
Teppiche unterschiedlicher Größe finden in Privathaushalten und Klöstern Verwendung, wo sie als Säulenbehänge oder Bodenteppiche, als Sitz- oder Schlafgelegenheiten dienen. In der gewählten Motivik zeigt das hier abgebildete Stück einen deutlich erkennbaren chinesischen Einfluss.

Der Drache, der mit einer Perle spielt, gehört zu den sehr traditionellen Motiven Ostasiens und verkörpert u.a. Stärke und Macht. Im Zentrum des fast quadratischen Teppichs wird er von vier in den Diagonalen angeordneten Wolken flankiert. Sowohl Drache als auch Wolken sind in blauer Wolle gearbeitet – in China die übliche Farbe des Himmels. Eine breite Borte mit einer stark stilisierten Wasserdarstellung, dem sogenannten "stehendem Wasser" (chin. lishui), umrahmt das Mittelfeld. Von der Borte ausgehend ragen vier Bergspitzen in das Mittelfeld hinein, die das Himmelsgewölbe tragen. Auch der zentrale Drache kann in diesem Zusammenhang als symbolhafte Darstellung eines das Firmament stützenden Berges interpretiert werden und bildet somit die kosmische Achse zwischen dem Himmel und der quadratisch gedachten Erde. (U. W.)

Was essen und trinken die Tibeter?

Veronika Ronge

Allgemein bekannt - und nicht zuletzt auch als Identitätsmerkmal - bezeichnen sich die Tibeter als „Gemeinschaft der Tsampa-Esser". Und auf die Frage nach dem Gehalt der Nahrungsmittel wird man hören: „Wer Tsampa isst, wird nicht so schnell wieder hungrig", denn die Speisen aus Gerstenmehl halten besonders lange vor.

Tsampa ist geröstete Gerste, die gemahlen, mit verschiedenen Flüssigkeiten und/oder anderem vermischt, selten auch trocken, genossen wird. Zur Vorbereitung wird die Gerste in einer flachen Blechschale auf heißem Sand angeröstet und anschließend mit einem Sieb von den Sandkörnern getrennt. Man füllt die Körner in einen Sack und wälzt diesen kräftig auf der Erde, um die Spreu, die Spelzen und Kleie zu entfernen. Dieses Vollkornprodukt (jö) kann bereits als Zwischenmahlzeit aus der Hand gegessen werden. In Hand- und Wassermühlen wird das Getreide anschließend verarbeitet und in Säcken aus Leder oder Wollstoff nach Hause transportiert. Meist mahlt die Hausfrau jedoch täglich frische Tsamparationen, obwohl das Mehl bei monatelanger Vorratshaltung auch immer noch schmackhaft bleibt. Im Haus wird Tsampa in einer großen, mehrteiligen Deckeldose (tsam phor) aus gedrechseltem Wurzelholz, oft auch aus bemaltem einfachen Holz aufbewahrt, aus welcher sich der Einzelne bedienen kann, vorzugsweise in die eigene Teeschale, um dort Tsampa mit Buttertee und Trockenkäse z. B. zu verkneten. Man formt kleine, handliche Klumpen, die gerade einen Mundvoll ergeben. Reisende oder auch Hirten benützen einen ledernen Tsampabeutel, in den sie etwas Buttertee geben und die beiden Substanzen auf diese Art vermischen. Unterwegs und bei der Feldarbeit wird die Tsampamahlzeit in einer einfachen runden Deckeldose (gog phor) zubereitet. Tsampa dient zusätzlich auch als Heilmittel aus der Hausapotheke, z.b. mit heißer Butter verrührt als Umschlag oder Wickel auf Knie oder Rücken, bzw. mit heißer Brühe bei Magenschmerzen verabreicht.

Auch bei religiösen Handlungen spielt es eine Rolle, indem man vor Neujahr etwa den Körper symbolisch mit Tsampa abreibt, um auf diese Weise das Unreine von sich zu entfernen. Selbst die Thangkamaler nehmen einen Klumpen nicht zu feuchten Tsampas, um die Oberfläche eines verschmutzten Rollbildes zu reinigen. Die Hausfrau benützt Tsampa statt einer Kleiderbürste und entfernt damit den Staub von Tschuba oder Hut.

Die Tibeter im Schweizer Exil aber haben inzwischen den Bedarf ihrer Landsleute an Tsampa neu entdeckt und versuchen, diesen Artikel in größeren Mengen und profitabel zu vermarkten, insbesondere durch Bioläden.

Es gibt keinen Bericht über Tibet, der nicht auch den berühmt-berüchtigten Buttertee erwähnt, der für uns wie eine leicht gesalzene Teesuppe schmeckt. Die Tibeter genießen täglich viele Schalen diesen Tees. Von einem Gast erwartet man, dass mindestens dreimal nachgeschenkt werden darf und erst, wenn er die Hand über die Schale hält, bedeutet dies, dass er genug hat. Dabei wird meist sofort nachgegossen, sobald ein Schluck getrunken wurde, damit die Schale immer randvoll ist - ein glückverheißendes Zeichen. Die Hausfrau oder Dienerin steht höflich neben dem Gast, schwenkt die Teekanne kreisend (damit die Tee-Butter Mischung erhalten bleibt) und falls sie ihm noch anderes anbietet, so tut sie es mit der rechten Hand, während die Linke den rechten Unterarm stützt. Hier zunächst einmal die einfache Herstellung des Tees: Aus China importierte Teeziegel werden zerkrümelt und lange aufgekocht (eigenartigerweise hat sich aus Indien eingeführter Tee zum Leidwesen der Engländer wegen seines „untypischen" Aromas in Tibet nie durchsetzen können). Dieser schwarze Tee wird leicht gesalzen und manchmal auch mit Milch verdünnt - insbesondere von Frauen, Kindern und alten Leuten, die oft nur verdünnte, leicht gesalzene heiße Milch zu sich nehmen - genossen. Mit ein wenig Soda farblich aufgehellt wird er anschließend in einem hölzernen Mischzylinder mit Butter, Milch und Salz zu einem schäumenden Buttertee (dja) verquirlt. Zumeist gießt man den Tee anschließend in eine besondere Teekanne aus Ton (auch aus Kupfer oder Messing, ja sogar Silber), die auf einem Glutbecken steht, so dass jederzeit heißer Tee ausgeschenkt werden kann. Früher wurden mancherorts auch Teeziegel statt Geld zum Einkauf benützt. Inzwischen gibt es in Tibet Instant Buttertee, der sogar annehmbar schmeckt!

Salz (tsha) gewinnen die Tibeter, manchmal auch noch heute, aus den Salzseen des Hochplateaus und aus Salinen. Mit Yak- und Schafkarawanen brechen kleine Gruppen von Männern zu dieser Expedition auf. Innerhalb der Gruppe gibt es eine gewisse Rollen- und nicht nur eine Aufgabenverteilung, denn dieses Abenteuer sollte sich für den jeweils jüngsten Mann zu einer Art Initiationsreise gestalten. Frauen dürfen nicht teilnehmen, denn ihre Anwesenheit würde die Salzgöttin/Hüterin der Seen erzürnen. Auch sprechen die Salzmänner eine phantasievolle „Geheimsprache" untereinander. Die Arbeit vor Ort ist recht anstrengend und wird von Bitt- und Dankgebeten sowie Opfern begleitet. Früher stellte das so gewonnene Salz einen der wichtigsten Exportartikel der Nomaden, neben Wolle, Medizinpflanzen, Hirschgeweihen etc., dar. Nach dem Einmarsch der Chinesen waren die Grenzen zunächst geschlossen worden - ein unermesslicher Schaden für die tibetischen Händler und Tibeter insgesamt, die doch auf die jährlichen Einfuhren von vielerlei Alltagsartikeln und Lebensmitteln angewiesen waren. Inzwischen gibt es die Handels- und Tauschmärkte entlang der südlichen Grenzen wieder, doch ist auch jodiertes und raffiniertes Salz aus China und Indien auf dem Markt erhältlich. Trotzdem wird das einheimische Salz für die Herstellung des Buttertees bevorzugt.

Gebuttert wird aus der Milch von Yakkühen (dri) bzw. von einer Kreuzung aus Yak und Kuh (dzo mo), die mehr und fettere Milch liefert. Aber auch Schafe und Ziegen werden gemolken. Die zylindrischen Butterfässer haben einen wesentlich größeren Durchmesser als diejenigen für die Teebereitung und sind dementsprechend höher. In bestimmten Gegenden des südlichen Tibet gibt es „Butterfässer" aus Ton (röhrenförmig mit runden Enden und Bügelgriffen auf beiden Seiten der Einfüllöffnung), die über einen auf dem Boden zusammengeschobenen Wulst aus alten Stoffen vor und zurück geschaukelt werden. Manche Nomaden benützen auch einen Ledersack zum Buttern. Die fertige, entwässerte Butter wird in Tiermägen eingenäht und so auf den Markt gebracht oder aufbewahrt. Natürlich genießen die Tibeter lieber frische, würzige Butter in ihren Speisen. Alte, ranzige wird vorzugsweise in Butterlampen verbrannt oder auch zur Herstellung der berühmten, aus farbiger Butter geformten Opfergaben (torma) für den Altar, bzw. für die am 15. Tag nach dem Neujahrsfest nur eine Nacht ausgestellten, meterhohen Butterskulpturen (insbes. in Lhasa, Kumbum etc.) verwendet. Butter dient auch als Hautcreme und Heilmittel, vor allem nach einer Geburt muss die Wöchnerin heiße Butter zur Stärkung trinken. Am wichtigsten ist sie sicherlich jedoch für den Buttertee; früher galt der Tee im Kloster als der köstlichste, dessen Butterschicht eine herunterfallende Münze nicht durchschlagen konnte. Auch handhaben besonders gewandte Teeausschenker ihre sehr großen Teekannen so geschickt, dass die älteren und höhergestellten Mönche mehr Butter in ihre Teeschalen empfingen, die jüngeren, weiter unten in der Reihe sitzenden, nur den dünnen Tee erhielten.

Aus gekochter und abgekühlter Milch stellen die Tibeterinnen täglich frischen Joghurt her, der mit Tsampa gegessen oder zu Trockenkäse weiterverarbeitet wird. Der beste Käse wird aus Vollmilch gemacht, eine etwas bescheidenere Qualität aus Buttermilch. Man kann die Masse auch zwischen den Fingern auspressen und diese ungleichmäßigen Krümel an der Luft trocknen lassen, bzw. zu Würfeln schneiden und auf eine Schnur gereiht zum Trocknen aufhängen oder aus einer ganz mageren Käsemasse lange Schlieren ziehen, die man über den Zeltseilen hängend trocknet. Diese Sorten werden gerne in der Suppe mitgekocht oder unterwegs gegessen, denn sie sind so hart, dass man die Stücke stundenlang im Mund wälzen muss, bis sie etwas weicher werden - eine Art Kaugummi für lange Reisetage, genannt „stoppt den Mani-Mund", da - solange man kaut - keine Mani (mantra) rezitiert werden können.

Zwar verbietet der Buddhismus das Töten lebender Wesen, aber die Tibeter benötigen dennoch viel Fleisch, um in der Höhe einigermaßen überleben zu können. Solange das Töten eines Tieres in dem Bewusstsein geschieht, dass dies sowohl dem Menschen zu überleben hilft, als dass es auch durch sein selbstloses Opfer eine Chance für eine bessere Wiedergeburt erhält, lässt sich diese, nun einmal zum Leben gehörende Tatsache für alle besser verkraften. Das Schlachten überlässt man gerne Außenseitern oder auch Muslimen. Schlachtzeit ist der Herbst, denn die getrockneten und gefrorenen Schafskadaver lassen sich den Winter über gut konservieren. Yakfleisch wird ebenfalls in langen Streifen getrocknet, u. U. auch anschließend zu Pulver zermahlen oder geräuchert bzw. gefroren in hauchdünnen Scheiben genossen. So gilt gefrorene Schafsleber mit Schnaps als besondere Delikatesse im Winter! Aus dem frischen Blut und den Därmen werden die äußerst beliebten Würste (djuma) gestopft und sofort in siedendem Wasser gekocht. Nomaden lassen ihre Yaks bisweilen zur Ader und stellen daraus einen Blutpudding her. Das Tier erhält anschließend flüssige Butter zur Stärkung! Mit Blut gefüllte Yakmägen und Blutwürste werden auch an einem besonders kühlen Platz, etwa einem Erdloch, bis zum Neujahrsfest aufbewahrt. Das beste Fleisch sitzt an den Knochen, die man zusammen mit großen Fleischbrocken zu nahrhaften Suppen (thugpa) kocht. Diese wiederum werden mit Einlagen aus Tsampa-Teig angereichert, der zu unterschiedlichen Formen wie breiten Nudeln oder kleinen Klümpchen und Fetzchen verarbeitet wird. Bei der Aufteilung größerer Fleischportionen folgt man bestimmten Regeln: Es gibt ein „oberes" (hinteres) Ende des Schafes, das sind der Rücken, der Schwanz und die Hinterbeine, und ein „unteres" Ende, das ist die Vorderhälfte. Rücken und Schwanz gebühren dem Vater und Onkel. Die obere hintere Hälfte des Hinterschenkels bekommen Großvater und Großmutter, da das Fleisch besonders zart ist. Die restlichen Partien des Unterschenkels gehen an die Kinder und Helfer, wobei die Kinder besonders die kaugummiartig zähen Sehnen lieben (so wie sie auch Harz als Gummibärchenersatz kauen, denn Zucker war selten und eine besondere Delikatesse in Tibet und kam eigentlich nur als Kandiszucker oder als gepresster brauner Zucker ins Land). Der Hals bzw. der Rippenteil des Schafes wurde dann der Mutter überlassen, denn sie war es gewöhnt, fast in allem zum Wohle der Familie zurückzustehen. Bei den Mahlzeiten knetet die Mutter für die einzelnen Kinder Tsampaportionen und schneidet das Fleisch ebenfalls in entsprechende Mengen. Die Kinder sollen möglichst alles aufessen und nichts übrig lassen. Essensreste werden bei Gelegenheit auch an ärmere Nachbarn oder Bettler verteilt und selbst die Knochen mussten die Kinder der Mutter zurückreichen, die daraus nochmal eine Suppe kochen wollte. Nichts geht verloren und die allerletzten Reste werden noch dem Hund, den Hühnern oder Schweinen verfüttert.

Pilze gelten als eine Art Ersatzfleisch, denn „wenn es kein Fleisch gibt, machen die Pilze auch satt". Prinzipiell sollten Buddhisten kein Fleisch essen; deshalb ließ Buddha Pilze wachsen (sha mong: viel Fleisch). Aber sofort näherte sich ein Dämon und warf eine Handvoll Würmer auf sie, so dass ihr Genuss zu noch größeren Sünden als nur ein Mundvoll Fleisch führte, da es sich ja um unzählige kleine Lebewesen handelt. Trotzdem sammeln die Tibeter gerne Pilze, trocknen sie auf eine Schnur gefädelt an der Luft oder braten sie in der Glut. Heute wird besonders ein spezieller Pilz, der von den Chinesen als Heilmittel und Medizin hoch geschätzt ist, geradezu raubbaumäßig „geerntet".

Fisch kam nicht häufig auf den Tisch, ausgenommen bei den Fischern, die an den vielen Seen und Flüssen Tibets ihrem nicht sehr angesehenen Handwerk nachgehen und sich überwiegend mit den unterschiedlichsten Fischgerichten ernähren. Das geringe Ansehen der Fischer wird damit begründet, dass man früher Leichen unbekannter Toter oder durch Unfall Umgekommener auch in die Flüsse entsorgte, wo sie den Fischen als Nahrung dienten. Aber Fisch sowie Hühnerfleisch und Eier, die früher ebenfalls nicht sehr geschätzt wurden, gehören heute zum Alltagsessen in Tibet. Schweinehaltung gibt es vor allem in Kongpo, einer Gegend östlich von Lhasa, wo das schwarze Borstentier frei im Wald und Dorf herumlaufen darf.

Im Übrigen ging und geht auch eine eifrige Jägerschaft mit Hunden, Fallen und Gewehr auf Pirsch, um Hasen, Rehe, Hirsche, Blauschaf, Gazelle, Bär (wegen seines Pelzes und der Galle) und Bergfasan zur Bereicherung des Speiseplans mit nach Hause zu bringen; leider auch Schneeleoparden und Moschushirsche, die wegen ihres Fells für die tibetische Tracht und wegen ihrer Heilkräfte von den Chinesen besonders geschätzt werden. Diese Tiere sind nun wohl geschützt, aber Wilderer lassen sich - wie überall - von den hohen Gewinnspannen weiter zur Jagd auf diese inzwischen selten gewordenen Tiere verführen. Nur die Ärmsten der Armen lebten früher und auch heute noch von der Murmeltierjagd. Das Fleisch, das sie essen, gilt als minderwertig und mit den Fischern, Metzgern und Jägern genießen sie auch heute kein hohes Ansehen. Murmeltierfett erfreut sich größter Beliebtheit bei alten Frauen als Salbe für ihren krummen Rücken.

Früher verbot die Regierung zu bestimmten Zeiten die Jagd, so wie sie generell in der Nähe von Klöstern nicht erlaubt war. Honig galt in Tibet als besondere Delikatesse und wurde vor allem an den süd-östlichen Grenzen gesammelt, indem man wilde Bienenstöcke leerte und den Honig in Lederbeuteln verkaufte.

Woher stammen diese Vorlieben, bzw. die Missachtung besonderer Tiere und ihrer Fleischsorten? Dazu gibt es eine kleine Geschichte: Der Herr des Todes hatte das Schwein gefragt, ob es ein Wolltier, ein Reit- oder Transporttier oder gar ein Milchlieferant werden wollte. Das dumme Schwein verneinte und lehnte ab, stimmte jedoch seiner Bestimmung als Schlachttier zu, und so gibt es eben unterschiedliche essbare Tiere wie Yak, Rind, Schaf und Ziege, allesamt Pflanzenfresser. Tiere mit Schnäbeln und Krallen, also vor allem Hühner und anderes Federvieh, die Würmer und Insekten vertilgen, waren als Fleischnahrung nicht beliebt, weil sie selbst kleine Tiere sind. Der Tod einer Taube z.B. liefert für nur einen Tag Nahrung, für sieben Tage müssten daher sieben Leben geopfert werden. Man bevorzugt - wenn schon getötet werden muss - das Schlachten eines großen Tieres, das für viele Menschen lange vorhält. Fleischfressende Tiere, wie Tiger, Katzen etc., gelten jedoch als völlig inakzeptabel, da mit ihrem Verzehr „Sünde auf Sünde" gehäuft würde.

Im Kanjur, den Lehrreden des Buddha, gibt es zu dem Thema „Angst vor der Wiedergeburt als Schwein" folgendes Lehrbeispiel: Eine Gottheit fühlt ihren Tod nahen und weiß, dass sie als Schwein wiedergeboren wird. Sie fürchtet aber das Lebensende als Schwein unter dem Messer des Metzgers über alles. Wenn sie diesen absehbaren Tod trotzdem mit gutem Willen auf sich nimmt, um dadurch wiederum anderen Lebewesen das Leben zu erleichtern, wird sie eine Menge guten Karmas ansammeln. Die unglückliche Gottheit nimmt klugerweise Zuflucht bei Buddha, so dass das karmische Gesetz in Kraft tritt und sie nun nicht als Schwein auf Erden wandeln, sondern als Mensch wiedergeboren wird.

Des Weiteren gibt es auch den Brauch des „tse thar", d.h. man wählt ein Schaf, ein Yak oder ein altes, braves dzo-mo, schmückt die Tiere mit roten Haarbüscheln an den Ohren oder einer roten Gebetsfahne und lässt sie ihr Leben und Altersgnadenbrot genießen, denn sie dürfen nie getötet werden.

Tibeter kennen auch Fastenzeiten und besondere Tage, an welchen kein Fleisch gegessen werden darf, sind der 10., 15. und 31. Tag eines jeden Monats. Im Monat des Sagadawa-Festes sollte ebenfalls möglichst kein Fleisch auf den Tisch kommen. Es gibt zusätzlich noch den Brauch des njung nä-Fastens, das durchschnittlich ein bis zehn Tage dauern kann, wobei man möglichst nur trinkt.

Obst und Gemüse sind beliebt und da Tibet auch Landschaften mit sehr mildem Klima hat, gehören Äpfel, Birnen, Aprikosen, Pfirsiche, Walnüsse und Trauben zusammen mit importierten Rosinen und anderem Trockenobst zum Speiseplan. In den nomadischen Gebieten werden auch wilde Beeren (Erdbeeren, Stachelbeeren, Himbeeren) und Wildgemüse wie Brennesseln und wie Esskastanien schmeckende, sehr kleine Wildkartoffeln (droma) gesammelt, getrocknet und an Neujahr in Butter gekocht serviert. Allgemein bekannt ist das Beispiel des berühmten Yogi und Gelehrten Milarepa, der sich überwiegend von Brennesselgemüse ernährte oder das des Heiligen Ra Lotsawa (1016-1198), der täglich 2 1/2 gyama (5 Pfund) Rosinen verzehrte und deshalb so sagenhaft alt geworden sein soll. Bekannte Gemüsesorten sind Rettich (für die Suppe), Zwiebeln (auch wilde Zwiebeln), Bohnen, weiße Rüben, Erbsen, Karotten, Kartoffeln, Pflücksalat, Chili, und seit einigen Jahren auch unter Plastikplanen gezogene Tomaten. Rapsöl und Fett spielen eine wichtige Rolle in der Küche; häufig wird das Gemüse mit kleinsten Fleischbröckchen zusammen gekocht. Junge Erbsen werden auch roh gegessen oder in Butter gebraten; getrocknete jedoch gemahlen und mit Tsampa zusammen wie dieses verarbeitet; ähnliches gilt für Buchweizen, der insbesondere als dicker Brei mit scharfer Chilisauce im süd-östlichen Tibet beliebt ist.

Aus Weizenmehl backt man ein rundes, ca. 5 cm dickes Fladenbrot (amdo paleb) und für das Neujahrsfest die beliebten, in heißer Butter ausgebackenen Kabse (Schmalzgebäck) in vielen unterschiedlichen Formen, die alle besondere Namen haben. Das Nationalgericht der Tibeter - zumindest ist es nach der Flucht ins Exil zu einem solchen erkoren worden - sind momos, mit Fleisch und Zwiebeln gefüllte Teigtaschen unterschiedlicher Formen, die in mehrlagigen Dampftöpfen aus Kupfer, Aluminium und Ton gegart werden. In Tibet galten momos als echtes Festessen, ein Luxus wie der teure aus Indien importierte Reis, so dass einem vorbeigehenden Nachbarn dann auch nur ein einziges momo als etwas Besonderes angeboten wurde.

Speisen mit eigenem symbolischen Gehalt gibt es anlässlich des Neujahrsfestes: Am Vorabend die „Neunerlei" genannte Suppe (gu thug), deren kleine Knödel mit spezifischen Überraschungen gefüllt sind, die dem Finder eine besondere Zukunft für das kommende Jahr vorhersagen. Ein Salzkorn bedeutet Faulheit, ein Stückchen Kohle aber Tücke, Chili besagt eine grobe Sprache und Butter Geduld und Freundlichkeit, Schafsköttel jedoch Klugheit! Früh morgens am Neujahrstag gibt es eine besondere Reisspeise (dre sil), die auch bei Hochzeiten serviert wird. Sie besteht aus weißem Reis, Butter, Rosinen, Zucker und Nüssen oder kleinen Wildkartoffeln (droma). Besonders glückverheißend ist an Neujahr ein Opfer von tibetischem Bier (tschang) sowie Gerstenmehl und -körnern, das jeder Gast beim Eintritt in das Haus vornehmen muss.

Beim Brauen von Tschang aus Gerste entstehen verschieden starke Aufgüsse mit unterschiedlichem Alkoholgehalt. Im Winter, bei Erkältungen und allgemein als Leckerei isst man auch gerne die heiße, gesüßte Restmaische. Mit einem sehr einfachen Destilliergerät wird Schnaps (arak) gebrannt. Dazu stellt man einen Topf mit dem kochenden Wasser-Tschang Gemisch auf das Feuer, wobei der Deckel, z.B. eine Momotopf-Zwischenlage, durchlöchert sein muss. Auf dieser steht ein kleineres Gefäß und darüber ein mit kaltem Wasser gefüllter Topf mit gewölbtem Boden. Alle Teile müssen dicht aufeinander passen, so dass sich der aufsteigende Alkoholdampf unter dem obersten Topfboden sammelt und in das darunterstehende kleinere Gefäß tropft. Schnaps trinken eigentlich nur Männer aus besonders kleinen Trinkschalen aus Silber oder Jade. Mit „tschö nang" oder „njebo nang" prostet man sich zu, nicht ohne vorher ein wenig Flüssigkeit mit einem Schnipsen des Ringfingers und Daumens den Gottheiten geopfert zu haben. Zwar verurteilt die Religion den übermäßigen Genuss von Alkohol oder anderen berauschenden Getränken, da nicht im Vollbesitz der geistigen Käfte begangene Taten unübersehbare Konsequenzen für das eigene Karma nach sich ziehen. Trotzdem ist Tschang ein unverzichtbares Alltagsgetränk der Tibeter. Hierüber hat ein gewisser Bon Drongpa (1726/27), ein ehemaliger Diener des Regenten des Fünften Dalai Lama, die Abhandlung „Disput zwischen Tee und Tschang" verfasst. Darin wird von einem König und einer Teesowie Tschang-Fee berichtet. Als den König anlässlich der Vorbereitung eines Festes Zweifel befallen, ob Bier angemessen sei und er über Tee als Getränk der Wahl nachdenkt, beschwert sich die Tshang-Fee, betont alle ihre Vorzüge und Tugenden, kritisiert jedoch die Tee-Fee und beschuldigt sie verschiedener Vergehen. Nun kommt es zu einem Disput zwischen den beiden bis der König einen Kompromiss vorschlägt: „Ihr zwei Getränke seid besonders wichtig für Groß-Tibet. Tschang wird aus

Gerste gebraut, die uns Tibetern von Avalokiteshvara zum Lebensunterhalt gegeben wurde. Die Gelübde-Halter (Klerus) dürfen ihn aber nicht trinken. Tee wurde von Manjushri gesegnet und ist für die Gemeinschaft derer gedacht, die die Lehre Buddhas im Lande des Kailash aufrechterhalten. Deshalb sollt ihr nicht streiten und friedlich zusammen leben." Daraufhin unterschrieben beide das Urteil.

In Tibet gibt es auch den Brauch, vor und nach dem Essen zu beten. Ganz allgemein sollte man vor jedem Trunk, vor jeder Mahlzeit, den „Drei Kostbarkeiten" etwas von der Nahrung opfern. Es gibt zwar ausführliche Tischgebete, aber auch fromme und weniger traditionelle Familien, und dementsprechend betet oft nur der Einzelne still für sich. Eine Ausnahme bilden die Kinderdörfer und Schulen im Exil, wo strikt auf die Einhaltung dieser Sitte geachtet wird. Für einen erleuchteten Praktizierenden, wie etwa einen Yogi, genügt es auch, die Formel „Om A Hung" zu sprechen (Om reinigt die Nahrung und wandelt sie in Nektar, A vermehrt sie ins Unendliche, Hum bedeutet das Opfer für alle Buddhas, Bodhisattvas, Schutzgottheiten sowie regionale und lokale Gottheiten).

Wer bereitet nun das Essen vor? In normalen Haushalten und im Zelt der Nomaden sind es die Frauen, die sehr früh morgens Wasser aus der Quelle oder dem Fluss holen. Reinstes Wasser gibt es vor dem Verblassen der Sterne und nur oberhalb der Wohngebiete. Wäsche und Geschirr werden immer unterhalb derselben gesäubert, Metalltöpfe z.B. mit Sand, Asche und Bürste etc. Das Wasser steht in einem großen Gefäß, vorzugsweise aus Kupfer, in der Küche. Ein Besucher wird sich aus Höflichkeit nicht selber bedienen, um das Wasser nicht zu verunreinigen und warten, bis ein Familienmitglied ihm Wasser mit der großen Messingkelle schöpft - ein Zeichen für gutes Benehmen und Bescheidenheit. Fast immer kochen die Ehefrauen, obwohl ihre Männer dies natürlich auch ausgezeichnet können. Nur in städtischen Haushalten von einer gewissen Größe, wie dem eines bedeutenden Beamten, Kaufmannes oder Adligen, und vor allem in den Klöstern (ausgenommen Nonnenklöster) sind Männer als Köche tätig. Die Küche ist, den Raum für den Hausaltar ausgenommen, sicher der wichtigste im Haus, und der Herd - sei es ein gemauerter, mit Lehm verputzter oder ein nur aus drei Steinen bestehender - hat als Sitz des Feuergottes (me lha) einen besonderen symbolischen Stellenwert. Das Feuer darf auf keinen Fall durch überkochende Speisen, den scharfen Geruch von Verbranntem etc. verunreinigt werden und vor allem sollte man nie über das Feuer schreiten! Passiert dies doch einmal, so muss die Gottheit durch Trank- und Rauchopfer versöhnt werden, andernfalls schickt sie Krankheiten und Missgeschick. Befeuert wird der Herd (besonders eindrucksvoll sind die meterhohen Herde mit den im Durchmesser einige Meter messenden Bronzetöpfen in den Küchen der großen Klöster) mit Holz und auf dem Lande mit getrockneten Kuhfladen. Die Nomaden sammeln Gestrüpp vom Almrausch und Wacholder und unterscheiden zwischen zwei Arten Trockendung: normalem Dung, den die Kinder täglich auf der Wiese ausbreiten und bald einsammeln und dem auf der Bergwiese den Winter über liegengebliebenen, der mindestens einmal beregnet wurde; vom Wasser ausgeschwemmt, leicht und flockig, eignet er sich hervorragend zum Anheizen. Beim Kochen und Essen müssen besondere Reinheitsgebote eingehalten werden. So benützt jedes Familienmitglied seine eigene, persönliche Trinkschale, häufig auch den eigenen Löffel, die er unterwegs immer mit sich führt. Nie wird man die Schale einem anderen anbieten und für Gäste gibt es besondere Schalen; zur Not benützt man unterwegs auch den eigenen Hut, falls freundliche Bauern auf dem Felde dem Reisenden einen Tschang-Trunk anbieten. Insbesondere wird man sich hüten, bestimmte Menschen, die einen Beruf haben, der mit dem Töten lebender Wesen zu tun hat, mit an den Tisch zu bitten, z.B. Metzger und Eisenschmiede. Wenn überhaupt, dann dürfen sie nur weit weg vom Feuer Platz nehmen. Teilt man dennoch mit ihnen die Schale, so kann man sicher sein, dass man ein Gerstenkorn oder Herpesbläschen etc. als Zeichen ritueller Verunreinigung und Befleckung (drib) bekommt. Nur Rauchopfer und Gebete schaffen dann Abhilfe. Auch hält man die eigene Schale nicht über den Kochtopf, denn es könnte ja vom Boden ein wenig Staub in die Suppe fallen. Gegessen wird mit der Hand (tsampa), mit Löffeln aus Messing oder Silber und dem Messer. Nur Vornehme benützen auch Essstäbchen. Wer es sich leisten kann, wird fünfmal am Tag eine Mahlzeit einnehmen, wobei es zwei Zwischenmahlzeiten mit Tee und/oder Tschang gibt. Wenn irgend möglich, wird insbesondere der Gast immer wieder aufgefordert, mehr zu essen. Dazu gibt es eine Anekdote, die gleichzeitig auch auf die Mentalitätsunterschiede und die Einstellung zu „Höflichkeit und Anstand" hinweisen: Ein Mann aus Lhasa kommt zu seinem Freund nach Osttibet (Kham), der ihm sogleich eine Schafskeule auftischen lässt. Sagt der Mann aus Lhasa: „Nein Danke, ich habe gerade schon unterwegs gegessen, bin ganz satt". Der Kham-pa lässt das Essen sogleich wieder abservieren, worauf sein Freund jammert: „Ich habe doch erst einmal nein danke gesagt!" In Zentraltibet - und sicher auch an anderen Orten - wird eben sehr oft angeboten, ja sogar gedrängt, mehr zu essen. Hier soll aber auch gezeigt werden, dass Lhasa-Leute geziert und gekünstelt, Osttibeter aber geradlinig und zuverlässig sind.

Um diese kurze Einführung in die Essgewohnheiten der Tibeter abzurunden, möchte ich hier noch auf einige wie Reliquien verehrte Kochutensilien hinweisen. Ganz berühmt ist Srongtsen gampo's Bierkrug, der im Jokhang, dem Zentraltempel von Lhasa, im ersten Stock in der entsprechenden Srongtsen Kapelle in einem Gestell steht. Es handelt sich um ein kugelförmiges Gefäß mit einem schlanken Hals, der von einem Reh-/Hirschkopf (ohne Geweih) bekrönt ist. Durch einen Trichter im Kopf wird Tschang ein- und durch eine kleine Röhre unten aus der Kugel ausgegossen. Dieses, von seinem Dekor her einmalige, Gefäß ist mit Szenen von zwei Lautenspielern und einer Dreiergruppe Betrunkener verziert. Der Bierkrug ist aus Silber und soll innerlich in Stein gearbeitet sein. Die Mönche, die sich um diese Reliquie kümmern, erzählen, dass das Gefäß manchmal bereits mit sehr wenig, bisweilen aber nur mit sehr großen Mengen gefüllt werden kann. Die Gläubigen erbitten dann einen Segenstrunk daraus. Die kunstgeschichtliche und stilistische Einordnung der Reliefszenen ist noch nicht abgeschlossen. Im Potala soll auch ein kleiner Kochtopf Srongtsen gampo's (7. Jh.) aufbewahrt worden sein, in Bumthang, Ost-Bhutan, derjenige Milarepa's (11. Jh.) und im Haupttempel von Sakya ein riesiger Bronzetopf, den eine Schutzgottheit dort abgestellt habe.

Auch zu diesem Thema erzählt man sich in Tibet einige lustige Streiche, die der Weise und Narr Aku (Onkel) Tönpa seinen gutgläubigen Mitmenschen spielte: Einst lieh sich Aku Tönpa von einem geizigen dsong pön (Kreisverwalter) einen Topf, gab ihm später aber nur einen kleineren wieder. Auf die Beschwerde des dsong pön's antwortet er mit dem Hinweis, ob er seinen Topf denn nicht wiedererkennen könne, denn es handele sich nun um das Kind des vormals ausgeliehenen Stückes, der Kochtopf-Mutter! Da befahl der gierige dsong pön dem Aku Tönpa, recht gut auf den Mutter-Topf aufzupassen, denn er könnte ja noch mehr Kinder bekommen. Nach einiger Zeit findet sich Aku mit einem Kadag und Tränen in den Augen wieder bei dem Topfbesitzer ein, um den Tod der

Mutter des kleinen Topfes bekanntzugeben. Nun bezweifelt der dsong pön plötzlich, dass ein Topf sterben könne. Aku Tönpa weist ihn darauf hin, dass jener seit der Geburt des Töpfchens nicht mehr gesundete. Und auf die Frage, wo sich denn nun der Leichnam der Topfmutter befände, bekam er die Antwort, dass Aku ihn, wie es bei Toten üblich sei, in den Tsangpo-Fluss geworfen habe.

Für seine zahlreichen Hinweise und Informationen danke ich meinem Mann Gonpo Ronge herzlich.

Bibliographie

Bong-grong-pa
1993   The Dispute Between Tea And Chang. Dharamsala.

David-Neel, Alexandra
1984   Leben in Tibet. Basel.

Dorje, Rinzing
1985   Food in Tibetan Life. London.

Eimer, Helmuth
1989   The Fear Of Being Reborn As A Pig. In: Klaus Sagaster (Hrsg.), Religious and Lay Symbolism in the Altaic World and Other Papers, S. 109-112. Wiesbaden.

Ekvall, Robert B.
1968   Fields on the Hoof. New York.

Speisegefäße aus der Welt des Tibetischen Buddhismus

Beachten Sie auch die Speise- und Kochgefäße der Sammlung Stoetzner im Artikel Knödel „Osttibetisches Panorama"

Inv. Nr. 83.55:3a, b Schenkung Heller
Butterfass/Teemischzylinder (tib.: dong mo (ldong mo)/ja zo, lies: dong mo/dscha so)
Holzdauben und geschälte Zweige. H 68 cm, D max 22 cm.
Holzquirl H 75 cm, D max 14 cm.
Wohl erworben in Nepal (tibetisch).

Inv. Nr. 1345:08 Ankauf Paul Möwis (Foto Saal)
Teekanne zum Ausschank im Kloster (tib.: ja tib, lies: dscha tib). Kupfer, Messing und Neusilber. H mit Deckel 39 cm, B 43 cm max, Tibet.

Inv. Nr. 2004.38:1 Schenkung N. Ronge
Butterschachtel (tib.: mar gseb, lies: mar seb)
Holzspan. H max ca. 34 cm, B max ca. 76 cm, Tibet
Inv. Nr. 2004.38.2 Schenkung N. Ronge
Butterlöffel (tib.: mar thur, lies: mar thur)
Holz. L max ca. 39,5 cm, B (Laffe) max ca. 6,5 cm, Tibet.
Schaber zum Portionieren von Butter werden in der Regel aus Metall, seltener aus Holz hergestellt. (U. W.)

Inv. Nr. 1354:08 Kauf Paul Möwis
Bier/Wassergefäß
Holz, Messing, Trageband Leder. H 29 cm, D ca 14 cm, Tibet (?), erworben in Darjeeling.
Gefäß aus einem ausgehöhlten Holzstück mit dicht schließend eingesetztem Boden und Deckplatte. In der Deckplatte ein rundes Loch, das von einem Messingbeschlag wie ein Schlüsselloch umgeben ist. Laut alter Karteikarte handelt es sich um eine Wassertonne. Jedoch werden identische Gefäße auch für Bier (tib.: chang, lies: tschang) benutzt. Zum Trinken aus dem Gefäß benutzt man ein Bambusröhrchen. (S. K.)

Inv. Nr. 86.108:5 Kauf A. Freiberg
Bier/Wassergefäß. Bambus, Zink(?)blech, Rotang, Trageband Leder. H 56,5 cm, D 12 cm max, Bhutan.
Derselbe Gefäßtyp wie Nr. 1354:08, jedoch aus einem mit Rattan umflochtenen Bambusrohr, das von zwei Zwischenknoten natürlich begrenzt ist. Der obere Knoten ist mit einem kleinen Loch durchbohrt, duch das die Flüssigkeit eingefüllt bzw. das Bambustrinkröhrchen gesteckt wird. Flechtarbeiten aus Bambus- oder Rattan haben in Bhutan viel Tradition. (S. K.)

Speisegefäße aus Nepal (Foto Saal, von rechts nach links)
Inv. Nr. 73.21:19 Ankauf Dr. Andreas Höfer
Holzflasche für Schnaps und Buttermilch (tib.: ar bum/dar snod, lies: ar bum/dar nö; sherpa: thaka), Holz, Pflanzenfaser. H 16,5 cm, D max 9 cm.
Die aus einem Holzstück gedrechselte Flasche mit tief eingezogener Mündung hat einen Stöpsel aus demselben Holz, der mit einer Pflanzenfaserschnur am Flaschenhals befestigt ist. Die Flasche dient zur Aufbewahrung und zum Transport kleiner Mengen Bier, Schnaps oder Buttermilch. Bei den tibetischstämmigen Sherpa Nepals wird sie oft aufwendig dekoriert. Dass dies hier nicht der Fall ist, weist evtl. auf nepal- tibetische Vorbesitzer hin.

Inv. Nr. 91.27:2 Ankauf Veronika Bauer
Metallflasche (sherpa: thaka/kare). Messing, H 18,5 cm, D 9,5 cm, B max (Henkel) 10,5 cm.
Derselbe Flaschentyp wie oben, hier jedoch – ungewöhnlicherweise – aus Metall hergestellt.
Inv. Nr. 86.108:4 Kauf A. Freiberg,
Holzkrug, Holz, Messing. H 30 cm, B max 21 cm.
Der große Holzkrug mit dem charakteristischen Flechtband-Dekor wird von den Sherpa als Gewürzmörser verwendet (Schmidt-Thomé/Thingo, 1975: 296). Unsere mündlichen Informanten und Sammler identifizierten ihn dagegen durchweg als Gefäß für Butter bzw. Sahne, wofür im vorliegenden Fall auch Fettspuren und ein deutlicher, käsiger Geruch sprechen.
Inv. Nr: 91.27:1 Ankauf Veronika Bauer
Wassergefäß, Messing. H 16 cm, D 13 cm.
N. Ronge zufolge ein in Nepal verbreiteter Typ von Wassergefäßen.

Inv. Nr. 82.6:8 Alter Museumsbestand (Foto Saal)
Große Bierkanne (tib.: chang dong, lies: tschang dong; mong.: dombo, chin: doumuhu). Holz, Zink (?), Messing. H 58 cm, B 30 cm, D Mündung 12 cm, Osttibet oder Mongolei.
Dieser Kannentyp ist in Osttibet und der Mongolei beheimatet, doch gibt es auch Exemplare chinesischer Herstellung. Die Kannen dienen zum Ausschenken von Bier.

Inv. Nr. 2004.27:10   Ankauf Slg. Karl Franz Grelle (Foto Saal)
Teeschale mit Standfuß und Deckel (mong.: chöltej taglaataj ayag). Jadeähnliches Material, Silberlegierung, Schmuckstein (Koralle). H ca. 18 cm max; D (Schale) max ca. 10,5 cm, Mongolei
Ein reich verzierter Standfuß aus Silber wurde in der Mongolei für besonders wertvolle Teeschalen genutzt und verweist auf einen wohlhabenden, zumeist gesellschaftlich hochstehenden Besitzer. Ein passender

Deckel sollte das Auskühlen des Tees verhindern. Auf dem Deckel des abgebildeten Stücks sowie auf dem Teller, der den oberen Bereich des Sockels umschließt, sind die dem chinesischen Daoismus entlehnten Attribute der „Acht Unsterblichen" (Fächer, Schwert, Flaschenkürbis, Kastagnetten, Blumenkorb, Bambusrohr/Fischtrommel, Flöte und Lotos) zu erkennen. In der Mongolei stellen diese Darstellungen ein rein ornamental genutztes, häufig wiederkehrendes Dekorelement dar. (U. W.)

Inv. Nr. 2004.27:60   Ankauf Slg. Karl Franz Grelle (Foto Saal)
Große Deckeldose aus Holz (mong.: taglaataj modun sav). Holz, Silberlegierung, Emaille, Schmucksteine (Koralle, Türkis). H max ca. 11 cm , D (Deckel) ca. 15,5 cm max., Mongolei.
Deckeldosen dienen als Aufbewahrungs- und als Speisebehälter. Umgedreht kann der Deckel ebenfalls als Schale genutzt werden. (U. W.)

Inv. Nr. (v. r. n. l.): 2004.27:53, 2004.27:54, 2004.27:55a Ankauf Slg. Karl Franz Grelle (Foto Saal)
Schnupftabaksflaschen (mong.: chüchüür)
2004.27:53 Silberlegierung, jadeähnliches Material, Kork, Horn. H max ca. 6,5 cm, B max ca. 6 cm (über dem Flaschenkörper gemessen).
2004.27:54 Holz, Silberlegierung, Messing, Schmucksteine (Türkis, Korallenimitat). H max ca. 8 cm, B max ca. 7,5 cm (über dem Flaschenkörper gemessen).
2004.27:55a Stein, jadeähnliches Material, silberfarbenes Metall, Kork, Horn. H max ca. 7,2 cm, B max ca. 4,5 cm (über dem Flaschenkörper gemessen), Mongolei.
Alle drei Schnupftabaksflaschen sind mit einem leicht gewölbten Verschlussknopf verschlossen. An der Unterseite des Verschlussknopfes wurde jeweils ein Löffel aus Horn befestigt, der dazu dient, den pulverisierten Tabak aus der Flasche zu entnehmen.
Der Konsum von Schnupftabak stellt eine aus China übernommene Gepflogenheit dar, die erst im 18. und 19. Jahrhundert in die Mongolei gelangte. Schnupftabaksflaschen gelten in der Mongolei als wertvoller Besitz und werden in rechteckigen, meist aus Seidenbrokat hergestellten Taschen am Gürtel eingesteckt getragen. Sie werden als fester Bestandteil einer traditionellen Begrüßungsettikette unter den Anwesenden ausgetauscht und verdeutlichen die friedvolle Absicht, in der man sich begegnet. Die Schnupftabaksflasche wird mit der rechten Hand gereicht, empfangen und wieder zurückgegeben. Um die Geste zu erwidern, genügt es, den Flaschenverschluss zu lockern und am Flaschenhals zu riechen . (U. W.)

Inv. Nr. 2004.27:61 Ankauf Slg. Karl Franz Grelle (Foto Saal)
Speisenbehälter aus Metall (mong.: chool chadgalach saav). Silberlegierung, Schmucksteine (Koralle, Türkis). H ca. 30,5 cm, D (Boden) ca. 16 cm, Mongolei.
Gefäße des vorliegenden Typs wurden u.a. zur Aufbewahrung von Lebensmitteln genutzt. (U. W.)

Die Nahrungsmittel bei den mongolischen Völkern

Ágnes Birtalan

„Weiße Milch genießen wir im Sommer, schwarzes Fleisch genießen wir im Winter."

So beginnt eine Beschwörungsformel des nomadischen, vermutlich mongolischen Volkes der Kitaj in der Auslegung von Kara György (Kara 1971: 10). Dieses Zeilenpaar führt die Gewohnheit, respektive den Brauch der Nomaden auf, die sie in der Nahrung streng befolgen. Unter dem als nomadisches Kultursyndrom benannten Phänomen haben die Forscher die wichtigsten Komponenten der Lebensart der Großviehzüchter gesammelt; die Herdenzüchtung, die Jagd, die Behausung, die Nahrung, die Kleidung, die typische Glaubenswelt, die Sitten (Uray-Kőhalmi 1989: 47-51). Von diesen Komponenten werden die Speisen der Mongolen als typisches Beispiel für die Ernährungsart der innerasiatischen Nomaden hier dargestellt.[1]

Der Jahreszyklus in Hinsicht der Nahrungsmittel wird in zwei voneinander nicht strikt abgegrenzte Perioden geteilt. Während die Milchspeisen über das ganze Jahr genossen werden, dauert die Fleischsaison vom Spätherbst bis zum Mittel- oder Spätfrühling an. Der Überfluss an Milchprodukten fällt auf die Milchabsonderungsperiode des Viehs, d. h. auf den Frühling und den Sommer (bis zum Frühherbst), wenn, nach der Meinung einiger, Hunderte von verschiedenen Milchspeisen[2] gefertigt werden können. In den kalten Jahreszeiten haben die Fleischprodukte Priorität, neben den im Sommer konservierten Milchprodukten.

Die Nahrung der mongolischen Nomaden ist, wie alle anderen Komponenten ihres Lebens, sehr einfach und zweckmäßig, das Rohmaterial, die Grundlagen der Nahrung, stammt vom Vieh: das Fleisch (khal. max, mong. miq-a)[3] und die Milch (khal. süü, mong. sün).

Die Mongolen züchten im allgemeinen fünf Vieharten (khal. tawan xošuu mal, mong. tabun qosiɣun mal): Pferd, Rind (oder/und Jak), Kamel (die drei Arten des Großviehs, khal. bod mal), Schaf, Ziege (die zwei Arten des Kleinviehs, khal. bog mal), die aber den ökologischen Bedingungen gemäß manchmal auf bis zu vier oder drei absinken (vgl. den Text des Feuerrituals, wo nur drei und vier Vieharten bei den Kalmücken erwähnt werden). Alle Herdentiere werden gemolken, aber in der Regel wird die Milch nie roh verzehrt. Die frisch gemolkene Milch (khal. süü saal') dient als Rohmaterial für eine richtige Mannigfaltigkeit der Milchprodukte.

Obwohl das Nahrungsystem auf die Viehprodukte gegründet ist, verwenden die Mongolen auch Getreide und Gemüse, aber natürlich in geringerem Maße (siehe unten).

Die Milch und die Milchprodukte, die weißen Speisen

(khal. cagaan idee, mong. čaɣan idegen, kalm. caɣan idän)

Die weißen Speisen werden nicht nur täglich genossen, sondern gelten auch als heilig und werden in den Ritualen (Libation, Opfergabe) verwendet. An die Obo-Altäre[4] versprengt man unbedingt Milchbranntwein (khal. arxi) und legt getrocknete Quarkstückchen (khal. aaruul) als Opfergabe für die Geister.

Man kann feststellen, dass das wichtigste Getränk der Mongolen der Milchtee (khal. süütei cai) ist, der im mongolischen auch „Speise" (idee) genannt wird. Nach einer Redewendung wird der Tee ideenii deeǰ, „die beste der Speisen", genannt [5] (im Kontext der Sakralität, nennt man den Milchbranntwein, das Libationsmittel (arxi) die beste Speise [6]). Milchtee wird den Tag durch getrunken, und wenn ein Gast in die Jurte kommt, wird er mit frisch gekochtem Tee bewirtet. Der Tee (im Mörser (khal. uur) zerriebene Brocken des Ziegeltees) wird in einer gesalzten Mischung von Wasser und Milch gekocht und mehrere Male umgegossen (khal. samrax). Im Sommer trinken die Mongolen auch die gesalzene, gekochte Mischung von Wasser und Milch (khal. xyaram), ohne Tee. Die Mongolen geben manchmal auch geröstetes Gerstenmehl (khal. jambaa aus dem Tibetischen) zum Tee, dem Tsampa der Tibeter ähnlich, er wird aber viel seltener getrunken als bei den Tibetern.

Die Milch wird in mehreren Stufen verarbeitet und bei jeder Stufe erhält man ein oder mehrere Milchprodukte. Es gibt mehrere Kombinationen der Verabeitungsweisen, die allein oder hintereinander wiederholt werden können: kochen (khal. xöörüülex), fermentieren - gären (khal. eedüülex), säuern (khal. esgex, bürex), destillieren (khal. nerex).

Milchspeisen und Getränke mit geringer Haltbarkeit

Die frisch gemolkene „Erstmilch" (khal. uurag) wird auch verarbeitet und für menschlichen Verbrauch in Maßen benutzt. Jedoch kommt sie mehrere Male auf den Tisch, weil die verschiedenen Arten des Viehs nicht gleichzeitig werfen (die Wurfzeit dauert von Ende Februar bis Juni).

Durch Kochen stellt man den Schmant (khal. öröm) her, rohe Milch wird lange gekocht und während dieses Prozesses setzt sich dicker Schmant auf der Oberfläche der Milch ab.

Im Sommer isst man als Abendessen häufig eine Joghurtart,

Abb. 1 Yoghurt (tarag) im Holzeimer mit einem Rührstock

(khal. tarag), die aus Schaf-, Ziegen- und Kuhmilch hergestellt wird. Zur Säuerung (khal. bürex) legt man ein Stückchen Gärungsmittel ein, meistens ein wenig vom vorigen Herbst aufbewahrten getrockneten tarag oder pulverisierten, zerstoßenen, getrockneten Quark (aaruul) etc. (vgl. Abbildung 1.)

Frischer, weicher Quark eejgii wird aus Schaf-, Ziegen- und Kuhmilch hergestellt, indem saure Milch bis zur Verdampfung der Molke gekocht wird und die zurückgebliebene Masse auf eine Platte gebreitet und vor dem Trocknen gegessen wird.

Die weltbekannte Benennung der gegorenen Stutenmilch, Kumys, stammt aus türkischen Sprachen, sein mongolischer Name ist airag, in manchen Gebieten auch čigee (letzterer bedeutet auch gegorene Kuh-, Jak- oder Kamelmilch). Das Stutenmelken ist ein langer und umständlicher Prozess. Obwohl in der ersten Chronik, in der Geheimen Geschichte der Mongolen, berichtet wurde, dass das Stutenmelken die Aufgabe der Männer sei (G.G. §90), melken heute die Frauen die Stuten fast ohne Ausnahme. Wegen der widerspenstigen Stuten muss die Melkerin immer dasselbe Kleid und Kopftuch tragen. Die Stute muss getauscht werden (davon berichten schon Herodot und Strabo, wie umständlich die Skythen die Stuten molken), das geht bei den Mongolen so: Ihr Fohlen wird zu ihr geführt, man lässt es ein wenig saugen, dann stellt man es zum Kopf der Stute. Manchmal bindet man einen Vorderfuß hoch, damit die Stute sich damit beschäftigt und weniger auf das Melken aufpasst (Abbildung 2). Die gemolkene Milch wird in einem Rindledersack (khal. xöxüür), der an der Gitterwand der Jurte hängt, gesammelt und mit Hilfe eines Gärungsmittels (dem vorigen Kumys, in einigen Gebieten auch ein wenig Getreide) gegoren. Am besten schmeckt der Kumys, wenn er einige hundert Male mit einem Holzstock (khal. bülüür) bestampft wird (nach einigen Meinungen sind 600 Schläge genug, aber nach mündlicher

Abb. 2 *Stutenmelken in der Arkhangai Provinz (Mongolische Republik)*

Überlieferungen muss man 10.000 Mal schlagen, um einen Kumys der besten Qualität zu bekommen). Der Kumys enthält zwei bis drei Prozent Alkohol und wird auch als Heilmittel verwendet. Wenn man Kumys in größeren Mengen genießt, wird er angeblich mehrere Tage getrunken. Kumys trinkt man nicht aus den gewöhnlichen Schalen (khal. ayaga), sondern aus zwei bis drei Mal größeren Gefäßen, aus so genannten xul.

Milchspeisen und Getränke mit längerer Haltbarkeit

Weiße oder gelbe Butter (khal. cagaan tos, šar tos) erhält man durch das Weiterkochen der Sahne, die nach dem Stocken in kleineren Gefäßen gehalten wird (Abbildung 3).

Am häufigsten genießt man von den Milchprodukten den getrockneten Quark aaruul (khal.), zu jeder Jahreszeit. Im Sommer wird der lang haltbare aaruul für den Winter in Mengen hergestellt. Er ist ziemlich leicht und ist auch einfach zu transportieren, wenn man unterwegs ist, als Reiseproviant (z.B. auf der Jagd, oder Karawane). Da er recht hart ist, wird er entweder in den Tee getunkt oder langsam gekaut. Der aaruul hat verschiedene Formen, er wird entweder in großen, meistens

Abb. 3 Butter (šar tos) in Pansen gefüllt *Abb. 4 Runde, gepresste Quarkstücke (aaruul) beim Trocknen*

mit Ornamenten verzierten, gepressten, eckigen, runden oder amorphen Stücken (auch xuruud genannt) getrocknet, oder er wird noch als weicher Quark durch einen löchrigen Topf getrieben und so getrocknet, dann wird er xorxoi, „Wurm", genannt. Wenn man ein großes, ziegelförmiges Quarkstück der Länge nach in Scheiben schneidet und an Schnüren aufgefädelt trocknet, wird das Produkt jüsmel aaruul genannt (Abbildung 4).

Der Käse (khal. Byaslag, eine Entlehnung aus türkischen Sprachen) wird entweder aus gekochter oder aus roher Milch hergestellt. Die Milch (von Schaf, Ziege, Kuh) wird erhitzt und ein Schöpflöffel Joghurt oder Molke wird dazu gegeben, aber kein Salz. Die auf diese Weise geronnene Milch wird in einem Tuch abgetropft auf ein Tablett gelegt und unter einem schweren Objekt gepresst (Abbildung 5).

Milchbranntwein (khal. arxi) kann man aus übergorenem Joghurt (khal. tarag), Kumys (khal. airag) oder Molke (khal. šar us) destillieren.

Das erste Destillat kann noch drei bis vier Mal wieder destilliert werden, den zweiten Umsud nennt man arj, den dritten xorj und den vierten šarj oder volkstümlich auch xor, was „Gift" bedeutet. Dieser letztere wird nach unseren Erfahrungen nur theoretisch gemeint, aber niemals tatsächlich hergestellt. Für die Herstellung des Milchbranntweines wird ein sehr spitzfindiges Gerät verwendet. Der Kessel am Herd (in dem man auch Tee kocht) wird mit einem der oben erwähnten gegorenen Milchprodukte gefüllt und mit einem fassförmigen, unten und oben offenen Holzabzug (khal. bürxeer, Abbildung 6) bedeckt. Obendrauf legt man ein kleineres Gefäß mit kaltem Wasser und und in den Abzug hängt man einen Topf oder eine Teekanne (sic!). Das Rohmaterial wird zum Sieden gebracht, der Dampf legt sich als Tropfen des Milchbranntweins am Boden des Gefässes mit kaltem Wasser ab, und sammelt sich im kleinen Topf (oder in der Teekanne im Abzug). Diese Methode nennt man „verschlossene Verdampfung", aber eine so genannte „offene Verdampfung" ist in einigen Gebieten auch bekannt. Ein Rohr wird aus

Abb. 5 Käse (byaslag) wird unter dem Wagenrand gepresst   *Abb. 6 Gerät zur Herstellung des Milchbranntweins in Ulaanbaatar*

Abb. 7 Kalmückisches Gerät zur Herstellung des Milchbranntweins aus dem 18. Jahrhundert (nach Pallas)

dem Holzabzug herausgeführt und die Tropfen des Milch-branntweines sammeln sich nicht im Innern des Gerätes, sondern in einem Topf unter dem Rohr (Abbildung 7.). Weil der arxi noch einen ziemlich ge-ringen Prozentsatz an Alkohol (etwa 20 %) enthält, werden die wiederholten Umsude immer stärker. Nach alten Regeln durfte man erst ab dem 40. Lebensjahr alkoholische Getränke genießen (khal. döč xürč döngöj ams, „koste, wenn Du bloß vierzig wurdest").

Fleischspeisen

Khal. ulaan idee, mong. ulaɣan idegen, kalm. ulan idän „rote Speise", khal. xar idee, mong. qar-a idegen, kalm. xar idän „schwarze Speise")

Das frische Fleisch wird als „rot" bezeichnet, wobei das auf irgendwelche Weise konservierte Fleisch als „schwarz" gilt.

Der Genuss des Fleisches hängt enger mit einer Periode zusammen als der der Milchprodukte. Fleisch isst man in größeren Mengen in den kalten Jahreszeiten, von Spätherbst bis Mitte Frühling. Die mongolischen Viehzüchter kennen die Eigenschaften des Fleisches der fünf Arten des Viehs gut, sie wissen genau, zu welchen Gelegenheiten welches Fleisch benutzt wird oder vermieden werden muss. Mehrere Tabus ordnen die Verzehrung und Zerlegung des Fleisches. Von den meisten Mongolen wird nicht das Fleisch aller Vieharten gegessen. Ausnahme ist nur das Schaffleisch, das als tägliche Ernährung und als rituelle Speise und Opfergabe auf dem ersten Platz steht, danach komme das Rind- und Ziegenfleisch. Das Kamelfleisch wird vor allem von den Bewohnern der Gobi konsumiert. Pferdefleisch verzehren die türkischsprachigen Kazakhen in der West-Mongolei. Das Großvieh wird mit einer Keule totgeschlagen oder durch einen Messerstich geschlachtet. Die Schafe und Ziegen werden auf eine andere Weise geschlachtet (khal. örclön awax lit. „durch das Zwerchfell nehmen"), um das Blut nicht zu vergießen:

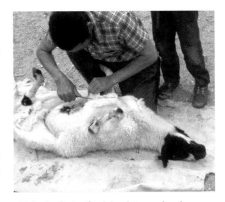

Abb 8 Schafschlachtung in der Khowd Provinz (Mongolische Republik)

„Man macht im vorderen Teil des Bauchs nahe der Brust einen Schnitt, greift mit der Hand hinein, durchstößt das Zwerchfell und klemmt die Aorta ab. Das Tier stirbt sofort[7] und ohne das Blut zu verlieren ..." (Szynkiewicz 1989: S. 144).

Obwohl diese Methode wirklich Geschicklichkeit erfordert, können die meisten erwachsenen Männer ohne Hilfe die Schlachtung vollbringen (Abbildung 8). Am Ende des Herbstes und am Anfang des Winters wird das Vieh in Massen (vor allem Schafe und Rinder) geschlachtet, dazu rufen die Familien professionelle Schlachter (khal. darxan xün, was auch „Schmiede" und „Bevorrechtete" bedeutet).

Wenn man Vieh einzeln oder massenweise schlachtet, wird darauf geachtet, dass die Knochen niemals zerbrochen werden. Die Knochen gelten als Sitz der Seele, besonders hart wird diese Regel während des Tieropfers befolgt (Birtalan 2003). Zuerst wird das Eingeweide aus dem Vieh entfernt, das Blut sammelt sich in der Bauchhöhle, die nun im Ganzen herausgenommen wird. Die inneren Organe (zusammenfassend nennt man sie khal. gedes, „Bauch, Darm") werden sofort gekocht. Die Mongolen stellen auch eine Art Wurst her, im Darm wird das Blut mit Salz, den klein gehackten Innereien (und manchmal mit ein wenig Zwiebel) eingefüllt. Das Herz, die Lungen, die Leber, die Nieren werden gekocht und vor allem den

Familienmitgliedern angeboten.

Das geschlachtete Tier wird wenn möglich an den Gelenken zerlegt (khal. nugalax), um die Knochen nicht zu beschädigen. Bei der Zerlegung des Tieres befolgt man meistens die folgenden Regeln: Erst wird der Kopf abgetrennt, dann nimmt man das Brustbein (khal. öwčüü) heraus, das auch rituell wichtig ist, z.B. wird es im Feuerritual dem Feuergeist geopfert. Danach teilt man den Körper in zwei Teile: in die Brust (khal. ceej) und den Unterleib (khal. bögs), weiter trennt man die Beine (khal. möč) ab. Die am höchsten geachteten Köperteile sind der Kopf (khal. tolgoi) und das Kreuzbein mit dem Schwanz (khal. uuc).

An festlichen Mahlen serviert man fast alle Teile des Schafes, das wird „das ganze Schaf" oder die „nahrhafte Brühe des Schafes" genannt (khal. xoninii büxel max, xoninii šüüs). Die gekochten Stücke werden auf einer großen Platte so geordnet, dass sie ein sitzendes Schaf darstellen, nur der Kopf liegt auf dem Kreuzbein. Kopf und Kreuzbein werden dem Hausherren und den geachteten Gästen angeboten. Vornehme Teile des Schaffleisches, die auch sakrale Bedeutung haben und nach den Knochen benannt werden, sind noch das Schulterblatt (khal. dal), das Schienbein (khal. šaant čömög) und bei den Kalmücken und Oiraten der fünfundzwanzigste Wirbel (kalm. kemälydg yasn). Das Schulterblatt muss am Ende des Festmahles gegessen werden, nach einigen strengen Regeln, die auch heute noch befolgt werden. Zum Beispiel dürfen die patrilinearen Nachkommen nicht davon essen, wenn die Verwandten der Mutter (khal. nagac) anwesend sind; das Schulterblattfleisch darf man allein nicht verzehren, sondern nur in Gemeinschaft (khal. daliig dayaar); der verehrte Gast verteilt mit Messer das Fleisch unter den Gästen, die es essen dürfen.

Die Mongolen essen meistens gekochtes Fleisch, das entweder in größeren Stücken (besonders an festlichen Mahlen) oder klein gehackt und mit Nudeln in der Suppe gekocht wird. Der Braten wird bei einigen festlichen Gelegenheiten verwendet (s. unten).

Das Fleisch des geschlachteten Viehs wird sowohl im Winter als auch im Sommer konserviert. Eine bekannte Art der Konservierung - die auch in den frühesten europäischen Quellen über die Mongolen beschrieben wurde - ist das khal. boorclox: Das Fleisch wird in Streifen geschnitten, ein wenig geräuchert, dann getrocknet (Abbildungen 9, 10) und pulverisiert. Das so erhaltene Pulver wird ins kochende Wasser gegeben und als eine sehr nahrhafte Suppe gegessen. Im Winter muss man das Fleisch in großen Mengen konservieren: die großen Fleischstücke werden eingefroren und in einen Ledersack gefüllt. Die Säcke, deren Inhalt als letztes konsumiert werden soll, vergräbt man in der Nähe des Frühlingslagers. Die Stücke (Kopf und Gliedmassen), die man in Kürze verbrauchen will, werden eingefroren und in Filzsäcken aufbewahrt. Man trocknet die Fleischstreifen auch im Winter an der Sonne oder konserviert das gesalzene Fleisch im Fett (khal. šuujlax).

Abb. 9 Trocknende Schafffleischstreifen (borc) an der Gitterwand (xana) der Jurte

Abb. 10 Trocknende Schafffleischstreifen am Rauchloch (toono) der Jurte

Tägliche Ernährung und Bewirtung der Gäste

Nach den Regeln der nomadischen Lebensweise essen die Mongolen drei Mal täglich und trinken tagsüber Milchtee (im Sommer auch xyaram). Wie schon erwähnt wurde, isst man Fleisch nur selten während der Melkezeit, die Gelegenheit für ein Fleischgericht kann die Notschlachtung eines verwundeten Viehs oder ein Besuch eingeladener oder zufälliger Gäste oder Reisender sein. In diesem Fall wird am häufigsten eine Fleischsuppe mit hausgemachten Nudeln (maxtai, gurltai šöl) serviert. Wenn jemand in eine Jurte eintritt, wird er sofort mit einer Platte voller Milchprodukte und Süßigkeiten bewirtet (der dicke Schmant (öröm) wird in Fladen als ein besonderer Leckerbissen im Sommer dargeboten) und die Hausfrau kocht für ihn frischen Milchtee.

Eine besondere Festlichkeit ist im Sommer, wenn der Gastgeber ein xorxog oder boodog aus Schaf- oder aus Ziegenfleisch für seine Gäste bereitet. Diese traditionelle Speise stammt aus dem Jägerleben: In die abgezogene Haut der Beute legt man bis zum Glühen erhitzte Steine und die Fleischstücke des Tieres. Nachdem die Öffnungen zugebunden wurden, wird der Lederschlauch mit Fleisch und Steinen in eine Grube gelegt und von außen auch gebraten (khal. boodoglox).[8] Heute wird diese Speise weniger umständlich in einem geschlossenen Gefäß (meistens in einer grossen Aluminium-Milchkanne) gekocht, in die man die Fleischstücke und die vorher erhitzten Steine legt. Die geschlossene Kanne wird in das offene Feuer gestellt und erhitzt (xorxoglox, Abbildung 11).

Vor allem im Winter (z.B. beim Neujahrfest) und auch zu anderen festlichen Gelegenheiten (z.B. erstes Haarschneiden der Kinder, das sommerliche Naadam Fest usw.), bereitet die Familie ein oder mehrere Gerichte chinesischer Herkunft zu, die als die Krönung des Festes gelten. Diese sind aus fein geschnittenem Schaffleisch (vor allem), das in faustgroße Teigtaschen gefüllt wird, zubereitet. Das khal. buuj wird in einem speziellen Gefäß gedämpft, man trinkt daraus zuerst die Brühe.

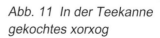

Abb. 11 In der Teekanne gekochtes xorxog

Das khal. xušuur besteht aus denselben Komponenten, wird aber ein bisschen anders geformt und im Fett gebacken. Das khal. banš ist das kleinste und wird in der Suppe gekocht.

Verschiedene Kuchen (khal. boow, boorcog) gehören auch zur täglichen und festlichen Nahrung der Mongolen, die aus Mehl und Wasser (manchmal aus Milch) geknetet und im Fett (boorcog) oder in der Butter (boow) ausgebacken werden. Den boorcog genießt man täglich, während der mit Ornamenten verzierte boow auf den festlichen Tischen serviert wird. Beim Neujahrsfest oder bei der Hochzeit bauen die Familien ganze Türme aus verzierten, ovalen Kuchen(xewiin boow, Abbildung 12).

Abb. 12 Für die Hochzeitsgäste servierte Platten mit Kuchentürmen (xewiin boow)

Das Gemüse war immer nur eine zusätzliche Speise für die mongolischen Nomaden, obwohl schon die älteste bekannte Chronik aus dem 13. Jahrhundert berichtet, dass die Mongolen verschiedene Arten der wildwachsenden Pflanzen sammeln, vor allem mehrere Arten der wilden Zwiebel (Allium) und auch andere Gewürzpflanzen oder Früchte. Richtige Gemüsegerichte kochen aber diejenigen Mongolen, die lange mit Ackerbau treibenden Völkern, Russen, Chinesen zusammenlebten.

Bibliographie

Ariyaasüren, Č. / Nyambuu X.
1992　Mongol yos janšliin ix tailbar toli. I. [Große Enzyklopädie der mongolischen Traditionen]. Ulaanbaatar.

Ariyaasüren, Č.
2001　Mongol yos janšliin ix tailbar toli. IV. [Grosse Enzyklopädie der mongolischen Traditionen]. Ulaanbaatar.

Awdai, Č. / Tömörjaw, S. / Songino, Č. / Dorj, B. u.a.
2003　Mongoliin nüüdelčdiin ündesnii ulamjlalt texnologi [Traditionelle Grundtechnologie der mongolischen Nomaden]. Ulaanbaatar.

Birtalan, Ágnes / Rákos, Attila
2002　Kalmükök – Egy európai mongol nép [Die Kalmücken. Ein europäisches mongolisches Volk] (Text Terebess 1). Budapest.

Birtalan, Ágnes
2003　Ritualistic Use of Livestock Bones in the Mongolian Belief System and Customs. In: Alice Sárközi - Attila Rákos (Hrsg.), Altaica Budapestinensia MMII. Proceedings of the 45th Permanent International Conference Budapest, Hungary, June 23-28, 2002, S. 34-62. Budapest.

BNMAU-iin ugsaatnii jüi.
1989　BNMAU-iin ugsaatnii jüi. XIX-XX juunii jaag üye. Xalxiin ugsaatnii jüi. I. [Die Ethnographie der Mongolischen Volksrepublik. 19-20 Jahrhundertwende. Ethnographie der Khalkha], S. Badamxatan (Hrsg.), S. 180-195. Ulaanbaatar.

Bürentögs
1991　Mongol ideen towčoo [Zusammenfassung der mongolischen Nahrungsmittel]. Ulaanbaatar.

Cewel, Ya.
1959 Mongoliin cagaan idee [Mongolische weisse Speise]. In: Studia Ethnographica t. 1, S. 3-19. Ulaanbaatar.

Damdinov, D. G.
1997 O rastitel'noj pišče mongol'skih narodov. In: Mongolovednye issledovanija Vyp. 2, S. 44-51. Ulan-Ude.

Erdniev, U. E.
1985 Kalmyki. Istoriko-etnografičeskie očerki. Elista.

Johansen, Ulla
1981 Vergorene und destillierte Milchgetränke - kulturintegrierte Drogen bei den mittel- und nordasiatischen Viehzüchtern. In: Gisela Völger et alii (Hrsg.), Rausch und Realität. Drogen im Kulturvergleich, 1 (Ethnologica Neue Folge 9), S. 200-205. Köln.

Kaarsberg, Hans S. Dr.
1996 Among the Kalmyks of the Steppes on Horseback and by Troika. A Journey Made in 1890. Transl. and ed. by J. R. Krueger with the collaboration of Dr. A. Bormanshinov. Bloomington, Indiana.

Kara, György
1971 A mongol irodalom kistükre 2. kiadás [Kleiner Spiegel der mongolischen Literatur. 2. Auflage]. Budapest.

Szynkiewicz, Sławoj
1989 Nahrungsmittel und ihre Zubereitung. In: Walter Heissig & Claudius C. Müller (Hrsg.), Die Mongolen, S. 142-149. Innsbruck.

Schubert, Johannes
1971 Paralipomena Mongolica. Wissenschaftliche Notizen über Land, Leute und Lebensweise in der Mongolischen Volksrepublik. Berlin.

Tangad, D.
1982   Ardiin ulamjlalt xool und [Traditionelle Speisen und Getränke des Volkes]. In: Studia Ethnographica t. 8, S. 42-54. Ulaanbaatar.

Taube, Manfred (Hrsg.)
1989   Geheime Geschichte der Mongolen. Herkunft, Leben und Aufstieg Činggis Qans. Leipzig.

Uray-Köhalmi, Käthe
1998   Das zentralasiatische Kultursyndrom. In: Walter Heissig & Claudius C. Müller (Hrsg.), Die Mongolen, S. 47-51. Innsbruck.

Viktorova, L. L.
1980   Mongoly. Proishoždenie naroda i istoki kul'tury. Moskva.

Žukovskaja, N. L.
2002   Kočevniki Mongolii. Kul'tura, tradicii, simvolika. Moskva.

Anmerkungen

[1] Dieser Aufsatz wurde auf Basis der Feldforschungergebnisse der Autorin und der in der Bibliographie angeführten Literatur geschrieben.
[2] Hier können nur die am meisten typischen Produkte erläutert werden.
[3] In diesem Aufsatz werden wir die khalkha (khal.) Formen anführen und nur als Referenz werden Angaben aus anderen mongolischen Sprachen verwendet (mong. = schriftmongolisch, kalm. = kalmückisch). Die Khalkha-Sprache ist die offizielle Sprache der Mongolischen Republik und in der Literatur über die Lebensart der Mongolen findet man größtenteils khalkha Angaben.
[4] Sakrale Stein- oder Holzhaufen in freier Natur, vgl. Schamanismus bei den Kalmücken.
[5] Khal. Cai ideenii deej
[6] Khal. Arxi ideenii deej
[7] Nach unseren Felderfahrungen agonisiert das Vieh etwa fünf bis zehn Minuten.
[8] Obwohl die Mongolen auch heute gerne jagen, wird nur das Murmeltier in Maßen zum Essen geschossen. Zur Fischerei ist zu bemerken, dass die meisten Mongolen Fischgerichte ablehnen, aber die an den Flüssen lebenden mongolischen Volksgruppen immer Fische fingen (vgl. dazu die Angaben der Geheimen Geschichte der Mongolen), und die Angelfischerei ist unter den jüngeren Generationen heute ziemlich beliebt.

Sammlungen

Abenteurer, Wissenschaftler, Sinnsucher: Unsere Sammler

Susanne Knödel

„Wie haben Sie eigentlich alle diese Dinge bekommen?" Werde ich oft bei meinen Führungen gefragt „Machen Sie regelmäßig Sammelreisen?"

Sammelreisen zu machen ist vielleicht der Traum jedes Museumswissenschaftlers: Endlich einmal eine gut dokumentierte Sammlung ins Haus bringen, und alle Fragen, die man hat, selbst vor Ort klären können! In der Realität hat man jedoch nicht oft die Möglichkeit dazu. Nur ein Bruchteil unserer Sammlung ist von Mitarbeitern des Hauses bei Sammelreisen erworben, oder von anderen Wissenschaftlern im Lauf eines Forschungsvorhabens angelegt worden. Viel mehr von unseren Objekten wurden im Kunst- oder Ethnographika - Handel angekauft oder aber von Privatsammlern erworben, sei es als Kauf, sei es als Schenkung. Jeder Sammler, der wissenschaftliche wie der private, trifft aus der Fülle der Möglichkeiten eine Auswahl, die von seinen (oder ihren) ganz persönlichen Interessen und Möglichkeiten bestimmt wird. Dementsprechend hat auch jede Sammlung ihr ganz eigenes Profil. Es gibt jedoch Grundtypen, die immer wieder vorkommen. Sie sollen hier einmal anhand derer vorgestellt werden, von denen wir heute Sammlungen aus der Welt des tibetischen Buddhismus besitzen.

Der wissenschaftliche Sammelreisende: Axel Michaels

Bei wissenschaftlichen Sammelreisenden ist die Sammlung das „Nebenprodukt" eines Forschungsvorhabens. Gesammelt wird nicht primär, um das (schöne) Objekt zu besitzen. Im Gegenteil, das Objekt gelangt nur seiner Bedeutung wegen, die einen Aspekt des erforschten Gegenstandsbereichs dokumentiert, in die Sammlung. Typischerweise sammelt ein Wissenschaftler auch nicht seltene, ausgefallene Dinge, sondern gerade die, die in dem erforschten Thema weitgehend üblich und alltäglich sind.

Der Indologe Axel Michaels, heute Professor für Klassische Indologie am Südasien-Institut der Universität Heidelberg, wurde 1949 geboren. Er war 1979 Assistent an unserem Museum, bevor er 1981 Direktor des Nepal Research Centre und des renommierten Nepal-German Manuscript Preservation Project in Kathmandu wurde. Dort beschäftigte er sich u.a. mit traditionellen nepalesischen Handwerkstechniken, vor allem mit dem traditionsreichen Metallguß in verlorener Form (cire-perdue-Guss). Im Verlauf seiner Forschungsarbeiten legte Michaels in Absprache mit Gernot Prunner, dem damaligen Leiter unserer Asienabteilung, eine Sammlung von Demonstrationsmodellen für die verschiedenen Arbeitsschritte, sowie von Werkzeugen an. Für Wissenschaftler bei der Feldforschung kann es sehr wichtig sein, ein Museum oder eine Universität als Partner zu haben, bei dem eine solche Sammlung später gelagert und der wissenschaftlichen und breiteren Öffentlichkeit zugänglich gemacht werden kann. Im Jahr 1982 übernahmen wir auf diese Weise Michaels´ Sammlung.

Michaels hat jedes Einzelstück und jeden Arbeitsschritt genau dokumentiert. Diese Dokumentation machte er später zur Grundlage eines ausführlichen Artikels über den cire-perdue-Guss in Nepal, der in unseren Museumsmitteilungen erschien, sowie für eine Buchpublikation. Für das Museum ergibt sich damit der eher seltene Fall einer Sammlung, über die keine Fragen offen sind: Durch Michaels kennen wir die Bezeichnung, Verwendung und kulturelle Bedeutung, ja sogar Hersteller bzw. Vorbenutzer der Sammlungsstücke.

Abb: 1 Inv. Nr. 82.61:ff Drei Figuren aus der Serie zum Guss in verlorener Form

Ein Sammelreisender alten Stils: Hans Leder

Ende des 19. und Anfang des 20. Jahrhunderts gab es den Sammelreisenden noch als einen speziellen Typ des Weltreisenden im Umfeld der Natur- und Geisteswissenschaften. Es handelte sich um Reisende, die von Neugier und Abenteurlust getrieben, Expeditionen ausrichteten – zunächst meistens auf eigene Kosten. Vor Ort sammelten sie Objekte und Informationen, manche fotografierten auch. Nach ihrer Rückkehr boten sie Sammlungen und Fotos – oft über einen spezialisierten Zwischenhändler – zum Kauf an und finanzierten so nachträglich ihre Reise. Diese Reisenden entsprechen vielleicht am ehesten den heutigen Reiseschriftstellern und Vortragsreisenden, die ihre Reisen vorfinanzieren und das Geld nachträglich durch den Verkauf von Artikeln und Diavorträge wieder hereinzuholen versuchen. Landeskenntnis wird bei der Reisevorbereitung und vor Ort erworben und für jede neue Reise in ein anderes Gebiet erneuert. Diese Reisenden sind also nicht von vornherein Experten für das bereiste Gebiet, wenn Sie aber gute Beobachter sind und ihre Beobachtungen auch aufschreiben, können ihre Sammlungen doch sehr wertvolle Aufschlüsse geben.

Solche Sammelreisenden waren Walther Stötzner (siehe Artikel in diesem Band) und Hans Leder.

Abb. 2 Hans Leder. Aus: Jisl, 1963.

Hans Leder wurde am 4.2.1843 als Sohn eines deutschen Kürschnermeisters in Javoník (Jauernig), Schlesien, geboren. Er musste aus finanziellen Gründen ein Studium an der Bergakademie abbrechen und begann seine Laufbahn nicht etwa in der Ethnographie, sondern in der Entomologie, der Insektenkunde. Auf einer ersten Reise nach Nordafrika mit 24 Jahren und einer Kaukasus-Reise von 1875 bis 77 entdeckte er mehrere neue Käferarten. Er arbeitete dabei eng zusammen mit verschiedenen deutschen Naturwissenschaftlern, für die er sammelte. Schließlich übersiedelte er ganz in den Kaukasus und begann dort, sich neben der Fauna auch für die Kultur der Bewohner zu interessieren, die er in Berichten beschreibt. Erst 1888 kehrte er nach Österreich zurück.

Aufgrund seiner Erfolge im Kaukasus wurde er vom Präsidenten der kaiserlich russischen geographischen Gesellschaft, Großfürst Nikolai Michailowitsch, beauftragt, zum Insektensammeln nach Südsibirien zu reisen. 1891 trat er die Sibirienreise an. Von dort aus brach er im Jahr 1892 zu seiner ersten Mongoleireise auf. Es lässt sich nicht mehr feststellen, wie oft er insgesamt in der Mongolei war, von seiner letzten Reise kehrte er jedoch 1905 zurück. Unter anderem lebte er längere Zeit im buddhistischen Kloster Erdeni-dzu. Teile der Aufzeichnungen, die er sich über den tibetischen Buddhismus und die Kultur der Mongolen gemacht hatte, veröffentlichte er in seinem Büchlein „das geheimnisvolle Tibet".

Zurück in Europa, wo er wieder in Schlesien (Opava) lebte, finanzierte er sich durch Vortragsreisen und den Verkauf seiner Sammlung von über 20 000 nummerierten und genau bestimmten Stücken. Diese Sammlung wurde 1909 über den Hamburger Ethnographica-Händler Umlauff (s.u.) zum Kauf angeboten. Die Objekte gingen nach Opava (123 Stücke), Wien (813 Stücke), Stuttgart (ca. 1000 Stücke), Budapest (ca. 900 Stücke), Leipzig (1199 Stücke) und Hamburg (270 Stücke plus einige „Nachträge").

Abb. 3 Inv.Nr. 2603:09, 2602:09, 2601:09, 2824:09. Slg. Leder, Vier Modelle von Tscham-Tänzern, Holz und Farben. H von 27 cm bis 37 cm, 1899/1900. Hergestellt auf Bestellung des Sammlers in der Mongolei.

Leder war finanziell eher bescheiden ausgestattet und musste bei seinen Ankäufen günstige Angebote auswählen. Zwar konnte er gelegentlich sehr schöne, qualitativ hochwertige Stücke erwerben wie das Thangka des Medizinbuddha Nr. 2720:09 (s. Artikel Kano in diesem Band). Er gab auch manches eigens in Auftrag, wie die hier gezeigten Holzmodelle von Tscham-Tänzern. Ansonsten haben wir von ihm vor allem Stücke des religiösen Hausgebrauchs: Einfache buddhistische Gemälde, viele davon noch nicht als Rollbild montiert, zahlreiche Miniaturmalereien und Kleinplastiken. Nur wenige der Stücke sind von hervorragender handwerklicher Ausführung. Wir verdanken ihm jedoch gerade deshalb Einblick in die religiöse Alltagskultur, die Dinge, die sich jeder leisten konnte, so wie sie auf dem Altar in einer Jurte oder in einem Stadthaus zu sehen waren. Leder machte sich Notizen zur religiösen Bedeutung der Stücke, und wir wissen auch, wo er gesammelt hat. Dies ist für Sammelreisende typisch, wie man auch an den Zitaten Stötzners sehen kann (vgl. Artikel Stoetzner in diesem Band). Diese Angaben unterscheiden die Sammelreisenden häufig von Kunstsammlern und – Händlern, denen es auf anderes ankommt.

Die Händler: Die Firmen Umlauff, Hamburg, und Paul Möwis, Darjeeling

Hans Leder hatte, wie erwähnt, seine Sammlung über Umlauff zum Verkauf angeboten. Die Umlauffs waren ein Hamburger Familienunternehmen, das mit Ethnographica und biologischen Spezimen handelte. Sie kauften nicht nur, was Händler und Reisende nach Hamburg brachten, sondern hatten auch Verbindungen über die ganze Welt. Ihr Geschäft entwickelte sich über die Jahre zu einem ganzen Kauf- und Schauhaus, dem "Museum Umlauff" auf dem Spielbudenplatz. Die Firma existierte vier Generationen lang, von 1868 bis 1943, als das Gebäude mit den Sammlungen den Bomben zum Opfer fiel. (vgl. Thode-Arora,1992). Neben dem Angebot im Geschäft veröffentlichte Umlauff große Regionalsammlungen in Katalogen, aus denen sich Museen und Sammler im In- und Ausland ihre Stücke aussuchten, darunter auch wir. Die Identifikation der Objekte in diesen Katalogen folgten den Angaben der Sammler und sind bei den meisten Stücken im großen Ganzen richtig, bei Einzelstücken und in Details jedoch fehlerhaft. Außerdem gab Umlauff als kluger Händler seine Handelsverbindungen und damit die genaue Herkunft der einzelnen Objekte nicht preis, so dass ihm nicht andere „das Wasser abgraben" konnten. Dies macht Studien zur Objektgeschichte schwierig bis unmöglich, bei Stücken aus der Welt des Tibetischen Buddhismus, die sich in allen Kulturen recht ähnlich sehen, verhindert es vielfach eine genauere Einordnung.

Schon bevor Leder an ihn herantrat, hatte Umlauff 1907 per Katalog eine große „Thibetisch-Mandschurische Sammlung" angeboten. Im Vorwort schreibt er:

"[Die Sammlung] ist nicht von einheitlicher Herkunft. Ein Teil der Tibetsachen kam bei Gelegenheit der letzten englischen Expedition über Indien, ein anderer durch ein französisches Handelshaus über Tatsienlou und ein dritter Teil über Russland von Urga, wohin sich der Dalai Lama aus Lhassa geflüchtet hatte.

Günstig für die Erwerbung lamaistischer Objekte waren auch russische Beziehungen, durch welche das Museum Umlauff an den Pantchen von Urga zoologische Objekte lieferte. Dieser hohe geistliche Herr, von gleicher Bedeutung für die Mongolei wie der Dalai Lama für Thibet, hat bedeutendes Interesse für die modernen Wissenschaften, er hat sich ein eigenes zoologisches Museum eingerichtet, und sogar eine moderne, in den heiligen Farben gelb und rot gehaltene Equipage von Hamburg bezogen. Viele Tibetsachen kamen auch mit den Mandschu-Objekten und chinesischen Kunstsachen aus Peking bei Gelegenheit des Krieges der Bundesmächte mit dem Reiche der Mitte. Es waren also allein glückliche Umstände, denen es zu danken ist, dass Kunstschätze von solcher Seltenheit und solchem Werte ins Ausland wanderten..."

Man muss also davon ausgehen, dass ein Teil der hier angebotenen Sammlung ehrlich erworben, ein anderer Teil aber möglicherweise als Kunstraub und Plünderungsgut in die Hände der Verkäufer gelangte. Um welche Objekte es sich dabei aber jeweils handelt, ist gerade bei den tibetisch-buddhistischen Objekten unklar. Die Katalogeinträge geben nur in Ausnahmefällen Indizien darauf, wo das Einzelstück erworben wurde. Von wem und unter welchen Umständen, wird nicht thematisiert.

Dem Museum war es übrigens mit seinen knappen Mitteln unmöglich, an einen Ankauf zu denken. Da gelang es dem damaligen Direktor des Hauses, Georg Thilenius, 64 Einzelpersonen und Firmen sowie die Godeffroy-Stiftung für Spenden zu gewinnen. So konnten 909 Stücke erworben werden. Weitere 135 Stücke kauften die Hamburger Patrizier Henry und Emma Budge, unmittelbare Nachbarn des Museums im Harvestehuder Weg, aus Thilenius´ Auswahl an und vermachten sie dem Haus testamentarisch. Auf diese Weise gingen neben chinesischen Kunstwerken auch mongolische und tibetische Stücke in unseren Besitz über.

Paul Möwis

1908 erwarb das Museum ein größeres Konvolut von dem Händler Paul Möwis in Darjeeling. Ähnlich der Familie Umlauff hatte er sein Handelshaus wie ein Museum aufgezogen: Paul Möwis[1] war somit „Kustos des Darjeeling Museum", welches in einem Werbeprospekt als „täglich geöffnet, auf der Mall gelegen, gegründet 1883" angepriesen wird. Im Prospekt weist Möwis sich als "Bevollmächtigter des Leipziger Museums und Mitglied der entomologischen Gesellschaft Berlin" aus. Möglicherweise war er also wie Hans Leder in der Insektenkunde aktiv, bevor er zum Sammeln von Ethnographica überging. Das Museum zeigte "eine komplette Sammlung der Insekten, wie etwa Schmetterlinge, Motten und Käfer der Region" sowie Waffen, Schmuck, Geräte und Bilder aus Nepal, Tibet, Bhutan und Sikkim. Möwis´ Spezialität waren buddhistische Accessoires. Außerdem teilt der Prospekt mit, Paul Möwis sei „der einzige europäische Sammler, der nicht in Auftrag arbeiten anfertigen läßt, und seine seltenen und kostbaren Sammlungen wurden in Hinsicht darauf angelegt, die immer mehr wachsende Nachfrage nach Kuriositäten aus Tibet, Bhutan und Nepal zu befriedigen."

Solche Nachfrage erhielt Möwis im Jahr 1907 direkt aus Hamburg: Der damalige Direktor unseres Hauses, Georg Thilenius, schrieb ihm folgenden Brief:

„d. 3. April 1907
Mr. Mövis, Dardjiling. (Indien)
Sehr geehrter Herr!

Herrn Oberstabsarzt Dr. Fülleborn Ihre Adresse verdankend, möchte ich Sie bitten, dem hamburgischen Museum für Völkerkunde Angebote tibetanischer und indischer ethnographischer Gegenstände zukommen zu lassen. Zu Ihrer Orientierung möchte ich folgendes bemerken.
Aus Tibet sind erwünscht: Trompeten aus Menschenknochen; Feldbaugeräte; einheimische Kleidungsstücke für Männer und Frauen, Kinderspielzeug; Hausgerät; ferner vollständige Serien von Götterbildern aus bemaltem Ton oder Messing; bildliche Darstellung tibeti-

scher Gewerbe und sonstiger Tätigkeiten; Zaubergerät; buddhistische Gemälde (Tempelbilder) mit Darstellung der 9 Himmel und 9 Höllen, Weiterhin ornamentale Tempelschnitzereien; Altareinfassungen und Ähnliches. Schließlich bermerke ich, dass wir gern eine Serie tibetischer Schädel erwerben würden.[...]
Ihren gefälligen Nachrichten entgegensehend
Hochachtungsvoll
Der Direktor
(Prof. Dr. Thilenius)"

Hier sieht man, wie das Interesse des Käufers (in diesem Fall Thilenius) die Zusammensetzung einer Sammlung beeinflussen kann. Das große Interesse an Gegenständen aus Menschenknochen beispielsweise, das Thilenius mit Tibetica-Sammlern bis heute teilt, hat dazu geführt, dass solche Gegenstände zumindest in unserer Sammlung proportional viel häufiger vertreten sind, als sie in der tibetischen Kultur selbst verwendet werden (vgl. den Artikel von Le-Huu in diesem Band). Möwis allerdings lieferte dem Museum keine Knochengeräte. Die von ihm erworbene Sammlung von 32 Stücken enthält überwiegend Metallwaren südtibetischer oder nepalesischer Herstellung.

Private Sammler: F. K. Heller und Karl Franz Grelle

F. K. Heller ist in die Annalen unseres Hauses nicht als Tibet- sondern als Indiensammler eingegangen. Er gehört zu den bedeutendsten Stiftern unseres Hauses. Er wurde 1907 in Trier geboren und lebte viele Jahre lang als

Abb. 4 F.K. Heller, aus Zwernemann/Stracke, 1985.

deutscher Handelsvertreter in Indien. Während einer siebenjährigen Internierung im zweiten Weltkrieg begann er sich für indische Kunst zu interessieren. Im Lauf von 45 Jahren erwarb er eine große Sammlung indischer Kunst, vor allem von Plastiken. Jedoch befinden sich auch Kultgeräte, Bücher, Möbel und einige Alltagsgegenstände in der Sammlung.

In bereits fortgeschrittenem Alter stellte Heller bei seinen Besuchen in unserem Museum fest, dass unsere Indiensammlung ein wenig glanzlos war. Das schmerzte den Liebhaber indischer Kunst. Er entschloss sich, uns große Teile seiner Sammlung zu schenken. Ende 1970 erhielt das

Abb. 5 Inv.Nr. 70.45:245 Slg. Heller, Tantrische Form der hinduistischen Göttin Kali, Bronze, vergoldet. H 23 cm B T n. v., Nepal, wohl. 19. Jahrhundert. Der Tantrismus ist eine Erscheinung, die sowohl in den Buddhismus als auch in den Hinduismus einfloss und dort vor allem den Kult der weiblichen Kraft prägte, die sich hier in der Göttin Kali manifestiert. Am Sockel sind Vajra und Lotos zu sehen. Diese an sich buddhistischen Symbole an einer ansonsten hinduistischen Figur legen eine Deutung ins 19. Jahrhundert nahe (Tsering Tashi Thingo, 1997, pers. comm).

Museum 315 Stücke. In den 80er Jahren folgten noch mehrmals kleinere Konvolute, so dass wir nun etwas über 400 Stücke von Heller besitzen.

Hellers Interesse wurde zunächst geweckt von der hinduistischen Religion selbst und ihren Erscheinungsformen, die er zu dokumentieren suchte. Im Lauf der Zeit wurde er, wie alle Sammler, immer mehr Experte auf seinem Gebiet, er konnte Gutes von weniger Gutem und Neueres von Altem unterscheiden. Zunehmend wählte er seine Sammlungsstücke nach künstlerisch - ästhetischen Gesichtspunkten aus. Wichtige Kriterien waren Alter, hohe handwerkliche Qualität und ästhetische Rafinesse. Heller erwarb auch nepalesische und tibetische Stücke, darunter einige Plastiken des tibetischen Buddhismus, die zu den schönsten Stücken unserer Tibetsammlung zählen. Dazu gehört z. B. der wunderbare Kopf einer Dipankara-Prozessionsfigur (Abb. bei Artikel von Rospatt). Dennoch griff er auch einige Male daneben und erwarb neueste Touristenware – ein gutes Beispiel dafür, dass Expertentum in einer Kunstrichtung (in diesem Fall der indischen) nur teilweise weiterhilft, wenn es um einen anderen, nämlich den tibetisch-buddhistischen Kulturraum geht.

Da Hellers Hauptaugenmerk auf der eigentlichen religiösen Bedeutung der Figuren im Pantheon und auf künstlerischen Qualitäten lag, machte er keine Angaben zum rituellen Gebrauch seiner Figuren und zu den Vorbesitzern. Auch zur Objektgeschichte, die vielleicht über den Vorbesitzer zu erfahren gewesen wäre, berichtet er nichts. Dies sind Informationen, die uns als Ethnologen sehr interessieren und deren Fehlen wir an Kunstsammlungen oft bedauern. Manchmal lässt sich die Geschichte jedoch am Objekt ablesen, wie bei Hellers kleiner Figur des Dharmapala Yama.

Abb. 6 70.45:165 Slg. Heller, Figur des Dharmapala Yama als yama-yami (skt.: Yama-Yamî , tib.: gďin-rje phyi-sgrub yab-yum, lies: schindsche pidup yab-yum), Bronze mit hohem Kupferanteil. H 9 cm, B 6,5 cm, 16./17. Jahrhundert Hergestellt in Osttibet, erworben in Nepal.

Dieses kleine Figürchen aus Hellers Samm-

lung zeigt den Todesgott Yama mit seiner Schwester Yami. Obwohl wir keine Dokumente über seine Herkunft haben, erzählt es uns selbst seine Geschichte: Nach einer Stilanalyse ist es im 16. oder 17. Jahrhundert hergestellt worden. Das zeigen z. B. die erhaben aufgelegten Augenbrauen und die weit auseinander stehenden Blütenblätter am Sockel. Der hohe Kupfergehalt des Gußmaterials, erkennbar an einem rötlichen Farbton des Metalls, weist auf Osttibet als Herstellungsort hin. Die Figur ist offenbar lange in Gebrauch gewesen, denn vom vielen Anfassen wurde sie rundlich abgegriffen. Nach der chinesischen Besetzung Tibets erlebte sie die Unterdrückung des Buddhismus am eigenen Leib: Der Hinterkopf der Göttin Yami und die Hand Yamas, der sie umfasst, sind durch einen Hammerschlag stark eingedrückt. Dies ist ein typischer Schaden aus der Kulturrevolution 1966, als Rotgardisten zahlreiche Tempel und Privataltäre zerstörten (Tsering Tashi Thingo, 1997, pers. comm). Irgend jemand hat danach dies Figürchen aus den Trümmern geborgen, denn es gelangte nach Nepal – vemutlich mit einem Flüchtling, der es mitnahm, weil es klein und gut transportabel war. In Nepal erwarb es Heller für seine Sammlung. Auch darin ist es typisch: Große Teile westlicher Tibetsammlungen gelangten im Fluchtgepäck von Tibetern außer Landes und mussten dann aus Geldmangel verkauft werden.

Auch bei der Mongolei-Sammlung von Karl Franz Grelle (1905-1992) haben wir Hinweise seiner Witwe darauf, dass er die Sammlungsstücke von Flüchtlingen erwarb. In seinem Fall handelte es sich um Mongolen, die es während der Wirren der 30er Jahre nach China verschlagen hatte. Der in Essen geborene Sammler hatte bereits als junger Mann ein Interesse für den asiatischen Kulturraum entwickelt. Nach dem Abitur schlug er eine Karriere als Verwaltungsbeamter ein und widmete sich privat dem Chinesisch-Studium. Aufgrund seiner Sprachkenntnisse kam er 1934 über das Auswärtige Amt nach China, wo er im gehobenen Dienst am Generalkonsulat in Hankow (heute Wuhan) tätig war. Die über 70 Objekte seiner Mongolei - Sammlung erwarb er während dieser Zeit.

1935 wurde Karl Franz Grelle an die deutsche Vertretung in Tokyo versetzt. Hier lernte er Japanisch, bevor er 1942 als Rohstoffeinkäufer nach Bangkok geschickt wurde. 1946 wurde er als Kriegsgefangener repatriiert. Auch seine Sammlung, die während seines zunächst als kurzer Abstecher geplanten Aufenthalts in Thailand in Japan zurückgeblieben war, überstand die Kriegswirren unbeschadet und gelangte Ende der vierziger Jahre wieder in seinen Besitz. Er selbst trat 1951 erneut in den Auswärtigen Dienst ein, für den er bis zu seiner Pensionierung, 1970, tätig war. In den Jahren, die auf sein Ausscheiden aus dem Amt folgten, bemühte er sich aktiv um die wissenschaftliche Aufarbeitung seiner Sammlung, die sich neben mongolischen Objekten auch aus Teppichen aus Ostturkestan zusammensetzt.

In Grelles Sammlung, wie bei Heller, ist das Moment des Ästhetischen sehr stark. In beiden Fällen dürfte eine Rolle spielen, dass die Verkäufer der Stücke diese wohl vor allem deshalb veräußerten, weil sie Geld brauchten. Hierfür eignet sich ein schön gearbeitetes Ritualgefäß oder eine Kultplastik natürlich besser als ein getragener Stiefel. Auch von Grelle haben wir keine Informationen zu den Vorbesitzern oder zur Objektgeschichte.

Moderne Touristen: Ehepaar Camps

Sehr viele unserer Objekte bekommen wir in kleinen Stückzahlen geschenkt – gelegentlich verkauft – von Menschen, die auf einer Urlaubsreise in einem Land waren und dort landestypische Gegenstände erwarben. Viele Angebote von Touristen müssen wir freilich ablehnen, weil die Objekte offensichtlich schlechte Arbeiten für den Touristenmarkt waren. Gelegentlich werden nagelneue und ikonographisch fehlerhafte Thankgkas gebracht mit dem stolzen Hinweis, der Verkäufer sei ein Bauer

Abb. 7 Ehepaar Camps in Ladakh (Foto Camps)

am Wegrand gewesen und habe gesagt, dass der Dalai Lama dieses Thangka bei seiner Flucht aus Tibet mitgebracht habe. Wenn Touristen glauben, sie kämen relativ günstig zu einem guten Stück, weil der „Bauer am Wegrand" nicht wusste, was er Ihnen da für einen Schatz verkauft, so zahlen sie regelmäßig zu viel und erhalten drittklassige Ware. Um Qualität zu erwerben, muss man auch in Tibet und Nepal einen reellen Preis bezahlen. Zum Glück sind manche Touristen dazu bereit. Ein Beispiel ist Ehepaar Camps.

Dr. Heinrich Camps, geboren 1917, und Elisabeth Camps, geboren 1919, waren schon als junges Elternpaar reisebegeistert. In jungen Jahren reisten sie mit ihren 5 Kindern und Zelt nach Frankreich, Italien und Spanien. Als die Kinder erwachsen wurden, weitete das Ehepaar seinen Aktionsradius aus: Ab 1973 wurden neue Kontinente erobert, am Anfang stand eine Afrikareise 1973, und schon 1974 ging es - auf einer Reise mit dem Rotelbus durch Persien - erstmals nach Asien. Die Faszination der Kulturen Asiens wurde von da an zum unerschöpflichen Antrieb. Immer wieder packten die Camps ihre Koffer und reisten – neben anderen Zielen - im Lauf von 20 Jahren nach Myanmar, Thailand, Malaysia, Singapur, Indonesien, Ladakh, Indien, Nepal, Afghanistan und erneut nach Persien. Oft wählten sie, vor allem in späteren Jahren, geführte Gruppenreisen, bei denen sie vieles über die besuchten Länder erfuhren. Von allen Reisen brachten sie typische Gegenstände mit – aus der Welt des tibetischen Budhismus einfache Gebrauchsgegenstände wie Teeschalen und – kannen, aber auch ein schönes Paar Kegeloboen (vgl. Artikel Le-Huu). Die Camps kauften keine vermeintlichen Schätze und Altertümer, sondern Dinge, die für sie eine Bedeutung als Erinnerungsstück hatten. Vielleicht vermieden sie gerade dadurch, auf einen gewitzten „Bauern am Wegrand" hereinzufallen. Mitte der 90er Jahre musste das Paar die Reisen aus gesundheitlichen Gründen einstellen und schenkte uns einen Teil der Erinnerungsstücke, die wir, als authentische Handwerkszeugnisse, gerne in die Sammlung aufnahmen.

Die Sinnsucherin: Beate Buff

Die Länder des tibetischen Buddhismus, vor allem Tibet selbst, Nepal und Nordindien, werden von vielen Reisenden aufgesucht, deren Ziele nicht rein touristischer Natur sind: Die Reisenden sind auf spiritueller Suche. Im späten 20. Jahrhundert war der tibetische Buddhismus in Deutschland die populärste buddhistische Richtung (Schumann 2000: 350). Es ist also nur folgerichtig, dass Sinnsucher aus Deutschland sich dorthin wenden. Eine dieser Reisenden war Beate Buff.

Beate Buff war eine Nachfahrin der Charlotte Buff (Goethes Lotte). Sie war Lehrerin einer höheren Schule und verstarb Ende der 90er Jahre an Krebs. Ein tibetisches Thangka aus ihrem Nachlass, das sie auf einer Reise nach Ladakh erworben hatte, sollte nach Wunsch der Verstorbenen Hamburgs ehemaligem Bürgermeister Henning Voscherau geschenkt werden, mit dem Beate Buff aufgrund ihres politischen Engagements bekannt war. Dieser verwies die Schenkung weiter an uns. Die Überbringerin hatte auch Kopien des Reisetagebuchs von Beate Buff bei sich. Aus diesem geht hervor, dass Beate Buff eine "spirituelle Reise" gemacht hatte: Sie fuhr nach Ladakh, weil sie sich dort sowohl mit dem (tibetischen) Buddhismus, als auch mit dem ebenfalls praktizierten Islam befassen wollte. Ihre Gedanken auf der Reise und ihre inneren Reaktionen auf das Erlebte hat sie sehr offen in diesem Tagebuch festgehalten.
[2] Neben den religiösen Begegnungen spielen die menschlichen Erfahrungen und die Auseinandersetzung mit dem niedrigen Lebensstandard der besuchten Menschen eine große Rolle. Auch die Suche nach dem Thangka beschreibt Buff eingehend. Sie wollte ein echtes altes Stück mit Ausstrahlung erwerben und besuchte dafür über Tage mehrere Anbieter, deren Angebot sie (enttäuscht) beschreibt.

Neben dem Thangka wurde uns noch ein Filztuch übergeben, auf dem verschiedene kleine Erinnerungsstücke, wie z. B. ein hübscher Stein, ein Widderhorn, eine kleine Hand der Fatima etc. aufgenäht waren. Solche sehr persönlichen Zusammenstellungen wären noch vor 20 Jahren kaum in eine völkerkundliche Sammlung aufgenommen worden. Man beschäftigte sich ja mit fremden Kulturen, nicht mit den Befindlichkeiten der Sammler. In den 80er und 90er Jahren jedoch sind die Ethnologen auf ganz neue Weise darauf aufmerksam geworden, welchen Einfluss die Wissenschaftler- oder Sammlerpersönlichkeit auf das Ergebnis hat. Dies hat auch Eingang in wissenschaftliche Arbeiten gefunden, wo Feldforscher (in formalisierter oder informeller Weise) heute sehr viel ausführlicher über ihre eigene Rolle sprechen als noch vor zwei Jahrzehnten. Beate Buffs Filztuch stellt eine solche Selbstauskunft in materieller Form dar. Die Auswahl von Stücken ganz unterschiedlicher religiöser Herkunft, zusammen mit Erinnerungen an Naturerlebnisse und menschliche Begegnungen, ist geradezu typisch für die Offenheit, mit der westliche Menschen des späten 20. Jahrhunderts aus zahlreichen Angeboten jeweils das auswählen, was sie anspricht, und es ohne Scheu kombinieren. Darin nur Wahllosigkeit und Eklektizismus zu sehen, greift meines Erachtens zu kurz. Möglicherweise ist diese „spirituelle Migration" eher ein Zeichen für eine Übergangszeit, wie sie die (freiwillige) Einführung einer neuen Religion in jeder Kultur zu bestehen haben mag, bevor sie sich als System etabliert oder wieder verschwindet.

Bibliographie

Heller, F. K.
o.J.   Die Welt der Indischen Götter. Katalog der Sammlung Heller.
(1971)   Ausstellungskatalog des Hamburgischen Museums für Völkerkunde. München.

Jisl, Lumir
1963   Hans Leder, ein vergessener Reisender. In: Abhandlungen und Berichte des Staatlichen Museums für Völkerkunde Dresden, Bd. 22, S. 25-55. Berlin.

Leder, Hans
1909   Das geheimnisvolle Tibet: Reisefrüchte aus dem geistlichen Reiche des Dalai Lama. Leipzig.

Manndorff, Hans
1989 Der Sammler von Erdeni-dzu. In: W. Heissig & C. Müller (Hrsg.) Die Mongolen, S. 109. Innsbruck, S. 109

Michaels, Axel
1985/ Der Cire – Perdue - Guß in Nepal. In: Mitteilung aus dem
1986 Museum für Völkerkunde Hamburg, N.F. Bd. 15, S. 7 -105 / Bd. 16, S. 173–202. Hamburg.
1988 The Making of a Statue: Lost – wax Casting in Nepal. Stuttgart.

Museum Umlauff
1907 Thibetisch = Mandschurische Sammlung, bearbeitet von Johs. Flemming. Katalog Nr. 178. Hamburg.

Roth, Hans
1989 Die Bedeutung der Lederschen Sammlung für die Ethnographie der Mongolei. In: W. Heissig & C. Müller (Hrsg.) Die Mongolen, S. 110-112. Innsbruck.

Schumann, Hans-Wolfgang
2000 Handbuch Buddhismus. Kreuzlingen.

Thode-Arora, Hilke
1992 Die Familie Umlauff und ihre Firmen. In: Mitteilungen aus dem Museum für Völkerkunde Hamburg, N. F. 22, S. 143-158. Hamburg.

Zwernemann, Jürgen / Stracke, Hans
1985 F. K. Heller: Eine Würdigung zum 85. Geburtstag. In: Mitteilungen aus dem Museum für Völkerkunde Hamburg, N. F. Bd. 15. Hamburg.

Zwernemann, Jürgen
1980 Hundert Jahre Hamburgisches Museum für Völkerkunde. Hamburg.

Anmerkungen

[1] Quelle: Akte S.J.1, Bd. II, Archiv des Museums.
[2] Eine Kopie der Tagebuchs steht im Museum für Recherchen zur Verfügung (Archiv Nr. B 256). Es soll jedoch auf Wunsch von Frau Buffs Mutter nur anonym zitiert werden.

Ein tibetochinesisches Bahrtuch

Lambert Schmithausen, Susanne Knödel

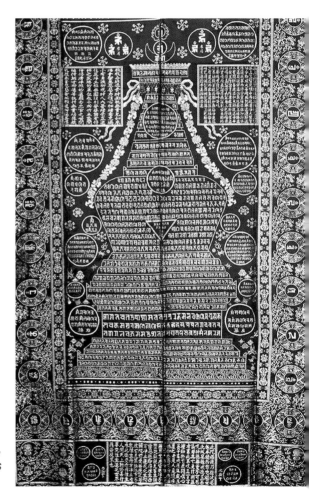

*Zum Objekt:
Tibetochinesisches Bahrtuch
Inv. Nr. 20.43:1
Seide, Goldfaden. H 212 cm,
B 142 cm, China, wohl frühes
20. Jahrhundert.*

Im Jahr 1920 kaufte das Museum von F. Möhring, Abteistr. 15 in Hamburg, ein „Grabtuch, Seide mit Goldstickerei, aus Tibet", für 2400 Mark (Inventarbuch, Jahr 1920). Möhring trat dabei als Vermittler für einen ungenannten Verkäufer auf. Über den Letzteren und die Umstände des Erwerbs ist nichts Näheres bekannt.

Die Seide des Trägerstoffs ist in Satinbindung gewoben, an beiden Längsrändern eine Webkante, an der die Kette ca ½ cm breit aus Goldfaden besteht. An den beiden Schmalseiten ist das Gewebe abgeschnitten und unversäubert. Dies könnte daher rühren, dass das Futter des Bahrtuchs im Museum auf Wunsch Möhrings abgetrennt und diesem zurückgegeben wurde[1]. Umlaufend ein Rand aus stilisierten Flammen, anschließend ein weiterer Rand aus liegenden Donnerkeilzeptern (Vajras). Dargestellt sind ein zentraler Stupa, innerhalb der Umrisslinien ausgefüllt mit Inschriften in einer indischen Schrift. Vor, über und neben dem Stupa Medaillons mit Schrift sowie zwei quadratische Felder mit chinesischem Text. Die zentrale Darstellung wird umgeben von einem inneren Rand von Vajras und einem äußeren Rand von Schriftmedaillons vor stilisiertem Flammen- (oder Ranken-?) Grund. Unterhalb des Stupa ein weiteres chinesisches Textfeld, in den Zwickeln Ranken mit Blüten, auf denen Glückssymbole des tibetischen Buddhismus stehen. Laut Auskunft von Dr. Roland Steffan (2003: persönliche Mitteilung) wurden diese Decken in China für den tibetisch-buddhistischen Kultus vor allem des Kaiserhofs benutzt. Aufgrund der Beschriftung werden sie als dharaṇi-Decken bezeichnet. In Tibet selbst werden derartige Decken weder hergestellt noch verwendet. Sie liegen während der Tage, in denen Mönche die Totenzeremonien vollführen, über dem Sarg des Verstorbenen und werden nicht mit ins Grab gegeben. Zu der Zeit, als das Museum dieses Tuch erwarb, war es noch üblich, Objekte des tibetisch-buddhistischen Kultus aus China als „Tibetisch" in das Inventarbuch einzutragen. Es ist also nicht unwahrscheinlich, dass der Verkäufer es aus China mitbrachte.

(Susanne Knödel)

Zu den Texten:

Die Entzifferung des Textes in einer indischen Schrift, der den im Zentrum des Bahrtuches dargestellten Stūpa bedeckt, bereitet Schwierigkeiten. Obwohl die Silbenzeichen zum Teil lesbar sind und sich auch einzelne Wörter (z.B. tathāgatavajra in der dritten Zeile des größer geschriebenen Textstückes im unteren Teil, und mehrfach vajra) erkennen lassen, ist mir eine durchgehende Entzifferung (auch nach Rücksprache mit Kollegen, die mehr Erfahrung mit Handschriften haben als ich) nicht gelungen. Es sieht so aus, als ob der Text von einem der indischen Schrift der Vorlage(n) Unkundigen abgemalt worden und dabei erheblich entstellt worden wäre.

Oberhalb, neben und z.T. auf dem Stūpa finden sich kleinere eingekreiste Texte, in der Mitte des Stūpa überdies ein kurzer Text in einem umgekehrten Dreieck. Dieses und sechs der Kreise enthalten auch je eine kurze Angabe in chinesischer Schrift. So steht in den untersten Kreisen unter dem indischen Text „rechtes Knie" (in dem vom Betrachter aus gesehen linken Kreis) bzw. „linkes Knie". Das Dreieck inmitten des Stūpa wird dem „geheimen Körperteil", also dem Genital, zugeordnet, und der Kreis darüber dem Nabel. Bei dem eingekreisten Text links oberhalb des Stūpa handelt es sich, der chinesischen Eintragung zufolge, um das Mantra des makellosen, reinen Glanzes, bei dem Kreis rechts oben um das Mantra, das die in schlechtem Karma bestehenden Hindernisse beseitigt.

In dem zuletzt genannten Kreis lassen sich, in Zeile 2-3, die Wörter kaṃkaṇi kaṃkaṇi rocani rocani entziffern (mit einigen verunglückten Silben), was an eine „magisch-mystische" Formel (mantra, dhāraṇī)[2] des Sarva-durgati-pariśodhana-tantra, des „Tantra der Reinigung bzw. Tilgung aller üblen Daseinsformen (Höllen, hungrige Geister und Tiere)" erinnert.[3] Leider stimmt der Rest des Textes nicht dazu. In dem Kreis rechts unten, der die Aufschrift "linkes Knie" trägt, hingegen ist das[4] Mantra tatsächlich mit demjenigen identisch, das ein Kommentar zu dem genannten Tantra für die Knie eines Verstorbenen vorschreibt, nämlich dem des Buddha Śākyamuni, also des „historischen" Buddha: oṃ sarvavid a.[5] In dem genannten Kreis erscheint es dreimal; auch hier sind mehrere Silben verunglückt. Es muss einem Kenner der buddhistischen Mantra-und Dhāraṇī-Literatur überlassen bleiben, weitere Teile des Sanskrit-Textes zu identifizieren.

Das Bahrtuch enthält aber, wie in der Vorbemerkung angegeben, auch drei etwas längere chinesische Texte,[6] in zwei quadratischen Feldern, die sich (aus der Sicht des Betrachters) links (Text 1) und rechts (Text 2) neben dem obersten beschrifteten Teil des Stūpa befinden, sowie in einem rechteckigen Feld unterhalb des Stūpa (Text 3).

Text 1 enthält ein Gebet in der Ich-Form, in welchem der Sprecher (der inzwischen Verstorbene oder jemand stellvertretend für ihn) den Wunsch ausdrückt, an seinem Lebensende den Buddha Amitābha („dessen Glanz unermesslich ist") und sein Gefolge von Angesicht zu Angesicht zu schauen, so dass, durch Amitābhas Barmherzigkeit, sein Geist ununterbrochen mit gläubigem Vertrauen zu diesem Buddha erfüllt bleibt. Zu Beginn des Weges in ein neues Dasein mögen ihm – so bittet er – die acht großen Bodhisattvas (sie werden nicht mit ihren Namen genannt, und es gibt mehrere Listen) den rechten Weg zeigen, auf dass er durch Verwandlung (d.h. ohne Zeugungsvorgang und Aufenthalt in einem Mutterleib) im Glücklichen Land (Sukhāvatī), dem „Paradies" des Buddha Amitābha, wiedergeboren wird, um dann seinerseits den unglücklichen Wesen der irdischen Welt zu helfen. In der zweiten Hälfte des Textes wünscht sich der Sprecher, in Zukunft zumindest der Welt zu entsagen und den Heilsweg zu beschreiten, wunderbare Fähigkeiten sowie unermessliche Barmherzigkeit und Weisheit zu erlangen und so doch bald das höchste Erwachen zu erreichen. Text 1 ist inhaltlich, und z.T. bis in den Wortlaut, eng verwandt mit einem „Wunschgebet für [Wiedergeburt im] Glücklichen Land"[7], das 1829 von einem Lama aus dem Büro der Mandschu-Sūtras (aus dem Tibetischen?) ins Chinesische übersetzt wurde.[8]

Text 2 beginnt mit einem Preis der drei Juwelen (der Buddha, seine Lehre und die Gemeinde der Mönche und Nonnen) und nimmt sodann Bezug auf die Phasen des Erlösungsweges, offenbar um sie dem (hier mit "du" angeredeten) Verstorbenen zu empfehlen: Vorbereitung, Einleitung (des überweltlichen Weges), Schau (der vier Wahrheiten bzw. des wahren Wesens der Dinge) und wiederholte Einübung dieser Schau. Zur Beseitigung etwaiger in schlechtem Karma bestehender Hindernisse rezitiert der Text eine Dhāraṇī („magisch-mystische" Formel), die dem bereits genannten „Tantra der Tilgung aller üblen Daseinsformen" (Sarva-durgati-pariśodhana-tantra) entnommen ist.[9] Anschließend stellt der Text fest, dass der Schmutz der Welt der drei Sphären (Sphäre der sinnlichen Begierden, der Körperhaftigkeit und der Körperlosigkeit, d.h. aller Bereiche karma-gesteuerter Wiedergeburt) den Verstorbenen dann nicht mehr zu verunreinigen vermag, wie eine Lotusblume auch in schmutzigem Wasser rein bleibt, und dass er rasch das Glückliche Land (Sukhāvatī) erreichen kann. Auch hierfür rezitiert der Text eine Dhāraṇī, die ebenfalls aus dem „Tantra, das alle üblen Daseinsformen reinigt" stammt, allerdings nur in dessen gegen Ende des 10. Jahrhunderts entstandener chinesischer Übersetzung aufzufinden war und auch dort unmittelbar auf die zuvor zitierte Formel folgt.[10]

Text 3 stellt ausdrücklich den Bezug des Bahrtuches bzw. der aufgestickten Formeln zum "Tantra der Tilgung der üblen Daseinsformen" fest. Das Tantra selbst weise auf die grenzenlosen, unvorstellbaren Fähigkeiten dieser Formeln hin.[11] Wenn man der Seele eines Verstorbenen helfen wolle, so solle man diese Formeln aufschreiben und auf Körperstellen wie Stirn, Hals, Herz oder Genitalien legen oder den Leib des Toten damit umkleiden und bedecken.[12] Die Seele werde dann der helfenden Kräfte der Formeln teilhaftig und das ganze seit anfangloser Zeit angesammelte unrechte Karma werde getilgt. Auf diese Weise werde die betreffende Person nicht in den üblen Daseinsformen wiedergeboren. Sie gehe vielmehr sogleich in das Reine Land im Westen (also Sukhāvatī) ein, werde dort durch Verwandlung (s. oben) in einer Lotusblüte geboren und empfange in Gegenwart des Buddha Amitābha die Verheißung ihres zukünftigen Erwachens. Selbst wenn das Unrecht jenes Verstorbenen allzu schwerwiegend sei und er nicht in das Reine Land eingehen könne, bewirke die Formel zumindest eine günstige Wiedergeburt unter den Menschen oder in den Götterhimmeln, wo er sich eifrig in guten Werken üben kann, so dass er schließlich doch in die Lotuswelt (wohl Sukhāvatī) eingeht und das Erwachen erlangt.

Die chinesischen Texte dokumentieren, im Kontext der rituellen Versorgung eines Verstorbenen, eine interessante Verbindung zweier unterschiedlicher Traditionsstränge: zum einen der tantrischen Methode, mit magisch-kräftigen Formeln (Mantras, Dhāraṇīs) vor den üblen Folgen schlechter Taten, insbesondere vor Wiedergeburt in den üblen Daseinsbereichen, zu schützen, und statt dessen einen heilvollen Zustand oder zumindest eine günstige Wiedergeburt zu erlangen; zum anderen des Amitābha-Kultes, der seine Hoffnung auf Rettung und Heil auf die Barmherzigkeit dieses Buddha gründet und eine wunderbare Wiedergeburt in dessen „Paradies" Sukhāvatī ersehnt, um schließlich auch selbst die

Buddhaschaft zu erlangen. Dass zwischen diesen beiden Komponenten rein logisch betrachtet ein Widerspruch oder zumindest eine Spannung besteht, ist für die religiöse Lebenswirklichkeit offenbar ohne Bedeutung. Eine solche Verbindung der Verehrung des Buddha Amitābha bzw. Amitāyus („dessen Lebensdauer unermesslich ist") mit der Anwendung „magisch-mystischer" Formeln ist allerdings keineswegs singulär und neu; vgl. etwa „Dhāraṇī mit Namen 'Essenz des [Buddha,] dessen Lebensdauer und Weisheit unermesslich ist'" (Aparimitāyur-jñāna-hṛdaya-nāma-dhāraṇī), die in tibetischer und chinesischer Übersetzung überliefert ist.[13]

(Lambert Schmithausen)

Details des Bahrtuches

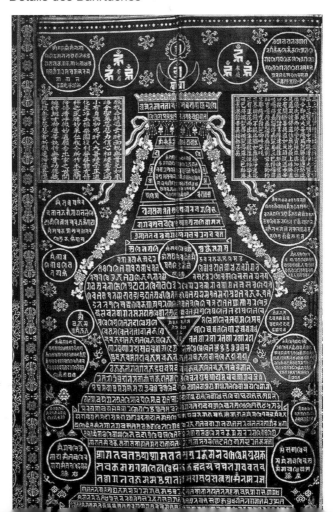

Bibliographie

Ono, Genmyō
1964   Bussho kaisetsu daijiten. Revised Edition. 13 Bde. Tokyo.

Skorupski, Tadeusz
1983   The Sarvadurgatipariśodhana Tantra: Elimination of All Evil Destinies. Delhi, Varanasi, Patna.

T = Junjirō Takakusu / Kaikyō Watanabe (Hrsg.)
1991   Taishō Shinshū Daizōkyō (Taishō-Ausgabe des chinesischen buddhistischen Kanons). 85 Bde.Tokyo 1922-1933. Popular edition 1991.

Anmerkungen

[1] Brief von Thilenius an Möhring vom 21.5.1920, Akte Sb9, Museum für Völkerkunde Hamburg.
[2] Feststehende, oft nicht oder nicht durchgängig übersetzbare Silben oder Wortfolgen, denen besondere Kräfte zugeschrieben werden und die im Rahmen von Magie, aber auch als Grundlagen der Meditation oder Visualisierung von Gottheiten oder Buddhas und im Rahmen des Erlösungsstrebens Verwendung finden.
[3] Skorupski 1983, S. 188, 23-24.
[4] Eigentlich: „der Mantra" (im Sanskrit männlich!).
[5] Siehe Skorupski 1983, S. 84 Anm. 27 u. 309 Anm. 3.
[6] Für zahlreiche wertvolle Hinweise bin ich Frau Dr. Choong Yoke meei und ihrem Ehemann, Herrn Wang Fu chen, zu großem Dank verpflichtet.
[7] T Bd. 19, Nr. 935, S. 80b–81c.
[8] Ono 1964, Bd. 3, S. 417 c-d.
[9] Skorupski 1983, S. 188, 29-30, 189, 35-36 u. 336, 14-16; englische Übersetzung S. 45; T Bd. 19, Nr. 939, S. 95 a 8-11. Auf dem Bahrtuch ist der Text der Formel teilweise fehlerhaft; zugrundliegen dürfte: oṃ ratne ratne mahā<ratne ratna>sambhave ratnakirane ratnamāla(!) viśuddhe / śodhaya sarvapāpaṃ huṃ phaṭ, was sich etwa folgendermaßen wiedergeben ließe: „Oṃ! Juwel, Juwel, großes Juwel, Juwelgeborene, Juwelenstrahlige, Juwelenbekränzte, Reine! Reinige (= tilge) alles Schlechte! Huṃ phaṭ!»
[10] T Bd. 19, Nr. 939, S. 95a 13-15. Auch hier enthält der Text auf dem Bahrtuch einige Fehler. Auszugehen sein dürfte von: Oṃ padme padme padmasambhave sukhāvatīṃ gacchatu svāhā, was man etwa wie folgt wiedergeben kann: „Oṃ! Lotus, Lotus, Lotusgeborene! Möge er nach Sukhāvatī gelangen! Svāhā!"
[11] Vgl. T Bd. 19, Nr. 939, S. 94b17-18.
[12] Vgl. Skorupski 1983, S. 247, 8-24 (Sanskrit: S. 246, 2-8, mit Textlücke am Anfang) u. 321, 7-18; engl. Übersetzung S. 83, 26–84,4. Weniger konkret T Bd. 19, Nr. 939, S. 94b18-19.
[13] Peking-Kanjur Bd. Ba 254a2–256a1; T Bd. 12, Nr. 370. Deutsche Wiedergabe des Titels der Dhāraṇī nach dem Tibetischen.

Tibetische Malerei in der Hamburger Sammlung

Spuren Tāranāthas und seiner Präexistenzen: Malereien aus der Jo nang pa-Schule des tibetischen Buddhismus [1]

David Jackson

In der tibetischen Kunst bilden Darstellungen der Präexistenzenreihe eines berühmten Lamas ein feststehendes ikonographisches Thema, gleichwohl sind bis heute lediglich zwei angemessen beschrieben worden: diejenigen der Dalai Lamas und der Panchen Lamas. Diese zwei waren die mächtigsten Lamas in der Gelukpa-Theokratie und so ist es kein Zufall, dass die Darstellungen ihrer Präexistenzen (sku phreng) seit den vierziger Jahren des 17. Jahrhunderts in Umlauf kamen, der Zeit, als die dGa' ldan pho brang Regierung gegründet wurde.[2] Ein Jahrhundert später wurden beide Serien durch das Blockdruckverfahren noch weiträumiger verbreitet.[3] Neben jenen finden sich bisher wenige gemalte Trulku-Linien anderer bedeutender Lamas beschrieben, obgleich Thangkas erhalten sind, die Linien der Lamas aus der Karma bKa' brgyud- Tradition darstellen wie die des Zhwa dmar-Trulku aus Yangs pa can[4] und des Si tu-Trulku aus den Klöstern Karma und dPal spung.[5] Veröffentlicht findet sich ebenfalls ein Thangka, das die Präexistenzen des berühmten Sa skya pa-Meisters A myes zhabs (1597-1659) aus dem 17. Jahrhundert abbildet, obgleich dessen Hauptfigur falsch identifiziert wurde.[6]

Kaum Beachtung fand bis heute eine Gruppe von Gemälden, die Präexistenzen des berühmten Jo nang pa-Meisters Tāranātha (1575-1634) darstellen. Diese Gemälde schließen eine der großartigsten

Serien religiöser Bilder ein, die im frühen gTsang des 17. Jahrhunderts in Auftrag gegeben wurden, der Zeit, als die gTsang-Könige in Tibet herrschten, und sie offenbaren eine künstlerische Meisterschaft, die von Malern vieler späterer Serien unerreicht blieb. Seit Jahren nahm ich die Existenz von Bildern mit den Präexistenzen Tāranāthas als ikonographische Gruppe wahr, aber vermochte nicht, die gesamte Serie zu dokumentieren. Die kürzliche Identifizierung eines Thangkas aus dem Museum für Völkerkunde in Hamburg lieferte das wesentliche noch fehlende Teil des Puzzles. In dem vorliegenden Aufsatz möchte ich dies und weitere Gemälde dieses bemerkenswerten Korpus beschreiben, in der Hoffnung, den vernachlässigten Studien zur Jo nang pa-Kunst einen entscheidenden Anstoß zu geben.

Jo nang Tāranātha, der Haupt-Lama dieser Serie, ist als Autor einer bedeutenden Abhandlung über die Geschichte des Buddhismus in Indien und zahlreicher weiterer Werke bekannt. Insbesondere seine Geschichte über den Buddhismus ist eine klassische Quelle zur religiösen Geschichte Indiens und beinhaltet einen wichtigen Abschnitt von kunsthistorischem Interesse. Tāranātha war der spätere geistige Haupterbe des bedeutenden Jo nang pa-Gründers Dol po pa Shes rab rgyal mtshan (1292-1361).[7] Als einer der führenden tantrischen Meister seiner Zeit war er während der letzten Jahrzehnte, in denen die gTsang sDe srid beziehungsweise „Könige" die Herrschaft in Tibet ausübten, enorm einflussreich.[8] An seinem luxuriösen Sitz in rTag brtan phun tshogs gling im westlichen gTsang wurde Tāranātha unter das großzügige königliche Patronat von mehr als einem dieser gTsang-Könige gestellt. Sein privilegierter und einflussreicher Status scheint das Misstrauen einiger prominenter Gelukpa-Lamas hervorgerufen zu haben, mit deren Tradition die letzten gTsang-Könige oftmals rücksichtslos umgingen.

Tāranātha starb im Jahre 1634, acht Jahre bevor die gTsang-Regierung nach der mongolischen Invasion, angeführt von Gushri Khan, zerschlagen und gestürzt wurde. Folglich war er nicht persönlich in die letzte Runde des Konfliktes verwickelt. Gegen 1650 wurden die ersten Schritte zur Konvertierung der Jo nang-Klöster zur Gelukpa-Tradition unternommen. Sieben Jahre später, nachdem die Konvertierung bis dahin nur oberflächlich wirksam war, wurde das Kloster in dGa' ldan phun tshogs gling umbenannt und einer drakonischeren Handhabe der Zwangskonvertierung unterworfen, die zur Vertreibung vieler der verbliebenen loyalen Jo nang pa-Mönche in andere Klöster führte.[9] Verschiedene Gründe wurden vorgebracht, um diese sektiererischen Strafmaßnahmen von nahezu beispielloser Härte zu erklären, von denen jedoch kein einziger für sich allein überzeugend ist.[10] Es könnte sein, dass eher anhaltende persönliche Missgunst und Ressentiments die siegreiche Gruppe der Mongolen und Gelukpas aus Tashilhunpo und Drepung dazu bewegten, Tāranāthas Labrang zu konfiszieren und die Druckstöcke seiner Werke zu versiegeln, als jene gegen die Jo nang pa vorgebrachten Vorwüfe der Häresie in Bezug auf die Madhyamaka-Lehre oder die tantrische Praxis. Es darf dabei nicht vergessen werden, dass Jo nang nur eines unter zahlreichen Klöstern innerhalb Tibets war – hauptsächlich aus den Karma bKa' brgyud- und 'Brug pa-Schulen, jedoch auch wenige der relativ „unschuldigen" Sa skya- und Bo dong-Sekten einschließend – das in der Mitte des 17. Jahrhunderts aus einer Verflechtung sektiererischer und strategischer Gründe gewaltsam konvertiert wurde. Das Hauptziel bestand darin, eine Wende auf der religiös-politischen Bühne herbeizuführen, um eine unangefochtene monastische Oberhoheit der Gelukpa zu begründen, die eine langfristige Stabilität der neu gegründeten dGa' ldan pho brang-Regierung sichern würde.

In dem vorliegenden Aufsatz möchte ich einige religiöse Kunstwerke der Jo nang pa beschreiben, die sowohl vor als auch nach dem Jahre 1642 in Auftrag gegeben wurden. Insbesondere werde ich die zugänglichen Bilder des Tāranātha und seiner Präexistenzen untersuchen, wie sie in fünf grundlegenden geographischen und historischen Zusammenhängen überliefert sind:

I. Vermächtnisse vom Ursprungsort: Jo nang in gTsang (ca. 1590er bis 1650er Jahre)
II. Kunst aus Jo nang-Klöstern in Südost-Amdo und Golok (17.-20. Jahrhundert)
III. Entwicklungen in der Mongolei im Zusammenhang mit dem Khalkha Jetsun Dampa (1650er bis 1920er Jahre)
IV. Wiederbelebung in Derge, Zentral-Kham (Mitte 18. bis spätes 19. Jahrhundert), insbesondere im Zusammenhang mit den Aktivitäten Si tu Pan chen's (Mitte bis Ende des 18. Jahrhunderts) und Kong sprul's (Mitte bis Ende des 19. Jahrhunderts)
V. Neuzeitliche Abbildungen

Das Thangka aus dem Museum für Völkerkunde Hamburg und die Problematik seiner Deutung

Das Gemälde in Hamburg (kolorierter Blockdruck aus der Mongolei, ca. 17. Jahrhundert)

Abb. 1 Lama mit seinen Präexistenzen. Thangka aus der Mongolei basierend auf einem Blockdruck, ca. 17. Jahrhundert Museum für Völkerkunde Hamburg, Inv. Nr. 2760:09, 44 x 30,5 cm. Vgl. Abb. 14 im Farbteil.

Ein leicht beschädigtes Thangka lag nahezu ein ganzes Jahrhundert unidentifiziert im Museum für Völkerkunde in Hamburg. Das Gemälde trägt die Inventarnummer 2760:09 und liegt im Format 44 x 30,5 cm vor. Nach dessen dürftiger Dokumentation wurde es in der Äußeren Mongolei im frühen 20. Jahrhundert von dem deutschen Reisesammler Leder erworben, der es einem der Hauptankäufer für das Museum veräußerte, dem Hamburger Kuriositätenhändler Umlauff. Dieser Händler verkaufte es dem Museum im Jahre 1909.

Die zentrale Figur zeigt einen Lama, der einen gelben Pandita-Hut trägt, mit langen Seitenklappen, die über seine Schultern herabfallen. Seine rechte Hand hält er vor dem Herzen in der Geste des Lehrens, seine linke Hand ruht in seinem Schoß und trägt die Almosenschale eines Mönches. Unmittelbar über seinem Kopf befindet sich als erste Nebenfigur die „Schutz"-Gottheit (yi dam) Samvara. Zur Rechten und Linken sind vierzehn Menschen abgebildet, die als Nebenfiguren eine Reihe indischer und tibetischer buddhistischer Meister repräsentieren.

Die technische Ausführung des Gemäldes ist in mancherlei Hinsicht ungewöhnlich. Die Museumskonservatoren haben festgestellt, dass die Farbpigmente ohne die herkömmliche überarbeitete weiße Grundierung unmittelbar auf den Stoff aufgebracht wurden. Das erklärt vermutlich die in einigen Bereichen schwache Haftung der Pigmente am Stoff. So blätterte viel des ursprünglichen blauen Pigmentes aus Azurit ab, das für den Himmel verwendet wurde. Zweitens, scheint der zugrundeliegende Bildaufbau von dem Holzdruckstock direkt auf den Stoff gedruckt worden zu sein. Es ist keine schwarze Umrisslinie vorhanden, die kennzeichnend für viele spätere Blockdrucke ist. Aber es finden sich zwei dünne gedruckte Umrisslinien, die mancherorts durch unzureichendes Durchfärben Unterbrechungen zeigen (eine einzelne Linie als Außenkante ist kennzeichnend für Gemälde, die von einer Skizze abgemalt wurden). Unterhalb der meisten Nebenfiguren sind, wenn man nach diesen sucht, schwache Spuren einstiger Inschriften erkennbar. Aufgrund der kräftigen Übermalung mit grüner Farbe sind diese jedoch auf der Vorderseite nahezu unsichtbar. Wenn das Thangka ins Licht gehalten wird, sind auf der Rückseite nicht nur die Inschriften, sondern auch Farbkodierungen deutlich sichtbar.

Stilistisch betrachtet, könnte das Gemälde im 17. Jahrhundert in Zentraltibet gedruckt und koloriert und später in die Mongolei befördert worden sein. Eine zweite Möglichkeit wäre, dass es in Jo nang gedruckt und zu einem späteren Zeitpunkt in der Mongolei koloriert wurde. Die dritte Möglichkeit besteht darin, dass beides, Druck und Kolorierung, in der Mongolei erfolgte. In der zur Verfügung stehenden Zeit konnte ich lediglich einige der übermalten Inschriften unterhalb der Nebenfiguren überprüfen. Alle Figuren können jedoch einfach ikonographisch bestimmt werden, indem sie mit anderen kürzlich identifizierten Gemälden verglichen werden. Der Bildaufbau dieses Thangkas ist folgendermaßen:

```
              1
    4     2        3     5
    6              7
    8              9
    10       16    11
    12             13
    14             15
```

1. Samvara. Er ist eine stehende zweiarmige yi dam-Gottheit, die von einer roten Begleiterin umarmt wird und sich als zentrale Figur am oberen Bildrand befindet.

2. 'Bar ba'i gtso bo. Er ist ein dunkelfarbiger oder blauhäutiger indischer Mönch mit einem roten Pandita-Hut. Seine rechte Hand zeigt die Geste des Lehrens, die linke Hand hält ein Buch im Schoß. Sein Pandita-Hut scheint flach auf den Kopf gesetzt.

3. Nag po spyod pa. Er ist ein dunkelhäutiger indischer Siddha, der tanzend in der rechten Hand eine damaru-Trommel empor hält. In seiner linken Hand vor dem Herzen trägt er eine Schädelschale. Er tanzt auf einer sich zurücklehnenden roten Gestalt. Sieben Schirme schweben über ihm im Himmel sowie sechs weitere damaru-Trommeln.

4. Ratna chen po. Er ist ein dunkelhäutiger indischer Yogi, der auf einem dunklen Antilopenfell sitzt und mit einer weißen Robe bekleidet ist. Die Hände liegen zur Meditation ineinandergelegt im Schoß. Sein Kinn stützt er während der Meditation auf einen roten Stab, dessen unteres Ende in seinem Schoß ruht.

5. Rong zom Chos bzang. Er ist ein langhaariger tibetischer Laienmeister mit einem langärmeligen Obergewand. Seine Füße sind in die orange- und rotfarbenen Untergewänder gesteckt. Er hält ein Buch in einer Hand und streckt seine andere Hand in der Geste des Gebens aus.

6. Dar ma dbang phyug. Er ist ein tibetischer Mönch, der einen orangefarbenen Zeremonienhut trägt.

7. 'Od zer dpal. Er ist ein langhaariger tibetischer Yogi mit aufgebundenem Haarknoten, der in blaue Obergewänder und weiße Untergewänder gekleidet ist. Er hat ein rotes Meditationsband umgelegt und hält eine Knochentrompete in seiner rechten Hand sowie eine Schädelschale in seiner Linken.

8. 'Brug sgra rgyal mtshan. Er ist ein tibetischer Magier, der in eine langärmelige Robe gekleidet ist und einen breitkrempigen, orangefarbenen Hut trägt. Er verrichtet eine Dämonenbannung und faltet seine Hände, so als würde er einen Zeremonienstab halten, obgleich dieser nicht eindeutig abgebildet ist (ich vermute, dass er in dem Druck gezeigt ist, aber von dem Maler übersehen wurde).

9. Sangs rgyas ras chen. Er ist ein tibetischer Mönch, der einen roten Meditationshut (sgom zhwa) trägt. Die Hände hält er vor der Brust in der Geste des Lehrens.

10. Sang gha bha dra. Er ist ein tibetischer Mönchsschüler, der eine weiße Seite oder Schreibtafel in seiner linken Hand hält, sowie eine Feder in seiner Rechten. Er trägt rote und orangefarbene Roben und Stiefel. Sein Kopf ist kahlgeschoren oder glatzköpfig und um seine Stirn ist ein schwarzes Band geschnürt.

11. 'Jam dbyangs chos rje. Er ist ein tibetischer Mönch, der einen spitzen, gelben Gelukpa-Pandita-Hut trägt, dessen Seitenklappen über die Schultern gelegt sind, entsprechend der Hauptfigur. Seine rechte Hand ist zum rechten Knie ausgestreckt, mit der Handfläche nach außen.

12. Chos kyi nyin byed. Er ist ein dunkler, blauhäutiger, indisch aussehender (in Wirklichkeit ceylonesischer) buddhistischer Gelehrter, der einen roten Pandita-Hut trägt und in orangefarbene Mönchsroben gekleidet ist. Er sitzt mit einem Ellenbogen auf einen großen, runden Topf gelehnt.

13. Kun dga' grol mchog (1507-1566). Er ist ein tibetischer Lama, der mit der rechten Hand zum Knie ausgestreckt die Geste des Gebens zeigt

und mit der linken Hand das Gefäß des unendlichen Lebens im Schoß hält. Sein roter Pandita-Hut scheint flach auf den Kopf gesetzt.

14. dGa' byed sa skyongs. Er ist ein indisch aussehender Jugendlicher von adliger Herkunft, der auf einem Thron unter einem orangefarbenen Pagodendach sitzt. In seiner rechten Hand hält er ein langes, weißes Buch vor seiner Brust. Seine linke Hand ist zu seinem linken Knie ausgestreckt. Er trägt einen weißen Turban und eine langärmelige, weiße Robe sowie Stiefel.

15. rJe btsun Tāranātha. Er ist ein tibetischer Lama, der einen roten Pandita-Hut trägt. Die Hände hält er vor dem Herzen in der Geste des Lehrens. Seine Hände umfassen den Stengel einer Lotosblüte, die hinter seiner Schulter blüht und ein Buch und einen juwelenartigen Gegenstand trägt.

16. Hauptfigur (Wiederholung von Nr. 15?). Er ist ein tibetischer oder mongolischer Meister, der einen gelben Pandita-Hut in charakteristischem Gelukpa-Stil trägt. Er hält die rechte Hand vor seiner Brust in der Geste des Lehrens. Seine linke Hand ruht im Schoß und trägt eine Almosenschale. In beiden Händen hält er die Stengel zweier Lotosblüten, von denen eine ein Vajra und die andere eine Glocke trägt.

Ein Merkmal, das eine korrekte Identifizierung der Hauptfigur erschwert, ist der gelbe Zeremonienhut, den der Lama trägt: Solch ein Hut kennzeichnet gewöhnlich seinen Träger als einen Anhänger der Gelukpa-Schule. Seit den Zeiten der bitteren religiösen Konflikte zwischen den „Rotmützen" und „Gelbmützen" im 16. und 17. Jahrhundert war die Farbe der Mönchshüte in Tibet und der Mongolei mit starken sektiererischen Begleitvorstellungen verbunden. Jedoch wurden gelbe Hüte auch an eine Tradition anknüpfend getragen, beispielsweise von den Mönchen aus Zhwa lu (ihrem Gründer Bu ston [1290-1364] folgend) und später ebenso von den Na lendra pa-Mönchen in der Sa skya pa-Schule. Ich habe festgestellt, dass mehrere Äbte der Ngor pa-Schule, einer Zweigtradition der Sa skya pa, mit gelben Hüten auf Gemälden, die dem 17. Jahrhundert vorausgehen, dargestellt werden. Dazu zählen Mus chen Sems dpa' chen po aus dem 15. Jahrhundert[11] und ein oder zwei spätere Äbte wie Thar rtse Pa chen Nam mkha' dpal bzang (1535-1602).[12] Der letztgenannte bedeutende Abt von Ngor, im östlichen gTsang, trug im späten 16. Jahrhundert einen etwas untypischen gelben Hut, zumindest in einigen der gemalten Darstellungen.

Einige Jo nang pa-Meister einschließlich Tāranātha trugen ebenso gelbe Hüte.[13] Tāranātha erzählte einmal die Geschichte aus einer Vision, die sich bei ihm während einer Reise als junger Mann in Yamdrok einstellte, als ihm jemand, von dem es hieß, dass er Bu ston sei, einen gelben Gelehrtenhut auf seinen Kopf setzte. So schrieb er später in seiner geheimen Biographie: „Dies ist der Grund dafür, dass ich jetzt einen gelben Hut mit langen Seitenklappen (oder ‚Ohrenklappen') trage."[14] In der Tat wird er in den meisten frühen Gemälden einen gelben Hut tragend dargestellt.

I. Vermächtnisse vom Ursprungsort: Jo nang in gTsang (ca. 1590er bis 1650er Jahre)

(1) Eine Serie mit Tāranāthas früheren Existenzen dargestellt in separaten Gemälden (gTsang, 1620er Jahre)

Wie bei den meisten ikonographischen Zyklen hatte der Stifter auch in Bezug auf die Serie mit Tāranāthas Wiedergeburten die Möglichkeit, jede der Nebenfiguren – in diesem Fall die Präexistenzen des Lamas – als Hauptfiguren einzelner Thangkas malen zu lassen. Dies war ein weitaus komplizierteres und kostspieligeres Vorhaben. Für einen bedeutenden Stifter war es auch eine Gelegenheit, seinen Reichtum für die Herstellung exzellenter religiöser Kunst aufzuwenden.

Zu Tāranāthas Präexistenzen habe ich Schwarzweiß-Fotos einer vollständigen Serie einzelner Gemälde erhalten.[15] Mir wurde mitgeteilt, dass die komplette Serie aus Phun tshogs gling stammt. Sie wurde von Tibet nach Indien befördert und wird nun in einem anonymen Kloster im Himalaya verwahrt. Die Serie beginnt nicht, wie in dem vorhergehenden Thangka, mit dem stehenden Heruka, sondern mit einem Sitzenden:

die zweiarmige Erscheinungsform des Samvara umarmt von einer Begleiterin. Die Hauptfiguren entsprechen nahezu den Nummern 1-15 des Hamburger Thangkas:

Abb. 2 (I-1-1) Heruka als Hauptfigur aus einer Serie mit Darstellungen der Präexistenzen Tāranāthas. Thangka, gTsang, 1620er Jahre, ca. 68 x 49 cm.

1. Heruka. Samvara in seiner sitzenden zweiarmigen Erscheinungsform umarmt von einer (roten?) Begleiterin. Dieses ist das Hauptgemälde der Serie (gtso thang).

2. Pandita 'Bar ba'i gtso bo. Das erste Gemälde zur Rechten (d.i. das Erste zur Linken des Betrachters). Er ist ein halbdunkler indischer Mönch ohne Pandita-Hut. Seine rechte Hand hält er vor seinem Herzen in der Geste des Lehrens, seine linke Hand ist mit der Handfläche nach außen zum linken Knie ausgestreckt. Hinter ihm liegt ein Stapel Sanskrit-Handschriften, die mit Riemen (aus Leder?) zusammengeschnürt sind. Rückwärtig steht ein Mönch, der einen Schirm über den Kopf des Pandita hält. Oben im Himmel zur Linken der Hauptfigur schwebt (ein

Abb. 3 Pandita 'Bar ba'i gtso bo als Zweiter aus der Serie.

Bodhisattva?) als yi-dam. Unten in der Bildmitte steht eine Schutzgottheit (Phyag bzhi pa?).

3. Grub thob Nag po spyod pa. Das erste Gemälde zur Linken. Die Hauptfigur ist ein dunkelhäutiger indischer Siddha, der auf einer kriechenden Menschenfigur sitzt. In der rechten Hand hält er eine damaru-Trommel empor, in seiner linken Hand hält er eine Schädelschale vor dem Herzen. Über seinem Kopf im Himmel schweben in magischer Weise sechs Schirme sowie sechs damaru-Trommeln. Zwei weibliche Begleiterinnen, eine sitzend, die andere stehend, warten auf ihn. Von hinten wird ihm von einem stehenden männlichen Begleiter, der einen Turban trägt, Luft zugefächelt. Zwei Yogi-Schüler befinden sich aus der Sichtweise der Hauptfigur unten in der linken Bildecke, von denen einer ein Horn bläst. Oben links im Himmel befindet sich ein yi-dam, unten in der Bildmitte ein stehender Beschützer.

Abb. 4 Grub thob Nag po spyod pa als Dritter aus der Serie.

Abb. 5 Ratna chen po als Vierter aus der Serie.

4. Ratna chen po. Das zweite zur Rechten. Die zentrale Gestalt ist ein hellhäutiger indischer Yogi, der auf einem dunklen Antilopenfell sitzt und mit einem weißen Untergewand bekleidet ist. Die Hände liegen zur Meditation ineinander gelegt im Schoß. Er stützt sein Kinn auf einen Stab, dessen unteres Ende auf seinen ineinander gelegten Handflächen steht. Er weilt in einer kleinen, runden Hütte aus Stroh oder Gras. Unten rechts sitzt ein Yogi-Schüler. Oben im Himmel in der Bildmitte befindet sich ein yi-dam, unten in der Mitte ein Beschützer, der auf einem Schneelöwen reitet.

5. Rong zom Chos bzang. Das Zweite zur Linken. Die Hauptfigur ist ein langhaariger tibetischer Laienmeister, der mit einem langärmeligen Obergewand bekleidet ist. Die Füße sind in den Untergewändern verborgen. Seine rechte Hand ist mit der Handfläche nach außen zum rechten Knie ausgestreckt. Vor ihm zur Rechten befindet sich ein Stapel mit Riemen verschnürter Handschriften. Zwei Schädelschalen schweben oben im Himmel. Zu seiner Rechten wartet ein stehender Begleiter auf ihn. In der Bildmitte oben befindet sich ein rNying-ma yi-dam, unten in der Mitte ein Beschützer.

Abb. 6 (I-1-5) Rong zom Chos bzang als Fünfter aus der Serie.

Abb. 7 Bha rom Dar ma dbang phyug als Sechster aus der Serie.

6. Bha rom Dar ma dbang phyug. Das dritte zur Rechten. Die Hauptgestalt ist ein hellhäutiger tibetischer Meister. Seine Hände liegen mit den Handflächen nach unten auf seinen Knien. Er trägt Mönchsroben und einen rotgoldenen Seiden- oder Brokathut, dessen mittlerer Teil nach oben hervorsteht. Zu seiner Linken wartet ein stehender Diener auf ihn, zum Teil verdeckt von einem prunkvollen Thron aus der Ming-Zeit mit verzierter Rückenlehne. Im Bildvordergrund rechts bietet ein Schüler ein goldenes Rad dar. Oben rechts im Himmel befindet sich eine tanzende rote Dakini, unten in der Bildmitte ein stehender, zweiarmiger Beschützer.

7. 'Od zer dpal. (A wa du ti 'Od zer dpal). Das dritte zur Linken. Er ist ein hellhäutiger tibetischer Yogi, dessen Obergewand um seine linke Schulter und sein linkes Knie gelegt ist. Er isst mit einem Löffel aus der Schädelschale, die er vor sich hält. Unten rechts befinden sich Knochen und Gliedmaßen einer Leichenverbrennungsstätte. Er wird von einem stehenden Laien beobachtet, der eine Gebetskette in seiner rechten Hand hält. Oben links im Himmel befindet sich ein weißer Vajrasattva als yi-dam, unten in der Bildmitte eine weibliche Beschützerin, die ein Maultier oder Pferd reitet.

Abb. 8 (I-1-7) 'Od zer dpal als Siebter aus der Serie.

Abb. 9 'Brug sgra rgyal mtshan als Achter aus der Serie.

8. (Nyang ston?) 'Brug sgra rgyal mtshan. Das Vierte zur Rechten. Er ist ein langhaariger Laienmagier, der einen flachen Magierhut mit einer knollenförmigen Spitze trägt. Er hält mit beiden Händen einen Ritualdolch vor dem Herzen und praktiziert eine Dämonenbannung. Bekleidet ist er mit einem langen Magiergewand, das lange Ärmel hat, und mit Stiefeln. Unten rechts kniet ein ihn anflehender langhaariger Yogi. Oben rechts im Himmel befindet sich ein zornvoller achtarmiger yi-dam, unten links ein dunkler Beschützer, der ein Maultier reitet.

9. gNyos tshang pa Sangs rgyas ras chen. Das vierte zur Linken. Die Hauptfigur ist ein hellhäutiger tibetischer Mönch, der einen einfachen Zeremonienhut trägt. Er hält seine rechte Hand in der Lehrgeste vor dem Herzen. Seine linke Hand trägt ein aufgeschlagenes Buch im Schoß. Er sitzt auf einem Thron aus der Ming-Zeit mit einer verzierten Rückenlehne. Zur Linken bezeugen zwei Mönchsschüler ihre Verehrung, einer von ihnen verrichtet dabei Niederwerfungen. Oben im Himmel, in der Bildmitte befindet sich ein yi-dam, unten rechts ein Beschützer, der auf einem Pferd reitet.

Abb. 10 gNyos tshang pa Sangs rgyas ras chen als Neunter aus der Serie.

Abb. 11 Sang gha bha dra als Zehnter aus der Serie.

10. Kun mkhyen Sang gha bha dra. Das Fünfte zur Rechten. Er ist ein tibetischer Gelehrter der Sanskrit-Grammatik, der ein Buch in seiner linken Hand und eine Feder in der Rechten hält. Bekleidet ist er mit einem langärmeligen Umhang. Seine Füße sind von einem dunklen Untergewand bedeckt. Er trägt einen spitzen Pandita-Hut mit zwei ovalförmigen, schwarzen Objekten auf der Vorderseite (Sonnenschutz?). Zwei Schüler mit Büchern sitzen unten rechts. Oben rechts im Himmel befindet sich ein yi-dam, unten links ein Beschützer, der ein Pferd reitet.

11. 'Jam dbyangs chos rje. Das Fünfte zur Linken. Die Hauptfigur ist ein tibetischer Mönch, der die Hände in der Lehrgeste vor seinem Herzen hält. Er trägt einen gelben Gelukpa-Pandita-Hut. Barfüßig sind die Beine in der Vajra-Sitzhaltung verschränkt. Ein Mönchsbegleiter steht hinter ihm, eine prachtvoll gekleidete Person in langen chinesischen Gewändern (der Kaiser) steht aufschauend vor ihm. Oben links im Himmel befindet sich ein yi-dam, unten in der Bildmitte ein sechsarmiger Beschützer.

Abb.12 'Jam dbyangs chos rje als Elfter aus der Serie.

Abb. 13 Chos kyi nyin byed als Zwölfter aus der Serie.

12. Chos kyi nyin byed. Das Sechste zur Rechten. Er ist ein hellhäutiger Inder, der einen roten Pandita-Hut und eine orangefarbene Mönchsrobe trägt, jedoch ohne Lama-Weste. Er sitzt auf einem hölzernen Thron ohne Rückenlehne. Rechts weilen zwei tibetische Mönchsschüler. Oben rechts im Himmel befindet sich ein zornvoller vierarmiger yi-dam auf einer weißen Schädelschale, unten in der Bildmitte ein stehender Beschützer.

13. Kun dga' grol mchog. Das sechste zur Linken. Die zentrale Gestalt ist ein tibetischer Lama, der seine rechte Hand mit der Handfläche nach außen vorgestreckt hält, während die linke Hand im Schoß einen Lotusstengel hält. Sein (roter) Pandita-Hut scheint flach auf den Kopf gesetzt. Drei Schüler, darunter ein indischer Yogi und zwei tibetische Mönche, sitzen vor ihm. Oben links im Himmel befindet sich Hevajra als yi-dam, unten in der Bildmitte ein stehender Beschützer.

Abb. 14 Kun dga' grol mchog als Dreizehnter aus der Serie.

Abb. 15 dGa' byed sa skyongs als Vierzehnter aus der Serie.

14. dGa' byed sa skyongs. Das siebte zur Rechten. Er ist ein indischer Jugendlicher, ein Prinz aus Tripura, der in einer kleinen Holzhütte sitzt, die ein Ziegeldach trägt. Vier Personen betrachtet er bei ihren Musik- und Tanzvorführungen in einem eingezäunten Innenhof. Er ist zum Teil in ein weißes Obergewand gehüllt, aus dem er seine linke Hand mit der Handfläche nach außen über das linke Knie hervorstreckt. Barfüßig streckt er den rechten Fuß aus und lehnt sich dabei auf seine verdeckte rechte Hand. Eine sitzende Frau vor ihm spielt eine Sarod oder ein lautenähnliches Instrument. Die beiden barfüßigen männlichen Tänzer tragen Turbane und langärmelige Roben. Oben rechts im Himmel befindet sich ein yi-dam, unten links ein Beschützer von einem Flammenkranz eingeschlossen.

15. rJe btsun Tāranātha. Das siebte zur Linken. Die Hauptfigur ist ein tibetischer Lama in Mönchsroben, dessen rechte Hand mit der Handfläche nach unten zum Knie ausgestreckt ist. Seine linke Hand hält ein Buch im Schoß. Er trägt einen (goldgelben? oder orange?) Pandita-Hut, dessen Seitenklappen in Schulterhöhe nach oben und innen eingeschlagen sind. Er sitzt auf einem hölzernen Thron mit einer reich verzierten Rückenlehne. Oben links im Himmel befindet sich Vajrabhairava als yi-dam,

Abb. 16 rJe btsun Tāranātha als Fünfzehnter und Letzter aus der Serie.

unten rechts ein Beschützer, der auf einem Schneelöwen steht. In der Landschaft vor ihm sitzt ein winziger Amitayus, der Langlebigkeit symbolisiert. Unterhalb des Amitayus verweilt ein wohlhabender und mächtiger Laienpatron auf einem flachen Holzthron. Vermutlich ist dies der mächtigste Herrscher Tibets (der gTsang sDe srid), der bescheiden einen sehr kostbaren Gegenstand opfert (einen mit Edelsteinen besetzten, goldenen ga'u?). Zusammen mit dem König abgebildet sind vier menschliche Gestalten (darunter eine Juwelen tragende Begleiterin, ein Minister und ein Militärgeneral) sowie ein Pferd und Elefant. Diese sollen vermutlich seinen Status eines idealen, wohlhabenden und vollständig ausgestatteten Herrschers symbolisieren.

Trotz der Annahme, dass diese Bilderserie vollständig erhalten ist, wurden zwei einzelne Gemälde aus dieser, Nr. 6 und 12, auf einer Auktion bei Christies in New York zum Verkauf angeboten, „um einem tibetischen Kloster in einem Königreich im Himalaya zugute zu kommen."[16] Die Hauptfiguren wurden richtig identifiziert als Chos kyi nyin byed (68 x 49,5 cm) und Dharma dbang phyug (67,5 x 49 cm), beide aus einem Satz, der Tāranāthas Präexistenzen darstellt. Obgleich die Bilder für die Auktion auf „ca. 1800" datiert wurden, kommen diese beiden Gemälde sowie der gesamte Satz nicht aus der Golok-Region, wie im Katalog vermutet wurde, sondern aus gTsang im frühen 17. Jahrhundert und das bedeutet aus Jo nang Phun tshogs gling zu Zeiten Tāranāthas. Das Format (ca. 68 x 49 cm) liegt nahe bei einigen anderen bereits nachgewiesenen Jo nang pa-Thangkas

Abb. 17 Darstellung des Dharma dbang phyug. Thangka, jetzt in „einem tibetischen Kloster in einem Königreich im Himalaya", 67,5 x 49 cm. Nach dem Christies New York Katalog. Verkaufsnr. 9608 (21.03.2001), Stücknr. 162.

Abb. 18 Darstellung des Chos kyi nyin byed. Thangka, 68 x 49,5 cm. Nach dem Christies New York Katalog, Verkaufsnr. 9608 (21.03.2001), Stücknr. 161.

aus dieser Zeit. Der Auktionskatalog nennt alsgegenwärtigen Besitzer dieses Satzes „ein tibetisches Kloster in einem Königreich im Himalaya".[17]

Ich habe zwar lediglich zwei dieser Thangkas in Farbe gesehen, doch erinnert ihr Stil und ihre Anordnung in vielerlei Hinsicht an die hervorragende religiöse Porträtmalerei der Karma sgar bris. Meine Vermutung ist, dass diese Bilderserie die Arbeit eines mKhyen ris-Malers aus dem frühen 17. Jahrhundert war. Zu beachten sind die sorgfältig ausgearbeiteten Blütenblätter unter der Hauptfigur, dem Samvara. Diese Serie könnte tatsächlich die Arbeit eines meisterhaften Kunstmalers mit dem Namen sPun khyim pa sein, der von Tucci in seinen Tibetan Painted Scrolls erwähnt wurde.[18] Auch sBus khyim pa (oder sPun skyem pa) buchstabiert, malte dieser berühmte Künstler für Tāranātha in Jo nang um ca. 1618, indem er mit zahlreichen lokalen Malern zusammenarbeitete. Seine oder eine ähnliche Arbeit eines mKhyen ris-Künstlers aus Jo nang ist in den letzten Jahren veröffentlicht worden.[19] Er kam vermutlich aus derselben Künstlerfamilie sBus khyim pa aus Gra nang, östlich von Gong dkar im Lho kha-Distrikt aus dem Süden der Provinz dBus, deren Mitglieder fünfundfünfzig Jahre später für den Fünften Dalai Lama (1617-1682) gemalt haben. Zwei aus dieser Familie waren führende mKhyen ris-Maler, die im Jahre 1673 in Ra mo che arbeiteten: der Meister mittleren Rangs (dBu 'bring) sBus khyim pa Ngag dbang srid chod aus Gra nang und der im Rang etwas tieferstehende Juniormeister (dBu chung) sBus khyim pa Nor dbang.[20]

Andererseits dürften die Lokalkünstler in Jo nang und aus dem nahe gelegenen westlichen gTsang im späten 16. Jahrhundert und frühen 17. Jahrhundert vorwiegend in einem sMan ris-Stil gearbeitet haben. So scheinen die Jo nang pa-Gemälde, die in Jackson 1996, Tafeln 28 und

29, veröffentlicht wurden, in einem sMan ris-Stil aus gTsang im frühen 17. Jahrhundert gemalt worden zu sein. Sind diese damit Zeugnisse eines gTsang- (alter sMan ris-) Stils kurz vor der Ankunft des bedeutenden gTsang pa-Malers Chos dbyings rgya mtsho aus dem 17. Jahrhundert?

Meine Annahme ist, dass diese großartige Bilderserie aus Jo nang Phun tshogs gling mit Tāranāthas Präexistenzen eine Fortführung eines Malstils darstellt, der in Tibet erstmals zu Zeiten mKhyen brtse Chen mo's (Mitte oder spätes 15. Jahrhundert) als Nachahmung einer edlen Kunst am Ming-Hof entwickelt wurde, wie er durch einige ähnlich stark chinesisch beeinflusste Bilder mit Gurus aus der Überlieferungslinie der Lam 'bras-Unterweisungen wiedergespiegelt wird, insbesondere in der Tradition des Sa skya-Meisters Theg chen Chos rje Kun dga' bkra shis (1349-1425). Seine besondere „Theg chen-Tradition" des Lam 'bras breitete sich hauptsächlich in der Provinz dBus in Zentraltibet aus. Zwei Generationen später war deren berühmtester Vertreter Gong dkar rDo rje gdan pa Kun dga' rnam rgyal (1432-1496), der bedeutende Stifter mKhyen brtse Chen mo's. Der Meister Theg chen Chos rje wurde im ersten Jahrzehnt des 15. Jahrhunderts an den Ming-Hof eingeladen und brachte von dort zahlreiche exquisite Geschenke chinesisch-buddhistischer Kunst vom Kaiser zurück.

Ich vermute, dass solche eleganten Lam 'bras-Bilder im chinesischen Stil (Lam 'bras si thang) und weitere bedeutende Ming-Kunst einige Jahrzehnte später verschiedene Arbeiten Gong dkar mKhyen brtse's inspiriert haben dürften und dass diese zu ähnlichen Bilderserien führten, die Lamas in einer Überlieferungslinie darstellen und auch zu anderen Serien von nachfolgenden Vertretern des mKhyen ris. Ein Beispiel dafür ist eine Serie ausgezeichneter Bilder mit Meistern aus der 'Bri gung-Linie (die in das 17. Jahrhundert datiert?), heute erhalten im Grenzgebiet des nordwestlichen Nepal, die ausgehend von mKhyen ris-Malern entstanden zu sein scheint. Ein kürzlich erschienenes Buch dokumentiert diese überwältigende Serie mit Bildern der Meister aus der 'Bri gung-Linie, die in Limi im nordwestlichen Nepal erhalten ist, zusammen mit zahlreichen 'Bri gung-Malereien in Ladakh.[21] Eine wichtige Aufgabe wird zukünftig darin bestehen, diese Traditionen religiöser Porträtmalerei zu beschreiben und sie stilistisch von den zeitgleichen Entwicklungen innerhalb der Karma sgar bris zu unterscheiden.

Abb. 19 Tāranātha. Wandmalerei, gTsug lag khang (gTsang khang), Phun tshogs gling, frühes 17. Jahrhundert, Foto: Michael Henss, 1991.

(2) Tāranātha, Wandmalerei, gTsug lag khang (gTsang khang), Phun tshogs gling. Foto: Michael Henss (1991).

Eine andere bekannte Abbildung Tāranāthas, eine bedeutende Wandmalerei in Phun tshogs gling, die offensichtlich in die Jahre 1618 bis 1620 datiert, zeigt Tāranātha, der nach rechts blickt (nach links vom Betrachter). Er trägt einen spitzen, gelben Pandita-Hut, dessen Seitenklappen ungefähr zwei fingerbreit oberhalb seiner Schultern nach oben und innen eingeschlagen sind. Er hält seine Hände vor dem Herzen in der Geste des Lehrens. Seine Finger und Daumen halten die Stengel zweier Lotosblüten.[22]

(3) Tāranātha, Thangka in Seidenapplikation, gTsug lag khang, Phun tshogs gling. Foto: Michael Henss, 2001.

Hier ist Tāranātha im Halbprofil gezeigt, nach rechts blickend. Er trägt einen gelben, leicht spitzen Pandita-Hut, von dem nur die linke Seitenklappe dargestellt ist. Diese Seitenklappe fällt auf seine Schulter herab und scheint von dort in rundem Bogen nach oben und innen eingeschlagen zu sein. Seine Hände (die im Foto zum Teil von einer Statue verdeckt sind) hält er vor dem Herzen in der Geste des Lehrens.

Abb. 20 Tāranātha. Thangka in Seidenapplikation, gTsug lag khang, Phun tshogs gling, frühes 17. Jahrhundert Foto: Michael Henss, 2001.

Abb. 21 Tāranātha alias Kun dga' snying po als Hauptfigur. Thangka, gTsang, frühes 17. Jahrhundert, 68 x 47 cm. Musée Guimet, Paris (MG 21 241). Nach D. Jackson 1996, S. 188, Tafel 28.

(4) Ein Thangka mit Tāranātha alias Kun dga' snying po als Hauptfigur.

Zahlreiche andere Thangkas, die Tāranātha als Haupt- oder Nebenfigur darstellen, wurden bereits früher außerhalb Tibets identifiziert. Eines davon ist im Musée Guimet, Paris (MG 21 241) erhalten.[23] Hier ist Tāranātha alias Kun dga' snying po die Hauptfigur eines Gemäldes im Format 68 x 47 cm. Im Hintergrund sind vierzehn der vierundachtzig Mahāsiddhas dargestellt. Er ist im Halbprofil gezeigt, nach rechts gewendet. Seine rechte Hand hält er ausgestreckt über dem rechten Knie, in seiner linken Hand trägt er ein Buch im Schoß. Sein Pandita-Hut ist orange-gelbfarben, dessen lange Seitenklappen in Schulterhöhe nach innen eingeschlagen und zurückgelegt sind. Das erweckt den Eindruck, als würden sie in Schulterhöhe enden. Dieses Thangka scheint ein Jo nang pa-Kunstwerk aus der Zeit um 1600 bis 1634 zu sein, den letzten Jahrzehnten in Tāranāthas Leben.

(5) Tāranātha in einem Blockdruck aus derselben Zeit

Tāranātha ist auch in einem Xylograph aus Jo nang aus dem 17. Jahrhundert dargestellt.[24] Hier ist er im Halbprofil gezeigt und trägt den Hut eines Gelehrten, dessen Seitenklappen nach unten über die Schultern gelegt sind.

Abb. 22 Tāranātha. Blockdruck, gTsang, frühes 17. Jahrhundert Nach D. Jackson 1996, S. 186, Abb. 93. Ursprünglich veröffentlicht in Tāranāthas Life of the Buddha (New Delhi, 1971), S. 2, rechts.

II. Kunst aus Jo nang-Klöstern in Südost-Amdo und Golok (17. - 20. Jahrhundert)

Obgleich die Jo nang-Tradition als institutionelle Einrichtung in Zentraltibet durch die gewaltsame Konvertierung von Jo nang im Jahre 1650 unterdrückt wurde, hielten viele Mönche und Nonnen treu an ihrer ursprünglichen Tradition fest und die geistliche Tradition konnte über wenige Generationen in der Nähe fortbestehen. Außerdem verfügte das Jo nang-Kloster über zahlreiche größere Zweigklöster in den weit entfernten östlichen Grenzgebieten Tibets, im südlichen Amdo und in Golok. Diese Klöster lagen außerhalb der Reichweite der offiziellen Verfolgung der zentraltibetischen Regierung und vermochten bis zur Gegenwart nicht nur wichtige Schriften bedeutender Jo nang-Meister, sondern auch Kunstwerke zu bewahren.[25]

(1) Ein ähnliches Thangka aus Amdo

Das oben beschriebene Hamburger Gemälde ist einem Thangka täuschend ähnlich, das in K. Tanakas drittem Katalog zum Hahn Museum, Korea, veröffentlicht wurde.[26] Dieses zweite Thangka, im Format

Abb. 23 Tāranāthas Präexistenzen in einem einzelnen Thangka aus Amdo. Thangka, Amdo, 18. oder 19. Jahrhundert, 43,5 x 32,5 cm. Hahn Museum, Korea. Nach K. Tanaka 2001, S. 107, Tafel 45.

43,5 x 32,5 cm, ist jünger und in weitaus besserem Zustand. Es wurde vermutlich kürzlich an einem Ort gemalt, wo die Jo nang-Tradition noch erhalten ist wie in einem der Jo nang-Klöster in Golok oder in den südöstlichen Grenzgebieten Amdos. Hier ist jede Figur eindeutig durch eine eigene Inschrift bestimmt, die folgende Identifizierung zulässt.

		1		
4	2		3	5
6				7
8				9
10		16		11
12				13
14				15

1. Bde mchog. Samvara, eine stehende zweiarmige Erscheinungsform umarmt von einer roten Begleiterin.

2. 'Bar ba'i gtso bo. Er ist ein dunkelhäutiger indischer Mönch mit einem roten Pandita-Hut. Die rechte Hand zeigt die Geste des Lehrens, die linke Hand hält ein Buch im Schoß. Sein roter Pandita-Hut scheint flach auf den Kopf gesetzt.

3. Spyod pa'i rdo rje. Er ist ein dunkelhäutiger indischer Siddha, der tanzend in der rechten Hand eine damaru-Trommel empor hält. In seiner linken Hand vor dem Herzen hält er eine Schädelschale. Er tanzt auf

einer sich zurücklehnenden roten Gestalt. Sieben Schirme schweben über ihm im Himmel sowie sechs weitere damaru-Trommeln.

4. Ratna chen po. Er ist ein dunkelhäutiger indischer Yogi, der auf einem dunklen Antilopenfell sitzt und mit einer weißen Robe bekleidet ist. Die Hände liegen zur Meditation ineinander gelegt im Schoß. Ein goldenes Gefäß befindet sich hinter seinem linken Knie. Sein Kinn stützt er während der Meditation auf einen roten Stab.

5. Rong zom Chos bzang. Er ist ein langhaariger tibetischer Laienmeister, bekleidet mit einem dunkelblauen, langärmeligen Obergewand. Seine Füße sind in den roten Untergewändern verborgen.

6. Dar ma dbang phyug. Er ist ein tibetischer Mönch, der einen orangefarbenen Zeremonienhut und gelbe Untergewänder trägt. Seine rechte Hand ruht mit der Handfläche nach unten auf seinem rechten Knie. Seine linke Hand hält ein rundes, goldenes Objekt im Schoß.

7. 'Od zer dpal. Er ist ein langhaariger tibetischer Yogi mit aufgebundenem Haarknoten, der in blaue Obergewänder und weiße Untergewänder gekleidet ist. Er hat ein rotes Meditationsband umgelegt und hält eine Knochentrompete in seiner rechten Hand.

8. 'Brug sgra rgyal mtshan. Er ist ein tibetischer Magier, der eine langärmelige Robe und einen breitkrempigen, orangefarbenen Hut trägt. Er hält einen Zeremonienstab und verrichtet eine Dämonenbannung.

9. Sangs rgyas ras chen. Hier falsch buchstabiert: Ris chen. Er ist ein tibetischer Mönch, der einen roten Meditationshut oder sgom zhwa trägt. Die Hände hält er vor der Brust in der Geste des Lehrens.

10. Sang gha bha dra. Er ist ein tibetischer Gelehrter der Sanskrit-Grammatik, der eine Schiefertafel in seiner linken Hand hält sowie eine Feder in seiner Rechten. Er trägt einen dunkelblauen, langärmeligen Umhang und orange Stiefel. Sein Kopf ist kahlgeschoren oder glatzköpfig und um seine Stirn ist ein schwarzes Band geschnürt.

11. 'Jam dbyangs chos rje. Er ist ein tibetischer Mönch, der einen sehr spitzen, gelben Gelukpa-Pandita-Hut trägt, dessen Seitenklappen über die Schultern gelegt sind, entsprechend der Hauptfigur. Seine rechte Hand ist zum rechten Knie ausgestreckt. Hinter ihm liegt auf einem niedrigen, roten Tisch ein Stapel weißer Bücher.

12. Chos kyi nyin byed. Er ist ein indischer Gelehrter mit dunkelblauer Hautfarbe, der einen roten Pandita-Hut trägt und in orangefarbene Mönchsroben gekleidet ist. In der Nähe seines rechten Knies steht ein großer, blaugrüner Topf.

13. Kun dga' grol mchog. Er ist ein tibetischer Lama, der mit der rechten Hand zum Knie ausgestreckt die Geste des Gebens zeigt und mit der linken Hand das Gefäß des unendlichen Lebens in seinem Schoß hält. Sein roter Pandita-Hut scheint flach auf den Kopf gesetzt.

14. dGa' byed sa skyongs. Er ist ein junger indischer Laienanhänger, der in einem Pavillon sitzt. In seiner rechten Hand hält er ein langes weißes Buch vor seiner Brust. Seine linke Hand ist zum linken Knie ausgestreckt, mit der Handfläche nach außen. Er trägt einen weißen Turban und eine langärmelige, weiße Robe sowie Stiefel.

15. (Ohne Namen, Wiederholung von Nr. 16?). Er ist ein tibetischer Meister, der einen gelben Pandita-Hut im typischen Gelukpa-Stil trägt. Die Hände hält er vor der Brust in der Geste des Lehrens. Der Meister umfasst mit seinen Händen den Stengel einer Lotusblüte, die ein Buch trägt.

16. rJe btsun Tāranātha. Die Figur in der Bildmitte ist Jo nang Tāranātha (auch Kun dga' snying po genannt). Er hält seine rechte Hand vor dem Herzen in der Geste des Lehrens. Seine linke Hand trägt ein Buch flach im Schoß. In seiner rechten Hand hält er zwischen Zeigefinger und Daumen den Stengel einer Lotusblüte, die zu seiner Rechten einen Vajra trägt und zu seiner Linken eine Glocke. Seine Beine sind in der Vajra-Sitzhaltung verschränkt. Er trägt einen orangegelben Pandita-Hut mit einigen dekorativen Details aus Goldbrokat, dessen Seitenklappen über die Schulterenden herabhängen und nicht in irgendeiner ungewöhnlichen Art eingeschlagen sind.

Abb. 24 Tāranātha und ein Jo nang-Versammlungsfeld. Thangka, Amdo, 18. oder 19. Jahrhundert, 90 x 64 cm. Hahn Museum, Korea. Nach K. Tanaka 2001, S. 37, Tafel 11.

Dieses nahezu identische Gemälde in Korea beweist, dass beide, dieses und das ältere Hamburger Gemälde, vermutlich auf dasselbe Jo nang-Original zurückgehen, einen Blockdruck aus dem frühen 17. Jh.

(2) Tāranātha als zentrale Gestalt in einem Jo nang-Versammlungsfeld.

Ebenso identifizierte K. Tanaka in seinem dritten Katalog zur Hahn-Sammlung eine Darstellung eines ungewöhnlichen Versammlungsfeldes (tshogs zhing) bzw. „Überlieferungslinienbaums" aufmerksam als ein Werk der Jo nang-Kunst.[27] Dabei stellte Tanaka die Gegenwart des bedeutenden Schulgründers Dol po pa Shes rab rgyal mtshan (1292-1361) als zentrale Figur in der Lama-Gruppe auf den Wolken am linken Bildrand fest. Derselbe Meister ist eindeutig als fünfter der sechs Meister in der Hauptreihe der oben dargestellten tantrischen Linie zu erkennen.

Abb. 25 Detail von Tāranātha als Zentralfigur. Thangka. Hahn Museum, Korea. Nach K. Tanaka 2001, S. 36, Bildausschnitt Tafel 11.

Die Hauptfigur kann dank der unverwechselbaren kurzen Seitenklappen des von ihm getragenen roten Pandita-Hutes als Tāranātha identifiziert werden. Ohnehin dürfte er offenkundig die Person gewesen sein, die diesen bedeutungsvollen Rang innerhalb seiner Schule Zeit seines Lebens einnahm. In seinen beiden Händen hält er einen Vajra und eine Glocke vor dem Herzen. Die Seitenklappen seines Hutes sind auf Schulterlänge gekürzt. Seine Beine liegen verschränkt in der Vajra-Sitzhaltung. Ich vermute, dass dies Kunst aus der Jo nang pa-Tradition des 18. oder 19. Jahrhunderts aus dem südöstlichen Amdo oder Golok ist. Wenn die dargestellten Linien über Tāranātha hinaus vollständig sind, dürfte man in der Lage sein, die Generation, zu der jener Stifter zählt, besser berechnen zu können.

(3) Tāranātha in einem Blockdruck aus Dzamthang

Tāranātha ist auch in einem Xylograph aus dem südlichen Amdo dargestellt, der vermutlich in das 19. Jahrhundert datiert.[28] Hier wird er in Vorderansicht gezeigt, einen Gelehrtenhut tragend, dessen Seitenklappen über seine Schulterenden herabhängen. Die rechte Hand hält er vor seinem Herzen in der Geste des Lehrens, während seine Linke flach im Schoß liegt und ein Dharma-Rad trägt.

Abb. 26 Tāranātha in einem Blockdruck aus Dzamthang. Xylograph, südliches Amdo, ca. 19. Jahrhundert. Nach D. Jackson 1996, S. 191, Abb. 93A, basierend auf der Geschichte des 'Dzam thang Bla ma, fol. 63a.

(4) Sechs Präexistenzen des Tāranātha in einem Thangka aus Amdo.

Die ersten sechs Präexistenzen des Tāranātha sind auch im Himmel eines Thangkas dargestellt, das vier Mandalas aus einer Vajrāvalī-Sammlung gewidmet ist.[29]

Abb. 27 Sechs Präexistenzen des Tāranātha in einem Thangka aus Amdo. Thangka, Amdo, 70 x 55 cm. Tamashige Collection. Nach K. Tanaka 2004, S. 19, Tafel 6.

III. Entwicklungen in der Mongolei im Zusammenhang mit dem Khalkha Jetsun Dampa (1650er bis 1920er Jahre)

Gemälde mit Tāranāthas Präexistenzen bildeten einen feststehenden ikonographischen Zyklus, den man auch in der Mongolei vorzufinden erwarten würde. Obgleich Tāranātha während seines Lebens seinem Kloster und seiner Tradition zu enormem Ansehen in Tibet verhalf, erfuhr sein Stammkloster Jo nang im Jahre 1650, sechzehn Jahre nach seinem Tod, ein beispielloses Verhängnis. Sein silberner Reliquien-Stupa wurde geplündert und die Druckstöcke seiner eigenen Schriften versiegelt. Selbst seine Trulku-Linie wurde „entführt" - seine eigene Wiederverkörperung wurde aufgefunden und zum führenden Gelukpa-Lama der Mongolen erhoben. Dagegen erlitt er aus tibetischer und Jo nang pa-Sichtweise das Schicksal, weit entfernt von gTsang, quasi im Exil leben zu müssen.

Vom mongolischen Standpunkt aus betrachtet, war dies jedoch eine vielversprechende Entwicklung, da Tāranātha schließlich „nach Hause" zurückgekehrt war. Er wurde als Sohn des khalkha-mongolischen Prinzen Gombo Dorje (1594-1655) wiedergeboren und würde zu gegebener Zeit als Khalkha Jetsun Dampa anerkannt werden, dem führenden Lama und Herrscher der Mongolen.[30] Er begann seine Laufbahn als streng unterwiesener Gelukpa-Mönch. Nach mündlicher Überlieferung wurde er später unter dem Namen Danzanbazar (Jnanavajra) ein sagenumwobener religiöser Bildhauer. Viele ausgezeichnete Bronzen, die ihm die Tradition zuschreibt, können heute noch in der Mongolei bewundert werden.[31] Die mündliche Überlieferung betont zugleich, dass er eine Frau heiratete, die eine versierte Bildhauerin war.[32]

Das Vorhandensein traditioneller mongolischer Listen mit den früheren Existenzen des Jetsun Dampa, einschließlich Tāranātha und dessen Präexistenzen, war Mongolisten wie A. M. Pozdneev seit dem 19. Jahrhundert bekannt.[33] Nach der orthodoxen mongolischen Tradition wurde seine Präexistenzenlinie auf einen ersten Meister zurückgeführt, der ein Schüler des historischen Buddha war.[34] Dies war eine geringfügige Umstellung der ursprünglichen tibetischen Tradition, die auf die Schriften Kun dga' grol mchog's zurückgeht, indem die ursprüngliche erste, eher tantrische Figur durch eine eher monastische ersetzt wurde. Die Liste, die in dem Gebet an die Wiedergeburtenreihe ('khrungs rabs gsol 'debs) zu finden ist und dem Ersten Jetsun Dampa zugeschrieben wird, aber möglicherweise von dem Ersten Panchen-Lama verfasst wurde, lautet:[35]

1. Blo gros shin tu rnam dag (ein Mönchsschüler des Buddha und nicht der tantrische yi-dam)[36]
2. 'Bar ba'i gtso bo
3. sPyod pa'i rdo rje (=Nag po spyod pa)
4. „Ratan chen po" (=Ratna chen po)
5. Rong zom Chos bzang
6. Dar ma dbang phyug
7. 'Od zer dpal
8. 'Brug sgra rgyal mtshan
9. Sangs rgyas ras chen
10. Sang gha bha dra
11. 'Jam dbyangs Chos rje
12. Chos kyi nyin byed

13. 'Jam mgon Bla ma (=Kun dga' grol mchog)
14. dGa' byed sa skyong
15. rJe btsun rDo rje 'dzin (= rJe btsun Tāranātha)

Der Jetsun Dampa - auch bekannt als Öndür Gegen - wurde im Kindesalter zuerst als „'Jam dbyangs sprul sku" bzw. „Manjusri-Inkarnation" identifiziert. In seinem Buch über Dol po pa und dessen Tradition deutete C. Stearns den Namen 'Jam dbyangs in diesem Titel als sich in erster Linie auf den Gelukpa-Lama 'Jam dbyangs Chos rje, dem Gründer des Klosters 'Bras spungs, beziehend und betonte damit die vorrangige Verbindung des Lamas zur Gelukpa-Tradition. Es stimmt, dass eine wichtige traditionelle Gelukpa-Biographie des Ersten Jetsun Dampa nicht über die zeitliche Unterbrechung zwischen dem Todesjahr 'Jam dbyangs Chos rje's und dem Geburtsjahr Tāranāthas aufklärte und es unterließ, Kun dga' grol mchog zu erwähnen.[37] Obgleich solche Quellen mit aller Kraft seine Gelukpa-Verbindung betonten, bezogen sich die tibetischen und mongolischen Biographienschreiber des Ersten Jetsun Dampa ebenso auf die Existenz einer längeren Liste seiner Wiedergeburten (indem sie eine derartige Liste dem Jetsun Dampa selbst zuschrieben) und waren sich der Existenz von mehr als einem Jo nang-Lama unter den jüngeren Wiedergeburten bewusst. Die zwei bedeutenden Jo nang-Äbte wurden in jedem Fall in die Standardlisten der Präexistenzen des Khalkha Jetsun Dampa einbezogen. In jener abgeänderten mongolischen Liste, die von E. Gene Smith verzeichnet wurde, fehlt der erste Mönch (Blo gros shin tu rnam dag, ein Mönchsschüler des Buddha):[38]

A. Paṇḍita 'Bar ba'i gtso bo
B. sPyod pa'i rdo rje (Kṛṣṇacārin)
C. Ratna ba hu la
D. Rong zom Chos bzang
E. 'Ba rom pa Dar ma dbang phyug
F. A wa dhu ti pa 'Od zer dpal
G. Zhang 'Brug sgra rgyal mtshan
H. gNyos rGyal ba Lha nang pa (1164-1224)
I. sNar thang Kun mkhyen Sangghabhadra
J. 'Jam dbyangs chos rje bKra shis dpal ldan (1379-1449)
K. Paṇḍita Chos kyi nyin byed

L. Jo nang rJe btsun Kun dga' grol mchog (1495 [sic!]-1566)
M. rGyal bu dGa' byed sa skyong, Prince of Tripura
N. Tāranātha Kun dga' snying po (1575-1634)
1. Ye shes rdo rje alias Blo bzang bstan pa'i rgyal mtshan (1635-1723)
2. Blo bzang bstan pa'i sgron me (1724-1757)
3. Ye shes bstan pa'i nyi ma (1758-1773)
4. Blo bzang thub bstan dbang phyug (1775-1813)
5. Blo bzang tshul khrims 'jigs med (1815-1840)
6. Blo bzang dpal ldan bstan pa (1843-1848)
7. Ngag dbang chos dbyings dbang phyug phrin las rgya mtsho (1850-1868)
8. Ngag dbang blo bzang chos kyi nyi ma bstan 'dzin dbang phyug (1871-1924)
[9.? Der gegenwärtige Jetsun Dampa, der in Dharamsala lebt.]

(1) Lama mit seinen Präexistenzen (kolorierter Blockdruck aus der Mongolei, 17. Jahrhundert)

In Ergänzung zum Hamburger Thangka (Abb. 1) wurden mindestens drei weitere Thangkas, die vermutlich auf demselben Druckstock basieren, am Beginn des 20. Jahrhunderts von H. Leder, A. Tafel und J. F. G. Umlauff in der Mongolei gesammelt. Diese befinden sich jetzt als Erwerbungen im Linden-Museum in Stuttgart.[39]

Ein Thangka (Nr. 71 597) wurde von S. Hummel in seinem Katalog zu den Malereien dieser Sammlung beschrieben.[40] Dieses Thangka ist auf einem Untergrund aus Seide gemalt. Hummel identifizierte die Hauptfigur als den Ersten Jetsun Dampa, ohne seinen Beweggrund für diese Bestimmung offenzulegen. Er erkannte jedoch, dass die Ikonographie der Hauptfigur nicht der bekannten Darstellung des Ersten Jetsun Dampa entspricht. Die Inschriften zu den Nebenfiguren waren größtenteils lesbar und erlaubten Hummel, die meisten dieser Figuren zu bestimmen. Zu mehreren der dargestellten Personen lieferte er zudem Quellennachweise aus den veröffentlichten Werken zur Geschichte Tibets.

Die Identität der Hauptfigur bleibt ungeklärt, obgleich im mongolischen Kontext die Darstellung des Ersten Jetsun Dampa am wahrscheinlichsten wäre, wie auch Hummel vermutete. Jedoch ist die Ikono-

Abb. 28 Lama mit seinen Präexistenzen. Kolorierter Blockdruck aus der Mongolei. Thangka auf Seide, 17. oder 18. Jahrhundert?, 45 x 31 cm. Linden-Museum Stuttgart. Nach S. Hummel 1967, S. 125, Abb. 9.

graphie der Hauptfigur eher für den Zweiten Jetsun Dampa charakteristisch. In der Mongolei des späten 17. Jahrhunderts bzw. 18. Jahrhunderts wäre die Darstellung Tāranāthas als Hauptfigur unwahrscheinlich.

Zumindest eines (Nr. 24 445) der drei Thangkas aus dem Linden-Museum wurde in Urga erworben, dem Sitz des Jetsun Dampa. Es könnte sein, dass zahlreiche Drucke dieses Druckstocks und auch gemalte Thangkas, die auf diesem basieren, an Pilger und Stifter, die den Hof des Ersten Jetsun Dampa aufsuchten, verteilt wurden. Könnte der Druckstock zu diesem Zweck in die Mongolei gebracht worden sein?

(2) Eine mongolische Fortführung: Der Erste Jetsun Dampa und seine Präexistenzen aus einer burjat-mongolischen Sammlung.

Abb. 29 Der Erste Jetsun Dampa und seine Präexistenzen aus einer burjat-mongolischen Sammlung. Thangka, 54 x 38,2 cm. Nach Buddijskaya Živopis' Burjatii [Buddhistische Gemälde aus Burjatien], 1996, S. 39, Tafel 10.

In den folgenden Generationen gaben gläubige mongolische Anhänger des Jetsun Dampa Gemälde in Auftrag, die Fortführungen seiner Wiedergeburtenreihe zeigten.[41] Ein veröffentlichtes Thangka aus der burjat-mongolischen Region in Russland zeigt dieselbe Reihe der Präexistenzen.[42] In diesem Thangka, im Format 54 x 38,2 cm, ist die Hauptfigur einer der frühen Khalkha Jetsun Dampas aus der Mongolei, während Tāranātha in die vorletzte Position verschoben wurde. Tāranātha trägt in diesem Gemälde einen roten Pandita-Hut mit Details aus Goldbrokat und langen Seitenklappen, die über seine Schultern gelegt sind. Seine Hände hält er vor der Brust in der Geste des Lehrens.

Die Hauptfigur, im Buch identifiziert als der Erste Jetsun Dampa, trägt einen schwarzgelben Zeremonienhut mit einer goldenen Bekrönung. Sein Thron hat eine quadratische Rückenlehne aus rotem Brokat. Der verbleibende Hintergrund wird von zwei großen, rechteckigen, roten und orangefarbenen Wänden oder Stelltafeln eingenommen.

Die letzte Nebenfigur kann nur den Ersten Jetsun Dampa darstellen. Er trägt einen herkömmlichen gelbfarbenen Gelukpa-Pandita-Hut. In seinen beiden Händen, die ineinander gelegt im Schoß liegen, ruht das Gefäß des unendlichen Lebens. Ihm zur Seite gestellt wurde die Göttin Grüne Tārā, wohlmöglich zum Schutz der Hauptfigur oder des Stifters. Ich vermute, dass dies mongolische Kunst aus dem späten 17. Jahrhundert bis Mitte des 18. Jahrhundert ist, wahrscheinlich aus der Zeit der Hauptfigur (Die Tatsache, dass die Hauptfigur mit jugendlichen Merkmalen dargestellt ist, lässt keine zuverlässige Bestimmung seines Alters zur Zeit der Gemäldeherstellung zu. Manchmal wurde ein älterer Lama in jugendlicher Erscheinungsweise dargestellt als glückverheißendes Zeichen, um seine Langlebigkeit vorherzusagen).

		1		
4	2		3	5
6				7
8				9
10		17		11
12				13
				15
14				16

1. Bde mchog. Samvara, die stehende zweiarmige Erscheinungsform umarmt von einer roten Begleiterin.

2. 'Bar ba'i gtso bo. Er ist ein dunkelhäutiger indischer Mönch mit einem roten Pandita-Hut. Die rechte Hand zeigt die Geste des Lehrens, die linke Hand hält ein Buch im Schoß. Sein Hut ist seitwärts auf den Kopf gesetzt.

3. [Nag po] Spyod pa'i rdo rje. Er ist ein dunkelhäutiger indischer Siddha, der tanzend in der rechten Hand eine damaru-Trommel empor hält. In seiner linken Hand vor dem Herzen trägt er eine Schädelschale. Ein Schirm schwebt über ihm im Himmel sowie zwei damaru-Trommeln.

4. Ratna chen po. Er ist ein dunkelhäutiger indischer Yogi, der auf einem dunklen Antilopenfell sitzt und eine weiße Robe trägt. Die Hände liegen zur Meditation ineinander gelegt im Schoß.

5. Rong zom Chos bzang. Er ist ein langhaariger tibetischer Laienmeister mit einem langärmeligen Obergewand. Seine Füße sind in den orangefarbenen und roten Untergewändern verborgen.

6. Dar ma dbang phyug

7. 'Od zer dpal

8. 'Brug sgra rgyal mtshan

9. Sangs rgyas ras chen

10. Sang gha bha dra. Er ist ein tibetischer Gelehrter der Sanskrit-Grammatik, der eine weiße Schiefertafel oder ein Stück Papier in seiner linken Hand hält sowie eine Feder in seiner Rechten. Er trägt einen mit einer grünen Bordüre besetzten, orangefarbenen, langärmeligen Umhang und Stiefel. Sein Kopf ist kahlgeschoren oder glatzköpfig und um seine Stirn ist ein schwarzes Band geschnürt.

11. 'Jam dbyangs chos rje. Er ist ein tibetischer Mönch, der einen gelben Gelukpa-Pandita-Hut trägt.

12. Chos kyi nyin byed. Er ist ein indischer Gelehrter mit dunkelblauer Hautfarbe, der einen roten Pandita-Hut und orangefarbene Mönchsroben trägt.

13. Kun dga' grol mchog. Er ist ein tibetischer Lama, der mit der rechten Hand zum Knie ausgestreckt die Geste des Gebens zeigt und mit der linken Hand das Gefäß des unendlichen Lebens in seinem Schoß hält.

14. dGa' byed sa skyongs. Er ist ein indischer oder Newar-Laienanhänger, der in einem Pavillion sitzt. Im Schoß hält er in seiner rechten Hand ein langes Buch mit rotem Deckel. Seine linke Hand ist zum linken Knie ausgestreckt, mit der Handfläche nach außen. Er trägt einen orangeweißen Turban mit goldener Bekrönung und eine langärmelige, weiße Robe und Stiefel.

15. rJe btsun Tāranātha (mit rotem Hut).

16. Erster Jetsun Dampa (als letzte Nebenfigur).

17. Erster Jetsun Dampa (wiederholt als Hauptfigur?).

Die Identifizierung von zwei Figuren in ein und demselben Thangka als Erster Jetsun Dampa ist, zumindest für mich, unerwartet. Die Maler des Thangkas aus Golok (Abb. 23, II-1) haben anscheinend auch eine Wiederholung in der Struktur verstanden.

Dieses Thangka wurde in dem dogmatisch exklusiveren Milieu der Mongolei des 18. Jahrhunderts gemalt. Der Künstler oder Stifter unterschied die beiden echten Gelukpa-Lamas (Nr. 11 und 16) streng von den anderen, indem ihnen allein vorbehalten war, einen gelben Hut tragend gezeigt zu werden. So wurde die Farbe von Tāranāthas ursprünglich gelbem Hut in rot verwandelt.

(3) Charakteristische Blockdrucke des Ersten Jetsun Dampa.

Weder die Hauptfigur noch die letzte Nebenfigur stimmen in jenem burjatischen Thangka mit den bekannteren Darstellungen des Ersten Jetsun Dampa überein. Nach Bawden wird dieser Lama üblicherweise

Abb. 30 Der Erste Jetsun Dampa. Blockdruck auf Stoff, Mongolei, 25 x 43 cm. Völkerkundemuseum, Heidelberg. Nach C. R. Bawden 1970, Abb. 7.

ohne Hut gezeigt, mit einem runden Kopf, vorne kahl.[43] Bawden veröffentlichte acht Abbildungen des Ersten Jetsun Dampa. Er vermutete, dass H. Leder diese Bilder in Urga gesammelt hatte, und dass sie über den Händler Umlauff schließlich ins Völkerkundemuseum nach Heidelberg kamen.[44]

Eine ähnliche Darstellung wie die Abbildungen bei Bawden zeigt ein kolorierter mongolischer Blockdruck des Ersten Jetsun Dampa im Museum für Völkerkunde Hamburg, Nr. 2672:09. Der Lama ist mit breitem Schädel, fast kahlköpfig dargestellt. Den o.g. Abbildungen entsprechend, hält er in der rechten Hand vor dem Herzen einen Vajra, die linke Hand liegt im Schoß und trägt eine Glocke. Er sitzt auf einem Thron, dessen Sitzfläche in Vogelperspektive dargestellt ist. Hinter dem Thron befindet sich ein viereckiger Vorhang (rgyab yol).

Abb. 31 Der Erste Jetsun Dampa. Mongolischer kolorierter Blockdruck des Ersten Jetsun Dampa, in der Inschrift unten identifiziert als bla sku. Museum für Völkerkunde Hamburg, Inv.Nr. 2672:09 Slg. Leder (Foto Saal). Druck: Der erste Jetsun Dampa Druck auf Textilgewebe, koloriert. H 35 cm, B 26 cm Mongolei.

Abb. 32 Der Zweite Jetsun Dampa in einem Thangka aus Burjatien. Thangka, 40,6 x 29 cm. Nach Buddijskaya Živopis' Burjatii [Buddhistische Gemälde aus Burjatien], 1996, S. 41, Tafel 11.

(4) Ein Thangka aus Burjatien: der Zweite Jetsun Dampa.

Der burjatische Thangka-Katalog zeigt auch ein Gemälde, das als Darstellung des Zweiten Jetsun Dampa identifiziert wurde. Er erscheint ohne seine Präexistenzenlinie.[45]

Angesichts der Bedeutung des Jetsun Dampa für den mongolischen Buddhismus würde ich erwarten, dass viele weitere solcher Thangkas, die Linien der Präexistenzen des Tāranātha und des Jetsun Dampa abbilden, existieren und allmählich wieder zum Vorschein kommen. So zeigt ein Thangka in der Beinecke Library der Yale University Tāranāthas Wiedergeburtenreihe, die über drei Wiederverkörperungen des Jetsun Dampa fortgeführt wird.[46] Diese Gemälde sollten von jemandem untersucht werden, der systematisch zur mongolischen Kunst arbeitet.

(5) Separate Gemälde der Präexistenzenlinie des Ersten Jetsun Dampa

Wie früher in Phun tshogs gling, so wurde auch die Präexistenzenlinie des Ersten Jetsun Dampa in separaten Bildern dargestellt. Drei mögliche Gemälde aus dieser Serie sind in einem russischen Thangka-Katalog erschienen. 'Brug sgra rgyal mtshan, die Nummer 8 in Tāranāthas Präexistenzenlinie, wurde hier als Končog Džungne identifiziert.[47] Aus derselben Bilderserie finden sich zwei Darstellungen des Sang gha bha dra, der Nummer 10 in Tāranāthas Wiedergeburtenreihe.[48] Sang gha

Abb. 33 'Brug sgra rgyal mtshan als Präexistenz des Ersten Jetsun Dampa. Thangka. Nach C.-B. Badmažalov 2003, S. 58, Tafel 39.

bha dra wurde hier irrtümlich als 3. Pančen Lama Lobzang Dondrub identifiziert. Derselbe Bildinhalt wurde in einem zweiten Gemälde als Schwarzgrund-Thangka (nag thang) wiederholt. Dies beweist, dass hier ein bekannter ikonographischer Topos vorliegt.

Abb. 34 Sang gha bha dra als Präexistenz des Ersten Jetsun Dampa. Thangka. Nach C.-B. Badmažalov 2003, S. 78, Tafel 59.

Abb. 35 Sang gha bha dra als Präexistenz des Ersten Jetsun Dampa. Schwarzgrund-Thangka. Nach C.-B. Badmažalov 2003, S. 79, Tafel 60.

IV. Wiederbelebung in Derge, Zentral-Kham (Mitte 18. bis spätes 19. Jahrhundert)

IV.a. Wiederbelebung in dPal spung im südlichen Derge im Zusammenhang mit Si tu Pan chen (Mitte bis Ende des 18. Jahrhunderts).

Die beiden einflussreichsten Personen, die während des 18. Jahrhunderts den Jo nang-Traditionen in Kham und Zentraltibet zur Wiederbelebung verhalfen, waren Rig ‚dzin Tshe dbang nor bu (1698-1755) und Si tu Paṇ chen Chos kyi 'byung gnas (1700-1774).[49] Insbesondere Si tu wurde so eng mit Tāranātha in Verbindung gebracht, dass er zu seinen Wiederverkörperungen gezählt wurde. Diese Auffassung zog

Abb. 36 Darstellung des Tāranātha aus einer Bilderserie mit den Präexistenzen Si tu Paṇ chen's. Thangka, dPal spungs.

jedoch nicht nach sich, dass die Gesamtheit der übrigen Präexistenzen Tāranāthas für Si tu übernommen wurde. Als Si tu sPrul sku der Klöster Karma und dPal spungs besaß er bereits eine eigene feststehende Hauptlinie seiner Präexistenzen.

(1) Darstellung des Tāranātha aus einer Bilderserie mit den Präexistenzen Si tu Paṇ chen's.

Tāranātha erscheint als Hauptfigur eines einzelnen Bildes aus einer Thangka-Serie aus dPal spungs, die Präexistenzen Si tu Paṇ chen's zeigt. In diesem unveröffentlichten Gemälde (meine vorläufige Zählung als Nr. *22 innerhalb der gesamten Wiedergeburtenreihe Si tu's) sitzt Tāranātha im Halbprofil auf einem geschnitzten Holzthron. Die rechte Hand zeigt die Geste des Lehrens und die linke Hand ist mit der Handfläche nach außen zum Knie ausgestreckt, wobei die Finger herabhängen. Er trägt einen roten Pandita-Hut mit kurzen Seitenklappen, die seine Ohren bedecken und in Kieferhöhe in den Hut eingeschlagen sind. Dies scheint Si tu's Interpretation des außergewöhnlichen Hutes zu sein. Tāranāthas beiden unbekleideten Füße ragen aus seinen Untergewändern hervor, der linke Fuß ruht dabei auf einem weißen Lotossockel.

Oben im Himmel befinden sich vier Meister, die den Inschriften folgend sTag lung Kun dga' bkra shis (oben, Bildmitte), rJe btsun Kun dga' rgyal mtshan (links), den indischen Yogi Buddhagupta (rechts) und eine weitere Figur (rechts außen, eine weibliche Begleiterin Buddhaguptas?) darstellen. In der Landschaft zu Tāranāthas linker Hand befindet sich ein Tempel, vermutlich Phun tshogs gling. Unterhalb des Klosters sitzt ein

Mönchsschüler, Ye shes rgya mtsho, der einen roten Pandita-Hut trägt. Der Schüler Chos bzang nyi ma steht zwischen ihm und Tāranātha, sich leicht verneigend. Ein dritter tibetischer Student ist Kun dga' dpal bzang, in Laiengewänder gekleidet. Im Vordergrund stehen vier indische Sadhus beziehungsweise wandernde Yogi-Bettelmönche, zwei von ihnen führen eine Unterredung mit der Hauptfigur.

(2) Eine kleine Darstellung Tāranāthas oberhalb der Schutzgottheit eines vierarmigen Māhākalas.[50]

In diesem Thangka trägt der Lama einen roten Pandita-Hut mit Seitenklappen, die oberhalb seiner Schultern spitz enden. Seine Hände vor der Brust zeigen die Geste des Lehrens. Mir ist nicht bekannt, auf welcher Grundlage der Lama als Tāranātha identifiziert wurde. Da keine Inschrift erwähnt wird, vermute ich, dass es aufgrund der auffälligen Hutform geschah.

IV.b. Die Wiederbelebung in dPal spungs im Zusammenhang mit der Lehre und den Präexistenzen Kong sprul's (Mitte bis Ende des 19. Jahrhunderts)

Die letzte bedeutende Wiederbelebung der gZhan stong-Madhyamaka-Philosophie, die kennzeichnend für die Jo nang-Tradition ist, wurde von Kong sprul Blo gros mtha' yas (1813-1899), dem Mitbegründer der nichtsektiererischen Ris-med-Bewegung in Derge, geleitet.[51] Genau wie Si tu, betrachtete er sich selbst als eine Wiedergeburt Tāranāthas. In seinem Fall ging der Herausgeber seiner Autobiographie sogar so weit, dass er dessen Präexistenzen ebenfalls übernahm. Die früheren Existenzen Kong sprul's schließen somit die Inkarnationslinie Tāranāthas ein (zu beachten ist, dass die ersten ein beziehungsweise zwei Figuren fehlen und die Letzte außerhalb der Reihe aus einer anderen Quelle hinzugefügt wurde):[52]

1. sPyod pa'i rdo rje (Kṛṣṇacārin)
2. Ratna ba hu la
3. Rong zom Chos bzang
4. 'Ba rom pa Dar ma dbang phyug
5. Sa skya A wa dhu ti pa ('Od zer dpal?)
6. Zhang ston 'Khrul zhig 'Brug sgra rgyal mtshan
7. gNyos Sangs rgya Ras chen [=rGyal ba Lha nang pa] (1164-1224)
8. mKhas grub Sangghabhadra
9. 'Jam dbyangs bKra shis dpal ldan (1379-1449)
10. Paṇḍita Chos kyi nyin byed
11. Jo nang rJe btsun Kun dga' grol mchog alias Blo gsal rgya mtsho (1495 [sic!]-1566)
12. rGyal bu dGa' byed sa skyong of Tripura
13. Jo nang rJe btsun Tāranātha (geb. 1575)
14. Snye mdo Thams cad mkhyen pa Kun dga' don grub (geb. 1268)

(1) Ein einzelnes Thangka aus einer zweiten Bilderserie separater Gemälde.

Weiterhin kam ein einzelnes Fragment aus einer Serie zum Vorschein, das Tāranāthas Trulku-Linie darstellt: diese größere Abbildung (80 x 54 cm) einer seiner Präexistenzen zeigt den ceylonesisch-

Abb. 37 Darstellung des ceylonesischen Paṇḍita Chos kyi nyin byed aus einer weiteren Serie separater Gemälde. Thangka, 80 x 54 cm. Sammlung Prof. M. Driesch, Köln. Nach Tibetan Art Calendar 2005. Somerville: Wisdom Publications, 2004 und Aitrang: Schneelöwe Verlagsberatung und Verlag, 2004.

buddhistischen Paṇḍita Chos kyi nyin byed aus dem 15. Jahrhundert als Hauptfigur. Das Gemälde, erhalten in der Sammlung von Hr. Prof. M. Driesch, Köln, zeigt einen Lama, der einen roten Pandita-Hut trägt. Ferner ist im Himmel oben links eine Figur in der spezifischen Ikonographie des Sa skya Paṇḍita (als Lama der Überlieferungslinie?) dargestellt. Eine einzelne zornvolle Gestalt ist im Vordergrund abgebildet.

Das Thangka wurde eindeutig in Kham gemalt. Stilistisch steht es einigen dPal spungs-Bilderserien aus dem 18. Jahrhundert nahe (es wurde auf dem Deckblatt des Thangka-Kalenders 2005, Wisdom und Schneelöwe, veröffentlicht). Es zählt somit zu einer sonst unbekannten Serie von separaten Bildern. Meine erste Hypothese war, dass es Teil eines Satzes ist, der die Präexistenzen Kong sprul's darstellt. Aber bei näherer Untersuchung scheint es früher gemalt worden zu sein; so könnte es ein Fragment einer sonst unbekannten Serie sein, die Tāranāthas Trulku-Linie darstellt und von Si tu oder Tshe dbang nor bu im 18. Jahrhundert als Teil ihrer Bemühungen zur Wiederbelebung der Traditionen Tāranāthas in Auftrag gegeben wurde.

(2) Tāranātha erscheint auch in einem späteren Thangka als bedeutender Überlieferungsträger des sechsarmigen Mahākāla. Stilistisch betrachtet, scheint das Thangka in einem Karma bKa' bris-Stil aus dem 19. Jahrhundert in Kham gemalt worden zu sein.[53]

V. Neuzeitliche Abbildungen

(1) Eine noch jüngere Abbildung Tāranāthas erschien in einer Thangka-Posterserie, die Meister aus allen tibetisch-buddhistischen Schulen zeigt. In den letzten Jahrzehnten von bKa' chen Blo bzang phun tshogs aus bKra shis lhun po gemalt, wurde sie in den neunziger Jahren des 20. Jahrhunderts in Tibet oder China veröffentlicht. In dem Gemälde, das Bu ston als Hauptfigur mit einem gelben Hut darstellt, erscheinen die beiden bedeutendsten Jo nang-Meister, Dol po pa und Tāranātha, oben in Vorderansicht, beide zinnoberrote Hüte tragend. Tāranātha hält hier,

wie in dem Versammlungsbaum aus Amdo oder Golok, Vajra und Glocke gekreuzt vor seinem Herzen und die Seitenklappen seines Hutes sind deutlich auf Schulterlänge gekürzt.

Abb. 38 Neuzeitliche Abbildungen Tāranāthas und Dol po pa's. Thangka-Poster, ursprünglich gemalt von bKa' chen Blo bzang phun tshogs aus bKra shis lhun po. Tibet oder China, 1990er Jahre.

Tibetische Schriftquellen zu den Reihen der Wiedergeburten

Die Präexistenzenreihen Tāranāthas können ebenfalls anhand etlicher tibetischer Ritualtexte oder historischer Quellen aus dem 16. und 17. Jahrhundert einfach rekonstruiert werden. Die früheste Quelle ist eine Serie kurzer Biographien zu den Präexistenzen Kun dga' grol mchog's, die von Tāranāthas Vorgänger, Jo nang Kun dga' grol mchog (1507-1566), verfasst wurde.

Diese zwölfteilige Sammlung wurde in New Delhi vom Tibet House im Jahre 1982 unter dem englischen Titel: The autobiographies of Jo-nang Kun-dga'-grol-mchog and his previous embodiments, veröffentlicht.[54] Diese Biographiensammlung wurde ebenso von A khu Ching Shes rab rgya mtsho in seiner Liste seltener Bücher dPe dkon tho yig (Materials for a History of Tibetan Literature, Nr. 10999): Kun dga' grol mchog gi skye 'phreng dang bcas pa'i rnam thar yal 'dab bcu gnyis pa skal bzang dad pa'i shing rta 'dren byed rje rang nyid kyis mdzad pa, aufgelistet. Dem Nachdruck zufolge wurde diese Ausgabe „von den Drucken der

Rgyal-rtse-Blöcke aus der Bibliothek des Tibet House vervielfältigt". Diese und andere Druckstöcke der Schriften von Kun dga' grol mchog wurden jedoch im Kloster rTag brtan phun tshogs gling in Jo nang gelagert, wo sie von ihrem ursprünglichen Aufbewahrungsort, aus Ngam ring in La stod Byang hingebracht wurden (ngam ring nas gdan zhu byas gras). Siehe dBus gtsang spar tho, S. 215: rje btsun kun dga' grol mchog gi gsung

> Byang bdag rnam rgyal grags bzang gi rnam thar /
> Kun dga' grol mchog gi rnam thar /
> Chos kyi thob yig bstan pa'i nor rdzas la / 112 [fols.]
> 'Khrid brgya'i brgyud 'debs sogs la / 38 [fols.] [S. 216]
> 'Khrid brgya'i sngon 'gro dngos gzhi bcas la / 101 [fols.]
> gSang 'dus ye shes zhabs lugs skor /
> Lam 'bras dka' 'grel sbas don gnad kyi lde mig la / 44 [fols.]
> Tshe sgrub grub rgyal ma'i 'khrid yig la / 18 [fols.]
> Bla ma lam 'khyer sogs la / 34 [fols.]
> Blo gsal gyi ldum bu 'grol mchog rang gi myong ba rgyan gyi me tog la grangs / 35 [fols.]
> sBas pa'i tshig 'byed thar pa'i them skas la grangs / 83 [fols.]

Frühere Wissenschaftler haben mehrere Kurzbiographien von Kun dga' grol mchog untersucht. David Templeman verglich in seinem Aufsatz aus dem Jahre 1994 die Beschreibung von Nag po pa in den zwei separaten Biographien von Kun dga' grol mchog und von Tāranātha. Er identifizierte Nr. 14, dGa' byed sa skyong (Rāmagopāla), als einen Kinderprinzen aus Tripurā, der von 1566 bis 1575 lebte und erwähnte ebenso eine kurze Biographie dieses Jungen in Tāranāthas Gesamtwerk.[55] Orna Almogi 2002 skizzierte die Quellen, die von Kun dga' grol mchog für seine kurze Biographie des Rong zom pa herangezogen wurden.[56]

Für die Wiederverkörperungen bis zu Tāranātha existierte auch eine Serie mit Supplikationen beziehungsweise Gebeten ('khrungs rabs gsol 'debs), die von Blo bzang chos kyi rgyal mtshan verfasst und in Jo nang gedruckt wurde.[57] Ein ähnliches Werk wurde dem Ersten Jetsun Dampa zugeschrieben, der einen ähnlichen Ordinationsnamen, Blo bzang bstan pa'i rgyal mtshan, trug.[58] Wenn der Name in der Liste der Druckstöcke richtig ist, könnte der Autor wohlmöglich der Erste Paṇ chen Rin po che

(1567-1662) sein, also Jetsun Dampas Lehrer und Tāranāthas älterer Zeitgenosse und Rivale.[59] Der Erste Paṇ chen war in Jo nang im Jahre 1650, in der ersten Phase der Konvertierung aktiv und gab dort die ersten umfassenden Gelukpa-Belehrungen. Es wäre interessant zu wissen, ob er die Gebete vor oder nach der Konvertierung verfasst hat (es ist nicht bekannt, wann der Jetsun Dampa zum ersten Mal Jo nang besuchte und wie sein Empfang dort verlief).[60]

Schlussbemerkung

Wie westliche Kunst des Altertums, so ist ein großer Teil des künstlerischen Erbes Tibets aus seinem historischen Bezugsrahmen gerissen worden. Viele einzelne tibetische Thangkas haben ihre historische Identität während des Durcheinanders und der Plünderei der Kulturrevolution (1966-1972) verloren, genauso wie zahlreiche Objekte der französischen Kunst durch die Französische Revolution im Jahre 1789 räumlich verlagert wurden.[61] So findet sich heute ein großer Teil der tibetisch-buddhistischen Kunst hier und dort in ausländischen Sammlungen verstreut, physisch und historisch getrennt von den Klöstern, in denen sie geschaffen wurde. Wenn schon, dann hat die Entwicklung der Dislokation in den letzten Jahren eher noch zugenommen, indem viele der erhaltenen Gemälde heimlich in den 80er und 90er Jahren des 20. Jahrhunderts veräußert wurden, um klösterlichen Wiederaufbau zu finanzieren.

In der vorliegenden Studie bildete ein Thangka den Ausgangspunkt, das vor einem Jahrhundert in der Mongolei gesammelt wurde, gekauft scheinbar wahllos zu ethnographischen Zwecken. Der Käufer war sich über den Inhalt nicht bewusst und so wurde das Gemälde kulturell entwurzelt, genauso effizient, als wäre es geplündert worden. Um damit zu beginnen, diesem Thangka seinen verlorengegangenen historischen Kontext zurückzugeben, war es notwendig, möglichst viele erhaltene Gemälde des Tāranātha und seiner Präexistenzen aus weit entfernten Ecken des tibetischen Kulturkreises zusammenzutragen, einschließlich: (1) von dem ursprünglichen Klostersitz, Jo nang im westlichen gTsang,

(2) aus den erhaltenen Jo nang-Klöstern in Amdo und Golok, (3) aus der Mongolei, dem Reich des Jetsun Dampa und (4) aus Derge in Kham, der Stätte der beiden Bewegungen zur Wiederbelebung der Traditionen Tāranāthas. Ironischerweise ist es so, dass je mehr solcher Kunstobjekte in einfach zugänglichen oder gut dokumentierten Sammlungen außerhalb Tibets auftauchen, desto besser sind unsere Aussichten, eines von ihnen richtig zu interpretieren.[62]

Religiös betrachtet, sind Ikonen nichts geringeres als wertvolle und fühlbare Zeichen des Sakralen in der Welt. Wir müssen uns daher bemühen, ihren heiligen Status wieder anzuerkennen und ihnen eine achtungsvolle, ihnen gebührende Wertschätzung entgegenzubringen. Das Schicksal der Jo nang pa-Kunst in Zentraltibet war in zweifacher Hinsicht tragisch, da ihre spirituelle Abwertung und Zerstreuung bereits im 17. Jahrhundert begann (Wir können nur hoffen, dass sich die Berichte von Plündereien, die in den letzten Jahren in Jo nang verübt worden sein sollen, als falsch herausstellen).[63] Der vorliegende Aufsatz wird seinen Zweck erreicht haben, wenn ein größerer Teil aus dem Erbe der religiösen Kunst der Jo nang pa wiederentdeckt und mit Achtung erhalten wird, nicht nur in Zentraltibet am ehrwürdigen Klostersitz in Jo nang, sondern auch in den entferntesten Rückzugsgebieten der tibetisch-buddhistischen Einflusssphäre und darüber hinaus.

Bibliographie

Almogi, Orna
2002   Sources on the Life and Works of the Eleventh-Century Tibetan Scholar Rong zom Chos kyi bzang po: A Brief Survey. In: H. Blezer (Hrsg.), Tibet, Past and Present. Tibetan Studies I, S. 67-80. Leiden.

Badmažalov. C.-B.
2003   Ikonografija Vadžrajany [Ikonographie des Vajrayana]. Dizajn. Informacija. Kartografija. Moskva.

Bawden, Charles W.
1961 The Jebtsundampa Khutuktus of Urga. (Asiatische Forschung, 9) Wiesbaden.
1970 Some Portraits of the First Jetsun Dampa Huthuktu. In: Zentralasiatische Studien, Bd. 4, S. 183–198.

Béguin, Gilles
1995 Les peintures du Bouddhisme tibétain. Paris.

Binczik, Angelika / Fischer, Roland
2002 Verborgene Schätze aus Ladakh: Hidden Treasures from Ladakh. München.

Buddijskaya Živopis' Burjatii
1996 [Buddhistische Gemälde aus Burjatien]. Taipei: The Corporate Body of the Buddha Educational Foundation.

dBus gtsang spar tho.
siehe Gangs can gyi ...

Essen, Gerd-Wolfgang / Thingo, T.T.
1989 Die Götter des Himalaya: Buddhistische Kunst Tibets. Die Sammlung Gerd-Wolfgang Essen. 2 Bde. München.

Gangs can gyi ljongs su bka' dang bstan bcos sogs kyi glegs bam spar gzhi ji ltar yod pa rnams nas dkar chag spar thor phyogs tsam du bkod pa phan bde'i pad tshal 'byed pa'i nyin byed.
1970 In: Ngawang Geleg Demo (Hrsg.), Three Karchacks, Gedan Sungrab Minyam Gyunphel Series, Bd. 13, S. 169-243. New Delhi.

Gruschke, Andreas
2000 Symbolic Architecture in Pema: The Lotus Land of the Ngolok Nomads. In: Oriental Art, Bd. 46, (1), S. 58-72.
2002 Der Jonang-Orden: Gründe für seinen Niedergang, Voraussetzungen für das Überdauern und aktuelle Lage. In: H. Blezer (Hrsg.), Tibet, Past and Present. Tibetan Studies I, S. 183-214. Leiden.

Hummel, Siegbert
1967   Die lamaistischen Malereien und Bilddrucke im Linden-Museum. In: Tribus Bd. 16 (Juli 1967), S. 35-195.

Ishihama, Yumiko
1993   On the Dissemination of the Belief in the Dalai Lama as a Manifestation of the Bodhisattva Avalokiteśvara. In: Acta Asiatica Bd. 64, S. 38-56.

Jackson, David
1996   A History of Tibetan Painting: The Great Painters and Their Traditions (Beiträge zur Kultur- und Geistesgeschichte Asiens, 15). Vienna.
1999   Some Karma Kargyupa Paintings in the Rubin Collections. In: Marylin M. Rhie & Robert A. F. Thurman, Worlds of Transformation: Tibetan Art of Wisdom and Compassion, S. 75-127. New York.

Kaempfe, Hans-Rainer
1979   Sayin Qubitan-u Süsüg-ün Terge, Biographie des 1. rJe btsun dam pa-Qutuqtu Öndür Gegen (1635-1723), verfasst von Ngag gi dbang po 1839, I. In: Zentralasiatische Studien, Bd. 13, S. 93-146.
1981   [Teil] II. Zentralasiatische Studien Bd. 15, S. 331-382.

Kun dga' grol mchog, Jo nang.
1982   The Autobiographies of Jo-nang Kun-dga'-grol-mchog. New Delhi.

Lange, Kristina
1969   Über die Präexistenzen der Dalai-Lamas: Versuch einer kritischen Analyse tibetisch-buddhistischer Quellen. In: Jahrbuch des Museums für Völkerkunde zu Leipzig Bd. 26, S. 205-228.

Rhie, Marylin M. / Thurman, Robert A. F.
1991   Wisdom and Compassion: The Sacred Art of Tibet. New York.
1999   Worlds of Transformation: Tibetan Art of Wisdom and Compassion. New York.

Schick, Jürgen
1998 The Gods are Leaving the Country: Art Theft from Nepal. Bangkok.

Schroeder, Ulrich von
2001 Buddhist Sculptures in Tibet. 2 Bde. Hong Kong.

Seyfort Ruegg, David
1963 The Jo naṅ pas: A School of Buddhist Ontologists According to the Grub mtha' šel gyi me loṅ. In: Journal of the American Oriental Society Bd. 83, S. 73-91.

Smith, E. Gene
2001 Among Tibetan Texts: History and Literature of the Himalayan Plateau. Kurtis R. Schaeffer, ed. Boston.

Somlai, Gyoergy
1988 The lineage of Tāranātha according to Klong rdol bla ma. In: Helga Uebach & Jampa L. Panglung (Hrsg.), Tibetan Studies, S. 449-451.
1990 Dohā-Interpretation According to Jo-nan-pa Kun-dga' sñin-po. In: Acta Orientalia Hungarica Bd. 44, S. 139-144.

von Stäel-Holstein, A.
1932 Notes on Two Lama Paintings. In: Journal of the American Oriental Society Bd. 52, S. 338-349.

Stearns, Cyrus
1999 The Buddha from Dolpo: A Study of the Life and Thought of the Tibetan Master Dolpopa Sherab Gyaltsen. Albany.

Tanaka, Kimiaki
2001 Art of Thangka from the Hahn Kwang-ho Collection. Bd. 3. Seoul.

Tanaka, Kimiaki / Tamashige, Yoshitomo
2004   Gems of Thangka Art: From the Tamashige Tibet Collection. Tokyo.

Templeman, David Roger
1994   Reflexive Criticism–The Case of Kun dga' grol mchog and Tāranātha. In: Per Kvaerne (Hrsg.), Tibetan Studies. Proceedings of the 6th Seminar of the International Association for Tibetan Studies, Fagernes 1992, S. 877-883.

Tucci, Giuseppe
1949   Tibetan Painted Scrolls. 3 Bde., Rom.

Uspensky, Vladimir
2002   The Previous Incarnations of the Qianlong Emperor According to the Panchen Lama Blo bzang dpal ldan ye shes. In: H. Blezer (Hrsg.), Tibet, Past and Present. Tibetan Studies I, S. 215-228. Leiden.

Anmerkungen

[1] Mein besonderer Dank gilt Hr. Alexander Schiller für seine sorgfältige Übersetzung.
[2] Bildliche Darstellungen der Linie der Dalai Lamas wurden bereits von A. von Stäel-Holstein 1932 untersucht. Er zog Inschriften heran, um zwei Thangkas mit Wiedergeburtslinien zu beschreiben: eins zeigt den Achten Dalai Lama als Hauptfigur (mit 25 Präexistenzen), das andere zeigt den Paṇ chen Blo bzang dpal ldan ye shes (umgeben von 14 weiteren Figuren). K. Lange 1969, S. 215, beschrieb ein Thangka, das zweiundzwanzig der früheren Verkörperungen des Fünften Dalai Lama abbildet (Museum für Völkerkunde Leipzig OAs 6878). Obgleich sie Schriftquellen verwendete, um die Linien zu verstehen und die dargestellten Figuren zu identifizieren, zog sie die falsche Schlussfolgerung (S. 214), dass die Konzeption der Wiedergeburtenfolge (als Wiederverkörperung von Avalokiteśvara) in die Zeit zwischen 1673 und 1676 datiert. Die grundlegende Konzeption der früheren Wiedergeburten der Dalai Lamas, die mit Avalokiteśvara, Srong btsan sgam po und 'Brom ston pa beginnt, lässt sich viel weiter als bis zur Mitte des 17. Jahrhunderts zurückverfolgen, und zwar bis zur Biographie des Ersten Dalai Lama, dGe 'dun grub pa. Siehe Y. Ishihama 1993, S. 44f. Lange 1969, S. 218, nahm weiterhin an, dass der Stifter des Thangkas die Person „Nor 'dzin dbang

po" sei, abgebildet oben rechts (d.i. links), obgleich das aus strukturellen Gründen auszuschließen ist: ein Stifter muss, wenn überhaupt, am unteren Bildrand abgebildet sein. Weder von Stäel-Holstein noch Lange hatten Zugang zu dem vervollständigenden vierten Band der Autobiographie des Fünften Dalai Lama von sDe srid Sangs rgyas rgya mtsho, der biographische Skizzen zu jeder einzelnen dieser Präexistenzen beinhaltete. Eine nennenswerte Studie zur Präexistenzenlinie eines Lamas am mandschurischen Kaiserhof ist K.-H. Everding 1988. Die Präexistenzen der lCaṅ skya Qutuqtus: Untersuchungen zur Konstruktion und historischen Entwicklung einer lamaistischen Existenzenlinie. Wiesbaden: Otto Harrassowitz.

[3] Zu der Serie des Panchen Lama siehe G. Tucci 1949, S. 410-412 und D. Jackson 1996, S. 233ff.

[4] Zu diesem Thangka aus der Zimmerman-Sammlung siehe D. Jackson 1999, S. 84ff., Tafel 3. Es wurde veröffentlicht in M. Rhie und R. Thurman 1991, Nr. 87, S. 250.

[5] Ein Thangka dieser Art mit den Wiedergeburten des Si tu ist beispielsweise erhalten im Ashmolean Museum, Oxford: „The 8th Tai Si tu" (1991.181). Das Gemälde trägt keine Inschriften, aber seine Hauptfigur zeigt Si tu Paṇ chen als älteren Meister, während die fünfundzwanzig Nebenfiguren den „geistlichen Stammbaum" seiner Präexistenzen darstellen.

[6] Siehe M. Rhie und R. Thurman 1991, Nr. 51, S. 184. Dieses Thangka, falsch identifiziert als ein „Nyingma Lama", befand sich seinerzeit in der Ford-Sammlung.

[7] Zu den Jo nang pa als eigenständige Lehrtradition siehe D. Seyfort Ruegg 1963 und Cyrus Stearns 1999.

[8] Zu Tāranāthas Leben siehe C. Stearns 1999, S. 68-70.

[9] Ibid., S. 74. dGa' ldan phun tshogs gling ist ebenfalls der Name der Zhol-Druckerei unterhalb des Potala in Lhasa.

[10] Cyrus Stearns 1999, S. 70.

[11] Mus chen Sems dpa' chen po dKon mchog rgyal mtshan (1388-1469) war der Hauptschüler und Thronfolger von Ngor chen und unterhielt obendrein auch enge Beziehungen zu bedeutenden Überlieferungsträgern der bKa' gdams pa-Linien wie u.a. zu gZhon nu rgyal mchog.

[12] Siehe Jackson 1996, Tafel 27, S. 187, dort tragen die beiden letzten Lamas aus der Ngor pa-Linie, im Bild rechts, gelbe Hüte.

[13] Siehe beispielsweise D. Jackson 1996, S. 189, Taf. 29.

[14] C. Stearns 1999, S. 72. Auch Dol po pa trug gelegentlich einen gelben Hut.

[15] Sehr verbunden bin ich Hr. Pema Rinzin, der mir half, Zugang zu diesen und anderen wichtigen Fotos zu erhalten.

[16] Siehe Christies New York, Verkaufsnr. 9608 (21.03.2001), Stücknr. 161 und 162.

[17] Wenn der gegenwärtige „klösterliche" Besitzer es schon vorzieht, über die religiöse Natur der Thangkas hinwegzusehen, sollten diese dann nicht zumindest alle zusammen an ein anerkanntes Museum oder eine tibetische Kultureinrichtung in Indien, der Mongolei oder sogar in Tibet verkauft werden? Sie jeweils einzelnd in den Westen fort zu versteigern, kann heutzutage kaum als gerechtfertigt erachtet werden und wird schließlich die beteiligten Klöster in Verruf bringen. Eine angemessenere Lösung wäre, diese Thangkas den Mönchen der über eine lange Zeit verfolgten Jo nang-Schule als Zeichen der Wiedergutmachung zurückzugeben.

[18] Siehe G. Tucci 1949, S. 200.

[19] Siehe D. Jackson 1996, S. 190, Taf. 30.

[20] Siehe Jackson 1996, S. 161 und 202.

[21] Siehe Angelika Binczik und Roland Fischer 2002.

[22] Die Abbildung dieser Wandmalerei wird in dem in Kürze erscheinenden Buch, M. Henss,

The Cultural Monuments of Tibet: The Central Regions, Kapitel XIV, 6, gezeigt. Henss bezieht sich auf G. Tucci 1949, S. 196-200 und Zongtse Rinpoche 1977, [Geschichte von Jo nang in Tibetisch], S. 29ff.

[23] Siehe D. Jackson 1996, S. 188, Tafel 28.

[24] Dieser Blockdruck wurde veröffentlicht in D. Jackson 1996, S. 186, Abb. 93, nach Tāranāthas Life of the Buddha (New Delhi, 1971), S. 2, rechts.

[25] C. Stearns 1999, S. 74, und A. Gruschke 2000 und 2002. Zu den Schriftsammlungen, die dort entdeckt wurden, siehe Matthew Kapstein 1991, „New Sources for Tibetan Buddhist History", China Exchange News 19, Nr. 3 und 4, S. 15-19, und Margret Causemann 1994, „Der 'Dzam thang dkar chag der gesammelten Werke des rJe btsun Tāranātha", Zentralasiatische Studien, Bd. 24, S. 79-112.

[26] Siehe K. Tanaka 2001, S. 107, Tafel 45.

[27] Siehe K. Tanaka 2001, S. 37, Tafel 11.

[28] Dieser Xylograph wurde veröffentlicht in D. Jackson 1996, S. 191, Abb. 93A, auf Grundlage der Geschichte des 'Dzam thang Bla ma, fol. 63a.

[29] Siehe K. Tanaka 2004, S. 19, Taf. 6. Offensichtlich wurde auch dieses Thangka von einem Jo nang-Anhänger in Amdo gemalt.

[30] Zu einer Untersuchung der politischen Beziehungen zu seinen Lebzeiten siehe Miyawaki Junko 1992. „Tibet-Mongol relations at the time of the first rJe btsun dam pa Qutuqtu", in Ihara Shoren and Yamaguchi Zuiho (Eds.): Tibetan Studies. Proceedings of the 5th Seminar of the International Association for Tibetan Studies, Narita 1989, S. 599-604. Im 16. und 17. Jahrhundert war es für einen tibetischen Lama nicht ungewöhnlich, als Sohn eines mongolischen Adligen wiedergeboren zu werden. Der Vierte Dalai Lama ist ein weiteres berühmtes Beispiel.

[31] Siehe C. Bawden 1961, S. 1. Seine und andere mongolische Statuen sind Gegenstand neuerer Untersuchungen wie die von Niamosorgym Tsultem 1982, The Eminent Mongolian Sculptor - G. Zanabazar (Ulan Bator: State Publishing House), und G. Béguin und Dorjin Dashbaldan 1993, Trésors de Mongolie XVIIe-XIXe siècles (Paris: R.M.N. [Éditions des Musées Nationaux], 1993).

[32] C. Bawden 1961, S. 45, Anm. 8.

[33] G. Schulemann 1959 deutete in seiner Geschichte der Dalai Lamas (S. 220) auf eine divergierende Linie hin, die von der bekannten Tradition abweicht.

[34] Siehe C. Bawden 1961, S. 2 und S. 45, Anm. 8. Die Präexistenzen des Jetsun Dampa wurden auch kurz erwähnt in H.-R. Kaempfe 1979, S. 96 (Bezug nehmend auf fols. 3v-4v), wo Nag po pa, 'Jam dbyangs Chos rje und Tāranātha explizit erwähnt sind.

[35] Siehe G. Somlai 1988, S. 449.

[36] Einige Abweichungen zwischen dieser Liste und denjenigen von Klong rdol Bla ma und Kun dga' grol mchog wurden festgehalten von G. Somlai 1988, S. 450, der eine Auslassung in der Liste von Klong rdol feststellte und die Identität von Sangs rgyas Ras chen als gNyos rGyal ba Lha nang pa erhärtete. Siehe auch Somlai 1990, S. 140, Anm. 6.

[37] C. Stearns 1999, S. 71.

[38] E. Gene Smith 2001, 129f.

[39] Das Thangka aus der Sammlung Leder (Nr. 24 445) wurde in Urga gesammelt und misst 41 x 31,5 cm, siehe S. Hummel 1967, S. 109. Das von Tafel erworbene Gemälde (Nr. 72 336) hat das Format 40,5 x 30 cm, ibid., S. 121. Das einzige abgebildete Thangka zeigt das Gemälde aus der Sammlung Umlauff (Nr. 71 597), im Format 45 x 31 cm, ibid., S. 125, Abb. 9.

[40] Ibid., S. 123-127, Nr. 71 597.

[41] Bedeutend für die mongolische Malerei im Allgemeinen ist das Buch: Development of the Mongolian National Style of Painting „Mongol Zurag" in Brief (Ulan Bator: State Publishing House, 1986).

[42] Siehe Buddijskaya Živopis' Burjatii [Buddhistische Gemälde aus Burjatien] (Taipei: The Corporate Body of the Buddha Educational Foundation, 1996), S. 39, Tafel 10.
[43] Zu einer kurzen Studie zur Ikonographie einiger gemalter und gedruckter ähnlicher Abbildungen des Ersten Jetsun Dampa siehe C. R. Bawden 1970. Hr. K.-H. Everding lenkte freundlicherweise meine Aufmerksamkeit auf diesen Aufsatz.
[44] C. R. Bawden 1970, S. 190 und 184.
[45] Siehe Buddijskaya Živopis' Burjatii [Buddhistische Gemälde aus Burjatien] (Taipei: The Corporate Body of the Buddha Educational Foundation, 1996), S. 41, Tafel 11.
[46] Nach Amy Heller, die mir freundlicherweise Einblick in ihre Aufzeichnungen gewährte, zeigt das Gemälde Tāranātha umgeben von seinen früheren und späteren Verkörperungen, die jedoch auch mehrere yi-dam-Gottheiten einschließen. Die Gesamtanzahl der menschlichen Figuren beläuft sich auf neunundzwanzig. Dies deutet entweder auf eine später erweiterte Liste seiner Wiedergeburten hin oder auf die Anwesenheit von anderen Lamas (aus einer Linie?).
[47] C.-B. Badmažalov 2003, S. 58, Tafel 39.
[48] Ibid., S. 78, Taf. 59 und S. 79, Taf. 60.
[49] C. Stearns 1999, S. 74-76.
[50] Siehe Jackson 1996, S. 190, Tafel 30. Siehe auch Essen und Thingo 1989, Bd. 1, S. 212, Nr. I 130 (vgl. Bd. 2, S. 183, Nr. II 383).
[51] C. Stearns 1999, S. 76f.
[52] Siehe E. Gene Smith 2001, S. 270.
[53] Siehe Essen und Thingo 1989, Bd. 2, S. 188, Abb. II-389. 45 x 33 cm. Auf dieses Gemälde wurde ich von Hr. A. Schiller aufmerksam gemacht.
[54] Der Titel auf dem Titelblatt: Kun dga' grol mchog gi skye 'phreng dang bcas pa'i rnam thar yal 'dab bcu gnyis pa skal bzang dad pa'i shing rta 'dren byed. Sein Kurztitel ist: Kun dga' grol mchog gi rnam thar yal 'dab bcu gnyis. The Tibetan Buddhist Resource Center (TBRC), Resource Code: W14364. Das TBRC besitzt PDF-Dateien dieses Werkes.
[55] D. Templeman 1994, S. 877. Zu einer damit verbundenen Studie siehe Champa Thubten Zongtse 1993, „Tāranāthas Biographie des Buddhaguptanātha mit besonderer Berücksichtigung des Abschnittes über Sri Lanka", in: Grünendahl, Reinhold; Hartmann, Jens-Uwe; und Kieffer-Pülz, Petra (Hg.): Studien zur Indologie und Buddhismuskunde. Festgabe des Seminars für Indologie und Buddhismuskunde für Professor Dr. Heinz Bechert zum 60. Geburtstag am 26. Juni 1992. S. 303-314.
[56] O. Almogi 2002, S. 70f.
[57] Zu einem ähnlichen Werk vom Dritten Paṇ chen Rin po che, das den früheren Inkarnationen des Qianlong-Kaisers gewidmet ist, siehe V. Uspensky 2002.
[58] G. Somlai 1988, S. 449, der das Werk auf eine Textlänge von 7 Folios beziffert, zitiert den Titel mit: rJe btsun tā ra nā tha'i ‚khrungs rabs gsol ‚debs smon lam dang bcas pa.
[59] Dieses Werk ist in einem Katalog aus der Mitte des 20. Jahrhunderts aufgelistet, der zentraltibetische Druckstöcke verzeichnet, dBus gtsang spar tho, S. 215.2.
[60] C. Stearns 1999, S. 73.
[61] Diese enormen Behinderungen für tibetische Kunsthistoriker wurden treffend von G. Béguin 1995, S. 57, beschrieben.
[62] Ich möchte damit nicht das kontinuierliche Forttragen der Thangkas aus Tibet zur Zufriedenstellung ausländischer Käufer dulden. Zu einem Bericht eines vergleichbaren Verlustes von Kunst in Nepal siehe Jürgen Schick 1998. In der Tat könnte eine systematische fotografische Dokumentation wichtiger Gemälde, die sich noch in Tibet befinden, den rigorosen künstlerischen Exodus verlangsamen. Vgl. die fotografische Dokumentation von Statuen in situ in Tibet von U. von Schroeder 2001.
[63] Von Plünderungen berichtete die Tibetan Review, März 1999.

Rollbild des Gelehrten Longchen (tib.: Klong chen) umgeben von Mahāsiddhas

Jurek Schreiner

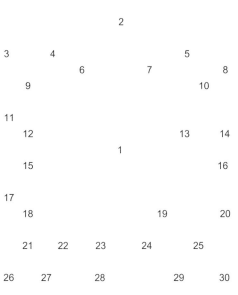

Inv. Nr. 4456:07, Rollbild: Longchen mit Siddhas (vgl. Abb. 9 im Farbteil), Kauf Umlauff 1907, Geschenk von Freunden des Museums

Gemälde auf grundierter Baumwolle. Hauptfarben sind Grüntöne, orangerot und hellblau. In den 80er Jahren im Museum mit blauem Seidenbrokat als Rollbild montiert. Bildeinfassung in Rot und Gelb. Abdecktuch aus hellgrüner bedruckter Seide, rot gefasst, rote Bänder. Die oberen Ecken sind mit Lederkappen verstärkt, unten mit neuem Rollstab ohne Metallkappen versehen. Das Bild ist in volkstümlichem Stil gemalt. Ein kaum sichtbarer, senkrecht-diagonaler Knickbruch, sonst ohne Schäden und fast ohne Verschmutzungen.

Das vorliegende Bild wird in A.Grünwedel/1916 (S. 226/227) erläutert

Was die Aussprache der asiatischen Begriffe angeht, steht in der Regel zunächst der auf deutsch auszusprechende Name, dahinter in Klammern der ursprüngliche Laut. Tib. steht für Tibetisch, skt. für Sanskrit.

Mahāsiddhas (skt.) sind Asketen, die in Abgeschiedenheit Meisterschaft über ihren Geist und ihren Körper erlangt haben. Sie sind Yogīs, Praktizierende des Tantrismus. Unter den berühmten 84 Mahāsiddhas befinden sich auch 4 Frauen. Ihre Bewegung existierte zwischen dem 8. und dem 12. Jahrhundert in Indien. Ihre „Spirituellen Lieder" sind bedeutende buddhistische Dokumente tiefer religiöser Erfahrung. Die Lehrer der Mahāsiddhas benutzten zum Lehren oft Mittel und Anweisungen, die die individuellen Gewohnheiten, Fähigkeiten, Abstammungen usw. miteinbezogen bzw. sie in neu ausgerichteter, dem religiösen Lernen dienlicher Richtung auslegten.

In diesem Bild sowie in dem dazugehörigen Bild mit der Inv.Nr. 4454: 07 finden sich je 1/3 der Gruppe der 84 Mahāsiddhas, die von sowohl G.Tucci[1] aufgelistet werden, als auch in der Abhyarthanā-Reihenfolge erscheinen. Allerdings weicht die Darstellung und Anordnung der Mahā siddhas in unseren Bildern davon ab und eine bestimmte Reihenfolge ist nicht erkennbar. Für die meisten der erwähnten Mahāsiddhas existieren noch weitere Formen (siehe Chandra, L.).[2]

Wahrscheinlich existiert dieses Gemälde als Teil eines Sets.

Maße

B 47 cm, H 64,5 cm, Gesamt 125 cm, B max. 81 cm

Herkunft

Der Meister Longchenpa (tib.: Klong chen pa) als zentrale Figur und Saroruha (skt.; als Padmasambhava) scheinen darauf hinzuweisen, dass das Rollbild der Nyingma-Schule (tib.: rNying ma) entsprungen ist (so auch Grünwedel (1916) auf S. 223), was die südtibetischen Grenzregionen bzw. den Osten des Landes als Herkunftsregionen wahrscheinlich machen, da dort die rNying–ma-Schule stark vertreten war/ist. Die Mahāsiddhas sind allerdings eher für die sogenannten Sarma-Schulen (tib.: gSar ma „die Neuen", d.h. die anderen 3 Hauptschulen Tibets) von Bedeutung, so dass davon ausgegangen werden kann, dass hier eine integrierende Strömung als religiöse Basis vorhanden war. Im Süden Tibets waren/sind sowohl die Anhänger der rNying-ma als auch die der neueren Schulen vertreten.

Anmerkung

Nr. 1: Longchenpa (tib.: Klong chen (rab ′byams) pa) 307/08/09–1362/63/64; Mit dem Titel „Allwissender" (Kün Khyen, tib.: Kun mkhyen) versehener Gründervater der rNyingma-Schule, welche sich allerdings auf den indischen tantrischen Meister Padmasambhava (skt.) als Begründer beruft. Die von ihm systematisierten „Schatztexte" (Terma, tib.: gTer ma) bilden zusammen mit seinen eigenen Schriften die Textgrundlage der Schule. Er verband die von Padmasambhava und dem Gelehrten Vimalamitra ausgehenden Lehrsysteme zur so genannten „Longchen Nyingthig" (tib.: Klong chen snying thig). Sein Lehrer war Kumaraschri (skt.: Kumāraśrī). Longchenpa gilt als Inkarnation von Mandschuschri (skt.: Mañjuśrī), der Bodhisattva der Weisheit. (Ein Bodhisattva ist ein Wesen, das sich zum Ziel gesetzt hat, sich und alle Wesen aus dem Kreislauf der Wiedergeburten zu befreien).
Die Hauptaufschrift ließt: Gyal kün thuk kyi sang dzö la wang gyur gyal wa Longchenpa (tib.: rGyal kun thugs kyi sangs mdzod la dbang sgyur

rgyal ba klong chen pa) – Der über die geheimen Geistesschätze aller Buddhas herrschende Buddha Longchenpa.

Nr. 2: Tshe tha yepa (tib.: Tshe mtha' yas pa, skt.: Amitāyus (bzw. Amitābha), „Der Buddha des grenzenlosen Lebens")
Auf einer Lotusblume in der Haltung der Meditation (skt.: Dhyāna-Mudrā) sitzend. In den Händen hält er ein Gefäß, das den Nektar der Unsterblichkeit (skt.: Amṛta) beinhaltet. Er ist in seiner Nirmāṇakāya-Form (skt.: der menschliche Körper, den ein Buddha annehmen kann, um den Wesen zu nutzen und sie zu lehren) abgebildet, Roben tragend, ohne Krone und Schmuck.
Ist im frühen Buddhismus unbekannt. Durch das Ausrufen alleine seines Namens kann ein Sterbender in seinem Paradies Sukhāvatī (skt.) wiedergeboren werden.

Nr. 3: Caratipa (tib.: Tsa ra ṭi pa; nach Grünwedel Tsar pa ṭi pa (skt.: Carpaṭī)
Dunkelfarbiger Asket, in einer Höhle meditierend.

Nr. 4: ohne Inschrift. (nach Grünwedel könnte es sich um Jayānanda handeln)
Asket, der vor 3 Streuopfergestellen (nach Grünwedel) bzw. zu Steinmonumenten verwandelten Eltern und Kind (nach der Beschreibung des Museums) sitzt, darauf befindet sich ein Vogel. Nebenan ein gefüllter Korb.
J. wurde als Minister des Königs seines Landes gefangen genommen, da die anderen Minister seine nicht-brahmanischen Streuopfer unakzeptabel fanden.

Nr. 5: Nagunapa (skt.: Na gu ṇa, Yönten mepa (tib.: Yon tan med pa), „Der Tugendlose")
Auf einer Matte liegend.
Faul und tugendlos seiend, traf ihn einmal ein Yogī, der ihn auf seine Angst vor dem Tod ansprach und ihm Mittel zur Überwindung dessen anbot. N. verwirklichte die Mahāmudrāsiddhi (skt.; Erleuchtung) und war den Wesen gegenüber voller Mitgefühl.

Nr. 6: Sarahapa (skt.)
Einen Pfeil haltend.
S. war Brahmane, praktizierte aber auch den Tantrismus. Er wurde wegen des Trinkens von Alkohol angeklagt, konnte die ihm auferlegte Strafe aber zurückweisen und wurde sogar vom König aufgrund seiner wundersamen Leistungen freigesprochen. Nach 12 Jahren Meditation und der Hilfe seiner Frau erlangte er die Erlösung.

Nr. 7: ohne Inschrift. (nach Grünwedel vielleicht Bhāṇḍ(h)ārī.)
Bekleideter Mann auf einem Teppich meditierend, umgeben von 2 Frauen.

Nr. 8: Carakapa (tib.: Tsa ra ka pa (nach Grünwedel Tsam pa ka (Campaka)
Auf einer Matte im Baum meditierend.
C. war ein König, der in seinen weltlichen Genüssen badete und sich keine Gedanken über die Vergänglichkeit machte, bis ein Yogī zu Besuch kam und ihn darauf aufmerksam machte. Er erlangte nach 12 Jahren die Befreiung.

Nr. 9: Bhikschanapa (skt.: Bhi kṣa na pa, Sonyipa (tib.: So gnyis pa), „Der Zwei – Zahnige"))
Auf Wasser stehender Mann, mit einem Gefäß am linken Arm hängend. Wird von einem halbversteckten Mann scheinbar an einer Schnur gehalten, die B. wiederum im Mund hält. (Darstellung passt nach Grünwedel nicht zur Legende!)
Als armer Bettler der Schudra - Kaste (skt.: Śūdra; die unterste der 4 Hauptkasten Indiens) begegnete er eines Tages einer Dakini (skt.: Ḍākinī; weibliches, dämonenartiges Wesen der Götterwelt), die sein Potential erkannte und ihm Anweisungen für die Lehre gab. Nach 7 Jahren erkannte er die Wirklichkeit.

Nr.10: Tilopa (skt.:Ṭillipa, Ṭilopa)
Hält sich am Baum fest und steht auf der Hammerstange einer Ḍeṅkli (?), in deren Napf ein anderer Körner schüttet.
T. lebte als angesehener Gelehrter und wurde seines Lebens müde. Er beschloss ein Schreiber zu werden, was ihn ebenfalls unerfüllt ließ.

Auf einer Leichenstätte bettelnd, traf er auf seinen späteren Schüler Nāro(pa), der ihm zu dienen begann. Er konnte sich somit auf die Meditation konzentrieren und war nach 10 Jahren von allen Makeln befreit und wurde sogar von den Göttern bewirtet.

Nr. 11: Kumbharipa (skt.: Ku ma ri pa, Khumbha ri pa, Dzakhen (tib.: rDza mkhan), „Der Töpfer")
Auf einer Matte sitzend, darunter fertige Töpfe und eine Wanne mit rotem Lehm.
Als unglücklicher Töpfermeister traf er einmal einen Yogī, bei dem er sich über sein Unglück ausließ. Er erhielt Meditationsanweisungen mit Metaphern der Töpferarbeit, wodurch er die Erlösung erreichte.

Nr. 12: ohne Inschrift. (nach Grünwedel vielleicht Kambala)
Dunkelhäutiger Asket, in einer Höhle meditierend.

Nr. 13: Kamapala (skt.: nach Grünwedel Kanakhalā (skt.)
Weiblicher Mahāsiddha; nackt, in der einen Hand ein Schwert, in der anderen ihr abgeschlagener Kopf.
K. und ihre ältere Schwester Mekhalā wurden ihres Lebens als Töchter eines Haushalters überdrüssig und baten Guru Krschnachari (skt.: Kṛṣṇacāri) um Instruktionen. Nach 12 Jahren der Meditation kehrten sie zu ihm zurück. Als Gegenleistung wollte er ihre Häupter haben, woraufhin sie sich mit Schwertern, die sie aus ihren Mündern holten, ihre Köpfe abtrennten. Der Guru würdigte sie, und ihre Köpfe erschienen wieder. Sie wurden gebeten, zum Wohle der Wesen in der Welt zu bleiben. Im Gefolge des Gurus erlangten sie die Erleuchtung.

Nr. 14: Manibhadra (skt.: Maṇibhadrā, Dschorma (tib.: 'Byor ma)
Weiblicher Mahāsiddha, in den Wolken schwebend.
Die Tochter eines Hausbesitzers war mit ihrem Leben unzufrieden, als sie auf einen Lehrer traf und ihn, um dem Kreislauf der Wiedergeburten zu entfliehen, um religiöse Belehrungen bat. Sie kehrte ins Hausleben zurück und lebte als Hausfrau. Nochmals traf sie ihren Meister, meditierte 12 Jahre lang und starb beim Wasserholen, doch für die herum stehenden Leute war sie noch sichtbar. Bevor sie ins Nirvāṇa (skt.:) einging, gab sie noch Belehrungen.

Nr. 15: Kalaka (skt.: „Der Streitsüchtige")
Gestikulierend.
Von den Leuten der Stadt wurde K. aufgrund seiner Streitsucht ver-scheucht, und auf dem Leichenfeld sitzend, erschien ein Yogī, der ihn die Meditation mit Hilfe von Metaphern der Sprache lehrte. Er erkannte die Wirklichkeit der Unterschiedslosigkeit von allem und erlangte die Befreiung.

Nr. 16: Mekhala (skt.: Mekhalā)
Weiblicher Mahāsiddha; nackt und dunkelfarben, ein Schwert aus dem Munde ziehend.
Siehe Nr.12.

Nr. 17: Kantalipa (skt.: Kandipa, „Der Flicker")
Unter einem Baum sitzend und eine Schale über ein Gefäß haltend, das auf einem roten Metallkrug steht. (Darstellung passt nicht zur Legende!) K. war ein armer Flicker als er einer als Mädchen verkleideten Ḍākinī begegnete, nachdem er sich in den Finger gestochen hatte. Sie machte ihn auf die Schmerzen des Lebens aufmerksam und gab ihm Anweisungen, um diese zu überwinden. Er erkannte die Leerheit (Schunyata (skt.: Śūnyatā)) der Phänomene und ging ins Nirvāṇa ein.

Nr. 18: Oṭilipa (skt.: Phurpa (tib.: 'Phur pa), „Der Fliegende")
Vollbekleideter, bärtiger Mann, einen Wedel haltend.
O. war ein reicher Adliger, der eines Tages Vögel am Himmel beobachtete und sich wünschte, wie sie fliegen zu können. Einem vorbeikommenden Lehrer teilte er seinen Wunsch mit, und dieser gab ihm ein Rezept und Unterweisungen. Nach 12 Jahren Vorbereitung konnte er sich körperlich wie geistig gen Himmel erheben.

Nr. 19: Kangkaripa (skt.: Kaṅkālapāda), „Der vor Liebeskummer vergehende Witwer")
Weiß bekleideter Asket.
K. lebte in Wohlstand, und als eines Tages seine Frau starb, jammerte er auf dem Friedhof, worauf hin ihn ein Yogī ansprach. Er klärte ihn über den Kummer bezüglich des Todes und des Trennung von Liebem auf. K. wurde in der Meditation über die Leerheit unterrichtet und wurde ebenfalls zum Yogī.

Nr. 20: ohne Inschrift. (nach Grünwedel Go ru ra (skt.: Dscha ngön dschepa (tib.: Bya ngon bye dpa), „Der Vogelfänger")
Weißer Mann, unter einem Baum sitzend, Vogelschlingen haltend.
G. war Angehöriger der Vogeljägerkaste, seines Lebensstiles jedoch überdrüssig und nahm erfreut das Angebot eines Yogī an, der ihm aus Mitgefühl die Religion beibringen wollte. Dieser benutzte Metaphern aus der Vogelwelt, um ihm die Wirklichkeit näher zu bringen, die er nach 9 Jahren Meditation erkannte. Anschließend war er noch vielen Wesen von Nutzen, bevor er ins Nirvāṇa einging.

Nr. 21: Nagabhodhi (skt.: Nāgabhodhi: Lüdrup nyingpo (tib.: kLu'i sgrub snying po (= Nāgārjunagarbha (skt.) als Schüler des Nāgārjuna)) Meditierender Asket in einer Höhle, an deren Eingang eine lichtausstrahlende Schädelschale hängt.
Als Dieb kam er zum Kloster Nāgārjunas und wollte ihn bestehlen, woraufhin dieser ihm seine Besitztümer anbot. Nāgabhodhi war verwundert darüber und wurde schließlich in das Guhyasamājatantra (skt.: Name einer der wichtigsten Lehrschriften des tantrischen Buddhismus) eingeführt. Er visualisierte 12 Jahre lang Hörner auf seinem Kopf, bis sie ihm vollkommen real erschienen, doch Nāgārjuna belehrte ihn in der Leerheit der Dinge, woraufhin er die Siddhis (skt.: „Vollkommene Fähigkeiten", d.h. die Beherrschung von Körper und Geist) erlangte.

Nr. 22: Kirapa (skt.: Kṛpānapāda, Namtok Pongwa (tib.: rNam tog spong ba)
Schwert und Schild haltend.

Nr. 23: Sagarapa (skt.: nach Grünwedel Sa ka ra pa; (skt.) Saroruha (vajra), Tshokye Dorje (tib.: mTsho skyes rdo rje),
In Vereinigung mit seiner Gefährtin auf einer Lotusblume in Wolken sitzend, von weißer Körperfarbe. In dieser Darstellung spielt er eine wichtige Rolle in der Legende von Padmasambhava. Saroruhavajra bzw. Tshokye Dorje bedeutet „Der aus einem See geborene Vajra" und ist der Name von Padmasambhava im Hinblick auf seine verwunderliche Geburt in einem See auf einer Lotusblume und seinem Leben in Indien.
S. war der aus einer Lotusblume geborene Sohn des Königs Indrabhūti. Gelehrte nannten ihn schon vor der Geburt aufgrund verschiedener

Anzeichen einen Bodhisattva. Er lehnte später die Krone ab und wurde Bhikschu (skt.: Bhikṣu; Bettelmönch). S. schloss sich dem Bodhisattva Awalokiteschwara (skt.: Avalokiteśvara) an und meditierte 12 Jahre in einer Höhle, während ihm ein anderer Yogī diente. Dieser hatte ihm eine Hungersnot verheimlicht, und als S. davon erfuhr, befahl er den Nāgas (skt.: dämonische Schlangenwesen) für Regen zu sorgen. Seine Macht wurde bekannt, und auch sein Diener Rāma erlangte die Verwirklichung.

Nr. 24: Sarbabhakscha (skt.: Sarvabakṣa, „Der Mann, der alles isst")
Langhaariger, dunkelhäutiger Mann, der aus einem großen Napf ist.
S. war ein alles essender Untertan eines Königs, der in die Situation geriet, nichts mehr zu essen bekommen zu können. Ihn traf der Yogī Saraha und klärte ihn über das Dasein eines Preta (skt.: Hungergeister, deren zu engen Hälse nichts aufnehmen können und deren großen Bäuche immerzu gefüllt werden wollen) auf. Nach 15 Jahren Kontemplation und 600 Jahre alt fand er die Erlösung.

Nr. 25: Butalipa (skt.: Puttalī)
Vor einer Höhle sitzend, Donnerkeil und Schädelschale haltend. Am Höhleneingang hängt ein aufgerolltes Buddhabild.
Nachdem er Schüler eines Yogī geworden war, bekam er von diesem ein Bild des Hevajra (Name einer Gottheit) geschenkt, zog damit von Ort zu Ort und meditierte darüber 12 Jahre lang. Einmal war er einem König begegnet, der seinen Gott von einem Meister über Hevajra malen ließ. B. meditierte über das Bild, und nachdem sich Hevajra wieder an oberster Stelle im Bild befand, schlossen sich der König und dessen Gefolge den Lehren B.'s an.

Nr. 26: Nagāyapa (skt.: nach Grünwedel Kapālapa, „Der Mann mit dem Schädel")
Steht mit einer Schädelschale in den Händen vor einer Leiche, an der ein Schakal frisst.
Innerhalb kurzer Zeit starben ihm Frau und Kinder und K. saß allein auf dem Leichenacker, als ihn Yogī Krschnatschari (skt.: Kṛṣṇacāri) darauf hinwies, das es die Natur der in Saṃsāra (skt.: Kreislauf der Wiedergeburten, unsere Welt, in der man geboren wird und wieder stirbt) lebenden Wesen ist, zu sterben. Er lehrte ihm die Meditation mittels Gebeinen, und nach 500 Jahren des Lehrens ging er ins Nirvāṇa ein.

Nr. 27: Sahanapa (skt.: nach Grünwedel Panahapa, „Der Schuhflicker")
Auf Rollschuhen tanzend.
Er wurde seines Lebens überdrüssig, nachdem er einen Yogī erblickt hatte und ließ sich von ihm in die Lehre einführen. Nach 9 Jahren erlangte er die Erleuchtung.

Nr. 28: Samudrapa (skt.)
Auf einem Yakhautboot (tib.: gYag; das tibetische Rind) sitzend, zusammen mit einem Mann, der unter einem Halbzelt sitzt. Vor diesem befinden sich zusammengebundene Stoffe.
S. verdiente seinen Lebensunterhalt damit, Kostbarkeiten aus dem Meer hervorzuholen, doch eines Tages, ohne Fang, begab er sich auf den Leichenacker, als ihn Yogī Acinta dort traf und deutlich machte, wie ein leidvoller Lebenswandel seine Zeit zur Umkehrung bräuchte. Nach 3 Jahren Meditation hatte er die Vollendung erreicht.

Nr. 29: Byāyipa (skt.: nach Grünwedel Byālipa)
Auf einem Berg bzw. an einer Flussklippe sitzend, mit einem Gazellenfell bekleidet, daneben ein Mädchen und ein Pferd.
B. war ein Brahmane, der 13 Jahre ohne richtigen Erfolg eine Rezeptur für einen Wundertrank herzustellen versuchte und dann verärgert wegzog. Eine Kurtisane fand sein weggeworfenes Rezeptbuch, und mit ihrer Hilfe gelang ihm die Herstellung des Wundertranks, doch er wollte sein Geheimnis nicht preisgeben und zog wiederum fort. Im Land der Götter besuchte ihn Guru Nāgārjuna, um Anweisungen diesbezüglich zu erhalten, welche er auch von B. erhielt.

Nr. 30: Anmagopa (skt.)
Im Gespräch mit einem Mönch unter einem Baum sitzend.
A. war aufgrund von Geduldsübungen von schöner Gestalt, hing deswegen aber auch sehr am Weltlichen. Ihn besuchte ein Bhikṣu welcher ihn über den Verdienst der Tugend aufklärte, und A. empfing die Instruktionen von ihm. Nach nur 6 Monaten erlangte er die Befreiung und wirkte bis zu seinem Tode noch für das Heil der Wesen.

Bibliographie

Chandra, Lokesh
1999   Dictionary of Buddhist Iconography. Neu Delhi.

Fischer-Schreiber, Ingrid (Hrsg. u.a.)
1986   Das   Lexikon   der   Östlichen Weisheitslehren. Bern.

Grünwedel, Albert
1916 Die Geschichten der 84 Zauberer (Mahasiddhas). Leipzig.

Publiziert in:
Grünwedel, Albert
1916 Die Geschichten der 84 Zauberer (Mahasiddhas). Leipzig.

Anmerkungen

[1] Tucci,G. (1980). „Tibetan Painted Scrolls". Rinsen Book Co., Ltd. Kyoto. p. 228-229
[2] Chandra, L. 1999, Vol.1, p. xxiii

Rollbild des Ādibuddha Vajradhara umgeben von Mahāsiddhas

Jurek Schreiner

```
              2
         3         4
  5      6    7        8
      9            10
 11
      12          13  14

 15                   16
     17
              1

     18               19
 20                   21
     22           23
 24
     25           26  27
         28   29      30
```

Anordnung der Figuren

*Inv. Nr. 4454:07, Rollbild: Vajradhara mit Siddhas
Kauf Umlauff 1907, Geschenk von Freunden des Museums (vgl. Abb. 8 im Farbteil)*

Gemälde auf grundierter Baumwolle. Hauptfarben sind Grüntöne, orangerot und hellblau. Mit blauem Seidenbrokat als Rollbild montiert, die Bildeinfassung ist in Rot und Gelb. Abdecktuch aus hellgrüner bedruckter Seide, rot eingefasst, rote Bänder. Die oberen Ecken sind mit Lederkappen verstärkt, unten ist es mit neuem Rollstab ohne Metallkappen versehen. Das Bild ist in volkstümlichem Stil gemalt. Ein kaum sichtbarer, senkrecht-diagonaler Knickbruch, sonst ohne Schäden und fast ohne Verschmutzungen.

Was die Aussprache der asiatischen Begriffe angeht, steht in der Regel zunächst der auf deutsch auszusprechende Name, dahinter in Klammern der ursprüngliche Laut. Tib. steht für Tibetisch, skt. steht für Sanskrit.

Die zentrale Figur ist der Ādibuddha (Ur-Buddha) Vajradhara (skt.), umgeben vom Garuḍa-Vogel und Seeungeheuern (skt.: Makara). Alle esoterischen Überlieferungslinien des Buddhismus berufen sich auf ihn als Ursprung der Lehren. Über ihm leuchtet der für Buddhas typische Heiligenschein. Wie Vajradhara so ist auch Samantabhadra (skt.) ein Ur-Buddha, er ist als die „Quelle der Wirklichkeit bzw. der Lehre" die Hauptfigur. Padmasambhava (skt.) würde hier (bzw. auf einem fehlenden Bild) den Nirvāṇakāya (skt.: die menschliche Form, die ein Buddha zum Lehren der Menschen annimmt) verkörpern. Wahrscheinlich existiert dieses Gemälde als Teil eines Sets.

Das vorliegende Bild wird in A.Grünwedel/1916 (224/225) erläutert. Mahāsiddhas (skt.) sind Asketen, die in Abgeschiedenheit Meisterschaft über ihren Geist und ihren Körper erlangt haben. Sie sind Yogīs, Praktizierende des Tantrismus. Unter den berühmten 84 Mahāsiddhas befinden sich auch 4 Frauen. Ihre Bewegung existierte zwischen dem 8. und dem 12. Jahrhundert in Indien. Ihre „Spirituellen Lieder" sind bedeutende, buddhistische Dokumente tiefer, religiöser Erfahrung. Die Lehrer der Mahāsiddhas benutzten zum Lehren oft Mittel und Anweisungen, die die individuellen Gewohnheiten, Fähigkeiten, Abstammungen usw. miteinbezogen bzw. sie in neu ausgerichteter, dem Lernen dienlichen Richtung auslegten.

In diesem Bild sowie in dem dazugehörigen Bild mit der Inv.Nr. 4454: 07 finden sich je 1/3 der Gruppe der 84 Mahāsiddhas, die von sowohl G.Tucci[1] aufgelistet werden, als auch in der Abhyarthanā-Reihenfolge erscheinen. Allerdings weicht die Darstellung und Anordnung der Mahāsiddhas in unseren Bildern davon ab und eine bestimmte Reihenfolge ist nicht erkennbar. Für die meisten der erwähnten Mahāsiddhas existieren noch weitere Formen (siehe Chandra, L.).[1]

Maße

B 46cm, H 65cm, gesamt 126cm, B max. 83cm.

Herkunft

Die Bezeichnung auf der alten Karteikarte ist mongolisch, wahrscheinlich wurde das Gemälde aber nur dort erworben. Da das Bild aufgrund der Abbildung des Ādibuddhas Samantabhadra (skt.) eine Verbindung zur Nyingma-Schule (tib.: rNying ma „Die Alten") aufzuweisen scheint, ist die Mongolei als Herkunftsland jedoch fragwürdig. Wahrscheinlicher sind die südtibetischen Grenzregionen bzw. der Osten des Landes, da dort die rNying-ma-Schule stark vertreten war/ist. Die Mahāsiddhas sind allerdings eher für die sogenannten Sarma-Schulen (tib.: gSar ma „die Neuen", d.h. die anderen 3 Hauptschulen Tibets) von Bedeutung, so dass davon ausgegangen werden kann, dass hier eine integrierende Strömung als religiöse Basis vorhanden war. Im Süden Tibets waren/sind sowohl die Anhänger der rNying-ma- als auch die der neueren Schulen vertreten.

Anmerkung

Nr. 1: Ādibuddha Vajradhara
V. ist der Ur-Buddha der Gelug- (tib.: dGe lugs), Kagyü- (tib.: bKa' rgyud) und der Sakya-Schule (tib.: Sa skya); Er ist die Verkörperung des Dharmakāya (skt.: das wahre Wesen des Buddha, seine körperlose Form, die universelle Essenz alles Seienden) und hält vor seiner Brust gekreuzt die beiden Ritualinstrumente Vajra und Glocke (skt.: Ghaṇṭā), welche für die Vereinigung der geistigen Polaritäten stehen (skt:.: Āliṅgana-mudrā, (tib.) 'khyud pa'i phyag rgya), die der Lehrer durch die Ausführung von rituellen Handgesten (skt.: Mudrā) in den Zustand der Einheit zurückversetzt.
Die Hauptaufschrift ließt: Rig nam kün gyi wang chug tso / Khyab dag drug par dorje chang (tib.: Rigs rnams kun gyi dbang phyugs gtso / khyab bdag drug par do rje 'chang) - Aller Geschlechter höchster Herr, der alles durchdringende wahrhaft Gute, Vajradhara (Donnerkeilhalter).

Nr. 2: Künsang Yabyum (tib.: Kun bzang yab yum, skt.: Samantabhadra; der Ur-Buddha der rNying ma-Schule des tibetischen Buddhismus; wörtl.: „Der Allumfassend-Gute"; In Vereinigung mit seiner Gefährtin Samantabhadrā (bzw. -ī); er ist nackt, seine Hautfarbe ist blau und steht für die Leerheit (Schunyata (skt.: Śūnyatā)); er symbolisiert ebenfalls den Dharmakāya; seine Haltung in Verbindung mit seiner Handgestik ist die der Meditation (skt.: Dhyāna-mudrā); seine Gefährtin ist weiß; die Darstellung der Vereinigung symbolisiert u.a. die Verschmelzung der Gegenpole Männlichkeit und Weiblichkeit ins Absolute.

Nr. 3: Duyipa (tib.: sDu yi pa; nach Grünwedel ist es Virūpa, „Der Meister der Dakinis" (skt.: Ḍākinī; weibliches, dämonenartiges Wesen der Götterwelt)
Auf einem Fell auf dem Wasser sitzender Asket.
V. lebte als disziplinierter Mönch im Tempelkloster von Somapurī, wo er nach Problemen in der Meditation Inspiration durch eine Ḍākinī erfuhr. Er meditierte 12 Jahre lang und wurde, nachdem er des Taubenfleischessens bezichtigt wurde, aus dem Kloster vertrieben. Die anderen Mönche wurden allerdings kurze Zeit später Augenzeuge von

Wundertaten, woraufhin er statt der Mönchsroben den Aufzug eines Yogīs tragen durfte. Durch andere Wunderaten an verschiedenen Orten bezeugte er seine Heiligkeit, später ging er ins Nirvāṇa ein.

Nr. 4: Bharikapa (skt.: nach Grünwedel Dārikapa; Metsöntschen (tib.: sMad 'tshon can), „Sklavenkönig der Tempelhure")
Unterhalb des Mondes in der Luft fliegend.
D. war der König Indrapāla von Pāṭaliputra. Gemeinsam mit seinem Minister Deṅgipa besuchte er Luīpa auf dem Friedhof, von dem er ins Cakrasaṃvara-Maṇḍala (Mandalas (skt.: Maṇḍala) sind visualisierte oder materielle, kreisförmige Meditationsbilder, mit einem Quadrat im Zentrum. Sie stellen auf mikrokosmischer Ebene den Kosmos dar und besitzen als zentrale Gestalt die Gottheit, die das allgemeine Buddhaprinzip verkörpert, über die der Praktizierende meditiert) eingeführt wurde. Als Gegenleistung wurde er an eine Königin verkauft, und als deren Sklave meditierte er 12 Jahre lang. Eines Nachts sah ein eingeladener König den Sklaven beim Lehren. Die Königin wurde daraufhin seine Schülerin.

Nr. 5: Kikipa (skt.: Kaṅkaṇa, Dubutschen (tib.: gDu bu can), „Der Armbandträger")
Auf einem Teppich sitzender, bekleideter Mann.
Als reicher König wurde K. von einem Yogī gelehrt, 2 Zustände des Geistes zu realisieren: 1. Völliges Anhaften an den Glanz seines Diamantringes und 2. Völliges Nicht-Anhaften an diesen. Er verband diese beiden Zustände und, seinen weltlichen Freuden dennoch treu bleibend, erlangte er das Nirvāṇa, nachdem er noch 500 Jahre gelehrt hatte.

Nr. 6: Dingipa (skt.: Ḍiṅ gi pa, Ḍheṅgīpāda, Dredungwa (tib.: 'Bras rdung ba), „Der reiche Drescher" bzw. „Der brahmanische Sklave der Kurtisane")
Öl mit einem Stößel pressend.
D. war Minister des Königs von Pāṭaliputra, zusammen entsagten sie der Welt und erhielten vom Mahāsiddha Luīpa die Ermächtigung von Śaṃvara. Als Gegenleistung wurden sie versklavt. D. wurde an eine Branntweinwirtin verkauft, und eines Tages, nach 12 Jahren Knechtschaft, u.a. war das Dreschen des Reises seine Aufgabe, fand die Kurtisane ihn

als Heiligen mit lichthaftem Körper vor, worauf sie sich ihm unterwarf und von D. ins Maṇḍala von Vajravārāhī eingeführt wurde.

Nr. 7: Lilapa (skt.: Līlapa, Līlāpāda, Gekpeischab (tib.: sGegs pa'i zhabs), „Der königliche Hedonist")
Meditierender König, daneben Flötenspielerin.
Einst ein südindischer König, erlernte er die Meditation durch einen Lehrer und wurde nach seiner Erlösung als Līlāpāda berühmt.

Nr. 8: Minapa (skt.: Mīnapa, Mīnapāda, Vajrapāda, Dorjeischab (tib.: rDo rje'i zhabs))
Eine Angel haltend und aus einem toten Fisch heraustretend.
M. fing eines Tages als Fischer einen Fisch, wurde von ihm in die Tiefe gezogen, und dieser wiederum von einem größeren Fisch verschluckt. Am Leben geblieben konnte er eine geheime Unterweisung Schivas (skt.: Śiva; eine der Hauptgottheiten des Hinduismus) an die Göttin Umā (Śivas Frau) hören und meditierte darüber 12 Jahre lang. Später wurde der große Fisch von einem Fischer gefangen, und somit erlangte er den Namen Mīnapāda.

Nr. 9: Ḍombhipa (skt.: Dhombi (-heruka), Gyungmotschen (tib.: Gyung mo can, „Der auf dem Tiger Reitende")
Mit seiner Gefährtin auf einer Tigerin reitend.
Der König von Magadha wurde wegen seiner Gemahlin aus dem Lande verbannt. Sie durften später zurückkehren, wurden jedoch auf eigenen Wunsch zur Reinigung auf einer Tigerin reitend verbrannt. Sie erschienen anschließend auf einer Lotusknospe, wonach der König Ḍombi genannt wurde.

Nr. 10: Schabaripa (skt.: Śavara, Śābāripa, Ritrö wangtschuk (tib.: Ri khrod dbang phyug, „Der Jäger")
An einem Stock einen erlegten Eber tragend, daneben seine weiße Gefährtin tanzend.
S. lebte als Jäger und tötete regelmäßig Antilopen. Der Bodhisattva Awalokiteschwara (skt.: Avalokiteśvara; Ein Wesen, das sich zum Ziel gesetzt hat, sich und alle Wesen aus dem Kreislauf der Wiedergeburten

zu befreien) erschien ihm und zeigte ihm die Höllen, in die Jäger nach ihrem Tode gelangen, worauf er den Fleischverzehr und auch das Jagen aufgab und den Namen Śavari erhielt; er ist auch bekannt als der Pfauenkleidträger.

Nr. 11: Bīnapa (skt.: Vīṇāpāda, Piwangdung (tib.: Pi wang brdung), „Der Musiker")
Die Kürbisvīṇā spielend.
B. war ein Prinz der Kschatriya-Kaste (skt.: Kṣatriya; die zweithöchste, die Kriegerkaste, im Hinduismus), doch er kümmerte sich statt um zukünftige Königspflichten nur um sein Lautenspiel. Als einst ein Yogī am Hof erschien, verließ er diesen und lernte beim Yogī. Nach 9 Jahren waren seine Gedanken gereinigt.

Nr. 12: Gaurakscha (skt.: Gaurakṣa bzw. Gorakṣa, Palangsung (tib.: Ba lang bsrung, „Der unsterbliche Kuhhirte")
Dunkelhäutig; neben seiner Rinderherde meditierend.
G. zog als Viehtreiber einen Prinzen auf, der von seiner Schwiegermutter verfolgt wurde. Davon angetan wurde er von seinem Lehrer in den Tantras (die Lehrschriften des Tantrismus) unterwiesen und erlangte die Befreiung.

Nr. 13: Pacharipa (skt.: (bzw. tib.) Pa tsa ri pa, Pacaripāda, Khurwa Tsongwa (tib.: ′Khur ba ′tshong ba), „Der Teigverkäufer")
Kuchen am Feuer röstend, Trommel und Schlägel haltend.
Als armer Brotverkäufer für einen reichen Bäcker aß er eines Tages die Hälfte seiner Brote selbst und schenkte die andere einem Yogī, der ihn dafür segnete. Er konnte der Strafe des Bäckers entfliehen und bezahlte ihn durch eine Leihgabe eines Tempels. Seinen Lehrer sah er als Avalokiteśvara an. Ihm wurde aufgetragen, auf der Erde zu bleiben und anderen zu helfen. Nach 700 Jahren ging er ins Nirvāṇa ein.

Nr. 14: Schantipa (skt.: Śānti(pāda), Ratnākaraśānti, Vajrāsana)
Vor Büchern in lehrender Haltung sitzend, in Lamatracht (tib.: bLa ma; Meditationsmeister) predigender Heiliger.
S. war ein berühmter Gelehrter der Universität Wikramaschila (skt.: Vikramaśila). Auf Einladung des Königs von Śrī Laṅka lehrte er dort

3 Jahre lang den Mahāyāna- Buddhismus).

Nr. 15: Kotalipa (skt.: Ko ṭa li pa, Toktseschab (tib.: Tog rtse zhabs), „Der mit der Hacke")
Mit der Spitzhacke den Berg bearbeitend.
Ca. zur 2. Hälfte des 11. Jahrhunderts lebend, wollte er sich eine eigene Stätte bauen. Śāntipa lehrte ihn die „Hacke seines Geistes" anzuwenden.

Nr. 16: Tantipa (skt.: Thak Ken (tib.: Thags mkhan), „Der Weber")
Im Webstuhl sitzend.
Einst ein reicher Weber, wurde er im Alter von seinen Söhnen und Schwiegertöchtern in ein Gartenhäuschen verbannt. Einmal kam ein Lehrer zu Besuch, der ihn im Garten verlassen vorfand. Er gab ihm Unterweisungen, an die er sich viele Jahre hielt und zur Überraschung seiner Familie im hohen Alter auf einmal noch jung und frisch war und die Heiligkeit erlangte und vielen Wesen von Nutzen war.

Nr. 17: Ludrup (tib.: Klu sgrub, Pelden Sangpo, (tib.: dPal ldan bzang po), skt.: Nāgārjuna)
Meditierend, mit Schlangen hinter dem Rücken.
N. studierte in der buddhistischen Universität von Nālandā und erlangte den höchsten
Abschluss. Er besänftigte Tārā (weibliche Gottheit) in seiner Visualisierung und begab sich auf Reisen in andere Länder.

Nr. 18: Tsamaripa (skt.: Cāmāra, Lam ken (tib.: Lham mkhan), „Der Schuster")
Mit Schuhen, Lederstücken und Arbeitsgerät.
T. stammte aus Ostindien. Ein Mönch unterrichtete ihn sogar während des Schusterns in der Meditation.

Nr. 19: Nagpo Tschöpa (tib.: Nag po spyod pa, Krschnatscharya (skt.: Kṛṣṇācārya), Kṛṣṇacārin)
In extatischer Bewegung auf einem Mensch (nach Grünwedel ein Dämon!?) sitzend und die Handtrommel (Ḍamaru) und Schädel schwingend. Über ihm schweben Schirme und Handtrommel, daneben befindet sich ein Reliquienschrein (skt.: Stūpa).

Als Mönch im 8. Jahrhundert lebend erhielt er die Hevajra-Lehren von Guru Jalandharapa und erlangte übernatürliche Kräfte nach 12jähriger Meditation, doch aufgrund seines Hochmutes machte er keine weiteren Fortschritte. Durch eine Ḍākinī unterrichtet, verwirklichte er weitere Fähigkeiten.

Nr. 20: Dolipa (tib.: rDo li pa (nach Grünwedel Dho(ṃ) bhi pa (skt.), „Der weise Wäscher")
Mit schwarz getupftem Gesicht, Waschgerät haltend.
Der Kaste nach ein Wäscher traf er eines Tages einen Yogī. Dieser lehrte ihn, dass das äußere Reinigen von Kleidung nicht nützlich sei, woraufhin sich der Wäscher ihm zuwandte und Ermächtigungen und Instruktionen erhielt. Nach 12 Jahren vermochte er mittels seiner erworbenen Siddhis (skt.: „Vollkommene Fähigkeiten", d.h. die Beherrschung von Körper und Geist) alleine schmutzige Kleider in saubere zu verwandeln.

Nr. 21: Parkapa (nach Grünwedel Khaḍgapa, „Der furchtlose Dieb")
Mit einem Schwert bewaffnet. Unter ihm ist ein Stūpa abgebildet, aus dem eine Schlange kriecht.
Als Züchter aus Magadha wurde aus K. ein fauler Dieb. Er suchte eines Tages Schutz vor der Polizei bei einem Yogī, der auf einem Friedhof lebte. Von diesem wurde er in die tantrischen Lehren eingeführt. Bei einer Tempelumrundung erschien ihm eine vom Yogī prophezeite Schlange, die sich, nachdem er sie gefangen hatte, in ein Schwert verwandelte. Er gab sodann das Stehlen auf, erlangte später alle Siddhis und kehrte ins Nirvāṇa ein, nachdem er zuvor noch selbst gelehrt hatte.

Nr. 22: Karnaripa (skt.: Āryadeva, Miktschikpa (tib.: Mig gcig pa), „Der Einäugige")
In den Wolken predigend.
Als Abt des Klosters Śrī Nālandā suchte er Guru Nāgārjuna in Südindien auf, um sein Schüler zu werden. Ihm ergeben, ließ er von seinen geistigen Errungenschaften wenig merken, erst durch verschiedene Situationen und letztlich durch eine Baumgottheit wurde sein Lehrer darauf aufmerksam, und K. erhielt den Namen Āryadeva. Er konnte sogar in die Luft aufsteigen, musste aber noch einer Frau eines seiner Augen geben, die ihn darum gebeten hatte. Ihm machte dies aber nichts

mehr aus, und er wurde bekannt als Āryadeva „mit einem Auge".

Nr. 23: Naropa (skt.: Tsaschepa (tib.: rTsa bshad pa); Grünwedel vermutet hier Ghantapa (skt.: Ghaṇṭa pa), der oft so dargestellt wird und in dieser Abbildung fehlt.)
Schüler von Tilopa (bzw. Tillipa).
Eine Menschenhaut als Mantel umnehmend. Darunter frisst ein Schakal eine Menschenleiche auf.
Von Beruf Holzhändler begehrte N. Tilopas Schüler zu werden, doch dieser verweigerte sich ihm. Nach 12 Jahren ergebender Dienerschaft lehrte T. ihm die Doktrin von Vajravārāhī. Nach der Erlangung der Siddhis nach 6 Monaten und dem Befreien vieler Wesen, erreichte er das Nirvāṇa.

Nr. 24: Dzogepa (tib.: mDzo ge pa), (skt.) Āyogī, „Der faule Yogi")
Auf einer teilweise aus Menschenköpfen bestehenden Matte liegend.
Aufgrund seiner Faulheit wurde er von seiner Familie auf einen Leichenacker verbannt, wo ihn kurzerhand ein Yogī unter seine Fittiche nahm und ihm eine Ermächtigung ins Hevajra-Tantra gab. Nach 9 Jahren erlangte er die Mahāmudrāsiddhi (skt.; Erleuchtung) und ging später ins Nirvāṇa ein.

Nr. 25: Bhadrapala (skt.: Bhadrapāla, Sangpo (tib.: bZang po)
Auf einem dunklen Fell sitzend, neben sich eine goldene Kanne und einen Yogī.
B. lebte als stolzer und fauler Brahmane, bis er durch einen verbalen Konflikt mit einem Yogī auf seinen unnützen Lebensstil aufmerksam gemacht wurde. B. folgte seinen Anweisungen, er musste typisch brahmanische Verhaltensweisen aufgeben und ließ sich von ihm auf dem Friedhof, wo der Yogī lebte, in die Meditation einführen.

Nr. 26: Thaganapa (skt.: Taktu Dzünmawa (tib.: rTag tu rdzun smra ba), „Der ewige Lügner")
An einem aus einem Fluss wachsenden Baum lehnend.
Als Mitglied der Schudra-Kaste (skt.: Śūdra, die unterste der 4 Hauptkasten Indiens) begegnete er einst an einem Baum lehnend einem Mönch, den er anlügen wollte. Dieser zeigte ihm aber die Konsequenzen des Lügens

auf, belehrte ihn bezüglich der Lügen und Unwahrheiten im Allgemeinen und erreichte damit das Heil des später berühmt gewordenen Guru Thagana.

Nr. 27: Dhukambhipa (skt.: Dhukhaṇḍī, Nyitschik Tudschepa [tib.: gNyis gcig tu byed pa], „Der, der 2 [Lappen] zu einem macht")
Ein großes weißes Stück Stoff haltend.
D. hielt sich als Angehöriger einer der untersten Kasten auf einem Kehrichthaufen auf und war in zusammengenähte Flicken gehüllt, als ein Yogī ihn traf und zur Religion bekehrte. Er hatte Probleme bei der Meditation, erlangte aber nach 12 Jahren die Mahāmudrāsiddhi und später, nachdem er vielen Wesen gedient hatte, die Erlösung.

Nr. 28: Schyalipa (skt.: Śyālipa, Tschenkyipa (tib.: Spyan kyi pa), „Der Wolfsmann")
Unter Bäumen stehend; an einem Baum hängt eine Leiche, ein Wolf bzw. Schakal nähert sich.
Er lebte in der Nähe eines Friedhofes, wo das Geheule von Wölfen zu hören war. Ein Mönch lehrte ihn den Dharma (skt.: die Lehre des Buddha), woraufhin er über alle Klänge der Welt als identisch mit dem Geheul eines Wolfes meditierte. Dadurch überwand er seine Angst.

Nr. 29: Tsatrapa (skt.: Chātrapāda, Tschökur Nelong (tib.: Chos khur nas blong), „Der Yogī mit dem Buch" bzw. „Der ewige Student")
Der wandernde Mönch mit den Schriften auf dem Rücken.
C. war ein Bettler der Śūdra-Kaste, der beim Betteln immer ein Schriftstück mit sich trug. Ein weiser Yogī gab ihm eine Einführung ins und Ermächtigung für das Hevajra-Tantra, worauf er die Mahāmudrāsiddhi erlangte.

Nr. 30: Kalapa (skt.: Nyönpa (tib.: sMyon pa), „Der schöne Verrückte")
Auf einem weiß-blauen Kissen meditierend.
Aufgrund seiner Fähigkeit zur Geduld im vergangenen Leben wurde er mit großer Schönheit geboren. Von dem Neid der Leute vertrieben, lebte er auf einem Friedhof, wo ihn ein Lehrer ins Cakrasaṃvara-Tantra einführte und ihm das Visualisieren beibrachte. Er erlangte das Nirvāṇa in diesem Leben.

Bibliographie

Chandra, Lokesh
1999   Dictionary of Buddhist Iconography. Neu Delhi.

Essen, Gerd-Wolfgang / Thingo, Tsering Tashi
1989   Die Götter des Himalaya. München

Fischer-Schreiber, Ingrid (Hrsg. u.a.)
1986   Das Lexikon der Östlichen Weisheitslehren. Bern

Grünwedel, Albert
1916   Die Geschichten der 84 Zauberer (Mahasiddhas). Leipzig.

Publiziert in:
Grünwedel, Albert
1916   Die Geschichten der 84 Zauberer (Mahasiddhas). Leipzig.

Knödel, Susanne / Johansen, Ulla
2000   Symbolik der tibetischen Religionen und des Schamanismus, S.128,129. Stuttgart.

Anmerkung

[1] Chandra, L. 1999, Vol.1, p. xxiii

Padmasambhava[1]

Kazuo Kano

Inv. Nr. 31.226:04
Hauptfigur: Padmasambhava
Herkunft: Tibet
Datierung: 18. oder 19. Jahrhundert
Material: Stoff
Maße: 65 x 45 cm
Gemäldestil: ?
Diagramm der Figuren: siehe unten
Inschriften: siehe Anhang 1
Thangkas mit ähnlichen Darstellungen: siehe Anhang 2

Die Hauptfigur des Thangkas ist Padmasambhava (tib.: Padma-'byung-gnas), der „Lotosgeborene", der im 8. Jahrhundert n. Chr. lebte. Er ist bekannt als der Meister von Uddiyāna (skt.: uḍḍiyāna) und gilt als eine der wichtigsten Persönlichkeiten des tibetischen Buddhismus, vor allem weil er half, die buddhistische Lehre in Tibet zu verbreiten.

Im Zentrum der Abbildung thront Padmasambhava in königlicher Robe auf einem gewaltigen Lotos, der aus einem See emporragt. Der Meister ist von seinen beiden engsten Schülerinnen und Yoginīs flankiert: Rechts von ihm befindet sich die Inderin Mandāravā, die ihm mit ihrer linken Hand eine Vase darbietet und in ihrer rechten Hand einen

Pfeil hält. Links von ihm sehen wir die Tibeterin Yeshe Tsogyäl (tib.: Ye–shes-'tsho-rgyal), die ihm eine mit Nektar gefüllte Schädelschale (skt.: kapāla) überreicht. Padmasambhava selbst hält in seiner erhobenen rechten Hand einen Vajra, in seiner auf dem Schoß ruhenden linken befindet sich eine mit Blut gefüllte Schädelschale und in seiner linken Armbeuge liegt ein Dreizack (skt.: khaṭvāṅga). Um ihn herum sind unterschiedliche Episoden aus seiner Lebensgeschichte angeordnet.

Von dieser Lebensgeschichte wurden im Laufe der Zeit mehr als fünfzig Versionen verfasst bzw. von Schatzfindern (tib.: gTer-ston) „wiederentdeckt"[2], und unter all diesen Hagiographien bzw. Heiligengeschichten ist das sogenannte Manuskript „Pelliot tibétain 44" eines der ältesten Dokumente, das den Namen "Padmasambhava" erwähnt. Es wurde in den Dunhuang - Höhlen gefunden und stammt wohl aus der Zeit zwischen 800 und 1035 n. Chr.[3]

Jamgon Kongtrül der Erste (tib.: ‚Jam-mgon Kong-sprul Blo-grosmtha'-yas, 1813-1899), ein bedeutender tibetischer Gelehrter, teilt die verschiedenen Lebensbeschreibungen des Padmasambhava in zwei Gruppen ein: Hagiographien, die Padmasambhavas Geburt aus einem Mutterleib darstellen und solche, die von seiner Geburt auf einem Lotos erzählen.[4] Unser Thangka stellt ihn als den Lotosgeborenen dar, und die hier gezeigten Szenen finden sich alle in einer der berühmtesten Hagiographien des Padmasambhava, dem Pemakathang (tib.: Padmabka'-thang).[5] Dies ist ein großartiges episches Gedicht, das nach der tibetischen Tradition im 8. Jahrhundert von seiner Schülerin und Partnerin Yeshe Tshogyäl verfasst und im Jahre 1326 von dem Schatzfinder Ugyän Lingpa (tib.: U-rgyan-gling-pa) wiederentdeckt wurde. Die Lebensgeschichte, so wie sie im Pemakathang beschrieben wird, stimmt im Großen und Ganzen mit den auf unserem Thangka dargestellten Episoden überein. Inschriften in tibetischer Ume-Schrift (tib.: dbu med), die sich zwischen den Darstellungen der verschiedenen Episoden befinden, kommentieren die einzelnen Szenen. Allerdings sind diese Inschriften zum Teil nicht lesbar. Aber mit Hilfe der Beschreibungen des Pemakathang lassen sie sich vollständig rekonstruieren (s. Anhang 1). Darüber hinaus existiert in der Sammlung des Rubin Museum of Art ein weiteres Thangka mit fast identischen Szenen und Inschriften (s. Anhang 2), mit dessen Hilfe sich ebenfalls die meisten Episoden unseres Thangkas identifizieren lassen.

Das Thangka zeigt 16 Ereignisse aus Padmasambhavas Hagiographie. Dabei läuft die Reihenfolge der einzelnen Szenen jeweils von links nach rechts und von oben nach unten. Allerdings sind die Episoden ganz unten auf dem Thangka in ihrer Abfolge nicht ganz korrekt abgebildet: links findet sich die Darstellung der Geschichten von Kapitel IX sowie XXI–XXII und rechts die der Kapitel XVI–XVII, XX sowie XXIII–XXIV des Pemakathang.

Die Lebensgeschichte des Padmasambhava und seiner acht Erscheinungsformen wird oft in einer achtteiligen Thangka-Serie dargestellt.[6] Da unser Thangka Szenen vom Anfang seiner Biographie zeigt, aber in der Mitte der Erzählung endet, ist anzunehmen, dass das Gemälde ursprünglich der erste Teil einer solchen achtteiligen Thangka-Serie gewesen ist.

Die Malerei ist auf grundierter Baumwolle ausgeführt. Grundfarben sind Schwarz (Hintergrund), Rot (Figuren) und Gold (Binnenzeichnungen), wobei die schwarze Farbe des Hintergrundes die ganze Leinwand beherrscht. Stilistisch lehnte sich daher der Künstler vielleicht an die sogenannten „Schwarz-Thangkas" (tib.: nag thang)[7] an. Allerdings ist unser Thangka kein typisches „Schwarz-Thangka", weil die Darstellungen der bunt gemalten Figuren hierfür eher ungewöhnlich sind.[8] Weiterhin finden sich auf dem Gemälde nicht – wie das gewöhnlich bei „Schwarz-Thangkas" der Fall ist – Einflüsse des Menri-Stils (tib.: sManbris), eines von der chinesischen Malerei geprägten Kunststils Tibets.

Inv. Nr. 31.226:04 Diagramm Rollbild: Padmasambhava
Siehe Abb. 13 im Farbteil.

Fig. Nr.	Beschreibung bzw. entsprechendes Kapitel im Pemakathang
1	Padmasambhava
2	Mandāravā
3	Yeshe Tsogyäl
4	I Darstellung von Amitābhas westlichem Buddha-Feld
5-8	II König Zangpo Chog und die fünf Kinder als Verkörperung des Amitâbha

9-10	III Einige der früheren Leben des Padmasambhava
11-12	IV Padmasambhava als Verkörperung des Vajrapāni sowie seine verschiedenen Geburten in die fünf Kasten
13-17	V Wie das Böse in Gestalt von Rudra Tharpa Nagpo entstand
18-21	VI Die Vernichtung des Bösen
22-23	VII Nüdan Dorje prophezeit den 1.000 Prinzen ihre Geburt als zukünftige Buddhas.
24-31	VIII Geschichte des Gotama
32-37	IX Geschichte des Shāntarakshita (skt.: Śāntarakṣita)
38	XIV Indrabodhi bringt den drei Juwelen Opfergaben dar.
39-42	XVI Indrabodhi erlangt das wunscherfüllende Juwel.
43-44	XVII Indrabodhi trifft mit Padmasambhava zusammen.
45-46	XX Padmasambhavas Hochzeit
47-50	XXI Hauslosigkeit des Padmasambhava
51-54	XXII Aufenthalt des Padmasambhava auf einer Leichenstätte
55-57	XXIII–XIIV Padmasambhavas Lehrer

Die ersten neun Episoden (Fig. 4–37) berichten von den Aktivitäten des Padmasambhava in seinen verschiedenen früheren Leben als Halter der Überlieferung des Buddhas Amitābha. In den Abbildungen 38–57 werden die Ereignisse im Zusammenhang mit seiner Geburt als Padmasambhava bis hin zu seinem Studium geschildert. Dies entspricht den Kapiteln I–XXV des Pemakathang.

Darstellung der verschiedenen Episoden nach dem Pemakathang

Die nachstehende Beschreibung der auf dem Thangka dargestellten Episoden folgt den Inschriften des Bildes sowie dem Pemakathang des Ugyän Lingpa. Dabei benutze ich die folgenden Zeichen:

PK–Pemakathang des Ugyän Lingpa (Chengdu 1987); Fig. – Nummer der Figur im Thangka.

[Pemakathang I] (Fig. 4; Inschrift 1)

Fig. 4 ist eine Darstellung des westlichen Buddha-Feldes Sukhavatī, in dem der Buddha Amitābha verweilt.

[Pemakathang II] (Fig. 5–8; Inschrift 1)

Die nächsten Abbildungen berichten davon, wie einstmals fünffarbiges Licht aus der Zunge des Buddhas Amitābha ausstrahlte und den Milchsee im süd-westlichen Bereich der menschlichen Welt (PK, S. 9) erreichte. Nun wächst aus dem See ein Lotos empor, der an einem Frühlingstag aufblüht (PK, S. 10). Auf der fünfblättrigen Lotosblüte sitzen fünf Kinder, nämlich in der Mitte die dunkelblaue Dorji Thöthreng Tsäl (tib.: rDo-rje-thod-phreng-rtsal), im Osten der graue Buddha Thöthreng Tsäl, im Süden die dunkelgelbe Ratna Thöthreng Tsäl, im Westen die dunkelrote Padma Thöthreng Tsäl und im Norden die dunkelgrüne Karma Thöthreng Tsäl (Fig. 5). Diese fünf Kinder gelten als die Verkörperung der fünf Buddha-Weisheiten. Der Weltherrscher Zangbo Chog (tib.: bZang-po-mchog) kommt daraufhin zu den Kindern, um ihnen zahllose Opfergaben darzubringen. Diese Gaben werden von fünf Schneelöwen und 500 Pferden transportiert (Fig. 6). Der König und seine Königin mitsamt den Ministern und der Armee umgeben den See (Fig. 7). Hieraufhin kommt der Buddha Amitābha aus seinem Buddha-Feld und belehrt den König, was es mit den fünf Kindern auf sich hat. Danach lädt der König die fünf Kinder in seinen Palast ein und einer der Schneelöwen (auf dem Thangka als Wagen dargestellt) trägt sie dorthin (Fig. 8).

[Pemakathang III] (Fig. 9–10; Inschrift 1)

Hier ist dargestellt, wie der Buddha die Sūtra-Lehre (Fig. 9) verbreitet. Daneben gibt ein Guru (Fig. 10), nämlich Padmasambhava in einer seiner früheren Verkörperungen, tantrische Belehrungen.

[Pemakathang IV] (Fig. 11–12; Inschrift 1)

Die Abbildung zeigt, wie Padmasambhava einstmals als Vajradhara Geburt annahm (Fig. 11). Ein anderes Mal kommt er als Kshatriya (skt.: kṣatriya)-Prinz zur Welt, der von dem Buddha Samantabhadra den Namen Dzepä Tog (tib.: mDzes-pa'i-tog) bekommt (Fig. 12). Die Inschrift berichtet, dass Padmasambhava danach in jede der fünf Kasten geboren wurde, d.h. in die Kaste der Kshatriyas, der Bürgerlichen, der Brahmanen, der Diener und der Händler (tib.: rgyal rigs, dmangs rigs, bram ze, gdol pa'i rigs, rje rigs).

[Pemakathang V] (Fig. 13–17; Inschrift 2)[9]

Der Samantabhadra-Szene folgt eine Episode, in der Padmasambhava sich als ein Mönch namens Thubka Shönnu (tib.: Thub-dka'-gzhon-nu) wiedergebären lässt, um zwei Männer zur buddhistischen Lehre zu bekehren, nämlich Kaukuntri (tib.: Ko'u-kun-dkris), den Sohn einer wohlhabenden Familie, und dessen Diener Pramadeva. Der Mönch Thubka Shönnu findet zu jener Zeit als Lehrer großen Zuspruch und viele Schüler kommen zu ihm – so auch Kaukuntri und Pramadeva. Sie werden zu Schülern des Meisters und legen das Mönchsgelübde bei ihm ab (Fig. 13), wobei sie neue Namen erhalten: Kaukuntri heißt nun Tharpa Nagpo (tib.: Thar-pa-nag-po) und Pramadeva fortan Dänphag (tib.: Dan-phag). Die beiden haben allerdings völlig verschiedene Auffasungen von der Lehre des Thubka Shönnu und geraten darüber in Streit. Schließlich schickt Tharpa Nagpo, der die Lehre nicht korrekt versteht, seinen Diener Dänphag fort. Tharpa Nagpo verübt in der Folge zahlreiche verbrecherische Taten, die um so verwerflicher sind, weil er die Mönchsgelübde genommen hat. Um seiner bösen Taten willen wird er nach seinem Tode unzählige Male in den niederen Existenzbereichen wiedergeboren: im Reich der Tiere, im Reich der ewig hungrigen Geister (skt.: preta) und in der Hölle.

Nachdem Tharpa Nagpo 1020-Mal diese drei niederen Bereiche durchlitten hat, wird er schließlich als ein Ungeheuer in der Welt der Menschen wiedergeboren, und zwar in einem Land namens Laṅkāpūrna in der Zeit nach dem Wirken des Buddhas Dīpankara. Denn in diesem Land schläft das Freudenmädchen Küntugyu (tib.: Kun-tu-rgyu) in einer einzigen Nacht mit drei verschiedenen Geistern, nämlich mit einem Teufel, einem Dämon und einem Gott. Küntugyu wird schwanger und gebiert einen Sohn mit drei Köpfen, sechs Armen, vier Beinen und mit Adlerflügeln: die Wiederverkörperung des Tharpa Nagpo. Gleich nach dessen Geburt wird das ganze Land von Unglücksfällen heimgesucht und neun Monate später – aufgrund des zurückkehrenden Kindbettfiebers – stirbt die Mutter (PK, S. 36).

Um weiteres Unheil zu verhüten, begraben die Menschen des Landes die Mutter gemeinsam mit ihrem Kind bei einem Baum. Dieser Baum ist nun auf unserem Thangka dargestellt: eine Schlange, Sinnbild für den Hass, schlingt sich um den Baum, und ein Greifvogel, der die Begierde symbolisiert, sitzt auf dessen Spitze (Fig. 15; PK, S. 36). Obwohl das monströse Kind zusammen mit der Mutter begraben wurde, bleibt es am Leben, denn es nährt sich von seiner toten Mutter. Das Kind saugt 42 Tage lang Flüssigkeit und Blut, nimmt ihre Innereinen, Fleisch, Mark und Knochen zu sich und gewinnt so an Kraft. Aus diesem Grund erhält das Kind den Namen „Mutterfresser" (skt.: Mātraṃgara, tib.: Ma-zas) bzw. Rudra (Fig. 15). Da Rudra in der Folge immer weiter nach Menschenfleisch giert, fällt er über die an jenen Ort gebrachten Leichen her. Er schlürft das Blut der Toten und schmückt sich mit ihren Häuten und Fellen. Nachdem er auf solch grauenvolle Art übernatürliche Kräfte erlangt hat, bricht er – von Flammen umlodert – mit einem rasenden Gefolge auf, um weitere Übeltaten zu begehen. Es gelingt Rudra, in kürzester Zeit 24 Länder zu erobern. Er wird immer selbstherrlicher und übermütiger (PK, S. 39) und er besiegt die Armee des Königs von Laṅkā (Fig. 16f.; PK, S. 42f.).

[Pemakathang VI] (Fig. 18–21; Inschrift 2)

Die nächsten Abbildungen zeigen, wie der Rudra Tharpa Nagpo vernichtet wird. Thubka Shönnu, der ehemalige Lehrer des Rudra Tharpa Nagpo, und Dänphag, sein früherer Diener, nehmen als Vajrasattva und Vajrapāni Geburt an. Sie tun dies in Gestalt von Avalokiteśvara und Tārā bzw. von deren zornvollen Aspekten Hayāgrīva, dem Pferdköpfigen, und Vajravārāhī, der Schweinsköpfigen. Darauf schlüpft Hayāgrīva in Rudras Körper und Vajravārāhī in den der Partnerin des Rudra. Dadurch dehnen sich die Körper in einem solchen Maße aus, dass die beiden Häupter vom Rumpf abspringen. Rudra fällt rücklings zu Boden (Fig. 20; PK, S. 51) und stürzt tief hinab in das unterirdische Reich der Nāgas. So wurde der böse Rudra vernichtet. Schließlich jedoch erhält er von Vajrapāni Einweihung und Rudra nimmt die Gestalt eines Mahākāla, also eines Schützers der buddhistischen Lehre, an (Fig. 21?; PK, S. 55). Auf dem Thangka sehen wir nun Hayāgrīva und Vajravārāhī in tantrischer Vereinigung (tib.: yab yum; Fig. 18), wobei eine Gottheit namens Mewa Tsegpa (tib.: dMe-ba-brtsegs-pa) entsteht (Fig. 19).

[Pemakathang VII] (Fig. 22–23; Inschrift 3)[10]

Weitere auf dem Thangka dargestellte Szenen berichten davon, wie ein anderes Mal Padmasambhava als ein tantrischer Meister namens Nüdän Dorje (tib.: Nus-ldan-rdo-rje) wiedergeboren wurde (Fig. 23). Zur gleichen Zeit lebte ein König namens Yulkhor Sung (tib.: Yul-'khor-srung), der 70.000 Frauen und 1.000 Söhne sein Eigen nannte. Eines Tages wurden ihm zwei weitere Söhne von zweien seiner Königinnen geboren: die Kinder Chökyi Sempa (tib.: Chos-kyi-sems-dpa') und Chökyi Lodrö (tib.: Chos-kyi-blo-gros). Gleich nach ihrer Geburt wurden sie von den Gottheiten gesegnet, und daraufhin stimmten die beiden Neugeborenen einen Lobgesang auf die Lehre des Buddhas an. Nachdem der König dies gehört hatte, besuchte er den Meister Nüdän Dorje, um ihm von diesem Wunder zu berichten. Nüdän Dorje sagte ihm, dass dies ein glückliches Vorzeichen dafür sei, dass alle seine 1.000 Kinder in der Zukunft Buddhas werden würden. Der Meister vollführt darauf ein Mandala-Ritual, um die Söhne zu ermächtigen und ihnen die Umstände ihrer zukünftigen Buddhaschaft zu prophezeien. Am Ende des siebentägigen Rituals nimmt er aus einer Vase, die in der Mitte des Mandalas steht, Zettel mit Namen heraus (Fig. 22). Seine Prophezeiung lautet: Zuerst wird Prinz Namdag Lodrö (tib.: rNam-dag-blo-gros) zu einem Buddha mit dem Namen Khorwajig (tib.: 'Khor-ba-'jigs), danach wird Prinz Namdag Gyälpo (tib.: rNam-dag-rgyal-po) zu einem Buddha namens Wangpo Shiwa (tib.: dBang-po-zhi-ba), usw. Nach der letzten Prophezeiung, nämlich jener für den Prinzen Lodrö Tayä (tib.: Blo-gros-mtha'-yas), segnen die Gottheiten die 1.000 Söhne. Da es aber keine Prophezeiung für die zwei jüngsten Söhne gibt, wundern sich die 1.000 Söhne darüber und fragen die beiden, was es damit auf sich habe. Chökyi Sempa und Chökyi Lodrö antworten, dass der eine als Lehrhüter Vajrapāni wiedergeboren wird, um seine 1.000 Brüder zu beschützen, und der andere nimmt Geburt als die Gottheit Tsangpä Wangpo Yishing (tib.: Tshangpa'i-dbang-po-yid-bzhin) an, um die Belehrungen der 1.000 Buddhas zu hören.

[Pemakathang VIII] (Fig. 24–31; Inschrift 3)

Die folgenden Episoden schildern Padmasambhavas Wiedergeburt als Prinz Gotama. Prinz Gotama nimmt die Mönchsgelübde bei einem Lehrer namens Dognag (tib.: mDog-nag; Fig. 24). Darauf begibt sich Gotama in das Land Drudzin (tib.: Gru-'dzin), um das Freudenmädchen Zangmo (tib.: bZang-mo) und den Taugenichts Padmä Tsalag (tib.: Padma'i-rtsa-lag) zur buddhistischen Lehre zu bekehren. Gotama meditiert in einer Hütte (Fig. 25), zu der eines Tages Zangmo und Padmä Tsalag kommen, um miteinander zu schlafen. Später kommt zu dem gleichen Ort ein Händler namens Ari,[11] der sich ebenfalls mit Zangmo vergnügen möchte. Nachdem das Freudenmädchen gesehen hat, dass dieser Mann viel Geld besitzt, lässt sie sich von ihm überreden und gibt sich ihm hin. So betrügt sie den Padmä Tsalag. Zangmos Dienerin, die alles gesehen hat, berichtet Padmä Tsalag von Zangmos Untreue. Gleich nachdem er das gehört hat, zieht Padmä Tsalag sein Schwert und läuft zu Zangmo. Sie bittet ihn um Vergebung, aber er tötet sie in seinem Zorn (Fig. 26). Als die Bewohner der Stadt das Schreien von Zangmos Dienerin hören, strömen sie alle herbei. Aus Angst wirft Padmä Tsalag sein blutbeflecktes Schwert in der Weise fort, dass es in der Nähe des Gotama landet. Der Missetäter verschwindet, aber die Menschen, die das Schwert bei Gotama liegen sehen, denken, dass Gotama das Freudenmädchen Zangmo getötet hat. Gotama versucht der Menschenmenge zu erklären, was in Wirklichkeit passiert ist, aber vergeblich. Er wird vor den König geschleppt und ans Kreuz geschlagen (Fig. 27).

Sein Lehrer Dognag kommt nun des Weges und als er seinen Schüler so am Kreuz sieht, fragt er Gotama, was geschehen sei. Gotama antwortet ihm der Wahrheit gemäß und betet darauf: "Möge ein Wunder eintreten, wenn mein Wort wahr ist!" Jetzt erstrahlt die Haut seines Lehrers, die vorher schwarz war, plötzlich goldfarben (Fig. 28), und so ist Gotamas Unschuld für seinen Lehrer bewiesen. Dognag lässt mittels seiner Zauberkraft ein Gewitter aufziehen, und nun erinnert sich Gotama an seine früheren sexuellen Handlungen. Sein Samen und sein Blut tropfen auf die Erde, mischen sich und verwandeln sich in zwei Eier. Diese wachsen mit Hilfe des Sonnenlichts heran, und zwei Kinder entspringen ihnen. Die Kinder laufen zu einem Zuckerrohrfeld (Fig. 29), in dem die Bewohner der Stadt ihr Tagewerk verrichten, und rufen diese herbei, damit sie Gotama vom Kreuz herabnehmen. Daraufhin kommt der König des Landes herbei und fragt die Leute, was geschehen sei. Diese antworten, dass Gotama unschuldig gewesen, aber mittlerweile gestorben sei.

Der Lehrer Dognag betet, dass der eigentliche Täter die Folgen der bösen Tat tragen solle. Daraufhin steigen die Gottheiten aus dem Himmel zum König hernieder, um ihn wissen zu lassen, dass er in seinem Urteil geirrt habe. Vier Weltschützer-Gottheiten kommen ebenfalls zur Erde und werfen das blutbefleckte Schwert gen Himmel. Das Schwert fällt aus dem Himmel wieder auf die Erde zurück und erschlägt dabei den wahren Täter Padmä Tsalag. Und auch Zangmos Dienerin und der Freier Ari entkommen nicht den Folgen ihrer bösen Taten: sie werden von Blitz und Hagel getötet (Fig. 30f.).

[Pemakathang IX] (Fig. 32–37; Inschrift 4)

Auf die vorangehende Episode folgend wird Gotama als Kuntu Chang (tib.: Kun-tu-'chang) in dem Himmelsbereich der 33 Gottheiten wiedergeboren (Fig. 32?). Ein Mann namens Dampa Tokar (tib.: Dampa-tog-dkar) kommt aus der Menschenwelt, um Gotama aufzusuchen, verbeugt sich vor Gotama und erhält Ermächtigung. Auch gibt Tokar, der in seinem nächsten Leben niemand anderes als der Buddha Shākyamuni sein wird, den Gottheiten des Himmelsbereiches religiöse Belehrungen. Als er in die Menschenwelt zurückkehren will, flehen sie ihn an, nicht zu gehen, sondern bei ihnen zu bleiben. Darauf verspricht Tokar den Gottheiten, dass an seiner Statt Maitreya sie belehren und so ins Nirvāna geleitet wird. Tokar gibt folgende Prophezeiung: „Nachdem ich Buddha geworden bin, möge Maitreya Buddha werden!" (Fig. 33?) Dann nimmt Tokar als der Sohn des Königs Śuddhodana (tib.: Zas-gtsang-ma) Geburt an.

Kuntu Chang prophezeit nun einem Mann namens Yeshe Toggi Gyäntsän (tib.: Ye-shes-tog-gi-rgyal-mtshan), dass er Buddhaschaft erlangen werde. Yeshe Toggi Gyäntsän hat den Wunsch, den Menschen des Königreiches Uddiyāna den buddhistischen Dharma zu lehren und so kommt er als Prinz Shāntarakshita in diesem Land zur Welt. Er ist der Enkelsohn des Königs Tsugphu Rigzang (tib.: gTsug-phud-rigs-bzang), und seine Großmutter, Königin Chö Öma (tib.: mChod-'os-ma), war bereits Mutter zweier Zwillingssöhne (Fig. 34). Diese hatten geheiratet und ihre beiden Frauen wurden gleichzeitig schwanger. Daraufhin wählte König Tsugphu Rigzang durch Traumdeutung einen der Ungeborenen zum Kronprinzen (Fig. 35). Beide Kinder kamen gleichzeitig zur Welt: es waren Shāntarakshita sowie der zum Kronprinzen erwählte Thorchog cän (tib.: Thor-cog-can; Fig. 36). Shāntarakshita verließ später das Land, um in anderen Ländern zum Nutzen aller Lebewesen zu wirken (Fig. 37?).

Im Pemakathang folgt nun die Geschichte von Shāntarakshitas Aufenthalt auf einer großen Leichenstätte, was aber auf unserem Thangka nicht dargestellt wird. Stattdessen zeigt das Gemälde Padmasambhavas Aufenthalt auf einer Leichenstätte (PK XXII; Inschrift 4). Da beide Geschichten sich sehr ähneln, könnte der Maler sie verwechselt haben.

[Pemakathang XIV] (Fig. 38; Inschrift 4)

Auf den nun folgenden Abbildungen werden – beginnend mit den Ereignissen, die Padmasambhavas Geburt vorangehen – Episoden aus dessen eigentlichem Leben dargestellt: König Indrabodhi ist ein mächtiger Herrscher, jedoch blind und ohne Nachkommen, denn sein einziger Sohn starb kurz nach der Geburt. Auch wurde sein Land von einer Hungersnot heimgesucht und all dies Unglück bekümmerte den König sehr. Darauf kam ein Heiliger namens Āse zu Indrabodhi, der ihm den Ratschlag gab, den drei Juwelen zu opfern. Der König befolgte diesen Rat und brachte deshalb große Opfergaben dar (Fig. 38).

[Pemakathang XVI] (Fig. 39–42; Inschrift 4)

Als nun fast das gesamte Vermögen des Königreiches durch die vielen Spenden aufgebraucht war (PK, S. 99f.), entschied König Indrabodhi, sich auf die Suche nach dem wunscherfüllenden Juwel (tib.: yid bzhin nor bu) zu begeben, damit er den Menschen weiterhin Almosen geben könne. Dieses Juwel soll sich auf einer Insel in der Weite des Ozeans befinden, und so lässt der König ein Schiff vorbereiten, um in See zu stechen. Ein großes Gefolge von 500 Dienern begleitet ihn und ein erfahrener Kapitän steht ihm zur Seite. Ein günstiger Wind geleitet sie über das Meer und schließlich erreichen sie eine Insel aus kostbaren Edelsteinen (Fig. 39). Während die Mannschaft auf dem Schiff zurückbleibt, nähern sich König Indrabodhi und sein Kapitän in einem kleinen Boot der Insel (Fig. 41). Sie gleiten an Bergen aus Silber und Vaidūrya (skt.: vaiḍūrya)-Juwelen vorbei und als sie zu einem Berg aus purem Gold gelangen, legen sie an und betreten das Ufer.

Vor diesem Berg befindet sich ein aus sieben kostbaren Substanzen erbautes Schloss. Der Kapitän gibt dem König letzte Anweisungen und schickt ihn los, das wunscherfüllende Juwel zu holen (Fig. 40). Als Indrabodhi das Palasttor erreicht, begehrt er Einlass und betätigt den Vajra-Türklopfer, der an dem Tor angebracht ist. Daraufhin öffnet sich das Tor von selbst und unzählige Gottheiten, die ihm blaue Edelsteine schenken, erscheinen. Dann tritt ein Nāga-Mädchen zu König Indrabodhi und spricht zu ihm: "Wenige Menschen haben jemals diesen Palast erreicht. Du musst ein Mensch mit großem Verdienst sein. Was ist dein Wunsch?"[12] Der König erzählt ihr seine Geschichte und schließt mit den Worten: "So bin ich gekommen, um das kostbare Juwel zu holen". Das Mädchen freut sich sehr, löst das vom König gesuchte wunscherfüllende Juwel aus ihrer Krone und gibt es dem König (Fig. 42).

[Pemakathang XVII] (Fig. 43–44; Inschrift 4)

Die nächsten Abbildungen zeigen König Indrabodhis Rückkehr in die Heimat. Dort werden sie von Trigunadhara (skt.: Triguṇadhara), einem Minister, empfangen, der ihnen auf einem Boot entgegenkommt und folgende Nachricht überbringt: „In einem Lotoswald westlich von dem Ort Dhanakosha (skt.: dhanakośa) sitzt ein Knabe von nur acht Jahren – wunderschön anzusehen – auf einem vielfarbigen Lotos (Fig. 44)". König Indrabodhi, der durch das wunscherfüllende Juwel seine Sehkraft wiedererlangt hat, begibt sich mit seinem Gefolge zu diesem Ort. Das Thangka zeigt nun hier den König mit dem Juwel (Fig. 43). Das erste Zusammentreffen Indrabodhis mit Padmasambhava wird in der Sanglingma-Hagiographie folgendermaßen dargestellt:

Der König fragte den Knaben: „Knabe, wer ist dein Vater und wer deine Mutter? Was ist deine Kaste und welches dein Heimatland? Wovon ernährst du dich, und was ist der Zweck deines Hierseins?" Als Antwort sagte der Knabe: „Mein Vater ist die Weisheit unmittelbaren Gewahrseins. Meine Mutter ist das immervortreffliche Weib, der Raum aller Dinge (tib.: Kun-tu-bzang-mo). Ich gehöre zur Kaste der Untrennbarkeit von Raum und Gewahrsam. Den ungeborenen Dharmadhātu habe ich als Heimat erwählt. Als Nahrung verzehre ich die Konzepte der Dualität. Der Zweck meines Hierseins ist das Töten der Geistesgifte". So sprach er, und der König dachte voller Ehrfurcht: „Dies muss eine übernatürliche Erscheinung sein!" Er sagte: „Ich will dich zu meinem Sohn und zum Objekt meiner Verehrung machen". Damit setzte der König den Knaben auf ein Seidentuch, schnitt den Lotos ab und nahm ihn mit zurück in sein Land (vgl. PK XVII, S. 115–116).[13]

[Pemakathang XX] (Fig. 45–46; Inschrift 4)

Als Padmasambhava zum Mann heranwächst, sucht König Indrabodhi ein angemessenes Mädchen, dass er Padmasambhava zur Frau geben kann. Der König sendet seinen Minister in die Stadt Simhapura, um eine geeignete Kandidatin ausfindig zu machen. Nach einigen Anstrengungen findet der Minister schließlich bei einer Feier zur Verehrung des Buddhas ein wunderbares Mädchen mit Namen Öchangma (tib.: 'Od-'chang-ma), die die Tochter des Königs Candragomin ist. Öchangma soll aber auf Geheiß ihres Vaters schon die Frau des Sohnes von König Dhanahata werden. Trotzdem lädt Indrabodhis Minister die Prinzessin ein, und noch während des ersten Treffens verliebt sich Padmasambhava in Öchangma. Auf dem Thangka sehen wir, wie Padmasambhava der Prinzessin das wunscherfüllende Juwel überreicht (Fig. 46, PK. S. 136f.). Mit Hilfe König Indrabodhis sowie des wunschfüllenden Juwels gelingt es Padmasambhava letztendlich Öchangma zur Frau zu gewinnen. Eine weitere Szene, die auf dem Thangka dargestellt ist, zeigt die Prinzessin, die auf einen Reitelefanten aufsteigt und so schließlich zu Padmasambhava gelangt (Fig. 45).

[Pemakathang XXI] (Fig. 47–50; Inschrift 4)

Padmasambhavas Auszug in die Hauslosigkeit und sein Aufenthalt auf einer Leichenstätte (PK, Kap. XXII) sind auf dem Thangka unten links zu sehen. Um einen kurzen Überblick über die Ereignisse zu geben, die zu dieser Episode führten, soll hier nochmals eine Passage aus der Sanglingma-Biographie wiedergegeben werden:

Der Prinz Nirmanakaya (skt.: nirmāṇakāya)[14] (=Padmasambhava) dachte, dass er durch das Regieren des Königreiches den Wesen nicht genug werde nutzen können. Folglich begann er sich der yogischen Disziplin zu widmen, um das Anhaften des Königs und der Minister abzuwenden [die ihn zurückhalten wollten]. Er schmückte seinen nackten Körper mit Knochenornamenten, hielt die Damaru-Trommel der Vereinigung von Glückseligkeit und Leerheit sowie den dreispitzigen Kathvānga-Stab, den Vernichter der drei Gifte, empor und begann auf dem Dach des Palastes zu tanzen.

Es versammelten sich viele Zuschauer. Eines Tages entglitt der Kathvānga seiner Hand und traf den Sohn des Kamalatey, des einflussreichsten Ministers, am Kopf und tötete ihn.[15]

Jeder, der die Gesetze des Königreiches brach, war ausnahmslos zu bestrafen. Alle Minister versammelten sich und sagten zum König: "Obwohl dieser Knabe zum Monarchen gekrönt wurde, hat er sich doch unschicklich aufgeführt. Er hat den Sohn eines Ministers getötet. Jetzt muss der Prinz selbst durch Pfählung bestraft werden."

Der König antwortete: "Ich weiß nicht, ob der Knabe das Kind eines nichtmenschlichen Wesens oder eine übernatürliche Ausstrahlung ist. Es wäre unangemessen, ihn zu töten; er soll des Landes verwiesen werden".

Die Minister verurteilten den Prinzen also zur Verbannung. [...]

Der Prinz sprach folgendermaßen: "In dieser Welt sind Vater und Mutter kostbar. Ihr seid meine Eltern gewesen und habt mir den Thron geschenkt. Der Sohn des Ministers kam einer karmischen Schuld zufolge zu Tode, und gerecht ist es, dass ich nach dem strikten Gesetz meines Vaters verbannt werde. Dennnoch bin ich ohne Furcht, denn der Geist kennt nicht Geburt noch Tod. Da ich nicht an einer Heimat hänge, kann die Verbannung mich nicht schrecken. Verweilet stets in Heiterkeit, mein Vater, mein Mutter. Unserer karmischen Verbindung wegen werden wir einander künftig wiedertreffen". Der Prinz erwies seinem Vater und seiner Mutter Verehrung und vergoß selbst Tränen. Die Eltern dachten bei sich: "Er ist wahrlich ein Nirmanakaya!" In großem Schmerz verhüllten sie ihren Kopf und legten sich schließlich zum Schlafen nieder.[16]

[Pemakathang XXII] (Fig. 51–54; Inschrift 4)

Hierauf begibt sich Padmasambhava in die Verbannung, nämlich zu der Leichenstätte Silwä Tsäl (tib.: bSil ba'i btshal). Dort belehrt er Dākinīs (skt.: ḍākinī) und vernichtet Dämonen. Auf unserem Thangka ist der Stūpa Detsä Tsegpa (tib.: bDe-byed-brtsegs-pa) abgebildet, der sich in der Mitte dieser Leichenstätte befindet (Fig. 52; PK, S. 159f.). Später sucht Padmasambhava in Gaushö (tib.: Ga'u-shod) eine weitere Leichenstätte auf, wo er die männlichen Dämonen tötet und mit den weiblichen Dämonen sexuellen Yoga praktiziert (Fig. 53). An diesen Ort lässt König Arti, der Herrscher über jenes Land, den Leichnam seiner toten Gemahlin bringen. Die Königin war schwanger gewesen, aber vor der Geburt gestorben. Padmasambhava schneidet ihren toten Körper auf und nimmt ein lebendes Kind heraus (Fig. 52) – ein Mädchen, dass zu seiner tantrischen Partnerin wird, mit der er sexuellen Yoga praktiziert. Hierduch verärgert, lässt König Arti nach Padmasambhava suchen. Und so hält sich Dharmaśrī, der Prinz jenes Landes, im Tal eines Dorfes versteckt, um Padmasambhava zu fassen. Aber Padmasambhava nimmt Pfeil und Bogen, erschießt den Prinzen (Fig. 51; PK, S. 162f.)[17] und verlässt dann die Leichenstätte.

[Pemakathang XXIII–XV] (Fig. 55–57; Inschrift 4)

Auf den letzten Abbildungen des Thangkas ist Padmasambhavas Studienzeit bei verschiedenen Meistern abgebildet. Zunächst geht er in das Land Säldän (tib.: gSal-ldan). Dort gibt es einen heiligen Mann mit Namen Shākya Arjuna (tib.: Srid-sgrub), bei dem Padmasambhava sowohl Astrologie als auch die Berechnung von Jahreszahlen – vor allem nach dem System des Kālacakratantra – erlernt (Fig. 55; PK XXIII).

Danach begibt er sich nach Padmavatī (tib.: Padma-can), wo der Sohn eines Mannes namens Tsoche Shönnu (tib.: 'Tsho-byed-gzhon-nu) lebte. Bei diesem Sohn erlernte er die Wissenschaft der Medizin (Fig. 56; PK XXIV).

Später geht Padmasambhava dann nach Rāgala (tib.: Rā ga la), wo der Gelehrte Kungi Shenyen (tib.: Kun-gyi-bshes-gnyen) wohnt.[18] Bei ihm studiert Padmasambhava verschiedene Sprachen und Schriften. Mit der Episode, wie Padmasambhava schließlich bei Viśvakarman die Kunst erlernt (Fig. 57; PK XXV)[19], bricht auf unserem Thangka die Darstellung von Padmasambhavas Lebensbeschreibung ab.

Anhang 1 Inschriften [20]

[Inschrift 1]

nub phyogs padma bkod pa'i snang ba mtha' yas kyi zhing bkod / rgyal po bzang po mchog gis mchod
gnas thod 'phreng (lies phreng) rtsal rigs lngar 'khrungs pa'o / bstan pa gnyis ldan gyis chos gsungs / kun tu bzang po bstan pa la kun bzang rdo rje 'chang la chos zhus / rigs lngar 'khrungs pa'o /

[Übersetzung]

[Dies ist] die Darstellung des westlichen Buddha-Feldes des Amitābha (tib.: sNang ba mtha' yas='Od dpag med pa), mit Lotosblumen geschmückt (PK I, S. 4–8; Fig. 4).

[Padmasambhava nahm zu jener Zeit] Geburt als [Verkörperung der] fünf Buddha-Familien an, [nämlich] als die [fünf] Thöthreng Tsäl [-Kinder], die spirituellen Berater des Königs Zangpo Chog (PK II, S. 12; Fig. 5). [Padmasambhava], der sich in Besitz der zweifachen Lehre [von Sūtra und Tantra] befand, lehrte den Dharma (PK III; Fig. 10).

Zu jener Zeit als Samantabhadra Belehrungen gab, bat [eine frühere Inkarnation des Padmasambha] bei Kunzang Dorjechang um den Dharma [d.h. die Dzogchen-Lehre] (vgl. PK IV, S. 26; Fig. 12). [Später wurde Padmasambhava in jede der] fünf Kasten[21] geboren (PK IV, S. 26-28).

[Inschrift 2]

kun tu bzang po bstan pa'i mjug tu bdud yul 'dul ljong tu dgying (lies gzigs) ○ thub dka' gzhon nu skye ba bzhes dus thar pa nag po ko long / (Z. 2) de ru dra kyi skye rgyud byung tshul lo / mar me mdzad kyis bstan pa'i mjug tu ○ srin yul long ka (lies lang ka) steng tu ru dra rnams kyi bka' bgros de / (Z. 3) ru dra thar pa nag po rta phag gis btul tshal (lies tshul) lo /

[Übersetzung]

[In der Zeit] nach der Belehrungs[periode] von Samantabhadra betrachtete [Padmasambhava in einem seiner früheren Leben] ein [gewisses] dämonisches Land als ein [zur buddhistischen Lehre] zu bekehrendes Land (vgl. PK V, S. 29). Zu dieser Zeit, als [Padmasambhava] als Tubka Shönnu geboren wurde, war [sein Schüler] Tharpa Nagpo [mit den Belehrungen seines Lehrers] nicht zufrieden (PK V, S. 31–35; Fig. 13). Das ist die Geschichte, wie es zu der Geburt des [Dämons] Rudra gekommen ist (PK V, S. 34f.; Fig. 15). Nach der [Zeit] der Belehrungs[periode] von [Buddha] Dīpamkara fand ein Zusammentreffen im dämonischen Land Lankā mit Rudra [und dem König des Landes] statt (PK V, S. 35–48; Fig. 17). [Dies ist die Geschichte,] wie durch Hayagrīva (i.e. der Pferdeköpfige) und Vajravārāhī (i.e. die Schweinsköpfige) Rudra Tharpa Nagpo unterworfen wurde (PK VI, S. 49–56; Fig. 20).

[Inschrift 3]

slob dpon nus ldan rdo rje skye ba bzhes tshul </> sangs rgyas stong gis (lies gi) mtshan sgrubs / ko'u ta ma skye ba bzhes / sman tshong bzang mo dang padma'i rtsa lag gnyis kyi 'dul bya'i zhing tu gzigs / bu ram shing dang nyi ma'i gnyen gyis skye rgyud byung tshul lo //

[Übersetzung]

[Einstmals wurde Padmasambhava] als der Gelehrte Nüdän Dorje geboren (PK VII; Fig. 23). Er bestimmte die Namen der tausend

Buddhas (PK VII; Fig. 22). [Ein weiteres Mal wurde Padmasambhava] als Gotama geboren (PK VIII; Fig. 24). Er betrachtete Mäntsong Zangmo und Pemä Tsalag als [zur buddhistischen Lehre] zu Bekehrende. [Dies ist die Geschichte,] wie es mit Hilfe des Zuckerrohrbaumes und der Sonne [zum Entstehen der zwei Kinder] kommt (PK VIII, S. 69; Fig. 29).

[Inschrift 4]

dam pa tog dkar la dbang bskur rgyal tshab byams pa bkos / sum cu rtsa gsum la kun tu 'chad (lies 'chang) tu bzhes / srid ldan rgyal khams 'dul bya'i zhing tu (lies du) gzigs / rgyal srid spangs (lies ma spangs) na khrim<s> la 'gal tshul lo // rgyal bu mtha' nas spyug tshul / dur khrod bsil tshal du ston mdzad / u rgyan rgyal po indra bho dhis sbyin pa mdzad / yid bzhin nor bu len dus (Z. 2) pad steng u rgyan 'khrungs dus spyan drangs tshul / drang srong srid sgrub <rtsis> slab / padma dus 'khor gzigs su grags / 'od 'chang ma khab tu bzhes tshul / 'tsho byed gzhon nu bu la gso ba rig pa'i tshogs sna slab </> padma [tsha 'thung] 'byung gnas la bzo bo bhi sho karma la rigs (lies rig) byed mtha' dag slab / a tsa rya 'jam dpal bshes gnyen yig rtsis slab / 'gu (lies gu) ru smra ba'i seng ge grags tshul lo //

[Übersetzung]

[Dies ist die Geschichte der] Ernennung des Regenten Maitreya, der von Dampa Tokar (tib.: Dam-pa-tog-dkar) [als zukünftiger Buddha] ermächtigt wurde (PK IX, S. 74f.; Fig. 33?). [Gotama wurde] als Kuntu Chang (tib.: Kun-tu-'chang) in dem Himmelsbereich der 33 Gottheiten [wieder]geboren (PK VIII, S. 72; Fig. 32?).
[Padmasambhava] betrachtete [die Einwohner seines] mächtigen Königreiches als [zur buddhistischen Lehre] zu Bekehrende (PK XXI). Wenn [Padmasambhava] die königliche Macht nicht aufgibt, bricht er das Gesetz [des Königreiches] (PK XXI; Fig. 47). Der Prinz [Padmasambhava] wurde [aus dem Königreich] verbannt (PK XXI; Fig. 48). [Padmasambhava] gab in der Leichenstätte Sil Tsäl (tib.: bSil tshal) Belehrungen (PK XXII; Fig. 51–53).
Indrabodhi, der König von Uddiyāna, brachte [den drei Juwelen]

Opfergaben dar (PK XIII, S. 98; Fig. 38). Als [Indrabodhi] das wunscherfüllende Juwel (tib.: yid bzhin nor bu) erlangte (PK XVI, S. 108–113; Fig. 39–42), wurde [der zukünftige Prinz von] Uddiyāna (=Padmasambhava) auf einem Lotos geboren (PK XVII, S. 114f.; Fig. 44). Darauf lud [Indrabodhi] ihn [in seinen Palast] ein (PK XVII, S. 116–118; Fig. 43?).

[Padmasambhava] erlernte [Astrologie] bei Arjuna (tib.: Srid-sgrub), einem Heiligen der Śākya [-Familie] (PK XXIII, S. 164; Fig. 55). Man sagt, dass Padma[sambhava den Text des] Kālacakra[tantras] sah (PK XXIII, S. 165). [Padmasambhava] heiratet Öchangma (tib.: 'Od-'changma) (PK XX; Fig. 45f.). Er lernte verschiedene Bereiche der Medizin beim Sohn des Jīvakakumāra (tib.: 'Tsho-byed-gzhon-nu-bu) (PK XXIV, S. 167–169; Fig. 56). Padma[sambhava] lernte den ganzen Veda beim Meister Viśvakarman im [Land] Tsathung Djungnä (tib.: Tsha 'thung 'byung gnas) (vgl. PK XXV, S. 170f.; Fig. 57). Er lernte Schreiben und Rechnen beim Lehrer Mañjuśrīmitra (tib.: 'Jam-dpal-bshes-gnyen). [Padmasambhava] wurde bekannt als Guru Mawä Sengge (tib.: sMra-ba'i-seng-ge) (vgl. PK XXV, S. 170).

Anhang 2 Weitere bildliche Darstellung des Padmasambhava nach der Hagiographie Pemakathang

(Himarayan Art Website 601; Rubin Museum of Art; ca. 19. Jahrhundert; 43,18 X 71,12 cm) Die dargestellten Szenen mit den zugehörigen Inschriften sind nahezu deckungsgleich mit unserem Thangka.

(Lauf et al 1969, Plate, XV/78; 73,5 x 53,5 cm) Die hier zu sehenden Episoden stammen alle aus dem Pemakathang. Die Inschriften sind identisch mit den Überschriften der Kapitel I bis XXX des Pemakathang.

(Himalayan Art Website 15575; Sammlung des Shechen Archives; ca. 19. Jahrhundert Osttibet ?) Dieses Gemälde ist ein Teil einer Thangka-Serie, welche die acht Erscheinungen des Padmasambhava zeigt.

(Jackson 1996, S. 347; spätes 18. Jahrhundert oder Mitte 19. Jahrhundert; Herkunft: Yul-mo (Helambu); 77 X 54 cm; Privatsammlung, Köln) Das Thangka hat eine lange Inschrift auf der Rückseite, die besagt, dass die dargestellten Episoden auf dem Pemakathang des Ugyän Lingpa basieren (s. ibid. S. 412f.).

Bibliographie

Tibetische Literatur

U-rgyan-gling-pa
1987   Padma bka' thang: U rgyan gu ru Padma 'byung gnas kyi skyes rabs rnam par thar pa rgyas par bkod pa (=Shel brag ma). (Nach tibetischer Tradition gilt Yeshe Tsögyäl als Verfasserin und Ugyän Lingpa als Entdecker der Hagiographe.) Chengdu.

Sangs-rgyas-gling-pa
1970   U rgyan gu ru Padma 'byung gnas kyi rnam thar rgyas pa gSer gyi phreng ba thar lam gsal byed. ed. bDud 'joms Rin po che. (Nach tibetischer Tradition gilt Yeshe Tsögyäl als Verfasserin und Sangyä Lingpa als Entdecker der Hagiographie.) Kalimpong.

Literatur in europäischen Sprachen

Béguin, G.
1995   Les Paintures du Bouddhisme Tibétain, Musee National des Arts Asiatiques - Guimet. Paris.

Bischoff, F.A. / Hartman, Ch.
1971   Padmasambhava's Invention of the Phur-bu, Ms. Pelliot tibétaine 44. In: Études Tibétaines Dédicées à la Mémoire de Marcelle Lalou, S. 11-28. Paris.

Blondeau, A.M.
1980   Analysis of the Biographies of Padmasambhava According to Tibetan Tradition. In: M. Aris & Aung San Suu kyi (Hrsg.), Tibetan Studies in Honor of Hugh Richardson, S. 45-52. Warminster.

Chandra, L.
2003 Dictionary of Buddhist Iconography, 9. New Delhi.

Douglas, K. / Bays, G.
1978 The Life and Liberation of Padmasambhava: The bKa' thang shel brag ma as Recorded by Yeshe Tsogyal, 2 Bd. (Englische Fassung der französichen Übersetzung aus dem Tibetischen von G.-C. Toussaint.) Emeryville.

Essen, G.-W. / Thingo, T.T.
1991 Padmasambhava: Leben und Wundertaten des großen tantrischen Meisters aus Kaschmir im Spiegel der tibetischen Bildkunst. Köln.

Evans-Wentz, W.Y.
1954 Tibetan Book of the Great Liberation. London.

Geist, Th.
1997 Yeshe Tsogyal, Der Lotosgeborene im Land des Schnees: Wie Padmasambhava den Buddhismus nach Tibet brachte. (Deutsche Fassung der englischen Übersetzung aus dem Tibetischen von E.H. Schmidt.) Frankfurt.

Jackson, D.P.
1979 Buchbesprechung zu Douglas 1978. Journal of Asian Studies. Vol. 43 (1), S. 123–125.
1996 History of Tibetan Painting: The Great Tibetan Painters and Their Traditions. Wien.

Jackson, D.P. / Jackson, J.A.
1984 Tibetan Thangka Painting: Method & Materials. London.

Klaus, Chr.
1982 Der aus dem Lotos Entstandene: Ein Beitrag zur Ikonographie und Ikonologie des Padmasambhava nach dem Rin chen gter mdzod. Wiesbaden.

Lauf, D.I. et al
1969 Tibetische Kunst. Zürich.

Ngawang Zangpo,
2002 Guru Rinpoché: His Life and Times. New York.

Anmerkungen

[1] Ich bedanke mich bei meinen Kollegen Herrn Dorji Wangchuk, Herrn Volker Caumanns und Frau Christiana Clasen für ihre Hilfe bei inhaltlichen Fragen und bei der Korrektur meines Deutsches.
[2] Siehe z.B. Evans-Wentz 1954, Douglas et al 1978 und Ngawang Zangpo 2002.
[3] Bischoff et al 1971.
[4] Blondeau 1980.
[5] Dieser Text ist auch unter dem Namen Sheldragma (tib.: Shel–brag-ma) bekannt, d.h. „der in der Kristallfelshöhle (tib.: shel brag) [entdeckte] Text". Er wurde zuerst von G.C. Toussaint ins Französische übersetzt und später aus dieser französischen Fassung ins Englische übertragen; s. Douglas et al 1978 (s. Jackson 1979). Der tibetische Text ist in Versmaß verfasst und daher sind manche Passagen schwer verständlich. Darüber hinaus gibt es allerdings auch eine Prosaversion des Pemakathang, die von Sangyä Lingpa in einer Höhle namens Puri Phumoche (tib.: Pu-ri Phug–mo-che) entdeckt wurde, und die unter dem Namen Sertreng (tib.: gSer-phreng) bekannt ist. Diese Prosaversion erwies sich als hilfleich, um die schwierigen Passagen des Pemakathang zu verstehen.
[6] Siehe Essen et al 1991 und Lokesh Candra 2003, S. 2527. Nach Lokesh Candra werden die traditionellen Darstellungen des Padmasambhava in vier Gruppen unterteilt: (1) die spirituelle Linie des Padmasambhava, (2) die acht Erscheinungsformen des Padmasambhava mit ihren jeweiligen Lebensgeschichten, (3) Padmasambhava als Terma - Meister (tib.: gter ston) und (4) seine 25 Schüler und Schülerinnen sowie Padmasambhavas acht Erscheinungsformen. Unser Thangka fällt in die zweite Kategorie.
[7] Jackson 1984, S. 76: "Paintings that employed limited palettes could be further divided into three main sub-classes according to the predominating colour: black thangkas (nag thang or thang nag), gold thangkas (gser thang) and vermilion thangkas (mtshal thang)".
[8] Siehe aber Jackson 1984, S. 88: "In some black thangkas, however, only the backgrounds were done in nag-thang style, and the figures themselves were painted in full colour".
[9] Vgl. Essen et al 1991, S. 1821.
[10] Vgl. Essen et al 1991, S. 38.
[11] Siehe Pemakathang XXI, S. 151.
[12] Siehe die Übersetzung des Sanglingma von Geist (1997, S. 38), vgl. PK, S. 112.
[13] Geist 1997, S. 38f.

14 Das ist eine Emanation bzw. ein Ausstrahlungskörper des Buddhas.
15 Im Pemakathang XXI tötet Padmasambhava vier Menschen, die in einem ihrer früheren Leben - als Padmasambhava als Gotama zur Welt gekommen war – üble Taten begangen hatten (vgl. PK VIII).
16 Geist 1997, S. 40ff.
17 Vgl. Sangyä Lingpas Version des Pemakathang (Kalimpong 1970, Kap. XVIII, S. 144).
18 Inschrift 4 auf unserem Thangka liest ʽJam-dpal-bshes-gnyen statt Kun-gyi-bshes-gnyen.
19 Inschrift 4 unseres Thangkas lautet: "Er lernte alle Veden bei Viśvakarman".
20 Folgende Zeichen wurden verwendet: [ ]–nicht lesbares Wort; < >–ergänztes Wort; ○–Unterbrechung der Inschrift durch die Bilddarstellung.
21 Tib.: rigs lnga ist hier doppeldeutig und könnte auch die fünf Buddhafamilien bezeichnen (s. PK IV, S. 27f.).

Ekajaṭī

Rosita Faber

Inv.Nr: 4457: 07 Nordost-Tibet Ende 19. Jahrhundert, grundierte Baumwolle, eingefasst mit schmaler rot/gelber, dann breiter dunkelblauer Seide, Bild: H 65 x B 47 cm; gesamt: H 124 x B 86,5 cm, einfache Form des Menri-Stils des osttibetischen Grenzlandes (siehe Abb. 12 im Farbteil).

```
              1
              2
   4                    5
   6                    7

              3

   8                    9

  10                   11

  12          14       13
```

Hauptinschrift/Titel des Thangkas:
„bcu bdun rgyud kyi bka' srung che sngags kyi srung ma e ka dza"
Wörtlich heißt dies: „Ekadza, Wächterin der Mantras, große Schutzgöttin der Siebzehn Tantras"

Figur 1: Sangs-rgyas	Buddha
Figur 2: rTa-mgrin	Hayagrīva
Figur 3: E ka dza	Ekajaṭī
Figur 4: Nyang Ting-'dzin bzang-po	Tingdzin Zangpo aus Nyang
Figur 5: Rig-'dzin chen-po Ku ma ra dza	Kumarādzā
Figur 6: rTa-khyung-'bar-ba	Hayagrīva
Figur 7: gZa'-mchog cheng-po	Rāhula
Figur 8: Tshe-ring mched lnga	Fünf Schwestern des langen Lebens
Figur 9: gYu-sgron mched lnga	Fünf Schwestern der Türkis-Lampe
Figur 10: mGon-po	Mahākāla
Figur 11: Dam-can rdo-legs	Dorje Legpa
Figur 12: rNam-thos-sras	Jambhala
Figur 13: bTsan	Berggott
Figur 14: Dur-khrod Lhamo	Göttin der Leichenstätten

Es gibt bereits frühere Thangkabeschreibungen, und zwar von S. Knödel/U. Johansen und S. H. Ribbach (s. Bibliographie).

Die Form dieses Thangkas, der zusammen mit zwei anderen (4455: 07 und 4453:07) zu einer Serie gehört, ist äußerst ungewöhnlich, denn er stellt Ekajatī, die meist lediglich als Nebenfigur zu sehen ist, als Hauptfigur heraus und zwar, wie der Titel besagt, als „Wächterin der Mantras und grosse Schutzgöttin der Siebzehn Tantras". Somit gehört die hier vorliegende Ikonographie in den spirituell höchsten tantrischen Bereich der Nyingma-Tradition (tib. rNying-ma) des tibetischen Buddhismus bzw. zu der dazugehörigen (oder eigenständigen) Dzogchen-Lehre (d.h. Lehre der Großen Vollendung).

Betrachten wir zunächst den Thangka insgesamt, so kann der Malstil der einfachen Menri-Schule (tib. sMan-ris)[1] des osttibetischen Grenzlandes zugeordnet werden, in dem auch die dargestellten Mönche wirkten, daher begründet sich auch die Datierung in das Ende des 19. Jahrhunderts, da der vorletzte Linienhalter aus dem Set der Thangkas bis 1866 lebte.

Die Darstellungsform der Gottheiten erscheint auf den ersten Blick grausam; weiß man jedoch die zahllosen Einzelheiten zu lesen, bzw. die Symbole zu deuten, offenbart sich eine überaus interessante Geschichte: Ekajaṭī, die Hauptbeschützerin der Dzogchen-Lehren[2], ist umgeben von einer Flammenaureole. Sie erscheint mit jeweils nur einem der folgenden Merkmale: einem Auge, einem Zahn, einem Haarschopf, einer Brust, als Personifizierung der essentiellen, nicht-dualen Natur der uranfänglichen Energie. Sie ist von blauer Hautfarbe. Ihre türkisgrünen Haare sind so ineinander verschlungen, das sie in einer Spitze nach oben zulaufen. Daher rührt auch ihr tibetischer Name: Ral gCig-ma (lies: Rel Tschigma), d.h. die mit dem einzelnen Haarschopf. Sie trägt eine Krone aus fünf Schädeln, die die fünf Leidenschaften repräsentieren, die überwunden wurden und so als Schmuck getragen werden können. Ihr Kleid ist aus Knochenperlen, über das sie einen Menschenhaut-Tigerfellschurz geschlungen hat. Eine Wolkenschärpe bedeckt ihre Brust und eine lange Menschenkopfkette reicht bis an den Saum ihres Schurzes. Mit ihrer rechten Hand führt sie das Herz eines Menschen (tib. mi-snying) bzw. Feindes (tib. dgra-snying)[3] zum Mund, eine Veranschaulichung für den Tod des Begehrens bzw. das Verschlingen aller Dämonenfeinde. Ihr linker, nach unten ausgestreckter Arm hält einen weiblichen Wolf (ebenfalls ein besiegter Dämon) in der Hand[4]. Ihre Füsse haben Krallenzehen, mit denen sie auf einer männlichen grauen (rechts) und weißen weiblichen Leiche (links) tanzt, als Zeichen des besiegten „Ichs", bzw. der Dualität, die auf ihrem Sonnenscheibenthron liegen, der von rot-blauen und weissen Lotosblütenblättern eingefasst ist. Hinter dem Thron erscheint ein blaues, auf der Spitze stehendes Dreieck, in dem parallel zu den Rändern verlaufend eine Intarsie aus verschiedenfarbigen Menschenköpfen ersichtlich ist. Dieses Dreieck steckt wie ein Ritualdolch (skt. kila, tib. phur-pa)[5] in einem Meer aus Blut (ebenso bei Rāhula). Meist bestehen diese Ritualdolche aus Eisen und versinnbildlichen in ihrer blauen Farbe die unzerstörbare Vajra-Natur, dessen Zorn die Leerheit erzeugen soll, in dem er Unwissenheit, Gier und Hass usw. durchtrennt. Das Vajrakilaya Tantra wurde von Padmasambhava nach Tibet gebracht, um Hindernisse aus dem Weg zu räumen, die der Ausbreitung der buddhistischen Lehre in Tibet im Wege standen.

Als Hauptbeschützerin der Dzogchen-Lehren gehört Ekajaṭī zum Bereich des Bodhisattvas Samantabhadra[6], wörtl. „Der Allumfassend Gute" oder „Der Ringsum Segensreiche". Er verkörpert die „Weisheit der Wesensgleichheit", d.h. das Begreifen der Einheit von Gleichheit und Verschiedenheit. In seiner tibetischen Form gilt Samantabhadra als Ursprungs-Buddha (Ādi-Buddha). Ekajaṭī repräsentiert hier die Schutzgöttin der Siebzehn Tantras der Unterweisungsklasse[7], d.h. innerhalb des Dzogchen[8] unterscheidet man die von Mañjushrīmītra (in der Linie Samantabhadra – Vajrasattva – Garab Dorje (geb. 55 n.Chr.) – Mañjushrīmītra) in drei Zyklen unterteilte Lehre: Semde (tib. sems-kyi sde) = Geistklasse, Longde (tib. klong-gi sde) = Raumklasse und Mangagde (tib. man-ngag sde) = Unterweisungsklasse. Diese Belehrung des Atiyoga[9] (tib. man-ngag-gi sde) über die Höchste Spiritualität (tib. snying-thig, skt. cittatilaka) gelangte in zwei Traditionen nach Tibet: einmal über Padmasambhava, zum anderen aber und hier wesentlich in direkter Übertragung von Mañjushrīmītra an Vimalamitra. Nächster Linienhalter ist Nyang Tingdzin Zangpo und rund 450 Jahre später in direkter Folge Kumārādza. So entsteht eine Verbindung und wir betrachten die Figur links oben:

Nyang Tingdzin Zangpo

Figur 4 (tib. Nyang Ting-'dzin bZang-po)

Dieser Yogi ist der aus Nyang stammende Tingdzin Zangpo, der von 716-815[10] lebte. Er wurde Schutzpatron des jungen tibetischen Königs Trisong Detsen (tib. Khri-srong lDe-bTsan). Beide wurden Schüler Vimalamitras aufgrund einer Einladung des Königs und er unterwies sie in den Dzogchen-Texten, die er vorher übersetzt hatte. Diese Unterweisungen fanden heimlich statt. Da es jedoch zu Unruhen in Tibet kam, verbarg Vimalamitra die Texte (tib. gter-ma, lies Terma= wörtl. Schätze) in Gegong in Chimpu (tib. mchims-phu'i dge-gong), um nach dreizehnjährigem Aufenthalt in Tibet seine Reise nach China fortzusetzen[11]. Tingdzin Zangpo war es möglich, das Kloster Uru Zha'i Lhakhang (tib. dbu-ru zha'i lha-khang) zu errichten. Er verbarg die Schriften, die die Unterweisungen enthielten, die er von Vimalamitra besitzt, die Lehren weiter zu vermitteln und zu übertragen.

Die männlichen und weiblichen Figurengruppen rechts und links von Ekajaṭī (Fig. 8 und 9, s. Detailbeschreibung) gehören aufgrund ihrer einheitlichen Darstellung zusammen: alle tragen weiße Roben und blaue Stiefel und halten die für eine Einweihung oder auch Kontemplation notwendigen Ritualgegenstände in Händen bzw. sind damit gekleidet: Spiegel, Kristallkugel, und Pfauenfeder. Da sie in den Bergen leben, werden sie von den z.B. in Berghöhlen Praktizierenden zum Schutz angerufen. Ebenfalls ein Schutzgott der Berge ist die Figur 13 (s. Detailbeschreibung). Ein weiterer wesentlicher Platz für Meditationen ist der Ort der Vergänglichkeit, die Leichenstätte, hier wirkt als Beschützerin die Figur 14, Durdog Lhamo, sie ist die Göttin der Leichenstätten (s. Detailbeschreibung).

Durch Kenntnis dieser Hintergründe erscheinen die Figuren eher lebendig und wohlgesonnen, trotz ihrer drastischen Darstellungsform und werden deshalb bei Initiationsritualen und Meditationen angerufen, um innere und äußere Hindernisse aus dem Weg zu räumen.

Amitābha

Figur 1 (tib. `Od-dPag-med, lies Öpagme)

Über allen Figuren des Thangkas thront sehr klein, leider nicht mehr sehr deutlich, aber erkenntlich an seiner roten Hautfarbe, Buddha Amitābha[16], der Buddha des unermesslichen Lichts. Er verkörpert als Tugend die Weisheit der Unterscheidung und die klare Sicht der Erkenntnis, Befreiung von Leidenschaft und Begierde als Grundübel, sein Element ist das Feuer, seine Himmelsrichtung der Westen und seine Handgeste ist die der Meditation.

Hayagrīva

Figur 2 (tib. rTa-mgrin, lies Tamgrin)

Der blaue Yidam Hayagrīva, „Der mit dem Pferdenacken", trägt eine Schädelkrone mit einem grünen Pferdekopf und hat ein drittes Weisheitsauge. In seiner rechten Hand hält er einen Speer (sk. kunta; tib. mdung)[17], in seiner linken eine Seilschlinge oder ein Lasso (skt. pā'sa; tib. zhags-pa). Er steht im Ausfallschritt auf einer roten und einer weißen erhalten hatte, in einem der von drei Stützbalken getragenen Säulenhalle dieses Tempels, dessen Ruinen heute noch stehen[12]. In der Trak Lhalu Höhle bei Lhasa verließ Tingdzin Zangpo seinen irdischen Körper. Die Texte der Dzogchen-Lehren wurden in direkter Übertragung weitergegeben[13]; die rechts oben abgebildete Figur 5 ist einer der nachfolgenden Linienhalter:

Kumārādza

Figur 5 (tib. Rig-'dzin Chen-po Ku-ma-ra-dza, lies Rigdzin Tschenpo Kumaradza)

Er sitzt auf einer roten Scheibe, bekleidet mit einem einfachen Mönchsgewand. Seine rechte Hand deutet die Erdberührungsgeste an[14] (skt. bhūmisparśa od. bhumisparsha; tib. sa-gnon), seine linke lugt seitlich, eine Humkara-Geste (tib. hum-mdzad-kyi phyag-rgya) machend, hervor. Kumārādza lebte von 1266 bis 1343[15]. Er ist ein Schüler Melong Dorjes und ein Vidyādhara, d.h. Wissenshalter (tib. rig-'dzin). Des weiteren ist er eine Emanation Vimalamitras. Schon als Kind besass er viele spezielle Fähigkeiten und einen grossen Wissensschatz, den er im Laufe seines Lebensweges bei vielen spirituellen Meistern unterschiedlicher Traditionen erweiterte. Einmal, bei einer Einweihung, sah er über dem Kopf seines Meisters Mahākāla und in der Tür stand in dunkelblauer, zornvoller Gestalt Ekajaṭī. Da er die Lehre in ihrer reinsten Form kannte, entwickelte er eine spezielle Sprache des philosophischen Systems (tib. grub-mtha'). Man sagt er sei der Autor von 263 Büchern, einschliesslich eines „Chos-'Byung", einer „Geschichte der Lehren".

Zusammenfassend kann gesagt werden, dass es sich bei den dargestellten Figuren im wesentlichen um sogenannte „wilde" oder „rasende" Gottheiten handelt, die u.a. an ihrem „dritten" Auge, dem sog. „Weisheitsauge" erkenntlich sind (Fig. 3, Ekajaṭī, Fig. 2 und 6, Hayagrīva, Fig. 7, Rāhula, Fig. 10, Mahākāla, Fig. 11, Dorje Legpa, s. Detailbeschreibung). Ihre Aufgabe besteht zum einen darin, die Lehren zu beschützen, zum anderen, den Praktizierenden auf seinem Weg zu begleiten. Beschützen heißt hier auch, darauf zu achten, dass die wertvollen Schriften (tib. gter-ma, lies: Terma = wörtl. Schätze) von jemandem gefunden werden (tib. gter-ston, lies: Tertön = wörtl. Schatzentdecker), der sie versteht und der das entsprechende Wissen

Leiche (s. Beschreibung Ekajaṭī). Symbolisch ist der rechtshändig gehaltene Speer eine „Methodenwaffe", mit der falsche Ansichten und Begriffe des Meditierenden durch die wilde Gottheit durchbohrt werden, während die linkshändig, d.h. durch die „Weisheitshand" geschwungene Seilschlinge von der falschen Vorstellung des „Ichs" befreien soll. Hayagrīva wird häufig als rasende Erscheinungsform der transzendeten Buddhas Amitâbha oder Akṣobhya bezeichnet[18].

Hayagrīva

Figur 6 (tib. rTa-khyung-'Bar-ba, lies Takhyung Barwa)

Dies ist eine äusserst interessante Erscheinungsform des Hayagrīva, der hier mit roter Hautfarbe dargestellt ist. Die deutsche Übersetzung seines tibetischen Namens lautet: „Der mit dem Pferdenacken und dem Feuervogel". Mit Feuervogel ist der mythische Garuda, der König der Vögel, gemeint[19], der auch als „der Schlangenesser" gilt. Und so tanzt Hayagrīva hier im Ausfallschritt auf fünf ineinander verschlungenen Schlangen (tib. klu, skr. nāga)[20], denn der Garuda gilt seit jeher als Erzfeind der Schlangen, einem Mythos, den es in vielen unterschiedlichen Kulturkreisen gibt. „In Tibet verschmolz der indische Garuda mit dem Khading der Bönpo (tib. mkha` lding), dem „gehörnten Goldadler", dem König der Vögel, und dem Feuervogel der Bön. In den Dzogchen-Texten der Nyingma-Schule und in der Bön-Tradition kommt dem Garuda große Bedeutung zu. In der Nyingma-Tradition verkörpert er bestimmte zornvolle Erscheinungsformen des Padmasambhava, und in den Terma-Traditionen der verborgenen Schatztexte wird Garuda als Hüter der Schätze verehrt."[21]

Der hier dargestellte Hayagrīva in rasender Gestalt trägt eine Schädelkrone, die von dem Doppelemblem, d.h. Pferde- und Garudakopf, geziert wird. Hayagrīva hält in seiner rechten Hand einen Vajra (tib. rdo-rje) und auf seinem linken Handgelenk sitzt der „gehörnte Goldadler", der Garuda. Hayagrīva ist bekleidet mit einem losen, grünen Mantel, der von einer Tigerfellschürze gehalten wird. Eine Kette aus abgetrennten Menschenköpfen (skt. mundamālā, tib. dbu-bcad-ma `phreng-ba) rundet das Bild dieser rasenden Gottheit ab. In einer anderen Beschreibung wird diese Form des Hayagrīva als Guhyasādhana-Hayagrīva[22] bezeichnet, d. h. „Hayagrīva als esoterische Ideation". Erkennungsmerkmal sind nicht die menschlichen Wesen, die er niedertritt, sondern die Schlangen, die bestimmte Gefahren versinnbildlichen. Des weiteren soll er eine Verkörperung des transzendenten Bodhisattvas Avalokiteśvara sein.

Rāhula

Figur 7 (tib. gZa'-mchog Chen-po, lies Satschö Tschenpo)

Der tibetische Name Rāhulas besagt, dass er der „Große Herrscher der Planeten" ist. Er ist einer der Hauptbeschützer der Dzogchen-Lehren[23]. Sein unterer Körper ist wie der einer Schlange geformt, während der obere Teil seines Körpers von vielen Augen bedeckt ist, die es ihm zusammen mit den jeweils drei Augen in seinen neun Köpfen symbolisch ermöglichen, in alle Richtungen zu schauen. Ein weiteres Gesicht erscheint auf seinem Nabel. Pfeil (skt. sarā, tib. mda`) und Bogen (skt. dhanu, tib. gzhu-mo)[24], die er in den unteren beiden seiner insgesamt vier Arme gespannt hält, sind jederzeit bereit, mögliche Angreifer der Lehre abzuwehren bzw. falsche Auffassungen und falsches begriffliches Denken zu durchbohren, während er in seiner rechten oberen Hand (der „Methodenhand") ein Krummesser (skt. karttrikā, tib. gri-gug)[25] schwingt (das u.a. falsche Emotionen (skt. kleśas) wie Stolz, Hass, Eifersucht und Gier durchtrennen soll) und seine linke obere das bereits beschriebene Lasso hält. Zusätzlich dienen seine vielen Münder dazu, die Unwissenheit der Feinde zu verschlingen. Rāhula ist von dunkelbrauner Hautfarbe und thront auf einem blauen Dreieck, dessen Spitze nach unten zeigt (symbolisch wie bei Ekajaṭī). Eine andere Auslegung beschreibt, dass die Darstellung der neun Köpfe Rāhulas die neun Planeten versinnbildlichen, deren Herrscher er ist, während er sein eigenes Gesicht mit dem grossen Mund, mit dem er gelegentlich Sonne und Mond verschlingt und dadurch Eklipsen verursacht, auf dem Bauch trägt. Die zahlreichen Augen werden in dieser Beschreibung als Sterne erklärt. Sein Schlangenunterkörper soll Wasser und Regenwolken symbolisieren und über den Regenwolken ist Rāhulas Heimat[26].

Tsering Chenga

Figur 8 (tib. Tshe-ring mched lnga)

Zwischen schneebedeckten Bergspitzen liegt der Tempel der „Fünf

Schwestern des langen Lebens". Diese sind[27]: Die Göttin des Glücks und des langen Lebens (tib. lHa-mo bKra-shis Tshe-ring-ma), die Göttin des Hellsehens (tib. mThing-gi Zhal-bzang-ma), die Göttin der Ackerböden (tib. Mi-gYo bLo-bzang-ma), die Göttin der Kostbarkeiten (tib. Cod-pan mGrin-bzang-ma) und die Göttin der Vieherden und Haustiere (tib. gTad-dkar 'Gro-bzang-ma). Die Hauptgöttin hat einen Pfauenfedermantel (skt. mayura-tilaka; tib. rma-bya' i mdongs)[28] über ihre Schultern geworfen. Pfauenfedern haben diverse Bedeutungen, hier symbolisieren sie Weisheit und zweckmässige Methoden. In der Dzogchen-Tradition verweist die Pfauenfeder (in Verbindung mit einem Kristall) auf die „alles übersteigende Verwirklichung" der Todgal-Lehren (tib. thod-rgyal)[29]. In Ihrer rechten Hand hält die Hauptgöttin eine gefüllte längliche Schale, in der linken einen langen Stab, an dem oben Vajra, Spiegel und Schleifen befestigt sind. Der Spiegel (tib. me-long)[30] ist ein wesentliches Symbol, das zwar alle Erscheinungen reflektiert, in sich selbst jedoch unverändert bleibt, d. h. die Erscheinung existiert nur als solche, ist aber von ihrem Wesen her leer. Die rechts und links von der Hauptgöttin stehenden Figuren halten Seidenpfeil und Spiegel bzw. Schale und Seidenpfeil. Die linke untere Göttin hält in der rechten Hand eine Kristallkugel (skt. sphatika, tib. shel), in der linken einen Seidenpfeil, die rechte Göttin trägt diese Attribute spiegelverkehrt. Dem Kristall kommt in der Übertragung der Dzogchen-Lehren eine grosse Bedeutung zu, da er, zusammen mit Spiegel und Kristallkugel die Essenz, Natur und Energie veranschaulicht, den „Drei Bedingungen": Der Spiegel reflektiert bedingungslos das klare Licht, der Kristall bricht es und die Kristallkugel scheint das Licht in sich selbst zu bergen, d.h. der Kristall symbolisiert die strahlende, klare Natur des Geistes[31].

Yudön Chenga

Figur 9 (tib. gYu-sgron mched lnga)
    Der tibetische Name dieser Gottheiten lautet „Die fünf Schwestern der Türkis-Lampe". Sie haben ihren Tempel ebenfalls zwischen weissen Bergspitzen errichtet. Wie ihre Schwestern tragen auch diese Gottheiten weiße Roben und blaue Stiefel und ihre Formation ist identisch. Die Zentralfigur hält in der rechten Hand eine Schale mit Juwelen, in der linken eine Kristallkugel. Die umgebenden vier anderen tragen ebenfalls

in der rechten Hand eine juwelengefüllte Schale, allerdings in der linken einen einfachen Seidenpfeil. (Die Symbolik ist wie bereits beschrieben).

Mahākāla

Figur 10 (tib. mGon-po, lies Gönpo)

Dieser Mahākāla von blauer Hautfarbe hält in seiner linken Hand die bereits beschriebene Seilschlinge, in seiner rechten eine Speerflagge (skt. kunta-pataka, tib. mdung ba-dan)[32], die mit einer leider nicht mehr lesbaren Inschrift versehen war. Die Flagge ist das Emblem vieler Kriegs- und Schutzgottheiten, und so haben wir es hier auch mit einer Schutzgottheit zu tun: Die Beschützer der Mahākāla Klasse sind die Hauptschutzgottheiten (skt. dharmapāla) vieler Lehren, allerdings sind sie zweitrangige Beschützer der Dzogchen-Lehren. Es gibt viele Arten von Mahākālas, die jedoch alle Mahākāla Maning unterstellt sind. Mahākālas sind männlicher Natur. Es gibt auch weibliche Mahākālis, die aber rangmäßig unter den männlichen stehen. Nur die Dzogchen- Lehren, in denen das weibliche Energieprinzip von primärer Bedeutung ist, hat eine weibliche Schutzgottheit: Ekajaṭī ist die Hauptbeschützerin dieser Lehren[33]. Mahākāla gilt als die rasende Erscheinungsform des Avalokiteśvara, er soll vor Gefahren und negativen Einflüssen auf dem spirituellen Weg schützen[34].

Dorje Legpa

Figur 11 (tib. Dam-can rDo-legs bzw. tib. rDo-rje Legs-pa lies Dordsche Legpa)

Sein tibetischer Name heisst übersetzt „Der Eidgebundene". Durch Eid gebunden wurde Dorje Legpa (was soviel heißt wie „guter Vajra"), der ein Wächter der Bön-Tradition war, von Padmasambhava, der ihn im Kampf besiegte und ihn zwang, nunmehr die Dzogchen-Lehren zu bewachen, er ist einer ihrer Hauptwächter[35]. Hier reitet er einen Schneelöwen, dessen Zaumzeug aus Schädelköpfen besteht (es gibt Darstellungen, auf denen er eine Ziege reitet). Sein rechter Arm ist hoch erhoben und hält in der Hand, die die Humkara-Geste (tib. hum-mdzad-kyi phyag-rgya; skt. mudrā)[36] ausführt, den Vajra (tib. rdo-rje, lies Dordsche). Mit seiner linken Hand führt er – wie Ekajaṭī – ein Herz zum Mund. Dorje Legpa ist der Bruder Ekajaṭīs[37]. Der Dorje was so viel heißt wie „Herr der Steine" ist das wichtigste tantrische Ritualgerät. Es symbolisiert die Unzerstörbarkeit und Klarheit eines Diamanten (daher auch der Name Vajrayāna = Diamantfahrzeug) und damit das unvergängliche und unzerstörbare Sein der absoluten Wahrheit. In der Hand einer rasenden Gottheit soll er alle negativen Wahrnehmungen zerstören[38]. Erwähnenswert sind noch die weiteren Merkmale Dorje Legpas: Der Bogenbehälter aus Tigerfell (tib. stag-shubs) und der Köcher aus Leopardenfell (tib. gzig-ral), die an seiner Hüfte hängen. Das Leopardenfell symbolisiert das weibliche Prinzip der Weisheit, das Tigerfell das männliche Symbol der Methode[39]. In einer anderen Beschreibung steht, dass Vajrasādhu (Dorje Legpa), nach seiner Bezwingung durch Padmasambhava, als Schutzherr der Orakelpriester ins buddhistische Pantheon aufgenommen wurde[40].

Jambhala

Figur 12 (tib. rNam-thos-sras, lies Namthöse)

Ein Schneelöwe (tib. seng-ge dkar) liegt ausgestreckt auf einem Juwelenfeld. Auf ihm thront die Gottheit des Wohlstandes: Jambhala. Sein gelbes Hanumathaupt ist gekrönt. Er trägt ein Kriegerhemd und einen weiten roten Mantel. Seine rechte Hand hält das Siegesbanner (skt. dhvagā, tib. rgyal-mtshan)[41], in seinem linken Arm trägt er die Juwelen speiende Manguste (Mungo) (skt. nakulā, tib. gter-gyi ne'u-le)[42]. Sein Throntier, der Schneelöwe, hält zwischen seinen Vorderpfoten die „Vase des Wohlstands" (skt. nidhāna-kumbhā; tib. gter-gyi bum-pa)[43]. Diese Vase gehört zu den Ritualgegenständen einer Gottheit wie rNam-thos-sras. Sie kann angefüllt sein mit Medizinpillen, Getreide, farbigen Stoffen, Juwelen etc. und nachdem sie gesegnet wurde, wird sie in den „Korb des Wohlstands" (tib. gter-gyi sgam) gelegt. Auf diese Weise können sich die Fähigkeiten des Spenders Glück, Reichtum, Langlebigkeit und Ansehen zu erlangen, vermehren[44]. Der Schneelöwe ziert heute als Wappentier die tibetische Flagge. Er gilt als Herrschafts- und Schutzsymbol und verkörpert als Schneelöwe die tibetische Version des Löwen als dem König der Tiere. So sieht man Schneelöwen als Reittiere vieler Gottheiten des Vajrayāna, aber auch der Löwenthron taucht häufig auf. Dieser mythologische, weiße Schneelöwe mit türkisfarbener Mähne und Schweif ist die über die Schneeberge Tibets herrschende Lokalgottheit (tib. gnyan)[45].

Berggott

Figur 13 (tib. bTsan, lies Tsen)
Die tibetische Angabe für diese Figur lautet lediglich „bTsan"; dieses Wort bedeutet u.a. Macht, Kraft, Stärke, kann aber auch Dämon heißen oder die Abkürzung für „btsan-po" sein, dies wäre dann die tibetische Silbe für „König", wie sie in vielen Namen tibetischer Könige erscheint (z.B. Trisong Detsen (tib. Khri-srong lDe-bTsan) oder Songtsen Gampo (tib. Srong-bTsan sGam-po)[46]. Dieser auf einem Pferd reitende in einer Aureole von Wolken umgebene König der Berge ist von roter Hautfarbe und wie ein Krieger gekleidet. Rechtshändig trägt er die bereits beschriebene Speerflagge grüner Farbe. Seine linke Hand deutet mit drohendem Zeigefinger (skt. tarjani, tib. sdig-mdzub)[47] auf den runden Schild (skt. phalaka, khetaka, tib. phub), den er über seinem Nabel trägt, auf dem mittig die Mantra-Keimsilbe „HRI" oder „HUM" graviert ist (nicht mehr genau zu erkennen). Auf seinem krausen Haar trägt er eine Helm-Krone, deren Spitze – ein weißes Wollbüschel – ebenfalls die Insignien einer Kriegsgottheit darstellen[48].

Durdog Lhamo

Figur 14 (tib. Dur-khrod lHa-mo)
Auf einem Lotosthron steht im tantrischen Tanzschritt Durdog Lhamo, die Göttin der Leichenstätten. Ihre Hautfarbe ist rot. Sie trägt eine fünffache Schädelkrone. Ihre rechte erhobene Hand hält den Hammer (skt. mudgara; tib. tho-ba)[49], die „Methodenwaffe", mit der schlechte Neigungen wie Habsucht, Gier und Geiz zerschmettert werden; mit ihrer linken Hand umfasst sie ein Pfeilbanner (tib. mda'-dhar)[50], an dem oben ein Spiegel (skt. darpana; tib. me-long)[51] montiert ist. Der Spiegel ist ein wesentliches Symbol, der zwar alle Erscheinungen reflektiert, jedoch in sich selbst unverändert bleibt. So gibt er dem Meditierenden zu verstehen, dass alle Erscheinungen nur als Erscheinung existieren und von ihrem Wesen her leer sind. Unter Durdog Lhamo ist ein Altar mit allerlei zornvollen Attributen aufgebaut, wie sie symbolisch an Leichenstätten

(allgemein die Versinnbildlichung des Vergänglichen) als Opfergaben üblich sind: Mittig steht eine umgedrehte Schädelschale (tib. thod-tshal) mit abgezogenem Skalp und Haar; sie steht symbolisch für das Geisteskontinuum. Die Schale ist angefüllt mit Herz, Augen und Lungen (tib. glo-snying-mig); dies versinnbildlicht die Vereinigung von Bewusstsein (Herz) mit Form (Gesicht/Augen) und Kanälen („Lebensgefäße"/Lunge). Rechts und links stehen weitere Schädelschalen angefüllt mit Blut und Gedärmen, dies kann eine Darstellung von relativer und absoluter Wahrheit bedeuten. Um diese Opfergaben sind sich ringelnde menschliche Eingeweidestränge (skt. antra, tib. rgyu-ma) dargestellt. Sie versinnbildlichen „die Wahrnehmung der Nichtsubstanz der inhärenten Existenz der Phänomene"[52].

Bibliographie

Beer, Robert
2003   Die Symbole des Tibetischen Buddhismus. München.

Bunce, Frederick W.
1994   An Encyclopedia of Buddhist Deities, Demigods, Godlings, Saints and Demons. New Delhi.

Dudjom Rinpoche, Jikdrel Yeshe Dorje
1991   The Nyingma School of Tibetan Buddhism–Its Fundamentals and History. Boston.

Ehrhard, Franz-Karl u.a.
1997   Lexikon der östlichen Weisheitslehren. Bern.

Essen, G.W. / Thingo, T.T.
1991   Padmasambhava. Köln.

Everding, Karl-Heinz
2001   Tibet. Köln.

Jackson, David
1996 A History of Tibetan Painting. Wien.

Knödel S. / Johansen, U.
2000 Symbolik der tibetischen Religionen und des Schamanismus. Mit einem Beitrag zur Bön-Religion von Per Kvaerne. Stuttgart.

Namkhai Norbu Rinpoche
1986, The Crystal and the Way of Light. New York.
rev.2000
1995 Drung, Deu and Bön. Dharamsala.

Lauf, D.I.
1979 Eine Ikonographie des tibetischen Buddhismus. Graz.

Ribbach, S.H.
1917 Vier Bilder des Padmasambhava und seiner Gefolgschaft. (Mitteilung des Museums für Völkerkunde). Hamburg.

Schumann, H.W.
1998 Buddhistische Bilderwelt. Köln.

Thurman, Robert / Rhie, Marilyn
1999 Worlds of Transformation. New York.

Tsepak Rigzin
2003 Tibetan-English Dictionary of Buddhist Terminology.
(rep.) Dharamsala.

Anmerkungen

[1] Jackson, 1996, S. 328
[2] Namkhai Norbu, 1986, S. 96
[3] Beer, 2003, S. 231
[4] Dudjom Rinpoche, 1991, S. 570
[5] Beer, 2003, S. 146-148
[6] Ehrhard, 1997, S. 315
[7] Dudjom Rinpoche, 1991, Bibliography, S. 264-265, hier sind die Tantras aufgelistet
[8] Ehrhard, 1997, S. 103
[9] Dudjom Rinpoche, 1991, S. 554-555
[10] Everding, 2001, S. 46 und S. 190
[11] Dudjom Rinpoche, 1991, S. 555
[12] Dudjom Rinpoche, 1991, S. 556
[13] Dudjom Rinpoche, 1991, S. 556- 572: hier sind die Linienhalter aufgelistet
[14] Beer, 2003, S. 313 und S. 317
[15] Dudjom Rinpoche, 1991, Index of Personal Names, S. 413
[16] Ehrhard, 1997, S. 11
[17] Beer, 2003, S. 193 und S. 209
[18] Schumann, 1998, S. 207
[19] Beer, 2003, S. 111
[20] Beer, 2003, S. 108
[21] Beer, 2003, S. 112
[22] Schumann, 1998, S. 200-203
[23] Namkhai Norbu, 1986, S. 99
[24] Beer, 2003, S. 168
[25] Beer, 2003, S. 164
[26] Schumann, 1998, S. 207
[27] Tsepak Rigzin, 2003, S. 218
[28] Beer, 2003, S. 249
[29] Beer, 2003, S. 250
[30] Beer, 2003, S. 276
[31] Beer, 2003, S. 270-271
[32] Beer, 2003, S. 195
[33] Namkhai Norbu, 1986, S. 98
[34] Schumann, 1998, S. 93
[35] Namkhai Norbu, 1986, S. 97
[36] Beer, 2003, S. 317-318
[37] Dudjom Rinpoche, 1991, S.561
[38] Beer, 2003, S. 130
[39] Beer, 2003, S. 175
[40] Schumann, 1998, S. 172
[41] Beer, 2003, S. 240
[42] Beer, 2003, S. 274
[43] Beer, 2003, S. 281
[44] Namkhai Norbu, 1995, S. 250-251
[45] Beer, 2003, S. 97-98
[46] Namkhai Norbu, 1995, S. 23-24

[47] Beer, 2003, S. 319 und S. 180
[48] Beer, 2003, S. 243
[49] Beer, 2003, S. 206
[50] Beer, 2003, S. 171
[51] Beer, 2003, S. 276
[52] Beer, 2003, S. 230-232

Thangka (tib. thang-ka) des Padmasambhava als „Sonnenstrahlguru" Guru Nyima Özer (tib. Nyi-ma-'od-zer)

Katja Thiesen

Inv.Nr. 4455:07
Ort: vermutlich östliche Grenzregion Tibets (?)
Zeit: Ende 19. Jahrhundert[1]
Schule: Nyingma[2]
Maße: 47.5 x 64.5 cm
Materialien: Tempera auf grundierter Baumwolle (?)
Das vorliegende Thanka ist das letzte Bild einer dreiteiligen Gemälde-Serie

1 Historischer Hintergrund zur Person Padmasambhavas

Der buddhistische Gelehrte und Tantriker Padmasambhava, gemeinhin bekannt als Guru Rinpoche (tib. Gu-ru Rin-po-che), lebte im 8. Jahrhundert n.Chr. Der Legende zufolge wurde er in einem Lotus im Milch-Ozean im Lande Oḍḍiyāna (vermutlich im nordöstlichen Pakistan, in der Region des Swat-Tales zu lokalisieren), geboren. Nach seiner Geburt wurde er von dem König Indrabhūti adoptiert, doch Padmasambhava gab die ihm angetragene Königsherrschaft auf, um das Leben eines Asketen zu führen.[3]

In der darauf folgenden Zeit erhielt er Einweihungen von Weisheitsḍākinīs und von Vajravārāhī. Bei verschiedenen Lehrern studierte er Medizin, Astrologie, Logik und Kunst. Durch die Praxis verschiedener Lehren manifestierte sich Padmasambhava als vollkommen Heiliger.[4]

Im 8. Jahrhundert lud der damalige König von Tibet Trisong Detsen (tib. Khri-srong-lde'u-btsan; 742-789) Padmasambhava ein, der zu dieser Zeit als der machtvollste tantrische buddhistische Meister in Indien berühmt war. Grund dieser Einladung waren unheilstiftende Dämonen, welche die Einführung des Buddhismus in Tibet und den geplanten Bau des Klosters Samye (tib. bSam-yas) behinderten. Durch seine erleuchtete Kraft unterwarf Padmasambhava schnell die gegnerischen Mächte und somit konnte ca. im Jahre 755 das erste tibetische Kloster gegründet werden.

In Tibet versammelte Padmasambhava zahlreiche Schüler um sich, zu denen der König selbst und dessen Gemahlin Yeshe Tsogyal (tib. Yeshes-mtsho-rgyal), welche später die Gefährtin Padmasambhavas wurde, gehörten. Diesen lehrte er unter anderem die höchsten Lehren der Terma (tib. gTer-ma)-Überlieferungen. Im Besonderen gilt Padmasambhava als der Gründer der Nyingma (tib. rNying-ma)-Schule, welche sich unter anderem auf die Überlieferungen der Termas, der wieder entdeckten Schatzschriften, stützt.[5]

2 Kurze Erläuterung der Terma-Tradition

Da ein Großteil der von Padmasambhava tradierten Lehren den Menschen der damaligen Zeit unverständlich geblieben wäre, legte er sie schriftlich nieder und versteckte sie nach traditioneller Auffassung in allen Gegenden Tibets; in der Erde, im Wasser, im Himmel, in den Bergen, im Felsen und im Geist.

Laut Padmasambhava sollten zu einer bestimmten Zeit und an

einem bestimmten Ort diese Schriftstücke durch Tertöns (tib. gTer-ston), Schatzentdecker, ausfindig gemacht werden. Durch die Praxis dieser Belehrungen erlangten viele ihrer Anhänger vollständige Erleuchtung. Verschiedene Schulen des Buddhismus in Tibet besitzen Termas, doch die Nyingma Schule hat die reichste Tradition, für die die Termas einen wesenlichen Bestandteil ihrer Lehre darstellen.[6]

3 Die Tradition des Longchen Nyingthig (tib. Klong-chen-snying-thig)

Bevor ich mit der ikonographischen Beschreibung von dem Thangka beginne, möchte ich einige Worte zu der Tradition des Longchen Nyingthig sagen, da wahrscheinlich einige auf dem Rollbild dargestellten Personen der Übertragungslinie dieser Tradition angehören.

Das Longchen Nyingthig gilt als eine wieder entdeckte Lehre Padmasambhavas, also ein Terma, welchem in der Nyingma Traditon sehr viel Bedeutung zuteil wird. Grob gesagt ist das Longchen Nyingthig eine Sammlung von Tantras und Sādhanas; eine Anweisung für innere Meditationspraxen und dazu bestehend aus rituellen Texten. Entdeckt wurde dieses Terma von Jigme Lingpa (tib. 'Jigs-med-gling-pa; 1730-1798) als ein Geist-Terma; Lehren, die von der erleuchteten Natur des Geistes entdeckt werden. Es wird gesagt, dass Jigme Lingpa in seinem 28. Lebensjahr während eines intensiven Retrits eine Reise zu der großen Stūpa von Boudhanath machte, wo ihm die Lehren des Longchen Nyingthig von einer Weisheitsḍākinī übergeben wurden. Somit wurde Jigme Lingpa zu einem Tertön, und Schüler aus der gesamten Region Tibets kamen zu ihm, um die Instruktionen für die Meditationspraxen bezüglich des Longchen Nyingthig zu erhalten. Dadurch verbreitete sich diese Tradition bis in alle Ecken der Nyingma Schulen. Sie wird bis zum heutigen Tag praktiziert und als zeremonielle Liturgie gebraucht.[7]

4 Die ikonographische Darstellung

Inv.Nr. 4455:07 Rollbild: Padmasambhava als „Sonnenstrahlguru" (vgl. Abb. 11 im Farbteil).

5 Inschriften

1	chos sku	Dharmakāya
2	longs spyod rdzogs sku	Samboghakāya
3	sprul bzhi khrag 'thung rngam brjid rgyal po	die ehrfurchtgebietende, zornvolle Gottheit der vier Arten des Nirmāṇakāya, ein König
4	keine	keine
5	mkha' 'gro rdo rje phag mo	Ḍākinī Vajravārāhī

6	phyag na rdo rje	[Bodhisattva] Vajrapāṇi
7	'jam dpal	Mañjuśrī
8	byang chub spyod pa mtha' rdzogs nas ma 'ong sangs rgyas rnam (?) par rgyal mangalaṃ	[bis ins] Grenzenlose das Verhalten eines Bodhisattvas vollzogen habend; siegreich [und] ein besonderer Buddha der Zukunft
9	sgrol ljang	grüne Tārā
10	yum kaḥ	[tantrische Yoginī]
11	yi dam dpal chen 'dus pa	die Vereinigung mit der großen, herrlichen Yi-dam; oder die Yi-dam dPal-chen-'dus pa (?)
12	sgrol dkar yid bzhin 'khor lo	die weiße Tārā mit dem wunscherfüllenden Rad
13	sprul pa rnam bzhi'i so (?) nam sems can gyi 'gro don sna tshog mdzad pa'i tshul...(?)	das Verhalten, welches in verschiedenen Arten [für] (?) das Wohlergehen aller empfindungsfähigen Lebewesen praktiziert wird [in dem] Bereich der vier Arten des Nirmāṇakāya (?)
14	sngon ma'i 'phror sngon ma'i 'phror sems dpa' nyi shu dang sems ma dpe byad kyi grangs khongs su bsdus pa	die 20 Bodhisattvas und weiblichen Bodhisattvas, mit den niedrigeren Merkmalen [ausgestattet], in ihren früheren Ausstrahlungen (?) - die Versammlung in der Sphäre (?)
15	rgyal kun snyigs dus bstan 'gro'i rgyan rig 'dzin khrag 'thung dpa' bo rgyal	das Ornament der Lehre [in der] Zeit des überall Siegreichen; der Vidyadhara Khrag-'thung-dpa'-bo (Traktung Pawo = mDo mkhyen brtse rdo rje, 1800-1866?)
16	'gyur med tshe dbang mchog 'grub	'Gyur-med-tshe dbang-mchog-'grub (der Getse Mahāpaṇḍita, 1761-1829)
17	nam mkha' tshe dbang mchog grub	Nam-mkha'-tshe-dbang-chog-grub (Namkha Tsewang Chogdrub, 1744-?)
18	chos bdag 'od mdzes dpal mo	das wunderbare Licht [der] Lehrhalterin, die Herrliche
19	a bu 'ja' lus rdo rje	der Junge 'Ja'-lus-rdo-rje (Jalü Dorje mDo mkhyen brtse von Yuthang ?)

20	dri med bsgrags pa 'od zer	Dri-med-bsgrags [grags]-pa-'od-zer (Tri-med Trakpa)
21	keine	keine
22	keine	keine

Im bildlichen Mittelpunkt von dem vorliegenden Thanka befindet sich die Hauptfigur Padmasambhava in einer seiner insgesamt acht Erscheinungsformen, nämlich der des Nyima Özer (4); sitzend auf einer abgezogenen Dämonenhaut, welche wiederum auf einem schwebenden Lotusthron ruht. Sein äußeres Bildnis entspricht dem eines Siddha und Yogi; er trägt seine Haare zu einem Knoten aufgebunden, mit einer fünffachen Schädelkrone geschmückt. Dem Betrachter tritt Nyima Özer als bedürfnisloser Asket gegenüber, nahezu nackt, nur durch ein Tigerfell um die Lenden geschützt.[8] In seiner rechten erhobenen Hand trägt Nyima Özer das Weisheitsschwert (tib. ye-shes-ral-gri), dessen zweischneidige Klinge die Einheit von relativer und absoluter Wahrheit veranschaulicht.[9] In der linken Hand hält er eine weiße geöffnete Lotusblüte.

Auf seiner linken Schulter ballanciert Nyima Özer den Khaṭvāṅga (tib. kha-twam-ga), bestehend aus einem halben Vajrakreuz, einer goldene Vase, drei durchbohrten Köpfen, abgeschlossen durch einen Dreizack.[10]

Die nach oben weisende Mittelachse, ausgehend von der oberen abschließenden Form des Nimbus von Padmasambhava, führt den Betrachter stufenweise in den visionären Bereich der transzendenten Gottheiten. Diese Stufen offenbaren die Gestalt Padmasambhavas in der von ihm dreifach erreichten Erscheinung. Zuoberst sieht der Betrachter Padmasambhava als blauen Ādibuddha Samantabhadra, in seiner Dharmakāya Gestalt, dem letztendlichen Körper des vollkommen erleuchteten Geistes (1). Darunter tritt er als Vajrasattva in seiner nur dem Erleuchteten sichtbaren Sambhogakāya Gestalt, dem Genusskörper, in Erscheinung (2). Mit der Form von Padmasambhavas irdischer Verkörperung, dem Emanationskörper der erleuchteten körperlichen Manifestation, wird zuletzt der Nirmāṇakāya repräsentiert (3).[11]

Betrachtet man die drei Kāyas im Kontext der Übertragungslinie des Longchen Nyingthig, so beginnt diese mit dem ursprünglichen Buddha und wird über seine drei Buddhakörper, Dharmakāya, Sambhogakāya und Nirmāṇakāya übertragen. Diese drei Kāyas sind die grundlegende Quelle für alle Lehren. Von den drei Kāyas ausgehend wurde das Longchen Nyingthig schließlich von menschlichen Meistern entgegengenommen und gelangte so an Padmasambhava, der die Lehre wiederum an seine Schüler weitergab.[12]

In der oberen rechten Bildhälfte ist die blaue Ḍākinī Vajravārāhī (tib. rDo-rje-phag-mo; sprich Dorje Phagmo) zu sehen (5). Von ihr erhielt Padmasambhava die höchsten Weihen, nachdem er sich von seinem Vater Indrabhūti abgewandt hatte.

In der oberen linken Bildhälfte, parallel zu Vajravārāhī ist die zornvolle Gestalt des Bodhisattvas Vajrapāṇi (tib. Phyag-na-rdo-rje) zu sehen (6). Vajrapāṇi verkündete die Lehren Padmasambhavas in der Menschenwelt. Mañjuśrī (tib. 'Jam-dpal) unter der Nummer (7) abgebildet, mit seiner rechten erhobenen Hand das Weisheitsschwert haltend, brachte die Lehren in das chinesische Reich und in die Götterwelt.[13] Er gilt als Bodhisattva der Weisheit und Literatur.

In der oberen linken Bildhälfte ist ein Buddha der Zukunft abgebildet, das rechte Verhalten eines Bodhisattvas vollziehend (8).

Die Darstellung der grünen Tārā (tib. sGrol-ljang; sprich Dröljang) ist auf der Thangka unter der Nummer (9) zu sehen.

Auf der gegenüberliegenden Seite erscheint eine tantrische Vajrayoginī (10).

Rechts neben Tārā ist eine Yidam (tib. Yi-dam) dargestellt (11); eine Meditations- und Initiationsgottheit im Range eines Buddhas.

Unter der Nummer 12 ist die weiße Tārā, welche auf dieser Abbildung den Namen Sita tara Yidshin Khorlo, die weiße Tārā mit dem wunscherfüllenden Rad, (tib. sgrol-dkar-yid-bzhin-'khor-lo) trägt, abgebildet.

Den Abschluss von der himmlischen zur irdischen Ebene bilden zu jeder Seite Padmasambhavas zwei Reihen von Bodhisattvas (13 und 14).

Auf der irdischen Ebene thront zu Padmasambhavas rechten Traktung Pawo (tib. Khrag-'thung-dpa'-bo; 1800-1866), der gemeinhin unter dem Namen Do Khyentse Yeshe Dorje (tib. mDo-mkhyen-brtse Yeshes-rdo-rje) bekannt ist (15). Do Khyentse Yeshe Dorje wurde als die Geist- Inkarnation von dem großen Tertön Jigme Lingpa anerkannt. Der Lehrer von Do Khyentse Yeshe Dorje war der erste Dodrupchen Jigme Thrinle Özer (tib. rDo-grub-chen 'Jigs-med-phrin-las-'od-zer; 1745-1821), welcher wiederum ein Hauptschüler von Jigme Lingpa war und als Wurzelhalter (tib. rTsa-ba'i-chos-bdag) der Lehre des Longchen Nyingthig, des Termas, das von Jigme Lingpa entdeck wurde, angesehen wird.[14]

Do Khyentse Yeshe Dorje wurde zu Beginn des 19. Jahrhunderts im Kongser Khado Tal von Ma, durch welches der Ma chu Fluss seinen Lauf nimmt, geboren.[15]

Nachdem Do Khyentse Yeshe Dorje im Kindesalter von dem Dodrupchen als Inkarnation Jigme Lingpas erkannt wurde, erhielt er von ihm Einweisungen in das Longchen Nyingthig und die Werke Jigme Lingpas. Als die offizielle Genehmigung aus Zentral Tibet, dem Sitz und der Familie Jigme Lingpas eingetroffen war, legte Do Khyentse Yeshe Dorje in Gegenwart des Dodrupchen, der königlichen Regentin und dem Kronprinzen von Dege (tib. sDe-dge) und Repräsentanten aus den Klöstern Kathok (tib. Kah-thog), Dzogchen (tib. rDzogs-chen), Zhechen (tib. Zhe-chen) und Drikung eine Prüfung ab, bei der er religiöse Objekte, welche Jigme Lingpa gehörten, erkannte.

In Drikung wurde er dann in einer sorgfältig ausgearbeiteten Zeremonie inthronisiert. In der darauf folgenden Zeit ging Do Khyentse Yeshe Dorje auf Pilgerreisen in die verschiedenen Gegenden Tibets. Während dieser Reisen empfing er in Visionen die Lehren von Buddhas und anderen Meistern und entdeckte viele versteckte religiöse Objekte und Terma-Texte.

Im Jahre 1816 kehrte er zu dem Dodrupchen zurück, der sich in einem kritischen gesundheitlichen Zustand befand und die Vorahnung hatte, dass er nicht mehr lange zu leben hätte. Weil der Dodrupchen sicher gehen wollte, dass Do Khyentse Yeshe Dorje noch ausstehende wichtige Studien vervollständigen würde, trat er mit dem Anligen an ihn heran, den Winter in dem Kathok Kloster zu verbringen, wo ihm verschiedene Lehren durch den Getse (tib. dGe-rtsre) Mahāpaṇḍita vermittelt werden sollten. Dieser Getse Mahāpaṇḍita ist auf dem vorliegenden Thangka zur linken Seite Padmasambhavas unter dem Namen Gyurme Tshewang Chogdrub (tib. 'Gyur-med-tshe-dbang-mchog-grub; 1761-1829) zu finden (16). Der Getse Mahāpaṇḍita leistete auf Grund des Ratschlages von Jigme Lingpa einen enormen Beitrag für die Nyima-Schulen, indem er den Druck der Nyingmai Gyübum (tib. rNying-ma'i-rgyud-'bum; die hunderttausend Nyingma Tantras) veranlasste. Bei diesem Getse Mahāpaṇḍita erhielt Do

Khyentse Yeshe Dorje wichtige Initiationen, Lehren und Praxistheorien, die unter anderem die Terma-Lehren beinhalteten. Des Weiteren bekam er Lehren von Namkha Tsewang Choktrup (tib. Nam-mkha' Tshe-dbang-mchog-grub; 1744-?) von Gyarong übermittelt (17), welcher auch ein Schüler des Dodrupchen war.

Auf Grund der Wichtigkeit Do Khyentse Yeshe Dorjes als Übertragungsmeister des Longchen Nyingthig wurde der Druck auf ihn seitens der geistlichen Autoritäten von Dege, Dzogchen, Kathok und Drikung immer größer. Sie legten ihm nahe, der einzig richtige Weg für ihn ein Lama zu werden, sei der eines disziplinierten Mönches und gelernten Schülers.

Do Khyentse Yeshe Dorje seinerseits wehrte sich gegen die Erwartungen in ihn und verkündete, dass er die monastischen Gelübde nicht annehmen würde. Entweder müsse man ihn einsperren, oder ihn als einen Einsiedler und Yogin seines Weges ziehen lassen. Der Dodrupchen allerdings unterstützte das Vorhaben seines Schülers, und im Jahre 1820 segnete dieser die Haare Do Khyentse Yeshe Dorjes, wodurch er sie lang wachsen lassen und wie ein Yogin tragen konnte. Auch übergab Dodrupchen ihm eine weiße, von ihm gesegnete Robe. Sofort nachdem er diese angenommen hatte, verwandelte sich Do Khyentse Yeshe Dorje in einen weiß gekleideten Tantriker.

Auf dem Thangka ist dieser Lebensabschnitt seiner Biographie unter der Nummer (19) zu erkennen.

Diese Abbildung zeigt eine Person, die die langen Haare wie ein Yogin zu einem Knoten aufgebunden und eine weiße Robe trägt. Ein weiterer Grund für meine Annahme, dass Do Khyentse Yeshe Dorje ein zweites Mal, allerdings in einem jüngeren Lebensalter auf der Thangka abgebildet wurde ist, dass die aufgezeigte Person die Inschrift Abu Jalü Dorje (tib. A-bu 'Ja'-lus-rdo-rje) trägt.

Abu ist hierbei die höfliche Anrede für „der Junge" und Jalü Dorje ist eine weitere Namensbezeichnung unter der Do Khyentse Yeshe Dorje bekannt gewesen ist.

Als Do Khyentse Yeshe Dorje zu jener Zeit (1823) in der Gestalt eines Yogins auf der Erde wirkte, wurde er von einer Gefährtin begleitet, welche die Tochter des Akyong Lhachen war. Da auf dem Thangka eine junge Frau (18), die sich auf derselben Ebene wie der junge Do Khyentse Yeshe Dorje befindet, dargestellt ist, könnte dies Grund zu der Annahme geben, dass es sich hierbei um die besagte Gefährtin handelt.

1829 wurde Do Khyentse Yeshe Dorje ein Junge mit dem Namen Sherap Mebar, welcher der Tulku von Dodrupchen sein sollte, so wie es der Dodrupchen selbst prophezeit hatte, geboren. Eine spezifische Charakteristika dieses Kindes war es, von Beginn seiner Geburt an den Verzehr von Fleisch abzulehnen.

1831 wurde Do Khyentse Yeshe Dorje von dem König von Chakla nach Tartsedo eingeladen. Weil diese Region zu seiner späteren Hauptresidenz wurde, ist der in seinem Namen beinhaltete Titel Do (tib. mDo) von dem Namen der Region Tartsedo (tib. Dar-rtse-mdo) übernommen worden. In der darauf folgenden Zeit vollbrachte er viele Wunder, führte die Lebewesen auf dem rechten Weg des Dharma und gründete Klöster, welche unter anderem die Tradition des Longchen Nyingthig lehrten.

In der Zeit um 1836 herum kam er nach Lauthang und übermittelte dort die Überlieferungslehren des Longchen Nyingthig. Lauthang wurde in späterer Zeit zu einem Sitz von Do Khyentse Yeshe Dorje. 1847, in der selben Gegend, inthronisierte er Tri-med Trakpa von Yuthang als einen Tulku seines Sohnes Sherab Mebar, welcher wie dieser den Verzehr von Fleisch von Kindheit an verneinte und später unter dem Namen Do Rinpoche (tib. mDo-rin-po-che) bekannt wurde. Ich nehme an, dass dieser Tri-med Trakpa (tib. Dri-med-bsgrags- pa) auf dem Thangka unter (20) dargestellt worden ist. Was dafür sprechen würde ist, dass die besagte Person unterhalb von Do Khyentse Yeshe Dorje abgebildet wurde und somit eine niedrigere Stellung als er einnimmt, bzw. von ihm einen bestimmten Rang zugeordnet bekommen hat.

1958 begann Do Khyentse Yeshe Dorje seine Autobiographie in Trokyab aufzuschreiben. Als er im Jahr 1866 nach Tartsedo zurückkehrte gab er seine Lehren ausnahmslos an alle Menschen weiter. Er starb am 20. Tag des 2. Monats, begleitet von mystischen Anzeichen.

Mit dem Tod Do Khyentse Yeshe Dorjes endet auch meine ikonographische Beschreibung von dem Thangka. Zwei weitere auf dem Thangka dargestellte Personen sind noch zu erwähnen. Einerseits die unter Nummer 22 aufgeführte Person, die wahrscheinlich den Auftrag zur Anfertigung von dem Thangka gegeben hat und die unter 21 abgebildete Person, welche der Guru des Auftraggebers zu sein scheint, da dieser, wie auf dem Thangka dargestellt, zahlreiche Opferaben dargebracht bekommt. Da zu diesen Personen jedoch keine Inschriften angefertigt wurden, ist für mich eine spezifizierte Identifikation nicht möglich. Allerdings würde man annehmen, dass der Auftraggeber und sein Guru sich als Halter der soeben beschriebenen Traditionslinie betrachten, und wahrscheinlich deshalb die Übertragungslinie noch über zwei weitere Generationen auf dem Thangka dargestellt wird.

Bibliographie

Beer, Robert
2003   Die Symbole des tibetischen Buddhismus. Kreuzlingen.

Essen, Gerd-Wolfgang / Tsering Tashi Thingo
1991   Padmasambhava- Leben und Wirken des großen tantrischen Meisters aus Kaschmir im Spiegel der tibetischen Bildkunst. Köln.

Everding, Karl-Heinz
2001   Tibet- Lamaistische Klosterkultur, nomadische Lebensformen und bäuerlicher Alltag auf dem Dach der Welt. Köln.

Goldstein, Melvyn C. (Hrsg.)
2001   The New Tibetan-English Dictionary Of Modern Tibetan. Berkeley.

Jäschke, H.A.
1871   Handwörterbuch der Tibetischen Sprache. Gnadau bei Magdeburg.

Tulku Thondup
1986   Die verborgenen Schätze Tibets. Zürich.
1996   Masters of Meditation and Miracles-The Longchen Nyingthig Lineage of Tibetan Buddhism. Boston.

Onlinequellen
http://www.nitartha.org
http://www.tbcr.org

Anmerkungen

1. Ich datiere das Thangka Ende 19. Jahrhunderts, da die darauf dargestellte Übertragungslinie mit dem Leben mDo-mkhyen-brtse Ye-shes-rdo-rjes (1800-1866) beginnt und wahrscheinlich über zwei weitere Generationen fortgeführt wird.
2. Die Übertragungslinie von der das Thang-ka berichtet, ist in der Tradition des Long-chen Nyingthig (tib. Klong-chen-snying-thig) zu finden und steht in einem engen Zusammenhang mit der Nyingma (tib. rNying-ma)-Schule.
3. Everding, Karl-Heinz 2001. Tibet-Lamaistische Klosterkultur, nomadische Lebensformen und bäuerlicher Alltag auf dem Dach der Welt. S. 47ff. Köln.
4. Tulku Thondup 1986. Die verborgenen Schätze Tibets, S. 55. Zürich.
5. Essen, Gerd-Wolfgang und Tsering Tashi Thingo 1991. Padmasambhava- Leben und Wirken des großen tantrischen Meisters aus Kaschmir im Spiegel der tibetischen Bildkunst, S. 8f. Köln.
6. Tulku Thondup 1986. Die verborgenen Schätze Tibets, S.13. Z?ich.
7. Tulku Thondup 1996. Masters of Meditation and Miracles- The Longchen Nyingthig Lineage of Tibetan Buddhism, S.122f. Boston.
8. Essen, Gerd-Wolfgang und Tsering Tashi Thingo 1991. Padmasambhava-Leben und Wirken des großen tantrischen Meisters aus Kaschmir im Spiegel der tibetischen Bildkunst, S. 8f. Köln.
9. Zur Symbolik des Weisheitsschwerts siehe: Beer, Robert 2003. Die Symbole des tibetischen Buddhismus, S. 179f. München.
10. Zur Symbolik des Khaṭvānga siehe: Beer, Robert 2003. Die Symbole des tibetischen Buddhismus, S. 151ff. München.
11. Essen, Gerd-Wolfgang und Tsering Tashi Thingo 1991. Padmasambhava- Leben und Wirken des großen tantrischen Meisters aus Kaschmir im Spiegel der tibetischen Bildkunst, S. 17. Köln.
12. Tulku Thondup 1996. Masters of Meditation and Miracles- The Longchen Nyingthig Lineage of Tibetan Buddhism, S. 46. Boston.
13. Essen, Gerd-Wolfgang und Tsering Tashi Thingo 1991 Padmasambhava-Leben und Wirken des großen tantrischen Meisters aus Kaschmir im Spiegel der tibetischen Bildkunst. S. 23. Köln.
14. Tulku Thondup 1986. Die verborgenen Schätze Tibets, S. 105. Z?ich.
15. Die folgenden Angaben zum Leben von mDo-mkhyen-brtse Ye-shes-rdo-rje basieren auf: Tulku Thondup 1996. Masters of Meditation and Miracles- The Longchen Nyingthig Lineage of Tibetan Buddhism, S.179-197. Boston.

Bhaiṣajyaguru und die acht Stūpas

Kazuo Kano

Inv. Nr. 2757.09
Hauptfigur: Bhaiṣajyaguru
Herkunft: erworben um 1900 in der Mongolei von Hans Leder
Datierung: 17. oder 18. Jahrhundert (?)
Material: Stoff
Maße: H 48, B 32cm, gesamt H 75, B 51cm
Gemäldestil: Neue Menri-Schule
Inschriften: siehe Anhang 1
Referenzliteratur: Knödel, S. und Johansen, U. 2004, S. 46–47
Diagramm der Figuren: siehe nächste Seite

Die Hauptfigur ist Bhaiṣajyaguru (tib.: sMan bla), der „Medizin Buddha."[1] Ein weiterer Name für ihn ist Vaiḍūryaprabha (tib.: Vai ḍūrya yi 'od) „[der Buddha, der] durch das Licht des Vaiḍūrya-Juwels strahlt." Seine dunkelblaue Körperfarbe in diesem Thangka stellt „das Vaiḍūrya Juwel" dar. Die linke Hand im Schoß hält eine Almosenschale. Die rechte ist in der Wunschgewährungsgeste (Abhayadānamudrā) gesenkt und hält einen Myrobalan-Zweig (Terminaria bellerica). Er nimmt die Sitzhaltung Vajraparyaṅka ein. Diese Erscheinungsform symbolisiert die heilenden Kräfte der Buddha-Lehre, deren Praxis die Gesundung des Geistes bewirkt. Die Inschrift unter ihm beinhaltet eine Lobpreisung an Bhaiṣajyaguru, die aus dem Aṣṭatathāgatastotra, „der Verehrung an die

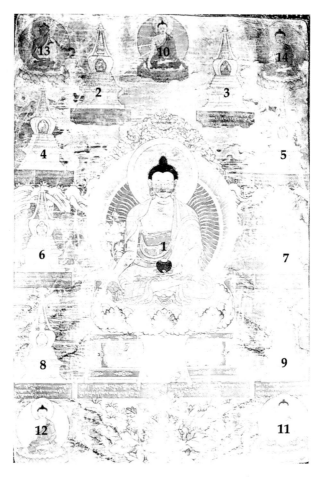

Inv. Nr. 2757:07
Rollbild: Bhaiṣajyaguru und die acht Stūpas. Vgl. Abb. 14 im Farbteil.

1. Bhaiṣajyaguru
2. Pad spungs mchod rten
3. Byang chub mchod rten
4. sGo mang mchod rten
5. Cho 'phrul mchod rten
6. lHa babs mchod rten
7. dByen zlum mchod rten
8. rNam rgyal mchod rten
9. Mya ngan 'das mchod rten
10. Akṣobhya
11. Vairocana
12. Ratnasambhava
13. Amitāyus
14. Amoghasiddhi

acht Buddhas", von Śāntarakṣita stammt.

Ihn umgeben „acht Stūpas", die die acht bedeutenden Ereignisse im Leben des historischen Buddha Śākyamuni darstellen: 1. die Geburt in Kapilavastu, 2. die Erleuchtung unter dem Bodhibaum in Bodhgayā, 3. die erste Lehrrede für die fünf Schüler in Benares, 4. die Wundertaten für die Konversion der nicht buddhistischen Lehrer, die drei Kāśypa-Brüder, in Śrāvastī, 5. der Herabstieg vom Himmel Trāyastrimśa in Kāśī,[2] 6. die Aussöhnung des Schismas der Mönchsgemeinde in Rājagṛha,[3] 7. die Verlängerung seiner Existenz um drei Monate auf Bitten der Mönche hin in Vaiśālī und 8. das Eingehen ins Parinirvāṇa in Kuśinagara.[4] Jeder der acht Stūpas zeigt eine eigene Charakteristik: 1. rund mit Lotosblätterstufen,[5] 2. quadratisch mit vier Stufen, 3. quadratisch mit vielen Türen, 4. quadratisch mit Vorbau, 5. quadratisch mit vier Treppen,[6] 6. achteckig, 7. rund und dreistufig, 8. nur Kuppel ohne Stufen.[7] Jeder Stūpa trägt eine Inschrift, die dem Aṣṭamahāsthānacaityastotra des Nāgārjuna entnommen wurde. Ursprünglich gab es nur vier Hauptereignisse (die Geburt, die Erleuchtung, die erste Lehrrede und das Eingehen ins Parinirvāṇa), die auf verschiedenen Reliefs von Gandhāra, Amarāvatī und Mathurā ca. aus dem 2. Jahrhundert in Indien dargestellt wurden. Ab dem 4. Jahrhundert dann verbreiteten sich die acht Ereignisse auf den Reliefs von Mathurā, Sārnāth, und wurden in indischen schriftlichen Quellen beschrieben.[8] Fast alle Reliefs aus der Zeit der Pāla-Dynastie (8.–12. Jahrhundert) zeigen diese acht Ereignisse. Daran orientierte sich in der Folgezeit die tibetische Kunsttradition. Jeder heilige Ort Indiens, an dem eines dieser Ereignisse des Buddha stattgefunden hat, wurde nach dem Tod des Buddha zu einem Wallfahrtsort und es wurde dort ein Stūpa errichtet. Die Gruppe von acht Stūpas betrachtet man auch in Tibet als die Essenz des heilsamen Symbols. Viele tibetische Gelehrte[9] verfassten Handbücher, um diese acht Stūpas korrekt proportioniert zu bauen (tib.: thig rtsa).

In den vier Ecken und in der oberen Bildhälfte im Thangka befinden sich Darstellungen der fünf Buddhas: Akṣobhya, Vairocana, Ratnasaṃbhava, Amitāyus und Amoghasiddhi (siehe Diagramm).

Die Kombination vom Bhaiṣajyaguru und den acht Stūpas ist selten zu finden. Dagegen wird die Kombination von Śākyamuni Buddha und den acht Stūpas häufig dargestellt (siehe Beispiele).

Die Darstellung der Landschaft ist vom chinesischen Stil beeinflusst.

Diese Art der Landschaftsdarstellung ist ein stilistisches Merkmal der späteren Menri-Schule (tib.: sMan bris), die ab dem ca. 17. Jahrhundert in Zentraltibet verbreitet wurde.

Detail der Landschaft   *Detail der Landschaft*

Anhang 1 Inschriften

Dieses Thangka zeigt neun Inschriften allesamt Verehrungsverse, die aus Texten des Tänjur (eine tibetische Werksammlung der von indischen Gelehrten verfassten Schriften) stammen, d.h. aus dem Aṣṭatathāgatastotra von Śāntarakṣita und dem Aṣṭamahāsthānacaitya stotra von Nāgārjuna. Die Inschriften sind zum Teil nicht vollständig zu entziffern. Die unklaren Stellen lassen sich mit Hilfe der Originalquellen rekonstruieren. Die Ergänzungen aus den Originalquellen sind in Klammern gesetzt.

1. thugs rjes kun la snyoms pa'i bcom ldan 'das ||
   mtshan tsam thos pas ngan 'gro'i sdug bsngal sel ||
   dug gsum nad sel sangs rgyas sman gyi bla ||
   bai dūrya yi 'od la phyag 'tshal lo || (Aṣṭatathāgatastotra)

2. 'gro ba'i bla ma gcig pu [lum bīr] bltams ||
   [ser skya'i grong khyer] gzhi ru gnas [par] mdzad ||
   yon tan rin chen [bye bas brgyan pa yi] ||
   bde gshegs mchod rten rnams la phyag 'tshal lo || (2 - 9: Aṣṭamahāsthānacaityastotra)

3. [ma ga dha yi] byang chub shing drung du ||
   [chu bo] nai ra ñja na zhes bya ba'i ||
   ['gram] zhugs (lies bzhugs) mchod rten yon tan rgya che ba ||
   byang chub [rten] du gyur la phyag 'tshal lo ||

4. ka shi ka yi bā ra [ṇa se ru] ||
   chos kyi 'khor lo rnam [grol] rmad byung na (lies ni) ||
   nyon mongs [sgrib pa] rnam par gcod mdzad pa ||
   [ye shes] mchod rten gzhi [la] phyag 'tshal [lo] ||

5. mnyam du yod par gzhan stobs tshar bcad nas ||
   dze [ta'i tsha]l du cho 'phrul chen po bstan ||
   sa gsum dgongs pa mchog tu [bsgrub] mdzad pa ||
   mu stegs pham mdzad mchod rten phyag tshal lo ||

6. grong khyer dam pa mchog ni gsal ldan du ||
   lha rnams gnas gshegs bla na med par babs ||
   zhabs la tshangs dbang cod pan gyis mchod pa ||
   sum cu'i lhas mchod mchod rten phyag 'tshal lo ||

7. dge 'dun dbyen du sngar gyur las ||
   ston pa'i nyan thos rab mthun pa ||
   ston pa'i nyan thos rab mthun pa || (sic)
   rgyal po'i [khyab kyi] 'od ma'i tshal ||
   byams ngos mchod rten phyag 'tshal lo ||

8. sku tshe 'du byed btang ba las ||
   slar yang sku mtshe byin brlabs pa ||
   rnam grol yangs pa can gyi ni ||
   byin brlabs mchod rten phyag 'tshal lo ||

9. ku sha'i grong du ‚gro ba rnams ||
   dge ba la ni sbyor mdzad cing ||
   'gran med gyad gnas zung gi tshal ||
   mchod rten mya ngan 'das phyag 'tshal lo ||

(Übersetzung der Inschriften)

1. Oh, Erhabener! Dein Mitgefühl ist allen [Wesen] gegenüber gleich. Das Leid der niederen Existenzen wird durch das bloße Hören deines Names beseitigt. Oh Buddha Bhaiṣajyaguru! Du beseitigst die Krankheit, die [von] den drei Giften [hervorgerufen wurde]. Ich verbeuge mich vor dir, Vaiḍūryaprabha!

2. Der einzige Lehrer (Lama, d.h. Buddha) der Wesen wurde in Lumbini geboren. [Darauf] lebte er in einer Stadt mit Namen Kapilavastu. Vor dem mit 10 Millionen von Juwelen geschmückten Caitya (=Stūpa) des Sugata (d.h. Buddha) verbeuge ich mich [dort].

3. Vor dem Caitya, der sich am Fuße des Bodhibaums von Magadha am Ufer des Nairañjana Flusses befindet, verbeuge ich mich. Die Vorzüge [deines Caitya] sind groß und er ist die Stütze der Erleuchtung.

4. Was das befreiende und wunderbare Rad der Lehre [des Buddha] bei Benares in Kāśī betrifft, [so] verbeuge ich mich vor dem Caitya der [Buddha-] Weisheit, der eine Stütze ist und die Befleckungen und Hemmnisse vollkommen zerstört.

5. Nachdem [der Buddha] in Śrāvasti die Kraft der Nicht-Buddhisten bezwungen hat, vollführte er große Wunder in Jetavana und verwirklichte vorzüglich seine Absicht [für] die drei Welten. Ich verbeuge mich [dort] vor dem Caitya, der die Nicht-Buddhisten besiegt.

6. In der Stadt Sāṃkāśya stiegen die Gottheiten zum höchst ehrwürdigen Aufenthaltsort hinab [und] Brahman und Indra verehrten mit [ihren] Kopfornament die Füße [des Buddha]. Ich verbeuge mich vor dem Caitya, der von den 30 Gottheiten verehrt wird.

7. Nachdem die Gemeinschaft (saṃgha) gespalten war, kam die Übereinstimmung der Schüler (śrāvaka) des Lehrers (Buddha) [durch den Buddha] wieder zustande. Ich verbeuge mich [dort] vor dem Caitya, bei dem [der Buddha] in Veṇuvana von Rājagṛha [seine] Liebe [gezeigt hat].

8. Ich verbeuge mich vor dem Caitya der Bemächtigung (adhiṣṭhāna) von Vaiśālī, wo [der Buddha], nachdem er die Lebenskraft aufgegeben hatte, sich darauf seiner Lebenszeit wieder bemächtigte.

9. [Der Buddha] führte in Kuśinagara die Lebewesen zur Tugend und [ging] in die Stätte der unvergleichlichen Helden (malla), dem Śāla - Wald, [ins vollkommene Verlöschen ein]. Ich verbeuge mich vor dem [dort befindlichen] Caitya des vollkommenen Verlöschens (mahāparinirvāṇa).

Anhang 2 Beispiele der acht Stūpas

Tibet, ca. 18. Jahrhundert
Collection of Shelley &
Donald Rubin Museum of Art

Osttibet, ca. 19. Jahrhundert
Collection of Southern
Alleghenies

Bibliographie

Tibetische Literatur

Aṣṭamahāsthānacaityastotra. Nāgārjuna. Peking [46] (2024) Ka-1, 94a5-96b7. Taisho (1685). Zur englischen Übersetzung aus den chinesischen und tibetischen Übersetzungen, siehe Nakamura (1980).

Aṣṭatathāgatastotra. Śāntarakṣita. Peking [46] (2055) Ka-1, 278b8-279b8.

Āryasamantamukhapraveśaraśmivimaloṣṇīṣaprabhāsadhāraṇīvacana sūtrāntoddhṛtāṣṭottaraśatacaityāntarapañcacaityanirvapaṇavi dhi. Peking [79] (3892) Tu, 162a4-181a5.

Chos-kyi-grags-pa (1595–1659). mChod rten brgyad kyi thig rtsa (Title auf der Titelseite: bDe gshegs chos sku'i mchod rten brgyad kyi thig rtsa byin rlabs kyi 'od phreng). The Collected works (gsung 'bum) of Kun-mkhyen Rig-pa 'dzin-pa Chen-po Chos-kyi-grags-pa. Kulhan, Dehradun: Drikung Kagyu Institute, 1999. Band 4, S. 463-471.

'Jam-dbyangs-bzhad-pa'i-rdo-rje (1648–1721/1722). mChod rten brgyad kyi thig rtsa mdor bsdus. The Collected works of 'Jam-dbyans-bzad-pa'i-rdo-rje. Reproduced from prints from the Bkra-shis-'khyil blocks by Ngawang Gelek Demo. New Delhi: Gelek, 1974. Band 1, S. 439-446.

sDe-srid Sangs-rgyas-rgya-mtsho (1653–1705). Vaiḍūrya g.ya' sel. Text und englische Übersetzung, siehe Tucci 1988, S. 113–117 und S. 121–127.

Padma-dkar-po (1527–1592). mChod rten brgyad kyi thig rtsa. Collected works (gsung-'bum) of Kun-mkhyen Padma-dkar-po. Reproduced photographically from prints from the 1920-1928 Gnam 'Brug Se-ba Byan-chub-glin blocks. Darjeeling: Kargyud Sungrab Nyamso Khang, 1973-1974. Band 1, S. 319-323.

Bu-ston Rin-chen-grub (1290–1364). mChod rten sgrub pa'i cho ga byin rlabs dpal 'bar. Collected Works of Bu-ston. Edited by Lokesh Chandra. New Delhi 1969. Band 14 (pha), S. 551–557.

sMan-bla-don-grub (b.1675). bDe bar gshegs pa'i sku gzugs kyi tshad kyi rab tu byed pa yid bzhin nor bu. Text und englische Übersetzung, siehe Tucci 1988, S. 118–121 und S. 127–132.

Sekundärliteratur

Chandra, L.
2000 Dictionary of Buddhist Iconography, vol. 2, New Delhi: International Academy of Indian Culture and Aditya Prakashan, S. 1080–1087.
2002 Dictionary of Buddhist Iconography, vol. 4, New Delhi: International Academy of Indian Culture and Aditya Prakashan.

Dorji, L.
2002 The Eight Bauddha-mahācaitya: Their form and Varieties (auf Hindi). Dhīḥ, Journal of Rare Buddhist Text Research Unit 35, S. 53–62.

Essen, G.-W. / Thingo, T.T.
1989 Die Götter des Himalaya, Buddhistische Kunst Tibets, Die Sammlung Gerd-Wolfgang Essen. Bd. I und II. München.

Jackson, D.
1996 History of Tibetan Painting: The Great Tibetan Painters and Their Traditions. Wien.

Kadokawa, T. / Uno, J.
1973 A Study of the Eight Scenes of Buddha's Life (auf Japanisch). Indogaku Bukkyōgaku Kenkyū 22–1, S. 73–86.

Knödel, S. / Johansen, U.
2004　Symbolik der tibetischen Religionen und des Schamanismus. Mit einem Beitrag zur Bon-Religion von Per Kvaerne. (Symbolik der Religionen, 23) Stuttgart.

Nakamura, H.
1980　The Aṣṭamahāsthānacaityastotra and Chinese and Tibetan versions of a Text similar to it. Indianisme et Bouddhisme, Mélanges offerts à Mgr Étienne Lamotte. Publications de l'institut orientaliste de Louvain 23, S. 259-265.

Tucci, G.
1988　Stupa – Art, Architectonics and Symbolism–. English version of Indo-Tibetica I (Roma, 1932). Translated into English by Uma Marina Vesci. Edited by Lokesh Chandra. Sata-Pitaka Series, Indo-Asian Literatures, vol. 347. New Delhi.

Anmerkungen

[1] Siehe Chandra 2000, S. 521–547.
[2] Der Buddha war in den Himmel gestiegen, um seiner Mutter Māyā eine Belehrung zu geben.
[3] Devadatta, ein Neffe des Buddha, führte die Menge der Schüler vom Buddha weg, um seine eigene Mönchsgemeinde zu organisieren. Aber zwei Hauptschüler des Buddha, Śāriputra und Maudgalyāyana, holten die Schüler wieder zurück und vermieden so das Schisma der Mönchsgemeinde.
[4] sMan-bla-don-grub, bDe bar gshegs pa'i sku gzugs kyi tshad kyi rab tu byed pa yid bzhin nor bu, siehe Tucci 1988, S.127f.
[5] Nach der Legende ist der Buddha gleich nach seiner Geburt sieben Schritte gegangen und auf jedem seiner Schritte wuchsen Lotosblätter. Die Lotosblätter des Stūpa zeigen dieses Wunder.
[6] Die Treppen des Stūpa stellen die Treppen aus den Himmel bis zur Erde dar.
[7] Tucci 1988, Essen und Thingo 1989, S. 44, Chandra 2002, S.1080–1087.
[8] Kadokawa und Uno 1973, S. 76.
[9] Bu-ston Rin-chen-grub, Padma-dkar-po, Chos-kyi-grags-pa, 'Jam-dbyangs-bzhad-pa'i-rdo-rje, sDe-srid Sangs-rgyas-rgya-mtsho, sMan-bla-don-grub usw., siehe Bibliographie.
[10] Jackson 1997.

Buddha Śākyamuni und die acht Stūpas

Kazuo Kano

Inv.Nr. 2720.09
Hauptfigur: Buddha Śākyamuni
Herkunft: erworben in der Mongolei von Hans Leder
Datierung: ?
Material: Papier
Maße: H 14, B 16 cm
Inschriften: Keine

Diagramm

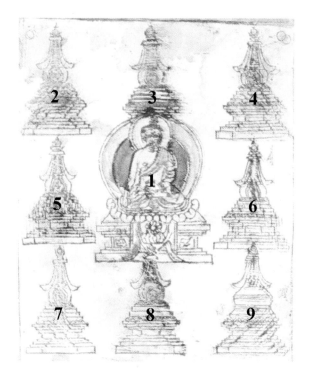

Inv. Nr. 2720:09 Slg. Leder (Foto Saal)
Druck: Śākyamuni und die acht Stūpas

1. Buddha Śākyamuni
2. Pad spungs mchod rten
3. Byang chub mchod rten
4. Cho 'phrul mchod rten
5. sGo mang mchod rten
6. dByen zlum mchod rten
7. lHa babs mchod rten
8. rNam rgyal mchod rten
9. Mya ngan 'das mchod rten

Dieses Blockdruckbild ist in den beiden Farben Rot und Blau gemalt. Die Hauptfigur ist Buddha Śākymuni. Seine linke Hand hält eine Almosenschale im Schoß und die rechte ist in der Erdeberührungsgeste (Bhūmisparśamudrā) gesenkt. Er nimmt die Sitzhaltung Vajraparyaṇka ein. Ihn umgeben die acht Stūpas (siehe „Bhaiṣajyaguru und die acht Stūpas"). Die Anordnung des lHa babs mchod rten (Nr.7) nach dem dByen zlum mchod rten (Nr.6) in diesem Bild ist ungewöhnlich. Denn im Allgemeinen folgt der dByen zlum mchod rten dem lHa babs mchod rten.

Vier gedruckte tibetische Rollbilder

Volker Caumanns

Blockdrucke einzelner Bilder existieren in Tibet seit dem späten 15. Jahrhundert.[1] Diesen gingen kleinformatiger (?) gedruckte Buch-Illustrationen voraus. So wurde 1410 in Peking der Blockdruck des ersten tibetischen Kanjur vollendet, der auch mit Illustrationen versehen war und in den folgenden Jahren Tibet erreichte.[2] Ab dem 18. Jahrhundert verbreiteten dann Druckereien wie z.B. jene in sNar-thang und sDe-dge komplexere Serien gedruckter Thangkas. Diese Abbildungen waren im Land weithin bekannt und dienten auch dazu, bestimmte ikonographische Modelle zu verbreiten.[3] Darüber hinaus war es durchaus nicht unüblich, die entsprechenden Motive, anstatt sie mit Tinte zu umreißen, auf die vorbereitete Leinwand zu drucken und später zu kolorieren.[4]

Bei den vier hier vorliegenden Abbildungen handelt es sich um nichtkolorierte Blockdruck-Illustrationen in mittlerer Größe. Sie sind zum Teil stark beschmutzt, was ein Hinweis darauf sein könnte, dass sie tatsächlich als religiöse Objekte, denen man auf einem Schrein Verehrung darbrachte, Verwendung fanden.

1 sPyan-ras-gzigs-bcu-gcig-zhal (Skr. Ekādaśamukha-Avalokiteśvara)

Inv. Nr. 2779:09 Gedrucktes Rollbild: sPyan-ras-gzigs-bcu-gcig-zhal, Blockdruck auf Leinwand (44 x 32,5cm); Herkunft: Tibet; Kauf: Umlauff; Sammlung Leder

Avalokiteśvara (tib. sPyan-ras-gzigs) gehört zu den meistverehrten Bodhisattvas des Mahāyāna-Buddhismus. Erste Erwähnung findet er im Sukhāvatīvūyha, das heißt, seine Gestalt ist für uns ab dem 2. Jahrhundert n.Chr. sicher fassbar.[5] Sein Name leitet sich nach allgemeiner Auffassung[6] aus der Verbindung der Sanskrit-Verbwurzel „lok", vor die das Präfix „ava-" gesetzt wird, (i.e. herabschauen) mit dem Substantiv "īśvara" (i.e. Herr, Gebieter) her und hieße dann so viel wie "der herabschauende Gebieter". Von dieser Deutung des Namens ausgehend wird oft angenommen, dass der Bodhisattva Avalokiteśvara eine Hypostase des Blickes darstellt, den der Buddha Śākyamuni in seiner vorletzten Verkörperung erbarmungsvoll vom Tuṣita-Himmel aus auf die Welt warf.[7]

Der Bodhisattva Avalokiteśvara gilt als Verkörperung des Mitgefühls par excellence. Dies wird sehr schön auch durch seine elfköpfige Form (Skr. Ekādaśamukha-Avalokiteśvara; tib. sPyan-ras-gzigs-bcu-gcig-zhal) veranschaulicht, die auf diesem Rollbild dargestellt ist, denn die Vielzahl seiner Gesichter und Arme sind ein Bild für die Allgegenwart seines Mitgefühls. So schauen seine elf Gesichter in alle möglichen elf Richtungen (i.e. vier Haupt- und vier Zwischenhimmelsrichtungen sowie Mitte, Nadir und Zenit), um die leidenden Lebewesen zu erblicken und zu erretten.[8] Darüber hinaus werden verschiedene Konzepte des Mahāyāna-Buddhismus mit den elf Köpfen des Avalokiteśvara in Verbindung gebracht. So sollen sie u.a. die Vervollkommnung der zehn Pāramitās und das endgültige Erwachen symbolisieren.[9] Die Legende weiß zu berichten, dass Avalokiteśvara einst zur Welt hinabstieg, um die irregeleiteten Lebewesen zu erretten. Als er aber sah, dass der Strom der schlechten Wesen nicht abbrach, zersprang ob des unermesslichen Leides sein Kopf in zehn Teile. Darauf formte der Tathāgata Amitābha, zu dessen Buddhafamilie Avalokiteśvara gehört, aus je einem Fragment einen neuen Kopf und setzte diese in Art eines fünfstufigen Turms[10] auf den Körper des Avalokiteśvara. Obendrauf plazierte Amitābha ein Abbild seines eigenen Kopfes.[11]

Das Thangka zeigt den Ekādaśamukha-Avalokiteśvara auf Lotus und Mondscheibe stehend in seiner achtarmigen Form.[12] Die oberen beiden rechten Hände halten eine Mālā sowie das achtspeichige Rad der Lehre (Skr. dharmacakra), die dritte rechte Hand ist mit der entsprechenden Linken zur Añjali-Mudrā zusammengelegt[13], und die untere Rechte zeigt die Varada-Mudrā, die Geste der Wunschgewährung. In den linken Händen hält Avalokiteśvara von oben nach unten einen Lotus, Pfeil und Bogen (Skr. śara und cāpa) sowie eine Wasserflasche (Skr. kuṇḍikā). Die Handembleme werden traditionell folgendermaßen erklärt[14]: Mit der Kristall-Mālā befreit Avalokiteśvara alle Lebewesen der sechs Bereiche aus dem Existenzkreislauf, das achtspeichige Dharmarad symbolisiert den edlen achtfachen Pfad, und der Lotus steht für Avalokiteśvaras unbefleckte, selbstlose Gesinnung. Weiterhin sind Pfeil und Bogen bildlicher Ausdruck für seine Entschlossenheit, mit Methode und Weisheit sein Ziel zu verwirklichen, alle Lebewesen zu befreien, und die Wasserflasche schließlich versinnbildlicht Avalokiteśvaras Fähigkeit, den Durst der Wesen zu löschen und sie von den Befleckungen reinzuwaschen. Über seiner linken Schulter hängt – den ikonographischen Beschreibungen zufolge – ein Gazellenfell als Symbol höchster aufopfernder Hingabe. Allerdings lässt sich nicht eindeutig erkennen, ob auf diesem Blockdruck-Thangka Avalokiteśvara ein Gazellenfell trägt, oder ob es sich um bloßen Stoff handelt.

Avalokiteśvara ist mit Ketten geschmückt, und seine elf Köpfe tragen Kronen. Stoffbahnen (aus Seide?) umwehen seinen Körper, und er trägt ein langes, feines Beinkleid, dessen Faltenwurf den Umriss seiner Beine erkennen lässt. Er steht in einem rankenumwundenen Tor, vielleicht materieller Ausdruck seiner Aureole. Im Hintergrund sind Landschaftselemente wie Felsen, Berge und fließendes Wasser sowie Wolken angedeutet.

2 rNam-thos-sras (Skr. Vaiśravaṇa)

```
                    ii        i       iii

   1                                          6

        2                              7

   3                                          8
                  rNam-thos-sras
   4                                          9

   5                                          10


        a                              d
              b               c

     e        f               g        h
```

Die zentrale Figur dieses Blockdruck-Thangkas ist die Gottheit Vaiśravaṇa (tib. rNam-thos-sras), die hier zusammen mit weiterem Gefolge dargestellt ist: links und rechts ist Vaiśravaṇa von insgesamt zehn kleineren, auf Lotusblüten thronenden Gottheiten (1-10) umgeben, und zu seinen Füßen befinden sich die acht „Herren der Pferde" (tib. rta-bdag; Skr. aśvapati) (a-h), die ihn in der tibetischen Ikonographie häufig begleiten. Im oberen Bereich, auf Wolken schwebend, finden sich drei geistliche Würdenträger (i-iii).

Die Entwicklungsgeschichte der Gottheit Vaiśravaṇa ist äußerst vielschichtig.[15] Sie gehört den Yakṣas an, also einer Gruppe von indischen Erd- und Baumgottheiten vorbuddhistischen Ursprungs, die später in das buddhistische Pantheon integriert wurden. Schon auf

Inv. Nr. 2778:09
Druck auf Leinwand 70 x 45 cm; Herkunft: Mongolei; Kauf: Umlauff; Sammlung Leder, Gedrucktes Rollbild: rNam-thos-sras

dieser vorbuddhistischen Entwicklungsstufe verschmolzen in der Gestalt des Vaiśravaṇa unterschiedliche, mit örtlichen Kulten assoziierte Gottheiten. Des Weiteren wird angenommen, dass die Namensform „Vaiśravaṇa" im Allgemeinen eine Ableitung von „Viśravas", dem Namen eines mythischen Sehers (Skr. ṛṣi), darstellt. Denn dieser Seher Viśravas wird, einem altindischen Traditionsstrang zufolge, als der Vater des Vaiśravaṇa angesehen. Dagegen weiß die Rāma-Erzählung des Mahābhārata zu berichten, dass der Seher Pulastya der Vater des Vaiśravaṇa ist und Viśravas sein Halbbruder. In der gleichen Erzählung wird Vaiśravaṇa – bzw. Kubera, was seit jener Zeit ein weiterer Name für diese Gottheit ist – von dem indischen Gott Brahman zum König der Yakṣas gemacht und erhält Macht über die Schätze. Darüber hinaus setzt er ihn als Welthüter (Skr. lokapāla) ein, und schon hier gilt der Norden als sein Herrschaftsbereich.

Obwohl die altindische Tradition, so wie sie in den Brāhmaṇas und dem Mahābhārata[16] zum Ausdruck kommt, in bestimmten Details kein einheitliches Bild zeichnet, nimmt sie an, dass es sich bei Vaiśravaṇa und Kubera bloß um zwei unterschiedliche Namen der gleichen Gottheit handelt. Später allerdings setzt dann ein Dissimilationsprozess ein, und schon im buddhistischen Lalitavistara[17] erscheinen Vaiśravaṇa und Kubera als zwei voneinander unterschiedene Figuren. Noch später, im Mahāyāna, tritt neben „Vaiśravaṇa" noch die alternative Namensform „Vaiśramaṇa"[18] hinzu.

Als der Buddhismus dann nach Zentralasien vordrang, absorbierte er örtliche Kulte und identifizierte bestimmte, mit diesen örtlichen Kulten verbundene Gottheiten mit den Gottheiten seines eigenen Pantheons. Dieser Prozess muss auch für die Gestalt, bzw. die Gestalten Vaiśravaṇa/Kubera angenommen werden, wobei zwei Aspekte zu unterscheiden sind: Auf der einen Seite haben wir eine Figur, die mit Reichtum und Wohlstand in Verbindung gebracht wird und die weitere Gestalten, wie z.B. die tibetische Gottheit Nor-lha oder den Yakṣa Jambhala/Jambhara[19], in sich aufgenommen hat. Auf der anderen Seite gibt es eine Figur, deren Charakter als Yakṣa-König und Welthüter ein aggressiveres, kriegerisches Naturell besitzt.[20] Dies mag dann dazu geführt haben, dass sich schließlich in der sino-tibetischen Ikonographie zwei voneinander getrennte Gottheiten herausgebildet haben: Kubera/Vaiśravaṇa/Jambhala als Gott des Reichtums sowie Vaiśravaṇa als Lokapāla.

Auf der Abbildung hält Vaiśravaṇa als zentrale Gottheit in seiner rechten Hand das Siegesbanner, auf dem ein wunscherfüllendes Juwel ruht. Seine linke Hand umfasst den juwelenspeienden Schatzmungo (tib. gter-gyi-ne'u-le) und Edelsteine fallen aus dessen Maul. Vaiśravaṇa ist reich mit Juwelenornamenten und Ketten geschmückt, und Seidenstoff umweht seinen Körper. Über seinen Schultern befindet sich rechts eine kleine Sonne sowie links ein kleiner Mond und um ihn herum sind vasenförmige Behältnisse arrangiert. Vaiśravaṇa sitzt auf seinem traditionellen Reittier, dem Löwen, und beide thronen auf einer geöffneten Lotusblüte.

Davor sind als Opfer die acht ineinander verwobenen Glückssymbole (tib. bkra-shis-rtags-brgyad) dargebracht, also Sonnenschirm (tib. gdugs), zwei (goldene) Fische (tib. gser-nya), eine Schatzvase (tib. gter-gyi-bum-pa), Lotus, die rechtsdrehende Schneckenmuschel (tib. dung-g.yas-'khyil), der glorreiche Knoten (tib. dpal-be'u), das Siegesbanner (tib. rgyal-mtshan) und das Dharmarad (tib. chos-kyi-'khor-lo).

Links und rechts ist Vaiśravaṇa von männlichem und weiblichem Gefolge umgeben. Hierbei sind zumindest einige der männlichen Gottheiten nicht wirklich eigenständige Gestalten, sondern – aufgrund von Namensbestandteilen innerhalb der Inschriften wie Dzam-bha-la (= Jambhala) oder Ku-be-ra – als bloße weitere Erscheinungsformen der Hauptgottheit zu erkennen[21]:

1. eine Form des Rāhula (in der rechten Hand: Siegesbanner, links: Pfeil und Bogen),
2. rote Maṇipālī (r.: Haken, l.: Wedel),
3. eine Form der Sarasvatī (r.: Haken, l.: Wedel),
4. roter Jambhala (r.: Speerbanner, l.: ?),
5. die weiße Form einer männlichen, nicht weiter zu identifizierenden Gottheit (r.: Juwel, l.: Varada-Mudrā?),
6. blauer Kubera, (r.: Speerbanner, l.: Mungo[22]),
7. rote Ba-ra (r.: Haken, l.: Wedel),
8. rote Vasudhārā (r.: Haken, l.: Wedel),
9. schwarzer Kāla (r.: schmale Keule mit wunscherfüllendem Juwel an der Spitze, l.: Mungo[23]),
10. rote gTsug-phud-can (ihr Unterkörper besteht aus einem zusammengerollten Schlangenkörper, und sieben Schlangen umzüngeln ihre Kopfaureole; r.: Juwel, l.: Vase).

Zu Füßen der Hauptgottheit finden sich die acht „Herren der Pferde" (Skr. aśvapati; tib. rta-bdag), die zu Vaiśravaṇas Gefolge gehören und manchmal als seine Brüder bezeichnet werden.[24] Sie sind auf Pferden reitend dargestellt und halten verschiedene Attribute in ihren Händen.[25] Zwischen ihnen sind Nāgas, Schlangengottheiten, zu sehen, die aus einem Fluss oder See auftauchen. Die acht „Herren der Pferde" sind den Inschriften zufolge[26]:

a. schwarzer Kubera (r.: Schwert, l.: Mungo),
b. gelber Pūrṇabhadra (r.: Juwelenvase?[27], l.: Mungo),
c. goldener Jambhala (r.: Juwel, l.: Mungo),
d. weißer Maṇibhadra (r.: Juwel, l.: Mungo),
e. schwarzer Āṭavaka (r.: Speerbanner, l.: Mungo),
f. gelber Sañjaya (r.: Schwert?, l.: Mungo),
g. goldener (?) Pañcika (r.: Palast, l.: Mungo),
h. weißer Mṛdukuṇḍalin (?) (r.: Schwert, l.: Schild).

Am oberen Rand des Thangkas, auf Wolken schwebend, befinden sich drei durch Namensinschriften bezeichnete Lamas[28], welche die verkürzte spirituelle Übertragungslinie darstellen, mittels derer dieser bestimmte Ritualzyklus der Gottheit rNam-thos-sras – so wie der Zyklus, der hier auf dem Rollbild abgebildet ist – weitergegeben wurde. Die Linie nimmt auf dem Rollbild ihren Anfang bei der mittleren Figur (i), Nam-mkha'i-rgyal-mtshan. Dabei handelt es sich wahrscheinlich um Lho-brag-grub-chen Nam-mkha'-rgyal-mtshan (1326-1401), einem rNying-ma-Meister, der darüber hinaus ein Lehrer des Tsong-kha-pa war.[29] Nam-mkha'i-rgyal-mtshan hat beide Hände vor seinem Herzen in der Dharmacakra-Mudrā verschränkt, also der Geste, die das Drehen des Rades der Lehre ausdrückt. Er ist auf beiden Seiten von Lotusranken flankiert, deren rechte einen Vajra (?) und deren linke eine Glocke trägt.

Von ihm ging die Übertragung dieses Ritualzyklus' über verschiedene Meister – die aber auf dem Thangka nicht dargestellt sind – auf den fünften Dalai Lama Ngag-dbang-blo-bzang-rgya-mtsho (1617-1682) (ii) über, hier zur Rechten des Nam-mkha'-rgyal-mtshan sitzend.[30] Der 5. Dalai Lama führt mit seiner rechten, vor dem Herzen ruhenden Hand die Mudrā der Schutzgewährung (oder: die Zufluchts-Mudrā?) aus, während er in seiner linken Hand, die auf seinem Schoß ruht, eine Vase oder

Almosenschale hält.

Schließlich ging die Übertragung des Ritualzyklus' an Blo-bzang-bstan-pa'i-sgron-me (iii). Dies ist wahrscheinlich der zweite Khal-kha-rJe-btsun-dam-pa (1724-1757).[31] Auch hier wurden die dazwischenliegenden Überlieferungsträger in der spirituellen Linie auf dem Rollbild nicht dargestellt. Blo-bzang-bstan-pa'i-sgron-me hält in seiner rechten Hand vor seinem Herzen einen Vajra (?) und in der linken, auf dem Schoß ruhenden Hand eine Glocke. Da auf dem Rollbild die Übertragungslinie mit diesem Lama endet, lässt sich daraus schließen, dass der Druckstock für dieses Bild in der Mitte des 18. Jahrhunderts, während der Lebenszeit des zweiten Khal-kha-rJe-btsun-dam-pa, für dessen mongolische Schirmherren angefertigt wurde.

3 Tengri Lha-mo[32]

Inv. Nr. 2775:09 Druck auf Leinwand (47 x 36 cm); Herkunft: Tibet, Kauf: Umlauff; Sammlung: Leder, Gedrucktes Rollbild: Tengri Lha-mo

Die Komposition dieses Rollbildes ist zweigeteilt. Der obere Teil, der in der Länge ungefähr drei Viertel der Abbildung umfasst, zeigt als zentrale Figur die Göttin Tengri Lha-mo, die von weiteren Gottheiten umgeben ist. Auf dem unteren Viertel sind die acht Glückssymbole sowie verschiedene Tiere zu sehen. Tengri Lha-mo reitet – vor sich auftürmenden Wolken und dem Rund der Sonne[33] – auf ihrem

Pferd, das auf einer von einer Lotusblüte getragenen Sonnenscheibe[34] nach rechts trabt. In ihrer rechten Hand, vor dem Körper, trägt die Göttin ein Pfeilbanner (tib. mda'-dar), das am Schaft mit Seidenbändern, einer Vogelfeder und einem Wahrsagespiegel geschmückt ist, und in der linken, vom Körper abgewinkelten Hand hält sie einen etwas größeren Spiegel. Vor der zentralen Gottheit sind die ineinander verwobenen acht Glückssymbole sowie verschiedene Waffen als Opfer dargebracht.

Die genaue Identifizierung dieser Göttin bleibt unsicher, weil die Namensschreibweise „Tengri Lha-mo" in der Sekundärliteratur nicht belegt ist.[35] Möglicherweise handelt es sich um eine lokale Göttin, die mit dem Salzwassersee gNam-tsho-phyug-mo in Verbindung steht. Dieser See – knapp zweihundert Kilometer nordwestlich von Lhasa gelegen – ist auch unter seinem mongolischen Namen Tengri Nayur bekannt.[36] In diesem Fall ließe sich ihr Name als „die Göttin von Tengri [Nayur]" deuten.

Denkbar wäre aber auch, dass „Tengri" eine phonetische Variante von „Ding-ri" darstellt, dem Namen einer Gegend in der Nähe des Mount Everest.[37] Dort gibt es einen als heilig verehrten Berg, der rTsib-ri heißt, und der mit einer weiblichen Schützergottheit in Verbindung gebracht wird.[38] Beinahe in der gleichen Gegend gelegen, auf dem Tshe-ring-ma-Berg (i.e. Gaurisankar-Massiv) befindet sich die Heimstatt einer Gruppe von Göttinnen, die als die „Fünf Schwestern der Langlebigkeit" (tib. tshe-ring-mched-lnga) bekannt ist.[39] Eine dieser „Fünf Schwestern", mThing-gi-zhal-bzang-ma, weist in ihrer Ikonographie eine erstaunliche Verwandtschaft mit unserer Tengri Lha-mo auf: Beide Göttinnen halten als Embleme das Pfeilbanner und den Wahrsagespiegel in ihren Händen und werden auf Reittieren dargestellt, mThing-gi-zhal-bzang-ma auf einem Wildesel und Tengri Lha-mo auf einem Pferd oder Esel.[40]

Wie dem auch sei, so lässt sich doch mit großer Sicherheit feststellen, dass die Göttin Tengri Lha-mo nicht indischen Ursprungs ist. Denn die lokalen, tibetischen Gottheiten, die mit Bergen und Seen in Verbindung gebracht werden, gehen zumeist auf alte einheimische Götter zurück, die dann später in das buddhistische Pantheon integriert wurden.[41] Und auch die Handembleme der Tengri Lha-mo, Pfeilbanner und Spiegel, sind typische, immer wiederkehrende Attribute indigener Gottheiten, die in der vorbuddhistischen Glaubenswelt Tibets wurzeln.[42]

Auf dem Rollbild ist nun über der zentralen Figur, in der Mitte des oberen Bildrandes, in einer Flammenaureole, eine zornvolle, vielarmige

Gottheit dargestellt. Diese ist links und rechts von weiteren Gottheiten flankiert, die wie Tengri Lha-mo auf einem Pferd reiten. Die rechte Gottheit hält in der rechten Hand einen Pfeil sowie einen Bogen in der linken, und die andere Gottheit trägt eine Lanze oder ein Pfeilbanner in der rechten Hand. Dementsprechend sind in der unteren Bildhälfte, schräg unter dem Lotus der zentralen Figur, nochmals zwei weitere Gottheiten abgebildet, die ebenfalls auf Pferden reiten. Die Rechte von diesen beiden hält in ihren zwei Händen jeweils ein Juwel, die Handattribute der anderen Gottheit sind nicht zu erkennen.[43] Im Hintergrund sind eine Vielzahl von verschiedenen Tieren wie Pferde, Yaks, Hirsche und Vögel sowie ein Trampeltier zu sehen, die sich in einer gebirgigen Landschaft tummeln.

Das untere Bildviertel zeigt nochmals die acht ineinander verwobenen Glückssymbole, um die herum Waffen arrangiert sind, und wiederum ist eine bergige, mit Bäumen bestandene Landschaft dargestellt, in der sich verschiedene Tiere befinden. Unten links ist eine in tibetischer Sprache verfasste Inschrift zu sehen: lha rgyal lo („Die Gottheit ist siegreich!" bzw. „Die Gottheiten sind siegreich!").

4 Tengri Lha-mo

Auch dieses Rollbild zeigt die Göttin Tengri Lha-mo. Das Bild ist in seiner Komposition zweigeteilt. Unter dem oberen, zwei Drittel des Bildes umfassenden Teil befindet sich eine fünfzeilige Inschrift in tibetischen Buch-

Inv. Nr. 2776:09 Gedrucktes Rollbild: Tengri Lha-mo, Druck auf Leinwand (46 x 35 cm); Herkunft: Tibet, Kauf: Umlauff; Sammlung Leder

staben, die – abgesehen von einzelnen Silben – leider nicht zu entziffern ist. Das in regelmäßigen Abständen gesetzte Doppel-Shad (d.i. ein Zeichen der tibetischen Orthographie, das, neben anderen Funktionen, auch dazu dienen kann, die einzelnen Stollen einer Strophe optisch abzutrennen) lässt sich dahingehend deuten, dass der Text im Versmaß abgefasst ist. Wahrscheinlich handelt es sich bei dieser Inschrift um eine Anrufung an die Gottheit Tengri Lha-mo. Das untere Bilddrittel ist nachträglich auf das Thangka aufgeklebt worden und zeigt verschiedene Tiere und Waffen.

Die Hauptfigur hält – wie auf dem vorhergehenden Rollbild – Pfeilbanner (tib. mda'-dar) und Spiegel als Attribute in ihren Händen und reitet auf einem Pferd. Sie ist oben und unten jeweils links und rechts von vier weiteren Gottheiten umgeben, die ebenfalls auf Pferden reiten. Es handelt sich hier also um eine Darstellung, die sehr dem vorherigen Thangka der Göttin Tengri Lha-mo ähnelt. Leider sind die Details auf diesem, nun vorliegenden Rollbild nicht sehr gut zu erkennen. Deshalb, und weil hier viel von dem oben Erwähnten gilt, wurde auf eine eingehendere Beschreibung des Bildes verzichtet.

Bibliographie

Beer, Robert
2003   Die Symbole des tibetischen Buddhismus. Kreuzlingen.

Chan, Victor
1994   Tibet Handbook: A Pilgrimage Guide. Chico, California.

Chandra, Lokesh
ab 1999 Dictionary of Buddhist Iconography, (4-6). New Delhi.

Dagyab, Loden Sherap
1977   Tibetan Religious Art. 2 parts. (Asiatische Forschungen, 52) Wiesbaden.

Eliade, Mircea
1960/ Yoga: Unsterblichkeit und Freiheit. Frankfurt am Main.
1985

Essen, Gerd-Wolfgang / Thingo, Tsering Tashi
1989 Die Götter des Himalaya: Buddhistische Kunst Tibets. Die Sammlung Gerd-Wolfgang Essen. Tafelband. München.

Grönbold, Günter
1984 Die Mythologie des indischen Buddhismus. In: Hans Wilhelm Haussig (Hrsg.), Wörterbuch der Mythologie. Erste Abteilung: Die alten Kulturvölker; Band V: Götter und Mythen des indischen Subkontinents. Stuttgart.

Gruschke, Andreas
1996 Mythen und Legenden der Tibeter: Von Kriegern, Mönchen, Dämonen und dem Ursprung der Welt. München.

Heissig, Walther
1970 Die Religionen der Mongolei. In: Christel Matthias Schröder (Hrsg.), Die Religionen der Menschheit. (20): Die Religionen Tibets und der Mongolei. Stuttgart.

Jackson, David
1996 A History of Tibetan Painting: The Great Tibetan Painters and Their Traditions. Österreichische Akademie der Wissenschaften, Philosophisch-Historische Klasse, Denkschriften (242) Wien.

Lo Bue, Erberto F.
1990 Iconometric Sources and Iconometric Literature in Himalayan Art. In: T. Skorupski (Hrsg.), Indo-Tibetan Studies. Buddhica Britannica (2).

Mylius, Klaus
2003 Geschichte der altindischen Literatur. 2., überarbeitete und ergänzte Auflage. Wiesbaden.

Nebesky-Wojkowitz, Réne [sic] de
1956   Oracles and Demons of Tibet: The Cult and Iconography of the Tibetan Protective Deities. The Hague.

Rhie, Marylin M. / Thurman, Robert A. F.
1999   Worlds of Transformation: Tibetan Art of Wisdom and Compassion. New York.

Steffan, Roland (Hrsg.)
1995   Mitleid und Wiedergeburt in der tibetischen Kunst: Thangkas aus dem Tibet House Museum in New Delhi. St. Gallen.

Stein, Rolf A.
1989/   Die Kultur Tibets. Berlin.
1993

Tucci, Giuseppe
1949   Tibetan Painted Scrolls. Reduced Facsimile Edition, 1980. Kyoto: Rinsen Book.
1970   Die Religionen Tibets. In: Christel Matthias Schröder (Hrsg.), Die Religionen der Menschheit. Band 20: Die Religionen Tibets und der Mongolei. Stuttgart.

Andere Quellen
Website des Tibetan Buddhist Resource Centers: http://www.tbrc.org/

Anmerkungen

[1] Siehe Jackson (1996, S. 375).
[2] Siehe Lo Bue (1990, S. 184).
[3] Siehe Jackson (1996, S. 375). Hier finden sich auch Abbildungen verschiedener gedruckter Rollbilder aus sNar-thang (S. 236 ff.) und sDe-dge (S. 330). Der Modellcharakter, der diesen gedruckten Rollbildern zukommen kann, zeigt sich dabei sehr schön an der Abbildung eines Blockdruck-Thangkas des 18. Jahrhunderts von

Sa-skya Paṇḍita (Fig. 117, S. 236), das in Motiv und Komposition identisch mit einem gewebten Thangka des frühen 20. Jahrhunderts aus China ist (Fig. 118, S. 237). Dieses Blockdruck-Thangka – Teil einer Thangka-Reihe, die die früheren Geburten des Panchen Rin-po-che darstellt – ist zeitgleich oder kurz nach einem gemalten Thangka mit ebenfalls identischem Motiv und gleicher Komposition entstanden (Fig. 116, S. 235). Möglicherweise war ein weiteres gemaltes Rollbild, das aus dem 17. Jahrhundert stammt, das ursprüngliche Modell für beide Thangkas.

4   Ibd. Für eine Abbildung eines solchen kolorierten Blockdruck-Thangkas siehe Dagyab (1977, Part II, S. 36). Steffan (1995, Abb. 21-29) zeigt einige gedruckte Thangkas aus sNar-thang, die nur leicht nachkoloriert wurden.

5   Siehe Grönbold (1984, S. 324), wonach das Sukhāvatīvyūha mehrmals ins Chinesische übersetzt wurde, das erste Mal zwischen 147 und 186 n.Chr.

6   Siehe Grönbold (1984, S. 322). Zu alternativen Ableitungen des Namens Avalokiteśvara, wie z.B. aus der vedischen Verbwurzel „ruc" in Verbindung mit dem Präfix „ava", siehe ibd. (S. 322-23) sowie Tucci (1949, S. 612, Fn. 86).

7   So v.a. TUCCI (1949, S. 612, Fn. 86).

8   Ibd. (S. 361): Schon in dem Saddharmapuṇḍarīka ist ein Beiname dieses Bodhisattvas Samantamukha, d.h. „dessen Gesicht überallhin [schaut]". Mylius (2003, S. 317-18) gibt als Entstehungszeit für die Hauptmasse des Saddharmapuṇḍarīka, das wie so viele Werke des Mahāyāna über eine längere Periode kompiliert wurde, die Zeit um 200 n.Chr. an. Die erste chinesische Übersetzung, die im Jahr 223 angefertigt wurde, ist verloren gegangen – die älteste, uns erhaltene, chinesische Übersetzung stammt aus dem Jahr 286.

9   Siehe für weitere mögliche Erklärungen der Anzahl von elf Gesichtern Chandra (1999, S. 1100) und Tucci (1949, S. 362), der zusätzlich eine Verbindung zu den vier rituellen Aktivitäten (Skr. caturkrīya) aufzeigt.

10 Chandra (1999, S. 1098 ff) führt noch weitere ikonographische Modelle auf, die auf verschiedene Art und Weise die elf Köpfe des Avalokiteśvara arrangieren.

11 Siehe Chandra (1999, S. 1100), der sich auf Sawa (1972, S. 32) beruft.

12 Daneben gibt es Formen mit zwei, vier, sechs, zehn, zwölf, sechzehn, zweiunddreißig und tausend Armen; siehe Chandra (1999, S. 1098 ff).

13 Oft halten die beiden Hände ein wunscherfüllendes Juwel umschlossen. In dieser Form symbolisiert diese Mudrā den Besitz und das Gewähren des Juwels der Lehre. Auf dieser Abbildung wurde das wunscherfüllende Juwel aber weggelassen; siehe Beer (2003, S. 317).

14 Siehe Beer (2003, S. 236 ff) sowie Essen (1989, S. 77-78).

15 Ich folge hier v.a. Tucci (1949, S. 571 ff). Tuccis Beschreibung der Entwicklungsgeschichte dieser Figur hat, obwohl sie vor über fünfzig Jahren verfasst wurde, gegenüber vielen neueren Darstellungen den Vorteil, dass er die unterschiedlichen, sich zum Teil widersprechenden Überlieferungsstränge nicht zu Gunsten eines einheitlichen Bildes glättet.

16 Wie es so oft bei Werken der altindischen Literatur der Fall ist, ist auch hier eine genaue Datierung nicht möglich. Der größte Teil der vedischen Literatur, in dessen spätere Periode auch die Brāhmaṇas fallen, muss vor der Mitte des ersten vorchristlichen Jahrtausends entstanden sein, da der Buddhismus die vedische Literatur weitgehend voraussetzt; siehe hierzu Mylius (2003, S. 4 und S. 46ff). Das Mahābhārata ist wohl zwischen 400 v.Chr. und 400 n.Chr. entstanden; siehe ibd. (S. 74).

17 Der Lalitavistara wurde in der Übergangszeit vom Hīnayāna zum Mahāyāna kompiliert. Sein Alter lässt sich nicht mit Sicherheit feststellen, er ist aber auf jeden Fall vor dem Saddharmapuṇḍarīka entstanden; siehe Mylius (2003, S. 308-09; S. 317).

[18] Chandra (1999, S. 1745) führt als Etymologie für „Vaiśramaṇa" die Sanskrit-Verbwurzel „śram" (sich bemühen, abmühen) an und erklärt: „He is Vaiśramaṇa (...) meaning that wealth is hard untiring work, indefatigable industry." Leider gibt er keine Quelle für diese Worterklärung an.

[19] Chandra (1999, S. 1500) benennt verschiedene Möglichkeiten, den Namen Jambhala etymologisch zu erklären: "The root jabh 'opening the jaws wide' referring to the opening of the mongoose-pouch on the mouth side. Jambha denotes 'teeth, jaws, one who crushes or swallows', jambhā is 'opening of the mouth', jambhara is 'citron'." Beides, juwelenspeiender Mungo und Zitrone, sind typische Attribute Jambhalas.

[20] Zur Identifizierung des Kubera / Vaiśravaṇa mit dem mongolischen Geser Khan, einer Schutzgottheit der Krieger und Pferdeherden, siehe Heissig (1970, S. 405).

[21] Einige dieser Gottheiten werden in Verbindung mit Vaiśravaṇa – allerdings in etwas anderen rituellen Zusammenhängen – bei Nebesky-Wojkowitz (1956, S. 68 ff) beschrieben. Er stützt sich dabei v.a. auf ein ikonographisches Werk, das Rin-'byung. Die tibetischen Inschriften auf unserem Thangka geben die folgenden Namensbezeichnungen für die Gottheiten wieder: (1) Ra-hu-la-(...), (2) Nor-skyong-dmar, (3) dByangs-can-ma-(...), (4) Dzam-bha-la-dmar, (5) Sras(?)-(...)–dkar, (6) Ku-be-ra-sngo, (7) Ba-ra-dmar, (8) Nor-rgyun-dmar, (9) Ka-la-nag-po und (10) gTsug-phud-can-dmar. Hierbei markiert ‚(...)' nichtlesbare Silbe(n) der Inschrift. Nebesky-Wojkowitz (1956, S. 73) gibt die Namensformen der weiblichen Gottheiten (2, 7, 8 und 10) dergestalt wieder, dass sie auf der Silbe „ma" enden. Auf den Inschriften des Rollbildes aber findet sich hierfür als letzte Silbe „dmar". Da es sich bei den Silben "ma" und „dmar" (nahezu) um Homophone handelt, könnte dies eine einfache Verschreibung sein. Denkbar ist aber auch, dass z.B. die Namensform „Ba-ra-dmar" eine alternative Schreibweise der üblicheren Form „Ba-ra-ma" darstellt.

[22] Der Mungo scheint auf der Abbildung zu fehlen. Allerdings lässt die Armhaltung der Gottheit darauf schließen, dass dieses Tier eigentlich hier hingehört.

[23] Siehe vorhergehende Fußnote.

[24] Siehe Tucci (1949, S. 574).

[25] Vergleiche auch die fast identische Darstellung dieser acht „Herren der Pferde" hinsichtlich ihrer Namen und Attribute in Nebesky-Wojkowitz (1956, S. 69), der einer Beschreibung des Rin-'byung (R, vol. II, fol. 82b), einem ikonographischen Werk, folgt.

[26] Die tibetischen Namensformen auf dem Thangka lauten: (a) Ku-be-ra-nag-po, (b) Gang-ba-bzang-po-ser, (c) Dzam-bha-la-ni-gser, (d) Nor-bu-bzang-po-dkar, (e) 'Brog-[g]nas-nag-po, (f) Yang-dag-shes-ser, (g) lNga-rtsen-gser-snga (Verschreibung für lNga-rten-gser-snga?) und (h) Pi (oder: Phi)-ci-kun(?)-li-dkar. Der letzten Gottheit scheint bei Nebesky-Wojkowitz (1956, S. 69) (Dzam-po-)'khyil-pa zu entsprechen.

[27] Das Rollbild ist an dieser Stelle stark beschädigt. Das Attribut wurde hier nach Nebesky-Wojkowitz (1956, S. 69) ergänzt.

[28] An dieser Stelle sei Herrn Professor David Jackson gedankt, der bei der Identifizierung der Lama-Linie, und somit auch bei der Datierung des Rollbildes, behilflich war.

[29] Siehe Website des Tibetan Buddhist Resource Centers, TBRC Resource Code: P1317. Eine Abbildung von Nam-mkha'-rgyal-mtshan – interessanterweise auch auf einem Thangka, das als zentrale Gottheit rNam-thos-sras zeigt – findet sich in Rhie (1999, S. 238). Die Inschrift bezeichnet ihn hier als Lho-grags (!)-grub-chen. Eine weitere Abbildung dieses Lamas ist in Chandra (1999, S. 1822) zu sehen. Beide Abbildungen ähneln sehr seiner Darstellung auf unserem gedruckten Rollbild.

[30] Abbildungen des 5. Dalai Lamas finden sich u.a. in RHIE (1999, S. 359) und Jackson (1996, S. 198-99 und S. 211).

[31] Siehe Website des Tibetan Buddhist Resource Centers, TBRC Resource Code: P4614.

Ein weiterer Lama mit einem ähnlichen Namen ist Blo-bzang-byang-chub-bstan-pa'i-sgron-me (1861-1933/34/35) aus Amdo; siehe ibd., TBRC Resource Code: P238.

[32] Die Schreibung des Namens „Tengri Lha-mo" ist getreu der entsprechenden Karteikarte des Museums für Völkerkunde Hamburg wiedergegeben. Für den Versuch einer Etymologie siehe unten.

[33] Oder handelt es sich hier um eine Mondscheibe?

[34] Siehe Fn. 33.

[35] Siehe Literaturverzeichnis.

[36] Dies würde erklären, warum auf dem Thangka ein zweihöckriges Trampeltier auftaucht. Auch wenn es in der Gegend um den Tengri Nayur selbst keine Trampeltiere gibt, so ist doch den dort siedelnden Mongolen dieses Tier zumindest bekannt.

[37] Herrn Dr. Jan Sobisch sei an dieser Stelle für diesen Hinweis gedankt.

[38] Siehe Chan (1994, S. 921).

[39] Siehe Gruschke (1996, S. 247-48).

[40] Siehe Nebesky-Wojkowitz (1956, S. 179), der sich auf einen Sādhana-Text aus dem Rin-chen-gter-mdzod stützt (vol. pi, Bla-ma'i-thugs-sgrub-bar-chad-kun-sel). Eine Abbildung der mThing-gi-zhal-bzang-ma zeigt Chandra (1999, S. 1154). Allerdings hält sie auf dieser Darstellung nicht ein Pfeilbanner in ihrer rechten Hand, sondern ein gewöhnliches Banner.

[41] Siehe u.a. Stein (1989/1993, S. 238-51) und Nebesky-Wojkowitz (1956, S. 203-30).

[42] Nebesky-Wojkowitz (1956, S. 543-44) gibt einen kurzen Überblick über die Verwendung des Pfeilbanners oder Seidenpfeils (mda'-dar) in den Riten der Bön-Magier und Buddhisten sowie der Schamanen Zentralasiens. Tucci (1970, S. 186) betont, wenn er lokale Gebirgsgottheiten beschreibt, dass der Spiegel „zum unentbehrlichen Rüstzeug der Schamanen" gehört. Die Frage, in welchem Ausmaß die Gestalt der Tengri Lha-mo schamanistisch beeinflusst ist, oder ob es sich hier nur um äußere Parallelen handelt, vermag ich nicht zu beantworten. Zur Abgrenzung des ‚yogischen' Buddhismus gegenüber schamanistischen Praktiken siehe Eliade (1985, S. 328-29 und S. 347-48).

[43] Sollte es sich hierbei vielleicht – falls die zentrale Figur wirklich die Göttin mThing-gi-zhal-bzang-ma ist – um ihre vier Schwestergottheiten handeln? Wenn dies der Fall wäre, so sind erhebliche Abweichungen zwischen der Darstellung dieser Gottheiten auf unserem Rollbild und den gängigen ikonographischen Beschreibungen festzustellen; siehe Nebesky-Wojkowitz (1956, S. 178-81) und Chandra (1999, S. 1152).

Ansammlungsfeld (tib.: tshogs zhing)

Jörg Heimbel

Bemalter Druck auf Baumwolle mit grüner Seidenbrokatrahmung Rollbild: Ansammlungsfeld 78 x 48 cm ohne Rahmung, 116 x max. 72 cm mit Rahmung, Herkunft: Mongolei (erworben), gedruckt in Westchina (?) Inv.Nr. 2770:09, Slg. Leder (Foto Saal)

Bei diesem Thangka handelt es sich um eine in schwarz gedruckte, teilweise farblich (ziegelrot, olivgrn und blau) grob ausgemalte Darstellung eines Ansammlungsfeldes (tib.: tshogs zhing, lies: tsogshing)[1]. Als Vorlage für solche Rollbilder dienen gewöhnlich aus Holz gefertigte Druckstcke, mit denen die Umrisslinien in schwarzer oder zinnoberroter Farbe auf ein blankes Stück Baumwolle gedruckt werden. Solche gedruckten Rollbilder werden im tibetischen Parma (tib.: dpar ma) genannt[2]. Bei dem hier vorliegenden Thangka wurde der Druckstock zweimal angelegt, was die verschwommenen, teilweise doppelten Umrisslinien erklärt. Aufgrund der minderen Qualität des Druckes, der recht groben Ausmalung und dem schlechten Zustand des Thangkas ist eine genaue Identifizierung einzelner Figuren bzw. Gruppen von Figuren nur sehr schwierig möglich und orientiert sich zum Teil an ähnlichen Darstellungen auf anderen Thangkas[3].

Bei diesem Rollbild handelt es sich um die Darstellung eines „Ansammlungsfeldes zur Verehrung des Lama", was im Tibetischen als Lama Tschpa Tsogshing (tib.: bla ma mchod pa tshogs zhing) bezeichnet wird. Es ist eine von zwei Hauptdarstellungsarten von Ansammlungsfeldern, die der Gelugpa-Schule (tib.: dge lugs pa) des tibetischen Buddhismus entstammt[4]. Als Hauptfigur im Zentrum des Thangkas befindet sich die Darstellung Tsongkhapas (tib.: tsong kha pa, 1357-1419), dem Begründer der Gelugpa-Schule, als Repräsentant und Vermittler der sich in ihm vereinigenden Überlieferungslinien. Seine Hnde formen die Geste der Darlegung des Dharma (tib.: chos kyi ‚khor lo'i phyag rgya, lies: tschökyi khorloi tschaggya; skt.: dharmacakra-mudrā), die auch als Lehrgeste bezeichnet wird. Er hält die Stängel zweier Lotusblumen in seinen Händen, die auf der Höhe seiner Schultern erblühen. Die vom Betrachter aus gesehene linke Blüte trägt ein Schwert und die rechte ein typisch indisches bzw. tibetisches Buch. Diese beiden Symbole sind ein Charakteristikum der Darstellungsweise Tsongkhapas und kennzeichnen ihn als eine Emanation des Bodhisattva Mañjuśrī (tib.: 'jam dpal, lies tschampel). Im Herzen von Tsongkhapa befindet sich eine Abbildung des historischen Buddha Śākyamuni und, was auf diesem Rollbild nicht zu erkennen ist, in dessen Herzen befindet sich gewöhnlich eine Darstellung des Ādibuddha Vajradhara (tib.: rdo rje 'chang, lies: dorje tschang)[5].

Oberhalb von Tsongkhapa befindet sich die Darstellung einer Gruppe, welche die Überlieferungslinie der tantrischen Belehrungen und Ermächtigungen (tib.: nyams len byin rlabs brgyud, lies: nyam len tschin lab gyü) repräsentiert. Als oberste Figur im Zentrum dieser Gruppe wäre Vajradhara, der Ādibuddha der tantrischen Zyklen der neuen Übersetzungsperiode (tib.: gsar ma pa, lies sarmapa), zu erwarten. Unter diesem ist die Darstellung des Bodhisattva Mañjuśrī und unter ihm, was hier der Fall zu sein scheint, die von Tsongkhapa zu vermuten.

Vom Betrachter aus zur linken Seite der Zentralfigur sind bedeutsame Träger der Überlieferungslinie der Yogacārā-Schule des Mahāyāna-Buddhismus dargestellt und vom Betrachter aus zur rechten Seite der Zentralfigur bedeutsame Träger der Überlieferungslinie der Madhyamaka-Schule des Mahāyāna-Buddhismus.

Tsongkhapa ist durch in ihn eingehende Regenbögen mit beiden Gruppen verbunden, was ihn als Repräsentanten beider dieser Traditionen bzw. ihrer Lehren ausweist. Ferner ist er Träger der tantrischen Überlieferungslinie, die durch die sich oberhalb von seinem Kopf befindliche Gruppe symbolisiert wird. Unterhalb von Tsongkhapa sind zu verschiedenen Klassen des Pantheons gehörige Wesen in einem Baum, der als der „wunscherfllende Baum" (tib.: dpag bsam ljon shing, lies: pagsam jönshing; skt.: kalpa vṛkṣa) vorgestellt wird, dargestellt. Sie sind in absteigender Hierarchie, entsprechend ihrer Stellung im Pantheon, in elf Reihen bzw. Gruppen von Reihen angeordnet.

Die hierarchische Einteilung erfolgt dabei in folgende acht Klassen von Gottheiten:

1. Gurus (Reihe 1)
2. Yidams (Reihe 2 - 4)
3. Buddhas (Reihe 5 - 6)
4. Bodhisattvas (Reihe 5 - 7)
5. Pratyekabuddhas (Reihe 8)
6. Arhats, Sthaviras bzw. Śrāvakas (Reihe 9 - 10)
7. Ḍākas und Ḍākinīs (Reihe 10)
8. Dharmapālas (Reihe 11)[6].

Oberhalb des Stammes des wunscherfüllenden Baumes ist ein Lotusthron für alle sich innerhalb dieses Baumes befindlichen Wesen dargestellt, der von drei Schneelöwen gestützt wird und in dessen Zentrum einer der vier „Schützer der Himmelsrichtungen" (tib.: phyogs skyong, lies: tschog kyong; skt.: lokapāla / dikpāla) dargestellt ist. Hierbei handelt es sich um Dhṛtarāṣṭra (tib.: yul ‚khor bsrung), den Hüter des Ostens. Die anderen drei Schützer sind wahrscheinlich zu beiden Seiten des wunscherfüllenden Baumes dargestellt: Vaiśravaṇa (tib.: rnam thos sras), der Hüter des Nordens, in blauen Wolken zur rechten Seite des Baumes, oberhalb von ihm Virūpākṣa (tib.: mig mi bzang), der Hüter des Westens und zur linken des Baumes Virūdhaka (tib.: 'phags skye bo), der Hüter des Südens.

Umgeben von Kontinenten und Bergketten, entwächst einem Ozean zur linken Seite des Stammes der Weltenberg Meru. Es hat den Anschein, als wren in der linken unteren Bildecke die „sieben wertvollen Kostbarkeiten des Weltenherrschers" (tib.: rgyal srid rin chen sna bdun, lies: gyelsi rintschen nadün; skt.: saptaratna) und eventuell auch die „sieben zustzlichen Kostbarkeiten des Weltenherrschers" (tib.: nye ba'i rin chen bdun, lies: nyewai rintschen dün; skt.: sapta-uparatna) dargestellt. Zur rechten Seite des Stammes entwächst dem Ozean die Darstellung der „acht Glcksymbole als Ensemble" (tib.: rtags brgyad bum gzhugs, lies: taggy bumshug). In der rechten unteren Bildecke befindet sich die Darstellung eines verschiedene Opfer darbringenden Mönches, der hier die Person des Praktizierenden verkrpert und mit der dieser sich identifiziert. Der Mönch ist von vier kleineren, ebenfalls Opfer darbringenden Personen, umgeben.

Bibliographie

Dagyab, Loden Sherap
1977   Tibetan Religious Art, Part I: Texts. Wiesbaden.

Essen, Gerd Wolfgang / Thingo, Tsering Tashi
1989   Die Götter des Himalaya: Buddhistische Kunst Tibets, Bd. I u. II. München.

Jackson, David P. / Janice A.
1984   Tibetan Thangka Painting: Methods and Materials. London.

Tanaka, Kimiaki
2001   Art of Thangka: from Hahn Kwang-ho Collection, Vol. 3. Seoul.

Anmerkungen

[1] Zur allgemeinen Einführung in das Thema „Ansammlungsfelder" siehe die Einleitung zu dem Thangka mit der Inv.Nr.: 68.51: 1.
[2] Siehe Dagyab (1977 Part I: 40).
[3] Der grundlegende Aufbau dieses Thangkas gleicht dem Tsogshing (tib.: tshogs zhing) mit der Inv.Nr.: 68.51: 1. Für genauere Detailbeschreibungen siehe die Bearbeitung dieses Thangkas.
[4] Siehe Tanaka (2001: 38).
[5] Nach Essen und Thingo erscheinen diese drei „als Zeichen der Drei-Einheit von Buddha, Dharma und Saṅgha. Man kann die drei miteinander verbundenen Gestalten aber auch als bildhafte Beschreibung der Stufen eines Initiationsweges verstehen: Tsongkhapa als Lama und Vermittler, Vajradhara als Yidam und Übungsweg, Śākyamuni als Ziel, d.h. Buddhaschaft" (1989, Bd. I: 242).
[6] Siehe D. Jackson (1984: 27).

Ansammlungsfeld
(tib.: tshogs zhing)

Jörg Heimbel

*Temperamalerei auf Stoff mit Seidenbrokatrahmung,
76,5 x 52,5 cm ohne Rahmung, 128 x max. 90 cm mit Rahmung,
Herkunft: Zentraltibet 19. / Anfang 20. Jh., Inv.Nr. 68.51:1, Kauf von
Güldenberg*

Auf diesem Rollbild ist ein Ansammlungsfeld (tib.: tshogs zhing, lies: tsogshing) oder, nicht ganz so wörtlich übersetzt, ein „Feld der Verdienst-Erwerbungen" dargestellt[1]. In seinem Zentrum befindet sich eine dem Jowo-Buddha ähnliche Buddhagestalt, die oberhalb und zu ihren Seiten von einer großen Anzahl religiös bedeutsamer historischer Figuren und unterhalb von zu verschiedenen Klassen gehöriger Gottheiten des buddhistischen Pantheons umgeben ist.

Thangkas mit der Darstellung von Ansammlungsfeldern finden sich in allen Schulrichtungen des tibetischen Buddhismus, wobei die Gelugpa-Schule (tib.: dge lugs pa) die meisten Thangkas dieser Art hervorgebracht hat[2]. Sie stellen die Übertragungslinie einer Schulrichtung dar, durch die ihre Lehrtradition übermittelt wurde.

Die Zusammensetzung eines Ansammlungsfeldes variiert entsprechend der zugehörigen Schultradition und auch innerhalb einzelner Schulen lassen sich unterschiedliche Arten des Aufbaus solcher Ansammlungsfelder finden. Der dargestellte Inhalt und Aufbau eines

Ansammlungsfeldes orientiert sich an in schriftlichen Quellen festgelegten Beschreibungen oder an traditionellen Darstellungsweisen. So verfasste zum Beispiel der erste Pentschen Lama (tib.: paṇ chen bla ma), Lobsang Chökyi Gyeltsen (tib.: blo bzang chos kyi rgyal mtshan, 1570 - 1662), einen Text mit dem Kurztitel „Lama Verehrung" (tib.: bla ma mchod pa, lies: lama tschöpa), welcher eine textliche Grundlage für eine bestimmte Art von Ansammlungsfeldern innerhalb der Gelugpa-Schule darstellt.

Ansammlungsfelder finden innerhalb der Praxis des Guru Yoga (tib.: bla ma'i rnal 'byor, lies: lamai neltschor) Verwendung. Sie dienen dem praktizierenden Buddhisten als Stütze während seiner Meditation. Dieser vergegenwärtigt sich bzw. visualisiert die Übertragungslinien und Gottheiten seiner Lehrtradition, nimmt Zuflucht zu ihnen, verehrt sie und bringt ihnen Opfer dar, wodurch er religiösen Verdienst erwirbt[3]. Somit wird auch klar, dass sich der Begriff Ansammlung (tib.: tshogs, lies: tsog) auf den durch die Zufluchtnahme, Verehrung und Darbringung von Opfern erworbenen Verdienst bezieht.

Alternativ werden Ansammlungsfelder auch als „Zufluchtsorte" (tib.: skyabs yul, lies: kyabyül) bezeichnet, da sie die Objekte darstellen zu denen der Praktizierende während seiner Meditation Zuflucht nimmt. Mitunter wird das Ansammlungsfeld auch als „Versammlungsbaum" (tib.: tshogs shing, lies tsogshing) bezeichnet[4]. Diese Interpretation könnte im homophonen Klang der tibetischen Wörter für Feld (tib.: zhing, lies: shing) und für Baum (tib.: shing, lies: shing) begründet liegen, so wie sich aus der baumartigen Anordnung der Wesenheiten ergeben. Dieser unterhalb der Hauptfigur dargestellte Baum wird oft als der „wunscherfüllende Baum" (tib.: dpag bsam ljon shing, lies: pagsam jönshing; skt.: kalpa vṛikṣa) vorgestellt.

Neben ihrer Funktion in der meditativen Praxis, führen Ansammlungsfelder aber auch den einfachen Gläubigen die Heiligen und Gottheiten, zu denen diese Zuflucht nehmen, so wie die untrennbare Einheit von Buddha, Dharma und Saṅgha, vor Augen[5].

Die bedeutende Rolle, die der Lama im tibetischen Buddhismus einnimmt, wird in der Darstellung von Ansammlungsfeldern besonders deutlich. Er übermittelt zum einen die Lehren und Ermächtigungen, der über ihm dargestellten Überlieferungslinien der Lamas (tib.: brgyud pa'i bla ma, lies: gyüpai lama) und zum andern der unter ihm abgebildeten Gottheiten an den Praktizierenden.

Bei dem hier vorliegenden Thangka handelt es sich um ein Ansammlungsfeld aus der Gelugpa Schule. Innerhalb dieser Schule gibt es unterschiedliche Arten von Ansammlungsfeldern. Zwei Hauptdarstellungstypen sind „Ansammlungsfelder des stufenweisen Pfades" (tib.: lam rim tshogs zhing, lies: lamrim tsogshing), die zumeist Buddha als zentrale Gestalt des Bildes aufweisen, und „Ansammlungsfelder zur Verehrung des Lamas" (tib.: bla ma mchod pa tshogs zhing, lies: lama tschöpa tsogshing), in deren Zentrum zumeist Tsongkhapa (tib.: tsong kha pa, 1357 - 1419), der Begründer der Gelugpa-Schule, dargestellt wird[6].

Bei dem hier vorliegenden Thangka handelt es sich um die Darstellung eines Lamrim Tsogshing (tib.: lam rim tshogs zhing). Als Hauptfigur im Zentrum dieses Ansammlungsfeldes sitzt auf einem Lotosthron der historische Buddha Śākyamuni, der hier reichlich geschmückt und bekrönt als Saṃbhogakāya-Form dargestellt ist. Seine rechte Hand formt die Geste (tib.: phyag rgya, lies: tschaggya; skt.: mudrā,) der Erdberührung (tib.: sa gnon, lies sanön; skt.: bhūmy-ākramaṇa / bhūmisparśamudrā) und symbolisiert den Moment des Erwachens des Buddha, zu welchem er die Erdgöttin Sthavara als Zeugin anrief.

Das Erscheinungsbild des Buddha gleicht der sich im Jokhang-Tempel von Lhasa befindlichen, hoch verehrten Buddhastatue Jowo Śākyamunis. Diese Statue wird in der tibetischen Tradition als eine der wenigen Statuen angesehen, die zu Lebzeiten des historischen Buddha angefertigt und von diesem selbst gesegnet wurden. Zwei dieser Statuen gelangten im 7. Jahrhundert, infolge der Hochzeit des tibetischen Königs Songtsen Gampo (tib.: srong btsan sgam po) mit der nepalesischen Prinzessin Bhrikuti und der chinesischen Prinzessin Wencheng, in Form ihrer Mitgift, nach Tibet. Die von der nepalesischen Prinzessin Bhrikuti mitgebrachte Statue stellt Buddha Śākyamuni im Alter von acht Jahren dar. Sie ist unter dem Namen Jowo Mikyö Dorje (tib.: jo bo mi bskyod rdo rje) bekannt und befindet sich heutzutage im Ramoche-Tempel in Lhasa. Die von der chinesischen Prinzessin Wencheng mitgeführte Statue zeigt Buddha Śākyamuni im Alter von zwölf Jahren. Sie ist unter den Namen Jowo Śākyamuni (tib.: jo bo shākya mu ni / shākya thub pa), Jowo Yishin Norbu (tib.: jo bo yid bzhin nor bu) und Jowo Rinpotsche (tib.: jo bo rin po che) bekannt und befindet sich heutzutage im Jokhang-Tempel in Lhasa[7].

Oberhalb der Hauptfigur ist eine in grünen Wolken schwebende Gruppe von 32 Wesen dargestellt, welche die Überlieferungslinie der tantrischen Lehren repräsentieren. In ihrer Mitte ist eine Reihe von sieben Darstellungen Mañjuśrīs (tib.: ‚jam dpal, lies: tschampel) zu erkennen, zuoberst derer Vajradhara (tib.: rdo rje ‚chang, lies: dorje tschang), der Ādibuddha der tantrischen Zyklen der neuen Übersetzungsperiode (tib.: gsar ma pa, lies: sarmapa), in Vereinigung mit Prajñāpāramitā dargestellt ist. Vajradhara ist zu beiden Seiten von einem König der alten tibetischen Dynastie flankiert, welche durch ihren weißen Turban und ihre spezielle Art der Kleidung zu erkennen sind. Zu beiden Seiten der Reihe von Mañjuśrī-Darstellungen sind Mahāsiddhas (tib.: grub thob / grub chen, lies: drub thob / drub tschen), wie zum Beispiel Saraha, der mit dem Pfeil der Erkenntnis dargestellt wird, zu erkennen. Unterhalb von ihnen befinden sich die Darstellungen tibetischer Lamas. Unter ihnen befindet sich rechts außen die Darstellung Tsongkhapas (tib.: tsong kha pa). Seine Hände formen die Geste der Darlegung des Dharma (skt.: dharmacakra-mudrā, tib.: chos kyi ‚khor lo'i phyag rgya, lies: tschökyi khorloi tschaggya), die auch als Lehrgeste bezeichnet wird. Er hält die Stängel zweier Lotosblumen in seinen Händen, die auf der Höhe seiner Schultern erblühen. Die vom Betrachter aus gesehene linke Blüte trägt ein Schwert und die rechte ein indisches bzw. tibetisches Buch. Diese beiden Symbole sind ein Charakteristikum in der Darstellungsweise Tsongkhapas und kennzeichnen ihn als eine Emanation des Bodhisattva Mañjuśrī. Unter den anderen abgebildeten Lamas befinden sich wahrscheinlich Darstellungen verschiedener Pentschen Lamas (tib.: paṇ chen bla ma) und Dalai Lamas (tib.: tā la'i bla ma), so wie die sich in der linken Hälfte der Gruppe, inmitten der Mahāsiddhas, befindliche bekleidete Person, Dromtön (tib.: ‚brom ston), der Begründer der Kadampa (tib.: bka' gdams pa) Schule, sein könnte.

Vom Betrachter aus zur linken Seite der Zentralfigur sind in blauen Wolken schwebend die bedeutsamsten Träger der Überlieferungslinie der Yogācāra-Schule des Mahāyāna-Buddhismus dargestellt. Diese Gruppe wird „Überlieferungslinie der unermesslichen Handlungsweise" (tib.: rgya chen spyod brgyud, lies: gyatschen tschögyü; skt.: gambhīradarśana) genannt[8]. Ihre Überlieferung beginnt mit dem im Zentrum dieser Gruppe dargestellten Bodhisattva Maitreya[9] (tib.: byams pa, lies: tschampa) und setzt sich über Asaṅga (4.Jh. n. Chr.), einem der Begründer der

Yogacāra-Schule, fort.

In der unteren Reihe dieser Gruppe scheinen sich Darstellungen verschiedener Pentschen Lamas (tib.: paṇ chen bla ma) und Dalai Lamas[10] (tâ la'i bla ma) zu befinden, so wie oberhalb wahrscheinlich Asaṅga, Atīśa, Vasubandhu und oben rechts Tsongkhapa (tib.: tsong kha pa), gekennzeichnet durch die beiden Lotosblüten mit Schwert und Buch, abgebildet sind.

Vom Betrachter aus zur rechten Seite der Zentralfigur sind in blauen Wolken schwebend die bedeutsamsten Träger der Überlieferungslinie der Madhyamaka-Schule des Mahāyāna-Buddhismus dargestellt. Diese Gruppe wird „Überlieferungslinie der tiefgründigen Sichtweise" (tib.: zab mo lta brgyud, lies: sabmo tagyü; skt.: prathitācāryā) genannt[11]. Ihre Überlieferungslinie beginnt mit dem im Zentrum dieser Gruppe dargestellten Bodhisattva Mañjuśrī und setzt sich über Nāgārjuna (1./2.Jahrhundert n.Chr.) fort. Nāgārjuna ist links vor Mañjuúrī abgebildet und ist an den sich in seinem Heiligenschein befindlichen Schlangen zu erkennen. Die Darstellungsweise mit Schlangen in seinem Heiligenschein leitet sich von seinem Namen ab. Dieser setzt sich aus den beiden Komponenten nâga, Schlange, und arjuna, einer Baumart, zusammen. Der Tradition nach wurde er unter einem Baum geboren und von Nāgas zur Unterweisung in ihren Palast entführt. Nāgārjuna ist einer der bedeutendsten Philosophen des Buddhismus und gilt als Begründer der Madhyamaka-Schule[12]. Auch unter dieser Gruppe scheinen sich Darstellungen verschiedener Pentschen Lamas und Dalai Lamas zu befinden, so wie auch wieder Tsongkhapa erscheint. Weiterhin hat es den Anschein, als dass einige Personen sowohl in der Gruppe der Überlieferungslinie der Yogacāra-Schule und der Madhyamaka-Schule vorkommen und sogar auch noch in der Überlieferungslinie der tantrischen Belehrungen. Daraus lässt sich schließen, dass diese Personen wohl Belehrungen all dieser Schulrichtungen erhalten haben und als deren Träger fungieren.

In der oberen linken Bildecke ist der Tuṣita-Himmel des zukünftigen Buddha Maitreya (tib.: byams pa, lies: tschampa) dargestellt, der als Zeichen seiner Bereitschaft sich zu gegebener Zeit von seinem Thron zu erheben und in der Welt zu erscheinen, beide Füße vor sich auf den Boden gesetzt hat (skt.: bhadrāsana). Zu seinen Füßen sitzt zur rechten Tsongkhapa und zur linken Atīśa (982-1054), ein indischer Gelehrter, der die letzten zwölf Jahre seines Lebens in Tibet wirkte, großen Einfluss auf die zweite Ausbreitung des Buddhismus in Tibet hatte, die beiden Überlieferungstraditionen von Nāgārjuna und Asaṅga in seinen Werken vereinigte und der geistige Vater, der von seinem Schüler Dromtön (tib.: 'brom ston) begründeten Kadampa-Schulrichtung (tib.: bka' gdams pa) des tibetischen Buddhismus ist. Von dieser Dreiergruppe führt ein Wolkenband zu einer kleineren, auf weißen Wolken schwebenden Dreiergruppe, die sich womöglich aus Tsongkhapa umgeben von seinen beiden Hauptschülern und Nachfolgern Gyeltsab (tib.: rgyal tshab rje dar ma rin chen, 1364-1432) und Khädrub (tib.: mkhas grub rje dge legs dpal bzang, 1385 - 1438) zusammensetzt.

In der oberen rechten Bildecke ist, in seinem westlichen Paradies namens Sukhāvatī (tib.: bde ba chen, lies: dewa tschen), der Buddha Amitābha (tib.: 'od dpag med, lies: öpag me) dargestellt. Zur Linken wird er von dem Bodhisattva Padmapāṇi und zur Rechten von dem Bodhisattva Vajrapāṇi (tib.: phyag na rdo rje, lies: tschagna dorje) flankiert. Auch führt von dieser Dreiergruppe ein Wolkenband zu einer kleineren, auf weißen Wolken schwebenden Dreiergruppe, in deren Mitte eventuell Atīśa, umgeben von zwei seiner Schüler, dargestellt ist.

Links oberhalb der Hauptfigur sind in einem regenbogenfarbenen Lichtbogen vier Gelehrte dargestellt, von denen der Obere womöglich der indische Meister Asaṅga sein könnte. Rechts oberhalb der Hauptfigur sind in einem regenbogenfarbenen Lichtbogen ebenfalls vier Gelehrte dargestellt, von denen der obere der indische Meister Nāgārjuna ist und der untere eventuell der große tibetische Gelehrte Sakya Pandita (tib.: sa skya paṇḍi ta kun dga' rgyal mtshan; 1182 - 1251) sein könnte.

Der Bereich unterhalb der Zentralfigur stellt zu verschiedenen Klassen gehörige Wesen des buddhistischen Pantheons dar, die in zehn Reihen bzw. Gruppen von Reihen, absteigend nach einer streng hierarchischen Gliederung, angeordnet sind. In den obersten vier Reihen befinden sich, entsprechend der Zuordnung der Gelugpa-Tradition, Darstellungen der zu den vier verschiedenen Tantra-Klassen gehörigen Gottheiten: Anuttara-Yoga-Tantra, Yoga-Tantra, Caryā-Tantra und Krīyā-Tantra. In der ersten Reihe befinden sich Abbildungen der vier bedeutendsten Yidam-Gottheiten (tib.: yi dam) der Gelugpa-Schule als Repräsentanten der Initiationsgottheiten der höchsten Tantra-Klasse, der Klasse des Annutara-Yoga-Tantra (v.l.n.r.): Vajrabhairava in Vereinigung mit Vajravetali, Guhjasamāja in Vereinigung mit Sparśavajri, Cakrasaṃvara in Vereinigung mit Vajravārāhī, Hevajra in Vereinigung mit Nairātmyā[13]. Im Zentrum dieser Reihe befindet sich die Darstellung eines Lamas umgeben von zwei seiner Schüler. Er nimmt hier die Rolle des Wurzel-Lamas des Meditierenden ein, mit diesem der sich, als Vermittler der gesamten Überlieferungslinie, meditativ verbindet[14].

In den folgenden drei Reihen, d.h. Reihe fünf bis sieben, sind Buddhas und Bodhisattvas dargestellt. Darunter befindet sich die Darstellung der 35 Buddhas des Schuldbekenntnisses[15] (tib.: ltung bshags bde gshegs so lnga, lies: tungshag desheg so nga), denen gegenüber Mitglieder des Saṅgha ihre Verfehlungen bekennen und von diesen befreit werden[16].

In der achten Reihe befinden sich Darstellungen weiterer Buddhas und Darstellungen von Pratyekabuddhas (tib.: rang rgyal, lies: rang gyel), welche das Erwachen für sich allein und aus sich selbst heraus erlangt haben. Sie besitzen nicht die Vorzüge eines vollkommen Erwachten und stehen in der Hierarchie zwischen den in Reihe neun dargestellten Arhats, Sthaviras bzw. Śrāvakas und den Buddhas. Nach den Lehren des Mahāyāna sind Arhats, Sthaviras bzw. Śrāvakas nur auf ihr eigenes Erwachen bedacht, welches sie durch das Hören der Lehre Buddhas verwirklicht haben. Sie verkörpern das Ideal des Hīnayāna im Gegensatz zu den Bodhisattvas im Mahāyāna, die das Erwachen aller Lebewesen anstreben.

In der neunten Reihe werden hier die sechzehn Arhats (tib.: gnas brtan bcu drug, lies: näten tschudrug; andere Bezeichnung für Arhat: dgra bcom pa, lies: dra tschompa) der indischen Tradition dargestellt, ergänzt um zwei weitere, sich in tibetischen Darstellungen befindliche Arhats, nämlich Hva-shang und Dharmatāla. Ein kleines interessantes Detail befindet sich rechts oberhalb von Dharmatāla, wo eine kleine Buddhafigur dargestellt ist, die ein Charakteristikum der Darstellungsweise Dharmatālas zu sein scheint[17].

In der zehnten Reihe befinden sich Darstellungen von übernatürliche, magische Kräfte besitzenden Ḍākas / Vīras (tib.: dpa' bo, lies: pawo / tib.: mkha' ,gro, lies: khadro) und Ḍākinīs (tib.: mkha 'gro ma, lies: khadroma), die dem Buddhisten bei der Verwirklichung seines Heilsziels unterstützen, so wie für Yogis als eine Art von Initiationsgottheiten fungieren können.

In der zehnten Reihe befindet sich die Darstellung einer „Reichtumsgottheit" (tib.: nor lha, lies: norlha), so wie Darstellungen von Dharmapālas (tib.: chos skyong, lies: tschökyong) in verschiedenen Manifestationen. Dharmapâlas sind Schützer der Lehre, die die Lehre und ihre Institutionen gegen feindliche Kräfte beschützen, so wie den Buddhisten vor Gefahren und schlechten Einflüssen, die seinem spirituellen Fortschreiten hinderlich sein könnten, bewahren[18].

Oberhalb des Stammes des „wunscherfüllenden Baumes" ist ein Thron, für alle sich innerhalb dieses Baumes befindlichen Wesen, dargestellt, der von acht Schneelöwen gestützt und von den „Schützern der [vier] Himmelsrichtungen" (tib.: phyogs skyong, lies: tschog kyong; skt.: lokapāla / dikpāla), die auch als die „vier Großkönige" (tib.: rgyal chen sde bzhi, lies: gyeltschen deshi; skt.: catur mahārājāḥ) bezeichnet werden, flankiert wird.

Direkt vor dem Stamm entwächst einem Ozean die Darstellung der „acht Glückssymbole" (tib.: bkra shis rtags brgyad, lies: tashi taggyä; skt.: aṣṭamaṅgala): der Schirm, die goldenen Fische, die Schatzvase, der Lotos, die rechtsdrehende Schneckenmuschel, der endlose Knoten, das Siegesbanner und das Rad. Allerdings sind diese hier nicht einzeln sondern als Gruppe zusammengefasst dargestellt. Bei solchen Darstellungen der acht Glückssymbole als Ensemble (tib.: rtags brgyad bum gzhugs, lies: taggyä bumshug) kann, wie bei diesem Thangka hier, die Schatzvase fehlen, da die anderen sieben Symbole durch ihren vasenförmigen Aufbau den symbolisch gemeinten Reichtum der Vase verkörpern[19]. Zur linken der acht Glückssymbole ist der Weltenberg Meru, eventuell mit ihn umgebenden Kontinenten und Bergen, dargestellt. In der linken unteren Bildecke sind die „sieben wertvollen Kostbarkeiten des Weltenherrschers" (tib.: rgyal srid rin chen sna bdun, lies: gyelsi rintschen nadün; skt.: saptaratna) dargestellt: das kostbare Rad, das kostbare Juwel, die kostbare Königin, der kostbare Minister, der kostbare Elefant, das kostbare Pferd und der kostbare Kriegsherr, wobei auf diesem Thangka der Elefant das Rad auf seinem Rücken trägt und das Pferd das Juwel. Diese sieben Kostbarkeiten symbolisieren die sieben Faktoren oder Glieder des Erwachens. Sie sind die Aspekte der Erkenntnis, die die Hemmnisse auf dem Weg zum Erwachen überwinden[20].

Weiterhin sind auch die „sieben zusätzlichen Kostbarkeiten des Weltenherrschers" (tib.: nye ba'i rin chen bdun, lies: nyewai rintschen dün; skt.: sapta-uparatna) dargestellt: das Schwert, die Nâga-Haut, der Königspalast, die Gewänder, der Königspark, der Thron und die Stiefel.

Diese sieben zusätzlichen Kostbarkeiten repräsentieren die materiellen Attribute eines Weltenherrschers (tib.: ‚khor lo bsgyur ba'i rgyal po, lies: khorlo gyurwai gyelpo; skt.: chakravartin)[21].

In der rechten unteren Bildecke befindet sich die Darstellung eines verschiedene Opfer darbringenden Mönches, der hier die Person des Praktizierenden verkörpert und mit der dieser sich identifiziert. Dieser Mönch bringt ein in seinen Händen gehaltenes, mehrstufiges Reis-Maṇḍala dar. Vor ihm auf einem roten Tisch sind unter anderem die „fünf Objekte des Genusses" (tib.: ‚dod yon sna lnga, lies döyön na nga; skt.: pañcakāmaguṇa) bzw. die „Opfergaben der fünf Sinne" aufgebahrt. Diese fünf Objekte üben auf die fünf Sinnesvermögen eine anziehende Kraft aus. Dabei symbolisiert der Spiegel das Sehvermögen, das Zimbelpaar den Klang, die Weihrauch enthaltende Schneckenmuschel den Geruch, die Früchte den Geschmack und die Seide den Tastsinn[22].

Des Weiteren befinden sich im oberen und unteren Bildteil Darstellungen von Bannern schwenkenden, Nektar spendenden, Blumen regnen lassenden und weitere Opfer darbringenden Gottheiten.

Auf der Rückseite der Leinwand steht in roter Schrift das Mantra Oṃ Āḥ Hūṃ geschrieben, wobei die Silbe Oṃ hinter der Stirn, die Silbe Āḥ hinter dem Hals und die Silbe Hūṃ hinter dem Herzen der Hauptfigur geschrieben steht. Die Beschriftung der Rückseite der Leinwand dient als Vorbereitung auf das Weiheritual bei dem das Thangka „belebt" wird[23].

Das Thangka ist wahrscheinlich im zentraltibetischen Stil der Menri-Schule[24] (tib.: sman bris, lies: mendri) gemalt, was sich unter anderem an der Darstellung der Wolken ableiten lässt und ist in das 19. oder den Anfang des 20. Jahrhundert zu datieren.

Dieses Thangka wurde bereits in Zwernemann (1984: 114) und Knödel und Johansen (2000: 131) publiziert.

1. Buddhagestalt, die der Statue des Buddha Jowo Śākyamuni (tib.: jo bo shākya mu ni / shākya thub pa) ähnelt.
2. Vajradhara (tib.: rdo rje 'chang) in Vereinigung mit Prajñāpāramitā, 7 Darstellungen Mañjuśrīs (tib.: 'jam dpal), 2 tibetische Könige, 12 Mahāsiddhas (tib.: grub thob / grub chen), 10 tibetische Lamas.
3. 32 Träger der Überlieferungslinie der Yogacārā-Schule, die als „Überlieferungslinie der unermesslichen Handlungsweise" (tib.: rgya chen spyod brgyud) bezeichnet wird, mit dem Bodhisattva Maitreya (tib.: byams pa) im Zentrum.
4. 32 Träger der Überlieferungslinie der Madhyamaka-Schule, die als „Überlieferungslinie der tiefgründigen Sichtweise" (tib.: zab mo lta brgyud) bezeichnet wird, mit dem Bodhisattva Mañjuśrī (tib.: ,jam dpal) im Zentrum.
5. Maitreya (tib.: byams pa) in seinem Tuṣita-Himmel flankiert von Atīśa und Tsongkhapa (tib.: tsong kha pa).
6. Amithāba (tib.: ,od dpag med) im Sukhāvatī-Paradies flankiert von Padmapāṇi und Vajrapāṇi.
7. Tsongkhapa eventuell umgeben von Gyeltsab (tib.: rgyal tshab rje dar ma rin chen) und Khädrub (tib.: mkhas grub rje dge legs dpal bzang).
8. eventuell Atīśa umgeben von zwei seiner Schüler.
9. 4 Gelehrte, von denen der obere eventuell Asaṅga sein könnte.
10. 4 Gelehrte, von denen der obere Nāgārjuna ist und der untere eventuell Saskya Paṇḍita (tib.: sa skya paṇḍi ta kun dga' rgyal mtshan).
11. 4 Gottheiten des Annutara-Yoga-Tantras (v.l.n.r.): Vajrabhairava in Vereinigung mit Vajravetali, Guhjasamāja in Vereinigung mit Sparśavajri, Cakrasaṃvara in Vereinigung mit Vajravārāhī, Hevajra in Vereinigung mit Nairātmyā. Im Zentrum drei tibetische Lamas, wovon der mittlere womöglich den Wurzel-Lama des Praktizierenden repräsentiert.
12. 9 Gottheiten des Annutara- und Yoga-Tantra mit unter anderem Vajrayoginī (links außen), Kālacakra in Vereinigung mit Viśvamāta (im Zentrum) und Siṃhamukhā (rechts außen).
13. 11 Gottheiten des Caryā-Tantra (?).
14. 12 Gottheiten des Krīya-Tantra (?).
15. 11 Buddhas und 4 Bodhisattvas (rechts vom Zentrum Avalokiteśvara

```
5                    6
      7        8
           2
3      9       10     4
           1
           11
           12
           13
           14
           15
           16
           17
           18
           19
           20
           21
           22
26   25   24   23           27
```

Schaubild zur Bildbesprechung
des Thangka

Inv.Nr. 68.51:1 Rollbild
Ansammlungsfeld
Vgl. Abb. 16 im Farbteil

in seiner Form als Ekādaśa-mahākaruṇika-lokeúvara und die grüne Tārā).

16. 15 Buddhas: sechster v.l. Nāgeśvararāja (tib.: rgyal ba klu dbang gi rgyal po) aus der Gruppe der 35 Buddhas des Schuldbekenntnisses (tib.: ltung bshags bde gshegs so lnga).

17. 8 Buddhas und 8 Bodhisattvas: erster v.l. Yuddhajaya (tib.: rgyal ba gyul las rgyal ba), dritter v.r. Indraketudhvaja Jina (tib.: rgyal ba dbang po'i tog gi rgyal mtshan), die beide der Gruppe der 35 Buddhas des Schuldbekenntnisses angehören.

18. 4 Buddhas und 11 Pratyekabuddhas: erster v.r. Śailendrarāja (tib.: rgyal ba ri dbang gi rgyal po) aus der Gruppe der 35 Buddhas des Schuldbekenntnisses.

19. 18 Arhats, Sthaviras bzw. Śrāvakas (v.l.n.r.): Hva shang (tib.: hva

shang), Kanaka Bharadvāja (tib.: bha ra dva dza / ja gser can), Kanakavasta (tib.: gser be'u), Bhadra (tib.: bzang po), Vanavāsin (tib.: nags na gnas), Kālika (tib.: dus ldan), Vajripūtra (tib.: rdo rje mo'i bu), Ajita (tib.: ma pham pa), Aṅgaja / Aṅgirāja (tib.: yan lag ‚byung), Bakula (tib.: ba ku la), Rāhula (tib.: sgra gcan ‚dzin), Cūḍapanthaka (tib.: lam phran bstan), Piṇḍola Bharadvāja (tib.: bha ra dva dza / ja bsod snyoms len), Panthaka (tib.: lam bstan), Nāgasena (tib.: klu ‚i sde), Gopaka (tib.: sbed byed), Abheda (tib.: mi phyed pa), Upāsaka Dharmatāla (tib.: dge bsnyen dharma ta la).
20. 16 Ḍākas / Vîras und Ḍākinīs.
21. 11 Dharmapālas (v.l.n.r.): drei Manifestationen Mahākālas (tib.: mgon po), zwei Manifestationen Yamas (tib.: gshin rje), nämlich ein roter Yama und ein blauer Yama gemeinsam mit seiner Zwillingsschwester Yamī, die sechsarmige Form des Mahākāla (tib.: mgon po phyag drug pa), der weiße Mahākāla (tib.: mgon dkar), Śrî Devī (tib.: dpal ldan lha mo), Vaiśravaṇa[25] (tib.: rnam thos sras), eine weitere Form Mahākālas und Begtse (tib.: beg tse).
22. 4 Lokapālas / Dikpālas (v.l.n.r.): Virūdhaka (tib.: 'phags skye bo), Dhṛtarāṣṭra (tib.: yul ‚khor bsrung), Vaiśravaṇa (tib.: rnam thos sras) und Virūpākṣa (tib.: mig mi bzang).
23. die acht Glückssymbole (tib.: bkra shis rtags brgyad, skt.: aṣṭamaṅgala) als Ensemble (tib.: rtags brgyad bum gzhugs).
24. Berg Meru.
25. die sieben Besitztümer bzw. sieben wertvollen Kostbarkeiten des Weltenherrschers (tib.: rgyal srid rin chen sna bdun; skt.: saptaratna): das kostbare Rad, das kostbare Juwel, die kostbare Königin,
der kostbare Minister, der kostbare Elefant, das kostbare Pferd und der kostbare Kriegsherr.
26. die sieben sekundären Besitztümer oder sieben zusätzlichen Kostbarkeiten des Weltenherrschers (tib.: nye ba'i rin chen bdun, skt.: sapta-uparatna): Schwert, Nāga-Haut, Königspalast, Gewänder, Königspark, Thron und Stiefel.
27. Opfer darbringender Mönch.

Bibliographie

Beer, Robert
2003   Die Symbole des tibetischen Buddhismus. Kreuzlingen.

Dagyab, Loden Sherap
1977   Tibetan Religious Art, Part I: Texts. Wiesbaden.

Essen, Gerd Wolfgang / Thingo, Tsering Tashi
1989   Die Götter des Himalaya: Buddhistische Kunst Tibets, Bd. I u. II. München.

Everding, Karl Heinz
1993   Tibet: Lamaistische Klosterkulturen, nomadische Lebensformen und bäuerlicher Alltag auf dem ‚Dach der Welt'. Köln

Fischer-Schreiber, Ingrid u.a.
1986   Lexikon der östlichen Weisheitslehren: Buddhismus, Hinduismus, Taoismus, Zen. Bern.

Huntington, John C. / Bangdel, Dina
2003   The Circle of Bliss: Buddhist Meditational Art. London.

Jackson, David P. / Janice, A.
1984   Tibetan Thangka Painting: Methods and Materials. London.

Jackson, Roger R.
1992   The Tibetan Tshogs Zhing (Field of Assembly): General Notes on its Function, Structure and Contents. In: Asian Philosophy Vol. 2. (2), S.157-172.

Knödel, Susanne / Johansen, Ulla
2000   Symbolik der tibetischen Religionen und des Schamanismus. Tafelband mit einem Beitrag zur Bon-Religion von Per Kvaerne. Stuttgart.

Lokesh Chandra
2001   Dictionary of Buddhist Iconography, Vol. 3. New Delhi.

Olschak, Blanche Christine in Zusammenarbeit mit
        Geshe Thupten Wangyal
1972   Mystik und Kunst Alttibets. Bern.

Pema Namdol Thaye
2000   Tibetan Thangka Painting: Portrayal of Mysticism. South Graftan (Australia).

Shakabpa, Tsepon W. D.
1967   Tibet: A Political History. New Haven.

Tanaka, Kimiaki
1997   Art of Thangka: from Hahn's Collection. Seoul.
1999   Art of Thangka: from Hahn Kwang-ho Collection, Vol. 2. Seoul.
2001   Art of Thangka: from Hahn Kwang-ho Collection, Vol. 3. Seoul.

Zwernemann, Jürgen (Hrsg.)
1984   Hamburgisches Museum für Völkerkunde. Führer durch die Sammlungen. München.

Anmerkungen

[1] Siehe Essen und Thingo (1988, Bd. 1: 240).
[2] Siehe D. Jackson (1984: 27), R. Jackson (1992: 158, 159).
[3] Siehe Essen und Thingo (1988, Bd. 1: 240), Huntington und Bangdel (2003: 168), D. Jackson (1984: 27), R. Jackson (1992: 160) und Tanaka (1997: 50). Nach Dagyab (1977, Part I: 26, Anmerkung 7) verleihen die dargestellten Wesen den an sie Gebete richtenden und Opfergaben spendenden Personen, neben Verdienst, auch Weisheit. Auch Everding (1993: 91) spricht von einem Feld der Ansammlung von Verdienst und Weisheit bzw. von einem Feld der Ansammlung von Verdienst und Ehre.
[4] Für Dagyab (1977, Part I: 26, Anmerkung 7) stellt die Lesart als „Versammlungsbaum" (tib.: tshogs shing) eine klare Fehlinterpretation dar, wobei für Essen und Thingo (1988,

Bd.1: 240) beide Bedeutungen, nämlich die als „Feld der Verdienst-Erwerbung" und als „Versammlungsbaum" Gültigkeit besitzen. Auch für Tanaka (1997: 50) besitzen solche Thangkas die Doppeldeutigkeit eines „assembly tree" (tib.: tshogs shing) und eines „merit field" (tib.: tshogs zhing).

5   Siehe Essen und Thingo (1988, Bd. 1: 240, 242).
6   Siehe Tanaka (2001: 38).
7   Siehe Dagyab (1977, Part I: 22-23) und Shakabpa (1967: 25-27), wobei nach Shakabpa die von der nepalesischen Prinzessin Bhrikuti mitgebrachte Statue, den Akṣobhya Buddha darstellt (1967: 25).
8   Siehe D. Jackson (1984: 27) und Essen und Thingo (1988, Bd. 1: 242).
9   In diesem Zusammenhang sehen einige Gelehrte in Maitreya die historische Person Maitreyanâtha, der der Meister von Ansaṅga gewesen sein soll. Die historische Authentizität von Maitreyanâtha ist allerdings umstritten (Fischer-Schreiber, 1986: 232).
10 Die unterste Person in dieser Gruppe könnte eventuell eine Darstellung des I. Dalai Lama Gedün Drub (tib.: dge ‚dun grub) oder des V. Dalai Lama Ngawang Lobsang Gyatso (tib.: ngag dbang blo bzang rgya mtsho) sein.
11 Siehe D. Jackson (1984: 27) und Essen und Thingo (1988, Bd. 1: 242).
12 Siehe Fischer-Schreiber (1986: 253).
13 Siehe Essen und Thingo (1988, Bd. 1: 242), Huntington und Bangdel (2003: 170) und R. Jackson (1992: 164, 167-168).
14 In Darstellungen anderer Ansammlungsfeldern wird an dieser Stelle Tsongkhapa umgeben von seinen beiden Hauptschülern dargestellt (Huntington und Bangdel 2003: 168-169; R. Jackson 1992: 164). Allerdings scheint dies hier nicht der Fall zu sein, da die charakteristischen Merkmale der Darstellung Tsongkhapas, die zu beiden Seiten seiner Schultern erblühenden Lotosblumen mit Schwert und Buch, fehlen. Pema Namdol Thaye (2000: 163) identifiziert diese Personen, deren Darstellungsweise mit der hier vorliegenden übereinstimmt, allerdings doch als Tsongkhapa und zwei seiner Schüler.
15 Siehe Essen und Thingo (1988, Bd. II: 21).
16 In den weiteren Buddhadarstellungen sieht Olschak (1972: 70) die Mânuúi-Buddhas, (tib.: sangs rygas rab bdun, lies: sangye rabdün) der vergangenen Zeitalter, wohingegen R. Jackson (1992: 168) diese als die „Acht Medizinbuddhas'" (tib.: sman bla mched brgyad, lies: menla tschegyä) annimmt.
17 In weiteren Darstellungen Dharmatâlas ist immer wieder diese Buddhafigur zu erkennen (Tanaka 1997: 84; 1999: 182 - 183; 2001: 189; Lokesh Candra 2001: 943 - 944), wobei es sich in einigen Darstellungen um den Buddha Amitâbha (tib.: ‚od dpag med, lies: öpag me) zu handeln scheint, der durch seine rote Körperfarbe charakterisiert ist (Tanaka 1999: 196; 2001: 190-191). Siehe auch Dagyab (1977, Part I: 112).
18 Siehe Fischer-Schreiber (1986: 93).
19 Siehe Beer (2003: 19).
20 Siehe Beer (2003: 63).
21 Siehe Beer (2003: 64).
22 Siehe Beer (2003: 50-54).
23 Siehe Dagyab (1977, Part I: 33) und D. Jackson (1984: 143).
24 Hierbei handelt es sich wohl um den modernen Mendri-Stil (tib.: sman bris) der Ü-Provinz (tib.: dbus) Zentraltibets, der auch als Edri-Stil (tib.: e bris) bekannt ist. Allerdings handelt es sich hierbei nicht um die Fortführung des in der Provinz Tsang (tib.: gtsang) vorzufindenen, von Tschöying Gyatso (tib.: chos dbyings rgya mtsho)

begründeten, neuen Mendri-Stils (tib.: sman bris gsar ma), sondern vielmehr um die Weiterführung des im E-Distrikt (tib.: e) bewahrten alten Mendri-Stils (tib.: sman bris rnying pa) (persönlicher Kommentar D. Jackson).

[25] Es gibt unterschiedliche Manifestationen von Vaiśravaṇa, in denen er zum einen einen Dharmapāla und zum anderen einen Lokapāla verkörpert. Ferner gibt es von ihm verschiedene Manifestationen als Gott des Reichtums (tib.: dzam bha la). Eventuell ist er hier nicht als Dharmapāla sondern als Norlha (tib.: nor lha) dargestellt, da ihm die Flammenaureole eines Dharmapāla fehlt und er könnte somit Mahāsuvarna Vaiúravaṇa (tib.: rnam sras gser chen) sein.

Osttibetisches Panorama - Die Sammlung Stoetzner

Susanne Knödel

Über den ganzen vorliegenden Band verteilt finden Sie Objekte, deren Inventarnummern mit den Ziffern 25.28: beginnen, und die den Vermerk „Slg. Stoetzner" tragen. Unser Museum beherbergt laut Inventarbuch 333 dieser Objekte, die der bedeutende Sammelreisende Walther Stoetzner 1914 in Osttibet erwarb. Bei einigen dieser Objekte handelt es sich um mehrteilige Sets von Miniaturmalereien (tsa-kli), so dass wir insgesamt 438 Objekte von Stoetzner besitzen.

Walther Stoetzner[1] war einer der typischen Sammelreisenden des frühen 20. Jahrhunderts (vgl. den Artikel über unsere Sammler in diesem Band). Er wurde am 13.4.1882

Walther Stoetzner. Aus Stoetzner, 1924.

in Gera geboren, zeigte früh ein leidenschaftliches Interesse für Naturkunde, studierte aber zunächst Architektur. 1905 jedoch, noch bevor er sein Studium abgeschlossen hatte, bekam er die Gelegenheit, den Insektenkundler E. Funke auf einer Sammelreise nach Turkestan und Persien zu begleiten. Das Leben eines Forschungsreisenden, das er in den folgenden Monaten führte, liess ihn nie mehr los. Schon 1909 brach er mit einem Freund, Leutnant Baring, zu einer Reise durch den ganzen asiatischen Kontinent auf. Ausgangspunkt war der Kaukasus, das Ziel die Kamtschatka-Halbinsel. Die Freunde änderten jedoch aufgrund der lästigen Aufsicht durch russische Begleitoffiziere in Sibirien ihren Reiseplan. Von Tomsk aus ritten sie - nun ohne Aufsicht, jedoch auch völlig auf sich gestellt - durch das Altaigebirge und die Wüste Gobi, mit einem Abstecher nach Urga (Ulan Bator), bis nach Nordchina. Bereits auf dieser Reise trug Stoetzner eine Sammlung zusammen, die er jedoch wegwerfen musste, als ein drohender Wintereinbruch in der Gobi ihn zwang, alles hindernde Gepäck der Schnelligkeit zu opfern. Die internationale Presse verfolgte den Ritt Stoetzners und Barings mit Aufmerksamkeit. In seinem Buch „Ritt durch Zentralasien"[2] berichtet er aus erster Hand über dieses kühne Unternehmen, das niemand vor und nach ihm wagte.

Noch bedeutender wurde jedoch Stoetzners Tibetexpedition, zu der er 1913 aufbrach. Während viele Forscher von Indien, vom Pamir aus oder von Turkestan her nach Zentraltibet reisten, wählte Stoetzner die weniger beschrittene Route von China nach Osttibet. Er begab sich damit in ein Gebiet, das nicht nur als Zankapfel zwischen Tibet und China Schauplatz militärischer Ereignisse war, sondern in dem neben den Tibetern auch mehrere nicht-tibetische Ethnien lebten, wie „Kiala", „Wassu" und „Ogsche". Die Sprachen dieser Ethnien gehören den tibetobirmanischen Gyarong-Sprachen an. Sie hatten in Osttibet eigene, vielfach miteinander in Konflikt befindliche Königreiche. Freundliche Aufnahme in einem Königreich konnte Schwierigkeiten im Nachbarreich bedeuten. Erst nach dem Einmarsch chinesischer Truppen in der Region im Jahr 1950 wurden diese Königreiche als politische und Verwaltungseinheiten aufgelöst. Die Völker, die Stoetzner noch als eigenständige Ethnien wahrnahm, sind heute in der offiziellen Statistik der VR China als Tibeter klassifiziert.

Zur Reise in diese wenig bekannte Region Tibets lud Stoetzner fünf Wissenschaftler ein. Dieses wissenschaftliche Team bestand aus dem

Zoologen Hugo Weigold (Gründer der Vogelwarte Helgoland und später Museumsdirektor in Hannover), dem Zoologen E. Funke (Stoetzners ehemaligem Mentor), dem Botaniker Prof. Dr. Limpricht aus Breslau, dem Geographen Dr. Ing. Oesterhelt/bzw. Otto Israel[3] (später Professor für Geodäsie an der Technischen Hochschule Dresden) und dem beim „ostasiatischen Lloyd" in Shanghai tätigen Wirtschaftsjournalisten Fritz Secker, der in der Region die Handelsmöglichkeiten für deutsche Kaufleute ergründen sollte. Stoetzner bot ihnen hervorragende Sammel- und Recherchemöglichkeiten. Er finanzierte jedem Teilnehmer so viele Assistenten, wie dieser haben wollte, in der Erwartung, die Forschungsergebnisse und der Verkauf der in Osttibet zusammenzutragenden Sammlungen würden die Auslagen mehr als rechtfertigen. Stoetzners Familie war nicht unvermögend, auch hatte er durch Veröffentlichung von Büchern und Filmen über seine erste Zentralasienreise gut verdient, so dass es ihm möglich war, in Vorleistung zu treten.[4]

Reiseroute Stoetzners in Osttibet. Aus Stoetzner, 1924. Vgl. Artikel Lenuck zu Stoetzner´s Route

Nach sechs Monaten Anreise ab Shanghai begab sich dieses Expeditionsteam von Chengdu aus nach Osttibet. Der Tross, der die Expedition begleitete, war so umfangreich, dass Stoetzner mehrere Träger allein für den Transport der Löhne beschäftigte, die unterwegs (in chinesischem Münzgeld) ausgezahlt werden mussten. Sammlungsgegenstände wurden regelmäßig von Trägern in das Basislager nach Chengdu gebracht. Die Reise selbst nahm durch den Ausbruch des Ersten Weltkriegs ein jähes Ende. Stoetzner eilte so schnell wie möglich nach Shanghai, um sich als Offizier beim Heer zu melden. Die Sammlungen, die in Chengdu verpackt und allein auf die weite Reise nach Shanghai und von dort nach Europa geschickt worden waren, kamen Jahre später wohlbehalten im Hamburger Hafen an. Die wissenschaftliche Ausbeute war überwältigend.

Weigold hatte eine Sammlung fast sämtlicher in Tibet lebender Großsäuger zusammengebracht, die von ortsansässigen Jägern gegen Honorar geschossen und noch unterwegs von chinesischen Präparatoren ausgestopft worden waren. Darunter fanden sich zahlreiche seltene Tiere, u.a. Exemplare des damals im Westen noch sagenhaften Grossen Panda. Dazu kamen 5000 Vogelbälge. Unter diesen waren viele gänzlich unbekannte Spezies. Sie tragen heute in der Linnéeschen Nomenklatur den Beinamen „Stoetzneri", zu Ehren des Ausrichters der Expedition. (Die ganze Vogelsammlung befindet sich heute im Museum für Völkerkunde Dresden).

Funke hatte eine Sammlung von knapp 100 000 Schmetterlingen und über 100 000 Käfern der Region angelegt.

Oesterhelt konnte als Vermessungsingenieur präzise Ortsbestimmungen durchführen. Seine Neuvermessung des bereisten Gebiets verarbeitete er in den Jahren nach seiner Rückkehr in 19 Kartenblättern im Maßstab 1:300 000. Oesterhelts Karten korrigierten zahlreiche bis dahin falsche oder unzureichende geographische Angaben über die Region. Sie dienten u.a. dem grossen schwedischen Forscher Sven Hedin als Grundlage seiner Tibetexpedition.

Stoetzner selbst sammelte Ethnographica. Diese wurden nach seiner Rückkehr über den Hamburger Ethnographica-Händler Umlauff zum Kauf angeboten. Es handelte sich um insgesamt rund 700 Objekte. Ein im Archiv des Völkerkundemuseums Dresden befindliches Verzeichnis beziffert sie als: 89 Haushaltgegenstände, 37 Teekannen aus Kupfer,

107 Gebrauchsgegenstände, 40 Amulett-Kästen, 63 Schmuckstücke, 13 Messer, 14 Schwerter, 11 Lampen, 8 Gabelflinten mit 12 Zubehörteilen, 32 Nummern Bögen, Pfeilbündel, Futterale, Köcher, 3 Schleudern, 197 Nummern sakrale Gegenstände, Tempelgeräte, Bücher, Priesterkleidung, Heiligenbilder sowie 67 Nummern Laienkleidung, Sattelzeug, Geschirre. 203 Nummern aus diesem Angebot wurden mit Fremdmitteln für das Völkerkundemuseum Dresden erworben.[5] Andere Objekte aus Stoetzners Osttibet Reise gingen nach Mannheim, an die Portheim-Stiftung (Heidelberg), an das Leder-Museum (Offenbach) und an private Sammler im In- und Ausland.[6]

Nach dem 1. Weltkrieg brach Stoetzner zu einer Reise in die Nordmandschurei auf und lebte zwei Jahre, 1927 und 1928, bei den Solonen, tungusischen Rentierzüchtern. Seine letzte Expedition führte ihn 1929 nach Korea, wo er Sammlungen zum koreanischen Schamanismus zusammentrug.

Im Feuersturm von Dresden brannte Stoetzners Wohnung mit all seinem Besitz und sämtlichen noch bei ihm verbliebenen Sammlungsstücken aus. Er beschloss seine Tage als Fürsorgeempfänger. Am 23.10.1965 starb er im Joliot-Curie-Heim in Gera. Das dortige Stadtmuseum beherbergt seinen Nachlass.

Die besondere Bedeutung von Stoetzners Sammlung liegt nicht nur darin, dass Osttibet-Sammlungen rar sind. Stoetzner verfasste auch einen Bericht über seine Sammelreise, in dem er die allgemeinen Erwerbsumstände beschrieb, und vermerkte darüber hinaus Bezeichnung, Bedeutung und Erwerbsort fast jedes einzelnen Stücks auf einem Etikett, das dem Objekt beigegeben wurde. Trotz der Kürze dieser

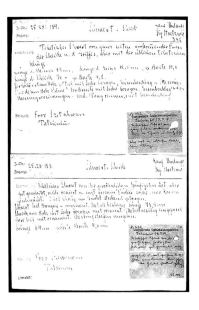

Karteikarten des Museums. Jeweils rechts unten sind die Etiketten zu sehen, die Stoetzner an den Sammlungsstücken angebracht hatte.

Etiketten gehört die Sammlung damit zu den am besten dokumentierten unseres Tibet-Bestandes. Sie enthält nicht nur Stücke aus einer ohnehin wenig erforschten Region, die nach Stoetzners Beobachtung schon zu seiner Zeit Raritäten waren, sondern auch zahlreiche Objekte des täglichen Bedarfs, die man vielleicht gerade wegen ihrer schmucklosen Alltäglichkeit in der tibetkundlichen Fachliteratur nicht oft – z.T. überhaupt nicht – findet. Was die Gyarong-Völker betrifft, so gibt Stoetzners Sammlung einen Einblick in ihre materielle Kultur, die nicht nur von der tibetischen, sondern auch von der chinesischen Formensprache Anleihen genommen hatte und somit den Charakter Osttibets als Brücke zwischen zwei grossen Kulturregionen verdeutlichen kann.

Bei der Bearbeitung haben wir Stoetzners Erklärungen manchmal korrigiert und die tibetischen Bezeichnungen der Objekte hinzugefügt. Die Bezeichnungen, die die gyarong-sprachigen Ethnien selbst für ihre Objekte verwenden, liessen sich mit unseren Mitteln zwar nicht recherchieren, jedoch kann man davon ausgehen, dass die ganze Region zweisprachig ist und die tibetischen Bezeichnungen nicht weniger korrekt und angemessen sind. Zu den Gyarong-Ethnien und auch zu den zahlreichen bei Stoetzner erwähnten Ortsnamen, die so heute nicht mehr oder nur mit Mühe zu finden sind, siehe den anschliessenden Artikel von Isabel Lenuck.

Inv. Nr. 25.28:1 u. 2 (Foto Maas)
Kupfer-Teekannen (tib.: zangs ldir, lies:sang dir)
Nr. 1: Kupfer, Messing. H 21 cm, B 22,4 cm, D 19 cm.
Nr. 2: Kupfer, Messing, Koralle. H 21,5 cm, B 21 cm, D 17 cm.
Stoetzner Nr. 1 (Nr. 2): „Tatsienlu 17.7.14 (7.7.14.) Teekanne. Bei Kiala in Gebrauch. Jedenfalls Derge.arbeit." Teekannen für den Hausgebrauch.

Inv. Nr. 25.28:3 (Foto Maas)
Teekanne/Bierkanne „Mönchshutkanne" (tib.: ja tib, lies: dscha tib). Bronze, gegossen und gedreht. H 22,4 cm, D 19 cm-32 cm.
Stoetzner: „Rumitschango 14.6.14. Gegossene Kanne. Bei den umwohnenden Barbaren in Gebrauch. Darin wird Thee mit Schweinefett oder Butter zusammen gekocht. Herstellungsort angeblich Badi. Ebenso wie 6 und 7 selbe Form."

Für diesen Kannentyp kommen offenbar, je nach Ausführung, verschiedene Verwendungen in Frage. Müller/Raunig (1982: 172-173) bilden sie als „Kupferne Teekannen für den Klostergebrauch" (tib.: ja tib, lies: dscha tib) ab, derselbe Typ wurde im Laienhaushalt auch zum Ausschenken von Bier verwendet. Thurman/Weldon (1999: 58-59) zeigen eine reich dekorierte Silberkanne dieses Formtyps als „Monk´s Hat" - Kanne zum Befüllen von Wasseropfergefäßen auf dem Klosteraltar.

Inv. Nr. 25.28:4, 5 und 6 (Foto Maas)
Deckelkanne für Tee bzw. flüssige Butter
Nr. 4: Weißmetall, gegossen. H 21 cm, D 21,3 cm – 16,7 cm.
Nr. 5: Bronze, gegossen. H 17,8 cm, D 14 cm - 15,2 cm, D Öffnung 7,9 cm – 11,8 cm.
Nr. 6: Bronze, gegossen. H 14 cm, B 13,1 cm, D 10 cm.
Drei schwere bauchige Kannen mit weit vorgezogener Schnaupe. Der runde Deckel läuft in einer langgezogenen Zunge aus, die die Schnaupe oben bedeckt.
Stoetzner Nr. 4: „Rumitschango 12.6.14. Gegossene Theekanne. Bei den umwohnenden Barbaren und in B(adi) in Gebrauch. Herstellungsort angeblich Fürstentum Badi."
Nr. 5: „Lianghokou, Wassuland westlich von Taokwan 30.4.14. Gegossene Thee Kanne. Bei Wassu nur vereinzelt in Gebrauch. Herstellungsort angeblich Dschogdschi (Chogchi), jedenfalls aber Fürstentum Badi".
Nr. 6: „Lianghokou, Wassuland westlich von Taokwan Kleine gegossene bronzene Buckelkanne, bei Wassu nur vereinzelt in Gebrauch. Herstellungsort jedenfalls Fürstentum Badi."
Laut N. Ronge dienen die größeren Kannen dieses Typs für Tee, die kleine jedoch ist ein Kännchen zum Nachgiessen geschmolzener Butter in Opferlichter. Sie werden ihm zufolge von Südosttibet/Amdo bis Yunnan hergestellt. Vergleichsstück aus Keramik bei Rockhill (o.J.: Tafel 15).

Inv. Nr. 25.28:7 und 11/Detail Nr. 25.28:11 (Foto Maas)
Teekanne aus Metallguss
Nr. 7: Messing, Kupfer. H 15,7 cm, B 21,2 cm, D 12,4 cm.
Nr. 11: Bronze, H 15,1 cm, B 25,2 cm, D 13,5 cm - 14 cm.
Kanne Nr. 11 hat auf der Schulter einen floralen Dekor, der in unserer Sammlung einzigartig ist, jedoch laut N. Ronge von Amdo bis Süd-Yunnan vorkommt.
Stoetzner Nr. 7: „Lianghokou, Wassuland, westlich von Taokwan 26.4.14. Gegossene Teekanne. War bei Wassu in Gebrauch. Herstellungsort jedenfalls Derge."
Nr. 11: „Tatsienlu. 26.7.14. Gegossene Theekanne. War bei Kiala im Gebrauch."

Inv. Nr. 25.28:10 (Foto Maas)
Teekanne
Kupfer getrieben, Messing. H mit Henkel 22 cm, B 24 cm, D Mündung 11 cm.
Stoetzner: „Tatsienlu. 17.7.14. Teekessel. War bei Kiala in Gebrauch. Osttibetische Arbeit, welche die chinesische Form nachahmt."
Laut N. Ronge ist dieser Kannentyp mit beweglichen Henkeln von Osttibet bis Xinjiang und Ladakh in Gebrauch. Die Form ist eine tibetisch-moslemische Mischform.

Inv. Nr. 25.28:12 (Foto Maas)
Bierkanne (tib.: chang rkyan, lies: tschang kyän).
Bronze (tib.: khro, lies: tschro). H 28,5 cm, B 23 cm, D 17,5 cm – 19,2 cm.
Auf dem Fuß vorne eine eingegossene, nur teilweise lesbare Inschrift. Laut N. Ronge besagt sie, dass die Kanne zur Steuerzahlung gegossen wurde.
Stoetzneretikett: „Lianghokou, Wassuland, westlich Taokwan Grosser gegossener Krug, reich ornamentiert. War bei einem Lama in Gebrauch, aber nicht als sakrales Gefäß. Herstellungsort jedenfalls Badifürstentum."
Solche Kannen für den Ausschank von Gerstenbier (tib.: chang, lies: tschang) oder Wein spiel(t)en eine wichtige Rolle als Brautwerbungsgeschenk, sie mussten mit Getreide gefüllt werden und, zusammen mit anderen Geschenken, der Familie der Braut nach Abschluss der Verhandlungen überreicht werden. In dem kleinen Fürstentum Bati in der östlichsten tibetischen Provinz Gyalmo rong (tib.:rGyal mo rong) war man auf das Giessen dieser Kannen spezialisiert.
Publiziert: Roth / Ronge, 1989: 4/23.

Inv.Nr. 25.28:13, 14 und 15 (Foto Maas)
Schnaps- bzw. Bierflaschen (tib.: chang bum, lies: tschang bum)
Nr. 13: Bronze. H 27,5 cm, D max 15,5 cm, D Fuß 10 cm.
Nr. 14: Messing. H 25 cm. D 13,2 cm, D Fuß 9,2 cm.
Nr. 15 Bronze. H 22 cm, D max 11 cm, D Fuß 8,5 cm.
Diese schweren Flaschen aus Metall sind laut N. Ronge in Südtibet verbreitet. Sie werden tschang-bum, wörtlich: „Bier-Vase" genannt und dienen tatsächlich sowohl für

Bier als auch für das Aufstellen von Blumen. Stoetzner dagegen erwarb sie als Flaschen für Schnaps (a rag, lies: arag). Beide Getränke werden jedoch auf Festen gerne zusammen genossen (Schuster, 2002:63).
Stoetzner Nr. 13: „Tatsienlu 20.7.14. Gegossene Schnapsflasche. War bei Kiala in Gebrauch."
Nr. 14 und 15: „Lianghokou, Wassuland westlich von Taokwan 1.5.14. Gegossene Schnapsflasche. War bei Wassu in Gebrauch." Zusatz bei Nr. 15 „Der Herstellungsort angeblich? Somo"

Inv. Nr. 25.28:16, 17 und 18 (Foto Maas) Wein/Bierkannen (tib.: chang zo, lies: tschang so)*
Nr. 16: Holz, Messing, Kupfer. H 22,8 cm, D Boden 12 cm, D Mündung 8 cm
Nr. 17: Messing, Kupfer. H 22,5 cm, B max 16,5 cm, D Boden 13,2 cm, D Mündung 9,6 cm.
Nr. 18: Messing, Kupfer, Weißmetall. H 22,8 cm, D Boden 12 cm, D Mündung 8 cm.
Kanne Nr. 16 ist über einem Holzkorpus gearbeitet, der im Inneren der Kanne freiliegt. Nr. 17 und 18 sind dagegen aus dickem Kupferblech vernietet und verlötet.
Stoetzner Nr. 16: „Tatsienlu 21.7.14. Hölzerne Weinkanne mit Kupfer und Messingbeschlag, bei Kiala gebräuchlich."
Nr. 17 (Nr. 18): „Tatsienlu 22.7.14 (20.7.14). Kialaweinkanne aus Messing und Kupfer reich ornamentiert."
*Ein Vergleichsstück bei Smejkal (1990: 62-63), ebenfalls osttibetisch, als Teekanne dscha so (tib.: ja zo) oder dscha gyün so wa (tib.: ja rgyun zo ba) für den Gebrauch im Kloster. N. Ronge kennt diese Kannen nur als Bierkannen, für Tee sind sie seines Erachtens zu hoch.

Inv. Nr. 25.28:19 (Foto Maas)
Branntweinflasche in Krötenform (tib.: sbal bum lies: bäl bum)*. Bronzeguss, ursprüngl. mit Steineinlagen, Deckel Holz (lose einsteckend). H gesamt 41 cm, B max 22 cm, T ca. 14 cm.
Die Flasche in Krötenform ist ein typisch osttibetisches Gefäß zur Aufbewahrung und zum Transport von Schnaps (Müller/Raunig, 1982: 136). Auf der Bauchseite unterhalb des Halses ein Ornament von drei ineinandergedrehten Mischwesen aus Fisch und Otter. Diese Kombination zweier „gegensätzlicher" Lebewesen symbolisiert die Harmonie im Einen Absoluten (Beer 1999: 73-75), die Form stellt das sogenannte „Freudenrad" (tib.: dga´ ´khyil, lies: ga gyil) dar, das die Dreieinigkeit von Buddha, Lehre und Gemeinde und die Überwindung der drei Grundübel Gier, Hass und Verblendung symbolisiert (Beer 1999: 186; Waddell 1967: 394).
Stoetzner: „Tatsienlu 18.7.14. Gegossene Flasche. Auf Reisen und im Haushalt genutzt. Diese Art Flaschen werden nach Sörensen längst nicht mehr gemacht und sind sehr selten. Herstellungsort war jedenfalls Fürstentum Badi oder (nach Sörensen) Goschtschia (?)."

Inv. Nr. 25.28:21 (Foto Maas)
Plattkanne (tib.: sbas leb, lies: bä leb / evtl. spas leb, lies: pä leb). Eisen, Messing, Reste von Silbertauschierung. H 38 cm, B 36,5 cm, T 11,5 cm.
Stoetzner: „Tatsienlu, 18.7.14. „Wein"flasche. Herstellungsort (nach Sörensen) war Tschiamdo, wo sie jetzt aber nicht mehr gemacht werden. Sie sind in ganz Tibet sehr selten." Diese Kannen dienen in reichen Familien als Bierkanne an Festtagen, sowie zum Bieropfer an Hausgötter und Ahnen, die in der Hölle Hunger leiden. In Klöstern wurden sie für Reinigungszeremonien verwendet (Rauber/Schweitzer, 1976:176). Die flache Form leitet sich aus der Plattflasche ab (vgl. Nr. 25.28:20 im Artikel Grothmann.). Publiziert: (nur Henkel) Roth / Ronge, 1989: 4-27 M.

Inv. Nr. 25.28:23 (Foto Maas)
Kleine Bierkanne / Bronzekanne (tib.: chang rkyan, lies: tschang kyän)
Bronzeguss, kaum nachbearbeitet, mit Formsandresten. H 20 cm, D ca. 12 cm, B max 17 cm.
Stoetzner: „Tatsienlu 21.7.14. Kleiner gegossener Krug. War bei Kiala in Gebrauch. Herstellungsort jedenfalls Badifürstentum." Publiziert: Roth / Ronge (1989: 4 / 23-1).

Inv. Nr. 25.28:24 (Foto Maas)
Deckelgefäß für Libationen (tib.: ga `u ma, lies: ga-u ma)
Kupfer, Messing. H 8,2 cm, B max. 19 cm.
Stoetzner: „Tatsienlu 16.7.14. Kupferner Topf mit gut schliessendem Deckel. Jedenfalls Dergearbeitet."
Derartige Giessgefäße dienen zu morgendlichen Opfergüssen an die Regen bringenden Wassergeister (Nagas, tib.: klu, lies: lu), Reichtumsgötter (Jambhalas) und andere niedere Gottheiten, die zunächst mit Zimbelklang herbeigerufen werden. Zum vollständigen Libationsset (tib.: gtor chas, lies: tortschä) gehört noch eine Schüssel, in die das Wasser gegossen wird, und ein Ständer für das Gießgefäß (vgl. Essen / Thingo: II-516; Müller / Raunig 1982: 249, Clarke 1989: 136). Diese Teile fehlen hier, auch war Stoetzner möglicherweise die rituelle Bedeutung des Gefäßes nicht bekannt oder die Information ging auf dem Weg zum Museum verloren – es wurde in der Gruppe der Koch- und Speisegeräte inventarisiert.

Inv. Nr. 25.28:25 (Foto Maas)
Spieltopf mit Ausguss für Lampenbutter
(tib.: bzhu lcog, lies: schü tschog)*
Kupfer, innen verzinnt, Messing. H 16 cm,
B (Stiel) max. 35 cm, B Ausguss 28 cm.
Die lange Schnaupe von etwa quadratischem Querschnitt hat einen Siebeinsatz (Lochblech). Stoetznertetikett: „Schöner kupferner Kochtopf mit langem Ausguss und Stiel, für Milch. Nicht wieder beobachtete Form." Vergleichstück: Sehr ähnlich, jedoch mit leicht nach oben geschwungenem Ausguss, in Müller/Raunig (1982: 281) als „Gefäß zum Schmelzen und Nachgiessen der Opferbutter". Laut N. Ronge handelt es sich tatsächlich um ein Butter-, kein Milchgefäß. Die Bezeichnung Schü tschog bedeutet „Schmelz-Löffel".

Inv. Nr. 25.28:26, 27, 28 und 29 (von links) (Foto Maas)
Kochlöffel / Teeschöpfer / Reise-Klappschöpfer (tib.: (allg.) skyogs, lies: kyog (Schöpfer).
Nr. 26: Kupfer, Eisen, Messing, Silberbeschläge, Holz. L ges. 56,5 cm, D Bauch 17,5 cm-18 cm, T 7,5 cm,
Nr. 27: Messing. L 35,8 cm, D Bauch 15,7 cm-16,9 cm, H 7,6 cm. Stiel B 4,8 cm.
Nr. 28: Messing, Eisen, Bambus. L ges. 42,5 cm, D Bauch 12 cm-13 cm, T 5,4 cm. Stiel: B max. 7,5 cm.
Nr. 29: Kupfer, Eisen. L ges. 33,5 cm, Bauch D 10,2 cm, T 4,9 cm.
Die Stiele laufen entweder in eine schmale Angel aus, die in einem Holzgriff steckt (Nr. 26), oder aber sie sind in ganzer Länge aus Metall. In diesem Fall können sie mit Holz- bzw. Bambusleisten belegt werden, die mit Drahtwicklungen befestigt sind und/oder zwischen hochgebogenen Seiten des Stiels stecken (Nr. 27). Diese Leisten ermöglichen das Anfassen des heißen Stieles (Rauber-Schweitzer 1976: 201-202).
Nr. 26: „Tatsienlu 30.6.14. Kupferner Kochlöffel mit langem verzierten Holzstiel. Bei Kiala in Gebrauch." Der Größe nach zu urteilen, könnte es

sich hier um einen Wasserschöpfer handeln (Rauber-Schweitzer 1976: 201-202).
Nr. 27: „Tatsienlu 30.6.14. Messinggetriebener Kochlöffel, bei Kiala in Gebrauch. Angeblich aus Hsiantscheng." Vergleichsstück, fast identisch, etwas kleiner, in Rauber-Schweitzer (1967: 200). Demzufolge dienen Schöpfer dieser Art zum Schöpfen von Tee aus dem Kochgefäß in den Mischzylinder zur Herstellung von Buttertee.
Nr. 28: „Tatsienlu 18.7.14. Messinggetriebener Kochlöffel mit Bambusunterlage am eisernen Stiel, bei Kiala in Gebrauch." Der ungewöhnliche Stiel dieses Schöpfers ist am Ende nach hinten umgebogen und formt einen Haken.
Nr. 29: „Rumitschango 12.6.14. Kupferner Löffel mit zusammenzuklappendem eisernem Stiel, damit er im Reisesack untergebracht werden kann. Zum Schöpfen von Thee. Die Blätter bleiben im angebrachten Sieb zurück. Herstellungsort das benachbarte Badi Fürstentum." Mit Hilfe einer Manschette, die über dem oberen Teil des Stiels verschiebbar liegt, kann man den klappbaren Stiel bei Gebrauch fest stellen. Vergleichsstück ohne Siebeinsatz in Müller / Raunig (1982: 229): zum Austeilen von Tee auf Reisen.

Inv. Nr. 25.28:31, 32 und 33 (Foto Maas)
Teekanne, Weinkrug und Milchkrug aus Keramik (tib.: khog ldir, lies: khog dir (Nr. 31), kha ldir / kha ltir, lies: kha dir, (Nr. 32 und 33)
Alle Gefäße aus bräunlich-schwarzer Irdenware.
Nr. 31: H 13,8 cm, B 14,8 cm, D 12,4 cm / Nr. 32: H 12,6 cm, B 13,2 cm, D 11,4 cm / Nr. 33: H 13 cm, D 16 cm.
Stoetzner, Nr. 31: „Dawo. Kleine keramische Teekanne. Hergestellt in der Umgegend."
Nr. 32: „Dawo. Kleines keramisches Weinkrügel. Herstellungsort in der Umgegend."
Nr. 33 ohne Etikett, Erwerbungsort laut Inventarbuch „Dawo".
Verwendung laut Angaben von Stoetzner. Die von N. Ronge genannten tibetischen Bezeichnungen benennen die Form des Gefäßes: Khog dir bedeutet soviel wie „Bauch-Kännchen", Khadir bedeutet „Mund-Gieß-

kanne". Bei letzterer Form handelt es sich um ein Giessgefäß, das keine Tülle, sondern einen in den oberen Gefäßrand eingearbeiteten Ausguss (Schnaupe) hat.

Inv. Nr. 25.28:36, 37 und 38 (Foto Maas)
Trink- und Essschalen (tib.: phor pa, lies: phor ba)
Nr. 36: Wurzelholz, Silber. H 5,7 cm, D 13,1 cm.
Nr. 37: Wurzelholz, Silber. H 5,3 cm, D 11,8 cm. Publ.: Roth / Ronge (1989 / 4.16 II)
Nr. 38: Wurzelholz, Spuren schwarzer Bemalung, Ausbesserungen. H 5 cm, D 11 cm. Publ.: Roth / Ronge (1989: 4.16 I).
Stoetzner Nr. 36: „Tatsien 9.7.14. Zambanapf mit echtem Silberbeschlag"
Nr. 37: „Tatsienlund 28.6.14. Zambanapf mit Metall ausgeschlagen."
Nr. 38: „Tatsienlu 30.6.14. Gewöhnlicher Zambanapf der Kiala."
Solche Holzschalen mit dem für den tibetischen Kulturraum typischen dreigliedrigen Wandaufbau dienen zum Trinken sowie zum Anmischen der Grundnahrungsmittel Buttertee und Tsampa (geröstetes Gerstenmehl). Die Schale Nr. 36, die innen mit einem treibziselierten Schmuckknopf versehen ist, ist für Bier gedacht, ebenso Schale Nummer 37, deren Silberauskleidung beim Genuß von heißem Tee zu Verbrennungen führen würde.

Inv. Nr. 25.28:39 (Foto Maas)
Großer Teller (tib.: li sder, lies: li der)
Bronze. D 27 cm, H 3,5 cm.
Stoetzner: „Tatsienlu 18.7.14. Gegossener Metallteller. Bei Kiala in Gebrauch."

Inv. Nr. 25.28:40 a, b (Foto Maas)
„Feuertopf" mit Deckel (tib.: rgya khog, lies: gya kho)
Verzinntes Kupfer. H 13,7 cm, D 21,5 cm.
Stoetzner: „Fürstentum Badi 14.6.14. Gegossenes Bronzegefäß zum Warmhalten von Speisen. Gemacht in Badi. Die Form ist chinesisch, die Ornamente (4 Vogelköpfe) tibetisch. Inliegend Visitenkarte und Catak des Baditusu, der es als Gegengeschenk für ein Fernglas an Secker schickte" Die erwähnte Visitenkarte und der „Catak" (Zeremonialschal) des „Tusi" (chin. für „Lokalherrscher") von Badi befinden sich nicht mehr im Gefäß.

Dieser Feuertopf wurde durch (noch vorhandene) Holzkohle in dem vertikal stehenden Mittelrohr beheizt. Die Luft zur Verbrennung wird durch eine durchbrochene Kartusche im Sockel des Gefäßes angezogen. Die blütenartige Achtpass-Form des Gefäßes und der achteckige Sockel sind typisch chinesische Stilelemente, und grundsätzlich sind Feuertöpfe dieser Form eher chinesisch als tibetisch. Laut N. Ronge bedeutet das Wort „Gya-kho" denn auch „chinesischer Kochtopf". Typischer tibetisch wäre ein Stövchen mit einem Ständer für das warmzuhaltende Gefäß (Gesche Pema Samten, pers. Comm. 2003; Vergleichsstücke für beide Formen s. Müller / Raunig 1982: 128-129.). Die vier vollplastischen, aus der Wandung herausragenden Makaramasken dienten möglicherweise zum Halten des Gefäßes.

Inv. Nr. 25.28:41 (Foto Maas)
Tsampadose mit Metallfassung (tib.: rtsam phor, lies: tsam phor). Holz, Messing. H 12,5 cm; D 17,4 cm.
Stoetzner „Tatsienlu 18.7.14. Holzbüchse, messingbeschlagen, von Kiala gemacht und gebraucht. Bei den Mahlzeiten wird darin geröstetes Gerstenmehl zum Bereiten von Zamba aufgetragen. Sie stehen in grosser Zahl im Zimmer auf dem Gefäßregal. 3500.-"
Publiziert: Roth / Ronge (1989: 4. 30 V)

Inv. Nr. 25.28:44 (Foto Maas)
Schnapshorn (tib.: ar rva, lies: ar ra)
Wildyak-Horn, Holz, Messing, Kupfer, Leder. L 39 cm, Stöpsel L 8,6 cm, D max. 4,4 cm. Publiziert: Roth / Ronge 1989: 22-B (dort fälschlich als Stück des Landesmuseums Hannover bezeichnet)
Stoetzner: „Tatsienlu 24.7.14. Schnapshorn von Kiala gefertigt und gebraucht."
Aus Yakhörnern wurden Behälter für Schnaps, Zucker und Schiesspulver hergestellt (Müller / Raunig 1982: 145, 151).

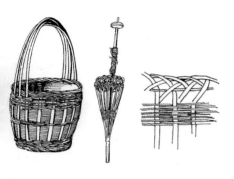

Inv. Nr. 25.28:55 und 25.28:56
Spinnkörbe (tib.: evtl.: sle po, lies: le bo)*
und Spindel (tib.: skor ru, lies: kor ru / zhud, lies: schü)
Nr. 55: Bambus. H 34,5 cm, D max 20.
Nr. 56: Korb Bambus. H 31 cm, D max. 10 cm. H ges. 48 cm (Spindel fehlt).
Stoetzner, Nr. 55: „Lianghokou Wassuland westlich von Taokwan 29.4.14. Spinnkorb für Naturwolle, wird von Wassufrauen beim Spinnen am Arm hängend genutzt. Die Spindel dazu ist einfachste Form."
Nr. 56: „Lianghokou, Wassuland westl. von Taokwan 2.5.14. Spinnkorb für Naturwolle von seltener Form mit Spindel."
Le bo bezeichnet einen Korb aus Buschwerk. Kor ru ist N. Ronge zufolge eine Spindel mit Nadelspitze zum Spinnen eines Fadens. Schü ist eine Spindel ohne Nadelspitze, mit der man zwei Fäden verzwirnt.

Inv. Nr. 25.28:57
Rückengurtwebgerät (tib.: evtl. thags khri 'thags, lies: thagtrschi thag)
Holz, Eisen, Leder. L zwischen 29 cm und 65 cm.
Bestehend aus Nr. 1 & 2 Webschwerter (?); Nr. 3 & 4 Bestandteile des Brustbaums; Nr. 5 Litzen- oder Schlingenstab; Nr. 6 & 7 Fixierstäbe oder

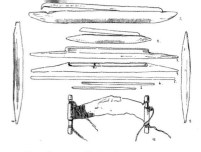

Spannruten (?); Nr. 8 & 9 Fach- oder Trennstäbe (?), Nr. 10 Rückengurt. (vgl. Schmidt-Thomé / Thingo 1975: 169-173, dort ist ein vergleichbares Webgerät im Sherpa-Idiom als Pangtha benannt.

Stoetzner: „Lianghokou, Wassuland westlich von Taokwan Zehnteiliger ganz primitiver, aber vollständiger Webstuhl (dakschi-daka) der Wassufrauen. Anordnung siehe photographisches Material. Die Hölzer mit der Eiseneinlage sind eines für breiteres (Kleider-)Tuch, eines für schmaleres (Beinwickel-)Tuch. 1200.-" Das genannte Fotomaterial fehlt
Dakschi-daka: evtl. für tib.: thags khri 'thags, lies: thagtrschi thag (Webgerät u. weben)

Inv. Nr. 25.28:58
Fingerhut (tib.: mtheb lcibs, lies: theb dschib)
Leder. D max. 3,5 cm.

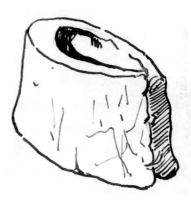

Stoetzner: „Tatsienlu 12.7.14. Lederner Fingerhut der Kialafrauen. Geschenk meiner Herbergswirtin"
In Tibet ist es üblich, Fingerhut und Nadelbehältnis immer bei sich zu haben.

Inv. Nr. 25.28:59
Längenmaß mit Markierungsfaden für Schneiderei (tib.: thig skud, lies: thig gü / thig shing, lies: thig sching)
Bambus, Wollfaden, Baumwollgarn und -stoff. L Stab 30 cm, Faden ca. 1 m.
Der einfache Bambusstab hat zwei Maßteilungen an der Spitze. Am Ende eine Bohrung, duch die ein Wollfaden geknüpft ist. An diesem ist ein langes rotbraunes Baumwollgarn befestigt, an dessen Ende ein kleines Stoffläppchen angenäht ist. Auf das Baumwollgarn ist ein Stoffbeutel verschiebbar aufgefädelt, indem das Garn durch das Beutelchen hindurchgeführt ist. In diesen Beutel wird Farbpulver gefüllt.

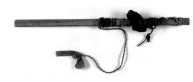

Stoetzner: "Tatsienlu 12.7.14. Längenmaß (ein Fuß) der Kiala. Geschenk meiner Herbergswirtin".

Das Gerät kann zum Markieren gerader Linien auf Stoff verwendet werden, indem man den mit Farbpulver bestäubten Faden über den Stoff spannt und zupft. Zum Abgleichen von Längen wird der frei verschiebbare Farbpulver-Beutel verwendet, der ebenfalls eine Markierung auf dem Stoff hinterlässt. Die jeweilige Länge kann durch Abmessen des Fadens am Maßstab festgelegt werden.

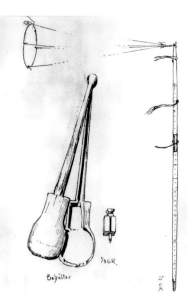

Inv. Nr. 25.28:60
Silberwaage mit Holzbehälter (tib.: rgya ma, lies: gya ma bzw. nyag (tib.: Abk. für: nya ga, lies: nya ga))
Holz, Knochen, Messing, Seide. L 35 cm, D Schale 6,3 cm / Behälter L 41 cm.
Stoetzner: "Tatsienlu, 29.6.14. Silberwaage, wie sie von den Kiala und anderen Tibetern gebraucht wird. Sie ist ursprünglich jedenfalls von Chinesen gemacht."
Laut Ronge bedeutet „Gyama" wörtlich „chinesische Maßeinheit" oder „chinesisches Messsystem".
Laufgewichtswaage zum Wiegen von Silber (Münzbruchstücken) zum Bezahlen. Neben dem Tauschhandel, der in Tibet bis ins 20. Jahrhundert praktiziert wurde, gab es seit dem 18. Jahrhundert den Gebrauch von zunächst nepalesischen, ab Ende des 18. Jahrhundert in Lhasa geprägten Silbermünzen. Die Einheit war Tamga (tib.: tham ga, lies: tham ga) [auch „Tam (tib.: tham, lies: tham), Tranka (tib.: evtl. Variante für tham ga, lies: tham ga)"]. Um kleinere Werte als ein Tam zu erhalten, zerteilte man die Münzen mit einer Zange. Ab den 30er/40er Jahren wurde dies nicht mehr getan, da Tibet nun auch kleinere Münzwerte herausgab, nämlich Sang (tib.: srang, lies: sang), Scho (tib.: zho, lies: scho) und Kar(ma) (tib.: skar ma, lies: kar ma) (vgl. Brauen 1974: 165).

Inv. Nr. 25.28:61 (Foto Maas)
Schultertasche / Doppeltasche für Rauchopfer (tib.: bsangs khug, lies: sang khug)
Wollstoff, Leder. L 75 cm, B 23,5 cm, Tiefe d. Taschen 26 cm.

Keine Angaben von Stoetzner. Laut Inventarbuch erworben in Tatsienlu.

Diese Doppeltasche aus einer an beiden Enden umgenähten Stoffbahn mit Lederbändern zum Zubinden dient zum Aufbewahren der Utensilien für das morgendliche Rauchopfer. Die Bezeichnung sang khug setzt sich zusammen aus dem Ausdruck sang für „Rauchopfer", der wörtlich „begradigen" bedeutet: Man begradigt beim Opfern Missverständnisse zwischen Gott und Mensch. Khug heißt Tasche. In der einen Seite bewahrt man Weihrauch, Wacholder etc. auf. In der anderen Seite hat man Tsampa, Butter, Zucker und einen langen Löffel, der Sang thur (tib.: bsangs thur) genannt wird. In der Mitte der Tasche ist eine Schlaufe (fehlt hier). Damit hängt man sie an eine Säule im Haus. Geht man morgens zum Opfern aus dem Haus, kann man die Tasche über dem Arm oder der Schulter tragen. Laut Steffan (2003, pers. Comm.) benutzt man solche Taschen auch für Tsampamehl, das man an Neujahr beim Aufhängen der Windpferde in die Luft wirft.

Inv. Nr. 25.28:62 (Foto Maas)
Frauen-Geldgürtel
(Wild-?) Leder. L 40 cm, D max. ca. 8 cm.
Stoetzner: „Tatsienlu 19.7.14. Kialageldtasche, wird wie Gürtel um den Leib getragen."

Inv. Nr. 25.28:63 (Foto Maas)
Raritätensack
Wollgewebe, Baumwollstoff, Leder. L ca. 24 cm, D ca. 8 cm.
Stoetzner: „Tatsienlu 18.7.14. Raritätensack, oder „was sich ein Kiala alles aufhebt."

Stoetzner: „Rumitschango 11.6.14. Altes Feuerzeug, wie es von den in der Umgegend wohnenden Barbaren neben anderen Feuerzeugarten gebraucht wird. Das Muschelstück ist zum Halten am Gürtel."

Inv. Nr. 25.28:75 und 25.28:76 (Foto Maas)
Feuerzeugtaschen (tib.: me lcags, lies: me tschag)
Nr. 75: Stahl, Bronze, Leder, Knochen, chin. Münze der Ära Daoguang (1821-1851). B 13 cm, H 6,6 cm, L des Gehänges allein 15 cm.
Nr. 76: Stahl, Leder, Messing. L 10,2 cm, B 4,3 cm.
Stoetzner, Nr. 75: „Tatsienlu 29.6.14. Feuerzeug von den Kiala am Gürtel getragen." Nr. 76: ebenso, 27.6.14.
Feuerzeugtaschen, bestehend aus Feuerstahl und daran angenieteter Tasche für Feuerstein und Zunder (leer). Dieser Typ Feuerzeug ist in ganz Tibet und der Mongolei verbreitet. Der (typisch chinesische) Fledermausdekor, die Art der Ajour-Arbeit von Nr. 76. und und die chinesische Münze weisen auf Osttibet hin. Falls alle Teile sich in der ursprünglichen Zusammenstellung befinden, nicht vor der Mitte des 19. Jahrhunderts hergestellt

Inv. Nr. 25.28:77 (Foto Maas)
Frauen-(?)Geldbörse (tib.: dpa´ khug, lies: pa khug)*
Leder, Weißmetall, Textilschnur, Türkis. H 7 cm, B 12 cm, T 3,5 cm
Stoetzner: „Tatsienlu 19.7.14. Täschchen für Feuerstein und Zunder bei den Kiala, Dandung, Bawang und Badileuten gebraucht. Mit echtem Silberbeschlag und Türkis."
Stoetzner verwechselte diese Geldbörse mit einem Feuerzeug, das an demselben Gehänge getragen wird und ähnlich aussehen kann. (Vgl. Smejkal, 1990: 128-129). Diese Gehänge werden von beiden

Geschlechtern getragen und dienen neben der rein praktischen Funktion auch als Gewandschmuck. Das vorliegende Stück gehörte vermutlich einer Frau, hierfür spricht die eher zierliche Größe (Smejkal 1990: 132).
*N. Ronge schreibt tib.: pa khug/dpa´ khug, was nach seiner Erklärung „Tasche" bedeutet (laut Wörterbuch: „ein Ornament, das in Osttibet an der Vorderseite des Körpers getragen wird"). Evtl. auch für (zentral)tibetisch.: spa khug (Schmucktasche).

Inv. Nr. 25.28:78
Schneebrille (tib.: gangs ra, lies: gang ra)
Rosshaar, Seide. L 34 cm, B max. 5 cm.

Der ca. 6 cm breite Strang von Rosshaargeflecht ist in der Mitte und an beiden Enden so zusammengeflochten, dass er eine in sich gewölbte Brillenform ergibt. Die Haarstränge sind an beiden Enden der Brille in Seidenhülsen verankert, diese wiederum an den Enden zu Ösen gearbeitet.
Stoetzner: „Tatsienlu 18.7.14. Kialaschneebrille aus Rosshaar."
Augenentzündungen gehören in Tibet zu den häufigsten Erkrankungen, in diesem Fall werden die Augen ebenfalls mit Rosshaar- oder anderen Brillen schattiert (Rockhill o.J: 722 und Tafel 30).

Inv.Nr. 25.28:79
Schnupftabakshorn (tib.: sna rva, lies: na ra)
Hausrinder (?) -Horn, Silber, Leder. L 20 cm, B 7,4 cm.
Stoetzner: "Tatsienlu 18.7.14. Kialaschnupftabakshorn mit echtem Silberbeschlag."
Horn zum Aufbewahren und Mitführen von Schnupftabak. In Tibet wird Tabak eher geschnupft als geraucht, da z.B. den Geistlichen das Rauchen, nicht jedoch das Schnupfen von Tabak untersagt ist (Rockhill o.J.: 709-710). Laut Müller / Raunig (1982: 150) erzürnt das Rauchen die Götter und wird deshalb von frommen Tibetern vermieden.

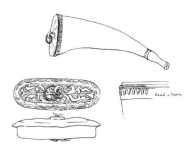

Inv. Nr. 25.28:80, 25.28:81 und 25.28:82 (Foto Maas)
Schnupftabaksdosen (tib.: sna ru, lies: na ru)
Nr. 80 Holz, Kupfer. D 12 cm, H 4, 1 cm.
Nr. 81 Holz, Messing, Kupfer, Koralle (?), Leder. H 11, 8 cm, D 5, 8 cm.
Nr. 82 Holz. D 4 cm, H 2,5 cm.
Stoetzner Nr. 80: „Lianghokou, Wassuland westlich Taokwan. Runde hölzerne Schnupftabaksflasche eines Lama. Sie wird bei dem Messingdeckelchen in der Flaschenmitte gefüllt" (Deckel fehlt)
Nr. 81: „Lianghokou, Wassuland westlich Taokwan 27.4.14. Kugelförmige hölzerne Schnupftabaksflasche eines Wassujägers."
Nr. 82: „Lianghokou, Wassuland westlich von Taokwan 15.5.14. Kleine hölzerne Tabaksbüchse die ich aus der Schürzentasche einer Wassufrau nahm."

Inv. Nr. 25.28:83 und 25.28:84 (Foto Maas)
Tabakspfeife (tib.: gang zag, lies: gang sa) und unfertiger Pfeifenrohling (tib.: du tshags, lies: du tsag)
Nr. 83: Messing, Holz. L 47 cm, H 7 cm.
Nr. 84: Bambuswurzelstock, Peddig (?). L 38 cm, H 4 cm.
Stoetzner, Nr. 83: „Tatsienlu 19.7.14. Kialatabakspfeife."
Nr. 84: „Lianghokou, Wassuland westlich von Taokwan 15.5.14. Bambuswurzel zurechtgeschnitten als Tabakspfeife. Unfertig."
Nr. 83 entspricht dem in Osttibet üblichen Typ der Tabakspfeife. Nr. 84 dagegen, obwohl Bambuspfeifen in Sichuan nicht unüblich sind (Rockhill o.J.: 710 und Tafel 19.), ist laut N. Ronge kein tibetisches Stück, sie stamme wohl eher von den Yi oder einer anderen Minorität der Region.

Inv. Nr. 25.28:85, 87, 86, und 88 (Foto Maas, v.l.n.r.)
Glutgefäß (?), Opium-Pfeifenköpfe und Opiumdose
Nr. 85: Dunkelrote Keramik. H 4,5 cm, D 3,4 cm.
Nr. 86: Schwarze Keramik. H 3,5 cm, D 6 cm.
Nr. 87: Dunkelrote Keramik, weißer Engobe-Dekor. H 3,7 cm, D 5,1 cm.
Nr. 88: Horn. H 5,5 cm, D 3 cm.
Stoetzner Nr. 85: „Tatsienlu 11.7.14. Kialaopiumpfeifenkopf chinesischer Herkunft."
Nr. 86: „Tatsienlu 29.6.14. Kialaopiumpfeifenkopf chinesischer Herkunft." Nr. 87 wie 86.
Nr. 88: „Tatsienlu 27.6.14. Opiumdose aus Horn. Dieselbe Art wird auch in Rumitschango verkauft."
N. Ronge kennt keines dieser Utensilien, jedoch ist nach seiner Aussage das Opiumrauchen bei den Kiala sehr verbreitet. Es war zu Stoetzners Zeit in China wie in Tibet verboten, aber Stoetzner konnte es auf seiner Reise mehrmals beobachten (1924: 107,129). Er betont allerdings, es seien nicht die Tibeter und die „Mantze" (chin. für: die Wilden), die Opium rauchten, sondern vor allem die chinesischen Kolonisten in der Region. Jedoch lernte er auch einen dem Opium verfallenen Landvogt der Wassu kennen. Nr. 86 ist der typische chinesische Opium-Pfeifenkopf, Nr. 87 ist in Form und Dekor unchinesisch. Nr. 85 ist ungewöhnlich. Da das Gefäß nur eine Öffnung hat, ist es fraglich, ob es wirklich ein Pfeifenkopf ist. Möglich wäre auch, dass es sich um ein Glutgefäß zum Anzünden der Pfeife handelt (vgl. Nr. 25.28:90). Rockhill (o.J: Tafel 20) zeigt einen Glutbehälter von ähnlicher Form.

Inv. Nr. 25.28:89
Neunteiliges Opiumbesteck
Eisen, Messing, Stahl (?). L von 6,5 cm bis 16 cm.
Stoetzner: „Moukungting. Tundschengfu 4.6.14. 10 Teile eines Opiumbestecks wie solche von chinesischen Händlern offen verkauft werden, obwohl Opiumrauchen offiziell verboten ist und der Anbau energisch unterdrückt wird."

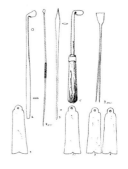

Inv. Nr. 25.28:90
Tabaksbeutel mit Glutgefäß (tib.: tshag phor tshag khug, lies: tsag phor tsag khug)
Leder, Silber. Glutgefäß Holz. Beutel L 24, 6 cm, B max. 11,2 cm.
Stoetzner: „Tatsienlu 19.7.14. Kialatabaksbeutel. In das beigebundene Holznäpfchen wird der Feuerrest der ausgerauchten Pfeife geklopft und daran wieder die neue entzündet."
Tsag phor bedeutet Aschenbehälter und Tsag khug heißt Tabaksbeutel.

Inv. Nr. 25.28:91 (Foto Maas)
Kästchen (tib.: evtl.: sman sgam, lies: män gam)
Holz, Weiß- und Gelbmetall, Spuren roter Lackierung, Leder. H 15 cm, L 18 cm, B 9,2 cm.
Stoetzner: „Rumitschango 13.6.14. Eisenbeschlagenes Kästchen eines Badilama (Wird wohl auch von Laien gebraucht) zum Aufbewahren von Silber und Silberschmuck. Wird auf Reisen umgehängt getragen."
Das Kästchen hat zwar Ösen, durch die man ein Vorhängeschloss ziehen könnte, N. Ronge hält es jedoch eher für einen Medizinbehälter. Silber würde man seines Erachtens wegen der Diebstahlsgefahr nicht auf diese Art bei sich tragen. Daher schlägt er die Bezeichnung Män gam, d.h. „Medizin-Truhe", vor.

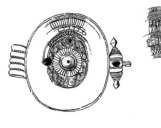

Inv. Nr. 25.28:92
Amulettbehälter (tib.: ga 'u, lies: ga-u)
Silber, Gold, Stein / Glas?-einlagen. H 15,5 cm, B 13 cm, T 5 cm.
Stoetzner: „Tatsienlu 1.7.14. Reinsilbernes Amulettkästchen von selten sorgfältiger tibetischer (also nicht chinesischer) Arbeit. Solche wertvollen Stücke werden angeblich nur von Frauen getragen. Die grosse Mittelkoralle ist unecht, aber von einer Masse, die hier sehr beliebt ist und

mehr verwendet wird als echte. Das Gold der Mittelrosette ist echt. 50. 490.-" (Zentrale Einlage fehlt).
Amulettbehälter (tib.: ga´u, lies ga-u) sind Schutz und Segen spendende Gegenstände, die von tibetischen Frauen täglich als Teil ihres Schmucks, von Männern nur auf Reisen getragen werden. Sie können verschiedenste Einlagen enthalten, wie etwa Miniaturbilder oder Tonmodelabdrücke (tib.: tsha tsha, lies: tsa tsa) mit der Darstellung buddhistischer Heiliger, persönliche sog. „Schutzknoten" (tib.: phyag mdud, lies tschag dü), geweihte Samenkörner, Stoffteile von den Gewändern hoher Lamas (tib.: bla ma) und Reliquien wie etwa Körner aus der Asche von Heiligen, mit magischen Formeln beschriebene Papieramulette sowie gedruckte Formeln und Diagramme (skt.: yantra), die von einem Lama geweiht wurden. Grosse Amulettkästen mit Standfläche dienen auf Reisen als kleiner Hausschrein. Amulette müssen nicht unbedingt im Amulettkästchen mitgeführt werden, sie können auch anderweitig um den Körper gebunden werden. (Richtsfeld 1989, vergl. hierzu Inv.Nr. 25.28:110).

Inv. Nr. 25.28:94
Amulettbehälter (tib.: ga 'u, lies: ga-u)
Silber, z.T. vergoldet, Türkismatrix, Achat, Glas, Koralle?, Leder. H 13 cm, B 18 cm, T 2,5 cm. L Kette (doppeltliegend) 33 cm.
Stoetzner: „Moukung. Tundschenfund 5.6.14. Reinsilbernes Amulettkästchen tibetischer Arbeit. Dazu Perlenschnur mit Matrix (Türkismuttererde) Achat, Silber und Glasperlen, die teilweise Matrix nachahmen. Es war ein Gegengeschenk des obersten Beamten der 5 chinesischen Militärkolonien für ein gutes Fernglas und wurde früher getragen vom „ersten Sekretär" des Ogschefürsten. 40 000.-"

Inv. Nr. 25.28:99/1 – 99/7
Amulettbehälter (tib.: ga 'u, lies: ga-u) mit Weihereliefs (tib.: tsha tsha, lies:tsa tsa) und anderem Inhalt
Messing. H 10,5 cm, B 9 cm, T 3,5 cm.
Stoetzner: „Tailing, an der Strasse Tatsienlu-Dawo. Amulettkästchen aus Weißmetall mit reichem Inhalt. Kleiderfetzen lebender Buddhas, kleine Buddhareliefs aus Lehm, Arzneifläschchen, wundertätige Drucke usw. Es wird auf der Brust getragen." Das Arzneifläschchen fehlt jedoch.

Die Drucke im Inneren sind zusammengefaltet, einer davon hat eine Umwicklung mit Fäden in den fünf heiligen Farben. Die Form solcher Fadenwicklungen steht im Bezug zum Horoskop des Trägers.
Aus dem Kästchen wurden die 5 Weihereliefs 25.28.99/2 bis 25.28.99/6 entnommen:

Nr. 99/2: Grüne Tara (tib.: sGrol-ma ljang-gu, lies: dschrölma dschangu). H 8,5 cm, B 6 cm, T 1,5 cm. Tara, die Retterin, ist eine der populärsten Gestalten des tibetischen Buddhismus.

Nr. 99/3: Tsongkhapa (tib.: Tsong-kha-pa, lies: tsong kha pa). H 0,6 cm, D 4 cm. Tsongkhapa (1357-1419) ist der Begründer der Gelug-Tradition (tib.: dge lugs pa).

Nr. 99/4: unbekannter Nyingma- Lama

Nr. 99/5: Buddha Shakyamuni (tib.: Shākya thub-pa, lies: schakya thub pa) (oder Akshobhya?). H 4 cm, B 3,3 cm. Shakyamuni ist der historische Begründer des Buddhismus. Es ist nicht deutlich zu erkennen, ob der Buddha in seiner linken Hand ein Donnerkeilzepter hält In diesem Fall würde es sich um Akshobhya handeln. Die goldene Körperfarbe weist aber auf Shakyamuni hin.

Nr. 99/6: Tsongkhapa (s.o.). D 3,5 cm–3,8 cm, T 1,2 cm.

Nr. 99/7: Grüne Tara (s. o.). D ca. 2,5 cm.

7

Inv. Nr. 25.28:100 (Foto Maas)
Amulettbehälter (tib.: ga 'u, lies: ga-u)
Email auf Kupfer. 10 cm x 8 cm x 4,4 cm
Stoetzner: (2 Etiketten) „Lianghokou, Wassuland westl. von Taokwan Amulettkästchen eines Wassund Wird auf der Brust getragen. Alte chinesische Emaillearbeit."
„Lianghokou, 28.4.1914. Wassuland westl. von Taokwan Reliquienkästchen eines Wassu (Email). Er hat es geschenkt bekommen vom Lama in Tschangku (Changku) im Fürstentum Kiala (Chala) nördlich von Tatsienlu und westl. von Moukung (Sing gaitze). Das Stück gleicher Arbeit aus der Sammlung war nach Angabe des Lama Nr. 3 Pekinger Arbeit. Übrigens bezahlte [sic!] für dieses Stück etwa ein Drittel vom Preis für das andere. 1500.-"
Dass es sich um eine chinesische Arbeit handelt, ist durch das Material (Email) wie auch die Art der Darstellung und die viel vom Hintergrund freilassenden Ranken eindeutig. Die dargestellte Gestalt lässt sich dagegen nicht recht identifizieren. Falls die vermeintliche „Schale" in den Händen der Gestalt eigentlich ein Gewand-Ornament darstellt, kommen mehrere Gestalten des chinesischen Buddhismus mit dieser Handhaltung (scheinbar zum Gebet gefaltete Hände) in Frage: Der Urbuddha Vairochana (chin. Bi-lu-fu, Doré 1914:87-89, Tafel 19), der (u.a.) für das Los der Wesen in der Hölle zuständige Bodhisattva Ksithigarbha (Doré, 1914: 158, Tafel 41; 164, Tafel 42), und schliesslich eine Wächterfigur, der Tiandashi Yuanjue Keqi (Doré 1914: 92, Tafel 31). Für die letzteren beiden Identifikationen würde sprechen, dass die Gestalt keine Schädelerhöhung (skt.: uṣṇīṣa) hat, wie sie ein Buddha eigentlich haben müsste.

Inv. Nr. 103 und 103/1-3
Amulettbehälter (tib.: ga 'u, lies: ga-u) mit Weihereliefs (tib.: tsha tsha, lies: tsa tsa).
Nr. 103: Kupfer, Türkis, Leder, Wolle. D 9 cm, H max. 11 cm, T 3,5 cm.
Dieser Amulettkasten war mit einem weiteren (Nr. 25.28:105, hier ohne Abb.) verknüpft.
Stoetzner: „Tatsienlu 12.7.14. Rundes Messingnes Amulettkästchen. Wird auf der Brust getragen. Herstellungsort ist jedenfalls Hsiangdschen südwestlich von Litang. Inhalt: Ein bedrucktes Blatt, 3 kleine Buddhareliefs ein grüner Katak usw."
Die Weihereliefs Nr. 25.28:103/1-3 wurden diesem Behälter entnommen:
Nr. 103/1: Sarvabuddhadakini (tib.: Nā-ro mkha`-spyod-ma, lies: naro kandschöma). H 4 cm, B 3,8 cm. Publiziert: Knödel/Johansen, 2000: 80-81.
Dakinis sind Mittlerinnen zwischen dem Heilssucher und den transzendenten Buddhas. Zum Zeichen des Unterwegs-Seins werden sie für gewöhnlich im Ausfallschritt dargestellt, der aus dem indischen Tanz stammt und dort das Fliegen andeutet. Die Sarvabuddhadakini, deren Name besagt, dass sie bei „allen Buddhas" willkommen ist, wird als Initiationshelferin des indischen Siddhas Narōpa (10. Jahrhundert) Narōdakini genannt. Sie ist eine Schutzgöttin der Sakya-Tradition (Grünwedel, 1900: 156).
Nr. 103/2: Zukunftsbuddha Maitreya (tib.: byams-pa, lies: Tschampa). H 3,3 cm, B max. 2,4 cm, T 0,8 cm. Inschrift (fragmentarisch), (tib.): sa.
Nr. 103/3: Buddha Shakyamuni. H 2,4 cm, T max. 1,2 cm.

Inv. Nr. 25.28:110
Amulettschnur mit Lederamuletten (tib.: srung ´khor, lies: sung khor)
Leder, Textil, Knochen, Holz, unbekannte Inhalte. Stoetzner: „Tatsienlu 20.7.14. Was ein Kiala alles um den Hals trägt. Schnur mit einer Anzahl

der am meisten getragenen eingenähten Amulette."
Sung khor ist das Wort für das gesamte Schnuramulett. Die einzelnen Etuis aus Leder und Textil sind Schutzamulette (tib.: srung ´khor lo, lies: sung khor lo, wörtlich Schutzrad), wie sie N. Ronge zufolge in Osttibet wie auch der Mongolei vor allem von Nomaden benutzt werden. Im Inneren befinden sich Haar, Gewandstoff, ein Fingernagel oder andere geweihte Gegenstände von einem Lama. Die Schnur wird um den Körper getragen.

Inv. Nr. 25.28:111
Gürtelgehänge/Paar Chatelaine-Schlaufen (tib.: glo zung, lies: lo sung)
Leder, Silber, Stoff, Koralle, Korallenimitat.
L Schlaufe 30 cm, H Beutel 10 cm.
Das Gehänge besteht aus einem Paar grosser Schlaufen sowie einem kleinen Beutel. Der Beutel ist aus rotem Stoff mit blau- weißem Muster gefertigt und dient der Aufbewahrung von Schmuck. An einer der Châtelaine-Schlaufen hängt an der Ringöse ein etwa 25 cm langes Stoffstück, auf das sieben runde Silberbleche genäht sind. Diese sind getrieben und graviert und tragen in der Mitte jeweils eine Korallenperle. An der anderen Schlaufe hingen ursprünglich (laut alter Karteikarte) vier auf rote Wolle gezogene Zopffringe, die jetzt allerdings fehlen.

Stoetzner: „Tatsienlu 14.7.1914. Ein Paar silberner prächtiger Anhänger, die zum grossen Fest beiderseits am Gürtel getragen werden. So auffallend grosse und schöne meist nur von Frauen. 46000,-"
Lo sung bedeutet „Seitenpaar". Die Châtelaine-Schlaufen werden auf den Gürtel gezogen und hängen hinten rechts und links herab (vgl. Reynolds, 1999: 50). Ursprünglich befestigte man Gegenstände des täglichen Gebrauchs (wie z.B. Messer, Feuerzeug, Essbesteck) an ihnen, um sie immer griffbereit zu haben. Im Laufe der Zeit wurden diese Gürtelgehänge aber immer mehr zu Schmuckstücken, so dass an den Châtelaine-Schlaufen z.T. nur noch Schmuck (wie hier) befestigt wird.

Inv. Nr. 25.28:112 und 25.28:113 (v.l. n. r.)
Gürtelgehänge / Paar Chatelaine-Schlaufen (tib.: glo zung, lies: lo sung)
Nr. 112: Leder, Silber, Türkis. L 17 cm, B 4 cm.
Stoetzner: „Tatsienlu 17.7.1914. Ein Paar Anhänger wie sie von Männern und Frauen beiderseitig am Gürtel getragen werden. Oft werden daran auch Gebrauchsgegenstände z.B. Messer gehängt."
Nr. 113: Leder, Silber, Koralle. L (ohne Anhänger) 18 cm.
Stoetzner: „Rumitschango 14.6.1914. Gürtelanhänger, wie sie gewöhnlich paarweise von den umwohnenden Barbaren am Gürtel getragen werden. Meist wird daran noch ein Messer hängend getragen. 1000,-"

Inv. Nr. 25.28:114
„Halsschloss" (tib.: gong rgyan, lies: gong gyän, chin. linghua)*
Silber, Emaille, Koralle, Türkis. L ges. 8,5 cm.
Das Schloss besteht aus drei runden, überlappenden Silberstücken, die nach außen gewölbt und rosettenförmig mit Silberfiligran und bunter Emaille verziert sind. Auf dem zentralen Stück ist in der Mitte eine Koralle angebracht, auf den beiden seitlichen Türkise. Zwei der Stücke sind zusammen auf eine silberne Platte, die die Unterseite des Schlosses bildet, gesetzt. Das dritte lässt sich mit Hilfe eines Verschlusses in die anderen beiden einhaken. Auf diese Weise wird das Schloss geöffnet und geschlossen (vgl. Baumer/Weber, 2002: 207).
Stoetzner: „Tatsienlu 29.6.1914. Silbernes Halsschloss mit Emaille, einer Koralle und zwei Türkisen."
*Dieses Schmuckstück scheint nur in Osttibet verbreitet zu sein. Tibetische und chinesische Bezeichnung nach Zhang (1998: Tafelteil).

Inv. Nr. 25.28:115
„Halsschloss" (tib.: gong rgyan, lies: gong gyän,
chin: linghua)
Silber, Korallenimitat, Türkis. L ges. 7 cm.
Stoetzner: „Tatsienlu 18.7.1914. Silbernes Halsschloss mit einer falschen Koralle und zwei Türkisen."

Inv. Nr. 25.28:116
„Halsschloss" (tib.: gong rgyan, lies: gong gyän,
chin linghua)
Silber, Koralle, Malachit (?). L ges. 7 cm.
Auf der Rückseite ist ein (Werkstatt-?)Stempel
mit den chinesischen Schriftzeichen „he quan
wo" (etwa „passt vollständig mir")
Stoetzner: „Tatsienlu 20.7.1914. Silbernes Halsschloss mit einer größeren und zwei kleineren Korallen sowie Türkisstücken."

Inv. Nr. 25.28:117
„Halsschloss" (tib.: gong rgyan lies: gong gyän,
chin. linghua)
Silber, Türkis. L 4 cm. Verschlussteil fehlt.
Stoetzner: „Tatsienlu 18.7.1914. Silbernes flaches Halsschloss."

Inv. Nr. 25.28:118
„Halsschloss" Fragment (tib.:gong rgyan, lies:
gong gyän, chin.: linghua)
Silber, Emaille, Türkis. L 4 cm. Verschlussteil
fehlaut
Stoetzner: „Tatsienlu 28.6.1914. Silbernes flaches Halsschloss."

Inv. Nr. 25.28:119 und 120
Ohrgehänge chinesischer Herstellung (Paar)
Nr. 119: Silber. L 6,7 cm, Ring D 3,5 cm.
Nr. 120: Silber. L 5 cm, Ring D 2,5 cm.
Aufgrund der feinen Verarbeitung wahrscheinlich für Frauen.
Stoetzner, Nr. 119 (120): „Rumitschango (Tatsienlu 29.6.1914) Große runde silberne Ohrringe mit Anhänger. Von Chinesen am Ort für die Tibeter gearbeitet. Die gleiche Art ist neben anderen Arten bei den Wassu, Ogsche und den Mantze in den Militärkolonien gebräuchlich. 2800,- (2340.-)"
Mantze: chin: „die Wilden".

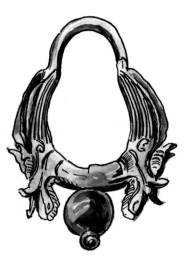

Inv.Nr. 25.28:121
„Chinesischer Frauenohrring" (tib.: rgya mo a long, lies: gyamo along)
Silber, Korallenimitat. L 6,5 cm, B 4,3 cm.
Gyamo along bedeutet „Chinesischer Frauenohrring". Die Ohrringe sind jeweils in Form zweier Drachenköpfe gearbeitet (graviert und ziseliert, mit angelöteten Ohren), deren geöffnete Mäuler einander an der Unterseite des Ringes begegnen. Zwischen ihnen ist mit einem Stück Metalldraht die Korallenperle angebracht. Offenbar handelt es sich um das ursprünglich chinesische Motiv zweier Drachen, die um eine Perle kämpfen (Beer, 1999: 65).
Stoetzner: „Tatsienlu 3.7.1914. Mantzeohrringe. Bei Wassu und Ogsche nicht gebräuchlich, aber ab Rumitschango nach und in Tatsienlu und darüberhinaus, Richtung Dawo und Batang weitaus häufigste Form. Die unechten Korallen werden sehr viel verwendet und sind zum Schmuck sehr beliebt. 6630,-"

Inv. Nr. 25.28: 122, 25.28:123, 25.28:124 und
25.28:125
Ohrgehänge älteren Typs (4 Paare)
Nr. 122: Vergoldetes Metall, Glas(?)-Einlagen.
L ca. 8 cm.
Nr. 123: Silber, Koralle, Malachit. L ca. 8 cm.
Nr. 124: Silber, Koralle, Malachit. L 9,5 cm.
Nr. 125: Silber, Türkis, Koralle. L 6 cm. Stoetzner, Nr. 122: „Tatsienlu
1.7.1914. Kiala Ohrringe aus Silber vergoldet mit echten Korallen, diese
Art ist jetzt nicht mehr in Mode, sondern nur vereinzelt zu beobachten.
12000,-"
Stoetzner, Nr. 123 (124 / 125): „Lianghokou, Wassuland, westl. Taokwan
1.5.14 (27.4.1914 / 30.4.1914). Wassuohrringe, wie sie von Frauen nicht
mehr oft getragen werden, da chinesische Formen ohne Steine diese
ursprüngliche Art verdrängen. Sie sind Silber mit echten Korallen und
Achaten (Nr. 125: Türkisen). 6300.- (6000,- / 9000.-)"

Inv. Nr. 25.28:126
Männerohrring „mit den drei Juwelenbrüdern"
(tib.: rna long nor bu spun gsum, lies: na long nor
bu pün sum)
Silber, Koralle, Glas. D Ring 3,7 cm.
Auf den Ring von etwa 0,3 cm Dicke sind in Silber
gefasst zwei Korallenperlen und ein grüner Glas-
stein in Form eines Dreijuwels angeordnet. Oberhalb des Glassteins ist die Fassung granuliert.
An den Enden des offenen Rings ist jeweils ein
Loch, möglicherweise für ein Band, mit dem der
Ohrring im Haar befestigt werden kann. Wegen
ihres grossen Gewichts wurden Ohrringe häufig
zusätzlich mit Bändern im Haar befestigt (vgl. Gabriel 1999: 130).
Stoetzner: „Rumitschango 11.6.1914. Ohrring der Männer des Badi-
fürstentums und der umwohnenden Barbaren, nicht alle Männer tragen
Ohrringe aber wenn, dann nur einen im Gegensatz zu den Frauen, die
stets 2 oft von gleicher Art und Größe tragen. 4000,-"

Inv. Nr. (v.o.n.u) 25.28:129, 25.28:128, 25.28: 127, 25.82:130
Armreifen (tib.: lag gdub, lies: lag dup)
Nr. 129: Kupfer. D ca. 7,5 cm.
Offener Armreif mit ziselierter Verzierung. Möglicherweise soll die Verzierung zwei Tierköpfe (Drachen?) andeuten. Der Reif sieht aus, als sei er nicht fertiggestellt oder sehr schlecht gearbeitet.
Stoetzner: „Rumitschango 11.6.1914. Kupferner Armring, mit Ornament verziert von umwohnenden Barbaren getragen, oft auch von diesen gearbeitet."
Nr. 128: Kupfer, Silber, Koralle. D 9,7 cm, Stärke ca. 1,9 cm.
Stoetzner: „Tatsienlu. 29. 6. 14. Kialafrauenarmband. Kupferring mit darum gewickelten Korallenketten an Silberdraht mit Silberbeschlag. Diese Art wird selten getragen. 6000.- "
Nr. 127: Silber. D ca. 9 cm.
Offener Armreif „mit Drachenenden" (tib.: lag gdub 'brug 'go ma, lies: lag dup dschug go ma) in Form von zwei Drachen, deren Köpfe den Abschluss der beiden Enden bilden. Offenbar handelt es sich um eine Darstellung von zwei Drachen, die um eine Perle kämpfen, ein ursprünglich chinesisches Motiv (Beer, 1999: 65). In die Innenseite der offenen Mäuler der Drachen ist jeweils ein kleines Loch gebohrt, möglicherweise war ursprünglich eine Perle zwischen den beiden befestigt (vgl. Boyer 1952: 143). In den Innenseiten der Mäuler (Werkstatt-?) Stempel mit den chinesischen Schriftzeichen „qu yong yu" (etwa „das unendliche Universum fassen").
Stoetzner: „Tatsienlu 28.6.1914. Reinsilberner Frauenarmring, wie er sehr viel bei den Kiala getragen wird. Von hier ansässigem Chinesen gearbeitet, der zwei Auslagekästen hatte, den einen voll Schmuck für die Chinesen, den anderen voll Schmuck für die Tibeter, die fast allen Schmuck bei Chinesen arbeiten lassen. Der Drache ist tibetisch und

anders als der chinesische. Preis: 11520,-"
Nr. 130: Messing. D ca. 7 cm, B ca. 1,5 cm
Getriebene und gravierte Ranken- und Blatt-Verzierung.
Stoetzner: „Rumitschango 14.6.1914. Armreif eines Barbarenmädchens der Umgegend. Das Messingband ist Eingeborenenarbeit, ahmt aber eine chinesische Form nach. 500,-"

Inv. Nr. (v.l.o.n.r.u) Nr. 25.28:135, 25.28:136, 25.28:137, 25.28:138 Zopfringe
Nr.135: Zopfring (tib.: skra gog (?), lies: tschra go)*
Silber, Steinimitat (Glas?). D 4,5-4,8 cm.

Stoetzner: „Rumitschango 11.6.1914. Silberner Zopfring mit drei falschen Steinen, wird von Frauen der umwohnenden Barbaren, teilweise auch von Männern, oft mehrere nebeneinander aufgereiht, auf die nach „Defreggerfrisur" um den Kopf gelegten Zöpfe getragen. 4000,-"

*N. Ronge schreibt: skra ´gu, d. i. evtl. für zentraltib.: skra gog, lies: tschra go. Das Wort bedeutet Haar-Ring.
Nr. 136: Zopfring aus Knochen (tib.: ba so lies: ba so)
Knochen (ohne Verzierungen). D 3,5 cm.
Stoetzner: „Rumitschango 11.6.1914. Zopfring aus Knochen, von eingeführter chinesischer Arbeit. Er wird von den umwohnenden Barbarenmännern und Frauen meist zwischen Türkis und Korallen besetzten silbernen Ringen aufgereiht auf die nach „Defreggerfrisur" um den Kopf gelegten Zöpfe getragen. 20,-"
Ba-so bedeutet „Elfenbein-Zopfring".
Nr. 137: Zopfring / „Sattelring" (tib.: skra gog (?)*, lies: tschra go / rta sga ma (?), lies: tagama)
Silber, Türkis, Koralle. D 2,8 cm, L Sattel 3,5 cm.
Stoetzner: „Tatsienlu 27.7.1914. Silberner Zopfring mit einem Türkis und 2 Korallen. Wird von Kialamännern und Frauen [...] getragen. Er ist von Chinesen für die Tibeter gearbeitet. 5000,-"
*N. Ronge schreibt: tib.: skra ´gu, evtl. für zentraltib.: skra gog, lies: tschra go.

Nr. 138: Zopfring / Daumenring für Bogenschützen (evtl. tib.: mtheb kor, lies: theb kor oder tib.: mthe gog (?), lies: theb go)*
Knochen. D 3 cm, B 2 cm.
Starke Abnutzungsspuren. Daumenringe werden von Bogenschützen zum Schutz beim Schiessen getragen. Als Zopfring wird der gleiche Ring von Männern und Frauen benutzt.
Stoetzner: „Tatsienlu 28.7.1914. Daumenring für (Kiala-) Bogenschützen aus China eingeführt. [...] 300,-"
*N. Ronge schreibt tib.: ´theb ´gu, evtl.: für zentraltib.: mtheb kor, lies: theb kor (Daumenring, meist aus Jade oder Elfenbein); oder für tib.: mthe gog (?), lies: theb go).

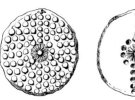

Inv. Nr. 25.28:139
Schmuckplatte / Frauenkopfschmuck
Silber, getrieben. D 13-13,5 cm.
An der Unterseite eine Öse zur Befestigung am Hinterkopf.
Stoetzner: „Tatsienlu 1.7.1914. Silberne runde Platte von einfacher tibetischer Arbeit. Wird von den Frauen auf dem Kopf getragen. Diese Schmuckart ist hier nur noch wenig verbreitet, aber in den Gebirgen bis Batang sehr beliebt."

Inv. Nr. 25.28:140
Schmuckplatte / Frauenkopfschmuck
Silber, getrieben, ziseliert, graviert;Türkis. D 16-18 cm.
Stoetzner: „Tatsienlu 4.7.14. Silberne Platte, reich verziert und mit Türkis von tibetischem Silberschmied. Wird von den Tibeterinnen auf dem Kopf getragen. Diese Schmuckart ist hier nur noch wenig verbreitet, aber in den Gebirgen bis Batang sehr beliebt."
N. Ronge zufolge eine schlechte, billige Arbeit, wohl aus Amdo stammend, da die Platte relativ groß ist.

Inv.Nr. 25.28:141
Kokarde
Silber, Türkis, Koralle. H 5 cm, B max 3,5 cm
Kopfschmuck in Form eines Wunschjuwels (tib.: yid bzhin nor bu, lies: yischi norbu). Die drei zentralen Türkise stellen das „Dreijuwel" (für Buddha, Lehre und Gemeinde) dar. Die Korallen oberhalb des Dreijuwels bilden einen Flammennimbus.
Stoetzner: „Tatsienlu 26.7.1914. Silberne Schmuckkokarde mit Türkisen und Korallen besetzt. Wird von Kialafrauen an Stirnband aufgenäht getragen."

Inv. Nr. 25.28:143
Löffel (tib.: thur ma, lies: thurma)
Silber. L 9 cm, B 3,5 cm. Publiziert: Roth / Ronge, 1989: 4–58,1.
Stoetzner: „17.7.1914. Silbernes Löffelchen, wie er von fast allen höheren Lamas mehr als Schmuck denn als Gebrauchsgegenstand getragen wird. Angeblich in Lhassa, jedenfalls aber in Shigatse gemacht. Für die tibetische Arbeit liegt der Beweis angeblich in der eingebeulten Rille." Kleine Löffel werden zum Verzehren breiiger Speisen, wie Joghurt, Tsampa (tib.: rtsam pa, lies: tsampa, geröstetes Gerstenmehl) und dergleichen benutzt. Sie werden ebenso wie die eigene Ess-/Teeschale immer mitgeführt (Roth/ Ronge, 1989: 4–58,1).

Inv. Nr. 25.28:144
Schürzenhalter
Silber. L 7,8 cm, B 4,8 cm.
Stoetzner: „Tatsienlu 27.6.14. Silberner Schürzenhalter vom chinesischen Silberschmied gearbeitet. Wird von Tibeterinnen ebenso wie von Chinesinnen im ganzen Grenzland auf die Mitte des oberen Schürzenlatzrandes aufgenäht und dann am Tuchknopf auf Mitte des Oberkleides festgehängt. Die Schilder sind auch paarweise in Gebrauch. 1900.-"

Inv. Nr. 25.28:145
Schmuckstein in Fisch-Form
Türkis. L 5 cm.
Stoetzner: „Tatsienlu. 27.7.1914. Ein aus einem großen Türkis geschnittener Fisch, den ein Kiala als Schmuck an einem Riemen ums Handgelenk trug."
Fische gehören zu den buddhistischen Glückssymbolen.

Inv. Nr. 25.28:146
Moschuszähne / Oberkiefer eines Moschustieres
Skelettierter Oberkiefer eines Moschustieres. Zähne L 4,4 cm, Kiefer L 6 cm.
Stoetzner: „Ein paar Hakenzähne vom Moschustier, dessen getrocknete Drüsen im Orte sehr viel gehandelt werden. Die Zähne werden in Silber gefasst und von den Barbaren ebenso häufig wie von den Chinesen als schmückendes Amulett getragen."
N. Ronge zufolge werden die Zähne in Silber gefasst und als Kette und an die Kleidung gesteckt getragen. Frauen aus allen Gesellschaftsschichten, auch Adlige, tragen solche Moschustierzähne. Man nutzt sie als Zahnstocher und zum Aufspiessen von Nudeln. Außerdem konnten sie als Waffe oder, von innen ausgehöhlt, als Gefäß für Gift dienen.

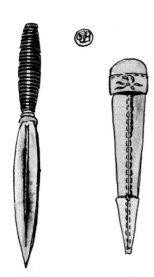

Inv. Nr. 25.28:147 und 25.28:151
Messer chinesischer Herkunft
Nr. 147: Stahl, Griff aus Holz gedrechselaut Scheide Leder. L 23 cm, B max 3,5 cm.
Nr. 149: Stahl (?), Horn, Messingguss. Scheide Leder. L ges. 36 cm, B max 3 cm, L Klinge 24,4 cm.
Stoetzner Nr. 147: „Moukungting, Tundschenfu 2.6.14. Gebrauchsmesser, wie es von den Ogsche im Gürtel getragen wird. Für den Export

ins Ogsche-Fürstentum hergestellt von den Chinesen in Yungliku an der Straße Tschunking-Tschöngtufu. 470.-"
Nr. 151: "Tatsienlu 16.7.14. Messer in Lederscheide. War bei Kiala in Gebrauch, ist aber jedenfalls aus China eingeführt."
N. Ronge hat beide Formen in Tibet nie gesehen und kennt auch keine tibetischen Bezeichnungen dafür.

Inv. Nr. 25.28:148 und 150 (Foto Maas)
Futterale mit Essbesteck (tib.: rgya gri; lies: gya tri), Chatelaine (tib.: glo zung, lies: lo sung)
Nr. 148: Scheide: Leder, Holz, Eisen (?), Textil. L ges 34 cm, B max 3 cm. Messer: Stahl, Horn, L 23 cm. Stäbchen Bambus, L 23,5 cm und 25,5 cm. Chatelaine: Gelbmetall, Leder: L 22 cm, B max 5,8 cm
Nr. 150: Scheide: Holz, Messing, Silber. L ges. 33,5 cm, B 3.2 cm. Messer: Stahl, Horn. L 22 cm, B 1,7 cm. Stäbchen: Holz. L 22 cm.
Stoetzner, Nr. 148: "Tatsienlu 29.6.14. Gebrauchsmesser mit Gürtelanhänger von allen Tibetern links hängend getragen. Beide tibetische Arbeit, nur die Essstäbchen sind von Chinesen gekauft."
Nr. 150: "Tatsienlu, 26.7.14. Gebrauchsmesser der Kiala in Hornscheide. Tibetische Arbeit, hängt links am Gürtel."
Gya tri bedeutet wörtlich chinesisches bzw. einfach "ausländisches" Messer. Da die Tibeter ursprünglich nicht mit Stäbchen aßen und diese Sitte von den Chinesen übernahmen, nennt man ein Messerfutteral ohne Stäbchen einfach lo tri (Seiten-Messer), eines mit Stäbchen heißt "ausländisches" Messer. Das Wort lo sung bedeutet Seiten-Paar.

Nächste Seite: Inv. Nr. 25.28:149 und 25.28:152
Gebrauchsmesser (tib.: blo gri / glo gri, lies: lo tri)*
Nr. 149: Stahl, Horn, Scheide: Holz, Eisenblech, Leder, Baumwoll(?)kordel.
Messer L 25,4 cm, Scheide L 22,4 cm. B max 3,5 cm.
Stoetzner: "Tatsienlu 29.6.14. Gebrauchsmesser der Kiala in Metall-

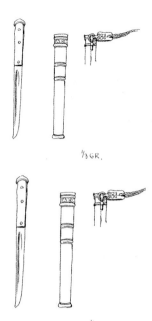

¹/₃ GR.

¹/₃ GR.

scheide. Tibetische Arbeit. Hängt links am Gürtel."
Nr. 152: Klinge Stahl, Griff Horn, Elfenbein, Messing, Griffknauf Gold, Horn, Kupfer, Eisen. Scheide Holz, Leder, Eisen, Silber, Messing. L ges. 47 cm.
Vergleichsstück: Uhlmann (1999: 1.04) sehr ähnlich.
Stoetzner: „Tatsienlu 16.7.14. Tibetisches Messer von Schwertgröße. Bei Kiala im Gebrauch. Herstellungsort angeblich Tschiando, jedenfalls aber der Weiler Horbo, 2 Tagesreisen südl. von Derge Gonschen wo Dr. Weigold von einem Messerschmied ein selbstgearbeitetes kleineres aber fast gleiches kaufte. 11000.-"
*N. Ronge zufolge hat das Wort lo tri zwei Bedeutungen: Es heißt Seiten-Messer, weil man das Messer an der Körperseite trägt. Es heißt aber auch „Geist-Messer". Die Khampa z.B. sprechen mit diesem Messer, wie mit einem Gefährten.

Inv. Nr. 25.28:153 und 25.28:154
Kurzschwert (tib.: rked gri; lies: ke tri) und Langschwert (tib.: rgyab gri, lies: gyab tri)
Nr. 153: Stahl, Eisen, Messing, Horn, Holz, Leder, Koralle, Türkis. L ges 76 cm.
Kurzschwert mit Scheide. Die Klinge (L 62/B 3,4) ist einschneidig und gerade. Spitze befindet sich an der Rückenseite.
Stoetzner: „Tatsienlu 16.7.14. Tibetisches Schwert von der gewöhnlichen, häufigsten Art, aber gut gearbeitet, reich verziert und mit großem Türkis sowie einer Koralle. Wird schräg im Gürtel steckend getragen. 12.000.-"
Nr. 154 (rechte Seite): Stahl, Messing, Holz, Leder. L ges. 98,7 cm.
Langschwert mit Scheide. Klinge (L 75 / B 3,7) einschneidig und gerade. Spitze befindet sich an der breiten Rückenseite. Klinge damasziert mit typisch tibetischer Wasserlinienform (tib.: chu ris, lies: tschu ri). Einzig die Damaszierung der Klinge mit der Wasserlinienform weist das Schwert als tibetisch aus. Dagegen

Inv. Nr. 25.28:64 (Foto Maas)
Gürteltasche (tib.: pa khug, lies: pa khug)*
Leder, Eisen, Weißmetall, Silber, Türkis, Wolle (?).Tasche H 15 cm, B max. 26 cm, Gürtel L 105 cm, T hängend 22 cm.
Stoetzner: „Tatsienlu 21.7.14. Kialatasche, die vorn mitten vorm Leib meist unter dem Oberkleid getragen wird."
Solche Taschen dienen z.B. dem Transport von Schützenzeug (Patronengurt) auf dem Weg zur Jagd. Laut N. Ronge* ist „pa khug" die richtige osttibetische Schreibweise für diese Tasche. Die Zentraltibeter schreiben das Wort anders. Möglicherweise zentraltibetisch spa khug, auf Deutsch etwa „Schmuck-Tasche".

Inv. Nr. 25.28:65 und 25.28:184 (Foto Maas)
Körnerbehälter (tib.: 'bru phor, lies: dru phor)
Nr. 65: Kupfer, Messing, Weißmetall. H 10,9 cm, D 8,9 cm
Nr. 184: Messing. H 9,6 cm, D 10,2 cm.
Stoetzner, Nr. 65: „Tatsienlu 21.7.14. Tuschefass eines Kialalamas." sowie, nachträglich geschrieben: „Nach Prof. Hagen Behälter für Reis".
Nr. 184: „Tatsienlu 27.7.14. Sakrale Opfergabenbüchse mit Deckel. Reich verziert, aus Messing getrieben."
Das Gefäß links sieht zwar auf den ersten Blick wie ein typisches Tuschefass (tib.: snag bum, lies: nag bum) aus, jedoch ist die Halsöffnung dafür zu weit. Der Hals von Tuschefässern ist eng und mit einem hineingesteckten Röhrchen versehen, welches das Auslaufen der Tusche verhindert (Roth / Ronge 1989: 14.3). Daher kann es sich hier tatsächlich, wie auf dem Etikett Stoetzners angemerkt, um einen sakralen Körnerbehälter handeln, in dem der Lama Getreidekörner mit-

führte, um sie bei Segenszeremonien auszustreuen. Körnerbehälter wie Tuschefass gehören zu den üblichen Accessoires von Lamas. Die klassische Form des Körnerbehälters stellt Nr. 25.28:184 dar.

Inv. Nr. 25.28:72 und 25.28:73 (Foto Maas)
Nähnadelbehälter (tib.: khab shubs, lies: khab schub)
Nr. 72: Textil, Leder, Silber, Koralleneinlage. Etui L 8,2 cm, B 5,4 cm, L gesamt 25 cm.
Nr. 73: Lackiertes Holz (?), Chinesische Lochmünze (Qianlong, 1736–1796), Textil, Glas, Muschelschale. H 8 cm, B 5 cm, T 1,5 cm, L ges. 58 cm.
Stoetzner, Nr. 72: „Tatsienlu 18.7.14. Nadeletui. Wird von den Kialamännern und Frauen am Gürtel getragen. Mit doppelseitigem Silberbeschlag"
Nr. 73 „Lianghokou Wassuland westlich von Taokwan Wassufrauennadelbüchse. Hängt von der Brust rechts oben, wo das Jacket geknöpft wird, herab."
Nadeletuis tragen Männer wie Frauen bei sich, oft zusammen mit anderen Gebrauchs- und Schmuckgegenständen an einem Gürtelgehänge (Chatelaine). Die als Deckel dienenden Oberteile der Nadelbüchsen sind so über die Haltebändchen gefädelt, dass sie hochgeschoben werden können, um eine Nadel zu entnehmen, ohne das Behältnis vom Gürtel zu lösen. Nr. 73 ist von Form und Material her ungewöhnlich.

Inv. Nr. 25.28:74 (Foto Saal)
Feuerzeugtasche (tib.: me lcags, lies: me tschag)
(Stahl, Messing, Leder, Muschel oder Schnecken?)-schale, chinesische Münze der Ära Qianlong (1736–1796). L 14 cm, B 6,2 cm.

sind Details wie die symmetrische (statt axiale) Anordnung der Beschläge, das lederne Gehäuse um die Parierstange oder die Machart der Scheide nicht tibetischen Schwertern eigen. Möglicherweise für einen tibetischen Kunden in China angefertigt (vgl. Müller / Raunig 1982: 152).
Stoetzner: „Tatsienlu 17.7.14. Tibetisches Schwert von ganz selten vorkommender Form der Scheide und des Griffes aber mit einer üblichen tibetischen Klinge."
Allgemein sind tibetische Kurzschwerter weniger dekoriert als Langschwerter. Sie werden in Taillenhöhe hinter dem Wickelgürtel gesteckt, daher auch „Taillenschwert" (tib.: rked gri) genannt. Gyab tri heißt dagegen „Rücken-Schwert": Das Schwert wird quer hinter dem Rücken hängend getragen.

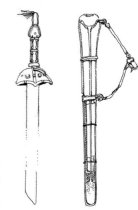

Inv. Nr. 25.28:157
Kurzlanze mit Rückholleine (tib.: `phen mdung, lies: pen dung)
Holz, Eisen, Textil. L Schaft 182 cm, Spitze 35 cm.
Lanze mit eisenumwickeltem Holzschaft und Rückholleine. Die Eisenumwicklung dient der Stärkung des Schafts, da es in Tibet kein gutes Schaftholz gibt (Rockhill, o.J: 713).
Stoetzner: „Tatsienlu 26.7.14. Kialalanze mit eisenbeschlagenem Schaft."
Pen dung bedeutet laut Ronge „Lasso-Lanze". Es handelt sich tatsächlich um eine Lanze, und nicht um einen Speer, denn in Tibet wird diese Waffe nicht geworfen, sondern gestochen. Zwar wirft man die vorliegende Kurz-Lanze auch – deshalb ist sie etwas kürzer als die normalen Lanzen – aber nur über eine kleine Entfernung. Aus diesem Grund hat die Kurzlanze eine Rückholleine, die dungschag (tib.: mdung zhags) heißt, das bedeutet „Lanz-Lasso". Die Quaste unter der Metallspitze ist Schmuck, mit dem den Berggöttern (der tibetischen Volksreligion) Reverenz erwiesen wird.

Inv. Nr. 25.28:158
Lanze (tib.: mdung, lies: dung)
Eisen, Holz. L ges. 206 cm, D max 3 cm. L Spitze 54 cm, Klinge ca. 30 cm.
Stoetzner: „Tatsienlu Kiala Lanze."

Inv.Nr. 25.28:162 und 25.28:163 (v.l.n.r.)
Lanzenspitzen (tib.: mdung rtse, lies: dung tse) der Kiala
Nr. 162: Eisen. L 49,5 cm, B 2,2 cm. Nr. 163: Eisen. L 50 cm, B max 9 cm
Stoetzner Nr. 162 (163): „Tatsienlu 14.7.14 (29.7.14). Kialalanzenspitze."
Nr. 162 (links) ist der in Tibet übliche Typ der Lanzenspitze. Bei Nr. 163 (rechts) dagegen handelt es sich um eine chinesische Waffe, die in Tibet nicht gebräuchlich war und wohl als Einzelstück verwendet wurde. N. Ronge kennt weder andere Beispiele, noch eine spezielle tibetische Bezeichnung für diese Waffe.

Inv. Nr. 25.28:164 und 25.28:165
Große Pulvertaschen (tib.: rdzas khug, lies: dsä khug)
Nr. 164: Leder, evtl. Kürbisschale (?), Kupfer. B 12,5 cm, H 20 cm, T 7 cm.
Nr. 165: Leder, evtl. Kürbisschale (?), Horn. B 16,4 cm, H 23,6 cm T 6,3 cm.
Diese Behältnisse, genannt Dsä khug (Pulver-Tasche) sind aus Leder, das um einen festen Corpus (evtl. Kürbisschale?; vgl. Filchner, 1910: Tafel 82 A.) gespannt wurde. Sie haben einen länglichen, beweglichen Flaschenhals aus weichem Leder, der in eine schmale Ausgusstülle aus Metall mündet und dienten als Pulverreservoir für die kleinen, jeweils für einen Schuss bemessenen Pulverhörnchen (vgl. Nr. 25.28:169 im Artikel Huber).

Stoetzner Nr. 164: „Tatsienlu 26.7.14. Kialapulverhorn aus Leder. Mundstück aus Kupfer."
Nr. 165: „Tatsienlu 18.7.14. Großes Kialapulverhorn Mundstück aus dem Horn eines Sero."

Inv.Nr. 25.28:170
Schützenzeug / Bandelier (tib.: evtl.: mda´ rdzas ´khor gsum, lies: da dsä khor sum)
Leder, Horn, versch. Metalle, Holz. Kordel L 40 cm, kleine Pulverhörnchen L 7 cm, größeres (Zünd-) Pulverhorn L 13 cm, grosses Kugeletui H 8,5 cm, kleines Kugeletui H 5 cm, Pulvermaß H 4,5 cm, Holzamulett H 5 cm. Zu Bezeichnungen und Verwendung vgl. Nr. Inv. Nr. 25.28:169/169a (im Artikel Huber). Auf dem Pulvermaß und dem kleinen Holztäfelchen identische Inschriften, sie lauten „alles zusammen so wertvoll wie 100 dsos" (tib.: mdzo brgya ma, lies: dso gya ma). Das Dso ist eine Kreuzung aus Kuh und Yak. Keine Angaben von Stoetzner. Erwerbungsort laut Inventarbuch: Tatsienlu.

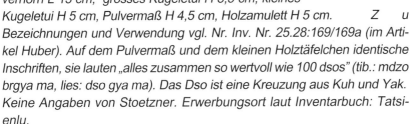

Inv. Nr. 25.28:171 und 25.28:172
Bogenköcher (tib.: gzhu shubs /gzhu dong, lies: schu schub /schu dong)
Nr. 171 (Nr. 172): Leder, Messing. H 58,5 cm, B max 36 cm (H 62 cm, B max 55 cm).
Beide Bogenköcher sind aus Leder, mit Lederapplikationen und Metallbeschlägen geschmückt. Bei Köcher Nr. 172 zeigt der Dekor deutlichen chinesischen Einfluss, er trägt Beschläge in Form von Fledermäusen und stilisierten Schriftzeichen für „Langes Leben" (chin.: shou).
Stoetzner Nr. 171 (172): „Tatsienlu 28.6.14. (7.7.14.) Bogenfutteral aus Leder mit Verzierungen und Metallbeschlägen. Bei Kiala in Gebrauch, aber jedenfalls chinesischer Herkunft."
Nächste Seite: Inv. Nr. 25.28:173 und 25.28:174
Pfeilköcher (tib.: mda´ dong, lies: da dong)

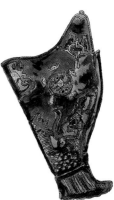

Nr. 173: Leder, Messing, Band aus Wollstoff. H 25 cm, B 19 cm, T 6 cm, Band ca. 100 cm.
Nr. 174: Leder, Messing, Band aus Baumwollstoff. H 25 cm, B 19 cm, T 6 cm, Band 107 cm.
Zwei Pfeilköcher, ungefähr trapezförmig, mit kleinen Messingbeschlägen, die bei Nr. 174 deutlichen chinesischen Einschlag haben (5 Fledermäuse um ein Medaillon, 3 Schmetterlinge (oder gedoppelte Pfeilkrautblätter) und ein Klangstein?). An der Rückseite der Köcher sind drei hintereinanderliegende rechteckige Taschen mittels Messingscharnieren angebracht. Sie liegen beim Tragen des Köchers mit der Schmalseite nach oben und sind an dieser Seite offen. Beide Köcher haben mehrere Haltebänder oder Vorrichtungen für das Anbringen derselben, so dass der Köcher fest am Trageband und somit am Körper des Trägers vertäut werden kann, um ein Schlenkern während des Tragens zu vermeiden.
Stoetzner Nr. 173 (Nr. 174): „Tatsienlu 9.7.14. (13.7.14.) Pfeilköcher aus Leder mit Metallbeschlag. Bei Kiala in Gebrauch, aber jedenfalls chinesischer Herkunft."

Inv. Nr. 25.28:175
Pfeilköcher (tib.: mda´ dong, lies: da dong)
Leder über (Holz?) Rahmen, Baumwollbänder, Silber.
H 39 cm, B 15 cm, T 3 cm.
Stoetzner: „Tatsienlu 8.7.14. Pfeilköcher aus Leder mit Metallbeschlag. Bei Kiala in Gebrauch, aber jedenfalls chinesischer Herkunft."
Der Pfeilköcher, auf tibetisch Da dong, wird immer zusammen mit einem Bogenköcher, Schu dong (z.B. Nr. 25.28:173), getragen. Dabei liegt der Pfeilköcher links, der Bogenköcher rechts am Körper. Der Sammelbegriff für beide zusammen ist dong ra (tib.: dong rva) oder tag ra sig schub (tib.: stag rva gzig shubs). Letzteres bedeutet wörtlich Tiger-Horn

und Leoparden-Höhle. Ursprünglich waren Bogenköcher aus Tigerfell und Pfeilköcher aus Leopardenfell. (N. Ronge, 2004, pers. comm.).

Inv. Nr. 25.28:177
Steinschleuder für Hirten (tib.: ́ur thag, lies: urthag/ ́ur rdo, lies: urdo)
Yakhaar (schwarz und weiß). L ca. 200 cm, B max 7,5 cm. Osttibet.
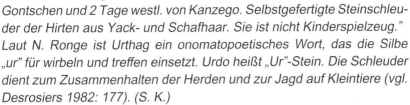
Stoetzner: „Yülongba, 4 Tage östl. von Derge Gontschen und 2 Tage westl. von Kanzego. Selbstgefertigte Steinschleuder der Hirten aus Yack- und Schafhaar. Sie ist nicht Kinderspielzeug."
Laut N. Ronge ist Urthag ein onomatopoetisches Wort, das die Silbe „ur" für wirbeln und treffen einsetzt. Urdo heißt „Ur"-Stein. Die Schleuder dient zum Zusammenhalten der Herden und zur Jagd auf Kleintiere (vgl. Desrosiers 1982: 177). (S. K.)

Inv. Nr. 25.28:178
Teller für Opferspeisen (tib.: li sder, lies: li der)*
Messing, Kupfer. H 4,5 cm, D 22 cm.
Der Teller ist aus dickem Blech getrieben. Auf den unregelmäßig ausgehämmerten Rand ist eine senkrecht stehende Leiste aus drei Messingguss-Teilen aufgelötet, die einen kielbogenförmig geschweiften 8-Pass bildet. Weich angelöteter Standring aus Kupfer.

Stoetzner: „Tatsienlu 18.7.14. Sakraler Messingteller mit aufwärtsgebogenem Rand zum Aufstellen von geopferten Speisen"
*N. Ronge schreibt: li lder. Wohl für: li sder. Ronge hält diesen Teller nicht für osttibetisch, vielleicht nepalesischer Provenienz.

Inv. Nr. 25.28:180
Opferschale (tib.: mchod ting, lies: tschö ting)
Bronze. H 7 cm, D max 14,5 cm.
Stoetzner: „Tatsienlu 18.7.14. Sakrale Kupferschale von Zambanapfform zum Aufstellen von Opfergaben." (Zamba: tib.: rtsam pa, lies: tsam pa, geröstete gemahlene Gerste.)
Opferschalen stehen in Gruppen von fünf oder sieben Schalen auf buddhistischen Altären. Sie dienen zur Darbringung von Wasser und Reis, darüber hinaus für Speisen, Blumen, Räucherwerk und Licht.

Inv. Nr. 25.28:181
Teller auf hohem Standfuß (tib.: rag sder, lies: rag der)
Messing. H 10,6 cm, D max 16 cm.
Stoetzner: „Tatsienlu 19.7.14. Sakraler Messingaufsatz mit ausgebogtem Rande zum Aufstellen von Opfergaben."
Solche Teller dienen in wohlhabenden Haushalten und Klöstern als Servierteller für Teigtaschen (tib.: mog mog, lies: mo mo), gekochtes Fleisch, Rettich oder Ölgebäck (tib.: kha zas, lies: khab sä). Ärmere Haushalte benutzen sie höchstens an Feiertagen. Die Esser bedienen sich von Hand von dem Teller. Die Teller können aber auch zum Aufhäufen von Speiseopfern auf einem buddhistischen Altar benutzt werden (Rauber-Schweizer 1976: 195). Nach Stoetzners Auskunft wurde der vorliegende Teller so verwendet. N. Ronge hält diesen Teller nicht für osttibetisch, vielleicht nepalesischer Provenienz.

Inv. Nr. 25.28:182 und 25.28:183
Schädelschalen für Libationsopfer (tib.: nang mchod thod pa, lies: nangtschö thöpa)
Nr. 182: Weißmetall, Randleiste Messing. H 12,5 cm, B 11 cm, T 15 cm.

Nr. 183: Bronze, Untersatz Messing. H 15 cm, B 9 cm, T 11 cm.
Stoetzner, Nr. 182: „Tatsienlu 21.7.14. Sakrales Gefäß mit Deckel in der Form einer menschlichen Hirnschale."
Nr. 183: „Tatsienlu 27.7.14. sakrales bronzenes Gefäß in Form einer menschlichen Hirnschale mit reich verziertem Fuß und Deckel aus Messing."

Schalen aus einer menschlichen Schädelkalotte oder – wie bei den vorliegenden Stücken - verkleinerte Nachbildungen aus Metall werden von Trägern höherer Weihen im Ritus für zornige, d. h. schützende, Gestalten des Pantheons verwendet. Sie stehen auf einem dreieckigen Untersatz, der als Feuerstelle mit hochschlagenden Flammen gestaltet ist. Aus jeder der Ecken ragt eine Fratze hervor. Dies sind die drei Grundübel (Gier, Hass und Verblendung), die mit Hilfe des Ritus vernichtet werden sollen. Bei Nr. 182 ist der Untersatz auf drei Schädel reduziert, ohne die Darstellung der Feuerstelle. Der Deckel, der die Schale bekrönt, schliesst ihren Inhalt ein, der während des Rituals als identisch mit dem ganzen Kosmos gedacht wird. Den Deckel bekrönt ein halbes Diamantszepter (Vajra). Die Schädelschale ist eines der bedeutsamsten Ritualgeräte der tibetischen Buddhisten. Sie gemahnt an die Vergänglichkeit des Lebens und spornt dazu an, es so gut wie möglich für den Heilsweg zu nutzen. In Ritualen werden Schädelschalen stets paarweise verwendet. In ihnen wird Alkohol oder Tee dargebracht. Diese symbolisieren den Nektar der Todlosigkeit oder Blut als „inneres Opfer".

Inv. Nr. 25.28:186, 25.28:187 und 25.28:188 (Foto Saal)
Butterlampen (tib.: mar me, lies: mar me)
Nr. 186: Messing. H 15 cm, D max 8,5 cm.
Nr. 187: Messing. H 10 cm, D max 9 cm.
Nr. 188: Bronze. H 4,7cm, D max 4,3 cm.
Stoetzner Nr. 186 und 187 (Nr. 188): „Tatsienlu 17.7.14. (Rumitschango 15.6.14.) Sakrale

Butterlampe. Sie stehen in grosser Anzahl auf den Tempel- und Hausaltären und werden bei heiligen Handlungen alle gleichzeitig angezündet. Eindruck wie brennender Weihnachtsbaum."
Butterlampen dienen zum Darbringen des Lichtopfers auf tibetischen Altären. Als Docht dient ein mit Baumwolle umwickeltes Stäbchen, das in eine Eintiefung im Schalenboden gesteckt wird.

Inv. Nr. 25.28:189
Vase / Kanne für geweihtes Wasser (tib.: bum pa, lies: bum pa)
Messing. H 15,5 cm, B max 12 cm.
Keine Angaben von Stoetzner. Erwerbungsort laut Inventarbuch: Lianghokou.
Diese Ritualvasen gibt es ohne und (wie hier) mit Tülle. Jene mit Tülle werden als nam gyal bum pa (tib.: rnam rgyal bum pa) oder tse bum (tib.: tshe bum) bezeichnet. Erkennungsmerkmal ist in allen Formen der tellerförmig geweitete, dann dachförmig herabgezogene obere Rand. Er dient auch zum Halten des Gefäßes, das keinen Henkel hat. Die Vasen werden, stets paarweise, für Reinigungsrituale und tantrische Initiationen verwendet. Sie enthalten Wasser mit Medizin und Safran, das durch Weihung zum Träger der „6 Vollkommenheiten" wird und die „6 Unreinheiten" Geiz, Willensschwäche, Ungeduld, Faulheit, Zerstreutheit und Irrtum abwaschen und in ihr Gegenteil verwandeln kann. Beim Ritual stecken Fächer aus Pfauenfedern (Pfau = Unempfindlichkeit gegen Gifte) oder Kusa-Gras (Sitzmatte Buddhas = Erleuchtung) zum Versprengen der Flüssigkeit in den Vasen. Die Vasen werden mit Glücksschals oder Tüchern umhüllt.

Inv. Nr. 25.28:190 (Foto Saal)
Große Messingschüssel für Wasseropfer (tib.: ting phor, lies: ting phor)
Messing. H 12,2 cm, D max 27,5 cm.
Stoetzner: „Tatsienlu 21.7.14. Große alte sakrale

Schale aus Bronze. Sie werden in großer Anzahl mit klarem Wasser auf den Tempel- und Hausaltären aufgestellt."
Die Literatur zeigt keine Vergleichsstücke für Wasser-Opferschalen von solcher Größe. N. Ronge zufolge stehen sie nur in Tempeln vor monumentalen Buddhafiguren, nicht auf Hausaltären.

Inv. Nr. 25.28:191 (Foto Saal)
Opfermandala / Reismandala (Fragment) (tib.: man dal, lies: män däl)
Messing(?)blech, Holz (?), Baumwollstoff über Holz(?)kern, Glasperlen. Boden H 5 cm, D 20,2 cm, Ring H 4 cm, D 19,5 cm.
Stoetzner: „Tatsienlu 22.7.14. Sakrales rundes Tablett mit einem Perlenkranz, der aufgelegt wird. Es soll zum Darbringen von Opfergaben verwendet werden."
Offenbar erwarb Stoetzner das Reismandala bereits als Fragment. Es fehlen zwei weitere „Perlenkränze" und ein Schmuckaufsatz. Zur Verwendung vgl. Essen / Thingo (1989: I-164).

Inv. Nr. 25.28:192 (Foto Saal)
Räuchergefäß zum Tragen (tib.: spos phor, lies: pö phor)
Messing, Ketten Bronze. H 18 cm, D max 10 cm.
Keine Angaben von Stoetzner. Erwerbungsort Tatsienlu (laut Inventarbuch).
Derartige Gefäße werden mit glühender Holzkohle und Räucherwerk gefüllt. Der Rauch dient der Reinigung des Platzes und und der Vertreibung unheilvoller Geister. Diese Gefäße werden bei Initiationen, Tscham-Tänzen, Orakelzeremonien und (paarweise) in Prozessionen verwendet.

Inv. Nr. 25.28:193a+b, 25.28:194 und 25.28: 195 (Foto Saal)
Bronzemodeln für Weihereliefs (tib.: tsha dpar, lies: tsa par)
Nr. 193: Bronze, Holz, Eisenschelle, Leder. H 23 cm, D 8 cm.
Nr. 194: Bronze. (Gipsabguss des Museums). H 11,5 cm, D 7 cm.
Nr. 195: Bronze. (Gipsabguss des Museums). H 11 cm, B 7,9 cm, T 4,5 cm.
Die Modeln Nr. 194 und 195 dienen zur Formung dreidimensionaler Stupas (tib.: mchod rten, lies: tschörten). Möglicherweise wird der Stiel der Model Nr. 194 beim Herstellen der Abdrücke in einen Holzgriff eingespannt, so wie dies bei Inv. Nr. 193 zu sehen ist. Die Model Nr. 195 wird vermutlich ohne weitere Vorrichtungen verwendet. Sie dient zur Herstellung von Reliefdarstellungen des Transzendeten Buddha Amitabha.
Stoetzner Nr. 193 (194): „Tatsienlu 12.7.14. (28.7.14) Bronzeform mit Holzgriff für kleine Tschorten. Sie werden aus Lehm geformt, in der Sonne getrocknet und dann zu vielen Hunderten an merkwürdigen Plätzen in der Natur (unter überhängenden Felsen, bei Quellen, alten Bäumen u.s.w.) auf einen Haufen geworfen. Das ist dann ein gutes Werk, welches viel Segen bringt. 7500.-" (194: Angabe des Preises unlesbar).
Nr. 195 ist ohne Angaben von Stoetzner.
N. Ronge gibt die Bedeutung von Tsa par als „Tsa tsa-Druckstock" an. Tsa tsa sind Weihereliefs (s. folgende Nummern). Sie werden aus Ton und Beimischungen geweihter mineralischer und pflanzlicher Substanzen gepresst, luftgetrocknet und kalt bemalt. Sie dienen oft als Füllung von Statuen und Stupas, vor allem aber als Verehrungsobjekte in Amuletten (tib.: ga ´u, lies: ga-u). Oft wird der Tonmasse auch die Asche feuerbestatteter Verstorbener beigemengt und zur positiven Beeinflussung des Schicksals des Verstorbenen in speziellen Häuschen (tib.: tsha khang, lies: tsa khang) deponiert.

Inv. Nr. 25.28:197
Fragment eines Weihereliefs (tib.: tsha tsha, lies: tsa tsa): Trias des Langen Lebens

Rötlichgrauer Ton mit Spuren roter Bemalung. H 3,5 cm, B 5 cm, T 1,3 cm.
Stoetzner: wie Nr. 25.28:196
Das Fragment zeigt rechts Uṣṇīṣavijayā (tib.: gTsug-tor rnam-par rgyal-ma, lies: tsugtor nampar gyalma) und links die Weiße Tārā (skr.: Śyāmatārā, tib.: sGrol-ma ljang-gu, lies: dschrölma dschangu). Mit dem fehlenden oberen Teil, der höchstwahrscheinlich Amitāyus (tib.: Tshe-dpag- med: lies: tsepagme) darstellte, ergänzt sich das Weiherelief zu einer Darstellung der „Trias des Langen Lebens" (tib.: tshe lha rnam gsum, lies: tse lha nam sum, vgl. Nr. 25.28:200).

Inv. Nr. 25.28:199, 25.28:203 und 25.28:205 (Foto Saal)
Weiherelief (tib.: tsha tsha, lies: tsa tsa): Transzendenter Buddha Amitāyus
Nr. 199: Gelblichgrauer Ton, unbemalt. H 5 cm, B 3 cm, T 0,7 cm.
Nr. 203: Gelblichgrauer Ton, rot, grün und blau bemalt H 11 cm, B 9 cm, H ca. 3,5 cm.
Nr. 205: Gelblichgrauer Ton, Reste roter Bemalung. H 12 cm, B 8,5 cm, 3 cm.
Stoetzner: Alle identisch mit Nr. 25.28:196.
Eine der am häufigsten dargestellten Gestalten ist Amitāyus (tib.: Tshe-dpag-med, lies: tsepagme), der „Buddha von unendlicher Lebensdauer". Er ist eine Form des Buddha Amitābha, kosmischer Buddha des Westens und Herr des Paradieses Sukhāvati. Das Relief mit der bunten Bemalung (Mitte, Nr. 203) wurde möglicherweise in der Mongolei hergestellt (Roland Steffan 2002: pers. comm.).

Inv. Nr. 25.28:200 (Foto Saal)
Weiherelief (tib.: tsha tsha, lies: tsa tsa):
Trias des Langen Lebens (tib.: tshe lha rnam gsum, lies: tse lha nam sum)
Rötlichgrauer Ton, weiß, rot und grün bemalt, H 4,7, B 4,5, T 1 cm.
Stoetzner: Identisch mit Nr. 25.28:196.

Die Trias des Langen Lebens (tib.: tshe lha rnam gsum, lies: tse lha nam sum, vgl. Nr. 25.28.197) steht für den Wunsch auf ein langes Leben, in dem man an der Verbesserung seines Karmas arbeiten kann.

Inv. Nr. 25.28:202
Weihereliéf (tib.: tsha tsha, lies: tsa tsa): Grüne Tārā.
Beigefarbener Ton mit roter Bemalung. H 8,5 cm, B 6 cm, T 1,5 cm.
Vorderseite stark verrußt, die Ränder jedoch nicht (war eventuell in das Fenster eines Amulettbehälters eingelassen?).
Stoetzner: identisch mit 25.28:196

Inv. Nr. 25.28:208 (Foto Saal)
Figur: Bodhisattva Mañjuśri (tib.: ´Jam-dpal (dbyangs), lies: dschampäl (yang)/´Jam-dbyangs, lies: dschamyang)
Bronzeguss. H 12,8 cm, B 5,4 cm, T 4,6 cm.
Stoetzner: „Lianghokou Wassuland westlich von Taokwan 15.5.14. Stehende lamaistische Götterfigur aus Kupferguss."
Der hohe Kupferanteil im Material spricht für Herstellung in Osttibet. Wohl 19. Jahrhundert.

Inv. Nr. 25.28:209 (Foto Saal)
Figur: Schutzgott der Jäger
Holz, farbige Fassung in Rot- und Schwarztönen. H 20 cm, B 4 cm, T 8 cm.
Stoetzner: „Wohungkwan 21.5.14. An Straße Kwanghsien Singaitze. Primitive aus Holz geschnitzte und bemalte Götterfigur. Angeblich Schutzgott der Jäger, der schlecht aufgestellte Fallen in Ordnung bringen soll usw. Gekauft in einem fast rein chinesischen Tempel ½ Std. vor dem Ort Wohungkwan. Ein ansässsiger Chinese meinte, dass der Gott von den schwarzen Lamas herrühre."

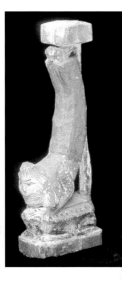

Zu den bis jetzt rätselhaft gebliebenen Sammlungsstücken gehört diese Holzfigur eines Mannes, der im Ellbogenstand kopfunter auf einem Tier steht, welches wiederum auf einem schmucklosen Holzsockel liegt. Das Tier sieht katzenartig aus, hat jedoch einen Rückenpanzer (oder eine Schabracke?). Der Schwanz des Tieres und die Füße des Mannes tragen einen kleinen oberen Sockel. Stoetzners Anmerkung zufolge handelt es sich um eine Götterfigur der chinesischen Volksreligion Osttibets (Sichuans). In der (Umkehr-) Haltung der Figur besteht Ähnlichkeit zu einer Figur des chinesischen Reichtumsgottes Liu Hai unserer Sammlung (Inv.Nr. 29.105:97, ohne Abb.), der jedoch auf einer dreibeinigen Kröte stehen müsste. Der Gesamtform nach könnte die Figur Teil einer Holzarchitektur gewesen sein, etwa als Seitenwange eines kleinen Altaraufsatzes.

Inv. Nr. 25.28:223 (Foto Saal)
Opferlöffel (tib.: mchod thur, lies: tschö thur)
Kupfer, Ausbesserung aus Messing. Laffe D ca. 3,5 cm, L 23,3 cm.

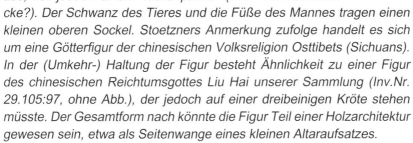

Stoetzner: „Lianghokou Wassuland westlich von Taokwan 27.4.14. Sakraler Löffel, ornamentiert aus Kupfer gearbeitet. Er soll zum „Klarwasserschöpfen" gebraucht werden."
Derartige Löffel dienen zum Ausschöpfen von Opfergaben in Altargefäße. Sie können sowohl für das Nachfüllen von geschmolzener Butter oder Öl in Lampen, als auch zum Darbringen des Wasseropfers in Opferschalen gebraucht werden. Tschö thur bedeutet „Opfer-Löffel".

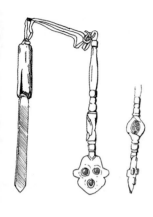

Inv. Nr. 25.28:225
Metallreibe (tib.: rin chen sna lnga lcags rdar / bdar, lies: rin tschen na nga tschag dar)
Eisen, Kupferfassungen und Einlagen von Gold, Silber, Knochen oder Elfenbein, Koralle (?), Malachit, Bändchen Leder. L Feile 25 cm, L Stab 25,5 cm.
Stoetzner: „Lianghokou Wassuland westlich von Taokwan 24.4.14. Sakraler Gegenstand. Tibet. Name ist Ringbotsche. Mit beigebundener Feile wird von den sog. „sieben Kostbarkeiten" etwas abgefeilt und besonderen Opfern beigemischt, angeblich auch dem sog. Klarwasseropfer". Die sieben Kostbarkeiten sind: Eisen, Kupfer, Gold, Silber, Koralle, Muschel, der grüne Stein (Türkis?). Von einem Lama gekauft. 3000.-"
Ringbotsche: wohl für tib.: rin po che, lies: rinpotsche (Kostbarer).
Dieses Set aus einer Feile und einem Stab mit eingelegten Metallen dient dazu, kleine Mengen von kostbaren Substanzen abzufeilen und sie beispielsweise Medizinen oder dem Lehm für Weiheminiaturen beizumengen. Letztere werden dadurch kultisch wertvoller. Ronge gibt als (osttibetische) Bezeichnung Rin tschen na nga tschag dar an, was etwa „Metallreibe für 5 Arten von Kostbarkeiten" bedeutet. Essen/Thingo (1989: 246) zeigen ein vergleichbares Set unter der Bezeichnung ser dar (tib.: gser-rdar, wörtl. Goldreibe).

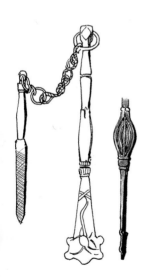

Inv.Nr. 25.28:226
Metallreibe (tib.: rin chen „sna lnga" lcags rdar/bdar, lies: rin tschen na nga tschag dar)
Eisen und Einlagen von Kupfer, Bronze und Messinglegierungen, Lederbändchen. L Feile 14,5 cm, L Stab 23,2 cm.
Stoetzner: „Lianghokou, Wassuland westlich von Taokwan 15.5.14. Sakraler Gegenstand, sog. Ringbotsche. Mit beigebundener Feile werden von den darin festgemachten Metallen, die gewissermaßen eine heilige Einheit bilden, einige Späne abgefeilt und gewissen Opfern beigemischt."
Siehe vorige Nummer.

Inv. Nr. 25.28:232 Slg Stoetzner
Tischgebetszylinder (tib.: ma ṇi ˋkhor lo, lies: mani khorlo) der Bonpos
Kupfer, Messing, Eisen, Leder, Textil, Papier. H 9,0 cm, D 8,0 cm, Standkissen, H 0,5 cm, D 9,0 cm.

Stoetzner: „Lianghokou westl. v. Taokwan 27.4.14. Kleiner stehender Handgebetszylinder aus Messing, von einem Lama gekauft. Er wird hier, wo Bumbukulte, [Pfeil entgegen dem Uhrzeigersinn] in dieser Richtung gedreht." Bumbu = für tib.: bon po, lies: bön po, Bon-Religion.
Gebetszylinder zum Aufstellen auf einem Tisch. Der obere Knauf, mit dessen Hilfe die innen befindliche Spruchrolle in Drehung versetzt werden kann, fehlt.

Inv. Nr. 25.28:234
Gebetskette/Rosenkranz (tib.: ʼphreng ba, lies: treng wa)
Holz, Achat/Malachit?, Koralle, Metall. L (doppelt liegend) 29 cm.

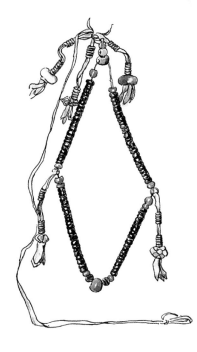

Stoetzner: „Lianghokou Wassuland westl. von Taokwan 27.4.1914, Rosenkranz von einem Lama gekauft, aus Fruchtkernen, mit roten Perlen aus Korallen und [unlesbar]?"
Gebetsketten werden sowohl von Geistlichen als auch von Laien des tibetischen Buddhismus in Ritualen und zur Rezitation von Mantren, Dāraṇīs (kurze Sūtras, die Formeln magischen Wissens enthalten) und Gebeten verwendet, wobei sie für die Zählung der Anzahl der Rezitationen benutzt werden. Des Weiteren können Gebetsketten im alltäglichen Leben als Gedächtnisstütze beim Rechnen Verwendung finden. Am meisten Verwendung unter Buddhisten finden Gebetsketten mit 108 Perlen, obwohl

eigentlich die Anzahl der Perlen einer Gebetskette und das Material aus welchem diese Perlen gefertigt sind, von der Art der rituellen Aktivität bestimmt wird, die der Praktizierende vollführt bzw. an die jeweilige Gottheit richtet. Es gibt vier solcher Aktivitäten bzw. Rituale, nämlich zur Befriedung, zur Vermehrung, zur Anziehung und Unterwerfung und zur Zerstörung.

Die vorliegende Gebetskette besteht aus 106 Perlen von verschiedener Größe und aus unterschiedlichem Material, die an einer Schnur aufgefädelt sind. Die Perlenanzahl setzt sich aus 93 braunen Perlen aus Fruchtkernen (?), 11 Korallenperlen verschiedener Größe und 2 in verschiedenen Grüntönen gestreiften Perlen aus Achat/Malachit? zusammen. Hinzu kommen noch eine grüne und eine kegelstumpfförmige metallene Perle, durch welche die Schnur am Ende der Gebetskette zusammenläuft. Dies sind die Abschlussperlen (tib.: rdog 'dzin oder mdo 'dzin, lies: dog dsin bzw. do dsin), die die Gebestkette in Form halten und dem Rezitierenden die Vollendung eines Rezitationszyklus anzeigen. Sie symbolisieren die Weisheit, die die Leerheit erkennt sowie die Leerheit an sich. Die Form der beiden Perlen symbolisiert weiterhin den Stupa des Erwachens des Buddha (Beer, 1999: 216).

An der Gebetskette befinden sich 5 Lederanhängsel, die durch auf der Schnur aufgefädelte Metallringe geführt sind, mit je 10 Perlen. Ihren Abschluss findet jede Lederschnur in einer bestimmten „Perle" aus Knochen, einem grünen Stein, einem Dorje (tib.: rdo rje, lies: dordsche), einem dunklen Stück Metall und einer Kupferperle (?). Es handelt sich um Zählschnüre zum Erfassen der Anzahl vollständiger Rezitationszyklen. Die Anzahl fünf ist ungewöhnlich. Normalerweise befinden sich zwei Zählschnüre (tib.: grangs 'dzin, lies: trang dsin, allgemeiner bekannt als tib.: cu bshad, lies: tschu shä) an einer Gebetskette. Eine Zählschnur schliesst mit einem Dorje und registriert die Einer-Zyklen, wohingegen der andere Zähler mit einer Glocke (tib.: dril bu, lies: dril bu) schliesst und die Zehner-Zyklen vermerkt. Des weiteren kann ein dritter Zähler an der Gebetskette angebracht sein, der die Hunderter-Zyklen vermerkt. Meistens schliesst dieser Zähler mit dem Symbol eines Rades oder Juwels.

Inv. Nr. 25.28:235
Halskette aus einer Gebetskette (?)
Glas, Malachit (?), Perlmutt. L 28 cm (x2), Anhänger max 5,5 x 3,5 cm.
Stoetzner: „Rumitschango 14.6.14. Unvollständiger Rosenkranz, von einem Barbarenkind als Halskette getragen. Die Barbaren in der hiesigen Militärkolonie heißen scheng mantze, d.i. ungekochte Barbaren. Ihre Zugehörigkeit zu irgend welchem Stamm konnte ich nicht feststellen. 400.-"
Scheng Mantze (chin.: sheng manzi, wörtlich „rohe, ungegarte Wilde") bezeichnet nicht an die chinesische Kultur angepasste Einheimische.

Diese Kette könnte zwar aus einem Rosenkranz umgearbeitet worden sein, jedoch wurden die Perlmuttscheiben auf jeden Fall später hinzugefügt.

Inv. Nr. 25.28:236
Ritualspiegel (?) (tib.: me long, lies: melong)*
Marienglas von Monokelform, eingefasst mit blauem Baumwollstreifen. D 4,8-5,1 cm.
Stoetzner: „Etwa 90 Li vor Rumitschango an der Straße von Moukungting. 9.6.14. Marienglas von Monokelform. Es hing am beigebundenen Faden, der einem Katak entnommen ist, in einem Tempel der Kwanjun neben der Götterfigur. Sollte wohl Heilung von einem Augenleiden bringen. Kataks sind ganz weitmaschige

gestärkte Gewebe, mit denen die Götterfiguren behängt werden. Farbe weiß, blau und rot. Sie werden auch durch Verbrennen geopfert und sind in Osttibet auch in chinesischen Tempeln in Gebrauch."
Kwanjun: (chin.: guanyin), Bodhisattva Avalokiteśvara.
*Das Objekt konnte noch nicht eindeutig identifiziert werden. N Nyima vermutet, dass es sich um einen Ritualspiegel handelt.

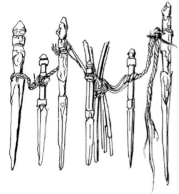

Inv. Nr. 25.28:239
„Wächterdolche"
Holz, z.T. mit Rinde. L max 28 cm, L min 16,5 cm. Sechs grob aus Ästen herausgeschnitzte "Dolche" und ein Bündel von 6 mit dem Messer geschälten Zweigen. Alle waren ursprünglich mit einer lose gedrehten weißen Wollschnur verbunden, die jedoch inzwischen mehrfach zerrissen ist. Inschriften (alle Silben vertikal unter einander): Nr. 1: tib.: bar ʻkhyam (lies: bar kyam, Bedeutung evtl. zwischen und umherlaufen), Nr. 2: tib.: lho nub (lies: lho nub, Bedeutung Süden und Westen), Nr. 3: tib.: nub byang (lies: nub dschang, Bedeutung Westen und Norden).
Stoetzner: „23.7.14. Vom Eingang zum Privattempel des geflohenen Kialakönigs außerhalb des Ortes. Solche Stricke mit Holzstücken, oft bloß gebrochenen Ästen, oft aber auch gut ausgeschnitzt, sind oben quer über den Eingang gespannt und sollen bösen Einflüssen, etwa Geistern und Krankheiten, den Eingang wehren. Die Hölzer ahmen die sogenannten Donnerkeile nach. Auch in Rumitschango und anderwärts."
„Donnerkeil" bezeichnet das Ritualgerät Vajra. Hier allerdings handelt es sich um etwas anderes, nämlich die Holzversion des Ritualdolchs Phurpa (tib.: phur pa). Dieser Dolch mit den drei Schneiden, die die Grundübel

Gier, Hass und Verblendung durchtrennen, ist ein sehr mächtiges Ritualgerät zur Bannung von üblen Einflüssen, Heilshindernissen und den Mächten der Finsternis. Gleichzeitig verkörpert er die Initiationsgottheit (Yidam) Phurpa, die vor allem im Nyingma-Orden eine Rolle spielt Bei Holzdolchen wie den vorliegenden, handelt es sich um sogenannte Wächter-Phurpas, die, magisch aufgeladen, zur Abgrenzung eines genau definierten rituellen oder sakralen Bereichs dienen (Schuster, 2000: 96) und Störungen von diesem Bereich fernhalten.

Inv. Nr. 25.28:243
Druckstock für Stellvertreter-Opfer (tib.: pho gdong mo

gdong, lies: pho dong mo dong)
Holz. H 21 cm, B 11 cm, T 1,5 cm.
Der Abdruck zeigt in der linken Kartusche eine Frau mit Plisseerock, linksseitig schliessendem Obergewand und Kopfwickel, die stehend spinnt. Die rechte Kartusche zeigt einen Mann in weiter Hose, bis zur Taille reichender gemusterter Jacke, Hut mit weiter, schräg hochstehender Krämpe und langem Zopf. Er hat ein Schwert an der Seite und hebt beide Hände. Die Inschriften lauten: tib.: pho tong 'di 'bul (lies: pho tong di bül, Bedeutung etwa: anstelle seiner opfere dies); tib.: mo tong 'di 'bul (lies: mo tong di bül, Bedeutung etwa: anstelle ihrer opfere dies).
Stoetzner: „Lianghokou Wassuland westl. von Taokwan 27.4.14. Holzstock zum Drucken. Darstellend eine männliche und eine weibliche Figur, sowie tibetische Schriftzeichen."
Für ein Stellvertreter-Opfer werden gedruckte Bilder mit Namen, Alter und Horoskopkonstellation der vom Unheil befallenen Person versehen und auf ein Holztäfelchen aufgebracht. Diese wird der Person zusätzlich durch das Anbringen ihrer Haare, Kleiderfetzen o.ä. „anverwandelt". Dieses Lü- (tib.: glud) Täfelchen wird in einen Ring aus Butter und Gerstenmehl gestellt und mit weiteren Opfergaben bestückt, die den Unheil verursachenden Dämon anziehen. Er hält den Stellvertreter für die wirkliche Person und „fährt ein". Sobald sich dies durch ein Zittern des Täfelchens bemerkbar macht, wird es aus dem Haus gebracht und an unzugänglicher Stelle weggeworfen. Der Besserung der befallenen Person steht nun nichts mehr im Wege (Schuster 2002: 100-101). Phodong modong bedeutet wörtl. männliches Gesicht und weibliches Gesicht.

Inv. Nr. 25.28:244 (Foto Saal)
„Zauberspiegel" zur Krankenheilung
Messing, z.T. versilbert (?). Platte 5 cm x 5 cm x 0,5 cm, H ges. 10,5 cm.
Auf der Rückseite chinesische Zeichen, die stark korrodiert und unlesbar sind.
Stoetzner: „Tatsienlu 21.6.14. Sog. Zauberspiegel, der das Bild stets verkehrt zeigt. Er soll bei Krankenheilungen benutzt werden. Herstellungsort jedenfalls China."
Das Objekt konnte noch nicht genauer identifiziert werden.

Inv. Nr. 25.28:246 (Foto Saal)
Torma-Modelstab für Stellvertreteropfer (tib.: gto par, lies: to par*/zan spar/zan par, lies: sän par)
Holz, Etui Baumgewebe. L 48 cm, D max 4,4 cm.
Keine Angaben von Stoetzner. Laut Inventarbuch erworben in Tatsienlu. Zur Verwendung vgl. Nr. 25.28:51 und 52 (bei Artikel Grothmann).

Inv. Nr. 25.28:264 (Foto Maas)
Mütze eines Lama (tib.: tom ra zhva mo, lies: tomra schamo / tom ra gcod zhva, lies: tomra tschöscha)*
Baumwollstoff, Seide (?), Holz (?). L 24,5 cm, B Ohr-Ohr 25,5 cm, Fransen L ca. 20 cm.
Diese Schirmmütze aus dunkelbraunem Baumwollstoff ist, über einem Rahmen gearbeitet, der vermutlich aus gespaltenen, gebogenen Zweigen besteht. Von den Fransen fehlen etliche.
Stoetzner: „Lianghokou, Wassuland westl von Taokwan 29.4.14. Alte merkwürdige Lamamütze mit schwarzen Fransen. Sie wird bei sakralen Handlungen, Gebete lesen u.ä. so getragen, dass die Fransen vor dem Gesicht herabhängen. Sie stammt vom Lama aus dem Festungstempel in Tsaopo." Foto des Lama in Stoetzner, 1924: 97.
* N. Ronge ist hinsichtlich der Bezeichnung unsicher, schlägt jedoch Tomra schamo oder Tomra tschöscha vor. Tom heißt Bär, Ra heißt Zaun, Schamo Hut, und Tschöscha Meditationshut. Der Effekt des Hutes ist, dass er gegen Störungen durch Sonnenstrahlen und Schneeblendung hilft. Außerdem werden, während man meditiert, die niederen Wesen, die Geister, nicht durch die Augen des Meditierenden erschreckt. Die Fransen sind hier ungewöhnlich lang. Sie gehen sonst bis zur Nasenspitze des Trägers.

Inv. Nr. 25.28:267
Lama-Weste (tib.: stod `gag, lies: tönga)
Wollgewebe, (Gold-)Brokat, Baumwollgewebe.
L ca. 110 cm, B ca. 120 cm.
Stoetzner: „Tatsienlu 6.7.14. Großlamaornat
[gezeichnetes Swastika] Nr. 3 Ärmelloses Oberkleid (Jacke) aus dickem, dunkelrotem tibetischem Wollstoff, wie es von fast allen Lamas gleichmässig getragen wird. Dieses, für einen Grosslama bestimmt, ist mit Goldbrokat benäht. Hierüber wird das faltige Schultertuch getragen. 25 000.-"

Inv. Nr. 25.28:268 (Fotos Saal)
Rückenschmuck eines Disziplinarmönchs (tib.: dge bskos rgyab ra, „shan", lies: gekö gyabra schen)
Silber, Messing, Baumwolle, Seide; Koralle, Türkis. L ges. 123 cm, B ca. 11 cm.
Stoetzner: „Tatsienlu 6.4.14. Grosslamaornat [gezeichnetes Swastika] Nr. 4. Ornatstück von prächtiger ziselierter Arbeit mit echten Korallen und Türkisen besetzt. Es wird unter dem umgeschlagenen Kragen des Oberkleides befestigt und hängt am Rücken herab bis zu den Unterschenkeln. Lamas nicht so hohen Ranges tragen bei Gottesdiensten dasselbe aus besticktem Tuch."
Der Gekö eines Klosters, oft mit „Disziplinar" oder „Mönchspolizist" übersetzt, ist wörtlich gesprochen der „Gute-Taten-Meister", derjenige, der die Mönche zu guten, heilsamen Taten drängt. Seine Funktion ist daher eine geistliche, die weit über das Überwachen der Klosterdisziplin hinausgeht. Der offizielle Rückenschmuck, den die Gekös aller Traditionen an besonderen Tagen zum Zeremoniell tragen, heißt Gekö gyabra schen, was Ronge zufolge „Rückending eines Gekö" bedeutet.

Inv. Nr. 25.28:270
Silberner Wasserflaschenbehälter (tib.: chab blug lies: tschab lug / tschab lu)
Silber, Seidenbrokat, Seidengarn. H 36 cm, B 25 cm.
Stoetzner: „Tatsienlu 6.7.14. Grosslamaornat [Zeichnung eines Swastika] Nr. 6 Weihwasserfläschchen mit silbernem Verschluss. Die Brokatblätter, in denen die kleine runde Weihwasserflasche eingenäht ist, werden links herabhängend wie am Gürtel getragen. 21 000.-"

Das Wasserfläschchen für Mönche mit Tuchbehang, das ursprünglich zum Spülen des Mundes nach Mahlzeiten und als Schneuz-/Mundreinigungstuch diente, wird heute aber nur noch zu rituellen Mundspülungen verwendet. Um ein Weihwasserfläschen im westlichen Sinne handelt es sich also nicht. Nur vollordinierte Mönche (tib.: dge slong, lies: gelong) tragen solche Fläschchen. Dieser Funktion als Statussymbol entsprechend sind sie besonders schön geschmückt.

Inv. Nr. 25.28:273 (Foto Saal)
Obergewand der Wassu-Frauentracht
Baumwolle. L ca. 114 cm; Spannweite 107 cm.
Keine Angaben von Stoetzner. Laut Inventarbuch aus Lianghokou.

Inv. Nr. 25.28:274
Schürze der Wassu-Frauen
Baumwolle, Kreuzstichstickerei. H 93 cm, B max 70 cm.
Keine Angaben von Stoetzner. Laut Inventarbuch Frauenschürze aus Lianghokou.

Inv. Nr. 25.28:275, 25.28:276, 25.28:293, 25.28: 294, 25.228:295 (Foto Saal)
Gürtel (tib.: sked rags/rked rags, lies: ke rag/ki ra/ke rag)* und Stiefelbänder (tib.: lham sgrog, lies: lham dschog).
Nr. 275: L 176 cm, B 4 cm. Nr. 276: L 186 cm, B 5 cm. Stoetzner (zu beiden Nummern): „Lianghokou, Wassuland westl. von Taokwan 1.5.14. Wassufrauengürtel, selbstgewebt, zum Halten der Hosen. Sie werden auch von Männern getragen."
Nr. 293: a) L 108 cm, B 4 cm. b) L 104 cm, B. 4 cm.
Stoetzner: „Tatsienlu 22.7.14. Selbstgewebtes Band, mit dem die Kiala ihre Stiefelschäfte oben unter den Knien zubinden. 400.–" (Es sind zwei Bänder vorhanden)
Nr. 294: L 190 cm, B ca. 3,5 cm.
Stoetzner: „Tatsienlu 24.7.14. Ein Paar Bänder, mit denen die Kiala ihre Stiefelschäfte oben unter den Knien zubinden. Die eingewebten Zeichen haben Namen und Bedeutung. 700.-" (Es ist nur ein Band vorhanden)
Nr. 295: L ca. 158 cm, B 3,5 cm.
Stoetzner: „Tatsienlu 22.7.14. Von Kialafrauen selbstgewebter Gürtel zum Zusammenhalten der Hosen. 500.-"
*N. Ronge zufolge gibt es zwei Schreibweisen für das Wort Gürtel.
Alle Bänder sind in Brettchenwebtechnik hergestellt.

Inv. Nr. 25.28:278 (Foto Saal)
Paar Festtagsschuhe für Frauen
Baumwollstoff, Seidengarn (Weiß / Blautöne / Grün).
L 26 cm, B ca. 8 cm.
Die Sohle ist seitlich mit drei Wülsten aus Baumwollstoff benäht und ganz sauber: Die Schuhe waren offenbar nicht getragen.
Stoetzner: „Lianghokou Wassuland westl. von Taokwan 2.5.14. Ein Paar Wassufrauenfestschuhe blau selbst gearbeitet. Form ähnlich chinesischen. Gewöhnlich werden nur Strohsandalen getragen."

Inv. Nr. 25.28:280 (Foto Saal)
Bestickter Festkragen
Seide. H max mit Troddeln 44 cm, B 68 cm
Stoetzner: „Lianghokou Wassuland westl. von Taokwan. Wassufrauenkragen, reich bestickt mit Fransen. Von Chinesen für die Wassu gearbeitet, die ihn bei Tänzen und Festlichkeiten anlegen. Echte Wassufestkleider gibt es nicht. 5400.-"
(Abbildung: Wassufrau mit Festkragen Stoetzner 1924: 112.)

Inv. Nr. 25.28:282 (Foto Saal)
Stickerei
Baumwolle. H 22 cm, B 35 cm.
Kreuzsticharbeit. Das rechte Feld zeigt ein Blumenkörbchen, das mittlere einen Karpfen in Wellen, darüber ein Pavillon. Linkes Feld: Kleine Pagode. Alle Motive entstammen dem chinesischen, nicht dem tibetischen Kulturraum.
Stoetzner: „Lianghokou Wassuland westl. von Taokwan 3.5.14. Wassufrauenstickerei im charakteristischen Kreuzstich mit reichen Mustern, von denen jedes eine Bedeutung hat. 500.-"
Verwendung ungeklärt, jedoch vermutlich zum Aufnähen auf ein Kleidungsstück gedacht, wie z.B. bei Inv.Nr. 25.28:274.

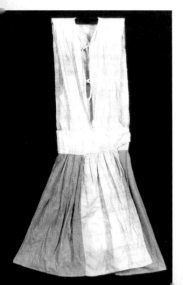

Inv. Nr. 25.28:283 (Foto Saal)
Frauenkleid mit plissiertem Rock.
Baumwolle. L ca. 110 cm, Schulterbreite 32 cm
Keine Angaben von Stoetzner. Erworben laut Postenbuch in Rumitschango.
Beim Tragen sah man vermutlich nur den plissierten Rock, über dem Oberteil wurde eine Jacke getragen (vgl. das Kialafrauen-Festgewand Nr. 25.28:300-307 im Farbteil).

Inv. Nr. 25.28:285 (Foto Saal)
"Kindertanzrock"
Baumwolle, Seide. H 48 cm, B max 79 cm.
Dieser mehrteilige Schurz, der hier in ganzer Breite zu sehen ist, gehört zu den noch nicht näher bestimmten Stücken unserer Sammlung. Stoetzner: „Rumitschango 14.6.14. Kindertanzrock aus dem benachbarten Badifürstentum.

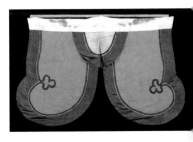

Nach Angabe des Chinesen, der mir als Aufkäufer dient, da die Barbaren vor mir sehr scheu sind und nichts veräußern, ist es das einzige Kleidungsstück von der Hüfte abwärts. Die Angabe halte ich für richtig, da die Mädchen auch nur ein Tuch, das von vorn nur unvollkommen schliesst, als Rock tragen [...]. Der Stoff zu diesem „guten Tanzrock" ist von China eingeführt. 1200.-"

Inv. Nr. 25.28:287 (Foto Saal)
Männer-Gehrock / Chuba (tib.: chu pa. lies: tschupa / ba)
Weißer Wollköper. L 131 cm, Kragen H 9 cm, Spannweite 149 cm.
Stoetzner: „Tatsienlu 26.6.14. Wolljacke der tibetischen Männer. Sie ist Das typische Kleidungsstück, das durch einen Gürtel zusammengehalten und dann blusenartig hochgeschürzt wird. Die rechte Schulter wird gewöhnlich frei getragen und der herabhängende Ärmel in den Gürtel gesteckt. Bisweilen kommt ein ebenso geschnittener dünner Baumwollkittel darunter. 7000.-"

Die Chuba ist das wichtigste Kleidungsstück der Tibeter. Sie wird für gewöhnlich aus grobem Wollstoff (tib.: snam bu, lies: nam bu) hergestellt, kann aber auch aus Fell, Seide etc. sein. Meist wird sie auf der rechten Körperseite mit Häkchen oder Knöpfen geschlossen, bei unserer Chuba gibt es jedoch keine solche Vorrichtung. Die Chuba wird immer mit einem breiten Wickelgürtel (tib.: sked rags, lies.: ke rag) gegürtet, der hier nicht erhalten ist. Man kann aus einem Ärmel herausschlüpfen, wie Stoetzner es hier beschreibt. In dem hochgebauschten Teil oberhalb des

Gürtels kann man Dinge transportieren. Unter der Chuba trugen Frauen gewöhnlich langärmelige, einfarbige Schalkragenblusen (tib.: stod thung, lies: tö thung), die Männer trugen Hemden (tib.: 'og 'jug, lies: og dschug) sowie manchmal Westen (tib.: stod thung, lies: tö thung) und Hosen (tib.: gos thung, lies: gö thung / rkang snam, lies: kang nam).

Inv. Nr. 25.28:288 (Foto Saal)
Gehrock / Chuba (tib.: chu pa, lies: tschu pa / ba) der Kiala
Roter Wollköper, Baumwollstoff. L 120 cm, Kragen H 7 cm, Spannweite 145 cm.
Aus ca. 19 cm breiten, vertikalen Bahnen zusammengesetzt. Viele alte Risse und Schäden – ein offenbar schon sehr getragenes Stück. Kragen, Gewandunterkante und Ärmelkanten sind mit blauen Baumwollstreifen hinterlegt.
Stoetzner: „Tatsienlu 20.7.14. Rotwollenes Kiala-Oberkleid. Es wird auch von Frauen, oft nur einen Ärmel angezogen, getragen und durch einen Gürtel zusammengehalten. Die besseren Tatsienlu'er Kialafrauen tragen diesen groben Stoff nicht, sondern eine weiße oder rote grobseidene Unterjacke und darüber einen dunkelblauen Kaftan mit sehr langen umgeschlagenen Ärmeln von feinerem Stoff. 6000.-"

Inv. Nr. 25.28:289 (Foto Saal)
Männer(?)-weste (tib.: stod thung / stod 'gag*, lies: töthung, tönga)
Wolltuch, Futter Baumwolle, Knöpfe Metall, Glas. L ca. 72,5 cm, B max 79 cm.
Die dunkelrote Weste besteht aus zwei einzelnen Stoffpartien, welche nur durch Knöpfe an den Seiten und vorne in der Horizontalen zusammengehalten werden.
Stoetzner: „[keine Ortsangabe]. Dunkelrote Überweste eines vornehmen Kiala." Laut Inven-

*tarbuch erworben in Tatsienlu.
N. Ronge nimmt an, dass die Weste auch von Frauen getragen worden sein könnte.*

Inv. Nr. 25.28:291 (Foto Saal)
Paar Stiefel eines Mönchsbeamten (tib.: lham / 'ja´ can, lies: lham, dscha tschän).
Leder. H 42 cm, L 30 cm.
Stoetzner: „Tatsienlu 5.7.14. Ein Paar tibetische Lamastiefel, die Schäfte sind aus Derge (nach Ansicht eines befreundeten Lama aus Lhassa) eingeführt. Die merkwürdigen Sohlen dazu sind jedenfalls von einem chinesischen Handwerker gefertigt. 6000.-"
Die Ledersohle ist in Mustern gesteppt und mit der Darstellung einer chinesischen Lochmünze in Ajour-Arbeit geschmückt. Lochmünzendekor ist in China häufig und hat dort eine positive, Reichtum verheißende Bedeutung. Auch auf osttibetischen Objekten ist er gelegentlich zu sehen.

Inv.Nr.25.28:296 (Foto Saal)
Falscher Zopf der Kiala-Männer
Baumwollgewebe, (Yak?-)Haar, Seide. L ges 103 cm.
Keine Angaben von Stoetzner. Laut Inventarbuch erworben in Tatsienlu.
Der Zopf besteht aus drei miteinander verflochtenen, ausgestopften Baumwoll-Wülsten mit Haarauflage. Das Haar konnte nicht genau bestimmt werden, menschliches Eigenhaar und Pferdehaar sind ausgeschlossen. Yakhaar kommt in Frage, es wird bei anderen kleinen Völkern Osttibets für Haarteile benutzt. Den Abschluss bildet ein Futteral aus Seidenstoff.

Inv.Nr. 25.28:297 (Foto Saal)
Frauengürtel (tib.: sked rags / rked rags, lies: ke rag / ki ra / ke rag)*
Wolle in Brettchenweberei. L 143 cm, B 21,5 cm.
Stoetzner: „Tatsienlu 3.7.14. Ein Stück farbiges gemustertes Tuch, das als Frauengürtel dient. Es ist von den Tibeterinnen handgewebt und wird auch zu Röcken verwendet. 1000.-"
* N. Ronge zufolge gibt es zwei Schreibweisen, wie oben angegeben.

Inv.Nr. 25.28:298 (Foto Saal)
Frauenhut (tib.: zhva dkar, lies: scha kar oder: evtl. skra zhva gar brjus, lies: tschra scha gar dschü)
Stroh-Flechtband, Baumwollstoff, Seidengewebe, Pfeifenputzerdraht, Papier, Federn. H max 7 cm, D außen 43 cm, innen 20,5 cm.
Keine Angaben von Stoetzner. Laut Inventarbuch erworben in Tatsienlu als „Frauenhut, charakteristisch für Kiala".
N. Ronge zufolge nennt man solche Hüte scha kar, d.h. weißer Hut, oder aber tschra scha gar dschü, das bedeutet soviel wie „weißer Falsch-Haar-Tanzhut", „weißer Perücken-Tanzhut". Die Zöpfe der Trägerin (evtl. verstärkt durch Haarteile) werden oben auf dem Kopf gerollt und schauen durch die Öffnung heraus - daher der Ausdruck Perücken-Hut. Beim Tragen steht die Krämpe schräg nach oben, so dass die Blumenverzierung im Inneren der Rundung zu sehen ist. Solche Hüte trägt man an der südosttibetischen Grenze.

Inv. Nr. 25.28:305 (Foto Saal)
Schultertuch / Kopftuch (tib.: kha dkris (?), lies: kha tschri)* zum Frauen-Festkleid
Seide, Goldfaden. L ges. 260 cm, B 22 cm.
Stoetzner: „Tatsienlu 8.7.14. Langer Schulterschal aus Goldbrokat mit Blumenmuster an den Seiten. Er ist Nr. 6 [Symbol in der Form eines Melonenhuts] der vollständigen Kialafrauentracht und Tanzkleidung. 2000.-".
Der Stoff ist N. Ronge zufolge ostbengalisch, 18. Jahrhundert. In Indien wäre das Tuch ein Schultertuch, aber in Tibet dient es als Kopftuch (headdress), in Osttibet wird es N. Ronge zufolge adi genannt. Lenuck schlägt als Schreibung das zentraltibetische „kha dkris" (lies: kha tschri, Bedeutung Kopftuch) vor.

Inv. Nr. 25.28: 307
Besticktes Tabaktäschchen / Ziertäschchen zum Frauen-Festkleid:
Seide. H 8,5 cm, B 8 cm, Quaste L 27 cm.
Stoetzner: „Tatsienlu 8.7.14. Kleiner Frauentabaksbeutel aus roter Seide, von chinesischer Herkunft. Er ist Nr. 8 (…) der vollständigen Kialafrauenfest- und Tanzkleides. 200.-"
Zwar werden in Tibet auch textile Tabaktäschchen benutzt (vgl. Rockhill, o.J.: Tafel 20), im vorliegenden Fall sind Form und Dekor jedoch rein chinesisch. Offenbar kann diese Form des Täschchens auch anderen Zwecken dienen, siehe das „Gewürztäschchen" bei Schuster (2002: 61), das an einem Etui für Essbesteck hängt. N. Ronge vermutet eine reine Zierfunktion.

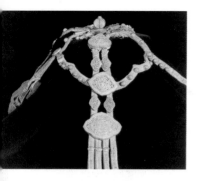

Inv. Nr. 25.28:313 Slg. Stoetzner (Foto Saal)
Teil eines Zaumzeugs (tib.: srab, lies: sab)
Leder, Bronze, vergoldet, Eisen, Glas. Schmuckgehänge H ca. 60 cm.
Liegt über der Kruppe des Pferdes.

Inv. Nr. 25.28:318 (Foto Saal)
Türbosse / Türbeschlag (tib.: sgo sbug, lies: go bug)
Kupferblech. H max 38 cm, B / D 30 cm, T max 5 cm.
Keine Angaben von Stoetzner. Erwerbungsort unbekannt.
Solche runden, zu einem Drachengesicht getriebenen und gravierten Schilde dienten paarweise als Griffbeschlag für Tempel- oder Klostertüren. Der bewegliche Bügel, der zum Ziehen an der Türe dient, hat hier keine Gebrauchsspuren. Möglicherweise handelte es sich um Neuware. Innen zwei Aufschriften mit schwarzer Tusche: chin.: wushisi (vierundfünfzig), querstehend dazu zwei weitere Zeichen (unlesbar). Auch die eckige Form des Mauls deutet auf Herstellung im sino-mongolischen Raum hin (Clarke 1997: 287). Die Bezeichnung Go bug bedeutet Tür-Zimbeln.

Inv. Nr. 25.28:321
Opferflagge für einen Berggott (tib.: dar, lies: dar)
Baumwollstoff, bemalt Holz. H 66 cm, B 59 cm.
Die Malerei stellt einen Hirsch dar, der eine Vase mit Blumengebinde auf dem Rücken trägt.
Keine Angabe von Stoetzner. Laut Inventarbuch „Tempelfahne aus Tatsienlu".

Laut N. Ronge gibt es solche Flaggen in Amdo und der Mongolei. Sie werden als Opfergabe für Berggötter in Prozessionen mitgetragen. Die Bedeutung des Wortes dar ist „Banner, Flagge". Vergleichsabbildung bei Baumer (2002: 51).

Inv. Nr. 25.28:323 und 25.28:325 (Foto Saal)
Männergewand der Wassu
Nr. 323 Jacke (tib.: stod thung, lies: thö thung)
Wollköper. H 75 cm, Spannweite 167 cm.
Stoetzner: „Lianghokou Wassuland westl. von Taokwan 1.5.14. Wassumännerkleid S Nr. 2. Wassumännerjacke aus selbstgewebtem Schafwolltuch. Sie wird durch Gürtel aus gleichem Stoff oder selbstgewebtem, farbigem Band, an dem das Feuerzeug hängt, zusammengehalten. Wenn einmal Unterkleidung getragen wird, so ist sie von gleichem Schnitt aus chinesischem Baumwollstoff. Es gibt Mäntel von gleichem Stoff und Schnitt nur länger aus weißer und brauner Wolle. 5700.-"

Nr. 25.28:325 Hose (tib.: rkang snam, lies: kang nam/ gos thung, lies: gö thung)
Pflanzenfaser (Hanf ?). L ges 86 cm, L ab Bund 71 cm, Bund B 56 x 2, untere Beinweite 31 cm x 2
Die grau-beigefarbene Hose aus Stoffbahnen von max 37 cm Breite hat einen 15 cm breiter Bund ohne Gürtelschlaufen oder Zugvorrichtungen und keinen Hosenschlag. Die Hosenbeine stehen, wenn die Hose glatt liegt, im 90-Grad Winkel zueinander, sie sind oben weit und nach unten nur wenig enger. Beim Tragen der Hose bilden sich im Schritt zahlreiche Falten, so dass grosse Bewegungsfreiheit für den Träger gegeben ist. Stoetzner: „Lianghokou Wassuland westlich von Taokwan 1.5.14. Wassumännerkleid S Nr. 4. Hose aus selbstgewebtem Pflanzenfaser (Hanf?)Tuch. Sie ist immer so weit und so kurz. Im Sommer zuweilen gleiche aus blauem oder weißem chinesischem Baumwollstoff. Sie wird durch einen Strick oder durch einen Gürtel zusammengehalten, dessen mit Stickerei verzierte Enden vorn an der Seite herabhängen und unter der Jacke hervorsehen. 3100.-"

Inv. Nr. 25.28:324 und Inv.Nr. 25.28:327 (Foto Saal)
(Links) Jackengürtel (tib.: sked rags / rked rags, lies: ke rag / ki ra / ke rag)* zum Wassu-Männergewand Nr. 323–329,
Wolle in Leinenbindung, L ca. 49 cm, B ca. 3,5 cm.
Stoetzner: „Lianghokou Wassuland westl. von Taokwan 1.5.14. Wassumännerkleid S Nr. 3 Gürtel aus Schafwolle zum Zusammenhalten der Jacke. Von Wassufrauen gewebt, bisweilen auch von diesen getragen. Noch nicht aufgeschnitten [...unleserlich] geschenkt."
* Zur Schreibung vgl. Nr. 25.28:297. N. Ronge zufolge wird dieser Typ Gürtel eher von Nomaden getragen.
Inv. Nr. 25.28:327
(Rechts) Ein Paar Gamaschen (tib.: nyva dkris, lies: nya tschri) zum Wassu-Männergewand
Wolle (evtl. Fasermischung Schaf-Ziege), Köperbindung. L 168 cm, B ca. 20 cm/ L 156 cm, B var. 18-20 cm.
Stoetzner: "Lianghokou Wassuland westl. von Taokwan 1.5.14. Wassumännerkleid 8 (oder B?) Nr. 6 Ein Paar wollene Beinwickel, die von den Frauen gewebt werden und ebenso wie von den Männern, so vom Knöchel aufwärts gewickelt werden, dass die Unterschenkelform nicht mehr zu erkennen, sondern nur noch ein wollener Zylinder zu sehen ist. 2400.-"

Inv.Nr. 25.28:326 (Foto Saal)
Bestickter Hosengürtel zum Wassu-Männergewand
Baumwolle (?), Seidengarn. L 208 cm, B 5 cm.
Der weiße, in Leinenbindung gewobene Gürtel ist in den Farben Dunkelblau, Hellblau, Orange, Weiß, Pink, Grün, Rot, Schwarz so bestickt, dass die Motive im Reserveverfahren entstehen.
Stoetzner: "Lianghokou, Wassuland westl. von

Taokwan 1.5.14. Wassumännerkleid Nr. 5 Hosengürtel, der so gebunden wird, dass die mit typischer Wassustickerei verzierten Enden vorn unter der Jacke hervorhängen. Die Stickereimuster haben alle Bedeutung, unten im Schwarz ein Schmetterling, in der unteren Reihe ein Tempel, in der höheren Vögel, usw."

Anmerkungen

[1] Walther Stoetzner über Walther Stoetzner: Abschrift des handschriftlichen Lebenslaufs für die DDR-Presse 1952, zum 70. Geburtstag des Asiensforschers Walther Stoetzner. Archiv Museum für Völkerkunde Dresden, Staatliche Ethnographische Sammlungen Sachsen.
Gerisch, T. H. Asienforscher Walther Stoetzner. Thüringische Neueste Nachrichten. Datum unbekannt. Archiv Museum für Völkerkunde Dresden, Staatliche Ethnographische Sammlungen Sachsen.

[2] Dieses Buch, das laut Gerisch (a.a.O) in Reclams Universum veröffentlicht wurde, lässt sich bibliographisch nicht nachweisen.

[3] Israel war ein NSDAP-Mitglied der ersten Stunde und änderte 1935 seinen Namen zu Oesterhelt (L. Icke-Schwalbe, email 27.9.2004). Der handschriftliche Lebenslauf Stoetzners gibt daher den Namen Oesterhelt an, während Stoetzner ihn in seinem Buch „Ins unerforschte Tibet" noch Israel nennt.

[4] Dr. Lydia Icke-Schwalbe, pers. comm und email vom 21.9.04.

[5] L. Icke-Schwalbe, 2004, pers. comm.

[6] „Tibet": Handschriftliches Inventarbuch der Firma Umlauff. Bibliothek des Museums für Völkerkunde Hamburg, Nr. A 107.

Literatur zum Artikel „Osttibetisches Panorama" und zu den Sammlungsstücken aus dem Museum für Völkerkunde Hamburg

Adam, Leonhard
1923 Hochasiatische Kunst. Stuttgart.

Anninos, Tony
2000 Tibetan Leather Boxes. Arts of Asia, Vol 30 (1), S. 101-117.

Art of Tibet
1999 A Catalogue of Special Exhibition, Hwajeong Museum. Hahn Foundation for Museum (Hrsg.). Seoul.

Art of Tibet
Selected Articles From Orientations 1981-1997. Orientations Magazine. Hongkong.

Ashencaen, Deborah / Leonov, Gennady
1995 The Mirror of Mind: Art of Vajrayana Buddhism. Exhibition at Spink & Son. London.

Asiatische Kunst
2003 Auktionskatalog Nr. 850, Kunsthaus Lempertz. Köln.

Auboyer, Jeannine / Beguin, Gilles (Hrsg.)
1977 Tibet: Kunst des Buddhismus. Ausstellungskatalog Haus der Kunst München. München.

Baldizzone, Tiziana und Gianni
1995 Tibet: Auf den Spuren von Alexandra David-Neel. Stuttgart.

Bangdel, Lain S.
1987 Nepal: 2500 Jahre Nepalesische Kunst. München.

Baumer, Christoph
1999   Bon: Die Lebendige Ur-Religion Tibets. Graz.

Baumer, Christoph / Weber, Therese
2002   Osttibet: Brücke zwischen Tibet und China. Graz.

bDud 'Joms
1999   The Nyingma School of Tibetan Buddhism. Translated by G. Dorje and M. Kapstein. London.

Beer, Robert
1999   The Encyclopedia of Tibetan Symbols and Motivs. London.

Beer, Roland (Hrsg.)
1978   Der Weise und der Tor: Buddhistische Legenden aus Tibet. Hanau.

Béguin, Gilles
1990   Art ésoterique del Himalaya: La Donation Lionel Fournier. Paris.

Blau, Tatjana und Mirabai
1999   Buddhistische Symbole. Darmstadt.

Blondeau, Anne-Marie (Hrsg.)
1998   Tibetan Mountain Deities, their Cults and Representations. Papers presented at a Panel of the 7th Seminar of the International Association for Tibetan Studies, Graz 1995.

Borromée, Antoine
1984   Der Dalai Lama: Weltliche und Spirituelle Macht. Mit Texten von Dagpo Rimpoche und Claude Laforet. München.

Bosshard, Walter
1930   Durch Tibet und Turkistan. Stuttgart.

Brauen, Martin
1974   Heinrich Harrers Impressionen aus Tibet. Innsbruck.
1992   Das Mandala. Der heilige Kreis im tantrischen Buddhismus. Köln.

Buddhist Art from Rehol
1999   Tibetan Buddhist Images and Ritual Objects from the Qing Dynasty Summer Palace at Chengde. Ausstellungskatalog Taipeh (Chang Foundation).

Buddhistische Kunst aus dem Himalaya
1974   Sammlung Werner Schulemann, Bonn. Ausstellungskatalog Museum für Ostasiatische Kunst Köln. H 1.1. Köln.

Bunce, Frederick W.
1994   An Encyclopedia of Buddhist Deities, Demigods, Godlings, Saints and Demons, with special Focus on Iconographic Attributes. Vol I und II. Emerging Perceptions in Buddhist Studies, (2). New Delhi.

Chandra, Lokesh
1986   Buddhist Iconography of Tibet. Band I und II. Kyoto.

Chen, Victor
1994   Tibet Handbook. Chicago.

Chen Qingying
1999   On the Relationship between Tibetan Buddhism and the Chinese Emperors. Buddhist Art from Rehol. Ausstellungskatalog, S. 220-227. Taipeh.

Clark, Walter Eugene
1937   Two Lamaistic Pantheons. Band I und II. Harvard Yenching Monograph Series Vol IV. Cambridge, Mass.

Clarke, John
1989   Chiling: a Village of Ladakhi Craftsmen and their Products. Arts of Asia Vol 19 (3), May-June 1989, S. 128-141.
1992A   Group of Sino-Mongolian Metalwork in the Tibetan Style. Orientations Vol 23 (5), May 1992, S. 65-75.
1997   Regional Styles of Metalwork. In: Singer & Denwood (Hrsg.), S. 278-289.
2001   Ga'u: The Tibetan Amulet Box. Arts of Asia, Vol 31 (3), S. 45–67.

Dagkar Namgyal Nyima
2003   Zhang-Zhung-Tibetan-English Contextual Dictionary. Berlin.

Dagyab, Loden Sherap
1977   Tibetan Religious Art. Asiatische Forschungen Bd. 52. Wiesbaden.
1991   Die Sadhanas der Sammlung Rgyud-Sde Kun-Btus. Ikonographie und Symbolik des Tibetischen Buddhismus, Teil F. Sagaster, Klaus (Hrsg.). Wiesbaden.
1991   Die Sadhanas der Sammlung Sgrub-Thabs 'Dod-'Jo. Ikonographie und Symbolik des Tibetischen Buddhismus, Teil E. Sagaster, Klaus (Hrsg.). Wiesbaden.
1992   Buddhistische Glückssymbole im tibetischen Kulturraum. München.

Dallapiccola, A.
1980   The Stupa. Its Religious, Historical and Architectural Significance. Wiesbaden.

Diemberger, Maria Antonia Sironi
2001   Tibet: The Roof of the World between Past and Present. (Neu Delhi).

Douglas, Nik
1978   Tibetan Tantric Charms and Amulets. New York.

Doré, Henri
1914   Recherches sur les Superstitions en Chine, IIeme Partie, Le panthéon Chinois.Tome VI.

Duda, Margaret
2001   Grooming Kits and Fragrance Carriers in Qing China. Arts of Asia 31,4.

Eberhard, Wolfram
1999^6 Lexikon chinesischer Symbole. Die Bildsprache der Chinesen. München.

Ekvall, Robert B.
1964   Religious Observances in Tibet. Chicago (u.P.).

Essen, Gerd-Wolfgang/Thingo, Tsering Tashi
1989   Götter des Himalaya, Bd I und II. München.
1991   Padmasambhava: Leben und Wirken des großen tantrischen Meisters aus Kaschmir im Spiegel der tibetischen Bildkunst. Köln.

Everding, Karl-Heinz
1993   Tibet. Köln.

Filchner, Wilhelm
1910   Wissenschaftliche Ergebnisse der Expedition Filchner nach China und Tibet, 1903-1905. Band VIII: Katalog der Ausbeute an Ethnographischen Gegenständen: Tibet. Berlin.

Fisher, Robert E.
1997   The Art of Tibet. London.

Forman, Werner / Rintschen, Bjamba
1967   Lamaistische Tanzmasken: Der Erlik-Tsam in der Mongolei. Leipzig.

Fuchs, Walter
1979 Eine Landesspende buddhistischer Bronzen von 1770. Studia Sinomongolica, Festschrift H. Franke. W. Bauer (Hrsg.), S. 271-281. Wiesbaden.

Funke, Friedrich Wilhelm
1969 Religiöses Leben der Sherpa. Khumbu Himal Band 9. Hellmich, Walter (Hrsg.). Innsbruck/München: 1,2.

Getty, Alice
1929 The Gods of Northern Buddhism. Oxford.

Glauche, Johannes W.
1996 Der Stupa. Köln.

Gordon, Antoinette
1959 The Iconography of Tibetan Lamaism. Rutland.

Greve, Gabriele
1994 Buddhastatuen – Who is Who: Ein Wegweiser zur Ikonografie von Japanischen Buddhastatuen. Okayama.

Grönbold, Günter
1982 Die Schrift- und Buchkultur Tibets. In: Müller & Raunig (Hrsg.), S. 363-380.

Grünwedel, Albert
1900 Mythologie des Buddhismus in Tibet und der Mongolei. Leipzig.
1916 Die Geschichten der 84 Zauberer (Mahasiddhas). Baessler-Archiv V, S. 137-228.

Halén, Harry
1987 Mirrors of the Void: Buddhist Art in the National Museum of Finland. Forssa.

Prunner, Gernot
1990   Einige neu gestiftete Mongolica und Manjurica im Hamburgischen Museum für Völkerkunde. Völkerkunde-Museen. Festschrift für Helga Rammow. Volker Harms et al. (Hrsg.) Lübeck.

Heissig, Walter
1989   Der Tsam-Tanz und seine Masken. In: Heissig & Müller, S. 240-244.

Heissig, Walter / Müller, Claudius
1989   Die Mongolen. Ausstellungskatalog München / Hildesheim. Insbruck.

Helffer, Mireille
1994   Mchod-rol. Les Instruments de la musique tibétaine, Paris.

Heller, Amy
1997   The Symbol of the Scorpion in Tibet.. In: Karmay & Sargant, S. 238-297.
1999   Tibetan Art. Mailand.

Herrmann-Pfandt, Adelheid
1992   Ḍākinīs: Zur Stellung und Symbolik des Weiblichen im Tantrischen Buddhismus. Bonn.

Herrmanns, Matthias
O.J.   (¹1955)Mythologie der Tibeter: Magie. Religion. Mystik. Aktualisierte Neuausgabe von John P. Cavlyle. Essen.

Hoffmann, Helmut
1967   Symbolik der tibetischen Religionen und des Schamanismus. Stuttgart.

Hoppe, Thomas
1997   Tibet: Aspekte einer komplexen Situation. Hamburg.

Hummel, Siegbert / Brewster, Paul G.
1962   Games of the Tibetans. FF Communications No. 187.

Jackson, David
1996   A History of Tibetan Painting: The Great Tibetan Painters and their Traditions. Beiträge zur Kultur und Geistesgeschichte Asiens, Nr. 15. Wien.

Kann, E.
1966   Illustrated Catalogue of Chinese Coins. New York.

Kara, György.
1982   Blockdrucke und Handschriften. In: Heissig & Müller, S. 250-252.

Karmay, Samten G.
1972   The Treasury of Good Sayings: A Tibetan History of Bon. London.
1975   A General Introduction to the History and Doctrines of Bon. Toyo Bunko No 33. Tokyo.
1988   Secret Visions of the Fifth Dalai Lama. London.

Karmay, Samten / Sagant, Philippe
1997   Les Habitants du Toit du Monde: Etudes Recueillies en Hommage à Alexander W. Macdonald. Nanterre.

Kramrisch, Stella
1964   The Art of Nepal. New York.

Kreijger, Hugo
1989   Godenheden uit Tibet. Ausstellungskatalog. Rotterdam.
1999   Kathmandu Valley painting: The Jucker Collection. London.
2001   Tibetan Painting: The Jucker Collection. London.

Kvaerne, Per
1977 Dieux et Demons de l'Himalaya. Art du Bouddhisme Lamaique. J. Auboyer und G. Beguin (Hrsg.), S. 186-187. Paris.
1985 Tibet Bon Religion: A Death Ritual of the Tibetan Bonpos. Iconography of Religions, XII, 13. Ed. By Institute of Religious Iconography, Stte University Groningen. Leiden.
1995 The Bon Religion of Tibet: The Iconography of a Living Tradition. London.

Lauf, Detlev Ingo
1976 Verborgene Botschaft Tibetischer Thangkas: Bildmeditation und Deutung lamaistischer Kultbilder. Freiburg.
1979 Eine Ikonographie des Tibetischen Buddhismus. Graz.

Lavizzari-Raeuber, Alexandra
1986 Thangkas. Köln.

Levenson, Claude
1996 Symbols of Tibetan Buddhism. Paris.

Lexikon der östlichen Weisheitslehren
1994^2 Ingrid Fischer–Schreiber und Stephan Schuhmacher (Hrsg.). Bern.

Linrothe, Rob
1999 Ruthless Compassion: Wrathful Deities in Early Indo-Tibetan Esoteric Buddhist Art. London.

Lipton, Barbara / Ragnubs, Nima Dorjee
1996 Treasures of Tibetan Art: Collections of the Jacques Marchais Museum of Tibetan Art. New York.

Lopön Tenzin Namdak / Gungal, Karin
1998 Der heilende Garuda. Ein Stück Bön-Tradition. Dietikon.

Loseries-Leick, Andrea S.
1983   Tibetische Knochenschnitzereien: Tradition und Praxis im Wandel der Zeit - eine Datenerhebung unter Berücksichtigung historisch-ethnographischen Quellenmaterials. Dissertation. Graz.

Lucas, Heinz
1962   Lamaistische Masken. Kassel.

Mallmann, Marie-Thérèse de
1986   Introduction a l´Iconographie du Tantrisme Bouddhique. Paris.

Martin, Dan
1987   On the Origin of the Prayer Wheel According to Two Nineteenth-Century Tibetan Literary Sources. The Journal of the Tibet Society, Vol. 7, S.13-29.

Michaels, Axel
1985/   Der Cire-Perdue-Guß in Nepal. Mitteilung aus dem Museum
1986   für Völkerkunde Hamburg, N.F. Bd. 15 (77-105) / Bd. 16 (173–202). Hamburg.

Müller, H.
1979   Gewehre, Pistolen, Revolver. Jagd- und Kriegswaffen des 14. bis 19. Jahrhunderts. Stuttgart

Müller, Claudius / Raunig, Walter
1982   Der Weg zum Dach der Welt. Ausstellungskatalog Museum für Völkerkunde München. Innsbruck.

Mullin, Glenn H.
1986   Selected Works of the Dalai Lamas. Ithaca.

Museum Umlauff
1907   Thibetisch-Mandschurische Sammlung, bearbeitet von Johs. Flemming. Katalog Nr. 178. Hamburg.

Nebesky-Wojkowitz, René de
1976 Tibetan Religious Dances. Den Haag.

Nebesky-Wojkowitz, René de
1956 Oracles and Demons of Tibet: The Cult and Iconography of the Tibetan Protective Deities. S´Gravenhage.

Pal, Pratapaditya
1969 The Art of Tibet. With an Essay by Eleanor Olson. Ausstellungskatalog. New York.
1975 Bronzes of Kashmir. Graz.
1984 Tibetan paintings: A Study of Tibetan Thangkas Eleventh to Nineteenth Centuries. Basel.
1985 Art of Nepal. Los Angeles.
1997 Tibet: Tradition and Change. Ausstellungskatalog. Albuquerque.

Rapaport, Benjamin
1997 Tobacco Pipe Curiosities of the Orient. Arts of Asia, Vol. 27 (1), S. 78-87.

Rauber-Schweizer, Hanna
1976 Der Schmied und sein Handwerk im traditionellen Tibet. Dissertation Universität Zürich.

Reynolds, Valrae
1999 From the Sacred Realm. Treasures of Tibetan Art from the Newark Museum. München.

Rhie, Marilyn / Thurman, Robert
1991 Wisdom and Compassion: The Sacred Art of Tibet. Ausstellungskatalog Tibet House. New York.

Ribbach, S. H.
1917 Vier Bilder des Padmasambhava und seiner Gefolgschaft. Mitteilungen aus dem Museum für Völkerkunde Hamburg V.

Richtsfeld, Bruno
1982 Der Amulettbehälter (Ga´u) und sein Inhalt. In: Müller & Raunig, S. 288, 305-308.Ronge, Veronika
1978a Das tibetische Handwerkertum von 1959. Wiesbaden.
1978b Tibetische Brettchenweberei. Zentralasiatische Studien Nr. 12, S. 237-251.
1980 Anmerkungen zur Weberei und zum Schaftwebstuhl in Tibet. Zentralasiatische Studien Nr. 14,1, S. 133 – 177.
1984 Gedrechselte Holzgefäße aus Tibet. Zentralasiatische Studien Nr. 17, S. 184-217.
1989 Symbolical Ornaments on Tibetan Objects of Daily Use. Religious and Lay Symbolism in the Altaic World and Other Papers. Proceedings of the 27th Meeting of the Permanent International Altaistic Conference, Walberberg, Federal Republic of Germany June 12th to 17th, 1984, S. 300-307.

Roth, Hans / Ronge, Veronika
1989a Katalog der Tibetischen und Mongolischen Sachkultur. DFG-Sonderforschungsbereich 12 "Zentralasien", Universität Bonn. Wiesbaden.
1989b Die Bedeutung der Lederschen Sammlung für die Ethnographie der Mongolei. In: Heissig & Müller (Hrsg.), 110-112.

Sazykin, A. G.
1982 Der Indo-Tibetische Einfluß auf die Mongolische Literatur. In: Heissig & Müller (Hrsg.), S. 253-257.

Schick, Jürgen
1989 Die Götter verlassen das Land: Kunstraub in Nepal. Graz.

Schicklgruber, Christian / Pommaret, Françoise
1998 Bhutan-Festung der Götter. Ausstellungskatalog Museum der Kulturen. Basel.

Schmidt-Thomé, Marlies / Thingo, Tsering Tashi
1975 Materielle Kultur und Kunst der Sherpa. Beiträge zur Sherpa-Forschung, Teil 3. Khumbu Himal Band. 10, S. 1,2. Innsbruck.

Schroeder, Ulrich von
1981   Indo-Tibetan Bronzes. Hongkong.

Schuh, Dieter
1981   Grundlagen tibetischer Siegelkunde. Eine Untersuchung über tibetische Siegelaufschriften in 'Phags-pa-Schrift. Sankt Augustin.

Schuster, Gerhart W.
2000   Das alte Tibet: Geheimnisse und Mysterien. St. Pölten.

Schuster, Gerhart W. und Susanne
2002   Geheimnisvolle Welt Tibet. Ausstellungskatalog Rosenheim / München / Schallaburg.

Schumann, Hans-Wolfgang
1986   Buddhistische Bilderwelt. Köln.

Singer, Jane Casey / Denwood, Peter (Hrsg.)
1997   Tibetan Art. Towards a Definition of Style. London.

Skorupski, Tadeusz
1983   Tibetan Amulets. With an Introductory Preface by Per Kvaerne. Bangkok.

Smejkal, Alex
1990   Kult und Alltag in Tibet. Katalog des Niedersächsischen Landesmuseums. Hannover.

Snodgrass, Adrian
1985   The Symbolism of the Stupa. Ithaca.

Steffan, Roland (Hrsg.)
1995   Mitleid und Wiedergeburt in der tibetischen Kunst. Ausstellungskatalog Museum für Völkerkunde St. Gallen.

Stoddard, Heather
1997 The Nine Brothers of the White High. Mi-nyag and `King´Pedkar Revisited. In: Karmay & Sagant, S. 75-109.

Stoetzner, Walther
1924 Ins unerforschte Tibet: Tagebuch der deutschen Expedition Stoetzner 1914. Leipzig.

Stone, George Cameron
1961 A Glossary of the Construction, Decoration and Use of Arms and Armour. New York.

Tafel, Albert
1914 Meine Tibetreise: Eine Studienfahrt durch das nordwestliche China und die innere Mongolei in das östliche Tibet. Stuttgart.

Tachikawa, Musashi; Mori, Masahide und Yamaguchi, Shinobu (comp.)
1995 Five Hundred Buddhist Deities. Senri Ethnological Reports 2. Osaka.

Tenzin, Khempo S. / Oleshey, Gomchen
1976 The Nyingma Icons: A collection of Line Drawings of 94 Deities and Divinities of Tibet. Kailash. III, (4), S. 319 ff.

Thurman, Robert / Weldon, David
1999 Sacred Symbols: The ritual Art of Tibet. Ausstellungskatalog Sothebys / Rossi & Rossi, New York.

Thurman, Robert / Rhie, Marilyn
1991 Wisdom and Compassion: The Sacred Art of Tibet. (Ausstellungskatalog: Tibet House) New York.

Tibet House Museum. Catalogue of the Inaugural Exhibition
1965 New York / Neu Delhi.

Tibet Museum
2001 Ausstellungskatalog des Tibet Museum Lhasa. Peking.

Toyka-Fuong, Ursula
1983　Die Kultplastiken der Sammlung Werner Schulemann. Ikonographie und Symbolik des Tibetischen Buddhismus, Bd. B. Sagaster, Klaus (Hrsg.). Wiesbaden.
1987　Die Kultplastiken der Sammlung Ernst Senner. Ikonographie und Symbolik des Tibetischen Buddhismus, Bd C. Sagaster, Klaus (Hrsg.). Wiesbaden.

Tsarong, Namgyal Dundul
1995　Le Tibet tel qu'il était. Paris.

Tsering, Pema
1995　Tibetische Weiheminiaturen. Lamaistische Symbole für geistliches Heil und weltliches Glück. Wiesbaden.

Tucci, Giuseppe / Heissig, Walter
1970　Die Religionen Tibets und der Mongolei. Die Religionen der Menschheit, Bd. 20. Christel Matthias Schröder (Hrsg.). Stuttgart.

Uhlmann, Werner
1999　Blankwaffen aus Ost-und Südost-Asien. 235 Waffen in 717 Farbfotos. Würzburg.

Van der Wee, Pia und Louis
o.J (1995)　A Tale of Thangkas: Living with a Collection. o.O. (London).

Waddell, L. Austine.
1967　The Buddhism of Tibet or Lamaism. Cambridge.

Walravens, Hartmut
1986　Orientalia. Handschriften und Drucke aus Hamburger Besitz. Ausstellungskatalog Staats und Universitätsbibliothek Hamburg. Osnabrück.

Welck, Karin von / Wieczorek, Alfried (Hrsg.)
1997   Die Verbotene Stadt: Aus dem Leben der letzten Kaiser von China. Ausstellungskatalog des Reiss-Museums Mannheim. Mainz.

Weldon, David / Casey Singer, Jane
1999   The Sculptural Heritage of Tibet: Buddhist Art in the Ningyal Lam Collection. London.

Zhang Bingzhong
1998   Kangba zangzu minjian meishu (Volkskunst der Tibeter von Kangba (Sichuan). Chengdu.

Ortsnamen und ethnische Bezeichnungen bei Stoetzner

Isabel Lenuck

Alle hier erwähnten ethnischen Gruppen sind heute in der offiziellen ethnischen Statistik der Volksrepublik China als Tibeter (zang zu) klassifiziert.

Badi / Bati
In Gyarong Sprache heißt dieses Fürstentum Badi, tib.: Bra sti, lies: bati, chin.: Badi. (Info Thomas Hoppe, pers. Comm.). Dieses ehemalige Fürstentum liegt im (heutigen) Kreis Rongtrak (eng.), tib.: Rong brag, lies: rongdschag, chin.: Danba (Dorje 1999: 621). Es ist auch der Name einer Ethnie. (Thomas Hoppe, pers. Comm.).

Batang
Eng.: Batang, tib.: 'Ba' thang, lies: batang chin.: Batang, (Dorje 1999: 430).

Bawang
In Gyarong Sprache heißt dieses Fürstentum Bawang, tib.: Ba bam, chin.: Bawang,[1] heute für tib.: dPa' bang[2], Pawang[3], im heutigen Kreis eng.: Rongtrak, tib.: Rong brag, lies: rongdschag, chin.: Danba, (Dorje 1999: 621). Nächstes Fürstentum nördlich von Romi Tschanggu (Tafel 1914: 218). Es ist auch der Name einer Ethnie. (Thomas Hoppe, pers. Comm.).

Dandung
Tib.: mDa' mdo, lies: damdo;[4] Variante des Namens eines ehemaligen Fürstentums, das in Gyarong Sprache Gebzhiza, tib.: dGe shi rtsa, chin.: bGeshizha heißt[5]. Dieses ehemalige Fürstentum liegt im heutigen Kreis Rongtrak, tib.: Rong brag, lies: rongdschag, chin.: Danba, (Dorje 1999: 621). Es ist auch der Name einer Ethnie. (Thomas Hoppe, pers. Comm.).

Dawo
Eng.: Tawu, tib.: rTa 'u, lies: ta-u, chin.: Daofu, Kreisstadt von Tawu (eng.), tib.: rTa 'u, lies: ta-u, chin.: Daofu (Dorje 1999: 501).

Derge Gontschen
evtl. für tib.: sDe dge dgon chen, lies: dege göntschen (großes Kloster von Derge); im Kreis eng.: Derge, tib.: sDe dge, lies: dege, chin.: Dege (Dorje 1999: 464).

Dschogdschi / Chogchi
In Gyarong Sprache heißt dieses Fürstentum Joktsi, tib.: lCog rtse, lies: tschog tse, chin.: Zhuokeji, (Info Th. Hoppe, pers. Comm.) eng.: Choktse (Dorje 1999: 616).
Dieses ehemalige Fürstentum liegt im (heutigen) Kreis eng.: Barkham, tib.: 'Bar khams, lies: bar kham, chin.: Markam. Es ist auch der Name einer Ethnie. (Thomas Hoppe, pers. Comm.).

Gotschia
Evtl. für den Namen eines ehemaligen Fürstentums, das in Gyarong Sprache Khrosgiyab, tib.: Khro skyab, lies: tschrokyab, chin.: Chuosi jia heißt (Info Th. Hoppe, pers. Comm.)[6], liegt im Kreis eng.: Chuchen, tib.: Chu chen, chin.: Jinchuan (Dorje 1999: 619). Es ist auch der Name einer Ethnie. (Thomas Hoppe, pers. Comm.).

Horbo, Weiler Horbo[7]
Ort, tib.: Hor po, lies: horpo, eng.: Horpo, liegt im Kreis eng. Pelyul, tib. dPal yul, lies: päl yül, chin.: Baiyu (Dorje, 1999: 458).

Hsiangdschen
Für eng.: Chaktreng, tib.: Phyag phreng (lies: tschagtreng), chin.: Xiangchen, Hauptstadt vom Kreis Chaktreng. (Dorje 1999: 440).[8]

Hsütsing
Hsü tsching (Ngargu)[9] liegt evtl. im Kreis eng.: Chuchen, tib.: Chu chen, lies: tschu tschen, chin.: Jinchuan (Dorje 1999: 619); evtl. im Kreis eng.: Barkham, tib.: 'Bar khams, lies: barkham, chin.: Markam (Dorje 1999: 617).

Jyade
Ort, Region (?), evtl. für tib.: Hor rgya sde, lies: hor dschade, kurz: gyahor[10]. Liegt im Kreis Riwoche, tib.: Ri bo che, lies: riwotsche, chin.: Riwoqe (Dorje 1999: 390).

Kanzego
evtl. für tib.: dKar mdzes (dgon), lies: kandze (gön) (= Kandze-Kloster), im Kreis eng.: Kandze, tib.: dKar mdzes, lies: kandze, chin.: Garze (Dorje 1999: 494).

Kiala
In Gyarong Sprache heißt dieses Fürstentum Jagla, tib.: lCags la lies: tschala / tschagla, chin.: Mingzheng (Info Thomas Hoppe, pers. Comm.). Dieses ehemalige Fürstentum liegt im (heutigen) Kreis Dardo (eng.), tib.: Dar mdo, lies: dardo, chin.: Kangding, Kreisstadt ist Dartsedo (eng.), tib.: Dar rtse mdo, lies dartsedo, chin.: Kangding, (Dorje 1999: 444). Es ist auch der Name einer Gyarong-sprachigen Ethnie. (Thomas Hoppe, pers. Comm.). "Die Khampa-Tibeter nennen sie Gya-Chala (chinesische Chala) - empfinden sie also als chinesischer als sich selbst." (Namgyal Ronge 2003, pers. comm.).

Lianghokou (chin.: Mündung zweier Flüsse) ist ein Ort bei Tsha 'o pho, im Kreis eng.: Lungu, tib.: Lung dgu, lies: lungu, chin.: Wenchuan. (Dorje 1999: 663).
Der genaue heutige Ortsname von Stoetzners Lianghokou ließ sich in einer aktuellen Landkarte der Region nicht lokalisieren. Es gibt zwar mehrere Lianghokous unmittelbar in diesem Gebiet[11], aber keines stimmt

mit dem auf Stoetzners Karte eingezeichneten überein.

Ein Lianghokou befindet sich 29 km nördl. von Mao Xian Stadt (Dorje 1999: 662), dieser Ort ist aber zu weit nördlich. Das zweite Lianghokou ist 132 km westlich von Wenchuan und ca. 65 km nördlich von Tsenlha (Times Atlas of China, 1974: 86), dieser ist zwar tendentiell in der richtigen Richtung, aber er ist viel zu weit von Wenchuan entfernt. Stoetzners Lianghokou liegt nämlich (wenn man nach seinen Angaben rechnet) 20 km westl. von Wenchuan und 108 km nord-östlich von Tsenlha. Da Stoetzner aber so viele Objekte unserer Sammlung an diesem Ort erwarb, war es mir sehr wichtig, diesen Ort zu lokalisieren. Im Folgenden möchte ich aufzeigen, wie ich den Ort Lianghokou immer weiter einzugrenzen suchte:

Laut Stoetzners (1924: Wegskizze für das Hauptforschungsgebiet der Stoetznerschen Szetschwanexpedition) Karte befindet sich Lianghokou westlich von Taokwan. (Taokwan liegt südl. von Wenchuan Stadt). In seinem Reisebericht (1924: 104) schreibt er, dass sie sich am 19. April 1914 in Lianghokou aufhalten. Von dort aus, sei es nicht weit bis zu einem "Festungstempel in Tsao po" (Stoetzner 1924: 110). Dieser Ort ist lokalisiert. Tsha'o pho, lies: tsao po liegt im Kreis eng.: Lungu, tib.: Lung dgu, lies: lungu, chin.: Wenchuan. (Dorje 1999: 663). Stoetzner (1924: 114) bemerkt:

„Am Nachmittag mache ich dem netten, alten Lama[12] Gegenbesuch in seinem Tempel, der auf dem linken Flussufer oben an der Berglehne über Liang ho kou liegt."

Ferner schreibt er (1924: 107)[13]:

„Uns interessiert brennend, was es von hier für Möglichkeiten gibt, durch das Gebirge weiter ins Innere zu kommen, aber seine gegebene Auskunft nimmt uns viele Hoffnungen. Direkt nach Westen, in Richtung Fupien zu marschieren, ist vollständig ausgeschlossen. Unüberschreitbare Gebirgsketten legen sich von überall vor den Weg, und ausser einem Wurzelsucherpfad nach Tsa ku nau gibt es einzig und allein einen Verbindungsweg in südlicher Richtung nach der "Straße" Kwan hsien-Mou kung ting, die zuerst von dem Engländer Hosie begangen wurde, und die wir nun wohl auch, wenigstens teilweise, benutzen müssen."

Da Stoetzner in seinem Reisebericht erwähnt, dass er, um weiter ins Landesinnere zu kommen, wohl die selbe Straße bereisen müsse, wie die vorhergehenden westlichen Reisenden auch, verglich ich Tafels[14] Angaben, mit denen Stoetzners. Tafel schreibt ebenfalls über "Liangho-kou"[15]. Doch Stoetzner (1924: 104) überschreibt das Kapitel dieser Reise mit „Im unabhängigen Wassu Fürstentum". Auf Kessler's (1983: XXVII) Karte liegt der Ort, dessen Lage ich maßstabsgetreu umrechnete, auch in den Grenzen der Wassus (bei Kessler mit Wasi bezeichnet). Tafel spricht vom Kreis Chuchen / chin.: Jinchuan. Zur Überprüfung, ob beide Reisenden nicht doch den selben Ort meinten, möchte ich im Folgenden Tafels Reiseroute nachstellen, der von West nach Ost, also Stötzner entgegen reiste. Man kann Tafels Route gut auf Stoetzners Übersichtskarte (1924: Wegskizze für das Hauptforschungsgebiet der Stoetznerschen Szetschwanexpedition) nachzeichnen: Er reist von Rumitschanggu[16] nach Moukungting (dafür braucht er drei Tage). Sechs Kilometer östlich von Moukungting[17] gabelt sich das Tal und Tafel muss, um sein nächstes Ziel – die chinesische Grenzstadt Lifanting (siehe Stoetzners Übersichtskarte zwischen dem 103° und 104° direkt am oberen Rand) zu erreichen, dem von Norden einmündenden Haupttal, das den Oberlauf des Goldflusses bildet, während die Strasse nach Kwanhsien weiter geradeaus nach Osten zieht, folgen. Zwei Tage später erreicht Tafel (1914: 241) den „Chinesenort" Fupien. Er schreibt:

„Oberhalb Fu piens wird der Weg stündlich breiter und bequemer. Ich hatte mit 2800 m die Zone der V-Täler endgültig hinter mich gebracht. Ein neuer Tagesmarsch brachte mich nach Lien ho kou, 2995 m hoch, wo neben einem Kolonisten - gai mit nicht einmal fünfzig einstöckigen Häusern und einem Polizeileutnant mit drei Soldaten ein Darro residierte. Sein Haus dient nach tibetischer Sitte auch als Absteigequartier für Honoratioren (Tafel LVI). Im Erdgeschoss fand ich Ställe, im ersten Stock lagen die Zimmer und die Küche und breite Veranden sahen in den Innenhof."

Tafel (1914: LVI) zeigt das Haus und schreibt dazu:

„Haus des Tu be hu in Lien ho kou. (Klein-Kin tschuan)."

Stoetzner (1924: 192 ff) schreibt ebenfalls über ein mehrstöckiges Haus mit Ställen. Da ich mir nicht hatte vorstellen können, dass es so viele Lianghokous in einem Gebiet geben könnte, hatte ich gehofft, dass das gezeigte Haus vielleicht doch der Unterkunft entspricht, in dem Stoetzner residierte. Doch es ist nicht das selbe Haus, von dem beide Reisenden sprechen, denn der Kreis Kin tschuan entspricht dem heutigen tibetischen (Kreis) Chu chen[18], lies: tschu tschen, chin.: Jinchuan (Dorje 1999: 619) und nun schreibt Tafel (1914: 241) folgendes:

„Die Man tse nennen diesen Ort Tschügar."

Es gibt in dem Kreis Chuchen, an der Gabelung zweier Flüsse (Amnye Machen Institue: 1998) nur einen Ort namens tibetisch Chu dgar, lies: tschu gar. Übersetzt heißt chu dgar: Wasser-Trennung. Lianghokou (wie Stoetzner es bezeichnet) bzw. Lien ho kou/Liang ho kou (nach Tafel) bedeutet ebenfalls: an der Mündung zweier Flüsse.

Leider ist dieser Ort Chu dgar viel zu weit weg von Tshao pho, dem Ort, an dem Stoetzner (1924: 114) dem netten Lama (s.o.) am Nachmittag im Tempel einen Gegenbesuch macht. Denn nach meinen Berechnungen liegt Chu dgar 96 km entfernt von Tshao pho[19] und ist somit für einen Nachmittagsbesuch zu weit entfernt. Tafel (1914: 241) berichtet weiter:

„Als ich mich in Lien ho kou eben aufs Pferd setzen wollte, um über den Hung kiao - Pass nach Ts'akalao und Li fan fu zu reiten, kam ein chinesischer Soldat auf mich zugeeilt und berichtetete, dass jenseits des Passes durch die starken Sommerregen alle Brücken weggeschwemmt seien."

Der Pass, von dem Tafel schreibt, ist ebenfalls in Stoetzners Karte (s.o.) zu sehen. Tafels Lianghokou befindet sich auf Stoetzners Karte zwischen dem 102° und 103° östl. Längengrad an der Stelle, an der sich die zwei eingezeichneten Flussausläufer gabeln. Stoetzners Lianghokou ist namentlich erwähnt. Auch wenn es mir zunächst so erschien, als wäre Tafel im selben Lianghokou gewesen wie Stoetzner, weil ich eben nicht damit gerechnet hatte, so viele Lianghokous zu finden, sind sie nicht im selben Ort gewesen und Stoetzners Lianghokou entspricht nicht Tafels Lien ho kou / Liang ho kou.

Tafels Lianghokou ist der Ort, den wir auf der Karte von dem Times Atlas of China sehen (1974:86) und er entspricht ebenfalls Alexandra David - Néel´s Lianghokou[20]. Vielleicht hätte man anhand der kartographischen Angaben Tafels Stoetzners Lianghokou doch noch zuordnen können, aber leider können wir Tafels Angaben nicht mit denen Stoetzners vergleichen weil die Karte fehlt. Kessler (1983: 41) schreibt: „Das ausgezeichnete Werk von A. Tafel, Teil II: „Tibet", Msst. 1: 200 000, ist verschollen und konnte trotz aller Bemühungen bislang nicht ausfindig gemacht werden; es sollte 1914 zu Berlin gedruckt werden." Somit konnte bisher bedauerlicherweise nicht geklärt werden, wie Stoetzners Lianghokou heute zu nennen wäre.

Bemerkensert bleibt, wieviele Orte namens Lianghokou sich in einem Gebiet befinden können.

Litang
Kreis und Ort; Litang (eng.), tib.: Li thang, lies: li thang, chin.: Litang (Dorje 1999: 432).

Mantze
"Die Chinesen nennen sich hier immer "k'e bien", Gäste, im Gegensatz zu den "man tse", wörtlich, "den Barbaren"." (Tafel 1914: 241).

Meri (?) Gomba
Evtl. Für tib.: (bKra shis) sman ri dgon pa, lies: Taschi menri gönpa (Taschi Menri Kloster), im Kreis: eng.: Namling, tib.: rNam gling, lies: namling, chin.: Nanmuling[21], (Dorje 1999: 247).

Moukungting
Ehemaliges Fürstentum. Nach 1776 Sitz der mandschurischen Verwaltung.[22] In Gyarong Sprache heißt dieses Fürstentum Zenla, tib.: bTsan lha , lies: tsenla, chin.: Xiaojin. (Info Thomas Hoppe, pers. Comm.).

Ogsche
In Gyarong Sprache heißt dieses Fürstentum Woksche, tib.: 'Go zi, lies: gosi, chin.: Wori.(Info Thomas Hoppe, pers. Comm.). Dieses ehemalige Fürstentum liegt im (heutigen) Kreis Maowen (eng.), tib.: Ma'o wun, lies: maowun, chin.: Maowen. (Dorje 1999: 661). Es ist auch der Name einer Ethnie. (Thomas Hoppe, pers. Comm.).

Rumitschango
Eng.: Rongmi Drango, tib.: Rong mi brag 'go[23]/ Rong mi brag mgo[24], lies: rongmi dschango, liegt im Kreis eng.: Rongtrak, tib.: Rong brag, lies: rongdschag, chin.: Danba (Dorje 1999: 621).

Singaitze
Variante für Moukungting. "Marktvorort von Mu gung ting. Auch Hsin gai tse geschrieben.
Übersetzt heißt es: Neues Marktsträßchen" (Tafel 1914: 222).

Sokiao
Tib.: Man khri, lies: mäntschri, liegt 9,3 km nördlich von Lungu Stadt. Liegt im Kreis Lungu (eng.), tib.: Lung dgu, lies: lungu, chin.: Wenchuan (Dorje 1999: 663).

Somo
In Gyarong Sprache heißt dieses Fürstentum Somo, tib.: So mang, lies: so mang, chin.: Suomo. (Info Th. Hoppe, pers. Comm.) Dieses ehemalige Fürstentum liegt im (heutigen) Kreis: eng.: Barkham, tib.: 'Bar khams, lies: bar kham, chin.: Markam. (Dorje 1999: 617). Es ist auch der Name einer Ethnie. (Thomas Hoppe, pers. Comm.).

Tailing / Taining
Es handelt sich hier evtl. um den Ort eng.: Garthar[25], tib.: mGar thar, lies: gatar, der im Kreis eng.: Tawu, tib.: rTa ,u, lies: ta-u chin. Daofu liegt (Dorje 1999: 502).

Taokwan
Liegt ca. 15 km Luftlinie südlich von der Stadt eng.: Lungu, tib.: Lung dgu, lies: lungu, chin.: Wenchuan im Kreis Lungu, tib.: Lung dgu, lies: lungu, chin.: Wenchuan (Dorje 1999: 663).[26]

Tatsienlu
Eng.: Dartsedo tib.: Dar rtse mdo, lies: dartsedo. Hauptstadt des Kreises eng.: Dardo, tib.: Dar mdo, lies: dardo, chin.: Kangding (Dorje 1999: 444).

Tsao po / „Festungstempel in Tsao po"
Es handelt sich um einen "Festungstempel" im Ort Tsha 'o pho (tib.: Tsha 'o pho) im Kreis eng.: Lungu, tib.: Lung dgu, lies: lungu, chin.: Wenchuan. (Dorje 1999: 663).

Tschanku / Changku[27]
Tschanku ist gleich Rumitschango.

Tschiamdo
wohl für eng.: Chamdo,[28] tib.: Chab mdo, lies: tschamdo, chin.: Qamdo (Dorje 1999: 395).

Tschöngtufu
Eng.: Chengdu, tib.: Khreng tu 'u, lies: tscheng tu, chin.: Chengdu, (Dorje 1999: 453), Hauptstadt der Provinz Sichuan.

Wassu
In Gyarong Sprache heißt dieses Fürstentum Wasse, tib.: Da wei (?), chin.: Wasi. (Info Thomas Hoppe, pers. Comm.). Dieses ehemalige Fürstentum liegt im (heutigen) Kreis Lungu (eng.), tib.: Lung dgu, lies: lungu, chin.: Wenchuan (Dorje 1999: 663). Es ist auch der Name einer Ethnie. (Thomas Hoppe, pers. Comm.).

Yüko
In Gyarong Sprache heist dieses Fürtsentum Yueko, tib.: gYu khog[29], lies: yukho, chin.: Yuke, (Info Th. Hoppe, pers. Comm.). Dieses ehemalige Fürstentum liegt evtl. im (heutigen) Kreis: eng.: Tawu, tib.: rTa 'u, lies ta-u, chin.: Daofu (Dorje 1999: 501), oder evtl. im Kreis eng.: Drango, tib.: Brag 'go, lies: dschango, chin.: Luhuo (Dorje 1999: 499). Es ist auch der Name einer Ethnie. (Thomas Hoppe, pers. Comm.).

Yülongba
wohl für eng.: Yilhun, (Dorje 1999: 470) tib.: Yid lhung, lies: yi lung[30]/ Yid lung, eng.: Yeidlung[31]; liegt im Kreis Derge, tib.: sDe dge, lies: dege, chin.: Dege (Dorje 1999: 470).

Bibliographie

Amnye Machen Institute
1998   rgya dmar gyi btsan 'og tu gnas pa 'i bod dang sa 'brel khag gi sa khra. Dharamshala.

Consociazione Turistica Italiana
1938   Atlante Internazionale della C.T.I., V edizione 1938 - XVI.: Asia Orientale: Giappone, Manciucuo, Cina, Filippine, Indocina, Thailandia, Birmania, Malacca, Indie Olandesi. Milano.

Corina, M.
1974   The Times Atlas of China. London.

Désiré-Marchand, Joelle
1996   Les itinéraires d'Alexandra David-Néel: L'espace géographique d'une recherche intérieure. Paris.

Dorje, Gyurme
1999^2 Tibet Handbook with Bhutan. Bath.

Hedin, Sven
1941^3 Eroberungszüge in Tibet. Karte zu Sven Hedin, Eroberungszüge in Tibet. Leipzig.

Kapstein, Matthew / Dorje, Gyurme / Farmer, Michael
1991   The Nyingma School of Tibetan Buddhism Ist Fundamentals and History. Volume Two: Reference Material. Map 10, 11. Boston.

Kessler, Peter
1938   Laufende Arbeiten zu einem Ethnohistorischen Atlas Tibets (EAT). Lieferung 40.1.: Die historischen Königreiche Ling und Derge. Rikon.

Stanford, Edward
1908   Atlas of the Chinese Empire. Containing separate Maps of the Eighteen Provinces of China Proper and the Four great dependencies together with an Index to all the Names on the Map and a list of all protestant Mission Stations & c. London.

Stieler, Adolf
1919   Stielers Handatlas. Innerasien. Gotha.

Stoetzner, Walther
1924   Ins unerforschte Tibet: Tagebuch der deutschen Expedition Stötzner 1914. Wegskizze für das Hauptforschungsgebiet der Stoetznerschen Szetschwanexpedition. Leipzig.

Tafel, Albert
1914   Meine Tibetreise: Eine Studienreise durch das nordwestliche China und durch die innere Mongolei in das östliche Tibet. Zweiter Band. Stuttgart.

Teichmann, Eric
1922   Travels of a consular officer in Eastern Tibet: together with a history of the relations between China, Tibet and India. Cambridge. Übersichtskarte "Part of Kam in Eastern Tibet".

Verhufen, Gregor
1990   Karten-Index der geographischen Namen Tibets nach den Karten des Informationsbüros Seiner Heiligkeit des Dalai Lama. Bonn.

Anmerkungen

[1] (InfoThomas Hoppe, pers. Comm.), ebenfalls tib.: Babam bei Kessler (1983: Blatt XXVII)
[2] Amnye Machen Institute (1998: Landkarte).
[3] Dorje (1999: 621) gibt die tibetische Schreibweise nicht an, es müsste sich aber um

denselben Ort handeln.
4 Nach Messungen und Vergleichen der Karten vom Amnye Machen Institute, (1998: Landkarte), mit Kessler (1983: Blatt XXVII), Dorje (1999: 621) und Stoetzner (1924: Karte) ist Dandung = tib.: mDa'mdo.
5 Info Thomas Hoppe, pers. Comm; auch Tafel (1914: 225) schreibt: "Damdung, die Königsburg von rGechitsa".
6 Tafel (1914: 224) schreibt "Tchro-shiop undoubtedly Ch'o-ssu-chia-pu" was ich mit Kessler's Angabe "Khroskyab" (1983: Blatt XXVII) und "Ch'o-ssu-chia" auf der Karte von The Times Atlas of China (1975: 86) verglich. Alle diese Ortsnamen befinden sich auf den gleichen Koordinaten, so dass ich Stoetzners Gotschia dem Kreis Chuchen zuordnete.
7 Vgl. Stielers Handatlas (1919: Innerasien), als "Weiler" Horbo eingezeichnet
8 Hier habe ich Angaben von Times Atlas of China (1974: 86) und Dorje (1999: Map 4) mit Stoetzners Angaben verglichen. Es kann nur die Stadt Chaktreng, die auf chinesisch mit Xiangchen angegeben wird, sein. Alle anderen umliegenden Städte sind zu weit entfernt und haben andere chinesische Entsprechungen.Teichmann (1922: 35) erwähnt: "Tinghsiang Hsien, or Hsiang-ch-eng (tib.: Chantreng)".
9 Tafel (1914:2 27) schreibt: "an der Grenze gegen Bati (..) weiter nördlich.(..) Hsü tsching (Ngargu)." Es muss sich um Stoetzners Hsütsching handeln, mit den mir zur Verfügung stehenden Mitteln, ließ sich der Ort jedoch nicht herausfinden. Er muss sich zwischen oder in den oben genannten Kreisen befinden.
10 In der tib. NO Region Amdo (Kessler, 1983: X). Liegt 20 km nördlich von Riwoche (Teichmann 1922: Karte).
11 Désiré-Marchand (1996: 432) in: Die Reiserouten von Alexandra David-Néel. Dort erwähnt David-Néel beispielsweise ein Lianghokou und gibt: Lianghokow, Lianghekou, Liang-ho-kou und Lianghekou als alternative Schreibweisen für Lianghokou.
12 Ein Bild von dem Lama Tsha'o pho's, von dem er einen Teil unserer Sammlung kaufte, zeigt Stoetzner (1925: 96) ebenfalls.
13 Die Aussage hier stammt nicht von dem oben erwähnten Lama, sondern von einem Landvogt, mit dem Stoetzner sich zuvor getroffen hatte.
14 Vgl. Tafel, Albert. 1914. Meine Tibetreise: Eine Studienreise durch das nordwestliche China und durch die innere Mongolei in das östliche Tibet. Zweiter Band. Stuttgart, Berlin, Leipzig. (Union Verlagsgesellschaft).
15 Bei Tafel Liang-ho-kou / Lien ho kou
16 Der Einfachheit halber gebrauche ich hier Stoetzners Ortsangaben, die sich von Tafels z.T. unterscheiden, weil der eine Autor sich mal eines chinesischen, mal eines tibetischen Namens bediente. Ich habe aber stets überprüft, ob sie tatsächlich von den selben Orten sprechen. Die von Tafel verwendeten Ausdrücke finden sich unter Tafel, 1914:239 ff.
17 Anhand dieser Angabe kann man überprüfen, wie genau Stoetzners Karte gezeichnet ist, rechnet man anhand des Maßstabs die gemessenen 4 mm um, ergibt es 5,7 km, Tafel sprach von 6 km.
18 Vgl. Tafel, (1914: 223): "...das alte Rardan-reich (bei den Eingeborenen heute rDyarong (rgyarong=das ausgedehnte oder chinesische Tal) hochtibetisch Tschü tschen (=großes Wasser), chines.: da Kin tschuan und hsü tsching benannt), ..." mit Dorje (1999: 619) Eintrag zu: Chuchen County.
19 Berechnung ist 2,9 cm Luftlinie, was nach dem angegebenem Maßstab der Landkarte etwa 96 km entspricht.
20 Vgl. dazu Désiré-Marchand (1996: 224) Übersichtskarte, dort ist Tafels/David-Néels Lianghokou eingezeichnet.

[21] Laut Dorje (1999: 247 bzw. 250) war dieses Kloster für Jahrhunderte das wichtigste Zentrum für Bön Studien, das besonders Mönche von Tengchen, Ngawa und Gyarong (!) anzog. Evtl. Herstellungsort des Objekts.
[22] Thomas Hoppe, pers. Comm; Tafel (1914: 222) schreibt: Verwaltungsbezirk des Mu gung ting.
[23] Laut (Verhufen, 1990: 42).
[24] Laut Désiré-Marchand (1996: 434), Kessler (1983: XXVII) schreibt: (lies) Rongmidrango
[25] Tafel (1914: 195) schreibt: " (...) das Kloster ngGatag (Taining), eine gute Tagesreise südostwärts von Dawo". Tafel (1914: 199) schreibt weiter: "Man kann von Dawo nach Ta tsien lu ..(...)..auf zwei Wegen gelangen. Der östliche Weg führt (...) durch Tai ning (chines. auch Tai ling benannt, tib.: ngGatag gomba)". Stoetzner schrieb:"Tailing, auf dem Weg von Tatsienlu nach Dawo."
[26] Die tibetische Entsprechung zu Taokwan konnte ich nicht herausfinden, ebenso verhält es sich mit der heutigen chinesischen Entsprechung.
[27] Stoetzner schreibt: "Wassuland westl. von Taokwan. Reliquienkästchen eines Wassu (Email). Er hat es geschenkt bekommen vom Lama in Tschangku (Changku) im Fürstentum Kiala (Chala) nördlich von Tatsienlu und westlich von Moukung (Sing gaitse.)." Dort liegt Rumitschango. Auch Tafel (1914: 181 u. 217) beschreibt die Stadt "Romi Tschanggu" und gebraucht die Abkürzung "Tschanggu".
[28] Désiré-Marchand (1996: 430) schreibt: Chiamdo, Hedin (1941: Karte) schreibt: Tschiamdo
[29] Hoppe (2003, pers. Comm.) gibt keine Angabe für das Tibetische; Kessler, 1983:Blatt XXVII gibt Yükho; Amnye Machen Institute (1998: Landkarte) schreibt: gYu khog.
[30] Amnye Machen Institute, (1998, Landkarte).
[31] (Verhufen 1990: 39).

Tibetische Musikinstrumente im Museum für Völkerkunde Hamburg

Inka Le–Huu

1 Einführung

Das Museum für Völkerkunde Hamburg besitzt über 50 tibetische Musikinstrumente. Neben den gängigen Instrumenten für den sakralen Gebrauch umfasst die Sammlung auch einige seltene Musikinstrumente, die bei der Unterhaltungsmusik eingesetzt werden. Die meisten Exponate sind seit etwa hundert Jahren im Besitz des Museums.[1]

Während eines Praktikums in der Südost–Asien-Abteilung des Museums bei Frau Dr. Susanne Knödel habe ich mich mit den tibetischen Musikinstrumenten beschäftigt und die vorhandenen Exemplare bestimmt.

Bei der Betrachtung tibetischer Musik muss man zwischen geistlicher und weltlicher Musik unterscheiden. Beide Bereiche haben zwar Berührungspunkte, da insbesondere die weltliche Musik häufig religiöse Gedanken und Themen aufgreift, eine strikte Trennung erfolgt allerdings durch das Instrumentarium. Einzig die menschliche Stimme, das wichtigste tibetische Instrument, wird in beiden Bereichen verwandt. Ein weiteres Unterscheidungsmerkmal sind die Ausübenden. Geistliche Musik darf nur von Mönchen gespielt werden, denen wiederum offiziell das Praktizieren der weltlichen Musik verboten ist.

Die sakrale Musik ist eng mit dem Klosterleben verknüpft. Sie spielt nicht nur in der Liturgie eine bedeutende Rolle, sondern ist auch für den Tagesablauf der Mönchs- und Nonnengemeinschaften wichtig, da sie als Signal zur Versammlung der Mönche gebraucht wird. Entsprechend der hohen Bedeutung der Musik, beginnen Mönche und Nonnen mit dem Eintritt in das Kloster nicht nur ihre geistliche, sondern auch die damit verbundene musikalische Ausbildung. Die Novizen erlernen zunächst alle Instrumente und spezialisieren sich am Ende ihrer Lehrzeit auf ein bestimmtes Instrument. Die Reihenfolge, in der die Schüler die Instrumente erlernen, orientiert sich nicht nur am Schwierigkeitsgrad der Instrumente, sondern auch an ihrer Bedeutung. So werden beispielsweise die Glocke und die Sanduhrtrommel als Letztes erlernt, da diese Instrumente nur von Mönchen gespielt werden dürfen, die bereits eine bestimmte Initiationsstufe erreicht haben.

Die Tibeter unterscheiden vier Gruppen von Instrumenten, die geschlagenen (tib.: rdung ba, lies: dung wa), die geschwungenen (tib.: 'khrol ba, lies: tschröl wa) und die geblasenen (tib.: 'bud pa, lies: bü pa) Instrumente sowie die Saiteninstrumente (tib.: rgyud can, lies: gyü tschän). Zur Gruppe der geschlagenen Instrumente gehören die große Trommel, der Gong, der Holzblock, die Becken und die Zimbeln. Geschwungene Instrumente sind Glocken und Sanduhrtrommeln. Die Blasinstrumente, Oboen, Schnecken-, Lang- und Kurztrompeten, werden fast ausnahmslos paarweise eingesetzt.

Die vierte Gruppe der tibetischen Instrumente, die Saiteninstrumente, werden nicht im sakralen Zusammenhang gebraucht, da ihr wundervoller, süßer Klang bei der Meditation hinderlich wäre, allerdings werden bei manchen Zeremonien Saiteninstrumente als Opfergaben auf den Altar gelegt (Tethong 1979: 10).

Im tibetischen Klosterensemble sind die Instrumente der erst genannten drei Gruppen vertreten. Eine Ausnahme bilden die Flachglocken, die nur in der Bönreligion verwendet werden. Die Zimbeln und die Knocheninstrumente haben ebenfalls eine Sonderstellung. Sie werden meistens nur alleine bei speziellen Ritualen eingesetzt und selten im Ensemble gespielt. Alle Instrumente werden auch außerhalb des Ensembles verwendet. Insbesondere die Glocken und die Sanduhrtrommeln, die eine hohe sakrale Bedeutung haben, werden unterstützend bei der Meditation und im Gebet eingesetzt. Einige Musikinstrumente werden auch als Signalinstrumente verwendet.

Der Holzblock und der Gong rufen beispielweise die Mönche zur Versammlung. Ein Paar Schneckentrompeten oder ein kleines Ensemble, aus zwei Oboen und zwei Langtrompeten, spielen häufig zu Sonnenauf- und Untergang auf dem Dach des Klosters oder begrüßen besondere Gäste.

Die tibetische Musik ist eine rhythmusbetonte Musik, bei der Melodik und Harmonik eine untergeordnete Rolle spielen. Selbst die eigentlich melodischen Blasinstrumente werden, mit Ausnahme der Oboen, nach dem europäischen Verständnis eher als Rhythmus- denn als Melodieinstrumente eingesetzt, da meistens nur ein oder maximal drei verschiedene Töne zum Einsatz kommen. Auch der Gesang der Mönche erscheint europäischen Hörern monoton und melodiearm.

2 Geschlagene Instrumente

In der Gruppe der geschlagenen Instrumente (tib.: rdung ba, lies: dung wa) hat die Sammlung sakraler tibetischer Musikinstrumente des Museums für Völkerkunde Hamburg seine einzige Lücke. Ihr fehlt der Holzblock Gandi, der aber durch den vorhandenen Gong ersetzt werden kann.

2.1 Rölmo: schwere Becken

Mit Rölmo (tib.: rol mo, lies: rölmo) werden gewöhnlicherweise die schweren tibetischen Becken bezeichnet. Rölmo bedeutet aber auch Musik im Allgemeinen. In der Ikonographie sind die schweren Becken ausschließlich bei niedrigen Gestalten und himmlischen Musikern anzutreffen: Es wird daher vermutet, dass ihre Geschichte in Tibet kürzer ist, als die der anderen klingenden Ritualgeräte. (Knödel/

Schwere Becken (tib: rol mo), Inv. Nr. 4338:07, Kauf Umlauff, Herkunft: Tibet, Maße: D 28,5 cm, Material: Metall

Johannsen 2000: 142)
Es gibt verschiedene Typen von Rölmos (Scheidegger 1988: 61-62), die im wesentlichen durch das Verhältnis des Buckeldurchmessers zum Gesamtdurchmesser bestimmt werden. Der Buckel nimmt normalerweise etwa die Hälfte des Durchmessers ein (Helffer 1984i: 257).

Die Becken eines Paares haben nicht die gleiche Tonhöhe, sondern unterscheiden sich im mikrotonalen Bereich. Das Becken mit dem geringfügig niedrigeren Ton wird in der rechten Hand gehalten und mit einer vertikalen Bewegung auf das andere mit der linken Hand horizontal gehaltene Becken geschlagen. Dem „linken" unteren Becken werden die weibliche Aspekte und dem „rechten" oberen Becken die männlichen Aspekte zugeordnet (Scheidegger 1988: 60). Sie werden daher auch als „Mutter" und „Sohn" bezeichnet (Helffer 1984i: 257).

Gespielt wird das Instrument zu vielen Anlässen im Tempel sowie bei Prozessionen und Tänzen im Freien. Innerhalb des Ensembles für den Gottesdienst hat das Becken eine führende Position und gibt vor allem die rhythmische Struktur der Stücke vor.

Wegen des lauten Klanges des Instruments wird es häufig für zornvolle Gottheiten verwendet (Helffer 1984i: 257).

2.2 Silnyän: leichte Becken

Die Silnyän (tib.:sil snyan, lies: sil nyän) sind leichter als die Rölmo (tib.: rol mo) und haben einen deutlich kleineren Buckel. Deshalb ist auch ihr Klang heller und das Instrument wird vorwiegend mit friedvollen Gottheiten assoziiert (Pegg 2001: 446). Die Silnyän werden sowohl im Gebetssaal als auch bei Prozessionen im Freien genutzt (Vandor 1978: 87).

Silnyän werden an den kleinen Buckeln in vertikaler Richtung zwischen Mittel- und Zeigefinger gehalten und in einer horizontalen Bewegung gegeneinander geschlagen. Die Spielweise wird metaphorisch mit „dem Flug des Adlers" oder ähnlichen Bildern bezeichnet (Helffer1984k: 368).

Leichtes Becken, (tib: sil snyan), Inv. Nr. 4336:07, Kauf Umlauff, Herkunft: Tibet, Maße: D 31 cm, Material: Metall. Das zweite zu diesem Paar gehörende Becken ist nicht vorhanden.

2.3 Nga: Trommel

Tibetische Trommeln Nga (tib.: rnga, lies: nga) sind doppelfellige Trommeln. Sie bestehen aus einem runden, meist leicht nach außen gewölbten Holzrahmen, der auf beiden Seiten mit Fell oder Haut bezogen ist. Fell und Rahmen der Trommeln können reich bemalt und verziert sein. Wenn die Trommeln einzeln im Tempel oder bei der Meditation eingesetzt werden, werden sie meistens an der Decke des Raumes oder einem extra Ständer aufgehängt. An dem Instrument kann aber auch

Trommel (tib: rnga), Inv. Nr. 4328:07, Kauf Umlauff, Herkunft: Tibet, Maße: D 50 cm, Material: Holz, Haut. Der Trommelrahmen ist mit zwei gelben Drachen und blauen Wolken im chinesischen Stil bemalt.

ein Stiel angebracht werden, um sie bei Prozessionen zu tragen oder um sie – bei der Verwendung mehrerer Instrumente – darauf abzustellen.

Im Mönchsorchester folgen die Trommeln meistens dem Spiel der Becken (Thetong 1979: 15). Dabei werden sie mit einem oder zwei Schlegeln zum Klingen gebracht (Vandor 1978:115). Die Schlegel sind normalerweise sichelförmig (Pegg 2001: 446).

Trommeln werden in Tibet zu vielen Anlässen gespielt. Im Mönchsorchester werden sie bei kleinerer Besetzung einzeln, bei größeren Ensembles aber auch zu mehreren verwendet. Bei Prozessionen kann eine einzige Trommel, aber auch mehrere Dutzend Instrumente, je nach Größe des Klosters, eingesetzt werden (Scheidegger 1988: 31). Außerdem werden die Trommeln bei der Begleitung von Rezitationen und Gebeten verwendet. Bei manchen Meditationen kommt ihnen eine bedeutende Aufgabe zu, da sie dabei im Rhythmus des Atems oder des Herzschlages des Meditierenden gespielt werden (Scheidegger 1988: 31).

Trommel (tib: rnga), Inv. Nr. 25.28:210, Kauf Umlauff, Herkunft: Tibet, Maße: D 32 cm, Material: Holz, Haut.

Einmal im Jahr gibt es außerdem eine große Trommel-Zeremonie, bei der die bösen Geister des vergangenen Jahres vertrieben werden sollen. Bei diesem Ritual können je nach Größe des Klosters bis zu 100 Trommeln gleichzeitig eingesetzt werden (Scheidegger 1988: 31).

2.4 Tingscha: Zimbeln

Zimbeln (tib: ting shags), Inv. Nr. 4309:07, Kauf Umlauff, Herkunft: Tibet, Maße: D 8 cm, Materialien: Metall, Leder, Pflanzenfasern.
Inv. Nr. 2002.18:25 Schenkung Camps, erworben in: Leh, Ladakh, Maße: D 9,5 cm, Materialien: Metall, Garn.
Inv. Nr. 4334:07, Kauf Umlauff, Herkunft: Tibet, Maße: D 7 cm, Materialien: Metall, Leder.

Die Zimbeln (tib.: ting shags, lies: ting scha) sind im Klosterensemble selten gespielte Instrumente, die nur bei bestimmten Ritualen verwendet werden (Helffer 1984I: 598; Scheidegger 1988: 49). Nach Gerd-Wolfgang

Essen ruft der Klang der Zimbeln niedere Geister herbei, denen in speziellen Ritualen morgens und abends Gaben gereicht werden (Essen/Thingo 1989b: 253). Die Zimbeln werden also weniger als Musikinstrumente verwendet, sondern meistens als Ritualgeräte.

Zimbeln sind kleine, vergleichsweise schwere und dicke Becken mit einem Buckel in der Mitte. Jeweils zwei dieser Metallscheiben sind durch ein Band miteinander verbunden. Die beiden Zimbeln eines Paares erzeugen keine einheitliche Tonhöhe, sondern haben einen mikrotonalen Klangunterschied (Vandor 1978: 89; Helffer 1998: 578).

Gespielt werden die Zimbeln, indem man sie kurz unter dem Klangkörper am Band anfasst, mit der Innenseite (dem konvexen Teil) nach oben hält und die rechte Zimbel leicht schräg gestellt am Rand gegen die linke schlägt (Vandor 1978: 88; Helffer 1984I: 598; Essen/Thingo 1989b: 253). Nachdem die Zimbeln angeschlagen wurden, wartet man, bis ihr Ton fast verklungen ist und schlägt sie erst dann erneut an (Scheidegger 1988: 49).

In einigen ärmeren Klöstern, denen nur eine Zimbel und kein Zimbelpaar zur Verfügung steht, wird die zweite Zimbel durch einen Stab aus Holz oder Horn ersetzt (Vandor 1978: 89; Helffer 1984I: 598).

2.5 Gandi: Gong

Der tibetische Gong (tib.: ′kharrnga, lies: khar nga) ist eine schwere Metallscheibe mit einem Buckel in der Mitte und einem zurückgebogenen Rand. Er wird mit einem oder zwei Schlegeln angeschlagen, deren Kopf aus Filz oder stark zusammengepresstem Stoff besteht (Vandor 1978: 89).

Gong (tib: ′khar rnga), Inv. Nr. 4330:07, Kauf Umlauff, Herkunft: Tibet, Maße: D 33 cm, Material: Metall.

Der Gong wird alternativ zum Holzblock (skr: gandi) verwendet, um die Mönche zu Versammlungen zu rufen (Helffer 1989: 578). Neben dieser Signalfunktion, bei der der Gong häufig nach den Rufen der Schneckentrompeten gespielt wird, wird er auch bei Prozessionen verwendet (Vandor 1978: 89). Nach Scheidegger gibt es eigene dreiteilige Stücke für den Gong, die etwa zwei bis zehn Minuten dauern (Scheidegger 1988: 47).

3 Geschwungene Instrumente

Die geschwungenen Instrumente (tib.: 'khrol ba, lies: tschröl wa) haben die höchste sakrale Bedeutung unter den Instrumenten. Sie gehören nicht nur zu den Musikinstrumenten, sondern auch zu den Ritualgegenständen.

3.1 Damaru: Sanduhrtrommel

Sanduhrtrommeln (tib.: ḍa ma ru, lies: damaru) sind in ganz Indien, dem Himalaya und in der Mongolei verbreitet (Dick/Helffer 1984: 539). Sie bestehen aus zwei Halbkugeln, die aus Holz oder den Schädelknochen zweier Personen unterschiedlichen Geschlechts hergestellt werden. Beide Halbkugeln werden an der offenen Seite mit Leder oder Haut bespannt und an der geschlossenen Seite – oft mit Hilfe eines Ringes – verbunden. Die beiden Klöppel werden mit einer Schnur an gegenüberliegenden Seiten des Mittelringes befestigt. An diesem Ring werden außerdem die Halteschlaufen und Dekorbänder angebracht.

Der doppelte Trommelkörper soll die weiblichen und die männlichen Prinzipien verkörpern: Der Trommelkörper ist weiblich und der Klöppel männlich, d.h. die Damaru ist ein Symbol für die Grundstruktur des

Sanduhrtrommel (tib.: damaru); Typus: große Sanduhrtrommel (tib: da chen), Inv. Nr. 25.28:211, Sammlung Stoetzner, Herkunftsort: Lianghekou, Maße: D 17,5 cm, Materialien: Holz, Haut, Leder, Stoff.
Der Trommelkörper ist mit den Gesichtern von acht Dämonen verziert.

Sanduhrtrommel (tib: damaru); Typus: große Sanduhrtrommel (tib: da chen), Inv.Nr. A3561, Kauf Brill, Herkunft: Tibet, Maße: D 16 cm, Materialien: Holz, Haut, Leder, Stoff.
Der Trommelkörper ist mit mehreren Dämonengesichtern und einem Rankenmuster bemalt.

Universums, Roth/Ronge 1989: 12.19.I; Beer 1999: 258). Wenn die Damaru aus Schädelknochen hergestellt ist, soll sie bei Meditationen an die Vergänglichkeit erinnern (Roth/Ronge 1989: 12.19.I).

Die Damaru ist ähnlich wie die Handglocke nicht nur ein Musikinstrument, sondern auch ein Ritualgerät (Roth/Ronge 1989: 12.19.III). Da die Damaru nach tantrischen Vorstellungen nur von hohen Tantraklassen (d.h. nicht den drei unteren) genutzt werden darf, wird sie bei Zeremonien meist vom höchsten Lama gespielt (Roth/Ronge 1989: 2.19.III).

Genutzt wird die Damaru nicht nur im Tempel bei verschiedenen Ritualen, sondern auch bei Meditationen und der Zeremonie des Abschneidens (Roth/Ronge 1989: 12.19.III). Eigentlich sollen die Schädeltrommeln für zornige Gottheiten verwendet werden und die Trommeln aus Holz für die fried-lichen Gottheiten. In der Praxis werden diese Vorschriften aber durchaus nicht immer eingehalten (Roth/Ronge 1989: 12.19.III).

Ursprünglich wurde die Sanduhrtrommel vermutlich aus Schädelknochen hergestellt. Die später entstandene hölzerne Form ist heute deutlich gebräuchlicher

(Roth/Ronge 1989:12.19.I). In westlichen Sammlungen sind die Knocheninstrumente in der Regel überproportional vorhanden. Das Verhältnis von Knochen- und Holzinstrumenten in den Museen spiegelt nicht die Realität in Tibet, sondern das Interesse der Sammler wider.

Die Tibeter unterscheiden zwei Formen von Sanduhrtrommeln. Zu den kleinen Sanduhrtrommeln (tib.: ḍa ma ru chung chung, lies: damaru tschung tschung oder tib.: ḍa chung, lies: da tschung) gehören alle Trommeln aus Holz bis zu einem Durchmesser von 13 cm, die aus Schädelschalen (tib.: thod ḍam, lies: thö dam oder tib.: thod rnga, lies: thö nga) und die hohe Form der Sanduhrtrommel (tib.: cang te ʼu, lies: tschang te-u) (vgl. Roth/ Ronge 1989: 12.19.III.P). Die großen Sanduhrtrommeln (tib.: ḍa chen, lies: da tschen oder tib.: ḍa ma ru chen po, lies: damaru tschenpo) sind immer aus Holz und haben einen Durchmesser von 18-30 cm. Sie werden auch Tschö (tib.: gcod, lies: tschö) Trommeln genannt (Roth/Ronge 1989: 12.19.I).

Sanduhrtrommel (tib: damaru); Typus: kleine Sanduhrtrommel (tib: ḍa ma ru chung chung), Inv. Nr. 4329:07, Kauf Umlauff, Herkunft: Tibet, Maße: D 10,5 cm, Materialien: Holz, Haut, Leder, Stoff, Seide. Die Haut ist grün bemalt. Die Gehänge sind mit Kesi-Stickereien kunstvoll verziert. Sie zeigen die sieben Juwelen.

Die Damaru wird mit der rechten Hand an der Halteschlaufe gefasst. Daumen und Zeigefinger stützen das Instrument, das nach oben gehalten wird. Es gibt zwei Methoden, das Instrument zum Klingen zu bringen. Bei der einfacheren wird durch das Drehen des Handgelenks die Trommel hin und her bewegt. Diese Technik wird oft als minderwertig empfunden,

Sanduhrtrommel (tib: damaru); Typus: kleine Sanduhrtrommel (tib.: ḍa ma ru chung chung), Inv. Nr. 4326:07, Kauf Umlauff, Herkunft: Tibet, Maße: 12,5 x 10,5 x 8 cm, Materialien: Holz, Haut, Stoff, Seide. Diese Sanduhrtrommel ist nicht rund, sondern rautenförmig. Die Haut ist grün bemalt. Der Trommelkörper ist mit einem Streifen in Gold gemalter Ranken im zentraltibetischen Stil verziert. Das Gehänge ist mit zwei Blumengestecken in Körben, sowie dem Weltenberg Meru und den Weltozeanen bestickt. In die Köpfe der Quasten ist das chinesische Zeichen für Freude (Xi) eingearbeitet. Die Ornamentik und die Stickereien auf dem Gehänge sind im chinesischen Stil gearbeitet.

Sanduhrtrommeln (tib.: damaru); Typus: kleine Sanduhrtrommel (tib: ḍa ma ru chung chung), Inv. Nr. A 3560, Kauf Brill, Herkunft: Tibet, Maße: D 10 cm, Materialien: Holz, Haut, Leder, Stoff.
Inv. Nr. 2002.18:24, Schenkung Camps, erworben in Leh, Ladakh, Maße: D 11 cm, Materialien: Holz, Haut, Leder, Stoff, Metall, Glas, Muschelschalen. Das Mittelband, eine filigrane Metallarbeit mit Rankenmustern, ist mit mehreren Glassteinen besetzt.

Sanduhrtrommel (tib: damaru); Typus: kleine Sanduhrtrommel (tib: ḍa ma ru chung chung), Inv. Nr. 25.18:212, Sammlung Stoetzner, Herkunftsort: Lianghekou, Maße: 14 x 13 x 7 cm, Materialien: Knochen, Haut, Stoff, Metall. Rautenförmige Sanduhrtrommel aus Schädelknochen, die vermutlich von Kindern stammen. Das Mittelband ist mit vier Köpfen und zwei Knöpfen verziert. Zu dem Instrument gehört eine Tasche mit Wassustickereien.

Sanduhrtrommeln (tib: damaru); Typus: kleine Sanduhrtrommel (tib: ḍa ma ru chung chung), Inv. Nr. A 3420, Nachlass: Ehlers, Herkunft: Tibet, Maße: 17 x 12 x 14 cm, Materialien: Knochen, Haut. Diese Trommel ist nicht funktionstüchtig, ihr fehlen die Halteschlaufe und die Klöppel.

Inv. Nr. 4325:07, Kauf Umlauff, Herkunft: Tibet, Maße: 17,5 x 13 x 16 cm, Materialien: Knochen, Haut, Stoff.

Inv. Nr. 30.64:220, Schenkung Rickmers, Herkunft: Tibet
Maße: 17 x 13 x 14 cm, Materialien: Knochen, Haut, Stoff.
Sowohl der Trommelkörper als auch die Haut sind grünlich-blau bemalt.

muss aber wegen des Gewichts der Instrumente bei den großen Damarus angewandt werden. Etwas schwieriger ist es, das Instrument nur durch die Bewegung von Daumen und Zeigefinger zu drehen. Die größeren Trommeln werden beim Spiel etwa in Augenhöhe gehalten, während die kleineren Instrumente aus tantrischen Gründen vor dem Körper in der Höhe des Nabels gehalten werden müssen (Roth/Ronge 1989: 12.19.I).

Gespielt wird auf der Damaru meist ein Tremolo (schnelle Folge von Schlägen) (Vandor 1978: 115). Einzige Modulationsmöglichkeiten sind gelegentliche Akzente oder das Verlangsamen, bzw. Beschleunigen der Schläge (Vandor 1978: 115; Roth/Ronge 1989: 12.19.I).

3.2 Drilbu: Handglocke

Die Handglocke (tib.: dril bu, lies: dril bu, sansk.: ghanta) ist nicht nur ein Musikinstrument, sondern vor allem ein Ritualgerät. Bei der Ausführung einiger ritueller Gesten wird die Handglocke nur als Kultgegenstand in der Hand gehalten, ohne sie zum Klingen zu bringen (Vandor 1978: 88). Die Handglocke wurde aus der tantrischen Tradition Nordindiens über-

Handglocken (tib: dril bu), Inv. Nr. A 3557a, Kauf Brill, Herkunft: Tibet, Maße: D 9,5 cm, H 16 cm, Material: Metall. Inv. Nr. 23.68:14, Schenkung Budge, Herkunft: Tibet, Maße: D 7,5 cm, H 14 cm, Material: Metall. Inv. Nr. 25.28:219, Sammlung Stoetzner, Herkunft: Ost-Tibet, Provinz Sichuan, Ort Dartsedo (chin: Kangding), Maße: D 11 cm, H 22 cm, Material: Metall

nommen und ist mit der indischen Ghanta verwandt (Helffer 1998: 579; Helffer 1984a: 599). Man trifft sie häufig in der Ikonographie, wo sie mit verschiedenen Buddhas, Gottheiten und Lehrmeistern in Verbindung gebracht wird (Pegg 2001: 446).

Jede Handglocke ist ein Einzelstück, das aus einer „heiligen

Handglocken (tib: dril bu), Inv. Nr. 34.134:27, Kauf Busse, Herkunft: Tibet, Maße: D 11 cm, H 24 cm, Material: Metall. Der Gebrauch dieser Handglocke ist wegen ihres neunstrahligen Griffes hohen Lamas vorbehalten. Inv. Nr. 4398:07, Kauf Umlauff. Herkunft: Tibet, Maße: D 7,5 cm, H 14,5 cm, Material: Metall. Inv. Nr. 4396:07, Kauf Umlauff, Herkunft: Tibet, Maße: D 7,5 cm, H 14 cm, Material: Metall.

Legierung" aus fünf verschiedenen Metallen hergestellt wird (Schuster 2002[2]: 233). Sie besteht aus drei Teilen, einem Glockenkörper, einem Stiel und einem Klöppel. Stiel und Körper sollten die gleiche Höhe haben. Sie werden getrennt in der verlorenen Form gegossen und mit zahlreichen Symbolen verziert.

Die Handglocke wird meist gemeinsam mit dem Donnerkeil (tib.: dorje, lies: dorje, sanskr.: vajra) bei buddhistisch-tantrischen Ritualen verwendet. Dabei wird der Dorje in der rechten Hand gehalten und verkörpert das durchdringende männliche Prinzip, die klare Methode, während die Handglocke mit der linken Hand gespielt wird und das weibliche Prinzip, die intuitive Weisheit symbolisiert (Schuster 2002[2]:

233). Gemeinsam benutzt führen die beiden Ritualgeräte zur „Aufhebung der Gegensätze, zu höchster Harmonie und zur Erkenntnis der absoluten Wahrheit, der Leerheit aller Erscheinungen (sanskr.: Sunyata)" (Schuster 2002: 233). Bei einigen Ritualen wird der Dorje auch durch eine kleine Sanduhrtrommel ergänzt oder ersetzt (Pegg 2001: 446).

Der Klang der Handglocke ist gewöhnlicherweise sehr hell und hoch. Wenn die Handglocke im Mönchsorchester verwendet wird, wird auf ihr entweder ein konstantes Tremolo oder eine Reihe festgelegter rhythmischer Formeln gespielt (Vandor 1978: 115).

3.3 Schang: Flachglocke

Die Flachglocke (tib.: gshang, lies: schang) wird nur von den Mönchen der Bön-Religion verwendet (Helffer 1984e: 80). Für sie ist es eines der wichtigsten Ritualgeräte, das an Stelle der Handglocke Dril bu gebraucht wird. Der Klöppel symbolisiert den Stifter der Bön-Religion Shen-Rab Mi-bo (tib.: gShen-rab mi-bo, lies: schenrab miwo). Häufig ist der Konus in drei Zonen eingeteilt, die die Drei-Körper-Lehre des Bön versinnbildlichen (Knödel/Johansen 2000: 142).

Flachglocke (tib: gshang), Inv. Nr. 25.28:214, Sammlung Stoetzner, Herkunft: Lianghekou, Maße: D 8,5 cm, Materialien: Metall, Leder, Holz, Perlmut, Stoff. Bei dieser kleinen Flachglocke ist die Aufteilung des Konus in drei Zonen sehr gut zu erkennen. Der Stoffbeutel ist eine dazugehörige Aufbewahrungs- und Transporthülle.

Flachglocken (tib: gshang), Inv. Nr. 2002.18:26, Schenkung Camps, erworben in Leh, Ladakh, Maße: D 21 cm, Materialien: Metall, Leder, Stoff. Inv. Nr. 2002.18:27, Schenkung Camps, Herkunft: Tibet, Maße: D 21 cm, Materialien: Metall, Leder, Stoff. Inv. Nr. 25.28:213, Sammlung Stoetzner, Herkunft: rTa`u, chin: Daofu, Maße: D 18 cm, Material: Metall, Leder, Holz, Glas.

Da der metallene Glockenkörper sehr flach ist, ähnelt die Flachglocke in der Form weniger einer Glocke, sondern mehr einem Becken. Wie die Glocke wird sie aber einzeln verwendet und hat einen – meist hölzernen – Klöppel, der das Instrument zum Klingen bringt. Die Flachglocke wird beim Spielen mit der konvexen Seite nach oben in der rechten Hand gehalten. Wenn das Instrument gleichzeitig mit einer Trommel, meist einer kleinen Damaru (tib.: ḍa ma ru), gebraucht wird, wird es in der linken Hand gehalten (Helffer 1984e: 80). Bewegt der Offiziant das Instrument von seinem Körper weg, räumt er Hindernisse aus. Eine Bewegung zu seinem Körper hin schützt die Ritualteilnehmer (Knödel/Johansen 2000: 142).

4 Blasinstrumente

Tibetische Blasinstrumente (tib.: `bud pa, lies: bü pa) werden beinahe ausnahmslos paarweise eingesetzt. Bevor die Mönche diese Instrumente erlernen, müssen sie die Permanentatmung beherrschen (Vandor

1978: 36), um einen „unendlichen" Ton erzeugen zu können, der beim Luftholen nicht unterbrochen wird. Bei dieser Technik atmet der Spieler durch die Nase ein und gleichzeitig durch den Mund aus. Dazu trennt er den Mundraum mit Hilfe der Zunge vom Nasenrachenraum ab und bläst die Luft mit der Wangenmuskulatur aus dem Mund.

4.1 Gyaling: Oboe

Die tibetische Oboe (tib.: rgya gling, lies: gya ling) ist ein Doppelrohrblattblasinstrument. Das Kopfteil der Oboe besteht aus einem dünnen Metallrohr, auf das das Rohrblatt gesteckt wird, und einer metallenen Scheibe, an der der Spieler seine Lippen abstützt (Vandor 1978: 83). Meistens ist das Kopfteil mit einer Kugel geschmückt. Das Kopfstück steckt auf einem zumeist hölzernen konischen Rohr mit sieben oder acht Grifflöchern und einem Daumenloch. Zwischen den Grifflöchern können zur Dekoration metallene Ringe mit eingefassten Steinen angebracht werden. Den Abschluss des Instruments bildet ein metallener Schalltrichter. Die Oboe wird genauso wie alle anderen tibetischen Blasinstrumente nur paarweise eingesetzt und deshalb gleich in zwei identischen Exemplaren hergestellt.

Die tibetische Oboe hat einen Umfang von etwa einer None (meist cis'-dis") (Vandor 1978: 107; Crossley-Holland 1970: 80). Ihr Klang ist penetrant und laut. Der Spieler kann weder die Tongebung, noch die Lautstärke nennenswert beeinflussen, da das relativ steife Rohrblatt vollständig und vertikal in den Mund genommen wird (Vandor 1978: 51). Bei dieser Spielweise kann der Spieler den Ton nicht wie bei der europäischen Oboe mit Hilfe der Lippen modulieren, sondern er bildet lediglich mit dem Mund einen Hohlraum, in der das Doppelrohrblatt durch die einströmende Luft frei zum Schwingen gebracht wird. In der Technik der Tonerzeugung ähnelt die tibetische Oboe der Schalmei, der Vorgängerin der modernen westlichen Oboe.

Die Grifflöcher der Oboe werden nicht mit der Fingerkuppe, sondern mit dem mittleren Fingerglied abgedeckt (Vandor 1978: 51; Helffer

1984f: 244). Interessanterweise gibt es keine einheitliche Tradition, welche Hand beim Spielen die oberen und welche die unteren Grifflöcher abdeckt. Nach Crossley-Holland (1970: 80) wird die rechte Hand in West- und Zentraltibet, Sikkim sowie Nepal oben gespielt, während in Ost-Tibet, Ladakh und Bhutan die linke Hand die oberen Grifflöcher bedient.

Die beiden Teile des Namens der tibetischen Oboe geben einen Hinweis auf die historische Herkunft des Instruments. Rgya (tib.: rgya, lies: gya) bedeutet entweder China (tib.: rgya nag, lies: gya nag) oder Indien (tib.: rgya gar, lies: gya gar) und gling (tib.: gling, lies: ling) leitet sich aus tib.: gling (bu) (lies: ling bu = Flöte) ab. Ebenfalls möglich ist eine tibetische Übersetzung des persischen Shahnai (= Königliche Flöte) (Helffer 1984f: 244). Auch wenn sich die Herkunft nicht zweifelsfrei klären lässt, gibt der Name doch einen eindeutigen Hinweis darauf, dass das Instrument nicht in Tibet entwickelt, sondern aus einem anderen Kulturkreis, vermutlich dem islamischen, übernommen wurde (Vandor 1978: 17). Dieses Faktum zeigt sich auch in der Verwendung der Oboe in der ritu-

Tibetische Oboen (tib: rgya gling), Inv. Nr. 4339:07, Kauf Umlauff, Herkunft: Tibet, Maße: L 55 cm, Materialien: Holz, Metalle. Filigran gearbeitete Oboe mit zahlreichen Verzierungen. Das Rohrblatt fehlt.

Inv. Nr. A 3572, Kauf Brill, Herkunft: Tibet, Maße: L 51,5 cm, Materialien: Metalle, Glas. Diese Oboe ist unge-wöhnlicherweise vollständig aus Metall. Kopfstück und Rohrblatt fehlen.

Inv. Nr. 2002.18: 22a+b, Schenkung Camps, erworben in: Leh, Ladakh, Maße: L 56 cm, Materialien: Holz, Metalle. Oboenpaar mit Transportriemen. Die Rohrblätter fehlen.

ellen Musik. Hier ist die Oboenstimme nicht mit den anderen Stimmen verwoben, sondern liegt über dem übrigen Orchester. Vandor (1978: 17, 46) schließt daraus, dass die Oboe als letztes Instrument in das Kloster-Ensemble aufgenommen wurde.

Die Oboen sind die einzigen Instrumente, die eine eigenständige längere Melodielinie haben und nicht kleinere rhythmische oder melodische Formeleinheiten aneinander reihen (Vandor 1978: 42 und Helffer 1998: 579). Wie die Langtrompeten verfügen die Oboen über ein eigenes Repertoire an Stücken, das allerdings keine Binnendifferenzierung nach Anlässen kennt (Vandor 1978: 54). Es wird auch nicht zwischen Stücken, die gemeinsam mit dem Ensemble aufgeführt werden und solchen, bei denen nur das Oboenduo spielt, unterschieden. Das Melodienrepertoire der Oboen wird also nicht wesentlich anders behandelt als die kleinen Formeleinheiten der anderen Instrumente.

Im wesentlichen werden die Oboen bei vier Anlässen verwendet. Zweimal am Tag, bei Sonnenauf- und Untergang sowie anlässlich bestimmter religiöser Feste, spielen die Oboen gemeinsam mit zwei Langtrompeten auf dem Dach des Klosters. Dabei erklingen die Instrumentenpaare entweder alternierend oder gemeinsam (Vandor 1978: 55). Beim instrumentalen Zwischenspiel im Gottesdienst spielen die Oboen zusammen mit dem gesamten Orchester. Bemerkenswert ist, dass die Melodielinien der Oboen häufig länger sind als das Zwischenspiel, deshalb unterbrechen die Oboisten ihr Stück am Ende des Zwischenspiels und führen es beim nächsten Zwischenspiel weiter (Vandor 1978: 45ff). Wenn die Oboen und die Kurztrompeten nicht zur gleichen Zeit erklingen müssen, werden sie von den gleichen Mönchen gespielt (Vandor 1978: 28). Die Oboen werden auch zur Begleitung der Ritualtänze verwendet; allerdings nur beim orchestralen Eröffnungsstück oder der Fanfare beim Auftritt und Abgang der Tänzer (Vandor 1978: 63; Helffer 1998: 580). Ebenfalls eingesetzt werden die Oboen bei Prozessionen. Hier kann es gelegentlich vorkommen, dass eine einzelne Oboe den gesamten Prozessionszug bzw. den Teilabschnitt des Orchesters anführt.

4.2 Dungtschen: Langtrompete

Nach Aussagen von Rakra Tethong wurde die Langtrompete (tib.: dung chen, lies: dung tschen oder tib.: rag dung, lies: rag dung) vom König von Ngari (tib.: mNga´ ris, chin: Ali) (Ladakh-Kashmir-Gegend in West-Tibet) erfunden, als dieser den indischen Gelehrten Jo-bo-A-ti-sha (lies: dschowo atischa) nach Tibet eingeladen hatte. Daher wird das Instrument noch heute gelegentlich Jowo tschyän dren gyi dung (tib.: Jo-bo spyan ´dren gyi dung, lies: dscho wo tschyän dren gyi dung) Trompete für die Einladung Jo-bos genannt. (Tethong/Ellingson 1979: 17). Die Langtrompete wurde seit Beginn der zweiten Verbreitung der buddhistischen Lehre in Tibet (Mitte des 10. Jahrhunderts) genutzt und verbreitet (Helffer 1998: 573).

Die Langtrompete hat eine Länge von 1,5 bis 4 Metern. Sie besteht meist aus drei konischen Röhren, die bei

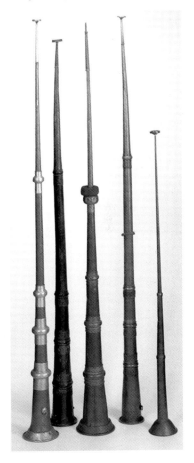

Langtrompeten (tib: dung chen) Inv. Nr. 2002.18:23, Schenkung Camps, erwor-ben in: Leh, Ladakh, Maße: L 176 cm, Materialien: Metalle. Inv. Nr. 4312:07, Kauf Umlauff, Herkunft: Tibet, Maße: L 173 cm, Materialien: Metalle. Inv. Nr. 4333:07, Kauf Umlauff, Herkunft: Tibet, Maße: L 184 cm, Materialien: Metalle, Stoff. Die Funktion des roten Stoffringes ist nicht klar. Das Mundstück fehlt. Inv.Nr. A 3571, Kauf Brill, Herkunft: Tibet, Maße: L 183 cm, Materialien: Metalle. Inv. Nr. 4331:07a, Kauf Umlauf, Herkunft: Tibet, Maße: L 132 cm, Materialien: Metall. Eine sehr einfache Langtrompete ohne Verzierungen.

Transport und Lagerung ineinander gesteckt werden können, so dass die Trompete eine handlichere Größe bekommt. Das erste Rohrteil verfügt über ein großes, sehr flaches Mundstück. Das mittlere Rohrteil hat meistens nur einen Verzierungsring, während das letzte Rohrteil, das den Schalltrichter des Instrumentes formt, mit bis zu drei Ringen geschmückt sein kann.

Langtrompeten sind sehr laute Instrumente mit einem kräftigen, weithin hörbaren und „nicht immer gut zu kontrollierenden Klang" (Helffer 1984: 636). Beim Musizieren werden lediglich drei verschiedene Töne genutzt. Der tiefste „´dor" (lies: dor), liegt etwa in der unteren Hälfte der Großen Oktave, der mittlere „gyang" (lies: gyang) liegt etwa eine Oktave über dem „´dor", und der höchste „ti" (lies: ti), liegt etwa eine Quinte bis eine Oktave über dem mittleren Ton (Pertl 1992: 91; Scheidegger 1988: 22). Von diesen Grundtönen gibt es verschiedene Variationen, d.h. unterschiedliche Spielweisen, Verzierungen oder Modulationen in der Lautstärke. Besonders beliebt ist dabei eine Form, bei der der Ton mit einem kräftigen Akzent begonnen und beendet wird. Aus den drei Grundtönen und ihren Varianten setzen sich die rhythmischen und melodischen Formeleinheiten zusammen, aus denen das Repertoire der Langtrompeten besteht.

Wie bei allen tibetischen Blasinstrumenten muss auch für das Spielen der Langtrompete die Permanent-Atmung beherrscht werden, da hier besonders häufig lang gehaltene Töne gespielt werden müssen. Beim Spiel auf der Langtrompete wird besonders viel Wert auf die richtige Länge der Töne, deren Intensität und die Kontinuität in der Klangfarbe gelegt, obwohl diese auf dem Instrument besonders schwer zu verwirklichen sind.

Die Langtrompete erfreut sich in Tibet großer Beliebtheit, obwohl es körperlich sehr anstrengend ist, sie zu spielen. Da für die Tonerzeugung ein großes Lungenvolumen erforderlich ist, können die Mönche die Langtrompete erst relativ spät in ihrer musikalischen Ausbildung, d. h. am Ende ihrer Wachstumsphase, erlernen (Pertl 1992: 90). Etwa um das 30. Lebensjahr müssen die Mönche das Musizieren auf der Langtrompete aufgeben, da ihnen sonst die Schneidezähne auf Grund der starken Vibrationen, die durch die tiefen und lauten Töne entstehen, ausfallen (Pertl 1992: 96).

Die Langtrompeten werden beim instrumentalen Zwischenspiel

im Gottesdienst im Ensemble verwendet. Außerdem ertönen sie gemeinsam mit zwei Oboen auf dem Dach des Klosters. Dabei spielen die Instrumentenpaare entweder alternierend oder gemeinsam. Diese Aufführungen können zweimal am Tag bei Sonnenauf- und Untergang sowie anlässlich bestimmter religiöser Feste stattfinden (Vandor 1978: 55). Ebenfalls eingesetzt werden die Langtrompeten zur Begleitung der Ritualtänze (Vandor 1978: 63; Helffer 1998: 580). Bei Prozessionen muss das Instrument zusätzlich von einem weiteren Mönch am vorderen Ende getragen werden.

4.3 Buhag: Basstrompete

Basstrompeten (tib: sbu hag) Links: Inv. Nr. 32.128: 160, Sammlung Samson, Herkunft: China, Peking, tibetisch, Maße: L 77 cm, Material: Metall, Fuß einer Basstrompete. Das Mittel- und das Mundstück fehlen. Der Fuß ist mit goldener Farbe bemalt. Rechts: Inv. Nr. A 3345, Geschenk Oscar Vortmann, Maße: L 89 cm, D max. 9 cm Material: Metall. Ein einfaches und kleines Exemplar einer Basstrompete.

Die Basstrompete (tib.: sbu hag, lies: bu hag oder tib.: sbu phag, lies: bu phag) ist eine seltene Sonderform der Dungtschen. Die Basstrompete ist ähnlich aufgebaut wie die Langtrompete, sie unterscheidet sich allerdings im Fußteil. Es ist am Kopf relativ schmal und mit einer Kugel geschmückt, bevor es abrupt in einen deutlich größeren Kegelstumpf übergeht. Der Ton der Basstrompete soll das Stampfen zorniger Gottheiten symbolisieren (persönlicher Kommentar: N. Gonpo Ronge 2003).

4.4 Kang ling: Kurztrompete

Kurztrompeten (tib: rkang gling) Oben: Inv. Nr. 25.28:217, Sammlung Stoetzner, Herkunftsort: Dartsedo, Tatsienlu, Maße: L 42 cm, Materialien: Metalle. Kurztrompete mit der Darstellung eines Makarakopfes, in einer seltenen Form mit einer auffälligen Nase. Inv. Nr. 4331:07, Kauf Umlauff, Herkunft: Tibet, Maße: L 42 cm, Materialien: Metalle. Eine sehr schöne Kurztrompete mit der Darstellung eines Makarakopfes. Diese Form wird auch Löwentrompete genannt. Inv.Nr. 4337:07, Kauf Umlauff, Herkunft: Tibet, Maße: L 42 cm, Materialien: Metalle. Ebenfalls eine Löwentrompete, die aufgrund kleiner Abweichungen im Dekor kein Paar mit der vorangegangenen bildet. Unten: Kurztrompete (tib: rkang gling), Inv. Nr. 25.28:215, Sammlung Stoetzner, Herkunftsort: Lianghekou, Maße: L 57 cm, Material: Holz. Ein sehr seltenes, einfaches Exemplar einer Kurztrompete aus Holz, die im Dekor die aufwändigen Löwentrompeten nachahmt. Das Instrument ist aus einem Stück geschnitzt und rot und blau bemalt.

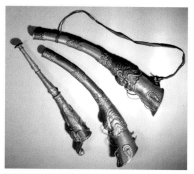

Die Kurztrompete (tib.: rkang gling, lies: kang ling) wurde ursprünglich aus einem menschlichen Oberschenkelknochen hergestellt. Heute sind die Knochentrompeten ganz bestimmten Ritualen vorbehalten, während für den gewöhnlichen Gebrauch und im Mönchsorchester, bei Prozessionen und Tänzen die Kurztrompete aus Metall genutzt wird (Beer 1999: 259).

Die gewöhnliche Kurztrompete besteht aus einem kurzen, ungebogenen Rohr aus Metall oder seltener auch aus Holz. Bei besonders wertvollen Instrumenten wird die eigentliche Luftröhre von einem weiteren, reich verzierten Rohr umgeben, in das das Mundstück so eingearbeitet ist, dass es von außen nicht zu erkennen ist. Diese Form der Kurztrompete, deren Trichter meist einen Makarakopf mit imposanten Fühlern darstellt, wird auch Löwentrompete genannt. Bei feierlichen Prozessionen werden die Kurztrompeten zusätzlich mit Schmuckbändern verziert. Für deren Befestigung ist oft eine Öse an der Unterseite des Instruments vorhanden.

Auf der Kurztrompete wird im wesentlichen nur ein einziger Ton gespielt, der im Bereich der eingestrichenen Oktave liegt (Vandor 1978: 92). Dieser Ton, der meistens nur kurz gehalten wird, kann auf verschiedene Weise moduliert werden, beispielsweise durch einen starken Akzent zu Beginn eines Tones oder durch ein schnelles Auf- und Abschwellen des Tones (=Tremolo) (Vandor 1978: 50). Gelegentlich wird der Ton auch erst durch ein Glissando von unten erreicht (Vandor 1978: 93).

Die Kurztrompeten werden immer paarweise eingesetzt. Wenn sie im Mönchsorchester nicht gleichzeitig mit den Oboen erklingen, werden sie häufig von denselben Musikern gespielt (Vandor 1978: 28).

4.5 Mi rü pä kang ling: Knochentrompete

Die Knochentrompete (tib.: mi rus pa 'i rkang gling, lies: mi rü pä kang ling) wird aus einem menschlichen Oberschenkelknochen hergestellt. Besonders wertvoll sind gerade Knochen (Scheidegger

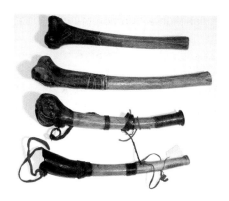

Knochentrompeten (tib: mi rus pa'i rkang gling,) Inv. Nr. 32.201:51, Schenkung Rickmers, Herkunft: Tibet, Maße: L 30 cm, Materialien: Menschenknochen, Haut. Inv. Nr. A 3573, Kauf Brill, Herkunft: Tibet, Maße: L 39 cm, Materialien: Menschenknochen, Haut. Die weiße Schnur ist nicht original. Sie wurde aus restauratorischen Gründen hinzugefügt. Inv.Nr. 25.28:216, Sammlung Stoetzner, Herkunftsort: Lianghekou, Maße: L 30 cm, Materialien: Menschenknochen, Metall. Bei dieser Knochentrompete wurden ein Schalltrichter und ein Mundstück aus Metall hinzugefügt. Inv. Nr. 25.18:218, Sammlung Stoetzner, Herkunftsort: Lianghekou, Maße: L 30 cm, Materialien: Metall, Yakhorn. Diese Knochentrompete hat einen Schalltrichter aus Yakhorn.

1988: 23) oder solche von gewaltsam getöteten Menschen (Helffer 1984g: 525). Für gewöhnlich wird das Hüftgelenk abgetrennt, so dass ein Anblasloch entsteht. Dieses wird zum Teil zusätzlich mit einem Metallring versehen, um die Tonerzeugung zu erleichtern. Zur Herstellung eines Schalltrichters werden in das Kniegelenk zwei Löcher gebohrt oder es wird ganz abgetrennt und ein Schalltrichter aus Metall (z.B. Inv.Nr. 25.28:216) oder Horn (Inv.Nr. 25.28:21) angebracht.

Durch die schwammartige Innenseite ist der Ton der Knochentrompete seltsam unklar und klingt sehr gepresst. In der Regel wird nur ein einziger Ton verwendet. Bei kultischen Handlungen wird die Knochentrompete häufig gemeinsam mit der Damaru von einem Mönch gespielt. Er hält die Knochentrompete in der linken und die Damaru in der rechten Hand.

Die Knochentrompete wird in der Regel nicht im Mönch-sorchester oder bei Prozessionen eingesetzt. Dort wird sie durch die Kurztrompete aus Metall ersetzt. Dass die Knocheninstrumente in den Museen überproportional vorhanden sind, hängt mit dem Interesse der Sammler zusammen und spiegelt nicht die Häufigkeit ihres Vorkommens in Tibet wieder.

Verwendet wird die Knochentrompete von tibetischen Schamanen bei der Austreibung böser Geister und zur Wetterbeeinflussung. Außerdem dient sie den Yogis während der Meditation auf den Leichenplätzen (Esserl 1989: 278). Eingesetzt wird sie außerdem bei Riten für die Schutzgottheiten (Esserl 1989: 278) und zornvolle Gottheiten (Helffer 1984g: 153).

4.6 Dungkar: Schneckentrompete

Die Schneckentrompete (tib.: dung dkar, lies: dungkar, sansk: sarikha) wird fälschlicherweise oft auch als Muschelhorn bezeichnet. Sie wird aus der Schale einer Meeresschnecke hergestellt, indem man ihre Spitze abschneidet und so ein Anblasloch erhält. Dieses wird zum Teil mit einem metallenen Mundstück versehen, das das Spielen erleichtern soll. Wertvollere Instrumente reicherer Klostergemeinschaften sind durch Schnitzereien an der Schnecke, ein Mundstück und einen Flügel aus Metall, der den Ton verstärkt, verziert.

Der Klang der Schneckentrompete ist tief, voll und durchdringend. Er soll die klangvolle Stimme des Buddha Shakyamuni symbolisieren und die Wahrheit der Lehre

Schneckentrompete (tib: dung dkar) Inv. Nr. 1353:08, Kauf Möwis, Herkunft: Tibet, Maße: 27 x 20 cm, Materialien: Schneckenschale, Metalle. Der reich verzierte Flügel ist mit Ranken und zwei Fischen bedeckt, im Zentrum ist ein Drache zu erkennen, auf sechs aufgenieteten Metallplättchen sind Pfauen und Makaras dargestellt.

Schneckentrompeten Paar (tib: dung dkar) Inv. Nr. 25.28:240-241, Sammlung Stoetzner, Herkunftsort: Lianghekou, Maße: L 31 cm, Material: Schneckenschale. Dazu gehört ein sehr einfach gearbeitetes Futteral Maße: L 40 cm, H 30 cm, Materialien: Stoff, grobe Jute, Leder.

verkünden (Baumer/Weber 2002: 155).

Schnecken drehen sich normalerweise von der Spitze aus gesehen rechts herum. In Tibet gelten deshalb die sehr, sehr seltenen linksdrehenden Schnecken als besonders wertvoll (Helffer 1984b: 636).

Auf einer Schneckentrompete zu spielen ist sehr einfach. Nach Aussagen einiger Mönche kann man das Musizieren auf diesem Instrument schon in wenigen Übungstagen erlernen (Vandor 1978: 49).

Schneckentrompeten (tib: dung dkar) Inv. Nr. 4314:07, Kauf Umlauff, Herkunft: Tibet, Maße: L 27 cm, Material: Schneckenschale. Inv. Nr. 4322:07, Kauf Umlauff, Herkunft: Tibet, Maße: L 16 cm, Material: Schneckenschale. Inv. Nr. 4323:07, Kauf Umlauff, Herkunft: Tibet, Maße: L 16 cm, Material: Metalle, Rubinsteine. Bei diesem metallenen Schneckenimitat handelt es sich nicht um ein Musikinstrument, sondern um das Attribut einer Figur oder ein Duftbehältnis. Inv. Nr. 4310:07, Herkunft: unbekannt, Maße: L 15 cm, Materialien: Schneckenschale.

Im Allgemeinen wird auf der Schneckentrompete nur ein einziger Ton gespielt, der in der unteren Hälfte der mittleren Oktave liegt (Vandor 1978: 92). Dieser Ton wird in der Regel lang ausgehalten und nur dadurch moduliert, dass man durch langsames An- und Abschwellen die Lautstärke verändert (Scheidegger 1988: 30). Die Schneckentrompeten übernehmen im Mönchsorchester meist die Funktion eines durchgehenden Borduns.

Wie alle Blasinstrumente wird auch die Schneckentrompete im Mönchsorchester nur paarweise verwendet. Außerhalb des Orchesters hat die Schneckentrompete eine wichtige Signalfunktion. Am frühen Morgen eines jeden Tages wird die Schneckentrompete von zwei Mönchen auf dem Dach des Klosters gespielt, um die morgendlichen Puja im Tempel anzukündigen und die Mönche im Versammlungsraum des Klosters zusammenzurufen (Schuster 2002: 234). Die Mönche oder Novizen, die diese Aufgabe übernehmen, lassen ihren Ruf dabei in allen vier Himmelsrichtungen ertönen und sprechen während dem Spiel innerlich ein Gebet (Schuster 2002: 235).

5 Weltliche tibetische Instrumente

Das Museum für Völkerkunde Hamburg besitzt nur zwei weltliche Instrumente aus dem tibetischen Kulturkreis: eine tibetische Laute und ein sehr seltenes Serpent, das vorwiegend in Nepal gespielt wird.

Die weltliche Musik Tibets ist im Wesentlichen eine vokale Musiktradition, die sich häufig mit der geistlichen Musik vermischt, indem sie religiöse Themen und Gedanken aufgreift (Helffer 1998: 586). Die Sänger werden oft von einem Instrument begleitet. In Lhasa und den größeren Städten haben sich ganze Instrumentalensembles herausgebildet, zu denen neben der Laute Dramnyän (tib.: sgra snyan, lies: dramnyän) die Spießgeige Pi wang (tib.: pi wang, lies: pi wang), die chinesischen Ursprungs ist, die Zither Yang tsching (chin: yang chin, lies: yang tschin; tib.: yang ching, lies: yang tsching) und die Querflöte Ling bu (tib.: gling bu, lies: ling bu) gehören (Helffer 1998: 590). Die Instrumente des Ensembles spielen dabei in der Regel unisono oder oktavieren die Melodie des Sängers, fügen aber für das Instrument typische Verzierungen hinzu. Die Lieder können auch rein instrumental, d.h. ohne Sänger, vorgetragen werden (Helffer 1998: 590).

5.1 Dramnyän: Laute

Der tibetische Name der Laute Dramnyän (tib. sgra snyan, lies: dramnyän) bedeutet süß-klingend (Samuel 1976: 414). Wegen dieses wundervollen Klangs wird das Saiteninstrument nicht im Tempel verwendet, da es von der Meditation ablenken würde (Tethong 1970: 10). Allerdings werden bei manchen Zeremonien Saiteninstrumente als Opfergaben auf den Altar gelegt (Tethong 1979: 10).

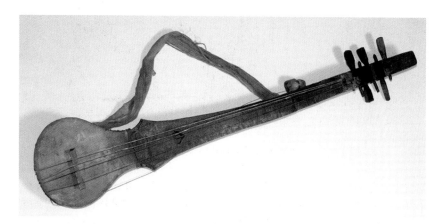

Laute (tib: sgra-snyan) Inv. Nr. 13.122:21, Herkunft: unbekannt, Maße: L 63 cm, Material: Holz, Haut, Darm, Stoff, Metall.

Nach Samuel hat die tibetische Laute normalerweise sechs Saiten. Es gibt aber auch Instrumente mit fünf oder sieben Saiten. Bei der sechssaitigen Laute werden immer zwei Saiten als Paar gestimmt. Die Stimmung ist für gewöhnlich aa, e'e', hh oder gg, d'd', aa (Samuel 1976: 414; Helffer 1984j: 356).

Das Instrument wird quer vor dem Körper gehalten. Mit der linken Hand werden die Saiten gegriffen und rechts mit Hilfe eines Plektrons angezupft.

5.2 nâgbhin: Serpent

Serpent (nepal.: nâgbhin) Inv. Nr. 4313:07, Kauf Umlauff, Maße: 35 x 30 cm, Material: Metall.

Das Serpent (nep.: nâgbhin oder nagbeli bâjâ) ist aus sechs metallenen Teilen zusammengesetzt und mit dunkler Farbe lackiert. Das Rohr des Instruments bildet zwei S-Schlaufen. Auf das erste Rohrteil wird ein Mundstück aufgesetzt. Das letzte formt den Trichter, der die Form eines Mauls hat, aber mit einem menschliches Gesicht verziert ist.

Der nepalesische Name des Serpent „nâgbhin" ist dem Wort für Schlange „nag(a)" aus dem Sanskrit und anderen indischen Sprachen entlehnt. Das Instrument wird in Nepal und seltener auch in Nordindien in der Volksmusik verwendet.

Bibliographie

Asian Music
1979   Asian Music. Volumen X-2 (Tibet Issue).

Beer, Robert
1999   The Encyclopedia of Tibetan Symbols and Motifs. London.

Blau, Tatjana und Mirabai
2002   Buddhistische Symbole. 2. Auflage. Darmstadt.

Crossley-Holland, Peter
1970   rGya-gLing Hymns of the Karma-Kagyu: The Rhythmitonal Architecture of Some Tibetam Instrumental Airs. In: Selected Reports [in Ethnomusicology] Vol. 1 (3), S. 79-114.
1976   The Ritual Music of Tibet. In: The Tibet Journal Vol. 1 (3 & 4), S. 45-54.

Dick, Alastair / Helffer, Mireille
1984   Damaru. In: Sadie, Stanley (Hrsg.). The New Grove Dictionary of Musical Instruments. Bd I, S. 539. London.

Dorje, Rinjing / Ellingson, Ter
1979   Explanation of the secret god da ma ru. An Exploration of Musical Instrument Symbolism. In: Asian Music Vol. X-2, S. 63-91.

Ellingson, Ter
1979   The Mathematics of the Tibetan Rol Mo. In: Ethnomusicology Vol. XXIII, January, S. 225-243.

Essen, Gerd-Wolfgang / Tsering, Tashi Thingo
1989a   Die Götter des Himalaya. Buddhistische Kunst Tibets. Die Sammlung Gerd-Wolfgang Essen. (Bd. 1). München.
1989b   Die Götter des Himalaya. Buddhistische Kunst Tibets. Die Sammlung Gerd-Wolfgang Essen. (Bd. 2). München.

Helffer, Mireille
1984a Dril-bu. In: Sadie, Stanley (Hrsg.). The New Grove Dictionary of Musical Instruments. Bd. I, S. 599-600. London.
1984b Dung. In: New Grove Instruments. Bd. I, S. 635-636.
1984c Dung-chen. In: New Grove Instruments. Bd. I, S. 636.
1984d Gandi. In: New Grove Instruments. Bd. II, S. 19.
1984e Gshang. In: New Grove Instruments. Bd. II, S. 80.
1984f Rgya-gling. In: New Grove Instruments. Bd. III, S. 244.
1984g Rkang-gling. In: New Grove Instruments. Bd. III, S. 252.
1984h Rnga. In: New Grove Instruments. Bd. III, S. 252-253.
1984i Rol-mo. In: New Grove Instruments. Bd. III, S. 256-257.
1984j Sgra-snyan. In: New Grove Instruments. Bd. III, S. 356.
1984k Sil-snyan. In: New Grove Instruments. Bd. III, S. 386.
1984l Ting-ting-shags. In: New Grove Instruments. Bd. III, S. 593.
1990 An Overview of Western Work on Ritual Music of Tibetan Buddhism (1960-1990). In: Max Peter Baumann / Artur Simon / Ulrich Wegner (Hrsg.), European Studies in Ethnomusicology: Historical Developments and Recent Trends. Selected Papers Presented at the VIIth European Seminar in Ethnimusicologa, Berlin, October 1-6, 1990, S. 87-101. Wilhelmshaven.
1994 Mchod-rol. Les instruments de la musique tibétaine. Paris.
1998 Tibet, Bhutan, Ladakh. In: Ludwig Fincher (Hrsg.), Die Musik in Geschichte und Gegenwart. Sachteil. Band 9, S. 572-598.

Lahlungpa, Lobsang P.
1969 Tibetan Music: Secular and Sacred. In: Asian Music Vol. I-2, S. 2-10.

Oesch, Hans
1984 Tibet. In: Ders. (Hrsg.), Außereuropäische Musik (Teil 1), S. 312-334. Laaber.

Pegg, Carole u.a.
2001 Tibetan music. In: Sadie, Stanley (Hrsg.), The New Grove Dictionary of Music and Musicians. Bd 25, S. 441-460.

Pertl, Brian
1992   Some Observations on the Dung Chen of the Nechung Monastery. In: Asian Music XXIII-2, 1992, S. 89-90.

Roth, Hans / Ronge, Veronika
1989   Katalog der tibetischen und mongolischen Sachkultur in europäischen Museen und Privatsammlungen.

Samuel, Geoffrey
1976   Songs of Lhasa. In: Ethnomusicology Vol. XX, S. 407-449.

Scheidegger, Daniel A
1988   Tibetan Ritual Music. A General Survey with Special Reference to the Mindroling Tradition (Opuscula Tibetana: Arbeiten aus dem Tibet-Institut Rikon-Zürich. Fasc. 19, May 1988). Zürich.

Schuster, Gerhardt W. und Susanne.
2002² Geheimnisvolle Welt Tibet. Katalog zur Ausstellung im Ausstellungszentrum Lokschuppen Rosenheim. Rosenheim.

Snyder, Jeanette
1979   A Preliminary Study of the Lah Mo. In: Asian Music, Vol. X-2, S. 23-62.

Tethong, Rakra / Ter Ellingson
1979   Conversations on tibetan musical Traditions. In: Asian Music Vol. X-2, S. 5-22.

Vandor, Ivan
1978   Die Musik des tibetischen Buddhismus (Taschenbücher zur Musikwissenschaft, 48). Wilhelmshaven.

Wu, Ben
1998   Music Scholarship West and East: Tibetan music as a case study. In: Asian Music, Vol. XXIX-2, S. 31-54.

Anmerkung

[1] Informationen zu den Sammlern und Herkunftsorten sind den Artikeln Knödel und Lenuck zu entnehmen.

Nur Obertongesang und Pferdekopfgeigen?

Mongolische Musik

Norbert Beyer

Modernität und Weltmusik

In den letzten beiden Jahrzehnten erfreut sich mongolische Musik einer stetig zunehmenden Beliebtheit. Gruppen von Musikern treten auf internationalen Festivals auf, werden im Rahmen von Tourneen in großen Hallen und Jugendzentren gefeiert und sind in Spielfilmen, Reiseberichten und Fernsehfeatures zu bewundern. Neben folkloristischen oder historisierenden Kostümen sind dabei zwei musikalische Elemente zu Erkennungszeichen geworden: Der „Obertongesang" und ein nur in der Mongolei vorkommendes Streichinstrument, die „Pferdekopfgeige".

Obertongesang *höömii*

Bei der *höömii* genannten Gesangstechnik werden – für das westliche Ohr sehr überraschend – von einem Sänger gleichzeitig zwei oder mehr Töne hervorgebracht. Die Klangproduktion basiert auf einem recht tiefen, gleichbleibenden Grundton, der mit den Stimmbändern erzeugt wird. Durch Formung des Rachen-, Mund und Nasenraumes und mit Hilfe von Muskelanspannung und Zungenpositionen werden verschiedene Resonanzräume geschaffen, wodurch im Grundklang enthaltene Obertonanteile sehr präzise heraus gefiltert werden können. Bei entsprechender Übung werden hohe, pfeifende Töne klar hörbar, die der Sänger zu Melodien kombiniert. Der Grundton wird musikalisch als Bordun genutzt, alle Melodietöne stehen dazu in gemeinsamer Beziehung. Der technisch anspruchsvolle *höömii*-Gesangsstil mutet fremdartig und rätselhaft an, reizt zur Nachahmung und bietet genügend Projektionsfläche für mystische Bedürfnisse zivilisationsmüder Musikfreunde. Die mongolische Verwendung von halbtonloser Pentatonik macht es auch ungeübten europäischen Ohren leicht, Genuss zu empfinden.

Die westlichen Khalkha-Mongolen erzählen folgende Geschichte über die Entstehung von *höömii*: Ihr Wohnbezirk *Chandman sum* ist im Westen von einer Bergkette des Mongolischen Altai begrenzt, während im Norden und im Osten große Seen liegen. Der Berg Jargalant besitzt die besondere Kraft, starke westliche Winde für Stunden oder Tage aufzuhalten und erst später wieder freizulassen. Während dieser Zeit gibt er einen tiefen oder hohlen Ton von sich. Die Hirten werden so gewarnt und können sich auf die kommenden Stürme einstellen. Man redet auch davon, dass Berg und See den Klang des Windes anziehen und schlucken. Andere Erklärungen vergleichen *höömii* mit den Geräuschen von Vögeln, Flüssen oder Wasserfällen. Sogar der mythische Fluß *Eev*, den keiner genau lokalisieren kann, wird in diesem Zusammenhang erwähnt. Immer werden die akustischen Phänomene als günstig für die Natur mit ihren Pflanzen und Tieren und den dort lebenden Menschen angesehen.

Pferdekopfgeige *morin huur*

Die Pferdekopfgeige *morin huur* ist eine Spießlaute mit trapezförmigem Resonanzkörper und zwei Saiten aus Rosshaar, die mit einem Bogen gestrichen werden. Sie hat ihren Namen von einem geschnitzten

Pferdekopf, der oben an dem langen, bundlosen Hals angebracht ist. Die Saiten werden im Quintabstand gestimmt und nur mit den Fingergliedern der linken Hand „schwebend" verkürzt, ohne auf den Hals niedergedrückt zu werden. Meistens wird die Melodie nur auf einer Saite gespielt, während die dickere Saite zur Erzeugung eines tiefen Borduntones mitgestrichen wird (siehe Abbildung Seite 941). Der Klang der *morin huur* ist etwas rauh, dabei aber voll und modulationsfähig. Das archaische, symbolbeladene Instrument, das inzwischen einige Modernisierungen durchlaufen hat, wird heute von Profimusikern virtuos gespielt und kommt beim westlich vorgeprägten Weltmusik-Publikum gut an. Inzwischen haben auch einzelne Amerikaner, Europäer und Japaner das Instrument aufgenommen. Die *morin huur* ist so weit zum Inventar der Weltmusik geworden, dass sie im Handel neben *sitar* und *tabla* erhältlich ist.

Es gibt viele verschiedene Ursprungslegenden und Lieder, die erzählen, wie die erste Pferdekopfgeige entstanden ist. Meistens handeln sie von einem jungen Mann und seinem Pferd, das besonders klug und so leichtfüßig und schnell ist, dass es über die Steppe zu fliegen scheint. Zusammen sind beide häufig auf extremen und gefährlichen Überlandstrecken unterwegs, bis Neider aufmerksam werden, heimlich nachschauen und tatsächlich ein Paar kleiner Flügel entdecken, die sie sogleich abschneiden. In derselben Nacht stirbt das Pferd an den Wunden. Die Trauer um den Gefährten macht den jungen Mann fast wahnsinnig, doch dann verfertigt er aus den Überresten des Pferdes die erste *morin huur* und findet Trost darin, im Spiel die Laute des Tieres wieder erstehen zu lassen.

Höömii und ähnliche Gesangsstile, bei denen Teiltöne von Klängen gezielt hervorgehoben werden, kannte man früher nur im Westen der Mongolei und noch in der autonomen Tuvinischen Republik, nördlich der Grenze zur Russischen Föderation. In anderen Teilen der Mongolei wurde Obertongesang nicht praktiziert. Die *morin huur* mit dem geschnitzten Pferdekopf kam ursprünglich nur bei den Khalkha-Mongolen im Osten des Landes vor. Wie kam es nun, dass diese beiden regional und musikalisch recht begrenzten Praktiken aus entgegengesetzten Enden des Landes, welche zudem solo ausgeübt wurden, zu Inbegriffen der „typisch mongolischen Musik" wurden?

Heutige Situation

Die Mongolei hat auf einer Fläche von 1,566 Mio km², etwa der Größe von Westeuropa, über 2,1 Millionen Einwohner. Hier leben nicht nur viele verschiedene mongolische Gruppen, die in der Vergangenheit nicht selten Krieg untereinander geführt haben, sondern auch Tuvinen, Kasachen und Kirgisen. Mongolen leben außerdem in der so genannten Inneren Mongolei, einer autonomen Region der Volksrepublik China, und in verschiedenen Gebieten der Russischen Föderation. Es ist unmöglich, von einer einheitlichen mongolischen Musikkultur zu reden. Oft werden Musikinstrumente, Tänze und Stile regional mit anderen Ethnien geteilt.

In den 30er Jahren des 19. Jahrhunderts gingen Kenner der mongolischen Kultur schon von einem Aussterben durch moderne Einflüsse und rapide Angleichung an die Nachbarkulturen aus. In der Äußeren Mongolei, welche 1924 zur Mongolischen Volksrepublik geworden war, begann man jedoch, gezielt bestimmte Elemente der Kultur zu fördern und andere zu behindern.

Gefördert wurde in den folgenden Jahrzehnten alles, was man für echte, mongolische Äußerungen des Volkes hielt, wobei die Kultur der Bevölkerungsmehrheit der Khalkha-Mongolen, auch in der kommunistischen Partei gut vertreten, zum Vorbild genommen wurde. In den 50er Jahren war man dann so weit, dass der Obertongesang und das Spiel der Pferdekopfgeige zur „Volkskunst" erklärt wurden. Neben westlicher klassischer Musik wurden diese Fertigkeiten an Musikschulen gelehrt, alte Spezialisten aufgesucht und Forschungen vorgenommen (und zwar in dieser Reihenfolge). Die Aufführungspraxis wandelte sich, nun musizierten sorgfältig zusammengestellte Ensembles aus gut ausgebildeten Musikern. Das Tonsystem wurde dem abendländischen temperierten Standard angepasst. Auftrittsorte waren nun nicht mehr die Jurten bei Familienfesten oder einfach auf der Durchreise, sondern die Bühnen der Theater in den schnell wachsenden regionalen Zentren. Wettbewerbe sorgten dafür, dass auch Musiker anderer Ethnien Obertongesang ausübten. Schließlich wurden Musikforscher aus aller Welt aufmerksam und begannen seit etwa 1960 die Kunde vom „zweistimmigen Sologesang" in der Fachwelt zu verbreiten.

Behindert oder regelrecht verboten wurden Musizierweisen, die früher an den mongolischen Fürstenhöfen gepflegt worden waren oder sonst mit feudalen oder religiösen Praktiken in Verbindung standen. So geriet die Zither *yatga* fast völlig in Vergessenheit.

Heute ist die Mongolei ein demokratisches Staatswesen; nach dem Untergang des Kommunismus wuchs das Bewusstsein für die Vielfalt der im Lande vertretenen Kulturen und auch die Forschung wandte sich verstärkt den Minderheiten zu. Inzwischen gibt es eine äußerst lebendige und vielfältige Musikszene, wieder entdeckte oder neu belebte Gattungen und Musizierformen werden anerkannt und aufgeführt. Von der Dominanz der Khalkha-Kultur geblieben ist aber die identitätsstiftende Funktion über geographische und auch ethnische Grenzen hinweg. Die internationale Bekanntheit trägt zur Identifikation mit der erfolgreichen Musikkultur bei. Diese Art von pan-mongolischem Empfinden äußert sich auch darin, dass die Pferdekopfgeige *morin huur* zum Wahrzeichen der Republik Mongolei geworden ist. Neben der traditionellen Musik gibt es in den Großstädten westlich-abendländische klassische Musik und selbstverständlich alle Formen der Popmusik in mongolischer Ausprägung von Heavy Metal über Boy- und Girlgroups bis hin zu Ensembles, die bewusst Elemente des traditionellen Erbes in ihre Musik integrieren.

Anlässe, Funktion, Themen, Text

Mongolische Musik war grundsätzlich kontextbezogen und wurde vorwiegend solo aufgeführt. Musiziert wurde bei Festen und offiziellen Anlässen, alleine zur Selbstunterhaltung beim Hüten der Herden, schließlich auch bei volksreligiösen Praktiken. Es gab spezielle Lieder, die man Kindern zum Einschlafen vorsang und andere für unerfahrene Schaf- oder Kamelmütter, die ihre Jungen nicht annehmen wollten. Musik diente zur Kommunikation auf der Steppe, zum Ausdruck von Stimmungen, zur Darstellung und Imitation von Landschaften und Natur. Die Texte bezogen sich auf mythische und historische Vergangenheit, sie schilderten die Taten von Helden ebenso wie die Besonderheit und Schönheit einzelner Pferde.

Chakhar-Mongole spielt seinem Pferd ein Lied über Pferde vor. Foto: H. Haslund-Christensen. Aus: The Music of the Mongols, Part I, Eastern Mongolia (Reports from the Scientific Expedition to the North-Western Provinces of China under the Leadership of Dr. Sven Hedin – The Sino-Swedish Expedition – Publication 21). Stockholm. Pl. II. 2.

Vokale Formen und Stile

Vokale Musikformen werden in der Mongolei in verschiedene Kategorien eingeteilt. Im Licht der einheimischen Musikforschung hat außerdem eine weitgehende Systematisierung stattgefunden, die Lieder, Epen und Obertongesang umfasst. Ob die Praxis der Musiker diesem theoretischen Gebilde bis in die feinsten Verästelungen folgt, darf bezweifelt werden. Allen mongolischen Vokalformen gemeinsam ist die pentatonische Grundstruktur des Tonsystems, worin Halbtöne nur als Verzierungen vorkommen. Der Tonumfang der Lieder ist groß und es werden alle Stimmregister bis zum Falsett benutzt.

Das „Lange Lied" *urtyn duu* hat eine große Form und ist rhythmisch relativ frei. Der Vortragsstil zeichnet sich durch große Tonsprünge und viele kunstvolle Verzierungen aus. Die Vokale werden in die Länge gezogen und der Sänger macht wenig Pausen zum Luft holen. Man sagt, dass die mongolische Landschaft mit Steppe und Bergen durch die Melodielinien nachgezeichnet wird. Es herrscht Stabreim vor und die Textverständlichkeit tritt in den Hintergrund. Die Themen sind sozialer, philosophischer oder religiöser Art, die Natur wird gepriesen oder charismatische Persönlichkeiten. Bei formalen Anlässen werden nur *urtyn duu* vorgetragen. Die Vortragenden zeigen eine ernste Haltung mit wenig Gesichtsausdruck oder Gestik. Begleitet werden kann *urtyn duu* mit der Pferdekopfgeige *morin huur*. Sie liefert den Grundton und folgt der Gesangsmelodie mit kleinen Abweichungen.

Das „Kurze Lied" *bogino duu* hat rhythmisch feste Formen und ist in Strophen eingeteilt. Es wird bei weniger förmlichen Gelegenheiten vorgetragen. Der Text wird meist improvisiert und hat aktuelle Begebenheiten, persönliche Eigenheiten oder antisoziales Fehlverhalten zum Thema, die Verständlichkeit wird durch den silbengenauen Vortrag und weitgehenden Verzicht auf Verzierungen gewährleistet. Die Sänger tragen *bogino duu* unbegleitet einzeln oder im Dialog vor und erlauben sich mehr mimischen Ausdruck. Die Lieder können Freunden, Geliebten oder anderen realen Personen gewidmet werden.

Epische Lieder *baatarlag tuul'* handeln von mythischen Helden und ihrem Kampf gegen das Böse, aber auch von berühmten Ringkämpfern und anderen historischen Figuren. Sie werden rezitierend vorgetragen, oft unter Verwendung spezieller Stimmfärbung und mit stützender Instrumentalbegleitung. Sie sind poetisch stark formalisiert u. a. durch Alliteration und Vokalharmonie. Während der Zeit des Kommunismus wurden thematische Bezüge auf den Feudalismus, auf Religion oder ethnische Rivalitäten beseitigt oder maskiert. Durch die Stabilität der Form konnten die meisten Epen im Kern überleben.

Loblieder *magtaal'* gehörten früher zur Welt der magischen Jagdpraktiken und des Schamanismus. Gepriesen wurden das Land und einzelne Wohnplätze von Geistern, weltliche Prinzen und weise Ratgeber. Später ging dies über in die Lobpreisung des Heimatlandes im allgemeinen, der Partei und einzelner Kommunisten sowie des örtlichen Gemeinwesens. Heute stehen traditionelle Themen wieder im Vordergrund.

Inhaltlich verwandt aber musikalisch formelhafter bei improvisierten Texten sind verschiedene volksreligiöse Praktiken: Anrufungen *(shivsleg üg)*, Segenssprüche *(beleg demberliin ügs)*, Wunschgebete *(yerööl)* und Verwünschungen *(haraal)*.

Der oben bereits erwähnte Obertongesang *höömii* war früher nur im Westen der Mongolei bekannt. Er wurde eingesetzt als Schlaflied für Kinder, als Tierruf beim Hüten der Herden, bei der Jagd, sowie bei den Bait-Mongolen als Teil der Hochzeitsfeierlichkeiten. Es gab unter den mongolischen Gruppen viele verschiedene Stile und Techniken, die zunächst zu einer nationalen Kunstform standardisiert wurden, dann untersuchten Volksmusikforscher das Verfahren der Tonbildung und versuchten eine Systematisierung. Man unterschied nach dem vermuteten Resonanzraum etwa labiales *(uruulyn)*, palatales *(tagnain)* und nasales *(xamryn) höömii*. Viele der befragten Musiker hatten sich darüber bisher niemals Gedanken gemacht, beteiligten sich aber an den Überlegungen und entwickelten eigene Theorien. Der Sänger Tserendavaa schuf um 1985 eine Kombination aller bekannten Techniken mit Rezitation, Gesang und den Melodien von *urtyn duu* (Langen Liedern). Das Produkt nannte er *türlegt hömii* und bezog es auf den legendären, obertonsingenden Barden Barzarsad.

Aus mongolischer Sicht ist *höömii* keine einfache Technik. Sie sollte im Kindesalter korrekt von einem Lehrer über einen mehrjährigen Zeitraum gelernt werden und man sollte die Stile nicht ohne weiteres mischen. Man betont die körperliche Belastung bei Ausübung der Gesangsstile. Der ideale *höömiich* (Obertonsänger) ist stark wie ein Ringkämpfer und 25 Jahre alt. Professionelles Singen sollte über das vierzigste Lebensjahr hinaus nur mit Vorsicht betrieben werden. Gegen das häufige, bühnenmäßige Auftreten von Frauen ist nichts einzuwenden, solange sie zwischen 18 und 25 Jahre – falls nicht verheiratet auch bis 30 Jahre - alt sind.

Während nach mongolischer Meinung das passive Wahrnehmen von *höömii*-Gesang immer eine wohltuende Wirkung auf Landschaft, Pflanzen, Tier und Mensch hat, Wachstum und Fruchtbarkeit gesteigert werden, so warnt man vor schädlichen Folgen für ungeübte Sänger oder solche, die es übertreiben. Tserendavaa selbst hatte als Junge lange Zeit Schluckbeschwerden aufgrund einer gesangsbedingten Verletzung des Kehlkopfes. Später brach er zweimal auf der Bühne zusammen und empfiehlt daher, auf jeden Fall ein reichliches Mahl vor dem Auftritt zu sich zu nehmen. Auch hatte er mehrfach Probleme mit geplatzten Adern im Kopfbereich.

Die Ansichten westlicher esoterischer Kreise über magische oder heilende Wirkung der Ausübung von Obertongesang werden für Unsinn gehalten und die mongolischen Musiker empfehlen eher, dass man die damit verbundenen gesundheitlichen Risiken wissenschaftlich untersuchen solle.

Musikinstrumente

In der Mongolei gibt es eine Vielzahl von Musikinstrumenten, wobei – systematisch gesehen – die gestrichenen und gezupften Angehörigen der Lautenfamilie sowie einige Blasinstrumente überwiegen. Die konkrete Gestaltung eines Instrumentes ist oft ethnisch gebunden, dient so der Bestätigung der Gruppenidentität und nicht selten der Abgrenzung gegenüber den Nachbarn.

Streichinstrumente

Die bereits oben erwähnte Pferdekopfgeige *morin huur* ist im letzten Jahrhundert zum mongolischen Nationalinstrument entwickelt worden. Während der trapezförmige Umriss des Resonanzkörpers und seine Befestigung gleich blieben, haben sich konstruktive Details sowie die Art der Verzierung geändert. Waren beim alten Instrument der Hirten Boden und Decke des Resonanzkörpers, die eigentlich klangformenden Teile also, aus gespannter Tierhaut, so wurden diese beim modernen Instrument durch dünne, aufgeleimte Holzplatten ersetzt. Die Decke erhielt ein Paar eingeschnittene Schalllöcher, in Form und Lage am

Vorbild der Violinfamilie orientiert. Später wurden diese F-Löcher dann wiederum in Richtung mongolisierender Muster verändert. Die Bemalung des Instrumentes nahm zu, die Beschnitzung im bespielten Teil des Halses nahm ab, um den Lagenwechsel zu erleichtern. Den früher benutzten runden Streichbogen, der im Untergriff geführt wurde, wobei man die Spannung des Rosshaarbezuges mit den Fingern der rechten Hand regulierte, ersetzte man durch einen geraden Bogen mit Schraubspannung. Nach dem Vorbild russischer Volksmusikorchester wurde mit verschiedenen Größen des Instrumentes experimentiert, davon hat sich nur der große, zweisaitige Bass *ikh hurr* erhalten.

Über das Alter der typischen Halsbekrönung in Form eines geschnitzten Pferdekopfes besteht Unklarheit. Früher sollen auch andere symbolische Figuren wie Sonne, Mond, Schwan, Seeschlange oder *Garuda* vorgekommen sein. Im Osten des Landes wird unterhalb des Wirbelkastens ein zweiter Kopf geschnitzt, der Hals und Saiten zu verschlingen scheint (rechts auf der Abbildung).

Das im Westen der Mongolei verbreitete Instrument *ikil* ist wesentlich kleiner als die *morin huur*, hat einen trapezförmigen Resonanzkörper mit Hautdecke und einen durchgesteckten Hals mit zwei hinterständigen Wirbeln und Saiten aus Rosshaar. Eine geschnitzte Verzierung ist nicht vorhanden. Sie wird zur Begleitung von Liedern, Epen und Tänzen verwendet.

Die *shanagan huur* (Löffelgeige) wird aus einem Stück Holz in Form eines großen Löffels geschnitzt und heute meist mit einer Holzdecke versehen. Der Resonanzkörper ist also nicht auf das untere Halsende aufgesteckt, sondern organisch mit dem Hals verbunden. Die Saiten sind aus Rosshaar und der recht kräftige Streichbogen hat eine gebogene Form. Unser Instrument hat als Halsbekrönung einen geschnitzten und bemalten Drachenkopf (links auf der Abbildung).

Links im Bild: Gestrichene Schalenhalslaute (mong.: shanagan huur), Holz, Bemalung, Rosshaar. L 126 cm, B 27 cm, H 21 cm. Bogen: L 77 cm (Inv. Nr.: 94.21:103). Rechts im Bild: Gestrichene Kastenspießlaute (mong.: morin huur), Holz, Bemalung, Rosshaar. L 108 cm, B 28,5 cm, H 21,5 cm. Bogen: L 76 cm (Inv. Nr.: 94.21:102).

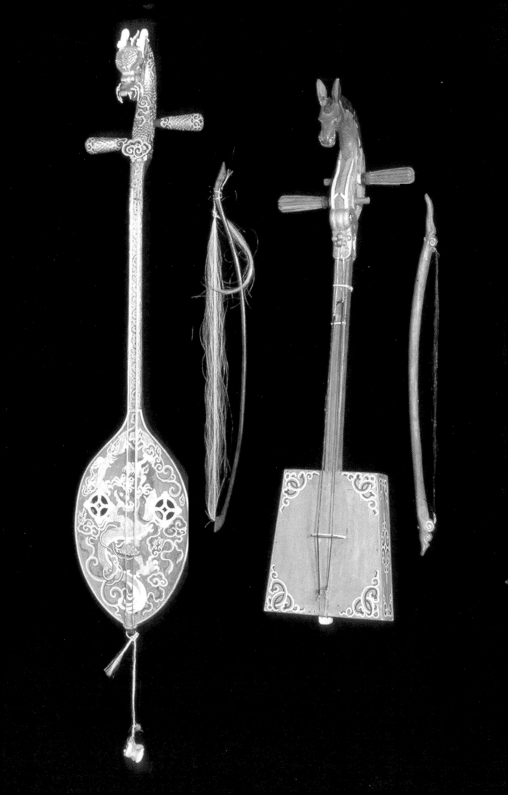

Namen und Konstruktion der *huuchir*, einer Röhrenspießlaute, erinnnern an das chinesische Instrument hu-chin, dessen Bezeichnung (Instrument der Barbaren) auf eine Herkunft von außerhalb Chinas Bezug nimmt. Hier ist der Resonanzkörper röhrenförmig rund oder länglich vieleckig und wird quer vom unteren, dünnen Halsende durchbohrt. Die Decke ist aus Schaf- oder Ziegenhaut und das andere Ende des Resonanzkörpers bleibt offen. Im ländlichen Bereich werden oft gebrauchte Gegenstände wie leere Teedosen zum Bau verwendet. Die Saiten sind aus Darm, Seide oder Metall und werden in Quinten gestimmt. Die Wirbel sind von hinten durch den Hals gesteckt. Die Rosshaarbespannung des dünnen, gebogenen Streichbogens aus Bambus läuft zwischen den Saiten hindurch. Die *huuchir* ist im Osten der Mongolei verbreitet. Die in städtischen Orchestern verwendeten Instrumente sind aufwendiger gebaut und werden hauptsächlich von Frauen gespielt.

Eine größere Röhrengeige mit vier Saiten findet man hauptsächlich im Süden der Mongolei und in den autonomen Gebieten Chinas. Sie ist bekannt unter dem Namen *dörvön chihtei huur* (Geige mit vier Ohren), welcher sich auf die vier hinterständigen Wirbel bezieht. Der größere Resonanzkörper gibt im Zusammenwirken mit den vier paarweise aufgezogenen Darmsaiten einen vollen Klang. Die Haare des Streichbogens verlaufen zwischen den beiden Saitenpaaren. Das Instrument wird von Männern zur Liedbegleitung gespielt, wobei Text und Musik improvisiert werden.

Zupfinstrumente

Die gezupften Saiteninstrumente sind in ihrer Form sehr wenig standardisiert:

Die in der westlichen Mongolei verbreitete Langhalslaute *topshuur* hat jeweils zwei Saiten aus Darm, die im Abstand einer Quarte, seltener Quint gestimmt werden. Der ovale, längliche oder runde Resonanzkörper ist mit einer Hautdecke versehen. Das Instrument wird mit der rechten Hand gezupft, die Saiten werden bundlos mit allen Fingern der linken Hand abgegriffen. Man benutzt es zu Begleitung von

Liedern und Tänzen. Für die Verwendung durch Berufsmusiker hat sich eine relativ große Form von *topshuur* herausgebildet, deren Hals in einem Schwanenkopf endet.

Die ebenfalls bundlose Laute *shudruga* hat einen runden, vorne und hinten mit Haut bedeckten Resonanzkörper, der auf das untere Halsende gesteckt ist. Drei Saiten werden oben mit seitständigen Wirbeln gespannt, die in einem Wirbelkasten stecken. Es gibt verschiedene, stets relative, Stimmungen. Da der Klang kurz ist, werden die Saiten in schnellen Repetitionen angerissen. Mit dem Instrument werden die westmongolischen *biy*-Tänze begleitet. In seiner Konstruktion erinnert das Instrument an die chinesische *san hsien*.

Die Zither *yatga* ist ein gutes Beispiel für das Nebeneinander von Nomadenkultur und höfischen Traditionen. Das Instrument hat zwischen 10 und 13 Saiten aus Darm oder Seide, die über hohe, verschiebbare Einzelstege laufen, welche ihrerseits auf der quer gewölbten Decke stehen. Die Decke ist auf einen Rahmen mit Boden montiert. Als charakteristisches mongolisches Gestaltungselement ist die Decke im unteren Viertel abgeknickt. Die Stimmung ist pentatonisch, aber nicht notwendigerweise in einer Reihe auf- oder absteigend, sondern es kommen Sprünge vor. Die Saiten werden mit aufgesteckten Fingerplektren angezupft und durch Druck auf den nicht schwingenden Teil der Saite kann die Tonhöhe nach oben verändert werden. Früher wurde das Instrument kniend gespielt, wobei das eine Ende auf dem Oberschenkel, das andere auf dem Boden auflag.

Die *yatga* wurde im Bereich der mongolischen Fürstenhöfe gespielt. Historisch ist eine Verbindung zum chinesischen *cheng* nicht von der Hand zu weisen, doch haben Instrument und die gespielte Musik eine ganz eigenständige mongolische Ausprägung angenommen. Auch in den lamaistischen Klöstern wurde die Zither *yatga* vereinzelt verwendet. In der Volksrepublik Mongolei war das Instrument wegen seiner feudalen Assoziationen lange Zeit verpönt. Als das Instrument in den 1950ern zur Verwendung in städtischen Ensembles wieder belebt wurde, orientierte man sich in Größe und Form an der koreanischen Wölbbrettzither *kayagum*. Interessant ist in diesem Zusammenhang die mongolische Ansicht, dass der Ursprung dieses Instrumentes sowieso in der Mongolei liege. Die vorwiegend weiblichen Spielerinnen sitzen jetzt auf einem Stuhl, während das untere Ende des Instruments auf einem Schemel ruht.

Blasinstrumente

Die offene Längsflöte *tsuur* ist mit ca. 65 cm recht lang und hat drei Grifflöcher. Sie wird in senkrechter Haltung gespielt, die angeschärfte obere Kante mit halbseitig geschlossenem Mund angeblasen. Meist produziert der Spieler mit den Stimmbändern simultan einen tiefen Bordunton, der nach mongolischer Ansicht mit dem Atem durch das Flötenrohr geblasen wird. Gespielt wird die *tsuur* bei der Hütearbeit und vor der Jagd sowie bei jahreszeitlichen Festen. Das Instrument hat die Macht, übel wollende Geister zu vertreiben und es wird stets respektvoll behandelt.

Die Querflöte *limbe* gibt es in verschiedenen Größen und Durchmessern. Das handliche und stabile Instrument wird heute aus Bambus, Metall oder Kunststoff hergestellt. Die Wandung trägt 12 Bohrlöcher: Das Anblasloch liegt nahe dem einen, verschlossenen Ende, weiter unten eine Reihe von sechs Grifflöchern. Dazwischen befindet sich ein weiteres Loch, das mit einer dünnen Membran permanent verschlossen ist, welche mitschwingend für eine durchdringende Klangfarbe sorgt. Nahe dem unteren Ende sind eng zusammen vier weitere Löcher eingebohrt. Diese bleiben im allgemeinen offen, können aber zugestopft werden, um den Grundton tiefer zu stimmen. Die *limbe* ist im Osten der Mongolei beheimatet. Sie wurde auf der Steppe bei Arbeit und Freizeit verwendet, von den Khalkha-Mongolen auch zur Begleitung von Langen Liedern, dabei kam Zirkularatmung zum Einsatz. Heute gehört das Instrument landesweit zur Ausstattung von Ensembles, die traditionelle Musik aufführen.

Die Maultrommel *aman huur* wird in der Mongolei zu den Blasinstrumenten gezählt. Sie wurde früher aus Bambus hergestellt, auch Knochen, Holz und Rosshaar sollen Materialien gewesen sein. Heute besteht sie meist aus einem geschmiedeten eisernen Bügel mit eingesetzter Zunge aus Stahl oder federhartem Messing. Beim Maultrommelspiel wird die Mundhöhle als Resonanzraum genutzt, durch Veränderung ihrer Größe kann der Grundklang so gefiltert werden, dass Melodietöne entstehen. Durch gleichzeitiges gezieltes Atmen kann dem Spiel rhythmische Struktur gegeben werden. Aus westlicher Sicht ist die Tonproduktion dem Obertongesang ähnlich.

Mongolische Musiker verneinen aber jede Art von Beziehung und weisen darauf hin, dass die Atemtechnik vollkommen unterschiedlich sei.

Religiöse Musik

Die musikalische Welt des tibetisch-mongolischen Buddhismus ist ein eigenes Universum, auf das an anderer Stelle in diesem Buch eingegangen wird. Das Instrumentarium unterscheidet sich nicht wesentlich von dem in Tibet verwendeten. Auch in der Mongolei kommen verschiedene Trommeln, Lang- und Schneckentrompeten, Handglocken und Becken zum Einsatz. Mongolische Besonderheiten sind die Verwendung des Saiteninstrumentes *yatga* und die gelegentliche Anlehnung an volksmusikalische Formen wie das Lange Lied *urtyn duu*.

Die zu schamanistischen Praktiken gehörenden Musikformen können gleichfalls nur im größeren regionalen Rahmen betrachtet werden, eine genauere Untersuchung würde den Rahmen dieses Textes sprengen. Verwendete Instrumente sind die große Rahmentrommel *hets*, innen im allgemeinen mit klingenden Metallteilen behängt und der Schamanenstab, gelegentlich mit Pferdekopfbekrönung, der mit einem kleinen Stock angeschlagen wird. Nach mongolischer Ansicht dienen beide Geräte dem praktizierenden Schamanen als Reittier bei seinen Auf- oder Abstiegen in andere Welten. Neben vielen Vokaltechniken wird auch die Maultrommel *aman huur* benutzt.

Genderaspekte

Traditionell wurden die meisten Musikinstrumente von Männern gespielt. Ebenso war die Darbietung der ernsteren Gesangsstile weitgehend Männern vorbehalten. Bei häuslichen Festen sangen

Frauen auch, aber niemals an erster Stelle und dann die Lieder, die man für weniger schwierig hielt. Im Zuge der Propagierung von Gleichberechtigung wurde diese strenge Einteilung aufgelöst und es gibt heute Frauen, die Obertongesang praktizieren oder die Pferdekopfgeige spielen. Der Gesang von Epen *(tuul')* ist jedoch immer noch eine männliche Domäne. Die wiederbelebte Zither *yatga* wird auf der Bühne fast ausschließlich von Frauen gespielt.

Musikinstrumente werden in Kategorien von „männlich" und „weiblich" betrachtet. Die dicke, tiefe Saite der Pferdekopfgeige gilt als männlich, während die dünnere, melodietragende für weiblich angesehen wird. Bei den östlichen Khalkha-Mongolen werden Flöten nach Größe und Ton eingeteilt, wobei das längere, weicher und tiefer klingende Instrument weiblich ist, während das kürzere und schärfer klingende Instrument männlich genannt wird.

Erforschung und Ausblick

Die ältesten Berichte über mongolische Musik stammen von Johann de Plano Carpini, der 1245 als päpstlicher Gesandter in der Mongolei weilte. Auch Marco Polo beschreibt den Gebrauch verschiedener Instrumente, ohne allerdings die Pferdekopfgeige ausdrücklich zu erwähnen. Ein chinesisches Dokument aus dem 16. Jahrhundert könnte bereits auf Obertongesang Bezug nehmen.

Der Beginn der systematischen Erforschung der mongolischen Musik in der ersten Hälfte des 20. Jahrhunderts ist ohne den dänischen Abenteurer und Gelehrten Henning Haslund-Christensen nicht zu denken. Bereits in seinem Reisebericht über den Aufenthalt ab 1923 streut er kleine Transkriptionen von Liedern ein, die er bei gesellschaftlichen Anlässen auch gerne selbst aufführte. Ab 1928 fertigte er mit einem Edison-Phonographen Wachswalzen-Aufnahmen an. Zu der dänischen Expedition von 1936 wurde Haslund-Christensen von der schwedischen Rundfunkgesellschaft mit einem eigens entwickelten, transportablen Aufnahmegerät ausgestattet. Auf zeitgemäße Weise konnte nun mit

Hilfe von Treibstoff, Generatoren, Elektrizität und Röhrenverstärkern die Musik direkt auf Schallplatten geschnitten werden. Die von ihm bevorzugt aufgenommenen alten Musiker musste er im japanisch besetzten Gebiet nicht selten erst aus dem Gefängnis befreien, da sie sich der neuen Zeit nicht genügend hatten anpassen können. Die Aufnahmen wurden mit den Ergebnissen der Expedition bereits 1943 publiziert, nachdem sie von Ernst Emsheimer in europäische Notenschrift übertragen worden waren.

Die heutige Vitalität und ungebrochene Aktualität der traditionellen mongolischen Musik zeigt sich, wenn man einen Wechsel des Blickwinkels zum Medium Film vornimmt: Während Ulrike Ottinger 1977 für die Musik zu ihrem Film *Madame X* noch auf das Archiv der Abteilung Musikethnologie des Ethnologischen Museums zu Berlin zurückgreifen musste, so werden Byambasuren Davaa und Luigi Falorni heute um die Tonaufnahmen, die sie in der Mongolei für ihren Film *Die Geschichte vom weinenden Kamel* (2003) gemacht haben, von Musikwissenschaftlern beneidet und man bittet sie um Kopien.

Bibliographie

Baumann, Max Peter
1993 Volksmusik aus der Mongolei / Karakorum. In: Max Peter Baumann, Wulf Köpke & Tiago de Oliveira Pinto (Hrsg.), Folk Music from Mongolia / Karakorum (CD, Living Musical Traditions), S. 3-19. Berlin, Hamburg.

Carpini, Johann de Plano
1930 Geschichte der Mongolen und Reisebericht 1245-1247. Übersetzt und erläutert von Friedrich Risch (Veröffentlichungen des Forschungsinstitutes für Vergleichende Religionsgeschichte an der Universität Leipzig, II. Reihe, Heft 11). Leipzig.

Emsheimer, Ernst
1943 Preliminary Remarks on Mongolian Music and Instruments. In: The Music of the Mongols, Part I, Eastern Mongolia (Reports from the Scientific Expedition to the North-Western Provinces of China under the Leadership of Dr. Sven Hedin – The Sino-Swedish Expedition – Publication 21), S. 69-100. Stockholm.

Haslund-Christensen, Henning
o.J. Jabonah – Abenteuer in der Mongolei. Leipzig.
1943 On the Trail of Ancient Mongol Tunes. In: The Music of the Mongols, Part I, Eastern Mongolia (Reports from the Scientific Expedition to the North-Western Provinces of China under the Leadership of Dr. Sven Hedin – The Sino-Swedish Expedition – Publication 21), S. 13-38. Stockholm.

Heissig, Walter
1979 Die Mongolen. Düsseldorf.

Nixon, Andrea
1984   Dörvön chikhtei khuur. In: Stanley Sadie (Hrsg.), The New Grove Dictionary of Musical Instruments Bd. 1, S. 586. London.
1984a   Khuur. In: Stanley Sadie (Hrsg.), The New Grove Dictionary of Musical Instruments Bd.2, S. 425-426. London.
1984b   Tobshuur. In: Stanley Sadie (Hrsg.), The New Grove Dictionary of Musical Instruments Bd. 3, S. 602-603. London.

Pegg, Carole
2001   Mongolian Music, Dance & Oral Narrative: Performing Diverse Identities. Seattle.
2002a   Mongol Music. In: The Garland Encyclopedia of World Music Bd. 7, S. 1003-1021. New York, London.
2002b   Mongolian Conceptualization of Overtone Singing (xöömii). In: British Journal of Ethnomusicology 1, S. 31-55.

Neues aus dem Museum

Eine Voodoofahne aus Haiti

Nikola Klein

Im Frühjahr 2003 bekam das Hexenarchiv im Museum für Völkerkunde Hamburg von Frau Christina Puhlmann eine Voodoofahne aus Haiti geschenkt. Fahnen dieses Typs, in Haiti „drapo Vodou"[1] genannt, sind mit Pailletten bestickt und gehören zu den wichtigsten Ritualgegenständen im Voodookult der Insel.[2] Sie dienen der Verehrung und Anrufung von Göttern und Geistern, die durch symbolische Zeichen, das sogenannte „vévé", auf ihnen dargestellt sind. Daneben zählen Ritualfahnen mittlerweile zu den bekanntesten und höchst geschätzten Objekten afroamerikanischer Voodookunst und haben in den letzten Jahrzehnten durch zunehmende Nachfrage auf dem internationalen Kunstmarkt eine sichtbare Entwicklung von ehemals reinen Ritualgegenständen zu Verkaufsobjekten von hohem künstlerischen Wert und Anspruch erfahren (Polk 1995: 325). So verrät auch die Schenkung an das Museum in ihrer Gestaltung eine deutliche Entfremdung von dem ursprünglichen rituellen Hintergrund. Bereits die Vorbesitzerin, von der Frau Puhlmann die Fahne erwarb, ließ das Objekt rahmen. Der nicht bestickte breite Stoffrand der Fahne wurde dabei abgedeckt, bzw. nach hinten umgelegt, so dass nunmehr lediglich die reich mit Pailleten bestickte Fläche der Fahne zu sehen ist.

Die Fahne selbst besteht aus grünem Textil, das flächendeckend mit Pailletten verziert ist. Auf jeder Paillette ist eine kleine Kunststoffperle appliziert. Die gesamte Bildkomposition der Fahne basiert auf dem

Arrangement verschiedenfarbiger Pailletten von 8 mm Durchmesser. Heute werden solche Voodoofahnen typischerweise aus Textilien wie Polyester oder Baumwolle gefertigt. Traditionelle Stoffe sind auch Satin und Samt, üblicherweise in einer Größe von 91,4 x 91,4 cm, die mit 18- 20 000 Pailletten von ebenfalls etwa 8 mm Durchmesser versehen werden (Girouard 1995: 357f). Mit 35 x 42 cm Bildumfang ist diese dem Museum geschenkte Fahne bedeutend kleiner als vergleichbare traditionelle Ritualflaggen.

In der Mitte der rechtwinkligen Fahne ist auf dem Hintergrund lilafarbener Pailletten das Emblem eines weißen Kreuzes abgebildet, das auf einem rechteckigen Kasten „steht". Das Kreuz ist mit schwarzen Mustern in Form von Rauten und Dreiecken versehen. Das obere und die beiden seitlichen Enden des Kreuzes schließen in jeweils zwei nach außen geschwungenen Bögen ab. Der Kasten im unteren Drittel der Abbildung ist durch diagonale Linien zweigeteilt und erinnert in seiner Form an die Vorderansicht eines Briefumschlags. In der oberen Hälfte des Kastens ist ein weiß-schwarzer Kopf abgebildet, erkennbar nur durch zwei schwarze Pailletten, die Augen darstellen, und einen durch rote Pailletten markierten Mund, sowie einer pinkfarbenen Zunge. Umrahmt wird das Bild durch eine Randverzierung aus schwarzen Halbkreisen, deren Rundung nach innen verläuft. Sowohl die Randverzierung als auch die im Zentrum dargestellten Symbole sind von einer Reihe perlmuttfarbener Perlen eingefasst.

Fahnenkult und Geisterbeschwörung

In Haiti haben Ritualflaggen nach wie vor eine wichtige rituelle Bedeutung. Jede Voodoogesellschaft besitzt mindestens zwei solcher "drapo", die sowohl die Gemeinde als auch die von ihr verehrten Götter oder Geister repräsentieren. Aufbewahrt werden die Fahnen in den „Ounfò", den Voodootempeln, bewacht und verwaltet durch den „Laplas", den Zeremonienmeister, der nach dem Priester („hungan") oder der Priesterin („mambo") das zweithöchste Mitglied einer Voodoogemeinde

Voodoofahne (drapo Vodou) aus Haiti, die dem Oberhaupt der Friedhofsgeister, Baron Samedi, gewidmet ist. Das Objekt wurde nachträglich gerahmt.

darstellt. Zu Ritualen werden die Fahnen feierlich entrollt und ins Freie getragen, um während eines Festes die auf ihnen dargestellten Wesen heraufzubeschwören. Im Idealfall manifestiert sich der angerufene Gott oder Geist daraufhin in Form von Besessenheit in einem der Initiierten, den er dann wie ein Pferd „reitet" und durch den er zur gesamten Gemeinde sprechen kann (Consentino 1995: 400).

Ritualflaggen sind immer einem bestimmten Gott oder einem „loa" gewidmet. Indem sie dessen heilige Farben und Attribute aufgreifen, stellen sie ihn auf symbolhafte Weise dar. „Loa" sind Geister oder Dämonen, die neben den Göttern einen wichtigen Platz im Voodooglauben einnehmen. Sie haben weniger spirituelle Macht als die Götter, stehen den Menschen allerdings auch näher als diese. Bringt man ihnen Respekt und Geschenke entgegen, bieten sie Schutz und magische Kräfte. Sie treiben aber auch manchen Schabernack mit den Menschen, weshalb es als sehr wichtig gilt, gute Beziehungen zu ihnen zu pflegen. Es gibt im Voodoo unzählige „loa", unterschieden in die „höheren", d.h. machtvolleren Geister, deren Ursprung zumeist noch in Westafrika liegt (in Haiti oft „Guinea spirits" genannt) und die „niedrigeren" lokalen „loa". Letztere sind ungleich zahlreicher, da ständig neue entstehen und andere wiederum durch den allmählichen Verlust ihrer Anhänger in Vergessenheit geraten. Die "loa" handeln immer nur innerhalb des Familienverbandes, mit dem sie auf verschiedene Weise in Kontakt treten, so z.B. durch Träume, in tierischer Gestalt oder indem sie ein Familienmitglied „besetzen", bzw. besessen machen, was als äußerstes Privileg aufgefasst wird. Jede Familie verehrt ihre eigenen Geister, die von Seiten der Mutter oder des Vaters auch vererbt werden. Außerdem hat jeder Voodoogläubige einen persönlichen „loa" als seinen Beschützer, der oft mit dem katholischen Schutzengel identifiziert wird. Die „loa" stehen in gewisser Hinsicht zwischen der Menschen- und der Götterwelt, denn sie sind wesentlich einfacher zu kontaktieren und durch Geschenke und Opferungen auch zu manipulieren als die ferneren, quasi entrückten Gottheiten im Voodoo.

Bawon Samedi -
Das Tor zwischen den Welten

Die Ikonographie der vorliegenden Fahne lässt darauf schließen, dass sie dem „loa" „Bawon Samedi" (auch „Baron Samedi") gewidmet ist. Der Baron ist der Chef der Gede-Sippe, einer Familie von Friedhofsgeistern. Die Gede sind Trickser-Gestalten, die eine besondere Position unter den Geistern einnehmen und gemeinhin mit den Ahnen, mit Tod, Sexualität und Kindern assoziiert werden. Der Baron ist der Meister des Friedhofs, er gilt als der erste Mann, der auf diesem begraben wurde und wird daher als eines jeden Ahne verstanden (Larose 1977: 95). Aus diesem Grund gibt es so viele „Barons" wie es Friedhöfe gibt und auf jedem ist er durch ein Kreuz in der Mitte oder am Eingang der Grabanlage vergegenwärtigt. Durch seine Ahnenschaft versinnbildlicht er aber auch für viele Haitianer das afrikanische Erbe ihrer Vorfahren, das für zahlreiche Anhänger des Voodoo in der Neuen Welt heutzutage eine wichtige Rolle spielt (Larose 1977: 95). So wie alle Geister im Voodoo ist „Papa Gede" körperlos. Geister können allerdings eine Zeit lang in Fetischen[3] wohnen, die oft eigens für sie gemacht wurden. Im Falle des Baron ist dieser Fetisch immer ein Kreuz. Auf diese Weise ist es möglich, dem Baron einen festen Platz auf dem Familienfriedhof zu schaffen oder ihn in Form eines Kreuzanhängers stets zum persönlichen Schutz bei sich zu tragen (Consentino 1995: 409).

Auf der dem Hexenarchiv geschenkten Fahne wird die Gestalt des Barons ebenfalls auf typische Weise durch ein Kreuz symbolisiert. Der Kasten, auf dem es steht, ist vermutlich die vereinfachte Darstellung eines Sarges, denn das typische Emblem des „Bawon" ist ein schwarzes Kreuz über einem Grabmal. Oftmals ist durch eiserne Ketten ein Stuhl am Kreuz fixiert, der dem „Bawon Samedi" als Thron dienen soll (Houlberg 1996: 35). Die Farben lila und schwarz, die die Abbildung dominieren, werden ebenfalls in Haiti mit dem Gede-Oberhaupt assoziiert.

In der Vorstellung der haitianischen Bevölkerung hat der Baron das Aussehen eines Totengräbers (Métraux 1994). Er ist stets mit einem langem schwarzen Mantel und schwarzem Zylinder bekleidet, das Gesicht ist weiß gepudert und seine Augen sind zumeist von einer schwarzen Sonnenbrille bedeckt. Das Weiß seines Gesichtes symbolisiert die Schädel der Toten und somit ebenfalls den Tod an sich. Es lässt sich nicht eindeutig feststellen, ob das Gesicht auf der Fahne einen solchen Totenschädel zeigen soll. Zumindest wäre es keine typische Darstellung des Baron und seiner Friedhofsgeister, da übliche Attribute wie der Zylinderhut oder überkreuzte Knochen fehlen. Die Sonnenbrille des Baron dient dem Schutz seiner Augen, die durch den ständigen Aufenthalt in Gräbern und Gruften empfindlich gegen das Sonnenlicht geworden sind. Erstaunlicherweise hat seine Brille jedoch einigen Abbildungen zufolge nur auf einer Seite ein verdunkeltes Glas. Bei McCarthy Brown (1991: 376) finden sich hierzu verschiedene

Erklärungen von Voodoopriestern: So dient als mögliche Begründung die Fähigkeit des Baron, sowohl in die Welt der Lebenden, als auch ins Reich der Toten blicken zu können, jeweils mit einem Auge. Ein anderer Priester stellt dazu fest, dass der Penis schließlich auch nur ein Auge habe, und spielt damit auf die Verbindung des Friedhofsgeistes mit allgemeinen Vorstellungen von Sexualität an.

Auf dem Friedhof wacht der Baron über die Toten, er steht am Tor zwischen Diesseits und Jenseits. Auch entscheidet er darüber, wer leben und wer sterben soll, zumal die Seelen der Toten nach dem Glauben der Voodooanhänger nur eine gewisse Zeit im Jenseits verweilen, um schließlich in die Körper zukünftiger Generationen wiedergeboren zu werden. Das Grab ist also eine Art Kreuzung, wo die Seelen ein und wieder austreten und „Baron Samedi" sitzt an dieser Achse zwischen physischer und metaphysischer Welt, deren Durchgänge er überwacht. Da der Baron somit in gewisser Hinsicht zwischen den Lebenden und den Toten steht, muss man sich, will man seine Ahnen erreichen, z.B. um sich ihren Rat zu erbitten, zunächst an den Baron selbst wenden (Consentino 1995: 406). Larose (1977: 95) zufolge erscheint der Baron unter diesem Aspekt als ein nahes Ebenbild der afrikanischen Ahnenschreine, mit dem Unterschied dass dort nur die Ältesten, in Haiti jedoch jeder Familienangehörige Zugang zu diesem Reich hat.

Neben „Papa Gede" gibt es noch zwei weitere Barone, mit denen er eine Art Triade bildet: seinen schwachsinnigen Bruder Bawon Lakwa (oder „Baron-la-croix") und den weisen Bawon Simitye („Baron-Cimetière"), dessen Attribute die Werkzeuge des Totengräbers sind. In der Vorstellung Voodoogläubiger sind die drei so eng miteinander verbunden, dass man nicht weiß, ob sie unterschiedliche Wesen bilden oder verschiedene Ansichten ein und derselben Gestalt sind (Métraux 1994). Neben der Symbolik des Todes steht der Baron ebenso für ungezügelte Sexualität. Bildhaft symbolisiert durch einen langen Holzstab, den er immer mit sich führt und dessen oberes Ende als errigierter Penis dargestellt ist, offenbart sich Papa Gede während einer Besessenheit durch besonders obszöne und laszive Gebärden und Tänze. Er steht nicht wie die „höheren" Götter für die erhabene Schöpfung und Ästhetik, sondern für die irdische, ewige und unüberwindbare Erotik im Menschen, über die er der Herr ist - jenseits von Scham und Stolz (Consentino 1995: 412).

Der Grund für den Zusammenhang, in den der Baron mit Kindern gesetzt wird, liegt zum einen in der Vorstellung von „Papa Gede" als einem allseits beliebten Familiengeist, dem der Schutz über die Seelen der Menschen zur Aufgabe geworden ist und der damit sozusagen zum „Vater" seiner Schützlinge wird. Ein zweiter, tragischer Grund für diese Verbindung ist die Tatsache, dass in Haiti die Hälfte aller Kinder nicht einmal das Alter von fünf Jahren erreicht. Kindheit und Tod stehen also in der Vorstellung der Menschen in einem durchaus kausalen Zusammenhang (Consentino 1995: 410).

Die Bedeutungsherkunft des Namens „Baron Samedi" (zu deutsch „Baron Samstag") ist umstritten, höchstwahrscheinlich liegen seine Wurzeln jedoch in der Begegnung des westafrikanischen Voodoo mit dem Christentum, aus der schließlich die Religionsform Voodoo hervorging, wie sie heute in der Karibik verbreitet ist. Consentino (1995: 407) weist darauf hin, dass in der christlichen Mythologie der Samstag jener Tag zwischen Tod und Wiedergeburt Jesu Christi ist. Seit jeher galt in der katholischen Tradition der Heilige Samstag als Zeit des Grauens und Entsetzens über die sich öffnenden Abgründe der Hölle, wenn Christus in die Unterwelt reist, um die Seelen der Toten zu befreien und ihnen durch seine eigene Wiedergeburt am Ostersonntag ewiges Leben zu schenken. Hier findet sich eine deutliche Parallele zwischen Jesus und dem Baron in ihrer Funktion als Mittler zwischen den Welten (Consentino 1995: 407). Es ist sehr wahrscheinlich, dass die Vorstellung vom „Herrn des Samstags" durch die Gestalt des christlichen Gottessohnes entscheidend geprägt wurde.

Einen weiteren sichtbaren Einfluss auf die Darstellung des Gede-Barons im Voodoo verraten Ähnlichkeiten zu der Symbolik der Freimaurer-Bewegung. So sieht Consentino (1995: 407) sowohl die Initiationsgewänder und Zylinderhüte der Freimaurer in Gestalt des Baron verarbeitet, als auch vergleichbare Werkzeuge und Gegenstände wie Schaufeln, Schädel oder Särge als wiederkehrende Symbole abgebildet.

An Allerheiligen, dem Fest zu Ehren der Toten, feiert man auf Haiti auch den obersten Friedhofsgeist "Baron Samedi" und seine Familie. Von Sonnenaufgang des letzten Oktobertages an bis tief in die Nacht versammeln sich die Menschenmassen auf den Friedhöfen an den Hauptgräbern ihrer Ahnen, bringen Rum und Maniokbrot als Geschenke dar und zünden Kerzen auf schwarzen Kreuzen an. Sie feiern Bawon als den Hüter des Lebens, als Beschützer und Heiler und als den ewig rebellischen Geist Haitis (Consentino 1995: 410 f).

Zur Geschichte der Voodoofahnen

Die ersten Beschreibungen solcher Ritualflaggen finden sich in Reiseberichten aus der Mitte des 19. Jahrhunderts. Es sind nur wenige frühe Flaggen in Museen oder Privatsammlungen erhalten. In Gebrauch sind solche „drapo Vodou" vermutlich seit den frühesten Tagen der haitianischen Unabhängigkeit. Bis in die 40er Jahre des 20. Jahrhunderts wurden die Flaggen, wie auch andere Ritualobjekte des Voodoo, ausschließlich zum religiösen und zeremoniellen Gebrauch von Priestern oder Priesterinnen, oder zumindest unter deren Aufsicht angefertigt. In den späten 50er Jahren erkannten vereinzelte Sammler den Wert der Fahnen als Kunstwerke, die sie direkt von den Tempeln erwarben. Mit der Zeit begannen Priester wie nun auch zunehmend individuelle Künstler, die Fahnen zum Verkauf herzustellen und bis zur Mitte der 70er Jahre hatte sich eine große Anzahl von Galerien, Museen und privaten Händlern etabliert, die Voodooflaggen zum Verkauf anboten. Mit der rasanten Entwicklung der Fahnen von Tempelausstattungen zu Kunstwerken gingen deutliche Veränderungen des traditionellen Designs einher. Die üppige und „brillante" Paillettenkunst der 90er Jahre (Girouard 1995: 359) gilt als Folge derartiger Vermarktungen, gleichzeitig begannen immer mehr Künstler einen individuellen Ausdruck in ihre Werke zu legen. Von dieser Entwicklung zeugt unter anderem die Tatsache, dass Künstler nun immer häufiger ihre eigene Signatur in das Bild der Fahne verarbeiten (Girouard 1995: 369ff).

Während das „vévé" auf traditionellen Flaggen typischerweise zusammen mit dem Namen der Gottheit oder des Geistes auf einem einfarbigen Hintergrund abgebildet ist, weist dieses Objekt keinerlei Schriftzüge auf. Als traditionelle Randverzierung gelten Muster aus Rechtecken, die durch diagonale Linien in mehrfarbige Dreiecke unterteilt sind (Girouard 1995: 357). Die hier verwendeten Halbkreise können in weiterem Sinne als Indiz für die zunehmende Loslösung der Voodookunst aus ihrem religiös motivierten Kontext verstanden werden.

Bibliographie

Brown McCarthy, Karen
1991   Mama Lola – a vodou priestess in Brooklyn. Berkeley.

Chesi, Gert
1997   Die Medizin der schwarzen Götter. Magie und Heilkunst Afrikas. Innsbruck.

Consentino, Donald
1995   The Gedes and Bawon Samedi. In: Donald Cosentino (Hrsg.), Sacred Arts of Haitian Vodou, S. 399-416. Los Angeles.

Girouard, Tina
1995   The sequin Arts of Vodou. In: Donald Cosentino (Hrsg.), Sacred Arts of Haitian Vodou, S. 357-378. Los Angeles.

Houlberg, Marilyn
1996   Sirens and Snakes. In: African Arts 29 (2) Arts of Vodou, S. 30-35.

Larose, Serge
1977   The meaning of Africa in Haitian Vodu. New York.

Métraux, Alfred
1994   Voodoo in Haiti. (dt. Ausgabe) Gifkendorf.

Polk, Patrick
1995   Sacred Banners and the Divine Cavalry Charge. In: Donald Cosentino (Hrsg.), Sacred Arts of Haitian Vodou, S. 325-348. Los Angeles.

Rippmann, Konrad
1997   Vodou-Medizin in Haiti. In: Bernd Schmelz (Hrsg.), Hexerei, Magie und Volksmedizin. Beiträge aus dem Hexenarchiv des Museums für Völkerkunde Hamburg, S. 173-207. Hamburg.

Völker, Christian
1992   Die Vodou-Religion in Haiti. In: Corinna Raddatz (Hrsg.), Afrika in Amerika, S. 127-141. Hamburg.

Anmerkungen

[1] Die verwirrende Vielfalt der Schreibweisen von „Voodoo" basiert auf den unterschiedlichen Sprachräumen der Autoren (engl: Voodoo/ franz.: Vodou/ span.: Vodú). Die verfälschte Darstellung des Voodookultes vor allem in amerikanischen Medien hat in den letzten Jahrzehnten zu einer andauernden Diskussion über die richtige Schreibweise des Wortes geführt und veranlasste insbesondere anglophone Autoren dazu, sich von der engl. Schreibweise „Voodoo" zu distanzieren.

[2] Zur Vodou-Religion Haitis vgl. Métraux 1994, Rippmann 1997 und Völker 1992.

[3] „Ein Fetisch ist ein von einem Geist besetzter Gegenstand, der als Kraftzentrale wirkt und seine Energie im Guten wie im Bösen abgeben kann. Fetische können figurale Darstellungen, aber auch einfache Lederbeutel oder blutbeopferte Gegenstände beliebiger Herkunft sein" (Chesi 1997: 42).

„Krawatten wieder originell"

Vatertag in Österreich, in der Schweiz und in Liechtenstein

Bernd Schmelz

Der Vatertag ist ein Ereignis im Festtagskalender der Kulturen, das in der Vergangenheit in der wissenschaftlichen Forschung kaum Beachtung gefunden hat. Dies gilt für die Völkerkunde, die Volkskunde und auch die Geschichte in gleicher Weise. Ein entscheidender Grund hierfür mag sein, dass dieser Tag im Vergleich zu anderen Festivitäten mit langen Traditionen und ausgeprägtem Brauchtum eine nicht so herausragende Bedeutung hat wie z.B. Weihnachten, Ostern, Silvester, Karneval oder auch der Muttertag. Auffällig ist hierbei, dass die religiös gebundenen Feste bis heute eine viel größere Bedeutung genießen, als rein weltlich orientierte Festlichkeiten. Ihre Verwurzelung in den europäischen und europäisch geprägten Kulturen, wie z.B. die USA oder Lateinamerika, ist immer noch sehr stark, aller Verweltlichung und Konsumorientierung zum Trotz. Dennoch ist ein scheinbar unbedeutender Tag wie der Vatertag aus ethnologischer Sicht interessant. Da es in vielen Teilen der Welt Menschen gibt, denen dieser Tag etwas bedeutet und die diesen Tag in welcher Form auch immer begehen, handelt es sich um eine kulturelle Äußerung und damit um einen Untersuchungsgegenstand der Ethnologie. Auch die Akzeptanz oder Nicht-Akzeptanz kultureller Ausdrucksformen ist eine wichtige Fragestellung.

Im Jahr 2000 begann ich mit Nachforschungen zur Bedeutung und Gestaltung des Vatertages im weltweiten Kulturvergleich. Erste

Resultate konnte ich bereits zu Lateinamerika (Schmelz 2002) und zu Deutschland (Schmelz 2003 und 2004) präsentieren. In den USA und in vielen lateinamerikanischen Ländern hat der Vatertag als Pendant zum Muttertag eine relativ wichtige Stellung. Für Peru lässt sich sogar sagen, dass Vatertag und Muttertag als besondere Familientage im Jahreslauf eine gleich große soziale Bedeutung haben. Für Deutschland konnte ich für den Vatertag auf der ganzen Welt einzigartige Entwicklungsstränge nachweisen. Deutschland ist das einzige Land, in dem der Vatertag an Christi Himmelfahrt gefeiert wird. Dort haben die an diesem Tag ausgeübten Bräuche eine Entwicklung und Verschmelzung von religiös motivierten Flurumgängen und Prozessionen über weltliche Herrenpartien bis hin zu den Vatertagsausflügen der Gegenwart erlebt.

Eine ganz andere Situation finden wir in den Ländern Österreich, Schweiz und Liechtenstein vor.

Österreich

In Österreich wird am zweiten Sonntag im Juni Vatertag gefeiert.[1] Etabliert hat sich dieser Tag in Österreich offensichtlich erst 1956. In diesem Jahr teilte die Tageszeitung „Neues Österreich" mit: "Am 10. Juni soll in ganz Österreich Vatertag gefeiert werden. Die Proponenten dieser Idee greifen damit auf einen Brauch zurück, der schon vor 20 Jahren, im Jahre 1936 in Österreich Einzug halten sollte".[2] Helga Maria Wolf hat in ihrer Publikation "Das Brauchbuch – Alte Bräuche, neue Bräuche, Antibräuche" als Initiatoren für diesen Tag in Österreich Werbefachleute, die Austria Tabakwerke, den Buchhändlerverband, den Verband der Markenartikelindustrie und die Textilbranche ausfindig gemacht.[3]

1966 widmete die österreichische Tageszeitung „Das Volksblatt" eine Seite ihrer Wochenendbeilage dem Vatertag. Dort fragt sich eine Frau zum Feiertag ihres Mannes: „Woran liegt es nur, dass sich der Vatertag so geringer Beliebtheit erfreut? Vielleicht bloß daran, daß es ein wenig schwierig ist, die Männer zu beschenken? Schon Geburtstag, Namenstag und das Weihnachtsfest stellen an unsere Phantasie größte

Anforderungen, wenn es um die Geschenkwahl geht. Außer den ewigen Krawatten, Socken, Oberhemden will uns bei allem Nachdenken nichts einfallen".[4] Die in den 60er Jahren offensichtlich geringe Akzeptanz des Vatertages in Österreich hielt auch Friedrich Haider in seinem 1968 erschienenen Buch „Tiroler Volksbrauch im Jahreslauf" fest: "Der von der Geschäftswelt propagierte Vatertag im Juni hat sich bis jetzt nur wenig durchgesetzt".[5]

Und auch im Jahr 1982 musste Paul Kaufmann in seinem Werk „Brauchtum in Österreich – Feste, Sitten, Glaube" im Anschluss an seine Ausführungen über den beliebten Muttertag festhalten: „Den Vätern ist mit dem Vatertag, den man auf den zweiten Sonntag im Juni plaziert hat, nicht solches Glück beschieden gewesen. Der Vatertag hat sich trotz aller kommerzieller Bemühungen bis heute nicht durchsetzen können."[6]

Demzufolge klingt der Kommentar des Werbe-Fachblattes „Extra-Dienst" 1990 sehr verbittert: "Überraschenderweise erwies sich der erste Vatertag bereits als durchschlagender Erfolg. Vor allem deshalb, weil die Medien voll mitgezogen hatten und das Thema hochspielten (...). Und heute? In einer Zeit, da der Tag des Baumes, des Brotes, der Blumen und der heilen Umwelt, und wie sie alle heißen, längst die Schmerzgrenze der Erträglichkeit überschritten haben, muss der 'simple' Vatertag um seinen Platz an der Schenkszene gehörig zittern. Oder ist gar der Wert der Väter gesunken?".[7]

Trotz der offensichtlich geringen Beachtung ließen sich weder der Vatertag noch die Geschäftswelt „unterkriegen". Am 31. Mai 2001 berichtet die Tiroler Tageszeitung sicherlich sehr zur Freude der Bekleidungsindustrie und der entsprechenden Geschäfte:

„Krawatten wieder originell. Zum Vatertag Krawatten zu schenken ist wieder erlaubt. Lange verpönt sind sie jetzt angesagt.

Wien (APA). Der Knoten zieht sich langsam, das Atmen fällt immer schwerer, aber weiterhin bemüht man sich um ein freundliches Lächeln und stammelt Dankesworte in Richtung jener Sprösslinge, die sich mit einer Krawatte als 'originellem' Geschenk eingefunden haben. So oder ähnlich läuft in der Fantasie vieler ein typischer Vatertag ab. Wenn es nur so wäre, denkt so mancher, der mit den 'Kulturstricken' oder Mascherln seinen Lebensunterhalt verdient. Denn die Vorstellung von der Krawatte als typischem Vatertagsgeschenk ist ebenso überholt wie der Mixer zum Muttertag. Zudem jammert man in der Branche über den gegenwärtigen sportlichen Modetrend, der den offenen Kragen sogar in manchen Vorstandsetagen salonfähig gemacht hat. Wer also gegen den Trend schwimmen und seinem Erzeuger etwas ´Ungewöhnliches´ verehren möchte, ist schon wieder gut beraten, zu Krawatte oder Masche zu greifen."

Auch wenn der Vatertag in Österreich keine herausragende gesellschaftliche Rolle spielt, wird er doch von vielen Familien wahrgenommen, wie auch einige mir persönlich zugesandte Berichte zeigen. So schrieb mir Dr. Klaus Beitl aus Wien, dass er in Besitz eines von einer Textilfirma in den frühen sechziger Jahren aufgelegten kleinformatigen Werbeständers im DIN A4-Format sei, der das Geschenk einer Krawatte zum Vatertag anregt. Diesen hatte er von seinem Vater mit der Bemerkung erhalten: „Ehret den Vater, kauft ihm eine Krawatte." [8]

Vatertagskarten aus Österreich im Jahr 2000

Der Soziologe Prof. Dr. Roland Girtler berichtete mir, dass in einer Volksschule in Wien eine Lehrerin die Kinder immer darauf aufmerksam macht, wenn wieder einmal Vatertag am zweiten Sonntag im Juni ansteht. Sie bastelt dann immer gemeinsam mit den Kindern etwas für den Vater. Er erinnerte sich aus seiner Kindheit, dass seine Mutter, eine Landärztin, die Kinder bereits in den 50er Jahren auf den Vatertag aufmerksam gemacht hätte. Der Tag sei aber nie besonders gefeiert, sondern eher „augenzwinkernd" begangen worden.[9]

Heimo Kaindl aus Graz erinnerte sich, dass in seiner Familie der Vatertag das erste Mal etwa 1973 gefeiert wurde, als er selbst noch ein Schüler in der Grundschule war. Heute, selbst Familienvater, würde der Tag so ähnlich wie der Muttertag gestaltet werden: Die Familie bereitet ein besonderes Frühstück und Mittagessen vor, manchmal gibt es Ausflüge und der Vater erhält von den jüngeren, noch schulpflichtigen Kindern kleine, selbst gebastelte Geschenke. Auch er weiß zu berichten, dass sich hierum besonders Lehrerinnen in den Schulen und auch Erzieherinnen in den Kindergärten kümmern. Sie basteln mit den Kindern Schlüsselanhänger, Kleiderbügel und Glückwunschkarten.[10]

Schweiz

In der Schweiz gibt es, abgesehen von einigen lokalen Männerfesten, die eher scherzhaft als "Vatertag" bezeichnet werden, keinen Vatertag.[11] Dennoch hat es auch dort Versuche gegeben, ihn einzuführen. Diesen vergeblichen Bemühungen kam der Volkskundler Eduard Strübin, vor allem im Zusammenhang mit seinen Forschungen zum Muttertag in der Schweiz, auf die Spur.[12] Nach dem Zweiten Weltkrieg hätte sich bei den westschweizerischen reformierten Kirchen Kritik bemerkbar gemacht, dass die Mütter im Rahmen eines besonderen Tages geehrt würden und die Väter dagegen nicht. Der Vorschlag von kirchlicher Seite, den Muttertag zugunsten eines „Elterntages" zu ersetzen, konnte sich aber nicht durchsetzen.

Auch die Initiative von Geschäftsleuten im Jahre 1952, in der Schweiz offiziell einen Vatertag einzuführen, blieb ohne Erfolg. Schon seit Kriegsende hatte eine Interessengemeinschaft von Ladenbesitzern in der Basler Altstadt einen "Babbetag" (Vatertag) propagiert. 1952 ging die Geschäftswelt schließlich unter Führung eines Züricher Werbeberaters des schweizerischen Verbands der Zigarrenhändler in die Offensive. An etwa 50 Spitzenverbände vermeintlich interessierter Branchen wurden Einladungen zur Gründung einer "Schweizerischen Kommission für den Vatertag" mit dem Hinweis, "ein solches Unternehmen würde unserer ganzen Wirtschaft zum Wohle gereichen", versandt.[13] Die rein wirtschaftlichen Intentionen wurden aber offensichtlich sehr schnell durchschaut und riefen scharfen Protest in der Öffentlichkeit hervor. Sie wurden als reine Kommerzabsichten, ohne irgendwelche ethischen Hintergründe, gebrandmarkt und abgelehnt.

1957 gab es eine weitere misslungene Aktion schweizerischer Krawattenfabrikanten. Durch eine diesmal wesentlich geschicktere Propaganda sollte in etwa 4500 Geschäften der Herrenmodebranche auf den 16. Juni als Vatertag aufmerksam gemacht werden.[14] Aber auch dieser Versuch scheiterte. Die Schweizer erwiesen sich als sehr resistent gegen eine gelenkte Brauchtumseinführung!

Eduard Strübin veröffentlichte in seinem Buch "Jahresbrauch im Zeitenlauf − Kulturbilder aus der Landschaft Basel" 1991 eine für ihn überraschende Einstellung der jüngeren Generation zu diesem Thema. 200 Schülerinnen und Schüler wurden zu ihrer Meinung über einen Vatertag befragt. 72% bejahten ihn, 4% bejahten ihn mit Vorbehalt, 20% lehnten ihn ab und 4% hatten keine Meinung. Etwa ein Drittel der vorbehaltlosen Befürworter hätte ihre Stellungnahme mit dem Argument der Gleichberechtigung von Vater und Mutter begründet. Da über die genauen Altersstrukturen der Schüler keine Angaben gemacht werden, ist eine objektive Einschätzung des Ergebnisses gar nicht möglich. Die von Strübin auszugsweise zitierten Aussagen der Schüler lassen mich persönlich aber zu dem Schluss kommen, dass diese Art von Umfrage natürlich zu einem positiven Ergebnis in Bezug auf den Vatertag kommen musste, da Kinder Vater und Mutter nun mal gleichermaßen verehren und Hintergründe für die Feier eines Ehrentages anders als bei Erwachsenen gesehen werden. So formulierte z.B. ein „jüngerer" Schüler: „Er arbeitet auch für uns, sogar mehr; er ernährt die Familie; er ist ja auch ein Mensch; ich habe ihn auch sehr lieb". „Ältere" führten aus: „Mutter nicht bevorzugen; wäre ungerecht, unfair; Gleichberechtigung!". Und von einem wurde die Vermutung geäußert „Väter nehmen das nicht so wichtig wie die Mütter".[15]

Von Privatdozent Dr. Guy Bodenmann vom Institut für Familienforschung an der Universität Freiburg/Schweiz erhielt ich den interessanten Hinweis, dass der Vatertag zwar weder offiziell begangen noch ein kulturell verankerter Brauch in der Schweiz sei, der Vater in einzelnen Familien aber dennoch an bestimmten Tagen geehrt wird. Dies geschieht z.B. gleichzeitig am Muttertag oder auch am Nikolaus-Tag (6. Dezember).[16]

Dominik Wunderlin, Leiter der Europa-Abteilung am Museum der Kulturen in Basel, stellte fest, dass in italienischsprachigen Gebieten der Schweiz der Josefstag (19. März) als Vatertag bezeichnet wird. Und auch dort sei es eine Domäne der Herren-Bekleidungsgeschäfte, mit besonderen Angeboten für diesen Tag zu werben.[17] Die Verbindung zu Italien ist hier offensichtlich, denn auch in Italien wird der Vatertag am 19. März gefeiert. Selbiges gilt in Europa für Spanien, Portugal, San Marino, Andorra und Liechtenstein. In diesen Ländern hat der Vatertag eine religiöse Anbindung an das dort bedeutende Fest zu Ehren des Heiligen Josefs erhalten.

Liechtenstein

Der Tag des Heiligen Josef, in Liechtenstein auch kurz und liebevoll „Josefi" genannt, ist dort ein alter christlicher Feiertag. Im bäuerlichen Jahreskalender hatte der Tag früher eine besondere Rolle: Ab Josefi bis Allerheiligen sollten die Hühner eingesperrt bleiben und man sollte in dieser Zeit auch nicht über die Wiesen laufen.[18] Ab wann genau der Sankt-Josefs-Tag in Liechtenstein als Vatertag begangen wird, ist bisher noch nicht bekannt. Er hat dort wohl so eine ähnliche Bedeutung wie in Österreich. Diese wurde von Informanten als geringer eingeschätzt als die des Muttertages.[19] Es haben sich eher individuelle Familientraditionen, wie z.B. ein Familienausflug, ein

Küsschen von der Tochter, ein Festessen oder auch nur ein einfacher Glückwunsch, herausgebildet. Vatertagskarten als Glückwunschkarten sind in Liechtenstein wie in der Schweiz nicht gebräuchlich.

Bibliographie

Goop, Adulf Peter
1986 Brauchtum in Liechtenstein. Vaduz.

Haider, Friedrich
1968 Tiroler Volksbrauch im Jahreslauf. Innsbruck.

Kaufmann, Paul
1982 Brauchtum in Österreich. Feste, Sitten, Glaube. Wien.

Schmelz, Bernd
2002 Vatertag in Lateinamerika. In: Wulf Köpke & Bernd Schmelz (Hrsg.), Fiesta Latina. Lateinamerikanische Feste und Festbräuche (Mitteilungen aus dem Museum für Völkerkunde Hamburg, N.F. 32), S. 9-27. Hamburg.
2003 Vatertag in Deutschland. Wilde Zeiten oder: Der Ausbruch aus der Ordnung. In: Bettina E. Schmidt (Hrsg.), Wilde Denker. Unordnung und Erkenntnis auf dem Tellerrand der Ethnologie (Reihe Curupira, 14), S. 191-211. Marburg.
2004 Hamburg 1937: Nach dem Vatertag ins Museum für Völkerkunde. Neue Erkenntnisse zur Geschichte des Vatertages in Deutschland. In: Wulf Köpke & Bernd Schmelz (Hrsg.), Die ersten 112 Jahre. Das Museum für Völkerkunde Hamburg (Mitteilungen aus dem Museum für Völkerkunde Hamburg, N.F. 35), S. 305-319. Hamburg.

Strübin, Eduard
1956   Muttertag in der Schweiz. In: Schweizerisches Archiv für Volkskunde, 52. S. 95-121. Basel.
1991   Jahresbrauch im Zeitenlauf. Kulturbilder aus der Landschaft Basel. Basel.

Wolf, Helga Maria
1992   Das Brauchbuch. Alte Bräuche, neue Bräuche, Antibräuche. Freiburg.

Anmerkungen

[1] Für Informationen und Materialien zum Vatertag in Österreich bedanke ich mich ganz herzlich bei Dr. Klaus Beitl (Wien), Prof. Dr. Roland Girtler (Wien), Christian Helbig (Hamburg), Mag. Heimo Kaindl (Graz), Dr. Peter Kann (Wien) und Prof. Dr. Karl H. Neufeld (Innsbruck).
[2] Zitiert nach Wolf 1992, S. 174.
[3] Wolf 1992, S. 174.
[4] Zitiert nach Wolf 1992, S. 174.
[5] Haider 1968, S. 245.
[6] Kaufmann 1982, S. 208.
[7] Zitiert nach Wolf 1992, S. 175.
[8] Brief von Dr. Klaus Beitl, Wien 20.11.2001.
[9] Brief von Dr. Roland Girtler, Wien 23.11.2000.
[10] Brief von Mag. Heimo Kaindl, Graz 1.3.2001.
[11] Für ihre Informationen zum Thema „Vatertag in der Schweiz" bedanke ich mich sehr herzlich bei Prof. Dr. Urs Bitterli (Zürich), PD Dr. Guy Bodenmann (Freiburg/Schweiz), Dr. Fritz Kollbrunner (Luzern) und Dominik Wunderlin (Basel).
[12] Strübin 1956, S. 113 f.
[13] Zitiert nach Strübin 1991, S. 252.
[14] Nach Strübin 1991, S. 252.
[15] Nach Strübin 1991, S. 252.
[16] Brief von PD Dr. Guy Bodenmann, Freiburg/Schweiz 5.12.2000.
[17] Brief von Dominik Wunderlin, Basel 8.12.2000.
[18] Nach Goop 1986, S. 100.
[19] Für ihre Informationen zum Thema „Vatertag in Liechtenstein" bedanke ich mich vielmals bei Adulf Peter Goop (Vaduz) und Marc Ospelt (Vaduz).

„Neger im Louvre" – Das ethnologische Objekt zwischen Wissenschaft und Kunst [1]

Hajo Schiff

Einleitung

Das komplexe Spannungsfeld, in dem die Objekte in einem Völkerkunde-Museum stehen, war Thema bei zwei Rundgängen mit Mitgliedern des Freundeskreises durch die Melanesien-Ausstellung im August und September 2004. Nach einem Referat über die verschiedenen Formen der Betrachtung von ethnologischen Objekten als anders oder ursprünglich, angewandt oder autonom, handwerklich oder künstlerisch, wurde der Rundgang dialogisch kommentiert vom Künstler und Ausstellungsgestalter Knud Knabe und dem Hamburger Kunstmittler Hajo Schiff.

Als Kernthesen des im Folgenden überarbeitet wiedergegebenen Referats sind herauszuheben:

- Die Objekte in einem Museum für Völkerkunde sind Dokumente einer Kultur und einer Zeit – aber zugleich auch eigenständige Artefakte. Diese Objekte sind als fremde Dinge erklärungsbedürftig – aber als Kunstwerke zugleich autonom.
- Die Ethnologie behandelt ihre Objekte als Gegenstände der Wissenschaft – aber die Objekte haben zudem auch eine eigene Sprache.

- Als Wissenschaft ist die Ethnologie an möglichst objektiver Erfassung interessiert – aber die Museumsbesucher lockt eher die exotische Ausstrahlung und die subjektive Einfühlung.
- Über die Objekte in einer ethnologischen Ausstellung soll das Andere vermittelt werden – aber sie sind zugleich Teil des universellen kreativen Potentials der Menschheit.

Die richtige Kunst und der ganze Rest

Kunstkritiker haben es mit Objekten zu tun, die sich dadurch auszeichnen, dass sie Kunst sind. Das allerdings ist eine redundante Feststellung. Denn was ist Kunst? Es gibt Tausende von Definitionen, die unterschiedlich leistungsfähig sind, aber es gibt keine allgemein verbindliche Antwort auf diese Frage. Es ist also erst einmal notwendig, alles das auch als Kunst zu betrachten, was als Kunst präsentiert wird. Entscheidend für diesen gegenwärtigen Umgang mit Kunst scheint somit kein im engeren Sinne kunsthistorisches, sondern ein eher soziologisches Kriterium zu sein. Wenn aber einfach das Kunst ist, was als Kunst präsentiert wird, ändert sich die Fragestellung: Es geht dann nicht mehr darum, was Kunst ist, sondern wer etwas zu Kunst erklärt. Das begründet dann auch, warum die Vermittlerebenen, also die Kuratoren und die Museumsdirektoren, die Kritiker und die Sammler so wichtig geworden sind.

Unter der Prämisse dieser These zeigt sich Kunst längst nicht mehr als etwas normativ Festgelegtes, sondern als ein systemisch Beschreibbares: Zum einen ist Kunst erst einmal das, was Künstler machen, zum anderen das, was davon als präsentationsfähig in die angemessenen Rezeptionsorte eingespeist wird. Die Kontrolle der Qualität findet dabei wiederum systemisch und nicht normativ statt, das heißt, die Kriterien ergeben sich aus dem Zusammenspiel von Beurteilungsprozessen in Kunst-Akademien und Kunstgeschichtsseminaren einerseits, in Museen, Galerien und Sammlungen andererseits, in Kunstkritik und Journalismus dritterseits und schließlich durch das Urteil des Publikums. Kunst ist also keine Frage einer objektiven Eigenschaft, eines dinghaften Seins, sondern eine Frage einer einem Objekt gegebenen Bedeutung. Dieses mehr oder weniger autonome Gesamtsystem Kunst ist nicht frei von historisch sich wandelnden Präferenzen und hat immer einen unbestimmbaren Rand. So wie es die Tendenz gibt, die Kunstgeschichte in einer allgemeineren Kulturwissenschaft aufgehen zu lassen, ist auch das System Kunst offen für Inventionen neuer Aspekte und Entdeckungen ganzer Produktionsbereiche. Beispiele dafür sind die Hereinnahme des Disegno (der Künstlerzeichnung, des ideellen Entwurfs) in die Kunst seit der Renaissance, des Designs (Werbung, Möbel, Autos) spätestens seit der documenta 5 und der nicht so glücklich ex negativo definierten, sogenannten „Nicht-Westlichen Kunst" seit einigen Jahrzehnten.

In Kunsthallen und sogar auf der Kölner Kunstmesse [2] sind mehr und mehr Objekte ausgestellt, die einst nur in Geschichts- und Völkerkundemuseen zu sehen waren. Doch der Umkehrschluss, nun auch die Objekte in den Museen für Völkerkunde einfach als Kunst, eben als „Nicht-Westliche Kunst" zu betrachten, wird kaum gezogen. Denn das Verhältnis von Kunst und Ethnologie ist einigermaßen kompliziert. Einerseits befinden sich in den ethnologischen Museen Kunstwerke von herausragender Qualität – was aber seitens des Systems Kunst bisher nicht anerkannt wird. Anderseits tauchen immer mehr dieser bisher vorwiegend ethnologisch betrachteten Objekte im Kunstbetrieb auf: So befindet sich beispielsweise in der Expressionisten-Sammlung des Schleswig-Holsteinischen Landesmuseums Schloss Gottorf kommentarlos ein Raum mit afrikanischen Masken – und das ist umso bemerkenswerter, als dass Schloss Gottorf an anderem Ort seines umfangreichen Angebots spezielle Ausstellungsräume zu Völkerkunde und Volkskunde hat. Es scheint, die – historisch auch erst nach einiger Zeit anerkannte – deutsche expressionistische Kunst muss den künstlerischen Blick auf das Außereuropäische aufwerten, ja überhaupt erst legitimieren. Andererseits scheinen die Kuratoren von Kunstausstellungen zu glauben, Objekte ferner Kulturen kämen erst zur Wirkung, wenn man sie praktisch den Ethnologen entreißt und von allen kulturgeschichtlichen Verweisen befreit. Und diese Entkontextualisierung ist umso seltsamer, als die Kunstwissenschaftler zu ihren eigenen Themen doch gerne in dicken Begleitbüchern die historischen und kulturellen Kontexte ausleuchten.

Seit kurzem befinden sich auf ausdrücklichen Wunsch von Premier Chirac ausgesuchte Exemplare von Kunst aus Afrika und der Südsee im Louvre und zwar unter dem seltsamen Namen einer „Ersten Kunst", französisch im Plural „les arts premiers", was den abgelehnten Bezug zu „arts primitives" doch noch anklingen lässt. Auch dieser neue Begriff ist eigentlich unklar. Ist eine „erste Kunst" nicht eher historisch zu verstehen, also beispielsweise in der Steinzeit zu finden? Und ist die implizite Umkehr der Hierarchie wirklich gemeint, die dann die europäische Kunst zur „zweiten Kunst" macht? Auch ist es schwer zu sagen, warum eine der zahlreichen Masken des ehemaligen Pariser Afrika-Museums nun in den Louvre gehört und die anderen nicht – es tut sich ein nicht schlüssig auszuargumentierender Fragenkomplex auf, der auch dadurch nicht einfacher wird, dass geplant ist, das zukünftige Ethnologische Museum am Quai Branly in Paris komplett dieser Begriffsprägung zu unterstellen.

Paris kann allerdings in der Diskussion um die Gleichstellung der Künste eine Vorreiterrolle beanspruchen. Schon 1989 hat im Centre Georges Pompidou die Großausstellung „Le Magiciens de la Terre" als erste „westliche" Kunst und beispielsweise schamanische Inszenierungen gleichgewichtig behandelt. Kurator war damals Jean Hubert Martin, der inzwischen Direktor im Düsseldorfer „Kunst-Palast" ist. Dort zeigte er als Eröffnungsausstellung „ALTÄRE" und im Herbst 2004 läuft dort die Ausstellung „Afrika Remix". Nicht immer aber sind die von ihm aufgegriffenen Themen ganz neu: Letzten Winter wurde dort die PODAI-Malerei aus Westafrika gezeigt, eine Ausstellung, die es im Hamburger Museum für Völkerkunde etwas früher, nämlich bereits 1995 zu sehen gab.

Jean Hubert Martin vertritt eine im Kunstbetrieb besondere und bis heute nicht unumstrittenen Position. Denn zwischen dem ehrenwerten Wunsch, alles gleichgewichtig zu betrachten und der falschen Prämisse, das alles gleichgewichtig sei, ist nur ein schmaler Grad. Zudem ist solch ein globaler Ansatz einer alten kolonialen Sichtweise seltsam nahe. Bei der „Altäre"-Ausstellung, die mit künstlerischen Ausdrucksweisen sich präsentierende Religion und sich religiös gebärdende Kunst mischte, war es die katholische Kirche, die sich strikt weigerte, einen konsakrierten Altar zu zeigen. Das erscheint keine übermäßig konservative, sondern eine ernstzunehmende Position, die auf die Trennung des Heiligen und des Musealen durchaus noch Wert legt, eine Haltung, die auch den übrigen Religionen zu konzedieren wäre. Denn das Sakrale verlangt Teilhabe, der ästhetische Blick aber erfordert Distanz – zwei grundverschiedene Haltungen, die schwerlich zugleich in einem Museum intensiv realisierbar sind. Auch die „Afrika Remix"- Ausstellung entfernt sich von ihrem Gegenstand in seltsam kontextfreie Höhen: In der Gleichbehandlung schwarzer Kunst aus Südafrika, islamisch geprägter aus der Wüste und Ansätzen der in Europa ausgebildeten und lebenden Künstler afrikanischer Abstammung entschwindet jeder Begriff von Afrika in die Fiktion. Das mag per se zwar auch eine Erkenntnis sein, reduziert aber in seiner Geschichtslosigkeit alle sozial und individuell spezifische Produktion unterschiedslos zur bloßen Ware im Regal eines globalen Supermarktes.

Den Begriff einer „Ethnischen Kunst" lehnt Jean Hubert Martin ab, gerade weil auch die „westliche" Moderne eine ethnische Kunst sei. Das führt konsequenterweise dahin, alle Kunst als einen Teilbereich der Ethnologie zu sehen und inthronisiert die Ethnologie als oberste Kulturwissenschaft auch zur Vorgesetzten der Kunstwissenschaft. In der Alltagspraxis aber ist die Hierarchie zur Zeit zweifelsfrei umgekehrt: Die Kunstmuseen schauen auf die Museen für Völkerkunde herab. Zudem gibt es ein großes Misstrauen der sich selbst als Künstler definierenden Produzenten aus den für Europa und die USA mehr oder weniger exotischen Ländern: Viele von ihnen haben große Vorbehalte, in ethnologischen Museen auszustellen, da sie diese für zweitklassig und für nach wie vor kolonial geprägt halten und – bisher wohl zu recht – fürchten, dass sie dadurch nicht wirklich in den Kunstbetrieb aufgenommen werden. Tatsächlich gibt es bei der Kunst der Welt zwei Optionen: Einerseits will sie nach kunstimmanenten Kriterien funktionieren und vorbehaltlos in den „westlichen" Kunstbetrieb aufgenommen werden (was beispielsweise der Kunst aus China seit kurzem mit Vehemenz auch gelingt), andererseits soll sie kulturell so spezifisch sein, dass sie als Botschafter des Anderen funktionieren kann (was im Prinzip der regionalen und nationalen Kunstförderung oder dem Prinzip der Biennalen angelegt ist). Es ist also die Frage, ob Kunst ein Bereich ist, in dem sich artifizielle Belege und Dokumente der verschiedenen Kulturen finden lassen, oder ob Kunst eine eigene Kultur ist, autonom und selbstreferentiell.

Nimmt man letzteres an, ist es kein Wunder, dass diese (Sub-)Kultur ihre Regeln selbst setzt. Dann ist es auch klar, dass der dem Kunstbetrieb oft gemachte Vorwurf des „Eurozentrismus" eher unsinnig ist. Das hört sich zwar schön kritisch an, ist aber eigentlich kein leistungsfähiger Begriff. Wie vom Autor an anderer Stelle in einer Publikation des Museums für Völkerkunde dargestellt, ist der Ausweis des Bereichs KUNST historisch gesehen eine spezifische, nahezu nur in Europa seit etwa 600 Jahren entwickelte Sonderform handwerklicher Produktion, die in Europa sowie in den einst von Europa bestimmten Staaten wie den USA zum Tragen kommt – sowie zeitgleich mit einer ähnlichen soziopolitischen Situation wie in der europäischen Renaissance in Japan. Diese Kunst tritt als autonom, frei und genialisch auf. Sie grenzt sich gegen das Angewandte ab, das als Kunstgewerbe herabgestuft wird. Diese Kunst bildet einen A rgumentationszusammenhang, dem „Eurozentrismus" vorzuwerfen deshalb unsinnig ist, weil genau das ein zentraler Bestandteil seiner Existenz ist, seiner oben erwähnten „Ethnizität" ist. Ebenso unsinnig ist es, einem Kritiker Subjektivität vorzuwerfen, weil eben das ein wesentliches Element seiner Funktion ist. Wir sehen mit unseren Augen, mit welchen denn sonst. Die Eingebundenheit in das eigene Wertesystem ist eine Position, die gar nicht verlassen werden kann – es ist aber sehr wohl notwendig, sich dieser Position reflektorisch bewusst zu sein.

Die Entscheidung, die also gegenüber „Nichtwestlicher", also nicht absichtlich oder zwanghaft den tradierten europäischen Begrifflichkeiten unterstellter künstlerischer Produktion zu fällen ist, ist die über die Kriterien der „Hereinnahme" in unsere Kategorien. Dieser Ansatz gälte sinnvollerweise auch umgekehrt: So sollten sich eigentlich auch andere – angesichts der weltweiten Dominanz westlichen Lebensstils allerdings nirgends mehr "uncontaminiert" bestehende – Gesellschaften fragen, was von unserer Produktion und unseren Maximen sich zur „Hereinnahme" in ihr System eignen könnte. Allerdings scheitert diese theoretisch notwendige Umkehr der Argumentation in der Praxis an Machtfragen – aber das ist keine ästhetische Frage mehr, sondern eine politisch-ökonomische.

Nach den engeren Kriterien des europäischen Kunstverständnisses ist traditionelle Südseekunst und „Neger-Kunst"[3] selbstverständlich keine Kunst. Aber bevor die Ethnologen und ihre Freunde aufstöhnen, sei präzisiert: Sie ist es in definitorischer Abgrenzung nicht, weil sie von ihren individuellen, historischen Produzenten eben nicht in Hinsicht auf ein spezielles Kunst-System gedacht war. Es gibt ja auch Ethnologen, die ganz kategorisch behaupten, dass eine Maske jenseits ihrer ursprünglichen performativen Verwendung keine Bedeutung mehr habe. Und wenn diese nicht rekonstruierbar ist, sei das eben bloß noch ein Stück Holz. Solchermaßen „angewandte Kunst" ist dann ebenso wenig Kunst wie bei uns Theaterrequisiten, Kunstgewerbe oder Design in ihrem primären Zweck keine Kunst sind, gleich ob Maske, Teller oder Plakat. Das ist die einfache Unterscheidung nach der Intention der Produktion, jene Unterscheidung, die zu unseren aufgeteilten Spartenmuseen geführt hat: Kunsthalle, Museum für Kunst und Gewerbe, Museum für Völkerkunde. Aber warum sollten diese Dinge nicht trotzdem nach ästhetischen Kriterien zu betrachten sein?

Der mehrfache Sinn befreit die Dinge

Die streng kategorisierende Einteilung der Objekte in Sparten ist inzwischen obsolet geworden: Es gibt nicht nur eine Produktionsästhetik, sondern auch eine Rezeptionsästhetik. Denn es ist absurd einengend, den Dingen – allen Dingen – ihre mehrfache Bedeutung, ihr mehrfaches Wirken abzusprechen. Lange genug hat sich die Theorie bemüht klarzumachen, dass es immer mehrere Bedeutungsschichten gibt, man denke an den so genannten „Vierfachen Schriftsinn" oder die „Semantische Trias": Die Dinge sind also bestimmt durch ihr materielles Sein und ihren Gebrauch, durch ihre Symbolik und ihre Anagogik. Oder in den sprachwissenschaftlichen Kriterien ausgedrückt, durch Semantik, Syntax und Pragmatik, also Bedeutung, Verknüpfungsregeln und Anwendungskriterien. Es geht also innerhalb unserer Fragestellung nicht darum, irgendwelchen Objekten etwas abzusprechen, noch, ihnen etwas zuzusprechen. Es geht einfach darum, ihnen gerecht zu werden, sie korrekt in ihrer Komplexität zu würdigen.

Zur korrekten Würdigung der Dinge gehört sowohl das Lesen der Information, die in dem Objekt verborgen und verarbeitet ist, wie darüber hinaus die Information über Kontexte. Auch ein Michelangelo oder ein Rubens ist nicht ohne Erklärung zu verstehen. Die Freunde solcher Kunst haben nur vergessen, dass sie einen Teil der Erklärung innerhalb der allgemeinen Akkulturation, durch Erziehung und Bildung bereits internalisiert haben – beispielsweise die Kenntnis der christlichen Ikonographie, die allerdings bedrohlich abnimmt. Ein Michelangelo oder ein Rubens sind eben nicht nur „Kunst", sondern auch religiös. Und umgekehrt ist ein Südseeobjekt nicht nur „rituell", sondern auch Kunst. Und das gilt unabhängig von einem auf der Seite der Kunstproduzenten bestehenden oder eben nicht bestehenden expliziten Kunstverständnis. Das muss schon deshalb eingestanden werden, weil uns sonst der Kunst-Blick auch auf archäologische oder mittelalterliche Objekte unserer eigenen Kultur verwehrt wäre [4].

Die Lösung für das ganze Dilemma liegt wie so oft – und das ist vielleicht ein dialektischer Fortschritt – in der Aufhebung der Oppositionen. Weder kann es um die freigestellte, kennerschaftliche Präsentation des qualitätvollen, wenn auch anonymen Einzelwerkes an sich als reine Kunst gehen, eine im Kunstbereich extrem vom ehemaligen Leiter der Düsseldorfer Kunsthalle Werner Schmalenbach jahrzehntelang vertretene Position, noch kann es um rein wissenschaftliche Archivierung aller Ausdrucksarten aller Menschen gehen; weder um eine Läuterung der Ethnologie zur Ästhetik durch Wegnahme der Erläuterungen, durch Verdrängen des Kontextes, noch um eine dokumentarische Versachlichung, die jedes Objekt nur als historisch-soziologischen Beleg originaler Benutzung und spezieller Bedeutung auswertet.

Also nicht entweder-oder, sondern sowohl-als-auch. Es ist tatsächlich in das subjektive Belieben des Publikums gestellt, wo auf dieser Skala von künstlerischem Genuss zu wissenschaftlicher Erfassung es seine persönliche Position bestimmt.

In den ethnologischen Museen finden sich Objekte, die sowohl Dokumente einer Kultur und einer Zeit sind, zugleich aber auch eigenständige Artefakte. Sie sind als fremde, andere Dinge in ihrem ursprünglichen besonderen Kontext – vielleicht auch zusätzlich in ihrem heutigen Sammlungs-Kontext, ihrer nun auch schon 125-jährigen Geschichte ihres Verbleibs in Europa – erklärungsbedürftig. Im Kontext der Erklärung fremder Kulturen sind diese Objekte paradigmatisch und austauschbar. Aber sie sind als Kunstwerke aus dem universellen Schatz menschlicher Kreativität zugleich allgemein, auratisch und autonom.

Das ist zwar subjektiv anders in den Kunstmuseen, objektiv aber eben nicht. Schließlich gibt es in der aktuellen Kunst Objekte, die mindestens so exotisch sind, wie fremde Stammesobjekte aus dem vorvorigen Jahrhundert: Performancerelikte beispielsweise von Joseph Beuys, die sich aus sich heraus überhaupt nicht erklären, also einer historischen, soziologischen und ästhetischen Theorie und Archivierung bedürfen. Ein gutes Beispiel in der Malerei wäre auch das so genannte „Gewitter" („La Tempesta"), Highlight der Sammlung der Accademia in Venedig, das der insgesamt ziemlich rätselhafte Venezianer Giorgione da Castelfranco vermutlich im ersten Jahrzehnt des 16. Jahrhunderts malte und dessen Bedeutung trotz ziemlich exakt 500jährigem Betrachtens bis heute aller Kunstwissenschaft ein Rätsel geblieben ist. Es ist zwar beschreibbar, was dort zu sehen ist – ein Soldat, eine fast nackte Frau mit Kind, Ruinen, Landschaft mit Wasser, Stadt im Hintergrund, und erstmals in der Malerei der Renaissance, ein Blitz in dunklen Wolken – über den Sinn dieser Kombination gibt es bis heute aber nur viele, sich widersprechende und sämtlich unbefriedigende Deutungen.

Der Kunstbereich hat allerdings einen Vorteil: Es gibt dort die Ausdifferenzierung von Kunst und Kunstwissenschaft – es ist nicht unbedingt notwendig, sich mit den beiden bereits argumentativ ausgebreiteten Bereichen zugleich zu befassen. Dennoch stehen Produzent und Rezipient in etwa in einem ähnlichen Bezugssystem. So zweifelhaft regionale und nationale Kunstgeschichten auch sind, für den Bereich der Völkerkunde gibt es dergleichen wenn überhaupt, so nur als Betrachtung von außen. Zudem ist der Ethnologe kein Ethno-Ästhetiker, er ist nicht vorrangig an einem ästhetisch bestimmten System seiner Objekte interessiert. Der Ethnologie sind nicht primär die Dinge selbst wichtig, sondern deren Eigenschaft als Beleg, denn es geht darum, anhand der objekthaften Manifestationen anders konstruierte Gesellschaften zu erforschen und zu verstehen. Es liegt nahe, dass das Publikum, zumal eines mit einem gewissen Anspruch auf Bildung, bei ganz fremden Objekten als erstes erfahren will, was das ist und wie das eingeordnet werden kann, sich also selbst in eine Art wissenschaftlich-objektivierende Rezeptionsposition begibt. Nur leider geht dabei die Unmittelbarkeit der Begegnung und des Erlebens und die subjektive Bedeutung verloren. Genau diese stellt gegenüber einem lernenden Nachvollzug aber das Erlebnispotential dar, auf das nicht verzichtet werden sollte. Mag dem

Ethnologen der Zusammenhang wichtiger sein als das einzelne Objekt – ein ethnologisches Museum muss genau umgekehrt mit der Faszination des einzelnen Objekts arbeiten, um dann zu den Zusammenhängen zu führen. Bei diesen Zusammenhängen ist einer von vielen möglichen auch die eigene, westliche Kunstgeschichte. Die ethnologischen Artefakte sollten dabei aber nicht erst beachtet werden, wenn sie sich im Werk von Künstlern wie Gauguin, Kubisten wie Picasso und Derrain, Expressionisten wie Kirchner und Nolde spiegeln. Wichtig wäre es, nicht über oder durch diese Künstler auf die afrikanische und Südsee-Kunst zu gucken, sondern wie diese Künstler so unvermittelt wie noch möglich. Denn es kann keinen „falschen" Blick auf Objekte geben, wenn sie jenseits der ursprünglichen Bedeutung zusätzlich einer ästhetische Betrachtung unterzogen werden.

Es scheint, dass dieser kreative, in gewissem Sinne „naive", nicht zu vorsichtig abgesicherte Blick auch aus der Fachwissenschaft heraus denkbar und akzeptabel wird. Wohlgemerkt, eine spezialisierte Fachwissenschaft ist durchaus notwendig, um Dinge wahrnehmen, unterscheiden und einordnen zu können. Aber ist diese Arbeit einmal geleistet, scheint es ergiebiger, über die eigenen Kategorien hinauszuschauen. Ein Beispiel: Dieses Jahr sind in Berlin und München Afrikanische Puppen mit altägyptischen Kleinfiguren zusammengebracht worden. Durch formale Ähnlichkeiten über Jahrtausende scheinen sich dabei plötzlich ganz neue Zusammenhänge ästhetischer aber auch geschichtlicher und wirkungsgeschichtlicher Art aufzutun: so afrikanisiert bzw. universalisiert sich dadurch die Kunst Altägyptens gegenüber dem üblicherweise gesetzten mittelmeerisch/klassisch/europäischen Kontext.

Am besten ist es also, man bedient sich beider Zugangsweisen, der subjektiv einfühlenden und der rational lernenden. Mitunter ist der Erkenntnisgewinn sogar auf derartige Kombinationen angewiesen: Ein von wissenschaftlichen Parametern nicht belasteter (oder sich partiell davon freimachender) Betrachter vermag unter Umständen einen so intensiven Bezug beispielsweise zu einem bisher rätselhaften ethnologischen oder archäologischen Objekt zu bekommen, dass er dessen Verwendung in der ehemaligen Kultur klarer erfahren kann, als der positivistische Wissenschaftler.

An einem Beispiel aus der Melanesien-Ausstellung sei dies etwas konkretisiert: Das vom Ausstellungsgestalter Knud Knabe zentral gestellte Objekt, das Wesen mit den ausgebreiteten Armen und der Schlange, ist in seiner Bedeutung den Ethnologen nicht gänzlich klar. Warum also nicht die ungemein eindrucksvolle Arbeit nach eigenen Kriterien befragen? Dann könnte man schon ganz einfach beginnen: Bedeutet die Stellung der Arme eigentlich eine abwehrende oder eine einladende Geste? Steht die Schlange in der komplizierten außereuropäischen Symbollinie zu Blitz und Wasser oder sind Schlange und Zunge ein Symbol für Lüge, Verrat, falsches Zeugnis oder vielleicht ein Schweigegebot; vielleicht ist die Schlange gar sexuell deutbar? Bedeutet der mitgeschnitzte Sockel, dass das Wesen auf einer großen Meeresmuschelschale steht, wie eine antike Meeresgöttin? Es ist nicht unangemessen, mit solchen, begründbaren Vermutungen sich einen persönlichen Zugang aufzubauen. Das archivierte Wissen dazu ist später immer noch abrufbar.

Bei der Malagan-Schnitzerei gibt es aus nahezu derselben Zeit und von naheliegenden Orten außerordentlich unterschiedliche Darstellungen von Personen und Personifikationen. Die grundelegene Differenz dieser Objekte muss nicht unbedingt auch ein kultureller oder ritueller Unterschied sein. Sie stützt vielmehr die begründbare Vermutung für unterschiedlich individualisierte künstlerische Auffassungen, Fähigkeiten und Copyrights: Hochgradig elaborierte Fähigkeiten des mehrfach hinterfangenen Schnitzens einerseits und der stark vereinfachten Abstraktion in der Figur zugleich als eine ästhetische Entscheidung des Schnitzerobjekts, so wie es sie ja auch in der europäischen Kunst zeitgleich gibt – ist das eine ganz undenkbare Option.

Was das für eine, wenn auch nie ausdrücklich formulierte Hierarchie der Museen bedeutet, liegt auf der Hand: Sie ist abzulehnen. Da aber Raum und Zeit nicht mehr für Universalmuseen reichen, bleibt es die Aufgabe der staatlichen Gemeinschaft, die Gleichwertigkeit der bisher zu getrennt gedachten Fachmuseen zu gewährleisten. Unabhängig von historisch veränderlichen Qualitätskriterien und noch fragwürdigeren ökonomischen Wertstellungen ist die Kunst in allen ihren Erscheinungen ein fast unermessliches Reservoir an individualisierbaren Anregungen. Die Besucher müssen die Möglichkeit behalten, sich aus diesem Angebot das eigene Universum zusammenzugucken.

Anmerkungen

[1] „Neger im Louvre" ist ein Zitat des Titels eines Buches von Aufsätzen zu Kunstethnologie und moderner Kunst im Verlag der Kunst, Dresden 2001

[2] Auf der „art cologne - New Art" im Herbst 2004 wurde als eine Sonderschau die legendäre Ausstellung „Urformen der Kunst aus Pflanzenreich und fremden Welten" nachinszeniert, die erstmals 1925 in der Berliner Galerie des für die Kunst der Moderne bedeutenden Kunsthändlers Karl Nierendorf zu sehen war. Damals wie heute wurden die analytischen schwarz-weißen Pflanzenfotos des Karl Blossfeld mit Originalen der „Stammeskunst" aus Afrika und Papua-Neuguinea kombiniert. Auch wenn die „schöpferische Kraft außereuropäischer Kulturen" dabei durchaus herausgestellt wird, ist die implizite Betonung des Überpersönlich-Naturhaften dieser Formenwelt nach wie vor befremdlich, gerade im Umfeld der übrigen, geradezu kultisch personalisierten modernen („westlichen") Kunst in den Nachbarkojen. Anderseits wurde auch bei mehreren anderen dort ausstellenden Galerien ein Kontext mit antiker und außereuropäischer Kunst gesucht, was insofern bemerkenswert ist, als dass speziell auf der Kölner Kunstmesse dergleichen noch vor wenigen Jahren kategorisch verboten war.

[3] Natürlich meine ich den Begriff „Negerkunst" nicht abwertend. Er ist hier so gemeint, wie er kurz vor und nach dem ersten Weltkrieg in die Kunstdiskussion eingeführt wurde, beispielsweise in Carl Einsteins Buch „Negerplastik" von 1915 oder schon 1912 von August Macke im von Kandinsky und Franz Marc herausgegebenen Almanach „Der Blaue Reiter".

[4] „Die Bronzegüsse der Neger von Benin in Westafrika, die Idole von den Osterinseln aus dem äußeren Stillen Ozean, der Häuptlingskragen aus Alaska und die Holzmaske aus Neukaledonien reden dieselbe starke Sprache wie die Schimären von Notre-Dame und der Grabstein im Frankfurter Dom." August Macke 1912 im „Blauen Reiter".

Reden anlässlich des Festaktes zum 125jährigen
Jubiläum des Museums für Völkerkunde Hamburg
im Hamburger Rathaus

Grußwort von Frau Senatorin
Prof. Dr. von Welck

Karin von Welck   1. Oktober 2004

Sehr geehrte Frau Professor Legene,
sehr geehrter Herr Professor Köpke,
sehr geehrter Herr Röhricht,
liebe Freunde und Förderer des Museums,
meine sehr verehrten Damen und Herren,

zum Festakt aus Anlass des 125jährigen Jubiläums des Museums für Völkerkunde Hamburg möchte ich Sie im Großen Festsaal des Rathauses im Namen des Senats und auch persönlich ganz herzlich begrüßen. Ich freue mich sehr, dass Sie alle der Einladung für den heutigen Tag so zahlreich gefolgt sind, dass selbst der Große Festsaal zu klein erscheint. Mit Ihrem Kommen liefern Sie einen überzeugenden Beweis dafür, wie viel Sympathie dem Museum entgegengebracht wird.
   Meine Damen und Herren, Gründung und Entwicklung des Museums für Völkerkunde Hamburg sind eng verbunden mit dem wirtschaftlichen Leben unserer Stadt. Wesentliche Bestände des Hauses stammen aus Sammlungen Hamburger Kaufleute, Reeder und Kapitäne, die sie durch ihre weltweite Tätigkeit zusammengetragen haben. Zunächst befanden sich die Sammlungen in der Stadtbibliothek, und bevor man später den

heutigen Museumsbau errichtet hat, wurden sie im Naturhistorischen Museum am Steinwall untergebracht.

Interesse, Engagement und Verantwortung der Bürger gegenüber dem Gemeinwohl ihrer Stadt haben dazu geführt, dass das Museum für Völkerkunde heute eine große und bedeutende Sammlung besitzt. Sie bildet die scheinbar unerschöpfliche Ressource für eine Ausstellungspolitik, die in den letzten Jahren unter dem programmatischen Leitgedanken „Der innere Reichtum" bemerkenswerte Sonderausstellungen hervorgebracht hat. Durch diese kluge und weitsichtige Konzeption, eigene Bestände für Sonderausstellungen interessant und attraktiv aufzuarbeiten, ist das Museum derzeit in einer wirtschaftlichen Lage, die schlicht und einfach als gesund bezeichnet werden kann.

Meine Damen und Herren, damit möchte ich aber nicht gesagt haben, dass das Museum zukünftig auf privates Engagement verzichten könnte. Im Gegenteil: Damit das Museum seinen Rang unter den erfolgreichsten Völkerkundemuseen national und international behaupten kann, braucht es weiterhin Ihrer aller Unterstützung.

Für eine weltoffene Stadt wie Hamburg, die seit Jahrhunderten Handel mit sehr vielen Ländern dieser Erde treibt, gehört ein Völkerkundemuseum zum kulturellen Selbstverständnis. Das gilt besonders dann, wenn sich das Museum die Aufgabe gestellt hat, zum Verständnis der Völker untereinander beizutragen.

Das Museum für Völkerkunde Hamburg hat diesen Weg schon früh beschritten. Das ist natürlich nicht zuletzt den Mitarbeiterinnen und Mitarbeitern des Hauses zu verdanken. Besonders hervorheben möchte ich in diesem Zusammenhang Georg Thilenius, der als erster Direktor das Museum von 1904 - 1935 leitete und die Bestände so erheblich erweiterte, dass ein eigenes Gebäude erforderlich wurde. Das Großartige ist dabei, dass Thilenius nicht irgendein Museum baute, sondern ein Haus, das zu seiner Zeit als das modernste Völkerkundemuseum Europas galt und auch heute noch seiner Funktion auf das Allerbeste gerecht wird. Dies insbesondere seitdem es unter seinem derzeitigen Direktor, Wulf Köpke, Raum für Raum, vom Keller bis zum Dach, sorgfältig in Stand gesetzt wird. Thilenius erwarb sich große Verdienste dadurch, dass er das Museum von der Aura des Exotischen, besonders aber von kolonialem Gedankengut und weltanschaulicher Überheblichkeit befreite. Um das zu erreichen legte er - für ein Völkerkundemuseum um 1900 außergewöhnlich - auch eine Sammlung europäischer Ethno-graphika an und veranstaltete vergleichende, thematisch orientierte Ausstellungen.

In der Nachfolge von Georg Thilenius führte Franz Termer das Haus durch die schwierige Zeit des Nationalsozialismus und des Zweiten Weltkriegs. Er blieb bis 1962 im Amt und war neben seiner Funktion als Museumsdirektor auch Professor für Völkerkunde an der Universität. Diese Tradition führte sein Nachfolger, Hans Fischer, fort. In einer Zeit, in der sich das Fach Völkerkunde zur Ethnologie entwickelte und von einem Orchideenfach geradezu zu einem Mode- und Massenfach wurde und immer mehr Studenten in seinen Bann zog, war diese Doppelbelastung kaum zu meistern. Die Museumsaufgabe musste zwangsläufig hinter der Lehre zurückstehen.

Jürgen Zwernemann, Direktor von 1971-1991, versuchte, das Museum stärker problemorientiert auszurichten. Der Besucher sollte vor allem auch mit negativen Fehlentwicklungen in der so genannten Dritten Welt konfrontiert werden. Der Versuch, das Haus aus seiner ausschließlich retrospektiven Betrachtungsweise herauszuholen und mit einem politischen Bildungsanspruch zu versehen, war ein mühsamer Prozess, der nicht nur auf Befürworter stieß und das Museum ein wenig in das Abseits des Hamburger Kulturbetriebs rückte.

Wulf Köpke, der die Leitung 1993 übernahm, hat die Aufgaben seiner Vorgänger mit großem Elan weitergeführt und dabei dem Museum eine neue Perspektive gegeben. Ihm verdanken wir das Konzept des Museums als Begegnungsstätte. Im Leitbild des Hauses steht die zentrale Aussage: „Wir bieten ein Forum für den partnerschaftlichen Austausch zwischen Menschen aller Kulturen."

Wie aktuell dieser Aspekt ist, zeigt die Entwicklung in den amerikanischen Museen. Dort beginnt sich das Bewusstsein, dass Besucherorientierung oberstes Ziel eines Museums sein sollte, umfassend durchzusetzen. W. Richard West, Vizepräsident der American Association of Museums, stellte auf der Fachtagung ICOM-Deutschland im November 2003 fest, dass die amerikanischen Museen vor einer fundamentalen Transformation ihrer Rolle stehen würden. Ihre Hauptaufgabe sei nicht mehr die Forschung, sondern ihre Teilnahme und ihr vermittelndes Eingreifen in die Dynamik der kulturellen Prozesse in den Gemeinden, den „communities", zu denen sie gehören. Amerikanische Museen würden sich - so West - immer bewusster, welch ein wichtiger öffentlicher Ort sie seien.

Das Museum für Völkerkunde Hamburg ist in dieser Hinsicht vielen vergleichbaren Institutionen einen Schritt voraus. Es hat die intensive Ansprache und Einbeziehung des Besuchers bereits umgesetzt. In einer Welt, in der die Menschen durch moderne Verkehrssysteme und Informationstechnologien immer schneller zusammengeführt werden, in einem Land, in dem jeder zehnte Einwohner ein Ausländer ist, kommen einem Museum mit dem Selbstverständnis eines Völkerverständigungsmuseums wichtige politische Aufgaben zu. In der Süddeutschen Zeitung schrieb Evelyn Roll vor kurzem in der Reihe „Patient Deutschland": „Das Land müsste nur noch eine weitere seiner Lebenslügen aufgeben und endlich die Folgen dieser in vielerlei Hinsicht nicht bewältigten Migration ehrlich diskutieren und offensiv regeln..." Das Hamburger Museum für Völkerkunde wird auch zukünftig seinen Beitrag dazu leisten, dass Probleme der Migration in unserer Stadt in einem Klima des Respekts und Vertrauens gelöst werden können. Dass das Museum für Völkerkunde Hamburg auf der Grundlage dieser klugen Politik heute zu den führenden seiner Art zählt, ist vor allem ein Verdienst seines jetzigen Direktors, Wulf Köpke. Danken möchte ich aber auch Rüdiger Röhricht, der Professor Köpke als Vorstandskollege und kaufmännischer Geschäftsführer unterstützt und sich mit großem Erfolg um die wirtschaftlichen Belange des Museums kümmert. Ebenso danke ich den Mitarbeiterinnen und Mitarbeitern des Hauses, ohne deren außergewöhnliches Engagement die erfolgreiche Arbeit nicht möglich wäre.

Wann, meine Damen und Herren, bekommt man schon einmal die Gelegenheit, zu so vielen Förderern, Freunden und Sympathisanten des Museums zu sprechen. Diese Gelegenheit möchte ich nutzen und an Sie alle noch einmal appellieren, dem Museum auch weiterhin tatkräftig zur Seite zu stehen. Werden Sie Mitglied in dem für das Haus so wichtigen Freundeskreis und machen Sie das Museum durch Ihre Mitarbeit und Ihre Spende stark für den Aufbruch in die kommenden 125 Jahre.

Rede zum 125. Jubiläum

Wulf Köpke

Meine Damen und Herren,

ich muss mit einem Geständnis beginnen: Heute feiern wir gar nicht unser 125jähriges Jubiläum: Das war bereits am 29. April diesen Jahres. Heute jährt sich vielmehr das hunderste Mal der Amtsantritt des ersten Direktors dieses Hauses, Prof. Dr. Georg Thilenius. Man darf mit Fug und Recht behaupten, dass ohne ihn und seine Initiative und Tatkraft Museum, Sammlungen und Museumsgebäude in der jetzigen Form nicht existierten. Er bekam am 1. Oktober 1904 von dem kongenialen Senator und späteren Bürgermeister von Melle die Amtsgeschäfte übertragen und schuf innerhalb kürzester Zeit aus einer heterogenen ethnographischen Sammlung ein Völkerkunde-Museum von Weltruf. Ich freue mich sehr, dass wir heute bei der Gelegenheit dieses Jubiläums immerhin fünf Enkel von Georg Thilenius, die aus ganz Deutschland angereist sind, hier unter uns begrüßen dürfen.

Thilenius hat wenig publiziert, sein Hauptwerk ist unser Museum und sein jetziges Gebäude. Georg Thilenius war ein brillanter Wissenschaftler, aber auch ein Grandseigneur, Schöngeist und Genießer. Mit der gleichen Hingabe, wie er sich stets um das Essen für seine zahlreichen Gäste kümmerte und auf jede ästhetische und kulinarische Einzelheit achtete, gestaltete er auch den monumentalen

Bau in der Rothenbaumchaussee bis ins Kleinste durch. Auch heute ist dieses Gebäude noch in vieler Hinsicht vorbildlich. Zum ersten Mal räumte er in einem Museum den Funktionsräumen, also Werkstätten, Depots und Büros, ebenso viel Raum ein wie den Ausstellungsräumen. Thilenius ist ein Pionier der Museumspädagogik gewesen und man darf ruhig sagen, dass unsere heutigen Erfolge auf diesem Gebiet auf seinen Grundlagen basieren.

Thilenius war der erste Museumsethnologe, der die eigene Kultur in die weltweite Betrachtung einbezog: Den 'Eine-Welt-Gedanken' kannte er dem Namen nach natürlich nicht, wohl aber der Praxis nach. Sein hochentwickelter Sinn für Ästhetik, ebenso wie sein gut entwickelter kaufmännischer Instinkt verschaffte dem Museum großartige Objekte. Dennoch strebte er nicht nach einem reinen Kunstmuseum. Georg Thilenius wollte auch immer, dass das Museum einen praktischen Nutzen haben solle, er dachte durchaus anwendungsbezogen. Auch hier ein Zug, der bis heute fortwirkt.

Prof. Thilenius war einer der Mitbegründer der Hamburger Universität und ihr zweiter Rektor. Es würde ihn sehr betrüben, wenn er wüsste, dass heute viele von ihm eingeführte Fächer aus dem Kanon der Universität wieder gestrichen werden sollen: Völker- und Volkskunde, Südseesprachen, Islamwissenschaft, Afrikanistik und vieles andere mehr. Auch uns macht dieser Umstand sehr besorgt.

125 Jahre sind eine lange Zeit. Steht man in einer solchen alten Institution an meinem Platz, wird man eher demütig als stolz. Man sieht sich selbst in einer langen Reihe von Vorgängern, die alle ihr Teil dazu getan haben, dass das Museum heute blühen kann. Und so begrüße ich die beiden Töchter des zweiten Direktors, Prof. Franz Termer, der das Haus so sicher durch Krieg und Nachkriegszeit geführt und in mancher schwierigen Situation gerettet hat. So konnte er 1945 verhindern, dass das Museum ein englisches Offizierskasino wurde und er schaffte es sogar, das nötige Material zur Reparatur des Hauses zu organisieren. Auch Prof. Zwernemann, meinen unmittelbaren Vorgänger, darf ich hier begrüßen. Er hat viele der Grundlagen für unseren heutigen Erfolg legen können und ich freue mich, dass er bis heute unsere Arbeit aktiv unterstützt. Nicht zuletzt hat er pünktlich zum Jubiläum eine erweiterte Neuauflage seiner umfassenden Museumsgeschichte herausgebracht.

Man ahnt auf meinem Platz auch alle, die nach einem kommen werden und man begreift, dass man nur ein kleines Glied in einer langen Kette ist. Wir geben uns jetzt Mühe, um auch den Erfolg unserer Nachfolger in ferner Zukunft sicherzustellen. Irgendwann geht man in der Reihe der „Ahnen" auf, im besten Fall wird man ein mythischer Halbgott.

Seine Direktoren haben das Museum ohne Zweifel geprägt, es wird aber auch schnell deutlich, wie sehr Museen wie das unsere, mit ihren ungeheuer vielen Spezialgebieten, Gemeinschaftsleistungen darstellen. Wieviel Engagement auf wie vielen Ebenen braucht es, um dieses ganze völkerkundliche Wissen zu gewinnen und zu bewahren, das wir hier bei uns heute angesammelt haben. Denn wir sammeln ja nicht nur Objekte - wir sammeln Geschichten. Über die Objekte und ihre Geschichten gelangen wir zur Begegnung mit den Menschen, die dahinter stehen. So gelingt es uns, fremde Kulturen zu erfahren. Das ist unsere Stärke. Wir sind ein Museum der Begegnung. Im Zeitalter der virtuellen Realität sind wir real, anfassbar, erfahrbar. Das ist unsere ungeheure Chance für die Zukunft.

Für all dieses braucht man in jeder zeitlichen Phase des Museums Menschen, Enthusiasten, Fachleute. Ich freue mich, dass wir immer wieder, über 125 Jahre hinweg, diese Menschen gefunden haben. Ich möchte hier nicht lapidar den rituellen Dank eines Chefs an seine tüchtigen Mitarbeiterinnen und Mitarbeiter abstatten. Jeder weiß ohnehin, dass die Chefs ohne ihre Mitarbeiter oft nicht weit kämen. Ich möchte mich hier noch einmal aus ganzem Herzen bei allen bedanken, die in den vergangenen 125 Jahren gleichsam ihr Herzblut für das Gedeihen dieses Museums gegeben haben und gemeinsam mit mir und meinem Kollegen Röhricht heute noch geben.

Ich freue mich, mit derart engagierten und motivierten Kolleginnen und Kollegen zusammenarbeiten zu dürfen. Ich bin zuversichtlich, dass wir auch weiterhin viele Jahre gemeinsam dieses Museum zum Erfolg führen können.

125 Jahre Museum für Völkerkunde - eine stolze Leistung. Das Museum ist ein Stück Hamburger Tradition. Bis heute dürfte jeder Hamburger Schüler das Museum in der vierten Klasse wenigstens einmal besucht haben. Wie gesagt, eine Tradition, eine Institution.

Doch wie sieht die Zukunft des Museums aus? Aus Tradition ergibt sich heute nichts mehr. Alle Institutionen sind einem großen Rechtfertigungsdruck ausgesetzt. Das gilt für Parteien ebenso wie für Kaufhäuser - man beachte nur das aktuelle Beispiel Karstadt. Sogar die

Kirche kann sich nicht mehr allein aus der Tradition heraus legitimieren. Für die Kathedralen des Bürgertums, die Museen, gilt angesichts eines schwindenden Bildungsbürgertums natürlich das Gleiche.

Wie ist nun unser Museum für die Zukunft gerüstet?

Wir werden oft gefragt, was uns besonders charakterisiert: ältestes Museum, größtes, bestes oder was auch immer. Es ist schwer und wohl sogar unmöglich, hierauf eine substanzielle globale Antwort zu geben. Aber eins zumindest scheint mir sicher: Unter den Völkerkundemuseen sind wir, denke ich, das meistkopierte. Und nicht nur unsere Schwestermuseen kopieren uns eifrig. Wenn etwa das Alstertal Einkaufzentrum (AEZ) jetzt eine große Ausstellung und Veranstaltungen ankündigt mit dem Titel „Natur, Magie, Götter - Bali im AEZ", bei freiem Eintritt wohlgemerkt, vermag ich nicht an einen Zufall zu glauben. Derartige Konkurrenz bedrängt uns immer häufiger, häufiger werden sogar die Akteure bei uns abgeworben.

Wir müssen uns also immer etwas Neues einfallen lassen und den anderen um eine Nasenlänge voraus sein.

- Unsere Stärke scheint mir im Zeitalter der Globalisierung unsere echte Internationalität zu sein.
- Wir sind als geistiger Mittelpunkt wichtig für die zunehmende Zahl von Menschen aus anderen Kulturen, die in unsere Stadt und nach Deutschland überhaupt kommen. Unser Konzept der Begegnung, wenn es denn echt bleibt und nicht zur bloßen Show wird, bleibt auch für die Zukunft attraktiv. Es ist kaum kopierbar.

Ich hörte bei einer türkischen Veranstaltung, wie zwei Türken zueinander sagten: „Bu müze bizim ev gibi" - Dieses Museum ist wie unser Zuhause. Andere Migranten, z.B. Portugiesen, erzählten uns mehrfach, sie fühlten sich nach mehr als dreißig Jahren in Deutschland zum ersten Mal hier zu Hause, seit sie mit uns zusammen arbeiteten und ihre Kultur bei uns präsentieren könnten. Auf solche Erfolge sind wir stolz und wir sind glücklich darüber, mit unserer Arbeit solche Wirkungen erzielen zu können.

- Unsere Sammlungen sind, bei aller Internationalität, sehr charakteristisch hamburgisch. Das macht sie unverwechselbar. In dem Maße, wie wir sie mit dem Konzept „Der innere Reichtum des Museums" für die Öffentlichkeit erschließen und auf Dauer zugänglich machen, können unsere Sammlungen Zielpunkt für ausländische Touristen werden, denn ähnliche Sammlungen gibt es häufig nirgendwo sonst. Bis 2017 möchten wir jedes Objekt unseres Museums mindestens einmal gezeigt haben.

Einer der japanischen Experten, der 2001 im Auftrag des japanischen Fernsehens unsere Sammlung gründlich prüfte, ein Gelehrter von etwa 75 Jahren, sagte nach der Prüfung, bei der er großartige, einzigartige Schätze fand, leise zu mir: „Die Leute, die diese Sammlung zusammengestellt haben, müssen unsere Kultur wirklich geliebt haben." Auch dieser Kommentar spricht für sich, denke ich, und ist ein Ansporn für unseren spezifischen Arbeitsstil.

- Unser Jubiläumsband heißt nicht umsonst ganz selbstbewusst „Museum für Völkerkunde - Hamburgs Tor zur Welt". Unser Museum hat, von vielen ungeahnte, intensive Beziehungen in alle Welt, auch über Museumskreise hinaus. Dies ist nicht zuletzt der Bedeutung unserer Sammlungen zu verdanken. Ich prophezeie, dass die Stadt in Zukunft sehr viel mehr Gebrauch von unseren Kompetenzen wird machen müssen, wenn sie ihren wirtschaftlichen Erfolg steigern möchte.

Auch hier nenne ich das Beispiel unserer Japansammlung - den 45-minütigen Bericht darüber im japanischen Fernsehen sahen 25 Millionen Zuschauer, eine einzigartige Werbung für Hamburg. Für Korea sind unsere Sammlungen von überragender Bedeutung, enthalten sie doch Objekte, die in Korea als Staatsschätze registriert sind.

Dadurch hat Hamburg in Korea einen besonderen Stellenwert. Aber auch unsere Bekanntheit etwa in Portugal oder in Malaysia ist nicht zu unterschätzen.

Senator von Melle setzte Thilenius als Direktor ein und beschaffte die Gelder für den Bau des Museums in der Rothenbaumchaussee und die rasante Erweiterung der Sammlungen. Er tat das im Bewusstsein des Wettbewerbs mit anderen deutschen Handelsmetropolen wie Leipzig, Berlin, Köln, Frankfurt oder Bremen. Für ihn, wie auch für die dortigen Stadtväter, bedeutete ein gutes Museum für Völkerkunde, dass ihre Stadt eine wirkliche Metropole war. Hamburg konnte, nach langem anfänglichen Rückstand, diesen Wettbewerb damals schließlich für sich entscheiden.

Es gibt einen solchen Wettbewerb immer noch, wenn auch eher mit Rotterdam, London und anderen europäischen Metropolen. Doch ich bin davon überzeugt, dass auch heute noch für eine „Wachsende Stadt", die Hamburg ja sein will, ein wachsendes Museum für Völkerkunde unverzichtbar ist. Für den Erfolg unseres Museums und damit für den Erfolg von Hamburg werden wir uns auch in Zukunft anstrengen. Und ich bin sicher, wir werden erfolgreich sein. Ich bitte Sie dabei um Ihrer aller Unterstützung für unser, für Ihr Museum.

Einteilen und Nachempfinden

Susan Legene

Exzellenz, sehr geehrte Kollegen, meine Damen und Herren,

eingangs möchte ich dem Museum für Völkerkunde von ganzem Herzen zu diesem 125-jährigen Jubiläum gratulieren. Die Direktion und meine Kollegen vom (KIT) Tropenmuseum und der „Stichting Volkenkundige Collecties" in den Niederlanden haben mich gebeten, Ihnen ihre aufrichtigen Glückwünsche zu übermitteln. Ob wir älter sind als Sie, oder vielleicht jünger, darüber sollen nur die Historiker streiten. Fest steht, dass wir

Abb. 1 Königliches Tropeninstitut (alle Fotos Tropenmuseum Amsterdam)

immer von der Tatkraft und Vitalität des Museums für Völkerkunde beeindruckt sind. Wir wünschen Ihnen und uns allen, dass es Ihrem Museum gelingen wird, seine soziale Aufgabe in der heutigen Gesellschaft auch weiterhin mit dem bisher gezeigten Elan zu erfüllen. Ich halte es für eine ausgezeichnete Idee, dass Sie heute zu diesem feierlichen

Anlass ganz bewusst bei dieser sozialen Aufgabe verweilen wollen. Es ist uns eine Ehre, an dieser Stelle zu Ihnen sprechen zu dürfen und Ihnen darlegen zu dürfen, wie das Amsterdamer Tropenmuseum Ihre Mission sieht.

Museen wie unsere, die auf eine lange Tradition zurückblicken, vollbringen ständig einen Balanceakt zwischen der Vergangenheit und der Gegenwart. Wir alle wissen, wie schwierig das ist. Wie einschneidend sich die Gegenwart ändern kann und welchen Einfluss dies auf unser Bild von der Vergangenheit haben kann. Unsere Museen sind Schatzkammern, Wissenszentren, Kulturproduktionsstätten und Diskussionsplattformen zugleich; wir verwahren und sind diesbezüglich konservativ; wir informieren und bemühen uns dabei um Neutralität; wir veranstalten Workshops, Vorstellungen und Diskussionsrunden und befassen uns dann wiederum mit den Reizthemen unserer Zeit. Aber was bedeutet in diesem Zusammenhang „völkerkundlich" für das Museum für Völkerkunde in Hamburg, oder „tropisch" für das Tropenmuseum in Amsterdam? Was machen wir mit „125 Jahren des Sammelns" und wie stellen wir eine Verbindung zwischen all diesen Gegenständen und Bildern, die so fest in der Vergangenheit verankert sind, und der Aktualität unserer modernen Gesellschaft her?

Plattform

Abb. 2 Seit 2003:
Oostwaarts / Eastward Bound!
Kunst, Kultur und Kolonialismus

Lassen Sie uns mit dem beginnen, was am sichtbarsten ist. Mit der direkten Art, in der unsere Museen den Besuchern die Themen präsentieren, lässt sich diese Frage am schnellsten beantworten. Eines der wichtigsten Ziele des Tropenmuseums ist es, dass wir mit unseren Ausstellungen eine

sogenannte „sichere" Plattform für „unsichere" Diskussionen bieten wollen (Bild 2).
Dieser Ausgangspunkt wird in Form von ständigen Ausstellungen wie etwa der Ausstellung über den niederländischen Kolonialismus, die Sie hier sehen, umgesetzt. Die koloniale Vergangenheit hat bei der Entstehung der niederländischen Nation eine entscheidende Rolle gespielt. Heutzutage lebt diese geteilte Vergangenheit aus sehr unterschiedlichen Perspektiven und Erfahrungen in der Erinnerung großer Gruppen von Niederländern. Das Museum versucht, das Gespräch über dieses aktuelle gesellschaftliche Thema anzuregen.

Abb. 3 Sonntag, 12. September 2005. Urban Islam: Moslems in fünf Städten

In Sonderausstellungen schaffen wir ebenfalls eine Plattform für aktuelle Diskussionen, wie etwa im Fall der interaktiven Ausstellung Urban Islam über die unterschiedlichen Bilder vom Islam bei Jugendlichen in den Niederlanden und in einigen Ursprungsländern junger niederländischer Moslems. Bei der Auswahl dieser sogenannten „unsicheren" Diskussionen gehen wir recht weit (Bild 3). Das Museum bestimmt das Thema und die Perspektive. Bei der Gestaltung des Themas wollen wir als öffentliche Einrichtung jedoch bewusst nicht den Moralapostel spielen. Wir präsentieren nicht den goldenen Mittelweg und wir drängen dem Besucher keine Meinung auf. Wir präsentieren das gesamte Spektrum an Denkbildern und überlassen es dem einzelnen Besucher, sich selbst ein Urteil zu bilden. Wir möchten jedem Besucher eine Umgebung und einen Anlass bieten, sich in den anderen zu vertiefen, und zwar vor einem von uns sorgfältig ausgewählten Hintergrund aus Fakten und Erkenntnissen, die in Kunst und Kultur zum Ausdruck kommen und eingebettet sind.
Das Museum für Völkerkunde in Hamburg hat diese Plattform-Aufgabe immer glanzvoll erfüllt. Es ist, meine Damen und Herren, von nicht zu unterschätzender Bedeutung, dass aktuelle gesellschaftliche

Diskussionen zu multikulturellen Themen, die in der Gesellschaft hohe und oftmals emotionelle Wellen schlagen, in unseren Museen hin und wieder für kurze Zeit an die Ankerkette gelegt werden. Das Museum als öffentliche Einrichtung verkündet in solchen Augenblicken die Botschaft, dass jeder an Bord willkommen ist, dass jeder dazugehört, und dass es wichtig ist, sich in den anderen hineinzuversetzen, ihn, seinen Hintergrund, seine Leitbilder und seine Perspektiven kennen zu lernen. Die historische Statur des Museums – die Tatsache, dass die Hamburger Wirtschaftselite bereits vor 125 Jahren Wert darauf legte, die europäische und außereuropäische Welt, die sie mit Schiffen bereiste und die sie mit Handelsgütern versorgte, in einem Museum darzustellen, oder die Tatsache, dass die Amsterdamer Unternehmer und Politiker in der Kolonialepoche den Wunsch verspürten, ein Wissenszentrum mit Schwerpunktthema Niederländisch-Ostindien zu gründen – diese historische Statur unserer Museen trägt dazu bei, dass sie heute diese gesellschaftliche Aufgabe erfüllen können. Ein bedeutender Teil unserer Bevölkerung ist schließlich selbst auf unterschiedlichste Weise mit dieser Geschichte verbunden, die im Museum für Völkerkunde zum Ausdruck kommt.

Das Museum - der Spiegel der Welt

Verstehen Sie mich jedoch richtig: Diese Geschichte des Museums an sich, das 125-jährige Bestehen des Museums für Völkerkunde, ist natürlich keinerlei Garantie dafür, dass das Museum seine aktuelle Aufgabe in der gesellschaftlichen Diskussion auch tatsächlich erfüllen kann. Voraussetzung dafür ist unter anderem, dass das Museum eine kritische Haltung gegenüber dieser Geschichte einnimmt. Und damit kommen wir zum eigentlichen Betätigungsfeld des Museums, das sich für die Außenwelt mehr oder weniger hinter der Besucherpolitik verbirgt - hinter jenen Ausstellungen, Diskussionen, Workshops und Vorstellungen, die das Museum den Besuchern anbietet. Ein Thema möchte ich gerne hervorheben, um zu verdeutlichen, welche Überlegungen bei der

Gestaltung der Aktivitäten, mit denen sich das Museum am deutlichsten profiliert, eine Rolle spielen. Es ist wiederum ein aktuelles Thema, es ist jedoch infolge der völkerkundlichen Tradition historisch geprägt und handelt von der Entstehung von Denkbildern, Klasseneinteilung und Diskriminierung.

Abb. 4 Peoples and cultures of the Pacific Islands, NMNH

Als Einleitung und nicht zuletzt, weil es in der Regel ungefährlicher ist, Beispiele aus der Ferne zu wählen, sehen Sie ein Dia von einem Schaukasten im *National Museum of Natural History* in Washington. Dieser Schaukasten befasst sich mit Völkern und Kulturen auf den Pazifikinseln (Bild 4). Es ist ein sehr übersichtlicher Schaukasten. Wir sehen von links nach rechts einige charakteristische Darstellungen von Nias, Arnhemland, Fiji, Satawan und Neuseeland. Diese Charakteristiken bestehen aus drei Elementen: einem Ort auf der Landkarte, einem Schwarzweißfoto von einem Mann, der vermutlich an diesem Ort lebt, und einer Figur, die offensichtlich mit diesem Mann zu tun hat. Meine Damen und Herren, über diesen Schaukasten, dem ich 1999 selbst begegnet bin, könnte ich einen langen Vortrag halten, was ich allerdings nicht tun werde. Sie sind ein bewandertes Museumspublikum und haben gelernt, Schaukästen wie diesen zu verstehen.

Alles in diesem Schaukasten ist prototypisch und stereotyp. Die museale Botschaft wurde darin auf den Kern reduziert. Der Besucher lernt hier in der wahren Tradition der Völkerkunde die wesentlichen Merkmale von fünf Völkern kennen, als wenn sie nicht hier und heute, sondern in einem zeitlosen Vakuum leben würden. Obwohl dieser Schaukasten natürlich hoffnungslos altmodisch ist, sagt er uns trotzdem auch etwas über das viel modernere Tropenmuseum oder Museum für Völkerkunde in Hamburg. Er hält uns den Spiegel unserer Tradition vor. Das liegt vor allem an der Art und Weise, wie das stereotype Bild verstärkt und in den Figuren museal umgesetzt wird. Sie sehen auf einem kleinen Sockel, dessen Farbe aus pädagogischen Gründen mit der Farbe auf der Landkarte übereinstimmt, fünf Ahnenfiguren. Während die fünf Männer auf den Fotos in einer Art von zeitloser Schwarzweiß-Gegenwart figurieren, bewirken die fünf Ahnenfiguren ihre Verwurzelung in der Tradition.

Wir wollen uns etwas eingehender mit der Figur ganz links befassen, einer Ahnenfigur aus Nias, die als „siraha salawa" bezeichnet wird und die die Nias-Kultur verkörpert. Ahnenfiguren aus Nias sind beliebte Sammelobjekte, die in Völkerkundesammlungen in aller Welt zu sehen sind.

Abb. 5 Tropenmuseum Amsterdam, 94 Ahnenfiguren aus Nias, Siraha Salawa und Adu Zatua

Das Tropenmuseum besitzt beispielsweise 94 Figuren dieser Art, die ab der zweiten Hälfte des 19. Jahrhunderts bis in die fünfziger Jahre des letzten Jahrhunderts gesammelt wurden. Nachdem es einige Jahrzehnte still war, erhielten wir im letzten Jahr die 95. Figur, nachdem eine Kongregation im Süden der Niederlande ihre ethnographische Sammlung auflöste.

Abb. 6 Ahnenfiguren aus Nias

Diese Ahnenfiguren aus Nias als Sammelobjekt (Bild 6) – Sie sehen hier die Zeichnung einer Figur aus der Sammlung Ihres Museums – diese Ahnenfiguren waren in der Vergangenheit unserer Völkerkundemuseen konkrete Instrumente, die dem Prozess der Klassifizierung und Stereotypisierung der Kultur auf Nias eine konkrete Form verliehen. Gleiches gilt für alle anderen Sammelkategorien: die Ahnenfiguren der Asmat, die Wayang-Puppen aus Java, der Federschmuck von Amazonasindianern usw.

Eine der Geschichten, die zu den Nias-Figuren gehören, handelt von Kopfjägern. Sogar noch in einem Katalog aus dem Jahr 1990 über die Nias-Figuren in niederländischen Sammlungen wurden die Ahnenverehrung und die Kopfjagd in einer Art und Weise dargestellt, als würden sie sich zu jenem Zeitpunkt auf Nias noch in dieser Form abspielen. Natürlich hat der Autor das nicht so gemeint. Eigentlich wollte er sagen, dass die Figuren, die sich jetzt in unseren Sammlungen befinden, früher möglicherweise etwas mit der Kopfjagd zu tun hatten. Die Figuren befinden sich schon seit vielen Generationen nicht mehr auf Nias, sie verweisen schon lange nicht mehr auf konkrete Vorfahren. In unseren Museen bestehen sie als Bestätigung eines Stereotyps fort und suggerieren implizit, dass sich die Gesellschaft auf Nias nicht verändert hat.

Abb. 7 Ahnenfiguren aus Nias im Tropenmuseum

Abb. 8 Louvre Paris, Art d'Afrique, d'Asie, d'Océanie et des Amériques (arts premiers)

Die gleichen Ahnenfiguren tauchten mittlerweile auch in einem anderen Kontext auf. Dieses Mal nicht in einem völkerkundlichen Zusammenhang, sondern im Zusammenhang mit der abendländischen Kunstgeschichte.

Zum Beispiel diese Ahnenfigur aus der neuen ständigen Ausstellung im Pariser Louvre, die

als Meisterwerk der nichtabendländischen Kunst ausgestellt wird. In die-sen Kontext passen keine Verweise auf Animismus und Kopfjagd. Im Louvre hat die Ahnenfigur aus Nias in erster Linie einen Platz in der französischen Kunstgeschichte erhalten. Dies geht auch aus dem Hinweis hervor, dass die Figur aus der Sammlung von André Breton stammt, einem französischen Surrealisten, der eine wichtige theoretische Rolle

Abb. 9 Louvre Paris, Statue d'ancêtre, collection André Breton 1896-1966

bei der Herstellung einer Beziehung zwischen abendländischer und nicht abendländischer Kunst spielte.

Aus welchem Grund akzeptierte das Tropenmuseum im vergangenen Jahr eigentlich aus einer Kongregationssammlung eine weitere Figur, die zudem in keinerlei Hinsicht authentisch war? Sie stammt weder von einer völkerkundlichen Expedition noch aus dem europäischen Kunsthandel. Sie war, wie eine sittsam geschlechtslose Figur wahrscheinlich für den Touristenmarkt angefertigt worden, als eine Art Andenken an die Ahnenfiguren, die sich in unseren Museen befinden. Warum wollten wir diese Figur haben, obwohl wir bereits 94 besitzen, die zudem authentisch und allesamt von hoher künstlerischer Qualität sind? Die Tatsache, dass das Tropenmuseum die Figur in die Sammlung aufnahm, hatte einen symbolischen Charakter. Man wollte eine Sammelkategorie abschließen. Diese 94 Figuren waren einstmals von Forschern, Missionaren, Händlern und Soldaten mitgenommen worden. Einige alte Figuren stammen aus der Sammlung aus dem neunzehnten Jahrhundert des Amsterdamer Zoologischen Gartens, Artids; sie haben die gleiche Tradition wie die Figur in Washington und wurden von Mitarbeitern der niederländischen Bibelgesellschaft oder der königlich-niederländischen Geografiegesellschaft gesammelt. Andere Figuren wurden, wie dies bei André Breton der Fall war, von Kunstliebhabern im Kunsthandel erworben, wie etwa die Figuren in unserer Kollektion, die eine

Abb. 10 Neue Ahnenfigur zwischen den alten

Schenkung des deutschen Bankiers Georg Tillmann sind. Er war in den dreißiger Jahren des vergangenen Jahrhunderts als Jude in die Niederlande geflohen und geriet dort in den Bann der Ethnographika. Als er 1939 auch die Niederlande verließ und in die USA emigrierte, hinterließ er seine Sammlung dem Tropenmuseum.

Auf diese Weise zeigt die Reihe der 94 Ahnenfiguren aus Nias im Tropenmuseum, wie verschiedene Vertreter der westlichen Kultur in den vergangenen 150 Jahren mit diesen Figuren in Berührung kamen, sie als Sammelobjekt erkannten und sie schließlich dem Museum anboten. Das Museum ist aus diesem Blickwinkel betrachtet eine Art Aufbewahrungsstätte für die Kunst der kolonialisierten Bevölkerung, deren Andenken an ihre Vorfahren wir mitnahmen und der wir unterdessen die Zivilisation brachten. Damit ist das Museum auch ein Archiv der komplexen Meinungsbildungsprozesse geworden, die sich in diesem Nord-Süd-Verhältnis abspielten. Die Ahnenfiguren haben auf Nias auf Familien- und Dorfebene in der Gesellschaft eine Rolle gespielt. Bei uns erhielten sie anschließend eine neue Funktion, und zwar als pädagogisches Bildzeichen einer evolutionistischen Geschichte wie der in Washington, oder als Ikone in einer kunsthistorischen Geschichte wie der in Paris oder auch als Beweismittel für eine essentialistische Geschichte über Kopf-jäger wie die in Amsterdam.

Das allerletzte Stück aus der Schulsammlung verdeutlicht, wie all diese Vorstellungen von anderen, von nichtabendländischen Völkern, die Mitglieder der Kongregation, tatsächlich auch vermittelt wurden. Sie lernten anhand der Figuren die wesentlichen Merkmale kulturellen Unterschieds. Ebenso wie Niederländer Holzschuhe tragen und Tulpen haben, betreiben die Bewohner von Nias Ahnenverehrung und dafür benutzen sie diese Figuren.

Wir können ohne weiteres davon ausgehen, dass der Hersteller der Nias-Figur aus der Schulsammlung nicht die Absicht hatte, eine Ahnenfigur anzufertigen. Er fertigte ein Stück an, das zwar die äußeren Merkmale einer Ahnenfigur hat, das allerdings für einen Fremden, einen Touristen, bestimmt war. Und dies führt mich zu der letzten Bemerkung, die ich diesbezüglich machen möchte.

Unsere Museen sind nicht nur ein Archiv für unsere Vorstellung von anderen, sie verwahren auch zahlreiche Quellen, die von dem *Austausch* von Sichtweisen, Informationen und Ideen handeln. Die Nias-Figur aus der Schulsammlung ist ein Beispiel dafür. Aber dies gilt beispielsweise

Abb. 11 Modelle und Miniaturen

Abb. 12 Puppen

Abb. 13 Colonial Museum 1938

auch für Hunderte von Modellen, Miniaturen und Puppen, die in Übersee für völkerkundliche Ausstellungen angefertigt wurden und die sich ebenfalls zu einem touristischen Genre entwickelt haben. Die Hersteller versuchten auf Bestellung, die wesentlichen Merkmale der Bevölkerung durch Kleidung, Schmuck und sogar Gesicht und Hautfarbe in Puppen festzuhalten. Über die stellten sie sich selbst, weitab der Heimat, einem westlichen Publikum zur Schau.

Meine Damen und Herren, von diesen kleinen Puppen verläuft eine kontinuierliche Linie zu den Puppen in voller Lebensgröße, den Wachsfiguren (Bild 13), die in unserer völkerkundlichen Ausstellungstradition eine so wichtige Rolle spielen (Bild 14), zu dem Schwarzweißfoto des anonymen Vertreters eines Volkes (Bild 15) und zu den Figuren dieses Volks als Sammelkategorie (Bild 16). Der gemeinsame Nenner ist, dass einzelne Personen unterschiedlicher Herkunft und in ungleichen Machtverhältnissen beim gemeinsamen Kontakt Gegenstände ausgetauscht haben, posiert haben, sich haben vermessen lassen und einen Abguss von sich haben machen lassen, um nur einige Formen zu nennen. All dies wurde anschließend in den abendländischen Museen, in der Wissenschaft und der Politik verallgemeinert und in kontrollierbare Stereotypen umgesetzt. Die große Heraus-forderung, vor der unsere Museen jetzt stehen, besteht darin, den Mechanismus dieser stereotypen Denkbilder, der so fest in den Kollektionen in unseren Lagern und unserer Ausstellungstradition verankert ist, zu erkennen und bewusst zu durchbrechen. Nur dann können wir uns der Diskussion über kulturelles Eigentum stellen und kann Platz gemacht werden für einen neuen, gleichberechtigten Dialog zwischen allen Beteiligten, die sich in unseren Museen heimisch fühlen sollen.

Abb. 14 Modelle und Puppen

Ich hoffe, dass ich Ihnen verdeutlichen konnte, dass das Durchbrechen von Stereotypen nur dann möglich ist, wenn wir unsere Kollektions-, Sammel- und Ausstellungstradition als solche kritisch hinterfragen und dies unserem Publikum in unseren Ausstellungen auch deutlich machen. Genau das bezweckt das Tropenmuseum mit dem Kolonialtheater, das Sie hier erneut sehen. In einem derart kritischen Umgang mit der völkerkundlichen Tradition liegt die wichtigste Verbindung zwischen dem, was sich hinter den Kulissen des Museums abspielt, und dem, was dem Besucher gezeigt wird. In diesem Punkt sind unsere Museen nicht nur eine wichtige Plattform für die gesellschaftliche Diskussion, sondern auch eine vitale Quelle für Einblicke in die

Abb. 15 Richtige Krieger

Abb. 16 Schule Krieger

komplexen Meinungsbildungsprozesse unserer modernen, globalisierten Gesellschaft. Ich wünsche dem Museum für Völkerkunde viel Mut, Tatkraft und gesellschaftlichen Rückhalt bei der weiteren Erfüllung dieser Aufgabe in den kommenden Jahren.

Rede zum 125. Jubiläum

Klaus Willenbruch

Sehr verehrte Frau Senatorin,
sehr geehrter Herr Staatsrat,
sehr geehrter Herr Prof. Köpke,
sehr geehrter Herr Röhricht,
liebe Freunde des Museums für Völkerkunde,
meine Damen und Herren,

Jubiläen – erst recht so herausragende wie das des Völkerkundemuseums in Hamburg – sind Anlass für nostalgische Rückblicke. Diese enden meistens mit einem Schlusssatz, der üblicherweise mit dem Wort „möge" beginnt. Als relativ frischer Vorsitzender des Freundeskreises des Völkerkundemuseums Hamburg, der seinerseits gerade 30 Jahre alt geworden ist (ich meine den Freundeskreis), ist mir ein solcher Rückblick verwehrt.
Ich halte es vielmehr mit dem Bild, das wir alle von der letzten Olympiade kennen, nämlich dem Bild des Ruderachters. Alle Ruderer blicken zurück, legen sich aber mächtig ins Zeug, um voranzukommen, einem Ziel entgegen, das sie sozusagen blind kennen. Dass sie einen Steuermann haben, der den Kurs hält, ist richtig, soll aber an dieser Stelle nicht als Metapher benutzt werden, erst recht nicht, was es bedeutet, dass es sich dabei meistens um den Kleinsten der Mannschaft handelt.

Blicken wir also zurück und wenden uns mit voller Kraft der Zukunft zu! Wie wird diese für das Museum aussehen?

1. Das Museum wird sich weiterhin in einer lebendigen Kulturszene bewegen, die Hamburg allen Unkenrufen und Schwarzmalern zum Trotz hat. In einer enormen Dichte ballen sich in der Stadt kulturelle Einrichtungen jeder Art, von einer großen Oper bis hin zu kleinen Bildergalerien. Wer von uns kann schon für sich in Anspruch nehmen, auch nur einen ungefähren Überblick über all die ständigen Ereignisse zu haben, wahrscheinlich nur Sie, sehr verehrte Frau Senatorin.

2. Das Museum selbst wird mit den Erfolgen der Vergangenheit vor Augen (um im Bilde der Ruderer zu bleiben) auch weiterhin ein aufregend buntes Programm anbieten. Im vergangenen Jahr gab es nahezu 500 unterschiedliche Veranstaltungen, im Jahr davor sogar über 500. Dies alles mit einer verhältnismäßig kleinen Mannschaft zu bewältigen, ist aller Anerkennung wert.

3. Und damit sind wir zwangsläufig bei der Frage des Geldes, ohne das ein großes und bedeutendes Museum nicht auskommt. An dieser Stelle möchte ich aber über die fehlenden Mittel nicht lamentieren, sondern festhalten, dass das Museum es in vorbildlicher Weise geschafft hat, mit knappen Mitteln auszukommen und gleichwohl ein vielfältiges, zum Teil sensationelles Programm anzubieten. Vielleicht wäre manchmal „weniger" sogar „mehr".

4. Dabei kann sich das Museum durchaus auf die eigenen Schätze berufen, die verborgenen, die Prof. Köpke seiner Zielsetzung entsprechend nach und nach dem Publikum zugänglich machen will. Diese „inneren Schätze" des Museums sind überwältigend. Und wer einmal die heute zu Ende gehende Südseeausstellung gesehen hat, weiß auch, mit welcher „inneren Kraft" die einzelnen Exponate sich dem Zuschauer präsentieren. Mit diesem Pfund wird das Museum auch weiterhin wuchern können.

5. Das Museum wird auch weiterhin mit Widrigkeiten zu kämpfen haben. Soll man dem Museum (um im Bild der Ruderer zu bleiben) Rückenwind wünschen oder lieber Wind von vorn? Ich glaube, der Fahrtwind, den

das Museum selbst verursacht, ist ausreichend, um sich gegen widrige Winde zu wenden. Solange es Prof. Köpke und Herrn Röhricht gelingt, die Mannschaft weiterhin mit hoher Schlagzahl und abgestimmtem Rhythmus im Boot zu halten, ist mir um den Erfolg des Museums nicht bange.

6. Hamburg wird das Museum auch weiterhin brauchen. Denn wie kein anderes stärkt es den Ruf der Stadt als „Tor zur Welt", als weltoffene Handelsstadt und als Ort der Toleranz für viele Kulturen – ein Ruf, in dem wir uns so gern sonnen.

7. Und natürlich wird das Museum sich von Zeit zu Zeit fragen lassen, ob der Name „Völkerkundemuseum" zeitgemäß oder veraltet und daher unbrauchbar ist. Ich räume ein, dass die Bezeichnung „Völkerkunde" eher an alte Zeiten erinnert, an verstaubte Vitrinen mit schwer lesbaren Aufklebern und an frühere Besuche als Schüler.

Dennoch bin ich im Moment froh, dass das Museum nicht in erster Linie den Namen eines Hauptsponsors trägt oder eine anglophile Kurzbezeichnung. Der Name „Völkerkundemuseum" ist ehrlich und hat sich durchgesetzt. Zukünftige Verbesserungen halte ich aber nicht für ausgeschlossen.

8. Und natürlich, lieber Herr Köpke, wird das Museum auch in Zukunft Freunde benötigen. Die große Zahl der heute hier versammelten Freunde macht deutlich, dass wir dem Museum nicht nur sehr herzlich zu dem herausragenden Jubiläum gratulieren, sondern auch weiterhin nachhaltig bereit sind, als Freunde zu wirken und das Museum als Freunde zu fördern.

Es sei mir in dem Zusammenhang zugestanden, an dieser Stelle alle diejenigen, die bisher noch nicht Mitglieder des Freundeskreises sind, zum Beitritt aufzufordern. Für 30 Euro im Jahr sind Sie dabei! Wir wollen versuchen, heute Abend das 700. Mitglied zu küren – zum Wohle des Museums für Völkerkunde in Hamburg.

In diesem Sinne, meine Damen und Herren: Auf die Freundschaft!

125 Jahre Völkerkundemuseum in Hamburg

Jürgen Mantell

Sehr geehrte Frau Senatorin von Welck,
sehr geehrter Herr Köpke,
sehr geehrter Herr Röhricht,
sehr geehrte Damen und Herren!

Einem Museum, das 125 Jahre alt geworden ist, gebührt Respekt. Dem Völkerkundemuseum in Hamburg wird nicht nur Respekt entgegengebracht. Die Stadt ist stolz auf dieses Museum. Dies gilt natürlich in besonderem Maße für den Hamburger Bezirk, in dem das Völkerkundemuseum steht, für den Bezirk Eimsbüttel. Als Bezirksamtsleiter von Eimsbüttel möchte ich nach den vielen Würdigungen im ehrwürdigen Hamburger Rathaus auch hier in Eimsbüttel dem Museum meinen Glückwunsch aussprechen und dies verbinden mit dem Dank an die Verantwortlichen, in den letzten Jahren insbesondere an Herrn Köpke, Herrn Röhricht sowie die Mitarbeiterinnen und Mitarbeiter des Museums.

Der Geburtstag des Völkerkundemuseums war in den vergangenen Tagen ein bedeutsames Ereignis in der öffentlichen Diskussion der Stadt. In der Unterüberschrift eines ganzseitigen Berichts des Hamburger Abendblattes heißt es: „Heute ist es eines der bedeutendsten ethnographischen Museen der Welt." Dies ist eine sehr hohe Bewertung und ich glaube, sie ist richtig. Gradmesser hierfür sind die seit Jahren hohen Besucherzahlen. Ausdruck der hohen Wertschätzung sind auch die fast 800 Geburtstagsgäste heute.

Über die Qualität des Museums und die Persönlichkeiten, denen dies in der Geschichte des Museums zu danken ist, wurde heute schon vieles gesagt.

Ich möchte das in den vorangegangenen Reden Gesagte noch um einige Eindrücke ergänzen.

Da ist an erster Stelle der „innere Reichtum" des Museums zu erwähnen. Es heißt, dass nahezu 200 000 Objekte im Fundus des Museums noch nie gezeigt worden sind. Wer das Glück hatte wie ich, von Herrn Köpke einen kleinen Einblick in diesen Reichtum erlaubt zu bekommen, der hat wenigstens eine Ahnung von den Möglichkeiten, die dieses Museum allein aus der Substanz hat. Erleben konnten wir alle diese Möglichkeiten bei der Japanausstellung. Sie stieß in der Entstehungsphase international offensichtlich auf wenig Beachtung. Sie war nach der Fertigstellung aus dem Fundus des Museums aber ein herausragendes Ereignis, nicht nur in Hamburg, sondern auch im fernen Japan.

Eine weitere Besonderheit des Museums: Es ist in den letzten Jahren zu einem spürbar gelebten Ort für den interkulturellen Dialog geworden. Die Vielzahl von Veranstaltungen und Festen, von Aktionen zur Integration der in Hamburg lebenden Menschen aus den verschiedensten Teilen der Welt belegen dies. Lassen Sie mich zwei Beispiele nennen.

Das jährlich stattfindende Arraial Português ist inzwischen ein fester Bestandteil des Lebens der portugiesischen Gemeinde in Hamburg. Es dokumentiert die Eigenständigkeit der portugiesischen Gemeinde und ist gleichzeitig ein gutes Beispiel für die Integration in Hamburg.

Ein weiteres Beispiel ist der Totempfahl vor dem Museum, den David Seven Deers vom Stamm der Skwahla Stó:lo hier im Museum erstellt hat. Er hat ihn unter teilnehmender Beobachtung des Museumsumfeldes in dreijähriger Arbeit mit der Haltung erstellt, die in seinem Stamm Tradition ist. Er hat ihn aufstellen lassen im öffentlichen Raum als Geschenk seines Stammes an alle Hamburger. Dort steht er seit Jahren, groß und beeindruckend. Er ist noch nicht beschädigt oder besprüht. Man hatte fast den Eindruck, der Geist des großen Manitou wirkt auch hier. Bei der Eröffnung an einem heißen Sommertag auf dem Museumsvorplatz waren mehrere hundert Hamburgerinnen und Hamburger anwesend und auch Mitglieder des Stammes von David Seven Deers. Die Eröffnungszeremonie wurde gestaltet nach den Bräuchen der Skwahla Stó:lo. Dazu zählte unter anderem, dass Beifall nicht durch lautes Klatschen, sondern durch gleichmäßiges Auf- und Abwärtsbewegen der geöffneten Hände kundgetan wird. Alle hielten sich daran. Es war erkennbarer Respekt vor fremden Bräuchen und fast etwas wie Verstehen. Ein schönes Beispiel für interkulturellen Dialog.

Weiter hervorzuheben als besonderes Merkmal dieses Völkerkundemuseums sind die Anstrengungen, die Herr Köpke und andere unternommen haben, um Europa als Ganzes in seinen Gemeinsamkeiten deutlich werden zu lassen. Dies ist in wunderbarer Weise zusammengestellt in dem Buch „Das gemeinsame Haus Europa". In einer Zeit, in der Europa weiter gegen Osten wächst, kann ein solches Buch das Zusammenwachsen fördern helfen.

Gefragt nach dem Stellenwert des Völkerkundemuseums in Hamburg hat Herr Köpke in einem Interview geantwortet: "Die wachsende Stadt braucht auch ein wachsendes Völkerkundemuseum". Für eine Metropole mit einem historischen Hintergrund wie Hamburg als weltoffene Hafen- und Handelsstadt kann man das nur unterstreichen. Ich möchte dies noch ergänzen um eine Anmerkung zu der derzeit in der benachbarten Universität laufenden Diskussion über die Reduzierung der so genannten Orchideenfächer für fremde Kulturen. Ich meine, es steht einer Handels- und Hafenstadt wie Hamburg gut an, in seiner Universität das Wissen um fremde Kulturen zu wahren und zu pflegen.

Rede zum 125. Jubiläum des Museums für Völkerkunde Hamburg

Rüdiger Röhricht

Sehr geehrte Frau Senatorin,
meine sehr verehrten Gäste,
liebe Freunde des Museums,

ich möchte Sie ganz herzlich in unserem Hause, in unserem Museum für Völkerkunde begrüßen und freue mich sehr, dass Sie heute hier unsere Gäste sind. Wir haben jetzt im Rathaus verschiedene Reden gehört, in denen es um die Vergangenheit dieses Museums gegangen ist, um die vergangenen 125 Jahre, die dieses Haus jetzt existiert und um die vielen Ereignissen, die in diesen 125 Jahren im Hause geschehen sind. Ich habe mir jetzt vorgenommen, dass wir ein bisschen in die Zukunft schauen und damit einmal uns vor Augen halten, was denn noch so alles zu erledigen ist. Dazu möchte ich mit einem Erlebnis beginnen und Ihnen kurz schildern, was ich vor etwa 35 Jahren als Schüler erlebt habe.

Wie es denn so häufiger in den Schulen vorkommt, gibt es ja immer mal wieder Wandertage und an einem dieser Wandertage war ein Besuch im Museum für Völkerkunde auf dem Programm. Bis dahin hatte man sich eigentlich immer als Schüler sehr auf Wandertage gefreut, denn es war immer eine sehr fröhliche Sache. Häufig waren es irgendwelche Wanderungen auf dem Alsterwanderweg oder Ausflüge zum Süllberg oder ins Alte Land. Diesmal nun war die Reise nicht ganz so weit, sondern es ging zur Rothenbaumchaussee ins Völkerkundemuseum.

Hier angekommen, zuckte ich das erste Mal zusammen, als ich diesen riesigen Altbau sah. Als die Türen sich dann öffneten, zeigte sich ein riesiges Gebäude, sehr dunkel mit viel Respekt und einer Aufforderung zur absoluten Stille. Ich war schon ziemlich eingeschüchtert. Dann begann die Führung mit einem älteren Herrn oder einer älteren Dame – ich weiß es nicht mehr so genau -, die uns dann von diesem und jenem Objekt erzählte. Alles wurde sehr nüchtern vorgetragen, ich als Kind konnte überhaupt nicht nachvollziehen, worum es sich dabei eigentlich handelte. Ich tat mich ziemlich schwer, all das zu verstehen, was man mir vermitteln wollte. Genauso schwer war es für mich, die Texte zu lesen, die an den einzelnen Vitrinen ausgehängt waren, um zu verstehen, was sich hinter diesen Objekten verbarg.

Nun denn – der Tag ging vorüber – gegen Mittag hatten wir dann alles hinter uns gebracht und man konnte wieder nach Hause zu seinen Spielkameraden gehen. Begeisterung kam allerdings nicht auf, dieses Haus in nächster Zeit wieder zu betreten und schon gar nicht, als am nächsten Tag dann in der Schule auch noch ein Aufsatz geschrieben wurde und mit der Note dieses Aufsatzes dann auch noch die letzte Freude am Museum genommen wurde.

Dieses Erlebnis, meine Damen und Herren, wirkte bei mir 30 Jahre nach. Mir waren bis dahin fast alle Museumsbesuche vergangen und ich hatte eigentlich nie so richtig Lust und Begeisterung an Besuchen von Museen.

Im Juni 1999 dann stand ich in anderer Mission hier vor der Tür, denn ich sollte hier die Position eines Geschäftsführers übernehmen. Und als ich dann hier so vor der Tür stand, da wurde mir wieder klar, wenn Du hier Deine nächsten Jahre in leitender Funktion verbringst, dann soll es auf keinen Fall geschehen, dass jemals ein Kind wieder mit Frust und Angst aus diesem Museum herausgeht und für die nächsten Jahre Museumsbesuche nicht mehr für sich einplant. Ich wollte auf jeden Fall, dass hier die Menschen mit Begeisterung hinein- und auch wieder herausgehen und dass sie als Kunden freundlich und nett aufgenommen werden und das Gefühl haben, hier gerne empfangen zu werden.

Das war die erste Forderung, die ich für die Zukunft an mich und dieses Museum hier gestellt habe.

Eine weitere Forderung war, dieses alte, mächtige Gebäude in ein attraktives, einladendes Haus umzuwandeln. Es könnte so manches erneuert werden, z.B. die Fassade, die Fenster und vielleicht auch etwas Farbe könnte dem Haus gut tun.

Als drittes dann, hatte ich die Vorstellung, dieses Haus von seinen inneren Strukturen her in ein zeitgemäßes, funktionierendes Dienstleistungsunternehmen umzuwandeln.

Diese drei Wünsche sollten jetzt für die nächsten Jahre zu meinen wesentlichen Aufgaben gehören. Einiges hat sich zwischenzeitlich recht positiv entwickelt, anderes ist noch in den Anfängen. Betrachten wir einmal die einzelnen Punkte, was sich vielleicht schon in den letzten Jahren hier verändert hat:

Das erste war: Ängste nehmen, kundenfreundlicher sein.

Ich denke, dass wir auf jeden Fall sagen können, dass zwischenzeitlich sich die Unterrichtsmethode in den Schulen und auch in den Museen sehr, sehr stark verändert haben und dass auf jeden Fall kein Kind mehr Angst haben muss, nach einem Museumsbesuch einen Aufsatz schreiben zu müssen, bei dessen Note ihm dann jegliche Lust auf weitere Museumsbesuche genommen werden.

Wir wissen sehr genau, dass sich die Museumspädagogik in den letzten Jahren so weit positiv entwickelt hat, dass man hier bei uns im Hause die Interessen der Besucher, sei es jetzt jung oder alt, spielerisch zu wecken versucht und sie selbst erleben lässt. Nach Möglichkeit auch sogar mit allen Sinnen. Wir sind hier kein Ort der Stille mehr, hier soll man anfassen, hier soll man schmecken, man soll riechen, man soll mit allen Sinnen erleben.

Kundenfreundlichkeit, das ist ein Begriff, den wir uns ganz, ganz vorne auf unsere Fahnen geschrieben haben. Wir haben auch keine Aufseher mehr, wir helfen, wir informieren, wir haben Menschen, die für unsere Kunden da sind, wenn sie gebraucht werden.

Wir bieten hier einen Ort, an dem man sich gerne aufhält. Wir zeigen, dass wir uns auf die Besucher freuen. Wir wollen sie aber auch nicht überfordern. Wir geben ihnen das Gefühl, dass der Eintrittspreis seinen Besuch wert ist. Man geht mit dem Gefühl, ich komme gerne wieder. Es hat sich gezeigt, dass unser Haus eine Vielzahl von Stammbesuchern hat, die häufiger als einmal oder zweimal unser Haus im Jahr besuchen. Es ist allerdings noch nicht alles getan, wir haben noch sehr viel zu tun und wir arbeiten daran.

Die inhaltliche Veränderung der Dauerausstellungen, ein neues Restaurantkonzept und ein saniertes Gebäude werden uns helfen, alles umzusetzen.

Der zweite Wunsch, den ich hatte, war, ein einladendes, attraktives Gebäude zu schaffen. Auch diesem Wunsch sind wir schon ein ganzes Stück nähergekommen.

Ein ganz wichtiger Schritt in dieser Richtung ist im Jahre 2001 vollzogen worden, in dem wir unsere Gebäude an die Hamburger Vermögensbeteiligungsgesellschaft verkauft haben und über diesen Verkauf der Gebäude, ein Sanierungsvolumen in Höhe von rund 11 Mill. € zur Verfügung gestellt bekommen haben. Diese 11 Mill. € Sanierungsmittel hätten wir alleine nie aufbringen können und nie aus unserem Geschäftsbetrieb erwirtschaften können.

Wir sind nun voller Zuversicht und Hoffnung, dass diese positive Entwicklung so weiter geht und wir in den nächsten Jahren – ich denke, bis spätestens 2008 - aus dem Gebäude ein richtiges, kleines Schmuckkästchen gemacht haben. Die ersten Maßnahmen haben zwischenzeitlich schon begonnen, wenn Sie über die Binderstraße heute abend zu uns gekommen sind, dann werden Sie bemerkt haben, dass das Gebäude, auf dieser Seite schon im vollen Umfang eingerüstet ist und hier die Außenarbeiten in den nächsten Tagen dann auch beginnen werden.

Nun kommen wir zu meinem dritten Wunsch. Die Anpassung der inneren Strukturen an ein zeitgemäßes, funktionierendes Dienstleistungsunternehmen. Da stellt sich doch zu allererst die Frage, was ist eigentlich ein zeitgemäßes Dienstleistungsunternehmen.

In diesem Zusammenhang möchte ich Ihnen gerne eine kleine Begegnung schildern, die ich in den letzten Wochen hatte. Dabei handelte es sich um die Präsentation der neuen Betriebsstrukturen bei IBM in den wunderschönen neuen Gebäuden am Berliner Tor. Vielleicht kennt sie der Eine oder Andere von Ihnen. Dieses Unternehmen nimmt für sich in Anspruch, zeitgemäß zu sein. Die erste Prämisse dieses zeitgemäßen Dienstleistungsunternehmens ist, wir arbeiten hier nur noch mit einem papierlosen Büro. Die zweite Prämisse hieß, wir haben keine festen Arbeitsplätze mehr.

Mit dem papierlosen Büro könnte man sich ja eventuell noch anfreunden, aber keine festen Arbeitsplätze? Was heißt das? In diesem

Fall hieß es: Mindestens zwei Personen teilen sich einen Arbeitsplatz, also für 1.400 Mitarbeiter gibt es noch 700 Arbeitsplätze. Es gibt auch keine festen Arbeitszeiten mehr, es gibt kein Büro. Es gibt nur noch Arbeitstische und es gibt Ziele und Ergebnisvorgaben. Jeder arbeitet, wann er will, wo er will, wie viel er will, irgendwo zuhause, im Auto, im Urlaub oder vielleicht an einem dieser 700 Arbeitstische. Es gibt, wie gesagt, nur Ziele und die müssen erreicht werden. Wie, das hat jeder selbst in der Hand. Ziel dieser Strukturen ist eindeutig eine Kosteneinsparung, insbesondere im Bereich teurer Büroflächen.

Tja, dachte ich mir, das ist also die zeitgemäße Welt. Geprägt von e-commerce, Business Consulting Service, Demand Business oder Nav Codes. Morgens beginnt der Run auf die freien Arbeitsplätze. Das Equipment eines jeden Mitarbeiters befindet sich in einem Koffer-Rolli, den er hinter sich herzieht. Kennen wird man sich kaum untereinander. Vielleicht weiß man gerade noch das Passwort des Kollegen gegenüber, weil man ja nicht mehr viel miteinander reden kann.

Ja, meine Damen und Herren, das wird erreicht durch Availability, Business Integration, E-learning-Software, Host, Transaktion oder mit Processing. Wo bleibt da das geliebte Büro? Wo bleiben die Kollegen, mit denen man sich auch mal zofft? Wo bleibt das Flurgespräch? Wo bleibt das Mittagessen, das gemeinsame, oder wo lästert man über die neuen Kollegen? Die Freude morgens in die Firma zu gehen, auch wenn es keiner zugibt, die fehlt doch gewaltig, auch insbesondere dann, wenn montags der Gang in die Firma ein bisschen schwerer fällt.

Alles vorbei. Nur noch Product Lifecycle Management, Networking und Business Partner.

Das hat mir Angst vor der Zukunft gemacht, meine Damen und Herren.

Das ist es nicht, was ich will, mit meinem Wunsch nach einem zeitgemäßen, funktionierenden Dienstleistungsunternehmen. Wir sind hier im Museum noch etwas konservativer. Wir bieten zur Zeit noch Sicherheit, wir bieten unseren Mitarbeitern eine Zusammengehörigkeit, wir bieten Gemeinsamkeiten, Freundschaften, Freude an der Arbeit, für jeden einen eigenen, persönlichen Bereich und wir bieten Sozialverhalten.

Gemeinsam haben wir jedoch eines, auch mit dem IBM-Unternehmen.

Wir arbeiten zielorientiert und wir arbeiten ergebnisorientiert. Wir beobachten auch den Markt und wir passen uns oft dem Markt an. Veraltete Strukturen wollen wir abschneiden, neue Strukturen wollen wir den Kundenwünschen anpassen. Wir steigern auch unsere Flexibilität und wir passen unsere Arbeitsinhalte an. Wir haben unsere Leistung erhöht und wir werden sie weiterhin erhöhen. Dieser Prozess wird allerdings die nächsten Jahre auch noch anhalten. Unsere Mitarbeiter hier, das kann ich ohne Umschweife sagen, sind außerordentlich motiviert. Sie kleben nicht an einer Aufgabe, sie sind dem Neuen aufgeschlossen und sie wollen etwas verändern. Unser Ziel ist es, ein gutes Image, erfolgreiche Ausstellungen, zufriedene Besucher, wirtschaftlichen Erfolg mit einem Museum zu haben, das heute auf 125 Jahre zurückblickt.

Und das, meine Damen und Herren, alles ohne Global Study, Customer Relationship Management.

Sie merken, meine Damen und Herren, dass mir diese Worte schon relativ schwer fallen. Ich denke, wir sind auf unsere Weise auch auf einem guten Weg und ich bin mir sicher, dass wir diesen Weg auch noch gemeinsam die nächsten Jahre erfolgreich weiter so beschreiten werden.

Ich möchte jedoch, bevor ich jetzt zum Ende komme, mich ganz herzlich bei all denjenigen bedanken, die in den letzten Jahren so intensiv für dieses Museum eingetreten sind. Zum einen bei den Sponsoren, bei den Gönnern, bei den Mäzenen, bei unseren Freunden und bei all denen, die mit uns zusammengearbeitet haben, die mit uns gemeinsam Freude an der Museumsarbeit entwickelt haben und auch bei all unseren Mitarbeitern, die tagein, tagaus mit ihrer ganzen Arbeitskraft dem Museum zur Verfügung stehen.

Ich wünsche Ihnen, meine sehr verehrten Damen und Herren, liebe Gäste, liebe Mitarbeiter, liebe Freunde, noch ein wunderschönes, ich kann's nicht lassen, Communication event in dieser spezial-musealen Location mit einem firstclass Catering.

Verzeichnis der Autoren

Prof. Dr. Martin Baumann Religionswissenschaftler
Universität Luzern
Kasernenplatz 3
CH-6003 Luzern, Schweiz

Dr. Norbert Beyer Musikethnologe und Restaurator
Museum für Völkerkunde Hamburg
Rothenbaumchaussee 64
20148 Hamburg

Dr. Ágnes Birtalan Mongolistin und Ethnologin
Etvös Loránd University
H 1088 Budapest Múzeum krt. 4/B, Ungarn

Volker Caumanns Student der Tibetologie
Probsteier Str. 6
22049 Hamburg

Rosita Faber Studentin der Tibetologie
Schedestr. 31
20251 Hamburg

Kerstin Grothmann M.A. Tibetologin
Sonnenburger Str. 70
10437 Berlin

Dr. Karl-Heinz Golzio Indologe
Zentralasiatisches Seminar Bonn
Regina-Pacis-Weg 7
53113 Bonn

Dr. Andreas Gruschke Sinologe und Ethnologe
Sandstr. 24
79104 Freiburg

Jörg Heimbel	Student der Tibetologie Burgmauer Weg 3 36304 Alsfeld
David Holler M.A.	Tibetologe Asien-Afrika-Wissenschaften Zentralasien-Seminar Humboldt Universität zu Berlin Unter den Linden 6 10099 Berlin
Prof. Dr. Toni Huber	Tibetologe Asien-Afrika-Wissenschaften Zentralasien-Seminar Humboldt Universität zu Berlin Unter den Linden 6 10099 Berlin
Prof. Dr. David Jackson	Tibetologe Institut für Kultur und Geschichte Indiens und Tibets Edmund-Siemers-Allee 1 20146 Hamburg
Kazuo Kano	Student der Tibetologie Eulenstr. 63 c/o Erndt 22765 Hamburg
Nikola Klein	Studentin der Ethnologie Arthur-Hoffmann-Str. 39 04107 Leipzig
Dr. Susanne Knödel	Sinologin und Ethnologin Museum für Völkerkunde Hamburg Rothenbaumchaussee 64 20148 Hamburg

Prof. Dr. Karénina Kollmar-
Paulenz

Mongolistin
Institut für Religionswissenschaft
Länggassstr. 51
CH-3000 Bern 3, Schweiz

Prof. Dr. Wulf Köpke

Ethnologe
Museum für Völkerkunde Hamburg
Rothenbaumchaussee 64
20148 Hamburg

Prof. Dr. Per Kvaerne

Tibetologe
Universitet I. Oslo
Faculty of Arts
Dept. of East European and Oriental Studies
P.O. Box 1030
Blindern
0315 Oslo, Norwegen

Prof. Dr. Susan Legene

Historikerin
Tropenmuseum
P.O. Box 95001
1090 HA Amsterdam, Niederlande

Inka Le-Huu

Studentin der Musikwissenschaft
Möhlenkamp 18
26655 Westerstede

Isabel Lenuck

Studentin der Tibetologie
Bunsenstr. 11
22765 Hamburg

Dr. Christian Luczanits

Tibetologe und Kunsthistoriker
Institut für Tibetologie u. Buddhismuskunde
Universitätscampus, Hof 2, 2-7
Spitalgasse 2
A-1090 Wien, Österreich

Dr. Jürgen Mantell   Bezirksamtsleiter
                           Bezirksamt Eimsbüttel
                           Grindelberg 66
                           20139 Hamburg

Prof. Dr. Erling von Mende Sinologe
                           Ostasiatisches Seminar
                           Podbielski Allee 42
                           14195 Berlin

Rüdiger Röhricht   Kaufmännischer Geschäftsführer
                           Museum für Völkerkunde Hamburg
                           Rothenbaumchaussee 64
                           20148 Hamburg

Dr. Veronika Ronge   Ethnologin
                           Zentralasiatisches Seminar Bonn
                           Regina-Pacis-Weg 7
                           53113 Bonn

Prof. Dr. Alexander   Indologe und Buddhologe
von Rospatt   Department of South and Southeast Asian
                           Studies - Group in Buddhist Studies
                           University of California
                           7233 Dwinelle Hall # 2540
                           Berkeley CA 94720-2540, USA

Hajo Schiff   Kunstmittler und Journalist
                           Rappstr. 8
                           20146 Hamburg

Dr. Bernd Schmelz   Ethnologe
                           Museum für Völkerkunde Hamburg
                           Rothenbaumchaussee 64
                           20148 Hamburg

Prof. Dr. Lambert Schmithausen	Indologe Asien-Afrika-Institut Institut für Kultur und Geschichte Indiens und Tibets Edmund-Siemers-Allee 1 20146 Hamburg
Jurek Schreiner	Student der Tibetologie Behringerstr. 92 22763 Hamburg
Dr. Jan-Ulrich Sobisch	Tibetologe Kobenhavns Universitet Det humanistiske Fakultet Asien-Instituttet Leifsgade 33, 2300 Kobenhavn S, Dänemark
Katja Thiesen	Studentin der Tibetologie Stresemannstr. 222 22769 Hamburg
Prof. Dr. Karin von Welck	Kultursenatorin Kulturbehörde Hohe Bleichen 22 20354 Hamburg
Dr. Uta Werlich	Sinologin Museum für Völkerkunde Hamburg Rothenbaumchaussee 64 20148 Hamburg
Dr. Klaus Willenbruch	Vorsitzender des Vereins der Freunde des Museums für Völkerkunde Hamburg c/o Taylor Wessing Neuer Wall 44 20354 Hamburg